COLLECTION OFFICIELLE

DES

ORDONNANCES DE POLICE.

PARIS. — IMPRIMERIE DE PAUL DUPONT.

COLLECTION OFFICIELLE

DES

ORDONNANCES DE POLICE

Depuis 1800 jusqu'à 1844,

IMPRIMÉE PAR ORDRE

De M. Gabriel DELESSERT,

PAIR DE FRANCE, CONSEILLER D'ÉTAT, PRÉFET DE POLICE.

TOME TROISIÈME.

PARIS,

LIBRAIRIE ADMINISTRATIVE DE PAUL DUPONT,

RUE DE GRENELLE-SAINT-HONORÉ, 55.

1845

COLLECTION

OFFICIELLE

DES ORDONNANCES

DE LA

PRÉFECTURE DE POLICE.

1832.

N° 1432. — *Ordonnance concernant les étalagistes et autres personnes stationnant sur la voie publique pour y exercer une industrie.*

Paris, le 20 janvier 1832.

Nous, préfet de police,

Considérant que la voie publique est journellement envahie par les étalagistes et autres personnes qui s'y établissent sans permission ou qui abusent de celles qui leur ont été accordées ;

Qu'il en résulte de nombreux et fréquents encombrements qui nuisent à la liberté et à la sûreté de la circulation , dont le maintien à Paris est confié à l'autorité du préfet de police ;

Que la voie publique étant spécialement affectée à la circulation, nul n'a le droit de s'y établir, même momentanément, pour exercer un commerce ou une industrie, et que si cette interdiction peut être restreinte, ce ne doit être que dans les cas où il n'en résultera aucun inconvénient pour la circulation ;

Vu la loi des 16-24 août 1790, titre XI, les articles 209 et suivants du Code pénal et les articles 470, 471, 474 du même Code ;

En vertu des articles 21 et 22 de l'arrêté du gouvernement du 12 messidor an VIII (1er juillet 1800),

Ordonnons ce qui suit :

1. Nul ne peut stationner, même momentanément, sur la voie publique pour y étaler des marchandises ou exercer une industrie, qu'en vertu de permissions que nous pourrons délivrer pour certains points où nous aurons reconnu que de tels stationnements ne nuiront pas à la circulation.

2. Les permissions délivrées jusqu'à ce jour ne seront valables que jusqu'au 15 février prochain.

3. Toute demande de permission nouvelle nous sera adressée par l'entremise du commissaire de police du quartier où est situé le lieu de stationnement désigné dans la demande.

4. A l'exception des marchands de menus comestibles, qui sont seuls exceptés par la loi, toute personne qui aura obtenu une permission devra, avant d'en faire usage, se pourvoir d'une patente ou d'un

certificat d'exemption de l'administration des contributions directes, sous peine de voir ses marchandises saisies et séquestrées à ses frais jusqu'à la représentation d'une patente ou d'un certificat d'exemption, conformément à l'article 38 de la loi du 1er brumaire an VII, et à l'article 70 de la loi du 25 mars 1817.

5. Toutes personnes stationnant sur la voie publique pour y étaler des marchandises ou y exercer une industrie seront tenues, à toutes réquisitions des commissaires, officiers et agents de police, de représenter leurs permissions et leurs patentes acquittées ou leurs certificats d'exemption.

6. Les contraventions aux dispositions de la présente ordonnance sont constatées par des procès-verbaux ou rapports et poursuivies conformément aux lois et règlements.

Les commissaires de police feront en outre cesser tout embarras de la voie publique, en faisant opérer immédiatement, aux frais des contrevenants, l'enlèvement et le transport à la préfecture de police des marchandises, voitures, tables, mannes et autres objets ou appareils qui nuiraient à la sûreté de la circulation.

7. Au moyen des dispositions ci-dessus, l'ordonnance de police du 1er octobre 1830 concernant les étalagistes sédentaires est rapportée.

8. La présente ordonnance sera imprimée et affichée ; le chef de la police municipale, les commissaires de police, les officiers de paix, les chefs des services extérieurs et les préposés de la préfecture de police seront chargés d'en surveiller ou assurer l'exécution ; elle sera adressée au colonel commandant la garde municipale de Paris, pour le mettre à portée de concourir à son exécution.

Il en sera transmis des exemplaires aux sous-préfets des arrondissements de Sceaux et de Saint-Denis, pour les faire publier et afficher dans l'intérêt de leurs administrés.

Le préfet de police, GISQUET.

N° **1433.** — *Ordonnance concernant la circulation des voitures dans les halles du centre et leurs abords* (1).

Paris, le 21 janvier 1832.

Nous, préfet de police,

Considérant que le passage des nombreuses voitures qui traversent le quartier des marchés, aux heures où les halles du centre et les rues qui les avoisinent sont encombrées par les denrées d'approvisionnement et par l'affluence des marchands et des acheteurs, présente de graves inconvénients sous le rapport de la sûreté de la circulation et du service desdites halles ;

Qu'il en résulte de fréquents accidents qu'il importe de prévenir ;

Considérant que, dans ce but, l'autorité a déjà, par l'article 57, § 1er, de l'ordonnance de police du 1er juillet 1829, défendu à tout cocher de voiture de place de traverser les halles du centre avant dix heures du matin, mais qu'appliquée à ces seules voitures, cette mesure est insuffisante et qu'il importe de lui donner toute l'extension compatible avec les nécessités du commerce et le libre transport des personnes et des marchandises dans les rues ci-dessous désignées ;

Vu la loi des 16-24 août 1790, titre XI, article 3 ;

Les articles 471 et 484 du Code pénal ;

---

(1) V. les ord. des 29 oct. et 19 déc. 1836, et 27 sept. 1842.

Les articles 2, 22, 32 et 38 de l'arrêté du gouvenement du 12 messidor an VIII (1er juillet 1800),

Ordonnons ce qui suit :

1. A partir du jour de la publication de la présente ordonnance, la circulation de toute espèce de voitures est interdite, depuis cinq heures jusqu'à dix heures du matin, dans les halles du centre et dans les rues ci-dessous désignées, savoir :

Rue Saint-Denis, depuis la rue des Lombards jusqu'à celle de la Grande-Truanderie;

Rues de la Ferronnerie et Saint-Honoré jusqu'à celle du Roule;

Rue de la Tonnellerie ;

Place de la pointe Saint-Eustache;

Rue Traînée jusqu'à la rue Comtesse-d'Artois;

Et enfin dans toutes les rues comprises dans l'espace circonscrit par les rues ci-dessus désignées.

2. Sont exceptées de cette disposition les voitures dont les conducteurs vont prendre ou déposer leur chargement soit dans les halles du centre, soit dans les rues où la circulation est interdite par l'article précédent.

5. Les contraventions seront constatées par des procès-verbaux ou rapports qui nous seront adressés pour être transmis au tribunal compétent.

4. La présente ordonnance sera imprimée, publiée et affichée.

5. Le commissaire chef de la police municipale, les commissaires de police et notamment ceux des quartiers des marchés Saint-Eustache, des Lombards, Saint-Honoré, Montorgueil et de la Banque de France, les officiers de paix, l'inspecteur général des halles et marchés et les préposés de la préfecture de police sont chargés, chacun en ce qui le concerne, de tenir la main à son exécution.

Elle sera adressée à M. le colonel commandant la garde municipale de Paris, pour concourir à cette exécution par tous les moyens qui sont en son pouvoir.

Le préfet de police, GISQUET.

N° **1434.** — *Ordonnance concernant le billage du pont de Choisy-le-Roi* (1).

Paris, le 17 février 1832.

Nous, préfet de police,

Vu l'article 32 de l'arrêté du gouvernement du 1er juillet 1800 (12 messidor an VIII) et l'article 1er de l'arrêté du 25 octobre suivant (3 brumaire an IX);

Considérant qu'il importe de pourvoir éventuellement à la sûreté de la navigation et à l'avalage des bateaux sous le pont de Choisy,

Ordonnons ce qui suit :

1. Lorsque les eaux en rivière de Seine auront atteint la hauteur d'un mètre à l'échelle régulatrice du pont de Choisy, les bateaux, barquettes, flûtes et toues dont la dimension excèdera seize mètres, devront être billés au moins par trois mariniers.

Quand les eaux seront au-dessous d'un mètre, le nombre des billeurs pourra être réduit à deux.

---

(1) V. l'ord. du 25 oct. 1840 (art. 19 et suiv.).

Sont exceptés de cette mesure les bachots et margotas.

2. Afin de prévenir les accidents et d'assurer les manœuvres, au passage du pont, il devra toujours rester, en outre, deux mariniers dans le bateau, pour le diriger.

3. Les mariniers pourront, lorsqu'ils seront en nombre suffisant, biller eux-mêmes leurs bateaux; mais alors ils devront être munis des agrès nécessaires au billage.

4. Dans le cas où ils n'auraient pas à leur bord le nombre de billeurs prescrit ci-dessus, ils devront s'en procurer à leur arrivée à l'île d'Aiguillon, située à cinq cents mètres au-dessus du pont et où le billage commencera.

5. Les billeurs devront biller les bateaux aussitôt qu'ils en seront requis par les mariniers. Ils ne pourront leur faire éprouver aucun retard.

Les bateaux seront lâchés selon leur ordre d'arrivée au billage.

6. Il sera payé soixante-quinze centimes à chaque compagnon billeur qui aura billé jusques et y compris l'avalage sous le pont.

Il leur est défendu de recevoir aucune gratification soit en vin ou autres marchandises, et conséquemment d'avoir à bord de leurs bachots aucun vase ni bouteille.

7. Les billeurs de renfort pris par les mariniers seront tenus de passer le pont; ils ne devront débiller qu'à une longueur de bateau en aval dudit pont. Si le patron du bateau demandait à être conduit plus loin, il serait alloué vingt-cinq centimes de supplément pour chaque homme.

8. Dans le cas où un bateau aurait été allégé en route, l'allége ne donnera lieu à aucun supplément de salaire si elle est conduite en suspente.

9. Le billage commencera à l'aurore et finira au crépuscule.

10. Il est défendu de biller lorsque les arches marinières se trouveront obstruées par des bateaux, coches ou trains montants ou descendants.

Il devra y avoir au moins une distance de cent mètres entre chacun des bateaux lâchés sur bille. Il est défendu de coupler les bateaux et de chercher à se gagner de vitesse.

11. Afin de prévenir les accidents qui pourraient résulter de la rencontre de plusieurs embarcations, les conducteurs de bateaux vides ou chargés qui remonteront la rivière, veilleront avec soin à ce que leurs traits ne barrent pas le chemin de la navigation; à cet effet, ils en assujettiront la queue par une corde d'évente.

12. Il sera nommé un chef pour diriger les travaux des billeurs. Ce chef, chargé de la direction du service, sera dispensé de tout travail.

13. Les billeurs du pont de Choisy seront au nombre de vingt-cinq; ils porteront une médaille qui leur sera délivrée par l'administration de la préfecture de police sur la représentation d'un certificat de capacité délivré par les prud'hommes et de certificats de moralité.

Ils devront être pourvus du nombre de billes et bachots qui sera jugé par nous nécessaire au service. Ces bateaux et leurs agrès devront être entretenus constamment en bon état.

14. Il est défendu aux billeurs de se porter sur les bateaux dans un état d'ivresse pour en effectuer le billage.

15. On inscrira sur les piles d'avalage du pont le salaire alloué à chaque billeur par l'article 6 qui précède.

16. La présente ordonnance de police sera imprimée et affichée.

Chaque billeur devra être muni d'un exemplaire qu'il sera tenu de représenter à toute réquisition des mariniers.

Le commissaire général, l'inspecteur général de la navigation et des ports et les agents sous leurs ordres sont chargés, chacun en ce qui le concerne, d'en assurer l'exécution.

Le préfet de police, GISQUET.

No **1435.** — *Ordonnance concernant le billage du pont de la Bosse-de-Marne* (1).

Paris, le 17 février 1832.

Nous, préfet de police,

Vu l'article 32 de l'arrêté du gouvernement du 1er juillet 1800 (12 messidor an VIII) et l'article 1 du 25 octobre suivant (3 brumaire an IX) ;

Considérant qu'il importe de pourvoir éventuellement à la sûreté de la navigation et à l'avalage des bateaux sous le pont de la Bosse-de-Marne ;

Ordonnons ce qui suit :

1. Lorsque les eaux en rivière auront atteint la hauteur d'un mètre, à l'échelle régulatrice du pont de la Bosse-de-Marne, les bateaux, barquettes, flûtes et toues dont la dimension excèdera seize mètres, devront être billés au moins par trois mariniers.

Quand les eaux seront au-dessous d'un mètre, le nombre des billeurs pourra être réduit à deux.

Sont exceptés de cette mesure les bachots et margotas.

2. Afin de prévenir les accidents et d'assurer les manœuvres, au passage du pont, il devra rester, en outre, deux mariniers dans le bateau pour le diriger.

3. Les mariniers pourront, lorsqu'ils seront en nombre suffisant, biller eux-mêmes leurs bateaux ; mais, dans ce cas, ils devront être munis des agrès nécessaires au billage.

4. Dans le cas où ils n'auraient pas à leur bord le nombre de billeurs prescrit ci-dessus, ils devront s'en procurer à leur arrivée à l'angle de la dernière maison du Port-à-l'Anglais, situé à cinq cents mètres au-dessus du pont où commencera le billage.

5. Les billeurs devront biller les bateaux aussitôt qu'ils en seront requis par les mariniers. Ils ne pourront leur faire éprouver aucun retard.

Les bateaux seront lâchés selon leur ordre d'arrivée au billage.

6. Il sera payé soixante-quinze centimes à chaque compagnon billeur qui aura billé jusques et y compris l'avalage sous le pont.

Il leur est défendu de recevoir aucune gratification soit en vin ou autres marchandises, et conséquemment d'avoir à bord de leurs bachots aucun vase ni bouteille.

7. Les billeurs de renfort, pris par les mariniers, seront tenus de passer le pont ; ils ne devront débiller qu'à une longueur de bateau en aval dudit pont. Si le patron du bateau demandait à être conduit plus loin, il serait alloué vingt-cinq centimes de supplément pour chaque homme.

8. Dans le cas où un bateau aurait été allégé en route, l'allége ne donnera lieu à aucun supplément de salaire si elle est conduite en suspente.

9. Le billage commencera à l'aurore et finira au crépuscule.

10. Il est défendu de biller lorsque les arches marinières se trou-

---

1) V. l'ord. du 25 oct. 1840 (art. 19 et suiv.).

veront obstruées par des bateaux, coches ou trains montants ou descendants.

Il devra y avoir au moins une distance de cent mètres entre chacun des bateaux lâchés sur bille. Il est défendu de coupler les bateaux et de chercher à se gagner de vitesse.

11. Afin de prévenir les accidents qui pourraient résulter de la rencontre de plusieurs embarcations, les conducteurs de bateaux vides ou chargés, qui remonteront la rivière, veilleront avec soin à ce que leurs traits ne barrent pas le chemin de la navigation; à cet effet, ils en assujettiront la queue par une corde d'évente.

12. Il sera nommé un chef pour diriger les travaux des billeurs. Ce chef chargé de la direction de ce service sera dispensé de tout travail.

13. Les billeurs du pont de la Bosse-de-Marne seront au nombre de vingt-cinq; ils porteront une médaille qui leur sera délivrée par l'administration de la préfecture de police, sur la représentation d'un certificat de capacité délivré par les prud'hommes, et de certificats de moralité.

Ils devront être pourvus du nombre de billes et bachots qui sera jugé par nous nécessaire au service. Ces bateaux et leurs agrès devront être entretenus constamment en bon état.

14. Il est défendu aux billeurs de se porter sur les bateaux, dans un état d'ivresse, pour en effectuer le billage.

15. On inscrira sur les piles d'avalage du pont le salaire alloué à chaque billeur par l'article 6 qui précède.

16. La présente ordonnance sera imprimée et affichée.

Chaque billeur devra être muni d'un exemplaire qu'il sera tenu de représenter à toute réquisition des mariniers.

Le commissaire général, l'inspecteur général de la navigation et des ports et les agents sous leurs ordres sont chargés, chacun en ce qui le concerne, d'en assurer l'exécution.

Le préfet de police, GISQUET.

Nº **1436.** — *Ordonnance concernant la prohibition de la chasse* (1).

Paris, le 20 février 1832.

Nº **1437.**— *Ordonnance concernant les masques* (2).

Paris, le 28 février 1832.

Nº **1438.** — *Ordonnance concernant la vérification périodique des poids et mesures* (3).

Paris, le 21 mars 1832.

---

(1) V. l'ord. du 23 fév. 1843.
(2) V. l'ord. du 23 fév. 1843.
(3) V. les ord. des 23 nov. 1842 et 1er déc. 1843.

N° **1439.** — *Ordonnance concernant les mesures de salubrité à observer dans les halles et marchés.*

Paris, le 1er avril 1832.

Nous, préfet de police,

Considérant que les détaillants qui occupent des places dans les halles et marchés ne les entretiennent pas avec la propreté convenable ; qu'ils déposent, dans les passages réservés à la circulation du public ou sur le sol de leurs places, des débris de matières animales ou autres, suivant la nature de leur commerce, qui répandent une odeur infecte, et qu'il importe, dans l'intérêt de la salubrité des quartiers où sont situés ces halles et marchés, de faire cesser promptement cet état de choses ;

La loi des 16-24 août 1790 ;

Vu les articles 2, 22, 23, 33 et 34 de l'arrêté du gouvernement du 12 messidor an VIII (1er juillet 1800),

Ordonnons ce qui suit :

DISPOSITIONS GÉNÉRALES.

1. Il est enjoint à tous les détaillants établis dans les halles et marchés d'entretenir dans un état constant de propreté l'intérieur et les abords de leurs places.

2. Il leur est défendu de jeter, dans les passages réservés pour la circulation, des pailles ou débris quelconques. Tous les débris doivent être rassemblés dans des seaux ou paniers, pour être déposés aux endroits affectés à ces dépôts dans chaque marché.

3. Il est enjoint aux détaillants de n'avoir que des étalages ou ustensiles mobiles ou transportables. Il leur est expressément défendu de les fixer aux poteaux par des clous, ou aux murs par des scellements.

Toute dérogation au présent article qui serait nécessitée par des motifs de salubrité, en faveur de certaines espèces de marchandises, sera l'objet de permissions spéciales délivrées par l'administration.

4. Il est défendu de placer sur les entraits du comble des abris, des coffres, des paniers pleins ou vides, et généralement des effets, marchandises ou matériaux quelconques, rien ne devant gêner la circulation de l'air sous les combles.

5. Il est défendu d'élever les étalages latéralement de manière à intercepter la vue et la circulation de l'air d'une place aux places voisines.

6. Il est défendu de conserver, dans les étalages, des marchandises avariées impropres à la consommation.

7. Tous les mois et plus souvent, s'il est nécessaire, à des jours qui seront désignés par l'administration, les marchands déplaceront leurs étalages et ustensiles quelconques, pour nettoyer à fond le sol qu'ils recouvrent.

DISPOSITIONS PARTICULIÈRES A CERTAINES PROFESSIONS.

Tripiers et marchands d'abats.

8. Il est enjoint aux tripiers et marchands d'abats de renouveler l'eau des baquets dans lesquels ils font tremper les têtes, pieds et fressures de veau, les pieds de mouton, etc., assez fréquemment pour qu'elle ne contracte aucune mauvaise odeur, sans jamais laisser la même eau plus de six heures.

9. Avant d'opérer ce renouvellement, ils doivent faire écouler entièrement l'eau de trempage, rincer et nettoyer les baquets.

10. Il leur est expressément défendu de jeter, dans les passages ou sur le sol de leurs places, les marchandises avariées ou des débris quelconques ; ils devront les conserver dans des seaux ou baquets qu'ils auront soin de faire enlever, tous les jours, ou de vider dans les voitures du nettoiement à leur passage.

11. Après la vidange des baquets de trempage, il leur est enjoint de laver à grande eau la partie du sol par laquelle se sera fait l'écoulement.

12. Les tables, et généralement toutes les parties des étalages et ustensiles qui sont en contact avec les marchandises de triperie, seront fréquemment grattées et lavées, et au moins tous les soirs, avant la fermeture du marché.

13. Une fois au moins par semaine, les tables, seaux et baquets devront être lavés sur tous les points avec une solution de chlorure d'oxyde de sodium ou de chlorure de chaux (1).

Bouchers et charcutiers.

14. Il est enjoint aux bouchers et charcutiers sur les marchés, de gratter et nettoyer leurs tables, et notamment les ais sur lesquels ils coupent leurs viandes, de manière qu'il n'y reste aucun débris de chair, de graisse et d'os.

Marchands de volaille et gibier.

15. Il est défendu aux marchands de volaille de placer des cages et paniers vides ou contenant des animaux vivants, dans les cours et passages intérieurs des marchés ou au dehors sur la voie publique.

16. Il leur est défendu de saigner et plumer des volailles, y compris les pigeons, soit à leurs places, soit dans les passages ou aux abords des marchés.

17. Il leur est défendu de jeter sur le sol les intestins de volailles. Ils devront les conserver dans des seaux qui seront vidés dans les voitures du nettoiement, et rincés ensuite.

Marchandes de marée et de poisson d'eau douce.

18. Il est expressément défendu de se servir de tampons de papier pour exposer en vente le poisson. On ne pourra employer à cet usage que des blocs de pierre ou de bois ou des terrines de grès renversées.

19. Il leur est enjoint de la manière la plus expresse de déposer les débris et la vidange des poissons dans des seaux qui seront vidés fréquemment et au moins une fois par jour, aux points désignés à cet effet, et immédiatement rincés avec soin.

20. Il leur est enjoint de gratter et laver, tous les jours, les tables sur lesquelles le poisson est exposé en vente. Ces marchands devront, en outre, les laver ainsi que les baquets servant à l'usage du poisson, au moins une fois par semaine, avec une solution de chlorure d'oxyde de sodium ou de chlorure de chaux.

---

(1) PRÉPARATION DU CHLORURE DE CHAUX LIQUIDE.

On prend une livre de chlorure de chaux sec ; on met le chlorure dans un pot de grès, dit *pot à beurre*, on verse dessus une voie d'eau que l'on agite à plusieurs reprises ; la liqueur claire qui surnage au dépôt blanc est le chlorure de chaux liquide avec lequel on doit laver les objets désignés dans l'ordonnance. On se sert, pour opérer ce lavage, d'une éponge, d'un linge ou d'une brosse. Lorsqu'on a enlevé tout le liquide clair, le résidu, jeté dans le ruisseau, sert encore à l'assainissement.

Le chlorure de chaux liquide peut être conservé dans le pot même, en le bouchant bien, ou bien tiré à clair dans des flacons bouchés en liége.

Marchandes de saline.

21. Il est enjoint aux marchandes de saline de renouveler fréquemment l'eau des baquets où elles font dessaler le poisson.

Les inspecteurs des marchés veilleront à ce que, par un trop long trempage, le poisson ne soit pas altéré et rendu impropre à la consommation.

Ces marchandes devront, en ce qui concerne la propreté de leurs étalages et ustensiles, se conformer à ce qui est prescrit aux marchandes de marée.

Marchandes de viandes cuites.

22. Il est défendu aux marchandes de viandes cuites de jeter, soit dans l'intérieur de leurs places, soit dans les passages ou sur la voie publique, aucun débris de leurs marchandises. Il leur est enjoint de ne conserver et de n'exposer en vente que des viandes saines. Il leur est enjoint aussi de ne renfermer les marchandises, qu'elles conservent d'un jour à l'autre, que dans des coffres disposés de manière que l'air puisse s'y renouveler ; ces coffres devront être nettoyés, au moins une fois par semaine, en les lavant avec une solution de chlorure d'oxyde de sodium ou de chlorure de chaux.

23. Les contraventions seront constatées par des procès-verbaux ou rapports qui nous seront adressés pour être transmis au tribunal compétent.

24. La présente ordonnance sera imprimée, publiée et affichée.

25. Le commissaire chef de la police municipale, les commissaires de police, les officiers de paix, le directeur de la salubrité, l'inspecteur général et les inspecteurs généraux adjoints des halles et marchés et les préposés sous leurs ordres sont chargés de tenir la main à son exécution.

Le préfet de police, GISQUET.

N° 1440. — *Arrêté concernant les chéneaux et gouttières destinés à recevoir les eaux pluviales sous l'égout des toits* (1).

Paris, le 1er avril 1832.

Nous, préfet de police,

Considérant que la mauvaise saison n'a pas permis que les dispositions de l'ordonnance de police du 30 novembre dernier concernant les chéneaux et gouttières, destinés à recevoir les eaux pluviales sous l'égout des toits, fussent exécutées dans le délai fixé par ladite ordonnance,

Arrêtons ce qui suit :

1. Le délai fixé pour satisfaire à l'ordonnance de police du 30 novembre 1831 concernant les chéneaux et gouttières, destinés à recevoir les eaux pluviales sous l'égout des toits est prorogé, jusqu'au 1er du mois d'août prochain.

2. Cette ordonnance sera de nouveau imprimée et affichée à la suite du présent.

Le préfet de police, GISQUET.

---

(1) V. l'arr. du 1er août 1832.

N° **1441.** — *Ordonnance concernant les bains dans la rivière et les écoles de natation* (1).

Paris, le 10 avril 1832.

—————————— ⊙ ——————————

N° **1442.** — *Ordonnance concernant la translation provisoire de la foire aux jambons dans le nouveau marché à fourrages du Faubourg-Saint-Martin* (2).

Paris, le 12 avril 1832.

Nous, conseiller d'Etat, préfet de police,

Vu 1° La loi des 16—24 août 1790, titre XI, article 3, § 3, 4 et 5 ;

2° Les articles 423 et 479 du Code pénal ;

3° Les articles 23, 26 , 32 et 33 de l'arrêté du gouvernement du 12 messidor an VIII (1er juillet 1800),

Ordonnons ce qui suit :

1. La foire aux jambons se tiendra, cette année, dans le nouveau marché à fourrages du Faubourg-Saint-Martin.

2. La foire aura lieu, suivant l'usage, pendant trois jours consécutifs, les mardi, mercredi et jeudi de la semaine sainte (17, 18 et 19 avril), depuis le lever jusqu'au coucher du soleil.

3. Les marchands peuvent y exposer en vente toute espèce de marchandises de leur profession, à l'exception du porc frais. (*Lettres patentes du 26 août 1783, art. 7.*)

4. Il est expressément défendu d'exposer à la foire aucune marchandise gâtée ou altérée par le mélange de viandes étrangères et qui n'entrent pas ordinairement dans la fabrication des articles de charcuterie. Il ne sera admis à la foire que les marchandises qui auront été soumises à une inspection préalable.

5. Les marchands qui, malgré cette inspection, seraient parvenus à soustraire ou à vendre des articles de charcuterie de mauvaise qualité ou fabriqués avec des viandes étrangères, dans le but de tromper le public, seront expulsés immédiatement, et ne pourront plus y être admis désormais.

6. Les marchands sont tenus de placer leurs balances et leurs poids en évidence.

7. Les marchands sont tenus également de balayer leurs places, chaque jour, de n'accrocher aucune marchandise aux piliers des greniers, de n'y faire aucune espèce de construction, et de ne déposer ni ordures, ni immondices dans l'intérieur du marché.

8. Les contraventions seront constatées par des procès-verbaux ou rapports qui nous seront adressés, pour être transmis au tribunal compétent.

9. La présente ordonnance sera imprimée, publiée et affichée.

10. Le commissaire, chef de la police municipale, le commissaire de police du quartier du Faubourg-Saint-Denis, les officiers de paix, l'inspecteur général et les inspecteurs généraux adjoints des halles et marchés et les préposés sous leurs ordres sont chargés de tenir la main à son exécution.

Le conseiller d'Etat, préfet de police, GISQUET.

————————————————————————————

(1) V. les ord. des 20 mai 1839 et 25 oct. 1840 (art. 187 et suiv., et 225).

(2) V. les ord. des 11 mars 1833, 17 mars 1834 et 7 avril 1843.

No **1443.**—*Ordonnance concernant le marché Saint-Germain* (1).

Paris, le 4 mai 1832.

Nous, conseiller d'Etat, préfet de police,

Vu 1º le bail à loyer de l'exploitation du marché Saint-Germain, consenti par la ville de Paris au sieur Testart (Ambroise), le 18 février dernier;

2º La décision de M. le ministre du commerce et des travaux publics, en date du 12 décembre 1831, portant approbation du tarif des places ;

3º La loi des 16—24 août 1790 ;

4º Les articles 23, 26, 32 et 33 de l'arrêté du gouvernement du 12 messidor an VIII (1er juillet 1800),

Ordonnons ce qui suit :

1. Les trois galeries du midi, de l'est et de l'ouest du marché Saint-Germain continueront d'être affectées exclusivement à la vente des comestibles.

Cependant, à défaut de marchands de comestibles, le fermier pourra admettre, dans les trois galeries, des détaillants d'objets relatifs aux besoins usuels de ménage et de cuisine, tels que ferblanterie, poterie, verrerie et boissellerie, sans que le nombre total puisse excéder celui de vingt, et avec notre autorisation expresse, qui fixera l'espace à occuper par ces détaillants.

A cet effet, chaque détaillant devra être pourvu d'une permission spéciale indicative du genre de commerce qu'il se propose d'exploiter, lequel ne pourra être changé sans une nouvelle permission.

2. Le fermier est tenu de réserver, dans la galerie du nord, des places en nombre suffisant, les mardi et vendredi de chaque semaine, pour y recevoir les approvisionnements forains de comestibles.

Cette galerie sera, quant au reste, à la libre disposition du fermier qui, à défaut de marchands de comestibles, pourra y placer des détaillants d'objets indiqués dans l'article précédent.

Il lui est expressément défendu d'y recevoir des débitants de vin, de liqueurs, d'aliments préparés, des marchands de livres, d'estampes, de tableaux, de meubles, de linge de corps ou de table, de vêtements ou tout autre commerce étranger à la destination spéciale du marché.

3. Sous les quatre galeries couvertes du marché, les massifs d'étalages seront maintenus sur quatre rangs, dont deux adossés l'un à l'autre dans le milieu et parallèlement aux galeries, et les deux autres appuyés contre les façades intérieures des murs.

Il sera laissé, entre ceux-ci et les premiers, un espace de deux mètres au moins pour la circulation du public.

Chaque place sera numérotée, et sa limite sera indiquée par des marques apparentes.

4. Il est expressément défendu de placer aucun étalage sur les trottoirs tant intérieurs qu'extérieurs du marché, d'obstruer les portes pratiquées tant sur les rues environnantes que sur la cour, et d'embarrasser les passages.

5. Des étalages de vieux linge pourront continuer à être placés dans les quatre angles rentrants de la cour, à condition :

1º Qu'ils seront abrités sous des baraques solides et non scellées dans terre, construites sur un modèle uniforme, qui devra être donné par M. Baltard, architecte, et approuvé par nous;

(1) V. l'ord. du 19 avril 1826.

2° Que ces baraques ou étalages ne pourront être placés à une distance moindre de quatre mètres des murs ;

3° Qu'il n'en pourra être établi au-devant des portes ni auprès de la fontaine, dont les abords devront être toujours libres, et dont l'isolement sera maintenu, dans un rayon de cinq mètres cinquante centimètres au moins, à partir de chacune des quatre bornes d'angles.

6. Un préposé spécial est chargé de la surveillance du marché Saint-Germain.

Aucun détaillant ne peut y être admis sans, au préalable, en avoir obtenu la permission, qui lui sera délivrée par l'inspecteur général des halles et marchés.

7. Aucun détaillant ne pourra être privé de sa place qu'en vertu de notre décision spéciale.

8. Le marché Saint-Germain sera ouvert au public, du 1er avril au 1er septembre, à cinq heures du matin, et à six heures, le reste de l'année.

Il sera fermé, en tout temps, à la nuit tombante.

Les étaux de boucherie et de charcuterie ne seront ouverts au public que les mercredi et samedi de chaque semaine.

9. Les frais de garde de nuit, de nettoiement et de balayage, tant dans l'intérieur qu'à l'extérieur du marché, seront à la charge du fermier.

Les détaillants se conformeront, quant à la tenue de leurs places, à toutes les mesures de police prescrites par les ordonnances de police (notamment par l'ordonnance du 1er avril dernier), pour le maintien de la propreté et de la salubrité dans les marchés.

10. Il est expressément défendu :

1° D'allumer des feux et fourneaux, tant à l'intérieur des galeries que dans la cour, sous quelque prétexte que ce soit ;

2° D'y faire usage de pots à feu, s'ils ne sont en métal, couverts d'un grillage en métal à mailles serrées ;

3° D'y employer des chandelles allumées, si elles ne sont placées dans des lanternes closes ;

4° D'y fumer, même avec des pipes couvertes.

11. Conformément au bail susmentionné, le fermier ne pourra exiger des marchands qui fréquentent le marché Saint-Germain d'autres prix de location des places que ceux ci-après fixés, savoir :

1° Dans le bâtiment de la boucherie, de chaque marchand boucher, quatre francs par jour et par place ; de chaque charcutier, un franc cinquante centimes, aussi par jour et par place ;

2° Dans les galeries du midi, de l'est et de l'ouest, chaque détaillant payera dix centimes par jour et par mètre superficiel, et quinze centimes, aussi par jour, pour chaque resserre.

L'adjonction d'une resserre à une place sera toujours volontaire pour le titulaire de la place.

Quant à la galerie du nord, à la cour et aux boutiques, espaces et autres dépendances, le prix de location des places sera débattu et réglé de gré à gré entre le fermier et les marchands.

12. Tous les règlements actuellement existant, concernant la vente des comestibles et autres, rendus et à rendre sur l'ordre et la police des marchés, seront obligatoires pour le fermier et pour les détaillants du marché Saint-Germain.

13. Les contraventions à la présente ordonnance seront constatées par des procès-verbaux ou rapports qui nous seront adressés, pour être transmis au tribunal compétent.

14. La présente ordonnance sera imprimée, publiée et affichée.

Deux exemplaires en seront constamment exposés sur deux tableaux qui seront placés dans les endroits les plus apparents du marché.

Ampliation en sera adressée à M. le préfet du département de la Seine.

L'inspecteur général et les inspecteurs généraux adjoints des halles et marchés, le commissaire, chef de la police municipale, les commissaires de police, notamment celui du quartier du Luxembourg, les officiers de paix et les préposés sous leurs ordres sont chargés de tenir la main à son exécution.

Le conseiller d'Etat, préfet de police, GISQUET.

N° **1444.** — *Arrêté concernant la remise des objets, déposés à la fourrière, au préposé de l'administration des domaines* (1).

Paris, le 14 mai 1832.

Nous, conseiller d'Etat, préfet de police,

Vu : 1° L'article 39 du décret du 18 juin 1811, portant que les animaux et tous objets périssables, pour quelque cause qu'ils aient été saisis, ne peuvent rester en fourrière ou sous le séquestre plus de huit jours, et doivent être vendus à l'expiration de ce délai;

2° L'article 40 dudit décret et le paragraphe 6 de l'article 1er de l'ordonnance royale du 23 mai 1830, en vertu desquels la préfecture de police doit faire la remise des objets mis en fourrière et qui sont susceptibles d'être vendus à l'administration des domaines, chargée de procéder à cette vente;

3° L'article 2 de l'ordonnance royale précitée, qui veut que la remise à l'administration des domaines, des objets non périssables, soit effectuée de six en six mois seulement, et de manière à ce qu'il soit fait de ces objets deux ventes par année;

4° L'article 5 de l'arrêté du 17 mai 1815, et l'article 12 de l'arrêté du 25 mars 1831, relatifs à la fourrière, qui ordonnent que la vente des objets ci-dessus désignés sera faite par les soins de la préfecture de police;

5° La lettre à nous adressée par M. le receveur des domaines du département de la Seine, qui demande que, conformément aux dispositions des décrets et ordonnances ci-dessus relatés, la remise des objets mis en fourrière et susceptibles d'être vendus lui soit faite en sa qualité de receveur des domaines, désigné par son administration pour procéder à la vente des objets précités;

Considérant que si, jusqu'à ce jour, la préfecture de police s'est substituée à l'administration des domaines, dans les ventes dont il s'agit, son seul but a été de ne point augmenter, par une trop grande perte de temps, des frais supportés en définitive par le trésor, mais qu'il y a lieu de suivre, à l'avenir, la marche tracée par le décret et l'ordonnance précités,

Arrêtons ce qui suit:

1. A compter de ce jour, tous objets périssables ou non périssables, déposés à la fourrière et susceptibles d'être vendus, seront remis, aux termes de l'article 40 du décret du 18 juin 1811 et du paragraphe 6 de l'article 1er de l'ordonnance royale du 23 mai 1830, au préposé de l'administration des domaines, chargé par cette dernière de faire procéder à la vente des objets dont il est question.

---

(1) V. les arr. des 20 déc. 1832 et 28 fév. 1839.

2. Cette remise sera effectuée, pour les objets périssables, de la manière et ainsi qu'il suit :

Aussitôt l'entrée en fourrière d'un objet de cette nature, le commissaire chargé de la fourrière devra nous en faire un rapport spécial, afin de nous mettre à même de prendre la décision nécessaire pour la remise aux domaines de l'objet dont il s'agit.

Cette décision sera transmise à l'administration des domaines, et communiquée au commissaire chargé de la fourrière, dans un délai assez prompt pour que, à l'expiration des huit jours fixés par l'article 39 du décret du 18 juin 1811, pour le séjour à la fourrière des objets périssables, l'objet en question puisse être remis à M. le receveur des domaines, chargé de procéder à la vente, à moins que, dans cet espace de temps, cet objet n'ait été réclamé par son propriétaire, ou restitué à qui de droit.

Dans ces deux derniers cas, le commissaire chargé de la fourrière devra nous en rendre compte, sur-le-champ, par un rapport spécial.

3. Quant à la remise, à l'administration des domaines, des objets non périssables, elle n'aura lieu, aux termes de l'article 2 de l'ordonnance royale du 23 mai 1830, que de six mois en six mois, et de manière à ce qu'il soit fait seulement deux ventes par année.

Un mois au moins avant l'époque de la remise, le commissaire chargé de la fourrière devra faire connaître au préfet de police, par un rapport spécial, les objets non périssables qui devront être vendus.

Leur remise à l'administration des domaines sera ordonnée ainsi qu'il est dit en l'article 2.

4. Conformément à l'article 3 de l'ordonnance royale du 23 mai 1830, la remise des objets périssables ou non périssables devra être faite par le commissaire chargé de la fourrière, au préposé de l'administration des domaines chargé de la vente, sur un inventaire double, qui indiquera la nature, la qualité et la quantité des effets, le nom de l'ancien propriétaire, s'il est connu, le nom du déposant, et tous les autres renseignements qui pourront être utiles.

Cet inventaire sera signé tant par l'agent de la préfecture de police qui fera la remise que par le préposé des domaines chargé de la vente.

5. L'arrêté de police du 25 mars 1831, relatif à la fourrière, continuera de recevoir son exécution en tout ce qui n'est pas contraire aux dispositions du présent arrêté.

6. Expédition du présent arrêté sera adressée à M. le receveur des domaines du département de la Seine, chargé par l'administration des domaines de procéder aux ventes dont il s'agit, ainsi qu'au commissaire de police chargé du service administratif des voitures et de la fourrière.

Copie en sera remise au bureau de la comptabilité.

Le conseiller d'Etat, préfet de police, GISQUET,

N° **1445**. — *Ordonnance concernant l'arrosement* (1).

Paris, le 24 mai 1832.

---

(1) V. les ord. des 12 mai 1834, 1er juin 1837 et 27 juin 1843.

N° **1446**. — *Ordonnance concernant les mesures d'ordre à observer pendant la revue générale des gardes nationales et des troupes de ligne, qui sera passée par le roi, le 10 du courant.*

Paris, le 9 juin 1832.

Nous, conseiller d'Etat, préfet de police,

Vu la lettre de M. le maréchal de camp, chef d'état-major général de la garde nationale du département de la Seine, en date du 8 courant, par laquelle il nous prévient que, le dimanche 10 juin, présent mois, il sera passé par le roi une revue générale des troupes de la garde nationale et de la ligne,

Ordonnons ce qui suit :

1. Le dimanche 10 juin, présent mois, à partir de neuf heures précises du matin, pendant la durée de la revue et jusqu'après l'entier défilé des troupes, la circulation et le stationnement des voitures sont interdits sur les points suivants, savoir :

1° Dans toute la rue du faubourg Saint-Antoine, à partir de la barrière du Trône;

2° Sur la place de la Bastille;

3° Sur toute la ligne des boulevards, entre ladite place et le monument de la Madeleine ;

4° Dans la rue Royale;

5° Sur la place de la Concorde;

6° Dans toute la grande avenue des Champs-Elysées jusqu'à la barrière de l'Etoile;

7° Dans la rue de Rivoli;

8° Dans celle Castiglione;

9° Sur la place Vendôme;

10° Et dans la rue de la Paix.

2. Le passage des voitures ne sera toléré, dans cette journée, que pour traverser les boulevards devant les rues des faubourgs Montmartre, Poissonnière, et devant les portes Saint-Denis et Saint-Martin, et seulement après le passage du roi et de son état-major, et l'entier défilé des troupes.

3. Il est défendu de monter sur les monuments publics, sur les parapets des bassins du canal Saint-Martin, ainsi que sur les arbres des boulevards et des Champs-Elysées.

Il est également défendu de monter sur les toits, les entablements et les auvents des maisons, ainsi que sur tout échafaudage.

4. Les contraventions à la présente ordonnance seront constatées et poursuivies conformément aux lois.

5. La présente ordonnance sera imprimée et affichée dans Paris.

Le chef de la police municipale, les commissaires de police et les officiers de paix sont chargés, chacun en ce qui le concerne, de tenir la main à son exécution. Ils prendront toutes les mesures nécessaires pour le maintien de l'ordre, et se concerteront avec les commandants de la force armée.

Le conseiller d'Etat, préfet de police, GISQUET.

N° **1447**. — *Ordonnance concernant les médecins, chirurgiens, pharmaciens, officiers de santé, logeurs et directeurs de maisons de santé.*

Paris, le 9 juin 1832.

Nous, conseiller d'Etat, préfet de police,

Vu l'article 2 de l'arrêté des consuls du 12 messidor an VIII (1er juillet 1800);

Vu l'ordonnance de police du 17 ventôse an IX (8 mars 1801) et celle du 25 août 1806,

Avons ordonné ce qui suit :

1. Tous les médecins, chirurgiens, officiers de santé et pharmaciens de Paris et ceux des communes rurales du département de la Seine et de celles de Sèvres, Saint-Cloud et Meudon, qui auront administré des secours à des blessés, depuis le 4 de ce mois exclusivement, seront tenus d'en faire, dans les vingt-quatre heures, la déclaration aux commissaires de police de Paris et aux maires (extra-muros), sous peine de trois cents francs d'amende. (*Edit de décembre 1666, et ord. de police du 4 novembre 1788.*)

2. Cette déclaration contiendra les noms, prénoms, profession et demeure de tous les individus qui auront fait appeler les médecins, chirurgiens, pharmaciens et officiers de santé pour panser leurs blessures, ou qui se seront fait transporter chez eux pour y être traités.

Elle indiquera aussi les causes des blessures, leur gravité et les circonstances qui y auront donné lieu.

3. Les administrateurs des hospices et hôpitaux du département de la Seine, les directeurs des maisons de santé, les logeurs en garni, feront la même déclaration pour tous les individus blessés qui auront été transportés dans leurs établissements.

4. Les commissaires de police de Paris et les maires des communes rurales transmettront immédiatement les procès-verbaux de ces déclarations au préfet de police.

5. Les contraventions seront constatées par des procès-verbaux et dénoncées aux tribunaux compétents.

6. La présente ordonnance sera imprimée, publiée et affichée.

Les commissaires de police, à Paris, les maires des communes rurales du département de la Seine et de celles de Sèvres, Saint-Cloud et Meudon, les officiers de paix et les préposés de la préfecture de police sont chargés, chacun en ce qui le concerne, de veiller à son exécution.

Le conseiller d'État, préfet de police, GISQUET.

Approuvé.

Le pair de France, ministre du commerce et des travaux publics,

Cte D'ARGOUT.

N° **1448**. — *Ordonnance concernant les aubergistes, maîtres d'hôtels garnis et logeurs, les visa de passe-ports et permis de séjour.*

Paris, le 15 juin 1832.

Nous, conseiller d'Etat, préfet de police,

Considérant que beaucoup de personnes qui louent des appartements ou des chambres meublés ne se soumettent pas aux obligations prescrites aux logeurs par les lois et règlements;

Considérant qu'il est urgent de remédier à cet état de choses, qui nuit essentiellement à l'action et à la surveillance de l'autorité;

Considérant, d'ailleurs, que, par l'inexécution des lois et règlements, un grand nombre de logeurs clandestins se soustraient aux charges et aux obligations qui doivent atteindre tous les individus qui exercent habituellement ou accidentellement la profession de logeur;

Considérant que des personnes étrangères à la ville de Paris sont fréquemment logées, à titre gratuit, dans des maisons particulières, et qu'il est nécessaire de remplir également, à leur égard, les formalités prescrites par les lois;

Voulant déterminer d'une manière précise les formalités et obligations imposées à toutes personnes louant en garni, et assurer, dans l'intérêt de l'ordre public, la stricte exécution des lois et règlements sur les maisons garnies, les visa de passe-ports et permis de séjour, en en rappelant et réunissant les dispositions dans une seule et même ordonnance;

Vu les articles 2, 5 et 7 de l'arrêté du gouvernement du 12 messidor an VIII (1er juillet 1800); l'article 5 de la loi du 22 juillet 1791; ensemble les articles 475, paragraphe 2, et 478 du Code pénal;

Vu l'article 471, paragraphe 15 du même Code, duquel il résulte que ceux qui auront contrevenu aux règlements légalement faits par l'autorité administrative et ceux qui ne se seront pas conformés aux règlements ou arrêtés publiés par l'autorité municipale, en vertu des articles 3 et 4, titre XI de la loi du 16—24 août 1790 et de l'article 46, titre Ier de la loi du 19—22 juillet 1791, seront punis d'amende, depuis un franc jusqu'à cinq francs inclusivement, et, en cas de récidive, de trois jours d'emprisonnement, aux termes de l'article 474;

Vu les lois des 10 vendémiaire et 27 ventôse an IV,

Ordonnons ce qui suit :

§ Ier.

1. Sont considérées comme logeurs de profession, et, à ce titre, sont astreintes à l'exécution des dispositions législatives et réglementaires concernant les aubergistes, maîtres d'hôtels garnis et logeurs, toutes personnes qui louent en garni tout ou partie d'une maison, soit dans les termes et délais en usage pour les locations en garni, soit dans les termes et délais déterminés par le droit commun pour les locations en général. (*Article 1758 du Code civil.*)

2. Les personnes qui veulent exercer la profession d'aubergiste, maître d'hôtel garni ou logeur, sont tenues d'en faire préalablement la déclaration à la préfecture de police.

Acte leur en sera donné.

Cette déclaration devra être renouvelée toutes les fois qu'elles viendront à changer de domicile.

Elles devront, en outre, placer extérieurement et conserver constamment sur la porte d'entrée de la maison un tableau indiquant que tout ou partie de la maison est louée en garni.

Les lettres de ce tableau ne devront pas avoir moins de huit centimètres (trois pouces) de hauteur; elles seront noires sur un fond jaune.

Les aubergistes, maîtres d'hôtels garnis et logeurs sont invités à numéroter leurs appartements ou chambres meublées.

5. Les aubergistes, maîtres d'hôtels garnis et logeurs sont tenus d'avoir un registre en papier timbré pour l'inscription immédiate des voyageurs français et étrangers.

Ce registre doit être coté et parafé par le commissaire de police du quartier. (*Loi du 22 juillet* 1791, *art.* 5; *et* 475, *paragraphe* 2 *du Code pénal.*)

4. Il est enjoint aux aubergistes, maîtres d'hôtels garnis et logeurs d'inscrire, jour par jour, de suite, sans aucun blanc ni interligne, les noms, prénoms, âges, profession, domicile habituel et dernière demeure de tous ceux qui couchent chez eux, même une seule nuit.

Le registre doit indiquer la date de leur entrée et de leur sortie.

Il doit, en outre, mentionner s'ils sont porteurs de passe-ports ou autres papiers de sûreté et quelles sont les autorités qui les auront délivrés. (*Loi du 22 juillet* 1791, *article* 5; *et* 475, *paragraphe* 2 *du Code pénal.*)

5. Les aubergistes, maîtres d'hôtels garnis et logeurs représenteront leur registre à toute réquisition, soit aux commissaires de police qui les viseront, soit aux officiers de paix ou aux préposés de la préfecture de police, qui pourront aussi les viser.

Ils seront tenus de faire viser leurs registres, à la fin de chaque mois, par le commissaire de police de leur quartier. (*Loi du 22 juillet* 1791, *et Code pénal, mêmes articles.*)

6. Faute par eux de se conformer aux dispositions des articles 3, 4 et 5 de la présente ordonnance, ils encourront les peines prononcées par les lois. (*Amende, depuis six francs jusqu'à dix inclusivement; art.* 475 *du Code pénal, paragraphe* 2: *emprisonnement pendant cinq jours, en cas de récidive; art.* 478 *du même Code.*)

Ils seront, en outre, civilement responsables des restitutions, des indemnités et des frais adjugés à ceux à qui un crime ou un délit commis par des personnes logées sans inscription aurait causé quelque dommage, sans préjudice de leur responsabilité dans le cas des articles 1952 et 1953 du Code civil. (*Art.* 73 *du Code pénal.*)

7. Il leur est défendu d'inscrire sciemment, sur leur registre, sous des noms faux ou supposés, les personnes logées chez eux, sous les peines prononcées par l'article 154 du Code pénal. (*Emprisonnement de six jours à un mois, Code pénal, art.* 154.)

Il leur est pareillement défendu de donner retraite aux vagabonds, mendiants et gens sans aveu. (*Loi du 10 vend. an* IV.)

8. Il leur est défendu aussi de recevoir habituellement des filles publiques, sous peine d'une amende de deux cents francs. (*Ord. de police du* 6 *nov.* 1778, *art.* 5.)

9. Les aubergistes, maîtres d'hôtels garnis et logeurs porteront tous les jours, avant quatre heures, au commissaire de police de leur quartier, les passe-ports des voyageurs français et une note des voyageurs étrangers qui seront arrivés dans leurs auberges, hôtels garnis, appartements ou chambres meublés.

En échange de chaque passe-port, le commissaire de police leur remettra un bulletin, avec lequel les voyageurs se présenteront, dans les trois jours de leur arrivée, à la préfecture de police, pour y retirer leurs passe-ports et obtenir un visa ou un permis de séjour.

10. Les personnes soit françaises, soit étrangères, qui, antérieurement à leur arrivée dans des maisons garnies, appartements ou chambres meublés, auraient obtenu des permis de séjour, seront tenues de les remettre immédiatement au maître de la maison garnie, de l'appartement ou chambre meublée chez lequel elles viendront loger.

Ce dernier sera tenu de le représenter, dans les vingt-quatre heures, au commissaire de police de son quartier, qui, s'ils sont périmés, le constatera, avec injonction aux individus qui en sont porteurs de les faire régulariser ou renouveler.

Il est défendu aux aubergistes, maîtres d'hôtels garnis et logeurs de retenir , sous quelque prétexte que ce soit, les papiers de sûreté des personnes logées chez eux.

11. Lorsqu'un aubergiste , maître d'hôtel garni ou logeur cessera sa profession, il devra faire immédiatement, au bureau du commissaire de police de son quartier, le dépôt de son registre avec l'acte de sa déclaration, qui lui a été donnée par la préfecture de police.

12. Les passe-ports seront laissés à la disposition des voyageurs étrangers à la France, afin que, dans les trois jours de leur arrivée, ils puissent se faire reconnaître par l'ambassadeur, envoyé ou chargé d'affaires de leur gouvernement.

Ce délai de trois jours passé, ces étrangers sont tenus de se présenter à la préfecture de police pour y recevoir, en échange de leurs passeports, un permis de séjour distinct des permis de séjour ordinaires et indicatif de leur qualité d'étrangers.

§ II.

Des personnes qui logent gratuitement des Français ou des étrangers.

13. Tous les habitants qui donneront à loger, à titre gratuit dans leurs maisons ou portions de maisons, seront tenus d'en faire la déclaration au commissaire de police du quartier.

Cette déclaration sera faite en double, dont un , visé par le commissaire de police, leur sera remis pour leur décharge.

Ils seront, en outre, soumis aux obligations imposées aux maîtres d'hôtels garnis et logeurs, en ce qui concerne les passe-ports et permis de séjour.

14. Faute par eux de se conformer à l'article précédent, ils encourront les peines de police correctionnelle prononcées par la loi. (*Trois mois d'emprisonnement : loi du 27 ventôse an* IV*, art. 2 et 3.*)

15. Les maîtres, les ouvriers ou toutes autres personnes qui reçoivent, à titre gratuit ou onéreux, des ouvriers, journaliers , apprentis ou autres, dans le logement qu'ils louent en leur nom, sont soumis aux obligations prescrites par l'article 13 de la présente ordonnance et sous les peines énoncées en l'article 14.

Dispositions générales.

16. Les contraventions seront constatées par des procès-verbaux ou des rapports, pour être poursuivies devant les tribunaux conformément aux lois.

17. Sont abrogées toutes les dispositions des ordonnances antérieures relatives aux maisons garnies, visa de passe-ports et permis de séjour qui seraient contraires aux dispositions de la présente.

18. La présente ordonnance sera imprimée, publiée et affichée.

Les sous-préfets des arrondissements de Saint-Denis et de Sceaux, les maires et adjoints des communes rurales du ressort de la préfecture de police, le chef de la police municipale , à Paris, les commissaires de police, les officiers de paix, les contrôleurs et inspecteurs chargés du service des hôtels et maisons garnis et tous les préposés de la préfecture de police sont chargés, chacun en ce qui le concerne, de tenir la main à son exécution.

Le conseiller d'Etat , préfet de police , GISQUET.

N° 1449. — *Arrêté réglementaire du service de l'inspection générale de la navigation et des ports, déterminant les attributions des divers employés et l'ordre du service.*

Paris, le 20 juin 1832.

Nous, conseiller d'État préfet de police,

Considérant qu'il est nécessaire de régler les attributions de l'inspecteur général et celles des divers employés de la navigation, et de fixer l'ordre de leur service, en modifiant dans quelques-unes de leurs parties les instructions actuellement en vigueur;

Vu notre arrêté, en date du 10 novembre dernier, sur l'organisation du service de la navigation et des ports,

Avons arrêté ce qui suit :

1. Les fonctions de l'inspecteur général, des inspecteurs particuliers et des préposés de la navigation et des ports, consistent principalement à veiller à l'exécution des lois et règlements de police qui concernent les rivières, canaux et tous cours d'eau navigables ou flottables, les ports, quais, berges existant dans le ressort de la préfecture de police; à constater les contraventions par des procès-verbaux, à requérir les commissaires de police à Paris, et les maires et adjoints dans les autres communes, toutes les fois que leur intervention sera nécessaire pour assurer l'exécution des lois et règlements.

Leur surveillance s'étend sur les rivières, canaux et cours d'eau, sur les bateaux en navigation ou à port, et sur les établissements en rivière, sur les ports et les berges; elle s'étend aussi sur les ponts, les trottoirs et les quais depuis le parapet jusqu'au ruisseau qui les sépare de la chaussée ou du pavé principal, et sur les chemins de halage, marchepieds, îles et îlots, ainsi que sur les travaux d'arts entrepris dans les cours d'eau.

Le service de la navigation est divisé en sept arrondissements d'inspections particulières, aux termes de notre arrêté du 10 novembre 1831, savoir:

1er arrondissement.

Depuis les barrières de la Râpée et de la Gare jusqu'au pont d'Austerlitz, rive gauche, et jusqu'à la pointe orientale de l'île Louvier, rive droite, comprenant d'un côté le port de l'Hôpital et de l'autre le port de la Râpée, le bassin de la Bastille et le canal Saint-Martin jusqu'à la place d'Aval inclusivement.

Le bureau sera établi au pont d'Austerlitz.

2e arrondissement.

Depuis la pointe orientale de l'île Louviers jusqu'au pont au Change, comprenant:

L'île Louviers, rive droite et rive gauche, le bras du Mail, entre l'île et le quai Morland, la grande estacade, toute la partie droite de l'île Saint-Louis jusqu'au pont de la Cité, laquelle partie avec les ports Saint-Paul, aux Veaux et au Blé, situé sur la rive gauche, forme le bras dit grande gare d'hiver particulièrement affectée aux charbons de bois et aux boutiques à poissons, etc., etc.;

Toute la partie droite de l'île du Palais de Justice, le pont de la Cité jusqu'au pont au Change et de l'autre côté, le bas port de la Grève et les quais Pelletier et de Gèvres.

Le bureau de l'inspecteur sera établi à la Grève.

3ᵉ arrondissement.

La rive gauche depuis le pont d'Austerlitz jusqu'au pont Saint-Michel, comprenant :

Le port Saint-Bernard, le port aux fruits ou des Miramiones, le port des Grands-Degrès, le petit bras de la Seine jusqu'au pont Saint-Michel, toute la partie gauche de l'île Saint-Louis jusqu'au pont de la Cité et toute la partie gauche de l'île du Palais jusqu'au pont Saint-Michel.

Le bureau de l'inspecteur sera établi sur le port Saint-Bernard.

4ᵉ arrondissement.

Rive droite et gauche de la Seine depuis le pont au Change au nord et le pont Saint-Michel au sud jusqu'au Pont-Royal, comprenant :

Le bassin entre le pont au Change et le Pont-Neuf, les quais de l'Horloge et de la Mégisserie, la portion du petit bras de la Seine entre le pont Saint-Michel et le Pont-Neuf, le port de l'Ecole, rive droite jusqu'au pont des Arts, le massif du Pont-Neuf, le port de la Monnaie, rive gauche, le port des Saints-Pères, l'ancien port aux Huîtres et le port Saint-Nicolas, rive droite.

Le bureau de l'inspecteur sera établi au port Saint-Nicolas.

5ᵉ arrondissement.

Les deux rives de la Seine depuis le Pont-Royal jusqu'au port de Javel, rive gauche, et jusqu'au Point du Jour, rive droite, comprenant ;

Sur la rive gauche les ports d'Orsay, des Invalides, de l'île des Cygnes, de la Cunette, de Grenelle et de Javel ; des Champs-Elysées, de Passy et du Point du Jour sur la rive droite.

Le bureau de l'inspecteur sera établi au port des Invalides, auprès du pont de la Concorde ou au port d'Orsay, également à proximité du même port.

6ᵉ arrondissement.

Le bassin de la Villette, le canal Saint-Denis, le canal de l'Ourcq jusqu'aux limites du département, le canal Saint-Martin jusqu'à la place d'Aval.

Le bureau de l'inspecteur sera établi à la Villette.

7ᵉ arrondissement.

Les ports de Bercy et de la Gare depuis les barrières de la Râpée et de la Gare jusqu'à l'ancien bac des Carrières, rive droite, et jusqu'au port d'Ivry, rive gauche.

Le bureau sera établi à Bercy.

Bureaux d'arrivage.

Les bureaux d'arrivage seront établis à la Briche, à Charenton et à Choisy.

La surveillance du préposé en chef aux arrivages de la Briche s'étend sur les deux rives de la Seine depuis cette commune en montant jusqu'au lieu dit le Point du Jour, commune d'Auteuil ; en y comprenant la gare de Saint-Ouen dans toute son étendue.

Le préposé en chef du bureau des arrivages de Choisy, inspectera les ports sur les deux rives de la Seine, depuis l'extrémité du département de la Seine, jusqu'à l'ancien bac de la commune des Carrières de Charenton.

Le préposé aux arrivages de Charenton inspectera les deux rives de la Marne depuis l'entrée de ce fleuve dans le département de la Seine jusqu'à son embouchure dans la Seine.

2. Le service est dirigé par l'inspecteur général qui veille principalement à l'exécution des lois et règlements de police concernant les rivières, la navigation, les ports, quais et berges, dans le ressort de la préfecture de police, constate ou fait constater les contraventions, fait exécuter nos ordres et décisions particulières.

Il nous transmettra, avec ses observations, les rapports qui lui auront été adressés par les divers employés placés sous ses ordres; il fera, le plus souvent qu'il lui sera possible, des tournées dans toute l'étendue des divers arrondissements, et visera, chaque fois, les registres des inspecteurs particuliers et préposés.

3. L'inspecteur général est assisté d'un inspeteur général adjoint qui exercera les mêmes fonctions sous ses ordres, et le suppléera en cas d'absence ou de maladie.

4. Les inspecteurs particuliers exercent, chacun dans leur arrondissement, les mêmes fonctions que l'inspecteur général adjoint.

5. Les sous-inspecteurs exercent les mêmes fonctions que les inspecteurs particuliers sous la surveillance immédiate de ces derniers; ils sont de plus spécialement chargés de la tenue des registres de chaque bureau.

6. Les préposés aux arrivages remplissent, dans leurs arrondissements respectifs, les fonctions d'inspecteurs particuliers; de plus, ils sont spécialement chargés de recevoir la déclaration de tous les bateaux et trains qui arrivent pour l'approvisionnement de Paris, ou qui sont destinés à passer debout; de viser les lettres de voiture et de délivrer des permis aux conducteurs pour qu'ils puissent lâcher ou garer leurs bateaux ou trains dans les ports qui leur seront désignés, suivant leur tour d'enregistrement ou d'arrivage.

7. L'inspecteur général fera rapport des événements importants qui parviendraient à sa connaissance par toute autre voie que celle des inspecteurs particuliers et préposés, et qui se rattacheraient au service de la navigation; il nous transmettra les observations qu'il jugera nécessaires relativement aux réparations des ports, aux entraves que la navigation éprouverait, aux facilités qu'il conviendrait de lui donner, et enfin à tous les objets confiés à sa surveillance.

Il tiendra la main à ce que les décisions qu'il recevra de nous soient exécutés avec exactitude et célérité; il peut, à cet effet, requérir la force armée de lui prêter main-forte.

Dans les cas d'urgence ou non prévus, et seulement en ce qui concerne le service de la rivière, des canaux, des cours d'eau navigables, des ports, quais et berges, il prendra provisoirement les mesures nécessaires; mais il nous en rendra compte sur-le-champ pour avoir notre approbation.

Le bureau de l'inspecteur général est le centre d'action du service.

L'inspecteur général tiendra, indépendamment des registres servant à l'enregistrement des diverses permissions qu'il délivre en notre nom, un registre sur lequel il fera transcrire sa correspondance et une analyse succincte des rapports qui lui seront adressés par les employés sous ses ordres.

8. L'inspecteur général adjoint sera tenu de faire, deux fois par semaine, une visite dans toute l'étendue de chacun des arrondissements d'inspection, de constater sur le registre de correspondance des inspecteurs les observations auxquelles cette visite aura donné lieu, et d'en faire un rapport à l'inspecteur général; il sera tenu, en outre, de faire, deux fois par mois, une visite dans chaque circonscription des bureaux d'arrivage et notamment dans l'espace compris entre le port de Sèvres

et le bureau de la Briche; de constater ses observations sur le registre de correspondance des préposés et d'en faire aussi un rapport à l'inspecteur général; il n'aura pas d'autre bureau que celui de son chef immédiat sur les registres duquel il transcrira sa correspondance.

9. Les inspecteurs particuliers et sous-inspecteurs, les préposés en chef et les préposés en second se rendront, tous les jours, à l'exception des fêtes et dimanches, dans leurs bureaux avant l'ouverture des ports; chaque inspecteur et chaque préposé en chef fera sonner, dans son arrondissement, la cloche destinée à marquer les heures de travail sur les ports.

10. Chaque inspecteur particulier et chaque préposé en chef fera journellement des tournées dans toute l'étendue de son arrondissement, en observant de se tenir plus particulièrement sur les ports où les travaux ont le plus d'activité.

11. Les inspecteurs particuliers et les préposés en chef adresseront à l'inspecteur général des rapports dans lesquels ils rendront compte du résultat des tournées qui auront été faites, soit par eux, soit par les sous-inspecteurs et préposés en second qu'ils auraient chargés de les remplacer provisoirement. Ils lui adresseront aussi des états indiquant le mouvement des marchandises sur les ports, et les arrivages. Cette dernière obligation ne concerne que les préposés.

12. Les inspecteurs particuliers et les préposés en chef remplissant, en même temps, les fonctions d'inspecteurs, doivent se faire représenter par les conducteurs des bateaux les passavants qu'ils auront dû obtenir dans les bureaux d'arrivage; ils donneront les permis de mettre en décharge; ils tiendront deux registres, l'un de correspondance, l'autre sur lequel ils enregistreront les divers permis qu'ils auront délivrés et les déclarations faites par les mariniers.

13. Le premier de chaque mois, les inspecteurs particuliers et les préposés en chef dresseront un état général des établissements de toute nature formés sur la rivière, sur les canaux, sur les ports et berges dans l'étendue de leurs arrondissements respectifs.

Cet état indiquera, 1° la nature de chaque établissement; 2° le point où il est situé; 3° le nom du propriétaire; 4° la date de la permission; 5° les dérogations aux conditions imposées ou l'attestation qu'il n'y a pas été dérogé; 6° les observations générales qui, dans l'intérêt du service de la navigation, se rattacheraient à ces établissements.

Ils adresseront cet état à l'inspecteur général de la navigation et des ports qui nous le transmettra.

Tous les six mois, au commencement de la saison d'été et de la saison d'hiver, l'inspecteur général, accompagné de son adjoint, fera une visite générale de tous les établissements existant dans le ressort de ses attributions. Il nous adressera, sur le résultat de cette visite, un rapport détaillé indiquant les modifications qui seraient survenues dans ces établissements, le degré de solidité de leurs constructions et la manière dont ils sont tenus et surveillés par les propriétaires.

14. Le présent arrêté sera imprimé au nombre de trois cents exemplaires in 4°.

L'inspecteur général en remettra un exemplaire à chacun des inspecteurs particuliers et autres préposés placés sous ses ordres.

Le conseiller d'Etat, préfet de police, GISQUET.

N° **1450**. — *Ordonnance concernant les chiens.*

Paris, le 23 juin 1832.

Nous, conseiller d'Etat, préfet de police,

Considérant que des événements fâcheux sont occasionnés chaque jour, par suite de la grande quantité de chiens circulant sur la voie publique, et de la négligence que les propriétaires de ces animaux apportent à se conformer aux ordonnances de police ; que des chiens atteints de la rage peuvent occasionner les accidents les plus déplorables ; que ce danger, toujours plus grave pendant l'été, doit éveiller toute notre sollicitude, et qu'il importe de prendre des mesures pour le faire cesser et remplir ainsi les obligations qui nous sont imposées par les numéros 1, 5 et 6 de l'article 3, titre XI, de la loi des 16-24 août 1790 ;

Considérant, en outre, qu'il est souvent difficile de découvrir les personnes qui négligent l'observation des règlements concernant les chiens, et qu'il est essentiel que l'administration ait un moyen sûr de les connaître, soit pour faire prononcer contre elles les peines qu'elles ont encourues, soit pour fournir à ceux qui sont victimes d'accidents les moyens d'obtenir les dommages-intérêts auxquels ils ont droit ;

Considérant que plusieurs réclamations nous ont été adressées contre des personnes qui entretiennent dans l'intérieur des maisons, un nombre de chiens tel que la sûreté et la salubrité des habitations voisines se trouvent compromises ; que ce cas a déjà été prévu par l'ordonnance de police du 21 mai 1784 qui défend d'élever des chiens dans l'intérieur et les faubourgs de Paris ;

Vu 1° La loi des 16-24 août 1790 ;

2° Les articles 319, 320, 475, § 7, et 471, § 15, du Code pénal et l'article 1385 du Code civil ;

3° Les arrêtés du gouvernement des 12 messidor an VIII (1er juillet 1800), et 3 brumaire an IX (25 octobre 1800) ;

4° L'ordonnance de police du 20 mai 1831,

Ordonnons ce qui suit :

1. Les dispositions de l'ordonnance de police du 21 mai 1784 précitée, qui défendent d'élever des chiens dans Paris, sont applicables à toutes personnes qui entretiendraient dans l'intérieur des maisons un nombre de chiens tel que la sûreté et la salubrité des habitations voisines se trouvassent compromises.

2. Il est défendu, dans tous les temps, de laisser vaguer des chiens sur la voie publique, s'ils ne sont pas muselés.

Ils devront, en outre, avoir un collier, soit en métal, soit en cuir garni d'une plaque de métal, où seront gravés les noms et demeures des personnes auxquelles ils appartiendront.

3. Les chiens devront être tenus muselés dans l'intérieur des magasins, boutiques, ateliers et autres établissements ou lieux quelconques ouverts au public, même lorsqu'ils y seront à l'attache.

4. Il est défendu aux entrepreneurs et conducteurs de messageries, diligences et autres voitures publiques, de souffrir dans ces voitures des chiens non muselés.

5. Il est enjoint aux marchands forains, aux blanchisseurs et autres voituriers et charretiers qui sont dans l'usage d'amener des chiens avec eux, de les museler et de les tenir attachés de très-court, avec une chaîne de fer, sous l'essieu de leurs voitures.

Il est également défendu d'atteler ou d'attacher des chiens aux voitures traînées à bras.

6. Il est défendu d'amener dans l'intérieur des abattoirs des chiens autres que ceux des conducteurs de bestiaux ; ces chiens devront être muselés lorsqu'ils seront dans ces établissements.

7. Les mesures prescrites pour la saisie et la destruction des chiens errants seront rigoureusement exécutées.

Elles seront applicables aux chiens pour lesquels on ne se conformera pas aux dispositions prescrites par la présente ordonnance.

8. Les contraventions seront poursuivies conformément aux articles 475 et 478 du Code pénal et, en cas d'accidents, déférées au tribunal de police correctionnelle.

9. La présente ordonnance sera imprimée, publiée et affichée, tant à Paris que dans les communes rurales du département de la Seine, et dans celles de Sèvres, Saint-Cloud et Meudon.

Le commissaire chef de la police municipale, les commissaires de police, la garde municipale, le directeur de la salubrité et l'inspecteur général des halles et marchés sont chargés d'assurer son exécution.

Les sous-préfets de Sceaux et de Saint-Denis, les maires et les commissaires de police des communes rurales sont spécialement chargés de veiller à ce que ses dispositions soient exécutées, en ce qui les concerne, dans leurs communes respectives.

Le conseiller d'Etat, préfet de police, GISQUET.

AVIS.

Les chiens sont au nombre des animaux chez lesquels la rage peut se développer spontanément, et par lesquels elle se communique ensuite avec le plus de facilité. On croit communément que la rage se déclare plutôt chez ces animaux pendant les grandes chaleurs et les grands froids qu'à toute autre époque. L'ignorance où l'on est, en général, des premiers moyens préservatifs à employer en cas de morsure, a souvent occasionné de graves accidents. Ces divers motifs ont déterminé la publication de l'avis suivant :

1. Toute personne mordue par un animal enragé, ou soupçonné tel, devra, à l'instant même, presser sa blessure dans tous les sens, afin d'en faire sortir le sang et la bave.

2. On lavera ensuite cette blessure, soit avec de l'alcali volatil étendu d'eau, soit avec de l'eau de lessive, soit avec de l'eau de savon, de l'eau de chaux ou de l'eau salée, et à défaut avec de l'eau pure, ou même avec de l'urine.

3. On fera ensuite chauffer à blanc un morceau de fer, que l'on appliquera profondément sur la blessure.

Ces moyens bien employés suffiront pour écarter toute espèce de danger. Il est inutile de dire que toutes les fois qu'ils pourront être administrés par un homme de l'art, il y aura avantage pour la personne mordue; et que, dans tous les cas, il sera nécessaire d'en appeler un, même après l'emploi de ces moyens, attendu qu'il pourra seul bien apprécier la profondeur des blessures, et qu'une cautérisation qui aurait été incomplétement faite serait sans efficacité.

On ne saurait trop rappeler au public le danger qui existe dans l'usage des prétendus spécifiques que vendent et distribuent les charlatans. On ne connaît jusqu'à ce jour, de préservatif certain contre la rage, que la cautérisation suivie d'un traitement local convenable.

Comme il est avantageux de ne pas tuer, comme on le fait ordinairement, les chiens qui auraient fait des morsures, afin de constater s'ils sont véritablement enragés, on prévient que ces chiens seront toujours reçus à l'école royale vétérinaire d'Alfort.

N° **1451.** — *Ordonnance concernant la falsification du sel.*

Paris, le 20 juillet 1832.

Nous, conseiller d'Etat, préfet de police,

Considérant que, dans un but de cupidité, l'on fabrique et expose en vente du sel marin ou de cuisine altéré par le mélange de substances étrangères ; que des maladies et accidents plus ou moins graves ont été attribués à l'usage de sels ainsi falsifiés, et qu'il importe de prendre des mesures pour réprimer une fraude aussi préjudiciable à la santé publique ;

Vu 1° La loi du 16-24 août 1790, titre XI, article 3;

2° La loi du 22 juillet 1791 ;

3° Les articles 319, 320 et 475, § 14 ; 477 et 471 § 15 du Code pénal ;

4° Les rapports du conseil de salubrité ;

En vertu des arrêtés du gouvernement des 12 messidor an VIII (1er juillet 1800) et 3 brumaire an IX (25 octobre 1800),

Ordonnons ce qui suit :

1. Il est expressément défendu à tous fabricants, raffineurs, marchands en gros, épiciers et autres, faisant, dans le ressort de la préfecture de police, le commerce de sel marin ou de cuisine, d'y ajouter, soit des sels retirés du salpêtre ou du varech, soit des sels provenant de diverses opérations chimiques, soit la poudre de pierre à plâtre, soit enfin toutes autres substances étrangères au sel.

2. Les commissaires de police à Paris et les maires, ou les commissaires de police dans les communes rurales, feront, à des époques indéterminées, avec l'assistance des hommes de l'art, des visites dans les ateliers, magasins et boutiques des fabricants, marchands, débitants de sel, à l'effet de vérifier si celui dont ils sont détenteurs est de bonne qualité et exempt de tout mélange.

3. Le sel altéré ou falsifié, à l'aide de telle substance que ce soit, sera saisi, sans préjudice des poursuites à exercer contre les contrevenants devant les tribunaux compétents.

4. La présente ordonnance sera imprimée, publiée et affichée.

Les sous-préfets des arrondissements de Saint-Denis et de Sceaux, les maires des communes rurales du ressort de la préfecture de police, les commissaires de police et l'inspecteur général des halles et marchés sont chargés d'en assurer l'exécution.

Le conseiller d'Etat, préfet de police, GISQUET.

N° **1452.** — *Ordonnance concernant les ustensiles et vases de cuivre* (1).

Paris, le 23 juillet 1832.

Nous, conseiller d'Etat, préfet de police,

Vu 1° L'article 20 du titre Ier de la loi du 22 juillet 1791 ;

2° Les arrêtés du gouvernement du 12 messidor an VIII (1er juillet 1800) et 3 brumaire an IX (25 octobre 1800) ;

3° Les articles 319, 320 et 471, § 15, du Code pénal ;

4° L'ordonnance de police du 17 juillet 1816 ;

---

(1) V. l'ord. du 7 nov. 1838.

5° Les rapports du conseil de salubrité,

Ordonnons ce qui suit :

1. Il sera fait de fréquentes visites des ustensiles et vases de cuivre dont se servent les marchands de vin, traiteurs, aubergistes, restaurateurs, pâtissiers, charcutiers, bouchers, gargotiers, fruitiers, etc., établis dans le ressort de la préfecture de police, à l'effet de vérifier l'état de ces ustensiles, sous le rapport de la salubrité.

2. Les ustensiles et vases empreints de vert-de-gris, seront saisis et envoyés à la préfecture de police, avec le procès-verbal constatant la saisie.

3. Les ustensiles de cuivre dont l'usage serait dangereux par le mauvais état de l'étamage seront transportés sur-le-champ, à la diligence de qui de droit, chez le chaudronnier le plus voisin, pour être étamés aux frais des propriétaires, lors même qu'ils déclareraient ne pas s'en servir.

En cas de contestation sur l'état de l'étamage, il sera procédé à une expertise, et provisoirement ces ustensiles seront mis sous scellés.

4. Il est défendu aux marchands désignés en l'article 1 de laisser séjourner, dans des vases de cuivre étamés ou non étamés, aucuns aliments et aucunes préparations, quand même ils seraient enveloppés de linge.

5. Il est défendu aux marchands de vin d'avoir des comptoirs revêtus de lames de plomb ; aux débitants de sel et de tabac de se servir de balances de cuivre, et aux nourrisseurs de vaches, crémiers et laitiers, de déposer le lait dans des vases de cuivre.

6. Il est défendu aux raffineurs de sel de se servir de chaudières de cuivre pour le raffinage.

7. Il est défendu aux vinaigriers, épiciers, fabricants et marchands de liqueurs, de déposer et de transporter dans des vases de cuivre ou de plomb leurs liqueurs, vinaigres et autres acides.

8. Les robinets fixés aux barils des liquoristes devront être étamés à l'étain fin, ou remplis d'un cylindre d'étain fin, dans lequel sera foré le conduit d'écoulement.

Ces robinets devront être en bois, lorsqu'ils seront fixés aux barils dans lesquels les vinaigriers, épiciers ou autres marchands, renferment leur vinaigre.

9. Les lames de plomb, les balances, les vases et ustensiles de cuivre qui seraient trouvés chez les marchands désignés dans les articles précédents seront saisis et envoyés à la préfecture de police avec les procès-verbaux constatant les contraventions.

10. Les commissaires de police et les maires des communes rurales du ressort de la préfecture de police sont chargés de faire les visites prescrites par la présente ordonnance, et d'en dresser des procès-verbaux qu'ils nous transmettront.

11. L'inspecteur général des halles et marchés, les inspecteurs des poids et mesures concourront à l'exécution des dispositions ci-dessus, et nous rendront compte du résultat de leurs opérations.

12. Les contraventions aux dispositions de la présente ordonnance seront poursuivies conformément aux lois.

13. La présente ordonnance sera imprimée et affichée.

Les sous-préfets des arrondissements de Saint-Denis et de Sceaux, les maires des communes rurales, le chef de la police municipale et les commissaires de police sont chargés de concourir à son exécution.

Le conseiller d'Etat, préfet de police, GISQUET.

N° **1453**. — *Ordonnance concernant les mesures d'ordre à observer dans la capitale, les 26, 27, 28 et 29 juillet présent mois à l'occasion des cérémonies et fêtes des anniversaires de juillet 1830 (1).*

Paris, le 25 juillet 1832.

Nous, conseiller d'Etat, préfet de police,

Vu le programme approuvé le 23 juillet présent mois, par M. le ministre du commerce et des travaux publics, concernant les cérémonies et fêtes qui auront lieu dans la ville de Paris, les 26, 27, 28 et 29 juillet présent mois, pour célébrer les anniversaires de juillet 1830 ,

Ordonnons ce qui suit :

Dispositions relatives à la dotation des jeunes filles des combattants de juillet 1830 et juin 1832.

1. Le jeudi 26 juillet, jour fixé pour la signature à l'Hôtel-de-Ville, des contrats de mariage des jeunes filles qui seront dotées par la ville de Paris, la circulation et le stationnement des voitures seront interdits, à partir de dix heures du matin, jusqu'après le départ des autorités de l'Hôtel-de-Ville, sur les points suivants :

1° Sur toute la place de l'Hôtel-de-Ville ;

2° Et sur le quai Pelletier.

2. Sont seules exceptées de ladite prohibition les voitures des membres du Conseil municipal, de MM les maires de la capitale, des sous-préfets du département de la Seine, de MM. les maires des communes rurales , des colonels de la garde nationale de la banlieue et de MM. les notaires de l'administration municipale qui se rendront ledit jour, 26 juillet, à l'Hôtel-de-Ville.

3. Le chef de la police municipale fera les dispositions nécessaires pour le défilé et le stationnement des voitures des autorités qui se rendront sur la place de l'Hôtel-de-Ville et prendra des mesures pour qu'ils aient lieu dans le plus grand ordre.

4. Il est défendu aux cochers de quitter les rênes de leurs chevaux et il leur est enjoint d'obéir aux ordres qui leur seront donnés par les officiers de police et par la garde municipale, chargée de faire observer les consignes.

Dispositions relatives à la fête et aux réjouissances publiques du samedi 28 juillet.

5. Dans la même journée la circulation et le stationnement des voitures sont interdits depuis onze heures du matin, jusqu'à dix heures de la nuit sur les points suivants, savoir :

1° Sur le Pont-Royal ;

2° Sur les quais des Tuileries, d'Orsay et de la Conférence ;

3° Sur la place et le pont de la Concorde ;

4° Dans la rue Royale ;

5° Dans la rue Saint-Florentin ;

6° Dans la rue de Rivoli ;

7° Dans la grande avenue des Champs-Elysées et dans toutes celles qui y aboutissent ;

8° Sur la place de la barrière du Trône ;

9° Sur toutes les avenues qui conduisent à cette place ;

---

(1) V. les ord. des 25 juillet 1833 et 26 juill. 1840 et 1841.

10° Et dans la rue du faubourg Saint-Antoine, en descendant jusqu'au débouché de la rue de Montreuil, exclusivement.

6. Sont seules exceptées de la prohibition établie par l'article précedent, les voitures des ambassadeurs, des ministres, des autorités civiles et militaires et celles de la maison du roi, qui se rendraient, soit au château des Tuileries, soit à l'Ecole Militaire, ainsi que les courriers de la malle et les diligences.

7. Pendant les journées des 28 et 29 juillet, les voitures qui arriveront à Paris par la route de Vincennes seront dirigées sur la barrière de Montreuil et de Saint-Mandé.

8. Le 28 juillet, depuis onze heures du matin jusqu'à dix heures du soir, les voitures qui arriveront à Paris par la barrière de Passy seront dirigées par le pont de l'Ecole Militaire, sur les avenues de cette Ecole; et celles qui arriveront par la route de Neuilly ne pourront entrer dans Paris que par la barrière du Roule.

9. La même direction sera donnée, le 29 juillet, aux voitures qui arriveront aux barrières de Passy et de l'Etoile, depuis sept heures du matin, jusqu'à onze heures du soir.

10. Il est défendu de monter sur les parapets des quais et des ponts, sur les piédestaux et statues du pont de la Concorde, pendant la joute sur l'eau qui aura lieu au port d'Orsay.

11. A l'occasion de la joute qui aura lieu le 28 juillet, en face du quai d'Orsay, la circulation des bateaux, batelets, quelles que soient leur dimension et leur forme, à l'exception de ceux servant à la joute, sera interdite entre le Pont-Royal et le pont de la Concorde, depuis la veille au matin jusqu'au 30 juillet au soir.

12. Pendant la durée de la joute, toute la berge de la rive droite de la Seine qui s'étend depuis le Pont-Royal jusqu'au pont de la Concorde sera interdite au public ainsi que la rampe qui descend du pont de la Concorde à ladite berge.

13. Il est expressément défendu aux personnes qui se rendront au Champ-de-Mars, pour assister aux courses de chevaux qui s'y feront le même jour, d'amener avec elles des chiens, afin de prévenir les accidents que ces animaux pourraient causer en courant après les chevaux.

14. Pendant la durée des courses et des expériences aérostatiques qui auront lieu au Champ-de-Mars, le public ne pourra pénétrer sur l'emplacement qui sera réservé auxdites courses.

15. Le public ne pourra pareillement stationner et circuler que sur les tertres qui bordent le Champ-de-Mars, et aucune personne étrangère aux courses et aux expériences ne devra se placer dans l'intérieur de l'espace où elles s'exécuteront.

16. Il est défendu aux étalagistes de stationner près des grilles et sur les tertres du Champ-de-Mars, ils ne pourront se placer qu'aux endroits indiqués dans les permissions qu'ils auront obtenues par écrit de M. le commandant supérieur de l'Ecole Militaire.

17. Pour prévenir tout accident et ne pas priver le public du coup-d'œil des courses, défense est faite de construire sur les tertres du Champ-de-Mars, aucuns amphithéâtres, estrades, ni d'y placer aucunes voitures, charrettes, tonneaux, bancs, tables et chaises.

Les officiers de police feront enlever tous les objets de cette nature qui se trouveraient placés en contravention à la défense ci-dessus.

18. L'établissement de ponts volants sur les fossés du Champ-de-Mars ne pourra avoir lieu qu'à la faveur d'une permission écrite, de M. le commandant supérieur de l'Ecole Militaire, sur les points qu'il aura indiqués, et l'usage n'en sera permis qu'après que leur solidité aura été constatée par l'architecte de la préfecture de police, en présence du commissaire de police du quartier des Invalides.

19. Il est défendu de construire dans les Champs-Elysées, notamment dans le grand carré et dans celui de Marigny, ainsi que sur la place de la barrière du Trône, aucune estrade, aucun amphithéâtre ou établissement de ce genre, autres que ceux autorisés par le programme du gouvernement ou permis par M. le préfet de la Seine.

20. Il y aura illumination générale dans la soirée du 28 juillet.

Dispositions relatives à la revue de la garde nationale et des troupes de la garnison, aux spectacles gratis et aux feux d'artifice, qui auront lieu dans la journée du 29 juillet.

21. Des représentations gratuites auront lieu, le 29 juillet, sur les théâtres de la capitale; elles commenceront toutes à trois heures après-midi; les portes seront ouvertes au public à deux heures et demie précises.

22. Le 29 juillet, le balayage de la voie publique, prescrit aux habitants par les règlements de police, sera terminé à six heures du matin au lieu de sept heures.

Après ce balayage, jusqu'au lendemain matin, aucune ordure ne devra être déposée sur la voie publique, et l'écoulement des eaux ménagères ou provenant de fabrique est défendu pareillement.

23. La circulation et le stationnement des voitures seront interdits, le 29 juillet, à partir de sept heures du matin, jusqu'après la revue et l'entier défilé des légions de la garde nationale et des troupes de ligne; savoir:

1° Sur la place de la Bastille;

2° Sur toute la ligne des boulevards, entre ladite place et le monument de la Madeleine;

3° Dans la rue Royale;

4° Sur la place de la Concorde;

5° Dans la rue des Champs-Elysées;

6° Dans la rue de Rivoli;

7° Dans celle Castiglione;

8° Sur la place Vendôme;

9° Dans la rue de la Paix;

10 Et dans toute la grande avenue des Champs-Elysées jusqu'à l'arc de l'Etoile.

24. A l'occasion du feu d'artifice qui sera tiré sur le pont de la Concorde, la circulation et le stationnement des voitures seront interdits le même jour, 29 juillet, à partir de sept heures du soir jusqu'à onze heures de la nuit, sur les points suivants:

1° Sur la place et le pont de la Concorde;

2° Dans la rue Royale;

3° Dans celle des Champs-Elysées;

4° Dans la rue de Rivoli, jusqu'à la rue de l'Echelle exclusivement;

5° Dans la rue Saint-Florentin;

6° Sur les quais d'Orsay, des Tuileries et de la Conférence;

7° Sur le Pont-Royal;

8° Sur les quais de la rive droite de la Seine, depuis le Pont-Royal jusqu'au Pont-Neuf;

9° Et sur ceux de la rive gauche, depuis le Pont-Royal jusqu'à la rue des Saints-Pères exclusivement.

25. Pour faciliter la pose et les dispositions relatives au feu d'artifice qui sera tiré sur le pont de la Concorde, la circulation y sera interdite pendant les journées des 28, 29 et 30 juillet jusqu'à midi; toutefois un passage sera réservé pour les piétons, mais pendant la journée du 28 seulement.

26. La circulation et le stationnement seront pareillement interdits, à partir de six heures du soir, jusqu'à dix heures de la nuit dudit jour, 29 juillet, sur les points suivants :

1° Sur la place de la barrière du Trône ;

2° Sur toutes les avenues qui conduisent à cette place ;

3° Et dans la rue du faubourg Saint-Antoine, en descendant jusqu'au débouché de la rue de Montreuil exclusivement.

27. Sont seules exceptées des prohibitions établies ci-dessus, les voitures des membres du corps diplomatique, des ministres, des maréchaux, des membres des deux chambres, des autorités civiles et militaires, ainsi que celles de la maison du roi, qui se rendront au château des Tuileries, dans la journée dudit jour 29 juillet.

Ces voitures cependant ne pourront traverser la Seine que sur le Pont-Neuf ou les ponts en amont.

28. Pendant toute la journée du 29 juillet, le passage d'eau et la circulation des bateaux seront interdits entre le Pont-Royal et le pont suspendu des Invalides.

29. Le même jour, à partir de huit heures du soir jusqu'après le feu d'artifice qui sera tiré sur le pont de la Concorde, aucune personne sans exception, ne pourra stationner sur le pont des Arts, ni sur le pont suspendu des Invalides, et le passage en sera interdit au public pendant tout ce temps.

30. Il est défendu de monter sur les monuments publics, sur les balustrades de la place de la Concorde, sur les parapets des quais et des ponts, sur les piédestaux et statues du pont de la Concorde, ainsi que sur les arbres des Champs-Elysées, des boulevards et de la barrière du Trône.

Il est pareillement fait défense de monter sur les toits, les entablements et les auvents des maisons, ainsi que sur les échafaudages établis au-devant des bâtiments.

31. Défenses sont faites également de monter sur les clôtures du chantier existant au rond-point de la place de la Concorde.

32. Un service contre l'incendie sera établi à la proximité de la chambre des députés, côté du pont, ainsi qu'à la barrière du Trône, pour porter des secours au besoin.

33. Il y aura illumination générale dans Paris, dans la soirée du 29 juillet.

Dispositions générales.

34. Dans les journées des 26, 27, 28 et 29 juillet aucunes pièces d'artifice ni armes à feu ne pourront être tirées sur la voie publique et dans l'intérieur des habitations, afin de prévenir tout accident envers les personnes et tout danger d'incendie.

Dans les mêmes journées, aucunes estrades, aucuns gradins, amphithéâtres ou établissements de ce genre ne pourront être construits et posés sur aucune des parties de la voie publique et emplacements où auront lieu les revues, cérémonies, divertissements publics et feux d'artifice.

35. Les contraventions à la présente ordonnance seront constatées et poursuivies conformément aux lois.

36. La présente ordonnance sera imprimée, publiée et affichée dans la ville de Paris.

Les maires des communes de Passy, Neuilly, Saint-Mandé, Montreuil, Vincennes, le chef de la police municipale, les commissaires de police et les officiers de paix de la ville de Paris, l'architecte-commissaire de la petite voirie, l'inspecteur général de la navigation et des ports et les préposés de la préfecture de police sont chargés de tenir la main à son exécution, chacun en ce qui le concerne.

M. le colonel de la garde municipale de la ville de Paris et MM. les commandants de la garde nationale et des autres corps militaires sont requis de leur prêter main-forte au besoin.

Le conseiller d'Etat, préfet de police, GISQUET.

N° **1454**. — *Ordonnance concernant l'ouverture et la police du marché des Patriarches* (1).

Paris, le 31 juillet 1832.

Nous, conseiller d'Etat, préfet de police,

Vu 1° l'ordonnance royale du 2 juin 1830 qui autorise la construction du nouveau marché des Patriarches;

2° Le bail passé par la ville de Paris, le 23 novembre 1831, aux concessionnaires dudit marché;

3° La lettre de M. le pair de France, préfet de la Seine, en date du 11 juin dernier, annonçant l'entier achèvement des travaux du marché des Patriarches;

4° La loi des 16—24 août 1790;

5° Les articles 23, 26, 32 et 33 de l'arrêté du gouvernement du 12 messidor an VIII (1er juillet 1800),

Ordonnons ce qui suit:

1. L'ouverture du marché des Patriarches est définitivement autorisée.

Ce marché tiendra tous les jours depuis le lever jusqu'au coucher du soleil.

L'ouverture et la fermeture seront annoncées au son d'une cloche.

2. Ce marché est destiné à la vente en détail des comestibles.

5. Conformément au bail passé par la ville de Paris, les concessionnaires du marché des Patriarches ne pourront exiger des marchands qui le fréquentent, d'autres prix de location, de frais de garde et de balayage que ceux ci-après fixés, savoir:

Pour les places du milieu de trois à quatre mètres superficiels.

30 centimes par jour et par place, 10 centimes pour garde et balayage.

Pour les places de huit mètres superficiels.

60 centimes par jour et par place, 20 centimes pour garde et balayage.

Le prix de location des caves et greniers ne pourra jamais excéder la moitié du droit fixé pour les places intérieures du marché.

Moyennant ces droits de location et la rétribution pour frais de garde et de nettoiement, les détaillants pourront laisser à leur place, pendant la nuit, les marchandises invendues sous la responsabilité personnelle des concessionnaires.

4. Les quatre boutiques existant aux angles du marché pourront être louées de gré à gré aux marchands.

5. Les détaillants occupant des boutiques surmontées de greniers ne seront point obligés de louer lesdits greniers, ni de fournir le passage pour y arriver.

6. Les concessionnaires ne pourront boucher aucune des ouvertures pratiquées dans les gros murs du marché et qui sont destinées à faire circuler l'air dans les greniers.

_____

(1) V. l'ord. du 25 nov. 1823.

7. Il est expressément défendu aux concessionnaires et aux détaillants de former aucun étalage qui puisse diminuer la largeur des deux passages ou couloirs du marché. Cette largeur demeure fixée à trois mètres.

8. Les concessionnaires et les détaillants se conformeront aux ordonnances et aux règlements faits et à faire sur les marchés relativement à leur police.

9. Les voitures et les chevaux ne pourront stationner aux environs du marché dans un rayon moindre de quinze mètres.

10. Il est expressément défendu : 1° d'allumer des feux et fourneaux dans le marché, sous quelque prétexte que ce soit ;

2° D'y faire usage de pots à feu, s'ils ne sont en métal, couverts d'un grillage en métal à mailles serrées ;

3° D'y employer des chandelles allumées, si elles ne sont placées dans des lanternes closes ;

4° D'y fumer, même avec des pipes couvertes.

11. Les concessionnaires seront tenus d'établir, dans le lieu le plus apparent du marché, un cadre recouvert d'un grillage, destiné à recevoir un exemplaire de la présente ordonnance et un exemplaire de l'ordonnance du 1er avril 1832, concernant les mesures de salubrité à observer dans les halles et marchés.

12. Les contraventions seront constatées par des procès-verbaux ou rapports qui nous seront adressés, et seront poursuivies conformément aux lois et règlements.

13. La présente ordonnance sera imprimée et affichée.

Ampliation en sera adressée à M. le pair de France, préfet de la Seine.

Le chef de la police municipale, le commissaire de police du quartier Saint-Marcel, les officiers de paix, le commissaire-inspecteur adjoint des halles et marchés et les préposés de la préfecture de police sont chargés, chacun en ce qui le concerne, de tenir la main à son exécution.

Le conseiller d'Etat, préfet de police, GISQUET.

N° 1455.—*Arrêté concernant les chéneaux et gouttières destinés à recevoir les eaux pluviales sous l'égout des toits.*

Paris, le 1er août 1832.

Nous, conseiller d'Etat, préfet de police,

Considérant que diverses circonstances n'ont pas permis à un grand nombre de propriétaires de se conformer, jusqu'à ce jour, aux dispositions de l'ordonnance de police du 30 novembre dernier, concernant les chéneaux et gouttières destinés à recevoir les eaux pluviales, sous l'égout des toits,

Arrêtons ce qui suit :

1. Un dernier délai pour satisfaire à l'ordonnance de police du 30 novembre 1831 (1), concernant les chéneaux et gouttières destinés à recevoir les eaux pluviales sous l'égout des toits, est accordé jusqu'au 1er du mois de décembre prochain.

2. Cette ordonnance sera de nouveau imprimée et affichée à la suite du présent.

Le conseiller d'Etat, préfet de police, GISQUET.

(1) V. à sa date l'ord. du 30 nov. 1831.

N° 1456. — *Ordonnance concernant le pastillage, les liqueurs et sucreries coloriées* (1).

Paris, le 11 août 1832.

N° 1457. — *Ordonnance concernant l'ouverture de la chasse* (2).

Paris, le 25 août 1832.

N° 1458. — *Ordonnance concernant les mesures de police à observer les 9, 16 et 23 septembre 1832, à l'occasion de la fête de Saint-Cloud* (3).

Paris, le 6 septembre 1832.

N° 1459. — *Ordonnance concernant le balayage et la propreté de la voie publique* (4).

Paris le 25 septembre 1832.

N° 1460. — *Ordonnance concernant les diligences et messageries.*

Paris, le 15 octobre 1832.

Nous, conseiller d'Etat, préfet de police,

Considérant que, depuis quelque temps, les versements des voitures publiques, dites diligences et messageries, se multiplient, et que de nombreux et graves accidents en sont la conséquence;

Que ces accidents doivent être attribués à l'inexécution des dispositions des articles 14, 15 et 26 de l'ordonnance royale du 16 juillet 1828;

Que l'autorité ne saurait rester indifférente à un tel état de choses, et qu'il est de son devoir de prévenir, autant qu'il est en elle, ces événements déplorables, en prenant toutes les mesures nécessaires pour assurer la stricte exécution des articles précités,

Ordonnons ce qui suit:

1. Les articles 14, 15 et 26 de l'ordonnance royale du 16 juillet 1828 seront réimprimés et affichés avec la présente ordonnance, dans le ressort de la préfecture de police (5).

---

(1) Rapportée. — V. l'ord. du 22 sept. 1841.
(2) V. l'ord. du 22 août 1843.
(3) V. l'ord. du 6 sept. 1843.
(4) V. les ord. des 29 oct. 1836, 28 oct. 1839 et 1er avril 1843.
(5) V. cette ord. à l'appendice.

2. Les contraventions aux articles ci-dessus désignés seront constatées par des procès-verbaux ou rapports, et déférées aux tribunaux, pour y être statué conformément à la loi.

3. Les sous-préfets des arrondissements de Saint-Denis et de Sceaux, les maires des communes rurales du ressort de la préfecture de police, le chef de la police municipale, les commissaires de police et les employés sous leurs ordres, ainsi que les préposés aux ponts à bascule sont chargés de tenir la main à l'exécution de la présente ordonnance.

M. le colonel, commandant la garde municipale de la ville de Paris, et M. le commandant de la gendarmerie du département de la Seine, sont priés de concourir à son exécution par tous les moyens qui sont en leur pouvoir.

Le conseiller d'Etat, préfet de police, GISQUET.

N° 1461.—*Ordonnance concernant la police de la rivière et des ports pendant l'hiver et dans les temps de glaces, grosses eaux et débâcles* (1).

Paris, le 14 novembre 1832.

N° 1462. — *Arrêté concernant la fixation de la somme allouée pour la nourriture des chiens et des singes déposés en fourrière* (2).

Paris, le 20 décembre 1832.

Nous, conseiller d'Etat, préfet de police,

Vu l'arrêté de police du 25 mars 1831, relatif à la mise en fourrière des animaux saisis ou abandonnés sur la voie publique ; le rapport du commissaire de police chargé du service de la fourrière ;

Considérant que l'arrêté précité du 25 mars 1831 n'a fixé aucun tarif pour la nourriture des chiens et des singes déposés à la fourrière ;

Que cette lacune a donné lieu à quelques difficultés, lorsqu'il s'est agi de régler les avances faites par le gardien de cet établissement ;

Considérant, en outre, que l'usage a été d'allouer une somme de quarante centimes par jour pour les chiens et de vingt-cinq centimes pour les singes ;

Mais que, s'il existe des chiens qui occasionnent cette dépense, il est évident que d'autres sont nourris à bien moins de frais ;

Qu'il convient en conséquence de prendre un terme moyen,

Arrêtons ce qui suit :

1. Le prix de la nourriture d'un chien est fixé invariablement à trente centimes par jour.

Le prix de la nourriture d'un singe est maintenu au taux de vingt-cinq centimes par jour, sans exception.

2. Les mémoires qui nous seront présentés à l'avenir devront être basés sur ce tarif.

---

(1) V. les ord. des 1er déc. 1838, 5 déc. 1839 et 25 oct. 1840 (art. 203 et suiv.).

(2) V. l'arr. du 28 fév. 1839.

3. Expédition du présent arrêté sera adressée au commissaire chargé du service de la fourrière, ainsi qu'au chef du bureau de la comptabilité.

Le conseiller d'Etat, préfet de police, GISQUET.

Nº **1463.**—*Ordonnance concernant la police intérieure des salles de spectacle* (1).

Paris, le 26 décembre 1832.

Nous, conseiller d'État, préfet de police,
Vu 1º la loi des 16—24 août 1790 ;
2º Le décret du 19 janvier 1791 ;
Et 3º l'arrêté du gouvernement du 12 messidor an VIII (1er juillet 1800) ;
Considérant que les directions théâtrales de la capitale introduisent souvent dans leurs salles, les jours de premières représentations et de spectacles extraordinaires, un grand nombre de spectateurs, par des entrées autres que celles destinées au public, et avant l'ouverture des bureaux de distribution des billets ;
Considérant que cette introduction a lieu au détriment des personnes qui stationnent à l'extérieur desdits bureaux, pour acheter des billets dont les places se trouvent envahies à l'avance par le fait de ces introductions clandestines, et que ce fait nuit à la perception de la taxe des indigents ;
Voulant remédier à cet abus qui donne lieu journellement à des réclamations fondées et occasionne des troubles graves dans l'intérieur des théâtres ;
Voulant d'ailleurs assurer, autant que possible, aux personnes qui se rendent dans les théâtres la jouissance des places dont elles ont acquitté le prix, et assurer en même temps la perception de la taxe des indigents,
Ordonnons ce qui suit :
1. Il est fait défense expresse à tout directeur de théâtre d'introduire, sous quelque prétexte que ce soit, dans l'intérieur des salles, aucun spectateur avant l'ouverture des bureaux de distribution des billets ; il est également défendu de laisser entrer aucun spectateur par toute autre porte que celle d'entrée ouverte au public.
2. Avant l'ouverture des portes au public, les commissaires de police de surveillance dans les théâtres vérifieront si des spectateurs ont été introduits dans l'intérieur des salles, contrairement à la prohibition faisant l'objet de l'article qui précède.
3. Toute infraction aux dispositions de l'article 1 de la présente ordonnance sera constatée par des procès-verbaux qui seront transmis aux tribunaux compétents, sans préjudice du droit de faire évacuer la salle, si l'autorité le juge nécessaire, dans un intérêt d'ordre public.
4. La présente ordonnance sera imprimée et affichée à l'extérieur et dans l'intérieur des théâtres de Paris, et elle sera également notifiée officiellement à chaque directeur.
5. Les commissaires de police, le chef de la police municipale, les officiers de paix et tous les agents de la force publique sont chargés de l'exécution de la présente ordonnance.

Le conseiller d'Etat, préfet de police, GISQUET.

---

(1) V. l'ord. du 12 fév. 1828.

1833.

N° **1464**. — *Ordonnance concernant les masques* (1).

Paris, le 12 février 1833.

N° **1465**. — *Ordonnance concernant la prohibition de la chasse* (2).

Paris, le 20 février 1833.

N° **1466**. — *Ordonnance concernant la foire aux jambons qui continuera de se tenir provisoirement dans le nouveau marché à fourrages du faubourg Saint-Martin* (3).

Paris, le 11 mars 1833.

Nous, conseiller d'Etat, préfet de police,
Vu 1° la loi des 16—24 août 1790, titre XI, article 3, §§ 3, 4 et 5;
2° Les articles 423 et 479 du Code pénal;
3° Les articles 23, 26, 32 et 33 de l'arrêté du gouvernement du 12 messidor an VIII (1er juillet 1800),

Ordonnons ce qui suit :

1. La foire aux jambons continuera de se tenir provisoirement dans le nouveau marché à fourrages du faubourg Saint-Martin.

2. La foire aura lieu, suivant l'usage, pendant trois jours consécutifs : les mardi, mercredi et jeudi de la semaine Sainte (2, 3 et 4 avril), depuis le lever jusqu'au coucher du soleil.

3. Les marchands forains qui voudront approvisionner la foire devront justifier :
1° De leur patente;
2° Et de la quittance de l'octroi constatant l'acquittement du droit, à Paris, pour les marchandises qu'ils représenteront.
Ils seront inscrits et recevront un numéro indicatif de la place qu'ils devront occuper.

4. Les marchandises seront reçues à la foire, dès le 1er avril, toute la journée, et, les jours de foire, jusqu'à midi seulement, même le dernier jour de cette foire.

5. Les marchands y seront classés par département.

6. Les marchands sont tenus de placer d'une manière apparente le numéro qui leur aura été délivré lors de leur inscription. Ceux d'entre

---

(1) V. l'ord. du 23 fév. 1843.
(2) V. l'ord. du 23 fév. 1843.
(3) V. les ord. des 17 mars 1834 et 7 avril 1843.

eux qui auront vendu la totalité de leurs marchandises avant la clôture de la foire, devront remettre ce numéro aux préposés de la préfecture de police, et ne pourront, sous aucun prétexte, le prêter ni le céder à qui que ce soit.

7. Les marchands peuvent exposer en vente, à la foire, toute espèce de marchandises de leur profession, à l'exception du porc frais.

8. Il est expressément défendu d'exposer, à la foire, aucune marchandise gâtée ou altérée par le mélange de viandes qui n'entrent pas ordinairement dans la fabrication des articles de charcuterie.

Il ne sera admis, à la foire, que les marchandises qui auront été soumises à une inspection préalable.

9. Les marchands qui, malgré cette inspection, seraient parvenus à introduire ou à vendre des marchandises gâtées ou altérées, dans le but de tromper le public, seront expulsés immédiatement et ne pourront plus y être admis désormais.

10. Les marchands sont tenus de ne se servir que de balances et de poids marqués du poinçon de l'exercice courant.

Ils sont tenus également de placer leurs balances et leurs poids en évidence.

11. Les marchands sont tenus encore de balayer leur place, chaque jour, de n'accrocher aucune marchandise aux piliers des greniers, de n'y faire aucune espèce de construction, et de ne déposer ni ordures ni immondices dans l'intérieur du marché.

12. Les contraventions seront constatées par des procès-verbaux ou rapports qui nous seront adressés pour être transmis au tribunal compétent.

13. La présente ordonnance sera imprimée et affichée.

14. Le commissaire chef de la police municipale, le commissaire de police du quartier du faubourg Saint-Denis, les officiers de paix, l'inspecteur général et les inspecteurs généraux adjoints des halles et marchés et les préposés sous leurs ordres sont chargés de tenir la main à son exécution.

Le conseiller d'État, préfet de police, GISQUET.

N° **1467.** — *Ordonnance concernant le plombage des sacs de charbon de bois.*

Approuvée par M. le ministre du commerce et des travaux publics, le 6 juillet 1833.

Paris, le 25 mars 1833.

Nous, conseiller d'État, préfet de police,

Vu le paragraphe 3 de l'article 1 de la loi des 16—24 août 1790, portant : « Les objets de police confiés à la vigilance et à l'autorité des « corps municipaux sont : l'inspection sur la fidélité du débit des « denrées qui se vendent au poids ou à la mesure, etc.; »

Considérant que, depuis longtemps, on se plaint d'infidélités dans le transport du charbon de bois dans Paris; qu'il arrive souvent que les sacs convenablement mesurés, sur les ports de vente et sur les marchés publics, ne parviennent points intacts au consommateur qui souvent aussi est trompé sur la qualité; que les sacs de charbon sont livrés comme contenant du charbon d'une qualité supérieure à celle qu'ils renferment réellement; que d'autres sacs contiennent des mélanges de diverses qualités, qui sont payés par les consommateurs au prix de la qualité supérieure; qu'il importe de donner aux consommateurs les moyens de se garantir de semblables fraudes;

En vertu des articles 26 et 33 de l'arrêté du gouvernement du 12 messidor an VIII (1er juillet 1800),

Ordonnons ce qui suit :

1. Il sera établi sur chaque port et place de vente de charbon de bois, existant dans Paris, un contrôle de mesurage auquel on pourra s'adresser pour faire vérifier le mesurage.

Il sera ajouté dans chaque sac une carte qui indiquera le marché de vente sur lequel le charbon aura été mesuré, et le prix des deux hectolitres de ce combustible. Les sacs seront ensuite fermés avec soin et liés avec une ficelle dont les deux bouts seront scellés suivant le mode qui sera adopté par nous.

2. Un préposé nommé par nous sera attaché à chacun des ports de vente et marchés publics de charbon, afin d'appliquer le scellé de garantie aux sacs.

3. Les sacs qui seront présentés pour recevoir le scellé devront être en bon état et cousus en dedans, de manière à ce qu'on ne puisse en soustraire, changer ou dénaturer le contenu.

4. Pour rembourser les frais de scellé, il sera payé pour chaque sac qui aura été présenté au préposé une rétribution de cinq centimes, laquelle devra être payée avant l'enlèvement du sac.

5. La présente ordonnance sera imprimée et affichée.

Les commissaires de police, le chef de la police municipale, l'inspecteur général de la navigation et des ports, ainsi que les autres préposés de la préfecture de police, et spécialement l'inspecteur général de l'approvisionnement en combustibles, sont chargés de tenir la main à son exécution.

Le conseiller d'Etat, préfet de police, GISQUET.

N° **1468.**— *Ordonnance concernant la vérification périodique des poids et mesures* (1).

Paris, le 27 mars 1833.

N° **1469.** — *Ordonnance concernant le balayage et la propreté de la voie publique* (2).

Paris, le 30 mars 1833.

N° **1470.** — *Ordonnance concernant l'ordre à suivre lors du défilé des voitures qui iront à Longchamp* (3).

Paris, le 1er avril 1833.

(1) V. les ord. des 23 nov. 1842 et 1er déc. 1843.
(2) V. les ord. des 29 oct. 1836, 28 oct. 1839, et 1er avril 1843.
(3) V. l'ord. du 10 avril 1843.

N° **1471.** — *Ordonnance concernant les mesures d'ordre à observer dans la capitale, le 1ᵉʳ mai, à l'occasion de la fête du roi* (1).

Paris, le 27 avril 1833.

---◎---

N° **1472.** — *Arrêté concernant l'interdiction des cérémonies religieuses hors des édifices qui leur sont destinés.*

Paris, le 3 mai 1833.

Nous, conseiller d'Etat, préfet de police,

Vu le paragraphe 3 de l'article 3, titre XI, de la loi des 16—24 août 1790 ;

L'article 46, titre Iᵉʳ, de la loi des 19—22 juillet 1791 ;

L'article 17 de l'arrêté du gouvernement du 12 messidor an VIII (1ᵉʳ juillet 1800) ;

L'arrêté du 3 brumaire an IX (25 octobre 1800) ;

La loi du 18 germinal an X (8 avril 1802), article 45 ;

Considérant que différentes sectes se sont établies, en dernier lieu, dans plusieurs communes rurales du département de la Seine ;

Considérant que les adhérents à ces diverses sectes ne se bornent pas à célébrer leurs rites dans les édifices qui leur sont destinés, mais qu'ils ont tenté à diverses reprises de pratiquer ces cérémonies dans les rues et places publiques ;

Considérant que ces cérémonies extérieures compromettent le maintien de la tranquillité publique, en donnant même lieu à des scènes tumultueuses ;

Voulant prévenir le retour de ces désordres, et vu les dispositions de l'article 45 de la loi du 18 germinal an X, portant : « Aucune céré- « monie religieuse et extérieure ne peut avoir lieu dans les communes « où existent des temples destinés à différents cultes ; »

Et vu pareillement la loi des 16—24 août 1790 qui classe au nombre des objets confiés à la vigilance de l'autorité municipale le maintien du bon ordre, notamment dans les cérémonies publiques,

Avons arrêté et arrêtons ce qui suit :

1. A l'avenir, toutes cérémonies religieuses, hors des édifices qui leur sont destinés, ainsi que l'exercice extérieur d'un culte ou d'une secte quelconque, sont expressément interdits dans les communes rurales du département de la Seine, et dans celles de Saint-Cloud, Sèvres et Meudon du département de Seine-et-Oise, où il existe des temples destinés à différents cultes ou sectes.

2. En cas d'infractions à la prohibition résultant de l'article précédent, elles seront constatées régulièrement par les autorités locales, et les procès-verbaux seront immédiatement transmis aux tribunaux compétents, pour être fait aux contrevenants application des pénalités résultant de l'article 471, n° 15, du Code pénal.

3. Le présent arrêté sera notifié en la forme de droit aux différents chefs des sectes religieuses établies dans les communes du département de la Seine.

4. Le présent arrêté sera imprimé, publié et affiché dans toutes les communes du ressort de la préfecture de police.

---

(1) V. l'ord. du 28 avril 1843.

Les sous-préfets des arrondissements de Sceaux et de Saint-Denis, les maires et adjoints, commissaires de police, gardes champêtres des communes rurales du département de la Seine, les juges de paix et officiers de gendarmerie en résidence dans lesdites communes sont chargés, chacun en ce qui le concerne, d'en assurer l'exécution par toutes les voies de droit.

Le conseiller d'Etat, préfet de police, GISQUET.

Approuvé.

Le pair de France, ministre de l'intérieur et des cultes, D'ARGOUT.

N° 1473. — *Ordonnance concernant l'arrosement* (1).

Paris, le 8 mai 1833.

N° 1474. — *Ordonnance concernant les bains en rivière* (2).

Paris, le 16 mai 1833.

N° 1475. — *Ordonnance concernant le transport des pierres dans Paris.*

Paris, le 30 mai 1833.

Nous, conseiller d'Etat, préfet de police,

Vu 1° le décret du 11 juin 1811, relatif au mesurage des pierres destinées aux constructions publiques et particulières dans Paris;

2° L'ordonnance de police du 12 mai 1828, concernant le transport des pierres dans Paris;

3° L'arrêté de M. le pair de France, préfet du département de la Seine, en date du 13 avril dernier, qui réduit le nombre des barrières désignées dans l'ordonnance précitée du 12 mai 1828, et détermine celles où le service du poids public a été organisé;

En vertu de l'arrêté du gouvernement du 12 messidor an VIII (1er juillet 1800),

Ordonnons ce qui suit :

1. L'entrée dans Paris des voitures chargées de pierres de taille ou de moellons est interdite par les barrières des Martyrs, de la Villette, du Combat, de Ménilmontant, de Vaugirard et de Clichy.

Les voitures dont il s'agit ne pourront entrer dans Paris par d'autres barrières que par celles

du Roule,	de la Santé,
de Rochechouart,	d'Enfer,
de Pantin,	du Maine,
du Trône,	de l'Ecole Militaire,
de Charenton,	de la Gare.
de Fontainebleau,	

2. Il n'est rien changé aux autres dispositions de l'ordonnance de

---

(1) V. les ord. des 17 mai 1834, 1er juin 1837 et 27 juin 1843.
(2) V. les ord. des 20 mai 1839 et 25 oct. 1840 (art 187 et suiv., et 225).

police du 12 mai 1828 , qui continuera de recevoir son exécution dans tout ce qui n'est pas contraire aux dispositions de la présente ordonnance.

5. La présente ordonnance sera imprimée et affichée tant dans l'intérieur de Paris qu'aux barrières.

Les commissaires de police et le chef de la police municipale sont chargés d'en assurer l'exécution.

Elle sera adressée : 1° à M. le directeur des droits d'octroi et d'entrée , avec invitation de charger les préposés de son administration , employés aux barrières, de concourir à son exécution ;

2° A M. le colonel commandant la garde municipale de la ville de Paris pour en assurer l'exécution par les moyens qui sont à sa disposition.

3° Et enfin à MM. les sous-préfets des arrondissements de Sceaux et de Saint-Denis, pour qu'ils veuillent bien la faire publier dans l'intérêt des carriers et conducteurs de pierres établis dans les communes rurales de leur arrondissement.

Ampliation en sera adressée à M. le pair de France , préfet du département de la Seine.

Le conseiller d'Etat, préfet de police, GISQUET.

N° **1476.** — *Ordonnance concernant les bals et autres réunions publiques.*

Paris, le 31 mai 1833.

Nous, conseiller d'Etat, préfet de police,

Vu 1° l'article 3, § 3 de la loi des 16—24 août 1790 ;

2° L'article 1 de la loi du 8 thermidor an v (26 juillet 1797);

3° Les articles 2 et 27 de l'arrêté du gouvernement du 12 messidor an VIII (1er juillet 1800);

4° L'arrêté du gouvernement du 3 brumaire an IX (1er juillet 1800);

5° L'article 2 du décret du 3 novembre 1807 ;

6° L'article 1 du décret du 9 décembre 1809 ;

7° L'article 291 du Code pénal, et 471, n° 15 , du même Code ;

8° Et la loi des finances du 24 avril 1833 ;

Considérant qu'aux termes de la loi des 16—24 août 1790, l'autorité municipale est chargée de maintenir le bon ordre et la tranquillité dans les endroits où il se fait de grands rassemblements de personnes et autres lieux de divertissements publics ;

Considérant que ces dispositions sont applicables à tous les lieux où se forment des réunions , soit pour danser, soit pour d'autres motifs, et dans lesquels le public est admis indistinctement, soit à prix d'argent, soit par souscriptions, par cachets, billets, abonnements, ou enfin par tout autre mode qui donne à ces réunions un caractère public ; que dès lors ces réunions se trouvent assujetties, comme lieux publics, à la surveillance et à l'inspection de l'autorité municipale qui doit y veiller constamment au maintien de l'ordre, de la sûreté et des convenances publiques ;

Considérant, en outre, que la faculté de donner des bals publics , notamment dans les établissements connus sous la dénomination de guinguettes , ne peut résulter, aux termes de l'article 2 du décret du 3 novembre 1807, que d'une permission spéciale délivrée par le préfet de police, et sous la charge d'acquitter préalablement par les entrepreneurs desdits établissements , soit le quart de leur recette brute pour la taxe des indigents , soit la rétribution que ce magistrat est autorisé à fixer par ce décret pour tenir lieu de ladite taxe,

Ordonnons ce qui suit :

1. A compter du jour de la publication de la présente ordonnance , et à l'avenir, toutes personnes donnant des bals, concerts , danses , banquets et fêtes publiques, où l'on est admis indistinctement, soit à prix d'argent, soit par souscription, ou par cachets , billets, abonnements , et enfin par tout autre mode qui donnerait à ces réunions un caractère public, ainsi que tous marchands de vin, cabaretiers , traiteurs , maîtres de danse, propriétaires de cafés, estaminets, redoutes, wauxhalls, guinguettes et autres lieux publics dont les établissements seront situés dans la ville de Paris et dans les communes rurales du département de la Seine , ainsi que dans celles de Saint-Cloud , Sèvres et Meudon (département de Seine-et-Oise), ne pourront, en aucun temps , ouvrir des bals ni donner des concerts, banquets et fêtes publiques qu'après en avoir préalablement obtenu l'autorisation de la préfecture de police.

2. L'autorisation, pour obtenir ces réunions publiques, fixera les jours où elles auront lieu ; elle sera personnelle et non transmissible.

3. Ces permissions ne seront accordées que sur une demande écrite des pétitionnaires, indiquant les localités où ces sortes de réunions se formeront, et à laquelle ils sont tenus de joindre les certificats de MM. les maires ou commissaires de police, attestant leur moralité et les garanties qu'ils offriront dans l'intérêt des mœurs et de l'ordre public, avec l'avis de ces fonctionnaires sur l'établissement desdits bals, la convenance des localités destinées à ce genre de divertissement, et les motifs qui donneront lieu à des concerts , banquets ou autres fêtes publiques.

4. Ces permissions ne seront délivrées et maintenues qu'à la charge, 1° à l'égard de tous entrepreneurs de bals ou autres divertissements de la nature de ceux ci-dessus indiqués, qui auraient lieu dans Paris, d'acquitter, à l'administration des hospices civils, la taxe dont ils seront redevables envers les pauvres, conformément au décret du 9 décembre 1809, maintenu par la loi des finances du 24 avril 1833; 2° à l'égard de tous autres propriétaires ci-dessus désignés , et notamment de ceux tenant des établissements connus sous la dénomination de guinguettes, de payer la taxe des pauvres dont ces établissements sont passibles, et qui leur tiendra lieu du quart de la recette brute, conformément aux dispositions du décret dudit jour, 3 novembre 1807, autorisant ce mode de rétribution.

5. Cette taxe devra être acquittée, de mois en mois, et toujours d'avance , par les entrepreneurs de bals-guinguettes, sous peine d'annulation de leurs permissions; et elle sera réglée par nous, en raison de l'importance de ce genre d'établissements, et suivant les gradations qui seront reconnues justes et nécessaires.

6. Le produit des taxes perçues par la préfecture de police continuera d'être versé, savoir : dans la caisse des hospices civils, pour la perception sur les guinguettes *intrà muros* , et dans celles des bureaux de bienfaisance des communes rurales du département de la Seine où la perception aura eu lieu.

7. Chaque entrepreneur de bals publics devra interdire dans son établissement toutes danses indécentes , et requérir les officiers de police, à l'effet d'en expulser les auteurs, ainsi que toutes les personnes qui commettraient des outrages publics à la pudeur.

8. Les entrepreneurs de bals, de danses, de concerts, de banquets et de fêtes publiques ne pourront recevoir dans leurs établissements aucune personne masquée, déguisée ou travestie; toutefois, cette défense pourra être momentanément suspendue, pendant le temps du Carnaval , mais cette suspension ne pourra résulter que d'une permission expresse, délivrée par la préfecture de police, qui désignera les établissements où il sera permis de se présenter déguisé ou travesti, et qui fixera les heures de clôture des réunions.

9.Tout individu, autorisé à tenir des réunions de la nature de celles ci-dessus indiquées, sera tenu d'entretenir à ses frais une garde suffisante pour le maintien du bon ordre et de la tranquillité, pendant la durée desdites réunions.

10. Il ne pourra laisser entrer dans l'intérieur desdites réunions qui que ce soit avec bâtons, cannes et armes; il sera tenu d'avoir, à l'entrée de l'établissement, un lieu destiné à recevoir ces objets en dépôt : des numéros seront délivrés en échange.

11. En aucun temps, les réunions dont il s'agit ne pourront se prolonger au delà de 11 heures de la nuit, heure fixée par les règlements de police pour la fermeture des lieux publics, à moins d'en avoir obtenu une permission spéciale de la préfecture de police, qui fixera l'heure de leur clôture.

12. Tout entrepreneur de bals publics sera tenu de présenter au visa de MM. les maires et commissaires de police du lieu de son établissement sa permission de bal, et de l'exhiber à ces fonctionnaires à toutes réquisitions, ainsi que les quittances des versements qu'il aura dû effectuer pour la taxe des pauvres. En cas de refus, la fermeture de son bal sera prononcée immédiatement par la préfecture de police. Il en sera de même dans le cas où, la permission de bal étant périmée, l'entrepreneur continuerait à faire danser.

13. À l'expiration des permissions de bals, elles ne pourront être renouvelées que dans les formes ci-dessus prescrites et d'après de nouveaux renseignements transmis par les autorités locales, établissant la moralité des individus tenant bals et la bonne direction donnée à l'établissement.

14. Toute personne qui ouvrira un bal public, ou l'une des réunions ci-dessus énoncées, sans y être autorisée par la préfecture de police, et qui, nonobstant les défenses qui lui seraient faites par l'autorité, persisterait à y admettre le public, sera traduite devant les tribunaux de simple police conformément aux lois; et il sera pris envers les contrevenants telle mesure administrative qu'il appartiendra.

15. Toute infraction aux dispositions de la présente ordonnance entraînera immédiatement l'annulation de la permission de bal qui aura été délivrée aux contrevenants, et, sur le vu des procès-verbaux des officiers de police, constatant les contraventions, ils seront traduits devant les tribunaux compétents, pour leur être fait application des dispositions pénales prononcées par les lois.

16. Toutes les dispositions contraires à la présente ordonnance sont et demeurent abrogées.

17. La présente ordonnance sera imprimée, publiée et affichée dans la ville de Paris, dans toutes les communes du ressort de la préfecture de police et dans l'intérieur des établissements autorisés à tenir bals. MM. les sous-préfets des arrondissements de Sceaux et Saint-Denis, les maires et commissaires de police des communes rurales, le commissaire chef de la police municipale, les officiers de paix de la ville de Paris et autres préposés de la préfecture de police sont chargés, chacun en ce qui le concerne, d'en assurer l'exécution par toutes les voies de droit.

M. le colonel de la garde municipale de la ville de Paris et tous commandants et agents de la force publique sont invités à concourir à son exécution par tous les moyens qui sont à leur disposition.

Le conseiller d'Etat, préfet de police, GISQUET.

N° **1477.** — *Arrêté qui prescrit la réimpression et la publication de l'ordonnance du 23 juin 1832 concernant les chiens* (1).

Paris, le 3 juin 1833.

———— ◇ ————

N° **1478.** — *Ordonnance concernant la visite générale des tonneaux de porteurs d'eau* (2).

Paris, le 14 juin 1833.

Nous, conseiller d'État, préfet de police,

Vu : 1° l'article 32 de l'arrêté du gouvernement du 12 messidor an VIII (1er juillet 1800);

2° L'article 9 de l'ordonnance du 24 octobre 1829, concernant les porteurs d'eau, qui dispose que, chaque année, et à l'époque qui sera ultérieurement déterminée, les tonneaux de porteurs d'eau seront visités à l'effet de vérifier l'exactitude des déclarations de domicile, l'indication du numéro et le jaugeage des tonneaux;

Considérant que, dans l'intérêt du service, il importe de procéder à la visite prescrite par l'ordonnance précitée;

Considérant en outre que les brancards de la plupart des tonneaux, qui sont en circulation, excèdent la saillie fixée par l'article 3 de la même ordonnance, portant qu'afin de prévenir les accidents, les brancards des tonneaux, soit à cheval, soit à bras, ne pourront saillir en arrière, au delà des roues, de plus d'un pied;

Qu'il est nécessaire de prendre des mesures pour remédier à cet abus,

Ordonnons ce qui suit :

1. Il sera procédé à une visite générale des tonneaux des porteurs d'eau qui exercent leur état dans la ville de Paris.

Cette visite commencera le lundi 1er juillet prochain.

Elle aura lieu trois fois par semaine et par arrondissement, les lundi, mercredi et vendredi, sur le quai de la Cité, à partir de deux heures de relevée.

La visite des tonneaux des porteurs d'eau domiciliés dans le 1er arrondissement s'effectuera les lundi 1er, mercredi 3 et vendredi 5 juillet.

La visite des tonneaux du 2e arrondissement, les lundi 8, mercredi 10 et vendredi 12 juillet.

La visite des tonneaux du 3e arrondissement, les lundi 15 et mercredi 17 juillet.

La visite des tonneaux du 4e arrondissement, les vendredi 19 et lundi 22 juillet.

La visite des tonneaux du 5e arrondissement, les mercredi 24 et vendredi 26 juillet.

La visite des tonneaux du 6e arrondissement, les mercredi 31 juillet, vendredi 2 et lundi 5 août.

La visite des tonneaux du 7e arrondissement, les mercredi 7 et vendredi 9 août.

_____

(1) V. l'ord. du 28 fév. 1843.
(2) V. l'ord. du 20 avril 1844.

La visite des tonneaux du 8e arrondissement, les lundi 12 et mercredi 14 août.

La visite des tonneaux du 9e arrondissement, le vendredi 11 août.

La visite des tonneaux du 10e arrondissement, les lundi 19 et mercredi 21 août.

La visite des tonneaux du 11e arrondissement, les vendredi 23 et lundi 26 août.

La visite des tonneaux du 12e arrondissement, les mercredi 28 et vendredi 30 août.

Enfin, la visite des tonneaux de porteurs d'eau domiciliés dans les communes de la banlieue, et qui exercent leur état dans Paris, aura lieu le lundi 2 septembre prochain.

2. Les porteurs d'eau ne seront admis à la visite qu'à tour de rôle, et qu'autant qu'ils seront munis d'un bulletin de convocation, délivré à l'avance par les receveurs des fontaines marchandes.

3. La visite générale des tonneaux de porteurs d'eau sera faite par le commissaire de police chargé du service administratif des voitures, assisté de l'officier de paix de l'attribution des voitures et de l'officier de paix de l'arrondissement dont les tonneaux seront visités, de l'un des deux experts des voitures publiques, d'un préposé au jaugeage et du peintre de la préfecture de police.

4. Dans cette visite, les chefs de service auront principalement pour but de vérifier l'exactitude des déclarations de domicile, l'indication du numéro et le jaugeage des tonneaux.

En conséquence, chaque porteur d'eau sera tenu d'exhiber sa carte de roulage, visée par le commissaire de police de son quartier. Celles des porteurs d'eau domiciliés dans les communes de la banlieue seront visées par les maires de ces communes.

Il sera vérifié si le domicile indiqué sur la carte de roulage est le même que celui inscrit sur le tonneau.

Le tonneau sera jaugé, afin de s'assurer si la contenance portée est exacte.

5. Il sera dressé, à chaque visite, un procès-verbal spécial qui contiendra les noms et domiciles des porteurs d'eau qui ne se seront pas conformés à toutes les dispositions de l'ordonnance du 24 octobre 1829, les noms et domiciles de ceux qui auront été reconnus en règle, et toutes autres observations qui seront jugées nécessaires.

Les numéros des tonneaux des porteurs d'eau qui ne seront point en règle seront immédiatement effacés, et ne pourront être rétablis que lorsque les propriétaires de ces tonneaux auront justifié de l'accomplissement des formalités omises.

6. L'expert des voitures publiques mesurera la longueur des brancards des tonneaux présentés à la visite.

Les numéros des tonneaux dont les brancards dépasseront la saillie fixée par les règlements seront immédiatement effacés, et ne pourront être rétablis que lorsque les brancards auront été réduits à la saillie déterminée par l'ordonnance du 24 octobre 1829.

A l'avenir, aucun tonneau de porteurs d'eau ne sera admis à la marque sans avoir été soumis préalablement à la visite des experts des voitures, qui s'assureront que les brancards ne saillissent pas en arrière, au delà des roues, de plus d'un pied.

7. Il sera créé une série de numéros pour les visites annuelles des tonneaux des porteurs d'eau.

Le n° 1 sera affecté à la visite de cette année ; le n° 2 à la visite de l'année prochaine, et ainsi de suite.

En conséquence, chaque tonneau présenté à la visite de cette année sera marqué, au moyen d'un fer rouge, du n° 1, au-dessous duquel on appliquera l'estampille de la préfecture de police.

8. Lorsque la visite sera complétement terminée, tout porteur d'eau

dont le tonneau ne portera pas le numéro de la visite et l'estampille sera poursuivi conformément aux lois et règlements.

Tout tonneau neuf qui, après la visite, sera présenté à l'expertise et au numérotage sera marqué du numéro de la visite.

9. La présente ordonnance sera imprimée et affichée.

Les commissaires de police, le chef de la police municipale, le commissaire chargé du service administratif des voitures et les autres préposés de la préfecture de police sont chargés, chacun en ce qui le concerne, de tenir la main à son exécution.

Ampliation en sera adressée à M. le préfet de la Seine et à M. le directeur des droits d'entrée et d'octroi de Paris.

Le conseiller d'Etat, préfet de police, GISQUET.

Nᵒ **1479**. — *Ordonnance concernant les cultivateurs, jardiniers et marchands de gros légumes qui approvisionnent les marchés de Paris.*

Paris, le 28 juin 1833.

Nous, conseiller d'Etat, préfet de police,

Considérant que la vente en gros des légumes au marché établi rue de la Ferronnerie n'est ouverte qu'à 2 heures du matin, depuis le 1ᵉʳ avril jusqu'au 1ᵉʳ octobre, et qu'à 3 heures pendant le reste de l'année, conformément à l'article 4 de l'ordonnance de police du 31 octobre 1825;

Que, suivant le même article, le marché pour la vente des autres denrées est ouvert à 4 heures du matin, du 1ᵉʳ avril au 1ᵉʳ octobre, et à 5 heures pendant le reste de l'année;

Qu'il importe, dans l'intérêt de la liberté de la circulation, notamment aux abords des halles, que l'heure de l'arrivée des approvisionneurs, fixée à 11 heures du soir par l'article 1 de l'ordonnance de police du 21 septembre 1829, soit retardée, pour diminuer autant que possible l'inconvénient que présente leur stationnement sur la voie publique;

Vu la loi des 16—24 août 1790, titre XI, article 3, § 1;

L'article 46, titre Iᵉʳ de la loi des 19—22 juillet 1791;

Les articles 2, 22 et 33 de l'arrêté du gouvernement du 1ᵉʳ juillet 1800 (12 messidor an VIII);

L'article 471, § 4, du Code pénal,

Ordonnons ce qui suit:

1. Il est défendu aux cultivateurs, jardiniers et marchands de gros légumes, de jardinage et de fruits, qui approvisionnent les marchés de Paris, de faire entrer, circuler et stationner leurs voitures et bêtes de somme dans la ville, avant minuit.

2. Les approvisionneurs devront, en attendant l'heure d'entrer, ranger leurs voitures sur une seule file ou sur deux files lorsque les localités le permettent, de manière à ne point gêner la circulation, et notamment aux abords des barrières. Les bêtes de somme seront rangées de la même manière.

3. Les voitures ne pourront entrer que par six et à quelque intervalle.

Il est expressément défendu aux conducteurs de ces voitures de mettre leurs chevaux au trot ou au galop.

4. Les voitures des approvisionneurs trouvées en contravention seront mises en fourrière.

5. Les contraventions seront constatées par des procès-verbaux qui

nous seront adressés, et punies conformément aux lois et règlements.

6. La présente ordonnance sera imprimée, publiée et affichée, principalement dans les halles et marchés et aux barrières.

7. M. le directeur de l'octroi et des entrées de Paris est invité à faire tenir la main à l'exécution de la présente ordonnance par les préposés et employés sous ses ordres, notamment aux barrières de la Villette, de la Chapelle, de Pantin, du Roule et de Passy, à l'effet de quoi ampliation lui en sera adressée.

8. Les sous-préfets des arrondissements de Saint-Denis et de Sceaux, les maires des communes rurales du ressort de la préfecture de police, le chef de la police municipale, les commissaires de police, les officiers de paix, l'inspecteur général et les inspecteurs généraux adjoints des halles et marchés et les préposés placés sous leurs ordres sont également chargés de tenir la main à son exécution.

La présente ordonnance sera adressée en outre à M. le colonel de la garde municipale et à M. le commandant de la gendarmerie du département de la Seine, pour qu'ils en assurent l'exécution par tous les moyens qui sont en leur pouvoir.

Le conseiller d'Etat, préfet de police, GISQUET.

N° **1480**. — *Consigne générale des gardes de police aux théâtres* (1).

Paris, le 9 juillet 1833.

N° **1481**. — *Arrêté qui prescrit la réimpression et la publication de l'ordonnance du 1er avril 1818, concernant les caisses, pots à fleurs et autres objets dont la chute peut causer des accidents.*

Paris, le 15 juillet 1833.

N° **1482**. — *Ordonnance concernant les loueurs de voitures de place* (2).

Paris, le 23 juillet 1833.

Nous, conseiller d'État, préfet de police,

Considérant qu'un grand nombre de loueurs de voitures de place, surtout de cabriolets, ont réduit le prix de la course fixé par les règlements, et qu'ils annoncent cette réduction du tarif à l'aide de pavillons placés dans la partie supérieure des voitures;

Qu'il arrive souvent que les cochers, après avoir chargé sur les places à la faveur d'un pavillon annonçant un prix réduit, enlèvent en route ce pavillon et exigent, au terme de la course, le prix du tarif ordinaire;

Que, par suite de cette possibilité d'enlever les pavillons et des abus qu'elle facilite, des discussions et des querelles se sont fréquemment élevées entre le public et les cochers;

Considérant, en outre, que beaucoup de cochers dont les voitures

---

(1) Révoquée. — V. la consigne du 14 juin 1842.

(2) Rapportée. — V. l'ord. du 15 janv. 1841, les arr. des 15 janv. et 18 fév. 1841 et l'ord. du 25 mai 1842.

annoncent un prix réduit refusent de marcher à ce prix lorsque les courses leur paraissent trop longues ;

Qu'il importe de prendre des mesures pour mettre un terme à cet état de choses, tout en laissant aux propriétaires de voitures les facultés compatibles avec l'ordre public et la liberté de la circulation ;

Vu 1° les ordonnances de police des 1er juillet et 14 décembre 1829, et 5 septembre 1831, concernant le service des voitures;

2° La loi des 16—24 août 1790 et l'arrêté du gouvernement du 12 messidor an VIII (1er juillet 1800),

Ordonnons ce qui suit :

1. A compter du 15 août prochain, les loueurs de voitures de place qui voudront faire marcher leurs voitures à un prix inférieur à celui du tarif fixé par les règlements seront tenus d'en faire la déclaration à la préfecture de police et de faire inscrire à leurs frais par le préposé de l'administration chargé du numérotage, en caractères de vingt-sept millimètres (un pouce de hauteur) l'indication du prix de la course, sur les deux panneaux de côté et sur le panneau de derrière, sur la ligne formant jonction de la capote avec le panneau au-dessus du numéro.

Il est défendu de couvrir ou masquer cette inscription de quelque manière que ce soit.

2. Les loueurs qui feront marcher leurs voitures à un prix inférieur à celui du tarif et qui voudront les remettre sur le pied du tarif ordinaire, seront tenus d'en faire la déclaration à la préfecture de police et de faire effacer à leurs frais, par le préposé de l'administration chargé du numérotage, l'inscription mentionnée en l'article précédent.

3. Il est expressément défendu d'annoncer un prix réduit par des pavillons ou de toute autre manière que celle qui est indiquée dans l'article 1.

4. Tout cocher dont la voiture portera l'inscription d'un prix réduit sera tenu de marcher à toute réquisition du public, au prix indiqué sur cette inscription, quelle que soit la longueur de la course.

5. Au moyen des dispositions contenues dans le présent règlement, l'ordonnance de police du 5 septembre 1831 est rapportée.

6. Les contraventions à la présente ordonnance seront constatées par procès-verbaux ou rapports, qui nous seront transmis pour être adressés, s'il y a lieu, aux tribunaux compétents.

7. Il sera pris envers les contrevenants telles mesures administratives qu'il appartiendra, sans préjudice des poursuites à exercer devant les tribunaux.

La présente ordonnance sera imprimée et affichée.

Les commissaires de police, le chef de la police municipale, le commissaire de police chargé du service administratif des voitures, les officiers de paix et les autres préposés de l'administration sont chargés, chacun en ce qui le concerne, de tenir la main à son exécution.

Elle sera en outre adressée à M. le colonel de la garde municipale et à M. le commandant de la gendarmerie départementale de la Seine, pour qu'ils en assurent l'exécution par les moyens qui sont à leur disposition.

Le conseiller d'Etat, préfet de police. GISQUET.

N° **1483**. — *Ordonnance concernant les mesures d'ordre et de sûreté publique à observer dans Paris, les 27, 28 et 29 juillet, présent mois, à l'occasion des cérémonies et fêtes du troisième anniversaire de juillet 1830 (1).*

Paris, le 25 juillet 1833.

Nous, conseiller d'État, préfet de police,

Vu le programme arrêté le 15 juillet courant par M. le ministre du commerce et des travaux publics à l'occasion des cérémonies funèbres et des réjouissances et fêtes publiques qui auront lieu dans la ville de Paris, les 27, 28 et 29 de ce mois, pour célébrer le troisième anniversaire de la glorieuse révolution de 1830 ;

Vu l'ordonnance du jour, à nous adressée par M. le maréchal comte Lobau, relatif à la revue qui sera passée par le roi, le 28 juillet, des gardes nationales du département de la Seine et des troupes de ligne ;

Vu la loi des 16—24 août 1790, qui nous charge spécialement de maintenir le bon ordre dans les réjouissances et fêtes publiques, et de prendre les mesures convenables pour prévenir les accidents,

Ordonnons ce qui suit :

Dispositions relatives aux cérémonies funèbres du samedi 27 juillet.

1. Le 27 juillet, jour fixé pour les cérémonies funèbres en l'honneur des citoyens morts en juillet 1830, il sera fait, avant six heures du matin, un balayage extraordinaire sur les parties de la voie publique avoisinant les lieux de sépultures des victimes de juillet 1830, et qui sont situés, savoir :

1° Au glacis de la colonnade du Louvre ;

2° A la rue Froidmanteau ;

3° Au marché des Innocents ;

Et 4° au Champ-de-Mars, côté du pont d'Iéna.

2. Le même jour et à la même heure, un balayage aura pareillement lieu sur la place de la Bastille et aux abords du monument qui y sera érigé.

3. Les habitants sont tenus, chacun ce qui les concerne, de faire opérer le balayage prescrit par les articles qui précèdent.

4. Défense expresse est faite à tout crieur, joueur d'orgue, musicien ambulant, saltimbanque et chanteur, d'exercer, dans la journée du 27 juillet, leurs professions aux abords des tombes des victimes de juillet.

Dispositions relatives à la revue du 28 juillet, et aux feux d'artifice qui seront tirés dans cette soirée.

5. Dimanche 28 juillet, le balayage de la voie publique, prescrit par les règlements de police, devra être fait entre cinq et six heures du matin.

En conséquence, les sonneurs devront parcourir les rues dès cinq heures du matin.

Passé cette heure, aucun dépôt ne pourra être fait sur la voie publique.

6. La circulation et le stationnement des voitures seront interdits le 28 juillet, à partir de sept heures du matin jusqu'après la revue et l'entier défilé des légions de la garde nationale et des troupes de ligne, sur tous les points ci-après désignés, savoir :

_____

(1) V. les ord. des 26 juillet 1840 et 1841.

1° Sur toute la ligne des boulevards, depuis le pont d'Austerlitz jusqu'au monument de la Madeleine ;

2° Dans la rue Royale ;

3° Dans la rue Saint-Florentin ;

4° Dans la rue des Champs-Élysées ;

5° Sur la place de la Concorde ;

6° Dans toute la grande avenue des Champs-Élysées jusqu'à l'Arc de l'Étoile ;

7° Dans la rue de Rivoli jusqu'à celle de l'Échelle ;

8° Dans la rue Mondovi ;

9° Dans la rue des Pyramides ;

10° Dans la rue Castiglione ;

11° Dans la rue du Dauphin ;

12° Dans la rue du Vingt-Neuf-Juillet ;

13° Dans la partie de la rue Saint-Honoré entre les rues Royale et Castiglione ;

14° Sur la place Vendôme ;

15° Dans la rue de la Paix.

Pareille interdiction aura lieu le même jour, mais à partir de midi seulement, et jusqu'après le passage des légions, sur les points suivants :

1° Dans la rue Neuve-des-Petits-Champs ;

2° Dans la rue du Mail ;

3° Dans la rue de Cléry ;

4° Dans le Marché et la rue du marché Saint-Honoré.

7. A l'occasion du feu d'artifice qui sera tiré le 28 juillet sur le pont de la Concorde et sur le vaisseau construit au port d'Orsai, l'accès de la partie du quai située entre la rue de Poitiers et l'esplanade des Invalides sera entièrement interdit au public, à partir de midi de ce jour.

Sont exceptées de cette interdiction les personnes qui justifieront aux officiers de police qu'elles habitent le quai d'Orsai.

8. L'accès du port d'Orsai et des berges des deux rives de la Seine, entre le Pont-Royal et le Pont de la Concorde, sera pareillement interdit au public dans la journée du 28 juillet.

9. Le même jour, la circulation et le stationnement des voitures seront interdits, à partir de six heures du soir jusqu'à onze heures de la nuit, sur les points suivants :

Dans la grande avenue des Champs-Elysées, depuis la place de la Concorde jusqu'à l'allée des Veuves, le Rond-Point et la rue Montaigne.

Les voitures qui se rendront à la barrière de Passy et à Chaillot ne pourront sortir de Paris que par le faubourg Saint-Honoré, la rue Montaigne, l'allée des Veuves et le quai de Billy.

10. La même interdiction aura lieu, toujours à partir de six heures du soir, sur les autres points suivants :

1° Sur la place de la Concorde ;

2° Sur le quai de la Conférence jusqu'au quai de Billy ;

3° Dans la rue Royale ;

4° Des Champs-Elysées ;

5° Dans la rue Saint-Florentin ;

6° Dans la rue Saint-Honoré, depuis la place du Palais-Royal inclusivement, jusqu'à la rue des Champs-Elysées, faubourg Saint-Honoré ;

7° Dans la rue de Chartres ;

8° Dans la rue Saint-Thomas-du-Louvre ;

9° Dans la rue Batave ;

10° Dans la rue de Rohan ;

11° Dans la rue Saint-Louis ;

12° Dans la rue de l'Echelle ;
13° Dans la rue Saint-Nicaise ;
14° Dans la rue Montpensier ;
15° Dans la rue du Vingt-Neuf-Juillet ;
19° Dans la rue des Pyramides ;
17° Dans la rue Castiglione ;
18° Dans la rue Mondovi ;
16° Dans la rue Neuve-du-Luxembourg ;
20° Dans la rue de Rivoli jusqu'à la rue de Rohan ;
21° Sur le quai des Tuileries ;
22° Sur le Pont-Royal ;
23° Sur les quais de la rive droite de la Seine, depuis le Pont-Royal jusqu'au Pont-Neuf ;
24° Et sur ceux de la rive gauche, depuis le Pont-Royal jusqu'à la rue des Saints-Pères exclusivement.

11. La circulation et le stationnement des voitures est également interdit le 28 juillet, à compter de six heures du soir jusqu'à onze heures de la nuit, dans la rue de Richelieu, à partir de la rue Saint-Honoré jusqu'à la rue Neuve-des-Petits-Champs.

Pareille interdiction aura lieu dans toutes les rues qui débouchent dans la rue Saint-Honoré, depuis la place du Palais-Royal jusqu'à la rue des Champs-Elysées.

12. Sont exceptées des prohibitions ci-dessus établies les voitures des princes et princesses de la famille Royale, celles des ambassadeurs et des ministres, de M. le préfet de la Seine et de M. le maréchal commandant supérieur des gardes nationales de la Seine.

13. Afin de faciliter la pose et les dispositions relatives au feu d'artifice qui sera tiré sur le pont de la Concorde, la circulation y sera interdite pendant les journées des 27, 28 et 29 juillet.

14. A compter du 26 juillet au soir jusqu'au 30 inclusivement, la circulation, le passage d'eau et le stationnement en bateaux ou batelets seront interdits entre le Pont-Royal et le pont suspendu des Invalides.

Il est fait exception à l'égard des embarcations montées par les inspecteurs de la navigation chargés du service de sûreté publique, pendant le feu qui sera tiré au pont de la Concorde.

15. Le 28 juillet, à partir de huit heures du soir jusqu'après le feu d'artifice qui sera tiré sur le pont de la Concorde, aucune personne sans exception ne pourra stationner sur le pont des Arts, ni sur le pont suspendu des Invalides, et le passage en sera interdit au public pendant tout ce temps.

16. L'inspecteur général de la navigation et des ports prendra les mesures convenables pour faire évacuer et préserver du danger du feu les établissements, embarcations, bateaux chargés et vides, batelets et trains existant sur les deux bassins voisins du feu d'artifice, et pour interdire pareillement l'accès des berges.

17. Pendant toute la journée du 28 juillet, et jusqu'à onze heures de la nuit, les voitures qui arriveront à Paris par la barrière de Passy seront dirigées par le pont d'Iéna, les avenues de l'Ecole-Militaire, pour passer par les rues de Lille et de l'Université.

18. Les voitures qui arriveront par la route de Neuilly pourront, à partir de six heures du soir, entrer dans Paris par la barrière de l'Etoile, et descendront l'avenue des Champs-Elysées jusqu'au Rond-Point seulement, où là elles se dirigeront par la rue Montaigne.

Dispositions relatives au feu d'artifice qui sera tiré à la place de la barrière du Trône, le 28 juillet.

19. Le 28 juillet, la circulation et le stationnement des voitures seront interdits jusqu'à onze heures de la nuit, à compter de deux heures après midi, sur :

1° La place de la barrière du Trône ;

2° Sur les avenues qui conduisent à cette place ;

3° Et dans la rue du faubourg Saint-Antoine, en descendant jusqu'au débouché de la rue de Montreuil exclusivement.

20. Pendant cette journée, les voitures qui arriveront à Paris par la route de Vincennes seront dirigées sur les barrières de Montreuil et de Saint-Mandé.

21. L'entrepreneur du feu d'artifice qui sera tiré à la barrière du Trône sera tenu de faire établir une double barrière en charpente autour de l'emplacement du feu, et à une distance de six mètres, pour maintenir le public à l'éloignement nécessaire à sa sûreté.

Dispositions relatives aux spectacles gratis, aux poses des premières pierres des entrepôts de Paris, du pont de la Cité, à la joute sur la rivière, aux fêtes et réjouissances publiques et au bal donné par la Ville, dans la journée du 29 juillet.

22. Le 29 juillet, et dès neuf heures du matin, les emplacements et les abords des entrepôts de Paris, situés à la place de Marais, et au Gros-Caillou, ainsi que ceux du nouveau pont de la Cité, seront rendus libres et mis dans un état de propreté convenable au moment où le Roi s'y rendra pour poser les premières pierres de ces établissements publics.

23. Les représentations gratis, qui auront lieu dans la même journée sur les théâtres de la capitale, commenceront à deux heures après midi, et les portes s'ouvriront au public à une heure et demie précise.

24. A l'occasion de la joute qui aura lieu le 29 juillet sur la Seine, entre le pont de la Concorde et celui des Invalides, la circulation des bateaux, batelets, quelles que soient leur dimension et leur forme, à l'exception de ceux destinés à la joute, sera interdite entre ces ponts dans tout le cours de ladite journée.

25. Pendant la joute, la berge, rive droite de la Seine, qui s'étend depuis le pont de la Concorde jusqu'à celui des Invalides est interdite au public, ainsi que les rampes qui descendent à cette berge.

26. Il est fait défense de monter pendant la joute sur les parapets des quais, des ponts, sur les piédestaux et statues du pont de la Concorde.

27. Dans la journée du 29 juillet, à partir de midi et pendant toute la durée de la joute, la circulation et le stationnement du public et des voitures sont interdits expressément sur le pont suspendu des Invalides.

28. Le même jour, la circulation et le stationnement des voitures seront interdits jusqu'à onze heures du soir, et à compter de midi, seulement sur les points suivants :

1° Sur le quai d'Orsai jusqu'à l'esplanade des Invalides ;

2° Le quai des Tuileries ;

3° Le pont de la Concorde et le Pont-Royal ;

4° Le quai de la Conférence jusqu'au quai de Billy ;

5° Sur la place de la Concorde ;

6° Dans la rue Royale ;

7° Dans la rue de Rivoli ;

8° Dans toute l'étendue des Champs-Elysées, depuis la place de la Concorde jusqu'à l'allée des Veuves, le Rond-Point et la rue Montaigne.

Les voitures qui se rendront à la barrière de Passy ne pourront suivre que la direction de la rivière par le quai de Billy,

Et celles qui se dirigeront sur Chaillot et la barrière de l'Étoile devront passer par le faubourg Saint-Honoré et la rue Montaigne.

29. La circulation des voitures sera également interdite, aux mêmes heures, dans la journée du 29 juillet:

Dans les rues Marigny ;

Matignon ;

Des Champs-Elysées ;

De Saint-Florentin ;

Sur la place de la barrière du Trône ;

Sur toutes les avenues qui conduisent à cette place et dans la rue du faubourg Saint-Antoine, en descendant jusqu'au débouché de la rue de Montreuil exclusivement.

30. Les voitures qui arriveront à Paris, dans ladite journée du 29 juillet, par la route de Vincennes, seront dirigées sur les barrières de Montreuil et de Saint-Mandé.

31. Le même jour et jusqu'à dix heures du soir, les voitures qui entreront à Paris par la barrière de Passy seront dirigées par le pont de l'Ecole-Militaire, sur les avenues de cette école, pour passer par les rues de Lille et de l'Université.

Les voitures qui arriveront par la route de Neuilly pourront entrer dans Paris par la barrière de l'Etoile et descendre jusqu'au Rond-Point seulement, où là elles se dirigeront par la rue Montaigne.

Dispositions relatives au banquet et au bal donnés à l'Hôtel-de-Ville, le 29 juillet.

32. Le 29 juillet, à l'occasion du banquet et du bal donnés à l'Hôtel-de-Ville, la circulation et le stationnement des voitures, à l'exception de celles qui se rendront à l'Hôtel-de-Ville, seront, à partir de cinq heures du soir et pendant toute la nuit, interdits sur les points suivants :

1° Sur le quai de la Mégisserie ;

2° Le quai de Gèvres ;

3° Le quai Pelletier ;

4° Sur la place de l'Hôtel-de-Ville ;

5° Dans les rues de la Vannerie ;

6° De la Verrerie ;

7° De la Poterie ;

8° Des Coquilles ;

9° Du Mouton ;

10° De la Tixéranderie ;

11° Du Tourniquet-Saint-Jean ;

12° Sous l'arcade Saint-Jean ;

13° Dans la rue du Martroy ;

14° Dans la rue du Monceau-Saint-Gervais ;

15° Dans la rue du Pourtour-Saint-Gervais ;

16° Sur la place Beaudoyer ;

17° Dans la rue Saint-Antoine jusqu'a la Vieille rue du Temple ;

18° Sur le quai de la Grève, depuis le quai Pelletier jusqu'au Pont-Marie.

Dispositions générales.

33. A l'occasion de ces fêtes, le préfet de police croit devoir rappeler aux habitants de la capitale que les règlements de police défendent expressément le tir sur la voie publique, et dans l'intérieur des habitations, de toutes pièces d'artifice et armes à feu, et que les pères et mères et les chefs d'établissements sont civilement responsables des faits de leurs enfants, ouvriers et gens à gages qui contreviendraient à ces règlements qui intéressent la sûreté des personnes et des propriétés.

34. Dans les journées des 28 et 29 juillet, aucuns échafaudages, estrades, gradins, chaises, échelles, tonneaux, tables, bancs ou établissements de ce genre, ne pourront être conduits et posés, sous aucun prétexte, sur le Pont-Royal, les quais des Tuileries, d'Orsai, la place de la Concorde, le quai de la Conférence et sur aucunes des parties de la voie publique et des emplacements où auront lieu la revue, les feux d'artifice, la joute et les autres divertissements publics;

Les officiers de police feront enlever sur-le-champ tous les objets de cette nature qui se trouveraient placés sur la voie publique en contravention à la défense ci-dessus.

55. Défense expresse est faite à tout étalagiste ou marchand ambulant de stationner, dans la journée du 28 juillet, aux abords des grilles du jardin des Tuileries et notamment du Pont-Royal et aux descentes de ce pont.

Dans le cas où ils s'y présenteraient, ils seront expulsés par les officiers de police.

56. Défense formelle est pareillement faite à toutes personnes 1° de monter, dans les journées des 28 et 29 juillet, sur les arbres de la terrasse des Tuileries dite du bord de l'eau; 2° d'escalader les murs de cette terrasse; 3° de se placer sur les balustrades des fossés de la Concorde; 4° de monter sur les parapets des quais et des ponts et sur les arbres des boulevards où aura lieu la revue.

Il est pareillement défendu de monter sur les toits, les entablements et les auvents des maisons, ainsi que sur les échafaudages établis au-devant des bâtiments en construction.

57. Le commandant du corps des sapeurs-pompiers de la ville de Paris établira un poste, avec les pompes et les agrès nécessaires, à proximité de chacun des emplacements où seront tirés les feux d'artifice dans la soirée du 28 juillet.

58. Les édifices publics et communaux seront illuminés dans les soirées des 28 et 29 juillet.

59. Les contraventions à la présente ordonnance seront régulièrement constatées par les officiers de police et déférées aux tribunaux compétents.

40. La présente ordonnance sera imprimée, publiée et affichée dans la ville de Paris.

Les maires des communes de Passy, Neuilly, Saint-Mandé, Montreuil, Vincennes, le chef de la police municipale, les commissaires de police et les officiers de paix de la ville de Paris, l'architecte commissaire de la petite voirie, l'inspecteur général de la navigation et des ports, le directeur de la salubrité et les préposés de la préfecture de police sont chargés de tenir la main à son exécution, chacun en ce qui le concerne.

M. le colonel de la garde municipale de la ville de Paris, MM. les commandants de la garde nationale et des autres corps militaires et tous agents de la force publique seront requis de leur prêter mainforte au besoin.

Le conseiller d'Etat, préfet de police, GISQUET.

N° **1484.** — *Ordonnance concernant la suppression du marche de tolérance, dit du Panthéon, de Fourcy ou de l'Estrapade.*

Paris, le 9 août 1833.

Nous, conseiller d'Etat, préfet de police,
Vu les réclamations qui nous ont été adressées au sujet de la pré-

sence des marchands de comestibles et autres objets, les mardis et vendredis, dans les rues de Fourcy et de la Vieille-Estrapade ;

Les observations de M. le préfet de la Seine à ce sujet ;

La délibération du conseil municipal de la ville de Paris, du 19 avril 1833, tendant à ce que l'on supprime ce marché ;

La décision de M. le ministre du commerce et des travaux publics, du 15 juillet dernier, qui approuve cette délibération et en prescrit la mise à exécution ;

Vu la loi des 16—24 août 1790, celle du 22 juillet 1791, l'arrêté du gouvernement du 12 messidor an VIII (1er juillet 1800) et l'article 471, §§ 4 et 5, du Code pénal ;

Considérant qu'il existe, à une convenable proximité du marché de tolérance des rues de Fourcy et de la Vieille-Estrapade, des marchés couverts et régulièrement autorisés qui suffisent aux besoins de l'approvisionnement de ce quartier où rien ne justifie l'occupation de la voie publique,

Ordonnons ce qui suit :

1. Le marché de tolérance qui se tient, notamment les mardis et vendredis, rues de Fourcy et de la Vieille-Estrapade, sous le nom de marché du Panthéon, de Fourcy ou de l'Estrapade, sera supprimé à dater du 20 du courant.

2. En conséquence, à partir de la même époque, aucun étalagiste ni marchand forain ne pourra s'installer dans lesdites rues ni sur la place du Panthéon, où une partie d'entre eux se plaçaient autrefois. Les rues adjacentes devront d'ailleurs être libres et le stationnement des charrettes n'y sera plus toléré.

3. En cas de contravention aux articles précédents, les étalages et marchandises seront saisis, et les voitures seront conduites en fourrière. Les contraventions seront constatées par des procès-verbaux ou rapports qui nous seront adressés, et punies conformément aux lois et règlements.

4. La présente ordonnance sera imprimée, publiée et affichée.

5. Ampliation en sera adressée à M. le préfet de la Seine.

6. Les commissaires de police, et notamment celui du quartier Saint-Jacques, le chef de la police municipale, les officiers de paix, l'inspecteur général et les inspecteurs généraux adjoints des halles et marchés et les préposés de la préfecture de police sont chargés, chacun en ce qui le concerne, d'assurer l'exécution de la présente ordonnance.

M. le colonel commandant la garde municipale de Paris est invité à concourir, par tous les moyens qui sont en son pouvoir, à en faire observer les dispositions.

Le conseiller d'Etat, préfet de police, GISQUET.

N° **1485**. — *Ordonnance concernant l'ouverture de la chasse* (1).

Paris, le 13 août 1833.

N° **1486**.—*Avis portant défense de mener des chiens aux courses de chevaux du Champ-de-Mars* (2).

Paris, le 30 août 1833.

(1) V. l'ord. du 22 août 1843.
(2) V. l'avis du 11 oct. 1843.

N° 1487. — *Ordonnance concernant les mesures d'ordre et de sûreté à observer les 8, 15 et 22 septembre 1833, à l'occasion des fêtes de Saint-Cloud (1).*

Paris, le 5 septembre 1833.

N° 1488. — *Ordonnance concernant la réduction des devantures de boutique et autres objets de petite voirie excédant la saillie légale (2).*

Paris, le 14 septembre 1833.

Nous, conseiller d'Etat, préfet de police,

Vu 1° l'article 24 de l'ordonnance du roi, du 24 décembre 1823, qui limite à neuf années la durée des devantures de boutique qui excèdent la saillie légale;

2° L'ordonnance de police du 9 juin 1824, rendue pour la publication et l'exécution de ladite ordonnance royale;

3° L'article 21 de l'arrêté du gouvernement du 12 messidor an VIII (1er juillet 1800);

Considérant que le délai de neuf années, fixé par l'article 24 de l'ordonnance du roi précité, pour la réduction des devantures de boutique qui excédaient la saillie légale de 16 centimètres (6 pouces), est expiré depuis le 9 juin dernier; que non-seulement la réduction de saillie de la plupart de ces devantures de boutique n'a point été effectuée, mais qu'un grand nombre de montres, étalages, crochets, bustes, reliefs, tableaux, enseignes et attributs qui, depuis longtemps, auraient dû être réduits à la saillie légale, excèdent encore cette saillie;

Considérant que l'excès de saillie de tous ces objets résulte de ce qu'ils ont été établis sans autorisation ou contrairement aux dispositions des permissions délivrées, et qu'il importe de réprimer un abus qui présente des inconvénients pour la liberté et la sûreté de la circulation,

Ordonnons ce qui suit:

1. Les dispositions de l'ordonnance du roi, du 24 décembre 1823, portant règlement sur les saillies, auvents et constructions semblables, à permettre dans la ville de Paris, relative à la réduction des devantures de boutique et autres objets de petite voirie, excédant la saillie légale, seront imprimées en tête de la présente ordonnance pour être publiées et affichées de nouveau (3).

2. Devront être réduits immédiatement à 16 centimètres (6 pouces) au plus de saillie, à partir du nu du mur au-dessus de la retraite, les devantures de boutique ainsi que les montres, étalages, bustes, reliefs, crochets, tableaux, enseignes et attributs fixes ou mobiles qui excéderaient cette saillie, dans les rues de dix mètres de largeur et au-dessus.

Dans les rues au-dessous de dix mètres, la saillie desdits objets sera réduite proportionnellement à la largeur de la rue où ils seront établis.

3. Il est défendu de faire déposer et reposer aucun des objets de petite voirie excédant la saillie légale, sans déclaration préalable à la préfecture de police. A défaut de déclaration, les saillies reculées seront

_____

(1) V. l'ord. du 6 sept. 1843.

(2) V. les arr. des 18 fév. 1837 et 11 oct. 1839.

(3) V. cette ord. du roi à l'appendice.

considérées comme saillies nouvelles, s'il n'y a preuve contraire, et, comme telles, sujettes au droit.

4. Les contraventions aux dispositions de la présente ordonnance seront constatées par des procès-verbaux ou rapports qui nous seront transmis, pour être pris telle mesure qu'il appartiendra.

5. Les commissaires de police, le chef de la police municipale, les officiers de paix, l'architecte-commissaire de la petite voirie et les préposés de la préfecture de police sont chargés de surveiller et assurer l'exécution de la présente ordonnance.

Le conseiller d'Etat, préfet de police, GISQUET.

N° **1489**. — *Arrêté concernant le colportage des écrits sur la voie publique* (1).

Paris, le 19 octobre 1833.

Nous, conseiller d'Etat, préfet de police,
Vu la loi du 10 décembre 1830, relative aux crieurs publics d'écrits imprimés,

Arrêtons ce qui suit:

1. A dater du 1er novembre prochain, le dépôt ou la remise de l'un des exemplaires de tout écrit destiné au colportage sur la voie publique, qui se faisait précédemment dans les commissariats de police, ainsi que la déclaration du titre sous lequel les crieurs veulent annoncer les écrits, aura exclusivement lieu à la préfecture de police, tous les jours, excepté les fêtes et dimanches, depuis dix heures du matin jusqu'à trois heures de relevée.

2. Le dépôt sera reçu par un commissaire de police qui donnera récépissé constatant que le crieur a satisfait aux obligations imposées par l'article 3 de la loi du 10 décembre 1830.

3. Le présent arrêté sera imprimé et affiché dans la ville de Paris, et dans le ressort de la préfecture de police.

Le conseiller d'Etat, préfet de police, GISQUET.

N° **1490**. — *Ordonnance concernant le balayage et la propreté de la voie publique* (2).

Paris, le 28 octobre 1833.

N° **1491**. — *Ordonnance concernant la police des rivières et des ports, pendant l'hiver et le temps des glaces, grosses eaux et débâcles* (3).

Paris, le 14 novembre 1833.

(1) V. les ord. des 22 fév. 1834 et 19 oct. 1839.
(2) V. les ord. des 29 oct. 1836, 28 oct. 1839 et 1er avril 1843.
(3) V. les ord. des 1er déc. 1838, 5 déc. 1839 et 25 oct. 1840 (art. 203 et suiv.).

N° **1492.** — *Ordonnance concernant l'ouverture du nouveau marché de Sceaux* (1).

Paris, le 3o décembre 1833.

Nous, conseiller d'Etat, préfet de police,

Vu la loi du 24 août 1790, titre XI, article 3, §§ 3 et 6;

Vu les articles 2, 32 et 33 de l'arrêté du gouvernement du 12 messidor an VIII (1er juillet 1800), et l'article 1, de celui du 3 brumaire suivant (25 octobre 1800);

Vu l'article 484 du Code pénal;

Vu l'ordonnance du roi, du 10 mars 1832, qui approuve l'adjudication faite par la ville de Paris, au profit de MM. Vincent, Caillard et compagnie, des droits de location de places à percevoir pendant dix-neuf années sur les bestiaux amenés au marché de Sceaux, à la charge par la compagnie concessionnaire de faire reconstruire ledit marché, conformément aux plans et devis approuvés par M. le ministre du commerce et des travaux publics;

Vu la lettre, en date du 5 décembre courant, par laquelle M. le conseiller d'Etat, préfet de la Seine, annonce que les diverses constructions adjugées à la compagnie concessionnaire sont terminées et en état d'être livrées au commerce,

Ordonnons ce qui suit :

1. A compter du 1er janvier prochain, le préau des bœufs, les parquets à moutons, les grandes bouveries destinées à l'usage de la boucherie de Paris, les bouveries foraines et la halle aux veaux provisoire, construits au marché de Sceaux, seront ouverts au commerce pour la tenue dudit marché qui continuera d'avoir lieu le lundi de chaque semaine.

2. A compter de la même époque, la compagnie concessionnaire des droits de location de places à percevoir sur les bestiaux amenés audit marché entrera en jouissance de la concession qui lui en a été faite.

3. En conséquence, il sera payé à ladite compagnie concessionnaire ou à ses représentants, par chaque jour de marché et pour chaque tête de bétail conduit dans le marché, le droit de location de place dont la perception est autorisée par l'ordonnance royale du 10 mars 1832, suivant le tarif ci-après, savoir:

Pour chaque taureau, bœuf ou vache.	75 c.
Pour chaque veau..................	25
Pour chaque mouton..............	10

4. Ce tarif sera affiché, par les soins des concessionnaires, dans un lieu apparent du marché.

5. Conformément à l'article 25 du cahier des charges de la concession, la compagnie adjudicataire tiendra quatre registres pour l'inscription des quatre espèces de bestiaux introduits dans le marché; chacun de ces registres sera destiné spécialement à l'une des quatre espèces de bestiaux et devra indiquer, par dates et numéros, le nombre de têtes entrées au marché, le nom du propriétaire et le lieu de provenance.

6. Le préposé à la recette des droits de location devra, pour chaque enregistrement, délivrer aux conducteurs de bestiaux des bulletins numérotés, indiquant la quantité introduite et le nom du propriétaire. Ces bulletins seront produits aux receveurs des déclarations de la caisse de Poissy.

_____

(1) V. les ord. des 3 mai 1834, 31 août 1836 et 18 janv. 1843.

7. Le préposé aux recettes sera en outre tenu, à l'ouverture des ventes, de fournir, à l'inspecteur général des halles et marchés et à l'inspecteur de la caisse de Poissy, le relevé de la totalité des introductions.

8. Les dispositions des précédentes ordonnances sur la police du marché de Sceaux continueront d'être exécutées.

9. Les contraventions seront constatées par des procès-verbaux ou rapports.

10. La présente ordonnance sera imprimée et affichée.

Ampliation en sera adressée à M. le conseiller d'Etat, préfet du département de la Seine.

11. Le sous-préfet et le maire de Sceaux, l'inspecteur général et les inspecteurs généraux adjoints des halles et marchés et les autres préposés de la préfecture de police sont chargés, chacun en ce qui le concerne, de tenir la main à son exécution.

Le conseiller d'Etat, préfet de police, GISQUET.

1834.

N° **1493.** — *Ordonnance concernant les masques* (1).

Paris, le 6 février 1834.

N° **1494.** — *Ordonnance relative à la fixation de l'heure à laquelle se termineront les représentations dans les théâtres* (2).

Paris, le 15 février 1834.

Nous, conseiller d'Etat, préfet de police,

Vu la loi des 16—24 août 1790, titre XI ;

La loi du 19 janvier 1791 ;

L'arrêté du gouvernement du 12 messidor an VIII ;

Les règlements d'administration publique des 8 novembre 1780 et 21 mai 1784, relatifs à l'heure de fermeture des lieux publics ;

L'article 46 de la loi du 22 juillet 1791 ;

Le n° 15 de l'article 471 du Code pénal ;

La lettre à nous adressée le 10 février 1834, par laquelle M. le ministre du commerce et des travaux publics donne son approbation aux dispositions que renferme la présente ordonnance ;

Considérant que les entreprises théâtrales sont régies par une législation spéciale qui les place, comme tous les établissements publics, sous la surveillance de l'autorité municipale ;

---

(1) V. l'ord. du 23 fév. 1843.

(2) Rapportée. — V. l'ord. du 3 oct. 1837.

Considérant que, dans l'intérêt de la sûreté et de la tranquilité des habitants, comme aussi pour rendre moins pénible et plus efficace la surveillance que doivent exercer sur ces établissements les agents de l'autorité, il importe de fixer l'heure à laquelle les représentations théâtrales devront être terminées,

Ordonnons ce qui suit :

1. A l'avenir, et en tout temps, les représentations dramatiques se termineront, dans les théâtres de la capitale, à onze heures de la nuit; en conséquence, passé cette heure, le rideau de la scène sera baissé, et les salles de spectacle immédiatement évacuées par le public.

2. Dans les cas de représentations extraordinaires ou à bénéfice, il pourra être dérogé par le préfet de police aux dispositions de l'article précédent.

La permission spéciale qui accordera l'exception fixera l'heure à laquelle ou avant laquelle la représentation devra être terminée.

3. Dans les cas exceptionnels ci-dessus spécifiés, les directeurs de théâtres devront adresser, au moins quarante-huit heures d'avance, au préfet de police, la demande d'une autorisation de prolonger les représentations au delà de l'heure fixée par l'article 1.

Les demandes qui ne seraient pas faites dans ce délai, comme aussi dans le cas où le préfet de police n'aurait pas accordé la permission exceptionnelle dont il s'agit, les représentations extraordinaires devront se terminer à onze heures, comme il est dit à l'article 1 pour les représentations ordinaires.

4. Les dispositions de la présente ordonnance seront applicables aux théâtres de la banlieue.

5. Tout directeur de théâtre qui contreviendra aux dispositions de la présente ordonnance sera traduit, sur le rapport du procès-verbal du commissaire de police, constatant sa contravention, devant le tribunal compétent, pour se voir faire application des peines de simple police, sans préjudice des mesures qui pourraient être prises contre lui par l'administration.

6. La présente ordonnance sera imprimée, publiée et affichée dans la ville de Paris et dans les communes rurales du ressort de la préfecture de police où il existe des salles de spectacle ; elle sera, en outre, affichée tant à l'intérieur qu'à l'extérieur desdites salles, et notifiée officiellement à chaque directeur desdits établissements reconnus par l'autorité.

7. Les commissaires de police, le chef de la police municipale, les maires des communes rurales du département de la Seine, les officiers de paix et les agents de la force publique sont et demeurent chargés de l'exécution de la présente ordonnance, chacun en ce qui le concerne.

Le conseiller d'Etat, préfet de police, GISQUET.

N° **1495.** — *Ordonnance concernant la prohibition de la chasse* (1).

Paris, le 20 février 1834.

(1) V. l'ord. du 23 fév. 1843.

N° **1496.**—*Ordonnance concernant les crieurs, chanteurs, vendeurs et distributeurs d'écrits, dessins, lithographies, etc.* (1).

Paris, le 22 février 1834.

Nous, conseiller d'Etat, préfet de police,

Vu les articles 2 et 11 de l'arrêté du gouvernement du 12 messidor an VIII;

La loi du 10 décembre 1830, sur les crieurs publics, et celle du 16 février 1834,

Ordonnons ce qui suit :

1. A dater de la publication de la présente ordonnance, aucun crieur, chanteur, vendeur et distributeur, sur la voie publique, d'écrits, dessins et emblèmes, imprimés, lithographiés, moulés ou à la main, ne pourra exercer sa profession dans la ville de Paris, sans en avoir préalablement obtenu l'autorisation du préfet de police.

2. Les demandes à fin d'autorisation devront être adressées à la préfecture de police, et les permissions ne seront accordées, dans aucun cas, à des individus qui n'auront pas atteint l'âge de majorité, qui ne sauraient pas lire et écrire, qui ne seraient pas domiciliés depuis une année à Paris, et qui ne justifieraient pas à l'autorité d'une bonne moralité et d'une bonne conduite.

3. Les permissions ainsi accordées seront, aux termes de la loi, toujours révocables de la part de l'autorité compétente, mais elles seront retirées de droit à tous crieurs, chanteurs, colporteurs, vendeurs et distributeurs qui auraient commis une infraction aux lois et règlements, ou qui, dans l'exercice de leur profession, auraient crié, vendu, colporté ou distribué des écrits, emblèmes ou dessins qui seraient de nature à porter atteinte, soit à la morale publique, soit au respect dû à la Charte constitutionnelle et au roi.

4. Les individus auxquels des permissions auront été accordées seront tenus, lorsqu'ils exerceront leur profession en public, de porter ostensiblement une plaque en cuivre où seront gravés les mots : *Loi du 16 février 1834,* leurs noms et profession, et le numéro de la permission.

5. Tout crieur, chanteur, colporteur, vendeur et distributeur permissionné est tenu, en cas de changement de domicile, d'en faire immédiatement la déclaration par écrit à la préfecture de police.

6. Les individus dont la nomenclature précède devront représenter leurs permissions toutes les fois qu'ils en seront requis par un agent de l'autorité.

7. Défense leur est pareillement faite de publier aucun imprimé sur lequel ne se trouverait pas l'indication vraie des noms, profession et demeure de l'auteur ou de l'imprimeur, conformément aux articles 283, 284 et 285 du Code pénal.

8. Le dépôt préalable des écrits, dessins, emblèmes, etc., destinés au colportage ou à être chantés sur la voie publique, et exigé par l'article 3 de la loi du 10 décembre 1830, continuera d'avoir lieu, comme par le passé, à la préfecture de police.

9. Les crieurs ne pourront ajouter, lire ou débiter aucun sommaire ou commentaire aux titres des écrits qu'ils colportent sur la voie publique.

---

(1) V. l'ord. du 19 oct. 1839.

10. Il est interdit aux crieurs, chanteurs, vendeurs et distributeurs d'écrits, dessins, emblèmes, etc., et à toute personne de circuler et stationner sur la voie publique avec des écriteaux, lanternes, transparents ou autres moyens d'annoncer la vente des objets qu'ils sont chargés de distribuer, à moins d'une permission exceptionnelle de notre part.

11. Les professions dénommées dans la présente ordonnance ne pourront être exercées dans Paris avant huit heures du matin et après cinq heures du soir, depuis le 1er octobre jusqu'au 1er avril, et avant sept heures du matin et après huit heures du soir, depuis le 1er avril jusqu'au 1er octobre.

12. Par dérogation aux dispositions des articles 10 et 11 ci-dessus, et sur la simple demande qui nous en sera faite, des autorisations spéciales seront accordées aux vendeurs et distributeurs, sur la voie publique, des journaux du soir actuellement existants.

13. Toutes infractions aux dispositions de la présente ordonnance seront constatées par procès-verbaux des commissaires de police, qui procéderont à l'arrestation des crieurs, chanteurs, vendeurs et distributeurs contrevenants, pour être déférés au procureur du roi, conformément aux lois.

Il en sera de même à l'égard de tout crieur, porteur d'autorisation, qui aura contrevenu aux obligations qui lui sont imposées par la loi du 10 décembre 1830.

14. Toutes les dispositions des ordonnances de police, antérieurement publiées, qui seraient contraires à celle ci-dessus, sont et demeurent abrogées.

Néanmoins, l'ordonnance de police du 14 décembre 1831, relative aux chanteurs publics, continuera de recevoir son exécution.

15. La présente ordonnance sera imprimée, publiée et affichée dans Paris.

Le chef de la police municipale à Paris, les commissaires de police, les officiers de paix et les préposés de la préfecture de police sont chargés, chacun en ce qui le concerne, de l'exécution de la présente ordonnance.

Le colonel de la garde municipale, les commandants de la garde nationale et des autres corps militaires, et tout agent de la force publique sont requis de leur prêter main-forte au besoin.

Le conseiller d'Etat, préfet de police, GISQUET.

N° 1497. — *Ordonnance concernant la vérification périodique des poids et mesures* (1).

Paris, le 24 février 1834.

N° 1498. — *Ordonnance concernant la foire aux jambons, qui continuera de se tenir provisoirement dans le nouveau marché à fourrages du faubourg Saint-Martin* (2).

Paris, le 17 mars 1834.

Nous, conseiller d'Etat, préfet de police,

Vu 1° la loi des 16–24 août 1790, titre XI, article 3, paragraphes 3, 4 et 5;

(1) V. les ord. des 23 nov. 1842 et 1er déc. 1843.
(2) V. l'ord. du 7 avril 1843.

2° Les articles 423 et 479 du Code pénal ;

3° Les articles 23 , 26, 32 et 33 de l'arrêté du gouvernement du 12 messidor an VIII (1er juillet 1800) ,

Ordonnons ce qui suit :

1. La foire aux jambons continuera de se tenir provisoirement dans le nouveau marché à fourrages du faubourg Saint-Martin.

2. La foire aura lieu, suivant l'usage, pendant trois jours consécutifs, les mardi , mercredi et jeudi de la semaine sainte (25, 26 et 27 mars), depuis le lever jusqu'au coucher du soleil.

3. Les marchands forains qui voudront approvisionner la foire devront justifier :

1° De leur patente ;

2° Et de la quittance de l'octroi constatant l'acquittement du droit à Paris, pour les marchandises qu'ils représenteront.

Ils seront inscrits et recevront un numéro indicatif de la place qu'ils devront occuper.

4. Les marchandises seront reçues à la foire, dès le lundi 24 mars, toute la journée, et les jours de foire jusqu'à midi seulement, même le dernier jour de cette foire.

5. Les marchands y seront classés par département.

6. Les marchands sont tenus de placer, au point le plus apparent de leur étalage : 1° un écriteau indiquant le département dans lequel ils sont domiciliés ; 2° et le numéro qui leur aura été délivré lors de leur inscription.

Ceux d'entre eux qui auront vendu la totalité de leurs marchandises avant la clôture de la foire devront remettre ce numéro aux préposés de la préfecture de police, et ne pourront, sous aucun prétexte, le prêter ni le céder à qui que ce soit.

7. Les marchands peuvent exposer en vente, à la foire, toute espèce de marchandises de leur profession, à l'exception du porc frais.

8. Il est expressément défendu d'exposer, à la foire, aucune marchandise gâtée ou altérée par le mélange de viandes qui n'entrent pas ordinairement dans la fabrication des articles de charcuterie.

Il ne sera admis à la foire que les marchandises qui auront été soumises à une inspection préalable.

9. Les marchands sont tenus de ne se servir que de balances et de poids dûment vérifiés.

Ils sont tenus également de placer leurs balances et leurs poids en évidence.

10. Les marchands sont tenus encore de balayer leur place chaque jour, de n'accrocher aucune marchandise aux piliers des greniers, de n'y faire aucune espèce de construction et de ne déposer ni ordures ni immondices dans l'intérieur du marché.

11. Les contraventions seront constatées par des procès-verbaux ou rapports qui nous seront adressés pour être transmis au tribunal compétent.

12. La présente ordonnance sera imprimée et affichée.

13. Le commissaire chef de la police municipale, le commissaire de police du quartier du faubourg Saint-Denis, les officiers de paix, l'inspecteur général et les inspecteurs généraux adjoints des halles et marchés et les préposés sous leurs ordres sont chargés de tenir la main à son exécution.

Le conseiller d'Etat, préfet de police, GISQUET.

N° 1499. — *Ordonnance concernant le balayage et la propreté de la voie publique* (1).

Paris, le 27 mars 1834.

N° 1500. — *Ordonnance sur les mesures d'ordre à observer aux promenades de Longchamps* (2).

Paris, le 28 mars 1834.

N° 1501. — *Ordonnance concernant la police du port de Bercy* (3).

Paris, le 15 avril 1834.

Nous, conseiller d'Etat, préfet de police,

Vu la loi des 16—24 août 1790, et les arrêtés du gouvernement des 12 messidor an VIII (1er juillet 1800) et 3 brumaire an IX (25 octobre 1800),

Ordonnons ce qui suit :

1. Le port de Bercy est divisé en port de garage et en port de déchargement.

Le port de garage est divisé en deux parties ; la première commence immédiatement au-dessous de l'île de Quinquengrogne et se prolonge jusqu'au lieu dit *les Lions*; elle est affectée au garage des trains de bois à œuvrer. La seconde commence à la fin de la première, et se prolonge jusqu'à la pancarte placée devant la maison n° 63; elle est affectée au garage des bateaux de bois, de charbons de bois, d'ardoises, et plus spécialement au commerce des vins.

Le port de déchargement s'étend depuis la pancarte jusqu'au pont Louis-Philippe.

L'espace compris entre la pancarte, placée à six cent vingt mètres en amont du canal Triozon et l'île aux Pouilleux (rive gauche), est affecté au garage du bois à brûler.

La partie du port (rive gauche) qui s'étend depuis la pancarte qui sert de limite aux garages jusqu'au pont Louis-Philippe, est affectée à l'embarquement et au déchargement de toutes marchandises.

2. Les mariniers chargés de descendre des vins, soit à Bercy, soit à l'entrepôt général des vins, ou partout ailleurs, seront tenus de garer leurs embarcations, savoir : celles venant par la haute Seine, au-dessus du pont de Choisy, rive droite ; et celles venant par la Marne, au-dessus du pont Saint-Maur, rive droite, au bord dehors de l'île dite du pont Saint-Maur; et de prendre leurs numéros d'arrivée aux bureaux des préposés de la navigation chargés de la surveillance de ces garages.

3. Aucuns bateaux, toues ou barquettes, ne pourront être lâchés de ces garages, sans un permis de l'inspecteur du port de Bercy, qui ne le délivrera, savoir : pour les bateaux destinés à Bercy, que lorsqu'il aura reconnu qu'il y a place suffisante pour les recevoir ; et quant à

---

(1) V. les ord. des 29 oct. 1836, 28 oct. 1839 et 1er avril 1843.

(2) V. l'ord. du 10 avril 1843.

(3) V. l'arr. du 8 janv. 1838 et l'ord. du 25 oct. 1840 (art. 79 et suiv.).

ceux destinés pour les ports de Paris, que sur la représentation du consentement écrit de l'inspecteur de l'arrondissement.

4. Dans le cas où des mariniers voudraient conduire leurs bateaux dans des gares particulières, il seront tenus d'en faire la demande par écrit à l'inspecteur du port de Bercy, qui leur en accordera le permis, mais sous la condition expresse de ne pouvoir sortir lesdits bateaux de ces gares sans en avoir obtenu la permission.

5. Aussitôt l'arrivage des bateaux aux garages désignés dans l'article 1er, les mariniers devront se présenter au bureau de l'inspecteur de la navigation à Bercy, avec les passavants que leur auront délivrés les préposés de la navigation de Choisy ou d'Alfort.

Il leur sera délivré des numéros d'ordre pour la descente de leurs bateaux au port de déchargement ; ces mêmes bateaux ne prendront rang qu'à dater du jour où les formalités ci-dessus prescrites auront été remplies.

6. Tout bateau arrivant par la basse Seine ne pourra être monté à port, sans qu'au préalable le conducteur ne se soit conformé aux dispositions de l'article précédent.

7. Aucun bateau ou train ne pourra quitter les garages de Bercy et la gare d'Ivry, pour quelque destination que ce soit, sans un permis de l'inspecteur de la navigation de Bercy ; les permis de lâchage pour les trains destinés pour d'autres ports que ceux de Bercy et de la Gare ne pourront être refusés que sur un ordre de l'inspecteur général.

8. L'entrée des ports de Bercy et de la Gare sera interdite à tout bateau ou train arrivé sans permis de l'inspecteur de l'arrondissement.

En cas de contravention, les bateaux seront remontés d'office, aux frais, risques et périls de qui de droit.

9. Les mises à port et en déchargement ne pourront avoir lieu qu'aux places indiquées sur le permis.

Les mises à port s'opéreront en face des magasins auxquels les marchandises seront destinées.

Les bateaux dont les chargements seraient sans destination fixe seront mis à port, selon leur tour d'arrivée, sur les diverses parties du port qui seront libres.

Tout bateau dit renforcé pourra successivement être mis à port sur les divers points où il aurait à déposer des marchandises, lorsque d'ailleurs l'inspecteur de la navigation n'y verra point d'inconvénient.

10. Il ne pourra être placé au port de Bercy plus de quatre toues ou trois bateaux de front ; et au port de la Gare, plus de trois toues ou deux bateaux.

Les toues ou les bateaux mis à port, contrairement à ce qui précède, seront replacés d'office au lieu indiqué sur le permis de mise à port, aux frais, risques et périls de qui de droit.

11. Les bateaux et trains devront être solidement amarrés.

Faute par les propriétaires ou mariniers, conducteurs desdits bateaux et trains, de se conformer à cette prescription, il y sera pourvu d'office, à leurs frais.

12. Les pieux d'amarre devront être toujours libres ; aucun dépôt de marchandises ne pourra en gêner l'accès.

L'inspecteur général de la navigation est autorisé à pourvoir d'office, s'il est besoin, à la stricte exécution des dispositions qui précèdent.

13. Le port de Bercy sera ouvert depuis le point du jour jusqu'à la nuit.

L'ouverture et la fermeture du port seront annoncées par le son de la cloche placée près le bureau de l'inspecteur du port.

14. Il ne sera déchargé ni enlevé aucune marchandise pendant la fermeture du port.

15. Aussitôt que les toues seront arrivées à port, les fourchettes qui soutiennent le gouvernail seront abattues, et le gouvernail mis dans le bateau.

16. Tout bateau dit renforcé devra, pendant son séjour en Seine, être muni d'un gouvernail ou gareau.

Pendant le séjour des bateaux renforcés dans le port de Bercy, et indépendamment de la corde qui les fermera sur le pieu d'amarre, les mariniers seront tenus de laisser leur ancre dans l'eau jusqu'à ce que l'inspecteur en autorise l'enlèvement.

17. Les mariniers devront, lorsqu'ils mettront leurs bateaux à port, soit en traversant d'une rive à l'autre, soit en les lâchant d'un point sur l'autre, avoir une ancre à l'eau, et se lâcher sur corde.

18. Aucun train ne pourra être tiré ni aucune marchandise embarquée ou débarquée d'un bateau, si la déclaration n'en a été faite au bureau de l'inspecteur qui délivrera le permis de travail à l'instant même de la mise à port.

19. Le déchargement d'un bateau une fois commencé ne pourra être interrompu.

20. Les toues chargées de vin ne pourront, en y comprenant le jour de leur arrivée, rester plus de quinze jours dans le port pour y opérer leur déchargement.

Les bateaux dits renforcés seront mis en déchargement dès leur arrivée à port.

21. Lorsqu'une toue n'aura point été déchargée dans le délai fixé par l'article précédent, le propriétaire sera tenu de la faire sortir du port et de la conduire au garage, pour y prendre rang après les embarcations déjà inscrites pour la même destination.

En cas d'inexécution, la toue sera remontée d'office aux frais, risques et périls de qui de droit.

22. Toute embarcation dont le déchargement aura été opéré sera immédiatement retirée du port, et passée au bord dehors des autres bateaux. Elle ne pourra y séjourner plus de vingt-quatre heures et, sous aucun prétexte, ne sera passée sur la rive opposée qui est affectée au service du halage.

Elle sera remontée, soit par le propriétaire, soit d'office, et à ses risques et périls, s'il y a lieu, au garage du port à l'Anglais.

23. La durée du stationnement des marchandises sur le port et l'étendue des espaces occupés par ces marchandises varieront selon le temps, les besoins du service et l'état des eaux en rivière; ils seront toujours restreints dans les limites que le maire de Bercy et l'inspecteur de la navigation indiqueront de concert, toutes les fois que les circonstances l'exigeront, et de manière que les espaces nécessaires au déchargement des marchandises et au mouvement du port soient toujours libres.

En cas de partage d'opinions entre le maire de Bercy et l'inspecteur de la navigation, il nous en sera référé immédiatement, pour être statué ce qu'il appartiendra.

Les marchandises déposées sur les espaces devant rester libres pour le déchargement des marchandises et le mouvement du port seront enlevées d'office, s'il y a lieu, à défaut par les propriétaires d'obtempérer aux réquisitions qui pourraient leur être faites, à cet égard, par l'inspecteur du port.

24. Nul ne peut défermer la corde qui amarre un bateau chargé ou vide, sans le consentement du propriétaire et en sa présence, si ce n'est à la réquisition de l'inspecteur de la navigation.

25. Le tirage des trains de bois à brûler et à œuvrer devra être commencé immédiatement après leur entrée à port. Il devra s'opérer sans interruption, et ne pourra se faire que sur les points spécialement affectés à ce genre de travail.

En cas d'inexécution de ces dispositions, les trains seront remontés d'office au garage des Lions, dans la partie réservée pour les bois à brûler, aux frais, risques et périls de qui de droit.

26. Les bois de charpente et à œuvrer devront être tirés directement en chantier, sans pouvoir séjourner sur le port de Bercy.

Des tirages sur berge pourront être autorisés au port de la Gare, par permission spéciale; et, dans ce cas, les marchandises seront enlevées dans les trois jours qui suivront le tirage; faute de quoi, il y sera pourvu d'office.

27. Aucun bateau ou train, en destination pour Paris ou en passe-debout, ne sera garé en approchage aux ports de Bercy et de la Gare, sous peine d'être conduit d'office à destination, aux frais, risques et périls de qui de droit.

28. L'arche de halage, rive gauche, du pont Louis-Philippe devra toujours être libre; aucun bateau ou train ne pourra être garé à une distance moindre de cinquante mètres, tant en amont qu'en aval de cette arche.

29. Il sera toujours laissé, le long des deux rives de la Seine, les espaces réservés par les lois et règlements qui régissent le service du halage.

30. Le chargement et le déchargement des voitures ne pourra se faire que sur le pavé, et non sur la berge salpêtrée.

31. Aucune embarcation ne pourra être tirée à terre pour être réparée ou goudronnée, sans un permis de l'inspecteur général de la navigation.

32. Les bateaux ou trains destinés pour les canaux et les gares particulières ne pourront être lâchés que sur un permis de l'inspecteur de la navigation.

33. Les margotas et les toues qui ne seraient point pourvus de devises ou d'inscriptions propres à en faire connaître les propriétaires devront porter le numéro d'ordre qui leur sera délivré aux bureaux d'arrivages, pour fixer le rang de leur mise à port.

Ces numéros seront appliqués sur l'avant du bateau, de la manière la plus apparente.

34. Il est expressément défendu de déchirer des bateaux sans un permis de l'inspecteur général de la navigation.

Il est également défendu de déposer sur les ports et berges aucuns bois ou débris de bateaux.

Les déchirages aux ports de Bercy et de la Gare n'auront lieu qu'en vertu des permis qui seront délivrés par l'inspecteur général de la navigation, et seulement en face des chantiers de bois de bateaux.

Les bateaux destinés à être déchirés seront abattus dans les vingt-quatre heures de leur entrée à port.

35. Les contraventions aux dispositions qui précèdent seront constatées par des procès-verbaux qui seront transmis aux tribunaux compétents.

36. La présente ordonnance sera imprimée et affichée.

Le sous-préfet de l'arrondissement de Sceaux, les maires des communes de Bercy et d'Ivry, l'inspecteur général de la navigation et des ports, et les préposés de la préfecture sont chargés, chacun en ce qui le concerne, de tenir la main à son exécution.

Le conseiller d'Etat, préfet de police, GISQUET.

N° **1502**. — *Ordonnance concernant la navigation et la police des canaux de Saint-Denis et de l'Ourcq, dans le département de la Seine* (1).

Paris, le 20 avril 1834.

Nous, conseiller d'Etat, préfet de police,

Vu la loi des 16—24 août 1790, et les arrêtés du gouvernement des 19 ventôse an VI (9 mars 1798), 12 messidor an VIII (1er juillet 1800) et 3 brumaire an IX (25 septembre 1800),

Ordonnons ce qui suit:

1. Les bateaux et trains destinés à entrer dans le canal Saint-Denis s'arrêteront en dehors du chenal conduisant aux écluses, sans toutefois en gêner le service.

Le stationnement aura lieu sur la rive droite de la Seine, à deux longueurs de bateau en aval du poteau-limite qui sera placé à l'entrée du chenal.

2. Il est expressément défendu de gêner ou d'entraver les manœuvres des bateaux destinés à entrer dans le canal.

Aucune marchandise ne pourra être chargée ou déchargée dans l'espace compris entre le chenal du canal et le poteau indiquant sa séparation d'avec le port de la Briche.

Les flettes ou bachots appartenant aux bateaux entrés dans le canal ne pourront stationner en Seine, dans l'espace ci-dessus déterminé. Les points de stationnement de ces bateaux seront désignés par l'inspecteur général de la navigation et des ports.

3. Les bateaux ou trains seront amarrés, suivant l'ordre de leur arrivée, dans l'espace ci-dessus indiqué.

Les conducteurs seront tenus:

1° De faire enregistrer leurs lettres de voiture au bureau des arrivages établi à la Briche;

2° De donner avis de leur arrivée, et de déclarer leur tirant d'eau au bureau de l'éclusier qui leur délivrera un numéro d'ordre déterminant leur rang d'entrée, et sans lequel ils ne pourront être admis dans le canal.

4. Lorsque les dimensions d'un bateau nécessiteront l'enlèvement préalable du gouvernail, pour qu'il puisse entrer dans le canal, cet enlèvement s'opérera au moyen d'une machine établie à cet effet.

Cette opération aura lieu alternativement pour un bateau montant et pour un bateau descendant, d'après leur tour d'arrivée auprès de la machine.

Pour les bateaux montant, le décrochage aura lieu suivant les numéros d'ordre délivrés par l'éclusier.

5. Aucun bateau chargé ou non chargé ne sera admis dans le canal, s'il ne porte, écrits en caractères bien lisibles, sa devise, le nom et le lieu de domicile du propriétaire.

Les toues chénières ou sapines sont exceptées de cette disposition.

6. Le maximum du tirant d'eau pour les bateaux naviguant sur le canal Saint-Denis est fixé à un mètre quatre-vingt-dix centimètres.

En conséquence, les bateaux d'un tirant d'eau plus considérable ne seront admis dans les écluses, à l'embouchure, qu'après avoir été allégés et réduits à ce maximum.

(1) V. l'ord. du 25 oct. 1840 (art. 111 et suiv.).

7. Le tour d'admission dans le canal sera interverti toutes les fois qu'un bateau ou train, étant à son rang pour entrer, n'aura pas ses haleurs prêts où en nombre suffisant; dans ce cas, il cédera son tour au bateau ou train suivant, s'il est prêt à marcher, et ainsi successivement.

Le conducteur du bateau ou train qui aura été ainsi trématé reprendra rang aussitôt qu'il aura ses haleurs.

Aucun conducteur de bateau ou train ne pourra s'engager dans le chenal, sans avoir préalablement obtenu le laissez-passer des éclusiers aux embouchures.

8. Chaque bateau, besogne, marnais, picard, longuette, coche et chaland chargé devra être halé par quatre hommes ou deux chevaux; tout autre bateau chargé devra être halé par deux hommes ou un cheval, ainsi que chaque partie de train formant une éclusée.

Les jeunes gens âgés de moins de seize ans ne seront pas comptés comme ouvriers haleurs.

Les bateaux vides devront être halés, suivant leur espèce, par la moitié au moins des hommes dont les nombres sont ci-dessus déterminés.

Les bateaux chargés dont les gouvernails auront été enlevés devront être halés par quatre hommes et par trois chevaux billés partie à l'avant et partie à l'arrière.

Un nombre suffisant d'hommes d'équipage devra toujours rester dans les bateaux pour assurer l'exécution des manœuvres.

9. Sauf les exceptions ci-après, les passages aux écluses des bateaux et trains montants ou descendants auront lieu dans l'ordre qui présentera le plus d'économie pour l'eau, c'est-à-dire que, si l'écluse est pleine, le bateau descendant passera le premier; dans le cas contraire, le bateau montant aura la priorité.

10. Dans le cas d'encombrement aux troisième, quatrième, onzième et douzième écluses du canal Saint-Denis, il sera donné passage alternativement à quatre bateaux montants et à quatre bateaux descendants à la suite.

11. Tous les bateaux et trains iront de file sur le canal, en suivant l'ordre de leur entrée, sauf les exceptions ci-après :

Tout bateau ou train s'arrêtant devra laisser passer les bateaux ou trains qui seront derrière lui, pour qu'ils puissent continuer leur marche ; à cet effet, il devra être amarré du côté opposé à celui du halage.

Tout bateau ou train halé par des hommes devra se laisser trémater par les bateaux ou trains halés par des chevaux, lorsqu'il aura été atteint par eux dans le parcours d'un bief.

Tout bateau halé par des chevaux qui aura été atteint, dans le parcours d'un bief, par un autre bateau également halé par des chevaux, devra semblablement se laisser trémater par lui.

12. Dans les cas prévus par l'article précédent, le trématage n'aura lieu qu'autant que les bateaux auront atteint celui ou ceux qui les précédaient, à deux cents mètres au moins des abords des écluses.

13. L'ordre de passage aux écluses et ponts sera interverti toutes les fois que le bateau ou train qui devra marcher n'aura pas ses haleurs prêts, et on procédera comme il est indiqué à l'article 7.

14. Lorsque la hauteur des eaux du bassin de la Villette (gare circulaire), mesurée à la porte d'amont de la première écluse du canal Saint-Denis, n'excédera pas de dix centimètres le tirant d'eau d'un bateau, le passage sera refusé.

Les bateaux qui se trouveront dans ce cas devront se ranger soit dans la gare circulaire, soit dans la gare carrée, pour laisser passer ceux qui seraient moins fortement chargés ; ils reprendront leur tour aussitôt que les eaux dudit bassin auront atteint le degré fixé pour leur navigation.

15. En cas d'avarie sur les canaux, les bateaux employés au service des travaux auront le droit de passer avant tout autre bateau ou train.

16. La navigation des canaux et les travaux des ports qui en dépendent auront lieu depuis le point du jour jusqu'à la nuit.

17. Les bateaux et trains arrêtés seront de file sur une seule ligne ; ils devront être solidement attachés par deux amarres, du côté opposé au chemin de halage qui devra être libre en tout temps.

Ils ne pourront stationner à une distance moindre de cinquante mètres en amont ou en aval des ponts, écluses et chenaux.

Les dispositions du paragraphe précédent ne sont pas applicables aux gares carrée, Saint-Denis et circulaire, dans lesquelles il devra cependant être réservé un espace libre d'une largeur suffisante pour que les bateaux puissent s'y croiser, entrer dans les écluses et en sortir librement.

Sur le bassin de la Villette, comprenant la partie entre le pont tournant et la gare circulaire, les bateaux et trains pourront stationner sur les deux rives, immédiatement en aval et en amont des angles d'évasement formant la limite du bassin, mais en laissant libre toutefois un espace suffisant pour que deux bateaux puissent s'y croiser.

18. Les bateaux coulés à fond devront être retirés des canaux, à la diligence des propriétaires ou conducteurs de ces bateaux, dans le délai qui leur sera prescrit par l'inspecteur général de la navigation.

A défaut par les propriétaires ou conducteurs de procéder immédiatement à cette opération avec un nombre d'hommes suffisant, ou de la terminer dans le délai fixé, les bateaux seront relevés d'office, aux frais, risques et périls de qui de droit.

19. Tout bateau chargé ou vide devra avoir un gardien pour jeter l'eau ; il sera placé des gardiens d'office, aux frais des propriétaires ou conducteurs, sur les bateaux qui n'en auront pas.

20. Il est défendu de charger ou de décharger aucun bateau, au passage des ponts et écluses, ainsi que dans un rayon moindre de cinquante mètres de distance desdits ponts et écluses.

Cette disposition n'est point applicable aux gares carrée, Saint-Denis et circulaire, dans lesquelles il devra, néanmoins, être réservé un espace libre d'une largeur suffisante pour que les bateaux puissent s'y croiser, entrer et en sortir librement.

21. Il est défendu, 1° de battre des piquets d'amarre pour arrêter les bateaux ou trains sur les chemins de halage des canaux ; 2° d'amarrer les bateaux ou trains aux arbres plantés le long des canaux, et de tenir les cordes d'amarre au-dessus de terre, de manière à gêner le passage des levées ; 3° et de jeter dans les canaux des terres, des pierres, des gravois et immondices.

22. Les marchandises, agrès ou tous autres objets qui tomberaient des bateaux dans les canaux devront en être retirés dans le plus bref délai par les propriétaires.

A défaut par ces derniers d'obtempérer aux réquisitions qui leur seront faites à ce sujet, il sera procédé d'office et aux frais de qui de droit au repêchage de ces marchandises, agrès, etc.

23. Nul ne pourra manœuvrer les vannes, les portes des écluses et les ponts, si ce n'est du consentement des éclusiers et pontonniers.

24. Il est défendu de faire usage de crocs ou autres instruments en fer, dans les parties des canaux construites en maçonnerie.

25. Les mariniers seront tenus de ralentir, aux abords des écluses et des ponts, le mouvement de leurs bateaux ou trains, pour prévenir tout choc contre les portes des écluses et contre les ponts.

26. Les mises à port dans le bassin de la Villette auront lieu, dans l'ordre des arrivages, sur tous les points autres que ceux qui, avec notre autorisation, auront été affectés par la compagnie concessionnaire à des services spéciaux.

Tout bateau à port devra avoir ses mâts abattus.

Aucune marchandise ne pourra être déchargée du bateau à terre, et aucun train ne sera tiré, si les lettres de voiture en bonne forme et les passavants délivrés aux bureaux d'arrivages n'ont été représentés à l'inspecteur de la navigation.

Cette disposition ne sera obligatoire que pendant les heures d'ouverture du bureau de la navigation.

27. Lorsqu'un marinier aura terminé le chargement ou le déchargement de son bateau, il sera tenu de le retirer du port; et, dans le cas où il n'aurait pas procédé immédiatement à cette opération, le bateau sera lâché d'office, aux frais, risques et périls de qui de droit.

28. Tout bateau devra être déchargé ou chargé dans les trois jours, à partir de la mise à port.

Tout train devra être également tiré dans le même délai.

Si, à l'expiration de ces trois jours, les bateaux ou trains occupent une place nécessaire, ils seront déplacés d'office, aux frais et risques des marchands ou mariniers, dans le cas où ceux-ci se refuseraient à les retirer.

Les bateaux ou trains qui auront été déplacés en vertu du paragraphe précédent seront remis à port aussitôt qu'il y aura place et après le payement des frais du déplacement d'office.

29. Sur les huit mètres de franc-bord qui doivent exister autour du bassin de la Villette, conformément à l'arrêté de M. le préfet de la Seine, du 9 mars 1822, un espace d'un mètre, à partir du bord du bassin, devra constamment rester libre pour la circulation.

Les marchandises ne pourront séjourner que trois jours sur les sept mètres restant.

Toutes marchandises déposées sur les bords du bassin de la Villette, en contravention aux dispositions qui précèdent, seront enlevées d'office et consignées jusqu'au remboursement des frais auxquels l'opération aura donné lieu.

30. Il est défendu, 1° d'embarrasser les chemins de halage par aucun dépôt de matériaux ou de marchandises; 2° de faire paître les bestiaux sur ces chemins et de les parcourir avec des voitures, charrettes ou bêtes de somme; 3° d'abreuver les bestiaux et chevaux ailleurs que dans les abreuvoirs; 4° de laver du linge et de faire rouir du chanvre dans les canaux ou contre-fossés qui en dépendent; 5° d'y jeter des immondices et de faire des dépôts non plus qu'aucune ouverture sur les francs-bords, sous quelque prétexte que ce soit.

31. Il est défendu d'avoir sur les canaux des bachots ou batelets de quelque espèce que ce soit, sans une permission spéciale délivrée en notre nom par l'inspecteur général de la navigation.

32. Il est expressément défendu aux mariniers de louer ou prêter leurs bachots, et de les employer à tout autre service que celui de l'embarcation dont lesdits bachots dépendent.

33. Il est défendu de se baigner dans les canaux.

Il est également défendu d'y puiser de l'eau sans une autorisation spéciale de la compagnie concessionnaire, sauf le cas d'incendie.

34. Il est défendu aux cochers et charretiers de conduire leurs chevaux autrement qu'au pas, en traversant les ponts mobiles établis sur les canaux.

35. Il est défendu de monter sur les bateaux et trains naviguant ou stationnant sur les canaux.

Il est également défendu de rester sur le tablier des ponts pendant la manœuvre, et de passer sur les portes des écluses autres que celles disposées à cet effet.

Sont exceptés de ces défenses les agents du service de la navigation et de la compagnie concessionnaire, et toutes personnes employées au service des bateaux et trains.

36. Il est défendu de glisser et de patiner sur la glace dans toute la longueur des canaux.

37. Les contraventions à la présente ordonnance seront constatées par des procès-verbaux qui nous seront transmis pour être déférés aux tribunaux compétents.

38. La présente ordonnance sera imprimée et affichée.

M. le sous-préfet de Saint-Denis, les maires et les commissaires de police des communes riveraines des canaux, l'inspecteur général de la navigation et les employés placés sous ses ordres sont chargés, chacun en ce qui le concerne, de tenir la main à son exécution.

Le conseiller d'Etat, préfet de police, GISQUET.

N° **1503.** — *Ordonnance concernant la navigation et la police du canal Saint-Martin* (1).

Paris, le 20 avril 1834.

Nous, conseiller d'Etat, préfet de police,

Vu la loi des 16—24 août 1790 et les arrêtés du gouvernement des 19 ventôse an vi (9 mars 1798) et 12 messidor an viii (1er juillet 1800),

Ordonnons ce qui suit :

1. Les bateaux et trains destinés à entrer dans le canal Saint-Martin s'arrêteront en dehors du chenal conduisant aux écluses, sans toutefois en gêner le service.

Le stationnement aura lieu, pour les bateaux et trains montants, sur la rive droite de la Seine, entre le pont d'Austerlitz et le poteau indiquant la limite de l'entrée dudit canal, et pour les avalants, dans le bassin de la Villette.

2. Il est expressément défendu de gêner ou d'entraver les manœuvres des bateaux et trains destinés à entrer dans le canal.

Il ne sera chargé ni déchargé aucune marchandise et il ne sera déchiré aucun bateau sur la rive droite de la Seine, entre le pont d'Austerlitz et l'entrée du canal.

3. Les conducteurs de bateaux ou trains s'amarreront suivant l'ordre de leur arrivée dans les espaces ci-dessus indiqués ; ils seront tenus de donner avis de leur arrivée, et de déclarer leur tirant d'eau au bureau de l'éclusier qui leur délivrera un numéro d'ordre déterminant leur rang d'entrée, et sans lequel ils ne pourront être admis dans le canal.

4. Aucun bateau chargé ou non chargé ne sera admis dans le canal s'il ne porte, écrits en caractères bien lisibles, sa devise, le nom et le lieu de domicile du propriétaire.

Les toues chénières ou sapines sont exceptées de cette disposition.

5. Le maximum du tirant d'eau, pour les bateaux naviguant sur le canal, est fixé à 1 mètre 90 centimètres.

---

(1) V. l'ord. du 25 oct. 1840.

En conséquence, les bateaux d'un tirant d'eau plus considérable ne seront admis dans les écluses à l'embouchure, et n'obtiendront un numéro d'ordre qu'après avoir été allégés et réduits au tirant d'eau maximum.

6. Le tour d'admission dans le canal sera interverti toutes les fois qu'un bateau ou train, étant à son rang pour entrer, n'aura pas ses haleurs prêts et en nombre suffisant; dans ce cas, il cédera son tour au bateau ou train suivant, s'il est prêt à marcher.

Le conducteur du bateau ou train qui aura été ainsi trématé reprendra rang aussitôt qu'il aura ses haleurs.

Aucun conducteur de bateau ou train ne pourra s'engager dans le canal sans avoir obtenu préalablement le laissez-passer des éclusiers aux embouchures.

7. Le halage des bateaux ou trains se fera par des hommes seulement.

Chaque bateau, besogne, marnais, picard, longuette, coche et chaland chargé devra être halé par quatre hommes; tout autre bateau chargé devra être halé par deux hommes, ainsi que chaque partie de train formant une éclusée.

Les jeunes gens âgés de moins de seize ans ne seront pas comptés comme ouvriers haleurs.

Les bateaux vides devront être halés, suivant leur espèce, par un nombre d'hommes égal au moins à la moitié de celui qui est exigé pour les bateaux chargés.

Un nombre suffisant d'hommes d'équipage devra toujours rester dans les bateaux pour assurer l'exécution des manœuvres.

8. Sauf les exceptions ci-après, les passages aux écluses des bateaux ou trains montants ou descendants auront lieu dans l'ordre qui présentera le plus d'économie pour l'eau, c'est-à-dire que, si l'écluse est pleine, le bateau descendant passera le premier, et que, dans le cas contraire, le bateau montant aura la priorité.

9. Au passage des ponts tournants, les bateaux chargés ou trains auront la priorité sur les bateaux vides; hors ce cas, le passage sera donné alternativement à un bateau ou train montant et à un descendant, en suivant l'ordre de leur arrivée aux abords desdits ponts.

10. Il sera donné passage à quatre bateaux montants et à quatre bateaux descendants aux neuvième, huitième et septième écluses du canal Saint-Martin, dans le cas où leurs abords seraient encombrés.

Dans toutes circonstances, il sera donné passage alternativement à deux bateaux montants et à deux bateaux descendants à la suite, aux septième et huitième écluses accolées du canal Saint-Martin.

11. Tous les bateaux ou trains iront de file sur le canal, en suivant l'ordre de leur entrée, sauf l'exception ci-après :

Tout bateau ou train s'arrêtant devra laisser passer les bateaux ou trains qui seront derrière lui pour qu'ils puissent continuer leur marche; à cet effet, il sera amarré du côté opposé à celui du halage.

12. L'ordre de passage aux écluses et ponts sera interverti toutes les fois que le bateau ou train qui devra marcher n'aura pas ses haleurs prêts, et on opérera comme il est indiqué à l'article 6.

13. En cas d'avarie sur le canal, les bateaux employés au service des travaux auront le droit de passer avant tout autre bateau et train.

14. La navigation du canal et les travaux des ports qui en dépendent auront lieu depuis le point du jour jusqu'à la nuit.

15. Pendant les mois de mai, juin et juillet, les mouvements des bateaux et trains, aux septième, huitième et neuvième écluses, seront réglés de la manière suivante :

1° De 4 à 7 heures du matin, les trains seuls seront admis à passer aux écluses précitées;

2° De 7 heures du matin à 6 heures du soir, les bateaux auront seuls le droit de passage auxdites écluses;

3° De 6 à 8 heures du soir, les trains seuls seront admis de nouveau.

16. Tout bateau ou train ne pourra stationner le long des deux rives immédiatement en amont et en aval des angles d'évasement formant la limite du bassin, s'il ne laisse libre un espace suffisant pour que deux bateaux puissent s'y croiser.

17. Les bateaux coulés à fond devront être retirés du canal, à la diligence des propriétaires ou conducteurs de ces bateaux, dans le délai qui leur sera prescrit par qui de droit. Faute par les propriétaires ou conducteurs de procéder immédiatement à cette opération avec un nombre d'hommes suffisant, ou de la terminer dans le délai fixé, les bateaux seront relevés d'office, à leurs frais, risques et périls.

18. Tout bateau chargé ou vide devra avoir un gardien pour jeter l'eau; il sera placé des gardiens, d'office, sur les bateaux qui n'en auront pas, aux frais des propriétaires ou conducteurs de ces bateaux.

Tout radeau qui, sur le canal, ne sera pas solidement amarré par une chaîne garnie d'un cadenas, sera descendu immédiatement d'office dans le bassin de la Bastille, et consigné jusqu'au payement des frais.

19. Il est défendu d'amarrer les bateaux ou trains aux arbres plantés le long du canal, et de tenir la corde d'amarre élevée au-dessus de terre, de manière à gêner le passage sur les levées.

20. Il est défendu de jeter les eaux de vidange des bateaux sur les talus des levées ou sur les murs de revêtement du canal.

Il est également défendu de jeter dans le canal et dans les écluses des terres, gravois et immondices, et de faire usage de crocs ou autres instruments pouvant détériorer les maçonneries.

21. Nul marinier ou autre ne pourra manœuvrer les vannes, les portes des écluses et les ponts, si ce n'est du consentement des éclusiers et des pontonniers.

22. Les marchandises, agrès ou tous autres objets qui tomberaient des bateaux dans le canal devront en être retirés dans le plus bref délai par les propriétaires.

Faute par ces derniers de satisfaire aux sommations qui leur seront faites en cas de retard, il sera procédé d'office au repêchage desdits objets, aux frais, risques et périls de qui de droit.

23. Tout marinier sera tenu de ralentir, aux abords des écluses et des ponts, le mouvement de son bateau ou train, pour prévenir tout choc contre les portes des écluses et contre les ponts.

24. Dans le cas où il y aurait encombrement sur l'un des biefs du canal, la compagnie concessionnaire sera tenue, sur la réquisition qui lui en sera faite, de suspendre momentanément l'arrivage de nouveaux bateaux ou trains dans le bief encombré; elle ne pourra y faire reprendre le mouvement de la navigation que lorsque l'encombrement aura cessé, et jusque-là tous les bateaux ou trains seront retenus dans les biefs les plus voisins.

25. La mise à port des bateaux aura lieu, dans l'ordre des arrivages, sur tous les points autres que ceux qui, avec notre autorisation, auront été affectés, par la compagnie concessionnaire, à des services spéciaux.

Tout bateau à port devra avoir ses mâts abattus.

Aucune marchandise ne pourra être déchargée du bateau à terre et aucun train ne sera retiré, si les lettres de voiture en bonne forme et les passavants délivrés aux bureaux d'arrivages n'ont été représentés à l'inspecteur de la navigation.

26. Lorsqu'un marinier aura terminé le chargement ou le déchargement de son bateau, il sera tenu de le retirer du port ; et, dans le cas où il n'aurait pas procédé immédiatement à cette opération, le bateau sera lâché d'office, aux frais, risques et périls de qui de droit.

27. Tout bateau devra être chargé ou déchargé dans les trois jours, à partir de la mise à port.

Tout train devra être également tiré dans le même délai.

Si, à l'expiration de ces trois jours, les bateaux occupent une place nécessaire, ils seront déplacés d'office aux frais et risques des marchands, ou mariniers, dans le cas où ceux-ci se refuseraient à les retirer.

Les bateaux ou trains seront remis à port aussitôt qu'il y aura place et après l'acquittement des frais du déplacement d'office.

28. La portion du quai de cinq mètres en largeur sur chaque rive, réservée par l'article 13 de la concession pour le public et le mouvement des marchandises, ne pourra être occupée en totalité par ces dernières.

Pour faciliter la circulation du public et le halage des bateaux, un espace de deux mètres, à partir du bord du canal, devra être constamment libre et ne pourra être occupé même momentanément ; les marchandises qui s'y trouveraient déposées seront enlevées d'office immédiatement.

Les marchandises ne pourront séjourner que pendant trois jours sur les trois mètres restant ; à l'expiration de ce délai, et, après sommation préalable, elles seront enlevées d'office, aux frais, risques et périls des propriétaires.

29. Les chaînes placées aux abords des ponts et le long des sas d'écluses seront fermées chaque soir, après le coucher du soleil, par les soins de la compagnie concessionnaire.

Les autres chaînes bordant le canal Saint-Martin seront également fermées à la même heure par l'employé préposé à cet effet.

30. Le déchirage des bateaux ne pourra s'opérer qu'en vertu d'une permission de l'inspecteur général de la navigation et sur les points qu'il aura désignés.

31. Il est défendu :

De faire paître les bestiaux sur les chemins de halage, les levées et leurs dépendances ;

De parcourir les chemins avec des voitures, charrettes ou bêtes de somme ;

D'abreuver les bestiaux ailleurs que dans les abreuvoirs ;

De faire rouir du chanvre dans le canal ou dans les contre-fossés en dépendant et d'y laver du linge ;

D'y jeter aucunes immondices ;

De faire aucun dépôt de pierres, gravois, etc., et aucune ouverture sur les francs-bords du canal, sous quelque prétexte que ce puisse être.

32. Il est défendu d'avoir sur le canal des bachots ou batelets de quelque espèce que ce soit, sans une permission spéciale délivrée en notre nom par l'inspecteur général de la navigation.

33. Il est expressément défendu aux mariniers de louer ou prêter leurs bachots et de les employer à tout autre service que celui de l'embarcation dont lesdits bachots dépendent.

34. Il est défendu de se baigner dans le canal.

Il est également défendu d'y puiser de l'eau sans une autorisation spéciale de la compagnie concessionnaire, sauf le cas d'incendie.

35. Il est défendu aux cochers et aux charretiers de conduire leurs chevaux autrement qu'au pas, en traversant les ponts mobiles établis sur le canal.

56. Il est défendu de glisser et de patiner sur la glace dans toute la longueur du canal.

57. Il est défendu de monter sur les bateaux et trains naviguant ou stationnant sur le canal.

Il est également défendu de rester sur le tablier des ponts pendant la manœuvre et de passer sur les portes des écluses autres que celles disposées à cet effet.

Sont exceptés de ces défenses les agents du service de la navigation et de la compagnie concessionnaire, et toutes personnes employées au service des bateaux et trains.

58. Les contraventions à la présente ordonnance seront constatées par des procès-verbaux qui nous seront transmis pour être déférés aux tribunaux compétents.

59. La présente ordonnance sera imprimée et affichée.

Les commissaires de police, l'inspecteur général de la navigation et les employés placés sous ses ordres sont chargés, chacun en ce qui le concerne, de tenir la main à son exécution.

Le conseiller d'Etat, préfet de police, GISQUET.

N° **1504.** — *Ordonnance concernant l'ouverture et la police du marché aux fleurs de la place Royale.*

Paris, le 24 avril 1834.

Nous, conseiller d'État, préfet de police,

Vu la loi des 16—24 août 1790, titre XI, article 3, § 3;

Vu les articles 2, 32 et 33 de l'arrêté du gouvernement du 12 messidor an VIII (1er juillet 1800);

Vu le décret du 21 septembre 1807;

Vu l'article 484 du Code pénal;

Vu l'arrêté de M. le ministre du commerce et des travaux publics du 28 août 1832, portant établissement de deux nouveaux marchés aux fleurs à Paris, l'un sur la place Royale et l'autre sur la place de la Madeleine;

Vu la décision du même ministre, en date du 8 septembre 1832, portant fixation de l'étendue et du prix des places sur les nouveaux marchés ci-dessus désignés;

Vu la lettre du 3 avril courant, à nous adressée par M. le conseiller d'Etat, préfet de la Seine, annonçant que les nouveaux marchés aux fleurs de la place Royale et de la place de la Madeleine peuvent être livrés au commerce,

Ordonnons ce qui suit:

1. Le marché aux fleurs de la place Royale sera établi en dehors et le long de la grille qui borne la place intérieure, depuis la porte qui se trouve dans le prolongement de la rue Royale jusqu'à l'angle sud-est et en retour jusqu'à la porte ouverte dans le côté de la grille qui fait face à l'est.

Chaque place aura trois mètres superficiels.

L'espace au-devant des pilastres restera libre et servira de passage aux marchands qui occuperont les places latérales.

2. Ce marché est exclusivement destiné à la vente en détail des arbrisseaux et plantes à fleurs en pots, en caisses ou en corbeilles et des fleurs coupées.

Toute vente en gros de marchand à marchand y est formellement interdite.

Il est défendu également d'y exposer en vente des arrachis.

3. Le marché de la place Royale sera ouvert le 1er mai prochain.

Il se tiendra les lundi et jeudi de chaque semaine.

La vente commencera à six heures du matin, du 1er avril au 31 août ;

A sept heures, du 1er septembre au 30 novembre ;

Et à huit heures, du 1er décembre au 31 mars.

La clôture du marché aura lieu, en toutes saisons, à la nuit tombante.

4. Toutes les dispositions des règlements concernant la distribution des places dans les marchés de détail sont applicables aux places du marché de la place Royale.

5. Il sera perçu sur ce marché un droit de location de 20 centimes par jour de vente et par place de trois mètres superficiels.

Ce droit sera payé par mois et d'avance.

6. Chaque marchand sera tenu d'avoir constamment, sur le point le plus apparent de son étalage, un écriteau indiquant son nom, sa demeure et le numéro de la place qu'il occupe.

7. Aussitôt que les voitures employées pour le transport des marchandises auront été déchargées, elles devront être retirées des abords du marché.

8. Il est défendu aux marchands d'étendre leurs étalages au delà des limites de leurs places.

Il leur est également défendu d'établir sur leur place aucun abri fixe ou mobile.

9. Il est défendu aux porteurs de stationner et de circuler auprès des places avec des hottes ou des crochets.

10. Les plantes et arbrisseaux exposés en vente seront visités par l'inspecteur général des halles et marchés, ou par les préposés sous ses ordres.

Les plantes et les arbrisseaux dont les racines seront reconnues être gelées ou gâtées, ou qui, dépourvus de racines, seront simplement fichés en terre ou auxquels il aura été appliqué des fleurs fichées, seront, après expertise, détruits en présence des marchands qui les auront exposés en vente. Cette opération ainsi que l'expertise qui l'aura précédée seront constatées par un procès-verbal.

11. Cette mesure sera également observée à l'égard des marchandes de fleurs coupées, qui exposeront en vente des fleurs fichées.

12. Les contraventions seront constatées par des procès-verbaux ou rapports qui nous seront adressés, et poursuivies conformément aux lois et règlements.

13. La présente ordonnance sera imprimée et affichée.

Ampliation en sera adressée à M. le conseiller d'Etat, préfet du département de la Seine.

14. Les commissaires de police, et notamment celui du quartier du Marais, le chef de la police municipale, les officiers de paix, l'inspecteur général et les inspecteurs généraux adjoints des halles et marchés et les autres préposés de la préfecture de police sont chargés de tenir la main à son exécution.

Le conseiller d'Etat, préfet de police, GISQUET.

N° **1505**. — *Ordonnance concernant l'ouverture et la police du marché aux fleurs de la place de la Madeleine.*

Paris, le 24 avril 1834.

Nous, conseiller d'Etat, préfet de police,

Vu la loi des 16—24 août 1790, titre XI, article 3, § 3 ;

Vu les articles 2, 32 et 33 de l'arrêté du gouvernement du 12 messidor an VIII (1er juillet 1800) ;

Vu le décret du 21 septembre 1807 ;

Vu l'article 484 du Code pénal ;

Vu l'arrêté de M. le ministre du commerce et des travaux publics du 28 août 1832, portant établissement de deux nouveaux marchés aux fleurs à Paris, l'un sur la place de la Madeleine et l'autre sur la place Royale ;

Vu la décision du même ministre, en date du 8 septembre 1832, portant fixation de l'étendue et du prix des places sur les nouveaux marchés ci-dessus désignés ;

Vu la lettre du 3 avril courant, à nous adressée par M. le conseiller d'Etat, préfet de la Seine, annonçant que les nouveaux marchés aux fleurs de la place de la Madeleine et de la place Royale peuvent être livrés au commerce,

Ordonnons ce qui suit :

1. Le marché aux fleurs de la place de la Madeleine se composera de deux lignes de places qui seront établies sur les côtés de l'allée parallèle à la face orientale du monument.

Chaque place aura trois mètres superficiels.

2. Ce marché est exclusivement destiné à la vente en détail des arbrisseaux et plantes à fleurs en pots, en caisses ou en corbeilles et des fleurs coupées.

Toute vente en gros de marchand à marchand y est formellement interdite.

Il est défendu également d'y exposer en vente des arrachis.

3. Le marché de la Madeleine sera ouvert le 2 mai prochain.

Il se tiendra les mardi et vendredi de chaque semaine.

La vente y commencera à six heures du matin, du 1er avril au 31 août ;

A sept heures, du 1er septembre au 30 novembre ;

Et à huit heures, du 1er décembre au 31 mars.

La clôture du marché aura lieu en toutes saisons à la nuit tombante.

4. Toutes les dispositions des règlements concernant la distribution des places dans les marchés de détail sont applicables aux places du marché de la Madeleine.

5. Il sera perçu sur ce marché un droit de location de vingt centimes par jour de vente et par place de trois mètres superficiels.

Ce droit sera payé par mois et d'avance.

6. Chaque marchand sera tenu d'avoir constamment, sur le point le plus apparent de son étalage, un écriteau indiquant son nom, sa demeure et le numéro de la place qu'il occupe.

7. Le déchargement des marchandises aura lieu sur la voie publique, en dehors des bornes qui limitent la place. Les marchandises seront transportées à bras sur le marché.

Il est expressément défendu d'introduire dans l'allée et entre l'allée et la grille qui enceint le monument, des voitures attelées ou à bras, des bêtes de somme et des brouettes chargées ou non chargées.

8. Aussitôt qu'une voiture sera déchargée, elle sera retirée des abords du marché.

9. Il est défendu aux marchands d'étendre leurs étalages au delà des limites de leurs places.

Il leur est également défendu d'établir sur leur place aucun abri fixe ou mobile.

10. Il est défendu aux porteurs de stationner et de circuler dans l'intérieur du marché avec des hottes ou des crochets.

11. Les plantes et arbrisseaux exposés en vente seront visités par l'inspecteur général des halles et marchés, ou par les préposés sous ses ordres.

Les plantes et les arbrisseaux dont les racines seront reconnues être gelées ou gâtées, ou qui, dépourvus de racines, seront simplement fichés en terre ou auxquels il aura été appliqué des fleurs fichées, seront, après expertise, détruits en présence des marchands qui les auront exposés en vente. Cette opération ainsi que l'expertise qui l'aura précédée seront constatées par un procès-verbal.

12. Cette mesure sera également observée à l'égard des marchandes de fleurs coupées, qui exposeront en vente des fleurs fichées.

13. Les contraventions seront constatées par des procès-verbaux ou rapport qui nous seront adressés, et poursuivies conformément aux lois et règlements.

14. La présente ordonnance sera imprimée et affichée.

Ampliation en sera adressée à M. le conseiller d'Etat, préfet du département de la Seine.

15. Les commissaires de police, et notamment celui du quartier de la place Vendôme, le chef de la police municipale, les officiers de paix, l'inspecteur général et les inspecteurs généraux adjoints des halles et marchés et les autres préposés de la préfecture de police sont chargés de tenir la main à son exécution.

Le conseiller d'Etat, préfet de police, GISQUET.

N° **1506**. — *Ordonnance concernant les bains en rivière* (1).

Paris, le 1er mai 1834.

N° **1507**. — *Ordonnance portant règlement sur la police intérieure du marché de Sceaux* (2).

Paris, le 3 mai 1834.

Nous, conseiller d'Etat, préfet de police,

Vu la loi du 24 août 1790, titre XI, article 3, §§ 3 et 6;

Vu les articles 2, 32 et 33 de l'arrêté du gouvernement du 12 messidor an VIII (1er juillet 1800), et l'article 1er de l'arrêté du 3 brumaire suivant (25 octobre 1800);

Vu l'article 484 du Code pénal;

Vu le rapport de l'inspecteur général des halles et marchés, duquel il résulte que le placement des bestiaux dans les parquets destinés à

---

(1) V. les ord. des 20 mai 1839 et 25 oct. 1840 (art. 187 et suiv., et 225).

(2) V. les ord. des 31 août 1836 et 18 janvier 1843.

leur exposition en vente sur le marché de Sceaux donne lieu à des désordres qu'il importe de faire cesser ;

Vu les réclamations qui nous ont été adressées par les marchands qui approvisionnent le marché de Sceaux ;

Considérant que, si, dans tout marché public, la place appartient à la marchandise, le mode d'approvisionnement des marchés à bestiaux exige que l'application habituelle de ce principe soit modifiée pour que les bandes appartenant à un même marchand et dont l'arrivée est successive, ne se trouvent pas placées sur des points du marché distants les uns des autres ,

Ordonnons ce qui suit :

1. Le marché de Sceaux sera ouvert pour la réception des bestiaux à six heures du matin, du 1ᵉʳ avril au 30 septembre, et à sept heures , du 1ᵉʳ octobre au 31 mars.

2. Dans la demi-heure qui précédera l'ouverture du marché , les marchands feront au préposé à la recette du droit de place la déclaration des bestiaux qu'ils ont à introduire : ils acquitteront les droits dus pour ces bestiaux, conformément au tarif publié par notre ordonnance du 30 décembre dernier, et il leur sera délivré de ce payement une quittance énonciative du nombre et de l'espèce des bestiaux par eux déclarés.

5. Le sort déterminera l'ordre dans lequel chaque marchand porteur de quittance choisira la place destinée aux bestiaux par lui déclarés.

4. Le tirage au sort se fera en présence de l'un des inspecteurs du marché, qui en énoncera le résultat sur chaque quittance.

5. Le placement des bœufs aura lieu de manière que chaque travée en contienne au moins trente-six.

Lorsque le nombre des bœufs à placer par un marchand excédera celui qui peut être contenu dans une ou plusieurs travées, l'excédant sera placé dans l'une des travées contiguës de la manière suivante : dans la partie gauche, si l'excédant est de dix-huit bœufs ou plus ; et dans la partie droite, s'il est moins de dix-huit.

6. Il est expressément défendu de placer des bœufs en dehors des travées.

7. Toute place restée vacante après l'ouverture de la vente sera donnée au marchand qui la réclamera. Si plusieurs marchands la réclament, le sort prononcera entre eux.

8. Les deux dernières travées des deux préaux à bœufs, numérotées 22, 23, 45 et 46, seront réservées pour le placement des vaches dites cordières. Les vaches de bande pourront être placées à côté des bœufs.

9. Les bœufs et les vaches seront attachés un à un aux lisses en fer.

Les taureaux continueront à être attachés par de doubles longes aux anneaux scellés dans les murs des bergeries.

10. Les voitures servant au transport des veaux et autres bestiaux seront retirées après leur déchargement. Il est défendu de les laisser stationner sur aucun point du marché.

11. Tous les bestiaux vendus devront être immédiatement marqués d'achat et retirés du marché.

L'enlèvement des veaux ne pourra être différé que jusqu'à l'arrivée des voitures destinées à leur transport.

12. L'entrée du marché est interdite aux saltimbanques, aux chanteurs publics, aux crieurs d'écrits et aux colporteurs de marchandises.

13. Les contraventions seront constatées par des procès-verbaux ou rapports.

14. La présente ordonnance sera publiée et affichée.

Ampliation en sera adressée à M. le conseiller d'Etat, préfet du département de la Seine.

Le sous-préfet de l'arrondissement de Sceaux, le maire de la commune de Sceaux, l'inspecteur général, les inspecteurs généraux adjoints des halles et marchés et les autres préposés de la préfecture de police sont chargés, chacun en ce qui le concerne, de veiller à son exécution.

Le conseiller d'Etat, préfet de police, GISQUET.

<hr>

N° **1508.**—*Ordonnance concernant l'arrosement* (1).

Paris, le 17 mai 1834.

Nous, conseiller d'Etat, préfet de police,

Considérant qu'il importe de prendre des mesures pour assurer pendant les chaleurs l'arrosement de la voie publique ;

Vu la loi des 16—24 août 1790 ;

Vu l'arrêté du gouvernement du 12 messidor an VIII (1er juillet 1800),

Ordonnons ce qui suit :

1. A compter du jour de la publication de la présente ordonnance, et pendant tout le temps que dureront les chaleurs, les propriétaires ou locataires sont tenus de faire arroser à onze heures du matin et à trois heures de l'après-midi la partie de la voie publique au-devant de leurs maisons, boutiques, jardins et autres emplacements en dépendant; ils feront écouler les eaux des ruisseaux pour en éviter la stagnation.

Cette disposition est applicable aux propriétaires ou locataires des passages publics et à ciel ouvert existant sur des propriétés particulières, ainsi qu'aux concessionnaires des ponts, pavés ou cailloutés, dont le passage est soumis à un droit de péage.

2. Il est défendu de se servir de l'eau stagnante des ruisseaux pour l'arrosement.

3. Les concierges, portiers ou gardiens des établissements publics et maisons domaniales sont personnellement responsables de l'exécution des dispositions ci-dessus, en ce qui concerne les établissements et maisons auxquels ils sont attachés.

4. Les contraventions aux injonctions ou défenses faites par la présente ordonnance seront constatées par des procès-verbaux ou rapports qui nous seront adressés.

Les commissaires de police et le directeur de la salubrité feront arroser d'office et aux frais des contrevenants, qui en outre seront traduits, s'il y a lieu, devant les tribunaux, pour être punis conformément aux lois et règlements en vigueur.

5. La présente ordonnance sera publiée et affichée.

Les commissaires de police, le chef de la police municipale, le directeur de la salubrité, les officiers de paix et autres préposés de l'administration sont chargés de faire observer les dispositions de l'ordonnance ci-dessus et de tenir la main à leur exécution.

Le conseiller d'Etat, préfet de police, GISQUET.

<hr>

(1) V. les ord. des 1er juin 1837 et 27 juin 1843.

N° 1509. — *Ordonnance concernant la vidange des fosses d'ai-sances et le service des fosses mobiles dans Paris* (1).

Paris, le 5 juin 1834.

Nous, conseiller d'État, préfet de police,

Considérant que les entrepreneurs qui se livrent, soit à la vidange des fosses d'aisances, soit à l'exploitation et au transport des appareils connus sous le nom de fosses mobiles, n'apportent pas dans l'exécution de ces services toutes les précautions nécessaires ;

Que des propriétaires font opérer clandestinement des vidanges de fosses par des personnes étrangères à ce genre d'industrie, ou qui n'ont pas les moyens d'exploitation suffisants : qu'il en résulte des accidents; que des fosses présentant des dangers ou des inconvénients graves sont soustraites à l'examen de l'autorité, et que les matières provenant de ces opérations clandestines, au lieu d'être transportées directement à la voirie, ainsi qu'il est enjoint par les règlements de police, servent à former des dépôts sur divers points et quelquefois même sont versées sur la voie publique ;

Considérant qu'il est urgent de remédier à un état de choses qui compromet la salubrité ;

Vu 1° l'ordonnance de police concernant les maîtres vidangeurs, du 18 octobre 1771 ;

2° La loi des 16—24 août 1790, titre XI, article 3, §§ 1 et 5 ;

3° L'article 471 du Code pénal ;

4° Les ordonnances de police concernant les vidangeurs, des 24 août 1808 et 4 juin 1831 ;

5° L'ordonnance du roi du 24 septembre 1819, qui détermine le mode de construction des fosses d'aisances dans la ville de Paris ; ensemble l'ordonnance de police du 23 octobre suivant ;

En vertu de l'arrêté du gouvernement du 12 messidor an VIII (1er juillet 1800),

Ordonnons ce qui suit :

De la vidange des fosses d'aisances.

1. Il est enjoint à tous propriétaires de maisons de faire procéder sans retard à la vidange des fosses d'aisances lorsqu'elles seront pleines.

2. Nul ne pourra exercer la profession d'entrepreneur de vidanges dans Paris sans être pourvu d'une permission du préfet de police.

Cette permission ne sera délivrée qu'après qu'il aura été justifié par le demandeur : 1° qu'il a les voitures, chevaux, tinettes, tonneaux, seaux et autres ustensiles nécessaires au service des vidanges ; 2° qu'il est muni des appareils de désinfection qui auront été adoptés par l'administration ; et 3° qu'il a pour déposer ses voitures, appareils et ustensiles pendant le temps où ils ne sont point employés aux opérations de la vidange, un emplacement convenable situé dans une localité où l'administration aura reconnu que ce dépôt peut avoir lieu sans inconvénient.

3. La vidange des fosses d'aisances ne pourra avoir lieu que pendant la nuit.

---

(1) V. l'arr. ci-après du 6 juin, et l'ord. du 23 sept. 1843.

Les voitures employées à ce service, chargées ou non chargées, ne peuvent circuler dans Paris;

Savoir :

A compter du 1er octobre jusqu'au 31 mars, avant dix heures du soir, ni après huit heures du matin;

Et à compter du 1er avril jusqu'au 30 septembre, avant onze heures du soir, ni après six heures du matin.

L'extraction des matières ne pourra commencer avant l'arrivée des voitures.

4. Les voitures employées au transport des matières fécales devront être munies sur le devant d'une lanterne allumée pendant la nuit et porter devant et derrière un numéro d'ordre qui sera assigné à chacune d'elles par le directeur de la salubrité; ce numéro, peint en jaune sur un fond noir, aura au moins 0,27 (10 pouces) de hauteur sur 0,04 (18 lignes de largeur).

Ces voitures porteront, en outre, une plaque indiquant les nom et demeure du propriétaire.

5. Les entrepreneurs faisant usage de tonnes seront tenus d'en fermer les bondes de déchargement au moyen d'une bande de fer transversale fixée à demeure à la tonne par l'une de ses extrémités et fermée à l'autre avec un cadenas fourni par l'administration. Les écrous et rondelles soutenant la ferrure seront rivés à l'intérieur des tonnes.

L'entonnoir de charge sera fermé de manière à prévenir toute éclaboussure.

L'entrée dans Paris sera interdite aux tonnes dont les bondes de déchargement ne seront point fermées de la manière prescrite par le présent article. Les cadenas apposés aux tonnes ne pourront être ouverts et refermés qu'à la voirie et que par l'employé de l'administration préposé à cet effet.

6. Il sera placé une lanterne allumée en saillie sur la voie publique, à la porte de la maison où devra s'opérer une vidange, et ce préalablement à tout travail ou à tout dépôt d'appareils sur la voie publique.

7. On ne pourra ouvrir aucune fosse d'aisances sans prendre les précautions nécessaires pour prévenir les accidents qui pourraient résulter du dégagement ou de l'inflammation des gaz qui y seraient renfermés.

Lorsque l'ouverture aura un motif autre que celui de la vidange, l'entrepreneur en donnera avis dans le jour à la préfecture de police.

8. La vidange d'une fosse d'aisances ne pourra avoir lieu sans que préalablement il en ait été fait par écrit une déclaration au bureau du directeur de la salubrité, la veille ou le jour même de la vidange avant midi.

Cette déclaration énoncera le nom de la rue et le numéro de la maison, les nom et demeure du propriétaire et de l'entrepreneur de vidanges, enfin le nombre des fosses à vider dans la même maison.

9. Lorsque l'entrepreneur n'aura pas pu trouver l'ouverture de la fosse, il ne pourra en faire rompre la voûte qu'en vertu d'une permission du préfet de police.

L'ouverture pratiquée devra avoir les dimensions prescrites par l'article 11 de l'ordonnance du roi du 24 septembre 1819.

10. Les propriétaires et locataires ne devront pas s'opposer au dégorgement des tuyaux.

En cas de refus de leur part, la déclaration en sera faite par l'entrepreneur à la préfecture de police.

11. L'entrepreneur fournira chaque atelier d'au moins deux bridages

et d'un flacon de chlorure de chaux concentré duquel il sera fait usage au besoin pour prévenir les dangers d'asphyxie.

12. Il ne pourra être employé à chaque atelier moins de quatre ouvriers dont un chef.

13. Il est défendu aux ouvriers de se présenter sur les ateliers en état d'ivresse. Il leur est également défendu de travailler à l'extraction des matières, même des eaux vannes, et de descendre dans les fosses pour quelque cause que ce soit, sans être ceints d'un bridage.

La corde du bridage sera tenue par un ouvrier placé à l'extérieur de la fosse. Nul ouvrier ne pourra se refuser à ce service.

Il est défendu aux entrepreneurs et chefs d'atelier de conserver sur leurs travaux des ouvriers qui seraient en contravention aux dispositions ci-dessus.

14. Pendant le temps du service, les vaisseaux, appareils et voitures seront placés dans l'intérieur des maisons toutes les fois qu'il y aura un emplacement suffisant pour les recevoir. Dans le cas contraire, ils seront rangés et disposés au-devant des maisons où se feront les vidanges, de manière à nuire le moins possible à la liberté de la circulation.

15. Lors de la vidange de fosses, les matières en provenant seront immédiatement déposées dans les récipients qui doivent servir à les transporter aux voiries. Ces vaisseaux seront, en conséquence, remplis auprès de l'ouverture des fosses, fermés, lutés et nettoyés ensuite avec soin à l'extérieur avant d'être portés aux voitures ; toutefois, les eaux vannes pourront être extraites au moyen d'une pompe.

16. Après le travail de chaque nuit et avant de quitter l'atelier, les vidangeurs seront tenus de laver et de nettoyer les emplacements qu'ils auront occupés.

Il leur est défendu de puiser de l'eau avec les seaux employés aux vidanges.

17. Le travail de la vidange de chaque fosse sera continué à nuits consécutives.

Lorsque des ouvriers auront été frappés du plomb (asphyxiés), le chef d'atelier suspendra la vidange, et l'entrepreneur sera tenu de faire dans le jour à la préfecture de police sa déclaration de suspension de travail.

Il ne pourra reprendre le travail qu'avec les précautions et mesures qui lui seront indiquées selon les circonstances.

18. Aucune fosse ne pourra être allégée sans une autorisation du préfet de police.

Il est défendu aux entrepreneurs de laisser des matières au fond des fosses et de les masquer de quelque manière que ce soit.

19. Les fosses doivent être entièrement vidées, balayées et nettoyées.

Les ouvriers vidangeurs qui trouveront dans les fosses des effets quelconques, et notamment des objets pouvant indiquer ou faire supposer quelque crime ou délit, en donneront avis à l'inspecteur de ronde lors de son passage et en feront dans le jour la déclaration chez un commissaire de police.

20. Il est défendu de laisser dans les maisons, au delà des heures fixées pour le travail, des vaisseaux ou appareils quelconques servant à la vidange des fosses d'aisances.

Ceux contenant des matières qui y seraient trouvés au delà desdites heures seront, aux frais de l'entrepreneur, immédiatement enlevés d'office et transportés à la voirie.

21. Néanmoins, toutes les fois que, dans l'impossibilité momentanée de se servir d'une fosse d'aisances, il sera reconnu nécessaire de placer dans la maison des tinettes ou tonneaux, le dépôt provisoire de ces vaisseaux sera, sur la demande écrite du propriétaire ou principal locataire, accordé à l'entrepreneur par le directeur de la salubrité.

Ces appareils devront être enlevés aussitôt qu'ils seront pleins ou que la cause qui aura nécessité leur placement aura cessé.

22. Hors le temps du service, les tonnes, voitures, tinettes et tonneaux ne pourront être déposés ailleurs que dans des emplacements agréés à cet effet par l'administration.

23. Le repérage d'une fosse sera déclaré de la même manière que sa vidange. Il sera effectué d'après le même mode et en observant les mêmes mesures de précaution.

24. Les eaux qui reviendraient dans toute fosse vidée et en cours de réparation devront être enlevées comme les matières de vidanges.

Toutefois, lorsque la nature de ces eaux le permettra, et en vertu de notre autorisation spéciale, elles pourront être versées au ruisseau de la rue pendant la nuit.

25. Aucune fosse ne pourra être refermée après la vidange qu'en vertu d'une autorisation écrite qui sera délivrée selon les cas, et après les visites ou réparations nécessaires, par le directeur de la salubrité ou par l'architecte-commissaire de la petite voirie.

Le propriétaire devra avoir sur place, jusqu'à ce qu'il ait reçu l'autorisation de fermer la fosse, une échelle de longueur convenable pour en faciliter la visite.

26. Dans le cas où la fosse aurait été fermée en contravention à l'article précédent, le propriétaire sera tenu de la faire rouvrir et laisser ouverte aux jour et heure indiqués par la sommation qui lui sera adressée à cet effet, pour que la visite en puisse être faite par qui de droit.

27. Aucune fosse précédemment comblée ne pourra être déblayée qu'en prenant pour cette opération les mêmes précautions que pour la vidange.

Service des fosses mobiles.

28. Il ne pourra être établi dans Paris, en remplacement des fosses d'aisances en maçonnerie ou pour en tenir lieu, que des appareils approuvés par l'autorité compétente.

29. Aucun appareil de fosse mobile ne pourra être placé dans toute fosse supprimée dans laquelle il reviendrait des eaux quelconques.

30. Nul ne pourra exercer la profession d'entrepreneur des fosses mobiles dans Paris sans être pourvu d'une permission du préfet de police.

Cette permission ne sera délivrée qu'après qu'il aura été justifié par le demandeur :

1º Qu'il a les voitures, chevaux et appareils nécessaires au service des fosses mobiles ;

2º Qu'il a pour déposer ses voitures et appareils, lorsqu'ils ne sont point de service, un emplacement convenable agréé à cet effet par l'administration.

31. Le transport des appareils des fosses mobiles ne pourra avoir lieu dans Paris ;

Savoir :

A compter du 1er octobre jusqu'au 31 mars, avant sept heures du matin, ni après quatre heures de relevée ;

Et à compter du 1er avril jusqu'au 30 septembre, avant cinq heures du matin, ni après une heure de relevée.

32. Aucun appareil de fosses mobiles ne pourra être placé dans Paris, sans déclaration préalable à la préfecture de police par le propriétaire ou par l'entrepreneur. Il sera joint à cette déclaration un plan de la localité où l'appareil devra être posé et l'indication des moyens de ventilation.

33. Les appareils devront être établis sur un sol rendu imperméable jusqu'à un mètre au moins au pourtour des appareils, autant que les localités le permettront, et disposé en forme de cuvette.

34. Tout appareil plein devra être enlevé et remplacé avant que les matières ne débordent.

Tout enlèvement d'appareil devra être précédé d'une déclaration qui sera faite la veille à la direction de la salubrité.

35. Les appareils à enlever seront fermés sur place, lutés et nettoyés ensuite avec soin avant d'être portés aux voitures.

36. Il est défendu de laisser dans les maisons d'autres appareils de fosses mobiles que ceux qui y sont de service.

Les appareils remplis de matières, remplacés et laissés dans les maisons, seront, aux frais de l'entrepreneur, immédiatement enlevés d'office et transportés à la voirie.

Il en sera de même de tout appareil en service dont les matières déborderont.

37. Il est expressément défendu de faire écouler les matières contenues dans des appareils à l'aide de cannelles ou de toute autre manière.

38. Les entrepreneurs de fosses mobiles seront tenus de remettre une fois par an ou plus souvent, si l'administration le juge nécessaire, au directeur de la salubrité, l'état général des appareils qu'ils desservent *intrà-muros*.

Dispositions transitoires.

39. Dans le délai de six mois, tout entrepreneur de vidanges et de fosses mobiles actuellement établi devra présenter et faire agréer par l'administration un emplacement convenable pour déposer ses voitures, appareils et ustensiles hors le temps du service, conformément aux dispositions prescrites par l'article 22.

Dispositions générales.

40. A Paris, l'entrée et la sortie des voitures servant au transport des matières fécales ne pourront avoir lieu, savoir :

Pour les tonnes et les voitures chargées de tinettes, que par la barrière du Combat, et pour les voitures chargées de tonneaux de 0^m,10^c cubes ou d'appareils de fosses mobiles, que par la barrière de Pantin.

Tout stationnement intermédiaire de ces voitures et appareils du lieu de chargement à la voirie est expressément interdit.

41. Les voitures de transport de vidanges devront être construites avec solidité, entretenues en bon état et chargées de manière que les vaisseaux reposent toujours sur la partie opposée à leur ouverture.

42. Les vaisseaux ou appareils contenant des matières seront conduits directement aux voiries désignées par l'autorité ; ils devront être constamment entretenus en bon état, de telle sorte que rien ne puisse s'en échapper ou se répandre.

43. En cas de versement de matières sur la voie publique, l'entrepreneur fera procéder immédiatement à leur enlèvement et au lavage du sol. Faute par lui de se conformer aux dispositions du présent article, il y sera pourvu d'office et à ses frais.

44. Il sera procédé au moins deux fois par an à la visite du matériel employé par les entrepreneurs au service des vidanges et des fosses mobiles, à l'effet de constater le bon état de ce matériel.

Dans le cas où il résulterait de ces visites qu'un entrepreneur a cessé de satisfaire aux conditions imposées par les articles 2 et 30, sa permission lui sera retirée.

45. Les contraventions seront constatées par des rapports ou procès-verbaux qui seront adressés au préfet de police.

46. Il sera pris au sujet des contraventions telles mesures de police administrative qu'il appartiendra, sans préjudice des poursuites à exercer devant les tribunaux.

47. La présente ordonnance sera imprimée et affichée ; elle sera en outre notifiée à chaque entrepreneur de vidanges ainsi qu'à chaque entrepreneur de fosses mobiles actuellement établi.

Le chef de la police municipale, les commissaires de police, les officiers de paix, le directeur de la salubrité, l'architecte commissaire de la petite voirie et les préposés de la préfecture de police en surveilleront et assureront l'exécution, chacun en ce qui le concerne.

Elle sera adressée :

1° A M. le colonel de la garde municipale de Paris, pour le mettre à même de concourir à son exécution ;

2° A M. le directeur de l'octroi et des droits d'entrée de Paris, avec invitation de charger les préposés et les employés sous ses ordres, notamment aux barrières de Pantin et du Combat, de concourir à l'exécution des dispositions prescrites par les articles 3, 4, 5 et 40 ;

3° A. M. le sous-préfet de l'arrondissement de Saint-Denis et à MM. les maires des communes de Belleville et de la Villette, pour concourir également à son exécution, chacun en ce qui le concerne.

Le conseiller d'Etat, préfet de police, GISQUET.

N° **1510.** — *Arrêté relatif aux voitures de vidanges* (1).

Paris, le 6 juin 1834.

Nous, conseiller d'Etat, préfet de police,

Considérant que les voitures des vidanges chargées de tonnes ou vaisseaux quelconques excédant ensemble la capacité de deux mètres cubes, écrasent le pavé, causent la rupture des conduites d'eaux, dégradent et enfoncent les voûtes d'égout ; qu'elles ne peuvent être introduites dans les maisons où se font les vidanges ; que leur stationnement sur la voie publique, pendant toute la durée de ces opérations, présente des inconvénients pour la circulation et pour la salubrité ; que les secousses occasionnées par le passage de ces voitures ébranlent les maisons riveraines des rues et peuvent déterminer l'écroulement des bâtiments ou des parties de bâtiment en mauvais état ; enfin, que la difficulté de diriger et d'arrêter à volonté ces masses énormes conduites avec rapidité, donne lieu à des bris de devantures de boutique, à des dégradations de trottoirs et à des accidents de nature à compromettre la sûreté des passants ;

Vu 1° la loi des 16—24 août 1790, titre XI, article 3 ;

2° La loi des 19—22 juillet 1791, titre Ier, article 46 ;

3° L'article 471 du Code pénal ;

4° L'ordonnance de police concernant la vidange des fosses d'aisances du 5 de ce mois ;

En vertu de l'arrêté du gouvernement du 12 messidor an VIII (1er juillet 1800),

Arrêtons ce qui suit :

1. A partir du 1er avril 1835, l'entrée et la circulation dans Paris

---

(1) V. l'ord. du 23 sept. 1843.

seront interdites à toutes voitures de vidanges chargées de tonnes, tonneaux, tinettes ou vaisseaux quelconques, qui excéderaient ensemble la capacité de deux mètres cubes.

2. Les contraventions seront constatées par des rapports ou procès-verbaux qui seront adressés au préfet de police.

3. Il sera pris au sujet des contraventions telles mesures de police administrative qu'il appartiendra, sans préjudice des poursuites à exercer devant les tribunaux.

4. Le présent arrêté sera imprimé et affiché. Il sera, en outre, notifié à chaque entrepreneur de vidanges.

Le chef de la police municipale, les commissaires de police, les officiers de paix, le directeur de la salubrité et les préposés de la préfecture de police en surveilleront et assureront l'exécution, chacun en ce qui le concerne. Il sera adressé à M. le colonel de la garde municipale de Paris, pour le mettre à même de concourir à son exécution.

M. le directeur de l'octroi et des droits d'entrée de Paris, à qui il sera également adressé un exemplaire du présent arrêté, est invité à charger les préposés et employés sous ses ordres de concourir à son exécution, notamment aux barrières de Pantin et du Combat.

Le conseiller d'Etat, préfet de police, GISQUET.

———————◇———————

N° **1511**. — *Arrêté qui prescrit la réimpression et la publication de l'ordonnance du 23 juin 1832, concernant les chiens.*

Paris, le 20 juin 1834.

———————◇———————

N° **1512**. — *Ordonnance concernant la visite générale des tonneaux des porteurs d'eau* (1).

Paris, le 11 juillet 1834.

———————◇———————

N° **1513**. — *Ordonnance concernant les mesures d'ordre et de sûreté à observer à l'occasion du quatrième anniversaire des journées de juillet 1830* (2).

Paris, le 26 juillet 1834.

———————◇———————

N° **1514**.—*Ordonnance concernant l'ouverture de la chasse* (3).

Paris, le 9 août 1834.

_____

(1) V. les ord. des 30 mars 1837 et 15 avril 1843.

(2) V. les ord. des 26 juillet 1840 et 1841.

(3) V. l'ord. du 22 août 1843.

N° 1515. — *Ordonnance concernant l'établissement d'un marché de détail sur le carreau du marché des Innocents.*

Paris, le 23 août 1834.

Nous, conseiller d'Etat, préfet de police,

Vu la délibération du conseil municipal en date du 12 avril 1833, portant que, pour concourir à débarrasser les halles des marchands ambulants et sédentaires de comestibles, il sera admis dans la journée sur le carreau du marché des Innocents des étalagistes qui ne pourront vendre toutefois que de la verdure, à la charge de payer, pour l'occupation de la voie publique, dix centimes par jour et par place de deux mètres superficiels ;

Vu la décision de S. Exc. le ministre du commerce, du 8 juillet suivant, qui approuve ladite délibération et en prescrit la mise à exécution ;

Vu également les lois des 24 août 1790 et 22 juillet 1791, l'article 471, §§ 4 et 15, du Code pénal ; l'arrêté du gouvernement du 12 messidor an VIII (1er juillet 1800) et les règlements relatifs aux halles et marchés,

Ordonnons ce qui suit :

1. A compter du 6 septembre prochain, il est défendu à tous étalagistes, marchands ambulants et regrattières de stationner sur le carreau des Innocents, dans les rues de la Lingerie, du Marché-aux-Poirées, de la Fromagerie, à la Pointe-Saint-Eustache et généralement dans les rues ou emplacements qui avoisinent les halles du centre.

2. Un marché destiné exclusivement à la vente en détail de la verdure sera ouvert le lundi 8 septembre prochain sur le carreau des Innocents.

3. Les places de ce marché auront chacune une étendue de deux mètres superficiels ; elles seront disposées quatre par quatre sur cinq lignes longitudinales, dont trois dans la partie du côté de la rue Saint-Denis et deux dans celle qui fait face à la Halle aux draps.

4. Le prix de location des places sera de dix centimes par jour et par place.

5. Le payement de la location des places sera effectué par semaine et d'avance. Le produit en sera versé dans la caisse des hospices.

6. La perception du prix des places sera faite par le préposé que l'administration des hospices désignera.

7. Les détaillants actuellement établis sur les parties de la voie publique désignées dans l'article 1er, qui voudront obtenir des places sur le nouveau marché pour y faire exclusivement la vente en détail de la verdure, nous adresseront leurs demandes par l'intermédiaire de l'inspecteur général des halles et marchés, et des permissions leur seront délivrées s'il y a lieu.

8. La distribution des places aura lieu par la voie du sort entre les détaillants dont les demandes auront été inscrites avant le 6 septembre prochain.

9. Les détaillants qui auront obtenu des places dans le marché ne pourront les occuper qu'après l'évacuation du carreau par les marchands forains et lorsque le balayage aura été complétement opéré.

En toutes saisons, les places devront être entièrement évacuées à la nuit tombante.

10. Il est défendu aux détaillants d'étendre leurs étalages au delà des limites de leurs places.

11. Il leur est défendu également de jeter des débris ou ordures sur les passages réservés à la circulation.

12. Les dispositions des ordonnances et règlements relatifs à la salubrité, au maintien du bon ordre, à la fidélité du débit et à la distribution des places dans les marchés de détail sont applicables au nouveau marché.

13. Les contraventions seront constatées par des procès-verbaux ou rapports, et poursuivies conformément aux lois et règlements.

14. La présente ordonnance sera imprimée, publiée et affichée.

Les commissaires de police, et notamment ceux des quartiers des marchés Saint-Eustache, Montorgueil, des Lombards et Saint-Honoré, le chef de la police municipale, les officiers de paix, l'inspecteur général des halles et marchés et les préposés placés sous leurs ordres sont chargés de tenir la main à l'exécution de cette ordonnance.

Elle sera adressée à M. le colonel commandant de la garde municipale de Paris, pour qu'il concoure à son exécution.

Il en sera adressé ampliation à M. le conseiller d'État, préfet de la Seine, et à MM. les membres du conseil municipal et du conseil général des hospices.

Le conseiller d'Etat, préfet de police, GISQUET.

N° **1516.** — *Ordonnance concernant les chantiers de bois de chauffage* (1).

Paris, le 1er septembre 1834.

Nous, conseiller d'Etat, préfet de police,

Vu 1° la loi du 14 décembre 1789, celle des 16—24 août 1790 et celle des 19—22 juillet 1791 ;

2° L'ordonnance de police du 27 ventôse an x ;

3° Le décret du 15 octobre 1810, l'ordonnance du roi du 14 janvier 1815 et celle du 9 février 1825 ;

4° Les articles 2 et 32 de l'arrêté des consuls du 12 messidor an VIII ;

Considérant que les modifications qu'a subies, depuis la publication de l'ordonnance de police du 27 ventôse an x, l'aspect général de la ville de Paris, sous le rapport des constructions, du percement de nouvelles rues et de la formation de quartiers neufs, rendent nécessaire la révision de ce règlement ;

Qu'il convient de fixer d'autres limites aux portions de la ville où peuvent être établis les dépôts et chantiers de bois de chauffage et d'indiquer les quartiers où, vu la multiplicité et la hauteur des bâtiments, le peu de largeur ou la déclivité des rues, ces établissement peuvent donner lieu, soit à des incendies, soit à de fréquents embarras de la voie publique, soit encore à des accidents sous le rapport de la salubrité de l'air,

Ordonnons ce qui suit :

1. Les chantiers de bois de chauffage dans Paris ne pourront être formés à l'avenir que dans l'espace compris entre les murs d'enceinte de la ville et une ligne passant par le milieu des rues, boulevards et places ci-après désignés ;

Savoir :

Sur la rive droite de la Seine :

La rue Contrescarpe, le long de la gare de l'Arsenal ;

---

(1) V les ord. des 1er et 15 nov. 1834, 15 déc. 1835 et 6 juin 1837.

Le boulevard Saint-Antoine;
Id.   des Filles-du-Calvaire ;
Id.   du Temple ;
Les rues du Faubourg-du-Temple, des Marais, du Faubourg-Saint-Martin, de la Foire-Saint-Laurent ; du Faubourg-Saint-Denis, de Chabrol, de Bellefond ; de la Tour-d'Auvergne, des Martyrs, de Laval, Pigale, Chaptal, Blanche, de Hambourg (projetée), de Clichy, de Navarin (projetée) ;
La place de l'Europe ;
Les rues de Vienne, de la Pépinière, de Miroménil;
Les rues Verte (grande), Verte (petite), de Matignon ;
L'allée des Veuves, aux Champs-Elysées, jusqu'à la Seine ;

Et sur la rive gauche :

L'esplanade des Invalides ;
Le boulevard des Invalides (Est) ;
Le boulevard Mont-Parnasse ;
Les rues de Vaugirard, de Notre-Dame-des-Champs, de la Bourbe, Saint-Jacques, des Capucins ;
Le champ des Capucins ;
Les rues des Bourguignons, de l'Oursine, Censier, de Buffon ;
Et le boulevard de l'Hôpital jusqu'à la rivière.

2. Nul ne pourra former dans Paris un chantier, magasin ou dépôt de bois de chauffage sans notre autorisation.

Toute demande à fin d'autorisation de chantier devra être accompagnée d'un plan figuré indiquant les dimensions du terrain et ses tenants et aboutissants.

3. Les piles de bois devront être éloignées d'au moins trois mètres des clôtures ou bâtiments formant l'enceinte des chantiers.

Les piles ne pourront dans aucun cas excéder douze mètres de hauteur, et quand la distance entre les piles et la limite du chantier ne sera pas d'au moins huit mètres, la hauteur des piles devra être réduite de manière à ce que la distance dont il s'agit soit toujours égale aux deux tiers de cette hauteur, de telle sorte que les piles établies à trois mètres de distance ne pourront avoir que quatre mètres cinquante centimètres d'élévation.

Toute pile de bois dont l'élévation ou l'éloignement des clôtures ne serait pas conforme aux dispositions du présent article y sera immédiatement réduite.

Les espaces réservés entre les bois et les clôtures, ou entre les piles pour la circulation du public, devront toujours être maintenus dégagés de tout objet qui en pourrait gêner le libre accès, comme perches, harts, etc.; les piles devront être construites d'aplomb avec grenons de deux longueurs de bûche à chaque encoignure, les roseaux seront liés à des distances convenables avec le corps des piles au moyen de perches et de bûches qui y seront entrelacées.

4. Il est défendu de fumer dans les chantiers et d'y faire ou d'y avoir du feu pour quelque usage que ce puisse être.

On ne pourra y circuler pendant la nuit que muni d'une lanterne fermée.

5. Les propriétaires de chantiers sont tenus de prendre contre les dangers d'éboulement de leurs piles de bois toutes les précautions de sûreté nécessaires.

6. Dans les chantiers de vente, les bois seront distingués suivant leurs diverses qualités et selon la longueur des bûches; il est interdit aux marchands de mélanger dans l'empilage des bois de longueur ou de qualité différente, et qui ne pourraient être admis ensemble dans la **membrure.**

Il leur est également interdit de mettre dans la membrure des bois tortillards ou autres bois défectueux; ces bois devront être vendus séparément.

7. Les bois qui ont moins de seize centimètres de circonférence sont réputés menuise et doivent être empilés et vendus séparément.

8. Il est enjoint aux marchands de mettre en lieu apparent de chaque pile un écriteau indiquant en caractères suffisamment visibles la longueur des bûches et la qualité du bois.

9. Les seules membrures dont les marchands puissent se servir pour le mesurage du bois sont le stère et le double stère dûment poinçonnés et vérifiés proportionnels à la longueur des bûches, et dont les dispositions et dimensions auront été arrêtées par nous.

10. Les marchands ne pourront faire usage du stère pour le mesurage du bois que lorsque l'acheteur en demandera moins d'un double stère.

La livraison au stère et double stère n'exclut pas la faculté de vendre au poids en faisant usage d'instruments reconnus exacts et dont l'emploi dans les chantiers aurait été autorisé par nous.

11. Nul ne pourra colporter du bois dans Paris en quête d'acheteur. En conséquence, tout bois offert en vente contrairement à cette disposition sera, à la diligence des commissaires de police et des préposés de l'administration, enlevé de la voie publique et mis en dépôt à l'île Louviers, à la disposition du propriétaire de ladite marchandise, contre lequel sera dressé procès-verbal de cette infraction.

12. Le bois flotté ne peut être livré à la consommation qu'après avoir séjourné pendant quarante jours au moins dans un chantier.

Ce délai pourra être abrégé sous notre autorisation, lorsque le bois sera suffisamment ressuyé avant ce temps.

13. Indépendamment des dispositions générales qui viennent d'être indiquées, nous nous réservons de prescrire les précautions et les conditions spéciales auxquelles devront se soumettre les propriétaires de chantiers, selon la nature et la disposition particulière de leurs établissements.

14. L'ordonnance de police du 27 ventôse an x est rapportée.

15. Les commissaires de police, les officiers de paix, les préposés de la préfecture de police, et spécialement l'inspecteur général de l'approvisionnement en combustibles de la ville de Paris et les préposés sous sa direction sont chargés de l'exécution de la présente ordonnance, qui sera publiée et affichée.

Le conseiller d'État, préfet de police, GISQUET.

———

Le ministre secrétaire d'État au département du commerce,

Arrête :

1. L'ordonnance de police du 1er septembre courant relative aux chantiers de bois à brûler est approuvée.

2. Au moyen de cette approbation, toutes décisions ministérielles postérieures à l'ordonnance de police du 27 ventôse an x, concernant l'emplacement des mêmes chantiers, et l'arrêté ministériel du 13 mars 1832 sont révoqués.

Paris, le 16 septembre 1834.

Le ministre secrétaire d'État au département du commerce,
T. DUCHATEL.

N° **1517.** — *Ordonnance concernant les mesures d'ordre et de sûreté à observer à l'occasion des fêtes de Saint-Cloud* (1).

Paris, le 3 septembre 1834.

❈

N° **1518.** — *Ordonnance concernant l'ouverture et la police des marchés à fourrages.*

Approuvée par M. le ministre du commerce, le 23 septembre 1834.

Paris, le 13 septembre 1834.

Nous, conseiller d'État, préfet de police,

Vu la loi des 16—24 août 1790, titre XI, article 3, § 3;

Vu les articles 2, 32 et 33 de l'arrêté du gouvernement du 12 messidor an VIII (1er juillet 1800);

Vu le décret du 21 septembre 1807;

Vu l'article 484 du Code pénal;

Vu la délibération du conseil municipal du 13 décembre 1833;

Vu la décision de M. le ministre du commerce et des travaux publics du 13 février 1834, approbative d'un règlement et d'un tarif pour la perception des droits de places aux marchés à fourrages;

Vu la lettre, en date du 26 mars dernier, à nous adressée par M. le conseiller d'État, préfet du département de la Seine,

Ordonnons ce qui suit:

1. Les trois marchés clos appartenant à la ville de Paris et situés, l'un à la barrière du Trône, un autre au faubourg Saint-Martin, près de la rue Lafayette, et le troisième à la barrière d'Enfer, seront ouverts le 15 octobre prochain, pour la vente des fourrages, des avoines et des menus grains destinés à la consommation des animaux.

Tout marché non autorisé pour la vente des mêmes denrées est défendu.

2. Il est défendu de faire aucune vente de fourrages, d'avoines et de menus grains sur la voie publique, ou d'y laisser stationner les voitures chargées de ces denrées, si ce n'est au lieu de leur destination, pour en opérer le déchargement qui devra commencer immédiatement après leur arrivée.

3. Les voitures seront rangées sur les marchés dans l'ordre qui sera prescrit par l'inspecteur général des halles et marchés, de manière à ce que la circulation y soit toujours libre.

4. Il est défendu d'introduire dans les marchés des voitures de place, ou particulières, et des chevaux de selle.

5. La vente des fourrages, avoines et menus grains aura lieu dans les marchés tous les jours, à l'exception des jours fériés.

6. Du 15 mars au 15 octobre, les marchés ouvriront à cinq heures du matin, et la vente commencera à six heures;

Du 16 octobre au 14 mars inclusivement, les marchés ouvriront à sept heures du matin, et la vente commencera à huit heures.

En tout temps la vente cessera à deux heures, et la fermeture des marchés aura lieu à trois heures.

L'ouverture et la clôture des marchés et de la vente seront annoncées au son de la cloche.

7. Les approvisionneurs qui n'auront pas effectué la vente de leurs

_____

(1) V. l'ord. du 6 sept. 1843.

marchandises pourront laisser en resserre, soit leurs voitures chargées sous les remises, soit seulement le chargement desdites voitures
dans les greniers.

8. Les marchandises vendues sur le marché ne pourront être re-
vendues marché tenant. Elles seront retirées du marché immédiatement après la vente.

9. Conformément aux dispositions de l'article 4 de la délibération
du conseil municipal, approuvée par M. le ministre du commerce, les
approvisionneurs payeront pour droit de stationnement de leurs voitures et marchandises pendant la tenue du marché, savoir :

Par cent bottes de foin, trèfle, luzerne, sainfoin, etc.   25 centimes.
Par cent bottes de paille......................   15
Par hectolitre d'avoine et menus grains..........   5
Pour droit de remisage sous les hangars, par voiture
et par nuit...............................   30

(Le droit de stationnement sera perçu, soit que les
voitures stationnent sur le préau ou sous les hangars.)

Pour droit de resserre dans les greniers du chargement d'une voiture, par nuit....................   30 centimes.

(Lors même que le chargement de la voiture ne serait point
complet.)

10. Il est défendu d'exposer en vente des bottes de paille et de
fourrages contenant dans leur intérieur des fourrages et des pailles
avariés, ou différents seulement en qualité de l'enveloppe qui les re-
couvre.

11. Les bottes de paille doivent en tout temps peser cinq kilogrammes.

Les bottes de foin, trèfle, luzerne et sainfoin vieux doivent peser
en tout temps cinq kilogrammes.

Les bottes de foin, trèfle, luzerne et sainfoin de la dernière récolte
doivent peser jusqu'au 1er octobre six kilogrammes cinq hectogrammes
(treize livres);

Du 1er octobre au 1er avril, cinq kilogrammes cinq hectogrammes
(onze livres);

Et du 1er avril jusqu'à la récolte, cinq kilogrammes (dix livres).

12. Les fourrages et pailles seront examinés par les préposés de
police chargés de la surveillance des marchés.

Les bottes qui n'auront pas le poids requis, ou qui seront reconnues
frauduleusement mélangées, seront saisies et déposées dans les greniers
du marché où la saisie sera opérée.

13. Des ouvriers commissionnés par nous et portant ostensiblement
une plaque aux armes de la ville, seront seuls admis à faire dans l'intérieur des marchés le transport et le remuage des marchandises
mises en resserre, sans préjudice du droit qu'ont les propriétaires de
faire ces opérations eux-mêmes ou de les faire faire par les gens attachés à leur service.

14. Il est défendu de fumer, ou d'introduire du feu dans aucune
des parties des marchés.

Il est également défendu à toutes personnes, autres que les employés
au service des marchés, d'y introduire de la lumière, lors même qu'elle
serait renfermée dans une lanterne close.

15. Les mercuriales seront arrêtées dans chaque marché par deux
des principaux approvisionneurs, deux des principaux acheteurs non
commerçants en fourrages, avoine et menus grains et le préposé de
police chargé de la surveillance du marché.

16. Les contraventions seront constatées par des procès-verbaux
ou rapports qui nous seront adressés, et poursuivies conformément aux
lois et règlements.

17. La présente ordonnance sera imprimée et affichée.

Ampliation en sera adressée à M. le conseiller d'Etat, préfet du département de la Seine.

18. Les commissaires de police, et notamment ceux des quartiers des Quinze-Vingts, du faubourg Saint-Denis et du Luxembourg, le chef de la police municipale, les officiers de paix, l'inspecteur général et les inspecteurs généraux adjoints des halles et marchés et les autres préposés de la préfecture de police sont chargés de tenir la main à son exécution.

Le conseiller d'Etat, préfet de police, GISQUET.

N° **1519.** — *Ordonnance concernant la circulation des voitures sous les guichets de communication entre la place du Carrousel et le quai des Tuileries.*

Paris, le 16 septembre 1834.

Nous, conseiller d'Etat, préfet de police,

Considérant que, dans l'intérêt de la sûreté publique et de la libre circulation, il importe de prendre des mesures pour prévenir les accidents que peut occasionner le croisement continuel des voiture sous les trois guichets servant de communication entre la place du Carrousel et le quai des Tuileries ;

Vu 1° l'article 22 de l'arrêté du 12 messidor an VIII (1er juillet 1800) ;

2° L'ordonnance de police du 20 septembre 1828, qui a réglé le passage des voitures par les guichets qui servent de communication entre la place du Carrousel et la rue de Rivoli,

Ordonnons ce qui suit :

1. A dater du jour de la publication de la présente ordonnance, les voitures suspendues ou non suspendues, allant du quai des Tuileries (côté du Pont-Royal) au Carrousel, passeront par le premier guichet du côté des Tuileries.

Les voitures suspendues ou non suspendues, allant de la place du Carrousel sur le quai des Tuileries, passeront par le second guichet.

Enfin, les voitures suspendues ou non suspendues, allant du quai des Tuileries (côté du Pont-Neuf) au Carrousel, passeront par le troisième guichet.

2. Les contraventions à la présente ordonnance seront constatées par des procès-verbaux ou rapports qui nous seront adressés ; les contrevenants seront traduits, s'il y a lieu, devant les tribunaux, pour être punis conformément aux lois et règlements en vigueur.

3. La présente ordonnance sera imprimée et affichée.

Le chef de la police municipale, les commissaires de police, et notamment celui du quartier des Tuileries, l'inspecteur-contrôleur de la fourrière, les officiers de paix et les agents placés sous leurs ordres sont chargés, chacun en ce qui le concerne, de tenir la main à son exécution.

Elle sera en outre adressée à M. le colonel de la garde municipale et a M. le commandant de la gendarmerie du département de la Seine, pour qu'ils en assurent l'exécution par tous les moyens qui sont en leur pouvoir.

Le conseiller d'Etat, préfet de police, GISQUET.

No **1520.** — *Arrêté qui autorise la mise en circulation de nouveaux fiacres, en forme de coupés* (1).

Paris, le 16 octobre 1834.

Nous, conseiller d'Etat, préfet de police,

Vu 1° la demande à nous présentée par les sieurs Camille Gorre, Daux et compagnie, loueurs de voitures, à l'effet d'obtenir l'autorisation de mettre en circulation des voitures d'un nouveau modèle, en forme de coupé, montées sur quatre roues, à deux places avec un strapontin et traînées par un seul cheval ;

2° L'avis de la commission, chargée par nous d'examiner le plan présenté par les réclamants ;

3° Le rapport du chef de la deuxième division,

Arrêtons ce qui suit :

1. Il est permis aux sieurs Camille et compagnie de substituer à cent fiacres, dont ils sont propriétaires, un pareil nombre de fiacres en forme de coupé, montés sur quatre roues, à deux places avec un strapontin, traînés par un seul cheval et conformes en tous points au plan qui nous a été présenté.

2. Les nouvelles voitures devront être construites dans les proportions suivantes :

Distance d'un essieu à l'autre	1m	77c	5p	5
Voie de derrière	1	08	3	4
Voie de devant	»	87	2	8
Hauteur des roues de derrière	1	20	3	8
Hauteur des roues de devant	»	76	2	4
Distance du sol à l'impériale	2	08	6	5
De dedans en dedans { Largeur de la ceinture à la caisse	1	08	3	4
{ Hauteur de la cave au pavillon	1	41	4	4

Sous tous les autres rapports la construction de ces voitures devra être entièrement conforme aux dispositions de l'article 9 de l'ordonnance de police du 1er juillet 1829. Ces voitures seront également soumises à toutes les obligations imposées par ladite ordonnance, notamment en ce qui concerne la quotité du droit de stationnement auquel les carrosses de place sont assujettis par le décret du 9 juin 1808 et l'ordonnance du 21 octobre 1816.

3. Les nouvelles voitures dont il s'agit seront numérotées conformément aux dispositions des arrêtés de l'un de nos prédécesseurs en date des 18 septembre et 14 octobre 1829.

4. La présente autorisation est donnée sans préjudice de celles que l'administration se réserve d'accorder aux autres loueurs qui pourraient les demander.

5. Expédition du présent arrêté sera adressée au chef de la police municipale et à l'inspecteur contrôleur de la fourrière.

Copie en sera remise au bureau de la comptabilité ainsi qu'aux sieurs Camille Gorre, Daux et compagnie.

Le conseiller d'Etat, préfet de police, GISQUET.

---

(1) Rapporté. — V. l'ord. du 15 janv. 1841, les arr. des 15 janv. et 18 fév. 1841, et l'ord. du 25 mai 1842.

N° **1521.** — *Arrêté qui prescrit la réimpression et la publication de l'ordonnance du 27 mai 1834, concernant le balayage et la propreté de la voie publique* (1).

Paris, le 30 octobre 1834.

———————◇———————

N° **1522.** — *Ordonnance concernant le mesurage du bois de chauffage dans le ressort de la préfecture de police* (2).

Approuvée par M. le ministre du commerce, le 26 décembre 1834.

Paris, le 1er novembre 1834.

Nous, conseiller d'Etat, préfet de police ,

Vu la loi du 1er août 1793 qui a établi le système actuel des poids et mesures dans toute la France ;

Celle du 18 germinal an III qui a déterminé la nature et fixé la nomenclature des nouvelles mesures ;

La proclamation du 17 pluviôse an VI qui détermine les dimensions du stère et du double stère et les rend obligatoires pour le département de la Seine, à compter du 1er prairial suivant ;

L'instruction publiée en germinal an VI par ordre du ministre de l'intérieur ;

Celle qui a été également publiée par le ministre de l'intérieur en l'an VII, sur la construction des membrures destinées à contenir un stère et un double stère de bois de chauffage ;

La décision ministérielle du 5 messidor an VIII et l'ordonnance de police du 1er fructidor suivant ;

Considérant qu'il s'est introduit dans la manière de faire usage de la membrure destinée à mesurer le bois de chauffage , des abus et des fraudes qu'il est nécessaire de faire cesser ;

Considérant en outre que les dispositions de la décision ministérielle du 5 messidor an VIII ne sont applicables qu'à la membrure destinée à mesurer des bûches de bois de chauffage d'un mètre cent trente-sept millimètres de longueur, et que cette membrure ne pourrait sans fraude être employée pour du bois qui n'aurait pas cette dimension ;

Qu'il importe donc de déterminer la forme et la construction des membrures , de telle manière qu'il ne puisse résulter ni erreur ni abus de leur emploi ;

Considérant que la longueur ordinaire du bois de chauffage vendu pour la consommation du département de la Seine est d'un mètre cent trente-sept millimètres, et que c'est principalement la forme et la construction des membrures destinées à contenir le stère et le double stère de bois de cette dimension qu'il convient de fixer ;

En vertu des articles 26 et 32 de l'arrêté du 12 messidor an VIII et de l'arrêté des consuls du 3 brumaire an IX ,

Ordonnons ce qui suit :

1. Le bois de chauffage , dont les bûches auront un mètre cent trente-sept millimètres de longueur, ne pourra être mesuré dans les

———————

(1) V. les ord. des 29 oct. 1836, 28 oct. 1839 et 1er avril 1843.

(2) V. les ord. des 15 nov. 1834, 15 déc. 1835 et 6 juin 1837.

lieux consacrés à la vente publique dans le ressort de la préfecture de police, que dans des membrures construites ainsi qu'il suit:

Membrure contenant un double stère.

Elle sera formée :

1° D'une couche ou surface bien plane de deux mètres de longueur dans œuvre, sur un mètre cent trente-sept millimètres de largeur, soit pleine, soit à claire-voie et composée dans ce dernier cas d'au moins trois solives parallèles liées entre elles par trois traverses;

2° De deux montants d'un mètre cent trente-sept millimètres de largeur sur quatre-vingt-huit centimètres de hauteur, placés perpendiculairement sur la couche à une distance de deux mètres l'un de l'autre, formés chacun également d'une surface plane, soit pleine, soit à claire-voie et composée alors d'au moins trois montants assemblés sur les trois solives de couche et d'une traverse au sommet, laquelle sera ferrée à ses deux extrémités.

Ces différentes pièces devront être en bois dur d'au moins six centimètres d'équarrissage ou en métal.

Les assemblages des montants dans la couche seront faits selon les procédés ordinaires de l'art.

Stère.

Le stère sera construit de la même manière et selon les mêmes procédés que le double stère, les dimensions seules varieront. Elles seront de un mètre de longueur dans œuvre pour la couche entre les montants, sur un mètre cent trente-sept millimètres de largeur; les montants auront quatre-vingt-huit centimètres de hauteur.

2. Un modèle sera construit par les soins de l'administration et déposé à l'île Louviers, pour servir aux personnes qui en auraient besoin; la membrure sera portée sur deux roues.

3. La longueur moyenne ordinaire du bois de chauffage étant d'un mètre cent trente-sept millimètres, tout mesurage de bois dans les membrures dont le détail vient d'être fait, sera considéré comme frauduleux, poursuivi et puni comme tel, si l'on y introduit des bûches qui différeraient de la longueur d'un mètre cent-trente-cinq millimètres à un mètre cent quarante millimètre. Les bois, autres que ceux généralement en usage dans le commerce, ne pouvant être mesurés dans lesdites membrures, il pourra être accordé s'il y a lieu, l'autorisation d'en construire de particulières et spécialement appropriées aux bois d'autres dimensions.

4. Personne ne pourra faire usage de membrures quelles qu'elles soient, qui n'auraient point été préalablement vérifiées et poinçonnées par les vérificateurs des poids et mesures.

5. Il devra être inscrit en caractères de cinq centimètres de hauteur sur la tête et à l'extérieur des montants de chaque membrure la longueur des bûches qu'elle est destinée à mesurer.

6. Les membrures dont les surfaces intérieures ne seront pas bien planes ne seront point poinçonnées, et il ne pourra en être fait usage.

7. MM. les maires et adjoints des communes rurales du ressort de la préfecture de police, les commissaires de police, les officiers de paix, les préposés de la préfecture de police, et spécialement l'inspecteur général de l'approvisionnement en combustibles de la ville de Paris sont chargés de l'exécution de la présente ordonnance, qui sera affichée et publiée.

Le conseiller d'Etat, préfet de police, GISQUET.

N° **1523.** — *Ordonnance concernant les chantiers de bois de chauffage* (1).

Paris, le 15 novembre 1834.

Nous, conseiller d'État, préfet de police,

Vu 1° notre ordonnance du 1er septembre dernier, portant indication de la ligne limitative des parties de la ville où peuvent être établis les chantiers de bois de chauffage dans Paris ;

2° Le mémoire à nous présenté par un certain nombre de marchands de bois pour réclamer contre le placement de nouveaux chantiers entre le boulevard du Mont-Parnasse , et les rues de Vaugirard et de Notre-Dame-des-Champs ;

Considérant qu'il est possible d'accueillir cette réclamation, en rectifiant le tracé des limites, et le faisant passer par la ligne non interrompue des boulevards, qui s'étend de l'esplanade des Invalides jusqu'à l'Observatoire , et qui présente l'avantage d'une voie large et d'une facile circulation,

Ordonnons ce qui suit :

1. L'article 1er de notre ordonnance du 1er septembre est modifié, ainsi qu'il suit :

« Les chantiers de bois de chauffage dans Paris ne pourront être
« formés à l'avenir que dans l'espace compris entre les murs d'en-
« ceinte de la ville et une ligne passant par le milieu des rues, boule-
« vards et places ci-après désignés ;

Savoir :

Sur la rive droite de la Seine,

La rue Contrescarpe, le long de la gare de l'Arsenal ;
Le boulevard Saint-Antoine ;
    Id.   des Filles-du-Calvaire;
    Id.   du Temple;
Les rues du Faubourg-du-Temple, des Marais ;
Les rues du Faubourg-Saint-Martin, de la Foire-Saint-Laurent, du Faubourg-Saint-Denis , de Chabrol , de Bellefond , de la Tour-d'Auvergne, des Martyrs, de Laval, Pigale, Chaptal, Blanche, de Hambourg (projetée), de Clichy, de Navarin (projetée) ;
La place de l'Europe ;
Les rues de Vienne, de la Pépinière, de Miroménil , Verte (grande), Verte (petite), de Matignon ;
L'allée des Veuves, aux Champs-Elysées, jusqu'à la Seine ;

Et sur la rive gauche,

L'esplanade des Invalides ;
Le boulevard des Invalides (Est) ;
Le boulevard Mont-Parnasse ;
La rue de la Bourbe;
Les rues Saint-Jacques, des Capucins ;
Le Champ des Capucins ;
Les rues des Bourguignons, de l'Oursine, Censier, de Buffon ;
Et le boulevard de l'Hôpital jusqu'à la rivière.

2. Les commissaires de police , les officiers de paix, les préposés de la préfecture de police, et spécialement l'inspecteur général de l'approvisionnement en combustibles de la ville de Paris sont chargés de l'exécution de la présente ordonnance, qui sera publiée et affichée.

Le conseiller d'État, préfet de police, GISQUET.

_____

(1) V. les ord. des 15 déc. 1835 et 6 juin 1837.

N° **1524.**— *Ordonnance concernant les amphithéâtres d'anatomie et de chirurgie.*

Paris, le 25 novembre 1834.

Nous, conseiller d'Etat, préfet de police,

Considérant qu'il importe de renouveler les dispositions de l'ordonnance de police du 11 janvier 1815 concernant les amphithéâtres d'anatomie et de chirurgie, et d'y apporter quelques changements reconnus nécessaires, dans le double intérêt des études anatomiques et de la salubrité ;

Vu le rapport du conseil de salubrité, en date du 21 de ce mois;

En vertu de l'arrêté du gouvernement du 12 messidor an VIII,

Ordonnons ce qui suit:

1. Il est défendu d'ouvrir dans Paris aucun amphithéâtre particulier, soit pour professer l'anatomie ou la médecine opératoire, soit pour faire disséquer ou manœuvrer sur le cadavre les opérations chirurgicales.

2. Il est également défendu de disséquer et de manœuvrer les opérations sur le cadavre dans les hôpitaux, hospices, maisons de santé, infirmeries, maisons de détention, et en quelque autre localité que ce soit.

Les amphithéâtres actuellement existant dans les hôpitaux et hospices sont supprimés.

3. Les dissections et exercices sur l'anatomie et la chirurgie ne pourront être faits que dans les pavillons de la Faculté de médecine et dans l'amphithéâtre des hôpitaux établi sur l'emplacement de l'ancien cimetière de Clamart.

4. Il ne pourra être pris aucun cadavre dans les cimetières.

5. Les cadavres provenant des hôpitaux et hospices sont seuls affectés au service des amphithéâtres d'anatomie.

Toutefois les familles peuvent réclamer, pour les faire enterrer à leur frais, les corps de leur parents décédés dans les hôpitaux et hospices.

6. La distribution des cadavres entre l'amphithéâtre des hôpitaux et les pavillons de la Faculté de médecine, aura lieu conformément aux dispositions d'administration intérieure approuvées par nous.

7. Les cadavres ne pourront être enlevés des hôpitaux et hospices que vingt-quatre heures après que le décès aura été régulièrement constaté.

8. Les débris de cadavres seront portés soigneusement au cimetière du Mont-Parnasse pour y être enterrés dans la partie affectée aux hospices.

9. Il est enjoint à ceux qui sont chargés d'enlever les cadavres, pour les transporter soit aux amphithéâtres ci-dessus désignés, soit au cimetière d'observer la décence convenable.

10. Les cadavres seront portés aux amphithéâtres dans des voitures couvertes et pendant la nuit seulement.

11. Il est expressément défendu d'emporter hors des amphithéâtres d'anatomie des cadavres ou des portions de cadavre.

12. Les dissections devront être suspendues depuis le 1er mai jusqu'au 1er novembre.

13. Les amphithéâtres d'anatomie devront constamment être tenus dans le plus grand état de propreté.

14. Les contraventions seront constatées par des procès-verbaux qui nous seront adressés.

15. Il sera pris envers les contrevenants telles mesures de police administrative qu'il appartiendra, sans préjudice des poursuites à

exercer contre eux devant les tribunaux, conformément aux lois et règlements de police.

16. La présente ordonnance sera imprimée et affichée.

Ampliation en sera adressée à M. le préfet de la Seine, au conseil général d'administration des hospices civils de Paris, au doyen de la Faculté de médecine, et à chacun de MM. les chirurgiens de service près des hospices ou hôpitaux.

Les commissaires de police, les officiers de paix et le directeur de la salubrité sont chargés de tenir la main à son exécution.

Le conseiller d'Etat, *préfet de police*, GISQUET.

N° **1525.** — *Ordonnance concernant la vente du charbon de bois dans Paris* (1).

Approuvée par M. le ministre du commerce, le 30 décembre 1834.

Paris, le 15 décembre 1834.

Nous, conseiller d'Etat, préfet de police,

Vu l'ordonnance royale, en date du 5 juillet dernier, qui établit sur de nouvelles bases les dispositions relatives à la vente du charbon de bois dans Paris, et annonce qu'il sera pourvu par des règlements particuliers à tout ce qu'exige la police des ports et places affectés à la vente de ce combustible,

Ordonnons ce qui suit :

CHAPITRE Ier.

Des lieux consacrés à la vente du charbon.

1. Les lieux affectés, comme marchés publics, à la vente du charbon de bois dans Paris sont, quant à présent,

Savoir :

Sur la rivière, les ports de l'ancienne place aux Veaux, de la Grève, de l'Ecole, du canal Saint-Martin, de la Tournelle, des Quatre-Nations et d'Orsay :

Sur terre, les places d'Aval, des Récollets, du faubourg du Roule et de la Santé.

2. On ne pourra établir de magasins particuliers ou de débits de charbon en détail dans Paris qu'après l'accomplissement des formalités prescrites à l'égard des établissements dangereux, insalubres ou incommodes, dans la catégorie desquels ces magasins et débits sont placés par les articles 8 et 9 de l'ordonnance royale du 5 juillet dernier.

3. Il ne pourra être déposé de charbon fait à vases clos, dans les marchés publics ni dans les magasins ou débits particuliers, que sur notre autorisation spéciale.

4. Le charbon de bois ne pourra être vendu en détail que dans un local ayant sa principale entrée sur la rue.

L'approvisionnement de chaque débit sera réglé d'après les localités, suivant l'article 9 de l'ordonnance royale.

---

(1) V. l'ord. du 25 oct. 1840 (art. 100 et suiv.).

5. Il est défendu de faire du feu dans les lieux destinés à la vente du charbon.

CHAPITRE II.

Des charbons amenés par eau.

6. Chaque bateau portera une devise et l'indication du nom du propriétaire et de sa résidence, inscrites en caractères visibles, sur le bateau même et en lieu apparent ; cette indication ne pourra être changée sans autorisation.

7. Pour déterminer, dans le cas prévu par l'article 3 de l'ordonnance royale, le tour d'admission aux ports de vente des bateaux de charbon sur la rivière, l'arrivée de ces bateaux aux points de passage régulateurs sera constatée par leur inscription sur un registre ouvert à cet effet au bureau de l'inspecteur de la navigation.

8. S'il y avait nécessité d'alléger un bateau, l'allége suivrait au port de vente le bateau allégé.

9. Les conducteurs de bateaux feront constater le jour et l'heure de leur arrivée par l'inspecteur de la navigation :

De Choisy-le-Roy, pour les arrivages de la Haute-Seine ;

De Charenton, pour les arrivages par la Marne ;

De la Briche, pour les arrivages de la Basse-Seine,

Et de la Villette, pour les arrivages des canaux de l'Ourcq et de Saint-Denis.

Les inspecteurs de la navigation tiendront registre de ces déclarations et en délivreront extrait aux conducteurs des bateaux.

10. Tout bateau qui n'aurait pas été mis à port à son tour de vente, sera remplacé par le bateau suivant et prendra un nouveau numéro.

11. Aucun bateau ne pourra être extrait des lieux de stationnement désignés en l'article 9, sans un permis délivré par l'inspecteur général de la navigation, sur la présentation du bulletin du bureau d'arrivages.

12. Lorsque des charbons auront été avariés, de manière à devoir être nécessairement changés de bateau, et lorsque l'avarie aura été régulièrement constatée, ces charbons pourront, d'après notre autorisation, être mis en vente immédiatement sur le port que nous désignerons à cet effet.

Un écriteau portant en gros caractères : charbon avarié, sera placé à l'entrée du bateau.

13. Si, par suite de surcharge, d'avarie ou pour toute autre cause, on était obligé de transborder le charbon d'un bateau sur un autre, déclaration devrait en être préalablement faite au bureau de l'octroi et à celui de la navigation.

14. Le dépotage des charbons s'effectuera sur les ports de déchargement, mais seulement sur les points qu'indiqueront les permis délivrés par l'inspecteur général de la navigation.

Le dépotage commencera dès la mise à port du bateau ; il sera opéré sans discontinuer jusqu'à complet achèvement et avec des moyens tels qu'il soit déchargé au moins 1,000 hectolitres par jour.

15. Les charbons devront être enlevés du port, à mesure du déchargement.

En cas de contraventions aux dispositions qui précèdent, les bateaux seront reconduits d'office, aux risques périls et frais du propriétaire, dans la gare la plus voisine.

CHAPITRE III.

Des charbons arrivant par terre.

16. Les charbons arrivant par terre, qui se rendront aux divers mar-

chés publics, ne devront entrer dans Paris, que par les barrières de perception d'octroi ci-après, savoir:

De Passy, de Monceaux, de la Villette, de Vincennes, de Charenton, de Fontainebleau, de la Santé et d'Enfer.

17. Les charbons seront reçus aux places de vente tous les jours, excepté les jours fériés, savoir: du 1er avril au 31 octobre, depuis six heures du matin jusqu'à six heures du soir; et du 1er novembre au 31 mars, depuis sept heures du matin jusqu'à cinq heures du soir.

18. Il y aura, sur chaque place, des préposés et des facteurs nommés par nous et dont nous déterminerons le nombre selon les besoins du service.

19. Les facteurs sont chargés de recevoir les charbons qui leur sont adressés et d'en opérer la vente; ils ne peuvent faire directement ni indirectement le commerce de charbon pour leur propre compte.

Leur gestion sera contrôlée administrativement, selon le mode établi par nous, et de telle sorte que les expéditeurs puissent toujours trouver auprès des agents de contrôle les renseignements propres à leur faire apprécier la sincérité des opérations confiées à ces mandataires.

CHAPITRE IV.

De la vente du charbon.

20. La vente du charbon sur les ports et places sera ouverte, savoir:

Du 1er avril au 30 septembre, depuis six heures du matin jusqu'à une heure du soir, et de deux heures à six heures.

Du 1er octobre au 31 mars, de huit heures du matin à une heure du soir, et de deux heures à quatre.

21. Tout charbon qui n'aurait pas 30 millimètres de longueur sera considéré comme poussier.

Les fumerons seront toujours extraits du charbon et vendus à part.

22. Le poussier restant à chaque tas après la vente du charbon, devra être porté dans une case à ce affectée.

Le poussier restant au fond d'un bateau, après la vente et le dépotage, ne pourra être déposé sur les ports; il sera transporté et mis en vente sur les points que nous aurons indiqués.

23. Il ne peut être livré ni enlevé de charbon des marchés publics, sans qu'il ait été préalablement mesuré.

24. La mesure doit être remplie charbon sur bord et non autrement.

CHAPITRE V.

Du transport du charbon dans Paris.

25. Toute personne peut porter son charbon ou le faire transporter, soit par voiture, soit à col, par qui bon lui semble.

Quant aux individus qui voudront exercer la profession de porteur public de charbon, ils devront se pourvoir préalablement d'une médaille qui sera délivrée par nous.

Ils seront tenus de la porter ostensiblement pendant leur travail.

Cette médaille indiquera le numéro de l'enregistrement, ainsi que les nom, prénoms et surnom du porteur.

26. En cas de changement de domicile, ces porteurs en feront, dans les trois jours, la déclaration au contrôleur général des bois et charbons.

Ceux qui s'absenteront de Paris ou renonceront, même momentanément, à leur profession, seront tenus d'en faire la déclaration à ce contrôleur et de lui remettre leur médaille.

27. Il est défendu aux porteurs de charbon d'avoir des sacs qui contiennent moins de deux hectolitres.

Ils devront les entretenir en bon état; chaque sac portera, en chiffres de dix centimètres de hauteur, le numéro de la médaille du porteur auquel il appartiendra.

28. Les charbons, aussitôt qu'ils sont mesurés, doivent être portés directement à leurs destinations.

En conséquence, défense est faite de laisser, sous aucun prétexte, des sacs de charbon dans les bateaux, dans les places de vente, sur les quais et sur aucune partie de la voie publique.

29. Nul ne peut colporter, en quête d'acheteur, du charbon dans Paris; en conséquence, tout charbon offert en vente, contrairement à cette disposition, sera, à la diligence des commissaires de police et des préposés, enlevé de la voie publique et conduit au marché le plus voisin.

30. Les conducteurs de chargement de charbon de bois devront justifier, à toute réquisition des préposés de la préfecture de police, des destinations de ces chargements.

31. Les contraventions aux dispositions de la présente ordonnance seront constatées par des procès-verbaux ou rapports qui nous seront transmis, et les délinquants seront poursuivis devant les tribunaux compétents, pour être statué à leur égard conformément aux lois.

32. Les dispositions de l'ordonnance de police du 30 septembre 1826 sont et demeurent rapportées.

33. La présente ordonnance sera soumise à l'approbation de M. le ministre du commerce.

Elle sera imprimée, publiée et affichée.

34. Les commissaires de police et les autres préposés de la préfecture de police, spécialement le contrôleur général des bois et charbons, et l'inspecteur général de la navigation et des ports, sont chargés chacun en ce qui le concerne de tenir la main à son exécution.

Le conseiller d'Etat, préfet de police, GISQUET.

N° **1526.** — *Ordonnance modifiant celle du 1er avril 1831, concernant les ouvriers.*

Paris, le 30 décembre 1834.

Nous, conseiller d'Etat, préfet de police,

Vu la loi des 16-24 août 1790, titre XI, articles 3 et 5;

Vu l'arrêté du 9 frimaire an XIII (1er décembre 1803);

Vu l'article 7 de l'ordonnance de police du 1er avril 1831, ainsi conçu;

« Tout ouvrier sortant d'une manufacture, d'une fabrique, d'un ate-
« lier ou d'une boutique, après avoir rempli ses engagements, sera
« tenu de faire viser sa sortie à la préfecture de police, bureau des
« passe-ports, section des livrets; »

Considérant que la centralisation des visa dont il s'agit, au bureau des livrets de la préfecture de police, entraine, pour un grand nombre d'ouvriers, des déplacements et des pertes de temps qui portent préjudice à leurs intérêts, surtout aux époques où les travaux ont de l'activité, et voulant leur rendre le moins onéreux possible l'accomplissement des formalités prescrites par les lois et règlements qui les concernent,

Ordonnons ce qui suit :

1. L'article 7 de l'ordonnance du 1er avril 1831 est rapporté.

2. A partir du 1er janvier 1835, lorsqu'un ouvrier sortira d'une manufacture, d'une fabrique, d'un atelier ou d'une boutique, il fera viser son livret par le commissaire de police du quartier, au lieu de s'adresser à cet effet à la préfecture de police.

3. Il n'est point dérogé à l'article 4 de l'ordonnance sus-relatée du 1er avril 1831, portant que les ouvriers seront tenus de prendre un visa de départ à la préfecture de police, lorsqu'ils quitteront le département de la Seine.

4. La présente ordonnance sera imprimée, publiée et affichée.

Les commissaires de police, le chef de la police municipale et les préposés de la préfecture de police sont chargés, chacun en ce qui le concerne, de tenir la main à son exécution.

Le conseiller d'Etat, préfet de police, GISQUET.

1835.

Nº **1527**. — *Ordonnance concernant la police des rivières et des ports pendant l'hiver et le temps des glaces, grosses eaux et débâcles* (1).

Paris, le 7 janvier 1835.

Nº **1528**. — *Ordonnance concernant les neiges et glaces* (2).

Paris, le 7 janvier 1835.

Nous, conseiller d'État, préfet de police,

Considérant qu'à l'approche de la mauvaise saison il importe de prendre des mesures pour que l'enlèvement des glaces et neiges s'opère avec célérité et pour assurer la propreté et la libre circulation de la voie publique ;

Considérant que ces mesures ne peuvent produire des résultats satisfaisants qu'autant que les habitants concourent, en ce qui les concerne, à leur exécution, et remplissent les obligations qui leur sont imposées dans l'intérêt de tous ;

Vu l'article 471 du Code pénal ;

Vu les articles 2 et 22 de l'arrêté du gouvernement du 12 messidor an VIII (1er juillet 1800),

Ordonnons ce qui suit :

1. Dans les temps de neiges et glaces, les propriétaires ou locataires sont tenus de faire balayer la neige et casser les glaces au-devant de leurs maisons, boutiques, cours, jardins et autres emplacements, jusqu'au milieu de la rue ; ils mettront les neiges et glaces en tas ; ces

---

(1) V. les ord. des 1er déc. 1838, 5 déc. 1839 et 25 oct. 1840 (art. 203 et suiv.).
(2) V. les ord. des 26 déc. 1836, 14 déc. 1838 et 7 déc. 1842.

tas doivent être placés de la manière suivante, selon les localités, savoir :

Dans les rues sans trottoirs, auprès des bornes; dans les rues à trottoirs, le long des ruisseaux, du côté de la chaussée, si la rue est à chaussée bombée; le long des trottoirs, si la rue est à chaussée fendue.

En cas de verglas, ils doivent jeter au-devant de leurs habitations des cendres, du sable ou du mâchefer.

2. Dans les rues à chaussée bombée, chaque propriétaire ou locataire doit tenir libre le cours du ruisseau au-devant de sa maison, et faciliter l'écoulement des eaux; dans les rues à chaussée fendue, il y pourvoira conjointement avec le propriétaire ou le locataire qui lui fait face.

Pour prévenir les inondations par suite de pluie ou de dégel, les habitants devant la maison desquels se trouvent des bouches ou des grilles d'égouts doivent les faire dégager des ordures qui pourraient les obstruer; ces ordures seront déposées aux endroits indiqués dans l'article 1.

3. Il est défendu de déposer des neiges et glaces auprès des grilles et des bouches d'égouts.

Il est également défendu de pousser dans les égouts les glaces et neiges congelées, qui, au lieu de fondre, interceptent l'écoulement des eaux.

4. Il est défendu de déposer dans les rues aucunes neiges et glaces provenant des cours ou de l'intérieur des habitations.

5. Il est défendu aux propriétaires ou entrepreneurs de bains et autres établissements, tels que teintureries, blanchisseries, etc., qui emploient beaucoup d'eau, de laisser couler sur la voie publique les eaux de leurs établissements pendant les gelées.

Les contrevenants seront requis de faire briser et enlever les glaces provenant de leurs eaux; faute par eux d'obtempérer à cette réquisition, il y sera procédé d'office et à leurs frais, par le commissaire de police du quartier, ou par le directeur de la salubrité, sans préjudice des peines encourues.

6. Les concierges, portiers ou gardiens des établissements publics et maisons domaniales sont personnellement responsables de l'exécution des dispositions ci-dessus, en ce qui concerne les établissements et maisons auxquels ils sont attachés.

7. Il n'est point dérogé aux dispositions de l'ordonnance du 27 mars 1834, concernant le balayage et la propreté de la voie publique et qui continueront de recevoir leur exécution, et notamment celles qui sont relatives aux dépôts de gravois et de décombres, qui sont interdits sous quelque prétexte que ce soit.

8. Les contraventions aux injonctions ou défenses faites par la présente ordonnance seront constatées par des procès-verbaux ou rapports qui nous seront adressés, et les contrevenants seront traduits, s'il y a lieu, devant les tribunaux, pour être punis conformément aux lois et règlements en vigueur.

9. La présente ordonnance sera publiée et affichée.

Les commissaires de police, le chef de la police municipale, le directeur de la salubrité, les officiers de paix et autres préposés de l'administration sont chargés de faire observer les dispositions de l'ordonnance ci-dessus, et de tenir la main à son exécution.

Le conseiller d'Etat, préfet de police, GISQUET.

N° **1529.** — *Ordonnance concernant la vérification périodique des poids et mesures* (1).

Paris, le 26 janvier 1835.

———————◇———————

N° **1530.** — *Ordonnance concernant les convois funèbres.*

Paris, le 1er février 1835.

Nous, conseiller d'Etat, préfet de police,

Vu : 1° le décret du 23 prairial an XII, sur les sépultures;

2° L'arrêté du préfet de la Seine, en date du 27 germinal an X, et l'ordonnance de police du 13 avril 1827, réglant le mode de transport des corps ;

3° La lettre à nous adressée le 9 janvier 1834 par M. le conseiller d'Etat, préfet de la Seine;

4° La loi des 16-24 août 1790 et l'arrêté du gouvernement du 12 messidor an VIII (1er juillet 1800);

Considérant que les cochers, charretiers et autres conducteurs de voitures se permettent journellement d'interrompre ou d'arrêter la marche des convois, et qu'il en résulte des risques et des désordres dont il importe de prévenir le retour,

Ordonnons ce qui suit :

1. Il est expressément défendu à tous cochers, charretiers et autres conducteurs de voitures, diligences, charrettes, de quelque genre qu'elles puissent être, d'arrêter les convois funèbres, de les interrompre ou de les séparer dans leur marche.

2. Les contraventions à la présente ordonnance seront constatées par des procès-verbaux ou rapports, pour, les contrevenants, être traduits devant les tribunaux, suivant la loi.

3. La présente ordonnance sera imprimée et affichée.

Le chef de la police municipale, les commissaires de police, l'inspecteur contrôleur de la fourrière et du service des voitures, les officiers de paix et les préposés de la préfecture de police sont chargés de tenir la main à son exécution, chacun en ce qui le concerne.

Elle sera adressée en outre à M. le colonel de la garde municipale, pour qu'il en assure l'exécution par tous les moyens qui sont en son pouvoir.

Le conseiller d'Etat, préfet de police, GISQUET.

———————◇———————

N° **1531.** — *Ordonnance concernant la suppression du marché à charbon de bois de la rue Cisalpine et l'ouverture de celui du Roule.*

Paris, le 5 février 1835.

Nous, conseiller d'Etat, préfet de police,

Vu la lettre de M. le préfet du département de la Seine, par laquelle il nous donne avis que les travaux du nouveau marché à charbon du faubourg du Roule sont achevés, et que rien ne s'oppose à ce qu'il soit mis en activité et livré au public,

———————

(1) V. les ord. des 23 nov. 1842 et 1er déc. 1843.

Ordonnons ce qui suit :

1. Le nouveau marché à charbon de bois du faubourg du Roule sera ouvert à la vente le 15 février prochain, et à partir de la même époque, il ne sera plus reçu de charbon sur l'ancienne place Cisalpine.

2. Le 31 mars prochain, pour tout délai, cette dernière place sera fermée, et les charbons, braises, poussiers et tous autres objets servant à la vente comme mesures, pelles, claies, bureaux, etc., devront être enlevés, sinon il y sera pourvu d'office, aux frais des marchands qui auraient négligé de le faire.

3. L'inspecteur général des bois et charbons est chargé de l'exécution du présent arrêté. En conséquence, il remettra, le 31 mars prochain, les clefs du marché Cisalpine au propriétaire, et tiendra la main à ce que tous les objets étrangers en soient enlevés, et nous proposera les mesures nécessaires pour la surveillance et le contrôle du nouveau marché.

     Le conseiller d'État, préfet de police, GISQUET.

N° **1532**. — *Ordonnance concernant la prohibition de la chasse* (1).

         Paris, le 20 février 1835.

N° **1533**. — *Ordonnance concernant la police des masques* (2).

         Paris, le 25 février 1835.

N° **1534**. — *Ordonnance concernant l'échenillage* (3).

         Paris, le 26 février 1835.

N° **1535**. — *Ordonnance concernant le balayage et la propreté de la voie publique* (4).

         Paris, le 28 mars 1835.

N° **1536**. — *Ordonnance concernant la foire aux jambons et sa translation dans le terrain situé à gauche de l'entrepôt de la place des Marais* (5).

         Paris, le 1er avril 1835.

----

(1) V. l'ord. du 23 fév. 1843.

(2) V. l'ord. du 23 fév. 1843.

(3) V. l'arr. du 1er mars 1837.

(4) V. les ord. des 29 oct. 1836, 28 oct. 1839 et 1er avril 1843.

(5) V. l'ord. du 7 avril 1843.

N° **1537**. — *Ordonnance concernant les mesures d'ordre à obser-ver aux promenades de Long-Champ* (1).

Paris, le 14 avril 1835.

———◦———

N° **1538**. — *Ordonnance concernant les mesures d'ordre à obser-ver le 1er mai, jour de la fête du roi* (2).

Paris, le 28 avril 1835.

———◦———

N° **1539**. — *Ordonnance concernant les bains en rivière* (3).

Paris, le 15 mai 1835.

———◦———

N° **1540**. — *Arrêté qui prescrit la réimpression et la publication de l'ordonnance du 17 mai 1834, concernant l'arrosement* (4).

Paris, le 1er juin 1835.

———◦———

N° **1541**. — *Arrêté qui prescrit la réimpression et la publication de l'ordonnance du 23 juin 1832, concernant les chiens.*

Paris, le 16 juin 1835.

———◦———

N° **1542**. — *Arrêté concernant les billards publics.*

Paris, le 18 juin 1835.

Nous, conseiller d'Etat, préfet de police,
Vu la loi des 16 et 24 août 1790, titre XI, article 3, n° 3 ;
Vu la loi des 19—22 juillet 1791, article 46 ;
Les articles 2, 7 et 32 de l'arrêté du gouvernement du 12 messidor an VIII ;
L'arrêté des consuls des 3 brumaire an IX ;
L'ordonnance de police, sur les billards publics, du 6 novembre 1812 ;
L'arrêt de cassation du 13 décembre 1834, qui prononce la légalité de ladite ordonnance et la déclare obligatoire pour les citoyens ;

———

(1) V. l'ord. du 10 avril 1843.
(2) V. l'ord. du 28 avril 1843.
(3) V. les ord. des 20 mai 1839 et 25 oct. 1840 (art. 187 et suiv., et 225).
(4) V. les ord. des 1er juin 1837 et 27 juin 1843.

L'arrêt de la même cour du 23 avril 1835, qui juge, qu'il est du droit et du devoir du préfet de police d'étendre sa juridiction, en cette matière, dans tout le département de la Seine ;

Considérant que la promulgation de l'ordonnance de police sur les billards publics du 6 novembre 1812 remonte à une date assez éloignée ;

Qu'il importe de rappeler aux citoyens que ses dispositions sont toujours en vigueur et qu'elles doivent continuer de recevoir à l'avenir leur exécution dans toute l'étendue du ressort de notre préfecture,

Arrêtons ce qui suit :

1. L'ordonnance de police du 6 novembre 1812, concernant les billards publics, continuera de recevoir son exécution.

A cet effet, elle sera de nouveau réimprimée, publiée et affichée dans toutes les communes du ressort de notre préfecture.

Le conseiller d'Etat, préfet de police, GISQUET.

———————◆———————

N° **1543**. —*Ordonnance concernant les mesures d'ordre et de sûreté à observer à l'occasion du cinquième anniversaire des journées de juillet* 1830 (1).

Paris, le 25 juillet 1835.

———————◆———————

N° **1544**. — *Ordonnance concernant l'ouverture de la chasse* (2).

Paris, le 18 août 1835.

———————◆———————

N° **1545**. — *Ordonnance concernant les mesures d'ordre et de sûreté à observer à l'occasion des fêtes de Saint-Cloud* (3).

Paris, le 3 septembre 1835.

———————◆———————

N° **1546**.—*Ordonnance concernant l'ouverture et la police d'un marché provisoire destiné à la vente des vieux linges et chiffons, de la friperie, de la ferraille et des marchandises dites de bric-à-brac, sous les abris de la halle aux Veaux.*

Paris, le 1er octobre 1835.

Nous, conseiller d'Etat, préfet de police,

Vu 1° La loi des 16—24 août 1790, titre XI, article 3, § 3 ;

———————————————

(1) V. les ord. des 26 juill. 1840 et 1841.

(2) V. l'ord. du 22 août 1843.

(3) V. l'ord. du 6 sept. 1843.

2° Les articles 2 et 32 de l'arrêté du gouvernement du 12 messidor an VIII (1er juillet 1800);

3° Le décret du 21 septembre 1807;

4° L'article 484 du Code pénal;

5° La délibération du conseil municipal de la ville de Paris, en date du 16 janvier 1835, approuvée par M. le ministre de l'intérieur le 20 mars suivant, et relative à l'établissement provisoire, sous les abris de la halle aux Veaux, d'un marché exclusivement destiné à la vente des vieux linges et chiffons, de la friperie, de la ferraille et des marchandises dites de bric-à-brac;

6° Les lettres de M. le conseiller d'Etat, préfet de la Seine, en date des 24 avril et 14 septembre 1835,

Ordonnons ce qui suit :

1. Il sera établi provisoirement, sous les abris de la halle aux Veaux, un marché exclusivement destiné à la vente des vieux linges et chiffons, de la friperie, de la ferraille et des marchandises dites de bric-à-brac.

2. Ce marché tiendra les lundi, mercredi, jeudi, samedi et dimanche de chaque semaine, depuis le lever jusqu'au coucher du soleil.

3. Chaque place aura trois mètres superficiels dont le prix est fixé à dix centimes par jour d'occupation.

Ce prix sera payé par semaine et d'avance.

4. A partir du 12 octobre prochain, les marchands de chiffons et vieux linges, les marchands de friperie, les ferrailleurs et les marchands de bric-à-brac qui ont été autorisés à étaler provisoirement sur le terrain de l'archevêché seront transférés au marché de la halle aux Veaux.

Les permissions qu'ils ont obtenues pour ce terrain sont supprimées.

Il ne pourra désormais, sous quelque prétexte que ce soit, être formé aucune espèce d'étalage sur ledit terrain.

5. Les places du marché seront tirées au sort entre tous les marchands qui ont obtenu de nous des permissions d'étalagistes sur le terrain de l'Archevêché.

A cet effet, ces marchands devront se faire inscrire au bureau du préposé de la halle aux Veaux.

6. Les marchands désigneront douze d'entre eux pour assister au tirage.

7. Les places qui resteront vacantes après le tirage ou qui viendront à vaquer, par suite, seront accordées aux marchands qui les réclameront, dans l'ordre de l'inscription de leurs demandes.

8. Le marché sera divisé en trois parties, dont l'étendue sera proportionnée au nombre des marchands qui se présenteront pour y occuper des places.

L'une de ces parties contiendra les marchands de vieux linges et de chiffons.

Une autre, les ferrailleurs et les marchands de bric-à-brac.

La troisième, les fripiers.

9. Il est expressément défendu de former des étalages de vieux linges, friperie, ferraille, bric-à-brac ou de toute autre marchandise, au pourtour de la halle aux Veaux, dans les rues adjacentes ou sur tout autre point de la voie publique.

10. Il est défendu d'exposer en vente dans le marché des marchandises neuves.

11. Il est défendu à tous marchands colporteurs de crier leurs marchandises dans le marché.

12. Il est défendu :

1° D'allumer des feux et fourneaux dans le marché, sous quelque prétexte que ce soit ;

2° D'y faire usage de pots à feu, s'il ne sont en métal, couverts d'un grillage en métal en mailles serrées.

3° D'y employer des chandelles allumées, si elles ne sont placées dans des lanternes closes :

4° D'y fumer, même avec des pipes couvertes,

13. Tous les règlements sur la police des marchés sont applicables au marché de la halle aux Veaux.

14. Les contraventions seront constatées par des procès-verbaux ou rapports qui nous seront adressés pour être transmis au tribunal compétent.

15. La présente ordonnance sera imprimée, publiée et affichée.

Ampliation de la présente ordonnance sera adressée à M. le préfet de la Seine.

16. Le commissaire, chef de la police municipale, les commissaires de police, et notamment ceux des quartiers du Jardin du Roi et de la Cité, les officiers de paix, l'inspecteur général et les inspecteurs généraux adjoints des halles et marchés et les préposés de la préfecture de police sont chargés, chacun en ce qui le concerne, de tenir la main à son exécution.

Le conseiller d'Etat, préfet de police, GISQUET.

N° 1547. — *Ordonnance concernant le tarif des voitures de place* (1).

Paris, le 9 octobre 1835.

Nous, conseiller d'État, préfet de police,

Vu : 1° la loi des 16—24 août 1790 et l'arrêté du gouvernement du 12 messidor an VIII (1er juillet 1800) ;

2° L'article 67 de l'ordonnance de police du 1er juillet 1829, qui a réglé le tarif du prix des courses dans les voitures de place ;

3° L'article 1 de l'ordonnance de police du 14 décembre 1829, qui a modifié ce tarif ;

4° La pétition à nous adressée par la majorité des loueurs de cabriolets de place,

Ordonnons ce qui suit :

1. Le tarif du prix des courses de carrosses de place dans Paris continuera d'être fixé, ainsi qu'il est dit en l'article 67 de l'ordonnance de police du 1er juillet 1829, précitée, modifié par l'article 1 de l'ordonnance de police du 14 décembre 1829,

Savoir :

De six heures du matin à minuit.

Pour chaque course	1 fr.	50 c.
Pour la première heure......................	2	25
Pour chacune des autres heures.............	1	75

De minuit à six heures du matin.

Pour chaque course	2	»
Pour chaque heure..........................	3	»

---

(1) Rapportée. — **V.** l'ord. du 15 janv. 1841, les arr. des 15 janv. et 18 fév. 1841, et l'ord. du 25 mai 1842.

Pour aller à Bicêtre......................   4   »
Pour y aller, y rester une heure et revenir ..   6   »

2. A compter du 15 de ce mois, le prix des courses de cabriolets de place dans Paris sera réglé ainsi qu'il suit :

De six heures du matin à minuit.

Pour chaque course.........................   1 fr. » c.
Pour la première heure.....................   1   50
Pour chacune des autres heures.............   1   25

De minuit à six heures du matin.

Pour chaque course.........................   1   65
Pour chaque heure..........................   2   50

Pour aller à Bicêtre.......................   3   »
Pour y aller, y rester une heure et revenir..   5   »

3. Une plaque indicative du tarif ci-dessus fixé sera placée dans l'intérieur des fiacres et des cabriolets.

4. L'article 67 de l'ordonnance de police du 1er juillet 1829, et l'article 1 de l'ordonnance du 14 décembre suivant sont rapportés.

Les autres dispositions de ces règlements, auxquelles il n'est pas explicitement dérogé par la présente ordonnance, continueront de recevoir leur exécution.

5. La présente ordonnance sera imprimée.

Elle sera affichée sur toutes les places de stationnement, ainsi que dans les divers quartiers de Paris.

Le colonel de la garde municipale, le chef de la police municipale, les commissaires de police, l'inspecteur-contrôleur de la fourrière et les autres préposés de l'administration sont chargés d'en assurer l'exécution, chacun en ce qui le concerne.

Le conseiller d'Etat, préfet de police, GISQUET.

N° **1548.** — *Ordonnance concernant la vente des fruits au port des Miramiones* (1).

Paris, le 10 octobre 1835.

Nous, conseiller d'Etat, préfet de police,

Vu l'arrêté du gouvernement du 12 messidor an VIII (1er juillet 1800);

Vu aussi l'ordonnance de police du 2 octobre 1823;

Considérant que quelques-unes des dispositions de cette ordonnance doivent être modifiées,

Ordonnons ce qui suit :

1. Le marché aux fruits amenés par eau se tiendra au port des Miramiones, dans l'espace compris entre l'égout de la rue de Pontoise et la culée du pont de l'Archevêché.

Un tiers de cet espace sera affecté aux bateaux de Thomery.

---

(1) V. l'ord. du 22 nov. 1842.

Tous les bateaux de fruits garés dans le port seront placés en boyard.

2. Les propriétaires ou conducteurs de bateaux de fruits devront, à leur arrivée à Choisy-le-Roi ou à Charenton, faire au bureau des arrivages de la navigation la déclaration de leurs marchandises.

Ils ne pourront descendre leurs bateaux au port aux fruits qu'après s'être munis d'un passavant ou permis de lâchage du préposé en chef dudit bureau.

3. Lorsqu'il y aura encombrement au port des Miramiones, les bateaux resteront en garage à Choisy-le-Roi ou à Charenton.

L'inspecteur général de la navigation pourra cependant autoriser la délivrance de passavants pour le garage des Lions, à Bercy, chaque fois que le stationnement provisoire de bateaux de fruits dans cette localité ne présentera aucun inconvénient.

4. Les bateaux arrêtés dans le garage des Lions ne pourront être descendus à Paris que sur un permis de l'inspecteur du port de Bercy délivré d'après un ordre de l'inspecteur général.

5. Les bateaux de fruits descendus aux Lions de Bercy ou au port des Miramiones, sans permis des préposés aux arrivages de Choisy-le-Roi ou de Charenton, pourront être remontés d'office aux garages désignés par l'inspecteur général de la navigation.

Même mesure pourra aussi être prise à l'égard des bateaux de fruits garés aux Lions qui, sans le permis de l'inspecteur de Bercy, seraient descendus au port des Miramiones.

6. Les bateaux et toues mis à port ne pourront y rester que pendant quinze jours, et les embarcations d'une moindre dimension que pendant six jours.

A l'expiration de ces délais, les bateaux ou autres embarcations seront retirés du port de vente et remplacés par les bateaux attendant leur tour à Choisy, à Charenton ou à la gare des Lions; ils ne pourront ensuite prendre rang qu'après ces derniers.

7. Dans le cas où la vente d'un bateau ou de toute autre embarcation serait terminée avant les délais fixés par l'article précédent, le bateau ou l'embarcation devra immédiatement être éloigné du port, même d'office, s'il est nécessaire, et, sous aucun prétexte, on ne pourra y transborder des marchandises provenant d'autres bateaux.

8. Les marchands dont les bateaux auront été mis à port vendront leurs marchandises, savoir : sur les bateaux, si les fruits sont en greniers, et sur le port, s'ils sont en paniers.

Tous les fruits vendus en gros ou en détail, tant sur les bateaux que sur le port, devront être enlevés immédiatement.

9. La vente des fruits en grenier aura lieu sur les bateaux, savoir : du 1er avril au 30 septembre, depuis 6 heures du matin jusqu'à 7 heures du soir; du 1er octobre au 30 novembre, depuis 7 heures du matin jusqu'à 5 heures du soir;

Du 1er décembre jusqu'au dernier jour de février, depuis 8 heures du matin jusqu'à 4 heures du soir;

Et pendant le mois de mars, depuis 7 heures du matin jusqu'à 5 heures du soir.

En toutes saisons, le marché des fruits en paniers sera ouvert pour la vente à midi, et sera clos aux mêmes heures que le marché des fruits en grenier.

L'ouverture et la clôture des deux marchés seront annoncées au son de la cloche.

10. Les fruits mis en vente devront être salubres; ils seront visités par l'inspecteur général des halles et marchés, et, en son absence, par le préposé commis à cet effet.

11. Les fruits continueront à être mis en vente de la même ma·

nière et dans les mêmes paniers qu'il est d'usage de les expédier.

Défenses sont faites aux marchands de mêler les fruits de différentes espèces et de mettre au fond des paniers des fruits d'une qualité inférieure à ceux qui seront dessus.

Il est aussi défendu de mettre aux paniers d'autres bouchons que ceux qui sont nécessaires pour la conservation des fruits.

12. Les paniers de raisin de Thomery et de Fontainebleau devront contenir au moins trois livres de raisin, poids métrique, à peine de saisie et d'amende.

13. Pour faciliter aux acheteurs l'accès des bateaux de fruits, les marchands seront tenus d'établir des chemins solides, avec garde-fous, sinon il y sera pourvu d'office à leurs frais et risques.

14. Les marchands mesureront eux-mêmes leurs fruits ou les feront mesurer par les préposés du poids public.

15. Aucun porteur ne pourra s'introduire dans les bateaux sans le consentement du vendeur ou de l'acquéreur.

Tout porteur qui, par force, subtilité ou autrement, enlèverait les fruits d'un bateau sans le consentement des parties intéressées, ou qui exigerait un salaire plus fort que celui convenu de gré à gré, sera poursuivi suivant la rigueur des lois.

16. Les fruits achetés sur le port ne pourront y être revendus, non plus que sur la berge, ni aux environs sur la voie publique.

17. Les contraventions seront constatées par des procès-verbaux qui nous seront adressés, et il sera pris envers les contrevenants telles mesures de police administrative qu'il appartiendra, sans préjudice des poursuites à exercer devant les tribunaux, conformément aux lois et règlements.

18. Les dispositions de l'ordonnance de police du 2 octobre 1823, concernant la vente des fruits au port des Miramiones, et celles de la décision de l'un de nos prédécesseurs, du 25 avril 1827, relatives au même objet, sont et demeurent rapportées.

19. La présente ordonnance sera imprimée et affichée.

Le chef de la police municipale, les commissaires de police, l'inspecteur général de la navigation et des ports, l'inspecteur général des halles et marchés et les autres préposés de la préfecture de police sont chargés d'assurer son exécution.

Le conseiller d'Etat, préfet de police, GISQUET.

Nº **1549.** — *Arrêté qui fixe le nombre des entreprises autorisées à faire le service du transport en commun dans Paris* (1).

Paris, le 31 octobre 1835.

Nous, conseiller d'Etat, préfet de police,

Vu 1º les articles 1 et 3, titre XI, § 1, de la loi des 16—24 août 1790;

2º Les lois des 17 mai et 22 juillet 1791;

3º Les articles 2, 22 et 32 de l'arrêté du 12 messidor an VIII (1er juillet 1800);

4º Les ordonnances et arrêtés de nos prédécesseurs, en date des 30 janvier, 14 mai, 15 septembre 1828 et 15 octobre 1829, qui ont autorisé la mise en circulation de voitures destinées à faire le service du transport en commun dans l'intérieur de la capitale;

---

(1) Rapporté. — V. l'ord. du 15 sept. 1838.

5o L'ordonnance de police du 25 août 1829, portant règlement su les voitures du transport en commun ;

6o L'arrêté du 23 décembre suivant, qui a fixé le nombre de ces voitures et a déterminé les divers itinéraires parcourus par elles ;

7o Les arrêtés des 8 octobre 1829 et 8 avril 1833, concernant le numérotage des voitures dont il s'agit ;

8o Nos arrêtés en date des 6 mai, 6 et 30 juillet, 12 et 17 août, 5, 17 et 22 octobre 1835, qui ont autorisé l'établissement, dans Paris, de nouvelles entreprises du transport en commun;

Considérant que les besoins qui se sont manifestés depuis l'époque à laquelle l'arrêté précité, du 23 décembre 1829, a été rendu sont complétement satisfaits par la création des entreprises autorisées jusqu'à ce jour ;

Et que l'établissement de nouvelles lignes compromettrait la liberté et la sûreté de la circulation,

Arrêtons ce qui suit :

1. Le service du transport en commun est définitivement réglé conformément au tableau ci-après arrêté, sauf les modifications qu'il pourrait être reconnu utile d'apporter aux lignes autorisées.

Il sera procédé à un nouveau numérotage de toutes les voitures du transport en commun, conformément aux indications dudit tableau, lesquelles seront notifiées à chaque entrepreneur.

2. Les ordonnances et arrêtés qui ne seront pas contraires aux dispositions du présent arrêté continueront de recevoir leur exécution.

3. Expédition du présent arrêté, ainsi que du tableau ci-joint, sera adressée au chef de la police municipale et à l'inspecteur-contrôleur de la fourrière.

Copie en sera remise au bureau de la comptabilité.

Le conseiller d'Etat, préfet de police, GISQUET.

DÉSIGNATION des ENTREPRISES.	Nombre des Lignes.	NUMÉROS affectés aux entreprises.		NOMBRE de voitures autorisées.
1o OMNIBUS......................	6	de 1 à	68	68
2o DAMES-BLANCHES..................	3	69	100	32
3o TRICYCLES......................	2	101	120	20
4o FAVORITES......................	4	121	169	49
5o ORLÉANAISES....................	3	170	197	28
6o DILIGENTES....................	2	198	219	22
7o BÉARNAISES....................	3	220	246	27
8o CITADINES....................	4	247	272	26
9o ÉCOSSAISES....................	1	273	280	8
10o BATIGNOLLAISES....................	1	281	288	8
11o PARISIENNES et PETITES-PARISIENNES	2	289	306	18
12o HIRONDELLES......................	2	307	332	26
13o JOSÉPHINES......................	3	333	358	26
14o DAMES-FRANÇAISES..................	1	359	366	8
15o SYLPHIDES......................	1	367	378	12
TOTAL des Lignes......	38	TOTAL des voitures autorisées......		378

Vu et approuvé : *Le conseiller d'Etat, préfet de police,* GISQUET.

N° **1550.** — *Ordonnance concernant les bateaux à vapeur* (1).

Paris, le 9 novembre 1835.

Nous, conseiller d'État, préfet de police,

Vu 1° les ordonnances royales des 2 avril et 29 octobre 1823, 7 et 25 mai 1828, concernant les bateaux à vapeur ;

2° Les instructions ministérielles, et notamment celle du 27 mai 1830 relative aux mesures de précaution auxquelles la navigation des bateaux à vapeur doit être assujettie dans l'intérêt de la sûreté publique ;

3° L'arrêté du gouvernement du 12 messidor an VIII (1er juillet 1800) et celui du 3 brumaire an IX (25 octobre 1800),

Ordonnons ce qui suit :

1. Aucun bateau à vapeur ne pourra être admis à naviguer dans le ressort de la préfecture de police qu'après qu'il aura été visité par la commission de surveillance instituée à cet effet, et que nous aurons fait aux propriétaires la notification exigée par l'article 2 de l'ordonnance royale du 2 avril 1823.

Le propriétaire devra, dans la demande qu'il nous adressera pour réclamer cette visite, indiquer :

Les dimensions du bateau,

Le service auquel il est destiné,

La force de l'appareil moteur évaluée en chevaux,

Et la pression sous laquelle il fonctionnera.

2. En nous adressant le procès-verbal de sa visite, la commission nous proposera les conditions spéciales qu'elle jugerait devoir être imposées tant pour la sûreté des passagers, dans le cas où le bateau serait destiné au transport des voyageurs que dans l'intérêt de la liberté de la navigation et de la conservation des établissements ou des travaux d'art en rivière.

3. Indépendamment de ces conditions spéciales sur lesquelles nous nous réservons de statuer, les bateaux à vapeur sont, en outre, assujettis aux conditions générales de sûreté suivantes.

4. Il y aura à bord de chaque bateau destiné à recevoir des passagers, un mécanicien agréé par notre administration, chargé de surveiller continuellement la machine et ayant les connaissances nécessaires pour l'entretenir constamment en bon état, s'assurer qu'elle fonctionne bien, et, au besoin, la réparer.

Les fonctions attribuées à ce mécanicien ne pourront être confiées au chauffeur ; mais l'un et l'autre devront, chacun en ce qui le concerne, observer toutes les mesures de précaution prescrites par l'instruction ministérielle du 19 mars 1824, et, à cet effet, cette instruction sera affichée dans le local de la machine à vapeur.

5. Les soupapes de sûreté prescrites par les ordonnances devront être constamment en bon état, de manière à ce qu'elles puissent toujours jouer librement.

Il est défendu de se servir de rondelles métalliques dont les degrés de fusibilité seraient différents de ceux qu'indique le règlement, et aussi de chercher, par un moyen quelconque, à empêcher la fusion de ces mêmes rondelles. On devra toujours avoir dans chaque bateau des rondelles métalliques de rechange, afin de pouvoir remplacer celles qui viendraient à se fondre.

Le manomètre sera entretenu en bon état, et l'on prendra les pré-

---

(1) V. les ord. des 15 avril 1838, 25 oct. 1840 (art. 130 et suiv.), et 19 mai 1842.

cautions nécessaires pour préserver cet instrument de tout accident ; néanmoins, il devra toujours y avoir dans le bateau un manomètre de rechange.

6. Il est expressément défendu d'admettre dans chaque bateau un nombre de passagers supérieur à celui qui sera fixé dans le permis de navigation ; la charge totale sera réglée de manière que la ligne de flottaison ne puisse être submergée.

Cette ligne de flottaison sera tracée sur les flancs du bateau par les soins et aux frais du propriétaire, et d'après les instructions de la commission de surveillance des bateaux à vapeur.

7. Il est expressément défendu aux propriétaires de bateaux à vapeur d'en faire fonctionner la machine sous une pression supérieure à celle qui est indiquée dans son permis de navigation, notamment pour chercher à gagner de vitesse à l'approche d'un autre bateau.

8. Chaque bateau à vapeur devra avoir au moins un canot, dont la dimension sera déterminée par l'administration, pour pouvoir, au besoin, porter secours aux voyageurs pendant la navigation.

9. Tout propriétaire de bateau à vapeur sera tenu de faire arrêter l'appareil moteur et le bateau toutes les fois qu'il aura des voyageurs à prendre ou à laisser en route.

10. Il devra déclarer aux autorités locales, après chaque voyage, tous les faits parvenus à sa connaissance qui pourraient intéresser la navigation, afin qu'il y soit pourvu, s'il y a lieu.

11. Il sera tenu d'avoir à bord un registre dont toutes les pages seront cotées et parafées par l'autorité locale, et sur lequel les passagers auront la faculté de consigner leurs observations, en ce qui concerne la marche du bateau et les avaries ou accidents quelconques.

12. Au moment du départ et de l'arrivée des bateaux à vapeur, l'inspecteur du port se fera représenter le registre prescrit par l'article précédent et le visera. En outre, il s'assurera de la présence à bord du chauffeur et du mécanicien ; enfin, il reconnaîtra si le bateau n'est pas surchargé, de manière à faire plonger la ligne de flottaison au-dessous de la surface de l'eau.

13. Dans chaque salle où se tiennent les passagers, il sera placé un tableau indiquant :

1° La durée moyenne des voyages, tant en montant qu'en descendant, et en ayant égard à la hauteur des eaux ;

2° Le temps que le bateau devra stationner aux différents lieux déterminés pour les embarquements ;

3° Le nombre maximum des passagers qui pourront être reçus dans le bateau ;

4° La faculté qu'ont les passagers de consigner leurs observations sur le registre prescrit par l'article 11.

14. Le permis de navigation sera aussi affiché dans les salles où se tiennent les passagers, ainsi que la présente ordonnance.

15. Tout propriétaire de bateau à vapeur devra, lorsqu'il en sera requis par nous, suspendre son service, pour que la commission de surveillance fasse les visites trimestrielles prescrites par l'ordonnance royale du 2 avril 1823, ou toute autre visite que nous croirions devoir ordonner, dans l'intérêt de la sûreté publique.

16. Le capitaine et le pilote devront justifier de leur capacité pour bien faire le service dont ils seront chargés à bord.

17. Aucun propriétaire de bateau à vapeur ne pourra se prévaloir du permis de navigation que nous lui aurons accordé, pour se refuser à se conformer aux mesures de sûreté, que les autorités des autres départements jugeraient utile de lui prescrire, pour compléter le régime des précautions à prendre sur toute la ligne de navigation.

18. Tout bateau à vapeur venant d'un autre département avec un permis de navigation sera néanmoins soumis aux visites de la commission de surveillance du département de la Seine, laquelle s'assurera si toutes les conditions imposées par le permis de navigation sont exécutées, et proposera de plus toutes celles qu'elle jugerait nécessaires.

19. Toute contravention aux dispositions de la présente ordonnance sera constatée et poursuivie par les voies ordinaires.

La navigation d'un bateau à vapeur pourra, en outre, être suspendue pendant un laps de temps plus ou moins long, dans le cas où la contravention serait de nature à compromettre la sûreté publique, sans que le propriétaire puisse prétendre à aucune indemnité, le tout sans préjudice de l'application des articles 319 et 320 du Code pénal, à raison des accidents qu'il aurait occasionnés et des dommages-intérêts auxquels il pourrait être condamné au profit de tiers.

L'inspecteur général de la navigation, les maires du ressort de la préfecture de police, la commission de surveillance des bateaux à vapeur du département de la Seine, les commissaires de police et les autres préposés de la préfecture de police sont chargés, chacun en ce qui le concerne, de l'exécution de la présente ordonnance qui sera publiée et affichée.

Le conseiller d'Etat, préfet de police, GISQUET.

N° **1551**. — *Arrêté qui prescrit la réimpression et la publication de l'ordonnance du 7 janvier 1835, concernant les glaces et neiges* (1).

Paris, le 14 novembre 1835.

N° **1552**. — *Ordonnance concernant la police des rivières et des ports, pendant l'hiver et les temps de glaces, grosses eaux et débâcles* (2).

Paris, le 1er décembre 1835.

N° **1553**. — *Ordonnance concernant les loueurs de voitures de place* (3).

Paris, le 8 décembre 1835.

Nous, conseiller d'Etat, préfet de police,

Vu : 1° la demande à nous adressée par les propriétaires d'un grand nombre de cabriolets de place, et tendant à obtenir l'autorisation d'adopter un tarif particulier, proportionné à la durée précise du temps pendant lequel chaque cabriolet est employé;

2° Les ordonnances de police des 1er juillet et 14 décembre 1829 et 9 octobre 1835;

3° La loi des 16—24 août 1790 et l'arrêté du gouvernement du 12 messidor an VIII (1er juillet 1800);

---

(1) V. les ord. des 26 déc. 1836, 14 déc. 1838 et 7 déc. 1842.

(2) V. les ord. des 1er déc. 1838, 5 déc. 1839 et 25 oct. 1840 (art. 203 et suiv.).

(3) Rapportée. — V. l'ord. du 15 janvier 1841, les arr. des 15 janv. et 18 fév. 1841, et l'ord. du 25 mai 1842.

Considérant que la disposition proposée offre des avantages au public et doit contribuer à l'amélioration du service de place, mais qu'il importe de prendre des mesures pour prévenir les abus qui pourraient en résulter,

Ordonnons ce qui suit :

1. Les loueurs de cabriolets de place qui voudront faire marcher leurs voitures à la fraction de l'heure sont autorisés à le faire, en se conformant au tarif suivant, savoir :

De six heures du matin à minuit.

Pour le premier quart d'heure..............	60 cent.
Et par cinq minutes en sus.................	10

De minuit à six heures du matin.

Pour le premier quart d'heure........	1 fr. » cent.
Et par cinq minutes en sus...........	» 20

A cet effet, ils seront tenus préalablement : 1° d'en faire la déclaration à la préfecture de police ; 2° de faire inscrire à leurs frais, par le préposé de l'administration chargé du numérotage, en caractères de vingt millimètres (neuf lignes de hauteur), sur le devant des cerceaux des cabriolets ces mots : *Fraction de l'heure ;* 3° de faire placer sur les deux panneaux de côté, près de la portière, ainsi que sur le panneau de derrière, au-dessous du numéro, un écusson portant, en caractères de dix millimètres (quatre lignes et demie) de hauteur, une inscription indicative de la première partie du nouveau tarif.

Le tarif entier sera inscrit sur les plaques intérieures dont les voitures de place doivent être pourvues.

Il est défendu de couvrir ou masquer ces inscriptions de quelque manière que ce soit.

2. Les loueurs qui feront marcher leurs cabriolets à la fraction de l'heure, et qui voudront renoncer à cette faculté, seront aussi tenus d'en faire préalablement la déclaration à la préfecture de police, et de faire effacer à leurs frais, par le préposé de l'administration chargé du numérotage, les inscriptions mentionnées en l'article précédent.

3. Il est expressément défendu d'annoncer que les voitures marchent à la fraction de l'heure de toute autre manière que celle qui est indiquée en l'article 1.

4. Tout cocher dont la voiture portera l'inscription annonçant le nouveau tarif mentionné en l'article 1 sera tenu de marcher à toute réquisition du public.

5. Les contraventions à la présente ordonnance seront constatées par procès-verbaux ou rapports qui nous seront transmis, pour être adressés, s'il y a lieu, aux tribunaux compétents.

6. Il sera pris envers les contrevenants telles mesures administratives qu'il appartiendra, sans préjudice des poursuites à exercer devant les tribunaux.

7. La présente ordonnance sera imprimée et affichée.

Les commissaires de police, le chef de la police municipale, l'inspecteur contrôleur de la fourrière, les officiers de paix et les autres préposés de l'administration sont chargés, chacun en ce qui le concerne, de tenir la main à son exécution.

Elle sera, en outre, adressée à M. le colonel de la garde municipale et à M. le commandant de la gendarmerie départementale de la Seine, pour qu'ils en assurent l'exécution par les moyens qui sont à leur disposition.

Le conseiller d'État, préfet de police, GISQUET.

N° **1554.** — *Ordonnance concernant le mesurage du bois de chauffage dans le ressort de la préfecture de police,*

Approuvée par M. le ministre du commerce, le 29 décembre 1835.

Paris, le 15 décembre 1835.

Nous, conseiller d'Etat, préfet de police,

Vu la loi du 1er août 1793, qui a établi le système actuel des poids et mesures dans toute la France ;

Celle du 18 germinal an III, qui a déterminé la nature et fixé la nomenclature des nouvelles mesures ;

La proclamation du 17 pluviôse an VI, qui règle les dimensions du stère et du double stère, et les rend obligatoires pour le département de la Seine, à compter du 1er prairial suivant ;

L'instruction publiée en germinal an VI, par ordre du ministre de l'intérieur ;

Celle qui a été également publiée par le ministre de l'intérieur en l'an VII, sur la construction des membrures destinées à contenir un stère et un double stère de bois de chauffage ;

La décision ministérielle du 5 messidor an VII, et l'ordonnance de police du 1er fructidor suivant ;

Considérant qu'il s'est introduit dans la manière de faire usage de la membrure destinée à mesurer le bois de chauffage des abus et des fraudes qu'il est nécessaire de faire cesser ;

Considérant ensuite que les dispositions de la décision ministérielle du 5 messidor an VIII ne sont applicables qu'à la membrure destinée à mesurer des bûches de bois de chauffage d'un mètre cent trente-sept millimètres de longueur, et que cette membrure ne pourrait, sans fraude, être employée pour du bois qui n'aurait pas cette dimension ;

Qu'il importe donc de déterminer la forme et la construction des membrures, de telle manière qu'il ne puisse résulter ni erreur, ni abus de leur emploi ;

Considérant que la longueur ordinaire du bois de chauffage vendu pour la consommation du département de la Seine, est d'un mètre cent trente-sept millimètres, et que c'est principalement la forme et la construction des membrures destinées à contenir le stère et le double stère de bois de cette dimension qu'il convient de fixer ;

En vertu des articles 26 et 32 de l'arrêté du 12 messidor an VIII (1er juillet 1800) et de l'arrêté des consuls du 3 brumaire an IX (25 octobre 1800),

Ordonnons ce qui suit :

1. Le bois de chauffage dont les bûches auront un mètre cent trente-sept millimètres de longueur, ne pourra être mesuré dans les lieux consacrés à la vente publique , dans le ressort de la préfecture de police, que dans les mesures construites selon le modèle déposé à l'île Louviers par les soins de l'administration et de la manière indiquée dans la description ci-annexée, visée et approuvée par nous.

2. Tout mesurage de bois fait dans une membrure qui ne serait pas composée de ses deux parties, et dont le châssis ne serait pas placé de la manière indiquée par les plates-bandes de rencontre, sera réputé frauduleux et puni comme tel.

3. La longueur moyenne ordinaire du bois de chauffage étant d'un mètre cent trente-sept millimètres , tout mesurage de bois dans les membrures dont le détail est ci-annexé , sera considéré comme frauduleux, poursuivi et puni comme tel, si l'on y introduit des bûches

qui différeraient de la longueur d'un mètre cent trente-cinq millimètres à un mètre cent quarante millimètres. Les bois autres que
ceux généralement en usage dans le commerce ne pouvant être mesurés dans lesdites membrures, il pourra être accordé, s'il y a lieu,
l'autorisation d'en construire de particulières et spécialement appropriées au bois d'autres dimensions.

4. Nul ne pourra faire usage de mesures, quelles qu'elles soient, qui
n'auraient point été préalablement vérifiées et poinçonnées sur toutes
leurs parties par les vérificateurs des poids et mesures.

5. Une inscription en caractères de cinq centimètres de hauteur
sera placée à l'extérieur d'un des montants de chaque membrure,
pour indiquer la longueur des bûches qu'elle est destinée à mesurer.

6. L'usage de cette mesure sera obligatoire à partir du 15 janvier
1836. Passé cette époque, toutes les mesures d'une autre construction
seront saisies et détruites.

7. MM. les maires et adjoints des communes rurales du ressort de
la préfecture de police, les commissaires de police, les officiers de
paix, les préposés de la préfecture de police et spécialement l'inspecteur général de l'approvisionnement en combustibles de la ville de
Paris, sont chargés de l'exécution de la présente ordonnance, qui
sera affichée et publiée.

8. Les dispositions de notre ordonnance du 1er novembre dernier
sont et demeurent rapportées.

Le conseiller d'Etat, préfet de police, GISQUET.

Description de la membrure double stère, pour le mesurage du bois de chauffage,
annexée à l'ordonnance de police du 15 décembre 1835 (1).

La membrure double stère sera formée: 1° d'une sole en chêne, bien
droite et bien équarrie, de trois mètres vingt centimètres de longueur
sur douze centimètres de largeur et sept de hauteur;

2° De deux montants de quatre-vingt-huit centimètres de hauteur,
non compris les tenons, sept d'épaisseur et douze de largeur; leur
écartement sera, dans œuvre, de deux mètres; ils seront ferrés à
leur partie supérieure, d'une plate-bande en fer forgé entaillée dans
le bois, et qui fera retour à angle droit le long des deux faces extérieures des montants sur une longueur de dix centimètres;

3° De deux contre-fiches de soixante-quatorze centimètres de longueur environ, non compris les tenons de huit centimètres de largeur
et de six centimètres d'épaisseur.

Il sera placé sur la sole, vers l'endroit où sont assemblés les montants, deux plates-bandes de fer, entaillées de quatre centimètres au
moins de largeur sur vingt centimètres de longueur;

4° D'un châssis en charpente d'un mètre cent trente-sept millimètres de largeur hors œuvre, formé de deux sous-traits de deux mètres dix centimètres de longueur sur cinq centimètres de largeur, et
douze centimètres de hauteur, qui seront joints entre eux à quatre-
vingts centimètres d'intervalle, dans œuvre, par trois traverses de dix
centimètres de largeur sur cinq d'épaisseur, assemblées à tenons et
mortaises, et de manière que la sole de la membrure posée sur ces traverses soit exactement de niveau avec les sous-traits. Les deux traverses des extrémités seront garnies au-dessus de deux plates-bandes

---

(1) Le public est prévenu que c'est seulement pour la facilité du déplacement que la membrure a été divisée en deux parties, mais que pour le mesurage ces deux parties doivent être
réunies comme l'indique le dessin ci-annexé. Tout mesurage de bois fait hors du châssis convenablement placé, est réputé frauduleux.

de fer entaillées dans le bois, et qui devront avoir quatre centimètres de largeur sur quarante de longueur; il sera adapté à la partie extérieure d'un des montants de la membrure un crochet de fer, auquel sera fixée une corde de cinq millimètres au plus de grosseur sur deux mètres vingt-cinq centimètres de longueur, qui portera à son autre extrémité un poids d'un kilogramme au moins. Cette corde servira à régler le plein de la mesure.

Description de la membrure stère.

La membrure stère sera construite sur le même modèle : seulement la sole n'aura que deux mètres vingt centimètres de longueur ; les deux montants ne seront séparés que d'un mètre dans œuvre, le châssis seulement d'un mètre cinq centimètres de longueur. Les autres dimensions et grosseurs de bois resteront les mêmes.

Vu et approuvé :

Le conseiller d'Etat, préfet de police, GISQUET

MODÈLE DE LA MEMBRURE.

Partie séparée de la membrure.

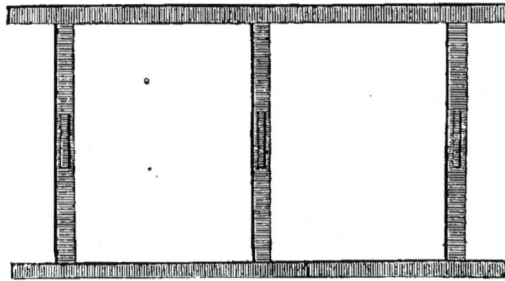

Partie séparée de la membrure.

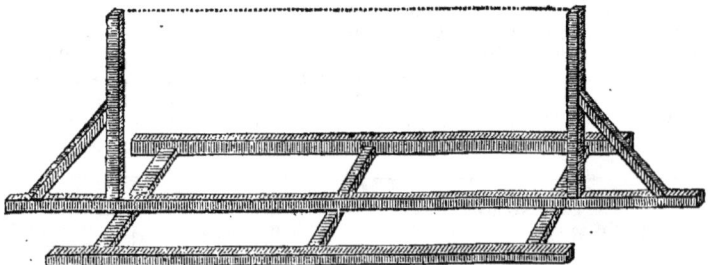

Membrure présentant ses deux parties disposées comme elles doivent l'être pour le mesurage.

N° **1555.** — *Ordonnance concernant les établissements de charcuterie dans la ville de Paris.*

Paris, le 19 décembre 1835.

Nous, conseiller d'Etat, préfet de police,

Considérant que, pour prévenir l'altération des viandes employées et préparées par les charcutiers, il est indispensable que les lieux affectés à l'exercice de cette profession, soient suffisamment étendus, ventilés et entretenus dans un état constant de propreté;

Considérant que les feuilles de plomb dont sont revêtus les saloirs, pressoirs et autres ustensiles à l'usage des charcutiers, peuvent imprégner les viandes qui se trouvent en contact avec elles, de sels métalliques dont l'action délétère n'est pas contestée, et que les vases de cuivre employés presque généralement par les charcutiers, pour la préparation des viandes, présentent des dangers plus graves encore;

Vu l'avis du conseil de salubrité;

Vu les lois des 16—24 août 1790 et 2—17 mars 1791; ensemble l'arrêté du gouvernement du 12 messidor an VIII (1er juillet 1800),

Ordonnons ce qui suit:

1. A compter de la publication de la présente ordonnance, aucun établissement de charcutier ne sera autorisé dans la ville de Paris qu'après qu'il aura été constaté par les personnes que nous commettrons à cet effet, que les diverses localités où l'on se propose de le former, réunissent toutes les conditions de sûreté publique et de salubrité prescrites dans l'instruction ci-après annexée

2. Il est défendu de faire usage, dans les établissements de charcutiers, de saloirs, pressoirs et autres ustensiles qui seraient revêtus de feuilles de plomb ou de tout autre métal. Les saloirs et pressoirs seront construits en pierre, en bois ou en grès.

3. L'usage des vases et ustensiles de cuivre, même étamé, est expressément défendu dans tous les établissements de charcutiers. Ces vases et ustensiles seront remplacés par des vases en fonte ou en fer battu.

4. Il est défendu aux charcutiers de se servir de vases en poterie vernissée. Ces vases seront remplacés par des vases en grès ou par toute autre poterie dont la couverte ne contient pas de substances métalliques.

5. Il est défendu aux charcutiers d'employer, dans leurs salaisons et préparations de viandes, des sels de morue, de varech et de salpétriers.

6. Les charcutiers ne pourront laisser séjourner les eaux de lavage dans les cuvettes destinées à les recevoir. Ces cuvettes devront être vidées et lavées tous les jours.

7. Il est défendu aux charcutiers de verser, avec les eaux de lavage, qu'ils devront diriger sur l'égout le plus voisin, des débris de viande ou de toute autre nature. Ces débris seront réunis et jetés chaque jour dans les tombereaux du nettoiement, au moment de leur passage.

8. Les dispositions de l'article 1er ne seront applicables aux établissements dûment autorisés qui existent actuellement, que lorsqu'ils seront transférés dans d'autres lieux ou lorsqu'ils changeront de titulaires.

Les dispositions des articles 2, 3 et 4 ne seront obligatoires, pour ces mêmes établissements, que six mois après la publication de la présente ordonnance.

9. Les contraventions aux dispositions de la présente ordonnance seront constatées par des procès-verbaux ou rapports qui nous seront adressés pour être transmis au tribunal compétent.

10. La présente ordonnance sera imprimée et affichée.

Le chef de la police municipale, l'architecte commissaire de la petite voirie, les commissaires de police, l'inspecteur général des halles et marchés et les préposés de la préfecture de police sont chargés, chacun en ce qui le concerne, d'en surveiller l'exécution.

Le conseiller d'Etat, préfet de police, GISQUET.

INSTRUCTION.

Des boutiques.

Les boutiques affectées à la vente des marchandises fraîches ou préparées devront être appropriées convenablement à cette destination.

L'intervalle entre le sol et le plancher sera au moins de trois mètres.

Le sol sera entièrement revêtu de dalles ou de carreaux ; le plancher sera plafonné.

Pour renouveler l'air dans la boutique pendant la nuit, il sera pratiqué immédiatement sous le plafond, du côté de la rue, une ouverture de deux décimètres en carré (environ six pouces en carré) ; une autre ouverture, de même dimension, sera pratiquée au bas de la porte d'entrée ou du mur de face ; ces deux ouvertures seront grillées.

Des cuisines et laboratoires.

Les cuisines et les laboratoires devront être de dimensions telles que les diverses préparations de charcuterie y puissent être faites avec propreté et salubrité.

Les cuisines et les laboratoires auront au moins trois mètres d'élévation ; ils seront plafonnés. Le sol et les parois, jusqu'à la hauteur d'un mètre cinquante centimètres, seront convenablement revêtus de matériaux imperméables, pour faciliter les lavages et prévenir toute adhérence ou infiltration de matières animales.

Les pentes du sol seront réglées de manière que les eaux de lavage puissent s'écouler rapidement jusqu'à l'égout le plus voisin.

Un courant d'air sera établi dans les cuisines et les laboratoires : les uns et les autres devront être suffisamment éclairés par la lumière du jour.

Des fourneaux et chaudières.

Les fourneaux et chaudières devront toujours être disposés de telle sorte qu'aucune émanation ne puisse se répandre dans l'établissement ou au dehors.

Les chaudières destinées à la cuisson des grosses pièces de charcuterie et à la fonte des graisses, devront être engagées dans des fourneaux en maçonnerie.

Réservoirs à défaut de puits ou de concession d'eau.

A défaut de puits ou d'une concession d'eau pour le service de l'établissement, il y sera suppléé par un réservoir de la contenance d'un demi-mètre cube, qui devra être rempli tous les jours.

Il ne pourra être établi de soupentes dans les boutiques, les cuisines et les laboratoires qui, sous aucun prétexte, ne pourront servir de chambres à coucher.

Des caves et autres lieux destinés aux salaisons.

Les caves destinées aux salaisons devront être d'une dimension proportionnée aux besoins de l'établissement; elles devront être saines et bien aérées, ne point renfermer de pierres d'extraction pour la vidange des fosses d'aisances, ni être traversées par des tuyaux aboutissant à ces mêmes fosses.

Les caves devront avoir au moins deux mètres soixante-sept centimètres d'élévation sous clef; il y sera pratiqué, s'il n'en existe pas, des ouvertures de capacité suffisante pour y entretenir une ventilation continuelle.

Le sol des caves sera convenablement revêtu, pour faciliter les lavages et prévenir toute adhérence ou infiltration de matières animales.

Les pentes du sol des caves seront disposées de manière à faciliter l'écoulement des eaux de lavage dans les cuvettes destinées à les recevoir.

Si, à défaut de caves, le local destiné aux salaisons est situé au rez-de-chaussée, le sol sera disposé de manière à ce que les eaux de lavages puissent être dirigées sur l'égout le plus voisin.

Le conseiller d'Etat, préfet de police, GISQUET.

1836.

—

N° **1556**. — *Arrêté réglementaire du service intérieur de la Morgue de Paris (1).*

Paris, le 1er janvier 1836.

Nous, conseiller d'Etat, préfet de police,

Arrêtons ce qui suit :

Réception.

1. Seront reçus et déposés à la Morgue, après accomplissement des formalités ci-après indiquées, les cadavres ou portions de cadavres d'individus non reconnus ou non réclamés, quel que soit le lieu où ils aient été trouvés dans le ressort de la préfecture de police.

2. Le greffier concierge de la Morgue recevra et enregistrera tous les renseignements qui lui seront donnés sur les personnes disparues. Il nous en rendra compte sur-le-champ.

3. Nul cadavre ou portion de cadavre ne peut être reçu à la Morgue sans un ordre du préfet de police, du procureur du roi ou d'un officier de police judiciaire.

4. Aussitôt après l'arrivée d'un cadavre à la Morgue, le greffier nous

_____

(1) V. l'arr. ci-après du 1er janv. 1836 et l'instruction y annexée.

fera remettre l'ordre d'envoi et nous transmettra le procès-verbal de
la levée du corps, ainsi que le rapport du médecin appelé à constater
le décès, dans le cas où ces pièces lui auraient été envoyées.

Il nous adressera également les papiers, l'argent monnayé et tous
autres objets quelconques, à l'exception des vêtements, qui seraient
trouvés sur le cadavre ou qui l'accompagneraient; ces objets resteront
en dépôt à la préfecture de police, à la conservation des droits de qui
il appartiendra.

5. A l'arrivée d'un corps à la Morgue, le greffier concierge vérifiera
si le signalement est conforme à l'ordre d'envoi du corps, ou à l'un
des signalements portés aux déclarations qui lui auraient été faites
antérieurement à l'occasion de la disparition d'individus; dans l'un et
l'autre cas, il nous rendra compte sur-le-champ et avant toute autre
démarche de ses observations.

6. Le greffier concierge de la Morgue inscrira sur un registre les
renseignements qui lui seront donnés sur l'état civil de l'individu, le
genre de mort, la cause de la mort, l'autorité qui aura fait l'envoi, le
nombre et la nature des pièces qui lui auront été adressées. A défaut
de nom et prénoms, il inscrira le signalement du corps, le nombre
et la nature des vêtements, et en un mot tous les indices qui peuvent
concourir à faire connaître le sujet.

Exposition.

7. Tout cadavre apporté à la Morgue demeurera, s'il n'est pas connu,
déposé dans la salle d'exposition aux regards du public pendant
soixante-douze heures au moins; ses vêtements seront aussi exposés
pour aider à la reconnaissance.

Si, lorsque l'exposition ne pourra plus être continuée, la reconnaissance du corps n'a pas eu lieu, il sera procédé à l'inhumation. Les
vêtements resteront encore exposés pendant quinze jours.

Visite.

8. Il pourra être procédé par le médecin inspecteur de la Morgue,
à la visite des cadavres ou portions de cadavres qui y seront apportés.
Le résultat de cette visite nous sera transmis directement.

9. Si le médecin inspecteur de la Morgue trouve des traces ou indices de mort violente, il nous en rendra compte sur-le-champ afin
que nous puissions provisoirement suspendre l'inhumation.

Reconnaissance.

10. Les personnes qui se présenteront au greffe de la Morgue, pour
faire la reconnaissance d'un cadavre, devront être immédiatement
conduites auprès du commissaire de police du quartier, par le greffier
concierge, pour l'accomplissement des formalités légales; après quoi,
le corps reconnu sera immédiatement soustrait aux regards du public.

Inhumation.

11. Aucune inhumation de corps déposés à la Morgue, ne pourra
être faite sans une autorisation du procureur du roi. Lorsque l'ordre
d'inhumation sera donné sur un extrait du procès-verbal, cet extrait
devra porter le signalement du cadavre, l'indication du lieu où il a
été trouvé et la cause de la mort.

12. L'autorisation d'inhumer étant donnée, lorsque la cause de la
mort n'est pas bien connue et notamment dans les cas de mort subite,
il pourra, sur notre autorisation, être procédé à l'ouverture du corps
par le médecin inspecteur de la Morgue; son rapport d'autopsie nous

sera remis et la cause du décès sera inscrite sur les registres du greffe.

13. Aucune ouverture de corps ne pourra être faite qu'en présence d'un officier de police judiciaire et dans la salle affectée à cette opération.

14. La translation des corps de la Morgue au cimetière aura lieu de nuit, dans une voiture convenablement close. Le garçon de la Morgue chargé de cette translation devra rapporter exactement, à chaque voyage, les reçus du concierge du cimetière.

Remise des corps.

15. Les parents ou amis d'une personne dont le corps aura été déposé à la Morgue pourront obtenir la translation du défunt à son domicile, en justifiant des moyens de le faire inhumer.

16. Cette translation ne pourra être opérée que par l'administration des pompes funèbres, d'après notre autorisation, et lorsque le permis d'inhumer aura été délivré par le procureur du roi.

Restitution ou conservation des vêtements.

17. Les vêtements et autres effets appartenant aux cadavres reconnus seront rendus à la famille, si elle les réclame, en justifiant de ses droits.

Les vêtements des corps non reconnus seront conservés à la Morgue pendant six mois au moins, aux termes de l'ordonnance du roi du 23 mai 1830. A l'expiration de ce délai, ils seront remis, s'il y a lieu, à l'administration des domaines, comme objets vacants et sans maître. Il sera dressé par le commissaire de police du quartier de la Cité procès-verbal de cette remise.

Heures de l'ouverture de la Morgue.

18. La Morgue sera ouverte au public tous les jours. L'ouverture aura lieu à six heures du matin en été et à sept heures en hiver.

Elle sera fermée à huit heures en été et à la nuit tombante en hiver.

Ventilation des salles.

19. Lorsqu'il y aura des cadavres dans la salle d'exposition ou dans la salle des morts, le fourneau d'appel sera allumé à cinq heures du matin ; le feu sera renouvelé à midi et huit heures du soir ; l'entretien du feu sera proportionné au nombre des cadavres exposés.

Lavage des corps.

20. Tout corps, à son arrivée, sera déposé dans le lavoir. Il y sera déshabillé, lavé et exposé immédiatement aux regards du public, hors le cas où il serait connu ou méconnaissable. Les vêtements seront lavés au battoir, et à grande eau ; ils seront placés au-dessus du corps pendant le temps indiqué à l'article 7 ci-dessus.

Séchage des vêtements.

21. Après le temps voulu pour l'exposition des vêtements, ils seront portés au séchoir, réunis et conservés en paquets avec un numéro d'ordre correspondant à celui d'inscription sur les registres.

22. Le greffier et les garçons de service sous ses ordres sont spécialement chargés des soins de propreté de la Morgue.

Hors des heures consacrées au service des salles intérieures, les garçons de la Morgue seront chargés de maintenir l'ordre dans la salle du public.

Ils feront alternativement le service de nuit.

Ils opéreront la translation des corps au cimetière.

23. Dans aucune circonstance, les gens de service de la Morgue ne peuvent demander aux parents aucune somme à titre d'indemnité, de peines, de frais de dépense ou pour tout autre motif.

24. Les garçons de service ne pourront introduire dans la salle de garde ni leurs femmes, ni leurs enfants, ni aucune personne étrangère à l'établissement. Ils ne pourront non plus, sous aucun prétexte, établir leur domicile à la Morgue, y prendre leurs repas ni y préparer leur nourriture.

25. Le greffier concierge dressera à la fin de chaque mois : 1° un état certifié des corps transférés au cimetière ;

2° Un état certifié de tous les corps reçus à la Morgue.

Cet état contiendra, savoir :

Pour les sujets reconnus :

1° La date de l'entrée ;

2° Les nom, prénoms, âge, profession et domicile de la personne décédée ;

3° La cause de la mort ;

4° Le genre de mort ;

5° L'heure du décès ;

6° L'indication du lieu du décès ;

Pour les sujets non reconnus :

1° La désignation succincte du corps ;

2° Le genre de mort ;

3° Le lieu où le corps a été trouvé.

26. Il sera dressé à la fin de chaque année, sous la direction du médecin inspecteur, une statistique de tous les sujets apportés à la Morgue. Elle contiendra tous les documents propres à éclairer sur les causes et circonstances des décès.

27. Il sera tenu à la Morgue trois genres de registres :

1° Registre d'inscription en double, l'un pour rester dans cet établissement, l'autre pour être déposé à la fin de chaque année aux archives de la préfecture de police ;

2° Un répertoire ;

3° Un registre pour recevoir les déclarations.

28. Un exemplaire du présent arrêté restera constamment affiché dans chacune des salles de la Morgue.

29. Les ordonnances et arrêtés en date des 29 thermidor an XII, 29 avril 1800, 25 mars 1816 et 2 décembre 1822, sont rapportés en ce qui concerne les dispositions contraires au présent arrêté.

30. Le greffier concierge de la Morgue, le médecin inspecteur de cet établissement et le commissaire de police du quartier de la Cité sont spécialement chargés, chacun en ce qui le concerne, de l'exécution du présent arrêté.

Le conseiller d'Etat, préfet de police, GISQUET.

N° **1557**. — *Arrêté portant instruction sur les secours à donner aux noyés, asphyxiés ou blessés, retirés de l'eau ou trouvés sur la voie publique et autres lieux, dans le ressort de la préfecture de police.*

Paris, le 1er janvier 1836.

Nous, conseiller d'État, préfet de police,

Vu l'ordonnance de police d'un de nos prédécesseurs, en date du 2 décembre 1822, et l'instruction qui y est annexée;

Considérant qu'il est utile de renouveler les instructions relatives aux secours à donner aux noyés, asphyxiés ou blessés, et de faire connaître les modifications et les améliorations obtenues par l'expérience, depuis la publication de l'ordonnance précitée, dans la manière d'administrer les secours, pour les rendre plus efficaces;

Vu la loi du 16—24 août 1790;

Vu les articles 2, 24 et 42 de l'arrêté du gouvernement du 12 messidor an VIII (1er juillet 1800);

Et le décret du 13 juin 1811,

Arrêtons ce qui suit :

1. La nouvelle instruction sur les secours à donner aux noyés et asphyxiés, rédigée par le conseil de salubrité du département de la Seine, sera imprimée, publiée et affichée.

2. Tout individu trouvé blessé sur la voie publique ou retiré de l'eau, en état de suffocation, ou asphyxié par des vapeurs méphitiques, par le froid ou par la chaleur, devra être immédiatement transporté au dépôt de secours le plus voisin ou dans un hôpital, s'il s'en trouve à proximité, pour y recevoir les secours nécessaires.

3. Lorsqu'un individu sera retiré de la rivière, il ne sera point nécessaire, comme on paraît le croire assez généralement, de lui laisser les pieds dans l'eau jusqu'à l'arrivée des agents de l'autorité; les personnes présentes devront immédiatement lui administrer des secours en attendant l'arrivée des hommes de l'art et des agents de l'autorité.

On devra également porter des secours immédiats à tout individu trouvé en état d'asphyxie par strangulation (pendaison). Les personnes qui arriveront les premières sur le lieu de l'événement devront s'empresser de détacher ou de couper le lien qui entoure le cou.

Les secours à donner dans ce cas sont indiqués par le paragraphe 1er, page 13, de l'instruction précitée. (*Voyez* ci-après.)

4. On ne saurait trop inviter les personnes qui, en attendant l'arrivée d'un médecin, administreront les premiers secours, à ne pas se laisser décourager par le peu de succès de leurs soins et par les signes de mort apparente, attendu que, pour les personnes étrangères à la médecine, rien ne peut faire distinguer la mort réelle de la mort apparente, que la putréfaction.

5. Si l'individu rappelé à la vie a besoin de secours ultérieurs, il sera transporté à son domicile, s'il le demande, sinon à l'hospice le plus voisin.

6. Aussitôt qu'un officier de police judiciaire aura été averti qu'une personne a été asphyxiée, noyée, blessée ou victime de tout autre accident grave, il se transportera à l'endroit où se trouve l'individu ou sur le lieu de l'événement, et il en dressera procès-verbal. Il devra être assisté d'un médecin.

Le procès-verbal contiendra :

1° La désignation du sexe, le signalement, les nom, prénoms, qualité et âge de l'individu, s'il est possible de les connaître;

2° La déclaration de l'homme de l'art sur l'état actuel de l'individu;

3° Les renseignements recueillis sur cet accident ;

4° Les dépositions des témoins et de toutes les personnes qui auraient connaissance de l'événement.

7. Il sera alloué, à titre d'honoraires, récompense ou salaire, aux personnes qui auront repêché, secouru ou transporté un noyé, un asphyxié ou blessé,

Savoir :

1° Pour le repêchage d'un noyé rappelé à la vie, vingt-cinq francs ; pour le repêchage d'un cadavre, quinze francs ;

2° Pour le transport à l'hospice ou à son domicile, d'un noyé, asphyxié ou blessé, de trois à cinq francs, suivant les distances.

Néanmoins, les maires des communes du ressort de la préfecture de police pourront, lorsque le transport exigera l'emploi d'une charrette et d'un cheval, allouer au commissionnaire la somme qui leur paraîtra rigoureusement juste ;

3° A l'homme de l'art, les honoraires déterminés par le décret du 18 juin 1811 (six francs); plus, s'il y a lieu, une indemnité qui sera calculée sur la durée et l'importance des secours.

Ces frais seront payés à la caisse de la préfecture de police, après la réception du procès-verbal et sur le vu des certificats distincts et séparés, qui seront délivrés aux parties intéressées.

Nous nous réservons de faire remettre une médaille de distinction à toute personne qui se serait fait remarquer par son zèle et son dévouement à secourir un noyé ou un asphyxié.

8. Le directeur et le directeur adjoint des secours publics veilleront constamment à l'entretien et à la conservation des brancards et de leurs accessoires, des boîtes de secours et des instruments, médicaments et autres objets qui les composent.

Indépendamment des visites partielles et fréquentes auxquelles ils sont obligés par leurs fonctions, le directeur des secours et son adjoint seront tenus de faire, tous les ans, dans les premiers jours du mois de mai, une visite générale des boîtes et des brancards, pour s'assurer s'ils sont en bon état ; ils nous rendront compte du résultat de leur examen, et nous proposeront toutes les mesures qui pourraient tendre à l'amélioration et au perfectionnement du système des secours publics.

9. L'officier de police et le commandant du poste où une personne à secourir aurait été transportée, veilleront à ce qu'après l'administration des secours et le transport de l'individu, les brancards et accessoires en dépendant soient rapportés au lieu ordinaire de leur dépôt, comme aussi à ce que les ustensiles et médicaments soient fidèlement réintégrés dans la boîte fumigatoire.

Si quelque ustensile se trouvait dégradé ou quelque médicament épuisé, l'officier de police ou le commandant du poste nous en rendrait compte immédiatement.

L'un et l'autre veilleront à ce que, dans le cas de déplacement de la boîte de secours, elle soit promptement reportée au lieu ordinaire du dépôt.

10. Les propriétaires des bains chauds et des bains froids, établis sur la rivière, sont tenus d'avoir à leurs frais et d'entretenir en bon état une boîte de secours dans chacun de leurs établissements.

11. Les dispositions de l'ordonnance de police du 2 décembre 1822 sont et demeurent rapportées.

12. Le présent arrêté sera imprimé et affiché.

Les sous-préfets des arrondissements de Saint-Denis et de Sceaux, les maires des communes du ressort de la préfecture de police, les commissaires de police, le directeur des secours publics et son adjoint, le chef de la police municipale et l'inspecteur général de la navigation et des ports sont chargés de tenir la main à son exécution.

Le conseiller d'Etat, préfet de police, GISQUET.

———

Etat des boîtes de secours existant dans Paris, avec indication des lieux où elles sont déposées (au 1er janvier 1836).

Rive gauche de la Seine.

Nos d'ordre.
1. Patache d'Aval.
2. Maison Beuze, esplanade des Invalides.
3. Ecole de natation Deligny, port d'Orsay.
4. Poste du port des Saints-Pères.
5. Bateau à lessive de Canapville, quai des Quatre-Nations.
6. Poste de la place Dauphine.
7. Pharmacie centrale.
8. Bateau broyeur, au bas du quai de l'Horloge.
9. Poste du port au Vin.
10. Bureau de la navigation, port Saint-Bernard.
11. Poste du Jardin-des-Plantes.
12. Poste de l'ancienne barrière de la Gare.

Rive droite.

13. Bureau des arrivages à la Râpée.
14. Poste de l'île Louviers.
15. Poste du port Saint-Paul.
16. Poste des pompiers, île Saint-Louis.
17. Poste du port au Blé.
18. Bateau à lessive de Condamina.
19. Etat-major des sapeurs-pompiers, quai des Orfévres.
20. Poste du Châtelet.
21. Bains Ouarnier.
22. Bateau à lessive de la veuve Bardoulet, quai de l'Ecole.
23. Poste du port Saint-Nicolas.
24. Bateau à lessive de Maurice Colin, Pont-Royal.
25. Poste du Lion aux Tuileries.
26. Pompe à feu de Chaillot, au poste de l'Allée des Veuves.

Canal Saint-Martin.

27. Eclusier de la neuvième écluse, près du pont d'Austerlitz.
28. Poste de la place Saint-Antoine.
29. Poste de la rue du Chemin-Vert.
30. Poste de la rue Ménilmontant.
    (*Le poste étant supprimé, la clef est chez le marchand de vin.*)
31. Poste du pont du Temple.
32. Poste des Marais, près de l'Abreuvoir.
33. Rue des Vinaigriers, chez le marchand de vin, no 3.
34. Poste de la rue des Morts.

BOITES A PANSEMENT.

1. Halle-aux-Draps.
2. Pointe-Saint-Eustache.
3. Place du Palais-Royal.
4. Place Maubert.
5. Préfecture de police.
6. Chez M. Marc fils, rue Caumartin, no 12.

SECOURS PUBLICS.
État de situation des brancards déposés dans Paris.

QUARTIERS.	Nombre.	LIEUX où les brancards sont déposés.
Tuilerie..................	2	1 Chez le commissaire de police ; 1 Place du Palais-Royal, au poste du Château-d'Eau.
Champs-Élysées...........	2	1 A Chaillot, chez le commissaire ; 1 Chez le commissaire de police des Champs-Elysées.
Roule...................	2	1 Chez le commissaire de police, Et 1 à l'abattoir, rue de Miromesnil.
Place Vendôme............	1	Chez le commissaire de police.
Palais-Royal.............	1	Chez le commissaire de police.
Feydeau.................	2	1 Chez le commissaire de police ; 1 Au poste des pompiers de la Bibliothèque royale.
Chaussée-d'Antin..........	1	Chez le commissaire de police.
Faubourg Montmartre......	3	2 Au poste de la place Cadet ; Et 1 à l'abattoir Montmartre.
Mail...................	1	Chez le commissaire de police.
Faubourg Poissonnière.....	1	Chez le commissaire de police.
Montmartre..............	1	Chez le commissaire de police.
Saint-Eustache...........	2	1 A la pointe Saint-Eustache ; 1 Chez le commissaire de police.
Banque de France.........	2	1 A la Halle au Blé ; 1 Au poste de la Banque.
Louvre.................	3	1 Chez le commissaire de police ; 1 Au poste du Châtelet ; 1 Au poste du quai de l'Ecole.
Saint-Honoré.............	1	Chez le commissaire de police.
Marchés.................	2	1 A la Halle aux draps ; 1 Chez le commissaire de police.
Montorgueil..............	1	Chez le commissaire de police.
Bonne-Nouvelle...........	1	Chez le commissaire de police.
Faubourg Saint-Denis......	1	Chez le commissaire de police.
Porte Saint-Martin.........	1	Chez le commissaire de police.
Temple.................	2	1 Chez le commissaire de police ; 1 Au poste du Temple.
Porte Saint-Denis.........	1	Chez le commissaire de police.
Saint-Martin-des-Champs....	1	Chez le commissaire de police.
Lombards................	1	Chez le commissaire de police.
Arcis...................	1	Chez le commissaire de police.
Sainte-Avoie.............	1	Chez le commissaire de police.
Mont-de-Piété............	1	Chez le commissaire de police.
Marché Saint-Jean.........	2	1 Chez le commissaire de police ; 1 Au corps de garde de ce marché.
Marais.................	1	Chez le commissaire de police.
Popincourt..............	2	1 Chez le commissaire de police, Et 1 à l'abattoir de Ménilmontant.
Faubourg Saint-Antoine.....	2	1 Chez le commissaire de police; 1 Au poste de la place Saint-Antoine.
Quinze-Vingts............	1	Chez le commissaire de police.
Arsenal.................	3	1 A l'île Louviers ; 2 Chez le commissaire.
Hôtel-de-Ville............	1	Chez le commissaire de police.
A reporter......	51	

QUARTIERS.	Nombre.	LIEUX où les brancards sont déposés.
Report.......	51	
Ile-Saint-Louis............	1	Chez le commissaire de police.
Cité....................	1	Chez le commissaire de police.
Monnaie.................	1	Chez le commissaire de police.
Faubourg Saint-Germain....	1	Chez le commissaire de police.
Saint-Thomas-d'Aquin......	1	Chez le commissaire de police.
Invalides................	4	1 Chez le commissaire de police ; 1 Au poste de la Boucherie ; 1 Au corps de garde de la manufacture des tabacs ; 1 A l'abattoir de Grenelle ; plus, une civière à la patache d'Aval.
Luxembourg.............	1	Chez le commissaire de police.
Ecole de Médecine.........	1	Chez le commissaire de police.
Sorbonne.................	1	Chez le commissaire de police.
Palais-de-Justice..........	2	1 Au poste de la place Dauphine ; 1 A l'état-major des pompiers.
Saint-Jacques...	1	Chez le commissaire de police.
Observatoire.............	1	Chez le commissaire de police.
Jardin-du-Roi...........	2	1 Chez le commissaire de police ; 1 Au poste du port au vin.
Saint-Marcel............ ..	3	1 Chez le commissaire de police ; 1 Au poste de la Gare, Et 1 à l'abattoir de Villejuif.
TOTAL........	72	

Nº **1558**. — *Instruction sur les secours à donner aux noyés et asphyxiés, lue, discutée et approuvée par le conseil de salubrité dans la séance extraordinaire du 29 avril* 1842 (1).

REMARQUES GÉNÉRALES.

1º Les personnes asphyxiées ne sont souvent que dans un état de mort apparente.

2º Rien ne peut faire distinguer aux yeux des personnes étrangères à la médecine la mort apparente de la mort réelle, que la putréfaction.

3º On doit donner des secours à tout individu retiré de l'eau ou asphyxié par d'autres causes, à moins que la putréfaction ne soit évidente.

4º Un séjour de plusieurs heures sous l'eau, ou dans tout autre lieu capable de déterminer une asphyxie, ne doit pas empêcher d'administrer les secours prescrits.

5º La couleur rouge, violette ou noire du visage, le froid du corps, la roideur des membres, ne sont pas toujours des signes de mort.

6º Les secours les plus essentiels à prodiguer aux asphyxiés peuvent leur être administrés par toute personne intelligente ; mais, pour

---

(1) Cette instruction a été imprimée à la place de celle du 1ᵉʳ janvier 1836, comme plus récente et plus complète.

obtenir du succès, il faut les donner sans se décourager, quelquefois pendant plusieurs heures de suite.

On a des exemples d'asphyxiés rappelés à la vie après des tentatives qui avaient duré six heures et plus.

7º Quand il s'agit d'administrer des secours à un asphyxié, il faut éloigner toutes les personnes inutiles; cinq ou six individus suffisent pour les donner; un plus grand nombre ne pourrait que gêner ou nuire.

8º Le local destiné aux secours ne devra pas être trop chaud; la meilleure température est de dix-sept degrés du thermomètre centigrade (quatorze degrés du thermomètre de Réaumur); ce précepte confirme l'utilité de celui qui précède et qui prescrit d'éloigner les personnes inutiles, lesquelles, outre qu'elles encombrent le local et vicient l'air, en élèvent aussi la température.

9º Enfin les secours devront être administrés avec activité, mais sans précipitation et avec ordre.

ASPHYXIÉS PAR SUBMERSION (NOYÉS).

Règles à suivre par ceux qui repêchent un noyé.

1º Dès que le noyé aura été retiré de l'eau, s'il est privé de mouvement et de sentiment, on le tournera sur le côté, et de préférence sur le côté droit. On inclinera légèrement la tête en avant, en la soutenant par le front; on écartera doucement les mâchoires, et l'on facilitera ainsi la sortie de l'eau qui pourrait s'être introduite par la bouche et par les narines. On peut même, immédiatement après le repêchage du noyé, pour mieux faire sortir l'eau, placer la tête un peu plus bas que le corps, mais il ne faut pas la laisser plus de quelques secondes dans cette position (1).

2º Pendant cette opération, qui ne devra pas être prolongée au delà d'une minute, on comprimera doucement et par invervalles le bas-ventre de bas en haut, et l'on en fera en même temps autant pour chaque côté de la poitrine, afin de faire exercer à ces parties les mouvements qu'elles exécutent lorsqu'on respire.

3º Si le noyé est assez près du dépôt de secours pour qu'il puisse y être transporté en moins de cinq à six minutes, soit par eau, soit par terre, on le couchera, dans la première supposition, dans le bateau, de manière que la poitrine et la tête soient beaucoup plus élevées que les jambes. Dans le second cas, on le placera sur le brancard, de manière qu'il y soit presque assis, et on le transportera le plus promptement possible, mais en évitant les secousses, jusqu'au lieu où d'autres secours devront lui être donnés.

4º Si le noyé est trop éloigné du lieu où les secours devront lui être administrés pour que le transport puisse être effectué en moins de cinq à six minutes, et si la température est au-dessous de zéro (s'il gèle), il convient d'ôter les vêtements du noyé, en s'aidant de ciseaux, afin de procéder plus vite, d'essuyer le corps, de l'envelopper dans une ou plusieurs couvertures de laine, ou encore, à défaut de couvertures, de l'entourer de foin, en laissant toujours la tête libre, et de le porter ainsi au lieu où l'on devra continuer les secours.

Des soins à donner lorsque le noyé est arrivé au dépôt des secours médicaux.

1º Dès l'arrivée d'un noyé, ou avant, si on le peut, on enverra chercher un médecin ou un chirurgien.

---

(1) Il faut bien se garder de la pratique suivie par quelques personnes, et qui consiste à pendre le malade par les pieds dans l'intention de lui faire rendre l'eau qu'il pourrait avoir avalée. Cette pratique est excessivement dangereuse.

2° Immédiatement après l'arrivée du noyé, s'il est encore habillé, on lui ôtera ses vêtements, et pour aller plus vite on les coupera avec des ciseaux. On essuiera son corps, on lui mettra une chemise ou peignoir ainsi qu'un bonnet de laine, et on le posera doucement sur une paillasse ou sur un matelas placé sur une table, entre deux couvertures de laine. La tête et la poitrine devront être plus élevées que les jambes.

3° On couchera une ou deux fois le corps sur le côté droit, on fera légèrement pencher la tête en la soutenant par le front, pour faire rendre l'eau. Cette opération ne devra durer qu'une demi-minute chaque fois. Il est inutile de la répéter s'il ne sort pas d'eau ou de mucosités (des glaires, de l'écume).

4° On imitera les mouvements que font la poitrine et le ventre lorsqu'on respire, en exerçant avec les mains sur ces parties, comme cela a déjà été dit plus haut, des compressions douces et lentes. On laissera un repos d'environ un quart de minute entre chaque opération. On réitérera cette tentative de temps à autre (de dix minutes en dix minutes, plus ou moins).

5° Tout en exerçant ces compressions, on s'occupera d'aspirer l'eau, l'écume ou les mucosités qui pourraient obstruer les voies de la respiration.

A cet effet, on prend la seringue à air (seringue d'étain, munie d'un ajutage en cuivre). On pousse le piston jusqu'à l'ajutage, on enduit cet ajutage de suif, ou mieux encore d'un mélange de mine de plomb et de graisse ; on le place dans la douille en cuivre du tuyau flexible, on l'y fixe par une fermeture à baïonnette; on introduit ensuite la canule du tuyau flexible dans une des narines que l'on fait tenir complètement fermée par un aide, ainsi que l'autre narine et la bouche en rapprochant les lèvres; enfin on tire doucement et graduellement vers soi le piston de la pompe ou seringue.

Si, par ce moyen, on avait aspiré beaucoup de mucosités, et s'il en sortait encore par la bouche ou les narines, il serait utile de répéter cette opération.

Quand il s'agit d'un enfant au-dessous de trois ans, on n'aspire chaque fois que jusqu'au quart de la capacité de la seringue. Pour un enfant plus âgé (jusqu'à douze ou quinze ans), on aspire jusqu'à la moitié ; et s'il s'agit d'un adulte, on peut aspirer jusqu'à la capacité entière de la seringue.

6° Aussitôt que la respiration tend à se rétablir, c'est-à-dire dès qu'on s'aperçoit que le noyé happe pour ainsi dire l'air, il faut cesser toute aspiration ou tout autre moyen spécialement dirigé vers le rétablissement de cette fonction.

7° Si les mâchoires sont serrées l'une contre l'autre, surtout si le noyé a toutes ses dents et qu'elles laissent peu d'insterstices entre elles, il convient alors d'écarter très-légèrement les mâchoires, en employant le petit levier en buis. On maintiendra l'écartement obtenu en plaçant entre ces dents un morceau de liége ou de bois tendre. Cette opération devra être exécutée avec ménagement et sans violence.

8° Dès le commencement des opérations qui viennent d'être décrites, c'est-à-dire dès l'arrivée du noyé, un des aides s'occupera de tout ce qui est nécessaire pour réchauffer le corps.

9° Pendant qu'on s'occupera de rétablir la respiration, l'aide remplira d'eau le caléfacteur, et versera dans la galerie inférieure l'alcool nécessaire pour la porter à l'ébullition : une fois que cet alcool sera éteint, il introduira l'eau chaude dans la bassinoire ; on promènera la bassinoire par-dessus le peignoir de laine sur la poitrine, le long de l'épine du dos et sur le bas-ventre, en s'arrêtant plus longtemps sur le creux de l'estomac et aux plis des aisselles. On frictionnera les cuisses et les extrémités inférieures avec des frottoirs en laine préalablement échauffés, la plante des pieds et l'intérieur des mains avec des brosses, sans cependant trop appuyer, surtout au commencement de l'opération.

10° Quels que soient les moyens qu'on emploie pour réchauffer le corps d'un noyé, il faut se régler sur la température extérieure. Tant qu'il ne gèle pas, on peut être moins circonspect. Cependant, il ne faut jamais chercher, particulièrement dès le début des secours, à exposer le corps du noyé à une chaleur supérieure à trente-cinq degrés centigrades. La bassinoire a, il est vrai, un degré de chaleur plus élevé ; mais comme elle agit à travers une couverture ou une chemise de laine, et ne reste pas longtemps appliquée sur la même place, son action se trouve par cette raison suffisamment affaiblie.

Si, au contraire, il gèle, et que le noyé, après avoir été retiré de l'eau, soit resté assez longtemps exposé à l'air froid pour que des glaçons se soient formés sur son corps, il faut alors, aussitôt qu'il arrive et même avant, ouvrir les portes ainsi que les fenêtres, afin d'abaisser la température au degré de glace fondante (ce qu'on constate par le thermomètre), lui appliquer sur le corps des compresses ou linges trempés dans l'eau à zéro, dont on élève peu à peu la température. Cette élévation doit toutefois s'opérer plus promptement pour les noyés que pour les asphyxiés par l'action du froid seulement, et sans qu'il y ait eu submersion. On peut, chez les submergés, élever la température de deux degrés toutes les deux minutes, et, lorsqu'on est arrivé à vingt degrés, avoir recours aux frictions, ainsi qu'à la chaleur sèche. Il faudra en même temps élever la température du lieu où l'on donne des secours en refermant les portes et les fenêtres. Il ne faut cependant pas que la chaleur du local arrive plus haut que dix-sept degrés du thermomètre centigrade (quatorze degrés du thermomètre de Réaumur).

11° Tout en employant les moyens nécessaires pour réchauffer le noyé et pour rétablir la respiration, on le frictionnera avec des frottoirs de laine chauds sur les cuisses, les bras, et de temps à autre de chaque côté de l'épine du dos ; on brossera doucement, mais longtemps, la plante des pieds ainsi que le creux des mains. On pourra aussi frotter avec les frottoirs en laine le creux de l'estomac, les flancs, le ventre et les reins, dans les intervalles où l'on ne promènera pas la bassinoire.

12° Si le malade donne quelques signes de vie, il faut continuer les frictions et l'emploi de la chaleur, mais bien se garder d'entreprendre rien qui puisse gêner, même légèrement, la respiration. Si le noyé fait des efforts pour respirer, il faut discontinuer pendant quelque temps toute manœuvre qui pourrait comprimer la poitrine ou le bas-ventre.

13° Si, pendant les efforts plus ou moins pénibles que fait le noyé pour aspirer l'air, ou pour le faire sortir, on s'aperçoit qu'il a des envies de vomir, il faut provoquer le vomissement en chatouillant le fond de la bouche avec la barbe d'une plume.

14° Dans aucun cas, il ne faut introduire le moindre liquide dans la bouche d'un noyé, à moins qu'il n'ait repris ses sens et qu'il ne puisse facilement avaler.

15° Si le médecin n'est pas encore arrivé, on peut faire prendre au malade une cuillerée d'eau-de-vie camphrée ou d'eau de mélisse spiritueuse mêlée à une cuillerée d'eau, et le coucher dans un lit bassiné, ou du moins sur un brancard garni d'un matelas et d'une couverture, en ayant soin de tenir la tête élevée.

16° Si le ventre est tendu, on donne un lavement d'eau tiède dans laquelle on a fait fondre une forte cuillerée à bouche de sel. Mais il ne faut jamais employer ce moyen avant que la respiration et la chaleur soient bien rétablies.

17° Dans le cas où, après une demi-heure de secours assidûment administrés, le noyé ne donnerait aucun signe de vie, et si le médecin n'était pas encore arrivé, on pourrait recourir à l'insufflation de fumée de tabac dans le fondement.

Voici la manière de la pratiquer :

L'appareil qui sert à cet usage se nomme appareil fumigatoire. Pour le mettre en jeu, on humecte du tabac à fumer. On en charge le fourneau formant le corps de machine fumigatoire, et on l'allume avec un morceau d'amadou ou avec un charbon ; ensuite on adapte le soufflet à la machine : quand on voit la fumée sortir abondamment du bec du chapiteau, on y adapte le tuyau fumigatoire, au bout duquel on ajoute la canule qu'on introduit dans le fondement du noyé.

On fait mouvoir le soufflet, afin de pousser la fumée dans les intestins du noyé. Si la canule se bouche en rencontrant des matières dans le fondement, ce qu'on reconnaît à la sortie de la fumée au travers des jointures de la machine, ou à la résistance du soufflet, on la nettoie à l'aide de l'aiguille à dégorger, et l'on recommence, en ayant soin de ne pas introduire la canule aussi profondément.

Chaque injection de fumée devra durer une à deux minutes au plus, et dans aucun cas elle ne devra être portée au point qu'on s'aperçoive que le ventre se ballonne (qu'il augmente d'une manière sensible de volume, qu'il se gonfle et se tende).

Après chaque opération, qu'on pourra répéter plusieurs fois de quart d'heure en quart d'heure, on exercera à plusieurs reprises une légère pression sur le bas-ventre, de haut en bas, et, avant de procéder à une nouvelle fumigation, on introduira dans le fondement une canule fixée à une seringue ordinaire vide, dont on tirera le piston vers soi, de manière à retirer l'air que les intestins pourraient contenir en trop.

18° Quand le noyé revient à la vie, il faut, si on ne peut pas faire autrement, le porter sur le brancard à l'hôpital le plus voisin. Mais lorsqu'on peut disposer d'un lit, on le bassine et on y laisse reposer le malade pendant une heure ou deux. S'il s'y endort d'un bon sommeil, il faut le laisser dormir. Si, au contraire, sa face, de pâle qu'elle était, se colore fortement pendant l'envie de dormir, et qu'en se réveillant le malade retombe aussitôt dans un état de somnolence, on doit préparer des sinapismes (pâte de farine de moutarde et d'eau tiède) et lui en appliquer entre les épaules, ainsi qu'à l'intérieur des cuisses et aux mollets. On lui posera en même temps six à huit sangsues derrière chaque oreille. Il est entendu qu'on n'aura recours à ces moyens qu'autant qu'il n'y aurait pas de médecin présent ; car, dans le cas contraire, ce serait à lui à décider s'il faut tirer du sang, en quelle quantité, sur quel point et par quel moyen.

ASPHYXIÉS PAR LES GAZ MÉPHITIQUES.

On comprend sous la dénomination générale d'asphyxies par les gaz méphitiques, les asphyxies produites par la vapeur du charbon, par les émanations des fours à chaux, des fosses d'aisance, des puits, des puisards, des citernes, des égouts, des cuves à vin, bière, cidre, vinaigre, des caves renfermant de la drèche, en un mot, par les gaz impropres à la respiration.

Toutes peuvent être traitées par les moyens qui suivent :

1° Il faudra sortir promptement l'asphyxié du lieu méphitisé et l'exposer au grand air.

2° On le déshabillera avec le plus de promptitude possible ; mais si l'asphyxie a eu lieu dans une fosse d'aisances, on arrosera préalablement le corps de l'asphyxié avec de l'eau chlorurée (1) et on le déshabillera immédiatement après, afin d'éviter le danger auquel on s'exposerait en approchant trop près de son corps.

3° On place le malade assis dans un fauteuil ou sur une chaise, on le maintient dans cette position : un aide placé derrière lui soutient la tête. On lui jette avec force de l'eau froide par potée sur le corps, et principalement au visage ; cette opération doit être continuée longtemps, surtout dans l'asphyxie par la vapeur du charbon, des cuves en fermentation, en un mot, dans l'asphyxie par le gaz acide carbonique.

4° De temps à autre on s'arrête pour tâcher de provoquer la respiration en comprimant à plusieurs reprises la poitrine de tous côtés, en même temps que le bas-ventre de bas en haut, comme il a été dit pour les noyés.

5° Si l'asphyxié commence à donner quelques signes de vie, il ne faut pas discontinuer les affusions d'eau froide ; seulement il faut faire attention, dès qu'il fait quelques efforts pour respirer, de ne plus lui jeter de l'eau de manière qu'elle puisse entrer dans la bouche.

6° S'il fait quelques efforts pour vomir, il faut lui chatouiller l'arrière-bouche avec la barbe d'une plume.

7° Dès qu'il pourra avaler, il faudra lui faire boire de l'eau vinaigrée.

8° Lorsque la vie sera rétablie, il faudra, après avoir bien essuyé le malade, le coucher dans un lit bassiné, et donner un lavement avec de l'eau dégourdie dans laquelle on aura fait fondre gros comme une noix de savon, ou, encore, à laquelle on aura ajouté, pour chaque lavement, deux cuillerées à bouche de vinaigre.

C'est au médecin à juger s'il y a lieu de donner un vomitif ; c'est à lui aussi à choisir les moyens de traitement à employer après que l'asphyxié est revenu à la vie.

ASPHYXIÉS PAR LA FOUDRE.

Lorsqu'une personne a été asphyxiée par la foudre, il faut immédiatement la porter au grand air, si elle n'y est déjà, la dépouiller promptement de ses vêtements, faire des affusions d'eau froide pendant un quart d'heure, pratiquer des frictions aux extrémités, et chercher à rétablir la respiration par des compressions intermittentes de la poitrine et du bas-ventre (comme pour les noyés).

ASPHYXIÉS PAR LE FROID.

Lorsque la mort apparente a été produite par le froid, il est de la plus haute importance de ne rétablir la chaleur que lentement et par degrés. Un asphyxié par le froid qu'on approcherait du feu, ou que, dès le commencement des secours, on ferait séjourner dans un lieu même médiocrement échauffé, serait irrévocablement perdu. Il faut en conséquence ouvrir les portes et les fenêtres de la chambre où l'on se propose de secourir un asphyxié par le froid, afin que la tempéra-

---

(1) Préparation de l'eau chlorurée. Prenez :

Chlorure de chaux sec......... 30 grammes.
Eau...................... 1 litre.

On verse sur le chlorure de chaux une petite quantité d'eau pour l'amener à l'état pâteux ; puis on le délaie dans la quantité d'eau indiquée. On tire la liqueur à clair et on la conserve dans des vases de verre ou de grès bien fermés.

On peut aussi employer avec avantage l'eau chlorurée préparée avec le chlorure d'oxide de sodium, en mettant 40 grammes de chlorure dans un demi-litre d'eau.

ture de cette chambre ne soit pas plus élevée que celle de l'air extérieur.

On emploiera les moyens suivants :

1° On portera l'asphyxié, le plus promptement possible, de l'endroit
où il a été trouvé au lieu où il devra recevoir des secours ; pendant ce
transport on enveloppera le corps d'une couverture, ou bien, à défaut
de couverture, de paille ou de foin, en laissant cependant la face libre.
On évitera aussi de faire faire au corps, et surtout aux membres, des
mouvements brusques.

2° On déshabillera l'asphyxié, et l'on couvrira tout son corps, y compris les membres, de linges trempés dans de l'eau froide, et qu'on
rendra plus froide encore en y ajoutant des glaçons concassés. Il est
préférable, toutes les fois que cela est possible, de se procurer une
baignoire et d'y mettre l'asphyxié dans une assez grande quantité d'eau
froide pour que tout son corps et surtout les membres en soient couverts. On aura soin, dans ces opérations, d'enlever les glaçons qui
pourraient se former à la surface du corps.

3° Lorsque le corps commencera à être dégelé, que les membres
auront perdu leur roideur et offriront de la souplesse, on fera exercer
à la poitrine ainsi qu'au ventre quelques mouvements (comme pour
les noyés), afin de provoquer la respiration. Ces mouvements consistent à comprimer doucement, et par intervalles, le ventre de bas en
haut et la poitrine de chaque côté, dans le but de faire exercer à ces
parties les mouvements qu'elles exécutent lorsqu'on respire. On fera
en même temps des frictions sur le corps, soit avec de la neige si l'on
peut s'en procurer, soit avec des linges trempés dans de l'eau froide.

4° Si, dans ces circonstances, la roideur a cessé et que le malade
soit dans un bain, l'on en augmentera la température de trois à quatre
degrés de dix minutes en dix minutes, jusqu'à la porter peu à peu à
trente-cinq degrés du thermomètre centigrade (vingt-huit degrés du
thermomètre de Réaumur). Si on ne peut pas disposer d'une baignoire,
il faut se servir des linges dont on enveloppe le corps ou avec lesquels
on le frotte.

5° Lorsque le corps commence à devenir chaud, ou qu'il se manifeste
des signes de vie, on l'essuie avec soin et on le place dans un lit, mais
qui ne doit pas être plus chaud que l'asphyxié. Il ne faut pas non plus
qu'il y ait du feu dans la pièce où est le lit avant que le corps n'ait
recouvré entièrement sa chaleur naturelle.

6° Lorsque le malade commence à pouvoir avaler, on lui fait prendre
une tasse d'eau froide, à laquelle on aura ajouté une cuillerée à café
d'eau de mélisse.

7° Si le malade continuait d'avoir de la propension à l'engourdisse-
ment, on lui ferait boire un peu d'eau vinaigrée, et, si cet assoupisse-
ment était profond, on administrerait des lavements irritants, soit avec
de l'eau et du sel (1), soit avec de l'eau de savon.

Il est utile de faire observer que, de toutes les asphyxies, l'asphyxie
par le froid offre, selon l'expérience des pays septentrionaux, le plus
de chances de succès, même après douze ou quinze heures de mort
apparente.

ASPHYXIÉS PAR STRANGULATION OU SUSPENSION (PENDAISON).

1• La première opération à pratiquer, c'est de détacher, ou plutôt,
pour aller plus vite, de couper le lien qui entoure le cou, et s'il y a
suspension (pendaison), de descendre le corps en le soutenant de ma-

---

(1) Une cuillerée de sel dans le lavement entier.

nière qu'il n'éprouve aucune secousse : tout cela sans délai et sans
attendre l'arrivée de l'officier public ; défaire les jarretières, la cra-
vate, les cordons de jupes, le corset, la ceinture de culotte, en un
mot, toute pièce de vêtement qui pourrait gêner la circulation.

2° On placera le corps, toujours sans lui faire éprouver de secousses,
selon que les circonstances le permettront, sur un lit, sur un matelas,
sur de la paille, etc., de manière cependant qu'il y soit commodément,
et que la tête ainsi que la poitrine soient plus élevées que le reste du
corps.

3° Si le corps est dans une chambre, on doit veiller à ce qu'elle ne
soit ni trop chaude, ni trop froide, et à ce qu'elle soit aérée.

4° Il est instant d'appeler le plus tôt possible un homme de l'art,
parce que, la question de savoir s'il faut ou s'il ne faut pas faire une
saignée reposant en grande partie sur des connaissances anatomiques
relatives à la direction de la corde ou du lien (1), il n'y a que le médecin qui puisse bien apprécier les circonstances que présente cette
direction.

5° Si, après l'enlèvement du lien, les veines du cou sont gonflées, la
face rouge tirant sur le violet ; si l'empreinte produite par le lien est
noirâtre, et si l'homme de l'art tarde d'arriver, on peut mettre derrière les oreilles, ainsi qu'à chaque tempe, six à huit sangsues.

6° Si la suspension ou la strangulation a eu lieu depuis peu de minutes, il suffit quelquefois, pour rappeler à la vie, de faire des affusions d'eau froide sur la face, d'appliquer sur le front et sur la tête
des linges trempés dans de l'eau froide, de faire en même temps des
frictions aux extrémités inférieures.

7° Dans tous les cas, il faut, dès le commencement, exercer sur la
poitrine et le bas-ventre des compressions intermittentes, comme pour
les noyés, afin de provoquer la respiration.

8° On ne négligera pas non plus de frictionner l'asphyxié avec des
flanelles, des brosses, surtout à la plante des pieds et dans le creux
des mains.

9° Les lavements ne peuvent être utiles que lorsque le malade a
commencé à donner des signes non équivoques de vie.

10° Dès qu'il peut avaler, on lui fait prendre par petites quantités
de l'eau tiède additionnée d'un peu d'eau de mélisse, de vin ou d'eau-
de-vie.

11° Si, après avoir été complétement rappelé à la vie, il éprouve des
étourdissements, de la stupeur, les applications d'eau froide sur la tête
deviennent utiles.

12° En général, il doit être traité, après le rétablissement de la vie,
avec les mêmes précautions que les autres asphyxiés.

ASPHYXIÉS PAR LA CHALEUR.

1° Si l'asphyxie a eu lieu par l'effet du séjour dans un lieu trop

---

(1) *Note commémorative pour les gens de l'art.*

Les pendus ou strangulés meurent d'apoplexie, lorsque le lien a été placé autour du cou,
de manière à comprimer de préférence les gros vaisseaux du cou, et à empêcher ainsi le reflux
du sang des parties situées au-dessus de la constriction. D'autres, au contraire, meurent par
suffocation, parce que le lien placé entre le larynx et l'os hyoïde ferme aussitôt, par l'abaissement de l'épiglotte, l'entrée du larynx, et que, d'une autre part, le lien, s'appuyant sur l'angle
de la mâchoire et sur l'apophyse mastoïde, ne comprime pas assez les vaisseaux du cou pour
empêcher le retour du sang du cerveau. Quant au genre de mort mixte, produit à la fois par
l'apoplexie et par la suffocation, il a lieu, vraisemblablement, lorsque le lien est placé de manière à interrompre la sortie ainsi que l'entrée de l'air et en même temps le retour du sang de
la tête. Ce double effet peut être produit par le lien placé au dessous du larynx, dans une direction horizontale autour du cou. Dans ce cas, la trachée-artère et les vaisseaux du cou sont
comprimés en même temps.

chaud, il faut porter l'asphyxié dans un endroit plus frais, mais pas trop froid.

2° Le débarrasser de tout vêtement qui pourrait gêner la circulation.

3° Le médecin seul peut décider s'il y a lieu à tirer du sang.

4° Les bains de pied médiocrement chauds, auxquels on peut ajouter des cendres ou du sel, sont indiqués.

5° Lorsque le malade peut avaler, il faut lui faire boire, par petites gorgées, de l'eau froide, acidulée par du vinaigre ou du jus de citron, et lui donner des lavements d'eau vinaigrée, mais un peu plus chargée en vinaigre que l'eau destinée à être bue.

Les boissons échauffantes sont toujours nuisibles en pareil cas.

6° Si la maladie persiste, et si elle fait des progrès, on peut, sans attendre l'arrivée du médecin, appliquer huit à dix sangsues derrière les oreilles ou à l'anus.

7° Si l'asphyxie a été déterminée par l'action du soleil, comme cela arrive surtout aux moissonneurs et aux militaires, le traitement est le même ; mais il faut, dans ce cas, lorsque le malade ne sue plus, insister sur les applications d'eau froide sur la tête.

Détail des objets contenus dans les boîtes ou armoires de secours, suivant l'ordre dans lequel on les emploie ordinairement.

1° Une paire de ciseaux de seize centimètres de long, à pointes mousses.

2° Un peignoir en laine.

3° Un bonnet de laine.

4° Une seringue ou pompe à air avec son tuyau élastique et sa canule à narine.

5° Une petite boîte contenant un mélange de graisse et de mine de plomb, pour graisser l'ajutage et la douille de la seringue à air.

6° Un levier en buis.

7° Un caléfacteur de demi-litre à un litre.

8° Deux frottoirs en laine.

9° Deux brosses.

10° Une bassinoire à eau bouillante.

11° Le corps de la machine fumigatoire.

12° Son soufflet.

13° Un tuyau et une canule fumigatoire.

14° Une boîte contenant du tabac à fumer.

15° Une seringue à lavement avec canule.

16° Une aiguille à dégorger la canule.

17° Des plumes pour chatouiller la gorge.

18° Une cuillère étamée.

19° Un gobelet d'étain.

20° Un biberon.

21° Une bouteille contenant de l'eau-de-vie camphrée.

22° Un flacon contenant de l'eau de mélisse spiritueuse.

23° Un flacon renfermant un demi-litre d'alcool.

24° Une petite boîte renfermant plusieurs paquets d'émétique de dix centigrammes chaque.

25° Un flacon à l'émeri et à large ouverture contenant cinq cents grammes de chlorure de chaux en poudre.

26° Un flacon de deux cents grammes de vinaigre.

27° Cent grammes de sel en trois paquets.

28° Des bandes à saigner, des compresses et de la charpie.

29° Un nouet de soufre et de camphre pour la conservation des objets en laine.

30° Une palette.

31° Un briquet.

Outre ces objets, on placera un thermomètre centigrade dans chaque localité où ce placement pourra avoir lieu.

Lu et adopté en conseil, après délibération, séance du 20 mai 1842.

Signé : HUZARD, vice-président.

CADET DE GASSICOURT, secrétaire.

Vu et approuvé pour être imprimé et distribué dans les boîtes de secours.

Le conseiller d'Etat, préfet de police, G. DELESSERT.

N° **1559.** — *Ordonnance concernant la nouvelle fixation du prix de location des places sur le marché de la rue des Prouvaires.*

Paris, le 25 janvier 1836.

Nous, conseiller d'Etat, préfet de police,

Vu 1° la délibération du conseil général du département de la Seine, faisant fonctions de conseil municipal de Paris, en date du 28 février 1834, par laquelle il émet le vœu qu'il soit établi un nouveau tarif pour la location des places dans le marché de la rue des Prouvaires, en rapport avec les améliorations procurées aux détaillants de ce marché ;

2° La décision de M. le ministre de l'intérieur, en date du 17 avril 1835, portant approbation de ce nouveau tarif ;

3° La lettre du 28 décembre 1835, par laquelle le membre de la commission administrative des hospices, chargé du domaine, annonce que les travaux du marché de la rue des Prouvaires sont entièrement terminés ;

4° L'ordonnance de police du 2 avril 1818 ;

5° Le décret du 21 septembre 1807 ;

6° Les lois des 24 août 1790, titre XI, et 22 juillet 1791, titre Ier, et l'arrêté du gouvernement du 12 messidor an VIII (1er juillet 1800),

Ordonnons ce qui suit :

1. A compter du 1er février prochain, le prix des places, au marché de la rue des Prouvaires, est fixé ainsi qu'il suit, savoir :

	fr. c.
Places de Marchandes de volaille. Les quatre places situées aux angles des deux massifs faisant face à la rue des Deux-Ecus, par jour et par place, à...................................	» 75
Les places situées en bordure ou dans l'intérieur des massifs, par jour et par place, à..............	» 60
Places de marchands d'abats de veau ou de tripiers, par jour et par place, à...................................	» 75
Places de marchands de viandes cuites, par jour et par place, à	» 40
Places de marchands de verdure et de graineterie, par jour et par place, à...................................	» 40
Places de charcutiers de Paris, par jour de marché, à......	2 »
Places de marchands d'abats de porcs, par place et par jour de marché, à...................................	1 25
Les vingt étaux compris dans les deux massifs les plus rapprochés du bureau...................... *Par étal et par jour de marché, à........*	6 »
Les quatre étaux formant les deux extrémités des deux massifs appliqués sur le mur du parc des Prouvaires...........................	
Les seize étaux appliqués sur le mur du parc et n'ayant qu'une seule face d'étalage................ *Idem ...*	4 »

2. La location des étaux occupés par les bouchers de Paris et de la banlieue continuera à être payée conformément au tarif précédent ; savoir :

Pour une place simple de boucher avec billot, table et tringles d'étalage, 3 fr. par marché ;

Pour une place double de boucher, avec les mêmes ustensiles, 6 fr. par marché.

Le prix de location sera payé d'avance, savoir : par semaine pour les places occupées continuellement, et par mois pour les places et étaux qui ne sont occupés que les mercredis et les samedis.

3. La présente ordonnance sera imprimée et affichée.

Ampliation en sera adressée à M. le pair de France, préfet du département de la Seine, et à MM. les membres composant le conseil général des hospices.

4. Le commissaire de police du quartier des marchés et l'inspecteur général des halles et marchés sont chargés, chacun en ce qui le concerne, de tenir la main à son exécution.

Le conseiller d'Etat, préfet de police, GISQUET.

N° **1560.** — *Arrêté concernant la liberté de la circulation.*

Paris, le 30 janvier 1836.

Nous, conseiller d'Etat, préfet de police,

Considérant que la propreté, la liberté et la sûreté de la voie publique sont fréquemment compromises par des dépôts de matériaux, formés indûment, par des travaux d'égout, de pavage, d'établissements de conduites ou par ceux de constructions riveraines des rues et places, exécutés sans les mesures de précaution prescrites par les règlements de police, ce qui donne lieu à des plaintes fondées ;

Considérant qu'il importe, dans l'intérêt de la circulation, de mettre un terme à de semblables abus, et qu'en même temps que nous chargeons les préposés de l'administration de veiller à l'exécution des règlements de police relatifs à cet objet, il convient de rappeler aux entrepreneurs et autres les dispositions de ces règlements auxquels ils sont tenus de se conformer,

Arrêtons ce qui suit :

Les articles ci-après désignés de l'ordonnance de police du 8 août 1829, concernant la sûreté et la liberté de la circulation, seront de nouveau imprimés et affichés, savoir :

De 1 à 20, de 24 à 52, de 56 à 62, 80 et de 87 à 91.

Le conseiller d'Etat, préfet de police, GISQUET.

N° **1561.** — *Ordonnance concernant la vérification périodique des poids et mesures* (1).

Paris, le 1er février 1836.

---

(1) V. les ord. des 23 nov. 1842 et 1er déc. 1843

N° **1562.** — *Ordonnance concernant la police des masques* (1).

Paris, le 10 février 1836.

———◦———

N° **1563.** — *Ordonnance concernant la translation provisoire du marché aux fromages au marché des Prouvaires* (2).

Paris, le 29 février 1836.

Nous, conseiller d'Etat, préfet de police,

Considérant que les arrivages en beurres, œufs et fromages éprouvent des accroissements si étendus que la halle destinée à la vente de ces denrées ne peut plus les contenir;

Qu'un grand nombre de marchands de fromages, de beurres et d'œufs sont obligés d'opérer leurs ventes à l'extérieur de la halle, sur la voie publique, ce qui nuit à la circulation et établit, entre ces marchands et ceux qui sont placés à l'intérieur de la halle, une inégalité qu'il importe de faire cesser;

Que la coïncidence des marchés à fromages des mardis et des vendredis avec les plus forts arrivages d'œufs, qui ont lieu aux mêmes jours, produit dans la halle un encombrement tel qu'il est difficile d'y pénétrer;

Voulant remédier aux inconvénients qui résultent de cet état de choses;

Vu l'arrêté du conseil général des hospices, en date du 18 novembre 1835;

Vu les lois des 24 août 1790, titre XI, et 22 juillet 1791, titre I, et l'arrêté du gouvernement du 1er juillet 1800 (12 messidor an VIII),

Ordonnons ce qui suit :

1. A compter du 15 mars 1836, le marché destiné à la vente en gros des fromages de Brie, de Neufchâtel, de Montlhéry, à la pie, et autres de même nature, se tiendra provisoirement au marché des Prouvaires, sous les deux massifs d'étaux de boucherie, situés sur la rue des Prouvaires, et subsidiairement sous les deux massifs d'abris situés sur la rue du Four, et sous les abris destinés à la charcuterie en gros.

Il est défendu d'en exposer en vente partout ailleurs.

2. La vente des fromages de Brie, de Montlhéry, à la pie, et autres de même nature, aura lieu les mardis et vendredis.

La vente des fromages de Neufchâtel aura lieu les jeudis.

3. La vente commencera à 6 heures du matin, depuis le 1er mars jusqu'au 1er octobre, et à 7 heures pendant les autres mois.

En toute saison, la vente sera close à midi.

L'ouverture et la clôture des ventes seront annoncées au son de la cloche.

4. Les marchands de fromages sont tenus de faire les déclarations de leurs apports aux préposés de l'administration, conformément aux articles 8 et 9 de l'ordonnance de police du 18 juin 1823.

5. Toutes les dispositions de l'ordonnance de police du 18 juin 1823, en ce qui concerne la vente des fromages, sont maintenues et seront

_____

(1) V. l'ord. du 23 fév. 1843.
(2) V. les ord. du 2 avril 1818 et celles des 13 mai 1828 et 25 janv. 1836.

obligatoires au nouveau marché comme elles l'étaient à la halle aux beurres.

6. Les contraventions seront constatées par des procès-verbaux ou rapports qui nous seront adressés pour être transmis au tribunal compétent.

7. La présente ordonnance sera imprimée et affichée.

Ampliation en sera adressée à M. le pair de France, préfet du département de la Seine, et à MM. les membres composant le conseil général des hospices.

Le chef de la police municipale, les commissaires de police, et notamment ceux des quartiers des Marchés et de Saint-Eustache, l'inspecteur général et les inspecteurs généraux adjoints des marchés et les préposés de la préfecture de police sont chargés, chacun en ce qui le concerne, de tenir la main à son exécution.

Le conseiller d'Etat, préfet de police, GISQUET.

N° **1564**. — *Ordonnance concernant la prohibition de la chasse* (1).

Paris, le 29 février 1836.

N° **1565**. — *Ordonnance concernant la tenue de la foire aux jambons* (2).

Paris, le 21 mars 1836.

N° **1566**. — *Arrêté concernant le balayage et la propreté de la voie publique* (3).

Paris, le 26 mars 1836.

Nous, conseiller d'Etat, préfet de police,

Arrêtons ce qui suit :

1. Notre ordonnance du 27 mars 1834, concernant le balayage et la propreté de la voie publique, sera de nouveau imprimée et affichée.

2. Indépendamment des agents de l'administration de la police, qui sont chargés de faire observer les dispositions de l'ordonnance précitée, les préposés de l'octroi sont requis de concourir à l'exécution des articles 10 et 12, concernant les dépôts et le transport des terres, sables, gravois et autres objets susceptibles de salir ou d'embarrasser la voie publique.

A cet effet, ampliation de ladite ordonnance sera adressée à M. le directeur, président du conseil d'administration de l'octroi.

Le conseiller d'Etat, préfet de police, GISQUET.

---

(1) V. l'ord. du 23 fév. 1843.

(2) V. l'ord. du 7 avril 1843.

(3) V. les ord. des 29 oct. 1836, 28 oct. 1839 et 1er avril 1843.

N° 1567. — *Ordonnance concernant les mesures d'ordre à observer aux promenades de Longchamp* (1).

Paris, le 28 mars 1836.

N° 1568. — *Arrêté relatif à l'augmentation du droit de stationnement fixé pour les voitures du transport en commun* (2).

Paris, le 29 mars 1836.

Nous, conseiller d'Etat, préfet de police,

Vu 1° la loi du 11 frimaire an VII ;

2° L'ordonnance royale du 30 décembre 1818, relative à la fixation des droits de place pour Paris ;

3° L'ordonnance royale du 22 juillet 1829, qui a assujetti les voitures du transport en commun à un droit de stationnement ;

4° L'ordonnance de police du 1er août suivant, relative à la perception de ce droit ;

5° L'ordonnance de police du 25 du même mois, concernant le service des voitures de transport en commun ;

6° La délibération en date du 20 novembre 1835, prise par le conseil général du département de la Seine, faisant fonctions du conseil municipal de la ville de Paris, qui a été d'avis de porter à 300 fr. par voiture omnibus, attelée de deux chevaux et par an, le droit de stationnement perçu sur ces sortes de voitures, et actuellement fixé à 120 fr. ;

7° Les décisions de M. le ministre de l'intérieur, en date des 8 février dernier et 12 mars courant, qui ont approuvé la délibération précitée du conseil municipal et nous ont chargé d'en assurer l'exécution ;

8° Le rapport du chef de la 2e division,

Arrêtons ce qui suit :

1. A partir du 1er avril prochain, le droit de stationnement perçu sur les voitures faisant le service du transport en commun, dans l'intérieur de Paris, sera porté à 300 fr. par voiture attelée de deux chevaux, et par an.

2. A compter de ladite époque, tous les entrepreneurs des voitures dont il s'agit verseront, du 1er au 5 de chaque mois, dans les mains du caissier de la préfecture de police, le douzième du droit ci-dessus fixé pour chacune des voitures qu'ils ont été autorisés à mettre en circulation.

3. En cas de retard ou de refus du payement du droit précité, il sera pris, à l'égard des retardataires ou des récalcitrants, les mesures prescrites par les ordonnances de police des 1er et 25 août 1829.

4. Le présent arrêté sera notifié à tous les entrepreneurs du transport en commun.

5. Expédition en sera adressée au conseil général du département de la Seine, faisant fonctions du conseil municipal de la ville de Paris, et à M. le ministre de l'intérieur.

Ampliation en sera donnée au chef de la police municipale et à l'inspecteur-contrôleur de la fourrière.

Copie en sera remise au bureau de la comptabilité.

Le conseiller d'Etat, préfet de police, GISQUET.

(1) V. l'ord. du 10 avril 1843.

(2) Rapporté. — V. l'ord. du 15 sept. 1838.

N° 1569. — *Ordonnance concernant l'ouverture et la police du marché aux fleurs du boulevard Saint-Martin* (1).

Paris, le 7 avril 1836.

Nous, conseiller d'Etat, préfet de police,

Vu la loi des 16—24 août 1790, titre XI, article 3 , § 3 ;

Vu les articles 2 , 32 et 33 de l'arrêté du gouvernement du 12 messidor an VIII (1er juillet 1800) ;

Vu le décret du 21 septembre 1807 ;

Vu l'article 484 du Code pénal ;

Vu l'arrêté de M. le ministre du commerce du 30 juin 1835, portant établissement d'un nouveau marché aux fleurs à Paris , sur le boulevard Saint-Martin , dans la partie de l'esplanade du Château-d'Eau la plus rapprochée de la rue de Bondy ;

Vu la décision de M. le ministre de l'intérieur du 2 septembre 1835, portant fixation de l'étendue et du prix des places sur le nouveau marché ci-dessus désigné ,

Ordonnons ce qui suit :

1. Le marché aux fleurs du boulevard Saint-Martin tiendra le jeudi de chaque semaine dans la partie de l'esplanade du Château-d'Eau la plus rapprochée de la rue de Bondy.

Les places seront disposées sur une seule ligne et adossées à la barrière qui sépare l'esplanade de la rue.

Chaque place aura trois mètres superficiels.

2. Ce marché est exclusivement destiné à la vente en détail des arbrisseaux et plantes à fleurs en pots, en caisses ou en corbeilles et des fleurs coupées.

Toute vente en gros, de marchand à marchand, y est formellement interdite.

Il est défendu également d'y exposer en vente des arrachis.

3. Le marché du boulevard Saint - Martin sera ouvert le 14 avril prochain.

La vente y commencera à 6 heures du matin, du 1er avril au 31 août ;

A 7 heures , du 1er septembre au 30 novembre ;

Et à 8 heures, du 1er décembre au 31 mars.

La clôture du marché aura lieu , en toute saison , à la nuit tombante.

4. Toutes les dispositions des règlements concernant la distribution des places dans les marchés de détail sont applicables au marché du boulevard Saint-Martin.

5. Il sera perçu sur ce marché un droit de location de 20 centimes par jour de vente et par place de trois mètres superficiels.

Ce droit sera payé par mois et d'avance.

6. Chaque marchand sera tenu d'avoir constamment sur le point le plus apparent de son étalage un écriteau indiquant son nom , sa demeure et le numéro de la place qu'il occupe.

7. Le déchargement des marchandises aura lieu, soit dans la rue de Bondy, soit sur le boulevard.

Les marchandises seront portées à bras sur le marché.

Il est expressément défendu d'introduire dans les allées de l'esplanade des voitures attelées ou à bras, des bêtes de somme ou des brouettes chargées ou non chargées.

_____

(1) V. l'ord. du 27 juill. 1836.

8. Aussitôt qu'une voiture sera déchargée, elle sera retirée des abords du marché.

9. Il est défendu aux marchands d'étendre leurs étalages au delà des limites de leurs places.

Il leur est également défendu d'établir sur leur place aucun abri fixe ou mobile.

10. Il est défendu aux porteurs de stationner et de circuler dans l'intérieur du marché avec des hottes ou des crochets.

11. Les plantes et arbrisseaux exposés en vente seront visités par l'inspecteur général des halles et marchés, ou par les préposés sous ses ordres.

Les plantes et les arbrisseaux dont les racines seront reconnues être gelées ou gâtées, ou qui, dépourvus de racines, seront simplement fichés en terre, ou auxquels il aura été appliqué des fleurs fichées, seront, après expertise, détruits en présence des marchands qui les auront exposés en vente. Cette opération ainsi que l'expertise qui l'aura précédée seront constatées par un procès-verbal.

12. Cette mesure sera également observée à l'égard des marchandes de fleurs coupées qui exposeront en vente des fleurs fichées.

13. Les contraventions seront constatées par des procès-verbaux ou rapports qui nous seront adressés, et poursuivies conformément aux lois et règlements.

14. La présente ordonnance sera imprimée et affichée.

Ampliation en sera adressée à M. le pair de France, préfet du département de la Seine.

15. Les commissaires de police, et notamment celui du quartier de la Porte-Saint-Martin, le chef de la police municipale, les officiers de paix, l'inspecteur général et les inspecteurs généraux adjoints des halles et marchés et les autres préposés de la préfecture de police sont chargés de tenir la main à son exécution.

Le conseiller d'Etat, préfet de police, GISQUET.

N° **1570.** — *Ordonnance concernant les mesures d'ordre à observer le 1er mai, jour de la fête du roi* (1).

Paris, le 28 avril 1836.

N° **1571.** — *Arrêté qui prescrit la réimpression et la publication de l'ordonnance du 17 mai 1834, concernant l'arrosement* (2).

Paris, le 16 mai 1836.

N° **1572.** — *Arrêté concernant la circulation et la conduite des voitures dans Paris.*

Paris, le 26 mai 1836.

Nous, conseiller d'Etat, préfet de police,

Considérant que des voitures servant au transport du bois, des

---

(1) V. l'ord. du 28 avril 1843.

2) V. les ord. des 1er juin 1837 et 27 juin 1843.

pierres, moellons ou autres matériaux, et qui sont chargées au-dessus des ridelles ou des planches de clôture, contrairement aux dispositions de l'article 2 de l'ordonnance de police du 9 mai 1831, sont journellement introduites dans Paris ;

Que cet abus compromet essentiellement la sûreté publique et peut occasionner de nombreux accidents ;

En vertu de l'article 22 de l'arrêté du gouvernement, du 1er juillet 1800 (12 messidor an VIII), et de l'article 156 du décret impérial du 17 mai 1809 ,

Arrêtons ce qui suit :

1. L'article 2 de l'ordonnance de police du 9 mai 1831, concernant la circulation et la conduite des voitures traînées à bras, ou par des animaux dans Paris, sera de nouveau imprimé et affiché.

2. Les préposés de l'octroi sont requis de concourir à l'exécution de l'article précité de ladite ordonnance et de s'opposer à l'introduction, dans Paris, de toute voiture dont le chargement, composé de bois, pierres, moellons et autres matériaux ou objets pouvant, par leur chute, occasionner des accidents, dépasserait la hauteur des ridelles ou des planches de clôture ; les procès-verbaux dressés par ces préposés nous seront transmis pour être déférés aux tribunaux compétents.

A cet effet, ampliation du présent arrêté sera adressée à M. le directeur, président du conseil d'administration de l'octroi.

Le conseiller d'Etat, préfet de police, GISQUET.

N° **1573**. — *Arrêté qui prescrit la réimpression et la publication de l'ordonnance du 23 juin 1832, concernant les chiens.*

Paris, le 15 juin 1836.

N° **1574**. — *Ordonnance concernant les bains en rivière* (1).

Paris, le 15 juin 1836.

N° **1575**. — *Ordonnance concernant les mesures d'ordre et de sûreté à observer à l'occasion du sixième anniversaire des journées de juillet 1830* (2).

Paris, le 26 juillet 1836.

(1) V. les ord. des 20 mai 1839 et 25 oct. 1840 (art. 187 et suiv. et 225).
(2) V. les ord. des 26 juillet 1840 et 1841.

N° **1576.** — *Ordonnance autorisant la tenue du marché aux fleurs du boulevard Saint-Martin le lundi, indépendamment du jeudi.*

Paris, le 27 juillet 1836.

Nous, conseiller d'Etat, préfet de police,

Vu la loi des 16—24 août 1790, titre Ier, article 3, § 3 ;

Vu les articles 2, 32 et 33 de l'arrêté du gouvernement du 12 messidor an VIII (1er juillet 1800) ;

Vu le décret du 21 septembre 1807 ;

Vu l'article 484 du Code pénal;

Vu notre ordonnance du 7 avril 1836 ;

Vu les réclamations des jardiniers et marchands de fleurs coupées ;

Vu notre décision du 8 juin 1836,

Vu l'arrêté de M. le ministre du commerce et des travaux publics, en date du 15 juillet 1836,

Ordonnons ce qui suit :

1. Le marché aux fleurs du boulevard Saint-Martin se tiendra désormais le lundi et le jeudi de chaque semaine.

2. Il sera formé sur ce marché un deuxième rang de places.

3. Toutes les dispositions de l'ordonnance de police du 7 avril 1836 qui ne sont pas contraires à la présente continueront d'être exécutées suivant leur forme et teneur.

4. La présente ordonnance sera imprimée et affichée.

Ampliation en sera adressée à M. le pair de France, préfet du département de la Seine.

5. Les commissaires de police, et notamment celui du quartier de la porte Saint-Martin, le chef de la police municipale, les officiers de paix, l'inspecteur général et les inspecteurs généraux adjoints des halles et marchés et les autres préposés de la préfecture de police sont chargés de tenir la main à son exécution.

Le conseiller d'Etat, préfet de police, GISQUET.

N° **1577.** — *Ordonnance concernant l'affichage dans la ville de Paris* (1).

Paris, le 4 août 1836.

Nous, conseiller d'Etat, préfet de police,

Vu l'arrêté du gouvernement du 12 messidor an VIII (1er juillet 1800), article 34 ;

L'article 257 du Code pénal ;

Les ordonnances de police sur l'affichage, des 23 août et 12 décembre 1830 ;

Considérant que les afficheurs, en couvrant indistinctement de leurs placards les édifices publics, défigurent, altèrent et dégradent les monuments, dont la conservation est confiée à l'autorité municipale ;

Voulant remédier à cet abus et soumettre les afficheurs à des mesures d'ordre et de police, dans l'exercice de leur profession ;

---

(1) V. l'ord. du 8 nov. 1841.

Ordonnons ce qui suit :

1. L'affichage de toute espèce d'affiches imprimées par un procédé quelconque, soit gravées, lithographiées, à la main ou à la brosse, est expressément interdit sur les palais, monuments et édifices publics appartenant à l'Etat ou à la ville de Paris.

2. L'affichage est pareillement défendu sur les édifices consacrés aux cultes, sans exception même des annonces relatives aux cérémonies de ces cultes.

3. En conséquence, l'interdiction prononcée par les articles précédents est applicable notamment aux monuments et édifices ci-après désignés,

Savoir :

Au palais des Tuileries,
— du Louvre,
— Royal,
— de l'Elysée-Bourbon,
— de la Chambre des Députés,
— de l'Institut,
— du Luxembourg,
— de la Légion d'honneur,
— de la Bourse,
A la façade du Palais-de-Justice et de la Cour des Comptes,
A l'Hôtel-de-Ville,
— de la Préfecture de Police (à la façade seulement),
— des Invalides,
— du Timbre,
A l'Hôtel des Monnaies,
Aux hôtels des ministres,
A l'Ecole de Médecine,
Au Conservatoire des Arts et Métiers,
Au Muséum d'Histoire Naturelle,
Au Panthéon,
Aux églises, temples protestants et israélites,
Aux hôpitaux,
Aux halles et marchés appartenant à la ville,
A la halle au Blé,
Aux ponts et parapets,
Aux bibliothèques publiques,
Aux fontaines publiques,
Aux colléges royaux et communaux,
Aux théâtres de l'Opéra, de l'Odéon et des Italiens,
Aux portes Saint-Denis et Saint-Martin,
Aux arcades des rues de Rivoli et Castiglione, et du Palais-Royal,
Aux casernes,
Aux corps de garde,
Aux abattoirs,
Aux pavillons des barrières de Paris,
Aux cimetières.

4. Les concierges, portiers, gardiens et surveillants des monuments et édifices ci-dessus désignés seront tenus de faire enlever et disparaître complètement, dans les trois jours de la publication de la présente ordonnance, toutes les affiches, sans exception, qui se trouvent présentement appliquées sur lesdits monuments et édifices publics.

5. La prohibition résultant des articles 1er et 2 de la présente ordonnance aura lieu indépendamment du droit qu'a tout propriétaire de tolérer ou de défendre la pose de toute espèce d'affiches sur sa

propriété et de poursuivre devant les tribunaux tout individu qui y
afficherait sans son autorisation.

6. Dans tous les cas d'infraction aux dispositions ci-dessus, il en
sera dressé procès-verbal par les commissaires de police, et les contrevenants seront traduits devant les tribunaux compétents.

7. Les ordonnances de police des 23 août et 12 décembre 1830, sur
les affiches et les afficheurs, continueront de recevoir leur exécution
dans les dispositions non rapportées par la présente ordonnance.

8. La présente ordonnance sera imprimée et affichée dans Paris.

Les commissaires de police de la ville de Paris, le chef de la police
municipale, les officiers de paix et les préposés de la préfecture de
police sont chargés, chacun en ce qui le concerne, d'en assurer l'exécution.

Le colonel de la garde municipale de Paris et M. le commandant de
la gendarmerie de la Seine et tout agent de la force publique sont
requis de leur prêter main-forte au besoin.

Le conseiller d'Etat, préfet de police, GISQUET.

N° 1578. — *Ordonnance concernant la nouvelle fixation du
prix des places affectées aux jardiniers fleuristes, sur le marché
aux fleurs situé quai Desaix, et l'établissement d'un droit
de location des places réservées aux maraîchers et pépiniéristes,
sur le quai de la Cité.*

Paris, le 11 août 1836.

Nous, conseiller d'Etat, préfet de police,
Vu : 1° la délibération du conseil général du département de la
Seine, faisant fonctions du conseil municipal de Paris, en date du 29
janvier dernier, par laquelle il émet le vœu, 1° qu'on établisse un nouveau tarif pour la location des places du marché aux fleurs (quai Desaix), en rapport avec leur étendue et l'importance des ventes qui s'y
font ; 2° qu'on assujettisse à un droit de place les pépiniéristes et maraîchers qui stationnent sur le quai de la Cité ;
2° La décision de M. le ministre de l'intérieur, en date du 28 mars
dernier, portant approbation de cette délibération ;
3° La loi des 16—24 août 1790, titre XI ;
4° Les articles 2, 32 et 33 de l'arrêté du gouvernement du 12 messidor an VIII (1er juillet 1800) ;
5° Les décrets des 21 septembre 1807 et 21 janvier 1808 ;
6° L'ordonnance de police du 10 juin 1824 ;
Considérant qu'il importe d'établir d'une manière précise la déli-
mitation des places des quais Desaix et de la Cité, affectées aux jardiniers, maraîchers et pépiniéristes,

Ordonnons ce qui suit :

1. Les places du marché aux fleurs du quai Desaix seront limi-
tées par les soins de l'administration des hospices, de manière qu'elles
aient toutes une superficie de six mètres carrés.

2. Il sera établi le long du trottoir du quai de la Cité, depuis le
pont Notre-Dame jusqu'au pont d'Arcole, des places de six mètres
superficiels dont la limite sur la voie publique sera fixée à trois mètres de distance du trottoir ; ces places seront exclusivement desti-

nées à l'exposition en vente des arrachis de plantes légumineuses et à fleurs.

3. Il sera établi le long du trottoir du même quai, depuis le pont d'Arcole jusqu'au pont Louis-Philippe, et, au besoin, jusqu'au pont de l'Archevêché, des places de quatre mètres soixante-dix centimètres superficiels; dont la limite sur la voie publique sera fixée à deux mètres trente-cinq centimètres de distance du trottoir. Ces places seront exclusivement destinées à l'exposition en vente des arrachis d'arbres et arbustes de toute espèce.

4. Le prix de location des places sera payé conformément au tarif ci-après :

Pour les places du marché aux fleurs, par mètre carré et par jour de marché.. » 07 1/2

Pour les places de marchands d'arrachis de plantes légumineuses et à fleurs, par mètre carré et par jour de marché.. » 05

Pour les places des marchands d'arrachis d'arbres et arbustes, par mètre carré et par jour de marché......... » 07 1/2

5. Le prix de location sera payé par mois et d'avance entre les mains du percepteur des hospices.

Le même prix de location sera perçu pour les marchés extraordinaires dont la tenue est autorisée la veille de quelques fêtes patronales.

6. Il est défendu aux marchands de dépasser les limites de leurs places, et notamment aux marchands sur le quai de la Cité, de déposer sur le trottoir des marchandises et ustensiles quelconques.

7. Les contraventions à l'article précédent seront constatées par des procès-verbaux ou rapports qui nous seront adressés pour être transmis au tribunal compétent.

8. Les dispositions de l'ordonnance du 10 juin 1824 concernant le marché aux fleurs, arbres et arbustes, sont maintenues.

9. La présente ordonnance sera imprimée et affichée.

Ampliation en sera adressée à M. le pair de France, préfet du département de la Seine, et à MM. les membres composant le conseil général des hospices.

10. Les commissaires de police, et notamment celui du quartier de la Cité, le chef de la police municipale, les officiers de paix, l'inspecteur général des halles et marchés et les préposés de la préfecture de police sont chargés de tenir la main à son exécution.

Le conseiller d'Etat, préfet de police, GISQUET.

N° **1579.** — *Ordonnance concernant l'ouverture de la chasse* (1).

Paris, le 18 août 1836.

N° **1580.** — *Ordonnance concernant le curage de la rivière de Bièvre* (2).

Paris, le 30 août 1836.

---

(1) V. l'ord. du 22 août 1843.
(2) V. l'ord. du 31 juillet 1838.

N° **1581.** — *Ordonnance concernant la police des marchés de Sceaux et de Poissy* (1).

Paris, le 31 août 1836.

Nous, conseiller d'Etat, préfet de police,

Vu le mémoire des marchands herbagers et commissionnaires en bestiaux, fréquentant habituellement les marchés de Sceaux et de Poissy, par lequel ils demandent, dans l'intérêt du commerce et pour faire cesser divers abus, que l'ordonnance de police du 25 mars 1830 soit modifiée, en ce qui concerne principalement les heures d'ouverture et de clôture de la vente des bestiaux sur ces marchés;

Vu la loi des 16—24 août 1790, titre XI, article 3, § 3;

Vu les articles 2 et 33 de l'arrêté du gouvernement du 12 messidor an VIII (1er juillet 1800), et l'article 1er de celui du 3 brumaire suivant (25 novembre 1800);

Vu l'ordonnance royale du 18 octobre 1829;

Vu l'ordonnance de police du 25 mars 1830;

Vu l'article 484 du Code pénal,

Ordonnons ce qui suit:

1. Les heures d'ouverture et de clôture de la vente des bestiaux propres à la boucherie, sur les marchés de Sceaux et de Poissy, sont réglées ainsi qu'il suit:

Vente des veaux.

La vente des veaux s'ouvrira, au marché de Poissy, à six heures du matin, du 1er avril au 30 septembre;

A sept heures, du 1er octobre au 31 mars;

Au marché de Sceaux, à sept heures du matin, du 1er avril au 30 septembre;

A huit heures, du 1er octobre au 31 mars.

La vente des veaux sera close en toute saison et sur les deux marchés à midi.

Vente des bœufs.

La vente des bœufs s'ouvrira à neuf heures du matin en toute saison, et sur les deux marchés.

Elle sera close également en toute saison et sur les deux marchés à deux heures de relevée.

Vente des moutons.

La vente des moutons s'ouvrira, au marché de Poissy, à une heure de relevée, en toute saison;

Au marché de Sceaux, à midi, du 1er octobre au 1er avril;

A une heure, du 1er avril au 31 mars.

La vente des moutons sera close en toute saison et sur les deux marchés à quatre heures de relevée.

Ces heures d'ouverture et de fermeture seront annoncées au son de la cloche.

2. A partir du 15 septembre prochain, il sera délivré à chaque marchand une feuille de vente indiquant la date du marché, le nom du vendeur, le nombre et l'espèce de bestiaux à vendre. Ces ventes faites seront inscrites successivement sur cette feuille avec indication du

_____

(1) V. l'ord. du 18 janvier 1843.

nom de l'acquéreur, du nombre, de l'espèce et du prix des bestiaux vendus.

3. Immédiatement après cette inscription, la marque d'achat ainsi que la marque particulière de l'acheteur seront apposées sur les bestiaux vendus.

4. Les bulletins de vente mentionnés en l'article 172 de l'ordonnance de police du 25 mars 1830 ne pourront être délivrés à l'acquéreur qu'après l'inscription prescrite par l'article précédent et la marque des bestiaux.

5. Il est défendu à tout bouvier et à tout autre de décorder les bœufs ou de parquer les moutons, s'il n'est porteur de bulletin d'inspection, ou s'il n'y est autorisé par l'inspecteur aux ventes qui aurait délivré ce bulletin.

6. Immédiatement après la clôture des ventes, les marchands sont tenus de représenter leur feuille sur laquelle les inscriptions seront closes et le nombre de bestiaux non vendus constaté.

7. Les dispositions de l'ordonnance de police du 25 mars 1830 qui ne sont pas contraires à la présente continueront d'être exécutées.

8. La présente ordonnance sera imprimée et affichée.

9. Les maires de Sceaux et de Poissy, l'inspecteur général et les inspecteurs généraux adjoints des halles et marchés et les autres préposés de la préfecture de police sont chargés, chacun en ce qui le concerne, de tenir la main à son exécution.

Le conseiller d'Etat, préfet de police, GISQUET.

N° **1582**. — *Ordonnance concernant les mesures d'ordre et de sûreté à observer à l'occasion des fêtes de Saint-Cloud* (1).

Paris, le 9 septembre 1836.

LOUIS-PHILIPPE, roi des Français, etc.,

Nous avons ordonné et ordonnons ce qui suit :

1. M. Gabriel Delessert, préfet du département d'Eure-et-Loir, est nommé préfet de police, en remplacement de M. Gisquet, dont la démission est acceptée.

2. Notre ministre secrétaire d'Etat au département de l'intérieur est chargé de l'exécution de la présente ordonnance.

Neuilly, 10 septembre 1836.

Signé LOUIS-PHILIPPE.

---

(1) V. l'ord. du 6 septembre 1843.

N° **1583**. — *Ordonnance concernant la tenue successive, dans le même local, des trois marchés aux draps, aux toiles et à la bonneterie* (1).

Approuvée par M. le ministre des travaux publics, de l'agriculture et du commerce, le 2 novembre 1836.

Paris, le 18 octobre 1836.

Nous, conseiller d'Etat, préfet de police,

Vu : 1° la délibération du conseil général du département de la Seine, faisant fonctions de conseil municipal, en date du 11 janvier 1833, relative à la réunion, dans le même local, des trois halles aux toiles, aux draps et à la bonneterie ;

2° La délibération du conseil général, du 16 janvier 1835, qui modifie le droit de halle pour les toiles ;

3° L'arrêté de M. le ministre du commerce et des travaux publics, du 13 mai 1833 ; ensemble les décisions des 10 juin 1833 et 14 avril 1835, portant approbation des délibérations des 11 janvier 1833 et 16 janvier 1835 ;

4° Le décret du 21 septembre 1807 ;

5° Le décret du 9 juin 1808 ;

6° Notre arrêté du 18 septembre 1835 ;

7° Les ordonnances de police des 25 brumaire an XI (16 novembre 1802) et 14 brumaire an XIV (5 novembre 1805) ;

8° Les lois des 16—24 août 1790, titre XI, et 22 juillet 1791, titre Ier, et l'arrêté du gouvernement du 12 messidor an VIII (1er juillet 1800),

Ordonnons ce qui suit :

1. A compter du 1er décembre prochain, le rez-de-chaussée du bâtiment dit de la Halle aux Draps, actuellement affecté à la tenue de la halle aux toiles, sera ouvert chaque mois à la tenue successive de trois marchés aux draps, aux toiles et à la bonneterie.

A compter de la même époque, la halle aux draps, qui occupe l'étage supérieur dudit bâtiment, sera transférée dans le local affecté, par le paragraphe précédent, aux marchés aux toiles et à la bonneterie.

2. Aux termes de l'arrêté de M. le ministre du commerce et des travaux publics, en date du 13 mai 1833, ces trois marchés se tiendront chaque mois, savoir :

Le marché aux toiles, du 1er au 10 inclusivement ;

Le marché à la bonneterie, du 11 au 20 inclusivement ;

Et le marché aux draps, du 21 au dernier jour du mois.

3. Conformément aux délibérations du conseil municipal des 11 janvier 1833 et 16 janvier 1835, approuvées par M. le ministre du commerce et des travaux publics, les 10 juin 1833 et 14 avril 1835, le droit d'occupation de place, dans la halle, sera perçu d'après le tarif suivant, savoir :

Halle aux toiles.

Par pièce de toile, pour toute la durée de l'emmagasinement.. 1 fr. » c.

Ce droit sera porté à un franc dix centimes, ci....... 1   10

aussitôt que les armoires construites aux frais de la ville pour la

---

(1) V. les ord. des 13 et 25 brum. an XI (4 et 16 nov. 1802), 14 brum. an XIV (5 nov. 1805), 29 avril et 25 juin 1808.

resserre des marchandises invendues auront été mises à la disposition du commerce.

Halle à la bonneterie.

Par douzaine de paires de bonnets, de petits bas et chaussettes...................................... » fr. 7 c. 1/2
Par douzaine de paires de grands bas............. »   15
Par douzaine d'objets de grosse bonneterie, tels que gilets, pantalons de tricot, etc................. »   40

Halle aux draps.

Et par pièce de draperie........................ 1 fr. » c.

4. La présente ordonnance sera imprimée et affichée.

5. Le commissaire de police du quartier des Marchés et l'inspecteur général et les inspecteurs généraux adjoints des halles et marchés, et les préposés sous leurs ordres sont chargés, chacun en ce qui le concerne, d'en surveiller l'exécution.

Le conseiller d'Etat, préfet de police, G. DELESSERT.

N° **1584.** — *Ordonnance concernant le stationnement, sur la voie publique, des voitures, bêtes de trait et de somme servant au transport des marchandises destinées à l'approvisionnement des halles du centre* (1).

Paris, le 29 octobre 1836.

Nous, conseiller d'Etat, préfet de police,

Vu 1° la loi des 16—24 août 1790, titre XI;

2° L'arrêté du gouvernement du 12 messidor an VIII (1er juillet 1800);

3° Le décret du 21 septembre 1807 ;

4° L'article 484 du Code pénal ;

5° La délibération du conseil municipal de la ville de Paris, du 20 février 1835, approuvée le 11 mai suivant par le ministre de l'intérieur, concernant la location des places affectées sur la voie publique au stationnement des voitures, bêtes de trait et de somme qui servent au transport des marchandises pour l'approvisionnement des halles ;

6° Et la lettre, en date du 26 septembre dernier, par laquelle M. le pair de France, préfet du département de la Seine, nous transmet le cahier des charges de la mise en adjudication de la perception du droit de location desdites places de stationnement,

Ordonnons ce qui suit :

1. Les voitures et les bêtes de trait et de somme servant au transport des marchandises destinées à l'approvisionnement des halles devront en être retirées aussitôt après leur déchargement, pour être conduites, soit dans les auberges, soit sur les places de stationnement ci-après désignées, savoir :

Première place de stationnement.

Place du Châtelet (partie nord).

Cette place sera bornée, au sud, par une ligne parallèle au quai, et

---

(1) V. les ord. des 19 déc. 1836 et 27 sept. 1842.

partant des deux angles nord de la fontaine ; à l'est et au nord , par
des lignes distantes de huit mètres des maisons qui longent la place
des deux côtés ; et à l'ouest, par une ligne éloignée de dix mètres des
maisons formant le prolongement de la rue Saint-Denis.

Les voitures seront rangées sur cette place en ligne , c'est-à-dire
roues contre roues, et il sera formé autant de lignes que l'espace en
pourra contenir.

Deuxième place de stationnement.

Place du Châtelet (côté sud).

Cette place sera bornée , au sud, par une ligne tirée de l'angle du
quai de Gèvres à l'angle du quai de la Mégisserie ; à l'est , par une
ligne distante de huit mètres des maisons qui longent la place de ce
côté ; au nord , par une ligne parallèle au quai , et partant des deux
angles sud de la fontaine ; à l'ouest , par une ligne distante de dix mètres des maisons qui font le prolongement de la rue Saint-Denis. Les
voitures y seront rangées en ligne, c'est-à-dire roues contre roues, et
il sera formé autant de lignes que l'espace en pourra contenir.

L'espace compris entre ces deux places , et ayant à l'ouest et à l'est
la même largeur que la fontaine , restera libre pour servir aux abords
de cette fontaine.

Troisième place de stationnement.

Quai Pelletier.

Cette place s'étendra le long du trottoir du quai, depuis le pont
Notre-Dame jusqu'à la place de l'Hôtel-de-Ville. Les voitures y seront
rangées en une seule ligne, roues contre roues.

Quatrième place de stationnement.

Quai de la Mégisserie (côté du pont au Change).

Cette place s'étendra le long du trottoir du quai, depuis le pont au
Change jusqu'à la ligne qui sépare les maisons n°s 34 et 36. Les voitures y seront placées sur un seul rang.

Cinquième place de stationnement.

Quai de la Mégisserie (côté du Pont-Neuf).

La place s'étendra le long du trottoir du quai, depuis le Pont-Neuf
jusqu'à la ligne ci-dessus indiquée. Les voitures seront sur un seul
rang depuis la ligne qui sépare les maisons n°s 34 et 36 jusqu'à la hauteur de l'Arche-Marion , et depuis ce point jusqu'au Pont-Neuf, sur
une seule file, à la suite les unes des autres.

Sixième place de stationnement.

Pont au Change (côté du Châtelet).

Cette place s'étendra le long du trottoir, en amont, depuis l'angle
qu'il forme à sa jonction avec le trottoir du quai de Gèvres, jusqu'aux
deux tiers de la longueur du pont. Les voitures y seront rangées sur
une seule ligne, les unes à côté des autres.

Septième place de stationnement.

Pont au Change (côté du quai aux Fleurs).

La place s'étendra le long du trottoir, en amont et en aval, depuis le quai aux Fleurs et le quai de l'Horloge jusqu'au tiers de la longueur du pont. Les voitures y seront rangées sur une seule ligne, les unes à côté des autres.

Huitième place de stationnement.

Quai de Gèvres.

Elle s'étendra depuis le pont Notre-Dame jusqu'à la moitié de la longueur du quai, l'autre moitié étant réservée pour un stationnement de cabriolets. Les voitures y seront rangées roues contre roues, sur une seule ligne, les unes à côté des autres.

Neuvième place de stationnement.

Pont Notre-Dame.

Cette place s'étendra sur toute la longueur du pont, le long du trottoir en aval. Les voitures y seront rangées sur une seule file, les unes à la suite des autres.

Dixième place de stationnement.

Quai aux Fleurs.

Le stationnement s'étendra sur toute la longueur du quai, entre les ponts au Change et Notre-Dame. Les voitures y seront rangées en file sur une seule ligne, le long du trottoir.

Onzième place de stationnement.

Quai Napoléon.

Cette place s'étendra le long du trottoir du quai, depuis le pont Notre-Dame jusqu'au pont d'Arcole. Les voitures y seront rangées en file sur une seule ligne.

Le stationnement sur cette place ne pourra avoir lieu, les mercredis et samedis, que sur la partie du quai non occupée par les pépiniéristes et les marchands d'arrachis.

Douzième place de stationnement.

Quai de la Cité (entre le pont d'Arcole et le pont Louis-Philippe).

Le stationnement se tiendra le long du trottoir entre les deux ponts; les voitures y seront rangées en file sur une seule ligne; il ne pourra avoir lieu sur cette place, les mercredis et samedis, que dans la partie du quai non occupée par les pépiniéristes et les marchands d'arrachis.

Treizième place de stationnement.

Quai de la Cité (entre le pont de l'île Saint-Louis et le pont de l'Archevêché.)

Cette place s'étendra le long du trottoir entre les deux ponts. Les voitures y seront rangées en file sur une seule ligne.

Quatorzième place de stationnement.

Quai de l'Archevêché.

Cette place s'étendra le long du trottoir, depuis le pont de l'Archevêché jusqu'à la clôture en planches qui ferme la place à la hauteur de la sacristie de l'église Notre-Dame. Les voitures y seront rangées sur une seule ligne, les unes à côté des autres.

Quinzième place de stationnement.

Cour de la Sainte-Chapelle.

Cette place sera limitée d'un côté par la Sainte-Chapelle, et des trois autres par des lignes distantes de douze mètres des bâtiments qui bordent la place. Il sera réservé un passage de trois mètres devant l'escalier qui conduit au Palais de Justice. Les voitures seront rangées en lignes ou en files dans les limites indiquées ci-dessus.

Seizième place de stationnement.

Place du Louvre.

Cette place s'étendra le long de la terrasse du Louvre, depuis le quai du Louvre jusqu'à l'entrée du palais, devant Saint-Germain-l'Auxerrois. Les voitures y seront rangées en une seule file, les unes à la suite des autres.

Dix-septième place de stationnement.

Place de l'Oratoire (côté de l'hôtel d'Angevilliers).

Le stationnement s'étendra depuis cet hôtel jusqu'à la rue de l'Oratoire. Les voitures y seront rangées en une ligne entre la ligne des cabriolets et le talus qui existe le long des murs de l'hôtel.

Dix-huitième place de stationnement.

Place de l'Oratoire (devant la Caisse d'amortissement).

Le stationnement s'étendra depuis la rue de l'Oratoire jusqu'à la rue du Coq. Les voitures y seront rangées sur une seule ligne, roues contre roues, ou en file sur deux lignes.

Dix-neuvième place de stationnement.

Place de l'Oratoire (côté du palais du Louvre).

Cette place s'étendra le long de l'enceinte en planches élevée en avant du palais, depuis la porte qui fait face à la rue du Coq jusqu'à la hauteur de la rue de la Bibliothèque. Les voitures y resteront rangées en ligne.

Vingtième place de stationnement.

Quai du Louvre (côté de la rivière).

Cette place sera limitée, à l'est, par les bureaux des facteurs aux charbons, et à l'ouest, par le pont des Arts. Les voitures y seront rangées sur une seule file, roues contre roues.

Vingt-unième place de stationnement.

Quai du Louvre (côté du palais).

Cette place s'étendra depuis l'angle de la place du Louvre jusqu'à l'entrée du palais, vis-à-vis du pont des Arts. Les voitures y seront rangées sur un seul rang, ou en file sur deux rangs.

Vingt-deuxième place de stationnement

Quai du Louvre (côté du palais).

Cette place s'étendra depuis l'entrée du palais, le long du Jardin de l'Infante, jusqu'à la galerie d'Apollon; et depuis cette galerie jusqu'au guichet de la grande galerie qui conduit à la place du Musée, entre l'entrée du Louvre et la galerie d'Apollon. Les voitures seront placées en file sur un seul rang; elles seront rangées en une seule ligne, roues contre roues, dans l'espace compris entre la galerie d'Apollon et le guichet du Musée.

Vingt-troisième place de stationnement.

Quai du Louvre (côté de la grande galerie).

Cette place s'étendra depuis le guichet qui conduit à la place du Musée jusqu'à la hauteur du pont du Carrousel. Les voitures y seront placées en ligne sur un seul rang.

Vingt-quatrième place de stationnement.

Place du portail Saint-Eustache.

Cette place sera limitée par l'escalier du portail et par deux lignes parallèles aux rues du Jour et Traînée, et distantes de six mètres des maisons qui bordent ces deux rues. Les voitures y seront placées en ligne sur autant de rangs que l'espace limité ci-dessus en pourra contenir.

Vingt-cinquième place de stationnement.

Place Saint-André-des-Arts.

Cette place sera limitée par des lignes distantes de dix mètres des maisons formant trois des côtés de la place, et de douze mètres des maisons formant le côté compris entre la rue Saint-André-des-Arts et celle du Cimetière-Saint-André. Les voitures y seront rangées en ligne.

2. Le stationnement des voitures et bêtes de trait et de somme employées au service de l'approvisionnement des halles est interdit sur tous autres points de la voie publique que ceux ci-dessus désignés.

3. Sont révoquées, à compter du jour de la publication de la présente ordonnance, toutes les permissions accordées à des aubergistes ou autres, à l'effet de faire stationner sur la voie publique, dans les quartiers des marchés, du Louvre, Saint-Honoré, Saint-Eustache, Montorgueil et des Lombards, des voitures, bêtes de trait et de somme servant au transport des marchandises destinées à l'approvisionnement des halles.

Il est défendu auxdits aubergistes et à tous autres de déposer sur la voie publique les paniers des approvisionneurs.

4. Le droit de stationnement, établi au profit de la ville de Paris, et que les propriétaires des voitures, bêtes de trait et de somme servant à l'approvisionnement des halles, devront payer aux adjudicataires des places, est fixé comme suit, conformément à la délibération du conseil municipal du 20 février 1835, homologuée par le ministre de l'intérieur le 11 mai suivant, savoir:

Par voiture à quatre roues pouvant occuper un espace de seize mètres.. » fr. 20 c.
Par voiture à deux roues pouvant occuper un espace de douze mètres.. »   15
Par bête de trait attelée ou non attelée et par bête de somme.. »   05

Les adjudicataires des places de stationnement ne pourront exiger de plus forts droits, sous peine d'être poursuivis comme concussionnaires.

5. La conduite et la garde des voitures sur les places de stationnement ne pourront être faites que par les approvisionneurs, les personnes de leur famille ou attachées à leur service, ou par les agents des adjudicataires de chaque stationnement.

Dans ce dernier cas, les frais de conduite et de garde seront débattus de gré à gré. Mais, sous aucun prétexte, les adjudicataires ou leurs agents ne pourront jamais rien exiger au delà des prix ci-dessous indiqués, savoir :

	FRAIS DE	
	CONDUITE	GARDE.
	fr. c.	fr. c.
Par voiture à quatre roues......................	» 30	» 15
Par voiture à deux roues........................	» 20	» 10
Par bête de trait attelée ou non attelée, et par bête de somme...............................	» 05	» 05

6. Les agents préposés par les fermiers à la conduite et à la garde des voitures, bêtes de trait et de somme devront être munis d'une permission délivrée par nous.

Pendant toute la durée de leur service, ils devront porter au bras gauche une plaque aux armes de la ville, indicative des places de stationnement qu'ils desserviront, et d'un numéro d'ordre spécial qui leur sera délivré à la préfecture de police.

Les dispositions du présent article sont applicables aux agents employés par les aubergistes pour conduire les voitures, chevaux et bêtes de somme dans les locaux qui leur appartiennent. La plaque de ces agents indiquera l'établissement auquel ils seront attachés.

7. Les adjudicataires des places de stationnement seront responsables, tant pour eux que pour leurs agents, des voitures, bêtes de trait et de somme, et de tous autres objets confiés à leur conduite et à leur garde, comme aussi de tous les accidents qui pourront résulter de leur fait ou de celui de leurs agents.

8. Les propriétaires de voitures, bêtes de trait et de somme qui les conduiront et feront conduire et garder sur les places de stationnement seront tenus de se conformer, pour le placement de leurs voitures, bêtes de trait et de somme, aux indications qui leur seront données par les adjudicataires de chaque stationnement.

9. Les adjudicataires des places de stationnement sont tenus de veiller à ce qu'il ne soit causé aucun dommage, soit par leurs agents, soit par les approvisionneurs, aux trottoirs, plates-bandes, arbres, bancs, fontaines et monuments, auprès desquels les voitures et bêtes de somme passeront ou stationneront. Ils seront personnellement responsables de tous les dégâts ou dégradations qui seraient commis, sauf leur recours contre qui de droit.

10. Il est enjoint aux fermiers de se renfermer strictement dans les limites déterminées, pour chaque place de stationnement, par l'article 1er de la présente ordonnance.

11. Les voitures devront être rangées avec ordre sur les places de stationnement, de manière qu'on puisse toujours les retirer avec facilité.

Les bêtes de trait seront attelées aux voitures ou attachées entre les limons, la croupe en dehors des rangs.

Les bêtes de somme seront attachées derrière les voitures, mais il n'en sera reçu que sur les places où les voitures pourront être placées sur plusieurs rangs.

Les voitures seront rangées en ligne, les unes à côté des autres, ou en file, à la suite les unes des autres.

12. Il est défendu aux adjudicataires des places de stationnement et aux aubergistes de faire conduire, par chacun de leurs gens , plus de trois voitures, ou plus de quatre bêtes de somme à la fois.

13. Les places de stationnement devront être évacuées entièrement à neuf heures du matin, depuis le 1er avril jusqu'au 30 septembre , et à dix heures du matin, depuis le 1er octobre jusqu'au 31 mars.

14. Les dispositions de la présente ordonnance ne sont point applicables aux voitures chargées de marée, lesquelles continueront à stationner, après leur déchargement, sur les places de la Fromagerie et de la pointe Saint-Eustache.

15. Les contraventions seront constatées par des procès-verbaux ou rapports qui nous seront transmis , et poursuivies conformément aux lois et règlements.

16. La présente ordonnance sera imprimée et affichée.

Ampliation en sera envoyée à M. le pair de France, préfet du département de la Seine.

Les commissaires de police , le chef de la police municipale et les officiers de paix, l'inspecteur général et les inspecteurs généraux adjoints des halles et marchés et les autres préposés de la préfecture de police sont chargés, chacun en ce qui le concerne, d'en surveiller l'exécution.

Le conseiller d'Etat, préfet de police, G. DELESSERT.

N° **1585.** — *Ordonnance concernant l'établissement d'un droit de place qui sera perçu par tête de vache et de taureau exposés en vente au marché aux Vaches, dit des Bernardins, à Paris.*

Paris, le 29 octobre 1836.

Nous, conseiller d'Etat, préfet de police,

Vu 1° la loi des 16-24 août 1790, titre XI, article 3, § 3 ;

2° Les articles 2 et 32 de l'arrêté du gouvernement du 12 messidor an VIII (1er juillet 1800);

3° Le décret du 21 (septembre 1807 ;

4° L'article 484 du Code pénal ;

5° La lettre de M. le pair de France, préfet du département de la Seine, en date du 6 octobre 1836 ,

Ordonnons ce qui suit :

1. Conformément à la délibération du conseil général du département de la Seine, faisant fonctions de conseil municipal de Paris , du 10 juin 1836, approuvée par M. le ministre de l'intérieur, le 7 septembre suivant, il sera perçu, à compter du 4 novembre prochain, un droit de place de soixante-quinze centimes par tête de vache et de taureau qui seront exposés en vente au marché aux vaches, dit des Bernardins, à Paris.

2. Les nourrisseurs et les marchands sont tenus, en entrant dans le marché, de faire, au préposé de police, la déclaration du nombre des vaches et taureaux qu'ils y amènent, et d'acquitter immédiatement le droit de place dû pour ces bestiaux, entre les mains du receveur à ce préposé par l'administration des hospices de Paris.

3. Les vaches et taureaux devront être conduits directement au marché; il est défendu d'en laisser stationner, tant aux abords du marché que sur tout autre point de la voie publique.

4. Les dispositions de l'ordonnance du 25 mars 1830, sur la tenue des marchés à bestiaux, et notamment celles du titre VIII de ladite ordonnance, sur la police du marché établi à Paris, pour la vente des vaches propres à la boucherie, continueront à être exécutées.

5. La présente ordonnance sera imprimée et affichée.

Ampliation en sera adressée à M. le pair de France, préfet du département de la Seine, et à MM. les membres composant le conseil général des hospices.

6. Le commissaire de police du quartier du Jardin-du-Roi, l'inspecteur général et les inspecteurs généraux adjoints des halles et marchés et les autres préposés de la préfecture de police sont chargés, chacun en ce qui le concerne, d'en surveiller l'exécution.

Le conseiller d'Etat, préfet de police, G. DELESSERT.

—————————⋄—————————

N° 1586. — *Ordonnance concernant le balayage et la propreté de la voie publique* (1).

Paris, le 29 octobre 1836.

Nous, conseiller d'Etat, préfet de police,

Vu l'article 3 du titre XI de la loi des 16-24 août 1790;

Vu les articles 2 et 22 de l'arrêté du gouvernement du 1er juillet 1800 (12 messidor an VIII);

Vu l'article 471 du Code pénal;

Considérant qu'il est utile de rappeler fréquemment aux habitants les obligations qui leur sont imposées pour assurer le maintien de la propreté de la voie publique, et qu'il importe d'ajouter aux règlements existants de nouvelles dispositions, dont l'expérience a fait reconnaître la nécessité,

Ordonnons ce qui suit :

1. Les propriétaires ou locataires sont tenus de faire balayer complétement, chaque jour, la voie publique au-devant de leurs maisons, boutiques, cours, jardins et autres emplacements.

Le balayage sera fait jusqu'aux ruisseaux, dans les rues à chaussée fendue.

Dans les rues à chaussée bombée et sur les quais, le balayage sera fait jusqu'au milieu de la chaussée.

Le balayage sera également fait sur les contre-allées des boulevards jusqu'aux ruisseaux des chaussées.

Les boues et immondices seront mises en tas; ces tas devront être placés de la manière suivante, selon les localités,

SAVOIR :

Dans les rues sans trottoirs, auprès des bornes; dans les rues à trottoirs, le long des ruisseaux du côté de la chaussée, si la rue est à chaussée bombée; et le long des trottoirs, si la rue est à chaussée fendue; sur les boulevards, le long des ruisseaux de la chaussée, côté des contre-allées.

Dans tous les cas, les tas devront être placés à une distance d'au moins deux mètres des grilles ou des bouches d'égouts.

Nul ne pourra pousser les boues et immondices devant les propriétés de ses voisins.

2. Le balayage sera fait entre six heures et sept heures du matin,

—————————

(1) V. les ord. des 28 oct. 1839 et 1er avril 1843.

depuis le 1er avril jusqu'au 1er novembre, et entre sept heures et huit heures du matin, depuis le 1er novembre jusqu'au 1er avril.

En cas d'inexécution, le balayage sera fait d'office, aux frais des propriétaires ou locataires.

3. En outre du balayage prescrit par l'article 1er, les propriétaires ou locataires seront tenus de faire gratter, laver et balayer chaque jour les trottoirs existant au-devant de leurs maisons, ainsi que les bordures desdits trottoirs, aux heures fixées par l'article précédent.

Cette disposition est applicable aux dalles établies dans les contre-allées des boulevards; les propriétaires ou locataires sont tenus de les faire gratter, laver et balayer chaque jour; les boues et ordures provenant de ce balayage seront mises en tas sur la chaussée pavée, le long des ruisseaux, côté des contre-allées, conformément à l'article 1er.

4. Les devantures de boutiques ne pourront être lavées après les heures fixées pour le balayage, et l'eau du lavage devra être balayée et coulée au ruisseau.

5. Dans les rues à chaussée bombée, chaque propriétaire ou locataire doit tenir libre le cours du ruisseau au-devant de sa maison; dans les rues à chaussée fendue, il y pourvoira conjointement avec le propriétaire ou locataire qui lui fait face.

Pour prévenir les inondations par suite de pluie ou de dégel, les habitants devant la propriété desquels se trouvent des grilles d'égout les feront dégager des ordures qui pourraient les obstruer. Ces ordures seront déposées aux endroits indiqués à l'article 1er.

6. Il est expressément défendu de jeter dans les égouts des urines, des boues et immondices solides, des matières fécales, et généralement tout corps ou matière pouvant obstruer ou infecter lesdits égouts.

7. Il est expressément défendu de déposer dans les rues aucunes ordures, immondices, pailles et résidus quelconques de ménage.

Ces objets devront être portés directement des maisons aux voitures du nettoiement et remis aux desservants de ces voitures, au moment de leur passage annoncé par une clochette.

Toutefois, les habitants des maisons qui n'ont ni cour, ni porte-cochère, pourront déposer les ordures, pailles et résidus ménagers, le matin avant huit heures, depuis le 1er novembre jusqu'au 1er avril; et avant sept heures, depuis le 1er avril jusqu'au 1er novembre. En dehors de ces heures, il est formellement interdit de faire aucun dépôt de ce genre sur la voie publique.

Ces dépôts devront être faits sur les points de la voie publique désignés en l'article 1er, pour la mise en tas des immondices provenant du balayage.

8. Lorsqu'un chargement ou déchargement de marchandises ou de tous autres objets quelconques, aura été opéré sur la voie publique, dans le cours de la journée, et dans le cas où ces opérations sont permises par les règlements, l'emplacement devra être nettoyé.

En cas d'inexécution, il y sera pourvu d'office, et aux frais du contrevenant.

9. Il est défendu de jeter des eaux sur la voie publique; ces eaux devront être portées au ruisseau pour y être versées de manière à ne pas incommoder les passants.

Il est également défendu d'y jeter et faire couler des urines et des eaux infectes.

10. Il est généralement défendu de déposer sur la voie publique les bouteilles cassées, les morceaux de verre, de poterie, faïence et tous autres objets de même nature pouvant occasionner des accidents.

Ces objets devront être directement portés aux voitures du nettoiement, et remis aux desservants de ces voitures.

11. Il est défendu de secouer des tapis sur la voie publique, et généralement d'y rien jeter des habitations.

12. Il est défendu de jeter des pailles ou des ordures ménagères à la rivière ou sur les berges.

13. Il est interdit aux marchands ambulants de jeter sur la voie publique des débris de légumes et de fruits ou tous autres résidus.

Les étalagistes ou tous autres marchands du même genre sont obligés de tenir constamment propre la voie publique au-devant de l'emplacement qu'ils occupent.

14. Il est prescrit aux entrepreneurs de constructions publiques ou particulières de tenir la voie publique en état constant de propreté aux abords de leurs constructions ou chantiers, et sur tous les points qui auraient été salis par suite de leurs travaux; il leur est également prescrit d'assurer aux ruisseaux un libre écoulement.

En cas d'inexécution, le nettoiement de ces points de la voie publique sera opéré d'office et aux frais des entrepreneurs.

15. Dans le cas où des réparations à faire dans l'intérieur des maisons nécessiteraient le dépôt momentané de terres, sables, gravois et autres matériaux sur la voie publique, ce dépôt ne pourra avoir lieu que sous l'autorisation préalable du commissaire de police du quartier.

La quantité des objets déposés ne devra jamais excéder le chargement d'un tombereau, et leur enlèvement complet devra toujours être effectué avant la nuit. Si, par suite de force majeure, cet enlèvement n'avait pu être opéré complétement, les terres, sables, gravois ou autres matériaux devront être suffisamment éclairés pendant la nuit.

Sont formellement exceptés de la tolérance les terres, moellons ou autres objets provenant des fosses d'aisances; ces débris devront être immédiatement emportés, sans pouvoir jamais être déposés sur la voie publique.

En cas d'inexécution, il sera procédé d'office et aux frais des contrevenants à l'enlèvement des dépôts et, au besoin, à l'éclairage.

16. Il est enjoint à tout propriétaire ou locataire de maisons ou terrains situés le long des rues ou portions de rues non pavées, de faire combler, chacun en droit soi, les excavations, enfoncements et ornières, et d'entretenir le sol en bon état, de conserver et de rétablir les pentes nécessaires pour procurer aux eaux un écoulement facile, et de faire en un mot toutes les dispositions convenables pour que la liberté, la sûreté de la circulation et la salubrité ne soient pas compromises.

17. Ceux qui transporteront des terres, sables, gravois, fumier-litière et autres objets quelconques, pouvant salir la voie publique, devront charger leurs voitures de manière que rien ne s'en échappe et ne puisse se répandre.

Le nettoiement des rues ou parties des rues salies par les voitures en surcharge sera opéré d'office et aux frais des contrevenants.

18. Les concierges, portiers ou gardiens des établissements publics et maisons domaniales sont personnellement responsables de l'exécution des dispositions ci-dessus, en ce qui concerne les établissements et maisons auxquels ils sont attachés.

19. Les contraventions aux injonctions ou défenses faites par la présente ordonnance seront constatées par des procès-verbaux ou rapports qui nous seront adressés. Les contrevenants seront traduits, s'il y a lieu, devant les tribunaux, pour être punis conformément aux ois et règlements en vigueur.

Dans tous les cas où il y aura lieu à procéder d'office, en vertu des dispositions de la présente ordonnance, ces opérations se feront à la diligence des commissaires de police ou du directeur de la salubrité, aux frais des contrevenants et sans préjudice des peines encourues.

20. La présente ordonnance sera publiée et affichée.

Les commissaires de police, le chef de la police municipale, le directeur de la salubrité, les officiers de paix et autres préposés de l'administration sont chargés de faire observer les dispositions de l'ordonnance ci-dessus et de tenir la main à leur exécution.

Les préposés de l'octroi sont requis de concourir à l'exécution des articles 15 et 17, concernant les dépôts et le transport des terres, sables et autres objets susceptibles de salir ou d'embarrasser la voie publique.

A cet effet, ampliation de ladite ordonnance sera adressée à M. le directeur, président du conseil d'administration de l'octroi.

Le conseiller d'Etat, préfet de police, G. DELESSERT.

N° **1587.** — *Ordonnance concernant l'augmentation du prix de location des places de la deuxième série (Massif du Nord), sur le marché Saint-Martin-des-Champs.*

Paris, le 24 novembre 1836.

Nous, conseiller d'Etat, préfet de police,

Vu, 1° la loi des 16—24 août 1790, titre XI;

2° L'arrêté du gouvernement du 12 messidor an VIII (1er juillet 1800);

3° Le décret du 21 septembre 1807;

4° L'ordonnance de police du 12 juillet 1816;

5° L'article 484 du Code pénal;

6° La délibération du conseil général faisant fonctions de conseil municipal de la ville de Paris, du 5 août 1836, approuvée le 26 septembre suivant, par M. le ministre de l'intérieur, par laquelle il émet le vœu d'élever à trente centimes par jour le prix de location des places de la deuxième série (Massif du Nord), sur le marché Saint-Martin-des-Champs;

7° La lettre de M. le pair de France, préfet du département de la Seine, en date du 18 octobre 1836,

Ordonnons ce qui suit :

1. Conformément à la délibération du conseil municipal du 5 août 1836, approuvée le 28 septembre suivant par M. le ministre de l'intérieur, le prix de location des places de la deuxième série (Massif du Nord), sur le marché Saint-Martin-des-Champs, est porté de vingt centimes à trente centimes par jour et par place.

2. Ce nouveau prix de location ne sera perçu qu'à compter du 28 de ce mois et devra être acquitté, suivant l'usage, par semaine et d'avance.

3. Toutes les dispositions de l'ordonnance de police du 12 juillet 1816, qui ne sont pas contraires à la présente, continueront d'être exécutées selon leur forme et teneur.

4. La présente ordonnance sera imprimée et affichée.

5. Ampliation en sera envoyée à M. le pair de France, préfet du département de la Seine, ainsi qu'à MM. les membres composant le conseil général des hospices.

6. Le commissaire de police du quartier Saint-Martin-des-Champs l'inspecteur général et les inspecteurs généraux adjoints des halles et marchés, et les autres préposés de la préfecture de police sont chargés, chacun en ce qui le concerne, de tenir la main à son exécution.

Le conseiller d'Etat, préfet de police, G. DELESSERT.

───────◦◦───────

N° **1588**. — *Ordonnance concernant la police des rivières et des ports pendant l'hiver et le temps des glaces, grosses eaux et débâcles* (1).

Paris, le 25 novembre 1836.

───────◦◦───────

N° **1589**. — *Ordonnance concernant le stationnement des voitures destinées au transport des marchandises achetées dans les halles* (2).

Paris, le 19 décembre 1836.

Nous, conseiller d'Etat, préfet de police,
Vu, 1° La loi des 16—24 août 1790, titre XI ;
2° La loi des 19—22 juillet 1791, titre Ier ;
3° L'arrêté du gouvernement du 12 messidor an VIII (1er juillet 1800) ;
4° Notre ordonnance du 29 octobre 1836 ;
5° L'article 484 du Code pénal,

Ordonnons ce qui suit :

HALLES DU CENTRE.

1. Il est défendu à tous les gardeurs de marchandises et de voitures, établis en vertu de nos permissions au pourtour des halles du centre, d'admettre sur les places qui leur sont assignées, des voitures attelées ou non attelées, ainsi que des bêtes de trait et de somme appartenant, soit à des approvisionneurs, soit à des laitières. Ces voitures, bêtes de trait et de somme ne peuvent stationner sur la voie publique ailleurs que sur les places désignées dans notre ordonnance du 29 octobre dernier.

2. Les voitures à bras ou attelées, destinées au transport des marchandises achetées dans les halles, et appartenant à des porteurs médaillés, à des fruitiers, marchands de verdure et autres revendeurs ou à des établissements publics ou particuliers, ne pourront stationner sur la voie publique qu'aux places de gardeurs ci-après désignées :
1° Rue Aubry-le-Boucher, devant les maisons numérotées 1, 3 et 5 ;
2° Rue des Bourdonnais, côté des numéros pairs, depuis la rue de la Limace jusqu'à la rue Bertin-Poirée, et depuis le numéro 13 jusqu'à la rue de Béthisy ;
3° Rue de Béthisy, devant les maisons numérotées 2, 4, 6, 8 ;
4° Rue des Déchargeurs, depuis le numéro 8 jusqu'au numéro 12, et depuis la rue du Plat-d'Etain jusqu'à celle des Mauvaises-Paroles ;

─────────────

(1) V. les ord. des 1er déc. 1833, 5 déc. 1839 et 25 oct. 1840 (art. 203 et suiv.).
(2) V. l'ord. du 27 sept. 1842.

5° Rue de la Petite-Friperie ;

6° Rue de la Limace;

7° Rue des Mauvaises-Paroles;

8° Rue du Plat-d'Etain ;

9° Rue de la Réale, devant la maison numéro 4;

10° Rue de la Vieille-Harangerie;

11° Rue de la Tonnellerie, derrière la Halle aux Draps, et depuis la rue Saint-Honoré jusqu'à l'entrée du passage couvert, dit des Piliers des halles ;

12° L'entrée du marché à la Verdure, du côté de la rue de la Tonnellerie ;

13° Rue du Contrat-Social, dans l'espace non occupé par le marché aux pommes de terre et aux oignons.

Cette dernière place est affectée exclusivement au stationnement des voitures qui transportent les provisions achetées pour les divers corps de troupes composant la garnison de Paris.

La voiture de provision destinée pour l'Hôtel royal des Invalides continuera à stationner, comme par le passé, rue Lenoir.

3. Il est défendu aux propriétaires et conducteurs de voitures stationnées sur les places désignées ci-dessus ou dans des auberges et des cours particulières, de les conduire, pendant la tenue du marché dans les halles, pour y charger les marchandises achetées. Ces marchandises doivent être portées à dos jusqu'aux places où les voitures sont stationnées.

4. Il est également défendu aux approvisionneurs de ramener leurs voitures dans les halles, pour y reprendre des paniers ou tous autres objets, lesquels devront être transportés à dos aux places où ces voitures stationnent ou dans les auberges et autres lieux clos où elles sont remisées.

5. Il est défendu de faire passer ou stationner des voitures attelées ou non attelées, ainsi que des bêtes de trait et de somme sous les piliers de la rue de la Tonnellerie.

6. Les gardeurs sont responsables de tous les objets confiés à leur garde. Il leur est formellement enjoint de déposer entre les mains du commissaire de police du quartier des Marchés, tous les effets et marchandises qui se trouveront délaissés à leurs places, et qui ne seront pas réclamés au moment fixé pour l'évacuation desdites places.

7. Il est défendu aux gardeurs de voitures et de marchandises, ou de marchandises seulement, de dépasser les limites de leurs places, et ils sont tenus de se conformer à toutes les autres prescriptions énoncées dans les permissions qui leur seront délivrées par nous.

Dispositions particulières aux halles à la viande, à la volaille et au gibier et au marché aux huîtres.

HALLE A LA VIANDE.

8. Les voitures des bouchers et des charcutiers en gros devront être retirées du marché aussitôt après leur déchargement.

9. Les voitures destinées au transport des viandes achetées à la Halle ne pourront stationner que dans la rue du Four, depuis le Parc-aux-Charrettes jusqu'à la rue des Deux-Ecus.

Elles y seront rangées sur une seule file, en contact avec le trottoir du marché, et de manière à laisser libre tous les passages qui y conduisent.

10. Il ne sera admis, sur le carreau du marché, que les voitures qui peuvent y prendre charge immédiatement.

HALLE A LA VOLAILLE ET AU GIBIER.

11. Les marchands forains sont tenus de retirer leurs voitures de la Halle aussitôt après leur déchargement sur le carreau, pour les remiser dans des auberges.

Il est défendu de les faire stationner sur la voie publique, même sur les places de stationnement.

12. Les marchands forains pourront ramener leurs voitures à la Halle, pour y reprendre leurs paniers, depuis deux heures après midi jusqu'à la nuit tombante, époque à laquelle la Halle leur sera fermée en toutes saisons.

Après le chargement de leurs paniers, ils devront retirer leurs voitures de la Halle, et ne pourront les faire stationner sur aucun point de la voie publique.

13. Les voitures destinées au transport des marchandises achetées ne pourront stationner que sur le quai des Grands-Augustins, le long du trottoir. Elles y seront rangées sur une seule ligne, roues contre roues.

14. Il ne sera admis aux abords de la Halle, tant sur le quai que sur les rues des Grands-Augustins et du Pont-de-Lodi, que les voitures qui auront à recevoir un chargement immédiat, et elles devront être retirées aussitôt que ce chargement aura été effectué.

15. Les voitures en charge seront rangées sur une seule file, parallèlement à la Halle, et de manière à laisser entièrement libre l'ouverture des grilles.

16. Les dispositions des articles 6 et 7 de la présente ordonnance sont applicables aux gardeurs des halles à la viande et à la volaille et gibier.

HALLE AUX HUITRES.

17. Les conducteurs de voitures chargées d'huîtres sont tenus de les retirer du marché aussitôt après leur déchargement.

Il est défendu de faire stationner ces voitures sur aucun point de la voie publique.

18. Les voitures attelées ou à bras, destinées au transport des huîtres achetées, ne pourront stationner que dans la rue Mandar. Elles y seront rangées en file, à la suite les unes des autres et sur un seul rang, le long du trottoir à gauche, en entrant par la rue Montorgueil.

19. Il est défendu aux conducteurs de ces voitures de les placer en seconde ligne, à côté des voitures qui amènent les huîtres, tant que celles-ci resteront sur le marché.

20. La présente ordonnance sera imprimée et affichée.

21. Les commissaires de police, et notamment ceux des quartiers des Marchés, Saint-Eustache, Montorgueil et de l'Ecole-de-Médecine, le chef de la police municipale et les officiers de paix, l'inspecteur général, les inspecteurs généraux adjoints des halles et marchés et les autres préposés de la préfecture de police sont chargés, chacun en ce qui le concerne, d'en surveiller l'exécution.

Le conseiller d'Etat, préfet de police, G. DELESSERT.

N° **1590.** — *Ordonnance concernant les neiges et glaces* (1).

Paris, le 26 décembre 1836.

Nous, conseiller d'Etat, préfet de police,

Considérant qu'il importe, au commencement de la mauvaise saison, de prendre des mesures pour faire opérer avec célérité l'enlèvement des glaces et neiges et pour assurer la propreté et la libre circulation de la voie publique ;

Considérant que ces mesures ne peuvent produire des résultats satisfaisants qu'autant que les habitants concourent, en ce qui les concerne, à leur exécution, et remplissent les obligations qui leur sont imposées dans l'intérêt de tous ;

Vu l'article 471 du Code pénal ;

Vu les articles 2 et 22 de l'arrêté du gouvernement du 12 messidor an VIII (1er juillet 1800),

Ordonnons ce qui suit :

1. Dans les temps de neiges et glaces, les propriétaires ou locataires sont tenus de faire balayer la neige et casser les glaces au-devant de leurs maisons, boutiques, cours, jardins et autres emplacements, jusqu'au milieu de la rue ; ils mettront les neiges et glaces en tas ; ces tas doivent être placés de la manière suivante, selon les localités, savoir :

Dans les rues sans trottoirs, auprès des bornes ; dans les rues à trottoirs, le long des ruisseaux, du côté de la chaussée, si la rue est à chaussée bombée ; le long des trottoirs, si la rue est à chaussée fendue.

En cas de verglas, ils doivent jeter au-devant de leurs habitations des cendres, du sable ou du mâchefer.

2. Dans les rues à chaussée bombée, chaque propriétaire ou locataire, doit tenir libre le cours du ruisseau au-devant de sa maison, et faciliter l'écoulement des eaux ; dans les rues à chaussée fendue, il y pourvoira conjointement avec le propriétaire ou locataire qui lui fait face.

Pour prévenir les inondations par suite de pluie ou de dégel, les habitants devant la maison desquels se trouvent des bouches ou des grilles d'égouts, doivent les faire dégager des ordures qui pourraient les obstruer ; ces ordures seront déposées aux endroits indiqués dans l'article 1er.

3. Il est défendu de déposer des neiges et glaces auprès des grilles et des bouches d'égouts.

Il est également défendu de pousser dans les égouts les glaces et neiges congelées, qui, au lieu de fondre, interceptent l'écoulement des eaux.

4. Il est défendu de déposer dans les rues aucunes neiges et glaces provenant des cours ou de l'intérieur des habitations.

5. Il est défendu aux propriétaires ou entrepreneurs de bains et autres établissements, tels que teintureries, blanchisseries, etc., qui emploient beaucoup d'eau, de laisser couler sur la voie publique, les eaux de leurs établissements pendant les gelées.

Les contrevenants seront requis de faire briser et enlever les glaces provenant de leurs eaux ; faute par eux d'obtempérer à cette réquisition, il y sera procédé d'office et à leurs frais, par le commissaire de

(1) V. les ord. des 14 déc. 1838 et 7 déc. 1842.

police du quartier, ou par le directeur de la salubrité, sans préjudice des peines encourues.

6. Les concierges, portiers ou gardiens des établissements publics et maisons domaniales, sont personnellement responsables de l'exécution des dispositions ci-dessus, en ce qui concerne les établissements et maisons auxquels ils sont attachés.

7. Il n'est point dérogé aux dispositions de l'ordonnance du 29 octobre 1836, concernant le balayage et la propreté de la voie publique et qui continueront de recevoir leur exécution, et notamment celles qui sont relatives aux dépôts de gravois et de décombres, qui sont interdits sous quelque prétexte que ce soit.

8. Les contraventions aux injonctions ou défenses faites par la présente ordonnance, seront constatées par des procès-verbaux ou rapports, qui nous seront adressés, et les contrevenants seront traduits, s'il y a lieu, devant les tribunaux, pour être punis conformément aux lois et règlements en vigueur.

9. La présente ordonnance sera publiée et affichée.

Les commissaires de police, le chef de la police municipale, le directeur de la salubrité, les officiers de paix et autres préposés de l'administration sont chargés de faire observer les dispositions de l'ordonnance ci-dessus, et de tenir la main à leur exécution.

Le conseiller d'Etat, préfet de police, G. DELESSERT.

Nᵒ **1591.** — *Ordonnance concernant la vérification périodique des poids et mesures* (1).

Paris, le 30 décembre 1836.

1837.

Nᵒ **1592.** — *Consigne générale des gardes de police aux théâtres* (2).

Paris, le 31 janvier 1837.

Nᵒ **1593.** — *Ordonnance concernant la police des masques* (3).

Paris, le 1er février 1837.

---

(1) V. les ord. des 23 nov. 1842 et 1er déc. 1843.
(2) Révoquée. — Voir la consigne du 14 juin 1842.
(3) V. l'ord. du 23 fév. 1843.

N° **1594.** — *Ordonnance concernant les ustensiles et vases de cuivre et de divers métaux* (1).

Paris, le 10 février 1837.

———✦———

N° **1595.** — *Arrêté relatif aux objets placés en saillie sur la voie publique* (2).

Paris, le 18 février 1837.

Nous, conseiller d'État, préfet de police,

Considérant que la voie publique est journellement embarrassée par des objets placés en dehors des habitations;

Que les inconvénients de cet abus se font particulièrement remarquer sur les trottoirs qui, en beaucoup d'endroits, ont une faible largeur;

Qu'il est d'autant plus important de rappeler les habitants à l'exécution des règlements concernant les objets en saillie ou déposés sur la voie publique; que chaque jour l'accroissement de la population et des moyens de transport rend plus impérieuse la nécessité de débarrasser les rues de tout ce qui peut gêner la circulation,

Arrêtons ce qui suit:

Seront imprimées et affichées de nouveau les dispositions de l'ordonnance royale du 24 décembre 1823 (3) et des ordonnances de police des 9 juin 1824 et 8 août 1829, qui concernent les objets placés en saillie ou déposés sur la voie publique.

Le conseiller d'État, préfet de police, G. DELESSERT.

———✦———

N° **1596.** — *Ordonnance concernant la prohibition de la chasse* (4).

Paris, le 20 février 1837.

———✦———

N° **1597.** — *Arrêté qui prescrit la réimpression et la publication de l'ordonnance du 29 janvier 1810 concernant l'échenillage.*

Paris, le 1er mars 1837.

———✦———

N° **1598.** — *Ordonnance concernant la tenue de la foire aux jambons* (5).

Paris, le 3 mars 1837.

---

(1) Rapportée. — V. l'ord. du 7 nov. 1838.
(2) V. l'arr. du 11 oct. 1839.
(3) V. cette ord. du roi à l'appendice.
(4) V. l'ord. du 23 fév. 1843.
(5) V. l'ord. du 7 avril 1843.

N° **1599**. — *Ordonnance concernant les mesures d'ordre à observer aux promenades de Longchamp* (1).

Paris, le 20 mars 1837.

N° **1600**. — *Arrêté qui prescrit la réimpression de l'ordonnance
du 29 octobre 1836 concernant le balayage et la propreté de
la voie publique* (2).

Paris, le 28 mars 1837.

N° **1601**. — *Arrêté qui prescrit l'impression et la publication de
l'ordonnance du 9 mai 1831, concernant la circulation et la
conduite des voitures traînées à bras ou par des animaux dans
Paris.*

Paris, le 29 mars 1837.

N° **1602**. — *Ordonnance concernant la police des fontaines et
bornes-fontaines, et des porteurs d'eau.*

Paris, le 30 mars 1837.

Nous, conseiller d'Etat, préfet de police,
Vu 1° l'article 3, titre XI, de la loi des 16-24 août 1790;
2° Les arrêtés du gouvernement des 12 messidor an VIII (1er juillet
1800), et 3 brumaire an IX (25 octobre 1800);
3° L'ordonnance royale du 16 août 1815;
4° L'ordonnance de police du 24 octobre 1829;
Considérant que, dans l'intérêt de la sûreté publique et de la libre
circulation, il importe de prendre des mesures pour prévenir l'encombrement et les embarras aux abords des fontaines et des bornes-
fontaines;
Que l'eau des bornes-fontaines, qui doit être employée à l'assainissement de la ville, ne doit pas être détournée de sa destination, et que
la salubrité publique réclame quelques mesures réglementaires en ce
qui concerne la distribution et la vente de l'eau aux habitants de Paris;
Considérant, en outre, que beaucoup de porteurs d'eau à tonneaux
traînés à bras ou par des chevaux, s'abstiennent de faire leur déclaration à la préfecture de police, ainsi qu'ils y sont tenus, lorsqu'ils vendent leurs tonneaux ou qu'ils changent de domicile;
Qu'il résulte de cette inexécution des règlements que des délits et
contraventions sur la voie publique peuvent demeurer impunis;
Qu'il devient, en conséquence, nécessaire de mettre un terme à cet
état de choses, et de réprimer les abus qu'il entraîne,

---

(1) V. l'ord. du 10 avril 1843.
(2) V. les ord. des 28 oct. 1839 et 1er avril 1843.

Ordonnons ce qui suit :

TITRE Iᵉʳ.

FONTAINES ET BORNES-FONTAINES.

1. Les stationnements de voitures et de chevaux, les dépôts de baquets, vases et objets semblables, sont formellement interdits aux abords des fontaines publiques et des bornes-fontaines.

2. Il est défendu de laver du linge, des légumes ou tout autre objet dans les bassins et aux abords des fontaines publiques et des bornes-fontaines, et d'y abreuver les chevaux ou autres animaux.

3. Il est défendu d'apposer des placards sur les fontaines publiques, ainsi que sur les bornes-fontaines.

Tout dépôt d'immondices ou d'ordures aux abords desdites fontaines et bornes-fontaines est interdit.

4. Tout individu qui aura dégradé les fontaines ou bornes-fontaines, de quelque manière que ce soit, ou qui aura fait usage, pour les ouvrir, de fausses clefs, sera poursuivi conformément aux dispositions du Code pénal.

5. Il est défendu de détourner l'eau des bornes-fontaines ou d'en arrêter le cours, par quelque moyen que ce soit.

Il est aussi défendu d'en prendre pour la vendre ou pour l'employer à des usages industriels.

Le puisage pour les besoins personnels ou domestiques est seul toléré.

TITRE II.

PORTEURS D'EAU A TONNEAUX ET A BRETELLES.

§ Iᵉʳ. — Porteurs d'eau à tonneaux.

6. Tous les individus qui voudront exercer la profession de porteurs d'eau à tonneaux, dans la ville de Paris, ou ceux qui se livrent, en ce moment, à cette industrie, et voudront continuer à l'exercer, seront tenus d'en faire la déclaration à la préfecture de police.

Cette déclaration indiquera dans quel endroit le tonneau sera remisé.

Il sera délivré aux déclarants, et pour chaque tonneau, un certificat, dit feuille de roulage, qui devra être visé par le commissaire de police de leur quartier ou le maire de la commune dans laquelle ils seront domiciliés.

7. Il sera procédé à un nouveau numérotage de tous les tonneaux de porteurs d'eau, traînés par des chevaux ou à bras.

Cette opération sera faite par l'inspecteur contrôleur de la fourrière, l'officier de paix de l'attribution des voitures et l'officier de paix de l'arrondissement dont les tonneaux seront visités, l'un des deux experts des voitures publiques et le peintre de la préfecture.

Elle aura lieu trois fois la semaine, et par arrondissement, les lundi, mercredi et vendredi, sur le quai Napoléon (Cité), à compter de midi jusqu'à quatre heures du soir.

Le numérotage des tonneaux des porteurs d'eau domiciliés dans le premier arrondissement, s'effectuera les mercredi 5, vendredi 7 et lundi 10 avril prochain.

Le numérotage des tonneaux du deuxième arrondissement, les mercredi 12 et vendredi 14 avril.

Le numérotage des tonneaux du troisième arrondissement, les lundi 17 et mercredi 19 avril.

Le numérotage des tonneaux du quatrième arrondissement, les vendredi 21 et lundi 24 avril.

Le numérotage des tonneaux du cinquième arrondissement, les mercredi 26 et vendredi 28 avril.

Le numérotage des tonneaux du sixième arrondissement, les mercredi 3 et vendredi 5 mai suivant.

Le numérotage des tonneaux du septième arrondissement, les lundi 8 et mercredi 10 mai.

Le numérotage des tonneaux du huitième arrondissement, les vendredi 12 et lundi 15 mai.

Le numérotage des tonneaux du neuvième arrondissement, le mercredi 17 mai.

Le numérotage des tonneaux du dixième arrondissement, les vendredi 19 et lundi 22 mai.

Le numérotage des tonneaux du onzième arrondissement, les mercredi 24 et vendredi 26 mai.

Le numérotage des tonneaux du douzième arrondissement, les lundi 29 et mercredi 31 mai.

Enfin, le numérotage des tonneaux des porteurs d'eau domiciliés dans la banlieue, et qui exercent leur état dans Paris, aura lieu le vendredi 2 juin suivant.

Les porteurs d'eau ne seront admis au numérotage qu'à tour de rôle, et qu'autant qu'ils seront munis d'un bulletin de convocation délivré à l'avance, par les receveurs des fontaines.

8. Les tonneaux seront numérotés aux frais des propriétaires.

Il n'y aura qu'une seule série de numéros, mais les numéros pairs seront affectés aux tonneaux traînés par des chevaux, et les numéros impairs, aux tonneaux à bras.

Le numéro sera peint, sur le fond de derrière, en chiffres arabes noirs de dix centimètres et demi (quatre pouces) de hauteur sur deux centimètres de large (huit lignes), dans un écusson blanc de la forme ci-dessous, ayant vingt-six centimètres (neuf pouces quatre lignes) de largeur, sur vingt centimètres (sept pouces et demi) de hauteur.

Le lieu de remisage sera peint en outre sur cet écusson.

Au-dessous dudit écusson seront peints également en noir, dans un écusson blanc, carré long, de la forme ci-dessous, les nom et prénoms du propriétaire du tonneau et son domicile.

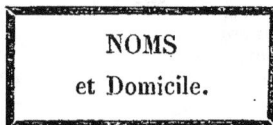

9. Il est expressément défendu aux porteurs d'eau de s'immiscer dans le numérotage de leurs tonneaux.

Ils ne pourront, non plus, s'immiscer dans l'inscription de leur domicile, qui ne devra être faite que par le peintre attaché à la préfecture de police.

10. Les brancards des tonneaux, soit à bras, soit à cheval, ne pour-

ront saillir, en arrière, au delà des roues, de plus de trente-trois centimètres (un pied).

11. Les porteurs d'eau à tonneaux, qui changeront de domicile, en feront la déclaration, dans le délai de quarante-huit heures, à la préfecture de police, après avoir fait la même déclaration, tant au commissaire de police du quartier ou au maire de la commune qu'ils viendront de quitter, qu'au maire de la commune ou au commissaire de police de leur nouveau domicile.

Les maires et les commissaires de police feront mention de ce changement de domicile sur la feuille de roulage.

Il est enjoint, en outre, auxdits porteurs d'eau de faire les mêmes déclarations, lorsqu'ils changeront le lieu de remisage de leurs tonneaux.

12. Lorsqu'un porteur d'eau à tonneau cessera l'exercice de son état, il en fera la déclaration à la préfecture de police et au commissaire de police de son quartier, ou au maire de sa commune.

Les numéros peints sur les tonneaux seront effacés par le peintre attaché à l'administration.

13. En cas de cession d'un tonneau de porteur d'eau, la déclaration en sera faite à la préfecture de police, ainsi qu'au maire de la commune ou au commissaire de police du quartier, tant par le cédant que par le cessionnaire.

14. Chaque année, il sera procédé à une visite générale des tonneaux de porteurs d'eau, dans le but de vérifier l'exactitude des déclarations de domicile et l'indication des numéros.

Une ordonnance spéciale, qui sera rendue à cet effet, contiendra toutes les mesures d'ordre à observer, et indiquera l'époque à laquelle cette visite devra avoir lieu.

15. Les porteurs d'eau à tonneaux, domiciliés dans le ressort de la préfecture de police, devront remplir leurs tonneaux, chaque soir, avant de les rentrer, et les tiendront remplis toute la nuit.

Ils pourront faire stationner ces tonneaux pleins sur la voie publique, pendant la nuit, mais sur les emplacements à ce affectés par l'autorité.

16. Les porteurs d'eau à tonneaux ne pourront puiser, hors les cas d'incendie, qu'aux fontaines à ce affectées par l'autorité, et où les tonneaux pourront être remplis sans gêner ni embarrasser la circulation.

17. Au premier avis d'un incendie, les porteurs d'eau à tonneaux y conduiront leurs tonneaux pleins, sous peine d'être poursuivis conformément à l'article 475 du Code pénal, § 12 (1).

18. Il est défendu aux porteurs d'eau à tonneaux :

1° De traverser les halles du centre, avant dix heures du matin, en tout temps ;

2° De faire stationner leurs tonneaux sur la voie publique, si ce n'est pendant le temps nécessaire pour servir leurs pratiques.

19. Les porteurs d'eau à tonneaux ne pourront se servir que de conducteurs porteurs d'une carte de sûreté, ou d'un permis de séjour et d'un livret qui leur sera délivré à la préfecture de police, conformément au décret du 3 octobre 1810.

20. Le conducteur d'un tonneau devra toujours être muni de la feuille de roulage, constatant la délivrance du numéro, et la représenter, à la première réquisition des agents de l'autorité, ainsi que ses papiers de sûreté.

---

(1) Aux termes de l'ordonnance de police du 21 décembre 1819, concernant les incendies, il est accordé, indépendamment du prix de l'eau, une prime aux propriétaires des deux tonneaux qui arrivent les premiers au lieu de l'incendie ; cette prime est, pour le premier, de 12 francs, et, pour le second, de 6 francs.

21. Les porteurs d'eau à tonneaux sont, conformément à la loi civilement responsables des personnes qu'ils emploient à la conduite de leurs voitures ou à la distribution de l'eau.

§ II. — Porteurs d'eau à bretelles.

22. Il est défendu aux porteurs d'eau à bretelles de puiser à la rivière, ailleurs qu'aux points autorisés.

Ils seront tenus de fermer leurs seaux, lorsqu'ils seront pleins, avec un couvercle en fer-blanc ou en bois.

23. Les particuliers ont droit de puiser aux fontaines publiques avant les porteurs d'eau à bretelles.

§ III. — Dispositions communes aux porteurs d'eau à tonneaux et à bretelles.

24. Il est défendu aux porteurs d'eau, soit à tonneaux, soit à bretelles, de puiser aux bornes-fontaines, ainsi que dans les bassins des fontaines publiques.

TITRE III.

DISPOSITIONS GÉNÉRALES.

25. Les contraventions à la présente ordonnance seront constatées par des procès-verbaux ou rapports qui nous seront transmis pour être déférés aux tribunaux compétents.

26. L'ordonnance de police du 24 octobre 1829, précitée, est rapportée.

27. La présente ordonnance sera imprimée et affichée.

Les sous-préfets des arrondissements de Saint-Denis et de Sceaux, les maires des communes rurales du ressort de la préfecture de police, les commissaires de police, les ingénieurs des eaux de Paris, le chef de la police municipale, l'inspecteur général de la navigation et des ports, les officiers de paix et les autres préposés de la préfecture de police sont chargés, chacun en ce qui le concerne, de tenir la main à l'exécution de la présente ordonnance.

Elle sera adressée, en outre, à M. le colonel de la garde municipale de la ville de Paris, et à M. le commandant de la gendarmerie du département de la Seine, pour qu'ils en assurent l'exécution par tous les moyens qui sont à leur disposition.

Ampliation en sera transmise à M. le pair de France, préfet de la Seine, et à M. le directeur des droits d'entrée et d'octroi de Paris.

Le conseiller d'Etat, préfet de police, G. DELESSERT.

———————————◊———————————

N° **1603.** — *Ordonnance portant défense de s'introduire dans l'enceinte fermée du chemin de fer de Paris à Saint-Germain* (1).

Paris, le 9 avril 1837.

Nous, conseiller d'État, préfet de police,

Vu la loi des 16-24 août 1790, qui nous charge de maintenir le bon ordre dans les lieux publics, et de prendre les précautions convenables pour la sûreté des personnes et pour prévenir les accidents;

---

(1) V. pour la police les arr. des 26 août 1837, 13 déc. 1839, 16 mai et 14 sept. 1842; et pour les tarifs, l'arr. du 20 mai 1842, les ord. des 10 avril et 25 août 1843 et 14 juin 1844.

Considérant que les curieux qui se portent en foule sur les travaux du chemin de fer de Paris à Saint-Germain, s'introduisent dans l'enceinte de ce chemin, malgré les défenses établies par les concessionnaires à l'effet d'en interdire l'accès au public;

Considérant que le concours de ces spectateurs gêne les travaux, dégrade les ouvrages et présente d'autant plus de chances d'accidents, que l'on fait en ce moment l'essai de machines locomotives sur toute l'étendue du chemin de fer;

En vertu des arrêtés du gouvernement des 12 messidor an VIII (1er juillet 1800), et 3 brumaire an IX (25 octobre 1800),

Ordonnons ce qui suit :

1. Il est expressément défendu à toute personne étrangère aux travaux ou à la surveillance du chemin de fer de Paris à Saint-Germain, de s'introduire dans l'enceinte des barrières existant le long du parcours dudit chemin.

2. Les contraventions à la présente ordonnance seront constatées par des procès-verbaux ou rapports qui nous seront transmis pour être déférés aux tribunaux compétents.

3. La présente ordonnance sera imprimée et affichée.

Le sous-préfet de l'arrondissement de Saint-Denis, l'ingénieur en chef, directeur des ponts et chaussées du département de la Seine, les maires des communes des Batignolles-Monceaux, de Clichy, d'Asnières, de Colombes et de Nanterre, le commissaire de police du quartier du Roule, le chef de la police municipale, les officiers de paix, les autres préposés de la préfecture de police et les gardes champêtres sont chargés, chacun en ce qui le concerne, de tenir la main à l'exécution de la présente ordonnance.

Elle sera adressée, en outre, à M. le colonel de la garde municipale de la ville de Paris et à M. le commandant de la gendarmerie du département de la Seine, pour qu'ils en assurent l'exécution par tous les moyens qui sont à leur disposition.

Le conseiller d'Etat, préfet de police, G. DELESSERT.

N° **1604.**—*Arrété relatif aux feux de paille dans les rues* (1).

Paris, le 12 avril 1837.

N° **1605.** — *Instruction du conseil de salubrité concernant les fabriques de blanc de plomb.*

Paris, le 14 avril 1837.

Instruction sur les précautions à mettre en usage dans les fabriques de blanc de plomb, pour y rendre le travail moins insalubre.

Les fabricants qui entendent leurs intérêts doivent veiller à la santé de leurs ouvriers et prendre des précautions pour les mettre à l'abri des accidents qui, ordinairement, sont la suite du travail de la céruse ; ces précautions sont les suivantes pour le procédé hollandais :

---

(1) V. l'arr. du 4 oct. 1837.

Il faut : 1° que le local destiné à la construction des ateliers soit vaste et bien disposé pour le renouvellement de l'air ;

2° Que l'atelier , dit la fonderie, soit construit de façon que les chaudières où l'on fond le plomb pour le réduire en lames, et où l'on refond le plomb en lames qui a été exposé dans les couches et qui n'a pas été attaqué, soient placées dans la hotte d'une cheminée ayant un tirage forcé ;

3° Que l'atelier d'épluchage, où l'on opère la séparation du plomb carbonaté de celui qui ne l'est pas, soit bien ventilé, soit en employant le tirage de la cheminée, soit par tout autre moyen, et qu'il en soit de même de l'atelier où l'on opère le battage pour détacher le plomb carbonaté des lames où il adhère encore.

Dans sa fabrique de Moulin-lès-Lilles, M. Lefèvre a fait établir un atelier spécial pour le battage du plomb ; cet atelier, peu large et très-long, est muni aux extrémités de portes qui donnent sur une cour, de manière à avoir un courant d'air qui enlève rapidement, par des fenêtres à bascule qui s'ouvrent dans le haut de l'escalier, les molécules les plus ténues de céruse qui se répandent dans l'atmosphère pendant le battage des lames de plomb ; M. Lefèvre n'a pu employer dans sa fabrique un appareil (un cylindre cannelé) qu'il a fait construire par M. Halette, dans le but de séparer le plomb carbonaté des lames non entièrement attaquées : nous devons dire cependant que ce moyen est usité en Allemagne (*Voir* l'ouvrage de M. Marcel, *Voyage dans l'empire d'Autriche*).

4° Que les ouvriers chargés du battage ne soient employés qu'à tour de rôle de cette manutention, regardée comme une des plus insalubres (cet usage est adopté à Moulin-lès-Lilles) ; qu'ils soient munis de blouses et de gants ; enfin , qu'ils aient le nez et la bouche couverts avec un mouchoir un peu humecté, ou, mieux encore, que ces ouvriers soient revêtus de l'appareil Paulin (1) ;

5° Que les meules destinées à réduire le blanc de plomb en poudre et à sec soient placées dans un atelier vaste, où la ventilation soit forcée, que les ouvriers qui placent le blanc de plomb sous les meules, l'y posent le plus doucement possible en évitant de faire de la poussière ;

6° Que les blutoirs soient isolés, entourés d'un bâtis en bois recouvert, soit en plâtre, soit en papiers superposés et collés, soit encore d'une toile serrée et calandrée, de façon que la poudre la plus ténue ne puisse se frayer un passage et s'échapper des bâtis qui renferment le blutoir (un blutoir salubre a été décrit dans le *Bulletin de la Société d'encouragement*, tome 25, page 212 et suivantes) ;

7° Que les ouvriers qui soignent les meules où l'on réduit en pâte la céruse, que ceux empotant et dépotant la céruse, portent des gants pendant ce travail ;

8° Il faut, quand on met en baril les pains de céruse et qu'on secoue le tonneau pour opérer le tassement, couvrir la partie supérieure du tonneau pour que la poudre, soulevée par l'effet de la secousse, ne puisse se répandre dans l'atmosphère de l'atelier ;

9° Que les ouvriers ne prennent aucun repos dans les ateliers, et qu'ils soient forcés, avant de sortir le matin et le soir, de se laver les mains dans de l'eau aiguisée d'acide sulfurique, puis de se les laver dans l'eau ordinaire (un gramme d'acide sulfurique pour un litre d'eau, ou une once pour trente-deux litres) ;

(1) Cet appareil a pour but de permettre à un homme d'entrer et de travailler dans tout lieu infecté par une raison quelconque, et d'y séjourner pendant un temps indéterminé. Il peut également préserver les ouvriers des émanations malfaisantes que produisent une foule d'arts industriels. Il se trouve chez M. Guérin, rue du Marché-d'Aguesseau.

10° N'admettre, autant que possible dans les ateliers, que des ouvriers sobres et qui ne s'adonnent point à la boisson, et renvoyer ceux qui se livreraient à des excès ;

11° Il serait en outre nécessaire d'exiger des ouvriers cérusiers qu'ils eussent des blouses qui resteraient à l'atelier, et qui seraient lavées de temps en temps ;

12° Il serait utile qu'un médecin, pris dans la localité, fût chargé de la santé des ouvriers qui travaillent dans les fabriques de céruse ;

13° Il faudrait que les manufacturiers fissent tous leurs efforts pour combattre par le raisonnement l'insouciance de la plupart des ouvriers pour le danger; insouciance qui, pour le conseil, est en grande partie cause de la gravité des accidents observés.

Les précautions que nous venons d'indiquer ici s'appliquent en grande partie aux fabriques de céruse par le procédé français ; ces fabriques ont surtout besoin d'être aérées; la présence dans les ateliers d'une grande quantité d'acide carbonique, qui a entraîné avec lui de l'acétate de plomb, étant une des causes déterminantes des accidents observés dans ces fabriques.

CHEVALIER, *rapporteur.* MARC, *vice-président.* BEAUDE, *secrétaire.*

Approuvé par nous, conseiller d'Etat, préfet de police, G. DELESSERT.

N° **1606.**— *Arrêté qui fixe de nouvelles dimensions pour la construction des voitures de place dites coupés* (1).

Paris, le 22 avril 1837.

Nous conseiller d'Etat, préfet de police,

Considérant qu'il résulte de divers rapports qui nous sont parvenus que les voitures à quatre roues, dites coupés, versent assez fréquemment;

Que ces accidents peuvent compromettre la sûreté des habitants de la capitale;

Qu'il importe, en conséquence, de prescrire toutes les mesures propres à prévenir le retour de semblables événements ;

Vu, 1° l'ordonnance de police du 1er juillet 1829, concernant le service de place;

2° L'arrêté du 16 octobre 1834, qui a autorisé la mise en circulation des voitures dites coupés, et a fixé les proportions dans lesquelles elles doivent être construites;

3° L'avis de la commission que nous avons chargée de rechercher les causes des versements signalés ;

4° Le rapport du chef de la deuxième division ,

Arrêtons ce qui suit :

1. A l'avenir, aucune voiture à quatre roues, dite coupé, faisant le service de place dans Paris, ne sera admise au numérotage, si elle ne réunit les conditions suivantes :

La caisse mesurée en dedans devra avoir en hauteur, depuis la cave jusqu'à l'impériale, au moins un mètre quarante et un centimètres (quatre pieds quatre pouces).

La caisse mesurée en dedans devra avoir en longueur, depuis le fond jusqu'au devant, au moins un mètre cinq centimètres (trois pieds deux pouces neuf lignes).

---

(1) Rapporté.—V. l'arr. du 15 janv. 1841 concernant la construction des voitures de place.

Cette mesure sera prise immédiatement et horizontalement à la hauteur du siége garni de son coussin.

La largeur, d'une portière à l'autre, devra être de un mètre au moins (trois pieds un pouce).

La distance de la banquette à l'impériale devra être, au moins, de un mètre huit centimètres (trois pieds quatre pouces).

La voie des roues de derrière aura au moins un mètre vingt-deux centimètres (trois pieds neuf pouces).

Celle des roues de devant, au moins quatre-vingt-dix-sept centimètres (trois pieds).

Toutes les mesures ci-dessus seront prises de dedans en dedans.

Les ronds d'avant-train auront un diamètre de quarante-neuf centimètres au moins (un pied six pouces).

Dans aucune circonstance, et quel que soit le mode de suspension de la voiture, la caisse ne pourra approcher des roues de plus de cinq centimètres (deux pouces environ).

Les roues devront toujours tourner librement sous la caisse.

La cheville ouvrière devra avoir au moins une longueur de dix-sept centimètres (six pouces). Elle sera fixée, à l'avant-train, par un écrou et une lanière, ou par une forte courroie de sûreté.

Chaque voiture de place, dite coupé, devra être garnie, dans son intérieur, d'une étoffe propre et solide et de coussins bien rembourrés et recouverts.

Elle devra être également garnie, à la partie inférieure, de paillassons, et pourvue, de chaque côté, à l'extérieur, d'un marche-pied à deux marches, quelle que soit la distance de la caisse au sol.

Les châssis des glaces devront jouer facilement et être garnis de galons et de glands, afin que l'on puisse toujours les lever ou les baisser promptement.

Il y aura, dans la caisse de chaque voiture, dite coupé, un cordon qui correspondra au siége de la voiture, et que le cocher sera tenu de passer à son bras toutes les fois que sa voiture sera occupée, afin que les personnes qu'il conduira puissent le faire arrêter à leur gré.

Les portières seront garnies de poignées et contre-poignées, en métal poli, confectionnées avec soin, et de manière à fermer hermétiquement.

Chaque voiture de place, dite coupé, sera garnie de deux lanternes, adaptées à chaque côté de la caisse, et sur les verres desquelles sera peint le numéro de la voiture, en la forme et de la manière prescrites par l'arrêté du 6 octobre 1836, et notre décision du 22 mars dernier.

Le siége du cocher ne pourra être placé plus bas que le niveau des baies des châssis de devant. Il sera garni, pour la sûreté du cocher, d'accotoirs ayant au moins vingt-quatre centimètres (neuf pouces de haut).

Il devra être garni, en outre, d'un coffre destiné à recevoir au moins une botte de fourrage.

Les chevaux attelés aux voitures de place, dites coupés, seront couverts de harnais solides, vernis ou passés au noir, dans toutes leurs parties.

Les traits en corde sont expressément prohibés.

2. Les voitures de place, dites coupés, seront soumises à toutes les obligations imposées par l'ordonnance précitée du 1er juillet 1829, notamment en ce qui concerne la quotité du droit de stationnement auquel les carrosses de place sont assujettis par le décret du 6 juin 1808 et l'ordonnance du 21 octobre 1816.

Les voitures dont il s'agit seront numérotées conformément aux dispositions des arrêtés des 13 septembre et 14 octobre 1829.

3. Un délai de dix-huit mois, à dater du jour de la notification du présent arrêté, est accordé pour toutes les voitures de place, dites coupés, actuellement en circulation, qui n'ont pas les nouvelles dimensions prescrites par l'article 1ᵉʳ.

A l'expiration de ce délai, il sera fait une visite générale desdites voitures, par suite de laquelle toutes celles qui ne seront pas reconnues conformes aux dispositions du présent arrêté, seront immédiatement démarquées.

4. Il est aussi accordé, à dater de la notification du présent arrêté, un autre délai de trois mois, pendant lequel les experts attachés à la préfecture de police continueront à recevoir, avec les dimensions portées en l'arrêté précité du 16 octobre 1834, toutes les voitures de place neuves, dites coupés, qui seront présentées à l'expertise.

A l'expiration de ce délai, aucun coupé neuf ne sera reçu s'il ne réunit toutes les conditions prescrites par le présent arrêté.

5. Au moyen des dispositions qui précèdent, l'arrêté précité du 16 octobre 1834 est rapporté.

6. Expédition du présent arrêté sera adressée au chef de la police municipale et à l'inspecteur-contrôleur de la fourrière.

Notification en sera faite à tous les propriétaires de voitures de place dites coupés.

Le conseiller d'État, préfet de police, G. DELESSERT.

N° 1607. — *Ordonnance concernant les mesures d'ordre à observer le 1ᵉʳ mai, jour de la fête du roi* (1).

Paris, le 28 avril 1837.

N° 1608. — *Ordonnance concernant l'ouverture et la police du marché de la rue Saint-Maur (faubourg du Temple)* (2).

Paris, le 15 mai 1837.

Nous conseiller d'Etat, préfet de police,

Vu, 1° l'ordonnance du roi, en date du 24 janvier 1834, qui autorise la construction d'un marché de comestibles rue Saint-Maur, n° 134 (faubourg du Temple);

2° Le bail passé par la ville de Paris, le 17 novembre 1835, au concessionnaire dudit marché;

3° La lettre de M. le pair de France, préfet de la Seine, en date du 22 avril 1837, annonçant que rien ne s'oppose à ce que ce marché soit ouvert au commerce et aux consommateurs;

4° La loi des 16-24 août 1790;

5° Les articles 23, 26, 32 et 33 de l'arrêté du gouvernement du 12 messidor an VIII (1ᵉʳ juillet 1800),

Ordonnons ce qui suit:

1. Le marché établi rue Saint-Maur, n° 134 (faubourg du Temple), sera ouvert demain, 16 mai.

Il tiendra tous les jours, depuis le lever jusqu'au coucher du soleil.

---

(1) V. l'ord. du 28 avril 1843.

(2) V. les ord. des 8 fév. 1810 et 8 fév. 1811.

Ce marché sera destiné à la vente des comestibles et autres denrées.

2. Aucune personne exerçant les professions de boulanger, boucher, tripier, charcutier et autres, soumises à l'autorisation du préfet de police, ne pourra être admise dans le marché, si elle n'est porteur de notre autorisation spéciale à l'effet de s'y établir.

5. Les marchands forains de beurre et œufs pourront y débiter leurs marchandises à la petite manne et au petit panier, conformément à la tolérance accordée par l'article 38 de l'ordonnance de police du 18 juin 1823; mais ces marchands devront préalablement faire les déclarations exigées par l'article 8 de ladite ordonnance.

4. Aucune pièce de volaille ou gibier, provenant de l'extérieur, ne peut être amenée directement sur ce marché. Ces marchandises doivent être conduites directement au carreau de la Vallée, conformément à l'article 9 de l'ordonnance de police du 22 ventôse an XII (13 mars 1804) et à l'article 12 de celle du 27 janvier 1812.

5. Conformément à la délibération du conseil municipal, du 23 août 1833, approuvée par l'ordonnance royale susdatée, le concessionnaire pourra percevoir, à titre de droit de location, savoir :

1° Pour les places de pourtour, quinze centimes par mètre carré;

2° Pour les places de l'intérieur, dix centimes aussi par mètre carré.

6. Hors le cas de défaut de payement selon le tarif ci-dessus, aucun détaillant ne pourra être privé de sa place qu'en vertu de notre décision spéciale.

7. Les détaillants sont tenus de se conformer, quant à la tenue de leurs places, aux prescriptions des ordonnances de police et notamment à celle du 1er avril 1832, concernant les mesures de salubrité à observer dans les halles et marchés.

8. Il est expressément défendu :

1° D'allumer des feux et fourneaux dans le marché, sous quelque prétexte que ce soit;

2° D'y faire usage de pots à feu, s'ils ne sont en métal, couverts d'un grillage en métal à mailles serrées;

3° D'y employer des chandelles allumées, si elles ne sont placées dans des lanternes closes;

4° Et enfin d'y fumer, même avec des pipes couvertes.

9. Les détaillants placés sur ce marché devront se conformer exactement aux règlements spéciaux sur la marque et le poinçonnage des balances et des poids et mesures de toute espèce.

10. Les contraventions seront constatées par des procès-verbaux ou rapports qui nous seront adressés, et poursuivies conformément aux lois et règlements.

11. La présente ordonnance sera imprimée et affichée.

Deux exemplaires en seront constamment exposés sur deux tableaux, qui seront placés dans les endroits les plus apparents du marché.

Ampliation en sera adressée à M. le pair de France, préfet de la Seine.

Le commissaire de police du quartier de la Porte Saint-Martin, le chef de la police municipale, les officiers de paix, l'inspecteur général et les inspecteurs généraux adjoints des halles et marchés et les préposés de la préfecture de police sont chargés de tenir la main à son exécution.

Le conseiller d'Etat, préfet de police, G. DELESSERT.

N° 1609. — *Arrêté relatif à l'exécution de l'ordonnance royale du 19 juillet 1836.*

Approuvé par M. le ministre des travaux publics, de l'agriculture et du commerce, le 3 juin 1837.

Paris, le 20 mai 1837.

Nous, conseiller d'Etat, préfet de police,

Vu l'ordonnance du roi du 19 juillet 1836, qui prescrit le versement aux greniers d'abondance des trois cinquièmes de l'approvisionnement en farine, que doivent avoir à domicile les boulangers de Paris;

Vu également notre arrêté en date du 29 avril dernier, qui fixe le classement des boulangers de Paris, suivant l'importance actuelle de leur cuisson;

Vu la lettre de M. le pair de France, préfet du département de la Seine, en date du 8 mars 1837, annonçant que l'on peut disposer des greniers d'abondance pour le nouveau dépôt de farine des boulangers,

Arrêtons ce qui suit:

1. L'ordonnance du roi, du 19 juillet 1836, sera imprimée et affichée (1).

2. Il est enjoint aux boulangers d'effectuer dans les magasins des greniers d'abondance, chacun suivant la classe dans laquelle il est rangé par l'arrêté précité, le dépôt de farine prescrit par l'ordonnance royale du 19 juillet dernier.

Ce versement devra être opéré au plus tard, pour moitié avant le 15 juillet, et pour l'autre moitié avant le 31 août prochain.

3. Il sera procédé contre les boulangers qui, aux époques ci-dessus fixées, n'auraient pas effectué leurs versements, conformément à l'article 10 de l'arrêté du 19 vendémiaire an x (11 octobre 1801).

4. Les boulangers continueront à avoir dans leurs magasins particuliers, la portion de l'approvisionnement de farine réglé par l'ordonnance royale du 21 octobre 1818, dont l'ordonnance du 19 juillet dernier n'a pas prescrit le dépôt dans un magasin public.

5. Le mode d'administration, de conservation et de renouvellement des dépôts de garantie, sera provisoirement applicable aux nouveaux versements de farines qui seront faits par le commerce de la boulangerie de Paris.

6. Les commissaires de police, le contrôleur général de la halle aux grains et farines et de la boulangerie et les syndics des boulangers sont chargés, chacun en ce qui le concerne, de l'exécution du présent arrêté.

Le conseiller d'Etat, préfet de police, G. DELESSERT.

N° 1610. — *Arrêté qui fixe de nouvelles dimensions pour la construction des cabriolets de l'extérieur dits coucous (2).*

Paris, le 26 mai 1837.

Nous, conseiller d'Etat, préfet de police,

Considérant que l'ordonnance de police, du 1er juillet 1829, qui a

---

(1) V. cette ord. à l'appendice.

(2) Rapporté. — V. l'arr. du 15 janv. 1841 concernant la construction des voitures de place.

déterminé la forme et les dimensions dans lesquelles doivent être construites les diverses voitures faisant dans Paris le service de place, a réglé d'une manière fort incomplète le mode de construction des cabriolets de l'extérieur dits coucous;

Qu'il importe, en conséquence, dans l'intérêt de la sûreté et de la commodité du public, de déterminer les proportions et les conditions dans lesquelles les cabriolets de l'extérieur devront être construits à l'avenir;

Vu, 1° l'article 9 de l'ordonnance de police du 1ᵉʳ juillet 1829, précitée;

2° L'avis de la commission que nous avons chargée de rechercher et indiquer les modifications qu'il serait nécessaire d'apporter dans la construction actuelle des cabriolets dont il s'agit;

3° Le rapport du chef de la deuxième division,

Arrêtons ce qui suit:

1. A l'avenir, aucun cabriolet de l'extérieur, dit coucou, ne sera admis au numérotage s'il ne réunit les conditions suivantes:

1° La largeur de la caisse, mesurée de dedans en dedans et à la hauteur de ceinture, sera fixée à un mètre trente centimètres (quatre pieds) pour les cabriolets à six places, et à un mètre (trois pieds onze lignes) pour ceux à quatre places;

2° La longueur de cette caisse, mesurée de dedans en dedans et à la hauteur de la ceinture, devra avoir, quelle que soit l'épaisseur de la garniture, un mètre 30 centimètres (quatre pieds) au moins.

Chaque banquette aura, à partir de la garniture, une largeur de quarante et un centimètres (un pied trois pouces) au moins.

Lorsque la voiture sera construite en forme d'omnibus, l'espace réservé à chaque voyageur, devra avoir, quel que soit le nombre de places, une largeur de quarante-quatre centimètres (un pied quatre pouces) au moins.

Chaque banquette aura une largeur de quarante et un centimètres (un pied trois pouces) au moins, à partir de la garniture.

L'intervalle, entre les deux banquettes, devra toujours être de quarante-neuf centimètres (un pied six pouces) au moins;

3° La hauteur de la caisse, prise de la cave à l'impériale, sera fixée à un mètre cinquante centimètres (quatre pieds sept pouces quatre lignes), quelle que soit la forme de la voiture;

4° La voie, mesurée de milieu en milieu des jantes, sera au moins d'un mètre soixante-deux centimètres (cinq pieds);

5° Les cabriolets de l'extérieur seront suspendus sur ressorts en acier, les soupentes avec crics seront interdites;

6° Les essieux seront fermés, à chaque extrémité, par un écrou assujetti au moyen d'une clavette;

7° Une portière sera pratiquée sur le devant, dans la séparation qui existe entre la caisse et la banquette extérieure. La première banquette de l'intérieur se lèvera à charnière, pour faciliter l'entrée des voyageurs dans la voiture;

8° Sur le devant du cabriolet, et de chaque côté, il sera placé un marchepied, qui aura au moins deux marches;

9° Le brancard sera garni d'une palette ayant au moins vingt centimètres (sept pouces quatre lignes) de long sur dix centimètres (trois pouces huit lignes) de large. Le train de derrière sera pourvu d'une jambe de force, en fer, dite quille;

10° Il pourra être fait, à l'arrière de la voiture, une portière pourvue d'un marchepied à trois marches. Il y aura, dans ce cas, un loqueteau de sûreté à ressort, et une poignée fixée au pied d'entrée de porte. La partie de la banquette intérieure, répondant à cette portière, sera garnie d'un dossier mobile à charnière ;

11° Lorsqu'il n'y aura de portière que sur le devant, les deux premières banquettes de l'intérieur se lèveront à charnière ;

12° La banquette extérieure sera destinée à deux voyageurs et au cocher seulement ;

13° Elle sera garnie de rideaux et d'accotoirs ayant au moins trente centimètres (onze pouces) de hauteur, mesurés à partir du coussin. Elle ne pourra être couverte, sur le devant, que par un tablier en cuir, ouvrant à droite comme à gauche. Ce tablier devra être assez élevé du devant pour que, dans aucune circonstance, il ne puisse toucher les genoux des voyageurs ;

14° L'impériale sera pourvue d'un panier, abrité par une bâche en cuir ;

15° La caisse, le train et les roues seront peints et vernis ;

16° Chaque cabriolet de l'extérieur devra être garni de banquettes bien rembourrées et couvertes, ainsi que tout l'intérieur de la voiture, d'une étoffe propre et solide ;

17° Les châssis des glaces devront jouer facilement et être garnis de cordons, pour que les voyageurs puissent, en tout temps, les lever ou les baisser promptement ;

18° Chaque cabriolet de l'extérieur sera pourvu d'une lanterne, fixée à la saillie de l'impériale ou sur le devant du panier ;

19° Le numéro de la voiture sera peint sur les deux verres de côté de cette lanterne, en la forme et selon les dimensions prescrites par l'arrêté du 6 octobre et la décision du 22 mars dernier ;

20° L'indication du numéro de la voiture et du nombre des places sera répétée à l'intérieur, sur une tablette en fer battu, ayant quinze centimètres carrés (cinq pouces six lignes) et qui sera fixée au milieu de l'impériale ;

21° Les cabriolets de l'extérieur porteront, indépendamment du numéro, une inscription indicative du nombre des places que chaque voiture pourra contenir, du lieu de sa destination et du nom du propriétaire ;

22° Le cocher ne devra point laisser monter dans sa voiture plus de voyageurs que le nombre indiqué par l'inscription ;

23° Les chevaux des cabriolets de l'extérieur seront en bon état de service et couverts de harnais solides, passés au noir dans toutes leurs parties ;

24° Les traits en corde sont expressément prohibés.

2. Un délai de cinq ans, à dater du jour de la notification du présent arrêté, est accordé pour tous les cabriolets de l'extérieur dits coucous actuellement en circulation, qui n'ont pas les nouvelles dimensions et ne se trouvent pas dans les conditions prescrites par l'article 1er.

A l'expiration de ce délai, il sera fait une visite générale desdites voitures, par suite de laquelle toutes celles qui ne seront pas reconnues entièrement conformes aux dispositions du présent arrêté seront immédiatement démarquées.

3. Il est aussi accordé, à dater de la notification du présent arrêté, un autre délai de six mois, pendant lequel les experts attachés à la préfecture de police continueront à recevoir, avec les dimensions et conditions portées en l'article 9 de l'ordonnance de police du 1er juillet 1829 précitée, tous les cabriolets de l'extérieur neufs qui seront présentés à l'expertise.

A l'expiration de ce délai, aucun cabriolet de l'extérieur, neuf, ne sera reçu, s'il ne réunit toutes les conditions prescrites par le présent arrêté.

4. Dans le même délai de six mois, tous les cabriolets de l'extérieur sans exception, vieux ou neufs, devront être entièrement conformes aux dispositions prescrites par les paragraphes 8, 9, 14, 17, 18, 19, 21 et 23 de l'article 1er du présent arrêté.

Les paragraphes 10 et 13 recevront également leur exécution dans ledit délai, mais seulement en ce qui concerne le loqueteau de sûreté à ressort et la poignée fixée au pied d'entrée de porte exigés pour les cabriolets construits en forme d'omnibus ayant une portière à l'arrière, et en ce qui concerne les rideaux dont doit être garnie la banquette extérieure.

5. Les mesures ordonnées par les paragraphes 12, 20, 22 et 24 recevront leur exécution immédiate.

6. L'ordonnance de police, du 1er juillet 1829, continuera de recevoir son exécution en tout ce qui n'est pas contraire aux dispositions qui précèdent.

7. Expédition du présent arrêté sera adressée au chef de la police municipale et à l'inspecteur contrôleur de la fourrière.

Notification en sera faite à tous les propriétaires de cabriolets de l'extérieur dits coucous.

Le conseiller d'Etat, préfet de police, G. DELESSERT.

N° **1611.**—*Ordonnance concernant la rivière de Bièvre.*

Paris, le 27 mai 1837.

Nous, conseiller d'Etat, préfet de police,

Vu le rapport du directeur de la salubrité, en date du 26 du courant, dans lequel il expose les inconvénients qui résulteraient, pour la rivière de Bièvre, du rétablissement des ponts, vannes ou grilles qui ont été enlevés à l'occasion du débordement des eaux de cette rivière, dans l'état où ils se trouvaient précédemment et avant que l'autorité ait fait examiner la possibilité de leur reconstruction;

Vu l'arrêté du conseil d'Etat du roi, du 26 février 1732;

L'arrêté du gouvernement du 25 vendémiaire an IX (17 octobre 1800);

Et l'ordonnance de police du 19 messidor an IX (8 juillet 1801), approuvée par le ministre de l'intérieur le 12 thermidor (31 juillet) suivant,

Ordonnons ce qui suit:

1. Il est défendu aux propriétaires de maisons ou terrains riverains de la Bièvre, de faire ou de rétablir, sur ladite rivière ou sur ses bords, dans la distance de trois mètres trente centimètres, aucune construction de bâtiment, hangar, etc., pont, vanne, barrage, grille ou autre ouvrage pouvant intéresser le cours de l'eau ou obstruer les berges, sans avoir obtenu de nous une nouvelle autorisation.

2. Toutes constructions ainsi faites ou tous objets ainsi placés seront immédiatement détruits ou enlevés, sans préjudice des poursuites à exercer par-devant les tribunaux compétents.

3. MM. les maires des communes riveraines de la Bièvre, M. le directeur de la salubrité, chargé de la surveillance de cette rivière,

ainsi que les gardes préposés à son inspection, sont chargés de veiller exactement à l'exécution des dispositions qui précèdent.

Le conseiller d'Etat, préfet de police, G. DELESSERT.

N° **1612.** — *Ordonnance concernant les travaux exécutés sur la voie publique et dans les propriétés qui en sont riveraines.*

Paris, le 29 mai 1837.

Nous, conseiller d'Etat, préfet de police,

Considérant que la multiplicité des travaux exécutés sur la voie publique donne lieu à des inconvénients qui excitent des plaintes fondées ;

Que l'ordonnance de police du 8 août 1829 a bien rappelé les principales dispositions des anciens règlements concernant les travaux effectués sur la voie publique, mais que l'expérience de plusieurs années a fait reconnaître qu'il était nécessaire de rendre ces dispositions plus complètes et plus efficaces ;

Vu la loi des 16-24 août 1790 ;

L'ordonnance de police du 8 août 1829 ;

Le cahier des charges imposées aux entrepreneurs des travaux du service municipal dans l'intérieur de la ville de Paris ;

En vertu de l'arrêté du gouvernement du 12 messidor an VIII (1er juillet 1800),

Ordonnons ce qui suit :

CHAPITRE Ier.

TRAVAUX SUR LA VOIE PUBLIQUE.

1. Aucun entrepreneur ne pourra exécuter des travaux sur la voie publique, sans notre autorisation.

On continuera à suivre, pour obtenir cette autorisation, les formalités prescrites par l'ordonnance de police du 8 août 1829.

Nonobstant cette autorisation, on ne pourra commencer les travaux qu'après en avoir prévenu, vingt-quatre heures au moins à l'avance, le commissaire de police du quartier qui s'entendra avec l'ingénieur chargé de la direction des travaux, pour donner les ordres nécessaires relativement à ce qui peut intéresser la liberté de la circulation et la sûreté publique.

2. Les entrepreneurs seront tenus de se conformer exactement aux dispositions que l'ingénieur et le commissaire de police du quartier leur prescriront, de concert et sur place, pour la limite des fouilles ou tranchées, le passage réservé aux piétons et aux voitures, s'il y a possibilité, le lieu de dépôt des équipages et des matériaux, les endroits où devront être établis les bassins à mortier, des passerelles et des ponts à voitures, l'éclairage pendant la nuit, et pour toutes les autres mesures de précaution nécessaires à l'effet de prévenir les encombrements et les accidents.

SECTION 1re.

Travaux d'égouts.

3. Avant l'ouverture des travaux, les parties de la voie publique exclusivement réservées pour la circulation seront déterminées sur place, et celles qui seront abandonnées aux travaux seront enceintes par des barrières en charpente à hauteur d'appui, avec courant de lisses.

4. L'enlèvement des terres sera fait, autant que possible, à mesure des fouilles, de manière qu'il n'en reste pas sur le bord des tranchées, à la fin de la journée, et que les environs soient débarrassés des terres qui tomberaient des voitures de transport.

5. Les matériaux seront, au fur et à mesure de la décharge qui en sera faite, rangés de manière à ne point nuire à l'écoulement des eaux pluviales et ménagères.

Il sera placé, au-dessus de tout dépôt, un écriteau peint en noir, sur fond blanc, et indicatif des nom et demeure de l'entrepreneur à qui les matériaux appartiendront.

6. Sous aucun prétexte, il ne pourra être formé de chantier pour la taille des pierres sur la voie publique.

Le commissaire de police du quartier fera enlever d'office les pierres de taille et pavés qui y auraient été déposés, ainsi que les pierres meulières, bassins à mortier et équipages placés à des endroits autres que ceux désignés à cet effet, ou qui resteraient sur place après l'achèvement des travaux auxquels ils étaient destinés. Les matériaux ainsi enlevés seront portés aux décharges publiques ou à la fourrière.

SECTION II.

Travaux pour établissement de conduites des eaux et du gaz.

7. La longueur des tranchées ne devra jamais excéder celle qui sera spécialement prescrite par l'arrêté d'autorisation des travaux.

Les tranchées ouvertes sur un seul point de la voie publique seront continuées successivement dans une longueur égale à celle des parties remblayées.

8. Des terres provenant des fouilles seront retenues avec des plats-bords solidement fixés, de manière qu'elles ne puissent se répandre ni sur les trottoirs, ni sur le pavé réservé pour la circulation des voitures, et que l'écoulement des eaux reste toujours libre.

SECTION III.

Dispositions communes à ces divers travaux.

9. Il est expressément défendu de rouler des brouettes sur les dallages des trottoirs ou d'y faire passer les roues des voitures et d'y déposer des outils, équipages ou matériaux.

Tous les trottoirs dont l'enlèvement provisoire n'aura pas été autorisé devront constamment rester libres pour la circulation des piétons.

10. Dans le cas où il serait indispensable d'interdire momentanément la circulation aux voitures sur certains points de la voie publique, on devra placer à l'entrée des rues aboutissant aux travaux, des poteaux supportant, à la hauteur de trois mètres au moins, une inscription, dont les caractères seront peints en noir sur un fond blanc, et qui sera ainsi conçue : Rue barrée aux voitures avec permission de l'autorité. Ces poteaux devront être éclairés le soir, au moyen d'une ou plusieurs appliques.

11. Dans le cas, où en faisant des tranchées, on découvrirait des berceaux de caves, des fosses, des puits ou des égouts abandonnés, on sera tenu de déclarer immédiatement à la préfecture de police, l'existence de ces caves, fosses, puits ou égouts, pour nous mettre à portée de les faire visiter et de prescrire les mesures nécessaires.

Les résidus retirés des fouilles, qui seraient susceptibles de compromettre la salubrité publique, seront enlevés et transportés aux voiries dans des voitures couvertes, et qui ne laissent rien répandre sur le sol.

12. Les monnaies, médailles, armes, objets d'art ou d'antiquité et tous autres effets trouvés dans les fouilles seront remis immédiatement au commissaire de police du quartier qui devra constater cette remise, sans préjudice, s'il y a lieu, des droits attribués par la loi, à l'auteur de la découverte.

Les débris humains seront soigneusement recueillis par l'entrepreneur, pour être transportés au lieu de repos, à la diligence du commissaire de police du quartier.

13. Les ateliers, les dépôts de meulières, de tuyaux de fonte et d'équipages, les bassins à mortier, ainsi que tous les points de la voie publique qui, par suite des ouvrages, pourraient présenter du danger pour la circulation, seront éclairés pendant la nuit, avec des appliques placées et entretenues aux frais et par les soins de l'entrepreneur, en nombre suffisant qui sera indiqué par le commissaire de police.

14. L'entrepreneur sera tenu de placer sur les ateliers le nombre de gardiens nécessaires pour veiller, le jour et la nuit, au maintien du bon ordre.

Il fera déposer, aux heures prescrites par les règlements, dans les endroits accessibles aux voitures du nettoiement, les ordures ménagères provenant des maisons riveraines des parties barrées de la voie publique.

15. Chaque année, les travaux ne pourront être entrepris avant le 1er mars. Ils devront être terminés, le pavé rétabli et la voie publique débarrassée de tous décombres et immondices, avant le 15 du mois de novembre.

16. Le commissaire de police fera combler immédiatement toutes tranchées qui seraient ouvertes sur son quartier, sans notre autorisation préalable.

Sur sa réquisition, le pavé sera rétabli dans les vingt-quatre heures, par l'ingénieur en chef du pavé de Paris, tant sur les tranchées remblayées d'office, aux frais de qui de droit, que sur toute tranchée comblée par suite de l'achèvement de travaux d'égouts ou d'établissement de conduite.

CHAPITRE II.

TRAVAUX DANS LES PROPRIÉTÉS RIVERAINES DE LA VOIE PUBLIQUE.

17. Toutes les fois que l'autorité le jugera convenable, il sera établi au-devant de la barrière posée au droit des bâtiments en démolition ou en construction, et à la hauteur ordinaire des trottoirs, un plancher en bois solidement assemblé, d'un mètre au moins de largeur, et soutenu par une bordure en charpente solidement fixée, ayant seize centimètres au moins de relief au-dessus du pavé.

Ce plancher devra se raccorder avec les trottoirs adjacents, s'il y en a, ou être prolongé jusqu'au mur de face des maisons voisines. Il sera entretenu en bon état et propre, par l'entrepreneur qui aura obtenu la permission de poser la barrière, e ne sera enlevé qu'avec ladite barrrière.

18. La barrière et le trottoir en bois ne devront jamais gêner le libre écoulement des eaux de la rue.

La barrière sera, à ses extrémités, disposée en pans coupés de 45 degrés.

TOME III. 13

19. Aussitôt que les remblais seront achevés, s'il ne s'agit que de démolition, ou que le nouveau bâtiment sera couvert, la barrière sera enlevée.

20. A moins de circonstances particulières, il ne sera point établi de barrières devant les maisons en réparation.

On sera tenu, pour ces réparations, de faire usage d'échafauds volants ou en bascule, sans points d'appui directs sur la voie publique, et de un mètre vingt-cinq centimètres au plus de saillie sur le mur de face, de telle sorte que la circulation puisse continuer sur le trottoir ou au pied de la maison.

Pour prévenir la chute de matériaux ou autres objets sur la voie publique, le premier plancher au-dessus du rez-de-chaussée sera, pendant toute la durée des travaux, garni de planches jointives et avec rebords.

Si l'échafaud doit avoir plus de deux étages, on sera tenu de garnir de planches l'étage d'échafaud au-dessous de celui sur lequel les ouvriers travailleront.

21. Lorsque des circonstances particulières exigeront des points d'appui directs, ces points d'appui seront des sapines de toute la hauteur de la façade à réparer, afin d'éviter les entes de boulins les uns sur les autres.

22. Lors des démolitions qui pourront faire craindre des accidents sur la voie publique, indépendamment des ouvriers munis d'une règle, que l'on est tenu de faire stationner pour avertir et éloigner les passants, la circulation au pied du bâtiment sera encore défendue par une enceinte de cordes portées sur poteaux, qui comprendra toute la partie de la voie publique sur laquelle les matériaux pourraient tomber. Chaque soir, ces cordes et les poteaux seront enlevés et les trous dans le pavé bouchés avec soin.

23. Les voitures destinées aux approvisionnements ou à l'enlèvement des terres ou gravois, entreront dans l'intérieur de la propriété, toutes les fois qu'il y aura possibilité. Dans le cas contraire, elles se placeront toujours parallèlement à la maison et jamais en travers de la rue.

24. Aussitôt le déchargement des voitures sur la voie publique, des ouvriers en nombre suffisant seront employés à rentrer sans interruption, les matériaux dans l'enceinte de la barrière ou dans la maison.

Le sciage et la taille des pierres sur la voie publique sont expressément défendus.

25. L'entrepreneur de maçonnerie est spécialement tenu de maintenir la propreté de la voie publique, dans toute l'étendue de la façade en réparation ou en construction, pendant toute la durée des travaux et l'existence de la barrière ou des échafauds.

CHAPITRE III.

DISPOSITIONS GÉNÉRALES.

26. Les contraventions aux dispositions de la présente ordonnance seront constatées par des rapports ou procès-verbaux qui nous seront transmis, pour être déférés aux tribunaux, et provisoirement, il sera pourvu d'office, aux frais de qui il appartiendra, à l'exécution desdites dispositions prescrites dans l'intérêt de la sûreté de la circulation.

27. Toutes les dépenses occasionnées pour l'enlèvement et le transport de matériaux, les remblais, les pavages provisoires exécutés d'office, et les salaires d'ouvriers seront constatés par procès-verbal dressé par le commissaire de police du quartier, et à la charge de qui de droit.

28. La présente ordonnance sera imprimée et affichée.

Les ingénieurs en chef, directeurs de l'assainissement et du pavé de Paris, les commissaires de police, le chef de la police municipale, l'architecte commissaire de la petite voirie, le directeur de la salubrité, les officiers de paix et autres préposés de l'administration sont chargés d'en surveiller et assurer l'exécution.

Elle sera adressée à M. le colonel commandant de la garde municipale de la ville de Paris, pour le mettre à même de concourir à son exécution.

Le conseiller d'État, préfet de police, G. DELESSERT.

———————◦◉◦———————

Nᵒ **1613**. — *Ordonnance concernant l'arrosement* (1).

Paris, le 1ᵉʳ juin 1837.

Nous, conseiller d'Etat, préfet de police,

Considérant qu'il importe de prendre des mesures pour assurer, pendant les chaleurs, l'arrosement de la voie publique ;

Vu la loi des 16-24 août 1790 ;

Vu l'arrêté du gouvernement du 12 messidor an VIII (1ᵉʳ juillet 1800),

Ordonnons ce qui suit :

1. A compter du jour de la publication de la présente ordonnance, et pendant tout le temps que dureront les chaleurs, les propriétaires ou locataires sont tenus de faire arroser, à onze heures du matin et à trois heures de l'après-midi, la partie de la voie publique, au-devant de leurs maisons, boutiques, jardins et autres emplacements en dépendant ; ils feront écouler les eaux des ruisseaux pour en éviter la stagnation.

Cette disposition est applicable aux propriétaires ou locataires des passages publics et à ciel ouvert, existant sur des propriétés particulières, ainsi qu'aux concessionnaires des ponts, pavés ou cailloutés, dont le passage est soumis à un droit de péage.

2. Il est défendu de se servir de l'eau stagnante des ruisseaux pour l'arrosement.

3. Les concierges, portiers ou gardiens des établissements publics et maisons domaniales sont personnellement responsables de l'exécution des dispositions ci-dessus, en ce qui concerne les établissements et maisons auxquels ils sont attachés.

4. Les contraventions aux injonctions ou défenses faites par la présente ordonnance seront constatées par des procès-verbaux ou rapports qui nous seront adressés.

Les commissaires de police et le directeur de la salubrité feront arroser d'office et aux frais des contrevenants qui, en outre, seront traduits, s'il y a lieu, devant les tribunaux, pour être punis conformément aux lois et règlements en vigueur.

5. La présente ordonnance sera publiée et affichée.

Les commissaires de police, le chef de la police municipale, le directeur de la salubrité, les officiers de paix et autres préposés de l'administration sont chargés de faire observer les dispositions de l'ordonnance ci-dessus, et de tenir la main à leur exécution.

Le conseiller d'Etat, préfet de police, G. DELESSERT.

(1) V. l'ord. du 27 juin 1843.

N° 1614.—*Ordonnance concernant les mesures d'ordre à observer à l'occasion de l'entrée du roi dans Paris.*

Paris, le 3 juin 1837.

Nous, conseiller d'Etat, préfet de police,
Vu la loi du 24 août 1790 ;
Voulant prévenir tous accidents et spécialement ceux qui pourraient résulter de la circulation des voitures au milieu d'une foule considérable, dans la journée du 4 juin, lors de l'entrée du roi dans Paris,

Ordonnons ce qui suit :

1. Dans la journée du 4 juin, à partir de midi jusqu'à l'arrivée du roi au palais des Tuileries, la circulation et le stationnement des voitures sont interdits sur les points suivants :
1° Dans la rue de Rivoli, à partir de la rue de l'Echelle jusqu'à la place de la Concorde ;
2° Dans les rues Saint-Florentin, Royale Saint-Honoré, des Champs-Elysées ;
3° Dans l'allée de Marigny ;
4° Dans toute l'étendue des Champs-Elysées et des allées latérales, Entre la place de la Concorde et la barrière de l'Etoile ;
5° Sur la place et le pont de la Concorde ;
6° Sur le quai des Tuileries ;
7° Sur celui de la Conférence jusqu'au quai de Billy ;
8° Et sur le pont des Invalides.
2. Sont exceptées des prohibitions établies par l'article précédent, les voitures de la cour, des ministres, des maréchaux de France, du corps diplomatique, de MM. les présidents de la chambre des Pairs et de la chambre des Députés, de M. le préfet de la Seine, de M. le lieutenant général commandant la première division militaire et de M. le lieutenant général commandant la place de Paris ;
Toutefois, à l'exclusion formelle de la grande avenue des Champs-Elysées qui est réservée pour les troupes et le passage du roi.
Le cortége du corps municipal de la ville de Paris qui doit se rendre en voiture à la barrière de l'Etoile se dirigera, depuis l'Hôtel-de-Ville, par les quais, la place de la Concorde et l'avenue des Champs-Elysées.
3. MM. les maréchaux de France et officiers généraux qui se rendront à l'Arc de l'Etoile, pour y monter à cheval et y accompagner le roi, ne pourront y arriver qu'en faisant diriger leurs voitures par les quais de la rive gauche de la Seine, le pont d'Iéna et les rampes de Chaillot, ou par les rues du faubourg Saint-Honoré, la barrière du Roule et le boulevard extérieur ; s'ils vont à cheval, ils pourront s'y rendre par l'avenue des Champs-Elysées.
4. Le même jour, 4 juin, à partir de midi jusqu'à l'entrée du roi au palais des Tuileries, les voitures qui arriveront à Paris par le pont de Neuilly se dirigeront par le chemin de la Révolte, l'ancienne avenue de Neuilly et la barrière du Roule.
5. Les voitures qui entreront dans la même journée dans Paris, par la barrière de Passy, se dirigeront, à partir de midi, par le pont d'Iéna et les quais de la rive gauche.
6. A partir de midi, les voitures venant de Chaillot et celles qui s'y rendront, devront prendre le pont d'Iéna et les quais de la rive gauche jusqu'au Pont-Royal.
7. Il est interdit à tout étalagiste ou saltimbanque de stationner, dans la journée du 4 juin, dans l'étendue des Champs-Elysées, sur

la place de la Concorde et aux abords des grilles du jardin des Tuileries.

8. Il est défendu pareillement de placer aucuns estrades, échafaudages, chaises, échelles, tonneaux, tables, charrettes, bancs, planches, tréteaux, dans les Champs-Elysées et sur la place de la Concorde.

9. Les commissaires de police et tous agents de la force publique feront enlever sur-le-champ tous objets de cette nature.

10. Il est fait expresse défense de monter sur les arbres des Champs-Elysées et sur les balustrades de la place de la Concorde.

11. Les contraventions à la présente ordonnance seront constatées par des procès-verbaux et rapports des officiers de police, et déférées aux tribunaux compétents.

12. La présente ordonnance sera imprimée, publiée et affichée dans Paris.

Le chef de la police municipale, les commissaires de police, les officiers de paix et tous agents de la force publique sont chargés de tenir la main à son exécution.

Le colonel de la garde municipale de la ville de Paris est requis de leur prêter main-forte au besoin.

Le conseiller d'Etat, préfet de police, G. DELESSERT.

N° 1615. — *Ordonnance concernant la circonscription des chantiers de bois de chauffage.*

Paris, le 6 juin 1837.

Nous, conseiller d'Etat, préfet de police,

Vu, 1° les ordonnances de police des 1er septembre et 15 novembre 1834, indiquant la ligne limitative des parties de la ville où peuvent être établis les chantiers de bois de chauffage dans Paris;

2° Les demandes qui nous ont été adressées, tendant à ce que, dans les quartiers du Roule et de la Chaussée-d'Antin, cette ligne de circonscription fût reportée des rues de Hambourg et de Navarin projetées à la rue de Milan, et à ce que la ligne passant par l'allée des Veuves aux Champs-Elysées fût reportée à l'allée d'Antin;

Considérant que les rues de Hambourg et de Navarin n'existent encore qu'en projet et ne paraissent pas devoir être percées immédiatement; que cette démarcation incertaine préjudicie aux intérêts de plusieurs propriétaires de terrains, et qu'il convient de la fixer provisoirement jusqu'au percement effectif des nouvelles rues, par des points mieux déterminés et plus saisissables;

Considérant aussi que, vers la partie des Champs-Elysées, l'exécution des constructions projetées dans le nouveau quartier dit de François 1er, est suspendue depuis plusieurs années;

Considérant enfin, que beaucoup de terrains non employés aux constructions pourraient servir, au moins provisoirement, à la formation des chantiers de bois de chauffage,

Ordonnons ce qui suit:

1. La circonscription fixée par l'article 1er de l'ordonnance de police du 15 novembre 1834, comme limite des quartiers où peuvent être établis des chantiers de bois de chauffage, est provisoirement modifiée.

La ligne de cette circonscription passera, à partir de la rue Blanche, par la barrière Blanche, le chemin de ronde jusqu'à la rue de Clichy, au lieu de la rue de Hambourg projetée, et par la rue de Milan au lieu de la rue de Navarin projetée, pour reprendre ensuite par la place de l'Europe, et, à partir de la rue de Matignon, par l'allée d'Antin, au lieu de l'allée des Veuves aux Champs-Elysées jusqu'à la Seine.

2. Les chantiers qui seront ouverts sur les terrains compris entre l'ancienne et la nouvelle limite, c'est-à-dire entre la rue de Hambourg et la rue de Milan d'une part, et entre l'allée des Veuves et l'allée d'Antin d'autre part, ne pourront être établis qu'à titre de tolérance; ils devront être supprimés aux époques ci-après déterminées.

Ceux des quartiers du Roule et de la Chaussée d'Antin, six mois après l'époque du pavage, de l'éclairage et de la mise à la disposition du public des rues de Hambourg et de Navarin.

Ceux du quartier des Champs-Elysées dans trois ans, à partir de la date de la présente ordonnance, à moins qu'il n'en soit autrement ordonné d'après l'état du quartier à cette époque.

3. Les commissaires de police, et spécialement ceux du quartier du Roule, de la Chaussée d'Antin et des Champs-Elysées, les officiers de paix, les préposés de la préfecture de police et spécialement l'inspecteur principal des bois et charbons sont chargés de l'exécution de la présente ordonnance qui sera publiée et affichée.

Le conseiller d'Etat, préfet de police, G. DELESSERT.

Vu et approuvé :

Paris, le 9 juin 1837.

Le ministre secrétaire d'Etat des travaux publics, de l'agriculture et du commerce,

MARTIN (du Nord).

———————— ◦ ————————

N° **1616.** — *Arrêté* (1) *qui prescrit l'impression et la publication des articles* 1, 2 *et* 4 *de l'ordonnance royale du* 30 *mai* 1837 (2), *de l'ordonnance de police du* 19 *juillet* 1822 *et de l'ordonnance du roi du* 16 *janvier* 1822 (3), *concernant le service du chef des ponts de Paris.*

Paris, le 9 juin 1837.

———————— ◦ ————————

N° **1617.** — *Arrêté qui prescrit la réimpression et la publication de l'ordonnance du* 23 *juin* 1832, *concernant les chiens.*

Paris, le 9 juin 1837.

———————— ◦ ————————

N° **1618.** — *Ordonnance concernant les mesures d'ordre à observer à l'occasion des fêtes du mariage de S. A. R. Monseigneur le duc d'Orléans.*

Paris, le 12 juin 1837.

Nous, conseiller d'Etat, préfet de police,
Vu le programme des fêtes qui auront lieu à Paris, le 14 juin, à l'oc-

———————————————————————————————

(1) V. les ord. des 31 mai 1838 et 25 oct. 1840 (art. 31 et suiv. et cahier des charges du chef des ponts).

(2) V. cette ord. à l'appendice.

(3) V. cette ord. à l'appendice.

casion du mariage de S. A. R. Monseigneur le duc d'Orléans, et approuvé le 10 courant, par M. le ministre de l'intérieur ;

Vu la loi du 24 août 1790 ;

Voulant prévenir tous accidents et spécialement ceux qui pourraient
résulter de la circulation des voitures au milieu de la foule, dans la
journée du 14 juin courant,

Ordonnons ce qui suit :

**Dispositions relatives aux divertissements dans les Champs-Élysées et aux feux
d'artifice sur le quai d'Orsay et au Champ-de-Mars.**

1. Dès le 13 juin présent mois, l'accès de la partie du port et du
quai d'Orsay, située entre les rues de Poitiers et de Belle-Chasse, sera
interdit au public, à compter de midi, à cause des préparatifs du feu
d'artifice qui doit y être tiré le lendemain.

2. Dans la journée du 14 juin, la partie du quai d'Orsay située entre la caserne de cavalerie et la descente de l'école de natation, sera
pareillement interdite au public, ainsi que les rues de Poitiers et de
Belle-Chasse, qui seront barrées à la hauteur de la rue de Lille.

3. Sont exceptées de cette interdiction, les personnes se rendant
aux habitations n'ayant d'entrée que sur le quai d'Orsay.

4. A l'exception des artificiers et de leurs ouvriers, personne ne
pourra circuler ni stationner dans l'enceinte du feu qui sera tiré sur
le quai et sur le port d'Orsay.

5. Le public ne pourra pareillement circuler ni stationner dans la
journée du 14 juin sur le port d'Orsay, la berge de la rive droite, entre le Pont-Royal et celui de la Concorde, ainsi que sur les rampes
qui descendent à la rivière, aux abords de ce dernier pont.

6. Le passage et le stationnement en batelets sur la rivière sont
formellement interdits le 14 juin entre le Pont-Royal et celui d'Iéna.

Sont exceptés de cette prohibition les batelets montés par les inspecteurs de la navigation, chargés de veiller à la sûreté publique sur
la rivière.

7. Les marchandises déchargées sur le port d'Orsay, et sur la berge
dite du Recueillage, devront être enlevées dès le 13 juin au soir, par
leurs propriétaires.

8. Les bateaux chargés et les bateaux vides seront, dans la matinée du 14 juin, remontés en amont du Pont-Royal, ou descendus en
aval du pont de la Concorde.

9. Nul ne pourra monter sur les bateaux, dans la soirée du 14 juin,
à l'exception des mariniers desservant les embarcations.

10. Le 14 juin, à partir de huit heures du soir, jusqu'après le feu
d'artifice qui sera tiré sur le quai et le port d'Orsay, aucune personne,
sans exception, ne pourra passer, circuler ni stationner sur les ponts
des Arts et du Carrousel.

11. L'inspecteur général de la navigation et des ports prendra les
mesures convenables pour faire évacuer et préserver du danger du
feu les établissements, embarcations, bateaux, trains existant sur les
bassins voisins du feu qui sera tiré au port d'Orsay, et pour interdire
l'accès des berges au public, lors du feu.

12. Il est fait expresse défense d'établir aucuns ponts volants sur
les fossés d'enceinte du Champ-de-Mars, dans la journée du 14 juin,
et d'élever aucuns échafaudages ou estrades quelconques sur les tertres et avenues du Champ-de-Mars, afin d'éviter des accidents et de
ne pas priver le public du coup-d'œil du feu d'artifice.

13. Le même jour, 14 juin, la circulation et le stationnement des
voitures seront interdits, jusqu'à onze heures de la nuit,

Savoir :

A compter de deux heures après-midi, dans toute l'étendue des Champs-Elysées et des allées latérales, entre la place de la Concorde, le rond-point des Champs-Elysées et l'avenue des Veuves.

14. Les voitures qui dans cette journée viendront de la barrière de Passy à Paris, comme celles qui s'y rendront, ne pourront passer, jusqu'à six heures du soir seulement, que par le quai de Billy, l'allée des Veuves, la rue Montaigne, la rue du faubourg du Roule et la rue du faubourg Saint-Honoré.

15. A l'égard des voitures qui se rendront le même jour à la barrière de l'Etoile ou à Chaillot, et celles venant de ces points ; elles ne pourront passer que par la rue d'Angoulême, la rue du faubourg Saint-Honoré, la place Beauveau, la rue des Saussaies, la rue de Suresnes et le boulevard de la Madeleine.

16. Dans la journée du 14 juin, à partir de six heures jusqu'à onze heures de la nuit, les voitures venant de Sèvres, Saint-Cloud, Boulogne, Auteuil et Passy, ne pourront entrer dans Paris que par le pont de Grenelle, le village de Grenelle et la barrière de l'Ecole Militaire ; ou par Passy, la montagne des Bons-Hommes, la rue Franklin, le boulevard extérieur, la barrière de l'Etoile, l'avenue des Champs-Elysées, la rue Neuve de Berry et la rue du faubourg Saint-Honoré, jusqu'à la place Beauveau.

17. La circulation et le stationnement des voitures seront pareillement interdits le 14 juin, à partir de six heures du soir jusqu'à onze heures de la nuit, sur les points ci-après :

1° Sur toute la ligne des quais de la rive droite de la Seine, à partir du Pont-Neuf, jusqu'à la barrière de Passy,
2° Sur la place de la Concorde,
3° Dans l'allée d'Antin,
4° Dans l'allée des Veuves,
5° Sur le pont des Arts,
6° Sur le pont du Carrousel,
7° le Pont-Royal,
8° le pont de la Concorde,
9° le pont des Invalides,
10° le pont d'Iéna,
11° Sur les quais de la rive gauche de la Seine, depuis la rue des Saints-Pères jusqu'à l'avenue de Suffren,
12° Dans l'avenue de la Motte-Piquet,
13° Dans l'intérieur du Champ-de-Mars,
14° Dans les avenues de la Bourdonnaye et de Suffren,
15° Et dans la rue Saint-Dominique du Gros-Caillou,
16° Dans la rue du faubourg Saint-Honoré, depuis la place Beauveau jusqu'à la rue Royale,
17° Dans les rues des Champs-Elysées, Royale Saint-Honoré, Saint-Florentin, de Rivoli, de Mondovi, Neuve-de-Luxembourg, Castiglione, d'Alger, du 29 juillet, du Dauphin, des Pyramides, de l'Echelle, Saint-Louis, Saint-Nicaise, de Rohan, Montpensier, de Valois, Quinze-Vingts Batave, de Chartres, Saint-Thomas du Louvre,
Et dans la rue Saint-Honoré, depuis la place du Palais-Royal inclusivement, jusqu'à la rue Royale Saint-Honoré, inclusivement.

18. Sont exceptées des prohibitions établies par les articles 13, 14, 15 et 17 qui précèdent, les voitures de la cour, des ministres, des maréchaux de France, du corps diplomatique, de MM. les présidents de la chambre des pairs et de la chambre des députés, de M. le préfet de la Seine, de MM. les lieutenants généraux commandant la première division militaire et la place de Paris.

19. Les voitures des personnes qui se rendraient dans la journée du 14 juin, après six heures du soir, de la rive gauche de la Seine dans les quartiers du centre de la rive droite, devront passer par le Pont-Neuf,

Et celles desdites voitures qui se dirigeraient au palais des Tuileries suivront, à partir du Pont-Neuf,

Les rues de la Monnaie, du Roule, Saint-Honoré, de l'Echelle, et le guichet de la rue de Rivoli.

20. Les voitures des personnes qui, de la rive droite de la Seine, se rendraient dans la soirée du 14 juin, au palais des Tuileries, ne pourront y arriver que par les boulevards intérieurs, la rue de Richelieu, la rue de Rohan, la rue de Rivoli et le guichet de la rue de l'Echelle.

Divertissements et feu d'artifice à la barrière du Trône.

21. Le 14 juin, la circulation et le stationnement des voitures seront interdits, depuis deux heures après-midi jusqu'à onze heures du soir,

1° Sur la place de la barrière du Trône,

2° Sur les avenues qui conduisent à cette place ;

3° Et dans la rue du faubourg Saint-Antoine, en descendant jusqu'au débouché de la rue de Montreuil, exclusivement.

22. Pendant cette journée, les voitures qui arriveront à Paris par la route de Vincennes seront dirigées par les barrières de Montreuil et de Saint-Mandé.

Dispositions générales.

23. Défense expresse est faite à tous les étalagistes, marchands forains, limonadiers-traiteurs, marchands de vins et de comestibles, teneurs de bals, saltimbanques et baladins, de stationner, le 14 juin, dans les Champs-Elysées, sans permission de notre préfecture.

24. Il est pareillement fait défenses aux marchands forains et étalagistes qui stationneront, tant aux Champs-Elysées qu'à la barrière du Trône, de tenir aucune espèce de loteries ou jeux de hasard, pour débiter leurs marchandises, conformément à la loi du 21 mai 1836.

25. Les entrepreneurs des feux d'artifice qui se tireront au port d'Orsay, au Champ-de-Mars et à la barrière du Trône, établiront près de chaque feu une forte barrière en charpente, à la distance qui leur sera indiquée par nous, pour maintenir le public à l'éloignement nécessaire à sa sûreté.

26. Un poste de sapeurs-pompiers, avec les pompes et les agrès nécessaires sera établi auprès des emplacements de chaque feu d'artifice.

27. Les habitants seront tenus de se conformer aux règlements qui défendent expressément le tir sur la voie publique et dans l'intérieur des habitations de toutes pièces d'artifice et armes à feu.

En conséquence, il est défendu à toutes personnes de débiter et distribuer à qui que ce soit de la poudre et des pièces d'artifice, sous les peines portées par le Code pénal et la loi du 24 mai 1834.

28. Il est interdit à tous étalagistes ou saltimbanques, de stationner dans la journée du 14 juin aux abords du jardin des Tuileries, sur les ponts Royal, de la Concorde et d'Iéna, et sur les tertres du Champ-de-Mars.

29. Dans la journée du 14 juin, aucuns échafaudages, estrades, chaises, échelles, tonneaux, tables, bancs, charrettes, tréteaux et planches ne pourront, être placés aux abords des jeux, divertissements publics, et des feux d'artifice, notamment :

Dans le grand carré des jeux, sur la place de la Concorde, le pont de la Concorde, le Pont-Royal, les quais des Tuileries, d'Orsay, Voltaire, du Louvre,

Dans l'enceinte et sur les tertres du Champ-de-Mars,

Et sur la place de la barrière du Trône.

Les commissaires de police et les agents de la force publique feront enlever sur-le-champ les objets de cette nature, placés en contravention à la présente défense.

50. Il est aussi expressément défendu de monter sur les arbres, les parapets des quais, ponts, berges ; d'escalader la terrasse des Tuileries ; de monter sur les toits, entablements, auvents et sur les échafaudages des bâtiments en construction.

51. Les contraventions à la présente ordonnance seront constatées par des procès-verbaux ou rapports des officiers de police, et déférées aux tribunaux compétents.

52. La présente ordonnance sera imprimée, publiée et affichée dans Paris et dans les communes de Passy, Neuilly, Saint-Mandé, Montreuil et Vincennes, Sèvres, Saint-Cloud et Boulogne.

Les maires desdites communes, le chef de la police municipale, à Paris, les commissaires de police et les officiers de paix, l'architecte-commissaire de la petite voirie, l'inspecteur de la navigation et des ports, le directeur de la salubrité et les préposés de la préfecture de police sont chargés, chacun en ce qui le concerne, de tenir la main à son exécution.

MM. les colonels de la garde municipale de la ville de Paris et de la gendarmerie de la Seine, et tous agents de la force publique sont requis de leur prêter main-forte au besoin.

Le conseiller d'Etat, préfet de police, G. DELESSERT.

———————————◉———————————

N° **1619.** — *Ordonnance concernant les bains en rivière* (1).

Paris, le 15 juin 1837.

———————————◉———————————

N° **1620.** — *Arrêté relatif aux feux de paille dans les rues* (2).

Paris, le 1er juillet 1837.

———————————◉———————————

N° **1621.** — *Arrêté qui prescrit la réimpression et la publication de l'ordonnance du 1er avril 1818, concernant les caisses, pots à fleurs et autres objets dont la chute peut causer des accidents.*

Paris, le 21 juillet 1837.

_____

(1) V. les ord. des 20 mai 1839 et 25 oct. 1840 (art. 187 et suiv., et 225).

(2) V. l'arr. du 4 oct. 1837.

N° **1622**. — *Ordonnance concernant les mesures d'ordre et de sûreté à observer à l'occasion du septième anniversaire des journées de Juillet* 1830 (1).

Paris, le 26 juillet 1837.

N° **1623**. — *Ordonnance concernant l'ouverture de la chasse* (2).

Paris, le 22 août 1837.

N° **1624**. — *Arrêté concernant la police du chemin de fer de Paris à Saint-Germain* (3).

Paris, le 26 août 1837.

Nous, conseiller d'État, préfet de police,

Vu 1° l'arrêté pour le service du chemin de fer de Paris à Saint-Germain, pris par S. Exc. le ministre des travaux publics, de l'agriculture et du commerce, le 25 août courant ;

2° La lettre de son excellence, en date du même jour, autorisant l'ouverture dudit chemin ;

3° L'article 471, § 15, du Code pénal ;

4° La loi des 16—24 août 1790, titre XI, article 3 ;

5° Les arrêtés du gouvernement du 12 messidor an VIII (1er juillet 1800), et du 3 brumaire an IX (25 octobre 1800),

Arrêtons ce qui suit :

1. L'arrêté pour le service du chemin de fer de Paris à Saint-Germain, pris par S. Exc. le ministre des travaux publics, de l'agriculture et du commerce, le 25 de ce mois, sera imprimé et affiché (4).

2. Les contraventions audit arrêté, dans l'étendue du département de la Seine, seront constatées par des procès-verbaux ou rapports qui nous seront transmis sans délai, et elles seront poursuivies conformément aux lois et règlements.

3. Le sous-préfet de l'arrondissement de Saint-Denis, l'ingénieur en chef, directeur des ponts et chaussées du département de la Seine, l'ingénieur en chef des mines du département de la Seine, les maires des communes des Batignolles-Monceaux, de Clichy, d'Asnières, de Colombes et de Nanterre, les commissaires de police et notamment les commissaires spéciaux de police du chemin de fer de Paris à Saint-Germain, le chef de la police municipale, les officiers de paix, les autres préposés de la préfecture de police et les gardes champêtres sont chargés, chacun en ce qui le concerne, de tenir la main à l'exécution dudit arrêté.

Il sera adressé, en outre, à M. le colonel de la garde municipale de la ville de Paris et à M. le commandant de la gendarmerie du département de la Seine pour qu'ils en assurent l'exécution par tous les moyens qui sont en leur pouvoir.

Le conseiller d'État, préfet de police, G. DELESSERT.

(1) V. les ord. des 26 juill. 1840 et 1841.

(2) V. l'ord. du 22 août 1843.

(3) V. pour la police l'ord. du 9 avril 1837, les arr. des 13 déc. 1839, 16 mai et 14 sept. 1842 ; et, pour les tarifs, l'arr. du 20 mai 1842, les ord. des 10 avril et 25 août 1843 et 14 juin 1844.

(4) V. cet arrêté à l'appendice.

N° 1625. — *Ordonnance concernant les carrosses, coupés et cabriolets de remise offerts au public pour marcher à l'heure ou à la course* (1).

Paris, le 28 août 1837.

Nous, conseiller d'Etat, préfet de police,

Considérant que le nombre des carrosses, coupés et cabriolets de remise offerts au public pour marcher à l'heure ou à la course, devient de jour en jour plus considérable;

Que la sûreté et la liberté de la circulation sont souvent compromises, surtout dans les quartiers les plus populeux, par le stationnement de ces voitures sur la voie publique ou dans des locaux qui ne sont pas disposés convenablement pour prévenir les embarras et les accidents;

Considérant qu'il importe de faire visiter par les experts des voitures publiques les carrosses, coupés et cabriolets de remise pour s'assurer que ces voitures réunissent les conditions de solidité et de commodité que l'administration doit exiger;

Qu'il y a lieu de prescrire, à l'égard des cochers de remise, des mesures d'ordre et de police dont l'expérience a démontré la nécessité;

Considérant enfin que l'absence d'un tarif pour les voitures de remise donne lieu à des plaintes continuelles, et occasionne des querelles et des rixes auxquelles l'autorité doit mettre un terme;

Vu 1° la loi du 14 décembre 1789, article 50;

2° La loi des 16—24 août 1790, titre XI, articles 1 et 3;

3° Les articles 2, 22 et 32 de l'arrêté du gouvernement du 12 messidor an VIII (1er juillet 1800);

4° Les articles 471, 474 et 484 du Code pénal;

5° L'ordonnance de police du 8 janvier 1829,

Ordonnons ce qui suit :

TITRE Ier.

Des propriétaires de voitures de remise.

1. Tout propriétaire de carrosses, coupés et cabriolets de remise offerts au public pour marcher à l'heure ou à la course sera tenu de se présenter, dans le délai d'un mois, à la préfecture de police pour y déclarer ses nom, prénoms et domicile, le nombre de carrosses, coupés et cabriolets qu'il entend mettre en circulation et le lieu où il se propose de remiser ces voitures.

2. Lorsqu'un propriétaire de carrosses, coupés et cabriolets de remise aura fait la déclaration prescrite par l'article précédent, il sera vérifié si les stations ou remises indiquées ne présentent aucun danger pour la sûreté et la liberté de la circulation, et si elles remplissent les conditions convenables à leur destination.

Après la vérification dont il s'agit, il sera délivré, s'il y a lieu, une autorisation spéciale pour chaque remise.

3. Lorsqu'un propriétaire de carrosses, coupés et cabriolets de remise offerts au public, pour marcher à l'heure ou à la course, voudra vendre ou cesser de faire rouler une ou plusieurs de ses voitures, ou qu'il changera de domicile, il en fera préalablement la déclaration à la préfecture de police.

La même déclaration sera faite lorsqu'il voudra changer le lieu de

_____

(1) Rapportée. — V. l'arr. du 25 fév. 1842 et les ord. des 5, 6 et 10 oct. 1843.

remisage de ses voitures, et il sera, dans ce cas, procédé aux vérifications prescrites par l'article 2.

4. Il est enjoint à tout propriétaire de carrosses, coupés et cabriolets de remise de tenir un registre sur lequel il inscrira les noms et domiciles de ses cochers, la date de leur entrée à son service et la date de leur sortie.

Il inscrira aussi chaque jour sur ce registre le numéro de la voiture dont il aura confié la conduite au cocher.

Les propriétaires de voitures de remise seront tenus de représenter le registre dont il s'agit à toute réquisition des agents de l'administration.

Ce registre sera parafé sur chacune de ses feuilles, et visé, le 1er de chaque mois, par le commissaire de police du quartier ou le maire de la commune.

5. Tout propriétaire de carrosses, coupés et cabriolets de remise est tenu d'inscrire, en prenant un cocher, sur le permis de conduire de ce cocher, la date de son entrée à son service.

Lorsque le cocher quittera l'établissement, le propriétaire inscrira aussi sur le permis la date de la sortie.

6. Il est défendu à tout propriétaire de carrosses, coupés et cabriolets de remise d'employer un cocher qui ne serait pas porteur d'un permis de conduire, visé par la préfecture de police, la veille de l'entrée de ce cocher à son service, ou dont le permis de conduire aurait été retiré.

En cas de contravention, la voiture sera conduite à la fourrière de la préfecture de police, sans préjudice des poursuites judiciaires.

7. Les propriétaires de voitures de remise sont civilement responsables des faits des cochers qu'ils emploient en tout ce qui concerne leur service.

8. Il est expressément défendu aux propriétaires de carrosses, coupés et cabriolets de remise de faire circuler des voitures en mauvais état et susceptibles de compromettre la sûreté publique.

Il leur est également défendu d'employer des chevaux vicieux, atteints de maladies contagieuses ou impropres au service.

TITRE II.

§ Ier. — Des cochers de voitures de remise.

9. La conduite des carrosses, coupés et cabriolets de remise offerts au public, pour marcher à l'heure ou à la course, ne pourra être confiée qu'à des hommes pourvus de permis de conduire délivrés à la préfecture de police, sur la représentation de papiers de sûreté et une attestation de bonne vie et mœurs, et de capacité à conduire.

Les conducteurs de ces voitures devront être âgés de dix-huit ans accomplis, au moins.

10. Les permis de conduire des cochers de voitures de remise indiqueront :

1° Le numéro d'inscription du cocher à la préfecture de police ;

2° Ses nom et prénoms ;

3° Son signalement ;

4° Le lieu de sa naissance ;

5° Son domicile.

Ces permis de conduire contiendront en outre un extrait de la présente ordonnance, en ce qui concerne les cochers.

Les propriétaires de voitures de remise qui conduiront eux-mêmes seront astreints aux obligations prescrites par le présent article, ainsi que par le précédent.

11. Les cochers rembourseront, pour chaque permis de conduire, la somme de 70 cent. montant des frais d'impression.

12. Tout cocher ou conducteur de voiture de remise devra être muni :

1° De l'extrait de la déclaration mentionnée en l'article 1er ;

2° Du permis de conduire.

Il devra présenter lesdites pièces à toute réquisition soit du public, soit de l'autorité.

En cas de refus ou d'impossibilité, le cocher sera conduit chez le commissaire de police le plus voisin.

13. Il est expressément défendu à tout cocher ou conducteur de voitures de remise de confier à qui que ce soit son permis de conduire et les autres papiers dont il doit être porteur.

14. Lorsqu'un cocher de voiture de remise changera de domicile, il sera tenu d'en faire, au moins un jour d'avance, la déclaration à la préfecture de police.

15. Il est expressément défendu aux cochers et conducteurs de carrosses, coupés et cabriolets de remise de faire stationner sur aucune partie de la voie publique leurs voitures, qui devront rester en station dans les dépôts intérieurs à ce affectés.

Il sera établi à chaque dépôt ou station, selon les localités, soit une barrière, soit une chaîne, soit une corde, disposée de manière à empêcher la tête du cheval de saillir sur la voie publique, au delà du mur de face de la maison dans laquelle sera située la station.

16. Il est défendu auxdits cochers :

1° De quitter leurs voitures, soit qu'elles stationnent sous les remises, soit qu'elles attendent à la porte des particuliers ;

2° De parcourir la voie publique pour offrir leurs voitures aux passants ;

3° De fumer lorsqu'ils conduiront leurs voitures ;

4° De faire manger et boire leurs chevaux sur la voie publique.

17. Il est fait expresse défense aux cochers et conducteurs de carrosses et coupés de remise de laisser monter sur le siége ou derrière leurs voitures d'autres individus que les apprentis cochers ou les domestiques des personnes qui se trouveront dans leurs voitures.

18. Il est enjoint aux cochers de voitures de remise de visiter immédiatement, après chaque course, l'intérieur de leurs voitures et de remettre sur-le-champ, aux personnes qu'ils auront conduites, les objets qu'elles y auraient laissés.

A défaut de possibilité de la remise prescrite ci-dessus, il est ordonné aux cochers de faire dans les vingt-quatre heures, à la préfecture de police, la déclaration et le dépôt des objets qu'ils auront trouvés dans leurs voitures.

19. Il est défendu aux cochers des voitures de remise de traverser les halles du centre avant 10 heures du matin.

Les voitures devront être conduites au pas dans les marchés et les rues étroites où deux voitures seulement peuvent passer de front, ainsi qu'à la descente des ponts et au passage des barrières.

Il est expressément défendu de faire galoper les chevaux dans quelque circonstance que ce soit.

20. Lorsqu'il sera reconnu qu'un cocher de voiture de remise, soit par le fait de plaintes graves ou réitérées, soit à cause de ses infirmités ou de tout autre motif qui serait de nature à compromettre la sûreté publique, ne présente plus les conditions nécessaires à l'exercice de sa profession, le permis de conduire pourra lui être retiré.

§ II. — Des apprentis-cochers.

21. Tout individu qui voudra être apprenti cocher devra justifier d'un certificat de bonne vie et mœurs, de ses papiers de sûreté et d'un certificat constatant qu'un propriétaire de voitures de remise s'engage à le prendre à son service.

22. Lorsque l'individu qui demandera à être reçu apprenti cocher aura fait les justifications exigées par l'article précédent, il lui sera délivré un extrait timbré de son inscription au registre.

Il sera perçu 35 cent. pour le prix du timbre de cet extrait.

23. Aucun apprenti ne pourra être reçu cocher de voiture de remise qu'au bout d'un mois d'apprentissage, si toutefois il est reconnu apte à conduire une voiture.

Il devra alors remplir les formalités nécessaires pour obtenir un permis de conduire.

24. Les apprentis ne pourront jamais conduire seuls.

Il leur est interdit de monter sur le siége une heure après le coucher du soleil.

TITRE III.

Des voitures de remise.

25. Il sera procédé à un numérotage de tous les carrosses, coupés et cabriolets de remise offerts au public pour marcher à l'heure ou à la course.

Ce numérotage sera effectué, aux frais de la préfecture de police, par le peintre de l'administration, qui seul demeure chargé de cette opération.

Un petit timbre particulier sera apposé à côté du numéro.

Le numéro qui sera affecté à chaque voiture de remise devra être peint sur le panneau de derrière et sur les deux panneaux de côté de la voiture, en chiffres arabes rouges, de cinq centimètres et demi de hauteur sur huit millimètres de plein au moins.

Ce numéro sera répété, en couleur rouge, sur une tablette en fer battu, peinte en noir et ayant treize centimètres de long sur sept centimètres de hauteur, laquelle sera fixée à vis dans l'intérieur de la voiture, au-dessus des deux carreaux de devant pour les carrosses et coupés de remise, et à l'extrémité supérieure du devant de la capote pour les cabriolets.

Tout loueur de voitures de remise qui voudra faire numéroter un carrosse, coupé ou cabriolet, en remplacement d'une voiture en circulation, sera tenu de justifier de l'effaçage du numéro qui avait été apposé sur l'ancienne voiture.

26. Les carrosses, coupés et cabriolets de remise, offerts au public pour marcher à l'heure ou à la course, ne seront admis au numérotage qu'après avoir été préalablement visités par l'un des experts de l'administration, et lorsqu'il aura été reconnu qu'ils réunissent toutes les conditions voulues sous le rapport de la solidité et de la commodité.

27. A partir de six mois après la publication de la présente ordonnance, aucun carrosse, coupé ou cabriolet de remise neuf, offert au public pour marcher à l'heure ou à la course, ne sera numéroté s'il ne réunit les conditions suivantes, savoir :

CARROSSES DE REMISE.

La caisse, mesurée en dedans, devra avoir en hauteur, depuis la cave jusqu'à l'impériale, au moins un mètre cinquante centimètres.

La caisse, mesurée en dedans, devra avoir également en longueur, depuis le fond jusqu'au-devant de la voiture, au moins un mètre cinquante centimètres.

Cette mesure sera prise immédiatement et horizontalement à la hauteur du siége garni de son coussin.

La largeur d'une portière à l'autre devra être d'un mètre quatorze centimètres.

La distance de la banquette à l'impériale devra être au moins d'un mètre quatorze centimètres.

La voie des roues de derrière aura une largeur d'un mètre vingt-deux centimètres au moins.

La voie des roues de devant aura une largeur de quatre-vingt-dix-sept centimètres.

Toutes les mesures ci-dessus seront prises de dedans en dedans.

Les ronds d'avant-train auront un diamètre de cinquante centimètres au moins.

Dans aucune circonstance et quel que soit le mode de suspension de la voiture, la caisse ne pourra approcher des roues de plus de cinq centimètres.

Les roues de devant devront toujours tourner librement sous la caisse.

La cheville ouvrière devra avoir au moins une longueur de dix-sept centimètres ; elle sera fixée à l'avant-train par un écrou et une lanière, ou par une forte courroie de sûreté.

Les carrosses de remise devront être pourvus de chaque côté, à l'extérieur, d'un marchepied à deux marches, quelle que soit la distance de la caisse au sol.

Les châssis des glaces devront jouer facilement et être garnis de galons et de glands, afin que l'on puisse toujours les lever ou les baisser promptement.

Il y aura, dans la caisse de chaque carrosse de remise, un cordon qui correspondra au siége de la voiture et que le cocher sera tenu de passer à son bras toutes les fois que sa voiture sera occupée, afin que les personnes qu'il conduira puissent le faire arrêter à leur gré.

Les portières seront garnies de poignées et de contre-poignées, confectionnées avec soin et de manière à fermer hermétiquement.

Le siége du cocher ne pourra être placé plus bas que le niveau des baies des châssis de devant ; il sera garni, pour la sûreté du cocher, d'accotoirs ayant au moins vingt-quatre centimètres de haut.

COUPÉS DE REMISE.

La caisse, mesurée en dedans, devra avoir en hauteur, depuis la cave jusqu'à l'impériale, au moins un mètre quarante-cinq centimètres.

La caisse, mesurée en dedans, devra avoir en longueur, depuis le fond jusqu'au-devant, au moins un mètre cinq centimètres.

Cette mesure sera prise immédiatement et horizontalement à la hauteur du siége garni de son coussin.

La largeur d'une portière à l'autre devra être d'un mètre au moins.

La distance de la banquette à l'impériale devra être au moins d'un mètre huit centimètres.

La voie des roues de derrière aura au moins un mètre vingt-deux centimètres.

Celle des roues de devant, au moins quatre-vingt-dix-sept centimètres.

Toutes les mesures ci-dessus seront prises de dedans en dedans.

Les ronds d'avant-train auront un diamètre de cinquante centimètres au moins.

Dans aucune circonstance, et quel que soit le mode de suspension de la voiture, la caisse ne pourra approcher des roues de plus de cinq centimètres.

Les roues de devant devront toujours tourner librement sous la caisse.

La cheville ouvrière devra avoir au moins une longueur de dix-sept centimètres ; elle sera fixée à l'avant-train par un écrou et une lanière, ou par une forte courroie de sûreté.

Les coupés de remise devront être pourvus de chaque côté, à l'extérieur, d'un marchepied à deux marches, quelle que soit la distance de la caisse au sol.

Les châssis des glaces devront jouer facilement et être garnis de galons et de glands, afin que l'on puisse toujours les lever ou les baisser promptement.

Il y aura dans la caisse de chaque coupé de remise un cordon, qui correspondra au siège de la voiture, et que le cocher sera tenu de passer à son bras, toutes les fois que sa voiture sera occupée, afin que les personnes qu'il conduira puissent le faire arrêter à leur gré.

Les portières seront garnies de poignées et de contre-poignées confectionnées avec soin et de manière à fermer hermétiquement.

Le siège du cocher ne pourra être placé plus bas que le niveau des baies des châssis de devant. Il sera garni, pour la sûreté du cocher, d'accotoirs ayant au moins vingt-quatre centimètres de haut.

CABRIOLETS DE REMISE.

La hauteur de la caisse, mesurée du fond de la cave jusqu'au petit cerceau du milieu, devra être d'un mètre cinquante-trois centimètres au moins.

La hauteur des cerceaux de derrière, prise sur la parclose, sera au moins d'un mètre quatorze centimètres.

La longueur de la caisse, prise du fond du cabriolet à la portière, fermée immédiatement et horizontalement à la hauteur du siège garni de son coussin, sera au moins de quatre-vingts centimètres.

La largeur de la caisse, mesurée à la hauteur et sur le bord de la parclose, sera au moins d'un mètre cinq centimètres.

La charnière de la portière sera placée en dehors de la traverse du brancard de la caisse, afin de faciliter, autant que possible, l'accès dans la voiture.

Un crochet sera fixé de chaque côté de la caisse et ajusté de telle manière que la portière puisse toujours être fermée solidement.

Un garde-crotte, soit en cuir verni, soit en tôle peinte et vernie en noir, sera fixé au bord extérieur de la caisse.

Il y aura, de chaque côté du brancard, un marchepied à trois branches, ou garni d'une volute, et, au-dessus du brancard, une plaque arrondie pour poser le pied en montant ou en descendant.

28. Un délai, qui expirera au 31 décembre 1841, est accordé pour tous les carrosses, coupés ou cabriolets de remise actuellement en circulation, qui n'auront pas les dimensions ou ne seront pas conformes aux dispositions prescrites par l'article précédent.

A l'expiration du délai précité, la circulation de tout carrosse, coupé ou cabriolet de remise qui ne réunira pas les conditions exigées par la présente ordonnance sera interdite, sans préjudice des poursuites à exercer contre le propriétaire devant les tribunaux.

29. Au 1er septembre de chaque année, il sera procédé à une visite générale des carrosses, coupés et cabriolets de remise offerts au public pour marcher à l'heure ou à la course, ainsi que des chevaux et harnais.

Il sera fait avec un poinçon une marque sur le train et les roues des voitures qui seront visitées.

Lorsque des voitures seront reconnues être en mauvais état et pouvant compromettre la sûreté publique, elles ne seront pas poinçonnées et la circulation en sera interdite jusqu'à ce qu'il ait été fait les réparations convenables.

Les chevaux qui seront atteints de maladies contagieuses, non contestées, seront marqués pour être livrés à l'équarrissage.

En cas de contestation, il nous en sera référé. Provisoirement, les chevaux seront déposés dans un lieu séparé.

30. Les chevaux des cabriolets de remise porteront au cou un grelot mobile en cuivre battu et d'une grosseur convenable pour que le bruit puisse prévenir les passants.

Les carrosses, coupés et cabriolets de remise seront garnis de lanternes, adaptées aux deux côtés de la caisse, et qui devront être allumées à la chute du jour.

TITRE IV.

Tarif du louage.

31. A compter du jour de la publication de la présente ordonnance, le prix des courses dans les carrosses, coupés et cabriolets de remise offerts au public, pour marcher à l'heure ou à la course dans Paris, sera réglé ainsi qu'il suit :

CARROSSES.

De six heures du matin à minuit.

Pour chaque course........................ 2 fr. » c.
Pour la première heure.................... 2   75
Pour les heures suivantes................. 2   »

De minuit à six heures du matin.

Pour chaque course........................ 3   »
Pour chaque heure......................... 4   »

COUPÉS.

De six heures du matin à minuit.

Pour chaque course........................ 1 fr. 75 c.
Pour la première heure.................... 2   25
Pour les heures suivantes................. 2   »

De minuit à six heures du matin.

Pour chaque course........................ 2   »
Pour chaque heure......................... 3   »

CABRIOLETS.

De six heures du matin à minuit.

Pour chaque course........................ 1 fr. 50 c.
Pour la première heure.................... 2   »
Pour les heures suivantes................. 1   75

De minuit à six heures du matin.

Pour chaque course........................ 2   »
Pour chaque heure......................... 2   75

Une plaque indicative du tarif sera placée dans l'intérieur des voitures.

32. Tout cocher de voiture de remise pris avant minuit, et qui arrivera à sa destination après minuit, n'aura droit qu'au prix du tarif du jour, mais seulement pour la première course ou la première heure.

Celui qui aura été pris avant six heures du matin, et qui n'arrivera à sa destination qu'après six heures, aura droit au tarif de nuit, mais seulement pour la première course ou la première heure.

33. Tout cocher de voiture de remise qui aura été appelé à domicile et qui sera renvoyé sans être employé, recevra seulement le prix d'une demi-course, à titre d'indemnité de déplacement.

34. Tout cocher de voiture de remise qui, dans une course, est détourné de son chemin par la volonté de la personne qui l'emploie, est censé avoir été pris à l'heure et sera payé en conséquence.

35. Les cochers de voitures de remise sont autorisés à se faire payer d'avance, lorsqu'ils conduiront des personnes aux spectacles, bals, lieux de réunion et divertissements publics.

Ils sont aussi autorisés à se faire payer d'avance, lorsque les personnes qu'ils conduiront descendront à l'entrée d'un jardin public et de tout autre lieu où il est notoire qu'il existe plusieurs issues.

36. Le cocher de voiture de remise qui est appelé pour charger pendant qu'il se rend à sa station, est censé avoir été pris dans la station et ne peut exiger un salaire plus élevé que celui du tarif, qu'il soit pris à l'heure ou à la course.

37. Le cocher de remise dont la voiture est dans une station est tenu de marcher à toute réquisition.

38. Pour prévenir, autant que possible, les discussions qui pourraient s'élever relativement au tarif entre le public et les cochers de voitures de remise, il est enjoint à ces derniers de demander aux personnes qui montent dans leurs voitures si elles entendent être conduites à l'heure ou à la course.

TITRE V.

Dispositions générales.

39. Les contraventions à la présente ordonnance seront constatées par des procès-verbaux ou rapports, et déférées, s'il y a lieu, aux tribunaux compétents.

40. Tous les règlements ou arrêtés antérieurs relatifs au service des voitures de remise sont rapportés.

41. La présente ordonnance sera imprimée et affichée.

Les commissaires de police, le chef de la police municipale, l'inspecteur contrôleur de la fourrière, les officiers de paix et les autres préposés de la préfecture de police sont chargés, chacun en ce qui le concerne, d'en assurer l'exécution.

Elle sera adressée, en outre, à MM. les sous-préfets de Saint-Denis et de Sceaux pour qu'ils veuillent bien la faire publier dans les communes de leurs arrondissements respectifs, ainsi qu'à M. le colonel de la garde municipale et à M. le commandant de la gendarmerie de la Seine, chargés de tenir la main à son exécution par tous les moyens à leur disposition.

Le conseiller d'État, préfet de police, G. DELESSERT.

N° 1626. — *Ordonnance concernant les mesures d'ordre et de sûreté à observer à l'occasion des fêtes de Saint-Cloud* (1).

Paris, le 8 septembre 1837.

N° 1627. — *Ordonnance concernant le stationnement sur la voie publique des voitures, bêtes de trait et de somme servant au transport des marchandises destinées à l'approvisionnement des halles du centre* (2).

Paris, le 30 septembre 1837.

N° 1628. — *Ordonnance concernant le bruit du cor, dit trompe de chasse dans Paris* (3).

Paris, le 30 septembre 1837.

Nous, conseiller d'État, préfet de police,

Vu la loi des 16-24 août 1790, titre XI, article 3, et celle des 19-22 juillet 1791 ;

Vu l'arrêté du gouvernement du 12 messidor an VIII (1er juillet 1800) ;

Considérant que des plaintes nombreuses nous parviennent journellement contre le bruit du cor, dit trompe de chasse ;

Que les sons éclatants de cet instrument troublent, d'une manière grave, la tranquillité publique, occasionnent des rixes fréquentes et nuisent au repos des malades,

Ordonnons ce qui suit:

1. Il est défendu de sonner du cor, dit trompe de chasse, dans Paris, à quelque heure et dans quelque lieu que ce soit.

2. Les contraventions aux dispositions de la présente ordonnance seront constatées par des procès-verbaux qui nous seront adressés pour être déférés au tribunal de police municipale.

5. Le chef de la police municipale, les commissaires de police, les officiers de paix et les préposés de la préfecture de police sont chargés, chacun en ce qui le concerne, de l'exécution de la présente ordonnance qui sera affichée dans Paris.

Le conseiller d'État, préfet de police, G. DELESSERT.

N° 1629. — *Ordonnance concernant l'heure de clôture des représentations dans les théâtres de la capitale* (4).

Paris, le 3 octobre 1837.

Nous, conseiller d'État, préfet de police,

Vu les lois des 24 août 1790 et 19 janvier 1791 ;

---

(1) V. l'ord. du 6 sept. 1843.
(2) V. l'ord. du 27 sept. 1842.
(3) V. l'ord. du 31 oct. 1829.
(4) V. l'ord. du 30 mars 1844.

La loi du 22 juillet 1791 (article 46);
L'arrêté du gouvernement du 12 messidor an VIII;
Le n° 15 de l'article 471 du Code pénal;
Sur les vives et nombreuses réclamations des directeurs des théâtres de la capitale, faites dans le but d'obtenir la modification de l'ordonnance de police du 15 février 1834, qui fixe la clôture des représentations à onze heures du soir;
Considérant que dans l'intérêt des directions théâtrales, et plus encore dans celui du public qui fréquente les salles de spectacle, on peut, sans inconvénient pour la sûreté et la tranquillité des habitants, prolonger les représentations au delà de onze heures du soir;
Ordonnons ce qui suit:

1. A compter de la publication de la présente ordonnance, et à l'avenir, il est fait défense expresse aux directeurs des théâtres de la capitale, de prolonger en tout temps leurs représentations au delà de minuit précis.

2. Les contraventions à la défense qui précède seront, strictement et sans tolérance aucune, constatées par des procès-verbaux ou rapports qui nous seront adressés pour être déférés au tribunal de police municipale.

3. Dans les cas de représentations extraordinaires ou à bénéfice, il pourra être dérogé, sur les demandes que nous adresseront les directeurs, à la défense énoncée en l'article 1er.
Toutefois, la permission spéciale qui accordera l'exception, fixera l'heure à laquelle la représentation devra se terminer.

4. A défaut par les directeurs des théâtres de s'être pourvus auprès de nous de permissions exceptionnelles, les représentations extraordinaires ou à bénéfice devront se terminer à minuit précis, comme il est dit à l'article 1er pour les représentations ordinaires.

5. L'ordonnance de police du 15 janvier 1834, relative à la fixation de l'heure à laquelle devaient se terminer les représentations dans les théâtres, est rapportée.

6. La présente ordonnance sera imprimée et affichée dans Paris, à l'intérieur et à l'extérieur des théâtres.
Elle sera pareillement notifiée officiellement à chaque directeur de ces établissements.

7. Le chef de la police municipale, les commissaires de police, les officiers de paix et les préposés de la préfecture de police sont chargés, chacun en ce qui le concerne, de l'exécution de la présente ordonnance.

Le conseiller d'Etat, préfet de police, G. DELESSERT.

N° **1630**. — *Arrêté relatif aux feux de paille dans les rues.*

Paris, le 4 octobre 1837.

Nous, conseiller d'Etat, préfet de police,
Considérant que l'époque des déménagements est, pour un grand nombre d'habitants, une occasion de déposer des pailles dans les rues, où elles sont ensuite brûlées;
Qu'il importe de prévenir les inconvénients et les dangers qui résultent de cette habitude,
Arrêtons ce qui suit:

1. Seront de nouveau imprimées et affichées les dispositions:
1° De l'article 7 de l'ordonnance de police, du 29 octobre 1836, concernant le balayage et la propreté de la voie publique;

2° De l'article 13 de l'ordonnance du 21 décembre 1819, relative aux incendies.

2. En cas de contravention aux articles précités, il sera procédé d'office, et aux frais des contrevenants, à l'enlèvement des dépôts de paille, et à l'extinction des feux qui auront été allumés, sans préjudice des poursuites à exercer devant les tribunaux.

Le conseiller d'Etat, préfet de police, G. DELESSERT.

N° 1631. — *Ordonnance rendue pour l'exécution d'un arrêté du conseil général des hospices de Paris, en date du 25 janvier 1837, concernant les enfants trouvés et abandonnés.*

Paris, le 25 octobre 1837.

Nous, conseiller d'Etat, préfet de police,

Vu l'arrêté pris, le 25 janvier dernier, par le conseil général des hospices de Paris, concernant l'admission des enfants nouveau-nés ou âgés de moins de deux ans à l'hospice des Enfants-Trouvés, lequel arrêté a été approuvé par M. le ministre de l'intérieur et nous a été communiqué par notre collègue M. le préfet de la Seine, avec prière de prendre les mesures nécessaires pour assurer l'exécution de ce règlement;

Vu l'article 1er de l'arrêté du 12 messidor an VIII,

Ordonnons ce qui suit :

1. L'arrêté, ci-dessus visé, du conseil général des hospices de la ville de Paris, recevra sa pleine et entière exécution à partir du 1er novembre prochain.

2. Il sera imprimé à la suite de la présente ordonnance et affiché à deux reprises différentes, à cinq jours d'intervalle l'une de l'autre, tant à Paris que dans les communes rurales du ressort de la préfecture de police.

3. MM. les sous-préfets des arrondissements de Sceaux et de Saint-Denis, MM. les maires des communes rurales, le chef de la police municipale à Paris, les commissaires de police de Paris et de la banlieue et tous les agents et préposés de l'administration sont chargés, chacun en ce qui le concerne, de concourir à son exécution.

4. La présente ordonnance sera adressée à M. le préfet du département de la Seine, à M. le procureur général près la cour royale de Paris, à M. le procureur du roi près le tribunal de première instance, au conseil général des hospices et à MM. les maires de Paris.

Le conseiller d'Etat, préfet de police, G. DELESSERT.

N° 1632. — *Arrêté qui prescrit la réimpression et la publication de l'ordonnance du 29 octobre 1836, concernant le balayage et la propreté de la voie publique (1).*

Paris, le 28 octobre 1836.

(1) V. les ord. des 28 oct. 1839 et 1er avril 1843.

N° **1633.** — *Ordonnance concernant les établissements dangereux, ou insalubres ou incommodes.*

Paris, le 30 novembre 1837.

Nous, conseiller d'Etat, préfet de police,

Vu 1° les articles 2 et 23 de l'arrêté du gouvernement du 12 messidor an VIII, et l'article 1er de celui du 3 brumaire an IX ;

2° Le décret du 15 octobre 1810, et l'ordonnance royale du 14 janvier 1815 ;

3° Les ordonnances royales des 29 juillet 1818, 25 juin et 29 octobre 1823, 20 août 1824, 9 février 1825, 5 novembre 1826, 7 mai et 20 septembre 1828, 23 septembre 1829, 25 mars 1830, 31 mai 1833, 5 juillet 1834, 30 octobre 1836 et 27 janvier 1837, portant classification des diverses industries comprises dans le tableau annexé à la présente ordonnance,

Ordonnons ce qui suit :

1. Le décret du 15 octobre 1810 et l'ordonnance royale du 14 janvier 1815 précités, seront de nouveau publiés et affichés dans le ressort de notre préfecture (1).

2. Toute personne qui voudra établir, dans le ressort de notre préfecture, des manufactures ou ateliers, compris dans l'une des trois classes de la nomenclature annexée à la présente ordonnance, devra nous adresser une demande en autorisation, conformément aux articles 3, 7 et 8 du décret du 15 octobre 1810, et à l'article 4 de l'ordonnance du 14 janvier 1815 précités.

3. Aucune demande en autorisation d'établissements classés ne sera instruite, s'il n'y est joint un plan en double expédition, dessiné sur une échelle de cinq millimètres par mètre, et indiquant les détails de l'exploitation, c'est-à-dire la désignation des fours, fourneaux, machines ou chaudières à vapeur, foyers de toute espèce, réservoirs, ateliers, cours, puisards, etc., qui devront servir à la fabrique. Ce plan devra indiquer les tenants et aboutissants aux ateliers.

Lorsque la demande aura pour objet l'autorisation d'ouvrir un établissement compris dans la première classe, il devra être produit par le pétitionnaire, indépendamment du plan ci-dessus indiqué, un second plan, également en double expédition, dressé sur une échelle de vingt-cinq millimètres pour centmètres, et qui donnera l'indication de toutes les habitations situées dans un rayon de huit cents mètres au moins.

4. Il ne pourra être fait aucun changement dans un établissement classé et autorisé, sans une autorisation nouvelle.

Tout établissement dans lequel on aura fait des changements à l'état des lieux désignés sur le plan joint à la demande, et dans l'autorisation, pourra être fermé.

5. Tout propriétaire d'établissements classés, qui n'est pas pourvu de l'autorisation exigée par le décret du 15 octobre 1810 précité, devra, dans le délai d'un mois, à compter du jour de la publication de la présente ordonnance, nous adresser la demande pour obtenir, s'il y a lieu, la permission qui lui est nécessaire.

6. Les sous-préfets des arrondissements de Saint-Denis et de Sceaux, les maires des communes rurales du ressort de la préfecture de police, le chef de la police municipale, les commissaires de police, l'architecte commissaire de la petite voirie, l'ingénieur en chef des mines du département de la Seine, l'inspecteur des établissements classés, et les préposés de la préfecture de police, sont chargés, chacun en ce qui le concerne, de tenir la main à l'exécution de la présente ordonnance.

Le conseiller d'Etat, préfet de police, G. DELESSERT.

_____

(1) V. ce décret et cette ordonnance à l'appendice.

ÉTAT GÉNÉRAL

Des Ateliers et Établissements qui, à raison de l'insalubrité, ou de l'incommodité, ou des dangers qui en résultent pour le voisinage, ne peuvent être formés spontanément et sans permission, soit qu'ils ne produisent qu'un de ces inconvénients, soit qu'ils en réunissent plusieurs.

DÉSIGNATION DES ATELIERS ET ÉTABLISSEMENTS insalubres, ou incommodes, ou dangereux.	INDICATION SOMMAIRE de LEURS INCONVÉNIENTS.	Classes dans lesquelles ils sont rangés.	DATES des décret et ordonnances de classement.
Abattoirs. Voir *Tueries.*			
Absinthe (Distillerie d'extrait ou esprit d').	Danger d'incendie................	2ᵉ	9 fév. 1825.
Acétate de plomb, *Sel de saturne* (Fabrication de l').	Quelques inconvénients, mais seulement pour la santé des ouvriers.	3	14 janv.1815.
Acide acétique (Fabrication de l').	Peu d'inconvénient...............	3	5 nov. 1826.
Acide muriatique (Fabrication de l') à vases clos.	Odeur désagréable et incommode quand les appareils perdent, ce qui a lieu de temps à autre.	2	14 janv.1815.
Acide muriatique oxygéné (Fabrication de l'). Voir *Chlore.*	*Idem.*	2	*Idem.*
Acide muriatique oxygéné (Fabrication de l'), quand il est employé dans les établissements mêmes où on le prépare. Voir *Chlore.*	*Idem.*	2	9 fév. 1825.
Acide nitrique, *Eau forte* (Fabrication de l').	Ne se fabrique plus d'après l'ancien procédé. *Voir* l'article ci-après.	1	15 oct. 1810. 14 janv.1815.
Acide nitrique, *Eau forte* (Fabrication de l'), par la décomposition du salpêtre au moyen de l'acide sulfurique, dans l'appareil de *Wolf.*	Odeur désagréable et incommode quand les appareils perdent, ce qui a lieu de temps à autre.	2	9 fév. 1825.
Acide pyroligneux (Fabriques d') lorsque les gaz se répandent dans l'air sans être brûlés.	Beaucoup de fumée et odeur empyreumatique.	1	14 janv.1815.
Acide pyroligneux (Fabriques d'), lorsque les gaz sont brûlés.	Un peu de fumée et d'odeur empyreumatique.	2	*Idem.*
Acide pyroligneux (Toutes les combinaisons de l') avec le fer, le plomb ou la soude.	Émanations désagréables qui ont constamment lieu pendant la concentration de ces produits.	2	31 mai 1833.
Acide sulfurique (Fabrication de l').	Odeur désagréable, insalubre et nuisible à la végétation.	1	15 oct. 1810. 14 janv.1815.
Acide tartareux (Fabrication de l').	Un peu de mauvaise odeur........	3	5 nov. 1826.
Acier (Fabriques d')..............	Fumée et danger du feu..........	2	14 janv.1815.
Affinage de l'or ou de l'argent par l'acide sulfurique, quand les gaz dégagés pendant cette opération sont versés dans l'atmosphère.	Dégagement de gaz nuisibles.......	1	9 fév. 1825.
Affinage de l'or ou de l'argent par l'acide sulfurique, quand les gaz dégagés pendant cette opération sont condensés.	Très-peu d'inconvénient quand les appareils sont bien montés et fonctionnent bien	2	*Idem.*

DÉSIGNATION DES ATELIERS ET ÉTABLISSEMENTS insalubres, ou incommodes, ou dangereux.	INDICATION SOMMAIRE de LEURS INCONVÉNIENTS.	Classes dans lesquelles ils sont rangés.	DATES des décret et ordonnances de classement.
Affinage de l'or ou de l'argent au moyen du départ et du fourneau à vent. Voir *Or*.	Cet art n'existe plus.............	2e	14 janv. 1815.
Affinage de métaux au fourneau à coupelle ou au fourneau à réverbère.	Fumée et vapeurs insalubres et nuisibles à la végétation.	1	*Idem.*
Alcali caustique en dissolution (Fabrication de l'). Voir *Eau seconde*.	Très-peu d'inconvénient..........	5	*Idem.*
Alcali volatil. *Voir* ci-après *Ammoniaque*.	....	3	31 mai 1833,
Allumettes (Fabrication d') préparées avec des poudres ou matières détonantes et fulminantes. Voir *Poudres fulminantes*.	Tous les dangers de la fabrication des poudres fulminantes.	1	25 juin 1823.
Alun. Voir *Sulfate de fer et d'alumine*.	....	5	15 oct. 1810. 14 janv. 1815.
Amidonniers....................	Odeur fort désagréable..........	1	*Idem.*
Ammoniaque ou alcali volatil (Fabrication en grand avec les sels ammoniacaux de l').	Odeur désagréable..............	5	31 mai 1833.
Amorces fulminantes. Voir *Fulminate de mercure*.	....	1	25 juin 1823. 30 oct. 1836.
Arcansons ou résines de pin (Travail en grand des), soit pour la fonte et l'épuration de ces matières, soit pour en extraire la térébenthine.	Danger du feu et odeur très-désagréable.	1	9 fév. 1825.
Ardoises artificielles et Mastics de différents genres (Fabriques d').	Odeur désagréable, danger du feu.	5	20 sept. 1828.
Artificiers....................	Danger d'incendie et d'explosion.	1	15 oct. 1810. 14 janv. 1815.
Battage en grand et journalier de la laine et de la bourre.	Bruit et poussière fétide, ou insalubre et incommode.	5	31 mai 1833.
Battours d'or et d'argent..........	Bruit.......................	3	14 janv. 1815.
Battoirs à écorce, dans les villes...	Bruit, poussière et quelque danger du feu.	2	20 sept. 1828.
Bitume en planches (Fabriques de).	Danger d'incendie..............	2	9 fév. 1825.
Bitumes pisasphaltes (Ateliers pour la fonte et la préparation des).	Danger d'incendie..............	2	31 mai 1833.
Blanc de baleine (Raffineries de)....	Peu d'inconvénient.............	2	5 nov. 1826.
Blanchiment des tissus et des fils de laine ou de soie, par le gaz ou l'acide sulfureux.	Emanations insalubres...........	2	*Idem.*
Blanchiment des toiles et fils de chanvre, de lin et de coton par le chlore.	Emanations désagréables.........	2	14 janv. 1815. 5 nov. 1826.
Blanchiment des toiles et fils de chanvre, de lin ou de coton, par les chlorures alcalins.	Peu d'inconvénient.............	5	5 nov. 1826.

DÉSIGNATION DES ATELIERS ET ÉTABLISSEMENTS insalubres, ou incommodes, ou dangereux.	INDICATION SOMMAIRE de LEURS INCONVÉNIENTS.	Classes dans lesquelles ils sont rangés.	DATES des décret et ordonnances de classement.
Blanchiment des toiles par l'acide muriatique oxygéné. Voir *Toiles*.	....	2ᵉ	15 oct. 1810. 14 janv. 1815.
Blanc de plomb ou de céruse (Fabriques de).	Quelques inconvénients, seulement pour la santé des ouvriers.	2	15 oct. 1810. 14 janv. 1815.
Blanc d'Espagne (Fabriques de)....	Très-peu d'inconvénient..........	3	14 janv. 1815.
Bleu de Prusse (Fabriques de), lorsqu'on n'y brûle pas la fumée et le gaz hydrogène sulfuré.	Odeur désagréable, insalubre......	1	15 oct. 1810. 14 janv. 1815.
Bleu de Prusse (Fabriques de), lorsqu'elles brûlent leur fumée et le gaz hydrogène sulfuré, etc.	Très-peu d'inconvénient si les appareils sont parfaits, ce qui n'a pas lieu constamment.	2	*Idem.*
Bleu de Prusse (Dépôts de sang des animaux destiné à la fabrication du). Voir *Sang des animaux*.	Odeur très-désagréable, surtout si le sang conservé n'est pas à l'état sec.	1	9 fév. 1825.
Bois dorés (Brûleries de).........	Très-peu d'inconvénient, l'opération se faisant très en petit.	3	14 janv. 1815.
Borax artificiel (Fabriques de)......	Très-peu d'inconvénient..........	3	9 fév. 1825.
Borax (Raffinage du).............	Très-peu d'inconvénient..........	3	14 janv. 1815.
Boucs et immondices (Dépôts de). Voir *Voiries*.	Odeur très-désagréable et insalubre.	1	9 fév. 1825.
Bougie de blanc de baleine (Fabriques de).	Quelque danger d'incendie	3	*Idem.*
Bourre. Voir *Battage*.............	....	3	31 mai 1833.
Boutons métalliques (Fabrication des).	Bruit.............................	3	15 oct. 1810, 14 janv. 1815.
Boyaudiers.....................	Odeur très-désagréable et insalubre.	1	15 oct. 1810. 14 janv. 1815.
Brasseries.....................	Fumée épaisse quand les fourneaux sont mal construits, et un peu d'odeur.	3	*Idem.*
Briqueteries. Voir *Tuileries*........	Fumée abondante au commencement de la fournée.	2	4 janv. 1815.
Briqueteries ne faisant qu'une seule fournée en plein air, comme on le fait en Flandre.	Fumée abondante au commencement de la fournée.	3	*Idem.*
Briquets phosphoriques et briquets oxygénés (Fabriques de).	Danger d'incendie...............	3	5 nov. 1826.
Buanderies....................	Inconvénients graves par la décomposition des eaux de savon, quand elles n'ont pas d'écoulement.	3	14 janv. 1815.
Buanderies des blanchisseurs de profession et les lavoirs qui en dépendent, quand ils n'ont pas un écoulement constant de leurs eaux.	Odeur désagréable et insalubre.....	2	5 nov. 1826.
Buanderies des blanchisseurs de profession et les lavoirs qui en dépendent, quand ils ont un écoulement constant de leurs eaux.	Peu d'inconvénient................	3	14 janv. 1815. 5 nov. 1826.

DÉSIGNATION DES ATELIERS ET ÉTABLISSEMENTS insalubres, ou incommodes, ou dangereux.	INDICATION SOMMAIRE de LEURS INCONVÉNIENTS.	Classes dans lesquelles ils sont rangés.	DATES des décret et ordonnances de classement.
Calcination d'os d'animaux lorsqu'on n'y brûle pas la fumée.	Odeur très-désagréable de matières animales brûlées, portées à une grande distance.	1re	9 fév. 1825.
Calcination d'os d'animaux lorsque la fumée est brûlée.	Odeur toujours sensible, même avec des appareils bien construits.	2	9 fév. 1825. 20 sept. 1828.
Camphre (Préparation et raffinage du).	Odeur forte, et quelque danger d'in-cendie.	3	14 janv.1815.
Caractères d'imprimerie (Fonderies de).	Très-peu d'inconvénient.	3	15 oct. 1810. 14 janv.1815.
Caramel en grand (Fabriques de)...	Danger du feu, odeur désagréable.	3	5 nov. 1826.
Carbonisation du bois à air libre, lorsqu'elle se pratique dans des éta-blissements permanents et ailleurs, que dans les bois et forêts ou en rase campagne.	Odeur et fumée très-désagréables s'é-tendant au loin.	2	20 sept.1828.
Cartonniers.....................	Un peu d'odeur désagréable........	2	15 oct. 1810. 14 janv.1815.
Cendres (Lavours de)............	Très-peu d'inconvénient..........	3	14 janv.1815.
Cendres bleues et autres précipités du cuivre (Fabrication des).	Aucun inconvénient, si ce n'est ce-lui de l'écoulement au dehors des eaux de lavage.	3	Idem.
Cendres d'orfévre (Traitement des) par le plomb.	Fumée et vapeurs insalubres........	1	14 janv.1815.
Cendres d'orfévre (Traitement des) par le mercure et la distillation des amalgames.	Danger à cause du mercure en vapeur dans l'atelier.	2	Idem.
Cendres gravelées (Fabrication des) lorsqu'on laisse répandre la fumée au dehors.	Fumée très-épaisse et très-désagréa-ble par sa puanteur.	1	Idem.
Cendres gravelées (Fabrication des) lorsqu'on brûle la fumée, etc.	Un peu d'odeur.................	2	Idem.
Céruse (Fabriques de). Voir Blanc de plomb.	Quelques inconvénients seulement pour la santé des ouvriers.	2	15 oct, 1810. 14 janv.1815.
Chairs ou débris d'animaux (Les dé-pôts, les ateliers ou les fabriques où ces matières sont préparées par la macération, ou desséchées pour être employées à quelque autre fa-brication).	Odeur très-désagréable..........	1	9 fév. 1825.
Chamoiseurs...................	Un peu d'odeur..........	2	14 janv.1815.
Chandeliers...................	Quelque danger de feu et un peu d'o-deur.	2	15 oct. 1810. 14 janv.1815.
Chantiers de bois à brûler, dans les villes.	Danger du feu exigeant la surveillance de la police.	3	9 fév. 1825.
Chanvre (Rouissage du), en grand par son séjour dans l'eau.	Exhalaisons très-insalubres.......	1	15 oct. 1810. 14 janv.1815.
Chanvre (Rouissage du lin et du). Voir Routoirs.	Emanations insalubres, infection des eaux (fièvres).	1	Idem. 5 nov. 1826.

DÉSIGNATION DES ATELIERS ET ÉTABLISSEMENTS insalubres, ou incommodes, ou dangereux.	INDICATION SOMMAIRE do LEURS INCONVÉNIENTS.	Classes dans lesquelles ils sont rangés.	DATES des décret et ordonnances de classement.
Chanvre. Voir *Peignage.*	....	2e	27 janv. 1837.
Chapeaux (Fabriques de)...........	Buée et odeur assez désagréables ; poussière noire occasionnée par le battage après la teinture, et portée au loin.	2	14 janv. 1815.
Chapeaux de soie ou autres, préparés au moyen d'un vernis (Fabrication de).	Danger du feu et mauvaise odeur...	2	27 janv. 1837.
Charbon animal (La fabrication ou la révivification du), lorsqu'on n'y brûle pas la fumée.	Odeur très-désagréable de matières animales brûlées, portées à une grande distance.	1	9 fév. 1825.
Charbon animal (La fabrication ou la révivification du), lorsque la fumée est brûlée.	Odeur toujours sensible, même avec des appareils bien construits.	2	9 fév. 1825. 20 sept. 1828.
Charbon de bois, dans les villes (Les dépôts de).	Danger d'incendie, surtout quand les charbons ont été préparés à vases clos, attendu qu'ils peuvent prendre feu spontanément.	3	9 fév. 1825.
Charbon de bois, à Paris. Lieux destinés à leur vente à la petite mesure.	Danger d'incendie................	3	5 juill. 1834.
Charbon de bois (Magasins de) à Paris.	*Idem.*	2	5 juill. 1834.
Charbon de bois fait à vases clos....	Fumée et danger du feu..........	2	14 janv. 1815.
Charbon de terre (Épurage du), à vases ouverts.	Fumée et odeur très-désagréables.	1	15 oct. 1810. 14 janv. 1815.
Charbon de terre épuré, lorsqu'on travaille à vases clos.	Un peu d'odeur et de fumée.......	2	*Idem.*
Châtaignes (Dessiccation et conservation des).	Très-peu d'inconvénient, attendu que c'est une opération de ménage.	2	14 janv. 1815.
Chaudières. Voir *Machines et chaudières à haute et à basse pression.*	....	2 et 3	23 mars 1830.
Chaux (Fours à), permanents, étaient primitivement rangés dans la 1re classe.	Grande fumée................	2	15 oct. 1810. 14 janv. 1815. 29 juill. 1818.
Chaux (Fours à), ne travaillant pas plus d'un mois par année.	*Idem.*	3	14 janv. 1815.
Chicorée-café (Fabriques de).......	Très-peu d'inconvénient..........	3	9 fév. 1825.
Chiffonniers....................	Odeur très-désagréable et insalubre.	2	15 oct. 1810. 14 janv. 1815.
Chlore, *Acide muriatique oxygéné* (Fabrication du), quand ce produit est employé dans les établissements mêmes où on le prépare.	Odeur désagréable et incommode quand les appareils perdent, ce qui a lieu de temps à autre.	2	9 fév. 1825.
Chlorure de chaux (Fabrication en grand du).	*Idem.*	1	31 mai 1833.

DÉSIGNATION DES ATELIERS ET ÉTABLISSEMENTS insalubres, ou incommodes, ou dangereux.	INDICATION SOMMAIRE de LEURS INCONVÉNIENTS.	Classes dans lesquelles ils sont rangés.	DATES des décret et ordonnances de classement.
Chlorure de chaux (Ateliers où l'on fabrique en petite quantité, c'est-à-dire dans une proportion de 300 kilogrammes au plus par jour, du).	Odeur désagréable et incommode quand les appareils perdent, ce qui a lieu de temps à autre.	2e	*Idem.*
Chlorures Alcalins, *Eau de Javelle* (Fabrication en grand des), destinés au commerce, aux fabriques.	*Idem.*	1	9 fév. 1825.
Chlorures alcalins, *Eau de Javelle* (Fabrication des), quand ces produits sont employés dans les établissements mêmes où ils sont préparés.	Inconvénients moindres que ci-dessus, les produits étant moins abondants.	2	*Idem.*
Chlorures alcalins. *Eau de Javelle* (Ateliers où l'on fabrique en petite quantité, c'est-à-dire dans une proportion de 300 kilogrammes au plus par jour, des).	Odeur désagréable et incommode quand les appareils perdent, ce qui a lieu de temps à autre.	2	*Idem.* 31 mai 1833.
Chromate de plomb (Fabriques de).	Très-peu d'inconvénient..........	3	9 fév. 1825.
Chromate de potasse (Fabriques de).	Dégagement de gaz nitreux.......	2	31 mai 1833.
Chrysalides (Dépôts de)..........	Odeur très-désagréable..........	2	20 sept. 1828.
Cire à cacheter (Fabriques de).....	Quelque danger du feu..........	2	14 janv. 1815.
Ciriers......................	Danger du feu................	3	15 oct. 1810. 14 janv. 1815.
Colle forte (Fabriques de).........	Mauvaise odeur...............	1	*Idem.*
Colles de parchemin et d'amidon (Fabriques de).	Très-peu d'inconvénient..........	3	*Idem.*
Colle de peau de lapin (Fabriques de).	Un peu de mauvaise odeur........	2	9 fév. 1825.
Cordes à instruments (Fabriques de).	Sans odeur, si les eaux du lavage ont un écoulement convenable, ce qui n'a pas lieu ordinairement.	1	15 oct. 1810. 14 janv. 1815.
Corne (Travail de la), pour la réduire en feuilles.	Un peu de mauvaise odeur........	3	15 oct. 1810. 14 janv. 1815.
Corroyeurs....................	Mauvaise odeur...............	2	*Idem.*
Couverturiers.................	Danger causé par le duvet de laine en suspension dans l'air, odeur d'huile rance et de vapeurs sulfureuses, quand les soufroirs sont mal construits.	2	*Idem.*
Cretonniers....................	Mauvaise odeur et danger du feu...	1	*Idem.*
Cristaux (Fabriques de). Voir *Verra.*	Fumée et danger du feu..........	1	14 janv. 1815.
Cristaux de soude, *Sous-carbonate de soude cristallisé* (Fabrication de).	Très-peu d'inconvénient..........	3	*Idem.*
Cuirs vernis (Fabriques de)........	Mauvaise odeur et danger du feu....	1	15 oct. 1810. 14 janv. 1815.
Cuirs verts (Dépôts de)...........	Odeur désagréable et insalubre......	2	14 janv. 1815.

DÉSIGNATION DES ATELIERS ET ÉTABLISSEMENTS insalubres, ou incommodes, ou dangereux.	INDICATION SOMMAIRE de LEURS INCONVÉNIENTS.	Classes dans lesquelles ils sont rangés.	DATES des décret et ordonnances de classement.
Cuirs verts et peaux fraîches (Dépôts de).	Odeur désagréable et insalubre.....	2e	14 janv.1815. 27 janv.1837.
Cuisson des têtes d'animaux dans des chaudières établies sur un fourneau de construction, quand elle n'est pas accompagnée de fonderie de suif.	Fumée et légère odeur...........	3	31 mai 1833.
Cuivre (Fonte et laminage du)......	Fumée, exhalaisons insalubres et danger du feu.	2	14 janv. 1815.
Cuivre (Dérochage du) par l'acide nitrique.	Odeur nuisible et désagréable.......	2	20 sept. 1828.
Débris d'animaux (Dépôts, etc., de). Voir *Chairs*.	Odeur très-désagréable...........	1	9 fév. 1825.
Dégraisseurs. Voir *Teinturiers-dégraisseurs*.	Très-peu d'inconvénient...........	3	14 janv.1815.
Dégras ou huile épaisse à l'usage des tanneurs (Fabriques de).	Odeur très-désagréable et danger d'incendie.	1	9 fév. 1825.
Dérochage. Voir *Cuivre* (Dérochage du).	....	2	20 sept.1828.
Doreurs sur métaux..............	On a à craindre les maladies des doreurs, le tremblement, etc.; mais ce n'est que pour les ouvriers.	3	15 oct. 1810. 14 janv.1815.
Eau de Javelle (Fabrication de l'). Voir *Chlorures alcalins*.	Odeur désagréable et incommode quand les appareils perdent, ce qui a lieu de temps à autre.	1 et 2	9 fév. 1825. 31 mai 1833.
Eau-de-vie (Distilleries d')........	Danger du feu.................	2	15 oct. 1810. 14 janv.1815.
Eau forte (Fabrication de l'). Voir *Acide nitrique*.	Odeur désagréable et incommode quand les appareils perdent, ce qui a lieu de temps à autre.	1 et 2	15 oct. 1810. 14 janv. 1815. 9 fév. 1825.
Eaux savonneuses des fabriques. Voir *Huile* (Extraction de l') et des autres corps gras contenus dans les eaux savonneuses des fabriques.	....	2	20 sept. 1828.
Eau seconde (Fabrication de l') des peintres en bâtiments, *Alcali caustique en dissolution*.	Très-peu d'inconvénient...........	3	14 janv.1815.
Echaudoirs ou cuisson des abatis des animaux tués pour la boucherie.	Mauvaise odeur...............	1	*Idem.*
Echaudoirs dans lesquels on prépare et l'on cuit les intestins et autres débris des animaux.	Très-mauvaise odeur...........	1	14 janv.1815. 31 mai 1833.
Echaudoirs dans lesquels on traite les têtes et pieds d'animaux, afin d'en séparer le poil.	Fumée et légère odeur...........	3	31 mai 1833.
Emaux (Fabrique d'). Voir *Verre*...	Fumée.....................	1re	14 janv.1815.

DÉSIGNATION DES ATELIERS ET ÉTABLISSEMENTS insalubres, ou incommodes, ou dangereux.	INDICATION SOMMAIRE de LEURS INCONVÉNIENTS.	Classes dans lesquelles ils sont rangés.	DATES des décret et ordonnances de classement.
Encre à écrire (Fabriques d')......	Très-peu d'inconvénient...........	3	*Idem.*
Encre d'imprimerie (Fabriques d')..	Odeur très-désagréable et danger du feu.	1	*Idem.*
Engrais (Les dépôts de matières provenant de la vidange des latrines ou des animaux, destinés à servir d'). Voir *Poudrette, Urate.*	Odeur très-désagréable et insalubre.	1	9 fév. 1825.
Engraissage des oies (Etablissements en grand pour l').	Mauvaise odeur et incommodité.....	3	31 mai 1833.
Eponges. Voir *Lavage.*	....	2	27 janv.1837.
Equarrissage...................	Odeur très-désagréable...........	1	15 oct. 1810. 14 janv. 1815.
Essayeurs....................	Très-peu d'inconvénient..........	3	14 janv. 1815.
Etain (Fabrication des feuilles d')...	Peu d'inconvénient, l'opération se faisant au laminoir.	3	*Idem.*
Ether (Fabriques d') et les dépôts d'éther, lorsque ces dépôts en contiennent plus de quarante litres à la fois.	Explosion et danger d'incendie.....	1	27 janv.1837.
Etoupilles (Fabriques d') préparées avec des poudres ou matières détonnantes et fulminantes. Voir *Poudres fulminantes.*	Tous les dangers de la fabrication des poudres fulminantes.	1	25 juin 1823.
Faïence (Fabriques de)...........	Fumée au commencement des fournées.	2	14 janv. 1815.
Fécule de pommes de terre (Fabriques de).	Mauvaise odeur provenant des eaux de lavage quand elles sont gardées.	3	9 fév. 1825.
Fer-blanc (Fabriques de).........	Très-peu d'inconvénient...........	3	14 janv. 1815.
Feutres vernis (Fabriques de). Voir *Visières.*	Crainte d'incendie, odeur désagréable.	1	5 nov. 1826.
Feutre goudronné propre au doublage des navires (Fabrication de).	Mauvaise odeur et danger d'incendie.	2	31 mai 1833.
Fonderies au fourneau à la *Wilkinson.*	Fumée et vapeur nuisibles.........	2	9 fév. 1825.
Fondeurs en grand au fourneau à réverbère.	Fumée dangereuse, surtout dans les fourneaux où l'on traite le plomb, le zinc, le cuivre, etc.	2	14 janv.1815.
Fondeurs au creuset.............	Un peu de fumée................	3	*Idem.*
Forges de grosses œuvres, c'est-à-dire celles où l'on fait usage de moyens mécaniques pour mouvoir, soit les marteaux, soit les masses soumises au travail.	Beaucoup de fumée, crainte d'incendie.	2	5 nov. 1826.
Fourneaux (Hauts). La formation de ces établissements est régie par la loi du 21 avril 1810.	Fumée épaisse et danger du feu.....	1	14 janv.1815.

DÉSIGNATION DES ATELIERS ET ÉTABLISSEMENTS insalubres, ou incommodes, ou dangereux.	INDICATION SOMMAIRE de LEURS INCONVÉNIENTS.	Classes dans lesquelles ils sont rangés.	DATES des décret et ordonnances de classement.
Fours à cuire les cailloux destinés à la fabrication des émaux.	Beaucoup de fumée..............	2e	5 nov. 1826.
Fours à plâtre et fours à chaux. Voir *Plâtre, Chaux.*			
Fromages (Dépôts de)............	Odeur très-désagréable..........	3	14 janv. 1815.
Fulminate de mercure, amorces fulminantes et autres matières dans la préparation desquelles entre le fulminate de mercure (Fabriques de).	Explosion et danger d'incendie.....	1	25 juin 1823. 30 oct. 1836.
Galipots ou résines du pin (Travail en grand des), soit pour la fonte et l'épuration de ces matières, soit pour en extraire la térébenthine.	Danger du feu et odeur très-désagréable.	1	9 fév. 1825.
Galons et tissus d'or et d'argent (Brûleries en grand des).	Mauvaise odeur..................	2	14 janv. 1815.
Gaz hydrogène (Tous les établissements d'éclairage par le), tant les usines où le gaz est fabriqué que les dépôts où il est conservé.	Odeur désagréable et fumée pour les seuls ateliers, mais qui s'étendent aux environs de temps à autre.	2	20 août 1824.
Gaz hydrogène. Voir *Sel ammoniac extrait des eaux de condensation du gaz hydrogène.*	....	1	20 sept. 1828.
Gaz (Ateliers pour le grillage des tissus de coton par le). La surveillance de la police locale, établie par l'ordonnance du 20 août 1824, pour les ateliers d'éclairage par le gaz, est applicable aux ateliers pour le grillage.	Peu d'inconvénient, l'opération se faisant en petit.	3	9 fév. 1825.
Gaz (Ateliers où l'on prépare les matières grasses propres à la production du).	Danger du feu..............	2	31 mai 1833.
Gélatine extraite des os (Fabrication de la) par le moyen des acides et de l'ébullition.	Odeur assez désagréable quand les matières ne sont pas fraîches.	3	9 fév. 1825.
Genièvre (Distilleries de)..........	Danger du feu..............	2	14 janv 1815.
Glaces (Etamage des)............	Inconvénient pour les ouvriers seulement, qui sont sujets au tremblement des doreurs.	3	Idem.
Goudron (Fabrication du)........	Très-mauvaise odeur et danger du feu.	1	Idem.
Goudron (Fabriques de) à vases clos. Etaient primitivement rangées dans la deuxième classe.	Danger du feu, fumée et un peu d'odeur.	1	14 janv. 1815. 9 fév. 1825.
Goudrons (Travail en grand des), soit pour la fonte et l'épuration de ces matières, soit pour en extraire la térébenthine.	Odeur insalubre et danger du feu.	1	9 fév. 1825.

DÉSIGNATION DES ATELIERS ET ÉTABLISSEMENTS Insalubres, ou incommodes, ou dangereux.	INDICATION SOMMAIRE de LEURS INCONVÉNIENTS.	Classes dans lesquelles ils sont rangés.	DATES des décret et ordonnances de classement.
Graisses à feu nu (Fonte des).......	Très-mauvaise odeur et danger du feu.	1ʳᵉ	31 mai 1833.
Grillage des tissus de coton par le gaz (Ateliers de). Voir *Gaz hydrogène*.	Peu d'inconvénient, l'opération se faisant en petit.	3	9 fév. 1825.
Hareng (Saurage du).............	Mauvaise odeur....................	2	14 janv. 1815.
Hongroyeurs.....................	*Idem.*	2	15 oct. 1810. 14 janv.1815.
Huile (Extraction de l') et des autres corps gras contenus dans les eaux savonneuses des fabriques.	Mauvaise odeur et quelque danger du feu.	2	20 sept.1828.
Huiles de lin (Cuisson des)........	Odeur très-désagréable et danger du feu.	1	31 mai 1833.
Huile de pied de bœuf (Fabriques de).	Mauvaise odeur causée par les résidus.	1	15 oct. 1810. 14 janv.1815.
Huile de poissons (Fabriques d')....	Odeur désagréable et danger du feu.	1	*Idem.*
Huile de térébenthine et huile d'aspic (Distillation en grand de l').	*Idem.*	1	*Idem.*
Huile de térébenthine et autres huiles essentielles (Dépôts d'). Doivent être isolés de toute habitation.	Danger du feu, d'autant plus grand, que l'huile peut se volatiliser dans les magasins, et que l'approche d'une lumière détermine l'inflammation.	2	9 fév. 1825.
Huile épaisse à l'usage des tanneurs (Fabriques d'). Voir *Dégras*.	Odeur très-désagréable et danger d'incendie.	1	*Idem.*
Huile rousse (Fabriques d') extraite des cretons et débris de graisse à une haute température.	*Idem.*	1	14 janv.1815.
Huiles (Epuration des) au moyen de l'acide sulfurique.	Danger du feu et mauvaise odeur produite par les eaux d'épuration.	2	*Idem.*
Indigoteries.....................	Cet art, qu'on avait essayé en France, n'y existe plus.	2	*Idem.*
Laine. Voir *Battage*.............	....	3	31 mai 1833.
Laques (Fabrication des).........	Très-peu d'inconvénient...........	3	14 janv.1815.
Lard (Ateliers à enfumer le)......	Odeur et fumée....................	2	14 janv.1815.
Lavage et séchage d'éponges (Etablissements de).	Mauvaise odeur produite par les eaux qui s'en écoulent.	2	27 janv.1837.
Lavoirs à laine (Etablissement des).	Doivent être placés sur les rivières et ruisseaux, au-dessous des villes et villages.	3	9 fév. 1825.
Lavoirs des blanchisseurs de profession. Voir *Buanderies*.	....	2 et 3	5 nov. 1826.
Lin (Rouissage du) Voir *Routoirs*..	....	1	*Idem.*

DÉSIGNATION DES ATELIERS ET ÉTABLISSEMENTS insalubres, ou incommodes, ou dangereux.	INDICATION SOMMAIRE de LEURS INCONVÉNIENTS.	Classes dans lesquelles ils sont rangés.	DATES des décret et ordonnances de classement.
Lin. Voir *Peignage*	....	2e	17 janv. 1837.
Liqueurs (Fabrication des)........	Danger du feu..................	2	14 janv. 1815.
Litharge (Fabrication de la).......	Exhalaisons dangereuses.........	1	*Idem.*
Lustrage des peaux..............	Très-peu d'inconvénient..........	3	5 nov. 1826.
Machines et chaudières à haute pression, c'est-à-dire celles dans lesquelles la force élastique de la vapeur fait équilibre à plus de deux atmosphères, lors même qu'elles brûleraient complétement leur fumée.	Fumée, attendu qu'il n'y en a jusqu'à présent aucune qui la brûle complétement; danger d'explosion des chaudières.	2	15 oct. 1810. 14 janv. 1815. 29 oct. 1823. 25 mars 1830.
Machines et chaudières à basse pression, c'est-à-dire fonctionnant à moins de deux atmosphères, brûlant ou non la fumée.	Fumée et danger d'explosion.......	3	*Idem.*
Maroquiniers..................	Mauvaise odeur.................	2	14 janv. 1815.
Massicot (Fabrication du), première préparation du plomb pour le convertir en minium.	Exhalaisons dangereuses,.........	1	*Idem.*
Mastics. Voir *Ardoises artificielles et Mastics de différents genres.*	....	3	20 sept. 1828.
Mégissiers....................	Mauvaise odeur.................	2	15 oct. 1810. 14 janv. 1815.
Ménageries...................	Danger de voir les animaux s'échapper des cages.	1	*Idem.*
Minium (Fabrication du), préparation du plomb pour les potiers, faïenciers, fabricants de cristaux, etc.	Exhalaisons moins dangereuses que celle du massicot.	1	*Idem.*
Moulins à broyer le plâtre, la chaux et les cailloux.	Bruit. Ce travail étant fait par la voie sèche, a des inconvénients graves pour la santé des ouvriers, et même un peu pour le voisinage. *Nota.* Le broiement des cailloux pourrait se faire par la voie humide.	2	9 fév. 1825.
Moulins à farine, dans les villes....	Bruit et poussière..............	2	*Idem.*
Moulins à huile.................	Un peu d'odeur et quelque danger du feu.	3	14 janv. 1815.
Noir animalisé (Fabriques et dépôts de).	Odeur très-désagréable et insalubre.	1	27 janv. 1837.
Noir de fumée (Fabrication du).....	Danger du feu..................	2	15 oct. 1810. 14 janv. 1815.
Noir d'ivoire et noir d'os (Fabrication du), lorsqu'on n'y brûle pas la fumée.	Odeur très-désagréable de matières animales brûlées, portées à une grande distance.	1	*Idem.*
Noir d'ivoire et d'os (Fabrication du), lorsqu'on brûle la fumée.	Odeur toujours sensible, même avec des appareils bien construits.	2	*Idem.*

DÉSIGNATION DES ATELIERS ET ÉTABLISSEMENTS insalubres, ou incommodes, ou dangereux.	INDICATION SOMMAIRE de LEURS INCONVÉNIENTS.	Classes dans lesquelles ils sont rangés.	DATES des décret et ordonnances de classement.
Noir minéral (Carbonisation et préparation de schistes bitumineux pour fabriquer le).	Mauvaise odeur..................	2e	31 mai 1833.
Ocre jaune (Calcination de l'), pour le convertir en ocre rouge.	Un peu de fumée...............	3	14 janv.1815.
Or et argent (Affinage de l'), au moyen du départ et du fourneau à vent.	Cet art n'existe plus.............	2	Idem.
Orseille (Fabrication de l').........	Odeur désagréable.............	1	14 janv.1815.
Os (Blanchiment des), pour les éventaillistes et les boutonniers.	Très-peu d'inconvénient, le blanchiment se faisant par la vapeur et par la rosée.	2	Idem.
Os d'animaux (Calcination d'). Voir Calcination d'os.	Odeur très-désagréable de matières animales brûlées, portées à une grande distance.	1 et 2	9 fév. 1825.
Papiers (Fabriques de)...........	Danger du feu..................	2	14 janv.1815.
Papiers peints et papiers marbrés (Fabriques de)...............	Idem.	3	15 oct. 1810. 14 janv.1815.
Parcheminiers..................	Un peu d'odeur désagréable.......	2	14 janv.1815.
Peaux de lièvre et de lapin. Voir Secrétage.	....	2	20 sept. 1828.
Peaux fraiches. Voir Cuirs verts.	....	2	14 janv.1815. 27 janv.1837.
Peignage en grand des chanvres et lins dans les villes (Ateliers pour le).	Incommodité produite par la poussière et danger du feu.	2	27 janv.1837.
Phosphore (Fabriques de).........	Crainte d'incendie.....	2	5 nov. 1826.
Pipes à fumer (Fabrication des).....	Fumée comme dans les petites fabriques de faïence.	2	14 janv.1815.
Plâtre (Fours à) permanents, étaient primitivement rangés dans la 1re classe.	Fumée considérable, bruit et poussière.	2	15 oct. 1810. 29 juill.1818.
Plâtre (Fours à) ne travaillant pas plus d'un mois par année.	Idem dans la proportion du travail.	3	14 janv.1815.
Plomb (Fonte du) et laminage de ce métal.	Très-peu d'inconvénient..........	2	15 oct. 1810. 14 janv.1815.
Plomb de chasse (Fabrication du)...	Idem.	3	15 oct. 1810. 14 janv.1815.
Plombiers et fontainiers..........	Idem.	3	14 janv.1815.
Poêliers - fournalistes. — Poêles et fourneaux en faïence et terre cuite.	Fumée dans le commencement de la fournée.	2	15 oct. 1810. 14 janv.1815.
Poils de lièvre et de lapin. Voir Secrétage.	....	2	20 sept. 1828.
Pompes à feu. Voir Machines et chaudières à haute pression et à basse pression.			

DÉSIGNATION DES ATELIERS ET ÉTABLISSEMENTS insalubres, ou incommodes, ou dangereux.	INDICATION SOMMAIRE de LEURS INCONVÉNIENTS.	Classes dans lesquelles ils sont rangés.	DATES des décret et ordonnances de classement.
Porcelaine (Fabrication de la).	Fumée dans le commencement du *petit feu* et danger d'incendie.	2e	14 janv. 1815.
Porcheries......................	Très-mauvaise odeur et cris désagréables.	1	15 oct. 1810. 14 janv. 1815.
Potasse (Fabriques de)...........	Très-peu d'inconvénient...........	3	*Idem.*
Potasse. Voir *Chromate de potasse.*	....	2	31 mai 1833.
Potiers d'étain.................	Très-peu d'inconvénient...........	3	14 janv. 1815.
Potiers de terre................	Fumée au *petit feu*..............	2	*Idem.*
Poudres ou matières détonantes et fulminantes (Fabriques de), la fabrication d'allumettes, d'étoupilles ou autres objets du même genre préparés avec ces sortes de poudres ou matières.	Explosion et danger d'incendie......	1	25 juin 1823.
Poudres ou matières fulminantes. Voir *Fulminate de mercure.*	....	1	25 juin 1823. 30 oct. 1836.
Poudrette.....................	Très-mauvaise odeur..........	1	15 oct. 1810. 14 janv. 1815.
Précipité du cuivre (Fabrication de). Voir *Cendres bleues.*	Très-peu d'inconvénient...........	3	14 janv. 1815.
Résines (Le travail en grand des), soit pour la fonte et l'épuration de ces matières, soit pour en extraire la térébenthine.	Mauvaise odeur et danger du feu...	1	9 fév. 1825.
Résineuses (Le travail en grand de toutes les matières, soit pour la fonte et l'épuration de ces matières, soit pour en extraire la térébenthine.	*Idem.*	1	*Idem.*
Rogues (Dépôt de salaisons liquides, connues sous le nom de).	Odeur désagréable...............	2	5 nov. 1826.
Rouge de Prusse (Fabriques de), à vases ouverts.	Exhalaisons désagréables et nuisibles à la végétation, quand il est fabriqué avec le sulfate de fer (couperose verte).	1	14 janv. 1815.
Rouge de Prusse (Fabriques de), à vases clos.	Un peu d'odeur nuisible et un peu de fumée.	2	*Idem,*
Routoirs servant au rouissage en grand, du chanvre et du lin, par leur séjour dans l'eau.	Emanations insalubres, infection des eaux.	1	14 janv. 1815. 5 nov. 1826.
Sabots (Ateliers à enfumer les), dans lesquels il est brûlé de la corne ou d'autres matières animales, dans les villes.	Mauvaise odeur et fumée..........	1	9 fév. 1825.
Sabots (Ateliers à enfumer les)....	Fumée.....................	3	14 janv. 1815.
Salaison (Ateliers pour la) et le saurage des poissons.	Odeur très-désagréable...........	2	9 fév. 1825.

DÉSIGNATION DES ATELIERS ET ÉTABLISSEMENTS insalubres, ou incommodes, ou dangereux.	INDICATION SOMMAIRE de LEURS INCONVÉNIENTS.	Classes dans lesquelles ils sont rangés.	DATES des décret et ordonnances de classement.
Salaisons (Dépôts de).............	Odeur désagréable...............	2°	14 janv. 1815.
Salpêtre (Fabrication et raffinage du).	Fumée et danger du feu...........	3	*Idem.*
Sang des animaux, destiné à la fabrication du bleu de Prusse (Dépôts et ateliers pour la cuisson ou la dessication du).	Odeur très-désagréable, surtout si le sang conservé n'est pas à l'état sec.	1	9 fév. 1825.
Savonneries....................	Buée, fumée et odeur désagréable..	3	15 oct. 1810. 14 janv. 1815.
Schistes bitumineux. Voir *Noir minéral.*	....	2	31 mai 1833.
Séchage d'éponges. Voir *Lavage....*	....	2	27 janv. 1837.
Sécheries de morues.............	Odeur très-désagréable...........	2	31 mai 1833.
Secrétage des peaux ou poils de lièvre et de lapin.	Emanations fort désagréables......	2	20 sept. 1828.
Sel (Raffineries de).............	Très-peu d'inconvénient..........	3	14 janv. 1815.
Sel ammoniac ou *Muriate d'ammoniac* (Fabrication du), par le moyen de la distillation des matières animales.	Odeur très-désagréable et portée au loin.	1	15 oct. 1810. 14 janv. 1815.
Sel ammoniac extrait des eaux de condensation du gaz hydrogène (Fabriques de).	Odeur extrêmement désagréable et nuisible, quand les appareils ne sont pas parfaits.	1	20 sept. 1828.
Sel de Saturne (Fabrication du). Voir *Acétate de plomb.*	Quelques inconvénients, mais seulement pour la santé des ouvriers.	3	14 janv. 1815.
Sel de soude sec (Fabrication du). *Sous-carbonate de soude sec.*	Un peu de fumée...............	3	*Idem.*
Sel ou muriate d'étain (Fabrication du).	Odeur très-désagréable..........	2	*Idem.*
Sirop de fécule de pommes de terre (Extraction du).	Nécessité d'écouler les eaux.......	3	9 fév. 1825.
Soie. Voir *Chapeaux.*	....	2	27 janv. 1837.
Soude (Fabrication de la), ou décomposition du sulfate de soude.	Fumée......................	3	15 oct. 1810. 14 janv. 1815.
Soufre (Fabrication de fleurs de)....	Grand danger du feu et odeur désagréable.	1	9 fév. 1825.
Soufre (Fusion du), pour le couler en canons , et épuration de cette même matière par fusion ou décantation.	*Idem.*	2	*Idem.*
Soufre (Distillation du)...........	*Idem.*	1	14 janv. 1815.
Sucre (Raffineurs de).............	Fumée, buée et mauvaise odeur.....	2	*Idem.*
Sucre (Fabriques de)........	*Idem.*	2	27 janv. 1837.
Suif brun (Fabrication du)........	Odeur très-désagréable et danger du feu.	1	15 oct. 1810. 14 janv. 1815.

DÉSIGNATION DES ATELIERS ET ÉTABLISSEMENTS insalubres, ou incommodes, ou dangereux.	INDICATION SOMMAIRE de LEURS INCONVÉNIENTS.	Classes dans lesquelles ils sont rangés.	DATES des décret et ordonnances de classement.
Suif en branche (Fonderies de), à feu nu.	Odeur désagréable et danger du feu.	1re	Idem.
Suif (Fonderies de), au bain-marie ou à la vapeur.	Quelque danger du feu............	2	14 janv. 1815.
Suif d'os (Fabrication du)........	Mauvaise odeur, nécessité d'écouler les eaux.	1	Idem.
Sulfate d'ammoniac (Fabrication du), par le moyen de la distillation des matières animales.	Odeur très-désagréable et portée au loin.	1	Idem.
Sulfate de cuivre (Fabrication du), au moyen du soufre et du grillage.	Exhalaisons désagréables et nuisibles à la végétation.	1	14 janv. 1815.
Sulfate de cuivre (Fabrication du), au moyen de l'acide sulfurique et de l'oxyde de cuivre ou de carbonate de cuivre.	Très-peu d'inconvénient..........	3	Idem.
Sulfate de potasse (Raffinage du)....	Idem.	3	Idem.
Sulfate de soude (Fabrication du), à vases ouverts.	Exhalaisons désagréables, nuisibles à la végétation, et portées à de grandes distances.	1	Idem.
Sulfate de soude (Fabrication du), à vases clos.	Un peu d'odeur et de fumée........	2	Idem.
Sulfate de fer et d'alumine ; extraction de ces sels des matériaux qui les contiennent tout formés, et transformation du sulfate d'alumine en alun.	Fumée et buée.................	3	15 oct. 1810. 14 janv. 1815.
Sulfates de fer et de zinc (Fabrication des), lorsqu'on forme ces sels de toutes pièces avec l'acide sulfurique et les substances métalliques.	Un peu d'odeur désagréable.......	2	14 janv. 1815.
Sulfures métalliques (Grillage des), en plein air.	Exhalaisons désagréables et nuisibles à la végétation.	1	Idem.
Sulfures métalliques (Grillages des), dans les appareils propres à tirer le soufre et à utiliser l'acide sulfureux qui se dégage.	Un peu d'odeur désagréable.......	2	Idem.
Tabac (Fabriques de)............	Odeur très-désagréable..........	2	15 oct. 1810. 14 janv. 1815.
Tabac (Combustion des côtes du), en plein air.	Idem.	1	14 janv. 1815.
Tabatières en carton (Fabrication des).	Un peu d'odeur désagréable et danger du feu.	2	Idem.
Taffetas cirés (Fabriques de).......	Danger du feu et mauvaise odeur...	1	15 oct. 1810. 14 janv. 1815.
Taffetas et toiles vernies (Fabriques de).	Idem.	1	Idem.
Tanneries....................	Mauvaise odeur...............	2	Idem.

DÉSIGNATION DES ATELIERS ET ÉTABLISSEMENTS insalubres, ou incommodes, ou dangereux.	INDICATION SOMMAIRE de LEURS INCONVÉNIENTS.	Classes dans lesquelles ils sont rangés.	DATES des décret et ordonnances de classement.
Tartre (Raffinage du)...............	Très-peu d'inconvénient...........	3e	14 janv.1815.
Teinturiers..................	Buée et odeur desagréable quand les soufroirs sont mal construits.	3	15 oct. 1810. 14 janv.1815.
Teinturiers–dégraisseurs...........	Très-peu d'inconvénient...........	3	*Idem.*
Térébenthine (Travail en grand pour l'extraction de la). Voir *Goudrons*.	Odeur insalubre et danger du feu...	1	9 fév. 1825.
Tissus d'or et d'argent (Brûleries en grand des). Voir *Galons*.	Mauvaise odeur..................	2	14 janv.1815.
Toiles cirées (Fabrique de).	Danger du feu et mauvaise odeur.	1	9 fév. 1825.
Toiles (Blanchiment des) par l'acide muriatique oxygéné.	Odeur désagréable...............	2	15 oct. 1810. 14 janv.1815.
Toiles peintes (Ateliers de)........	Mauvaise odeur et danger du feu....	3	9 fév. 1825.
Toiles vernies (Fabrication des). Voir *Taffetas vernis*.	*Idem.*	1	15 oct. 1810. 14 janv.1815.
Tôle vernie.....................	*Idem.*	2	9 fév. 1825.
Tourbe (Carbonisation de la), à vases ouverts.	Très-mauvaise odeur et fumée.....	1	15 oct. 1810. 14 janv.1815.
Tourbe (Carbonisation de la), à vases clos.	Odeur désagréable...............	2	*Idem.*
Tréfileries................	Bruit, danger du feu.............	3	20 sept. 1828.
Tripiers..................,.........	Mauvaise odeur et nécessité d'écoulement des eaux.	1	15 oct. 1810. 14 janv.1815.
Tueries, dans les villes dont la population excède 10,000 âmes.	Danger de voir les animaux s'échapper, mauvaise odeur.	1	15 oct. 1810. 14 janv.1815.
Tueries, dans les communes dont la population est au-dessous de 10,000 habitants.	*Idem.*	3	*Idem.*
Tuileries et briqueteries...........	Fumée épaisse pendant le petit feu.	2	14 janv.1815.
Urate (Fabrication d'), mélange de l'urine avec la chaux, le plâtre et les terres.	Odeur désagréable...............	1	9 fév. 1825.
Vacheries, dans les villes dont la population excède 5,000 habitants.	Mauvaise odeur........	3	15 oct. 1810 14 janv.1815.
Verdet (Fabrication du). Voir *Vert-de-gris*.	Très-peu d'inconvénient...........	3	14 janv.1815.
Vernis (Fabriques de).............	Très-grand danger du feu et odeur désagréable.	1	15 oct. 1810. 14 janv.1815.
Vernis. Voir *Chapeaux*.			
Vernis à l'esprit de vin (Fabriques de).	Danger d'incendie...............	2	31 mai 1813.

DÉSIGNATION DES ATELIERS ET ÉTABLISSEMENTS insalubres, ou incommodes, ou dangereux.	INDICATION SOMMAIRE de LEURS INCONVÉNIENTS.	Classes dans lesquelles ils sont rangés.	DATES des décret et ordonnances de classement.
Verre, cristaux et émaux (Fabriques de), ainsi que l'établissement des verreries proprement dites, usines destinées à la fabrication du verre en grand.	Grande fumée et danger du feu.....	1re	14 janv. 1815. 20 sept. 1828.
Vert-de-gris et Verdet (Fabrication du).	Très-peu d'inconvénient..........	5	14 janv. 1815.
Viandes (Salaison et préparation des).	Légère odeur..................	5	*Idem.*
Vinaigre (Fabrication du).........	Très-peu d'inconvénient.........	5	*Idem.*
Visières et feutres vernis (Fabriques de).	Odeurs désagréables , crainte d'incendie.	1	5 nov. 1826.
Voiries et dépôts de Boue ou de toute autre sorte d'immondices.	Odeur très-désagréable et insalubre.	1	9 fév. 1825.
Zinc (Usines à laminer le)........	Danger du feu et vapeurs nuisibles.	2	20 sept. 1828.
L'instruction des demandes en établissements d'usines à fondre le zinc ou le minerai de zinc est régie par la loi du 21 avril 1810 sur les mines.			

Nº **1634.** — *Ordonnance concernant l'ouverture et la police des resserres et de l'abattoir à volaille construits à l'usage des détaillants du marché de la Vallée.*

Paris, le 4 décembre 1837.

Nous, conseiller d'Etat, préfet de police,

Vu 1º la délibération du conseil municipal du 17 juin 1836 qui fixe, quant à présent, à cinq centimes par mètre carré et par jour (les fractions du mètre au-dessus de dix centimètres comptant pour vingt centimètres), le droit de location des resserres, construits à l'usage des détaillants du marché de la Vallée ; ladite délibération approuvée par M. le ministre de l'intérieur, le 10 août 1836 ;

2º La lettre de M. le pair de France, préfet du département de la Seine, en date du 2 novembre dernier, annonçant que lesdites resserres, ainsi que l'abattoir dont elles sont une dépendance sont terminés et peuvent être mis à la disposition des détaillants ;

3º La loi des 16-24 août 1790 ;

4º Les articles 23, 26, 32 et 33 de l'arrêté du gouvernement du 12 messidor an VIII (1er juillet 1800),

Ordonnons ce qui suit :

1. A compter du lundi 18 du courant les quarante-cinq resserres à volailles et l'abattoir construits entre le marché d'approvisionnement dit de la Vallée et la rue du Pont-de-Lodi, seront mis à la disposition des marchands, occupant des places dans le marché de détail situé sur le quai des Grands-Augustins.

2. Les détaillants qui voudront occuper des resserres en feront la déclaration au bureau de l'inspecteur général des halles et marchés, avec indication du numéro de la resserre qu'ils désirent occuper.

Dans le cas de concours de deux ou plusieurs demandes pour la même resserre, il sera procédé entre les divers demandeurs à un tirage au sort.

De la tenue des resserres.

3. Les resserres et l'abattoir seront ouverts depuis le point du jour jusqu'à dix heures du soir.

Cependant lorsque l'abondance des marchandises l'exigera, l'inspecteur général des halles et marchés pourra autoriser les marchands à travailler dans l'abattoir jusqu'à l'heure qu'il fixera.

4. En toutes saisons, les grilles qui séparent les resserres du marché d'approvisionnement seront fermées à la nuit tombante.

A partir de ce moment de la journée, on ne pourra entrer dans l'enceinte des resserres ni en sortir que par la petite grille donnant sur la rue du Pont-de-Lodi.

5. A partir de la nuit tombante, il ne sera introduit dans l'enceinte des resserres que les marchands qui les occupent et les personnes connues comme étant attachées à leur service.

6. Il est défendu aux personnes admises dans les resserres de troubler la tranquillité et le repos du voisinage par des cris, des chants ou des bruits quelconques.

7. Les resserres devront être nettoyées et grattées tous les cinq jours, du premier novembre au 30 avril, et trois fois par semaine du 1er mai au 31 octobre.

Les passages entre les resserres devront être balayés et lavés deux fois par jour.

Les fumiers provenant de ces nettoyage et balayage seront déposés dans le local désigné à cet effet et devront en toutes saisons être enlevés tous les jours avant le lever du soleil.

8. Il est défendu de saigner, plumer, dépouiller et vider des volailles, gibiers et autres animaux dans les resserres ou dans les passages.

Il est défendu également d'emmagasiner dans les resserres, de la paille, des paniers et toute espèce d'ustensiles autres que ceux qui sont strictement nécessaires pour la séparation ou l'alimentation des diverses espèces d'animaux.

Il est permis d'y déposer les ustensiles servant à l'abat, après qu'ils auront été complétement lavés.

9. Il est défendu de laisser vaguer dans les passages ou dans l'abattoir des volailles ou tous autres animaux ; et pour empêcher qu'il ne s'en échappe au moment de l'ouverture des resserres, ils devront être couverts par des mues ou renfermés par des claies.

Il est défendu également de déposer des paniers dans les passages, excepté ceux qui sont remplis de volailles et autres animaux vivants achetés sur le marché, lesquels pourront y être tolérés pendant la tenue du marché d'approvisionnement.

10. Il est défendu de conserver d'un jour à l'autre dans les resserres, des agneaux, chevreaux, cochons de lait et marcassins vivants. Ces animaux devront être abattus dans le jour de leur achat, après la tenue du marché d'approvisionnement.

11. Il est défendu d'entrer dans les resserres avec de la lumière si elle n'est renfermée dans une lanterne couverte d'un réseau métallique.

12. Tous les trois mois, et plus souvent si cela est jugé nécessaire, les resserres, les passages et l'abattoir, seront lavés avec une solution de chlorure de chaux.

13. Conformément à la délibération du conseil municipal, approuvée par M. le ministre de l'intérieur, la location de chaque resserre y compris la jouissance de l'abattoir est fixée, quant à présent, à cinq centimes par mètre carré et par jour, les fractions de mètre au-dessus de dix centimètres comptant pour vingt centimètres.

14. Le prix de location de resserres sera acquitté par semaine et d'avance entre les mains du receveur des hospices chargé de la recette au marché de détail.

De la tenue de l'abattoir.

15. Les marchands occupant des resserres ont seuls droit à l'usage de l'abattoir.

16. Il est enjoint à ces marchands d'abattre, plumer, dépouiller et vider les volailles et autres animaux qui font l'objet de leur commerce, dans l'abattoir, à l'exclusion de tout autre local.

17. Il est défendu aux marchands de répandre sur le sol de l'abattoir le sang, les vidanges et les plumes des animaux abattus. Le sang devra être reçu et les vidanges devront être déposées dans des vases en métal ou en bois revêtus d'une feuille métallique. Il est défendu d'employer à cet usage des vases en bois non ainsi revêtus.

Les plumes seront déposées dans des paniers.

18. Les vases contenant le sang et les vidanges seront vidés par chaque marchand, à la fin de son abatage, ou, lorsqu'ils seront pleins, dans des tinettes disposées à cet effet. Ces vases seront ensuite lavés avec soin et déposés dans les resserres.

Il est défendu de mêler le sang et les vidanges aux fumiers provenant du nettoyage des resserres, des passages et de l'abattoir.

Le contenu des tinettes sera enlevé tous les jours en même temps que les fumiers.

19. A la fin du travail ou à chaque cessation de travail, l'abattoir sera balayé et les fumiers provenant de ce balayage seront transportés dans le local destiné à les recevoir. Le sol de l'abattoir sera d'ailleurs lavé à grande eau.

20. Il est défendu d'enfoncer des clous ou des crochets de suspension dans l'abattoir et dans les resserres tant à l'intérieur qu'à l'extérieur, comme aussi de faire des distributions dans les resserres autrement qu'avec des claies mobiles.

21. Il est défendu de coucher dans les resserres.

22. Il est défendu d'écrire ou de dessiner tant sur les murs intérieurs et extérieurs de l'abattoir que sur ceux des resserres et sur les murs d'enceinte.

23. Les marchands occupant les resserres seront tenus de les ouvrir à toute réquisition des fonctionnaires et préposés de l'administration lorsqu'ils voudront les visiter.

De la tenue du marché de détail.

24. A partir de la publication de la présente ordonnance, il est défendu aux marchands, occupant des places dans le marché de détail, de tenir, soit dans lesdites places, soit dans toute autre partie du marché, aucunes volailles, aucuns pigeons, lapins, gibiers, agneaux, chevreaux, cochons de lait et autres animaux vivants, même sous prétexte d'en faire montre aux acheteurs.

Il leur est également défendu d'y abattre, plumer ou dépouiller aucuns des animaux qui font l'objet de leur commerce, le marché de détail devant être exclusivement affecté à l'exposition en vente des marchandises préparées pour la consommation.

25. L'intérieur des places des marchands devra être nettoyé tous les jours, et les passages et les deux places situées aux extrémités du marché, devront être balayés aussi souvent qu'il le faudra dans la journée pour en enlever les pailles ou ordures qui s'y trouveraient, malgré les défenses des règlements.

26. Il est défendu aux détaillants de conserver dans leurs places des paniers et autres ustensiles inutiles à leur débit et à la conservation de leurs marchandises.

Dans aucun cas ces paniers ou ustensiles ne pourront excéder la hauteur des bâtis en fonte qui forment latéralement la séparation des places.

27. Il est défendu de faire aucun changement et aucune addition tant au matériel des places qu'au mobilier dont elles sont garnies, sans notre autorisation.

28. Il est défendu d'embarrasser les passages et les deux places situées aux extrémités du marché par des étalages de marchandises, par des paniers, coffres et autres ustensiles quelconques.

29. Il est expressément défendu de jeter dans les passages les vidanges de volailles vendues. Ces vidanges doivent être provisoirement déposées dans des vases en poterie vernissée ou en zinc, lesquels seront vidés dans des tinettes disposées à cet effet.

50. Toutes les dispositions des ordonnances relatives à la sûreté et à la salubrité des marchés de détail, auxquels il n'est pas dérogé par la présente ordonnance, sont applicables au marché de détail de la Vallée, ainsi qu'aux resserres et à l'abattoir qui en dépendent.

51. Les contraventions seront constatées par des procès-verbaux ou rapports qui nous seront transmis et poursuivies conformément aux lois et règlements.

52. La présente ordonnance sera imprimée et affichée.

Ampliation en sera envoyée à M. le pair de France, préfet du département de la Seine.

Le commissaire de police du quartier de l'Ecole-de-Médecine, le chef de la police municipale, les officiers de paix, l'inspecteur général et les inspecteurs généraux adjoints des halles et marchés et les préposés de la préfecture de police sont chargés de tenir la main à son exécution.

Le conseiller d'Etat, préfet de police, G. DELESSERT.

N° 1635. — *Ordonnance concernant la police des rivières et des ports pendant l'hiver et le temps des glaces, grosses eaux et débâcles* (1).

Paris, le 5 décembre 1837.

N° 1636. — *Arrêté qui prescrit la réimpression et la publication de l'ordonnance du 26 décembre 1836 concernant les neiges et glaces* (2).

Paris, le 6 décembre 1837.

---

(1) V. les ord. des 1er déc. 1838, 5 déc. 1839 et 25 oct. 1840 (art. 203 et suiv.).
(2) V. les ord. des 14 déc. 1838 et 7 déc. 1842.

N° **1637.** — *Ordonnance concernant la vérification périodique des poids et mesures* (1).

Paris, le 25 décembre 1837.

1838.

N° **1638.** — *Arrête relatif au port de Bercy* (2).

Paris, le 8 janvier 1838.

Nous, conseiller d'Etat, préfet de police,

Vu les réclamations qui nous ont été adressées contre l'état d'encombrement du port de Bercy;

Vu la loi des 16-24 août 1790, et les arrêtés du gouvernement des 12 messidor an VIII (1er juillet 1800) et 3 brumaire an IX (25 octobre 1800);

Vu l'ordonnance concernant la police du port de Bercy, en date du 15 avril 1834;

Considérant que, malgré les dispositions de l'ordonnance de police du 15 avril 1834, le port de Bercy est souvent encombré de manière à gêner les mouvements des arrivages et à faire courir aux marchandises les plus graves dangers;

Qu'il importe de rappeler au commerce et aux mariniers les prescriptions des règlements, en même temps qu'il sera de nouveau recommandé aux agents de l'administration de tenir la main à leur exécution;

Considérant que, dans les cas prévus par les articles 8 et 21 de l'ordonnance du 15 avril 1834, il peut être souvent plus facile de faire cesser les contraventions et l'encombrement de la rivière par la descente d'office des bateaux que par leur remontage,

Avons arrêté ce qui suit :

1. Les dispositions de l'ordonnance du 15 avril 1834, concernant la police du port de Bercy, seront de nouveau imprimées et affichées à la suite du présent.

2. Dans le cas de contravention aux articles 8 et 21 de ladite ordonnance, les bateaux seront, ou remontés d'office, ou descendus au port de l'entrepôt des vins, aux frais, risques et périls de qui de droit, selon que l'une ou l'autre de ces mesures paraîtra d'une exécution plus facile.

3. Le sous-préfet de l'arrondissement de Sceaux, les maires des

(1) V. les ord. des 23 nov. 1842 et 1er déc. 1843.
(2) V. l'ord. du 25 oct. 1840 (art. 79 et suiv.).

communes de Bercy et d'Ivry, l'inspecteur général de la navigation et des ports; et les préposés de la préfecture sont chargés, chacun en ce qui le concerne, de tenir la main à l'exécution du présent,

Le conseiller d'Etat, préfet de police, G. DELESSERT.

N° **1639**. — *Règlement relatif aux services de navigation accélérée à établir de Paris à Lille et à Dunkerque* (1).

Paris, le 15 janvier 1838.

Nous, conseiller d'Etat, préfet de police,

Vu la décision de M. le ministre des travaux publics, de l'agriculture et du commerce, du 18 novembre dernier, concernant les services de navigation accélérée à établir de Dunkerque et de Lille à Paris ;

Vu les lettres de M. le directeur général des ponts et chaussées, des 25 novembre 1337 et 12 janvier 1838 ;

Vu les lois et règlements sur la matière,

Arrêtons :

1. Toute compagnie ou toute personne qui voudra établir, sur la ligne de Paris à Lille, ou de Paris à Dunkerque, un service de bateaux accélérés ou de bateaux voyageant pendant la nuit devra faire connaître son intention, à cet égard, à M. le directeur général des ponts et chaussées et des mines et pourra en obtenir l'autorisation, à charge par elle, de se conformer aux dispositions suivantes.

2. Tout bateau appartenant à un service de transports accélérés portera, en gros caractères, près du nom du bateau, les mots : service accéléré.

Il sera, de plus, surmonté par une flamme rouge, destinée à le faire reconnaître de loin.

3. Le maximum de la largeur des bateaux qui pourront être employés pour un service accéléré, est fixé :

Entre Paris et Saint-Quentin, à six mètres ;

Au delà de Saint-Quentin, à quatre mètres quatre-vingts centimètres.

4. Le minimum de vitesse des bateaux faisant un service accéléré est fixé : pendant le jour à cinq kilomètres par heure ; et pendant la nuit, à quatre kilomètres par heure, excepté en remontant les rivières où elle pourra n'être que de trois kilomètres par heure.

D'écluse en écluse, à moins qu'elles ne soient éloignées de moins de douze mille mètres, le marinier fera constater par l'éclusier l'instant de son passage.

5. Les bateaux marchant en accéléré ne pourront s'arrêter que dans les villes de Saint-Omer, Douai, Cambrai, Saint-Quentin, Chauny, Compiègne et Pontoise.

Dans les intervalles, leur marche ne pourra pas être interrompue un seul instant.

6. Pour les bateaux accélérés qui ne voyageront point à l'aide de la vapeur, des relais de chevaux seront établis de trois lieues en trois lieues, au plus.

Les bateaux pourront néanmoins porter leurs relais avec eux, et,

_____

(1) V. l'ord. du 25 oct. 1840 (art. 122 et suiv.).

dans ce cas, l'écurie, ménagée dans le bateau, contiendra toujours les chevaux de deux relais, pendant que ceux du troisième relai seront attelés et en marche.

Aucun bateau voyageant en accéléré ne pourra être halé par moins de deux chevaux, ni avoir moins de deux hommes à bord.

7. Les bateaux accélérés ne pourront jamais marcher accouplés, ils devront toujours être halés séparément.

8. Les bateaux accélérés jouiront du droit de trématage en cours de navigation, et de priorité de passage aux ponts et aux écluses.

Toutefois, la priorité de passage est réservée en faveur des bateaux qui seraient chargés pour le service de l'Etat, et qui seraient arrivés à la tête des écluses ou à celle des ponts avant le bateau accéléré.

9. Lorsqu'un bateau accéléré atteindra, en chemin, un bateau marchant moins vite, le charretier de celui-ci devra laisser tomber sa corde et céder le bord de l'eau à l'autre charretier, lequel, de son côté, devra forcer le pas.

10. Tout marinier qui, étant arrêté, s'opposera au passage des bateaux qui le suivent, ou qui, étant en marche, empêchera de passer devant lui les bateaux ayant droit de le faire, sera considéré comme ayant embarrassé la voie publique et poursuivi comme tel.

11. A égalité de vitesse :

Les coches et barques transportant des voyageurs ;

Les bateaux chargés pour le service de l'Etat ou pour le service des travaux de la navigation ;

Les bateaux dont le chargement consistera en blés, farines, sucres bruts ou raffinés, glace, poisson frais, sel ou chaux vive ;

Jouiront du droit de priorité de passage aux ponts et aux écluses.

12. Les bateaux montants ou descendants, accélérés ou non, seront tenus de s'arrêter à cent mètres des écluses pour attendre le moment d'entrer dans le sas. On les y conduira ensuite avec un mouvement assez lent pour qu'il n'y ait point de choc à craindre contre les murs ou contre les portes.

13. Les bateaux accélérés ou non pourront naviguer pendant la nuit, il leur est interdit toutefois, jusqu'à nouvel ordre, d'user de cette faculté sur la Seine, entre Paris et Conflans-Sainte-Honorine ; et sur l'Escaut, entre Cambrai et le bassin rond.

14. Les bateaux voyageant la nuit porteront un fanal sur l'avant et un fanal sur l'arrière, et la lumière devra s'étendre jusqu'au delà des chevaux de tirage.

15. Indépendamment de l'éclairage dont il est parlé dans l'article précédent, les conducteurs des bateaux devront être munis des fanaux portatifs qu'ils allumeront avant d'entrer dans le sas des écluses, et qu'ils n'éteindront qu'après en être sortis.

16. Quiconque demandera l'autorisation de monter un service de bateaux accélérés devra faire connaître à l'administration les lieux d'où il se propose de partir, et ceux où il se propose d'arriver ; les jours et heures des départs habituels, et la vitesse avec laquelle il a l'intention de marcher.

17. Lorsqu'un entrepreneur de transports accélérés aura été deux fois condamné par un conseil de préfecture ou par un autre tribunal, pour infraction au présent règlement, l'administration pourra lui retirer l'autorisation de continuer le service des transports accélérés.

18. Le présent arrêté sera imprimé et affiché dans les communes du département de la Seine et dans celles du ressort de la préfecture de police.

Le conseiller d'Etat, préfet de police, G. DELESSERT.

N° **1640.** — *Ordonnance concernant le moulage, l'autopsie, l'embaumement et la momification des cadavres* (1).

Paris, 25 janvier 1838.

Nous, conseiller d'Etat, préfet de police,

Considérant que la sûreté publique exige que les cadavres ne soient soumis, avant les délais fixés par la loi pour procéder aux inhumations, à aucune opération capable de modifier leur état, ou de transformer en décès réel une mort qui ne serait qu'apparente;

Considérant que l'autorité chargée de veiller à la sûreté et à la salubrité publique, doit fixer les délais qui peuvent être accordés, selon les circonstances, pour surseoir aux inhumations, et prescrire les mesures de précaution que nécessiterait la conservation des cadavres au delà du terme d'usage;

Vu les arrêtés du gouvernement des 12 messidor an VIII (1er juillet 1800), et 3 brumaire an IX (25 octobre 1800),

Ordonnons ce qui suit :

1. A Paris et dans les autres communes du ressort de la préfecture de police, il est défendu de procéder au moulage, à l'autopsie, à l'embaumement ou à la momification des cadavres, avant qu'il se soit écoulé un délai de vingt-quatre heures depuis la déclaration des décès à la mairie, et avant d'avoir, même après l'expiration de ce délai, obtenu notre autorisation.

2. Les demandes aux fins d'autorisation seront faites par les plus proches parents des décédés, et seront revêtues de l'avis des maires, ou des commissaires de police.

3. Il n'est fait exception aux dispositions de la présente ordonnance que pour les cadavres des personnes dont le décès aurait été constaté judiciairement.

4. Les infractions aux dispositions qui précèdent seront constatées par des procès-verbaux qui nous seront adressés pour être transmis aux tribunaux compétents, afin que les délinquants soient punis des peines prononcées par la loi.

5. Les sous-préfets des arrondissements de Sceaux et de Saint-Denis, les maires des communes rurales, les commissaires de police, le chef de la police municipale de Paris, les officiers de paix et les autres préposés de la préfecture de police sont chargés, chacun en ce qui le concerne, de l'exécution de la présente ordonnance qui sera imprimée et affichée dans toute l'étendue du ressort de la préfecture de police.

Ampliation en sera adressée à M. le pair de France, préfet de la Seine, et à chacun de MM. les maires de la ville de Paris.

Le conseiller d'Etat, préfet de police, G. DELESSERT.

———————————◉———————————

N° **1641.** — *Ordonnance concernant la vérification périodique des poids et mesures* (2).

Paris, le 1er février 1838.

_____

(1) Rapportée. — V. l'ord. du 6 sept. 1839.
(2) V. les ord. des 23 nov. 1842 et 1er déc. 1843.

N° **1642.** — *Arrêté concernant le pain des prisons.*

Paris, le 15 février 1838.

Nous, conseiller d'Etat, préfet de police,

Vu les articles 3, 12, 13 et suivants du cahier des charges relatifs à la fourniture du pain aux prisons civiles du département de laSeine,

Considérant que le mode suivi jusqu'à présent pour l'appréciation de la qualité des farines employées à la confection du pain dont il s'agit, n'offre ni les garanties ni le degré de certitude désirables ; que quel que puisse être le soin avec lequel l'entrepreneur observe les conditions de son traité, l'administration n'en doit pas moins surveiller constamment, et d'une manière réelle la qualité des farines servant à la fabrication de cette partie essentielle de la nourriture des prisonniers ; qu'en conséquence, il est nécessaire de modifier le mode actuel de vérification desdites farines ;

Sur le rapport des chefs de la première division et du bureau des prisons de notre préfecture ,

Avons arrêté et arrêtons ce qui suit ,

1. L'examen des farines servant à la fabrication du pain des prisons aura lieu une ou plusieurs fois par mois, à des époques qui restent indéterminées. A cet effet, le garde-magasin général des prisons, sur l'ordre spécial qu'il recevra de nous, prélèvera, en présence des inspecteurs généraux et de l'entrepreneur ou de son représentant, des échantillons desdites farines, soit sur les tas ou sacs disposés pour être mis immédiatement en consommation, soit dans les pétrins mêmes, au moment de la manutention.

2. Ces échantillons qui devront être prélevés doubles seront cachetés et scellés des sceaux des inspecteurs généraux, du garde-magasin et de l'entrepreneur. Le garde-magasin enverra l'un des échantillons de chaque espèce de farine à la préfecture de police, pour y être analysé par le conseil de salubrité ; l'autre échantillon sera transmis au contrôleur général de la halle aux grains et farines qui , après avoir appelé l'entrepreneur ou son représentant, l'examinera en présence des deux inspecteurs généraux des prisons et du garde-magasin, avec l'assistance, si besoin est, d'un expert choisi à cet effet.

3. Le résultat des deux opérations mentionnées dans le précédent article, opérations qui devront, autant que possible, porter aussi sur le pain provenant de la première cuite desdites farines, dont le garde magasin se fera, à cet effet, remettre de doubles échantillons, sera constaté par des procès-verbaux qui nous seront transmis sur-le-champ, pour être par nous statué ce que de raison.

4. Indépendamment des vérifications mentionnées aux articles précédents, il sera fait, lorsqu'il y aura lieu, à la boulangerie de Saint-Lazare, d'après nos ordres spéciaux, avec le concours des mêmes personnes et à des époques également indéterminées, des essais de panification dont le résultat sera constaté par procès-verbaux.

5. Au moyen des dispositions contenues au présent arrêté, et excepté le cas où il recevrait de nous l'injonction contraire , l'entrepreneur pourra faire l'emploi des farines par lui versées en magasin, sans attendre notre autorisation préalable.

6. Le secrétaire général de votre préfecture est chargé de l'exécution du présent arrêté dont l'ampliation sera adressée à chacun des inspecteurs généraux des prisons, au contrôleur de la halle aux grains et farines, au garde-magasin des prisons, au vice-président du conseil de salubrité et à l'entrepreneur de la fourniture du pain des prisons,

Le conseiller d'Etat, préfet de police, G. DELESSERT.

No **1643.**—*Ordonnance concernant la prohibition de la chasse* (1).

Paris, le 20 février 1838.

No **1644.** — *Ordonnance concernant la police des masques* (2).

Paris, le 20 février 1838.

No **1645.** — *Ordonnance concernant les ventes par autorité de justice.*

Paris, le 20 février 1838.

Nous, conseiller d'Etat, préfet de police,

Vu l'ordonnance de police du 15 frimaire an XIII (6 décembre 1804), portant qu'à dater du 1er nivôse suivant (22 décembre 1804) les ventes par autorité de justice, qui avaient lieu place du pont Saint-Michel, auront lieu place du Châtelet;

Considérant que des motifs de convenance et d'ordre public font désirer depuis longtemps que les ventes dont il s'agit s'effectuent dans un local disposé commodément pour le public, et où les objets mis en vente soient suffisamment abrités;

Que, dans l'état actuel des choses, la baraque qu'on établit, les jours de vente, sur la place du Châtelet, peut à peine mettre à couvert le commissaire priseur et ses employés;

Que, lorsque le temps est froid ou pluvieux, les ventes se font souvent à vil prix, par suite du défaut de concurrence, ce qui est préjudiciable à la fois aux intérêts des créanciers et à ceux des débiteurs;

Considérant, d'un autre côté, que l'existence de cette baraque, plusieurs fois par semaine, sur un point fréquenté de la voie publique, n'est pas sans inconvénient pour la circulation, lorsque les acheteurs affluent et que les objets exposés en vente sont nombreux et encombrants;

Vu l'offre faite par MM. les commissaires-priseurs de la ville de Paris d'affecter aux ventes par autorité de justice une ou plusieurs salles à rez-de-chaussée de l'hôtel dont ils sont locataires, place de la Bourse, no 2;

Vu l'assentiment donné à cette mesure par M. le président du tribunal de première instance de la Seine et par M. le procureur du roi près ce tribunal;

Vu la loi des 16-24 août 1790 et l'arrêté du gouvernement du 12 messidor an VIII (1er juillet 1800),

Avons ordonné ce qui suit:

1. Les ventes d'objets mobiliers par autorité de justice ne seront plus faites sur la place du Châtelet.

A dater du 1er mars prochain, elles s'effectueront à l'hôtel des commissaires-priseurs, place de la Bourse, no 2, dans des locaux à rez-de-chaussée qui seront affectés à cet usage, et qui devront être dis-

(1) V. l'ord. du 23 fév. 1843.
(2) V. l'ord. du 23 fév. 1843.

posés de manière à ce que lesdites ventes soient faites sans aucun retard et avec les mêmes facilités pour les acheteurs que si elles avaient lieu sur la place publique.

2. Il est expressément défendu de déposer sur la voie publique, sous quelque prétexte que ce soit, des meubles ou autres objets provenant des ventes dont il s'agit.

3. Les dispositions de l'ordonnance de police du 15 frimaire an XIII (6 décembre 1804) sont rapportées (1).

4. Le chef de la police municipale, les commissaires de police, notamment ceux des quartiers Feydeau et du Louvre, les officiers de paix et les préposés de la préfecture de police sont chargés, chacun en ce qui les concerne, de tenir la main à l'exécution de la présente ordonnance qui sera publiée et affichée.

Ampliation de ladite ordonnance sera adressée à M. le préfet de la Seine, à M. le directeur général de l'enregistrement et des domaines, à M. le président du tribunal de première instance de la Seine, à M. le procureur du roi près le même tribunal et à M. le président de la chambre des commissaires-priseurs.

Le conseiller d'Etat, préfet de police, G. DELESSERT.

Nº **1646.** — *Ordonnance concernant les établissements de vacheries dans Paris.*

Paris, le 27 février 1838.

Nous, conseiller d'Etat, préfet de police,
Vu l'article 3 du titre XI de la loi des 16-24 août 1790;
L'article 23 de l'arrêté du gouvernement du 12 messidor an VIII (1er juillet 1800);
Le décret du 15 octobre 1810 et l'ordonnance royale du 14 janvier 1815;
L'ordonnance de police du 25 juillet 1822,

Ordonnons ce qui suit :

1. Aucune vacherie ne pourra être établie à l'avenir, dans Paris, si ce n'est dans des localités situées entre les murs d'enceinte et les lignes ci-après, exclusivement, savoir :

Côté gauche de la Seine.

L'esplanade et le boulevard des Invalides ; le boulevard du Mont-Parnasse ; la rue de la Bourbe ; la rue et le champ des Capucins ; les

---

(1) Voici le dispositif de cette ordonnance qui, n'ayant pas été publiée en la forme ordinaire, ne se trouve pas dans cette collection :

« Le conseiller d'Etat, préfet, etc. Considérant, etc. Ordonne ce qui suit :

« Art. 1er. Les ventes d'effets mobiliers, faites par autorité de justice sur la place du pont Saint-Michel, cesseront d'y avoir lieu, à dater du 1er nivôse prochain ; à l'avenir, elles se feront sur la place du Châtelet.

« Art. 2. Les commissaires des divisions du Théâtre-Français et du Muséum sont chargés, chacun en ce qui le concerne, de suivre l'exécution de la présente ordonnance ; ampliation en sera donnée au président du tribunal de première instance du département de la Seine, au procureur impérial près le même tribunal, et au président de la Chambre des commissaires-priseurs. »

rues des Bourguignons, de l'Oursine (de la rue des Bourguignons à la rue Mouffetard), Censier, de Buffon.

Côté droit de la Seine.

L'allée des Veuves,

Les rues d'Angoulème, de la Pépinière, Saint-Lazare, Coquenard, Montholon;

Du faubourg Poissonnière jusqu'à la rue de Chabrol; de Chabrol, Saint-Laurent, des récollets, du canal Saint-Martin, à partir de la rue des Récollets jusqu'à la Seine.

2. Les étables seront pavées en pente; il y aura un ruisseau pour faciliter l'écoulement des eaux.

3. Les nourrisseurs seront tenus de faire enlever les fumiers, au moins une fois par semaine, avant six heures du matin en été, et avant huit heures en hiver.

4. Le plancher haut des étables devra être plafonné ou au moins hourdé plein, au niveau des solives, de manière à présenter une surface unie.

5. Les dépôts de fourrages seront séparés des étables par un mur en maçonnerie, s'ils sont placés à côté, et par un plancher recouvert d'une aire en plâtre ou d'un carrelage, s'ils sont établis immédiatement au-dessus; dans aucun cas, il ne pourra être placé aucun foyer dans la pièce destinée au dépôt des fourrages.

6. Les nourrisseurs tiendront leurs vacheries dans le plus grand état de propreté; ils se conformeront d'ailleurs à toutes les précautions de salubrité qui leur seront prescrites par la permission dont ils devront être pourvus conformément aux règlements sur les établissements dangereux, insalubres ou incommodes.

7. Il est expressément défendu aux nourrisseurs de mettre de la drèche dans quelque cave et sous quelque prétexte que ce soit.

Ils ne pourront déposer la drèche que dans des trous construits exprès, sous des hangars à claires-voies et dans des lieux très éclairés.

Les trous à drèche ne pourront être employés qu'après avoir été reconnus convenables par l'administration.

Ils devront rester constamment ouverts; la drèche seule pourra être recouverte de paille ou de toute autre substance propre à la conserver en bon état.

8. L'ordonnance de police du 25 juillet 1822, concernant les vacheries, est rapportée.

9. Les contraventions aux dispositions de la présente ordonnance seront poursuivies devant les tribunaux.

10. Le chef de la police municipale, les commissaires de police, le directeur de la salubrité, l'inspecteur général des halles et marchés et les autres préposés de la préfecture de police sont chargés, chacun en ce qui le concerne, de tenir la main à l'exécution de la présente ordonnance.

Le conseiller d'État, préfet de police, G. DELESSERT.

N° **1647.** — *Ordonnance concernant le tarif des voitures sous remise, offertes au public pour marcher à l'heure ou à la course* (1).

Paris, le 15 mars 1838.

Nous, conseiller d'Etat, préfet de police,

Vu, 1° notre ordonnance du 28 août 1837, concernant les carrosses, coupés et cabriolets sous remise, offerts au public pour marcher à l'heure ou à la course;

2° La loi des 16-24 août 1790 et l'arrêté du gouvernement du 12 messidor an VIII (1er juillet 1800);

Considérant que l'expérience a fait reconnaître qu'il y a lieu d'apporter des modifications au tarif du prix des courses dans les cabriolets sous remise,

Ordonnons ce qui suit :

1. A compter du jour de la publication de la présente ordonnance, le prix des courses dans les carrosses, coupés et cabriolets sous remise, offerts au public pour marcher à l'heure ou à la course, dans Paris, sera réglé ainsi qu'il suit :

CARROSSES.
De six heures du matin à minuit.

Pour chaque course.................................... 2 fr. » c.
Pour la première heure................................ 2   75
Pour les heures suivantes............................. 2   »

De minuit à six heures du matin.

Pour chaque course.................................... 3   »
Pour chaque heure..................................... 4   »

COUPÉS.
De six heures du matin à minuit.

Pour chaque course.................................... 1 fr. 75 c.
Pour la première heure................................ 2   25
Pour les heures suivantes............................. 2   »

De minuit à six heures du matin.

Pour chaque course.................................... 2   »
Pour chaque heure..................................... 3   »

CABRIOLETS.
De six heures du matin à minuit.

Pour chaque course.................................... 1 fr. 50 c.
Pour chaque heure..................................... 2   »

De minuit à six heures du matin.

Pour chaque course.................................... 2 fr. 50 c.
Pour chaque heure..................................... 2   75

(1) Rapportée. — V. l'ord. du 10 oct. 1843.

Une plaque indicative du tarif sera placée, d'une manière ostensible, dans l'intérieur des voitures.

2. Les contraventions à la présente ordonnance seront constatées par des procès-verbaux ou rapports, et déférées, s'il y a lieu, aux tribunaux compétents.

3. La présente ordonnance sera imprimée et affichée.

Les commissaires de police, le chef de la police municipale, l'inspecteur contrôleur de la fourrière, les officiers de paix et les autres préposés de la préfecture de police sont chargés, chacun en ce qui le concerne, d'en assurer l'exécution.

Elle sera adressée, en outre, à MM. les sous-préfets de Saint-Denis et de Sceaux, pour qu'ils veuillent bien la faire publier dans les communes de leurs arrondissements respectifs, ainsi qu'à M. le colonel de la garde municipale et à M. le commandant de la gendarmerie de la Seine, chargés de tenir la main à son exécution par tous les moyens à leur disposition.

Le conseiller d'Etat, préfet de police, G. DELESSERT.

———○———

N° **1648.** — *Arrêté qui prescrit la réimpression de l'ordonnance du 29 octobre 1836, concernant le balayage et la propreté de la voie publique* (1).

Paris, le 28 mars 1838.

———○———

N° **1649.** — *Ordonnance concernant la tenue de la foire aux jambons* (2).

Paris, le 30 mars 1838.

———○———

N° **1650.** — *Ordonnance concernant la visite générale des tonneaux de porteurs d'eau* (3).

Paris, le 5 avril 1838.

———○———

N° **1651.** — *Ordonnance concernant les mesures d'ordre à observer aux promenades de Longchamp* (4).

Paris, le 9 avril 1838.

---

(1) V. les ord. des 28 oct. 1839 et 1er avril 1843.
(2) V. l'ord. du 7 avril 1843.
(3) V. les ord. des 30 mars 1837 et 15 avril 1843.
(4) V. l'ord. du 10 avril 1843.

N° **1652**. — *Ordonnance concernant les bateaux à vapeur* (1).

Paris, le 15 avril 1838.

Nous, conseiller d'Etat, préfet de police,

Vu les lois des 14-22 décembre 1789, 16-24 août 1790, 6 frimaire an VII (26 novembre 1798), 28 pluviôse an VIII (17 février 1800), et 29 floréal an X (19 mai 1802);

Vu les ordonnances royales des 2 avril et 29 octobre 1823, 7 et 25 mai 1828; 23 septembre 1829 et 25 mars 1830, concernant les bateaux à vapeur et les machines à haute et basse pression;

Vu les instructions ministérielles des 19 mars 1824, 7 mai 1825, 12 juillet 1828 et notamment celle du 27 mai 1830, relatives à l'exécution des ordonnances précitées et aux mesures de précaution auxquelles la navigation des bateaux à vapeur doit être assujettie dans l'intérêt de la sûreté publique;

Vu l'ordonnance de police de notre prédécesseur, en date du 9 novembre 1835, concernant les bateaux à vapeur qui naviguent dans le ressort de la préfecture de police;

Considérant que la navigation par la vapeur appliquée au transport des voyageurs a pris une grande extension dans le département de la Seine; que les accidents arrivés récemment sur des bateaux à vapeur, en divers lieux, imposent à l'autorité l'obligation de redoubler de surveillance et de prescrire toutes les mesures de précaution qu'elle juge nécessaires dans l'intérêt de la sûreté publique;

Vu l'arrêté du gouvernement du 12 messidor an VIII (1er juillet 1800), et celui du 3 brumaire an IX (25 octobre 1800);

Faisant l'application des mesures de police et de sûreté générale que les lois et règlements nous chargent de prendre,

Ordonnons ce qui suit:

1. Aucun bateau à vapeur ne pourra être admis à naviguer dans le ressort de la préfecture de police qu'après l'accomplissement des formalités suivantes:

1° Le bateau devra être visité par la commission de surveillance instituée à cet effet;

2° Le propriétaire devra avoir reçu la notification exigée par l'article 2 de l'ordonnance royale du 2 avril 1823;

3° Enfin, il devra être pourvu d'un permis de navigation que nous lui délivrerons, s'il y a lieu.

Le propriétaire du bateau devra, dans la demande qu'il nous adressera pour réclamer la visite, indiquer:

Les dimensions du bateau,

Son tirant d'eau à vide,

Le service auquel il est destiné,

La force de l'appareil moteur évaluée en chevaux,

Et la pression, exprimée en atmosphères, sous laquelle l'appareil moteur fonctionnera.

2. En nous adressant le procès-verbal de sa visite, la commission nous proposera les conditions spéciales qu'elle jugerait devoir être imposées, tant pour la sûreté des passagers, dans le cas où le bateau

---

(1) V. les ord. des 25 octobre 1840 (art. 130 et suiv.) et 19 mai 1842.

serait destiné au transport des voyageurs, que dans l'intérêt de la liberté de la navigation et de la conservation des établissements ou des travaux d'art en rivière.

3. Indépendamment de ces conditions spéciales, sur lesquelles nous nous réservons de statuer, les bateaux à vapeur sont, en outre, assujettis aux conditions générales de sûreté suivantes.

4. Les chaudières des machines à vapeur doivent être munies de deux soupapes de sûreté, de même dimension, facilement accessibles, et dont une sera disposée de manière à rester sans cesse visible pour le public. Ces soupapes seront chargées, soit directement, soit par l'intermédiaire d'un levier ; mais toujours, dans l'un et l'autre cas, d'un poids unique.

Ce poids, après avoir été vérifié, sera frappé d'une marque indiquant sa valeur, en chiffres. Il est expressément défendu d'employer tout autre poids, sous aucun prétexte.

Le permis de navigation indiquera : 1° le diamètre des soupapes de sûreté ; 2° la largeur de leur anneau de recouvrement ; 3° la valeur du poids employé pour la charge ; 4° et si les soupapes sont chargées par l'intermédiaire de leviers, le rapport entre les bras de ces leviers.

5. Chaque chaudière sera munie de rondelles métalliques fusibles au degré déterminé par les règlements et correspondant au numéro du timbre de la chaudière.

Ces rondelles doivent être munies de couvercles non assujettis pour les conserver en bon état, et les garantir de toute atteinte, de manière qu'il soit toujours facile de reconnaître, à la première inspection, les numéros et les timbres octogones dont elles sont frappées.

Il y aura toujours à bord des rondelles métalliques de rechange, afin de pouvoir remplacer sur-le-champ celles qui viendraient à se fondre.

6. Il sera en outre adapté à chaque chaudière un manomètre à mercure, construit avec soin, et dont la graduation fera connaître la tension de la vapeur, exprimée en atmosphères et fractions d'atmosphère.

Ce manomètre sera toujours à air libre, pour les chaudières à basse pression.

Il y aura toujours dans le bateau un manomètre de rechange.

7. Les chaudières seront munies d'indicateurs servant à faire connaître extérieurement le niveau de l'eau dans leur intérieur. A cet effet, il sera adapté à chaque chaudière deux, au moins, des trois appareils suivants : 1° les tubes indicateurs en verre ; 2° les flotteurs ; 3° les robinets indicateurs.

Ces appareils devront être constamment entretenus en bon état ; et il y aura toujours à bord des bateaux, des tubes indicateurs de rechange, pour remplacer immédiatement ceux qui viendraient à être cassés.

La ligne d'eau, ou le niveau que l'eau devra avoir habituellement dans la chaudière, sera indiquée à l'extérieur par une ligne tracée d'une manière très-apparente sur le corps de la chaudière.

8. Le local de l'appareil moteur sera séparé des salles des passagers par des cloisons en planches très-solidement construites et entièrement revêtues d'une doublure en feuilles de tôle, à recouvrements, d'un millimètre d'épaisseur au moins.

Le sol et les parois intérieures du local où l'on fait la cuisine doivent être également revêtus en tôle.

9. Les soutes à charbon doivent être isolées et séparées du foyer et des chaudières, de manière que le feu ne puisse jamais s'y communiquer. Il doit être ménagé autour des soutes un espace libre, afin que l'air y puisse circuler facilement.

10. Lorsque les cheminées seront à bascule sans contre-poids, il sera établi sur le pont de chaque bateau à vapeur, et d'une manière solide, un support destiné à soutenir la cheminée lorsqu'on est obligé de la baisser pour passer sous les ponts.

11. Le pont de chaque bateau devra être garni de garde-corps en bastingages, dont la lisse sera à une hauteur suffisante pour la sûreté des passagers.

12. Les tambours qui, de chaque côté du bateau, envelopperont les roues, seront munis de gardes en fer descendant assez près de la surface de l'eau, pour empêcher les embarcations de s'engager dans les palettes de ces roues.

13. Une ligne de flottaison sera tracée en couleur tranchante sur les flancs du bateau, vers les hanches et les joues, par les soins et aux frais du propriétaire, et d'après les indications de la commission de surveillance des bateaux à vapeur.

14. Chaque bateau à vapeur devra être muni d'un canot de sauvetage dont la longueur ne pourra être moindre de quatre mètres et la largeur de un mètre soixante centimètres.

Ce canot devra être suspendu au bateau; mais, dans ce cas, il sera préalablement constaté par la commission de surveillance qu'il est disposé de manière à être instantanément mis à l'eau, au besoin.

Dans le cas contraire, le canot devra être constamment à la traîne. de canot sera muni d'une gaffe et de deux avirons.

Il y aura à bord une bouée de sauvetage en liége du poids de dix à quinze kilogrammes suspendue à l'arrière, et une hache en bon état, à portée du timonier.

Il y aura également dans chaque bateau à vapeur une boîte fumigatoire pour qu'on puisse, au besoin, administrer des secours aux personnes qui seraient retirées de l'eau en état d'asphyxie.

Cette boîte devra être conforme à celles qui sont employées sur la Seine, dans Paris, pour l'administration des secours publics, d'après les instructions du conseil de salubrité.

15. Les bateaux à vapeur seront en outre pourvus de deux ancres et de cordes d'amarre suffisantes. Ces ancres devront constamment être disposées pour être mouillées immédiatement au besoin.

16. Il y aura toujours à bord de chaque bateau un registre dont toutes les pages seront cotées et parafées par l'autorité qui aura délivré le permis de navigation et sur lequel les passagers auront la faculté de consigner leurs observations, en ce qui concerne la marche du bateau, les avaries ou accidents quelconques, et la conduite de l'équipage.

17. Dans chaque salle où se tiennent les passagers, il sera placé un tableau indiquant :

1° La durée moyenne des voyages, tant en montant qu'en descendant, et en ayant égard à la hauteur des eaux ;

2° Le temps que le bateau devra stationner aux différents lieux déterminés pour les embarquements ;

3° Le nombre maximum des passagers qui pourront être reçus dans le bateau ;

4° La faculté qu'ont les passagers de consigner leurs observations sur le registre prescrit par l'article précédent ;

5° Les lieux de départ et d'arrivée, et ceux où les bateaux touchent en route ;

6° Les prix des voyages.

Une copie du permis de navigation et la présente ordonnance seront également affichées dans les salles où se tiennent les passagers.

18. Il y aura toujours à bord de chaque bateau à vapeur destiné à recevoir des passagers :

1° Un capitaine ;

2° Des hommes d'équipage en nombre suffisant ;

3° Un mécanicien ;

4° Un ou plusieurs chauffeurs.

19. Les capitaines et les mécaniciens des bateaux à vapeur devront être agréés par l'administration.

A cet effet, ils se présenteront devant la commission de surveillance qui s'assurera s'ils réunissent les conditions requises et nous proposera leur admission, s'il y a lieu.

20. Le capitaine est responsable du maintien du bon ordre et de la police à bord de son bateau. Il commande les hommes de l'équipage et est chargé de la direction du bateau.

21. Le mécanicien est chargé de la surveillance et de la conduite de l'appareil moteur ; il veillera notamment avec le plus grand soin à ce que l'alimentation des chaudières se fasse bien et compense, à chaque instant, la dépense de la vapeur et toutes les pertes d'eau, afin qu'en aucun cas les parois des chaudières ne puissent rougir. Il dirigera les chauffeurs. Ils devront, chacun en ce qui le concerne, observer, pour la conduite du feu et des machines, toutes les mesures de précaution prescrites par l'instruction ministérielle du 19 mars 1824, et, à cet effet, cette instruction sera affichée dans le local de la machine.

22. Les bateaux à vapeur ne pourront opérer leur départ qu'aux heures fixées par nous.

On ne pourra faire sonner la cloche qu'un quart d'heure seulement avant le départ.

23. La charge totale du bateau sera réglée de manière que la ligne de flottaison ne puisse jamais être submergée.

Il est expressément défendu d'admettre dans chaque bateau un nombre de passagers supérieur à celui qui aura été fixé par le permis de navigation, bien cependant que la ligne de flottaison n'ait pas encore été atteinte.

24. Tout embarquement ou débarquement de voyageurs dans les ports, se fera au moyen d'un petit pont double jeté du bateau sur le quai, et garni de rampes des deux côtés.

Dans le cas où, le quai se trouvant d'avance occupé par d'autres bateaux à vapeur, un nouveau bateau ne pourrait pas y avoir de place, et serait obligé de se ranger le long d'un autre bateau, celui-ci serait tenu de souffrir le passage des voyageurs de l'autre bateau.

Ce passage s'effectuera au moyen d'un pont jeté d'un bateau sur l'autre, et remplissant les conditions énoncées au premier paragraphe de cet article.

L'usage de simples planches est formellement interdit.

25. Toutes les fois que, durant le trajet, le capitaine d'un bateau à vapeur aura à prendre ou à débarquer des voyageurs, il devra, s'il ne peut prendre terre, faire cesser entièrement le jeu des roues à l'approche du batelet, de manière qu'au moment de l'abordage la marche du bateau soit suffisamment ralentie, pour éviter tout accident. Il veillera à ce que le batelet, avant d'aborder, soit amarré au bateau. Enfin, il tiendra la main à ce que l'appareil moteur ne soit remis en mouvement que lorsque les amarres auront été larguées et les batelets poussés au large à une distance suffisante pour qu'il n'y ait plus de danger.

26. Les batelets servant à l'embarquement et au débarquement en pleine rivière devront avoir, au moins, quatre mètres de longueur, sur un mètre soixante centimètres de largeur. Ils seront conduits par des mariniers qui auront justifié des connaissances nécessaires à ce service, conformément à l'article 47 de la loi du 6 frimaire an VII, et qui seront choisis par les agents de la navigation et par les autorités locales.

Ces batelets seront munis de trois avirons, d'une gaffe et de bancs disposés pour recevoir les passagers qui devront se tenir assis. Ils seront numérotés et auront leur avant peint en rouge, afin qu'ils soient facilement reconnus des capitaines des bateaux à vapeur et des passagers.

Il est défendu aux mariniers qui conduiront ces batelets, de prendre à la fois plus de douze passagers. Dans aucun cas, ces batelets ne pourront être conduits par des femmes.

27. Les capitaines des bateaux à vapeur feront sonner la cloche à l'approche des ponts et du port de débarquement.

Ils feront également sonner la cloche dans les passes où la rencontre de deux bateaux pourrait occasionner des accidents.

28. Lorsque deux bateaux à vapeur allant en sens inverse viendront faire escale sur le même point, le bateau descendant devra prendre le large, et le bateau montant devra tenir le côté de terre.

29. Quand deux bateaux à vapeur allant dans le même sens se rapprocheront, celui qui sera en avant devra serrer le chenal de navigation à droite, et celui qui sera en arrière devra serrer le chenal à gauche.

30. Il est expressément défendu de surcharger les soupapes de sûreté, de chercher à empêcher ou à retarder la fusion des rondelles par un moyen quelconque, et de faire fonctionner la machine sous une pression supérieure à celle qui est indiquée dans le permis de navigation, notamment pour chercher à gagner de vitesse à l'approche d'un autre bateau.

31. Les capitaines sont tenus de déclarer aux autorités locales des points de départ et d'arrivée, après chaque voyage, tous les faits parvenus à leur connaissance, qui pourraient intéresser la sûreté de la navigation, ainsi que les accidents ou les contraventions qui seraient de nature à être constatés par des procès-verbaux.

32. Au moment du départ et de l'arrivée des bateaux à vapeur, l'inspecteur du port se fera représenter le registre prescrit par l'article 16 et le visera. Il s'assurera, en outre, de la présence à bord du capitaine, du mécanicien et des chauffeurs; enfin il reconnaîtra si le bateau n'est pas surchargé de manière à faire plonger la ligne de flottaison au-dessous de la surface de l'eau.

33. Les propriétaires ou capitaines de bateaux à vapeur ne pourront se prévaloir du permis de navigation que nous leur aurons délivré pour se refuser à se conformer aux mesures de sûreté que les autorités locales jugeraient utile de leur prescrire, pour compléter le régime de précautions sur toute la ligne de navigation.

34. Tout propriétaire de bateaux à vapeur devra, lorsqu'il en sera requis par nous, suspendre son service pour que la commission de surveillance fasse les visites trimestrielles prescrites par l'ordonnance royale du 2 avril 1823, ou toute autre visite que nous croirions devoir ordonner dans l'intérêt de la sûreté publique.

35. Aucun bateau à vapeur ne pourra être employé à un autre service que celui pour lequel il aura été autorisé, à moins d'une nouvelle permission spéciale émanée de nous.

36. Tout bateau à vapeur venant d'un autre département avec un permis de navigation sera néanmoins soumis aux visites de la commission de surveillance du département de la Seine, laquelle s'assurera si toutes les conditions imposées par le permis de navigation sont exécutées, et proposera de plus toutes celles qu'elle jugerait nécessaires.

37. L'autorisation délivrée par nous aux capitaines et mécaniciens leur sera retirée dans les cas de négligence ou d'imprudence de nature à compromettre la sûreté des voyageurs, sans préjudice des poursuites judiciaires qui pourraient être intentées contre eux et des dommages et intérêts dont ils pourraient être passibles, aux termes des articles 319 et 320 du Code pénal.

38. Les dispositions contenues dans l'ordonnance de police de notre prédécesseur, en date du 9 novembre 1835, concernant les bateaux à vapeur, sont et demeurent abrogées.

39. Toute contravention aux dispositions de la présente ordonnance sera constatée et poursuivie par les voies ordinaires.

Le permis de navigation pourra en outre être retiré, dans le cas où la contravention serait de nature à compromettre la sûreté publique, sans préjudice de l'application des articles 319 et 320 du Code pénal, à raison des accidents que le propriétaire du bateau aurait occasionnés et des dommages-intérêts auxquels il pourrait être condamné au profit des tiers.

40. L'inspecteur général de la navigation, l'inspecteur particulier chargé spécialement de la surveillance des bateaux à vapeur, les sous-préfets et les maires du ressort de la préfecture de police, la commission de surveillance des bateaux à vapeur du département de la Seine, le directeur des secours publics, les commissaires de police et les autres préposés de la préfecture de police sont chargés, chacun en ce qui le concerne, de l'exécution de la présente ordonnance qui sera publiée et affichée.

Le conseiller d'Etat, préfet de police, G. DELESSERT.

N° **1653**. — *Arrêté qui prescrit l'impression et la publication des articles 1, 7, 8 et 9 de l'ordonnance du 1er avril 1813 concernant le repêchage des bois de chauffage sur les rivières, dans le ressort de la préfecture de police.*

Paris, le 28 avril 1838.

N° **1654**. — *Ordonnance concernant les mesures d'ordre à observer dans la capitale, le 1er mai, fête du roi* (1).

Paris, le 28 avril 1838.

N° **1655**. — *Arrêté qui prescrit la réimpression et la publication de l'ordonnance du 1er juin 1837 concernant l'arrosement* (2).

Paris, le 9 mai 1838.

N° **1656**. — *Ordonnance concernant les bains en rivière* (3).

Paris, le 15 mai 1838.

(1) V. l'ord. du 28 avril 1843.
(2) V. l'ord. du 27 juin 1843.
(3) V. les ord. des 20 mai 1839 et 25 oct. 1840 (art. 187 et suiv. et 225).

N° **1657.** — *Ordonnance concernant l'établissement des décorations théâtrales en toiles et papiers ininflammables, pour prévenir l'incendie des salles de spectacle.*

Paris, le 17 mai 1838.

Nous, conseiller d'Etat, préfet de police,

Vu 1° la disposition de l'article 3, § 5 du titre XI de la loi des 16-24 août 1790;

2° La loi des 19-24 juillet 1791 (article 46);

3° Les articles 12 et 24 de l'arrêté du gouvernement du 12 messidor an VIII (1er juillet 1800);

Et 4° le n° 15 de l'article 471 du Code pénal;

Considérant qu'il résulte d'expériences faites, à diverses époques à notre préfecture, par la commission des théâtres assistée d'experts chimistes et en présence de directeurs des théâtres royaux, qu'il existe des toiles et papiers ininflammables;

Considérant que ces toiles et papiers ont été reconnus pouvoir être employés aux décorations théâtrales, sans que les couleurs appliquées sur lesdites toiles et papiers en reçoivent la moindre altération;

Considérant que leur emploi aura pour immense avantage d'empêcher l'incendie d'un théâtre de se propager avec la violence dont les derniers événements de ce genre ont donné l'exemple dans la capitale;

Considérant que les salles de spectacles sont exposées continuellement à devenir la proie des flammes, et qu'on ne saurait prendre trop de précautions pour y garantir la sûreté publique et paralyser les chances d'incendie, pendant et après les représentations,

Ordonnons ce qui suit:

1. A l'avenir, tout directeur de théâtre de la capitale et de la banlieue ne pourra plus mettre en scène aucun décor neuf, à moins que les fermes, châssis, terrains, bandes d'eau, rideaux, bandes d'air, plafonds, frises, gazes, toiles de lointain n'aient été rendus ininflammables, soit par une préparation des toiles, soit par un marouflage qui rendrait également les décors ininflammables.

2. Il est pareillement enjoint aux directeurs de faire procéder immédiatement au marouflage avec papier ininflammable des doublures de châssis vieux à l'usage actuel de la scène.

3. Ils ne pourront aussi employer, pour l'enveloppe des artifices et pour bourrer les armes à feu, que des matières non susceptibles de continuer à brûler, même sans flammes.

4. Les toiles et papiers destinés aux décorations indiquées par l'article 1er seront toujours, avant leur emploi, soumis à l'examen de la commission des théâtres, ou d'un de ses membres désigné par nous, lequel vérifiera et constatera si les toiles et papiers qui lui seront présentés par les directions théâtrales sont réellement ininflammables.

5. La vérification et la réception desdites toiles seront constatées par l'application immédiate, sur leur tissu, de deux mètres en deux mètres, d'une estampille de notre préfecture.

6. Le papier reconnu pareillement ininflammable sera aussi estampillé, avant son usage, à notre préfecture.

7. L'établissement de tout décor neuf, avec des toiles et papiers non estampillés à notre préfecture donnera lieu, non-seulement à la suspension de la représentation, mais encore à l'enlèvement immédiat des décors de l'intérieur du théâtre.

8. Les dispositions de l'article 1er de la présente ordonnance ne recevront d'exécution qu'à partir du 1er septembre prochain, afin de donner aux directeurs de théâtres le temps nécessaire pour se fournir des toiles ininflammables qui leur sont imposées par ledit article.

9. Les contraventions aux dispositions de la présente ordonnance seront constatées par des procès-verbaux ou rapports qui seront transmis au tribunal compétent, indépendamment de la prise de toutes mesures administratives contre les directions théâtrales.

10. La présente ordonnance sera imprimée, publiée et affichée dans Paris et dans tout le ressort de la préfecture de police.

MM. les sous-préfets de Sceaux et de Saint-Denis, MM. les maires et commissaires de police des communes rurales du département de la Seine, le chef de la police municipale, les commissaires de police de la ville de Paris, les officiers de paix, M. le lieutenant colonel du corps des sapeurs pompiers de la ville de Paris, et l'architecte de la préfecture de police sont chargés, chacun en ce qui le concerne, d'en assurer l'exécution par toutes les voies de droit.

La présente ordonnance sera en outre notifiée, en la forme administrative, à chaque directeur de théâtre présentement exploité dans le ressort de la préfecture de police.

Le conseiller d'Etat, préfet de police, G. DELESSERT.

<hr>

No **1658**. — *Ordonnance concernant le transport des capsules ou autres amorces fulminantes et des allumettes fulminantes, par la voie du commerce* (1).

Paris, le 21 mai 1838.

Nous, conseiller d'Etat, préfet de police,
Vu 1o la loi des 16-24 août 1790;
2o L'arrêté du gouvernement du 12 messidor an viii (1er juillet 1800);
3o Les rapports du conseil de salubrité des 22 décembre 1837 et 24 avril 1838 ;

Considérant que le transport des objets fabriqués avec des poudres et matières détonantes et fulminantes présente le plus grand danger; que la sûreté des voyageurs est gravement compromise par l'insouciance de ceux qui expédient ces objets dangereux et par la négligence de ceux qui se chargent de ces expéditions, et qu'il importe de prendre des mesures, dans le but de prévenir les accidents que peuvent occasionner de semblables chargements,

Ordonnons ce qui suit :

1. Il est défendu à tout fabricant, débitant ou dépositaire de capsules ou autres amorces fulminantes et d'allumettes fulminantes, de faire aucune expédition de ces objets, par la voie des messageries, diligences et autres voitures de transport de voyageurs.

2. Il est également défendu aux entrepreneurs des messageries, diligences et autres voitures affectées au transport des voyageurs, de se charger d'aucune expédition de capsules ou autres amorces fulminantes, ou d'allumettes fulminantes, sous quelque prétexte que ce soit.

3. Le transport des capsules ou autres amorces fulminantes et des allumettes fulminantes ne pourra avoir lieu que par la voie du roulage ou par eau.

<hr>

(1) V. l'ord. ci-après.

4. Dans l'un et l'autre cas, la nature des colis sera déclarée par l'expéditeur à l'entrepreneur du transport.

Les colis devront être marqués du timbre du commissaire de police du quartier ou du maire de la commune où demeurera l'expéditeur.

Les capsules, amorces ou allumettes réunies en paquets ou en boîtes seront renfermées dans des caisses assemblées à queue d'aronde; le couvercle sera fixé par une lanière en cuir et bien cordée. Sur les bords supérieurs de la caisse sera fixée une basane mince, sur laquelle portera le couvercle. Dans l'intérieur sera placée une peau de basane qui n'y sera pas fixée, et dont la grandeur devra être suffisante pour que, la caisse étant remplie, elle puisse recouvrir entièrement les boîtes ou les paquets.

5. Il est défendu à tout commissaire de roulage ou entrepreneur de transporter par eau, de se charger d'au une expédition de capsules ou autres amorces fulminantes et d'allumettes fulminantes, pour laquelle on ne se serait pas conformé aux dispositions exigées par l'article 4.

6. Les contraventions à la présente ordonnance seront constatées et déférées aux tribunaux.

7. Les sous-préfets des arrondissements de Sceaux et de Saint-Denis, les maires des communes rurales du ressort de la préfecture de police, les commissaires de police, le chef de la police municipale de Paris, les officiers de paix, et les autres préposés de la préfecture de police sont chargés, chacun en ce qui le concerne, de l'exécution de la présente ordonnance.

Le conseiller d'Etat, préfet de police, G. DELESSERT.

───────────◦───────────

N° **1659.** — *Ordonnance concernant la conservation et la vente des capsules et autres préparations détonantes et fulminantes* (1).

Paris, le 21 mai 1838.

Nous, conseiller d'Etat, préfet de police,

Vu 1° la loi des 16-24 août 1790 ;

2° L'arrêté du gouvernement du 12 messidor an VIII (1er juillet 1800);

3° Les ordonnances royales, des 25 juin 1823 et 30 octobre 1836, relatives à la fabrication et au débit des poudres détonantes et fulminantes ;

4° L'ordonnance de police du 21 juillet 1823 ;

5° Les rapports du conseil de salubrité, des 22 décembre 1837 et 24 avril 1838 ;

Considérant que le dépôt et la vente des objets fabriqués ou préparés avec des poudres ou matières détonantes et fulminantes exigent des précautions et des soins dont l'omission peut occasionner de graves accidents, et qu'il importe de rappeler les dispositions des règlements sur cette matière,

Ordonnons ce qui suit :

1. Les articles 3, 4, 5 et 6 de l'ordonnance royale du 25 juin 1823, relative à la fabrication et au débit des poudres détonantes et fulminantes, seront de nouveau publiés dans le ressort de la préfecture de police (2).

2. La disposition de l'article 4 de l'ordonnance royale précitée est applicable aux fabricants de capsules et autres amorces fulminantes.

───────────────

(1) V. l'ord. ci-dessus.
(2) V. à l'appendice.

3. Les boîtes ou paquets de capsules et d'allumettes fulminantes ne devront pas être placés indistinctement dans les diverses parties d'un magasin. Elle devront être réunies dans une caisse bien assemblée, garnie de roulettes et de poignées, afin de pouvoir les transporter facilement au dehors, en cas d'incendie. Le couvercle devra être fixé avec des lanières en cuir et fermé par le moyen d'une courroie. Une peau de basane, d'une dimension convenable pour garnir la boîte et recouvrir les paquets, y sera placée, mais non fixée, afin que l'on puisse facilement l'enlever pour retirer la poudre qui pourrait y être tombée.

4. Les fabricants et marchands détaillants ci-dessus désignés sont tenus de se conformer, dans un mois pour tout délai, aux dispositions ci-dessus prescrites.

5. Les poudres et matières détonantes et fulminantes ne pouvant être employées qu'à la fabrication d'objets d'une utilité reconnue, il est expressément défendu de préparer, de vendre et de distribuer des bonbons, cartes, cachets et étuis fulminants et autres objets de ce genre dont l'usage peut occasionner et a déjà causé des accidents. Ces dernières compositions seront saisies partout où elles seront trouvées.

6. Il est également défendu de vendre sur la voie publique des capsules ou amorces fulminantes, des allumettes fulminantes, et généralement toute espèce de produits dans la confection desquels il entre des matières détonantes ou fulminantes.

7. L'ordonnance de police du 21 juillet 1823 précitée est rapportée.

8. Les contraventions à la présente ordonnance seront constatées et déférées aux tribunaux.

9. Les sous-préfets des arrondissements de Sceaux et de Saint-Denis, les maires des communes rurales, les commissaires de police, le chef de la police municipale de Paris, les officiers de paix et autres préposés de la préfecture de police sont chargés, chacun en ce qui le concerne, de l'exécution de la présente ordonnance.

Le conseiller d'Etat, préfet de police, G. DELESSERT.

———

N° **1660**. — *Arrêté qui prescrit la réimpression et la publication de l'ordonnance du 23 juin 1832 concernant les chiens.*

Paris, le 22 mai 1838.

———

N° **1661**. — *Ordonnance concernant le lâchage des bateaux sous les ponts de Paris* (1).

Paris, le 31 mai 1838.

Nous, conseiller d'Etat, préfet de police,

Vu l'ordonnance du roi en date du 20 de ce mois, concernant le service du lâchage des bateaux, sous les ponts de Paris et les pièces y annexées;

Vu le procès-verbal de l'adjudication passée en conseil de préfecture, et de laquelle il résulte que le sieur Ducoudray a été déclaré chef des ponts de Paris, moyennant les prix indiqués dans des colonnes spéciales au tarif ci-annexé.

(1) V. l'ord. du 25 octobre 1840 (art. 31 et suiv., et cahier des charges du chef des ponts).

Aux termes du deuxième paragraphe de l'article 32 de l'arrêté des consuls du 12 messidor an VIII (1er juillet 1800),

Ordonnons ce qui suit :

1. Il est défendu à tous autres que le chef des ponts de passer les bateaux chargés sous les ponts de Paris.

Sont exceptés de cette disposition pour le passage sous tous les ponts :

1° Les bachots, doubles bachots, galoupilles et **autres embarcations** de même nature ;

2° Les bateaux de bains ;

3° Les bateaux à vapeur, à draguer et autres analogues;

4° Les margotas de moins de seize mètres cinquante centimètres, mesurés selon une ligne droite, allant de l'avant à l'arrière, et ayant deux mètres soixante-quinze centimètres de largeur, s'ils ne sont garnis ni de matières, ni de jambes de force, de seuils ou de bouletants.

L'avalage sous le pont d'Austerlitz et le parcours jusqu'au pont de la Tournelle, à la grande estacade et au pont de Grammont sera libre pour tous les bateaux, sans le concours du chef des ponts.

En outre, les bateaux chargés de bois auront la faculté d'aller se mettre à port, sans le chef des ponts, sur tous les points du pourtour de l'île Louviers.

Les bateaux chargés de charbon de bois auront également la faculté d'aller directement et sans le chef des ponts jusque dans la gare de l'île Saint-Louis.

Mais, lorsque de l'un de ces deux points un bateau devra être lâché plus bas, le chef des ponts recevra alors son salaire intégralement, selon le tarif, comme s'il prenait le bateau à la gare de l'octroi dont il va être parlé à l'article suivant.

2. Tous les conducteurs ou patrons de bateaux arrivant à Paris, par la Seine ou la Marne, et destinés, soit à être déchargés à l'un des ports de cette ville, soit à la franchir en passe-debout, devront arrêter leurs bateaux dans le bassin désigné pour le garage du chef des ponts, lequel est, quant à présent, l'espace compris entre le pont de Bercy et la patache de l'octroi, où ils ne pourront occuper plus de sept longueurs de toue sur trois rangs.

Le chef des ponts prendra les bateaux à cette station pour en faire le lâchage.

Le marinier sera tenu d'amarrer solidement son bateau et de veiller à sa sûreté jusqu'au moment où le chef des ponts devra en opérer le lâchage.

3. Parvenu à cette station, le marinier devra, si son bateau est de la nature de ceux qui doivent être manœuvrés par le chef des ponts, se transporter par-devant ledit chef, pour lui représenter sa lettre de voiture, que ce dernier visera afin de constater la quantité et la nature des marchandises confiées à sa conduite, le lieu du chargement et du départ, celui de la destination et le nom du conducteur, et pour lui déclarer s'il entend que son bateau soit conduit à l'un des ports de Paris, ou en passe-debout hors de la ville.

4. A défaut de la part des mariniers et conducteurs de bateaux et marchandises d'exhiber lesdites lettres de voiture, le chef des ponts ne sera, en cas de naufrage ou autre accident, responsable que des marchandises dont il déclarera lui-même avoir composé le chargement du bateau naufragé ou avarié, sauf néanmoins le cas où les propriétaires des bateaux et marchandises auraient fait constater légalement le refus, de la part du chef des ponts, d'apposer le visa dont il s'agit.

5. A partir du 1er juin prochain, le salaire du chef des ponts de Paris, sera perçu conformément au tarif ci-annexé, qui comprend tant le lâchage que les manœuvres de bord et de terre, pour la mise à port.

6. Le chef des ponts sera tenu de se conformer au tarif ci-annexé pour la perception de ses salaires, et ce, sous peine de cassation de son bail, sans indemnité, comme aussi sous les peines portées par les lois (notamment par les articles 52 et 53 de la loi du 6 frimaire an vii, sur les bacs et bateaux), lesquelles peines seront, quant à la restitution, prononcées en conseil de préfecture, et, pour le surplus, par les tribunaux qui doivent en connaître. Néanmoins, toute convention particulière entre le chef des ponts et le commerce, qui aurait pour objet une diminution dans le prix de main-d'œuvre, pourra être exécutée.

7. Les déclarations à fin de lâchage seront reçues au bureau du chef des ponts pendant les heures affectées au travail sur les ports.

Elles seront inscrites jour par jour, sans blancs ni interlignes, surcharges ou ratures, sur un registre à ce destiné, par ordre de numéro, de date et d'heure. Ce registre sera à souche, il en sera détaché un bulletin contenant le numéro, la date, l'heure et l'objet de la déclaration qui sera remis au déclarant. Ce registre sera sans cesse à la disposition des préposés de l'administration. Il sera coté et parafé par nous.

8. Le registre du chef des ponts servant à l'inscription des déclarations à fin de lâchage des bateaux sera divisé en neuf colonnes :

La première sera destinée à inscrire le numéro de l'enregistrement ;
La deuxième, le jour ;
La troisième, l'heure de la déclaration ;
La quatrième, la désignation des marchandises chargeant le bateau ;
La cinquième, les ports où les bateaux devront être lâchés ;
La sixième, les numéros particuliers pour l'ordre des lâchages aux différents ports affectés au déchargement d'une même marchandise ;
La septième contiendra la formule des déclarations ;
La huitième servira à inscrire la date des lâchages ;
La neuvième, aux observations auxquelles les lâchages auraient donné lieu.

9. Le chef des ponts sera tenu de lâcher les bateaux tant que l'eau n'aura pas atteint la hauteur de trois mètres vingt-cinq centimètres, et les toues, la hauteur de trois mètres quatre-vingt-dix centimètres, mesurés à l'échelle du pont de la Tournelle. Chaque jour l'étiage officiel sera affiché au bureau du chef des ponts, dans un cadre à ce destiné.

10. Le chef des ponts sera tenu de lâcher les bateaux de charbon de bois chargés à comble, quelle que soit la hauteur des eaux, toutes les fois que le comble pourra passer sous les ponts.

11. Les bateaux devront avoir trente-cinq centimètres de bord franc, au-dessus de la ligne de flottaison, et les toues trente centimètres.

12. Les toues et bateaux partis du bassin de l'octroi pour se diriger vers les ports du bas, ne pourront s'arrêter le long de l'île Louviers, de manière à gêner la mise à port des bateaux à cette île.

13. Le chef des ponts sera tenu de lâcher et de mettre à port aussitôt que possible les bateaux selon l'ordre et la date des inscriptions et au plus tard dans les trois jours des déclarations, à moins qu'il n'y ait pas de place libre au port de destination; ce qui devra être constaté par un certificat de l'inspecteur de la navigation.

Après l'expiration des trois jours, une retenue du quart du prix du lâchage aura lieu au profit des propriétaires de bateaux, par chaque jour de retard, et les bateaux seront, soixante-douze heures après la déclaration, à la charge et responsabilité du chef des ponts, jusqu'à ce qu'ils soient rendus au port de leur destination.

Les bateaux chargés pour le compte du gouvernement seront descendus à la première réquisition et sans être astreints au tour de lâchage.

14. Les propriétaires de bateaux ou mariniers qui voudront faire

remonter leurs bateaux vides en feront la déclaration, 1° au chef des ponts ; 2° à l'inspecteur de la navigation de l'arrondissement, après le vidage.

15. Cette déclaration sera inscrite sur un registre à souche, coté et parafé par nous, dans la forme déterminée à l'article 8, à l'exception des cinquième, sixième et septième colonnes, qui seront supprimées.

On suivra à l'égard des déclarations de remontage les dispositions indiquées ci-dessus article 7, pour les lâchages.

Le chef des ponts sera tenu de remonter les bateaux vides, dans les trois jours de la déclaration ; soixante-douze heures après cette déclaration, le bateau sera aux risques et périls du chef des ponts, s'il n'est pas remonté.

16. Lorsqu'il y aura plus de trois bateaux vides dans les ports du bas, le chef des ponts sera tenu de les remonter sans délai, quand même il n'aurait pas été fait de déclaration à fin de remontage. Dans ce cas, il en sera fait mention sur le registre des déclarations par un inspecteur de la navigation, et le chef des ponts devra faire, si la chose est nécessaire, deux barrages chaque jour de remontage. Deux toues ou barquettes compteront pour un bateau.

17. Lorsque la saison pourra faire craindre les glaces ou les hautes eaux, et sur l'ordre de l'inspecteur général de la navigation, le chef des ponts sera tenu de lâcher ou de remonter les bateaux dans les vingt-quatre heures qui suivront la déclaration, quel qu'en soit le nombre. Passé ce délai, les bateaux et leur chargement seront aux risques et périls du chef des ponts.

18. Dans le cas où le lâchage ne pourrait avoir lieu pour cause de force majeure ou imprévue, il nous en sera rendu compte dans le jour.

19. Il est défendu aux marchands ou mariniers d'empêcher ou retarder, en aucune manière, le lâchage de leurs bateaux, quand leur tour est arrivé.

20. Le chef des ponts pourra lâcher sous les grands ponts, tous les jours depuis l'aube jusqu'à la nuit, les bateaux, barquettes, toues et autres, qui y descendent à l'aviron, lorsque toutefois il n'y aura pas de lâchage sur corde.

21. Le lâchage sur corde par les grands ponts aura lieu aux jours ci-après indiqués, savoir : les lundis, mercredis et samedis, lorsque la hauteur de la rivière permettra de faire passer sous les petits ponts, les trains de bois flotté et de bois de charpente ; dans le cas contraire, les mercredis et samedis seulement. Dans l'un et l'autre cas, le lâchage sur corde ne pourra être effectué que depuis sept heures du matin jusqu'à cinq heures du soir.

Quand le lâchage sur corde ne pourra s'effectuer que les mercredis et samedis, s'il arrivait que ces deux jours ne fussent pas suffisants à raison de l'affluence des bateaux, le chef des ponts s'adresserait à l'inspecteur général de la navigation qui est autorisé à y pourvoir et qui nous en rendra compte.

22. Lorsque le lâchage sur corde ne pourra avoir lieu que deux fois par semaine, il ne pourra être fait la veille aucun approchage.

23. Les bateaux disposés pour être descendus sur corde seront lâchés consécutivement et sans interruption.

24. Lorsque le chef des ponts aura à effectuer un lâchage sur corde, il sera tenu d'arborer le soir du jour précédent et le jour même à sept heures du matin un drapeau au pont de Bercy, un autre au pont de la Tournelle et un troisième au pont du Carrousel, côté de la rive droite.

25. Lorsqu'il lâchera sur corde par les grands ponts en même temps qu'il remontera par les petits ponts, il sera tenu préalablement d'arborer deux drapeaux au pont de Bercy, deux au pont de la Tournelle et deux autres au Pont-Royal, l'un du côté de la rive droite, l'autre du côté de la rive gauche.

26. Le lâchage des trains de bois de chauffage et de charpente pourra être fait tous les jours, même les lundis, mercredis et samedis, lorsque le chef des ponts n'aura pas fait arborer de drapeau.

27. Le chef des ponts pourra faire tous les jours le remontage des bateaux par le bras de la rivière dit des Petits-Ponts, lorsqu'il n'y aura pas assez d'eau pour y faire passer les trains de bois flotté ; mais quand les trains pourront passer par les petits ponts, le chef des ponts ne devra y faire le remontage que les mardis et vendredis.

28. Lorsque le chef des ponts fera des remontages dans le temps où le lâchage des trains peut se faire par les petits ponts, il arborera un drapeau au pont de Bercy, un au pont de la Tournelle et un autre au Pont-Royal, côté des petits ponts.

29. Le remontage des bateaux sera annoncé, la veille au soir, par des drapeaux placés au pont du Carrousel, côté de la rive gauche, et au pont de la Tournelle. Tous les drapeaux devront avoir deux mètres de largeur et deux mètres de hauteur, et seront placés au haut d'un mât de quatre mètres de hauteur.

30. Le chef des ponts ou ses aides et mariniers, qui seraient prévenus d'avoir à dessein mis en péril des bateaux ou marchandises, seront traduits devant les tribunaux. Le chef des ponts sera également responsable des condamnations pécuniaires prononcées contre ses agents, pour fait de son service.

31. Le chef des ponts, ses aides et mariniers se conformeront tant aux règlements généraux de police relatifs à la navigation qu'aux ordonnances particulières qui seraient rendues par nous en exécution des décrets et ordonnances du roi.

32. Le chef des ponts est responsable envers les personnes dont les bateaux et marchandises lui auront été confiés, 1° de ses manœuvres et de celles de ses aides ou mariniers ; 2° des retards qu'il apporterait à la descente et au remontage des bateaux, et à défaut par lui de les avoir remontés ou lâchés dans le délai fixé, il pourra être poursuivi en dommages et intérêts.

33. Dans le cas où le chef des ponts aurait négligé d'opérer, dans les délais déterminés, un lâchage ou un remontage de bateaux, il pourra y être pourvu d'office à ses frais, risques et périls, à la diligence de l'inspecteur général de la navigation.

34. Le cautionnement fourni par le chef des ponts sera affecté à la sûreté des obligations contractées par l'adjudicataire à l'égard de l'administration et, au besoin, à la garantie des indemnités qui pourraient tomber à sa charge ou des condamnations qui pourraient être prononcées contre lui ou contre ses agents.

35. Le chef des ponts aura la faculté de faire poursuivre, conformément aux articles 57, 58 et 61 de la loi du 6 frimaire an VII, toutes personnes qui refuseraient le payement de ses salaires. Les délits plus graves que ceux qui sont prévus par ladite loi, ou qui se compliqueraient avec ceux qui y sont énoncés, devront être jugés conformément aux lois pénales existantes.

36. La présente ordonnance sera soumise à l'approbation de M. le ministre des travaux publics, du commerce et de l'agriculture.

37. Les commissaires de police, l'inspecteur général de la navigation, le chef de police municipale et les autres préposés de la préfecture de police sont chargés de surveiller l'exécution de la présente ordonnance.

Le conseiller d'Etat, préfet de police, G. DELESSERT.

TARIF

TARIF des prix fixés pour le passage des bateaux sous les ponts de Paris,

GARE où les bateaux seront pris.	LIEUX où LES BATEAUX seront conduits.	OBJET du SERVICE.	TOUES chargées de charbon de terre.				MARGOTAS au-dessus de 16 m. 50, BARQUETTES de 20 m. et au-dessous, et TOUES de bois.				de cha... e...
			PRIX portés dans le tarif annexé à l'ordonnance du roi, du 20 mai 1838.		PRIX résultant de l'augmentation de 10 p. 0/0, selon l'adjudication du 10 mai 1838.		PRIX portés dans le tarif annexé à l'ordonnance du roi, 20 mai 1838.		PRIX résultant de l'augmentation de 10 p. 0/0, selon l'adjudication du 10 mai 1838.		PRIX porté dans le t... annexé à l'ordonn... du roi du 20 mai 1...
			fr. c.	fr. c.	fr. c.	fr. c.	fr. c.	fr. c.	fr. c.	fr. c.	fr. c.
BASSIN DE L'OCTROI A LA RAPÉE.	PORTS entre la grande estacade et le pont Marie..	Lâchage...	11 90	} 21 60	13 09	} 23 76	7 90	} 14 40	8 69	} 15 84	17 80
		Remontage.	9 70		10 67		6 50		7 15		9 70
	— entre les ponts de la Tournelle et de l'Archevêché, rive gauche......	Lâchage...	9 70	} 19 40	10 67	} 21 34	7 90	} 14 40	8 69	} 15 84	14 85
		Remontage.	9 70		10 67		6 50		7 15		9 70
	— entre les ponts Marie et d'Arcole............	Lâchage...	13 »	} 26 »	14 30	} 28 60	8 60	} 17 20	9 46	} 18 92	17 80
		Remontage.	13 »		14 30		8 60		9 46		13 »
	— entre le Pont-Neuf et le pont des Arts.........	Lâchage...	20 80	} 35 20	22 88	} 38 72	12 60	} 23 40	13 86	} 25 74	29 70
		Remontage.	14 40		15 84		10 80		11 88		14 »
	— entre le pont des Arts et le Pont-Royal.........	Lâchage...	22 »	} 38 50	24 20	} 42 35	14 40	} 26 90	15 84	} 29 59	31 70
		Remontage.	16 50		18 15		12 50		13 75		16 20
	— entre le Pont-Royal et le pont de la Concorde ...	Lâchage...	23 75	} 43 25	26 12	} 47 57	15 85	} 28 85	17 43	} 31 73	33 65
		Remontage.	19 50		21 45		13 »		14 30		19 45
	— entre le pont de la Concorde et le pont des Invalides.............	Lâchage...	26 75	} 48 35	29 42	} 53 18	17 80	} 31 80	19 58	} 34 98	39 60
		Remontage.	21 60		23 76		14 »		15 40		21 60
	— entre le pont des Invalides et le pont d'Iéna...	Lâchage...	29 70	} 51 30	32 67	} 56 43	19 80	} 33 80	21 78	} 37 18	41 60
		Remontage.	21 60		23 76		14 »		15 40		22 70

...sulte de l'adjudication passée en conseil de préfecture, le 10 mai dernier.

	BATEAUX au-dessus de 20 m. jusqu'à 28 m. inclusivement.		BATEAUX au-dessus de 28 m. jusqu'à 38 m. inclusivement.		BATEAUX au-dessus de 38 m. jusqu'à 43 m. inclusivement.		OBSERVATIONS.
...es.	PRIX portés dans le tarif annexé à l'ordonnance du roi, du 20 mai 1838.	PRIX résultant de l'augmentation de 10 p. 0/0, selon l'adjudication du 10 mai 1838.	PRIX portés dans le tarif annexé à l'ordonnance du roi, du 20 mai 1838.	PRIX résultant de l'augmentation de 10 p. 0/0, selon l'adjudication du 10 mai 1838.	PRIX portés dans le tarif annexé à l'ordonnance du roi, du 20 mai 1838.	PRIX résultant de l'augmentation de 10 p. 0/0, selon l'adjudication du 10 mai 1838.	
fr. c.	fr. c. — fr. c.	fr. c. — fr. c.	fr. c. — fr. c.	fr. c. — fr. c.	fr. c. — fr. c.	fr. c. — fr. c.	
0 25	17 80 / 10 80 } 28 60	19 58 / 11 88 } 31 46	20 80 / 11 90 } 32 70	22 88 / 13 09 } 35 97	21 85 / 12 45 } 34 30	24 03 / 13 69 } 37 72	La mesure des bateaux sera prise selon une ligne droite menée d'une des extrémités à l'autre.
7 »	20 80 / 10 80 } 31 60	22 88 / 11 88 } 34 76	23 75 / 16 20 } 39 95	26 12 / 17 82 } 43 94	25 » / 17 » } 42 »	27 50 / 18 70 } 46 20	
3 88	23 75 / 16 20 } 39 95	26 12 / 17 82 } 43 94	29 70 / 21 60 } 51 30	32 67 / 23 76 } 56 43	31 20 / 22 70 } 53 90	34 32 / 24 97 } 59 29	
8 07	54 50 / 17 » } 71 50	59 95 / 18 70 } 78 65	65 35 / 26 » } 91 35	71 88 / 28 60 } 100 48	68 60 / 27 25 } 95 85	75 46 / 29 97 } 105 43	
2 69	56 70 / 19 80 } 76 50	62 37 / 21 78 } 84 15	69 30 / 27 » } 96 30	76 23 / 29 70 } 105 93	72 » / 28 35 } 100 35	79 20 / 31 18 } 110 38	
8 40	59 40 / 21 60 } 81 »	65 34 / 23 76 } 89 10	73 25 / 28 » } 101 25	80 57 / 30 80 } 111 37	77 » / 29 50 } 106 50	84 70 / 32 45 } 117 15	
7 52	64 35 / 27 » } 91 35	70 78 / 29 70 } 100 48	89 » / 30 25 } 119 25	97 90 / 33 27 } 131 17	93 60 / 31 70 } 125 30	102 96 / 34 87 } 137 83	
0 73	69 30 / 32 40 } 101 70	76 25 / 35 64 } 111 87	94 » / 35 65 } 129 65	103 40 / 39 21 } 142 61	98 75 / 37 35 } 136 10	108 62 / 41 08 } 149 70	

Le conseiller d'État, préfet de police, G. DELESSERT.

N° **1662**. — *Ordonnance concernant les mesures d'ordre à observer dans Paris, le 10 juin 1838, à l'occasion de la revue du roi.*

Paris, le 9 juin 1838.

Nous, conseiller d'Etat, préfet de police,

Ordonnons ce qui suit :

1. Afin de faciliter la marche des légions et des troupes qui seront passées en revue par le roi, le dimanche 10 juin présent mois, la circulation et le stationnement des voitures sont formellement interdits le même jour, à partir de six heures du matin jusqu'après la revue, sur les point suivants :

Savoir :

Sur la place du Carrousel ;

Dans les rues de Chartres, Montpensier, Quinze-Vingts-Batave, Rohan, Rivoli ;

Et dans toutes les rues débouchant sur la rue de Rivoli ;

Sur la place de la Concorde ;

Dans l'avenue des Champs-Elysées, entre la place de la Concorde et l'avenue de Marigny ;

Sur le quai du Louvre, à partir du pont des Arts ;

Sur le quai des Tuileries, de la Conférence ;

Le cours la Reine ;

Dans l'allée d'Antin ;

La rue Jean-Goujon ;

Sur le quai d'Orsay, depuis le pont des Invalides jusqu'à l'école de natation Deligny ;

Sur toute l'esplanade des Invalides ;

Et sur les ponts des Invalides, de la Concorde, Royal, et du Carrousel.

2. Sont exceptées de l'interdiction établie par l'article précédent, les voitures de la cour, des ministres, des maréchaux de France, de l'intendant général de la liste civile, du corps diplomatique, de MM. les présidents de la chambre des pairs et de la chambre des députés, de M. le préfet de la Seine et de MM. les lieutenants généraux commandant la 1re division militaire et la place de Paris.

3. Les contraventions à la présente ordonnance seront constatées par des procès-verbaux et rapports des officiers de police, et poursuivies conformément aux lois.

4. La présente ordonnance sera imprimée et affichée dans Paris.

Le chef de la police municipale, les commissaires de police, les officiers de paix de la ville de Paris et tous agents de la force publique sont chargés de tenir la main à son exécution.

Le colonel de la garde municipale de la ville de Paris et les commandants des autres corps militaires sont requis de leur prêter main-forte au besoin.

Le conseiller d'Etat, préfet de police, G. DELESSERT.

N° **1663**. — *Ordonnance concernant les puits, puisards, puits d'absorption et égouts à la charge des particuliers.*

Paris, le 20 juillet 1838.

Nous, conseiller d'Etat, préfet de police,

Vu 1° la loi des 16-24 août 1790, titre XI, article 3, §§ 1er et 5 ;

2° L'article 471 du Code pénal ;

3° Les arrêtés du gouvernement, des 12 messidor an VIII, (1er juillet 1800), et 3 brumaire an IX (25 octobre 1800) ;

4° L'ordonnance royale du 21 novembre 1814 ;

5° L'ordonnance de police du 8 mars 1815 ;

Considérant qu'il importe, dans l'intérêt de la salubrité publique, du service des incendies et de la sûreté des ouvriers employés au percement, à l'entretien, au curage et à la réparation des puits, de rappeler aux propriétaires et entrepreneurs les obligations imposées par les règlements ;

Considérant que l'expérience a démontré la nécessité de modifier quelques-unes de ces obligations et d'étendre aux puisards, aux puits d'absorption et égouts particuliers, la plupart des dispositions qui s'appliquent aux puits,

Ordonnons ce qui suit :

TITRE Ier.

Dispositions communes aux puits, puisards, puits d'absorption et égouts particuliers.

§ 1er.—Percement, établissement et construction.

1. Aucun puits, soit ordinaire, soit d'absorption, ne sera percé, aucune opération d'approfondissement, de sondage et autres, ne sera entreprise, aucun puisard ni égout particulier ne sera établi sans une déclaration préalable faite par écrit, à Paris, à la préfecture de police, et à la mairie, dans les communes rurales ; cette déclaration indiquera l'endroit où l'on a le projet de faire les travaux.

§ 2.—Curage.

2. Il ne pourra être procédé à aucun curage de puits, puisard et égout particulier, sans une déclaration préalable qui sera faite par écrit, quarante-huit heures à l'avance, à Paris, à la préfecture de police, et dans les communes rurales, à la mairie ; les mesures nécessaires dans l'intérêt de la salubrité publique et de la sûreté des ouvriers seront prescrites par suite de cette déclaration.

3. Nul ne pourra exercer la profession de cureur de puits, puisard et égout particulier, sans être pourvu d'une permission du préfet de police ; cette permission ne sera délivrée qu'après qu'il aura été justifié de la possession du matériel nécessaire au curage.

4. Les ouvriers ne pourront descendre dans les puits, puisards et égouts particuliers pour quelque cause que ce soit, sans être ceints d'un bridage, à la partie supérieure duquel un anneau sera fixé.

En ce qui concerne les puits et puisards, une corde sera attachée à cet anneau, pendant tout le temps que les ouvriers travailleront dans l'intérieur, et l'extrémité de cette corde sera tenue par d'autres ouvriers en nombre suffisant placés à l'extérieur, afin de pouvoir, au besoin, retirer ceux qui sont dans l'intérieur et les secourir.

Les ouvriers employés dans l'intérieur des égouts particuliers ne seront pas attachés, mais des ouvriers en nombre suffisant et pourvus de cordes se tiendront extérieurement auprès de l'ouverture la plus rapprochée de la partie de l'égout où travaillent ceux de l'intérieur, afin de pouvoir, au besoin, les attacher pour les retirer et les secourir.

Les ouvriers qui resteront à l'extérieur des puits, puisards et égouts particuliers devront aussi avoir la ceinture avec l'anneau.

5. Les puits, puisards et égouts particuliers, abandonnés, ou qui sans être abandonnés seraient soupçonnés de méphitisme, ne seront curés qu'avec les précautions prescrites par l'instruction annexée à la présente ordonnance.

On prendra les mêmes précautions lorsque les travaux auront été suspendus pendant vingt-quatre heures.

6. Si, nonobstant les précautions indiquées par l'instruction, un ouvrier est frappé du plomb, c'est-à-dire s'il est asphyxié, des secours lui seront immédiatement portés ainsi qu'il est dit dans l'instruction ci-annexée, et les travaux seront suspendus.

Il est en outre enjoint aux propriétaires, principaux locataires et entrepreneurs de faire sur-le-champ la déclaration de cet accident, à Paris, au commissaire de police du quartier, et dans les communes rurales, au maire.

7. Les matières extraites des puits, puisards et égouts particuliers, qui auront été reconnus méphitisés, devront être versées immédiatement dans des tonneaux hermétiquement fermés et lutés à l'instant même, et de là, sans pouvoir être déposées sur la voie publique, portées directement à la voirie ou autres lieux autorisés par l'administration.

Le curage des puits, puisards et égouts particuliers devra toujours être fait intégralement et sans interruption, à moins d'accident; généralement, le travail devra être opéré de telle sorte qu'aucun déversement de matières ou d'eau infectes n'ait lieu dans les habitations ni sur la voie publique.

Après le curage des puits, puisards et égouts particuliers, qui auront été reconnus méphitisés, les ustensiles devront être lavés, et le produit du lavage versé dans les appareils, pour être emporté aux lieux indiqués ci-dessus.

§ 3.—Réparation.

8. Les dispositions des articles 2, 4, 5 et 6 sont applicables à la réparation des puits, puisards et égouts particuliers.

Dans les cas prévus par l'article 6, la démolition ou réparation ne pourra être reprise qu'avec les précautions qui seront prescrites par l'autorité locale sur l'avis des gens de l'art.

9. Les ouvriers qui trouveraient dans les puits, puisards et égouts particuliers des objets de quelque valeur ou pouvant faire soupçonner un délit, en feront la déclaration à Paris, au commissaire de police du quartier, et dans les communes rurales, au maire.

Il leur sera donné une récompense, s'il y a lieu.

TITRE II.

Dispositions spéciales aux puits.

10. L'ouverture des puits, quel que soit leur genre de construction, sera défendue dans tout son pourtour, par un garde-fou en maçonnerie ou en fer, d'une hauteur de soixante-dix centimètres au moins.

Les puits situés dans les marais pourront être seulement défendus par une enceinte formée par un mur en terre solidement établi; ce mur aura au moins un mètre de hauteur et sera à un mètre au moins de distance du puits.

11. Il est enjoint aux propriétaires ou principaux locataires des maisons où il y a des puits de les entretenir en état de salubrité, de les garnir de cordes, poulies et seaux, et d'avoir soin que les pompes et autres machines hydrauliques qui y seraient établies soient constamment maintenues en bon état, de manière que les puits, pompes et machines puissent servir en cas d'incendie, ainsi que pour l'arrosement de la voie publique.

12. Il est défendu de faire écouler dans les ruisseaux les eaux infectes extraites des puits; ces eaux seront portées aux lieux autorisés par l'administration dans des tonnes de vidanges fermées avec cadenas, ou dans des tonneaux hermétiquement fermés et lutés, tels qu'ils sont adoptés pour les fosses d'aisance.

TITRE III.

Dispositions spéciales aux puisards.

13. Les puisards devront être couverts en maçonnerie et fermés par une cuvette à siphon.

L'ouverture d'extraction des puisards, correspondante à une cheminée de un mètre cinquante centimètres au plus de hauteur, ne pourra avoir moins de un mètre en longueur sur soixante-cinq centimètres de largeur; lorsque cette ouverture correspondra à une cheminée excédant un mètre cinquante centimètres de hauteur, les dimensions ci-dessus spécifiées seront augmentées de manière que l'une de ces dimensions soit égale aux deux tiers de la hauteur de la cheminée.

La disposition de l'article 12, concernant l'écoulement des eaux, est applicable aux puisards.

TITRE IV.

Dispositions particulières aux puisards, puits d'absorption et égouts particuliers.

14. Aucun puisard, aucun puits d'absorption ne sera établi sans une autorisation spéciale, qui sera accordée, s'il y a lieu, par la suite de la déclaration prescrite par l'article 1er.

La profondeur du puits d'absorption sera déterminée dans la permission qui sera délivrée, s'il y a lieu.

Toutes les dispositions relatives aux puisards proprement dits seront applicables aux puisards pratiqués au-dessus ou aux approches des puits d'absorption.

15. Il est enjoint aux propriétaires et principaux locataires des maisons où il existe des puisards et des égouts particuliers de les entretenir dans un état tel qu'ils ne puissent compromettre la sûreté et la salubrité publiques.

Il est expressément défendu de jeter dans les égouts particuliers des boues et immondices solides, des eaux vannes, des matières fécales et généralement tout corps ou matières pouvant obstruer et infecter lesdits égouts.

TITRE V.

Dispositions générales.

16. Les contraventions à la présente ordonnance seront constatées par procès-verbaux ou rapports qui nous seront transmis pour être déférés aux tribunaux compétents.

17. La présente ordonnance sera imprimée et affichée.

Les sous-préfets des arrondissements de Sceaux et de Saint-Denis, les maires des communes rurales du ressort de la préfecture de police, les commissaires de police, l'inspecteur général des carrières, le chef de la police municipale, le directeur de la salubrité, l'architecte commissaire de la petite voirie, les officiers de paix et autres préposés de l'administration en surveilleront et assureront l'exécution, chacun en ce qui le concerne.

Le conseiller d'Etat, préfet de police, G. DELESSERT.

CONSEIL DE SALUBRITÉ. — INSTRUCTIONS RELATIVES AU CURAGE ET A LA
RÉPARATION DES PUITS, PUISARDS ET ÉGOUTS PARTICULIERS.

§ 1er.—Puits et puisards.

Lorsqu'il est nécessaire de curer un puits ou puisard, ou d'y descendre pour y faire quelque réparation, le premier soin que l'on doit avoir, est de s'assurer de l'état de l'air qu'il renferme ; cet air peut être vicié par différentes causes, et donner lieu à des accidents très-graves. Il faut donc descendre une lanterne allumée jusqu'à la surface de l'eau : si elle ne s'éteint pas, après avoir brûlé un quart d'heure, on la retire, et, par le moyen d'un poids attaché à une corde, on agite fortement l'eau jusqu'à son fond ; on redescend la lanterne, et si, à cette seconde épreuve, la lumière ne s'éteint pas après dix minutes à un quart d'heure, les ouvriers peuvent commencer leurs travaux ; mais il est important que les travailleurs soient ceints d'un bridage.

Si la lumière s'éteint, on remarquera la profondeur à laquelle elle cesse de brûler ; on ne descendra pas dans le puits, parce qu'on y serait asphyxié ; le gaz ou air méphitique qui ne permet ni la combustion ni la respiration, peut être du gaz azote, du gaz acide carbonique, de l'hydrogène sulfuré ou un mélange de plusieurs de ces gaz. Dans l'incertitude où l'on est sur la nature du gaz, il faut, quel qu'il soit, renouveler l'air du puits, et pour cela il n'est pas de moyen plus prompt et plus certain que la ventilation.

Pour l'établir, il faut, avec des planches, du plâtre et de la glaise, boucher hermétiquement l'ouverture du puits ; au milieu de cette espèce de couvercle, ou près de son bord, si le puits est trop large, ménager un trou d'un décimètre environ de large, sur lequel on placera un fourneau ou réchaud de terre qui ne pourra recevoir d'air que celui du puits : on ajoutera près de la mardelle un tuyau fait comme les tuyaux à incendie, garni en dedans d'une spirale en fil de fer, pour le tenir ouvert en plein diamètre, et qui descendra dans le puits jusqu'à un décimètre de la surface de l'eau.

Cet appareil une fois établi, on remplira le fourneau de braise ou de charbon allumé, et on le couvrira d'un dôme de terre cuite ou de tôle surmonté d'un bout de tuyau de poêle, afin de donner au fourneau la propriété d'activer la combustion et de déplacer ainsi beaucoup d'air.

Quand le fourneau a été en activité pendant une heure ou deux, suivant la profondeur du puits, on enlève et l'on descend dans le puits la lanterne ; si elle s'éteint encore à peu de distance de la surface de l'eau, c'est que le gaz méphitique s'y renouvelle.

Alors, il faut mettre le puits à sec, attendre quelques jours, l'épuiser de nouveau et recommencer l'application du fourneau ventilateur, ou, si l'on ne peut établir cet appareil, y substituer un tarare ou tout autre ventilateur dont le tuyau ira prendre l'air au fond du puits pour le jeter en dehors.

On peut aussi se servir du ventilateur de Wutig, de grands soufflets en cuir et mieux en bois, dont le tuyau descend jusqu'à une très-petite distance de la surface de l'eau. Ces moyens peuvent offrir dans beaucoup de localités des avantages par la facilité avec laquelle on les produit.

Il sera donné à cet égard, soit à la préfecture de police, pour Paris, soit à la mairie, pour les communes rurales, les indications qui pourraient être nécessaires.

Après quatre heures de ventilation, on descendra la lanterne, et, si elle s'éteint, il faut renoncer à l'usage du puits et le condamner.

Si, par un essai préliminaire fait par un homme de l'art, on a reconnu la nature du gaz délétère que l'on veut détruire, on peut employer les réactifs suivants :

Pour neutraliser l'acide carbonique, on verse dans le puits, avec des arrosoirs, plusieurs seaux de lait de chaux, et l'on agite ensuite l'eau fortement.

Pour détruire le gaz hydrogène sulfuré ou carboné, on fait descendre au fond du puits un vase en fonte, ouvert, contenant un mélange de quatre onces d'oxyde noir de manganèse et de douze onces de sel marin sur lequel on verse à différentes reprises huit onces d'acide sulfurique du commerce concentré, marquant 66°, acide connu sous le nom d'*huile de vitriol*.

A défaut d'acide sulfurique, on emploierait quatre onces d'oxyde noir de manganèse et seize onces d'acide hydrochlorique du commerce, qui est aussi connu sous le nom d'*acide muriatique*.

On pourra aussi jeter dans le puits de l'eau dans laquelle on aura délayé du chlorure de chaux (une once de chlorure sec par litre); cette dernière opération est même plus facile à exécuter que l'autre, et les effets n'en sont pas moins certains.

Dans tous les cas, si le puits exhalait une odeur d'œufs pourris, et alors même que la chandelle ne s'éteindrait pas, il faudrait, avant d'y descendre, y jeter plusieurs seaux d'eau chlorurée.

Lorsque le gaz est de l'azote, il faut avoir recours à la ventilation, et en vérifier l'effet par l'épreuve de la lanterne allumée.

Lorsque les gaz déplacés par le ventilateur ou par le fourneau d'aspiration sont remplacés par des gaz qui ne permettent pas à la lumière de brûler, on doit alors faire agir continuellement le ventilateur de manière à ce que les ouvriers soient constamment sous un courant d'air qui vient du dehors, et à ce que les gaz, qui ne peuvent servir d'aliment à la combustion et à la respiration, soient sans cesse jetés au dehors par le ventilateur.

§ II.—Egouts particuliers.

On ne doit pénétrer dans un égout que lorsqu'une lampe peut y brûler, que la flamme de cette lampe ne diminue pas de volume, et que la clarté ne diminue pas d'intensité d'une manière marquée.

On emploiera, lorsque la lampe ne brûlera pas bien, soit la ventilation forcée, à l'aide du feu, soit cette ventilation produite par un tarare, en ayant soin, si l'égout a plusieurs regards, de faire des barrages pour que l'air tiré du dehors passe sur l'ouvrier et entraîne les gaz qui se dégagent, par suite du travail auquel il se livre.

Si l'égout est assez long et que les matières accumulées soient en assez grande quantité, il faut opérer le curage de façon que, sans changer de place, les égoutiers puissent se passer les seaux de main en main, et qu'ils ne soient pas forcés de passer dans les boues liquides, ce qui, donnant lieu à de l'agitation, facilite le dégagement des gaz méphitiques.

Il faudra toujours que les ouvriers partent de la partie la plus basse de l'égout, qu'ils attaquent la masse devant eux, prenant la partie supérieure de cette masse, puis la partie inférieure ; qu'ils ne montent jamais sur cette masse.

Si l'égout présente quelque danger, il ne faut employer que des hommes en bonne santé, et ne pas permettre à ceux qui seraient affaiblis ou qui relèveraient de maladie de s'occuper de ce travail.

L'entrée de ces égouts devra être interdite à tout ouvrier en état d'ivresse.

SECOURS à donner aux asphyxiés par les émanations des puits, puisards et égouts particuliers.

Si un ouvrier est atteint d'asphyxie, il faut :

1° Le sortir le plus promptement possible du lieu où il a été asphyxié, l'exposer au grand air, et envoyer de suite chercher un médecin ;

2° Le déshabiller aussi vite que possible; si ses vêtements sont mouillés, les fendre pour aller plus vite, avec des ciseaux ou avec un couteau. en ayant soin toutefois de ne pas blesser le corps : pendant cette opération, on doit veiller à ce que la tête soit plus élevée que le corps ;

3° Le placer assis sur un fauteuil, une chaise ou un banc; un aide placé derrière lui soutiendra la tête, on lui jettera de l'eau froide chlorurée sur le corps, et principalement au visage ; cette opération devra être continuée longtemps et de manière à déterminer un saisissement capable de ramener le mouvement de la respiration ;

4° De temps à autre on s'arrêtera pour tâcher de provoquer la respiration, en comprimant à plusieurs reprises la poitrine de tous côtés en même temps que le bas-ventre de bas en haut ;

5° Si l'asphyxié commençait à donner quelques signes de vie, il ne faudrait pas discontinuer les affusions d'eau froide ; seulement il faudrait avoir soin, dès qu'il ferait quelques efforts pour respirer, de ne pas lui jeter de l'eau de manière qu'il en pût entrer dans la bouche ;

6° S'il faisait quelques efforts pour vomir, il faudrait lui chatouiller l'arrière-bouche avec la barbe d'une plume ;

7° On doit pratiquer des frictions sèches ou avec le vinaigre sur les membres et sur tout le corps ;

8° Dès qu'il pourra avaler, on lui fera boire de l'eau vinaigrée ;

9° Lorsque la vie sera rétablie, il faudra, après avoir bien essuyé le corps, le coucher dans un lit bassiné et donner un lavement avec de l'eau dégourdie, dans laquelle on aura fait fondre gros comme une noix de savon, ou encore à laquelle on aura ajouté, pour chaque lavement, deux cuillerées à bouche de vinaigre.

C'est au médecin à juger s'il y a lieu de donner un vomitif ; c'est à lui aussi à choisir les moyens de traitement qui pourraient devenir utiles, après que l'asphyxié aurait recouvré la vie.

Les membres de la commission du conseil de salubrité.

Signé : MARC et A. CHEVALLIER.

Vu et approuvé en conseil,

Le vice-président, J. PELLETIER,

Le secrétaire, E. EMERY.

Vu pour être annexé à notre ordonnance du 20 juillet 1838.

Le conseiller d'Etat, préfet de police, G. DELESSERT.

N° **1664**. — *Ordonnance concernant les mesures d'ordre et de sûreté à observer à l'occasion du huitième anniversaire des journées de juillet* 1830 (1).

Paris, le 26 juillet 1838.

N° **1665**. — *Ordonnance concernant le curage de la rivière de Bièvre.*

Paris, le 3r juillet 1838.

Nous, conseiller d'Etat, préfet de police,

Vu 1° les arrêtés du gouvernement du 12 messidor an VIII (1er juillet 1800), du 25 vendémiaire et du 3 brumaire an IX (17 et 25 octobre 1800);

2° L'arrêté de M. le ministre de l'intérieur, du 12 floréal an IX ;

3° L'ordonnance de police du 19 messidor an IX, approuvée par M. le ministre de l'intérieur, notamment les articles 29 et 30,

Ordonnons ce qui suit :

1. L'entreprise du curage de la rivière de Bièvre, hors de Paris et de ses affluents, jusqu'aux limites du département de la Seine, sera mise incessamment en adjudication publique pour trois années.

2. Les travaux commenceront immédiatement après l'adjudication. En conséquence, les propriétaires, meuniers et usiniers sont requis de donner à l'entrepreneur l'accès le plus facile de la rivière, de lever leurs vannes et de tenir le cours de l'eau libre, comme aussi d'enlever tous les objets qui pourraient gêner cette opération ou la retarder.

3. Le curage de la Bièvre et de ses affluents sera donné à un seul et même entrepreneur.

4. L'adjudicataire sera tenu de faire ce curage en totalité, sans que les propriétaires riverains puissent s'immiscer dans le travail, même le long de leurs propriétés.

5. Les obligations de l'entrepreneur seront déterminées par un cahier de charges qui restera déposé au secrétariat général de notre préfecture.

6. Un avis particulier préviendra de l'époque où l'adjudication aura lieu. Cet avis sera affiché.

7. La présente ordonnance sera imprimée et affichée dans Paris et dans les communes riveraines de la Bièvre.

8. Le sous-préfet de l'arrondissement de Sceaux, les maires des communes que traverse la Bièvre et le directeur de la salubrité sont chargés de tenir la main à l'exécution de la présente ordonnance.

Le conseiller d'Etat, préfet de police, G. DELESSERT.

N° **1666**. — *Ordonnance relative à la conservation des monuments d'arts et religieux de la capitale.*

Paris, le 4 août 1838.

Nous, conseiller d'État, préfet de police,

Vu les lettres à nous adressées par M. le garde des sceaux, ministre

---

(1) V. l'ord. du 27 juillet 1844.

de la justice et des cultes, et par M. le ministre de l'instruction publique;

Vu 1° les articles 1er et 34 de l'arrêté des consuls, du 12 messidor an VIII (1er juillet 1800);

2° L'article 257 du Code pénal;

Considérant que des individus commettent journellement des dégradations aux monuments d'arts et religieux de la capitale, et notamment aux sculptures extérieures de la cathédrale, soit par la projection de corps durs sur ces monuments, soit par des mutilations faites à la main;

Voulant arriver à la répression de ces actes de vandalisme, et en livrer les auteurs aux tribunaux,

Ordonnons ce qui suit :

1. Les dispositions de l'article 257 du Code pénal seront de nouveau imprimées, publiées et affichées dans Paris à la suite de la présente ordonnance.

2. Tout individu qui sera trouvé détruisant ou dégradant, par malveillance et par quelque moyen que ce soit, des monuments de science et d'arts et des édifices religieux appartenant à l'Etat ou à la cité, sera arrêté sur-le-champ et traduit devant le procureur du roi, pour être livré aux tribunaux compétents.

3. Les pères et mères, les maîtres, les commettants, les instituteurs et les artisans seront civilement responsables, d'après la loi, des dommages et des condamnations pécuniaires qui seront prononcées par les tribunaux contre tout mineur, élève ou apprenti placés sous leur surveillance, et qui auront été convaincus d'être les auteurs des dégradations spécifiées par l'article précédent.

4. Les délits prévus par l'article 257 du Code pénal seront constatés par des procès-verbaux et rapports des officiers de police qui nous seront transmis pour être déférés aux tribunaux compétents.

5. Le chef de la police municipale à Paris, les commissaires de police, les officiers de paix et tous agents et préposés de l'administration sont chargés, chacun en ce qui le concerne, de concourir à l'exécution de la présente ordonnance.

M. le colonel de la garde municipale de la ville de Paris et M. le commandant de la gendarmerie de la Seine, ainsi que tous agents de la force publique sont requis de leur prêter main-forte.

6. La présente ordonnance sera adressée à M. le préfet de la Seine et à M. le procureur général près la cour royale de Paris.

Le conseiller d'Etat, préfet de police, G. DELESSERT.

N° **1667.** — *Ordonnance concernant l'ouverture de la chasse* (1).

Paris, le 24 août 1838.

---

(1) V. l'ord. du 17 août 1844.

N° **1668**. — *Ordonnance concernant les mesures d'ordre et de sûreté à observer dans Paris, le 29 août, jour consacré à célébrer la naissance de S. A. R. le comte de Paris.*

Paris, le 27 août 1838.

Nous, conseiller d'Etat, préfet de police,

Vu le programme arrêté par le ministre de l'intérieur, le 25 courant, à l'occasion des réjouissances publiques qui auront lieu dans Paris, le 29 de ce mois, pour célébrer la naissance de S. A. R. le comte de Paris ;

Vu la loi du 24 août 1790, qui nous charge de maintenir le bon ordre dans les fêtes publiques et de prendre les précautions convenables pour prévenir les accidents,

Ordonnons ce qui suit :

Feu d'artifice sur le pont de la Concorde et fête nautique. Jeux et danses aux Champs-Elysées.

1. A compter du 27 août au soir jusqu'au 30 inclusivement, la circulation, le passage d'eau et le stationnement en batelets ou bateaux, sont interdits entre le pont du Carrousel et le pont des Invalides.

Sont exceptés de cette disposition les bateaux et batelets employés au service de la fête nautique et du feu d'artifice.

2. Les marchandises déchargées sur le port d'Orsay et sur la berge dite du Recueillage devront être enlevées de manière qu'il n'existe plus aucun dépôt le 28 au soir.

3. Les bateaux chargés et les bateaux vides seront remontés en amont du pont du Carrousel, ou descendus en aval du pont des Invalides et amarrés au large.

Et nul ne pourra monter sur les bateaux, à l'exception des mariniers de l'équipage.

4. Pendant toute la journée du 29 août, la berge de la rive droite de la Seine, qui s'étend depuis le Pont-Royal jusqu'à celui de la Concorde, est interdite au public, ainsi que les rampes qui descendent à cette berge.

5. Pareille interdiction aura lieu sur les berges de la rive droite et celle de la rive gauche, situées entre le pont de la Concorde et le pont des Invalides.

6. La circulation des piétons et des voitures sera interdite sur le pont de la Concorde, pendant la journée du 29 août, afin de faciliter les dispositions relatives au feu d'artifice.

7. Le 29 août, à partir de huit heures du soir jusqu'après le feu d'artifice, aucune personne, sans exception, ne pourra passer ni stationner sur les ponts des Arts, du Carrousel et des Invalides.

8. L'inspecteur général de la navigation et des ports prendra les mesures convenables pour prévenir tout accident sur la rivière pendant la fête de nuit, et pour faire évacuer et préserver du danger du feu les établissements, embarcations, bateaux chargés ou vides, batelets ou trains existant sur les deux bassins voisins du feu d'artifice, et pour interdire pareillement l'accès des berges lors du feu, à l'exception du port d'Orsay qui sera ouvert au public.

9. A l'occasion du feu d'artifice, l'accès de la partie du quai d'Orsay, située entre la descente de l'école de natation et l'esplanade des Invalides, sera interdit au public dans toute la journée du 29 août.

A cet effet, des barrières en charpente seront établies : 1° sur le quai d'Orsay, à la hauteur de la descente de l'école de natation, en laissant libre la descente sur le port d'Orsay ;

2° Dans la rue de Bourgogne, à l'entrée de la rue de Lille ;

3° Sur le quai d'Orsay, à l'entrée de l'esplanade des Invalides, côté de la terrasse du palais de la chambre des députés.

10. La circulation et le stationnement des voitures sont pareillement interdits dans la journée du 29 août, à partir de midi jusqu'à onze heures de la nuit :

Dans toute l'étendue des Champs-Elysées, entre la place de la Concorde, le Rond-Point et l'allée des Veuves, laquelle est réservée à la circulation des voitures allant aux barrières de Passy, de Chaillot et de l'Etoile, ou venant de ces points; lesquelles voitures devront se diriger :

Par les rue Montaigne , du faubourg Saint-Honoré , la place Beauveau, des Saussayes, de Suresne ;

Et le boulevard de la Madeleine.

11. A partir de cinq heures du soir jusqu'à onze heures de la nuit de la même journée , la circulation et le stationnement des voitures sont encore interdits :

Sur le pont du Carrousel ;

Sur le Pont-Royal ;

Sur le pont des Invalides ;

Sur toute la ligne des quais de la rive droite, entre le Pont-Neuf et le quai de Billy jusqu'à la hauteur de l'allée des Veuves ;

Dans l'allée d'Antin ;

La place de la Concorde ;

Dans l'avenue de Marigny ;

Dans les rues des Champs-Elysées, Royale-Saint-Honoré, Saint-Florentin, de Rivoli ;

Dans toutes les rues débouchant sur la rue de Rivoli ;

Dans les rues Rohan, Montpensier, de Valois, Quinze-Vingts-Batave, de Chartres , Saint-Thomas-du-Louvre ;

Dans la rue Saint-Honoré, depuis la place du Palais-Royal inclusivement jusqu'à la rue des Champs-Elysées ;

Et sur tous les quais de la rive gauche entre la rue des Saints-Pères et l'esplanade des Invalides.

12. Sont exceptées des prohibitions établies par les articles 10 et 11 qui précèdent, les voitures de la cour , des ministres, des maréchaux de France , de l'intendant général de la liste civile, du corps diplomatique, de MM. les présidents de la chambre des pairs et de la chambre des députés, de M. le préfet de la Seine et de MM. les lieutenants généraux commandant la première division militaire et la place de Paris.

Toutefois, lesdites voitures ne pourront, dans la journée du 29 août, après cinq heures du soir, passer d'une rive à l'autre de la Seine, qu'en traversant le pont du Carrousel et le guichet qui y fait face, ou le Pont-Neuf.

13. Les voitures des personnes qui se rendraient , dans la soirée du 29 août, après cinq heures du soir, de la rive gauche de la Seine dans les quartiers du centre de la rive droite, devront passer par le Pont-Neuf.

Celles qui se rendraient au palais des Tuileries ne pourront y arriver que par la rue Saint-Honoré , la place du Palais-Royal , la rue de Chartres et la place du Carrousel.

14. Les voitures qui, de la rive droite de la Seine, se rendraient dans la même soirée au palais des Tuileries, ne pourront y arriver que par la rue de Richelieu, la rue de Rohan, la rue Saint-Honoré, la place du Palais-Royal, la rue de Chartres, la place du Carrousel et la grille du Carrousel à la droite de l'Arc-de-Triomphe.

La sortie desdites voitures de la cour des Tuileries ne pourra se faire que par la grille côté des guichets du Carrousel, pour traverser la place du Carrousel, dans la direction de la rue de Rohan ou de Chartres.

15. Dans la journée du 29 août, à partir de cinq heures du soir jusqu'à onze heures, les voitures qui arriveront à Paris par la barrière de Passy et qui se dirigeront sur la rive gauche de la Seine passeront par le pont d'Iéna, et celles qui se rendront sur la rive droite passeront par l'allée des Veuves, le Rond-Point et la rue Montaigne.

16. Les voitures qui arriveront dans la même journée par la route de Neuilly sur la barrière de l'Étoile, se dirigeront, à partir de midi, sur la barrière du Roule et la rue du faubourg Saint-Honoré jusqu'à la place Beauveau, d'où elles se dirigeront par les rues des Saussayes, de Suresne, jusqu'au boulevard de la Madeleine.

Divertissements et feu d'artifice à la barrière du Trône.

17. Le 29 août, la circulation et le stationnement des voitures sont interdits depuis midi jusqu'à onze heures du soir :

Sur la place de la barrière du Trône ;

Sur les avenues qui conduisent à cette place ;

Et dans la rue du faubourg Saint-Antoine, en descendant jusqu'au débouché de la rue de Montreuil exclusivement.

18. Pendant cette journée, les voitures qui arriveront à Paris par la route de Vincennes seront dirigées par les barrières de Montreuil et de Saint-Mandé.

Dispositions générales.

19. Il est fait défense à tous étalagistes, teneurs de bals et saltimbanques, de stationner le 29 août dans les Champs-Élysées, sans en avoir obtenu de nous la permission par écrit.

20. Il est interdit à tous marchands forains de tenir aucune espèce de loterie ou jeux de hasard, pour débiter leurs marchandises. (*Loi du 21 mai 1836.*)

21. Il sera établi, auprès de chaque feu d'artifice, de fortes barrières en charpente pour maintenir le public à l'éloignement nécessaire à sa sûreté.

22. Un poste de sapeurs-pompiers, avec les pompes et les agrès nécessaires, sera établi auprès de chaque feu d'artifice.

23. Les habitants seront tenus de se conformer aux règlements de police, qui défendent expressément le tir, sur la voie publique et dans l'intérieur des habitations, de toutes pièces d'artifice et armes à feu.

Il est défendu à tout individu de débiter ou distribuer, à qui que ce soit, de la poudre ou des pièces d'artifice, sous les peines portées par l'article 471 du Code pénal et la loi du 24 mai 1834.

24. Il est interdit à tous étalagistes ou saltimbanques de stationner, dans la journée du 29 août, aux abords du jardin des Tuileries, sur le Pont-Royal, sur la place de la Concorde, sur les quais des Tuileries et d'Orsay.

25. Dans la journée du 29 août, aucuns échafaudages, estrades, chaises, échelles, tonneaux, tables, bancs, charrettes, tréteaux et planches, ne pourront, sous aucun prétexte, être placés aux abords des jeux publics et des feux d'artifice, et notamment sur les points ci-après :

Aux Champs-Élysées, grand carré des Jeux ;

Sur la place de la Concorde, le Pont-Royal, le quai des Tuileries, le quai de la Conférence, le quai du Louvre, le quai Voltaire, le quai d'Orsay, et la place de la barrière du Trône.

Les commissaires de police et les agents de la force publique feront

enlever, sur-le-champ, les objets de cette nature placés en contravention à la présente défense.

26. Défense est faite pareillement de monter sur les arbres, les
parapets des quais, ponts et berges, d'escalader la terrasse des Tuileries, dite du bord l'eau, les enceintes de l'Obélisque, et des bassins qui
l'avoisinent, de monter sur les balustrades, les colonnes de gaz, les
pavillons et les statues qui décorent la place de la Concorde; ainsi
que sur les toits, entablements, auvents des maisons, et sur les échafaudages au-devant des bâtiments en construction.

27. Les contraventions à la présente ordonnance seront constatées
par des procès-verbaux ou rapport des officiers de police, qui nous
seront transmis pour être déférés aux tribunaux compétents.

28. La présente ordonnance sera imprimée, publiée et affichée dans
Paris, et dans les communes de Passy, Neuilly, Saint-Mandé, Montreuil et Vincennes.

Les maires desdites communes, le chef de la police municipale à
Paris, les commissaires de police et les officiers de paix, l'architecte
commissaire de la petite voirie, l'inspecteur général de la navigation
et des ports, et les préposés de la préfecture de police sont chargés,
chacun en ce qui le concerne, de tenir la main à son exécution.

M. le colonel de la garde municipale de la ville de Paris, M. le commandant de la gendarmerie de la Seine, et tous commandants de la
garde nationale et des autres corps militaires, ainsi que les agents de
la force publique, sont requis de leur prêter main-forte au besoin.

Le conseiller d'Etat, préfet de police, G. DELESSERT.

N° 1669. — *Ordonnance concernant les mesures d'ordre à observer à l'occasion des fêtes de Saint-Cloud* (1).

Paris, le 5 septembre 1838.

N° 1670 — *Arrêté concernant la police du chemin de fer de
Paris à Saint-Cloud.*

Paris, le 11 septembre 1838.

Nous, conseiller d'Etat, préfet de police.

Vu : 1° L'arrêté pour les services du chemin de fer de Paris à Saint-
Germain, pris par Son Excellence le ministre des travaux publics, de
l'agriculture et du commerce, le 25 août 1837;

2° La décision de Son Excellence, en date de ce jour, qui autorise la
compagnie du chemin de fer de Versailles à établir, dès à présent, un
service de transport sur la partie du chemin comprise entre Paris
et Saint-Cloud, et prescrit que l'arrêté susdaté, relatif au chemin
de fer de Paris à Saint-Germain, sera rendu exécutoire pour le chemin de Paris à Saint-Cloud, et complété par des dispositions spéciales
à la partie commune aux deux chemins;

3° La loi du 9 juillet 1836, qui autorise l'établissement de deux chemins de fer de Paris à Versailles, ensemble le cahier des charges annexé à ladite loi;

4° L'article 471, § 15, du Code pénal;

5° La loi des 16—24 août 1790, titre XI, article 3;

6° Les arrêtés du gouvernement du 12 messidor an VIII (1er juillet
1800), et du 3 brumaire an IX (25 octobre 1800),

---

(1) V. l'ord. du 4 sept. 1844.

Arrêtons ce qui suit :.

1 L'arrêté pour le service du chemin de fer de Paris à Saint-Germain pris par Son Excellence le ministre des travaux publics, de l'agriculture et du commerce, le 25 août 1837, est rendu exécutoire pour le chemin de fer de Paris à Saint-Cloud (1).

En conséquence, cet arrêté sera imprimé et affiché de nouveau.

2. Dans la partie du chemin de fer de Paris à Saint-Germain, comprise entre Paris et Asnières, la voie du milieu servira aux transports effectués de Paris sur Saint-Germain et de Paris sur Saint-Cloud.

La voie latérale de droite sera spécialement affectée aux transports en retour de Saint-Germain sur Paris, et la voie latérale de gauche aux transports en retour de Saint-Cloud sur Paris.

Dans aucune circonstance et sous aucun prétexte, on ne pourra changer la destination des deux voies latérales.

3. La voie du milieu ne pourra jamais recevoir en même temps des convois de Saint-Germain et de Saint-Cloud.

En conséquence, les convois destinés pour l'une ou pour l'autre de ces villes ne pourront partir alternativement qu'à des intervalles d'un quart d'heure au moins l'un de l'autre.

4. Le prix du transport est fixé provisoirement à **65** centimes par place.

Ce tarif sera affiché dans les bureaux du chemin de fer de Paris à Saint-Cloud.

5. Les contraventions, tant à l'arrêté ministériel du 25 août 1837, qu'aux dispositions du présent arrêté, seront constatées sur toute la ligne du chemin de fer de Paris à Saint-Cloud, par des procès-verbaux ou rapports qui nous seront transmis sans délai, et elles seront poursuivies conformément aux lois et règlements.

6. Le sous-préfet de l'arrondissement de Saint-Denis, l'ingénieur en chef, directeur des ponts et chaussées du département de la Seine, l'ingénieur en chef des mines du département de la Seine, les maires des communes des Batignolles-Monceaux, de Clichy, d'Asnières, de Courbevoie, de Puteaux, de Suresnes et de Saint-Cloud, les commissaires de police, et notamment celui de Saint-Cloud, les commissaires et agents spéciaux de police du chemin de fer de Paris à Saint-Germain, le chef de la police municipale, les officiers de paix, les autres préposés de la préfecture de police et les gardes champêtres sont chargés, chacun en ce qui le concerne, de tenir la main à l'exécution dudit arrêté ministériel et du présent.

Ces arrêtés seront adressés, en outre, à MM. les colonels de la garde municipale de la ville de Paris et de la première légion de gendarmerie, pour qu'ils en assurent l'exécution par tous les moyens qui sont en leur pouvoir.

Le conseiller d'Etat, préfet de police, G. DELESSERT.

N° **1671.** — *Ordonnance concernant le service des voitures faisant le transport en commun* (2).

Paris, le 15 septembre 1838.

Nous, conseiller d'Etat, préfet de police,

Vu, 1° les lois des 14 décembre 1789, article 50 ; 16—24 août 1790,

(1) V. à l'appendice.
(2) V. l'ordonnance du 6 février 1839.

les articles 1er et 3, titre II, § 1er; 9 vendémiaire an VI (30 septembre 1797); 11 frimaire an VII (1er décembre 1798);

2° Les articles 2, 22 et 32 de l'arrêté du gouvernement du 12 messidor an VIII (1er juillet 1800);

3° L'article 1er de l'arrêté du 3 brumaire an IX (25 octobre 1800);

4° Les articles 471, 474, 475 et 484 du Code pénal ;

5° L'ordonnance royale du 30 décembre 1818, relative à la fixation des droits de place pour Paris ;

6° L'ordonnance royale du 22 juillet 1829 qui a assujetti à un droit de location les voitures faisant le service du transport en commun ;

7° L'ordonnance de police du 1er août suivant ;

8° L'arrêté du 29 mars 1836, rendu sur la délibération du conseil municipal de la ville de Paris, en date du 20 novembre 1835, ainsi que sur les décisions ministérielles des 8 février et 12 mars 1836, et relatif à l'augmentation du droit de stationnement perçu sur les voitures du transport en commun ;

Ensemble, les divers règlements, arrêtés et décisions rendus sur le service des voitures du transport en commun ,

Considérant que, pour rendre plus facile l'exécution des obligations imposées aux entrepreneurs du transport en commun, il est convenable de réunir, dans un seul règlement, tout ce qui intéresse le service dont il s'agit, en apportant aux mesures prescrites jusqu'à ce jour les améliorations et modifications reconnues nécessaires ,

Ordonnons ce qui suit ;

TITRE 1er.

Des propriétaires de voitures du transport en commun.

1. L'autorisation de faire circuler et stationner des voitures du transport en commun ne pourra être accordée qu'aux personnes qui offriront une garantie suffisante au public et à l'autorité.

2. Toutes les fois qu'un propriétaire de voitures du transport en commun changera le siége de son établissement, il sera tenu d'en faire, au moins quarante-huit heures d'avance, la déclaration à la préfecture de police.

3. Les établissements de transport en commun ne pourront être exploités que par les entrepreneurs personnellement autorisés.

Le droit d'exploitation d'un établissement de transport en commun ne pourra être transmis, en totalité ou en partie, sans notre autorisation.

4. Il sera délivré aux entrepreneurs du transport en commun :

1° Un livret de maître, pour chacune de leurs voitures, qui contiendra un exemplaire de la présente ordonnance ;

2° Un permis de circuler et de stationner, contenant le numéro et le signalement de la voiture.

Il sera remboursé à l'administration, pour le livret de maître, une somme de soixante-dix centimes montant des frais d'impression, et pour le timbre du permis de station, 35 centimes.

5. Les propriétaires de voitures du transport en commun ne pourront se servir que de conducteurs et de cochers porteurs d'une carte de sûreté ou permis de séjour, ainsi que d'un permis de conduire et d'un bulletin d'entrée en service, délivrés à la préfecture de police.

6. Tout propriétaire de voitures du transport en commun est tenu de retirer, à la préfecture de police , les permis de conduire de ses conducteurs ou cochers , le jour même de l'entrée de ces individus à son service.

Dans aucun cas, et pour quelque cause que ce soit, les propriétaires des voitures en commun ne pourront retenir les permis de conduire des conducteurs ou cochers, lorsque ceux-ci quitteront leurs établissements. Ces permis seront déposés à la préfecture de police, par les propriétaires, dans les vingt-quatre heures qui suivront la sortie des conducteurs ou cochers.

Les discussions d'intérêt qui pourront s'élever entre les propriétaires et les conducteurs ou les cochers seront portées devant les tribunaux compétents.

7. Tout propriétaire de voitures du transport en commun, en prenant un conducteur ou un cocher sera tenu d'inscrire, sur le permis de conduire et le bulletin de cet individu, la date de son entrée à son service.

Lorsque le conducteur ou le cocher quittera l'établissement il sera fait mention, sur son permis, de la date de sa sortie.

8. Chaque entrepreneur de voitures du transport en commun tiendra un registre sur lequel il inscrira de suite les noms, prénoms et domiciles de ses cochers et de ses conducteurs, ainsi que le numéro de leur inscription à la préfecture de police. Il inscrira aussi, chaque jour, sur ce registre, le numéro de la voiture dont la conduite leur aura été confiée.

9. A défaut par tout entrepreneur de voitures du transport en commun de représenter le conducteur ou le cocher attaché à son service, et qui serait prévenu de délit ou de contravention, il sera tenu de faire, à la préfecture de police, le dépôt du permis de conduire de ce cocher ou conducteur.

Si l'entrepreneur ne se conforme pas à cette disposition, il sera pris contre lui telles mesures qu'il appartiendra.

10. Il est formellement défendu à tout propriétaire de voitures, faisant le service du transport en commun, d'employer un conducteur ou un cocher, auquel le permis de conduire aura été retiré.

En cas de contravention, la circulation de la voiture qui aura été confiée à ce conducteur ou cocher pourra être interdite, soit temporairement, soit définitivement.

11. Lorsque le permis de conduire aura été retiré à un conducteur ou à un cocher, ce permis, ainsi que le bulletin d'entrée au service, devront être rapportés immédiatement à la préfecture de police, par le propriétaire de la voiture, dès que ce dernier en aura reçu l'ordre.

12. Il est expressément défendu aux entrepreneurs de transport en commun de confier la conduite de leurs voitures à des conducteurs ou cochers qui seraient dans un état de malpropreté évidente.

13. Les entrepreneurs de voitures du transport en commun sont civilement responsables des faits des conducteurs et cochers qu'ils emploient, en tout ce qui concerne leur service.

14. Il est fait expresse défense à tout entrepreneur de voitures du transport en commun d'employer des chevaux qui seraient reconnus vicieux, atteints de maladies ou hors d'état de faire le service.

TITRE II.

Des conducteurs et des cochers.

§ 1er.—Des conducteurs.

15. Les conducteurs maintiendront l'ordre dans leurs voitures, et veilleront à ce que les voyageurs se placent de manière à ne pas se gêner mutuellement.

16. Les conducteurs ne peuvent recevoir dans leurs voitures un plus grand nombre de voyageurs que celui qui est autorisé; ce nombre sera indiqué, tant à l'intérieur qu'à l'extérieur de la voiture.

17. Il est défendu aux conducteurs :

1° De laisser monter, dans leurs voitures, des individus en état d'ivresse, ou vêtus d'une manière nuisible ou incommode pour les voyageurs ;

2° D'y recevoir des chiens, ou d'y laisser chanter, boire ou fumer ;

3° D'y recevoir des paquets qui, par leur nature, leur volume ou leur odeur, peuvent salir, gêner ou incommoder les voyageurs.

18. Les conducteurs devront faire arrêter leurs voitures à la première réquisition des voyageurs, sauf sur les points de la voie publique désignés en l'article 40.

Ils ne pourront donner au cocher le signal de marcher que lorsque les voyageurs qui descendront auront quitté le marchepied de la voiture, ou lorsque ceux qui monteront seront assis.

Ils devront aider les voyageurs, et surtout les femmes et les enfants, à monter ou à descendre.

19. Afin d'éviter tout mal entendu, les conducteurs devront, avant de faire monter les voyageurs, leur demander le point de l'itinéraire où ils désirent s'arrêter.

20. Toutes les fois que la voiture sera au complet, le conducteur devra abattre ou enlever la girouette dont il est question au § 26 de l'article 51 de la présente ordonnance.

21. Tout conducteur, avant d'arriver devant un bureau de correspondance, devra en prévenir les voyageurs, auxquels il fera connaître les diverses destinations des correspondances.

Il délivrera des cartes indicatives des destinations demandées.

22. Il est enjoint aux conducteurs de visiter, immédiatement après chaque course, l'intérieur de leurs voitures, et de remettre sur-le-champ, aux personnes qu'ils auront conduites, les effets ou objets qu'elles y auraient laissés.

A défaut de possibilité de la remise prescrite ci-dessus, la déclaration et le dépôt des effets ou objets, trouvés dans les voitures, seront faits à la préfecture de police dans les vingt-quatre heures, à la diligence des conducteurs ou des entrepreneurs.

23. Les conducteurs devront allumer, dès la chute du jour, les lanternes de leurs voitures.

24. Tout conducteur, en quittant un établissement, est tenu de remettre à l'entrepreneur le livret de maître et le permis de stationner de la voiture qui lui a été confiée.

§ II.—Des cochers.

25. Tout individu qui voudra exercer la profession de cocher devra justifier d'un certificat de capacité pour conduire.

26. Il est défendu aux cochers de faire galoper leurs chevaux, dans quelque circonstance que ce soit.

Leurs voitures devront, en outre, être conduites au pas dans les marchés et les rues étroites où deux voitures seulement peuvent passer de front, ainsi qu'à la descente des ponts, et généralement sur tous les points de la voie publique où il existera, soit des embarras, soit une pente rapide.

27. Les cochers des voitures du transport en commun devront, toutes les fois que la largeur des rues le permettra, faire marcher leurs voitures à trois pieds de distance au moins des maisons, dans les rues où il n'existe point de trottoir, et dans les autres, à deux pieds du trottoir.

Ils éviteront, autant que possible, de mettre les roues de leurs voitures dans le ruisseau.

28. Il est défendu à tout cocher de voiture du transport en commun de traverser les halles du centre, avant dix heures du matin.

§ III.—Dispositions communes aux conducteurs et cochers.

29. La profession de conducteur ou de cocher de voitures, dites du transport en commun, ne peut être exercée que par des individus âgés de dix-huit ans au moins.

30. Tout individu qui voudra exercer l'une ou l'autre profession, devra justifier de sa moralité, et produire, en outre, ses papiers de sûreté.

31. Tout cocher ou conducteur de voitures du transport en commun devra être pourvu d'un permis de conduire indiquant :

Son numéro d'inscription à la préfecture de police,

Ses nom et prénoms,

Son signalement,

Le lieu de sa naissance,

Sa profession de conducteur ou de cocher.

Ce permis contiendra, en outre, un extrait de la présente ordonnance, en ce qui concerne les conducteurs et les cochers.

32. Il sera remboursé à l'administration, pour les frais du permis de conduire, la somme de soixante-dix centimes.

33. Le permis de conduire restera déposé à la préfecture de police pendant tout le temps que le cocher ou conducteur ne sera point employé chez un entrepreneur de voitures.

Le cocher ou le conducteur recevra, en échange, un bulletin de dépôt indiquant qu'il est pourvu d'un permis de conduire.

34. Lorsqu'un cocher ou conducteur de voitures du transport en commun entrera chez un propriétaire de ces voitures, il sera tenu de faire viser, dans les vingt-quatre heures, à la préfecture de police, le bulletin d'entrée en service exigé par l'article 5, et dont il devra toujours être porteur pendant son service.

Ce bulletin contiendra le signalement du cocher ou conducteur.

Il devra être déposé à la préfecture de police, par l'entrepreneur, dans les vingt-quatre heures qui suivront la sortie du cocher ou conducteur de l'établissement.

35. Tout conducteur de voitures du transport en commun devra être muni :

1° Du livret de maître, contenant la présente ordonnance ;

2° Du permis de circuler et de stationner de la voiture ;

3° Du laissez-passer délivré par l'administration des contributions indirectes ;

4° Du bulletin d'entrée en service dont il est parlé à l'article 5.

Tout cocher de voitures du transport en commun sera muni du bulletin d'entrée en service précité.

Les conducteurs ou cochers sont tenus de représenter les pièces ci-dessus désignées, à toute réquisition du public ou de l'autorité.

36. Lorsqu'un conducteur ou cocher de voitures du transport en commun changera de domicile, il sera tenu d'en faire, au moins vingt-quatre heures d'avance, la déclaration à la préfecture de police.

37. Il est défendu aux cochers ou conducteurs de fumer pendant leur service.

Il leur est interdit d'ôter leurs habits, même pendant les chaleurs.

38. Il est défendu à tout cocher ou conducteur de placer des paquets ou autres objets sur l'impériale de la voiture.

Il leur est également interdit d'y laisser monter personne, non plus que sur le siège du cocher ou sur les palettes de la voiture.

59. Il est défendu aux conducteurs ou aux cochers de quitter leurs voitures pendant le parcours de l'itinéraire.

Toute voiture, en station sur les emplacements à ce affectés, devra être gardée.

40. Il est expressément interdit aux conducteurs et cochers de faire arrêter les voitures du transport en commun dans les carrefours, aux embranchements des rues, à la descente des ponts et généralement dans tous les endroits où la pente est trop rapide.

41. Les temps d'arrêt des voitures du transport en commun, pour prendre et déposer les voyageurs, devront être effectués par les conducteurs et cochers de manière à ne pas embarrasser la voie publique et à ne point interrompre la circulation des autres voitures.

42. Il est ordonné aux cochers et conducteurs, lorsqu'ils auront à prendre ou à déposer des voyageurs sur la voie publique, d'arrêter leurs voitures à droite des rues, conformément aux règlements, ou à gauche, si quelque obstacle les empêche de se diriger vers la droite.

45. En cas d'accidents graves causés sur la voie publique par une voiture du transport en commun, le cocher et le conducteur seront immédiatement conduits devant un commissaire de police qui les interrogera et dressera procès-verbal.

44. Les personnes qui auront à se plaindre d'un conducteur ou d'un cocher sont invitées à en donner connaissance, par écrit, à la préfecture de police, en ayant soin d'indiquer le numéro et la lettre peints sur les plaques de la voiture, ainsi que le lieu, le jour et l'heure auxquels cette voiture aura été prise et quittée.

Il sera déposé, en outre, dans chaque bureau de station d'attente ou de correspondance des entreprises du transport en commun, un registre coté et parafé par nous, et destiné à recevoir les plaintes des voyageurs sur la marche et la tenue des voitures, et sur la conduite des cochers ou conducteurs.

45. Lorsqu'il sera reconnu qu'un conducteur ou un cocher de voitures du transport en commun, soit par le fait de plaintes graves ou réitérées, soit à cause d'infirmités ou de tout autre motif qui serait de nature à compromettre la sûreté publique, ne présente plus les conditions nécessaires à l'exercice de sa profession, le permis de conduire pourra lui être retiré.

TITRE III.

Des voitures du transport en commun.

46. Les voitures faisant le service du transport en commun ne pourront contenir que quatorze ou seize places.

Elles seront pourvues de trois plaques mobiles sur lesquelles sera apposé le numéro de police.

Ces plaques qui seront placées d'une manière apparente (deux sur les panneaux de côté et la troisième sur le panneau de derrière), seront estampillées d'un poinçon ayant, en hauteur comme en largeur, quarante et un millimètres.

Le numéro de police sera peint sur un fond blanc, en chiffres noirs, ayant dix centimètres de haut sur six centimètres de large.

Il sera répété sur une tablette en fer battu, ayant treize centimètres de hauteur, laquelle sera fixée solidement dans l'intérieur de la voiture, entre les deux carreaux de devant.

47. Les numéros apposés sur les plaques des voitures de transport en commun ne pourront être effacés ni changés sans notre autorisation.

48. Le numérotage des voitures dont il s'agit sera exécuté par le préposé de la préfecture de police et continuera d'être à la charge des entrepreneurs.

49. Aucune voiture du transport en commun ne sera estampillée avant qu'elle ait été visitée par les experts de l'administration, et qu'il ait été reconnu qu'elle réunit toutes les conditions voulues sous le rapport de la solidité et de la commodité.

50. Toute voiture du transport en commun qui serait mise en circulation sans avoir été préalablement visitée et estampillée par les experts de l'administration, ou sans être pourvue des trois plaques prescrites par l'article 46, ou à l'aide de plaques revêtues de faux poinçons, sera immédiatement conduite à la fourrière de la préfecture de police ; il sera pris, à l'égard de l'entrepreneur, telles mesures administratives qu'il appartiendra, sans préjudice des poursuites à exercer devant les tribunaux.

Sera également conduite à la fourrière, sans préjudice de telles autres poursuites qu'il appartiendra, toute voiture qui, même après la visite des experts et l'apposition des estampilles, ne serait pas en bon état de service et de propreté, et pourrait, par quelque cause que ce soit, compromettre la sûreté publique.

51. A compter de six mois après la publication de la présente ordonnance, aucune voiture de transport en commun, neuve, ne sera estampillée, si elle ne réunit les conditions suivantes :

1° La longueur totale de la caisse des voitures à seize places, mesurée de l'extérieur à l'extérieur, y compris le pan coupé, la garniture et l'épaisseur des panneaux, ne pourra dépasser trois mètres quarante-huit centimètres ;

2° La longueur totale de la caisse de ces mêmes voitures, mesurée en dedans, dans la partie la plus longue, devra être de trois mètres trente-six centimètres au moins ;

3° La longueur totale de la caisse des voitures à quatorze places, mesurée de l'extérieur à l'extérieur, y compris le pan coupé, la garniture et l'épaisseur des panneaux, ne pourra excéder trois mètres six centimètres ;

4° La longueur totale de la caisse de ces mêmes voitures, mesurée en dedans, dans la partie la plus longue, devra être au moins de deux mètres quatre-vingt-quatorze centimètres ;

5° Dans aucun cas, le pan coupé ne pourra dépasser une longueur de quinze centimètres ;

6° La largeur totale de la caisse des voitures, à quatorze ou à seize places, prise de l'extérieur à l'extérieur, ne pourra excéder un mètre soixante-cinq centimètres ;

7° La largeur totale de ces mêmes voitures, mesurée en dedans, devra être de un mètre cinquante centimètres au moins ;

8° Toutes les mesures, fixées dans les §§ ci-dessus, seront prises à hauteur de ceinture ;

9° La caisse des voitures, à quatorze ou seize places, mesurée en dedans, devra avoir, en hauteur, depuis la cave jusqu'à l'impériale, un mètre soixante-deux centimètres au moins ;

10° Chacune des deux banquettes devra avoir, en largeur, au moins trente-huit centimètres ;

11° Ces banquettes devront être recouvertes, ainsi que l'intérieur de la voiture, d'une étoffe propre et solide ;

12° Le strapontin, actuellement en usage, est supprimé.

13° Le fond de la cave devra toujours être parfaitement joint, et ne présenter aucune partie saillante sur les points où circule habituellement le public ;

Le coffret, à l'usage du conducteur, et placé habituellement sous l'une des deux banquettes, devra être disposé de manière à ne pas gêner les pieds des voyageurs ;

14° Les châssis des glaces devront jouer facilement et être garnis de galons ou cuirs, tendus dans toute la hauteur des châssis ;

Les coulants des châssis des deux pans coupés du devant de la voiture sont supprimés. Ces châssis seront fixés de manière à ne pouvoir être baissés ;

15° Une bande de fort cuir sera solidement fixée dans l'intérieur de la voiture, et dans l'axe longitudinal de l'impériale, pour faciliter le déplacement des voyageurs ;

16° Chaque voiture sera garnie, à l'extérieur, de deux lanternes disposées de manière à éclairer l'intérieur ;

Une troisième lanterne sera placée sur l'un des côtés de l'entrée de la voiture ;

17° Chaque voiture sera pourvue, à l'extérieur, d'un marchepied à deux palettes, de trente-cinq centimètres de largeur sur vingt-cinq centimètres de profondeur, au moins, et de deux rampes en fer ;

Dans le cas où une marche en bois, de toute la largeur de la portière, serait placée en contre-bas de la caisse, il pourra être adapté à cette marche un marchepied ayant une seule palette;

18° La largeur des jantes des roues des voitures du transport en commun devra être proportionnée aux poids des voitures, conformément aux dispositions de l'ordonnance royale du 15 février 1837 ;

19° La longueur des essieux n'excédera, dans aucun cas, deux mètres dix centimètres ;

20° Ils seront fermés, à chaque extrémité, d'un écrou, assujetti par une clavette;

21° La largeur totale des voitures neuves, à quatorze ou à seize places, y compris la largeur des jantes des roues, prise de l'extérieur à l'extérieur et à la plus grande élévation des roues, ne pourra également dépasser deux mètres dix centimètres ;

Une tolérance de cinq centimètres est accordée pour les roues qui auront subi des réparations ;

22° Les roues de devant devront toujours tourner librement sous la caisse.

Lorsque la caisse aura une cave, en contre-bas, une ouverture suffisante devra être pratiquée, de chaque côté de la caisse, pour faciliter le passage des roues de devant, sous cette partie de la caisse ;

23° Le siége du cocher sera garni d'accotoirs ayant au moins vingt-cinq centimètres de haut ;

24° L'impériale ne devra avoir ni courroie ni panier à bâche;

25° Il sera établi, sur le milieu de l'impériale, et sur une seule ligne, dans l'axe longitudinal de la voiture, trois ventilateurs.

Le premier de ces ventilateurs, qui aura une ouverture de dix centimètres sur dix centimètres, sera placé du côté de la portière, à une distance de un mètre dans les voitures à quatorze places, et, dans les voitures à seize places, à une distance de un mètre vingt-cinq centimètres, mesurée du derrière de la caisse et prise à la hauteur de l'impériale ;

Le second ventilateur, dont l'ouverture devra être de quinze centimètres sur quinze centimètres, sera placé à une distance de soixante-cinq centimètres du premier;

Le troisième, qui aura une ouverture de dix-neuf centimètres sur dix-neuf centimètres, sera placé à une distance de soixante-cinq centimètres du second.

Ces ventilateurs devront être garnis d'une toile métallique, ou disposés de manière à diviser l'air et à en prévenir le courant direct sur les voyageurs ;

Ils seront recouverts de capuchons pour empêcher l'infiltration des eaux pluviales ;

Leur isolement de l'impériale devra être tel que, sur les quatre faces, il y ait toujours une distance de cinq centimètres entre eux et l'ouverture de l'impériale, afin de faciliter le renouvellement de l'air ;

26° Il sera adapté, à l'impériale de chaque voiture du transport en commun, au-dessus de la portière, une girouette portant l'indication des points de départ et d'arrivée ;

27° Les chevaux des voitures en commun seront bien accouplés, quant à la taille ; les harnais seront solides et passés au noir dans toutes leurs parties ; les traits en cordes sont défendus.

52. Dans le délai de six mois, à partir de la publication de la présente ordonnance, toutes les voitures, actuellement en circulation, devront être conformes aux dispositions prescrites par les §§ 14, 17, 20, 23 et 26 de l'article précédent.

Les dispositions contenues dans les §§ 11, 15, 16, 24 et 27 seront exécutoires immédiatement pour toutes les voitures ci-dessus désignées.

53. Au 1er septembre 1843, la circulation des voitures du transport en commun, vieilles ou neuves, qui n'auront pas toutes les dimensions, ou qui ne seront pas entièrement conformes aux dispositions prescrites par l'article 51 ci-dessus, sera interdite, sans préjudice des poursuites à exercer contre les propriétaires devant les tribunaux.

54. Chaque année, et plus souvent, s'il est jugé nécessaire, il sera procédé à une visite générale des voitures du transport en commun, ainsi que des chevaux et harnais.

Cette visite sera faite par des agents délégués par l'administration.

Il sera dressé procès-verbal pour constater : 1° si chaque voiture est construite avec la solidité convenable dans toutes ses parties ; 2° si les harnais sont en bon état ; 3° si les chevaux sont propres au service.

Les voitures qui seront visitées seront poinçonnées sur les roues.

Un timbre particulier sera, en outre, apposé sur le train et sur la caisse des voitures.

Lorsqu'une voiture sera reconnue en mauvais état, la circulation en sera provisoirement interdite, et les plaques, indicatives du numéro, resteront déposées à la préfecture de police, jusqu'à ce que la voiture ait été représentée en bon état de service.

Les chevaux qui seront atteints de maladies contagieuses non contestées, seront marqués pour être abattus, conformément aux règlements. En cas de contestation, il nous en sera référé. Provisoirement, les chevaux seront placés dans un lieu séparé.

TITRE IV.

Du droit de location.

55. En exécution de l'arrêté du 29 mars 1836, rendu sur la délibération du conseil municipal de la ville de Paris, en date du 20 novembre 1835, ainsi que sur les décisions ministérielles des 8 février et 12 mars 1836, toutes les voitures, faisant le service du transport en commun, seront assujetties à un droit de location fixé à trois cents francs par an et par voiture attelée de deux chevaux.

56. Tous les entrepreneurs de voitures, faisant le service du transport en commun, verseront, du 1er au 5 de chaque mois, dans les mains du caissier de la préfecture de police, le douzième du droit, ci-dessus fixé, pour chacune des voitures qu'ils sont ou qu'ils seront autorisés à mettre en circulation.

57. Lorsqu'un propriétaire de voitures du transport en commun voudra mettre en circulation ou cesser de faire rouler une ou plusieurs de ses voitures, il sera tenu d'en faire la déclaration à la préfecture de police, et de rapporter le permis de stationnement, ainsi que les plaques mobiles apposées sur les voitures, dont la circulation sera suspendue.

Si la déclaration de mise en circulation ou de cessation de roulage a lieu dans le cours du mois, le droit est exigible pour le mois entier.

58. En cas de retard ou de refus de payement du droit précité (ce qui résultera du bulletin délivré, chaque mois, par le caissier de la préfecture de police), il sera fait sommation de payer, dans le délai de trois jours, le montant des droits qui seront dûs.

À l'expiration de ce délai, la circulation des voitures, pour lesquelles le droit n'aura pas été versé, sera interdite jusqu'à justification de payement, sans préjudice de toutes poursuites judiciaires.

TITRE V.

Des relais, des bureaux de correspondance et d'attente, du stationnement et des itinéraires des voitures du transport en commun.

59. Il est fait expresse défense, à tout entrepreneur du transport en commun, d'effectuer des relais sur la voie publique, d'ouvrir aucun bureau de correspondance, d'attente ou de station, d'établir aucune correspondance, soit avec ses propres lignes, soit avec celles des autres entrepreneurs, sans avoir obtenu préalablement notre autorisation.

Il est, en outre, défendu à tout entrepreneur de supprimer aucune correspondance, soit avec ses propres lignes, soit avec celles des autres entrepreneurs, sans en avoir fait la déclaration à la préfecture de police un mois à l'avance.

60. Il est également défendu de faire stationner ou relayer les voitures du transport en commun ailleurs que sur les différents points de la voie publique, désignés à cet effet.

61. À défaut de stationnement sur la voie publique, et lorsque des considérations d'ordre et de sûreté publique ne permettront pas de l'accorder, l'entrepreneur devra se pourvoir d'un local particulier.

62. Lorsqu'il y aura affluence de voyageurs à une station de voitures du transport en commun, il sera délivré par le chef de cette station, dans le but de prévenir des querelles et des rixes, des numéros d'ordre à chaque voyageur qui, avant de monter dans la voiture, devra en justifier au conducteur.

63. Lorsque la voiture aura quitté le lieu de stationnement, elle ne pourra s'arrêter, dans le parcours de l'itinéraire, que le temps nécessaire pour faire monter ou descendre les voyageurs.

64. Les lignes du transport en commun seront désignées par des lettres de l'alphabet, peintes sur les plaques mobiles des voitures, conformément aux dispositions de l'arrêté annexé à la présente ordonnance.

65. Le service des voitures du transport en commun devra commencer et ne pourra finir qu'aux heures fixées par nous pour chaque ligne.

La durée de l'intervalle, entre chaque départ, sur chaque ligne, sera également déterminée par nous.

66. Le nombre des voitures, affectées à chaque ligne du transport en commun, ne pourra être augmenté, sans notre autorisation.

Il est expressément défendu de transférer, d'une ligne à l'autre, les numéros d'ordre et les lettres servant à les distinguer.

Tout entrepreneur qui contreviendra à cette défense sera contraint à remplacer les plaques mobiles par un numérotage fixe, c'est-à-dire, à peindre les numéros d'ordre à demeure sur les panneaux des voitures, affectées à la ligne sur laquelle la contravention aura été commise.

67. Les points principaux des itinéraires ainsi que des correspondances de chaque ligne du transport en commun devront être indiqués au public, d'une manière ostensible, tant à l'extérieur qu'à l'intérieur des voitures affectées au service de cette ligne.

68. Il est expressément défendu aux entrepreneurs des voitures du transport en commun de s'écarter des lignes de parcours qui leur auront été accordées, et de les prolonger ou raccourcir, sans une permission spéciale.

69. Les lignes du transport en commun doivent être exploitées sans interruption.

En cas d'interruption, le service de la ligne ne pourra être repris qu'en vertu d'une nouvelle autorisation émanée de nous.

TITRE VI.

Tarif des places.

70. Le prix des places dans les voitures du transport en commun, pour le parcours total de leurs itinéraires respectifs, est et demeure fixé à trente centimes par personne.

Ce prix ne pourra être changé sans notre autorisation.

71. Les enfants au-dessus de quatre ans payeront place entière.

Les enfants au-dessous de cet âge seront tenus sur les genoux des personnes qui les accompagneront, à moins que leurs places ne soient payées.

72. Des inscriptions, indicatives du prix des places, devront être apposées extérieurement sur les panneaux de derrière de chaque voiture, et répétées intérieurement sur une plaque qui sera placée dans l'endroit le plus apparent de la caisse.

73. Lorsque les entrepreneurs du transport en commun auront obtenu, des maires des communes rurales, l'autorisation de faire un service dans ces communes, le prix total de la place, tant pour le parcours dans Paris, que pour le parcours extrà-muros, sera indiqué au public, d'une manière ostensible, à l'extérieur ainsi que dans l'intérieur de la voiture.

Dans aucun cas, le service extrà-muros ne devra donner lieu à des retards ou à des modifications dans le service intrà-muros.

TITRE VII.

Dispositions générales.

74. Le titre de la présente ordonnance, relatif aux conducteurs et cochers, sera imprimé par extrait, et affiché constamment dans tous les bureaux de station, d'attente et de correspondance.

Les articles 17, 42 et 71 de la présente ordonnance seront, en outre, affichés dans l'intérieur de chaque voiture du transport en commun.

75. Les contraventions à la présente ordonnance seront constatées par des procès-verbaux ou rapports qui nous seront transmis.

76. Il sera pris, envers les contrevenants, telles mesures administratives qu'il appartiendra, sans préjudice des poursuites à exercer contre eux, devant les tribunaux.

77. Tous les règlements, arrêtés et décisions antérieurs, concernant le service des voitures du transport en commun, sont rapportés.

78. La présente ordonnance sera imprimée et affichée.

Les commissaires de police, le chef de la police municipale, les officiers de paix, l'inspecteur contrôleur de la fourrière et les autres préposés de la préfecture de police sont chargés de tenir la main à son exécution, chacun en ce qui le concerne.

Elle sera adressée, en outre, à MM. les sous-préfets de Saint-Denis et de Sceaux, pour qu'ils veuillent bien la faire publier dans les communes de leurs arrondissements respectifs, ainsi qu'à M. le colonel de la garde municipale et à M. le commandant de la gendarmerie du département de la Seine, chargés d'en assurer l'exécution par tous les moyens à leur disposition.

Le conseiller d'Etat, préfet de police, G. DELESSERT.

N° **1672.** — *Arrêté relatif au numérotage des voitures autorisées à faire le service du transport en commun.*

Paris, le 15 septembre 1838.

Nous, conseiller d'Etat, préfet de police,

Vu : 1° les articles 1er et 3, titre II, § 1er de la loi des 16—24 août 1790 ;

2° Les lois des 17 mai et 19-22 juillet 1791 ;

3° Les articles 2, 22 et 32 de l'arrêté du 12 messidor an VIII (1er juillet 1800);

4° Notre ordonnance, en date de ce jour, concernant le service des voitures faisant le transport en commun ,

Arrêtons ce qui suit :

1. Il sera procédé à un nouveau numérotage de toutes les voitures faisant le transport en commun ;

Une lettre de l'alphabet sera affectée à chaque ligne, conformément aux indications du tableau ci-annexé.

2. Expédition du présent arrêté, ainsi que du tableau ci-joint, sera adressée au chef de la police municipale et à l'inspecteur contrôleur de la fourrière, chargés, chacun en ce qui le concerne, d'en assurer l'exécution.

Copie en sera remise au bureau de la comptabilité.

Le conseiller d'Etat, préfet de police, G. DELESSERT.

Numéro d'ordre des lignes.	DÉSIGNATION des ENTREPRISES.	DÉSIGNATION des LIGNES.	Numéro d'ordre des lignes par entreprise.	Lettres affectées à chaque ligne.	NOMBRE de Voitures par ligne.	NOMBRE de Voitures par entreprise.	NUMÉROS des VOITURES.	
1		De la Madeleine à la place de la Bastille................	1	A.	28		1 à 28	
2		De la barrière du Trône au Carrousel................	2	B.	14		29	42
3		De la barrière du Roule à la Madeleine................	3	C.	12		43	54
4		De la place de la Bastille à Bercy*	4	D.	6		55	60
	1° OMNIBUS, FEUILLANT, MOREAU-CHASLON et Cie, Rue Folie-Méricourt, n° 10.	(* Trois de ces voitures seront marquées d'une étoile, conformément à l'arrêté du 3 août 1836.)				116		
5		De la barrière du Roule au boulevard des Filles-du-Calvaire.	5	E.	15		61	75
6		De la place de la Bastille au chemin de fer de St-Germain	6	F.	16		76	91
7		De l'Odéon à la barrière Blanche*................	7	G.	14		92	105
		(* Sept marquées d'une étoile, conformément à l'arrêté du 8 sept. 1836.)						
8		De la place du Carrousel à la barrière de Passy........	8	H.	11		106	116
9	2° DAMES-BLANCHES, ST-HILAIRE et Cie, A la Villette, Grande-Rue, n° 113.	De la Bastille au Père-la-Chaise	1	J.	4	16	117	120
10		De la place Saint-Sulpice à la barrière de la Villette......	2	K.	12		121	132
11	3° TRICYCLES, VIARDOT et Cie, Rue Grange-Batelière, n° 13	De la rue de Cléry à la barrière de Sèvres................	1	L.	12	12	133	144
12		De la rue des Martyrs, avenue de Trudaine, aux Gobelins..	1	M.	12		145	156
13	4° FAVORITES, HENRY et Cie, A la Chapelle, Grande-Rue, n° 55.	De la barrière de la Chapelle à la barrière d'Enfer........	2	N.	16	49	157	172
14		De la rue Saint-Lazare, bains Tivoli, à la barrière de Sèvres	3	O.	14		173	186
15		De la place de l'Ecole de Médecine à la rue Lafayette.....	4	P.	7		187	193
16	5° ORLÉANAISES, FEUILLANT et MOREAU-CHASLON, Rue Folie-Méricourt, n° 10.	De la place de l'Oratoire, près du Louvre, à la barrière de l'Etoile................	1	Q.	16	26	194	209
17		De la place de l'Oratoire, près du Louvre, à la barrière de la Râpée................	2	R.	10		210	219
18	6° DILIGENTES, DAILLY, Rue Pigale, n° 2.	De la rue St-Lazare, au coin de celle de la Chaussée-d'Antin, à la barrière de Charenton..	1	S.	14	22	220	233
19		De la place des Pyramides à la barrière Monceaux........	2	T.	8		234	241
20	7° ÉCOSSAISES, DAILLY, Rue Pigale, n° 2.	Du boulevard Montmartre, au coin du faub. Montmartre, au quai des Ormes........	1	U.	8	8	242	249

Numéro d'ordre des lignes.	DÉSIGNATION des ENTREPRISES.	DÉSIGNATION des LIGNES.	Numéro d'ordre des lignes par entreprise.	Lettres affectées à chaque ligne.	NOMBRE de Voitures par ligne.	entreprise.	NUMÉROS des VOITURES.	
21	**8°** BÉARNAISES, Charles DELOM et Cie, Rue de la Chaussée-d'Antin, n° 27.	De la place de la Bastille à l'esplanade des Invalides, au coin de la rue Saint-Dominique, Gros-Caillou............	1	V.	10	17	230 à 259	
22		De la place Saint-Sulpice à la Bourse................	2	X.	7		260	266
23	**9°** CITADINES, Camille GORRE, DAUX et Cie, Impasse St-Louis, n° 2.	De la place Dauphine à la barrière de Belleville.........	1	Y.	8	22	267	274
24		De la place des Petits-Pères à la barrière de Belleville	2	Z.	7		275	281
25		De la porte Saint-Martin au palais Bourbon..........	3	AA.	7		282	288
26	**10°** BATIGNOLLAISES, Constant et Cie, Aux Batignolles, rue des Dames, n° 47.	Du cloître Saint-Honoré à la barrière Clichy..........	1	BB.	10	10	289	298
27	**11°** PETITES PARISIENNES, Feuillant, Moreau-Chaslon et Blanc, Rue Folie-Méricourt, n° 10.	De la barrière Fontainebleau au boulevard Montmartre...	1	CC.	10	10	299	308
28	**12°** HIRONDELLES, Antoine Blanc et Cie, Rue des Petites-Écuries, n° 44.	De la barrière Rochechouart à la barrière Saint-Jacques...	1	DD.	16	30	309	324
29		Du carrefour des rues de l'Oursine et Mouffetard à la place Cadet................	2	EE.	14		325	338
30	**13°** PARISIENNES, Desmoulins, Delzons et Cie, Boulevard des Fourneaux, n° 5, à Vaugirard.	De la rue Racine à la barrière Poissonnière............	1	FF.	14	36	339	352
31		Du boulevard du Temple à la barrière Mont-Parnasse....	2	GG.	12		353	364
32		De la barrière de Vaugirard au parvis Notre-Dame.......	3	HH.	10		365	374
33	**14°** DAMES FRANÇAISES Saint-Hilaire père et Deberly, A la Villette, Grande-Rue, n° 113.	De la barrière de l'Ecole Militaire à la barrière de Pantin.	1	JJ.	15	15	375	389
34	**15°** CONSTANTINES, Meuron, Rue Marbeuf, n° 3.	De la barrière de la Villette à celle de Longchamp.......	1	KK.	12	12	390	401
35	**16°** GAZELLES, Auguste Constant, A Clichy, rue de Landry, 7.	Du Carrousel à la barrière de la Gare	1	LL.	8	8	402	409

Numéros d'ordre.	DÉSIGNATION des ENTREPRISES.	Nombre des Lignes.	NOMS des ENTREPRENEURS.	NUMÉROS affectés aux Entreprises	NOMBRE de VOITURES autorisées.
			RÉCAPITULATION.		
1	OMNIBUS	8	FEUILLANT, MOREAU – CHASLON et Cⁱᵉ..................	de 1 à 116	116
2	DAMES BLANCHES..	2	SAINT-HILAIRE et Cⁱᵉ	117 132	16
3	TRICYCLES.........	1	VIARDOT et Cⁱᵉ	133 144	12
4	FAVORITES........	4	HENRY et Cⁱᵉ	145 193	49
5	ORLÉANAISES......	2	FEUILLANT et MOREAU-CHASLON	194 219	26
6	DILIGENTES.......	2	DAILLY.	220 241	22
7	ÉCOSSAISES.......	1	DAILLY.....................	242 249	8
8	BÉARNAISES	2	Charles DELOM et Cⁱᵉ.......	250 266	17
9	CITADINES	3	Camille GORRE, DAUX et Cⁱᵉ..	267 288	22
10	BATIGNOLLAISES...	1	CONSTANT et Cⁱᵉ............	289 298	10
11	PETITES PARISIENNES..	1	FEUILLANT, MOREAU-CHASLON et BLANC..............	299 308	10
12	HIRONDELLES......	2	Antoine BLANC et Cⁱᵉ.......	309 338	30
13	PARISIENNES.......	3	DESMOULINS, DELZONS et Cⁱᵉ...	339 374	36
14	DAMES FRANÇAISES	1	Sᵗ-HILAIRE père et DEBERLY...	375 389	15
15	CONSTANTINES.....	1	MEURON	390 401	12
16	GAZELLES..........	1	CONSTANT-AUGUSTE.........	402 409	8
	TOTAL des Lignes...	35	TOTAL des Voitures autorisées...		409

Vu et approuvé.

Le conseiller d'État, préfet de police,

G. DELESSERT.

TOME III. 19

N° 1673. — *Ordonnance concernant le stationnement sur la voie publique des voitures, bêtes de trait et de somme, servant au transport des marchandises destinées à l'approvisionnement des halles du centre* (1).

Paris, le 29 septembre 1838.

———————⧖———————

N° 1674. — *Ordonnance concernant le balayage et la propreté de la voie publique* (2).

Paris, le 29 octobre 1838.

———————⧖———————

N° 1675. — *Ordonnance concernant les ustensiles et vases de cuivre et de divers métaux.*

Paris, le 7 novembre 1838.

Nous, conseiller d'Etat, préfet de police,
Vu 1° l'article 20 du titre Ier de la loi du 22 juillet 1791 ;
2° Les arrêtés du gouvernement des 12 messidor an VIII (1er juillet 1800) et 3 brumaire an IX (25 octobre 1800) ;
3° Les articles 319, 320 et 471, § 15, du Code pénal ;
4° L'ordonnance de police du 23 juillet 1832 et celle du 10 février 1837 ;
5° L'ordonnance de police du 19 décembre 1835, concernant les établissements de charcutiers dans la ville de Paris ;
6° Les rapports du conseil de salubrité,

Ordonnons ce qui suit :

1. Il sera fait de fréquentes visites des ustensiles et vases de cuivre et d'autres métaux dont se servent les marchands de vin traiteurs, aubergistes, restaurateurs, pâtissiers, bouchers, gargotiers, fruitiers, etc., établis dans le ressort de la préfecture de police, à l'effet de vérifier l'état de ces ustensiles sous le rapport de la salubrité.

2. Les ustensiles et vases empreints de vert-de-gris seront saisis et envoyés à la préfecture de police avec le procès-verbal constatant la saisie.

3. Les ustensiles et vases de cuivre et d'autres métaux, dont l'usage serait dangereux par le mauvais état de l'étamage, seront transportés sur-le-champ, à la diligence de qui de droit, chez le chaudronnier le plus voisin pour être étamés aux frais des propriétaires, lors même qu'ils déclareraient ne pas s'en servir.

En cas de contestation sur l'état de l'étamage, il sera procédé à une expertise, et, provisoirement, ces ustensiles seront mis sous scellés.

4. Il est défendu aux marchands désignés en l'article 1er de laisser séjourner dans des vases de cuivre, étamés ou non étamés, aucuns aliments et aucunes préparations, quand même ils seraient enveloppés

_____

(1) V. l'ord. du 27 sept. 1842.
(2) V. les ord. des 28 octobre 1839, 1er avril 1843 et 1er oct. 1844.

de linge , et de préparer aucune des mêmes substances dans des vases de zinc ou de plomb.

5. Il est défendu aux marchands de vin d'avoir des comptoirs revêtus de lames de plomb; aux débitants de sel et de tabac de se servir de balances de cuivre, et aux nourrisseurs de vaches, crêmiers et laitiers de déposer le lait dans des vases de cuivre ou de zinc.

6. Il est défendu aux raffineurs de sel de se servir de vases autres que ceux en tôle de fer.

7. Il est défendu aux vinaigriers et épiciers de déposer et de transporter dans des vases de cuivre, de plomb ou de zinc leurs vinaigres et autres acides.

8. Les robinets fixés aux barils dans lesquels les vinaigriers, épiciers ou autres marchands renferment leur vinaigre et autres acides devront être en bois.

9. Les lames de plomb, les balances, les vases et ustensiles de cuivre ou de zinc qui seraient trouvés chez les marchands désignés dans les articles 5, 6, 7 et 8 de la présente ordonnance seront saisis et envoyés à la préfecture de police avec les procès-verbaux constatant les contraventions.

10. Il n'est rien changé aux dispositions de l'ordonnance de police du 19 décembre 1835, spécialement applicable aux charcutiers, et qui continuera de recevoir sa pleine et entière exécution.

11. L'ordonnance de police du 10 février 1837 est rapportée.

12. Les commissaires de police et les maires des communes rurales du ressort de la préfecture de police sont chargés de faire les visites prescrites par la présente ordonnance et d'en dresser des procès-verbaux qu'ils nous transmettront.

13. L'inspecteur général des halles et marchés, les inspecteurs des poids et mesures concourront à l'exécution des dispositions ci-dessus, et nous rendront compte du résultat de leurs opérations.

14. les contraventions aux dispositions de la présente ordonnance seront poursuivies conformément aux lois.

15. La présente ordonnance sera imprimée et affichée.

Les sous-préfets des arrondissements de Saint-Denis et de Sceaux, les maires des communes rurales, le chef de la police municipale et les commissaires de police sont chargés de concourir à son exécution.

Le conseiller d'Etat, préfet de police, G. DELESSERT.

N° **1676**. — *Ordonnance concernant les liqueurs, sucreries, dragées et pastillages coloriés* (1).

Paris, le 15 novembre 1838.

N° **1677**. — *Ordonnance concernant le trafic des billets de spectacle sur la voie publique.*

Paris, le 22 novembre 1838.

Nous, conseiller d'État, préfet de police ,
Vu la loi des 16—24 août 1790 ;

(1) Rapportée. —V. l'ord. du 22 sept. 1841.

Vu l'arrêté du gouvernement du 12 messidor an VIII (1er juillet 1800), qui nous charge de prendre les dispositions nécessaires au maintien du bon ordre au dehors des salles de spectacle;

Vu le numéro 15 de l'article 471 du Code pénal;

Considérant qu'un grand nombre d'individus se livrent, sur la voie publique, au trafic des billets de spectacle;

Considérant que ce trafic gêne la circulation, compromet l'ordre et la tranquillité publiques, donne lieu à des rixes et à des escroqueries envers les personnes qui se rendent aux théâtres, et qu'il se fait en fraude du droit des indigents établi sur les recettes théâtrales,

Ordonnons ce qui suit :

1. La vente et l'offre de vendre des billets et des contre-marques de spectacle sont formellement interdites sur la voie publique, et notamment aux abords des théâtres.

2. Tout individu trouvé vendant des billets et des contre-marques de spectacle sur la voie publique, ou y racolant pour procurer aux passants des billets de spectacle dont il sera porteur, ou qu'il offrira de livrer dans une localité quelconque, sera traduit devant un commissaire de police, lequel dressera procès-verbal de la contravention, saisira les billets dont il sera porteur, et prononcera, en cas de délit, l'arrestation provisoire ainsi que le renvoi du prévenu devant les tribunaux compétents.

3. Les dispositions des articles précédents seront pareillement applicables aux individus qui se livreront, par un moyen quelconque, sur la voie publique, au trafic des billets de bals et de concerts publics.

4. Le titre Ier de l'ordonnance de police du 6 juillet 1816, le second paragraphe de l'article 12 de l'ordonnance de police du 12 février 1828, ainsi que l'ordonnance de police du 30 août 1831, sont et demeurent rapportés.

5. La présente ordonnance sera imprimée et affichée dans Paris, et notamment à l'extérieur des théâtres.

Ampliation en sera transmise à M. le président du conseil général des hospices de la ville de Paris.

6. Le commissaire chef de la police municipale, les commissaires de police de la ville de Paris, les officiers de paix et les préposés de la préfecture de police sont chargés de tenir la main à l'exécution de la présente ordonnance.

M. le colonel de la garde municipale et les officiers et sous-officiers de ce corps sont requis de leur prêter main-forte au besoin.

Le conseiller d'Etat, préfet de police, G. DELESSERT.

N° **1678.** — *Ordonnance concernant la vérification périodique des poids et mesures* (1).

Paris, le 1er décembre 1838.

---

(1) V. l'ord. du 23 nov. 1842 et 1er décembre 1843.

N° 1679. — *Ordonnance concernant la police des rivières et des ports pendant l'hiver et les temps de glaces, grosses eaux et débâcles* (1).

Paris, le 1er décembre 1838.

Nous, conseiller d'Etat, préfet de police,

Vu les articles 2, 24 et 32 de l'arrêté du gouvernement du 12 messidor an VIII (1er juillet 1800), et l'article 1er de l'arrêté du 3 brumaire an IX (25 octobre suivant),

Ordonnons ce qui suit :

1. A compter de ce jour jusqu'au temps où les glaces ne laisseront craindre aucun accident, toutes les parties de la rivière fermées par les estacades de l'île Saint-Louis et de l'île Louviers serviront de gare aux bateaux chargés de denrées et marchandises.

Les propriétaires ou les gardiens des bateaux chargés sont tenus de les y garer de la manière qui leur sera indiquée par l'inspecteur général de la navigation et des ports, et d'y attendre leur tour de mise à port et en déchargement, suivant leur ordre d'arrivage.

2. Les marchands et triqueurs de poisson devront ranger leurs boutiques de manière qu'il reste un passage suffisant pour lâcher et remonter les bateaux qui doivent être mis en gare.

3. Lorsque la rivière commencera à déborder sur les ports ou à charrier, les bateaux qui se trouveraient dans les ports de Paris et des communes du ressort de la préfecture de police, ailleurs que dans les gares désignées par l'article 1er, sur le bassin de la Villette, sur les canaux Saint-Denis et Saint-Martin, ou dans les gares particulières et dans l'anse de Boulogne, devront être déchargés et les marchandises enlevées, à la diligence des propriétaires ou gardiens desdits bateaux, depuis la pointe du jour jusqu'à la nuit, même les fêtes et dimanches, et pendant la nuit en cas de danger imminent.

4. Les marchands, voituriers par eau et gardiens des bateaux, ainsi que les propriétaires des bateaux à lessive sont tenus de les fermer et amarrer avec bonnes et suffisantes cordes, aux anneaux et pieux placés le long des ports et quais, sinon il y sera pourvu d'office à leurs frais par l'administration.

Il est défendu de couper aucun pieu de gare le long des quais et berges sans notre autorisation.

5. Les marchands, les voituriers par eau, ou les gardiens de bateaux, devront, en tout temps, avoir sur leurs bateaux une ancre suffisamment équipée et de bonnes cordes pour les amarrer solidement, faire retirer des ports leurs bateaux après le déchargement et les faire remonter ou descendre dans les gares, sinon il y sera pourvu à leurs frais et risques. (*Ord. de 1672, chap. IV, art. 14.*)

Les bateaux qui seront jugés hors d'état de servir seront déchirés sur place ou dans les endroits qui seront désignés par l'inspecteur général des ports.

Les bateaux vides qui pourraient faire craindre quelque accident seront pareillement déchirés, mais ils ne pourront l'être que d'après les ordres que nous en donnerons.

Dans le cas où ces déchirages auraient lieu d'office, l'estimation des bateaux sera préalablement faite par un expert charpentier de bateaux, à la conservation des droits de qui il appartiendra. Les débris

_____

(1) V. les ord. des 5 déc. 1839 et 25 oct. 1840 (art. 203 et suiv.).

seront vendus dans les vingt-quatre heures, s'ils ne sont enlevés par les propriétaires, et le produit de la vente, déduction faite des frais de déchirage, sera versé à la caisse de la préfecture de police pour être remis à qui de droit.

6. Il est défendu de déposer et laisser séjourner sur les ports, sur les berges et aux abords de la rivière, des matériaux comme pierres, moellons, pavés, pièces de charpente, bois, fers ou autres objets qui, pouvant être submergés par la crue subite des eaux, exposeraient les bateaux à être endommagés et à périr avec leur chargement. Les matériaux qui s'y trouveraient déposés seront enlevés aux frais et risques des contrevenants, et vendus conformément à l'article ci-après.

7. Les marchands et voituriers par eau dont les bateaux auront coulé à fond seront tenus de les faire retirer de la rivière, et ne pourront en laisser les débris sur les ports et quais. Ces débris devront être enlevés immédiatement, sinon ils seront vendus et le produit de la vente sera remis à qui de droit. (*Ord. de 1672, chap. I, art. 10.*)

8. Il est enjoint à tous ceux qui auront repêché des bois, des débris de bateaux, des marchandises ou autres objets naufragés, d'en faire la déclaration dans les vingt-quatre heures, savoir : à Paris, aux commissaires de police, à l'inspecteur général ou aux inspecteurs particuliers de la navigation et des ports; et dans les communes riveraines, aux maires, aux inspecteurs de la navigation à la Briche, à la Villette, à Bercy, à Choisy et à Charenton, ou à la gendarmerie, qui nous en donneront connaissance.

Les personnes qui ne feraient pas de déclaration dans le délai fixé seront privées de tout salaire pour le repêchage, et celles qui s'attribueraient, cacheraient ou vendraient tout ou partie des objets repêchés seront, ainsi que les acheteurs ou receleurs, poursuivies suivant la rigueur des lois.

9. Les contraventions seront constatées par des procès-verbaux qui nous seront adressés pour être déférés, s'il y a lieu, au tribunal compétent.

10. La présente ordonnance sera imprimée et affichée.

Les sous-préfets des arrondissements de Saint-Denis et de Sceaux, les maires des communes riveraines, les commissaires de police, le chef de la police municipale, les officiers de paix, l'inspecteur général de la navigation et des ports et les préposés de la préfecture de police sont chargés de tenir la main à son exécution.

Elle sera adressée à M. le colonel commandant la garde municipale de Paris, et à M. le commandant de la gendarmerie du département de la Seine, pour en assurer l'exécution par tous les moyens qui sont à leur disposition.

Le conseiller d'Etat, préfet de police, G. DELESSERT.

———————

N° **1680.** — *Ordonnance concernant des mesures d'ordre et de police à l'occasion des honneurs funèbres rendus au maréchal comte de Lobau, commandant supérieur des gardes nationales de la Seine.*

Paris, le 8 décembre 1838.

Nous, conseiller d'Etat, préfet de police,
Vu les ordres à nous transmis par S. Exc. le ministre de l'intérieur concernant les honneurs funèbres qui doivent être rendus, le 10 dé-

cembre courant, au maréchal comte de Lobau, commandant supérieur des gardes nationales de la Seine ;

Vu la loi des 16-24 août 1790, qui nous charge de maintenir le bon ordre dans les cérémonies publiques,

Ordonnons ce qui suit :

1. Lundi prochain, 10 décembre, jour où le corps du maréchal Lobau sera transporté de l'état-major de la garde nationale à l'hôtel royal des Invalides, aucunes voitures, autres que celles des personnes qui feront partie du cortége, ne pourront, de 9 heures du matin jusqu'à midi, circuler ni stationner dans les endroits ci-après désignés :

Sur les quais du Louvre et des Tuileries, depuis le pont des Arts jusqu'à la place de la Concorde ;

Sur la place du Carrousel ;

Dans les rues Saint-Thomas-du-Louvre, de Chartres, Montpensier, Valois-Batave, Rohan, de Rivoli jusqu'à la rue Castiglione ;

Dans la rue de Castiglione ;

Sur la place Vendôme ;

Dans la rue de la Paix ;

Sur les boulevards, depuis la rue de la Paix jusqu'à la Madeleine ;

Dans la rue Royale-Saint-Honoré ;

Sur la place et le pont de la Concorde ;

Sur le quai d'Orsay jusqu'au pont des Invalides ;

Sur l'esplanade des Invalides jusqu'à l'hôtel des Invalides.

2. Sont exceptées de l'interdiction établie par l'article précédent les voitures :

De la cour, des ministres, des maréchaux de France, de l'intendant général de la liste civile, du corps diplomatique, de MM. les présidents de la chambre des pairs et de la chambre des députés, de M. le préfet de la Seine, de MM. les lieutenants généraux commandant la première division militaire et la place de Paris ;

Les voitures des personnes appelées au convoi pour les honneurs ; celles des membres de la famille du maréchal Lobau ; de la députation de la chambre des pairs et du corps municipal.

3. Les voitures désignées ci-dessus iront, après leur arrivée à l'hôtel des Invalides, prendre stationnement dans l'ordre suivant :

1° Les voitures du corps diplomatique, sur l'avenue de la Motte-Piquet ;

2° Celles des ministres et des grands dignitaires, sur la même avenue, à la suite de celles ci-dessus désignées.

4. Toutes les autres voitures qui, dans la journée du 10 courant, se rendront à l'hôtel des Invalides, ne pourront arriver que par les rues de Babylone, de Varennes et de Grenelle, et la grille de l'esplanade des Invalides, et elles iront stationner dans la rue de l'Esplanade-des-Invalides.

5. Il est défendu de traverser le cortége funèbre.

6. L'architecte-commissaire de la petite voirie fera enlever tous les dépôts de matériaux qui existent sur les parties de la voie publique indiquées dans la présente ordonnance.

7. L'ingénieur en chef du pavé de Paris fera réparer toutes les dégradations qui pourraient exister sur les mêmes parties.

8. La voie publique sera balayée et nettoyée avant huit heures du matin, dans la journée du 10 décembre, sur la partie réservée au cortége.

9. Il est défendu de monter sur les arbres des boulevards, sur les piédestaux et les colonnes de gaz de la place de la Concorde.

10. Le chef de la police municipale est autorisé à prendre toutes

les autres mesures de police non prévues par la présente ordonnance.

11. Il sera pris envers les contrevenants telles mesures de police administrative qu'il appartiendra, sans préjudice des poursuites à exercer contre eux devant les tribunaux, conformément aux lois et règlements.

12. La présente ordonnance sera imprimée et affichée dans Paris.

Le chef de la police municipale, les commissaires de police, les officiers de paix de la ville de Paris et tous agents de la force publique sont chargés de tenir la main à son exécution.

Le colonel de la garde municipale de la ville de Paris, les officiers et sous-officiers de ce corps sont requis de leur prêter main-forte.

Le conseiller d'Etat, préfet de police, G. DELESSERT.

N° **1681.**— *Ordonnance concernant les neiges et glaces* (1).

Paris, le 14 décembre 1838.

Nous, conseiller d'Etat, préfet de police,

Considérant qu'il importe de prendre des mesures pour faire opérer avec célérité l'enlèvement des glaces et neiges et pour assurer la propreté et la libre circulation de la voie publique;

Considérant que ces mesures ne peuvent produire des résultats satisfaisants qu'autant que les habitants concourent, en ce qui les concerne, à leur exécution, et remplissent les obligations qui leur sont imposées dans l'intérêt de tous;

Vu l'article 471 du Code pénal;

Vu les articles 2 et 22 de l'arrêté du gouvernement du 12 messidor an VIII (1er juillet 1800),

Ordonnons ce qui suit :

1. Dans les temps de neiges et glaces, les propriétaires ou locataires sont tenus de faire balayer la neige et casser les glaces au-devant de leurs maisons, boutiques, cours, jardins et autres emplacements, jusqu'au milieu de la rue; ils mettront les neiges et glaces en tas; ces tas doivent être placés de la manière suivante, selon les localités, savoir :

Dans les rues sans trottoirs, auprès des bornes; dans les rues à trottoirs, le long des ruisseaux; du côté de la chaussée, si la rue est à chaussée bombée; le long des trottoirs, si la rue est à chaussée fendue.

En cas de verglas, ils doivent jeter au-devant de leurs habitations des cendres, du sable ou du mâchefer.

2. Dans les rues à chaussée bombée, chaque propriétaire ou locataire doit tenir libre le cours du ruisseau au-devant de sa maison et faciliter l'écoulement des eaux; dans les rues à chaussée fendue, il y pourvoira conjointement avec le propriétaire ou locataire qui lui fait face.

Pour prévenir les inondations par suite de pluie ou de dégel, les habitants devant la maison desquels se trouvent des bouches ou grilles

(1) V. l'ord. du 7 déc. 1842.

d'égout doivent les faire dégager des ordures qui pourraient les obstruer ; ces ordures seront déposées aux endroits indiqués dans l'article 1er.

3. Il est défendu de déposer des neiges et glaces auprès des grilles
et des bouches d'égouts.

Il est également défendu de pousser dans les égouts les glaces et
neiges congelées qui , au lieu de fondre , interceptent l'écoulement des
eaux.

4. Il est défendu de déposer dans les rues aucunes neiges ou glaces
provenant des cours ou de l'intérieur des habitations.

5. Les propriétaires ou entrepreneurs de bains et autres établissements, tels que teintureries, blanchisseries, etc., qui emploient beaucoup d'eau, ne doivent pas laisser couler sur la voie publique les eaux
de leurs établissements pendant les gelées.

Les contrevenants seront requis de faire briser et enlever les glaces
provenant de leurs eaux ; faute par eux d'obtempérer à cette réquisition , il y sera procédé d'office, et à leurs frais, par le commissaire de
police du quartier, ou par le directeur de la salubrité, sans préjudice
des peines encourues.

6. Il est expressément défendu de former des glissades sur les boulevards, les places et autres parties de la voie publique.

Les glissades seront détruites d'office aux frais des contrevenants,
et des cendres, terres, sables, etc., y seront répandus pour prévenir
les accidents.

7. Les concierges, portiers ou gardiens des établissements publics
et maisons domaniales sont personnellement responsables de l'exécution des dispositions ci-dessus, en ce qui concerne les établissements et
maisons auxquels ils sont attachés.

8. Il n'est point dérogé aux dispositions de l'ordonnance du 29 octobre 1838, concernant le balayage et la propreté de la voie publique
et qui continueront de recevoir leur exécution, et notamment celles
qui sont relatives aux dépôts de gravois et de décombres qui sont interdits sous quelque prétexte que ce soit.

9. Les contraventions aux injonctions ou défenses faites par la présente ordonnance seront constatées par des procès-verbaux ou rapports qui nous seront adressés, et les contrevenants seront traduits,
s'il y a lieu, devant les tribunaux pour être punis conformément aux
lois et règlements en vigueur.

10. La présente ordonnance sera publiée et affichée.

Le commissaire de police, le chef de la police municipale, le
directeur de la salubrité, les officiers de paix et les autres préposés de
l'administration sont chargés de faire observer les dispositions de
l'ordonnance ci-dessus et de tenir la main à son exécution.

Le conseiller d'Etat, préfet de police, G. DELESSERT.

1839.

N° **1682**. — *Arrêté qui prescrit la réimpression et la publication de l'ordonnance du 26 février 1830 (1) qui défend l'entrée et la sortie, par la barrière de l'Etoile, aux voitures dites diligences et messageries.*

Paris, le 28 janvier 1839.

N° **1683**. — *Arrêté qui modifie les dimensions prescrites par l'ordonnance du 15 septembre 1838, pour la longueur des voitures du transport en commun.*

Paris, le 6 février 1839.

Nous, conseiller d'Etat, préfet de police,

Vu 1° les articles 51, 52 et 53 de notre ordonnance du 15 septembre 1838, concernant le service des voitures faisant le transport en commun;

2° Les réclamations à nous adressées sur l'exiguité de la place réservée à chaque voyageur dans les voitures construites d'après les dimensions fixées par ladite ordonnance;

3° L'avis de la commission nommée par nous, à l'effet d'examiner s'il y a lieu de modifier les dimensions prescrites par cette ordonnance, relativement à la longueur des voitures;

4° Le rapport du chef de la deuxième division,

Arrêtons ce qui suit :

1. A l'avenir, la longueur totale de la caisse des voitures du transport en commun, à 16 places, mesurée de l'extérieur à l'extérieur, y compris le pan coupé, la garniture et l'épaisseur des panneaux, ne pourra dépasser trois mètres soixante-sept centimètres.

La longueur totale de la caisse de ces mêmes voitures, mesurée en dedans, dans la partie la plus longue, devra être de trois mètres cinquante-cinq centimètres au moins.

La longueur totale de la caisse des voitures à quatorze places, mesurée de l'extérieur à l'extérieur, y compris le pan coupé, la garniture et l'épaisseur des panneaux, ne pourra excéder trois mètres vingt-trois centimètres.

La longueur totale de ces même voitures, mesurée en dedans, dans la partie la plus longue, devra être au moins de trois mètres onze centimètres.

Toutes les mesures ci-dessus fixées seront prises à hauteur de ceinture.

(1) Rapportée. — V. l'ord. du 18 avril 1843.

Dans aucun cas, le pan coupé ne pourra dépasser une longueur de quinze centimètres.

2. Les soixante-huit voitures, neuves, à seize places, aujourd'hui en circulation ou en construction, et qui ont été établies d'après les dimensions fixées par notre ordonnance du 15 septembre 1838, pourront être employées au service, mais à la condition que les banquettes actuelles seront réunies par une banquette circulaire, qui devra continuer les banquettes latérales, et sera recouverte d'un coussin, faisant suite aux coussins latéraux.

Il ne pourra être admis que quatorze voyageurs, au lieu de seize, dans celles de ces voitures, auxquelles la banquette circulaire ne sera pas adaptée.

3. Au 1er septembre 1843, les voitures dont il est question en l'article 2 devront être entièrement conformes aux dimensions fixées par l'article 1er.

La circulation de toutes celles qui n'auront pas ces dimensions sera interdite sans préjudice des poursuites à exercer contre les propriétaires devant les tribunaux.

4. A compter du jour de la notification du présent arrêté, aucune voiture du transport en commun, neuve, ne sera estampillée, si elle ne réunit toutes les conditions exigées par l'article 1er.

5. Notre ordonnance du 15 septembre 1838 continuera de recevoir son exécution en tout ce qui n'est pas contraire aux dispositions qui précèdent.

6. Le présent arrêté sera notifié à tous les entrepreneurs du transport en commun.

Expédition en sera transmise au chef de la police municipale, ainsi qu'à l'inspecteur contrôleur de la fourrière, qui en donnera connaissance aux deux experts des voitures publiques.

Le conseiller d'Etat, préfet de police, G. DELESSERT.

N° **1684**. — *Ordonnance concernant la police des masques* (1).

Paris, le 7 février 1839.

N° **1685**. — *Ordonnance concernant la translation provisoire du marché des Blancs-Manteaux sur la place de l'ancien marché Saint-Jean* (2).

Paris, le 20 février 1839.

Nous, conseiller d'Etat, préfet de police,

Vu 1° la lettre de M. le pair de France, préfet de la Seine, en date du 19 février courant, ensemble le rapport d'une commission d'architectes qui y est joint, et duquel il résulte que la charpente du comble du marché des Blancs-Manteaux se trouvant dans un état de ruine imminent, il importe que l'évacuation de ce marché ait lieu dans le plus bref délai;

(1) V. les ord. des 23 fév. 1843 et 13 fév. 1844.
(2) V. l'ord. du 19 août 1819, et celles des 4 juin 1823 et 27 juin 1840.

2° La loi des 16-24 août 1790, titre XI, article 3 ;

3° La loi des 19-22 juillet 1791, titre Ier, § 29;

4° L'arrêté du gouvernement du 12 messidor an VIII (1er juillet 1800);

5° L'ordonnance de police du 19 août 1819 ,

Ordonnons ce qui suit :

1. A compter de jeudi, 21 février courant, les détaillantes de comestibles placées sur le marché des Blancs-Manteaux seront tranférées provisoirement sur la place de l'ancien marché Saint-Jean , jusqu'à l'achèvement des travaux de réparation du marché des Blancs-Manteaux.

2. Il est expressément défendu aux détaillantes de rester, sous quelque prétexte que ce soit, dans le marché des Blancs-Manteaux, de stationner à poste fixe dans les rues adjacentes, ou de vendre sur éventaire.

3. Le marché établi provisoirement sur la place de l'ancien marché Saint-Jean continuera de se tenir tous les jours depuis le lever jusqu'au coucher du soleil.

4. Il est défendu d'étaler des marchandises dans les passages qui seront réservés pour la circulation du public.

5. La perception du prix des places continuera d'être faite en la forme et de la manière accoutumées.

6. Les contraventions seront constatées par des procès-verbaux ou rapports qui nous seront transmis, et poursuivies conformément aux lois et règlements.

7. La présente ordonnance sera imprimée et affichée.

Ampliation en sera envoyée à M. le pair de France, préfet du département de la Seine.

Le commissaire de police du quartier du marché Saint-Jean , le chef de la police municipale , l'inspecteur général et les inspecteurs généraux adjoints des halles et marchés, le directeur de la salubrité et les autres préposés de la préfecture de police sont chargés, chacun en ce qui le concerne, d'en surveiller l'exécution.

Le conseiller d'Etat , préfet de police, G. DELESSERT.

N° **1686.** — *Ordonnance concernant la prohibition de la chasse* (1).

Paris, le 20 février 1839.

N° **1687.** — *Arrêté relatif à la mise en fourrière des animaux, voitures et autres objets, saisis ou abandonnés sur la voie publique.*

Paris, le 28 février 1839.

Nous, conseiller d'Etat, préfet de police,

Vu 1° le décret du 18 juin 1811, contenant règlement sur l'administration de la justice, en matière criminelle, de police correction-

(1) V. les ord. des 23 fév. 1843 et 19 fév. 1844.

nelle et de simple police, et le tarif général des frais (chapitre IV, article 39 et 40);

2° L'ordonnance royale du 23 mai 1830, qui désigne les objets vacants et sans maîtres qui doivent être remis, par la préfecture de police, à l'administration des domaines pour être vendus au profit de l'État (article 1er, § 6 et article 2);

3° Les décisions de M. le ministre des finances en date des 29 octobre 1829 et 27 juin 1833, desquelles il résulte que les frais de fourrière doivent être payés intégralement par l'administration des domaines, quel que soit le prix de la vente de l'objet, lorsque cette vente a été ordonnée dans le délai prescrit par le décret précité du 18 juin 1811;

4° L'ordonnance de police, en date du 17 février 1831, concernant les chevaux et autres animaux vicieux ou attaqués de maladies contagieuses;

5° L'arrêté du 25 mars suivant, relatif à la mise en fourrière des animaux et objets saisis ou abandonnés sur la voie publique;

6° L'arrêté du 14 mai 1832, relatif à la vente des animaux et objets déposés à la fourrière;

7° L'arrêté du 20 décembre suivant, qui fixe le tarif des frais de nourriture des singes et des chiens;

Considérant qu'il est utile et convenable de réunir, dans un seul règlement, toutes les dispositions relatives à la mise en fourrière et à la vente des animaux et objets saisis ou abandonnés sur la voie publique, en apportant aux mesures, prescrites jusqu'à ce jour, les modifications et améliorations reconnues nécessaires,

Arrêtons ce qui suit:

TITRE Ier.

De la fourrière et de son règlement intérieur.

1. Tous les animaux, voitures et autres objets, saisis ou abandonnés sur la voie publique, dans le ressort de la préfecture de police, seront conduits et déposés à la fourrière établie, à cet effet, à Paris, rue Guénégaud, n° 31 (quartier de la Monnaie, dixième arrondissement).

2. La fourrière de la préfecture de police est spécialement et exclusivement destinée aux animaux et objets saisis ou abandonnés.

3. Le service de la fourrière continuera d'être dirigé et surveillé par un inspecteur contrôleur.

Ce chef de service aura, sous ses ordres, un gardien et un palefrenier qui demeureront dans cet établissement.

4. Il continuera d'être alloué un traitement au gardien de la fourrière.

Le salaire du palefrenier, ainsi que la fourniture des instruments de pansage pour les chevaux, et de tous les ustensiles nécessaires au service des écuries, seront à la charge du gardien.

5. Le palefrenier remplira l'office de garçon de bureau de la fourrière.

6. Les personnes, qui viendront reconnaître des animaux ou des objets déposés à la fourrière, devront être autorisées à les visiter par l'inspecteur contrôleur, et seront accompagnées, dans cette visite, par ce chef de service ou par le gardien.

7. Il sera tenu, à la fourrière, un registre sur lequel seront inscrits, jour par jour et par ordre numérique, les animaux, voitures et autres objets entrés à la fourrière.

Ce registre devra contenir la date des ordres d'envoi et de sortie, la désignation des fonctionnaires ou agents qui auront signé ces ordres, le signalement exact des animaux ou objets déposés, la date et l'heure de leur entrée et de leur sortie réelle de la fourrière, les noms et domiciles des individus, auxquels ces animaux et objets appartiendront ou auront été saisis, les sommes reçues par le gardien pour la conduite, la nourriture ou la garde de ces animaux et objets, enfin tous autres renseignements qui seront jugés nécessaires.

TITRE II.

Des obligations imposées à l'inspecteur contrôleur de la fourrière.

8. Les animaux déposés à la fourrière seront visités dans les vingt-quatre heures, par l'inspecteur contrôleur qui se fera assister par l'un des experts vétérinaires attachés à la préfecture de police.

9. L'inspecteur contrôleur de la fourrière nous rendra compte, chaque jour, du résultat de cette visite.

Il indiquera dans son rapport :

1° Le nombre et l'espèce des animaux déposés ;

2° Leur valeur approximative ;

3° Leur signalement ;

4° La description des harnais, voitures et autres objets ;

5° Les jours et heures de la mise en fourrière ;

6° Le fonctionnaire ou agent qui aura signé l'ordre d'envoi à la fourrière.

10. Les animaux, atteints ou soupçonnés d'être atteints de maladies contagieuses, devront être conduits, aussitôt après leur arrivée à la fourrière, dans les locaux à ce affectés.

11. L'inspecteur contrôleur de la fourrière constatera, tous les trimestres, la qualité des fourrages.

Il se fera assister, dans cette opération, par l'inspecteur général des halles et marchés.

Il nous adressera, conjointement avec ce chef de service, un rapport sur chaque opération.

12. Les animaux, voitures et autres objets déposés ne seront rendus qu'en vertu d'un ordre de sortie délivré, soit par les fonctionnaires qui les auront envoyés en fourrière, soit par le chef de la deuxième division de la préfecture de police, soit par le chef du troisième bureau de la même division.

Cependant, en cas d'urgence, ou bien après la fermeture des bureaux, l'inspecteur contrôleur de la fourrière pourra remettre, s'il y a lieu, et sous sa responsabilité personnelle, les objets et animaux déposés, à la charge de nous en rendre compte dans le plus court délai.

Le gardien de la fourrière est également autorisé, sous sa responsabilité personnelle, à rendre les animaux et objets déposés, mais seulement en l'absence de l'inspecteur contrôleur et en vertu d'un ordre signé de ce chef de service.

Dans ce cas, le gardien de la fourrière devra faire régulariser cette opération, aussitôt l'arrivée de l'inspecteur contrôleur qui nous en rendra compte.

Les frais de garde et de nourriture seront préalablement acquittés par les propriétaires des animaux ou objets rendus.

13. Toutes les fois qu'il aura été procédé à la vente d'animaux déposés à la fourrière, l'inspecteur contrôleur nous transmettra, sans délai, vérifiés et certifiés par lui, les mémoires des sommes qui seront dues au gardien, tant par la préfecture de police que par l'autorité judiciaire ou la direction de l'enregistrement et des domaines, pour la nourriture de ces animaux.

14. L'inspecteur contrôleur de la fourrière veillera, sous sa responsabilité personnelle, à ce que le gardien et le palefrenier remplissent strictement les obligations qui leur sont imposées par le présent arrêté.

TITRE III.

Des obligations imposées au gardien de la fourrière.

15. La ration des animaux déposés à la fourrière est fixée, pour vingt-quatre heures de séjour, ainsi qu'il suit :

Pour un cheval ou mulet.

Douze litres d'avoine,
Cinq kilogrammes de foin,
Dix kilogrammes de paille,

Pour un âne.

Six litres de son,
Deux kilogrammes cinq hectogrammes de foin,
Cinq kilogrammes de paille.

Pour une ânesse laitière.

Six litres de farine d'orge.
Deux kilogrammes cinq hectogrammes de foin,
Cinq kilogrammes de paille.

Pour un bœuf ou une vache.

Douze litres de son,
Cinq kilogrammes de luzerne,
Cinq kilogrammes de paille.

Pour une chèvre ou un mouton.

Six litres de son,
Deux kilogrammes, cinq hectogrammes de luzerne.

Pour un porc.

Vingt-quatre litres de son.

Pour un chien.

Deux cent cinquante grammes de pain bis,
Cinq hectogrammes de gras-double.

Pour un singe.

Les singes ne pourront être nourris que de fruits, légumes et pain ordinaire.

Les fourrages et toutes les fournitures indiqués ci-dessus devront toujours être de première qualité.

16. Le gardien de la fourrière sera tenu de diviser, par tiers, la ration des chevaux et mulets, et de donner chaque tiers aux heures indiquées ci-dessous :

1° A six heures du matin;
2° A une heure après midi;
3° A sept heures du soir.

Pour les autres animaux, la ration sera divisée en deux portions égales :

La première moitié sera donnée à neuf heures du matin,

La deuxième moitié à sept heures du soir.

17. Chaque matin, les chevaux et mulets seront pansés et étrillés convenablement.

Du 1ᵉʳ avril au 1ᵉʳ novembre, cette opération devra être effectuée dans la cour de la fourrière.

Pendant les autres mois de l'année, elle ne pourra avoir lieu que dans les écuries.

Les chevaux et mulets devront, en outre, être abreuvés deux fois par jour, et promenés au moins deux fois par semaine, si le temps le permet.

18. Les chiens, les singes et tous animaux (autres que les chevaux, mulets, ânes, bœufs, vaches, moutons, chèvres et porcs) seront déposés dans un endroit séparé.

Ils devront être attachés solidement au moyen d'une chaîne et de manière qu'ils ne puissent s'enfuir ou causer du désordre.

19. Les voitures, harnais et autres objets, déposés à la fourrière, devront être placés de manière à ne pouvoir se détériorer.

20. Le gardien devra inscrire, sur les ordres de sortie (qu'il remettra immédiatement à l'inspecteur contrôleur) les sommes que, conformément au tarif fixé par nous, il aura reçues des propriétaires des animaux, voitures et autres objets déposés à la fourrière, pour frais de garde ou de nourriture.

Les ordres de sortie précités nous seront transmis, tous les trois mois, par l'inspecteur contrôleur.

21. Le gardien de la fourrière n'aura droit à aucune indemnité pour la garde des voitures et autres objets déposés à la fourrière, et qui seront retirés par l'autorité administrative ou judiciaire pour être vendus.

Il en sera de même pour les objets appartenant à l'administration, et pour ceux dont la conservation est ordonnée pour cause d'utilité publique.

TITRE IV.

De la vente des animaux et objets déposés à la fourrière.

22. Aux termes de l'article 39 du décret du 18 juin 1811, et de l'article 2 de l'ordonnance royale du 23 mai 1830, les animaux et tous objets périssables ne pourront rester déposés à la fourrière plus de huit jours, et les objets non périssables, plus de six mois.

23. En exécution de l'article 40 du décret précité du 18 juin 1811 et du § 6 de l'article 1ᵉʳ de ladite ordonnance royale du 23 mai 1830, tous les objets périssables ou non périssables, déposés à la fourrière et susceptibles d'être vendus, seront remis à l'administration des domaines.

24. Cette remise sera effectuée pour les objets périssables de la manière suivante :

Aussitôt l'entrée en fourrière d'un objet de cette nature, l'inspecteur contrôleur devra nous en faire un rapport spécial afin de nous mettre à même de prendre la décision nécessaire pour la remise, à l'administration des domaines, de l'objet dont il s'agit.

Cette décision sera transmise à l'administration des domaines et communiquée à l'inspecteur contrôleur de la fourrière dans un délai assez prompt, pour qu'à l'expiration des huit jours fixés par l'article 39 du décret précité du 18 juin 1811, pour le séjour à la fourrière des objets périssables, l'objet en question, puisse être remis au receveur des domaines , chargé de procéder à la vente ; à moins que, dans cet espace de temps, cet objet n'ait été réclamé par son propriétaire ou restitué à qui de droit.

Dans ces deux derniers cas, l'inspecteur contrôleur de la fourrière devra nous en rendre compte sur-le-champ par un rapport.

25. En ce qui concerne les objets non périssables, la remise de ces objets à l'administration des domaines n'aura lieu, aux termes de l'article 2 de l'ordonnance royale du 23 mai 1830 précitée, que de six mois, en six mois et de manière qu'il soit fait seulement deux ventes par année.

L'inspecteur contrôleur de la fourrière devra nous faire connaître, par un rapport spécial qu'il nous adressera un mois au moins avant l'époque de la remise, les objets non périssables qui devront être vendus.

La remise de ces objets à l'administration des domaines sera ordonnée, ainsi qu'il est dit en l'article 34.

26. Conformément à l'article 3 de l'ordonnance royale du 23 mai 1830 , la remise des objets périssables ou non périssables devra être faite , par l'inspecteur contrôleur de la fourrière , au receveur des domaines chargé de la vente, sur un inventaire double qui indiquera la nature, la qualité et la quantité des objets, le nom de l'ancien propriétaire, s'il est connu, le nom du déposant et tous les autres renseignements qui pourront être utiles.

Cet inventaire sera signé tant par le contrôleur de la fourrière que par le receveur des domaines.

TITRE V.

Dispositions générales.

27. Le tarif des frais de nourriture ou de garde des animaux, voitures et autres objets déposés à la fourrière, sera fixé, chaque année, par un arrêté spécial.

28. Dans aucune circonstance et sous quelque prétexte que ce soit, il ne sera payé d'indemnité aux inspecteurs ou agents qui amèneront à la fourrière un animal quelconque, une voiture ou tout autre objet.

Dans le cas où ces inspecteurs ou agents se trouveraient dans l'obligation de faire amener à la fourrière les animaux , les voitures ou autres objets qu'ils auraient saisis ou trouvés en contravention, l'homme de peine, ou le commissaire qu'ils emploieront à cet effet, recevra une rétribution qui est fixée à un franc cinquante centimes.

Le gardien de la fourrière avancera , de ses deniers, ladite rétribution qui lui sera remboursée lors du payement de son mémoire.

29. Les arrêtés de nos prédécesseurs, en date des 25 mars 1831, 14 mai et 20 décembre 1832, relatifs à la fourrière, sont rapportés.

30. Le présent arrêté sera imprimé et affiché à la fourrière

Il sera adressé aux sous-préfets des arrondissemens de Saint-Denis et de Sceaux, aux maires des communes rurales du ressort de la préfecture de police , aux commissaires de police, au chef de la police municipale, à l'inspecteur contrôleur de la fourrière , ainsi qu'aux chefs des divers services extérieurs, qui demeurent chargés, chacun en ce qui les concerne, d'en assurer l'exécution.

Ampliation en sera transmise à M. le pair de France, préfet de la Seine, et à M. le directeur de l'enregistrement et des domaines du département de la Seine.

Il en sera remis des exemplaires à M. le procureur général près la cour royale de Paris, à M. le procureur du roi près le tribunal de première instance du département de la Seine, à M. le président du tribunal de commerce et à M. le commissaire de police remplissant les fonctions du ministère public près le tribunal de simple police.

Le conseiller d'Etat, préfet de police, G. DELESSERT.

N° **1688.** — *Ordonnance concernant la tenue de la foire aux jambons* (1).

Paris, le 20 mars 1839.

N° **1689.** — *Ordonnance concernant les mesures d'ordre à observer aux promenades de Longchamp* (2).

Paris, le 25 mars 1839.

N° **1690.** — *Ordonnance concernant la visite générale des tonneaux de porteurs d'eau* (3).

Paris, le 12 avril 1839.

N° **1691.** — *Ordonnance concernant les mesures d'ordre à observer dans Paris, le 1ᵉʳ mai, fête du roi* (4).

Paris, le 28 avril 1839.

N° **1692.** — *Arrêté qui prescrit la réimpression et la publication de l'ordonnance du 23 juin 1832 concernant les chiens* (5).

Paris, le 3 mai 1839.

N° **1693.** — *Arrêté qui prescrit la réimpression et la publication de l'ordonnance du 1ᵉʳ juin 1837, concernant l'arrosement.*

Paris, le 10 mai 1839.

(1) V. les ord. des 7 avril 1843 et 22 mars 1844.
(2) V. les ord. des 10 avril 1843 et 1ᵉʳ avril 1844.
(3) V. les ord. des 30 mars 1837, 15 avril 1843 et 20 avril 1844.
(4) V. les ord. des 28 avril 1843 et 27 avril 1844.
(5) V. l'ord. du 22 juin 1844.

N° **1694**. — *Ordonnance concernant les bains en rivière* (1).

Paris, le 20 mai 1839.

Nous, conseiller d'État, préfet de police,
Vu les articles 2 et 32 de l'arrêté du gouvernement, du 12 messidor an VIII (1er juillet 1800),

Ordonnons ce qui suit :

1. Il est défendu, 1° de se baigner nu en rivière, dans l'étendue du ressort de la préfecture de police ;
2° De se baigner en rivière dans l'intérieur de Paris, si ce n'est dans les bains ou écoles de natation autorisés.
Il est aussi défendu de se baigner dans le canal Saint-Martin et dans le bassin de la Villette.
Les contrevenants seront arrêtés et conduits à la préfecture de police.
Pour l'exécution de cette disposition, il sera placé en station le nombre de bachots nécessaires aux points où ils seront jugés utiles.
Ces bachots et les hommes chargés de les conduire, seront, pour ce service, à la disposition des commissaires de police, de l'inspecteur général et des inspecteurs particuliers de la navigation et des ports.
2. Il ne sera établi de bains ou écoles de natation en rivière que d'après notre autorisation.
3. Les bains devront être entourés de planches et fermés depuis le fond de la rivière jusqu'à son niveau, par des perches en forme de grilles, pour empêcher les baigneurs de passer dehors ou sous les bateaux.
Il y sera planté, de distance en distance, des pieux entre lesquels seront tendues des cordes, pour la sûreté et la commodité des baigneurs.
Il sera établi, dans la forme et sur les points que nous aurons désignés, des chemins solides pour arriver dans les bateaux de bains.
Un bachot muni de ses agrès sera continuellement attaché à chaque bain, pour porter des secours, en cas de besoin.
Les bateaux et les bains seront tenus en bon état et garnis de tous les ustensiles nécessaires.
Les bains ne seront ouverts au public qu'après qu'ils auront été visités par l'inspecteur général de la navigation et des ports, assisté d'un charpentier de bateaux.
4. Aucune communication ne pourra être établie entre les bains d'hommes et ceux des femmes.
5. Les bains et écoles de natation seront fermés depuis dix heures du soir jusqu'au jour. Ils devront être pourvus de moyens d'éclairage suffisants.
6. Il est défendu aux entrepreneurs de bains, aux mariniers, bachoteurs et autres propriétaires de bachots ou batelets, de louer ou prêter leurs bachots ou batelets à des personnes qui voudraient se baigner hors des bains publics. En cas de contravention, leurs permissions de tenir bachots et bains seront retirées et annulées.
7. Les personnes qui, pour raison de santé, ou pour se perfectionner dans l'art de nager, voudraient se baigner en pleine rivière, ne pourront y être conduites que par des mariniers munis de notre permission.

(1) V. l'ord. du 25 oct. 1840 (art. 187 et suiv., et 225).

Ces bains en pleine eau ne pourront avoir lieu sans notre autorisation spéciale.

8. Il est défendu à toute personne, étant en bachot ou batelet, de s'approcher des bains ou écoles de natation, sous peine, par le propriétaire du bachot, de se voir retirer la permission.

9. Il ne pourra être tiré de sable qu'à une distance de vingt mètres au moins des bains ou écoles de natation.

10. Il est enjoint de placer autour des écoles de natation, à l'intérieur, un filet assez fort pour empêcher les baigneurs de passer sous les bateaux : il devra être toujours tendu.

11. Il est défendu de se montrer nu hors des bains ou écoles de natation.

12. Il ne pourra être exigé dans les bains ou écoles de natation, un prix d'entrée plus élevé que celui qui sera indiqué dans la permission délivrée par nous, selon la nature de l'établissement.

13. Il sera placé à l'extérieur de la porte d'entrée et dans un lieu apparent de l'intérieur de chaque bain ou école de natation, un extrait, certifié par l'inspecteur général de la navigation, de la permission délivrée par nous aux entrepreneurs.

Cet extrait énoncera le prix d'entrée, qui ne pourra être excédé, et les conditions d'ordre et de sûreté que nous aurons prescrites.

Il y sera également affiché un exemplaire de la présente ordonnance.

14. Au 30 septembre prochain, les établissements de bains froids en rivière devront être supprimés.

Les bateaux en dépendant seront conduits dans une des gares extérieures, ou dans celle de l'Arsenal ; et les fonds de bois, planches, pieux, perches, etc., provenant de ces bains, ne pourront, sous aucun prétexte, rester après ladite époque sur les ports ou berges, ni sur aucun point dépendant de la voie publique.

15. Les contraventions aux dispositions qui précèdent seront constatées par des procès verbaux, qui nous seront adressés pour être transmis aux tribunaux.

16. La présente ordonnance sera imprimée et affichée.

MM. les commandants de la gendarmerie et de la garde municipale, les commissaires de police, les maires des communes riveraines des canaux de l'Ourcq et de Saint-Denis, le chef de la police municipale, l'inspecteur général de la navigation et des ports et les préposés sous leurs ordres sont chargés, chacun en ce qui le concerne, d'en surveiller l'exécution.

Le conseiller d'État, préfet de police, G. DELESSERT.

N° **1695.** — *Ordonnance concernant les armes à feu dont les armuriers, fabricants et marchands d'armes de luxe sont en possession* (1).

Paris, le 1er juin 1839.

Nous, conseiller d'État, préfet de police,
Vu 1° la loi des 16-24 août 1790 ;
2° La loi des 19-22 juillet 1791 ;
3° L'article 10 de l'arrêté du gouvernement du 12 messidor an VIII (1er

(1) V. l'ord. du 1er août 1820.

juillet 1800) qui nous charge de prendre les mesures propres à prévenir
les réunions tumultueuses ou menaçant la tranquillité publique;
4° L'arrêté du 3 brumaire an 9 (25 octobre 1800);
5° L'ordonnance du roi du 24 juillet 1816;
Et 6° le n° 15 de l'article 471 du Code pénal;
Considérant que les armuriers et marchands d'armes de luxe de la
capitale possèdent habituellement, dans leurs ateliers et magasins, un
grand nombre de fusils de chasse montés et en état de faire feu;
Considérant qu'à diverses époques, le pillage des armuriers a donné
aux ennemis de l'ordre public les moyens d'organiser des mouvements
insurrectionnels dans la capitale;
Considérant que la sûreté des citoyens exige que les armes en dépôt chez les armuriers soient l'objet de précautions propres à prévenir des tentatives criminelles, et que ces précautions peuvent se
combiner de manière à protéger la sûreté publique, sans nuire au
commerce des armes de luxe;

Par ces motifs, ordonnons ce qui suit:

1. A partir de la publication de la présente ordonnance, défense
expresse est faite aux armuriers, fabricants ou marchands d'armes de
la capitale, ainsi qu'à tous brocanteurs se livrant au commerce des
armes de luxe et de celles dites de Traite, de détenir à l'avenir, dans
leurs boutiques, magasins et ateliers, des fusils de chasse ou des
fusils dits de Traite en état de faire feu immédiatement.
2. Les armes désignées dans l'article précédent ne seront mises en
état de faire feu qu'au fur et à mesure des ventes effectuées, et constatées sur le registre exigé par l'ordonnance du roi du 24 juillet 1816,
et à la charge de livrer lesdites armes sur-le-champ aux acheteurs.
3. Les armuriers seront tenus de démonter les fusils de chasse ou
autres aussitôt qu'ils leur seront confiés pour être réparés, sauf à les
remettre en état de faire feu au moment où ils les rendront à leurs
propriétaires.
4. De fréquentes visites seront faites, par les commissaires de police, dans les boutiques, magasins et ateliers des armuriers, et chez les
marchands d'armes de commerce, ainsi que chez les brocanteurs,
pour s'assurer s'ils se conforment aux dispositions ci-dessus.
5. Les infractions aux dispositions de la présente ordonnance seront constatées par des procès-verbaux et rapports des commissaires
de police, lesquels seront transmis aux tribunaux compétents.
6. La présente ordonnance sera imprimée, publiée et affichée dans
Paris et dans l'étendue du ressort de la préfecture de police.
Le chef de la police municipale, et les commissaires de police de la
ville de Paris sont chargés d'assurer son exécution.
Les sous-préfets de Sceaux et de Saint-Denis, les maires et les commissaires de police des communes rurales sont spécialement chargés
de veiller à ce que ses dispositions soient exécutées, en ce qui les concerne, dans leurs communes respectives.

Le conseiller d'Etat, préfet de police, G. DELESSERT.

N° **1696.** — *Ordonnance concernant les commissionnaires stationnant sur la voie publique* (1).

Paris, le 1er juillet 1839.

Nous, conseiller d'État, préfet de police,

Informé que les dispositions de l'ordonnance de police du 29 juillet 1811, concernant les commissionnaires stationnant sur la voie publique, ne sont pas exactement observées;

Que beaucoup d'individus exercent cette profession sans y avoir été autorisés, et qu'il s'en trouve parmi eux qui ne présentent pas les garanties morales qu'elle exige;

Que la plupart de ceux qui ont obtenu des médailles ne les portent pas d'une manière ostensible;

Que d'autres ne se font aucun scrupule de les vendre, de les engager ou de les prêter;

Qu'un assez grand nombre stationnent sur des places autres que celles qui leur ont été assignées;

Qu'en général, les commissionnaires embarrassent la voie publique, soit en formant des groupes dans les lieux où ils stationnent, soit en y déposant les instruments de leur travail;

Considérant qu'il est du devoir de l'administration de faire cesser ces abus et d'apporter aux règlements existants les modifications dont ils sont susceptibles dans l'intérêt de l'ordre et de la sûreté publique;

Vu la loi des 16-24 août 1790, titre XI, article 3;

Vu les arrêtés du gouvernement du 12 messidor an VIII (1er juillet 1800), et du 3 brumaire an IX (25 octobre 1800), qui chargent le préfet de police de la surveillance spéciale des commissionnaires à Paris et dans les communes du ressort de la préfecture,

Ordonnons ce qui suit :

1. Tout individu qui voudra exercer l'état de commissionnaire avec stationnement sur la voie publique dans le ressort de la préfecture de police, devra se pourvoir d'un livret *ad hoc* et d'une médaille conforme au modèle ci-après déterminé.

A cet effet, il fera, par-devant le commissaire de police du quartier ou de la commune de son domicile, et par-devant le maire dans les communes où il n'existe pas de commissaires de police, une déclaration où seront énoncés, ses nom, prénoms, âges, demeure, lieu de naissance et signalement.

Cette déclaration indiquera l'époque depuis laquelle le requérant réside dans le ressort de la préfecture de police, et le lieu où il désire stationner.

Elle sera certifiée par deux témoins domiciliés qui attesteront que le requérant est de bonne vie et mœurs.

Elle contiendra en outre l'avis de l'officier de police du lieu où le commissionnaire voudra stationner.

2. Sur le dépôt de cette déclaration, l'impétrant recevra à la préfecture de police une médaillle et un livret de commissionnaire, s'il n'y a aucun motif d'empêchement.

---

(1) V. l'ord. du 29 juillet 1811.

5. Les médailles seront en cuivre et auront la forme indiquée ci-dessous.

Pour les commissionnaires déchargeurs aux barrières.

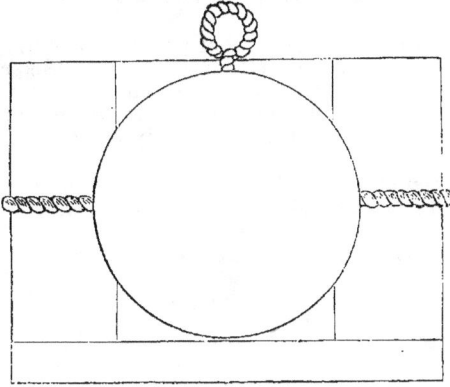

Pour les commissionnaires de Paris et des communes rurales.

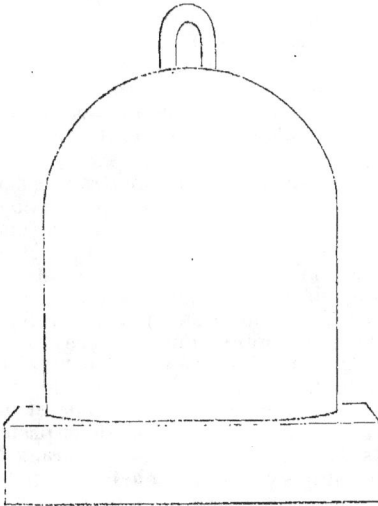

Elles porteront les initiales des prénoms et le nom du commissionnaire, le numéro d'enregistrement et, selon les cas, l'une des indications suivantes :

Commissionnaire à Paris,

Commissionnaire déchargeur aux barrières.

Commissionnaire : communes rurales

4. Les livrets délivrés aux commissionnaires contiendront leurs nom, prénoms, âge, lieu de naissance et signalement; ils indiqueront leur demeure et le lieu où ils sont autorisés à stationner.

5. Il est enjoint aux commissionnaires de porter leurs médailles ostensiblement et de manière qu'il soit toujours facile d'en prendre le numéro.

Ils devront aussi être constamment porteurs de leur livret et seront tenus de le représenter à toute réquisition des officiers et agents de police, ou des personnes qui les emploieront.

6. Il est expressément défendu à tout commissionnaire de vendre, engager ou prêter sa médaille ou son livret, sous peine d'en être privé.

7. Il est également défendu à tout commissionnaire de stationner sur un point de la voie publique autre que celui qui lui aura été assigné en dernier lieu sur son livret.

8. Tout commissionnaire qui voudra occuper une nouvelle station devra se pourvoir :

1° De l'autorisation de l'officier de police du quartier ou de la commune dont elle dépendra ;

2° D'un certificat de l'officier de police du lieu du dernier stationnement, constatant la conduite qu'il y a tenue.

Il se présentera immédiatement à la préfecture de police avec ces deux pièces, pour que mention de ce changement, s'il est approuvé, soit faite sur son livret.

9. Lorsqu'un commissionnaire changera de demeure, il en fera sur-le-champ la déclaration à la préfecture de police où il en sera tenu note, et mention en sera faite également sur son livret.

10. Tout commissionnaire qui renoncera à son état ou quittera, même temporairement, le ressort de la préfecture de police, déposera son livret et sa médaille à ladite préfecture.

11. Il est défendu aux commissionnaires de former des groupes sur la voie publique ou d'entraver de toute autre manière la liberté de la circulation.

12. Tout commissionnaire qui commettra une action contraire à la probité, qui manquera d'égards envers le public ou qui prendra part à des désordres quelconques, sera privé temporairement ou définitivement, selon les cas, de sa médaille et de son livret, sans préjudice des poursuites à exercer, s'il y a lieu, contre lui devant les tribunaux.

13. Les médailles délivrées jusqu'à ce jour aux différentes classes de commissionnaires stationnant sur la voie publique, dans Paris, aux barrières ou dans les communes rurales du ressort de la préfecture de police, ne seront plus valables que jusqu'au 1er août prochain.

14. L'ordonnance de police du 29 juillet 1811 est rapportée.

15. La présente ordonnance sera imprimée et affichée dans Paris et dans les communes rurales du ressort de la préfecture de police.

Les sous-préfets des arrondissements de Sceaux et de Saint-Denis, les maires des communes rurales, le chef de la police municipale, les commissaires de police, les officiers de paix et les agents et préposés de la préfecture de police sont chargés d'en surveiller et assurer l'exécution.

Le conseiller d'Etat, préfet de police, G. DELESSERT.

N° **1697.** — *Arrêté concernant les dépôts de poudre de mine,*
pour le service des carrières.

Paris, le 8 juillet 1839.

Nous, conseiller d'Etat, préfet de police,

Vu, 1° la loi des 16-24 août 1790 ;

2° L'arrêté du gouvernement du 12 messidor an VIII (1er juillet 1800);

3° La loi du 3 brumaire an IX (25 octobre 1800);

4° La loi du 13 fructidor an V et l'ordonnance royale du 25 mars 1818,

5° La loi du 24 mai 1834, article 2;

6° Le rapport de M. l'ingénieur en chef des mines, inspecteur général des carrières, du 14 juin 1839 ;

Considérant que la sûreté publique est intéressée à ce que des dépôts de poudre de mine ne puissent être formés que chez les propriétaires de carrières, ou chez leurs tâcherons et conducteurs ;

Que les approvisionnements de cette poudre doivent être restreints aux quantités strictement nécessaires pour assurer le service des travaux dans les carrières;

Considérant aussi qu'il y a danger dans l'emploi de baguettes de fer, dites épinglettes, pour amorcer les trous de mine ;

Et qu'il importe de prendre des mesures pour régulariser ce service,

Arrêtons ce qui suit :

1. Il est expressément défendu aux ouvriers carriers d'avoir chez eux aucun dépôt de poudre de mine.

2. Les propriétaires de carrières, leurs tâcherons et conducteurs seront, à l'avenir, seuls aptes à s'approvisionner de la poudre de mine néessaire pour les travaux des carrières.

3. Le dépôt de poudre de mine que pourra conserver le propriétaire d'une carrière, le tâcheron ou conducteur désigné par lui, ne pourra dépasser deux kilogrammes pour les carrières de pierre à bâtir, et dix kilogrammes pour celles de pierre à plâtre.

4. La poudre de mine ne pourra être remise par le débitant aux propriétaires de carrières, tâcherons ou conducteurs, que sur un certificat du maire de la commune où est située l'exploitation.

Ce fonctionnaire ne délivrera le certificat que d'après l'attestation de M. l'inspecteur général des carrières, de laquelle résultera que le dépôt de poudre demandé est nécessaire.

5. Dans le délai d'un mois, à partir de la notification du présent arrêté, les propriétaires de carrières devront se pourvoir de baguettes ou épinglettes en laiton ou cuivre jaune, pour amorcer les trous de mine.

Passé ce délai, aucune baguette en fer ne pourra être employée à cet usage.

6. Il est enjoint aux entrepositaires de poudre de mine, d'avoir un registre coté et parafé par le maire de leurs communes respectives, sur lequel ils inscriront les livraisons de poudre, au fur et à mesure qu'ils les feront.

7. Expédition du présent arrêté sera adressée à MM. les maires des communes rurales du département de la Seine, et des communes de Saint-Cloud, Sèvres et Meudon et à M. l'inspecteur général des carrières, chargés d'en assurer l'exécution et de nous en rendre compte.

Copie en sera envoyée à M. le directeur des contributions indirectes.

Le conseiller d'État, préfet de police, G. DELESSERT.

N° **1698.** — *Ordonnance concernant les mesures d'ordre et de sûreté à observer à l'occasion du neuvième anniversaire des journées de juillet* 1830 (1).

Paris, le 26 juillet 1839.

N° **1699.** — *Arrêté concernant la police du chemin de fer de Paris à Versailles (rive droite)* (2).

Paris, le 8 août 1839.

Nous, conseiller d'Etat, préfet de police,

Vu : 1° la lettre de M. le ministre des travaux publics, en date du 1er de ce mois, de laquelle il résulte que la compagnie du chemin de fer de Paris à Versailles partant de la rive droite de la Seine est autorisée à établir un service de transport sur ledit chemin ;

2° Le règlement approuvé, le 3 de ce mois, par M. le ministre des travaux publics, pour la police du chemin de fer de Paris à Versailles (rive droite);

3° L'arrêté de M. le ministre des travaux publics du 4 de ce mois, portant règlement provisoire du tarif de transport des voyageurs sur le chemin il s'agit ;

4° L'article 471, § 15, du Code pénal ;

5° La loi des 16-24 août 1790 ;

6° Les arrêtés du gouvernement des 12 messidor an VIII (1er juillet 1800), et 3 brumaire an IX (25 octobre 1800),

Arrêtons ce qui suit :

1. Le règlement approuvé, le 3 de ce mois, par M. le ministre des travaux publics, pour la police du chemin de fer de Paris à Versailles (rive droite) et l'arrêté du ministre des travaux publics du 4 du même mois, portant règlement provisoire du tarif du transport des voyageurs sur le chemin dont il s'agit, seront imprimés et affichés pour être exécutés suivant leur forme et teneur (3).

2. Les contraventions auxdits règlements et arrêté, dans l'étendue du ressort de la préfecture de police, seront constatées par des procès-verbaux ou rapports qui nous seront transmis sans délai, pour être poursuivies conformément aux lois et règlements.

3. Le sous-préfet de l'arrondissement de Saint-Denis, l'ingénieur en chef, directeur des ponts et chaussées du département de la Seine, l'ingénieur en chef des mines du département de la Seine, les

---

(1) V. les ord. des 26 juillet 1840 et 1841.

(2) V. pour la police, l'ord. du 6 sept. 1839, les arrêtés des 16 mai et 14 sept. 1842 ; et, pour les tarifs, les ord. des 10 avril 1843 et 14 juin 1844.

(3) V. ce règlement et cet arrêté à l'appendice.

maires des communes du même département sur le territoire desquelles passe le chemin sus-désigné, le maire de Saint-Cloud, les commissaires de police, notamment les commissaires spéciaux de police du chemin de fer de Paris à Saint-Germain, et le commissaire de police de Saint-Cloud, le chef de la police municipale, les officiers de paix, les autres préposés de la préfecture de police, les agents de surveillance du chemin de fer, et les gardes champêtres sont chargés, chacun en ce qui le concerne, de tenir la main à l'exécution du présent arrêté.

Il sera, en outre, adressé à M. le colonel de la garde municipale de la ville de Paris et à M. le commandant de la gendarmerie du département de la Seine, pour qu'ils en assurent l'exécution par tous les moyens qui sont en leur pouvoir.

Le conseiller d'Etat, préfet de police, G. DELESSERT.

— ◦ —

N° 1700. — *Ordonnance concernant l'ouverture de la chasse* (1).

Paris, le 17 août 1839.

— ◦ —

N° 1701. — *Ordonnance concernant les mesures d'ordre et de sûreté à observer à l'occasion des fêtes de Saint-Cloud* (2).

Paris, le 3 septembre 1839.

— ◦ —

N° 1702. — *Ordonnance concernant le service du chemin de fer de Paris à Versailles (rive droite)* (3).

Paris, le 6 septembre 1839.

Nous, conseiller d'Etat, préfet de police,

Vu, 1° notre arrêté du 8 août dernier, concernant la police du chemin de fer de Paris à Versailles (rive droite), ensemble la nouvelle décision prise sur cet objet, le 20 du même mois, par M. le ministre des travaux publics ;

2° L'arrêté de M. le ministre des travaux publics du 4 dudit mois, portant règlement provisoire du tarif du transport des voyageurs sur le chemin dont il s'agit ;

3° L'article 471, § 15, du Code pénal ;

4° La loi des 16-24 août 1790 ;

5° Les arrêtés du gouvernement des 12 messidor an VIII (1er juillet 1800), et 3 brumaire an IX (25 octobre 1800),

Ordonnons ce qui suit :

§ Ier. — Mesures relatives à l'arrivée et au départ des convois.

1. Il est défendu à toute personne étrangère au service du chemin

—————

(1) V. l'ord. du 22 août 1843.
(2) V. l'ord. du 6 sept. 1843.
(3) V. pour la police, les arrêtés des 8 août 1839, 16 mai et 14 sept. 1842 ; et, pour les tarifs, les ord. des 10 avril 1843 et 14 juin 1844.

de fer de Paris à Versailles, de s'introduire sur cette voie, d'y circuler ou stationner.

Il est défendu d'y jeter et déposer, même momentanément, aucuns matériaux, ni objets quelconques.

Il est également défendu d'y introduire, faire circuler ou stationner aucune voiture, wagon ou machine étrangère au service.

Sauf les cas de force majeure, aucun stationnement de voitures ou de wagons, soit vides, soit chargés, ne pourra avoir lieu sur les voies du chemin de fer. Les conducteurs des convois ne pourront s'arrêter ailleurs que dans les stations.

2. Sont exceptés de la défense portée au premier paragraphe de l'article 1er, les officiers de police, les gendarmes et autres agents de la force publique dans l'exercice de leurs fonctions et revêtus de leurs uniformes ou de leurs insignes.

Des mesures spéciales de précaution, auxquelles seront tenus de se soumettre les agents ci-dessus désignés, seront déterminées par l'administration, la compagnie préalablement entendue.

3. Dans la partie du chemin de fer de Paris à Saint-Germain, comprise entre Paris et Asnières, la voie du milieu servira aux transports effectués de Paris sur Saint-Germain et de Paris sur Versailles.

La voie latérale de droite sera spécialement affectée aux transports en retour de Saint-Germain sur Paris, et la voie latérale de gauche aux transports en retour de Versailles sur Paris.

Dans aucune circonstance et sous aucun prétexte, on ne pourra changer la destination des deux voies latérales.

4. Les convois dirigés de Paris sur la ligne de Versailles ou celle de Saint-Germain ne pourront partir qu'à cinq minutes au moins d'intervalle les uns des autres.

Cet intervalle sera de dix minutes pour les convois qui suivront ceux qui devront s'arrêter entre Paris et Asnières.

Les convois descendant de Versailles ou de Saint-Cloud sur Paris, ne pourront partir qu'à dix minutes d'intervalle les uns des autres, néanmoins les convois destinés au service des stations intermédiaires pourront partir cinq minutes après le convoi direct qui les aura précédés.

5. Les convois ne pourront s'arrêter qu'aux gares ou lieux de stationnement spécialement autorisés pour le service des voyageurs ou des marchandises.

La compagnie devra faire connaître au public, par des affiches ou des avis imprimés, dont elle nous donnera communication immédiate, ces lieux de stationnement et les heures de départ et d'arrivée.

6. Aux points de départ de Paris et à la station définitive de Saint-Cloud, les lieux d'embarquement et ceux de débarquement seront séparés de telle sorte que l'entrée et la sortie des voyageurs se fassent par des issues différentes.

Les mêmes dispositions seront appliquées, autant que possible, aux stations intermédiaires.

7. Les voyageurs ne seront admis sur les quais de chargement et débarquement qu'au moment des départs.

8. Les convois ne se mettront en marche au départ des stations de Paris et Saint-Cloud, qu'après trois avertissements donnés, les deux premiers à la cloche et le troisième à la trompette.

La marche du convoi sera signalée par le cantonnier le plus rapproché de la station, au moyen d'un coup de sifflet que les cantonniers suivants devront successivement répéter.

9. Il n'est permis aux voyageurs d'entrer dans les voitures et d'en sortir que par la portière qui fait face au côté extérieur de la ligne du chemin de fer.

10. Pendant la nuit, les convois de voyageurs devront porter à l'arrière de la dernière voiture deux fanaux allumés, garnis de verres de couleur, de manière à ce que le convoi suivant puisse être averti au besoin de la présence du convoi qui le précède dans la même direction.

Les voitures fermées, destinées au transport des voyageurs, devront être éclairées intérieurement.

11. Tout le matériel d'exploitation, machines locomotives, voitures, wagons, seront toujours maintenus dans le meilleur état d'entretien possible.

Les machines locomotives ne pourront être employées sur le chemin de fer qu'après avoir été soumises à toutes les épreuves prescrites par les règlements relatifs aux machines à vapeur; elles seront d'ailleurs visitées le plus souvent possible par l'ingénieur des mines en résidence dans le département.

12. Chaque convoi devra être accompagné:

1° D'un mécanicien;

2° D'un chauffeur capable au besoin d'arrêter la machine;

3° D'un conducteur au moins pour six voitures, de deux pour quatorze voitures, de trois pour vingt-quatre et de quatre pour tout nombre de voitures au delà de vingt-quatre, le nombre de voitures ne pouvant pas toutefois excéder trente-deux.

Un de ces conducteurs devra être préposé à la garde du frein destiné à empêcher les convois de prendre une trop grande accélération de vitesse et à les arrêter au besoin.

13. Avant le départ du convoi, le mécanicien s'assurera si toutes les parties de la locomotive et du tender sont en bon état, si le frein fonctionne avec facilité, etc.

Les conducteurs s'assureront de leur côté si toutes les voitures de voyageurs sont en bon état; le signal du départ ne sera donné que lorsque toutes les portières seront fermées.

§ II. — Mesures relatives à la circulation et à la marche des convois.

14. La vitesse maximum que les trains pourront prendre sur la pente de cinq millimètres de Versailles à Asnières sera fixée ultérieurement par un règlement spécial.

15. Les trains de voyageurs ou de marchandises ne pourront s'arrêter dans les points où le chemin de fer traverse à niveau les chemins publics.

16. Aux points où des chemins traversent de niveau le chemin de fer, il sera établi deux barrières, une de chaque côté, avec un gardien chargé spécialement de les ouvrir et de les fermer.

Toutefois, dans le cas où deux passages de niveau seraient assez rapprochés pour qu'un même gardien puisse en faire le service, le préfet, après avoir consulté l'ingénieur en chef, pourra accorder cette facilité à la compagnie.

17. Les barrières seront habituellement fermées; les gardes, chargés du service de ces barrières, les ouvriront quand cela sera nécessaire, et ils les refermeront sur-le-champ.

Lorsqu'un train est en vue ou attendu, il leur est défendu d'ouvrir.

18. Les cantonniers et gardes placés le long du chemin devront être assez rapprochés pour pouvoir se voir.

Ils devront parcourir, chacun sa section, avant le passage des convois, et veiller à ce que rien, ni sur les voies, ni en dehors des voies, ne puisse entraver leur marche.

Ils doivent d'ailleurs, autant que possible, se porter vers l'extrémité de leur section par laquelle le convoi arrive, pour donner tous les avertissements nécessaires.

Dans le cas où un convoi s'arrêterait sur la voie, soit pour le service d'une station intermédiaire, soit pour cause d'accident, le cantonnier le plus voisin devra se porter en arrière du convoi, pour transmettre les signaux d'arrêt aux convois qui pourraient circuler à la suite sur la même voie. Ces signaux consisteront en un drapeau pendant le jour, et en une lanterne agitée sur la voie pendant la nuit.

19. Lorsqu'il sera nécessaire d'établir des ateliers de réparation sur les voies, les chefs d'atelier planteront un pavillon tricolore au milieu desdites voies chaque fois que les ouvriers remplaceront un rail, ou feront une réparation quelconque de nature à empêcher le passage de la machine.

Ce drapeau sera planté sur l'accotement pour indiquer qu'il ne faut que ralentir la marche de la machine.

20. A l'approche, soit des ateliers de réparation, soit des chemins traversant à niveau le chemin de fer, soit des stations, le mécanicien devra ralentir la marche de la locomotive ; il devra en même temps faire jouer le sifflet à vapeur pour avertir de l'approche du convoi.

21. Le mécanicien ne pourra, dans aucun cas, quitter la locomotive; il doit, ainsi que le chauffeur, se tenir debout et surveiller attentivement pendant tout le temps que la machine est en mouvement.

22. Le mécanicien surveillera constamment la tension de la vapeur et le niveau d'eau de la chaudière; il veillera à ce que rien n'embarrasse la manœuvre du frein, afin de s'arrêter dès qu'il aperçoit les signaux qui le lui commandent.

23. Aucune personne, autre que le mécanicien et le chauffeur, ne pourra monter sur la locomotive ou sur son allége, à moins d'une permission spéciale et écrite du directeur du chemin.

24. Des gardes seront établis par la compagnie aux aiguilles et tournevoies qui doivent servir à l'entrée dans les gares et stations.

Ces gardes seront chargés des manœuvres à faire pour diriger convenablement les convois sur la voie qu'ils doivent suivre.

25. En cas d'accident durant le trajet, le mécanicien, ou l'un des conducteurs, devront faire transmettre par les cantonniers les signaux nécessaires pour appeler les secours de la station la plus prochaine.

26. En cas de doute sur la transmission des signaux, le cantonnier courra avertir celui qui le suit immédiatement, et ainsi de suite, de poste en poste, jusqu'à ce que les signaux aient été bien compris et répétés.

27. Il y aura constamment à chaque station principale ou intermédiaire, des agrès et outils convenables en cas d'accident, lesquels seront dirigés sur le point où ils seront nécessaires dès que l'accident aura été signalé.

28. Les voitures destinées au transport des voyageurs seront d'une construction solide, elles devront être commodes et pourvues de tout ce qui est nécessaire à la sûreté des voyageurs.

Les différentes caisses de chaque voiture seront ouvertes par deux portières latérales, et chaque portière sera garnie d'un marche-pied.

Chaque voiture portera à l'avant et à l'arrière des tampons garnis à ressort, pour amortir, autant que possible, l'effet des chocs imprévus.

§ III. — Mesures générales.

29. Il est défendu aux voyageurs de se tenir debout sur les bancs des voitures.

Il leur est également défendu de passer d'une voiture dans une autre.

30. Les cantonniers et les garde-barrières devront faire sortir immédiatement toute personne qui se serait introduite en dedans des voies, soit entre les rails, soit en dehors des rails.

En cas de résistance de la part des contrevenants, les cantonniers et gardes devront appeler l'assistance des agents de l'administration publique.

31. Il sera tenu dans chacune des stations du chemin de fer, un registre coté et parafé par le maire du lieu, lequel sera destiné à recevoir les réclamations des voyageurs qui auraient des plaintes à former contre les gardes, les cantonniers, les garde-barrières, les mécaniciens ou autres agents et ouvriers employés sur la ligne.

Ce registre sera présenté à toute réquisition des voyageurs.

32. Les poursuites en raison d'accidents arrivés par le fait des agents de la compagnie, dont elle est civilement responsable, seront dirigées contre la personne du directeur ou du fondé de pouvoirs de la compagnie.

33. Toutes les fois qu'il arrivera un accident sur le chemin de fer, il en sera fait immédiatement déclaration à l'autorité locale, à la diligence de tous agents de la compagnie, témoins de l'accident.

Le directeur ou le fondé de pouvoirs de la compagnie en informera immédiatement le préfet.

34. Des exemplaires imprimés du présent règlement et du tarif, certifiés par nous, seront constamment affichés dans les lieux les plus apparents des bureaux de la compagnie.

Les conducteurs garde-convois devront également être munis de ces pièces pour les exhiber à toute réquisition.

Des extraits devront être délivrés, chacun pour ce qui le concerne, aux mécaniciens, chauffeurs, garde-frein, cantonniers, garde-barrières et autres agents employés sur ce chemin.

Des extraits, en ce qui concerne les dispositions à observer par les voyageurs pendant le trajet, devront également être placés dans chaque voiture.

§ IV. — Moyens d'exécution.

35. Il sera pourvu à la surveillance que l'administration doit exercer sur l'exécution du présent règlement et au maintien de l'ordre :

1° Par les soins des ingénieurs des ponts et chaussées et des mines des départements de la Seine et de Seine-et-Oise ;

2° Par le commissaire de Saint-Cloud, pour la partie comprise entre Saint-Cloud et Asnières.

36. Les commissaires de police et les agents de surveillance veilleront au maintien de l'ordre ; ils dresseront procès-verbaux de toutes les contraventions qui pourraient être commises, soit par les employés de la compagnie, soit par toute autre personne, ainsi que de tous les accidents qui pourraient survenir.

Ils nous adresseront ces procès-verbaux pour que copie en soit transmise au ministre des travaux publics, après que nous aurons fait constater, s'il y a lieu, les circonstances de l'affaire, par les ingénieurs des ponts et chaussées ou par les ingénieurs des mines.

37. Les mécaniciens, chauffeurs, conducteurs, surveillants et cantonniers devront obéir aux réquisitions des commissaires de police et des agents sous leurs ordres, dans tout ce qui est relatif à l'exécution du présent règlement.

38. Les commissaires de police et les agents de surveillance donneront avis immédiatement des détériorations qui pourraient survenir sur le chemin, aux ingénieurs des ponts et chaussées, chargés de la surveillance, qui provoqueront telle mesure que de droit, et au fondé de pouvoirs de la compagnie.

39. Tous les frais qu'exigera l'exécution du présent règlement seront à la charge de la compagnie.

Elle est tenue de fournir des locaux de surveillance pour les commissaires de police et les agents de surveillance.

Si, dans certaines circonstances, il devenait nécessaire d'établir, auprès des stations, des postes militaires, tous les frais qui en résulteraient seraient également à la charge de la compagnie.

40. Les contraventions au présent règlement seront poursuivies et réprimées conformément aux lois et règlements.

41. L'arrêté de M. le ministre des travaux publics du 4 août dernier, portant règlement provisoire du tarif du transport des voyageurs sur le chemin de fer de Paris à Versailles (rive droite), sera imprimé et affiché de nouveau pour continuer d'être exécuté suivant sa forme et teneur.

42. Le sous-préfet de l'arrondissement de Saint-Denis, les ingénieurs en chef des ponts et chaussées et des mines des départements de la Seine et de Seine-et-Oise, les maires des communes du département de la Seine sur le territoire desquelles passe le chemin susdésigné, le maire de Saint-Cloud, les commissaires de police, notamment les commissaires spéciaux de police du chemin de fer de Paris à Saint-Germain, et le commissaire de police de Saint-Cloud, le chef de la police municipale, les officiers de paix, les autres préposés de la préfecture de police, les agents de surveillance du chemin de fer, et les gardes champêtres sont chargés, chacun en ce qui le concerne, de tenir la main à l'exécution de la présente ordonnance.

Elle sera, en outre, adressée à M. le colonel de la garde municipale de la ville de Paris et à M. le commandant de la gendarmerie du département de la Seine, pour qu'ils en assurent l'exécution par tous les moyens qui sont en leur pouvoir.

Le conseiller d'Etat, préfet de police, G. DELESSERT.

N° 1703. — *Ordonnance concernant le moulage, l'autopsie, l'embaumement et la momification des cadavres.*

Paris, le 6 septembre 1839.

Nous, conseiller d'Etat, préfet de police,

Considérant qu'il importe que les cadavres ne soient soumis, avant les délais fixés par la loi pour procéder aux inhumations, à aucune opération capable de modifier leur état ou de transformer en décès réel une mort qui ne serait qu'apparente;

Considérant que l'autorité, chargée de veiller à la salubrité publique, doit fixer les délais qui peuvent être accordés, selon les circonstances, pour surseoir aux inhumations et prescrire les mesures de précaution que nécessiterait la conservation des cadavres au delà du terme d'usage;

Vu les arrêtés du gouvernement des 12 messidor an VIII (25 octobre 1800), et 3 brumaire an IX (1er juillet 1800);

L'ordonnance de police du 25 janvier 1838, concernant les autopsies,

Ordonnons ce qui suit:

1. A Paris, et dans les autres communes du ressort de la préfecture de police, il est défendu de procéder au moulage, à l'autopsie, à l'embaumement ou à la momification des cadavres, avant qu'il se soit écoulé un délai de vingt-quatre heures depuis la déclaration des décès à la mairie, et sans qu'il en ait été adressé une déclaration préalable au commissaire de police à Paris et au maire dans les communes rurales.

2. Cette déclaration devra indiquer que l'opération est autorisée par la famille ; elle fera connaître, en outre, l'heure du décès ainsi que le lieu et l'heure de l'opération.

3. Les maires et les commissaires de police devront nous transmettre ces déclarations, après avoir constaté que l'on s'est conformé aux dispositions de l'article 1er.

4. Il n'est fait exception aux dispositions de la présente ordonnance que pour les cadavres des personnes dont le décès aurait été constaté judiciairement.

5. Les infractions aux dispositions qui précèdent seront constatées par des procès-verbaux qui nous seront adressés pour être transmis aux tribunaux compétents.

6. Les dispositions de la présente ordonnance ne sont point applicables aux opérations qui sont pratiquées dans les hôpitaux et hospices, et dans les amphithéâtres de dissection légalement établis.

7. L'ordonnance de police du 25 janvier 1838, concernant les autopsies, est rapportée.

8. Les sous-préfets des arrondissements de Sceaux et de Saint-Denis, les maires des communes rurales, les commissaires de police, le chef de la police municipale de Paris, les officiers de paix et les autres préposés de la préfecture de police sont chargés, chacun en ce qui le concerne, de l'exécution de la présente ordonnance qui sera imprimée et affichée dans toute l'étendue du ressort de la préfecture de police.

Ampliation en sera adressée à M. le pair de France, préfet de la Seine, et à chacun de MM. les maires de la ville de Paris.

Le conseiller d'Etat, préfet de police, G. DELESSERT.

———————— ◉ ————————

N° **1704**. — *Ordonnance concernant la fixation du prix des resserres au marché des Carmes.*

Paris, le 20 septembre 1839.

Nous, conseiller d'Etat, préfet de police,
Vu 1° La loi des 16—24 août 1790, titre XI ;
2° L'arrêté du gouvernement du 12 messidor an VIII (1er juillet 1800) ;
3° Le décret du 21 septembre 1807 ;
4° L'ordonnance de police du 4 février 1819 ;
5° L'article 484 du Code pénal ;
6° La délibération du conseil municipal de la ville de Paris du 28 juin 1839, approuvée le 19 août suivant par M. le ministre de l'intérieur, portant qu'il y a lieu d'assujettir les détaillantes du marché des Carmes qui occupent des resserres à un droit de location de cinquante centimes par resserre et par semaine ;
7° La lettre de M. le pair de France, préfet du département de la Seine, en date du 2 septembre 1839,

Ordonnons ce qui suit :

1. Conformément à la délibération du conseil municipal du 28 juin 1839, approuvée le 19 août suivant par M. le ministre de l'intérieur, les détaillantes du marché des Carmes qui occupent des resserres payeront un droit de location de cinquante centimes par resserre et par semaine.

2. Ce droit de location sera perçu, à compter du 30 de ce mois, et devra être acquitté, suivant l'usage, par semaine et d'avance.

5. Toutes les dispositions de l'ordonnance de police du 4 février 1819, qui ne sont pas contraires à la présente, continueront d'être exécutées selon leur forme et teneur.

4. La présente ordonnance sera imprimée et affichée.

5. Ampliation en sera envoyée à M. le pair de France, préfet du département de la Seine.

6. Le commissaire de police du quartier Saint-Jacques, l'inspecteur général et les inspecteurs généraux adjoints des halles et marchés, et les autres préposés de la préfecture de police sont chargés, chacun en ce qui le concerne, de tenir la main à son exécution.

Le conseiller d'Etat, préfet de police, G. DELESSERT.

N° **1705.** — *Ordonnance concernant le stationnement, sur la voie publique, des voitures, bêtes de trait et de somme, servant au transport des marchandises destinées à l'approvisionnement des halles du centre* (1).

Paris, le 27 septembre 1839.

N° **1706.** — *Arrêté qui fixe le tarif des places sur le chemin de fer de Paris à Versailles (rive droite)* (2).

Paris, le 3 octobre 1839.

N° **1707.** — *Arrêté relatif aux objets placés en saillie sur la voie publique.*

Paris, le 11 octobre 1839.

Nous, conseiller d'Etat, préfet de police,

Considérant qu'aucun objet, soit fixe, soit mobile, ne doit être placé sans permission en saillie sur la voie publique ;

Que les règlements ont déterminé les objets qui peuvent être autorisés et le maximum de saillie qu'ils peuvent avoir ;

Que les objets ainsi autorisés ne doivent point excéder les saillies

---

(1) V. l'ord. du 27 sept. 1842.

(2) V. pour la police, l'arrêté du 8 août 1839, l'ord. du 6 sept. 1839, les arrêtés des 16 mai et 14 sept. 1842 ; et, pour les tarifs, les ord. des 10 avril 1843 et 14 juin 1844.

fixées par les permissions selon les localités ; que, cependant, il arrive souvent que les objets placés dépassent les saillies prescrites, ou même ne sont pas du nombre de ceux que les règlements permettent d'autoriser ;

Considérant que surtout les étalages de marchandises ne sont pas strictement restreints, comme ils doivent l'être, dans les limites fixées ; que de cette inexécution des règlements de petite voirie, résultent les plus graves inconvénients pour la liberté et la sûreté de la circulation ;

Que ces inconvénients sont rendus de plus en plus sensibles par l'établissement des trottoirs, par l'accroissement de la population et du mouvement des affaires ;

Qu'il est chaque jour plus urgent d'y remédier par une exécution plus sévère et plus générale des règlements, et qu'en conséquence, il importe d'en publier de nouveau les dispositions ;

En vertu de l'arrêté du gouvernement du 12 messidor an VIII (1er juillet 1800),

Arrêtons ce qui suit :

1. Seront imprimées et affichées de nouveau les dispositions de l'ordonnance royale du 24 décembre 1823 (1), et des ordonnances de police des 9 juin 1824 et 8 août 1829, qui concernent les objets placés en saillie ou déposés sur la voie publique.

Le conseiller d'Etat, préfet de police, G. DELESSERT.

N° **1708** — *Consigne générale des gardes de police aux théâtres* (2).

Paris, le 12 octobre 1839.

N° **1709**. — *Ordonnance concernant les crieurs, chanteurs, vendeurs et distributeurs d'écrits, de dessins et lithographies sur la voie publique de la capitale et des communes du ressort de la préfecture de police* (3).

Paris, le 19 octobre 1839.

Nous, conseiller d'Etat, préfet de police,

Vu la loi des 16—24 août 1790, titre XI ;

Vu la loi des 19—22 juillet 1791, article 46 ;

Vu l'arrêté des consuls du 12 messidor an VIII (1er juillet 1800) articles 2 et 11 ;

L'arrêté du gouvernement du 3 brumaire an IX (25 octobre 1800) portant qu'en matière d'imprimerie et de librairie, le préfet de police exercera son autorité dans toute l'étendue du département de la Seine et dans les communes de Saint-Cloud, Meudon et Sèvres ;

Vu la loi du 10 décembre 1830 et celle du 16 février 1834, sur les crieurs et chanteurs publics ;

Vu l'article 471, n° 15, et 477 du Code pénal ;

---

(1) V. cette ord. à l'appendice.

(2) Rapportée. — V. la consigne du 14 juin 1842.

(3) V. les ord. concernant les affiches et les afficheurs.

Considérant que, depuis la promulgation des lois des 10 décembre 1830 et 16 février 1834, les obligations et les formalités auxquelles sont assujettis les crieurs et chanteurs publics ont été l'objet de diverses ordonnances de police dont les dispositions ne se coordonnent plus entre elles ;

Considérant que l'ordonnance de police, du 22 février 1834, sur ces professions est incomplète en ce que ses dispositions n'ont point été étendues aux communes rurales du ressort de la préfecture de police ;

Qu'il importe de remédier à cette lacune et de placer les crieurs et chanteurs publics sous un mode de surveillance uniforme ;

Considérant qu'il est de notre droit et de notre devoir, d'après l'arrêté du 3 brumaire an IX (25 octobre 1800), de conserver notre juridiction en cette matière dans tout le département de la Seine et dans les communes de Saint-Cloud, Meudon et Sèvres où la surveillance des places et lieux publics nous est confiée ;

Considérant enfin que, pour assurer l'application uniforme des lois sur les crieurs et chanteurs publics et préciser les formalités dont l'accomplissement est nécessaire pour assurer leur exécution, il convient d'en centraliser l'exécution en nos mains par une nouvelle ordonnance ,

Ordonnons ce qui suit :

1. Sont et demeurent rapportées, à dater de ce jour, toutes les ordonnances de police publiées sur les crieurs et chanteurs sur la voie publique, ainsi que les circulaires et les instructions relatives à leur exécution.

2. A compter de la publication de la présente ordonnance, aucun crieur, chanteur, vendeur et distributeur, sur la voie publique, d'écrits, dessins ou emblèmes imprimés, lithographiés, autographiés, moulés, gravés ou à la main ne pourra exercer sa profession, dans la ville de Paris et dans toute l'étendue du département de la Seine, ainsi que dans les communes de Saint-Cloud, Meudon et Sèvres (Seine-et-Oise), sans en avoir préalablement obtenu l'autorisation du préfet de police.

3. Les permissions pour exercer l'une des professions indiquées ci-dessus ne seront accordées qu'à des individus majeurs, sachant lire et écrire, domiciliés depuis une année à Paris et justifiant d'une bonne moralité.

4. Les permissions ainsi accordées seront toujours révocables et elles seront retirées de droit à tous crieurs, distributeurs et chanteurs qui auraient commis une infraction aux lois et règlements ou qui, dans l'exercice de leurs professions, auraient crié, vendu, colporté ou distribué des écrits, emblèmes ou dessins portant atteinte à la morale publique, au respect dû au roi et à la charte constitutionnelle de 1830.

5. Les individus auxquels des permissions auront été accordées seront tenus, lorsqu'ils exerceront leur profession, de porter ostensiblement une plaque où seront gravés les mots : « Loi du 16 février 1834 : » leurs noms et profession et le numéro de la permission.

6. Tout crieur, chanteur, vendeur et distributeur permissionné est tenu, chaque fois qu'il changera de domicile, d'en faire immédiatement la déclaration par écrit à la préfecture de police et d'y faire renouveler sa permission tous les ans.

7. Le dépôt préalable des écrits, imprimés, chansons, dessins, emblèmes, etc., destinés au colportage ou à être chantés sur la voie publique, exigé par le second paragraphe de l'article 3 de la loi du 10 décembre 1830, aura lieu par les crieurs et chanteurs, vendeurs et distributeurs, au commissariat du quartier du Palais-de-Justice, à **Paris.**

8. Ce dépôt sera constaté par un visa du commissaire de police dudit quartier donné sur un des exemplaires qui resteront entre les mains des crieurs et chanteurs, vendeurs et distributeurs permissionnés.

9. Le visa prescrit par l'article précédent ne pourra être considéré comme approbation de l'écrit ou du dessin déposé, ou comme dispense du timbre des exemplaires des écrits ou imprimés et il n'empêchera pas la saisie des imprimés ou lithographies qui contiendraient une contravention aux lois, ou dont les dessins n'auraient pas été autorisés par le ministre de l'intérieur.

10. Conformément aux lois des 9 vendémiaire an VI, 6 prairial an VII et 28 avril 1816, défense est faite à tous crieurs de vendre et distribuer des journaux, gazettes, feuilles quotidiennes ou périodiques, papiers nouvelles, avis ou annonces qui n'auraient pas été soumis à la formalité du timbre.

11. Sont seuls exceptés de la formalité du timbre et peuvent être criés et vendus sans y être soumis, mais avec la formalité du visa :

1° Les lois et ordonnances du roi, les ordonnances de police, les arrêts et jugements et les actes des autorités constituées, lorsqu'ils seront publiés conformément au texte;

Et 2° Les prospectus et catalogues de librairie, annonces d'objets relatifs aux sciences et aux arts dont s'occupe l'Institut. (Lois des 25 mars 1817 et 15 mai 1818.)

12. Défense est pareillement faite à tout crieur, chanteur, vendeur et distributeur d'écrits de publier aucun imprimé ou lithographie sur lesquels ne se trouverait pas l'indication vraie des noms, profession et demeure de l'auteur, de l'imprimeur ou du lithographe, conformément aux articles 283, 284 et 285 du Code pénal.

13. Les crieurs ne pourront ajouter, lire ou débiter aucun sommaire ou commentaire au titre des écrits qu'ils annonceront sur la voie publique. (Articles 3 et 7 de la loi du 10 décembre 1830.)

14. Les crieurs ne pourront publier aucun écrit qu'en circulant sur la voie publique.

15. Les professions dénommées dans la présente ordonnance ne pourront être exercées sur la voie publique, avant huit heures du matin et après six heures du soir, depuis le 1er octobre jusqu'au 1er avril, et avant sept heures du matin et après huit heures du soir depuis le 1er avril jusqu'au 1er octobre.

16. Les individus dont la nomenclature précède devront représenter leurs permissions ainsi que l'exemplaire de l'écrit ou du dessin visé pour dépôt par le commissaire de police du quartier du Palais-de-Justice, toutes les fois qu'ils en seront requis par un agent de l'autorité.

17. Il est interdit aux crieurs, chanteurs, vendeurs et distributeurs d'écrits de dessins ou emblèmes et à toute personne de circuler et stationner sur la voie publique avec des écriteaux, lanternes, transparents ou autres moyens d'annoncer la vente des objets qu'ils sont chargés de distribuer, à moins d'une permission exceptionnelle de notre part.

18. Défense est pareillement faite à toute personne de circuler ou stationner sur la voie publique, avec des écriteaux ou poteaux portatifs sur lesquels se trouveraient affichés ou placardés des écrits imprimés, contenant des nouvelles politiques ou traitant d'objets politiques, ou contenant des affiches même non politiques.

19. Toutes les permissions de crieurs, vendeurs, chanteurs et distributeurs d'écrits et dessins sur la voie publique, délivrées jusqu'à ce jour, sont révoquées à compter du 1er décembre prochain, sauf à les renouveler, s'il y a lieu, sur la demande qui nous en sera faite.

20. Dans tous les cas d'infraction aux dispositions des lois des 10 décembre 1830 et 16 février 1834, et de contravention aux dispositions

de la présente ordonnance, les crieurs et afficheurs seront arrêtés sur-le-champ et conduits à la préfecture de police, et il sera dressé procès-verbal des contraventions et délits qu'ils auront pu commettre. Les permissions pourront leur être retirées indépendamment des poursuites à exercer devant les tribunaux compétents, conformément aux lois et règlements de police.

21. La présente ordonnance sera imprimée, publiée et affichée dans Paris, dans les communes rurales du département de la Seine et dans celles de Saint-Cloud, Meudon et Sèvres.

Les sous-préfets des arrondissements de Sceaux et de Saint-Denis, les maires, les adjoints et commissaires de police dans les communes rurales du département de la Seine et dans celles de Saint-Cloud, Meudon et Sèvres, le chef de la police municipale de Paris, les commissaires de police de ladite ville, les officiers de paix et les préposés de la préfecture de police sont chargés, chacun en ce qui le concerne, de l'exécution de la présente ordonnance.

Le colonel de la garde municipale de la ville de Paris, le colonel de la première légion de gendarmerie et tous agents de la force publique sont requis de leur prêter main-forte au besoin.

Le conseiller d'Etat, préfet de police, G. DELESSERT.

N° **1710.** — *Ordonnance concernant le balayage et la propreté de la voie publique* (1).

Paris, le 28 octobre 1839.

Nous, conseiller d'Etat, préfet de police,

Vu l'article 3 du titre II de la loi des 16—24 août 1790 ;

Vu les articles 2 et 22 de l'arrêté du gouvernement du 1er juillet 1800 (12 messidor an VIII) ;

Vu l'article 471 du Code pénal ;

Considérant qu'il est utile de rappeler fréquemment aux habitants les obligations qui leur sont imposées pour assurer le maintien de la propreté de la voie publique, et qu'il importe d'ajouter aux règlements existants de nouvelles dispositions, dont l'expérience a fait reconnaître la nécessité,

Ordonnons ce qui suit :

1. Les propriétaires ou locataires sont tenus de faire balayer complétement, chaque jour, sauf les cas prévus par l'article 3 ci-après, la voie publique au-devant de leurs maisons, boutiques, cours, jardins et autres emplacements.

Le balayage sera fait jusqu'aux ruisseaux, dans les rues à chaussée fendue.

Dans les rues à chaussée bombée et sur les quais, le balayage sera fait jusqu'au milieu de la chaussée.

Le balayage sera également fait sur les contre-allées des boulevards jusqu'aux ruisseaux des chaussées.

Les boues et immondices seront mises en tas ; ces tas devront être placés de la manière suivante, selon les localités,

Savoir :

Dans les rues sans trottoirs, entre les bornes ; dans les rues à trottoirs, le long des ruisseaux du côté de la chaussée, si la rue est à chaussée

---

(1) V. l'ord. du 1er avril 1843.

bombée; et le long des trottoirs, si la rue est à chaussée fendue; sur les boulevards, le long des ruisseaux de la chaussée, côté des contre-allées.

Dans tous les cas, les tas devront être placés à une distance d'au moins deux mètres des grilles ou des bouches d'égouts.

Nul ne pourra pousser les boues et immondices devant les propriétés de ses voisins.

2. Le balayage sera fait entre six heures et sept heures du matin, depuis le 1er avril jusqu'au 1er novembre, et entre sept heures et huit heures du matin, depuis le 1er novembre jusqu'au 1er avril.

En cas d'inexécution, le balayage sera fait d'office aux frais des propriétaires ou locataires.

3. Lorsque des travaux de pavage auront été exécutés, le balayage quotidien, prescrit par l'article 1er, sera suspendu sur les parties de la voie publique où ces travaux auront été opérés.

En ce qui concerne le pavage neuf et les relevés à bout, c'est-à-dire les pavages entièrement refaits, le balayage ne sera repris que dix jours après l'achèvement des travaux lorsque les entrepreneurs de la ville auront relevé et enlevé les résidus du sable répandu pour la consolidation du pavé, et que les agents de l'administration auront averti les propriétaires et locataires que le balayage devra être repris.

En ce qui concerne les pavages en recherche ou réparations partielles, le balayage sera repris aussitôt l'avis donné par les agents de l'administration.

Les sables balayés et relevés avant les dix jours de l'achèvement des travaux, ou avant les avis donnés par les agents de l'administration, seront répandus de nouveau aux frais des contrevenants.

4. En outre du balayage prescrit par l'article 1er, les propriétaires ou locataires seront tenus de faire gratter, laver et balayer chaque jour les trottoirs existant au-devant de leurs propriétés, ainsi que les bordures desdits trottoirs, aux heures fixées par l'article 2.

Cette disposition est applicable aux dalles établies dans les contre-allées des boulevards; les propriétaires ou locataires sont tenus de les faire gratter, laver et balayer, chaque jour; les boues et ordures provenant de ce balayage seront mises en tas sur la chaussée pavée, le long des ruisseaux, côté des contre-allées, conformément à l'article 1er.

L'eau du lavage des trottoirs et des dalles devra être balayée et coulée au ruisseau.

5. Les devantures de boutiques ne pourront être lavées après les heures fixées pour le balayage, et l'eau du lavage devra être balayée et coulée au ruisseau.

6. Dans les rues à chaussée bombée, chaque propriétaire ou locataire doit tenir libre le cours du ruisseau au-devant de sa maison; dans les rues à chaussée fendue, il y pourvoira conjointement avec le propriétaire ou locataire qui lui fait face.

Pour prévenir les inondations par suite de pluies ou de dégel, les habitants, devant la propriété desquels se trouvent des grilles d'égout, les feront dégager des ordures qui pourraient les obstruer. Ces ordures seront déposées aux endroits indiqués en l'article 1er.

7. Il est expressément défendu de jeter dans les égouts des urines, des boues et immondices solides, des matières fécales, et généralement tout corps ou matière pouvant obstruer ou infecter lesdits égouts.

8. Il est expressément défendu de déposer dans les rues, sur les places, quais, ports, berges de la rivière et généralement sur aucune partie de la voie publique, des ordures, immondices, pailles et résidus quelconques de ménage.

Ces objets devront être portés directement des maisons aux voitures du nettoiement, et remis aux desservants de ces voitures, au moment de leur passage annoncé par une clochette.

Toutefois, les habitants des maisons qui n'ont ni cour, ni porte cochère, pourront déposer les ordures, pailles et résidus ménagers, le matin avant huit heures, depuis le 1er novembre jusqu'au 1er avril; et avant sept heures, depuis 1er avril jusqu'au 1er novembre. En dehors de ces heures, il est formellement interdit de faire aucun dépôt de ce genre sur la voie publique.

Ces dépôts devront être faits sur les points de la voie publique désignés en l'article 1er, pour la mise en tas des immondices provenant du balayage.

9. Lorsqu'un chargement ou déchargement de marchandises, ou de tous autres objets quelconques, aura été opéré sur la voie publique, dans le cours de la journée, et dans les cas où ces opérations sont permises par les règlements, l'emplacement devra être balayé et les produits du balayage enlevés.

En cas d'inexécution, il y sera pourvu d'office, et aux frais des contrevenants.

10. Il est défendu de jeter des eaux sur la voie publique; ces eaux devront être portées au ruisseau pour y être versées de manière à ne pas incommoder les passants.

Il est également défendu d'y jeter et faire couler des urines et des eaux infectes.

11. Il est généralement défendu de déposer sur la voie publique les bouteilles cassées, les morceaux de verre, de poterie, de faïence et tous autres objets de même nature pouvant occasionner des accidents.

Ces objets devront être directement portés aux voitures du nettoiement, et remis aux desservants de ces voitures.

12. Il est défendu de secouer sur la voie publique des tapis et autres objets pouvant salir ou incommoder les passants, et généralement d'y rien jeter des habitations.

13. Il est défendu de jeter des pailles ou des ordures ménagères à la rivière ou sur les berges.

14. Il est interdit aux marchands ambulants de jeter sur la voie publique des débris de légumes et de fruits, ou tous autres résidus.

Les étalagistes, ou tous autres marchands du même genre, sont obligés de tenir constamment propre la voie publique, au-devant de l'emplacement qu'ils occupent.

15. Il est prescrit aux entrepreneurs de constructions publiques ou particulières de tenir la voie publique en état constant de propreté, aux abords de leurs constructions ou chantiers, et sur tous les points qui auraient été salis par suite de leurs travaux; il leur est également prescrit d'assurer aux ruisseaux un libre écoulement.

En cas d'inexécution, le nettoiement de ces points de la voie publique sera opéré d'office, et aux frais des entrepreneurs.

16. Il est interdit de déposer dans les rues, sur les places, quais, ports, berges de la rivière et généralement sur aucune partie de la voie publique, des pierres, terres, sables, gravois et autres matériaux.

Dans le cas où des réparations à faire dans l'intérieur des maisons nécessiteraient le dépôt momentané de terres, sables, gravois et autres matériaux sur la voie publique, ce dépôt ne pourra avoir lieu que sous l'autorisation préalable du commissaire de police du quartier.

La quantité des objets déposés ne devra jamais excéder le chargement d'un tombereau, et leur enlèvement complet devra toujours être effectué avant la nuit. Si, par suite de force majeure, cet enlèvement n'avait pu être opéré complétement, les terres, sables, gravois, ou autres matériaux devront être suffisamment éclairés pendant la nuit.

Sont formellement exceptés de la tolérance les terres, moellons ou autres objets provenant des fosses d'aisance ; ces débris devront être immédiatement emportés, sans pouvoir jamais être déposés sur la voie publique.

En cas d'inexécution, il sera procédé d'office, et aux frais des contrevenants, à l'enlèvement des dépôts, et, au besoin, à l'éclairage.

17. Il est enjoint à tout propriétaire ou locataire de maisons ou terrains situés le long des rues ou portions de rues non pavées, de faire combler, chacun en droit soi, les excavations, enfoncements et ornières, et d'entretenir le sol en bon état, de conserver et de rétablir les pentes nécessaires pour procurer aux eaux un écoulement facile, et de faire en un mot toutes les dispositions convenables pour que la liberté, la sûreté de la circulation et la salubrité ne soient pas compromises.

18. Ceux qui transporteront des terres, sables, gravois, mâchefers, fumier-litière et autres objets quelconques pouvant salir la voie publique, devront charger leurs voitures de manière que rien ne s'en échappe et ne puisse se répandre sur la voie publique.

En ce qui concerne le transport des terres, sables, gravois et mâchefers, les parois des voitures devront dépasser de quinze centimètres au moins toute la partie supérieure du chargement.

Le nettoiement des rues ou parties de rues salies par les voitures en surcharge sera opéré d'office et aux frais des contrevenants.

19. Les concierges, portiers ou gardiens des établissements publics et maisons domaniales sont personnellement responsables de l'exécution des dispositions ci-dessus, en ce qui concerne les établissements et maisons auxquels ils sont attachés.

20. Les contraventions aux injonctions ou défenses faites par la présente ordonnance seront constatées par des procès-verbaux ou rapports qui nous seront adressés. Les contrevenants seront traduits, s'il y a lieu, devant les tribunaux, pour être punis conformément aux lois et règlements en vigueur.

Dans tous les cas où il y aura lieu à procéder d'office, en vertu des dispositions de la présente ordonnance, ces opérations se feront, à la diligence des commissaires de police ou du directeur de la salubrité, aux frais des contrevenants, et sans préjudice des peines encourues.

21. La présente ordonnance sera publiée et affichée.

Les commissaires de police, le chef de la police municipale, le directeur de la salubrité, les officiers de paix et autres préposés de l'administration sont chargés de faire observer les dispositions de l'ordonnance ci-dessus, et de tenir la main à leur exécution.

Les préposés de l'octroi sont requis de concourir à l'exécution des articles 16 et 18, concernant les dépôts et le transport des terres, sables et autres objets susceptibles de salir ou d'embarrasser la voie publique.

A cet effet, ampliation de ladite ordonnance sera adressée à M. le directeur, président du conseil d'administration de l'octroi.

Le conseiller d'Etat, préfet de police, G. DELESSERT.

N° **1711.** — *Ordonnance concernant les dépôts d'engrais et d'immondices dans les communes rurales.*

Paris, le 8 novembre 1839.

Nous, conseiller d'Etat, préfet de police,
Considérant qu'il est habituellement formé dans les campagnes, aux

environs de Paris, un nombre considérable de dépôts d'engrais, composés de boues, d'immondices ou de débris de matières animales qui, sans constituer précisément des voiries, répandent cependant des exhalaisons infectes ;

Considérant qu'il importe de préserver les habitations et les routes de l'influence insalubre que peuvent produire de telles exhalaisons, sans nuire aux avantages que les cultivateurs retirent de l'emploi de ces engrais ;

Vu 1° les nombreuses réclamations qui nous ont été adressées à cet égard ;

2° Les avis de MM. les sous-préfets de Sceaux et de Saint-Denis ;

3° L'avis du conseil de salubrité ;

4° La loi des 16—24 août 1790 ;

5° Les arrêtés du gouvernement, des 12 messidor an VIII et 3 brumaire an IX (1er juillet et 25 octobre 1800),

Ordonnons ce qui suit :

1. Tous dépôts de boues et immondices, autres que ceux qui, formant des voiries, sont soumis aux formalités prescrites pour les établissements insalubres de première classe, ne pourront être faits dans le ressort de la préfecture de police, sans notre autorisation.

2. Dans aucun cas, il ne sera accordé d'autorisation de former de semblables dépôts dans l'intérieur des cours, jardins ou autres enclos contigus aux habitations, non plus que sur des emplacements qui seraient à une distance moindre de deux cents mètres de toute habitation, et de cent mètres des routes royales et départementales, ainsi que des chemins vicinaux.

Cette distance pourra être réduite dans le cas où les chemins vicinaux ne serviraient qu'à l'agriculture.

3. Lors de l'emploi des boues et immondices à l'engrais des terres, ces matières seront étendues sur le sol, dans les vingt-quatre heures qui suivront leur apport aux champs.

4. Les dispositions prescrites par les articles précédents ne sont point applicables aux dépôts de fumier ordinaire de cheval, de vaches et de mouton.

5. Les contraventions seront constatées et poursuivies devant les tribunaux compétents, conformément aux lois et règlements.

6. L'ordonnance du 31 mai 1824 est abrogée.

7. La présente ordonnance sera imprimée, publiée et affichée.

Les sous-préfets des arrondissements de Saint-Denis et de Sceaux, les maires et les commissaires de police des communes rurales du ressort de la préfecture de police sont chargés de tenir la main aux dispositions prescrites par la présente ordonnance.

Le conseiller d'État, préfet de police, G. DELESSERT.

N° **1712**. — *Arrêté qui fixe le tarif des places sur le chemin de fer de Paris à Versailles (rive droite)* (1).

Paris, le 24 novembre 1839.

(1) V. pour la police l'arrêté du 8 août 1839, l'ord. du 6 sept. 1839, les arrêtés des 16 mai et 14 sept. 1842 ; et, pour les tarifs, les ord. des 10 avril 1843 et 14 juin 1844.

N° **1713**. — *Ordonnance concernant la police des rivières et des ports, pendant l'hiver et le temps des glaces, grosses eaux et débâcles* (1).

Paris, le 5 décembre 1839.

Nous, conseiller d'État, préfet de police,

Vu les articles 2, 24 et 32 de l'arrêté du gouvernement du 12 messidor an VIII (1er juillet 1800), et l'article 1er de l'arrêté du 3 brumaire an IX (25 octobre suivant),

Ordonnons ce qui suit :

1. Lorsque la rivière commencera à déborder sur les ports ou à charrier, les marchandises de toute nature, et les matériaux, tels que pierres, moellons, pavés, pièces de charpente, bois, fers ou autres objets qui pourraient occasionner des accidents, seront immédiatement enlevés des ports, des berges et des abords de la rivière.

Le dépôt de semblables objets sur les points ci-dessus est formellement interdit pendant tout le temps des glaces et grosses eaux.

A la même époque, les bateaux qui ne se trouveraient pas dans les gares ou dans les canaux, devront être immédiatement déchargés, et les marchandises enlevées par les propriétaires ou gardiens desdits bateaux. Cette opération sera faite sans interruption, même pendant les jours de fête et les dimanches, et en cas de péril imminent elle sera continuée pendant la nuit.

2. Les marchands et voituriers par eau, les gardiens de bateaux et les propriétaires d'établissements sur la rivière, sont particulièrement tenus, en temps de glaces et grosses eaux, de fermer et amarrer ces bateaux et établissements avec bonnes et fortes cordes, aux organeaux et pieux placés le long des ports et quais.

3. Les bateaux qui seront jugés hors d'état de servir seront déchirés sur place, ou dans les endroits qui seront désignés par l'inspecteur général de la navigation.

Tous autres bateaux qui pourraient faire craindre quelque accident seront pareillement déchirés ; mais ils ne pourront l'être que d'après les ordres que nous en donnerons.

Les débris en provenant seront vendus conformément aux dispositions de l'ordonnance du roi du 23 mai 1830, s'ils ne sont immédiatement enlevés par les propriétaires, et le produit de la vente, déduction faite de tous les frais, sera versé à la caisse de la préfecture de police, où il restera provisoirement déposé à la disposition de qui de droit.

4. Les contraventions seront constatées par des procès-verbaux qui nous seront adressés pour être déférés, s'il y a lieu, au tribunal compétent.

5. La présente ordonnance sera imprimée et affichée.

Les sous-préfets des arrondissements de Saint-Denis et de Sceaux, les maires des communes riveraines de la Seine et de la Marne, les commissaires de police, le chef de la police municipale, les officiers de paix, l'inspecteur général de la navigation et des ports et les préposés de la préfecture de police sont chargés de tenir la main à son exécution.

Elle sera adressée à M. le colonel commandant la garde municipale de Paris, et à M. le commandant de la gendarmerie du département de la Seine, pour en assurer l'exécution par tous les moyens qui sont à leur disposition.

Le conseiller d'État, préfet de police, G. DELESSERT.

_____

(1) V. l'ord. du 25 oct. 1840 (art. 203 et suiv.).

N° **1714**. — *Arrêté concernant le service du chemin de fer de Paris à Saint-Germain* (1).

Paris, le 13 décembre 1839.

Nous, conseiller d'Etat, préfet de police,

Arrêtons ce qui suit :

1. L'arrêté de M. le ministre des travaux publics, en date du 13 novembre dernier, par lequel la compagnie du chemin de fer de Paris à Saint-Germain est autorisée à placer, dans chaque convoi, des voitures spéciales pour lesquelles elle pourra régler le prix des places de gré à gré avec les voyageurs, sera imprimé et affiché à la suite du présent (2).

2. Les maires des communes de Batignolles-Monceaux, de Clichy, d'Asnières, de Colombes, de Nanterre, les commissaires de police, et notamment les commissaires de police spéciaux du chemin de fer de Paris à Saint-Germain, le chef de la police municipale, les officiers de paix et les autres préposés de la préfecture de police sont chargés, chacun en ce qui le concerne, de tenir la main à l'exécution dudit arrêté.

Le conseiller d'Etat, préfet de police, G. DELESSERT.

———————— ◎ ————————

N° **1715**. — *Ordonnance concernant les neiges et glaces* (3).

Paris, le 20 décembre 1839.

———————— ◎ ————————

N° **1716**. — *Arrêté relatif aux poids et mesures.*

Paris, le 3o décembre 1839.

Nous, conseiller d'Etat, préfet de police,

Considérant que la loi du 4 juillet 1837, qui remet en vigueur le système métrique décimal, doit recevoir son exécution au 1er janvier 1840, et qu'il est convenable d'en rappeler les dispositions aux habitants du département de la Seine et des communes du ressort de la préfecture de police,

Ordonnons ce qui suit :

1. La loi du 4 juillet 1837, concernant les poids et mesures, sera de nouveau imprimée et affichée dans toutes les communes du ressort de la préfecture de police.

2. Les sous-préfets des arrondissements de Sceaux et de Saint-Denis, les maires des communes du ressort, les commissaires de police, les commissaires de police inspecteurs des poids et mesures, le vérifica-

———————————————————————————

(1) V. pour la police l'ord. du 9 avril 1837, les arrêtés des 26 août 1837, 16 mai et 14 sept. 1842; et, pour les tarifs, l'arrêté du 20 mai 1842, et les ord. des 10 avril et 25 août 1843 et 14 juin 1844.

(2) V. cet arr. à l'appendice.

(3) V. l'ord. du 7 déc. 1842.

teur en chef, les vérificateurs et vérificateurs adjoints, le chef de la police municipale et les autres préposés de la préfecture de police sont chargés, chacun en ce qui le concerne, de tenir la main à l'exécution de ladite loi.

Le conseiller d'Etat, préfet de police, G. DELESSERT.

1840.

N° **1717**. — *Ordonnance concernant la nouvelle fixation du prix de location des places sur le marché à la marée, au poisson d'eau douce et au poisson salé.*

Paris, le 2 janvier 1840.

Nous, conseiller d'Etat, préfet de police,

Vu 1° la délibération du conseil municipal de la ville de Paris, en date du 17 août 1838, par laquelle il émet le vœu qu'il soit établi, pour la location des places dans le marché à la marée, au poisson d'eau douce et au poisson salé, un nouveau tarif en rapport avec les améliorations réalisées par la construction de tables en pierre et d'un réservoir pouvant fournir de l'eau à chaque place;

2° La décision de M. le ministre de l'intérieur, en date du 13 décembre 1838, portant approbation de ce nouveau tarif;

3° La lettre de l'administration des hospices, en date du 23 décembre 1839, annonçant que les travaux du marché à la marée, au poisson d'eau douce et au poisson salé sont entièrement terminés;

4° L'ordonnance de police du 7 février 1822;

5° Le décret du 21 septembre 1807;

6° Les lois des 24 août 1790, titre XI, et 22 juillet 1791, titre Ier, et l'arrêté du gouvernement du 12 messidor an VIII (1er juillet 1800),

Ordonnons ce qui suit :

1. Conformément à la délibération du conseil municipal, du 17 août 1838, approuvée le 13 décembre suivant, par M. le ministre de l'intérieur, le prix des places, au marché à la marée, au poisson d'eau douce et au poisson salé est fixé, à compter du 6 janvier courant, ainsi qu'il suit, savoir :

Places de marchandes de marée.

Les soixante-sept places de marchandes de marée portant les numéros, 2, 4, 6, 8, 10, 12, 14, 16, 18, 20, 22, 24, 26, 28, 30, 32, 34, 36, 38, 40, 42, 44, 46, 48, 50, 52, 54, 56, 58, 60, 62, 64, 66, 68, 70, 72, 74, 76, 78, 80, 114, 116, 118, 120, 122, 124, 126, 160, 162, 164, 166, 168, 170, 172 et

portant les lettres A, B, C, D, E, F, G, H, I, K, L, M, N, par jour
et par place.. » 75 c.

Les dix places mobiles, devenues fixes, portant les
numéros 1, 7, 9, 15, 17, 29, 31, 37, 39, 45, par jour et par
place... » 75

Places de marchandes de saline.

Les vingt-quatre places de marchandes de saline portant les numéros 82, 84, 86, 88, 90, 92, 94, 96, 128, 130,
132, 134, 136, 138, 140, 142, 174, 176, 177, 178, 180, 182,
184, 186, 188, par jour et par place...................... » 75

Places de marchandes de poisson d'eau douce.

Les vingt-quatre places de marchandes de poisson d'eau
douce portant les numéros 98, 100, 102, 104, 106, 108,
110, 112, 144, 146, 148, 150, 152, 154, 156, 158, 190, 192,
194, 196, 198, 200, 202, 204, par jour et par place........ 1 »

Les places mobiles ne pouvant être améliorées portant
les numéros 3, 5, 11, 13, 19, 21, 25, 27, 33, 35, 41, 43 et
tous les numéros impairs compris entre 47 et 227 inclusivement, par jour et par place............................. » 30

2. Les places affectées à l'un des trois commerces, ci-dessus indiqués, et qui sont partagées en deux, ne seront soumises qu'au payement de la moitié du droit pour chaque moitié de place et la perception de ce droit se fera de la même manière que pour les places
entières.

3. Ce droit de location sera perçu et devra être acquitté, suivant
l'usage, par semaine et d'avance.

4. Toutes les dispositions de l'ordonnance de police du 7 février
1822 qui ne sont pas contraires à la présente, continueront d'être exécutées selon leur forme et teneur.

5. La présente ordonnance sera imprimée et affichée.

6. Ampliation en sera adressée à M. le pair de France, préfet du département de la Seine, et à MM. les membres du conseil général des
hospices.

7. Le commissaire de police du quartier des Marchés, l'inspecteur
général et les inspecteurs généraux adjoints des halles et marchés
et les autres préposés de la préfecture de police sont chargés, chacun
en ce qui le concerne, de tenir la main à son exécution.

Le conseiller d'Etat, préfet de police, G. DELESSERT.

N° **1718.** — *Arrêté portant règlement pour le service des ouvriers tonneliers, dérouleurs, chargeurs et déchargeurs, employés
dans l'entrepôt général des vins, et sur le port en dépendant,*

Approuvé par M. le ministre du commerce le 20 mai 1840.

Paris, le 22 janvier 1840.

Nous, conseiller d'Etat, préfet de police,
Vu les dispositions du décret du 2 janvier 1814, relatives aux ouvriers tonneliers, dérouleurs, chargeurs et déchargeurs, employés

dans l'entrepôt général des vins et eaux-de-vie, et sur le port en dépendant ;

Considérant qu'en raison des modifications importantes qu'a subies le régime intérieur de l'entrepôt général, et des travaux récemment faits au port annexe de cet établissement, qui en changent les dispositions, il importe de reviser les anciens règlements et de réorganiser le service des ouvriers attachés à l'entrepôt, de manière à assurer à la fois le maintien de l'ordre et les intérêts du commerce,

Arrêtons ce qui suit :

1. Le service de l'entrepôt général des vins et eaux-de-vie, et du port en dépendant, sera fait exclusivement par des ouvriers nommés par nous et dont nous réglerons le nombre, suivant les besoins du service.

Ces ouvriers seront divisés en trois sections :

La première se composera de tonneliers, la deuxième, de dérouleurs, et la troisième, de chargeurs et déchargeurs.

Les deux premières sections auront chacune un chef, et un sous-chef, la troisième aura seulement un chef.

Les trois sections seront sous l'autorité immédiate de l'inspecteur de la navigation du deuxième arrondissement.

Des tonneliers.

2. Le nombre des tonneliers est, quant à présent, fixé à cinquante.

Leur travail sur le port consiste à prendre les pièces de liquide dans les bateaux et à les déposer sur le port, en dehors des débarcadères et de leurs rampes.

Le transbordement et le rangeage dans les bateaux seront faits exclusivement par les tonneliers.

Dans le cas où ces travaux nécessiteraient la mise à terre d'un certain nombre de pièces, soit sur les débarcadères, soit sur le bas du port, les dérouleurs ne pourront prétendre à aucun partage du prix desdits travaux.

3. Toutes les fois qu'une pièce sera dans un état de vidange extraordinaire, les tonneliers devront, sous leur responsabilité, en prévenir le propriétaire, avant de la déranger de la place qu'elle occupe dans le bateau.

Si le propriétaire n'est pas présent au déchargement, le chef des tonneliers devra prévenir l'inspecteur de la navigation, qui fera immédiatement et en sa présence constater par procès-verbal la vidange de la pièce, et ses causes apparentes.

Le chef et le sous-chef des tonneliers, le chef de l'équipe employée au débarquement, et l'inspecteur de la navigation, signeront le procès-verbal qui devra rester entre les mains de ce dernier, pour être remis à qui de droit.

4. Les tonneliers devront être constamment pourvus des ustensiles nécessaires à leurs travaux.

5. Il sera fait, au 1er juillet de chaque année, en présence de l'inspecteur général de la navigation, un inventaire estimatif de tous les ustensiles appartenant aux tonneliers.

Expédition de cet inventaire nous sera transmise.

6. Les ouvriers qui, à l'avenir, seront admis parmi les tonneliers, payeront une somme de cinquante francs pour leur portion contributive dans la valeur du mobilier en communauté.

7. Lorsque, par suite de décès ou de démission, une place de tonnelier sera vacante, la somme de cinquante francs, ci-dessus mentionnée, devra être remboursée au dernier titulaire ou à ses ayants-cause.

En cas de révocation, ladite somme restera acquise à la section.

8. Les tonneliers seront tenus d'aller prendre et de rapporter au magasin les cordages, planches et autres ustensiles dont ils auront besoin dans la journée.

Des dérouleurs.

9. Le nombre des dérouleurs est, quant à présent, fixé à soixante.

Leur travail consiste à prendre les pièces de liquide sur les points où elles ont été déposées par les tonneliers, à les conduire aux endroits indiqués par les propriétaires de la marchandise sur les parties du port désignées pour le débarquement par l'inspecteur de la navigation, et autant que possible au droit des bateaux en déchargement ; puis, à les remonter ultérieurement au bas du mur du quai, pour être chargées sur les voitures qui doivent en opérer le transport.

Il devront aussi prendre dans les bateaux et les transporter sur le port, les caisses de vin arrivées par eau, ce travail leur étant réservé à l'exclusion des tonneliers.

Tout travail à faire pendant la nuit, sur le port ou dans les bateaux, sera exécuté exclusivement aussi par les dérouleurs ; et il en sera de même du travail à faire pendant le jour, pour retirer du port les pièces de liquide qui seraient atteintes par les eaux.

Des chargeurs et déchargeurs.

10. Le nombre des ouvriers chargeurs et déchargeurs est, quant à présent, fixé à douze.

Leur travail consiste à décharger les voitures de roulage, amenant des vins et eaux-de-vie au port de l'entrepôt général ou dans cet établissement ; et à charger les marchandises de même nature qui sortiraient de l'entrepôt général ou du port en dépendant, par la voie du roulage, quand d'ailleurs les négociants de l'entrepôt général ne jugeront pas convenable d'employer leurs propres ouvriers à l'une ou à l'autre de ces opérations.

Dispositions générales.

11. Lorsqu'une place sera vacante parmi les ouvriers dont le classement est ci-dessus établi, il y sera pourvu par nous, sur une liste double qui devra nous être présentée par les délégués du commerce des vins.

12. Les tonneliers, les dérouleurs et les chargeurs devront porter une plaque en métal, sur laquelle seront gravées les armes de la ville de Paris, avec ces mots autour : *Entrepôt des vins.*

13. Les chefs de section des tonneliers, des dérouleurs et des chargeurs et déchargeurs recevront le montant de leur salaire et leur en feront la distribution chaque semaine ; ils seront responsables envers ces derniers du montant de la recette ; en conséquence, ils tiendront chacun un registre sur lequel ils inscriront journellement les recettes et dépenses de leur section respective.

Ces registres seront constamment à la disposition de l'inspecteur de la navigation qui veillera à leur bonne tenue.

14. Les chefs de section remettront tous les lundis, à l'inspecteur de la navigation, un état certifié par eux des travaux qui auront été faits dans chaque section, pendant la semaine précédente, et des recettes et dépenses auxquelles ces travaux auront donné lieu.

15. L'inspecteur de la navigation aura la direction de l'ensemble des travaux,

Les chefs de section composeront les équipes en sa présence, et les distribueront suivant les besoins du service.

Ils surveilleront, sous ses ordres, la bonne exécution des travaux.

16. Les tonneliers, les dérouleurs, les chargeurs et déchargeurs se rendront tous les jours à leur bureau respectif pour être employés comme il est dit ci-dessus.

Ceux qui manqueront à l'appel, qui sera fait avant l'ouverture du port de l'entrepôt et de cet établissement, seront suspendus ou privés de travail pendant un temps qui sera déterminé par l'inspecteur de la navigation, lequel en rendra compte immédiatement à l'inspecteur général.

Les ouvriers ainsi suspendus ou privés de travail n'en seront pas moins tenus d'assister tous les matins à l'appel.

17. Si le nombre des tonneliers, des dérouleurs, ou des chargeurs et déchargeurs venait à se trouver momentanément insuffisant pour le service, ils pourront s'adjoindre, sous leur responsabilité, des ouvriers supplémentaires dont les noms seront donnés par les chefs de section à l'inspecteur de la navigation.

Dans le cas, au contraire, où le manque de travaux ne permettrait point d'occuper tous les tonneliers, dérouleurs ou chargeurs et déchargeurs, un certain nombre d'entre eux pourra, sur l'avis des chefs de section, être autorisé par l'inspecteur de la navigation à s'absenter, mais à la charge de verser chaque semaine, à la caisse, les vingt centimes par jour de travail, mentionnés dans l'article 28.

18. Le chef de chaque section inscrira tous les jours, sur un registre à ce affecté, les noms des ouvriers présents ainsi que la distribution des équipes.

19. Le travail des équipes sera dirigé par des chefs que nommeront les chefs de section.

Chacun de ces chefs d'équipe devra être pourvu de l'état nominatif des ouvriers attachés à son équipe, et sera tenu de le représenter à toute réquisition de qui de droit.

20. Les tonneliers, les dérouleurs ne pourront, sans une autorisation du sous-chef de leur section respective, qui en rendra compte au chef, et les chargeurs et déchargeurs, sans une autorisation de leur chef, quitter l'équipe à laquelle ils auront été attachés lors de la distribution du travail, à peine de perdre le salaire de leur journée.

21. Le sous-chef des tonneliers devra prendre note du travail de manière à dresser, à la fin de chaque opération, un état de la quantité de pièces qui auront été déchargées, et des divers travaux qu'elles auront nécessités.

Il devra dresser aussi l'état des travaux exécutés isolément.

Le sous-chef des dérouleurs dressera pareils états des travaux exécutés par les ouvriers de sa section.

Ces divers états seront remis aux chefs de section, et leur serviront à établir le compte des travaux de la semaine.

Le chef de la section des chargeurs et des déchargeurs dressera, aux mêmes fins, des états semblables à ceux ci-dessus mentionnés.

22. Les sous-chefs rendront compte, à leur chef respectif de section, de la conduite des ouvriers pendant le travail.

23. L'ouvrier tonnelier, dérouleur ou chargeur et déchargeur qui sera blessé, en travaillant pour le compte de la section dont il fera partie, recevra, pendant tout le temps de son inactivité, totalité de la paye d'un ouvrier de même catégorie en activité.

Il ne pourra lui être accordé aucune indemnité, s'il était dans un état d'ivresse.

Les blessures seront constatées par un chirurgien, sur le certificat duquel le secours accordé au blessé sera continué ou retiré.

24. L'inspecteur de la navigation pourra suspendre les tonneliers, les dérouleurs ou les chargeurs et déchargeurs, pour un temps déterminé, dans le cas où leur conduite donnerait lieu à des plaintes, et s'ils étaient trouvés en état d'ivresse dans le cours de leur travail.

En cas de récidive, il y aura lieu à révocation.

Si les plaintes portées contre les tonneliers, les dérouleurs ou les chargeurs et déchargeurs avaient pour objet une infidélité commise par eux, ils seraient mis à la disposition du procureur du roi, et la valeur du vol devrait être remboursée à qui de droit, soit par les tonneliers, soit par les dérouleurs, soit par les chargeurs et déchargeurs, suivant la catégorie à laquelle appartiendrait l'auteur du dommage.

L'inspecteur général de la navigation nous rendra compte, chaque semaine, des suspensions qui auront été prononcées et nous proposera les révocations auxquelles pourraient donner lieu les fautes commises par les ouvriers, et les cas de récidives.

25. Les tonneliers, les dérouleurs et les chargeurs et déchargeurs sont tenus de se conformer strictement aux dispositions des lois et règlements concernant le régime de l'entrepôt général des vins et eaux-de-vie.

26. Les tonneliers sont collectivement et solidairement responsables des avaries qui proviendraient du fait ou de la négligence de l'un ou de plusieurs d'entre eux, ou qui seraient causées par les ouvriers supplémentaires qu'ils auraient employés.

Il en est de même des dérouleurs et des chargeurs et déchargeurs.

Les uns et les autres sont aussi responsables de la vidange des pièces sur lesquelles un ou plusieurs d'entre eux seraient pris à boire.

27. Lorsque la perte aura été régulièrement constatée, le chef de la section à laquelle appartiendront les auteurs du dommage sera tenu d'en rembourser le montant à qui de droit.

28. Pour subvenir aux dépenses communes de chacune des sections des ouvriers de l'entrepôt, il sera fait une retenue auxdits ouvriers de vingt centimes par chaque journée de travail.

Cette retenue sera opérée à la fin de chaque semaine, lorsque les tonneliers, les dérouleurs, les chargeurs et déchargeurs recevront leurs salaires.

29. Les fonds provenant des retenues faites aux tonneliers, aux chargeurs et déchargeurs serviront à payer :

1° L'achat et l'entretien des cordages, planches, chemins, etc., formant le mobilier commun ;

2° Les avaries provenant de leur fait, ou qui leur seraient imputables ;

3° Les secours accordés aux blessés ;

4° Le loyer et les frais du bureau ;

5° La valeur des infidélités qui pourraient être commises au préjudice du commerce.

Les dérouleurs n'ayant point de mobilier en commun, les retenues qui leur seront faites serviront seulement à payer :

1° Les avaries provenant de leur fait ou qui leur seraient imputables ;

2° Les secours accordés aux blessés ;

3° Le loyer et les frais de bureau ;

4° La valeur des infidélités commises au préjudice du commerce, et qui seraient à leur charge.

30. Le chef de chaque section tiendra un registre exact des sommes reçues et dépensées.

L'inspecteur de la navigation fournira tous les mois un état séparé des recettes et des dépenses de chaque section. Cet état sera vérifié et arrêté par l'inspecteur général de la navigation, qui demeure chargé de nous le transmettre.

31. Dans le cas où, à la fin de l'année, il existerait, soit dans la caisse des tonneliers, soit dans celle des dérouleurs, soit dans celle des chargeurs et déchargeurs, des fonds sans emploi, nous nous réservons d'en fixer la destination.

Dans l'hypothèse contraire, c'est-à-dire s'il y avait insuffisance de recette, nous prescririons telle mesure que de droit pour combler le déficit.

32. Les salaires des tonneliers, des dérouleurs, des chargeurs et déchargeurs seront perçus d'après le tarif annexé au présent.

Il est défendu à ces ouvriers d'exiger des prix plus élevés que ceux portés audit tarif.

Les sommes reçues seront distribuées chaque semaine entre les ayants droit, de la manière suivante :

Les chefs de section des tonneliers et dérouleurs recevront chacun double part; le chef de la section des chargeurs et déchargeurs recevra une part d'abord, plus, une indemnité de six francs par semaine ; les sous-chefs de section recevront part et demie, et chacun des ouvriers une part seulement.

33. Les tonneliers et dérouleurs sont tenus, lorsqu'ils en sont requis, de faire sur les ports autres que celui de l'entrepôt général des vins et eaux-de-vie, et aux mêmes conditions, le déchargement, le déroulage et la mise en débord des marchandises à destination dudit entrepôt.

34. Ils devront déférer à toutes les réquisitions de l'inspecteur général de la navigation pour les travaux d'urgence nécessités par les besoins de son service, les cas d'avarie, de naufrage, d'inondation, de glace et tous autres de force majeure ; enfin, pour le déblaiement du port et le maintien de sa propreté.

35. Le présent règlement et le tarif y annexé seront soumis à l'approbation de M. le ministre du commerce.

Le conseiller d'État, préfet de police, G. DELESSERT.

TARIF *des prix à payer aux tonneliers, aux dérouleurs, aux chargeurs et déchargeurs, pour le chargement, le déchargement, le dépôt sur le port, etc., des liquides de toute nature, à destination de l'entrepôt général des vins et eaux-de-vie, ou sortant de cet entrepôt par la voie du roulage.*

Déchargement des liquides amenés par bateaux. c.

Par quart de 115 litres et au-dessus...................	»	7 1/2
— feuillette ou par deux quarts de Bourgogne..........	»	7 1/2
— gros quart ou petite barrique de 140 à 199 litres.....	»	10
— toutes pièces de 200 à 255 litres...................	»	15
— pièce de Languedoc ou d'Auvergne, de 256 à 345 litres.	»	25
— demi-muid de 346 à 535 litres....................	»	45
— pipe de 536 à 700 litres........................	»	80
Foudre de 701 litres et au-dessus, par hectolitre........	»	25

Le transbordement et l'embarquement seront payés les mêmes prix que ceux ci-dessus.

Déroulage des liquides.

Par quart de 136 litres et au-dessus...................	»	7 1/2
— feuillette ou par deux quarts de Bourgogne..........	»	7 1/2

Par gros quart ou petite barrique de 140 à 199 litres...... » 10
— toute espèce de pièce de 200 à 255 litres............ » 10
— pièce de Languedoc ou d'Auvergne de 256 à 345 litres. » 20
— demi-muid de 346 à 535 litres.................... » 30
— pipe de 536 à 700 litres......................... » 35
Foudre de 701 litres et au-dessus, par hectolitre........ » 10

Transport des caisses de vin du bateau sur le port.

Par caisse de 12 bouteilles........................... » 10
Id.   25   id.   .... » 20
Id.   50   id.   .... » 40
Id.   100   id.   .... » 80

Remontage des liquides.

Par quart de 136 litres et au-dessus................... » 5
— feuillette ou par deux quarts de Bourgogne .... » 5
— gros quart ou petite barrique de 140 à 199 litres...... » 10
— toute espèce de pièces de 200 à 255 litres........... » 10
— pièce de Languedoc ou d'Auvergne de 256 à 345 litres. » 20
— demi-muid de 346 à 535 litres.................... » 20
— pipe de 536 à 700 litres......................... » 30
Foudre de 701 litres et au-dessus, par hectolitre........ » 5

Transport des caisses de vin au bas des rampes du port.

Par caisse de 12 bouteilles........................... » 5
Id.   25   id.   .... » 10
Id.   50   id.   .... » 20
Id.   100   id.   .... » 40

Chargement des liquides sur voitures.

Pour tout quart, indistinctement, de 115 litres et au-
dessus... » 20
Par feuillette de Bourgogne........................ » 30
Pour toutes pièces de 140 à 255 litres................. » 50
Par pièce de Languedoc ou d'Auvergne de 256 à 345 litres. » 75
— demi-muid de 346 à 535 litres.................... 1 »
— pipe de 536 à 700 litres......................... 1 50

Déchargement des liquides amenés par voitures.

Pour le déchargement des liquides amenés par voitures, il sera payé un tiers des prix ci-dessus fixés.

Nota. Les travaux extraordinaires, mentionnés dans le dernier paragraphe de l'article 9 du règlement qui précède, seront payés le triple des prix portés au présent tarif.

N° **1719**. — *Ordonnance concernant la prohibition de la chasse* (1).

Paris, le 20 février 1840.

N° **1720**. — *Ordonnance concernant la police des masques* (2).

Paris, le 26 février 1840.

N° **1721**. — *Arrêté qui fixe le tarif des places sur le chemin de fer de Paris à Versailles (rive droite)* (3).

Paris, le 1er mars 1840.

N° **1722**. — *Ordonnance concernant la foire aux jambons qui se tiendra, cette année, sur le boulevard Bourdon, près de la place de la Bastille* (4).

Paris, le 7 avril 1840.

N° **1723**. — *Ordonnance concernant les mesures d'ordre à observer aux promenades de Longchamp* (5).

Paris, le 14 avril 1840.

N° **1724**. — *Ordonnance concernant la visite générale des tonneaux de porteurs d'eau* (6).

Paris, le 16 avril 1840.

N° **1725**. — *Arrêté qui prescrit l'impression de l'ordonnance du 1er juin 1837, concernant l'arrosement* (7).

Paris, le 24 avril 1840.

---

(1) V. l'ord. du 23 fév. 1843.
(2) V. l'ord. du 23 fév. 1843.
(3) V. pour la police l'arr. du 8 août 1839, l'ord. du 6 sept. 1839, les arr. des 16 **ma** et 14 sept. 1842; et, pour les tarifs, les ord. des 10 avril 1843 et 14 juin 1844.
(4) V. l'ord. du 7 avril 1843.
(5) V. l'ord. du 10 avril 1843.
(6) V. les ord. des 30 mars 1837 et 15 avril 1843.
(7) V. l'ord. du 27 juin 1843.

N° **1726.** — *Ordonnance concernant les mesures d'ordre à observer dans Paris, le 1ᵉʳ mai, fête du roi* (1).

N° **1727.** — *Ordonnance concernant les barrières et les saillies existant sur les boulevards intérieurs (côté nord)* (2).

Paris, le 4 mai 1840.

Nous, conseiller d'Etat, préfet de police,

Vu 1° les divers règlements relatifs à l'établissement des barrières sur les boulevards intérieurs de Paris, et notamment l'ordonnance du prévôt des marchands, du 8 avril 1766, et l'ordonnance du roi du 24 décembre 1823, portant (article 5) : « Qu'il est défendu d'établir des barrières fixes au-devant des maisons et de leurs dépendances, quelles qu'elles puissent être, tant dans les rues et places que sur les boulevards, à moins qu'elles ne soient reconnues nécessaires à la propreté et qu'elles ne gênent point la circulation;

« Que la saillie de ces barrières ne pourra, dans aucun cas, excéder un mètre et demi; »

2° La lettre, en date du 8 mai dernier, par laquelle M. le ministre de l'intérieur nous invite à assurer l'enlèvement successif des barrières, étalages et autres établissements fixes ou mobiles qui, à la faveur de la tolérance de l'administration, se sont indûment formés depuis quelques années, sur la partie des boulevards attenant aux maisons riveraines;

3° Diverses délibérations du conseil municipal tendant au même but, notamment celle du 31 juillet dernier;

4° L'article 23 de l'ordonnance de police du 9 juin 1824, portant : « Que les permissions de petite voirie seront délivrées sans que les impétrants puissent en induire aucun droit de concession de propriété ni de servitude sur la voie publique, mais à la charge, au contraire, de supprimer ou réduire les saillies au premier ordre de l'autorité, sans pouvoir prétendre aucune indemnité ni la restitution des sommes payées pour droit de petite voirie; »

5° La loi des 16-24 août 1790, titre XI, article 3;

Considérant que la circulation devient de plus en plus active sur les boulevards intérieurs, du côté nord de Paris; que parmi les barrières existant devant les maisons de ces boulevards, beaucoup excèdent la saillie légale, plusieurs sont en mauvais état et qu'elles causent généralement une gêne qui se fait surtout remarquer les jours où la foule se porte sur cette partie de la voie publique; qu'il en est de même des bannes, des étalages et autres objets que les marchands placent à une grande saillie; que la plupart des barrières n'ont aucun but d'utilité sous le rapport de la salubrité; qu'elles présentent souvent des solutions de continuité qui forment des renfoncements dangereux pendant la nuit, et qu'il convient de faire cesser un état de choses qui présente de graves inconvénients et excite de justes réclamations;

En vertu de l'arrêté du gouvernement du 12 messidor an VIII (1ᵉʳ juillet 1800);

(1) V. l'ord. du 28 avril 1843.
(2) V. l'ord. du 26 août 1816.

Ordonnons ce qui suit :

1. Dans le délai de quinze jours, à compter de la notification de la présente ordonnance, les propriétaires des maisons riveraines des boulevards intérieurs du nord, seront tenus de supprimer les barrières existant devant leurs propriétés respectives.

Seulement, les barrières que nous aurons reconnues d'une absolue nécessité, dans l'intérêt de la salubrité et de la sûreté publique, pourront être conservées avec notre autorisation, mais en les réduisant immédiatement à la saillie strictement nécessaire à cet effet. Ces barrières devront être supprimées à la première réquisition de l'autorité.

2. Dans le même délai, les auvents, bannes, enseignes, étalages et autres objets qui, jusqu'ici, avaient été tolérés devant les maisons desdits boulevards, à une saillie autre que celle déterminée par l'ordonnance royale du 24 décembre 1823, seront réduits aux saillies fixées par ladite ordonnance.

3. Les contraventions seront constatées par des rapports ou procès-verbaux. Il sera pris, en outre, envers les contrevenants, telles mesures de police administrative qu'il appartiendra, sans préjudice des poursuites à exercer contre eux devant les tribunaux.

4. La présente ordonnance sera publiée et affichée.

Les commissaires de police, notamment ceux des quartiers qui comprennent les boulevards intérieurs du nord, le chef de la police municipale, les officiers de paix, l'architecte commissaire de la petite voirie, le directeur de la salubrité et les préposés de la préfecture de police sont chargés d'en surveiller et assurer l'exécution.

Le conseiller d'Etat, préfet de police, G. DELESSERT.

N° 1728. — *Arrêté qui prescrit la réimpression et la publication de l'ordonnance du 23 juin 1832, concernant les chiens.*

Paris, le 16 mai 1840.

N° 1729. — *Ordonnance concernant la réouverture et l'augmentation du prix de location des places du marché des Blancs-Manteaux.*

Paris, le 27 juin 1840.

Nous, conseiller d'Etat, préfet de police,
Vu, 1° la loi des 16-24 août 1790, titre XI, article 3 ;
2° La loi des 19-22 juillet 1791, titre Ier, § 29 ;
3° L'arrêté du gouvernement du 1er juillet 1800 (12 messidor an VIII) ;
4° L'ordonnance de police du 19 août 1819 ;
5° L'ordonnance de police du 1er avril 1832 ;
6° L'ordonnance de police du 20 février 1839 ;
7° La délibération du 27 mars 1840, approuvée le 27 mai suivant par M. le ministre de l'intérieur, par laquelle le conseil municipal de la ville de Paris élève à trente centimes par jour et par place le tarif de location des places du marché des Blancs-Manteaux ;
8° La lettre de M. le pair de France, préfet de la Seine, en date du

22 juin 1840, annonçant que les travaux du marché des Blancs-Manteaux sont terminés;

Ordonnons ce qui suit :

1. A compter de mercredi 1er juillet prochain, les détaillantes de comestibles placées provisoirement, en vertu de notre ordonnance du 20 février 1839, sur la place de l'ancien marché Saint-Jean, sont tenues expressément de rentrer dans le marché des Blancs-Manteaux.

2. Il est défendu aux détaillantes de rester, sous quelque prétexte que ce soit, sur la place de l'ancien marché Saint-Jean, de stationner dans les rues adjacentes ou de vendre sur éventaire.

3. Conformément à la délibération du conseil municipal, du 27 mars 1840, approuvée le 27 mai suivant par M. le ministre de l'intérieur, le prix de location des places sur le marché des Blancs-Manteaux est porté de vingt à trente centimes par jour et par place.

4. Ce nouveau prix de location sera perçu à compter de mercredi 1er juillet prochain, et devra être acquitté, suivant l'usage, par semaine et d'avance.

5. Toutes les dispositions des ordonnances de police des 19 août 1819 et 1er avril 1832, qui ne sont pas contraires à la présente, continueront d'être exécutées selon leur forme et teneur.

6. Les contraventions seront constatées par des procès-verbaux ou rapports qui nous seront transmis, et poursuivies conformément aux lois et règlements.

7. La présente ordonnance sera imprimée, publiée et affichée.

Ampliation en sera envoyée à M. le pair de France, préfet du département de la Seine.

Le chef de la police municipale, le commissaire de police du quartier du Marché Saint-Jean, les officiers de paix, l'inspecteur général des halles et marchés, le directeur de la salubrité et les autres préposés de la préfecture de police sont chargés, chacun en ce qui le concerne, de tenir la main à son exécution.

Le conseiller d'Etat, préfet de police, G. DELESSERT.

N° **1730.** — *Arrêté qui fixe le tarif des places sur le chemin de fer de Paris à Versailles (rive droite)* (1).

Paris, le 29 juin 1840.

N° **1731.** — *Arrêté concernant le service du chemin de fer de Paris à Versailles (rive droite)* (2).

Paris, le 17 juillet 1840.

---

(1) V. pour la police, l'arr. du 8 août 1839, l'ord. du 6 sept. 1839, les arr. des 16 mai et 14 sept. 1842, et pour les tarifs, les ord. des 10 avril 1843 et 14 juin 1844.

(2) V. pour la police, l'arr. du 8 août 1839, l'ord. du 6 sept. 1839, les arr. des 16 mai et 14 sept. 1842, et pour les tarifs, les ord. des 10 avril 1843 et 14 juin 1844.

N° 1732. — *Ordonnance concernant les mesures d'ordre et de sûreté à observer le 28 juillet pour la translation des restes des victimes de juillet à la colonne de la place de la Bastille, et à l'occasion des fêtes du 29 (1).*

Paris, le 26 juillet 1840.

Nous, conseiller d'Etat, préfet de police,

Vu le programme arrêté par M. le ministre de l'intérieur, pour les cérémonies funèbres qui auront lieu le 28 juillet courant, à l'église Saint-Germain-l'Auxerrois et à la place de la Bastille, jour de la translation des restes des victimes de juillet 1830, et pour les réjouissances publiques fixées au lendemain 29, dixième anniversaire de juillet;

Vu la loi du 24 août 1790, qui nous charge de maintenir le bon ordre dans les cérémonies et fêtes publiques, et de prendre les précautions convenables pour la sûreté des personnes;

Ordonnons ce qui suit :

JOURNÉE DU 28 JUILLET.

Cérémonies funèbres à l'église Saint-Germain-l'Auxerrois et à la place de la Bastille.

1. Le mardi 28 juillet, jour auquel aura lieu, à l'église Saint-Germain-l'Auxerrois, la cérémonie funèbre pour la translation des restes des victimes de juillet 1830 à la colonne de la place de la Bastille, la circulation et le stationnement du public seront interdits, depuis sept heures du matin, jusqu'après le départ du char funèbre de l'église Saint-Germain-l'Auxerrois :

Dans les rues Chilpéric, des Prêtres, à partir de la rue de l'Arbre-Sec,

Et sur toute l'étendue de la place Saint-Germain-l'Auxerrois et de la place du Louvre.

2. Le même jour, à partir de huit heures du matin jusqu'après la cérémonie funèbre à Saint-Germain-l'Auxerrois, la circulation et le stationnement des voitures seront interdits,

Sur la place du Louvre,
— de l'Oratoire;
Dans les rues du Coq,
— des Poulies,
— de l'Arbre-Sec,
Et sur la place Saint-Germain-l'Auxerrois.

3. Sont exceptées de l'interdiction établie par l'article précédent, les voitures qui feront partie du cortège funèbre, celles des autorités civiles et militaires, et les voitures des personnes munies de billets pour l'intérieur de l'église Saint-Germain-l'Auxerrois.

4. Toutes les voitures ci-dessus désignées, à l'exception de celles qui feront partie du cortège, ne pourront, après huit heures du matin, arriver à Saint-Germain-l'Auxerrois que par la rue du Coq-Saint-Honoré, la place de l'Oratoire et celle du Louvre; et elles iront, après leur arrivée, stationner, d'un seul et même côté, sur la place de l'Oratoire, depuis la place du Louvre jusqu'à la rue de la Bibliothèque, et, au besoin, place du Musée et rue du Carrousel.

(1) V. l'ord. du 26 juill. 1841.

5. Le 28 juillet, depuis huit heures du matin jusqu'après le passage du cortége funèbre, la circulation des piétons et des voitures sera formellement interdite

Sur les places Saint-Germain-l'Auxerrois, du Louvre;

Sur les quais du Louvre, des Tuileries;

Sur les ponts des Arts, du Carrousel;

Sur les chaussées de la place de la Concorde;

Dans la rue Royale-Saint-Honoré.

Aucune voiture ne pourra circuler sur les boulevards;

Et le public à pied ne pourra stationner que sur les contre-allées des boulevards.

6. Toutefois, jusqu'au quart d'heure qui précédera le passage du cortége, les voitures pourront traverser les boulevards, sans pouvoir les parcourir dans leur longueur.

7. La circulation et le stationnement des piétons et des voitures seront formellement interdits le 28 courant, à partir de huit heures du matin jusqu'après l'entier défilé du cortége sur la place de la Bastille;

Sur le boulevard Bourdon;

Et dans la rue de la Contrescarpe.

8. Le même jour, depuis huit heures du matin jusqu'après le défilé des troupes sur la place de la Bastille, la circulation du public et des voitures sera interdite, à l'entrée de toutes les rues, quais et boulevards débouchant sur la place de la Bastille.

9. La circulation et le stationnement des voitures seront également interdits le 28, de huit heures du matin jusqu'après l'entier défilé du cortége sur la place de la Bastille,

Dans les rues:

De Charenton, depuis la place jusqu'à la rue Moreau;

Du Faubourg-Saint-Antoine, depuis la place, jusqu'à la rue Sainte-Marguerite;

Dans les rues de Lappe, d'Aval,

De la Roquette, dans toute sa longueur, sauf toutefois les voitures des autorités convoquées à l'inauguration de la colonne, et celles des personnes munies de billets, lesquelles voitures pourront y stationner sur un seul et même côté.

10. Après le passage du cortége et jusqu'après l'inauguration de la colonne et le défilé des troupes terminé, la chaussée du boulevard situé entre la place de la Bastille et la rue Saint-Claude continuera à être interdite aux piétons et aux voitures.

11. Les voitures des autorités ou autres personnes allant à la cérémonie et venant de la rive gauche ne pourront arriver à la place de la Bastille que par le Pont-Neuf, les quais, la rue du Pont-Louis-Philippe et la rue Saint-Antoine;

Celles de la rive droite, que par toutes les rues intérieures situées entre les boulevards et les quais ou les rues au nord des boulevards.

12. Toutes les voitures, sans distinction, qui auront conduit des personnes sur la place de la Bastille, iront stationner d'un seul et même côté, dans la rue de la Roquette, d'où elles ne pourront effectuer leur départ qu'après le défilé des troupes de la place de la Bastille.

13. Il est défendu de traverser le cortége funèbre dans sa marche.

14. La voie publique sera balayée et nettoyée avant sept heures du matin, dans la journée du 28 courant, sur la partie réservée au cortége funèbre.

15. Il est défendu de monter sur les arbres des boulevards, sur les

colonnes de gaz et sur les parapets des quais et des ponts, ainsi que sur les arbres qui bordent les quais.

JOURNÉE DU 29 JUILLET.

Joute et autres jeux nautiques au bassin du port d'Orsay; feu d'artifice sur le pont de la Concorde; jeux et danses aux Champs-Elysées.

16. A compter du 27 juillet au matin jusqu'au 30 à midi, la circulation, le passage d'eau, le stationnement en batelets ou bateaux sont interdits ainsi que la navigation entre le pont du Carrousel et le pont d'Iéna.

Sont exceptés de cette disposition les bateaux et batelets employés au service de la joute, de la fête nautique et du feu d'artifice.

17. Les marchandises déchargées sur le port d'Orsay et sur la berge dite du Recueillage devront être enlevées, de manière qu'il n'existe plus aucun dépôt le 27 au matin.

18. Les bateaux chargés et les bateaux vides seront remontés en amont du pont du Carrousel ou descendus en aval du pont des Invalides et amarrés au large,

Et nul ne pourra monter sur les bateaux, à l'exception des mariniers de l'équipage.

19. Dans la journée du 29 juillet, la berge, rive droite de la Seine, qui s'étend depuis le pont Royal jusqu'à celui de la Concorde, sera interdite au public ainsi que les rampes qui descendent à cette berge.

Les berges de la rive droite et de la rive gauche, situées entre le pont de la Concorde et le pont des Invalides, seront également interdites au public dans la journée du 29 juillet.

20. Il est fait défense de monter pendant la joute et la fête nautique, qui auront lieu sur le bassin entre le pont Royal et le pont de la Concorde, sur les parapets des quais et des ponts.

21. La circulation des piétons et des voitures sera interdite sur le pont de la Concorde pendant la journée du 29, afin de faciliter les dispositions relatives au feu d'artifice.

22. Le 29 juillet, à partir de huit heures du soir et jusqu'après le feu d'artifice, aucune personne, sans exception, ne pourra passer ni stationner sur les ponts des Arts, du Carrousel et des Invalides.

23. A l'occasion du feu d'artifice qui sera tiré sur le pont de la Concorde et au-devant du palais de la chambre des députés, l'accès de la partie du quai d'Orsay située entre la descente de l'école de natation et l'esplanade des Invalides sera interdit au public dans toute la journée du 29 juillet.

A cet effet, des barrières en charpente seront établies :

1º Sur le quai d'Orsay, à la hauteur de la descente de l'école de natation, en laissant libre la descente sur le port d'Orsay ;

2º Dans la rue de Bourgogne, à l'entrée de la rue de Lille ;

3º Sur le quai d'Orsay, au droit de la rue d'Austerlitz ;

4º Au bout du pont de la Concorde du côté de la place de ce nom.

24. Personne ne pourra circuler ni stationner dans l'enceinte du feu, qui sera tiré sur le pont de la Concorde et au-devant du palais de la chambre des députés, à l'exception des artificiers et de leurs ouvriers.

25. L'inspecteur général de la navigation et des ports prendra les mesures convenables pour prévenir tout accident sur la rivière pendant la joute et la fête de nuit, et pour faire évacuer et préserver du danger du feu les établissements, embarcations, bateaux chargés ou vides, batelets ou trains existants sur les deux bassins voisins du feu d'artifice, et pour interdire pareillement l'accès des berges de la rive droite, depuis le pont Royal jusqu'au pont des Invalides, à l'exception du port d'Orsay, qui sera ouvert au public dans toute la journée du 29 juillet.

26. Le 29 juillet, à partir de cinq heures après midi jusqu'à onze heures du soir, la circulation et le stationnement des voitures seront interdits sur le pont Royal,

Le quai des Tuileries,

Et le quai d'Orsay, à partir du pont Royal, jusqu'à l'esplanade des Invalides.

27. Le même jour, à partir de deux heures après midi, jusqu'à onze heures du soir, la circulation et le stationnement des voitures seront pareillement interdits :

1o Dans la grande avenue des Champs-Elysées entre la place de la Concorde et le Rond-Point ;

2o Dans l'allée Gabrielle ;

3o Dans l'allée Marigny.

28. Les voitures qui se rendront le même jour à la barrière de l'Etoile ou à Chaillot et celles venant de ces points ne pourront passer que par la rue Montaigne, le rond-point des Champs-Elysées et l'allée des Veuves,

Et celles qui iront sur Passy ou en viendront suivront le quai de la Conférence et la place de la Concorde, mais jusqu'à six heures du soir seulement, heure à laquelle ce quai et la place de la Concorde seront interdits aux voitures jusqu'à onze heures de la nuit.

29. Dans la journée du 29 juillet, à partir de six heures du soir jusqu'à onze heures, les voitures qui entreront dans Paris par la barrière de Passy ne pourront se diriger sur la rive gauche de la Seine que par le pont d'Iéna ; et sur la rive droite, que dans les rues de Chaillot ou l'allée des Veuves, le rond-point des Champs-Elysées, la rue Montaigne, la rue du Faubourg-Saint-Honoré et la rue des Saussayes.

30. Les voitures qui arriveront dans la même journée par la route de Neuilly, sur la barrière de l'Etoile, se dirigeront sur le rond-point des Champs-Elysées et suivront la rue Montaigne, la rue du Faubourg-Saint-Honoré, la place Beauveau et les rues des Saussayes et de Suresne jusqu'au boulevard.

31. La circulation et le stationnement des voitures sont pareillement interdits, de six heures du soir à onze heures, le 29 juillet :

Sur les quais de la rive droite de la Seine, depuis le Pont-Neuf jusqu'au pont Royal ;

Sur le quai de la Conférence,

— le pont du Carrousel,

Dans la rue Malignon,

Sur la place de la Concorde,

Dans la rue du Faubourg-Saint-Honoré, depuis la place Beauveau jusqu'à la rue Royale ;

Dans les rues des Champs-Elysées, Royale-Saint-Honoré, Saint-Florentin, de Rivoli, Mondovi, Neuve-de-Luxembourg, Castiglione, d'Alger, du 29 Juillet, du Dauphin, des Pyramides, de l'Echelle, Saint-Louis-Saint-Honoré, Saint-Nicaise, de Rohan, Montpensier, de Valois, Quinze-Vingts-Batave, de Chartres, Saint-Thomas-du-Louvre,

Et dans la rue Saint-Honoré, depuis la place du Palais-Royal inclusivement jusqu'à la rue des Champs-Elysées.

32. Les voitures des personnes qui se rendront dans la soirée du 29 juillet, à partir de six heures, de la rive gauche de la Seine dans les quartiers du centre de la rive droite, devront passer par le Pont-Neuf, la rue de la Monnaie et la rue du Roule.

Celles des personnes qui se rendraient au palais des Tuileries ne pourront y arriver que par la rue Saint-Honoré, la place du Palais-Royal et la rue de Chartres.

33. Sont exceptées des prohibitions établies par les articles qui précèdent, les voitures de la cour, des ministres, des maréchaux de France, de l'intendant général de la liste civile, du corps diplomatique, du chancelier de France, du président de la chambre des députés, du préfet de la Seine, et des lieutenants généraux commandant la première division militaire et la place de Paris.

Toutefois, lesdites voitures ne pourront, dans la journée du 29 juillet, à partir de six heures du soir, passer d'une rive à l'autre de la Seine, qu'en traversant le pont du Carrousel ou les ponts en amont.

34. Les voitures des personnes qui, de la rive droite de la Seine, se rendraient, dans la soirée du 29 juillet, au palais des Tuileries, ne pourront y arriver que par la rue de Richelieu, la rue Saint-Honoré, la rue de Rohan, la place du Palais-Royal, la rue de Chartres, la place du Carrousel, à droite de l'Arc de Triomphe.

Elles ne pourront sortir de la cour des Tuileries que par la grille du côté des guichets du Louvre et traverseront la place du Carrousel, dans la direction des rues de Chartres et de Rohan.

Divertissements et feu d'artifice à la barrière du Trône.

35. Le 29 juillet, la circulation et le stationnement des voitures seront interdits depuis deux heures après midi jusqu'à onze heures du soir,

1º Sur la place de la barrière du Trône;

2º Sur les avenues qui conduisent à cette place;

3º Et dans la rue du Faubourg-Saint-Antoine, en descendant jusqu'au débouché de la rue de Montreuil exclusivement.

36. Pendant cette journée, les voitures qui arriveront à Paris par la route de Vincennes seront dirigées par la barrière de Montreuil et celle de Saint-Mandé.

Dispositions générales.

37. Défense expresse est faite aux étalagistes, marchands forains, limonadiers, traiteurs, marchands de vins et de comestibles, teneurs de bals et saltimbanques, bateleurs et baladins, de stationner dans les journées des 27, 28 et 29 juillet, dans les Champs-Elysées, sans en avoir obtenu de nous la permission par écrit, laquelle désignera l'emplacement qu'ils pourront occuper.

38. Il est expressément interdit auxdits marchands forains et étalagistes de tenir aucune espèce de loteries ou jeux de hasard, pour débiter ou vendre leurs marchandises, sous les peines prononcées par la loi du 21 mai 1836.

39. L'entrepreneur du feu d'artifice qui sera tiré à la barrière du Trône établira, au pourtour dudit feu, une forte barrière en charpente à la distance qui lui sera indiquée par nous, pour maintenir le public à l'éloignement nécessaire à sa sûreté.

40. Un poste de sapeurs-pompiers avec les pompes et les agrès nécessaires sera établi auprès de chaque feu d'artifice.

41. Les habitants seront tenus de se conformer aux règlements de police qui défendent expressément le tir sur la voie publique, et dans l'intérieur des habitations, de toute espèce d'artifice et armes à feu.

Il est défendu à tout individu de débiter et distribuer, à qui que ce soit, de la poudre et des pièces d'artifices, sous les peines portées par la loi du 24 mai 1834. (Un mois à deux ans de prison.)

42. Il est interdit à tous étalagistes ou saltimbanques de stationner dans la journée du 29 juillet aux abords du jardin des Tuileries, sur le quai des Tuileries, le pont Royal et la place de la Concorde.

43. Dans les journées des 28 et 29 juillet, aucuns échafaudages, estrades, chaises, échelles, tonneaux, tables, bancs, charrettes, trêteaux et planches et gradins ne pourront, sous aucun prétexte, être placés sur aucune partie de la voie publique où défilera le cortége funèbre et aux abords des jeux publics et des feux d'artifice, notamment sur les points ci-après désignés :

Au grand carré des jeux des Champs-Élysées,
Sur la place de la Concorde,
    le pont Royal,
    le quai du Louvre,
    le quai des Tuileries,
    le quai de la Conférence,
    le quai Voltaire,
    le quai d'Orsay,
Et la place de la barrière du Trône.

Les commissaires de police et les agents de la force publique feront enlever sur-le-champ, et conduire à la fourrière, les objets de cette nature placés en contravention à la présente défense.

44. Défense expresse est faite de monter sur les arbres des boulevards et des Champs-Élysées, sur les parapets des quais, des ponts et des berges ; d'escalader la terrasse des Tuileries, dite du bord de l'eau ; de monter et de se placer sur les colonnes de gaz, les statues et les bassins qui décorent la place de la Concorde, ainsi que sur les toits, entablements, auvents des maisons, et sur les échafaudages au-devant des bâtiments en construction.

45. Dans les journées des 28 et 29 juillet, les opérations de la Bourse seront suspendues ; les ports et les chantiers seront fermés.

46. Les contraventions à la présente ordonnance seront constatées par les procès-verbaux ou rapports des officiers de police, et déférés aux tribunaux compétents.

47. La présente Ordonnance sera imprimée, publiée et affichée dans Paris, et dans les communes de Passy, Neuilly, Saint-Mandé, Montreuil et Vincennes.

Les maires et les commissaires de police desdites communes, le chef de la police municipale, à Paris, les commissaires de police et les officiers de paix de la ville de Paris, l'architecte commissaire de la petite voirie, l'inspecteur général de la navigation et des ports, le directeur de la salubrité, et les agents et préposés de la préfecture de police sont chargés, chacun en ce qui le concerne, de tenir la main à son exécution.

MM. les colonels de la garde municipale de la ville de Paris et de la 1re légion de gendarmerie départementale, ainsi que les commandants des autres corps militaires, sont appelés pareillement à concourir à son exécution, et à prêter, ainsi que tous agents de la force publique, main-forte, au besoin, aux agents de la police administrative agissant pour l'exécution de la présente ordonnance.

Le conseiller d'Etat, préfet de police, G. DELESSERT.

N° 1733. — Arrêté concernant le prix des places des voyageurs sur le chemin de fer de Versailles (rive droite) (1).

Paris, le 12 août 1840.

N° 1734. — Ordonnance concernant l'ouverture de la chasse (2).

Paris, le 17 août 1840.

N° 1735. — Arrêté qui fixe le tarif des places sur le chemin de fer de Paris à Saint-Germain (3).

Paris, le 28 août 1840.

N° 1736. — Ordonnance concernant les mesures d'ordre et de sûreté à observer à l'occasion des fêtes de Saint-Cloud, dans les journées des 6, 13 et 20 septembre (4).

Paris, le 3 septembre 1840.

N° 1737. — Arrêté concernant la police du chemin de fer de Paris à Versailles (rive gauche) (5).

Paris, le 8 septembre 1840.

Nous, conseiller d'État, préfet de police,

Vu, 1° la lettre de M. le sous-secrétaire d'État des travaux publics, en date du 7 de ce mois, de laquelle il résulte que, par décision de M. le ministre des travaux publics, la compagnie du chemin de fer de Paris à Versailles (rive gauche) est autorisée à établir un service de transport sur ledit chemin ;

2° Le règlement approuvé le 7 de ce mois, par M. le ministre des travaux publics, pour la police du chemin de fer de Paris à Versailles (rive gauche) ;

(1) V. pour la police, l'arr. du 8 août 1839, l'ord. du 6 sept. 1839, les arr. des 16 mai et 14 sept. 1842, et, pour les tarifs, les ord. des 10 avril 1843 et 14 juin 1844.

(2) V. l'ord. du 22 août 1843.

(3) V. pour la police, les arr. des 9 avril et 26 août 1837, 13 déc. 1839, 16 mai et 14 sept. 1842 ; et, pour les tarifs, l'arr. du 20 mai 1842, et les ord. des 10 avril, 25 août 1843 et 14 juin 1844.

(4) V. l'ord. du 6 sept. 1843.

(5) V. pour les tarifs, l'arr. du 15 mars 1841 ; et, pour la police, les arr. des 16 mai et 14 sept. 1842.

3° L'article 471, § 15 du Code pénal ;

4° La loi des 16-24 août 1790 ;

5° Les arrêtés du gouvernement des 12 messidor an vIII (1er juillet 1800) et 3 brumaire an IX (25 octobre 1800);

Considérant qu'il y a lieu de rendre exécutoires dans le département de la Seine les dispositions du règlement approuvé par M. le ministre des travaux publics, pour la police du chemin de fer de Paris à Versailles (rive gauche);

Arrêtons ce qui suit :

§ 1er. — Mesures relatives à l'arrivée et au départ des convois.

1. Il est défendu à toute personne étrangère au service du chemin de fer de Paris à Versailles (rive gauche) de s'introduire sur cette voie, d'y circuler ou stationner.

Il est défendu d'y jeter et déposer, même momentanément, aucuns matériaux ni objets quelconques.

Il est également défendu d'y introduire, faire circuler ou stationner aucunes voitures, wagons ou machines étrangères au service.

Sauf le cas de force majeure, aucun stationnement de voitures ou de wagons, soit vides, soit chargés, ne pourra avoir lieu sur les voies du chemin de fer. Les conducteurs des convois ne pourront s'arrêter ailleurs que dans les stations.

2. Sont exceptés de la défense portée au premier paragraphe de l'article 1er, les officiers de police, les gendarmes et autres agents de la force publique dans l'exercice de leurs fonctions et revêtus de leurs uniformes ou de leurs insignes.

Des mesures spéciales de précaution auxquelles seront tenus de se soumettre les agents ci-dessus désignés, seront déterminées par l'administration, la compagnie préalablement entendue.

3. La voie de gauche, en partant de Paris, sera spécialement affectée aux convois se dirigeant de Paris sur Versailles; la voie de droite sera affectée aux convois en retour de Versailles sur Paris.

Dans aucune circonstance et sous aucun prétexte, on ne pourra changer la destination de chacune des deux voies.

4. Les convois ne pourront partir, soit de Paris, soit de Versailles, qu'à cinq minutes au moins d'intervalle les uns des autres.

Les départs auront lieu exactement aux heures indiquées.

5. Les convois ne pourront s'arrêter qu'aux gares ou lieux de stationnement spécialement autorisés pour le service des voyageurs ou des marchandises.

La compagnie devra faire connaître au public par des affiches ou des avis imprimés, dont elle donnera communication immédiate au préfet de police, pour le département de la Seine, et au préfet de Versailles, pour le département de Seine-et-Oise, les lieux de stationnement et les heures de départ et d'arrivée.

6. Aux points de départ de Paris et de Versailles, les lieux d'embarquement et ceux de débarquement seront séparés de telle sorte que l'entrée et la sortie des voyageurs se fassent par des issues différentes.

Les mêmes dispositions seront appliquées, autant que possible, aux stations intermédiaires.

7. Les voyageurs ne seront admis sur les quais de chargement et de déchargement, qu'au moment des départs.

8. Les convois ne se mettront en marche, au départ, qu'après trois avertissements donnés, les deux premiers à la cloche, et le troisième à la trompette.

Au premier avertissement de la cloche, le cantonnier le plus rapproché de la station arborera un drapeau blanc et bleu, en donnant en même temps un coup de sifflet ; ce signal sera répété successivement par les autres cantonniers : le drapeau sera enlevé immédiatement après le passage du convoi.

La nuit, le drapeau sera remplacé par une lanterne blanche.

9. Il n'est permis aux voyageurs d'entrer dans les voitures et d'en sortir que par la portière qui fait face au côté extérieur de la ligne du chemin de fer.

Ne seront pas admis dans les voitures les voyageurs en état d'ivresse ou chargés de paquets encombrants.

Il ne pourra leur être permis non plus de faire entrer les chiens dans les voitures.

10. Pendant la nuit, les convois des voyageurs devront porter, à l'avant et à l'arrière, des fanaux allumés, garnis de verres de couleurs différentes, de manière que l'on puisse toujours reconnaître dans quel sens marche le convoi.

Les voitures fermées, destinées au transport des voyageurs, devront être éclairées intérieurement.

11. Tout le matériel d'exploitation, machines locomotives, voitures, wagons, seront toujours maintenus dans le meilleur état d'entretien possible.

Les machines locomotives ne pourront être employées sur le chemin de fer qu'autant qu'elles seront conformes aux règlements relatifs aux machines à vapeur, et qu'après avoir été soumises à toutes les épreuves prescrites par l'ordonnance royale du 22 juillet 1839 ; elles seront d'ailleurs visitées le plus souvent possible par l'ingénieur des mines en résidence dans le département.

12. Chaque convoi devra être accompagné :

1° D'un mécanicien ;

2° D'un chauffeur capable, au besoin, d'arrêter la machine ;

3° D'un conducteur au moins pour six voitures, de deux pour quatorze voitures, de trois pour vingt-quatre, et de quatre pour tout nombre de voitures au delà de vingt-quatre, le nombre de voitures ne pouvant pas toutefois excéder trente-deux.

Un des conducteurs devra être préposé à la garde du frein, destiné à empêcher les convois de prendre une trop grande accélération de vitesse et à les arrêter au besoin.

13. Avant le départ du convoi, le mécanicien s'assurera si toutes les parties de la locomotive et du tender sont en bon état, si le frein fonctionne avec facilité, etc.

Les conducteurs s'assureront, de leur côté, si toutes les voitures des voyageurs sont en bon état ; le signal du départ ne sera donné que lorsque toutes les portières seront fermées.

§ 2. — Mesures relatives à la circulation et à la marche des convois.

14. Les trains des voyageurs ou des marchandises ne pourront s'arrêter dans les points où le chemin de fer traverse à niveau les chemins publics.

15. Aux points où des chemins traversent de niveau le chemin de fer, il sera établi deux barrières, une de chaque côté, avec un gardien chargé spécialement de les ouvrir et de les fermer.

Les chemins auxquels cette disposition doit être appliquée, sont :

Dans le département de la Seine,

Chemin du Moulin-de-Vaugirard,
Rue du Chemin-Vert,
Chemin de la Procession,

TOME III. 23

Petite voie de Paris à Vanves,
Chemin dit Voie-d'Arcueil,
Voie des Aumônes,
Sentier des Hozeaux,
Voie de Bagneux,
Chemin d'une Carrière,
Chemin dit Voie-de-Châtillon,
Route de Paris à Clamart,
Route départementale n° 40.

Dans le département de Seine-et-Oise,

Rue des Potagers,
Rue de Velizy,
Avenue de Mélanie,
Rue du Cerf,
Rue Emile,
Chemin des Bruyères,
        de la Femme-sans-tête,
        de la Porte-Dauphine,
        de l'Etang-Saint-Denis,
        de la Grâce-de-Dieu,
Avenue de Viroflay,
Chemin du mur d'enceinte de Versailles,
Rue de la Patte-d'Oie.

Toutefois, dans le cas où deux passages de niveau seraient assez rapprochés, pour qu'un même gardien puisse en faire le service, le préfet, après avoir consulté l'ingénieur en chef des ponts et chaussées, chargé de la surveillance du chemin, pourra accorder cette facilité à la compagnie.

16. Les barrières seront habituellement fermées, de manière à intercepter la voie publique. Les gardes chargés du service de ces barrières les ouvriront quand cela sera nécessaire, et ils les refermeront sur-le-champ.

Lorsqu'un train est en vue ou attendu, il leur est défendu d'ouvrir.

17. Les cantonniers et gardes placés le long du chemin devront être assez rapprochés pour pouvoir se voir.

Ils devront parcourir chacun sa section avant le passage des convois, et veiller à ce que rien, ni sur les voies, ni en dehors des voies, ne puisse entraver leur marche.

Ils doivent, d'ailleurs, se porter vers l'extrémité de leur section par laquelle le convoi arrive pour donner tous les avertissements nécessaires.

Dans le cas où un convoi s'arrêterait sur la voie, soit pour le service d'une station intermédiaire, soit pour cause d'accident, le cantonnier le plus voisin devra se porter en arrière du convoi pour transmettre les signaux d'arrêt aux convois qui pourraient circuler à la suite sur la même voie; les signaux consisteront en un drapeau rouge pendant le jour et en une lanterne rouge pendant la nuit.

18. Lorsqu'il sera nécessaire d'établir des ateliers de réparation sur les voies, les chefs d'ateliers planteront un pavillon rouge au milieu desdites voies, chaque fois que les ouvriers remplaceront un rail ou feront une réparation quelconque de nature à empêcher le passage de la machine.

Ce drapeau sera planté sur l'accotement pour indiquer qu'il ne faut que ralentir la marche de la machine.

19. Le conducteur, chef du convoi, est muni d'une trompette pour

donner au machiniste le signal de s'arrêter; celui-ci est tenu d'obéir immédiatement à ce signal.

20. A l'approche, soit des ateliers de réparation, soit des chemins traversant à niveau le chemin de fer, soit des stations, le mécanicien devra ralentir la marche de la locomotive; il devra, en même temps, faire jouer le sifflet à vapeur pour avertir de l'approche du convoi.

21. Le mécanicien ne pourra, dans aucun cas, quitter la locomotive; il doit, ainsi que le chauffeur, se tenir debout et surveiller attentivement pendant le temps que la machine est en mouvement.

22. Le mécanicien surveillera constamment la tension de la vapeur et le niveau d'eau de la chaudière; il veillera à ce que rien n'embarrasse la manœuvre du frein, afin de s'arrêter dès qu'il aperçoit les signaux qui le lui commandent.

23. Aucune personne, autre que le mécanicien et le chauffeur, ne pourra monter sur la locomotive ou sur son allége, à moins d'une permission spéciale et écrite du directeur du chemin.

24. Des gardes seront établis par la compagnie aux aiguilles et tourne-voies qui doivent servir à l'entrée dans les gares et les stations.

Ces gardes seront chargés des manœuvres à faire pour diriger convenablement les convois sur la voie qu'ils doivent suivre.

25. En cas d'accident durant le trajet, le conducteur en chef du convoi fera arborer par le cantonnier le plus rapproché deux drapeaux : le drapeau bleu et blanc et le drapeau rouge croisés l'un sur l'autre : ce signal sera répété de proche en proche pour appeler le secours de la station la plus prochaine.

26. En cas de doute sur la transmission des signaux, le cantonnier courra avertir celui qui le suit immédiatement et ainsi de suite, de poste en poste, jusqu'à la station la plus prochaine.

27. Il y aura constamment à chaque station un wagon chargé des agrès et outils convenables en cas d'accident; ce wagon sera envoyé au secours aussitôt qu'un signal d'alarme aura été reconnu.

28. Les voitures destinées au transport des voyageurs seront d'une construction solide; elles devront être commodes et pourvues de tout ce qui est nécessaire à la sûreté des voyageurs.

Les différentes caisses de chaque voiture seront ouvertes par deux portières latérales, et chaque portière sera garnie d'un marchepied.

Chaque voiture portera, à l'avant et à l'arrière, des tampons garnis à ressort pour amortir, autant que possible, l'effet des chocs imprévus.

§ 3. — Mesures générales.

29. Il est défendu aux voyageurs de se tenir debout sur les bancs des voitures.

Il leur est également défendu de passer d'une voiture dans une autre.

Il est également défendu de fumer dans les voitures.

30. Les cantonniers et les garde-barrières devront faire sortir immédiatement toute personne qui se serait introduite en dedans des voies, soit entre les rails, soit en dehors des rails.

En cas de résistance de la part des contrevenants, les cantonniers et gardes devront appeler l'assistance des agents de l'administration publique.

31. Il sera tenu, dans chacune des stations du chemin de fer, un registre coté et parafé par le maire du lieu, lequel sera destiné à recevoir les réclamations des voyageurs qui auraient des plaintes à former contre les gardes, les cantonniers, les garde-barrières, les mécaniciens ou autres agents et ouvriers employés sur la ligne.

Ce registre sera présenté à toute réquisition des voyageurs.

32. Les poursuites, en raison d'accidents arrivés par le fait des agents de la compagnie dont elle est civilement responsable, seront dirigées contre la personne du directeur ou du fondé de pouvoirs de la compagnie.

53. Toutes les fois qu'il arrivera un accident sur le chemin de fer, il en sera fait immédiatement déclaration à l'autorité locale, à la diligence de tous agents de la compagnie, témoins de l'accident.

Le directeur ou le fondé de pouvoirs de la compagnie en informera immédiatement le préfet.

34. Des exemplaires imprimés du présent règlement et du tarif, certifiés par le préfet, seront constamment affichés dans les lieux les plus apparents des bureaux de la compagnie.

Les conducteurs, garde-convois, devront également être munis de ces pièces pour les exhiber à toute réquisition.

Des extraits devront en être délivrés, chacun en ce qui le concerne, aux mécaniciens, chauffeurs, garde-freins, cantonniers, garde-barrières et autres agents employés sur ce chemin.

Des extraits, en ce qui concerne les dispositions à observer par les voyageurs pendant le trajet, devront également être placés dans chaque voiture.

§ 4. — Moyens d'exécution.

35. Il sera pourvu à la surveillance que l'administration doit exercer pour l'exécution du présent règlement et au maintien de l'ordre : 1° par les soins des ingénieurs des ponts et chaussées et des mines du département ; 2° par un commissaire spécial de police, dont l'autorité s'étendra sur toute la ligne ; 3° par le commissaire de police de Meudon, pour le débarcadère de cette localité ; et, pour le débarcadère de Versailles, par le commissaire de police du quartier.

Le commissaire spécial et le commissaire de Versailles auront sous leurs ordres chacun un agent de surveillance ; ces agents seront nommés par M. le ministre des travaux publics. Ils seront assermentés ; ils résideront l'un à la chaussée du Maine et l'autre à Versailles.

36. Les commissaires de police et les agents de surveillance veilleront au maintien de l'ordre ; ils dresseront procès-verbaux de toutes les contraventions qui pourraient être commises, soit par les employés de la compagnie, soit par toute autre personne, ainsi que de tous les accidents qui pourraient survenir.

Ils adresseront ces procès-verbaux, suivant les cas, au préfet de police ou au préfet de Seine-et-Oise, qui en transmettront copie au ministre des travaux publics, après avoir fait constater, s'il y a lieu, les circonstances de l'affaire par les ingénieurs des ponts et chaussées ou par les ingénieurs des mines.

37. Les mécaniciens, chauffeurs, conducteurs, surveillants et cantonniers devront obéir aux réquisitions des commissaires de police et des agents sous leurs ordres, dans tout ce qui est relatif à l'exécution du présent règlement.

38. Les commissaires de police et les agents de surveillance donneront avis immédiatement des détériorations qui pourraient survenir sur le chemin aux ingénieurs des ponts et chaussées, chargés de la surveillance, qui provoqueront telle mesure que de droit, et au fondé de pouvoirs de la compagnie.

39. Tous les frais qu'exigera l'exécution du présent règlement seront à la charge de la compagnie.

Elle est tenue de fournir des locaux de surveillance pour les commissaires de police et les agents de surveillance.

Si, dans certaines circonstances, il devenait nécessaire d'établir auprès des stations des postes militaires, tous les frais qui en résulteraient seraient également à la charge de la compagnie.

40. Les contraventions au présent arrêté seront constatées par des rapports ou procès-verbaux qui nous seront transmis sans délai, pour être poursuivies conformément aux lois et règlements.

41. Le sous-préfet de l'arrondissement de Sceaux, l'ingénieur en chef directeur des ponts et chaussées du département de la Seine, l'ingénieur en chef des mines du département de la Seine, les maires des communes de Vaugirard, Clamart, Issy, Vanves, Meudon et Sèvres, les commissaires de police, notamment le commissaire de police spécial du chemin de fer de Versailles (rive gauche) et les commissaires de police de Vaugirard et de Meudon, le chef de la police municipale, les officiers de paix, les autres préposés de la préfecture de police, l'agent de surveillance du chemin de fer et les gardes champêtres sont chargés, chacun en ce qui le concerne, de tenir la main à l'exécution du présent arrêté.

Il sera, en outre, adressé à M. le colonel de la garde municipale de la ville de Paris et à M. le commandant de la gendarmerie du département de la Seine, pour qu'ils en assurent l'exécution par tous les moyens qui sont en leur pouvoir.

Le conseiller d'Etat, préfet de police, G. DELESSERT.

N° 1738. — *Arrêté qui fixe le tarif des places sur le chemin de fer de Paris à Versailles (rive gauche)* (1).

Paris, le 9 septembre 1840.

N° 1739. — *Arrêté concernant la police du chemin de fer de Paris à Orléans (section de Corbeil)* (2).

Paris le 19 septembre 1840.

Nous, conseiller d'Etat, préfet de police,

Vu, 1° la lettre de M. le sous-secrétaire d'Etat des travaux publics, en date du 17 de ce mois, de laquelle il résulte que, par décision de M. le ministre des travaux publics, la compagnie du chemin de fer de Paris à Orléans est autorisée à établir un service de transport sur la partie dudit chemin comprise entre Paris et Corbeil;

2° Le règlement approuvé le 17 de ce mois par M. le ministre des travaux publics, pour la police du chemin de fer de Paris à Orléans (section de Corbeil);

3° L'article 471, § 15, du Code pénal;

4° La loi des 16-24 août 1790;

5° Les arrêtés du gouvernement des 12 messidor an VIII (1er juillet 1800) et 3 brumaire an IX (25 octobre 1800);

Considérant qu'il y a lieu de rendre exécutoires dans le département de la Seine les dispositions du règlement approuvé par M. le ministre

(1) V. pour les tarifs, l'arr. du 15 mars 1841, et pour la police, les arr. des 8 sept. 1840, 16 mai et 14 sept. 1842.

(2) V. pour la police, les arr. des 6 nov. 1840, 16 mai et 14 sept. 1842, et pour les tarifs, l'arr. du 12 nov. 1842.

des travaux publics, pour la police du chemin de fer de Paris à Orléans (section de Corbeil) ;

. Arrêtons ce qui suit :

§ 1er. — Mesures relatives à l'arrivée et au départ des convois.

1. Il est défendu à toute personne étrangère au service du chemin de fer de Paris à Corbeil, de s'introduire sur cette voie, d'y circuler ou stationner.

Il est défendu d'y jeter et déposer, même momentanément, aucuns matériaux ni objets quelconques.

Il est également défendu d'y introduire, faire circuler ou stationner aucune voiture, wagon ou machine étrangère au service.

Sauf le cas de force majeure, aucun stationnement de voitures ou de wagons, soit vides, soit chargés, ne pourra avoir lieu sur les voies du chemin de fer. Les conducteurs des convois ne pourront s'arrêter ailleurs que dans les stations.

2. Sont exceptés de la défense portée au premier paragraphe de l'article 1er les officiers de police, les gendarmes et autres agents de la force publique dans l'exercice de leurs fonctions et revêtus de leurs uniformes ou de leurs insignes.

Des mesures spéciales de précaution, auxquelles seront tenus de se soumettre les agents ci-dessus désignés, seront déterminées par l'administration, la compagnie préalablement entendue.

3. La voie de gauche, en partant de Paris, sera spécialement affectée aux convois se dirigeant de Paris sur Corbeil ; la voie de droite sera affectée aux convois en retour de Corbeil sur Paris.

Dans aucune circonstance et sous aucun prétexte, on ne pourra changer la destination de chacune des deux voies, sauf cependant dans le cas de réparation d'une partie de l'une des voies.

4. Les convois ne pourront partir, soit de Paris, soit de Corbeil, qu'à cinq minutes au moins d'intervalle les uns des autres.

Les départs auront lieu exactement aux heures indiquées, conformément à l'article suivant.

5. Les convois ne pourront s'arrêter qu'aux gares ou lieux de stationnement spécialement autorisés pour le service des voyageurs ou des marchandises.

La compagnie devra faire connaître au public, par des affiches ou des avis imprimés dont elle donnera communication immédiate au préfet de police pour le département de la Seine, et au préfet de Versailles pour le département de Seine-et-Oise, ses lieux de stationnement et les heures de départ et d'arrivée.

6. Aux points de départ de Paris et de Corbeil, les lieux d'embarquement et ceux de débarquement seront séparés de telle sorte que l'entrée et la sortie des voyageurs se fassent par des issues différentes.

Les mêmes dispositions seront appliquées, autant que possible, aux stations intermédiaires.

7. Les voyageurs ne seront admis sur les quais d'embarquement et de débarquement qu'au moment des départs.

On ne pourra admettre les personnes qui se présenteraient en état d'ivresse ou qui voudraient conserver avec elles des paquets encombrants.

8. Les convois ne se mettront en marche, au départ, qu'après trois avertissements donnés, les deux premiers à la cloche, et le troisième à la trompette ou au sifflet.

Les cantonniers ou surveillants sur la voie seront porteurs de deux drapeaux, l'un blanc, l'autre rouge.

Au premier avertissement de la cloche, le cantonnier ou le surveillant le plus rapproché de la station, arborera un de ces drapeaux : le drapeau blanc, lorsqu'il aura reconnu que sa voie est en parfait état de service, et le drapeau rouge, lorsque la voie sera en réparation ou présentera quelque obstacle à une circulation à grande vitesse. Si la voie est tout à fait hors d'état de donner passage au convoi, il inclinera son drapeau rouge vers le sol en l'agitant de haut en bas.

La nuit, le drapeau blanc sera remplacé par une lanterne blanche et le drapeau rouge par une lanterne rouge.

Chaque cantonnier fera, à son tour, des signaux analogues, dès qu'il aura aperçu le signal du cantonnier qui le précède ou au moins dès qu'il aura aperçu le convoi.

9. Il n'est permis aux voyageurs d'entrer dans les voitures et d'en sortir que par la portière qui fait face au côté extérieur de la ligne du chemin de fer.

10. Pendant la nuit, les convois des voyageurs devront porter, à l'avant et à l'arrière, deux fanaux allumés garnis de verre de couleur différente, de manière que l'on puisse toujours reconnaître dans quel sens marche le convoi.

Les voitures fermées, destinées au transport des voyageurs, devront être éclairées intérieurement.

11. Tout le matériel d'exploitation (machines locomotives, voitures, wagons) sera toujours maintenu dans le meilleur état d'entretien possible.

Les machines locomotives ne pourront être employées sur les chemins de fer qu'autant qu'elles sont conformes aux règlements relatifs aux machines à vapeur et qu'après avoir été soumises à toutes les épreuves prescrites par l'ordonnance royale du 22 juillet 1839 ; elles seront d'ailleurs visitées le plus souvent possible par l'ingénieur des mines en résidence dans le département.

12. Chaque convoi devra être accompagné,

1° D'un mécanicien ;

2° D'un chauffeur capable, au besoin, d'arrêter la machine ;

3° D'un conducteur au moins pour six voitures, de deux pour quatorze voitures, de trois pour vingt-quatre, et de quatre pour tout nombre de voitures au delà de vingt-quatre, le nombre de voitures ne pouvant toutefois excéder trente-deux.

Un des conducteurs devra être préposé à la garde du frein destiné à empêcher les convois de prendre une trop grande accélération de vitesse et à les arrêter au besoin.

13. Avant le départ du convoi, le mécanicien s'assurera si toutes les parties de la locomotive et du tender sont en bon état, si le frein fonctionne avec facilité, etc.

Les conducteurs s'assureront, de leur côté, si toutes les voitures de voyageurs sont en bon état ; le signal du départ ne sera donné que lorsque toutes les portières seront fermées.

§ 2.—Mesures relatives à la circulation et à la marche des convois.

14. Les trains de voyageurs ou de marchandises ne pourront s'arrêter dans les points où le chemin de fer traverse à niveau les chemins publics.

15. Aux points où des chemins traversent de niveau le chemin de fer, il sera établi deux barrières, une de chaque côté, avec un gardien chargé spécialement de les ouvrir et de les fermer.

Ces chemins sont :

Dans le département de la Seine,

1° Rue Neuve de la gare d'Ivry,

2° Chemin de la Croix-Jarry,
3° Chemin de la Petite-Voyette,
4° Route départementale d'Ivry,
5° Chemin du Chevaleret,
6° Route départementale de Vitry,
7° Voie de Seine de Vitry,
8° Voie d'Amour de Choisy,
9° Route royale de Versailles à Choisy.

Dans le département de Seine-et-Oise,

1° Chemin de la Ruelle-Robert à Ablon,
2° Chemin d'Athis-Mons à la Seine,
3° Voie de Seine d'Athis,
4° Avenue de Chaige,
5° Chemin de Juvisy à la Seine,
6° Chemin de Viry à Châtillon,
7° Chemin du Petit-Châtillon,
8° Chemin de Grigny à la Seine,
9° Chemin-Vert de Ris,
10° Route départementale de Ris,
11° Chemin de Trousseau à la Seine,
12° Chemin de la Briqueterie,
13° Chemin du Petit-Bourg,
14° Chemin d'Evry à la Seine,
15° Chemin de Beauvoir à la Seine,
16° Chemin d'Evry à Corbeil.

Toutefois, dans le cas où deux passages de niveau seraient assez rapprochés pour qu'un même gardien puisse en faire le service, le préfet, après avoir consulté l'ingénieur en chef des ponts et chaussées chargé de la surveillance du chemin pourra accorder cette facilité à la compagnie.

16. Les barrières seront habituellement fermées, de manière à intercepter la voie publique. Les gardes chargés du service de ces barrières les ouvriront quand cela sera nécessaire, et ils les refermeront sur-le-champ.

Lorsqu'un train est en vue ou attendu, il leur est défendu d'ouvrir.

17. Les cantonniers et gardes placés le long du chemin devront être assez rapprochés pour pouvoir se voir.

Ils devront parcourir chacun sa section avant le passage des convois, et veiller à ce que rien, ni sur les voies, ni en dehors des voies, ne puisse entraver leur marche.

Ils doivent d'ailleurs se porter vers l'extrémité de leur section, par laquelle le convoi arrive pour donner tous les avertissements nécessaires.

Dans le cas où un convoi s'arrêterait sur la voie, soit pour le service d'une station intermédiaire, soit pour cause d'accident, le cantonnier le plus voisin devra se porter en arrière du convoi pour transmettre les signaux d'arrêt aux convois qui pourraient circuler à la suite sur la même voie ; les signaux consisteront, pendant le jour, en un drapeau rouge qu'il agitera en l'inclinant vers le sol, et en une lanterne agitée sur la voie pendant la nuit.

18. Lorsqu'il sera nécessaire d'établir des ateliers de réparation sur les voies, les chefs d'atelier planteront un pavillon rouge au milieu desdites voies, chaque fois que les ouvriers remplaceront un rail ou feront une réparation quelconque de nature à empêcher le passage de la machine.

Ce drapeau sera planté sur l'accotement pour indiquer qu'il ne faut que ralentir la marche de la machine.

19. Le conducteur, chef du convoi, est muni d'une trompette ou d'un sifflet pour donner au machiniste le signal de s'arrêter; celui-ci est tenu d'obéir immédiatement à ce signal.

20. A l'approche soit des ateliers de réparation, soit des chemins traversant à niveau le chemin de fer, soit des stations, le mécanicien devra ralentir la marche de la locomotive; il devra en même temps faire jouer le sifflet à vapeur pour avertir de l'approche du convoi, toutes les fois que la voie ne lui paraîtra pas complétement libre.

21. Le mécanicien ne pourra, dans aucun cas, quitter la locomotive; il devra, ainsi que le chauffeur, se tenir debout et surveiller attentivement pendant le temps que la machine est en mouvement.

22. Le mécanicien surveillera constamment la tension de la vapeur et le niveau d'eau de la chaudière; il veillera à ce que rien n'embarrasse la manœuvre du frein, afin de s'arrêter dès qu'il aperçoit les signaux qui le lui commandent.

23. Aucune personne, autre que le mécanicien et le chauffeur, ne pourra monter sur la locomotive ou sur son allége, à moins d'une permission spéciale et écrite du directeur du chemin ou de l'ingénieur du matériel.

24. Des gardes seront établis par la compagnie aux aiguilles et tourne-voies qui doivent servir à l'entrée dans les gares et stations.

Ces gardes seront chargés des manœuvres à faire pour diriger convenablement les convois sur la voie qu'ils doivent suivre.

25. Lorsque, par suite de réparation, d'accident ou de toute autre cause, la circulation devra être momentanément interrompue sur une certaine longueur de l'une des voies, l'on devra placer un gardien auprès de chacune des deux aiguilles destinées à des changements de voies; ces gardiens communiqueront entre eux au moyen d'un signal convenu à l'avance, et dont il sera donné connaissance au commissaire de police spécial; dans aucun cas, ils ne laisseront le convoi s'engager dans la voie unique laissée à la circulation qu'après s'être assurés qu'ils ne seront pas rencontrés par un convoi venant d'une direction opposée.

26. En cas d'accident durant le trajet, le conducteur chef du convoi fera faire immédiatement par le cantonnier le plus rapproché un signal qui sera répété, de proche en proche, pour appeler le secours de la station la plus voisine; ce signal se fera par le surveillant en agitant les deux drapeaux dont il est porteur, l'un d'une main, l'autre de l'autre.

Pendant la nuit, les deux drapeaux seront remplacés par les deux lanternes blanche et rouge mentionnées aux articles précédents.

27. En cas de doute sur la transmission des signaux, le cantonnier courra avertir celui qui le suit immédiatement et ainsi de suite, de poste en poste, jusqu'à la station la plus prochaine.

28. Il y aura constamment, à chaque station, tous les agrès et outils convenables en cas d'accident; les agrès seront envoyés au secours, aussitôt qu'un signal d'alarme aura été reconnu.

Chaque convoi devra, d'ailleurs, toujours être muni d'une prolonge et de deux crics.

29. Les voitures destinées au transport des voyageurs seront d'une construction solide; elles devront être commodes et pourvues de tout ce qui est nécessaire à la sûreté des voyageurs.

Les différentes caisses de chaque voiture seront ouvertes par deux portières latérales, et chaque portière sera garnie d'un marche-pied.

Les voitures des convois seront liées entre elles par une double chaîne; chaque voiture portera, à l'avant et l'arrière, des tampons garnis à ressort et placés à un même niveau, pour amortir, autant que possible, l'effet des chocs imprévus.

En ce qui concerne les voitures pour le transport des voyageurs, la compagnie sera tenue de se conformer aux dispositions de police prescrites par l'ordonnance royale du 16 juillet 1828 sur les voitures publiques.

L'administration supérieure, sur la proposition du préfet de police, réglera ultérieurement, s'il y a lieu, celles des dispositions de cette ordonnance qui sont applicables aux voitures du chemin de fer.

§ 3.—Mesures générales.

30. Il est défendu aux voyageurs de se tenir debout sur les bancs des voitures.

Il leur est également défendu de passer d'une voiture dans une autre.

Il est également interdit de fumer dans les voitures, et les chiens n'y seront point admis.

31. Les cantonniers et les garde-barrières devront faire sortir immédiatement toute personne qui se serait introduite en dedans des voies, soit entre les rails, soit en dehors des rails.

En cas de résistance de la part des contrevenants, les cantonniers et gardes devront appeler l'assistance des agents de l'administration publique.

32. Il sera tenu dans chacune des stations du chemin de fer un registre coté et parafé, à Paris, par le préfet de police, et ailleurs par le maire des lieux, lequel sera destiné à recevoir les réclamations des voyageurs qui auraient des plaintes à former contre les gardes, les cantonniers, les garde-barrières, les mécaniciens ou autres agents et ouvriers employés sur la ligne.

Ce registre sera présenté à toute réquisition des voyageurs.

33. Les poursuites en raison d'accidents arrivés par le fait des agents de la compagnie, dont elle est civilement responsable, seront dirigées contre la personne du directeur ou du fondé de pouvoirs de la compagnie.

34. Toutes les fois qu'il arrivera un accident sur le chemin de fer, il en sera fait immédiatement déclaration à l'autorité locale, à la diligence de tous les agents de la compagnie, témoins de l'accident.

Le directeur ou le fondé de pouvoirs de la compagnie en informera immédiatement le préfet.

35. Des exemplaires imprimés du présent règlement et du tarif, certifiés par nous, seront constamment affichés dans les lieux les plus apparents des bureaux de la compagnie.

Les conducteurs, garde-convois, devront également être munis de ces pièces pour les exhiber à toute réquisition.

Des extraits devront être délivrés, chacun pour ce qui le concerne, aux mécaniciens, chauffeurs, garde-freins, cantonniers, garde-barrières et autres agents employés sur ce chemin.

Des extraits, en ce qui concerne les dispositions à observer par les voyageurs pendant le trajet, devront également être placés dans chaque voiture.

36. Tout agent employé sur le chemin sera vêtu d'un uniforme; les cantonniers et garde-barrières pourront, en outre, être munis d'un sabre pour pourvoir, au besoin, à leur sûreté, surtout pendant la nuit.

§ 4.—Moyens d'exécution.

37. Il sera pourvu à la surveillance que l'administration doit exercer sur l'exécution du présent règlement et au maintien de l'ordre:

1° par les soins des ingénieurs des ponts et chaussées et des mines du département; 2° par un commissaire spécial de police, dont l'autorité s'étendra sur toute la ligne et qui résidera à Paris; 3° par le commissaire de police de Corbeil et par le maire de Choisy-le-Roi, qui seront chargés spécialement de la surveillance du débarcadère de chacune de ces deux villes.

Le commissaire spécial et celui de Corbeil auront chacun sous ses ordres un agent de surveillance qui sera nommé par M. le ministre des travaux publics. Ces agents seront assermentés; ils résideront l'un à Paris, l'autre à Corbeil.

38. Les commissaires de police et les agents de surveillance veilleront au maintien de l'ordre; ils dresseront procès-verbaux de toutes les contraventions qui pourraient être commises, soit par les employés de la compagnie, soit par toute autre personne, ainsi que de tous les accidents qui pourraient survenir.

Ils adresseront ces procès-verbaux au préfet de police qui en transmettra copie au ministre des travaux publics, après avoir fait constater, s'il y a lieu, les circonstances de l'affaire par les ingénieurs des ponts et chaussées ou par des ingénieurs des mines.

39. Les mécaniciens, chauffeurs, conducteurs, surveillants et cantonniers devront obéir aux réquisitions des commissaires de police et des agents de surveillance sous leurs ordres, dans tout ce qui est relatif à l'exécution du présent règlement.

40. Les commissaires de police et les agents de surveillance seront tenus de dresser procès-verbal des détériorations qui pourraient survenir sur le chemin; en outre, ils donneront immédiatement avis de ces détériorations aux ingénieurs des ponts et chaussées, chargés de la surveillance, qui provoqueront telles mesure que de droit, et au fondé de pouvoirs de la compagnie.

41. Tous les frais qu'exigera l'exécution du présent règlement seront à la charge de la compagnie.

Elle est tenue de fournir des locaux de surveillance pour les commissaires de police et les agents de surveillance.

Si, dans certaines circonstances, il devenait nécessaire d'établir auprès des stations des postes militaires, tous les frais qui en résulteraient seraient également à la charge de la compagnie.

42. Les contraventions au présent arrêté seront constatées par des rapports ou procès-verbaux qui nous seront transmis sans délai, pour être poursuivies conformément aux lois et règlements.

43. Le sous-préfet de l'arrondissement de Sceaux, l'ingénieur en chef directeur des ponts et chaussées du département de la Seine, l'ingénieur en chef des mines du département de la Seine, les maires des communes d'Ivry, d'Orly, de Vitry et de Choisy-le-Roi, le commissaire de police spécial et les agents de police spéciaux dudit chemin, le commissaire de police de la commune d'Ivry, le chef de la police municipale, les officiers de paix, les autres préposés de la préfecture de police et les gardes champêtres sont chargés, chacun en ce qui le concerne, de tenir la main à l'exécution du présent arrêté.

Il sera, en outre, adressé à M. le colonel de la garde municipale de la ville de Paris et à M. le commandant de la gendarmerie du département de la Seine, pour qu'ils en assurent l'exécution par tous les moyens qui sont en leur pouvoir.

Le conseiller d'Etat, préfet de police, G. DELESSERT.

N° **1740.** — *Arrêté qui fixe le tarif des prix à percevoir pour le transport des voyageurs, des bagages et des articles de messageries, sur le chemin de fer de Paris à Orléans (section de Corbeil) (1).*

Paris, le 19 septembre 1840.

———————— ◦ ————————

N° **1741.** — *Arrêté qui fixe le tarif des places pour les stations sur le chemin de fer de Paris à Versailles (rive gauche) (2).*

Paris, le 1er octobre 1840.

———————— ◦ ————————

N° **1742.** — *Ordonnance concernant l'ouverture et la police de l'abattoir public et commun de la commune de Batignolles-Monceaux.*

Paris, le 12 octobre 1840.

Nous, conseiller d'État, préfet de police,

Vu, 1° l'ordonnance royale du 17 février 1839, qui autorise l'établissement d'un abattoir public et commun avec triperies, porcheries et fondoirs de suif dans un terrain situé sur le territoire de la commune de Batignolles-Monceaux, au lieu dit le Chiendent, avenue de Clichy, et qui fixe les droits à percevoir dans cet établissement ;

2° Le rapport du conseil de salubrité du 24 juillet 1840 ;

3° Le procès-verbal du maire de Batignolles-Monceaux, en date du 7 septembre dernier, constatant que les concessionnaires de l'abattoir de cette commune ont satisfait à toutes les conditions à eux prescrites par l'ordonnance royale du 17 février 1839 ;

4° Les lois des 16-24 août 1790 et 19-22 juillet 1791 ;

5° Les arrêtés du gouvernement des 1er juillet 1800 (12 messidor an VIII) et 25 octobre 1800 (3 brumaire an IX),

Ordonnons ce qui suit :

Ouverture de l'abattoir et classement des bouchers.

1. L'abattoir public et commun de la commune de Batignolles-Monceaux sera ouvert le 20 octobre courant.

A compter de cette époque, l'abatage des bœufs, vaches, veaux, moutons et porcs y aura lieu exclusivement, et toutes les tueries particulières situées dans le rayon de l'octroi de la commune de Batignolles-Monceaux seront interdites et fermées.

Toutefois, les propriétaires et les habitants qui élèvent des porcs pour la consommation de leur maison conserveront la faculté de les faire abattre chez eux, pourvu que ce soit dans un lieu clos et séparé de la voie publique.

2. La répartition des bouchers dans les échaudoirs aura lieu par la

———————————————————

(1) V. pour la police, les arr. des 19 sept. et 6 nov. 1840, et 16 mai et 14 sept. 1842, et pour les tarifs, l'arr. du 12 nov. 1842.

(2) V. pour les tarifs, l'arrêté du 15 mars 1841, et pour la police, les arrêtés des 8 sept. 1840, 16 mai et 14 sept. 1842.

voie du tirage au sort. Toutefois le maire de la commune pourra y faire les changements et mutations reconnus nécessaires dans l'intérêt du service. Chaque échaudoir recevra deux bouchers au moins, et ce nombre pourra être porté jusqu'à trois, si l'importance de leur commerce n'y fait point obstacle.

Abatage des bestiaux et des porcs.

3. Les bouchers peuvent abattre à toute heure du jour ou de la nuit, mais seulement dans les échaudoirs à ce destinés.

4. Il leur est défendu d'abattre des bestiaux dans la cour de travail.

5. Les porcs pourront être abattus, brûlés et habillés à toute heure du jour ou de la nuit dans les brûloirs et échaudoirs affectés à cet usage. Ce travail ne pourra se faire ailleurs, sous aucun prétexte.

Les portes du brûloir et des échaudoirs seront fermées au moment de l'abatage.

6. Les bœufs, vaches ou taureaux, avant d'être abattus, doivent être fortement attachés à l'anneau scellé à cet effet dans chaque échaudoir.

Les bouchers sont responsables des effets de toute négligence à cet égard.

7. Les bœufs et taureaux dont l'espèce est connue pour être dangereuse ne pourront être conduits des bouveries aux échaudoirs qu'avec des entraves ou accouplés.

8. Les veaux et les moutons seront saignés dans des baquets, de manière que le sang ne puisse couler dans les égouts.

9. Il est expressément défendu de laisser ouvertes les portes des échaudoirs au moment de l'abatage des bœufs.

10. Il est enjoint aux bouchers de laver ou de faire laver exactement les échaudoirs après l'abatage et l'habillage.

11. Il est défendu de laisser séjourner dans les échaudoirs aucuns suifs, graisses, dégrais, ratis, panses et boyaux, cuirs et peaux en vert ou en manchon, salés ou non salés.

12. Les bouchers feront enlever les fumiers des bouveries tous les mois ou toutes les fois qu'ils en seront requis par le maire ou par l'un de ses agents.

Ils devront aussi faire enlever les vidanges tous les jours.

13. Les bouchers, quand ils en seront requis par le maire ou les préposés de l'administration, devront faire gratter et laver les murs intérieurs et extérieurs des échaudoirs ainsi que les portes.

14. Il est défendu de déposer dans les rues et cours les cuirs et peaux de bestiaux.

15. Les bouchers auront la faculté de recueillir le sang des animaux par eux abattus. Ils devront le recevoir et le renfermer dans des futailles bien closes. Ces futailles devront être enlevées de l'abattoir tous les jours pendant l'été et dans le délai de trois jours pendant l'hiver.

16. Les personnes chargées de ce travail devront, pendant l'abatage, se tenir dans la cour de travail.

Il leur est défendu d'embarrasser les passages avec les futailles. Elles devront les placer dans les lieux qui leur seront indiqués par le maire ou par l'un de ses agents.

Tous les jours, après le travail, elles rouleront les futailles pleines aux places qui leur seront affectées.

17. Les bouchers, charcutiers et gargots se pourvoiront de tinets, étoux, baquets, brouettes et de tous les instruments et ustensiles nécessaires à leur travail, et les entretiendront en bon état de service et de propreté.

18. Les bouchers et les charcutiers sont tenus d'avoir, dans l'abattoir, des garçons pour recevoir et soigner les bestiaux à leur arrivée.

19. Toutes les viandes et issues qui, après l'abatage et l'habillage, se trouveraient corrompues ou nuisibles ne pourront être livrées à la consommation. Elles seront enfouies ou envoyées à la ménagerie par les soins du maire ou du commissaire de police et aux frais du propriétaire.

En cas de contestation, la vérification des viandes reconnues insalubres sera faite en présence du maire ou du commissaire de police et du propriétaire par deux bouchers appelés comme experts.

Dans tous les cas, les pieds, peaux, cuirs et suifs de l'animal qui aura fourni ces viandes et issues seront laissés au propriétaire.

20. Il est défendu aux bouchers et charcutiers de laisser séjourner dans les rues et cours de l'abattoir des panses de bœufs, vaches, veaux, moutons, des boyaux de moutons ou de porcs.

Les vidanges et autres résidus seront déposés dans les coches dallés à ce destinés, et enlevés tous les jours indistinctement et sans triage.

21. Les bouchers, charcutiers, tripiers et fondeurs sont tenus de déposer tous les soirs, chez le concierge de l'abattoir, les clefs des greniers, échaudoirs, bergeries, écuries, fondoirs et porcheries. Ce concierge les leur remettra ou à leurs garçons suivant leurs besoins.

Dans aucun cas, les bouchers, charcutiers ou autres ne pourront emporter ces clefs.

Bouveries et greniers à fourrage.

22. Aucune voiture de fourrage ne sera reçue dans les abattoirs, si son chargement ne peut être resserré avant la nuit tombante.

23. L'entrée et la circulation dans les greniers à fourrages sont interdites depuis le coucher jusqu'au lever du soleil.

24. Il est défendu de fumer dans les bouveries et greniers à fourrages.

Des garçons bouchers, charcutiers, etc.

25. Il ne sera admis dans l'abattoir que des garçons pourvus de livrets.

26. Les livrets seront déposés à la mairie.

27. Il est défendu aux garçons bouchers, charcutiers, etc., de détruire ou de dégrader aucun objet dépendant de l'abattoir ou des échaudoirs, et spécialement les pompes, tuyaux, robinets, tampons, grilles, égouts, comme aussi de laisser ouvert aucun robinet sans nécessité.

Fonte de suifs.

28. La fonte des suifs en branche sera exécutée d'après l'instruction faite par le conseil de salubrité sur cet objet.

29. La fonte des suifs pourra avoir lieu la nuit comme le jour.

30. Les fondeurs ne pourront faire usage de lumière qu'avec des lanternes closes. L'usage des chandeliers, bougeoirs, martinets, lampes à la main leur est formellement interdit.

31. Tous les combustibles amenés pour le service des fondoirs seront rentrés aussitôt après leur arrivée.

32. Les fondeurs seront tenus de faire nettoyer et ratisser au moins deux fois par semaine le carreau des fondoirs et les rampes et marches de l'escalier qui y conduit.

33. La cheminée du fondoir sera ramonée une fois par mois au moins, et ce ramonage devra être fait plus souvent, s'il y a nécessité.

34. Aucune voiture chargée de suif ne pourra rester dans l'intérieur de l'abattoir. Aussitôt son chargement terminé, elle devra être conduite à sa destination.

35. Les fondeurs ne pourront, sous aucun prétexte, laisser du bois au-devant de l'ouverture du foyer de la chaudière.

36. Quand une fonte sera commencée, les garçons ne pourront quitter le fondoir.

37. Après la fonte, ils devront s'assurer de l'extinction complète du feu et de la clôture de l'étouffoir.

38. Il leur est défendu de sortir du fondoir le bois en partie consumé pour l'éteindre au dehors.

Triperie.

39. L'atelier de cuisson des issues, etc., devra être tenu dans le plus grand état de propreté.

Les tripiers ne pourront en sortir du bois en partie consumé pour l'éteindre au dehors.

Tarif des droits.

40. Conformément à l'ordonnance royale du 17 février 1839, il sera perçu pour droits d'abatage :
1° Par tête de bœuf, quatre francs ;
2° Par tête de vache, deux francs ;
3° Par tête de veau, un franc trente-cinq centimes ;
4° Par tête de mouton, trente-cinq centimes.

ISSUES.

5° Par issue de bœuf ou de vache, quarante centimes ;
6° Par issue de mouton, dix centimes ;
7° Par quatre cents pieds de mouton, un franc.

SUIFS FONDUS.

8° Par cinquante kilogrammes de suif fondu, un franc cinquante centimes.

PORCHERIES.

9° Par tête de porc, un franc cinquante centimes.

Dispositions générales.

41. Le concierge de l'abattoir ne laissera sortir aucune voiture ni paquet sans les visiter.

42. Il ne sera admis dans l'abattoir aucune personne étrangère au service, à moins d'une permission spéciale.

43. Il est défendu d'y amener des chiens autres que ceux des conducteurs de bestiaux. Ces chiens devront être muselés.

44. Il ne pourra être introduit de voiture dans les bouveries, si ce n'est pour enlever les animaux morts naturellement.

45. Il est défendu de faire paître des moutons sur les parties où il existe du gazon et de faire stationner des voitures sur ces parties et entre les arbres.

46. Les bouchers, charcutiers, fondeurs et tripiers ne pourront, sous aucun prétexte, laisser en dépôt, dans l'intérieur de l'abattoir, des cabriolets, charrettes ou autres voitures, des étaux, brouettes et ustensiles hors d'usage.

47. Il est défendu à toutes personnes logées dans l'abattoir de jeter ou déposer au-devant de leurs habitations aucuns fumiers, immondices et eaux ménagères.

48. Il est défendu d'entrer la nuit dans les bouveries et bergeries ou toits à porcs avec des lumières, si elles ne sont pas renfermées dans des lanternes closes et à réseau métallique.

49. Il est défendu d'appliquer des chandelles allumées aux murs et aux portes, intérieurement et extérieurement, et en quelque lieu que ce soit.

50. Toute espèce de jeux de hasard et autres sont interdits dans l'abattoir.

51. Il est défendu de rien écrire, tracer ou crayonner sur les murs et sur les portes, soit en lettres, portraits ou figures quelconques.

52. Il est expressément défendu de coucher dans les échaudoirs, bouveries, bergeries et greniers.

53. La présente ordonnance sera imprimée et affichée.

Ampliation en sera adressée à M. le pair de France, préfet du département de la Seine.

54. Le sous-préfet de l'arrondissement de Saint-Denis, le maire et le commissaire de police de Batignolles-Monceaux et les préposés sous leurs ordres, l'inspecteur général des halles et marchés et l'inspecteur des établissements insalubres sont chargés, chacun en ce qui le concerne, de tenir la main à son exécution.

Le conseiller d'Etat, préfet de police, G. DELESSERT.

N° 1743. — *Ordonnance concernant la police de la navigation, des rivières, des canaux et des ports, dans le ressort de la préfecture de police.*

Paris, le 25 octobre 1840.

Nous, conseiller d'Etat, préfet de police,

Vu les anciens règlements sur la police des rivières et canaux, et notamment :

Vu l'article 40, titre XXVII de l'ordonnance de 1669, portant « défense de tirer terres, sables et autres matériaux à six toises (onze mètres six cent quatre-vingt-quatorze millimètres) près des rivières navigables, à peine de 100 livres d'amende ; »

L'article 41, qui déclare la propriété de tous les fleuves et rivières portant bateaux, de leur fond sans artifices et ouvrages de mains, faire partie du domaine public ;

L'article 42, portant « défense à tous, soit propriétaires ou engagistes, de faire moulins, batardeaux, écluses, gords, pertuis, murs, plants d'arbres, amas de pierres, de terres et fascines, ni autres édifices ou empêchements nuisibles au cours de l'eau dans les fleuves et rivières navigables et flottables, et même d'y jeter aucune immondice, ordure, ou de les amasser sur les quais et rivages à peine d'amende ; »

L'article 43, par lequel « il est enjoint à ceux qui ont fait bâtir des moulins, écluses, vannes, gords et autres édifices, dans l'étendue des fleuves et rivières navigables et flottables, sans en avoir obtenu la permission, de les démolir, faute de quoi il y sera procédé à leurs frais et dépens ; »

L'article 44, défendant à toutes personnes, « de détourner l'eau des rivières navigables et flottables ou d'en affaiblir et altérer le cours par tranchées, fossés et canaux, à peine d'être, les contrevenants, poursuivis comme usurpateurs, et de voir les choses réparées à leurs dépens ; »

L'article 7, titre XXVIII, qui enjoint, à tous propriétaires d'héritages aboutissant aux rivières navigables, de laisser le long des bords « vingt-quatre pieds au moins de largeur (sept mètres sept cent quatre-vingt-seize millimètres), pour trait des chevaux, et défend de planter arbres ou de tenir clôture ou haie plus près que trente pieds (neuf mètres sept cent quarante-cinq millimètres) du côté que les bateaux se tirent, et dix pieds (trois mètres deux cent quarante-huit millimètres) de l'autre bord, à peine de 500 livres d'amende, et d'être, les contrevenants, forcés à réparer et mettre les chemins en état à leurs frais ; »

Vu l'article 1er, chapitre 1er de l'ordonnance de 1672, qui renouvelle la défense portée par l'article 44, titre XXVII de l'ordonnance de 1669, de « détourner l'eau des ruisseaux et rivières navigables et flottables, sous les mêmes peines ; »

L'article 2, renouvelant « la défense de tirer terres, sables et autres matériaux à six toises (onze mètres six cent quatre-vingt-quatorze millimètres) près du rivage des rivières navigables, à peine de 100 livres d'amende ; »

L'article 3, portant : « Seront, tous propriétaires d'héritages aboutissant aux rivières navigables, tenus de laisser le long des bords vingt-quatre pieds (sept mètres sept cent quatre-vingt-seize millimètres) pour le trait des chevaux, sans pouvoir planter arbres ni tirer clôtures ou haies plus près du bord que de trente pieds (neuf mètres sept cent quarante-cinq millimètres); et, en cas de contravention, seront les fossés comblés, les arbres arrachés et les murs démolis aux frais des contrevenants ; »

L'article 4, qui « défend de mettre ès rivières de Seine, Marne, Oise, Yonne, Loing et autres y affluant, aucun empêchement au passage des bateaux et trains de bois, sous peine de dommages et intérêts ; »

L'article 9, par lequel il est « défendu de jeter dans le bassin de la rivière de Seine, le long des bords d'icelle, quais et ponts de la ville de Paris, aucuns immondices, gravois, pailles et fumiers, sous peine de punition et d'amende ; et enjoint aux entrepreneurs qui auront travaillé et travailleront à la construction et rétablissement des ponts et arches ou des murs de quai, de faire incessamment enlever les décombres provenant des batardeaux qu'ils auront fait faire pour lesdits ouvrages, à peine d'amende et de répétition contre eux des peines d'ouvriers employés à l'enlèvement desdits décombres ; »

L'article 10, portant injonction aux marchands et voituriers de « faire enlever les bateaux étant en fond d'eau, et de faire ôter de la rivière et de dessus les ports et quais les débris desdits bateaux, à peine d'amende ; »

L'article 3, chapitre 2, portant : « Aux passages des ponts et pertuis, les voituriers conduisant bateaux, ou trains aval la rivière, sont tenus, avant que de passer les pertuis, d'envoyer un de leurs compagnons, pour reconnaître s'il n'y a point quelque bateau ou trait montant embouché dans les arches des ponts ou dans les pertuis, auquel cas l'avalant sera tenu de se garer jusqu'à ce que le montant soit passé, et que les arches et pertuis soient entièrement libres, à peine de répondre, par le voiturier avalant, du dommage qui pourrait arriver aux bateaux et traits montants ; »

L'article 5, « enjoignant au voiturier d'un bateau montant, venant à rencontrer un bateau avalant, de se retirer vers terre pour laisser passer ledit avalant, à peine de demeurer responsable du dommage causé tant au bateau qu'aux marchandises ; »

L'article 6, portant : « Pour prévenir les accidents qui pourraient arriver par la rencontre de coches et bateaux descendants avec les coches et traits de bateaux montants , sont tenus tous conducteurs de traits de bateaux montants, pour faciliter le passage desdits coches et bateaux descendants, faire voler par-dessus lesdits bateaux montants la corde appelée *cincenèle*, et empêcher que les bacules accouplées en fin desdits traits ne s'écartent et empêchent le passage desdits coches et autres bateaux ; et sont tenus les conducteurs desdits coches descendants, pour faciliter le passage desdits coches et bateaux montants, de lâcher leur cincenèle, en sorte qu'elle passe par-dessous le bateau montant, à peine aussi de toutes pertes, dommages et intérêts ; »

L'article 5, chapitre 3, qui « enjoint aux voituriers et marchands, aussitôt que leurs bateaux auront été fermés à port, d'en ôter les gouvernails, à peine d'amende ; »

L'article 9, même chapitre, lequel « défend aux forts et compagnons de rivière, qui ont accoutumé de décharger des marchandises , de le faire avant qu'ils en soient requis et préposés par les marchands, propriétaires ou leurs commissionnaires, à peine de dépens, dommages et intérêts ; »

L'article 2, chapitre 4, qui « interdit à tous marchands ou voituriers, sous quelque prétexte que ce soit , de passer eux-mêmes les bateaux sous les ponts ou par les pertuis où il y a des maîtres établis , à peine de 100 livres d'amende; »

L'article 21 , faisant « défense aux charretiers d'entrer dans le lit de la rivière pour charger les marchandises, sous peine d'amende; »

Vu l'article 1er de l'arrêt du conseil d'Etat , du 24 juin 1777 , qui maintient les ordonnances rendues sur le fait de la navigation, notamment celles de 1669 et 1672 , et « défend à toutes personnes de faire moulins, pertuis, vannes , écluses , arches , bouchis, gords ou pêcheries, ni autres constructions ou empêchements sur ou au long des rivières et canaux navigables, à peine de 1,000 livres d'amende et de démolition des ouvrages ; »

L'article 2, renouvelant « l'injonction à tous propriétaires riverains, de livrer vingt-quatre pieds (sept mètres sept cent quatre-vingt-seize millimètres) de largeur pour le halage des bateaux et traits des chevaux, le long des bords des rivières et fleuves navigables, ainsi que sur les îles où il en serait besoin, et la défense de planter arbres ni haies, tirer fossés ou clôtures plus près desdits bords que de trente pieds (neuf mètres sept cent quarante–cinq millimètres), sous peine de 500 livres d'amende et de destruction des plantations, clôtures, etc. ; »

L'article 3, par lequel il est « ordonné à tous riverains, mariniers ou autres, de faire enlever les pierres, terres, bois, pieux, débris de bateaux et autres empêchements étant de leur fait ou à leur charge , dans le lit desdites rivières ou sur leurs bords, à peine de 500 livres d'amende ; »

L'article 4, qui « défend, sous les mêmes peines, à tous riverains et autres , de jeter dans le lit desdites rivières et canaux ni sur leurs bords, aucuns immondices, pierres, gravois, bois, pailles ou fumiers , ni rien qui puisse embarrasser et altérer le lit , et d'en affaiblir et changer le cours par tranchées ou autrement, ainsi que d'y planter aucun pieu, d'y mettre rouir du chanvre, enfin d'y tirer des pierres , terres, sables et autres matériaux , plus près des bords que six toises (onze mètres six cent quatre-vingt-quatorze millimètres); »

L'article 5, enjoignant aux fermiers des bacs établis sur lesdites rivières « de rendre les bords et chaussées desdits bacs faciles et praticables pour la navigation et les passagers; de livrer passage aux coches et bateaux, sans leur faire éprouver le moindre retard ou empêchement, à peine d'en demeurer garants et responsables ; »

L'article 11 , par lequel tous les ponts, chaussées , pertuis, digues, hollandages, pieux , balises et autres ouvrages publics qui sont ou seront par la suite construits pour la sûreté et facilité de la navigation et du halage, sur et le long des rivières et canaux navigables, sont déclarés faire partie des ouvrages royaux. »

Vu l'article 2, paragraphe 1er du décret des 22 novembre, 1er décembre 1790, relatif aux domaines nationaux, etc., portant : « Les chemins publics, les rues et places des villes, les fleuves et rivières navigables, les rivages, lais et relais de la mer, les ports, les havres, les rades, etc., et en général toutes les portions du territoire national, qui ne sont pas susceptibles d'une propriété privée, sont considérées comme des dépendances du domaine public. »

Vu l'article 7 de la loi du 16 brumaire an v, concernant les bacs et bateaux à établir dans le département de la Seine ;

Vu l'article 538 du Code civil, portant : « Les chemins, routes et rues à la charge de l'Etat, les fleuves et rivières navigables ou flottables, les rivages, lais et relais de la mer, les ports, les havres, les rades et généralement toutes les portions du territoire français, qui ne sont pas susceptibles d'une propriété privée, sont considérées comme des dépendances du domaine public. »

Vu l'article 10 du décret du 12 août 1807, portant «qu'il sera fait un règlement pour la police des bateaux et bâtiments de bains, et de ceux de blanchissage, afin de les assujettir à des règles qui assurent la facilité de la navigation. »

Vu l'article 29, titre 1er de la loi des 19-22 juillet 1791, portant : « Sont confirmés provisoirement les règlements qui subsistent touchant la voirie, ainsi que ceux actuellement existants à l'égard de la construction des bâtiments, et relatifs à la solidité et sûreté, sans que de la présente disposition il puisse résulter la conservation des attributions ci-devant faites sur cet objet à des tribunaux particuliers. »

Vu l'article 1er de l'arrêté du directoire, du 13 nivôse an v, relatif aux chemins de halage sur les rivières d'Yonne, Seine, Aube et autres affluents, lequel porte : « Les lois et règlements de police sur le fait de la navigation et chemins de halage seront exécutés selon leur forme et teneur. »

Vu l'article 1er du décret du 22 janvier 1808, qui déclare l'article 7, titre XXVIII de l'ordonnance de 1669, applicable à toutes les rivières navigables de l'empire, soit que la navigation y fût établie à cette époque, soit que le gouvernement se soit déterminé depuis ou se détermine à les rendre navigables ;

Vu l'article 2, section 3 du décret du 22 décembre 1789, relatif à la constitution des assemblées primaires et des assemblées administratives, lequel charge les administrateurs de département, sous l'autorité et l'inspection du roi, de la conservation des propriétés publiques, de celle des forêts, rivières, chemins, etc. ;

Vu l'instruction de l'assemblée nationale, des 12-20 août 1790, concernant les fonctions des assemblées administratives ;

Vu l'article 1er du décret des 21-29 septembre 1791, relatif à la compétence du tribunal de police municipale de la ville de Paris, d'après lequel la municipalité de Paris est seule chargée du soin de faire exécuter les règlements et d'ordonner toutes les dispositions de police sur la rivière de Seine, ses ports, rivages, berges et abreuvoirs dans Paris ;

Vu l'arrêté du gouvernement du 19 ventôse an vi, concernant les mesures à prendre pour assurer le libre cours des rivières et canaux navigables et flottables ;

Vu l'article 4 de la loi du 28 pluviôse an viii, concernant la division du territoire français et l'administration, portant : « Le conseil de préfecture prononce sur les difficultés qui pourront s'élever en matière de grande voirie. »

Vu l'arrêté du gouvernement du 12 messidor an viii (1er juillet 1800), qui règle les attributions du préfet de police ;

Celui du 3 brumaire an IX (25 octobre 1800), portant « que l'autorité du préfet de police, à Paris, s'étendra sur tout le département de la Seine et les communes de Saint-Cloud, Meudon et Sèvres, en ce qui concerne les attributions y mentionnées. »

Vu l'article 1er de la loi du 29 floréal an X, lequel porte : « Les contraventions en matière de grande voirie seront constatées, réprimées et poursuivies par voie administrative. »

Vu le décret du 18 août 1810, relatif au mode de constater les contraventions en matière de grande voirie;

Vu les articles 112 et 113, titre IX du décret du 16 décembre 1811, lesquels indiquent la marche à suivre pour la répression des délits de grande voirie;

Vu l'article 1er du décret du 12 avril 1812, qui déclare applicable aux canaux, rivières navigables, ports maritimes de commerce et travaux à la mer, le titre IX du décret susvisé (16 décembre 1811);

Vu les ordonnances royales des 2 avril et 29 octobre 1823, 7 et 25 mai 1828, 23 septembre 1829, et 25 mars 1830, concernant les bateaux à vapeur et les machines à haute ou à basse pression ;

Vu aussi l'ordonnance du roi, du 5 juillet 1834, concernant le commerce de charbon de bois amené par eau à Paris;

Vu l'article 415 du Code pénal, portant : « Toute coalition de la part des ouvriers pour faire cesser en même temps de travailler, interdire le travail dans un atelier, empêcher de s'y rendre et d'y rester avant ou après de certaines heures, et en général pour suspendre, empêcher, enchérir les travaux, s'il y a eu tentative ou commencement d'exécution, sera punie d'un emprisonnement d'un mois au moins, et de trois mois au plus.

« Les chefs ou moteurs seront punis d'un emprisonnement de deux ans à cinq ans. »

Vu enfin l'article 416 du même Code, portant : « Seront aussi punis de la peine portée par l'article précédent, et d'après les mêmes distinctions, les ouvriers qui auront prononcé des amendes, des défenses, des interdictions ou toutes proscriptions, sous le nom de damnations, et sous quelque qualification que ce puisse être, soit contre les directeurs d'ateliers et entrepreneurs d'ouvrages, soit les uns contre les autres.

« Dans le cas du présent article, et dans celui du précédent, les chefs ou moteurs du délit pourront, après l'expiration de leur peine, être mis sous la surveillance de la haute police pendant deux ans au moins et cinq ans au plus. »

Considérant qu'en rappelant les dispositions précitées des lois générales de grande voirie, sur la police des rivières et des canaux, il importe de réunir et de publier de nouveau, en les complétant, les divers règlements particuliers rendus pour le ressort de la préfecture de police,

Ordonnons ce qui suit :

TITRE Ier.

NAVIGATION GÉNÉRALE SUR LES RIVIÈRES ET CANAUX.

SECTION Ire.

Navigation ordinaire.

CHAPITRE Ier.

BATEAUX ET TRAINS EN COURS DE NAVIGATION.

Lettres de voitures.

1. Les conducteurs de bateaux de toute nature, transportant des marchandises dans le ressort de la préfecture de police, ainsi que les

conducteurs de trains de bois, devront être porteurs de lettres de voiture en bonne forme, dont ils justifieront à toute réquisition des préposés de la navigation.

Ces lettres de voiture indiqueront la nature et la quantité des marchandises , le lieu du chargement, l'époque du départ, les noms de l'expéditeur , du marchand ou de tout autre individu à qui les marchandises sont adressées, ainsi que celui du marinier chargé de les conduire.

Inscription d'une devise sur les bateaux.

2. Les bateaux de toute espèce, employés à la navigation dans l'étendue du ressort de la préfecture de police, devront porter sur leur arrière une devise ainsi que le nom et le domicile du propriétaire auquel ils appartiennent.

L'inscription sera faite en lettres blanches de vingt centimètres de hauteur sur trois centimètres de plein et sur un fond noir.

Marque du marchand sur les trains.

Les trains de bois à brûler et à œuvrer devront porter sur le pieu de nage ou sur l'oreille, d'une manière très-apparente, la marque du marchand dont ils seront la propriété.

Bord des bateaux hors de l'eau.

3. Les bateaux bortinglés devront avoir dix centimètres au moins de bord, non compris les bortingles.

Les autres bateaux et les toues devront avoir au moins, savoir : les bateaux, dix-huit centimètres ; et les toues, vingt centimètres de bord au-dessus de l'eau.

Les bachots chargés de sable devront avoir au moins dix centimètres de bord.

Le bateau montant doit se retirer vers terre pour laisser passer l'avalant.

4. Le conducteur d'un bateau montant est tenu, à la rencontre d'un bateau avalant, de se retirer vers terre pour laisser passer ce dernier.

Rencontre des bateaux montants et descendants halés par des chevaux.

5. Pour prévenir les accidents qui pourraient arriver par la rencontre de bateaux descendants avec des bateaux montants, les conducteurs de ces derniers bateaux devront élever leur corde de halage, ou cincenèle, de manière à ce qu'elle ne puisse nuire au passage des chevaux des bateaux descendants, et les conducteurs de bateaux descendants devront lâcher leur cincenèle, en sorte qu'elle passe sous le bateau montant.

Agrès qui doivent être à bord des bateaux.

6. Les marchands, les voituriers par eau ou les gardiens de bateaux devront, en tout temps, avoir sur leurs bateaux une ancre suffisamment équipée, et de bonnes cordes , pour les amarrer solidement.

7. Les bateaux en cours de navigation devront toujours , lorsqu'ils s'arrêteront, être tenus et accotés aussi près que possible de la terre et du bord opposé à celui du halage, sous peine, par les conducteurs de ces bateaux, d'être poursuivis comme étant dans le cas prévu par l'article 126 de la présente ordonnance.

Défense d'arrêter les bateaux en pleine rivière.

Ils ne pourront s'arrêter en pleine rivière, à moins de circonstances de force majeure.

Temps pendant lequel peut avoir lieu la navigation.

8. La navigation sur les rivières et canaux aura lieu depuis le point du jour jusqu'à la nuit.

Il est défendu aux mariniers, aux passeurs d'eau et à tous autres, de naviguer sur la rivière ou sur les canaux pendant la nuit.

Cette défense n'est point applicable aux bateaux qui en auront été exceptés, par dispositions spéciales, comme étant affectés à un service accéléré ou pour tout autre motif exceptionnel et d'urgence ; mais les conducteurs de ces bateaux devront se conformer aux dispositions des articles 128 et 129 de la présente ordonnance.

Elle ne s'applique point non plus aux embarcations naviguant la nuit en vertu d'une permission spéciale.

Défense de descendre les bateaux ou trains par couplage.

9. Il est défendu de descendre les bateaux par couplage.

Il est aussi défendu de descendre les trains par couplage dans Paris, à partir du pont de la Tournelle.

A partir du même pont, les trains ou parties de trains de bois à brûler ou à œuvrer devront être conduits par quatre mariniers au moins.

CHAPITRE II.

GARAGES.

Garage en amont du pont de Choisy.

10. Les bateaux et toues, venant de la haute Seine, sont tenus de s'arrêter au garage qui est fixé en amont du pont de Choisy, où ils ne pourront être placés sur plus de quatre rangs.

Garage du pont de Saint-Maur.

Ceux qui viennent de la Marne devront s'arrêter au garage du pont de Saint-Maur, au bord dehors de l'île du pont, où ils ne pourront être placés sur plus de deux rangs.

Ils devront y rester jusqu'à permission de descendre.

11. Les garages de Choisy et du pont de Saint-Maur sont considérés comme arrêts obligatoires, et non comme terme de voyage.

Déclaration à faire par les conducteurs de bateaux arrivés aux garages.

Dès leur arrivée à ces garages, les propriétaires ou conducteurs de bateaux ou toues devront aller faire leur déclaration, et faire viser leurs lettres de voiture aux bureaux de navigation établis auxdits lieux.

Ces propriétaires ou conducteurs ne pourront ensuite continuer leur route, soit pour le garage des Lions de Bercy, soit pour toute autre destination, qu'après avoir obtenu un passavant, qui sera délivré par le préposé de la navigation, suivant l'ordre des arrivages, et devra être représenté aux préposés de chacun des arrondissements de navigation où le déchargement des bateaux s'effectuera.

Dans les permis de descendre, deux margotas ou un couplage ne seront comptés que pour une toue.

Garage provisoire des bateaux à destination de la Bosse-de-Marne.

12. Les bateaux destinés à être mis en déchargement, soit à la Bosse-de-Marne, à Alfort ou au port des Carrières, devront provisoirement se garer à l'île Poulette. Ils ne pourront ensuite être conduits aux points susdénommés qu'en vertu d'un permis délivré par le préposé de la navigation, à Charenton.

Délai fixé pour le stationnement des bateaux et trains dans la gare de Bercy.

13. Les trains de bois à œuvrer, qui seront amenés à la gare des Lions de Bercy, ne pourront y rester plus d'un mois.

Les bateaux chargés de bois ou d'autres marchandises, amenés à la gare en aval de cette dernière, ne pourront y stationner plus de quinze jours.

Gares fermées de Choisy-le-Roi et de Charenton. Canal Triozon. Gare de Bercy.

14. Les trains ou bateaux admis dans les gares fermées de Choisy-le-Roi et de Charenton, dans le canal Triozon ou dans la gare de Bercy, ne pourront en sortir qu'avec un permis de l'inspecteur de l'arrondissement du lieu de garage.

15. Sont spécialement affectés au garage des trains de bois à brûler et de bois à œuvrer, les points ci-après désignés, savoir :

Sur la rive droite de la Seine.

Lieux de garage sur la rive droite de la Seine, en amont de Paris, pour les trains de bois.

1° Les bords de l'île de l'Aiguillon, dans une étendue de trois cents mètres en aval, et à partir du poteau formant la limite du département ;

2° La gare dite de la Folie, au-dessous du pont de Choisy, ayant une étendue d'environ six cents mètres, en laissant libre le dehors de la gare de Choisy, à partir du pont jusqu'au-dessous de l'entrée de ladite gare ;

3° Les deux gares contiguës de Chanterelle et de Chanteclair, contenant ensemble environ mille cinq cents mètres ;

4° Le dehors de l'île Maison, à partir de la tête de l'île jusqu'en face de la maison du passeur d'eau, au Port-à-l'Anglais ;

5° La gare de l'île Poulette, à prendre de l'angle d'aval du parc du Port-à-l'Anglais jusqu'au-dessous du pont de la Bosse-de-Marne.

Les trains de bois à œuvrer pourront, en outre, être amenés au port de garage, qui commence immédiatement en amont de l'île Quinquengrogne, et finit au Lion d'aval de Bercy, ainsi qu'il est expliqué à l'article 79 de la présente ordonnance.

1840.

Sur la rive gauche.

Lieux de garage sur la rive gauche de la Seine, en amont de Paris, pour les trains de bois.

1º La petite gare, au-dessous du lieu dit Larose, en face de Chante-clair, à partir du point vis-à-vis de la ferme de la Folie jusqu'aux sables de Vitry, en ayant soin de laisser libre la passe du petit îlot de Chanteclair;

2º La gare dite de la Grande-Berge, à partir des sables de Vitry jusqu'au Port-à-l'Anglais.

Les trains de bois à brûler pourront, en outre, être amenés au port de la Gare, commune d'Ivry, à partir de l'île aux Pouilleux, jusqu'à la limite supérieure du port de tirage, fixée, quant à présent, à six cent vingt mètres en amont du canal Trioson.

Sur la Marne.

Lieux de garage pour les trains, sur la Marne.

La gare dite du Grand-Haï, rive droite et rive gauche, à partir du bras d'aval du canal Saint-Maur jusqu'au-dessous du même canal, si les trains le traversent, ou jusqu'au pont de halage de Creteil, si les trains ne le traversent pas, en laissant libre l'ouverture du canal.

Lorsque les trains traverseront le canal, ils pourront aussi se garer au-dessus du pont de Saint-Maur, mais ils ne devront pas être placés sur plus de deux rangs (un couplage) dans toute l'étendue de l'île de ce nom.

Il est défendu de garer les trains dans toute autre place que celles ci-dessus indiquées.

Les trains de bois de toute nature ne pourront quitter les lieux de garage ci-dessus désignés, qu'en vertu de permissions délivrées par les préposés de la navigation.

Bateaux venant de la basse Seine.—Garage obligatoire à la Briche.

16. Les bateaux venant de la basse Seine, à la destination des ports de Paris ou des canaux, devront s'arrêter et se garer aux lieux qui seront désignés par l'inspecteur de la navigation, à la Briche.

Enregistrement des lettres de voiture au bureau de navigation.

Ils ne pourront continuer leur voyage qu'après avoir fait enregistrer et viser leurs lettres de voiture au bureau de navigation, et obtenu un passavant pour le lieu de leur destination.

Ce passavant devra être représenté dans chaque arrondissement de navigation où le déchargement des bateaux s'effectuera.

Bateaux traversant le canal Saint-Martin pour se rendre dans les ports de Paris ou de Bercy.

17. Les bateaux venant de la basse Seine, qui traverseront le canal Saint-Martin pour se rendre dans les ports, soit de Paris, soit de Bercy, devront s'arrêter dans la gare de l'Arsenal, jusqu'à ce que les propriétaires ou conducteurs de ces bateaux aient obtenu un permis spécial de mise à port de l'inspecteur de l'arrondissement dans lequel ils devront opérer le débarquement de leurs marchandises.

Garages des bateaux vides en amont de Paris.

18. Les garages des bateaux vides sont établis, savoir : pour ceux qui seront destinés à remonter en Seine, le long de la plaine Maison, rive droite, en face du Port-à-l'Anglais, depuis la maison du passeur d'eau jusqu'à l'alignement de l'angle d'aval du parc ; et pour ceux qui seront destinés à remonter la Marne, le long du bord dehors de l'île Martinet ou de la gare de Charenton, à partir de l'alignement de la Bosse-de-Marne, en remontant jusqu'à deux longueurs de bateau en aval de l'extrémité inférieure du môle de garde de la Gare.

Les gros bateaux ne pourront être placés, dans ces deux garages, sur plus de deux rangs parallèlement à la berge, les toues sur plus de trois rangs et les margotas sur plus de six rangs. Il est défendu de les y laisser séjourner plus de vingt-quatre heures.

Le stationnement des trains de bois à brûler et à œuvrer et des bateaux chargés est interdit aux abords des points ci-dessus désignés, et notamment sur la Marne, en aval du pont de Charenton, soit sur la rive droite, soit sur la rive gauche, depuis l'angle d'aval du jardin de la Poste jusqu'à la Bosse-de-Marne.

CHAPITRE III.

MOUVEMENTS ENTRE LES GARES ET LES PORTS.

§ 1er. — *Billage des bateaux au passage des ponts de Choisy-le-Roi et de la Bosse-de-Marne.*

Bateaux qui doivent être billés.

19. Les bateaux, barquettes, flûtes et toues dont la longueur excédera seize mètres, devront être billés au passage des ponts de Choisy-le-Roi et de la Bosse-de-Marne.

Le nombre des billeurs pour un bateau varie suivant la hauteur des eaux.

Lorsque les eaux auront atteint la hauteur d'un mètre à l'échelle régulatrice qui existe à chacun de ces ponts, les bateaux, flûtes, barquettes et toues susmentionnés devront être billés par trois mariniers au moins. Quand les eaux seront au-dessous d'un mètre, le nombre des billeurs pourra être réduit à deux.

Les bachots et margotas ne sont point astreints au billage.

Deux mariniers doivent rester à bord des bateaux billés.

20. Afin de prévenir les accidents et d'assurer les manœuvres au passage des ponts, il devra rester deux mariniers dans chaque bateau billé pour le diriger.

Les mariniers peuvent biller eux-mêmes leurs bateaux quand ils sont en nombre suffisant.

21. Les mariniers pourront biller eux-mêmes leurs bateaux, lorsqu'ils seront en nombre suffisant et qu'ils auront les agrès nécessaires au billage.

Dans le cas contraire, ils devront se procurer le nombre de billeurs prescrit ci-dessus, savoir : pour les bateaux destinés à passer sous le pont de Choisy-le-Roi, dès leur arrivée à l'île d'Aiguillon, située à cinq cents mètres en amont de ce pont ; et pour ceux destinés à passer sous le pont de la Bosse-de-Marne, dès leur arrivée à l'angle de la dernière maison du Port-à-l'Anglais, situé à cinq cents mètres au-dessus du pont, points où commencera le billage.

Les billeurs doivent biller aussitôt qu'ils en sont requis.

22. Les billeurs devront biller les bateaux aussitôt qu'ils en seront requis par les mariniers.

Les bateaux seront lâchés selon leur ordre d'arrivée au billage.

Les billeurs sont tenus de passer les ponts.

23. Les billeurs pris à l'île d'Aiguillon sont tenus de passer le pont de Choisy ; et ceux qui seront pris à l'angle de la dernière maison du Port-à-l'Anglais, de passer le pont de la Bosse-de-Marne. Les uns et les autres ne devront débiller qu'à une longueur de bateau en aval desdits ponts.

Rétribution.

Il sera payé à chacun d'eux soixante-quinze centimes. Si le patron d'un bateau demandait à être conduit plus loin, il serait attribué vingt-cinq centimes de supplément à chaque homme pour une distance n'excédant pas deux cents mètres au delà du pont.

Gratification.

24. Il est défendu aux billeurs de recevoir aucune gratification, soit en vin ou autres marchandises, et conséquemment d'avoir à bord de leurs bachots aucun vase ou bouteille.

L'allége d'un bateau ne donne pas lieu à un supplément de salaire.

25. Dans le cas où un bateau aurait été allégé en route, l'allége ne donnera lieu à aucun supplément de salaire, si elle est conduite en suspente.

Défense de biller dans certains cas.

26. Il est défendu de biller lorsque les arches marinières se trouveront obstruées par des bateaux, coches ou trains montants ou descendants.

Distance à observer.

Il devra y avoir au moins une distance de cent mètres entre chacun des bateaux lâchés sur bille.

Il est défendu de chercher à se gagner de vitesse.

Direction du service du billage.

27. Les chefs des billeurs sont chargés de la direction du service et dispensés de tout autre travail.

Fixation du nombre des billeurs aux ponts de Choisy et de la Bosse-de-Marne.

28. Il y aura vingt-cinq billeurs pour le passage sous le pont de Choisy, et vingt-cinq pour le passage sous le pont de la Bosse-de-Marne.

Ces billeurs et leurs chefs seront nommés par nous.

Ils devront être pourvus du nombre de billes et bachots qui sera jugé nécessaire au service. Ces billes et bachots, ainsi que leurs agrès, devront être entretenus constamment en bon état.

Défense aux billeurs d'aller sur les bateaux en état d'ivresse.

29. Il est défendu aux billeurs de se porter sur les bateaux dans un état d'ivresse pour en effectuer le billage.

Inscription du tarif sur les piles des ponts.

30. Le tarif des prix à payer aux billeurs, en conformité de l'article 23, sera inscrit sur les piles d'avalage des ponts de Choisy et de la Bosse-de-Marne.

§ 2. — *Lâchage des bateaux sous les ponts de Paris.*

31. Le lâchage des bateaux chargés sous les ponts de Paris se fera par les soins d'un chef des ponts.

Défense de passer les bateaux chargés sous les ponts de Paris sans l'assistance du chef des ponts.

Il est défendu à tous autres que le chef des ponts de passer les bateaux chargés sous les ponts de Paris.

Exceptions.

Sont exceptés de cette disposition les bateaux mentionnés dans l'article 19 du cahier des charges du chef des ponts, inséré à la suite de la présente ordonnance.

Désignation d'un bassin pour le garage du chef des ponts.

32. Les bateaux arrivant à Paris, par la Seine ou par la Marne, et destinés à être déchargés à l'un des ports de cette ville, ou à la franchir en passe-debout, devront être conduits dans le bassin désigné pour le garage du chef des ponts, lequel est, quant à présent, l'espace compris entre le pont de Bercy et la patache de l'octroi, où ils ne pourront occuper plus de sept longueurs de toues sur trois rangs.

Le chef des ponts prendra les bateaux à cette station pour en faire le lâchage et les conduira directement à leur destination, sans pouvoir s'arrêter nulle part.

Les mariniers sont tenus d'amarrer solidement leurs bateaux et de veiller à leur sûreté, jusqu'au moment où le chef des ponts devra en opérer le lâchage.

Déclaration à faire au chef des ponts.

33. Arrivés au bassin mentionné dans l'article précédent, les mariniers ou les propriétaires devront, si leurs bateaux sont de la nature de ceux qui doivent être manœuvrés par le chef des ponts, se transporter par-devant ledit chef, pour lui représenter leurs lettres de voiture, que ce dernier visera, afin de constater la quantité et la nature des marchandises confiées à sa conduite, le lieu du déchargement et du départ, celui de la destination et le nom du conducteur; et pour lui déclarer s'ils entendent que leurs bateaux soient conduits à l'un des ports de Paris, ou en passe-debout hors de la ville.

Salaire du chef des ponts.

34. Le salaire du chef des ponts de Paris sera perçu conformément au tarif annexé à la présente ordonnance.

Ce tarif comprend tant le lâchage que les manœuvres de bord et de terre pour la mise à port.

Défense de retarder le lâchage.

55. Il est défendu aux marchands ou mariniers d'empêcher ou de retarder, en aucune manière, le lâchage de leurs bateaux, quand leur tour est arrivé.

§ 3.—*Conduite des bateaux et trains à port.*

Les trains ou les bateaux sortis des gares doivent être conduits directement aux lieux de destination.

56. Les trains et bateaux de toute espèce, destinés, soit pour l'intérieur de Paris, soit pour l'extérieur, une fois sortis des gares, devront être conduits directement à leur destination et ne pourront être laissés nulle part en approchage; toutefois les bateaux et trains à destination des canaux ou de la gare de l'Arsenal s'arrêteront, savoir :

Arrêt des bateaux destinés à entrer dans les canaux Saint-Denis et Saint-Martin.

Ceux qui seront destinés à entrer dans le canal Saint-Denis, en dehors du chenal conduisant aux écluses, sans cependant en gêner le service.

Ceux qui seront destinés à entrer par la Seine dans la gare de l'Arsenal ou dans le canal Saint-Martin, sur la rive droite du fleuve, entre le pont d'Austerlitz et le poteau indiquant la limite de l'entrée du canal, sans pouvoir former un dehors qui excède l'alignement résultant d'une ligne droite qui serait tracée de la première pile du pont d'Austerlitz à un point distant de vingt-huit mètres du bord de l'eau, et mesuré perpendiculairement à la berge au droit du poteau susmentionné.

Déclaration à faire par les conducteurs de bateaux ou trains pour leur entrée dans les canaux.

57. Les conducteurs des bateaux ou trains s'amarreront, suivant l'ordre de leur arrivée, dans les espaces ci-dessus indiqués.

Ils sont tenus de donner avis de leur arrivée et de déclarer leur tirant d'eau au bureau des éclusiers, qui leur délivreront un numéro d'ordre déterminant leur rang d'entrée, et sans lequel ils ne pourront être admis dans les canaux.

Gouvernails à enlever des bateaux, à leur entrée dans le canal de Saint-Denis.

58. Lorsque les dimensions d'un bateau exigeront l'enlèvement préalable du gouvernail, pour qu'il puisse entrer dans le canal Saint-Denis, cet enlèvement s'opérera au moyen de la machine établie à cet effet. Le rétablissement du gouvernail s'opérera de la même manière.

Ces opérations auront lieu alternativement, pour un bateau montant et pour un bateau descendant, d'après leur tour d'arrivée auprès de la machine.

Pour les bateaux montants, le décrochage aura lieu suivant les numéros d'ordre délivrés par l'éclusier.

Maximum du tirant d'eau des bateaux dans les canaux.

59. Le maximum du tirant d'eau, pour les bateaux à destination des canaux, est fixé à un mètre quatre-vingt-dix centimètres.

En conséquence, les bateaux d'un tirant d'eau plus considérable ne seront admis dans les écluses, à l'embouchure, qu'après avoir été allégés et réduits à ce maximum.

Tour d'admission dans les canaux interverti dans certains cas.

40. Le tour d'admission dans les canaux et l'ordre de passage aux écluses et ponts seront intervertis toutes les fois qu'un bateau ou train, étant à son rang pour passer, n'aura pas ses haleurs prêts et en nombre suffisant; dans ce cas, il cédera son tour au bateau ou train suivant, s'il est prêt à marcher, et ainsi successivement.

Le conducteur du bateau ou train qui aura été trémalé reprendra rang aussitôt qu'il aura ses haleurs.

Aucun conducteur de bateau ou train ne pourra s'engager dans les canaux, sans avoir obtenu préalablement le laissez-passer des éclusiers à l'embouchure.

Dans aucun cas, les éclusiers ne pourront intervertir l'ordre d'admission résultant des permis délivrés par les inspecteurs de la navigation.

Halage des bateaux et trains sur les canaux.

41. Le halage des bateaux ou trains, sur les canaux, se fera, soit par des hommes, soit par des chevaux, et de la manière ci-après indiquée :

Sur le canal Saint-Martin, il ne pourra se faire que par des hommes.

Les bateaux chargés, dont les gouvernails auront été enlevés à leur entrée dans le canal Saint-Denis, devront être halés par quatre hommes au moins, ou par trois chevaux billés, partie à l'avant et partie à l'arrière.

Les bateaux connus sous les noms de besogne, marnois, picard, longuette, coche et chaland, devront être halés par quatre hommes ou par deux chevaux.

Tout autre bateau chargé, d'une dimension moindre que ces derniers, devra être halé par deux hommes ou par un cheval, ainsi que chaque partie de train formant une éclusée.

Les bateaux vides devront être halés, suivant leur espèce, par la moitié au moins du nombre d'hommes ci-dessus déterminé.

Indépendamment des haleurs dont il vient d'être parlé, un nombre suffisant d'hommes d'équipage devra toujours rester dans les bateaux ou sur les trains, pour assurer l'exécution des manœuvres.

Les jeunes gens âgés de moins de dix-huit ans ne seront pas comptés comme ouvriers haleurs.

Mouvement des bateaux à ralentir aux abords des écluses, etc.

42. Les mariniers sont tenus de ralentir, aux abords des écluses et des ponts, le mouvement de leurs bateaux ou trains, pour prévenir tout choc contre les portes des écluses et contre les ponts.

Ordre de passage, aux écluses, des bateaux ou trains.

43. Sauf les exceptions ci-après, les passages aux écluses des bateaux et trains montants ou descendants auront lieu dans l'ordre qui présentera le plus d'économie pour l'eau, c'est-à-dire que si l'écluse est pleine, le bateau descendant aura la priorité; dans l'hypothèse contraire, le bateau montant passera le premier.

Ordre à observer pour les bateaux et trains, au passage des ponts tournants.

44. Au passage des ponts tournants, les bateaux chargés et les trains auront la priorité sur les bateaux vides. Hors ce cas, le passage sera donné alternativement à un bateau ou train montant, et à un bateau ou train descendant, en suivant l'ordre de leur arrivée aux abords desdits ponts.

Cas d'encombrement aux troisième, quatrième, onzième et douzième écluses du canal Saint-Denis

45. Dans le cas d'encombrement aux troisième, quatrième, onzième et douzième écluses du canal Saint-Denis, il sera donné passage alternativement à quatre bateaux montants et à quatre bateaux descendants.

Cas d'encombrement aux neuvième, huitième et septième écluses du canal Saint-Martin.

Il sera aussi donné passage alternativement à quatre bateaux montants et à quatre bateaux descendants, aux neuvième, huitième et septième écluses du canal Saint-Martin, dans le cas où leurs abords seraient encombrés.

Dans toute autre circonstance, il sera donné passage alternativement à deux bateaux montants et à deux bateaux descendants aux septième et huitième écluses accolées dudit canal.

Les bateaux et trains doivent aller de file sur les canaux.

46. Tous les bateaux et trains iront de file sur les canaux, en suivant l'ordre de leur entrée, sauf les exceptions ci-après :

Exceptions.

Tout bateau ou train dont la navigation serait interrompue par force majeure devra laisser passer les bateaux ou trains qui seront derrière lui, pour qu'ils puissent continuer leur marche. A cet effet, il devra être amarré du côté opposé à celui du halage.

Trématage.

Tout bateau ou train halé par des hommes devra se laisser trémater par les bateaux ou trains halés par des chevaux, lorsqu'il aura été atteint par eux dans le parcours d'un bief.

Les bateaux ou trains halés par des chevaux qui auront été atteints dans le parcours d'un bief, par d'autres bateaux ou trains également halés par des chevaux, devront aussi se laisser trémater par eux.

Conditions pour le trématage.

47. Dans les cas prévus par l'article précédent, le trématage n'aura lieu qu'autant que les bateaux ou trains auront atteint celui ou ceux qui les précédaient, à deux cents mètres au moins des abords des écluses.

Priorité de passage pour certains bateaux.

48. En cas d'avarie sur les canaux, les bateaux employés au service des travaux auront le droit de passer avant tout autre bateau ou train.

Bateaux ou trains arrêtés pour prendre tour au passage des ponts, etc.

49. Les bateaux ou trains arrêtés, dans les canaux de Saint-Denis et de l'Ourcq, pour prendre tour au passage des ponts, écluses et chenaux, seront de file sur une seule ligne; ils devront être solidement attachés par deux amarres, du côté opposé au chemin de halage, qui devra être libre en tout temps.

Ils ne pourront stationner dans les cinquante mètres, en amont ou en aval des ponts, écluses et chenaux.

Les dispositions du paragraphe précédent ne sont pas applicables aux gares Carrée, Saint-Denis et Circulaire, dans lesquelles il devra cependant être réservé un espace libre, d'une largeur suffisante, pour que les bateaux puissent s'y croiser, entrer dans les écluses et en sortir librement.

Sur le bassin de la Villette, comprenant la partie entre le pont tournant et la gare Circulaire, les bateaux ou trains pourront stationner sur les deux rives, immédiatement en aval et en amont des angles d'évasement formant la limite du bassin, mais en laissant libre, toutefois, un espace suffisant pour que deux bateaux puissent s'y croiser.

Hauteur des eaux déterminée pour le passage des bateaux.

50. Lorsque la hauteur des eaux du bassin de la Villette (gare Circulaire), mesurée à la porte d'amont de la première écluse du canal Saint-Denis, n'excédera pas de dix centimètres le tirant d'eau d'un bateau, le passage sera refusé.

Les bateaux qui se trouveront dans ce cas devront se ranger, soit dans la gare Circulaire, soit dans la gare Carrée, pour laisser passer ceux qui seraient moins chargés; ils reprendront leur tour aussitôt que les eaux dudit bassin auront atteint le degré fixé pour leur navigation.

Cas d'encombrement sur l'un des biefs des canaux.

51. Dans le cas où il y aurait encombrement sur l'un des biefs des canaux, la compagnie concessionnaire sera tenue, sur la réquisition qui lui en sera faite, de suspendre momentanément l'arrivage de nouveaux bateaux ou trains dans le bief encombré. Elle ne pourra y faire reprendre le mouvement de la navigation que lorsque l'encombrement aura cessé; et jusque-là tous les bateaux ou trains seront retenus dans les biefs les plus voisins.

CHAPITRE IV.

POLICE DES BATEAUX ET TRAINS A PORT.

Obligations à remplir par les conducteurs de bateaux, à leur arrivée aux ports de destination.

52. Les mariniers conducteurs de bateaux ou de trains sont tenus, à leur arrivée aux ports de destination, d'en faire la déclaration immédiate à l'inspecteur de navigation de l'arrondissement, auquel ils devront en outre représenter leurs lettres de voiture et les passavants obtenus aux bureaux d'arrivage.

Sur le vu de ces pièces, l'inspecteur délivrera un permis de débarquement de la marchandise ou de tirage du bois, dans lequel seront désignés l'emplacement où l'opération devra être faite, et la partie du port sur laquelle la marchandise devra être déposée.

Il est défendu de mettre les bateaux à port ailleurs qu'aux places désignées dans les permis délivrés par l'inspecteur de la navigation.

Les mâts doivent être abattus.

55. Tout bateau à port devra avoir ses mâts abattus.

Bateau renforcé doit être muni de gouvernail.

Tout bateau dit renforcé devra, pendant son séjour dans les ports, être muni d'un gouvernail ou garrot.

Placement des trains dans les ports de tirage.

54. Dans les ports de tirage de bois, les trains ne pourront être placés que de la manière ci-après indiquée, savoir :

Dans les ports du haut, rive droite, en amont du pont d'Austerlitz, sur dix rangs au plus pour les bois à brûler, et sur cinq rangs au plus pour les bois à œuvrer.

Dans les ports du haut, rive gauche, en amont du pont d'Austerlitz, sur quatre rangs au plus pour les bois à brûler, et sur trois rangs au plus pour les bois à œuvrer ; et en aval dudit pont, même rive, où ne devront être tirés que des bois de chauffage, les trains ne pourront être placés sur plus de quatre rangs.

Ports du bas, rive droite. — Au port du Recueillage, il ne devra être conduit que des bois de chauffage, et les trains ne pourront y être placés sur plus de six rangs ; aux ports des Champs-Elysées et de Chaillot, les trains de bois de chauffage ne pourront être placés sur plus de quatre rangs, et ceux de bois à œuvrer sur plus de deux rangs.

Enfin, dans les ports du bas, rive gauche, les trains de bois de chauffage ne pourront être placés sur plus de huit rangs, et ceux de bois à œuvrer sur plus de quatre rangs.

CHAPITRE V.

POLICE DES PORTS DE CHARGEMENT ET DE DÉCHARGEMENT.

§ 1er.

Heures d'ouverture des ports.

55. Les ports de Paris, et tous ceux dépendant du ressort de la préfecture de police, seront ouverts depuis le point du jour jusqu'à la nuit.

L'ouverture et la fermeture des ports seront annoncés au son de la cloche.

Marchandises à charger ou à décharger.

56. Il est défendu de charger ou de décharger des marchandises sur les ports, avant leur ouverture et après leur fermeture.

57. Le déchargement des bateaux, quelle que soit la nature de leur chargement, devra commencer aussitôt après l'obtention du permis et la mise à port ; il devra être continué sans interruption et avec des moyens convenables.

Délai pour le déchargement des bateaux et l'enlèvement des marchandises.

L'enlèvement des marchandises sera effectué au fur et à mesure du déchargement.

Ces opérations devront être terminées, au plus tard, dans un délai de trois jours pour les bateaux dont le chargement n'excédera pas cent tonneaux.

Pour les bateaux d'un plus fort tonnage, le délai sera augmenté d'un jour par cinquante tonneaux de chargement.

Indication des délais dans les permis de déchargement.

Le délai accordé au marinier pour le déchargement de son bateau et l'enlèvement des marchandises, conformément à ce qui précède, sera indiqué dans le permis de déchargement.

Les dispositions ci-dessus ne s'appliquent point aux bois amenés par bateaux ou trains; le débarquement de ces bois étant réglé par l'article 67 de la présente ordonnance.

Défenses concernant les marchandises déposées sur les ports.

58. Il est défendu de monter et de s'asseoir sur les marchandises déposées sur les ports.

Défense d'empiler, de mesurer ou de scier du bois sur les ports.

59. Il est défendu d'empiler, de mesurer ou de scier des bois, de quelque nature que ce soit, sur les ports et berges.

Passage sur les ports et berges interdit pendant la nuit.—Exceptions.

60. Le passage sur les ports et berges est interdit pendant la nuit.

Sont exceptés de cette défense : 1º les employés de la navigation, les préposés de l'octroi et des douanes, ainsi que les agents de la sûreté publique, qui devront représenter leur carte dont le modèle sera déposé dans chacun des postes destinés à la garde des ports ; 2º les propriétaires ou gardiens des bateaux, mais en cas de besoin seulement pour ces derniers, qui devront d'ailleurs être munis d'une lanterne close.

Dépôt sur les ports, de clous, ferraille, etc.

61. Les clous, la ferraille, les débris de bouteille, de verre, de porcelaine, et tous autres objets de nature à occasionner des accidents, ne pourront être déposés sur les ports et berges autrement qu'enfermés dans des enveloppes en bon état.

Embarquement de marchandises.

62. Les marchandises destinées à être embarquées ne pourront être déposées sur les ports qu'en vertu d'un permis préalable de l'inspecteur de la navigation.

Délais fixés pour l'embarquement des marchandises déposées sur les ports.

63. Les chargements sont soumis aux mêmes prescriptions et conditions que les déchargements, et ne pourront avoir lieu qu'avec un permis des inspecteurs de la navigation, et que dans les lieux désignés par eux.

Le dépôt de la marchandise sur le port et son chargement dans un bateau devront être terminés dans un délai de trois jours pour les bateaux qui n'excéderont pas cent tonneaux.

Pour les bateaux d'un plus fort tonnage, le délai sera augmenté d'un jour par cinquante tonneaux.

Ces délais seront indiqués dans le permis de dépôt et de chargement.

Bateaux vides.—Délais fixés pour leur retrait des ports.

64. Les bateaux vides devront être retirés des canaux et des ports vingt-quatre heures au plus tard après leur entier déchargement, et conduits aux lieux de garage qui leur sont affectés.

Sont exceptés de cette disposition les bateaux vides qui doivent être remontés par le chef des ponts aux termes de son cahier des charges.

Dépotage du charbon de bois.

65. Le dépotage du charbon de bois s'effectuera sur les ports de déchargement, mais seulement sur les points qu'indiqueront les permis délivrés par l'inspecteur général de la navigation.

Le dépotage commencera dès la mise à port du bateau ; il sera opéré sans discontinuer jusqu'à complet achèvement et avec des moyens tels qu'il soit déchargé au moins cinq cents hectolitres de charbon par jour ; le charbon devra être enlevé du port à mesure du déchargement.

Poussier de charbon restant au fond des bateaux.

66. Le poussier restant au fond d'un bateau après la vente ou le dépotage ne pourra être déposé sur les ports.

Les bois ne peuvent rester déposés sur les berges.

67. Les bois ne pourront, sous aucun prétexte, rester déposés sur les berges.

Délai pour l'enlèvement des bois.

Le tirage ou le débarquement, et l'enlèvement des bois à brûler devront être terminés dans le délai de trois jours pour un train ou une toue, et de six jours pour un bateau.

Les bois à œuvrer devront être enlevés et rentrés chaque jour, au fur et à mesure du tirage ou du débarquement, et de manière que, quel que soit le moyen de transport employé, il n'y ait jamais à la fois sur le port plus de bois que la quantité nécessaire pour un chargement, et qu'il n'en reste point sur le port d'un jour à l'autre.

Sur les ports où existent des voies spéciales pour le tirage des bois à œuvrer, ce tirage ne pourra se faire en dehors de ces voies.

Lorsque les tirages de bois à œuvrer et de bois à brûler s'opèreront à la fois sur un même port, les tireurs de bois à brûler devront toujours laisser libres les voies destinées au tirage des bois à œuvrer.

Ports de tirage des bois.

68. Les trains et les bateaux de bois de toute espèce ne pourront être tirés ou déchargés dans Paris qu'aux ports de la Rapée, de l'Hôpital, St-Bernard, du Recueillage, des Invalides, des Champs-Elysées, de Chaillot, et du canal St-Martin.

Chargement ou déchargement interdit au passage des ponts et écluses du canal Saint-Denis.

69. Il est défendu de charger ou de décharger aucun bateau sur le canal Saint-Denis, au passage des ponts et écluses, ainsi que dans un rayon moindre de cinquante mètres de distance desdits ponts et écluses.

Cette disposition n'est point applicable aux gares Carrée, St-Denis et Circulaire.

Mise à ports sur les canaux.

70. La mise à port des bateaux et trains aura lieu sur les canaux, suivant l'ordre des arrivages, sur tous les points autres que ceux qui, avec notre autorisation, auront été affectés par les compagnies concessionnaires, à des services spéciaux.

Francs bords du canal Saint-Martin.

71. La portion du quai du canal St-Martin, de cinq mètres en largeur sur chaque rive, réservée par l'article 13 de la concession pour le public et le mouvement des marchandises ne pourra être occupée en totalité par ces dernières.

Pour faciliter la circulation du public et le halage des bateaux, un espace d'un mètre, à partir du bord du canal, devra être constamment libre et ne pourra être occupé, même momentanément.

Francs bords du bassin de la Villette.

Sur les huit mètres de franc bord qui doivent exister autour du bassin de la Villette, conformément à l'arrêté de M. le préfet de la Seine, du 9 mars 1822, un espace d'un mètre à partir du bord du bassin devra aussi rester constamment libre.

Fermeture des chaînes de canaux.

72. Les chaînes placées aux abords des ponts et le long des sas d'écluses des canaux, seront fermées chaque soir, après le coucher du soleil, par les soins des compagnies concessionnaires.

Les autres chaînes le seront également aux heures fixées pour la fermeture des ports, par les agents préposés à cet effet.

§ 2.—*Dispositions particulières au port de Choisy-le-Roi.*

Limites du port de Choisy-le-Roi.—Son affectation.

73. Le port de Choisy-le-Roy, situé sur la rive gauche de la Seine, est affecté au chargement et au déchargement des marchandises.

Il commence à la naissance de la grande berge, en face du chemin vicinal, et comprend le littoral en aval sur une étendue de 1540 mètres.

Placement des bateaux à ce port.

74. Il est défendu de placer plus de deux rangs de bateaux ou trains à ce port, et d'y conduire aucun train ou bateau qui ne serait pas destiné à être tiré ou déchargé sur-le-champ.

Dépôt de marchandises.

75. Il est défendu de déposer sur la partie du chemin de halage, qui se trouve sous le pont, aucune marchandise provenant de débarquement, ou destinée à être embarquée, et d'y faire stationner aucune voiture.

§ 3.—*Dispositions particulières au port des Carrières-Charenton.*

Limites et affectation du port des Carrières-Charenton.

76. Le port des Carrières-Charenton est un port de chargement et de déchargement.

Il commence à la rampe d'amont du port communal, et comprend tout le littoral en aval sur une longueur de trois cent quatre-vingt-quatorze mètres.

Placement des bateaux à ce port

77. Il ne pourra être placé plus de deux rangs de bateaux à ce port, et il est défendu d'y conduire d'autres bateaux que ceux destinés à être immédiatement déchargés.

Police du port.

78. Il est défendu de charger des voitures sur le point appelé *Port Communal.*

Ces chargements devront être effectués sur la rampe d'amont, ou sur le chemin de service; et de manière à ne point nuire à la circulation.

Il ne devra jamais être chargé deux voitures de front.

§ 4.—*Dispositions particulières au port de Bercy.*

Division du port de Bercy.

79. Le port de Bercy est divisé en port de garage et en port de déchargement.

Le port de garage est divisé en deux parties :

La première commence immédiatement en amont de l'île de Quinquengrogne, et se prolonge jusqu'au dernier Lion, sur une longueur de huit cent quatre-vingt-deux mètres; elle est affectée au garage des trains de bois à œuvrer.

La seconde commence au dernier Lion et se prolonge jusqu'à la Pancarte, sur une longueur de quatre cent vingt-deux mètres; elle est affectée au garage des bateaux de bois, de charbon de bois, d'ardoises, et plus spécialement aux bateaux chargés de vin.

Le port de déchargement s'étend depuis la Pancarte jusqu'au pont.

Placement des bateaux à ce port.

80. Il est défendu de placer au port de déchargement plus de quatre rangs de toues, ou plus de trois rangs de bateaux.

Mise à port des bateaux à Bercy.

81. La mise à port des bateaux et leur déchargement ne pourront avoir lieu qu'aux places indiquées sur le permis.

Cette mise à port s'opèrera, autant que possible, en face des magasins auxquels les marchandises seront destinées.

Les bateaux dont les chargements seraient sans destination fixe, seront mis à port selon leur tour d'arrivage, sur les diverses parties du port qui seront libres.

Tout bateau dit renforcé pourra successivement être mis à port sur les divers points où il aurait à déposer des marchandises, lorsque d'ailleurs l'inspecteur de la navigation n'y verra point d'inconvénient.

Sortie des bateaux du port.

82. Aucun bateau ou train, admis dans l'un ou l'autre port, ne pourra le quitter sans un permis de l'inspecteur de la navigation.

Dans le cas où des mariniers voudraient conduire leurs bateaux dans des gares particulières, ils seront tenus d'en faire la demande par écrit à l'inspecteur de la navigation, qui leur en accordera le permis.

Manœuvre à faire pour la mise à port des bateaux.

83. Il est enjoint aux mariniers, lorsqu'ils mettront leurs bateaux à port à Bercy, soit en traversant la Seine, soit en les lâchant d'un point sur l'autre, d'avoir une ancre à l'eau et de se tenir sur corde.

Ils ne pourront se reprendre sur un bateau déjà à port, que lorsque leur propre bateau, étant étalé sur son ancre, n'aura plus besoin que d'être maintenu en accotage, et seulement pendant le temps nécessaire pour fermer la corde d'amarre à terre et relever l'ancre.

Amarrage des bateaux dits renforcés.

84. Pendant le séjour des bateaux renforcés dans le port de Bercy, indépendamment de la corde qui devra les fermer sur les pieux d'amarre, leur ancre restera à l'eau jusqu'à ce que l'inspecteur en autorise l'enlèvement.

Toues de vin.—Délais fixés pour leur séjour au port.

85. Les toues de vin venant en déchargement audit port, n'y pourront rester plus de quinze jours y compris celui de leur arrivée.

Les bateaux dits renforcés seront mis en déchargement dès leur arrivée à port.

La durée du stationnement, mentionnée ci-dessus, sera réduite par nous suivant les circonstances qui l'exigeront.

Les bateaux déchargés doivent être retirés du port.

86. Toute embarcation dont le déchargement aura été opéré, sera immédiatement retirée du port et passée au bord dehors des autres bateaux.

Sous aucun prétexte, elle ne sera passée sur la rive opposée.

Durée du stationnement des marchandises sur le port.

87. La durée du stationnement des marchandises sur le port, et l'étendue des espaces occupés par ces marchandises varieront selon les temps, les besoins du service et l'état des eaux en rivière. Elles seront toujours restreintes dans les limites que le maire de Bercy et l'inspecteur de la navigation indiqueront de concert, toutes les fois que les circonstances l'exigeront, et de manière que les espaces nécessaires au déchargement des marchandises et aux mouvements du port soient toujours libres.

En cas de dissentiment entre le maire et l'inspecteur de la navigation, il nous en sera référé immédiatement pour être statué ce qu'il appartiendra.

Les marchandises déposées sur les espaces devant rester libres pour le mouvement du port, seront enlevées d'office, s'il y a lieu, à défaut par les propriétaires d'obtempérer aux réquisitions qui pourraient leur être faites à cet égard par l'inspecteur du port.

Défense de charger sur la berge salpêtrée.

88. Le chargement et le déchargement des voitures ne devront se faire que sur le pavé et non sur la berge salpêtrée.

Tirage des bois à œuvrer.

89. Les bois à œuvrer devront être tirés directement en chantier sans pouvoir séjourner sur le port de Bercy.

§ 5.—*Dispositions particulières au port de la Gare.*

Placement des bateaux au port de la Gare.—Embarquement des marchandises.

90. Il ne pourra être placé au port de la Gare plus de trois rangs de toues, ou plus de deux rangs de bateaux.

Il est défendu d'embarquer des marchandises dans la partie du port en aval du canal Triozon.

Défense de garer bateau ou train à moins de cinquante mètres de distance de l'arche du pont de Bercy, rive gauche de la Seine.

91. L'arche de halage du pont de Bercy, rive gauche de la Seine, devra toujours être libre. Aucun bateau ou train ne pourra être garé à une distance moindre de cinquante mètres, tant en amont qu'en aval de cette arche.

§ 6.—*Dispositions particulières au port de l'Entrepôt général des vins et eaux-de-vie.*

Manœuvres à faire pour mettre les bateaux à quai au port de l'Entrepôt.

92. Les mariniers ou conducteurs de bateaux dits renforcés, sont tenus, pour mettre ces bateaux à quai, au port de l'entrepôt général, d'avoir une ancre à l'eau et de se lâcher sur corde.

Ils ne pourront se reprendre sur un bateau déjà à port, que lorsque leur propre bateau étant étalé sur son ancre, n'aura plus besoin que d'être maintenu en accotage; et seulement pendant le temps nécessaire pour fermer la corde d'amarre à terre et relever l'ancre.

Placement des bateaux à ce port.

93. Les bateaux et toues amenés au port de l'entrepôt général des vins ne pourront y être placés, savoir : les bateaux sur plus de deux rangs et les toues sur plus de trois rangs.

Durée du séjour des bateaux au port.

94. Ces bateaux et toues ne pourront rester à port plus de quinze jours ; et la durée de ce stationnement sera même réduite par nous toutes les fois que les circonstances l'exigeront.

Rangement des pièces sur le port.

95. Pour faciliter le déchargement des bateaux et toues, les pièces de vin qui auront été déposées à terre, seront, lorsque cette mesure deviendra nécessaire, engerbées jusqu'en troisième, en commençant toujours par les pièces de la plus petite jauge.

Il sera laissé, de quatre pièces en quatre pièces, un espace libre de la largeur d'un mètre au moins, pour faciliter la circulation sur le port.

§ 7.—*Dispositions particulières au port de la Briche Saint-Denis.*

Chargement et déchargement des bateaux.

96. Le chargement ou le déchargement des bateaux au port de la

Briche, ne pourra avoir lieu que dans l'espace qui s'étend depuis l'embouchure en Seine du canal Saint-Denis, jusqu'aux limites de la commune en aval.

CHAPITRE VI.

PORTS DE VENTE.

§ 1er.—*Charbon de terre.*

Ports affectés à la vente du charbon de terre sur bateaux.

97. Les lieux affectés à la vente du charbon de terre sur bateaux sont :

Le port Saint-Paul, où il ne pourra être mis en vente à la fois plus de dix-huit toues ou péniches placées sur trois rangs parallèles au quai ;

Le port d'Orsay (extrémité d'amont), où il ne pourra être placé plus de trois bateaux ou toues sur une seule longueur de bateau ;

Et le bassin de Ménilmontant (canal Saint-Martin), où il ne pourra être placé plus de quatre toues sur deux rangs.

Port d'approchage en amont du pont d'Austerlitz.

Les bateaux destinés pour ces ports de vente pourront être amenés au nombre de huit, placés sur quatre rangs, en approchage immédiatement en amont du pont d'Austerlitz, rive droite de la Seine ; mais ils n'y pourront rester que jusqu'au moment où il y aura place pour eux dans les ports de vente.

Délais fixés pour la vente.

98. Les bateaux de charbon de terre ne pourront être amenés aux ports de vente sans un permis de l'inspecteur de la navigation.

Ils n'y pourront rester plus de quinze jours.

A l'expiration de ce délai, ils devront être retirés et conduits dans un port de déchargement.

Ecriteaux à placer sur les bateaux.

99. Les marchands sont tenus de mettre sur chacun de leurs bateaux, amenés au port de vente, un écriteau indicatif de leur nom et du lieu d'où provient le charbon.

§ 2.—*Charbon de bois.*

Ports affectés à la vente du charbon de bois sur bateaux.

100. Les lieux affectés à la vente du charbon de bois sur bateaux dans Paris, sont les ports

De la Grève,

De l'École,

De la Tournelle,

Des Quatre-Nations,

D'Orsay,

Et le bassin d'Angoulême, rive droite, canal Saint-Martin.

Défense de changer la devise du bateau sans autorisation.

101. La devise et les indications que devra porter chaque bateau amené à la vente, conformément aux prescriptions de l'article 2 de la présente ordonnance, ne pourront être changées sans autorisation.

Tours d'admission des bateaux aux ports de vente.

102. Pour déterminer, dans le cas prévu par l'article 3 de l'ordonnance royale du 5 juillet 1834, le tour d'admission aux ports de vente des bateaux de charbon de bois, l'arrivée de ces bateaux aux points de passages régulateurs sera constatée par leur inscription sur un registre ouvert à cet effet au bureau de l'inspecteur de la navigation.

Allége.

103. Lorsqu'il y aura nécessité d'alléger un bateau, l'allége suivra au port de vente le bateau allégé.

Jour et heure d'arrivée des bateaux à faire constater.

104. Les conducteurs de bateaux de charbon de bois feront constater le jour et l'heure de leur arrivée par l'inspecteur de la navigation, savoir :
A Choisy-le-Roi, pour les arrivages de la Haute-Seine ;
A Charenton, pour les arrivages par la Marne ;
A la Briche, pour les arrivages de la Basse-Seine ;
Et à la Villette, pour les arrivages des canaux de l'Ourcq et Saint-Denis.
Les inspecteurs de la navigation tiendront registre des déclarations et en délivreront extrait aux conducteurs des bateaux.

Bateau non mis en vente à son tour.

105. Tout bateau de charbon de bois qui n'aura pas été mis à port à son tour de vente, sera remplacé par le bateau suivant et prendra un nouveau numéro.

Permis pour la conduite des bateaux.

106. Aucun bateau de charbon de bois ne pourra être conduit dans les ports de Paris, sans un permis délivré par l'inspecteur général de la navigation sur la présentation du bulletin du bureau d'arrivage.

Charbon avarié.

107. Lorsque du charbon aura été avarié de manière à devoir être nécessairement changé de bateau, et lorsque l'avarie aura été régulièrement constatée, ce charbon pourra, d'après notre autorisation, être mis en vente immédiatement sur le port que nous désignerons à cet effet.
Un écriteau portant en gros caractères : *Charbon avarié*, sera placé à l'entrée du bateau.

Transbordement du charbon.

108. Si par suite de surcharge, d'avarie, ou pour toute autre cause, on était obligé de transborder le charbon d'un bateau sur un autre, déclaration devrait en être préalablement faite au bureau de l'octroi et à celui de la navigation.

CHAPITRE VII.

REMONTAGE DES BATEAUX VIDES EN AMONT DE PARIS.

Mesures à observer pour le remontage des bateaux.

109. Lorsque des bateaux seront remontés en trait, la queue du trait devra toujours être maintenue par une corde d'évente.

Nombre de bateaux formant un trait.

110. Le nombre de bateaux formant un trait ne pourra excéder cinq marnois, sept toues ou lavandières, ou enfin vingt-huit margotas sur quatorze de longueur seulement.

CHAPITRE VIII.

DISPOSITIONS SPÉCIALES AUX CANAUX.

Espaces réservés pour l'approchage des bateaux et trains à destination des canaux.

111. Il est défendu de gêner ou d'entraver les manœuvres des bateaux et trains destinés à entrer dans les canaux.

Aucune marchandise ne pourra être chargée ou déchargée, sur la rive droite de la Seine, dans les espaces compris entre le chenal des canaux et les poteaux limitant l'étendue du port, réservés pour l'approchage des bateaux et trains destinés à entrer dans ces canaux.

Les flettes ou bachots appartenant aux bateaux entrés dans les canaux, ne pourront stationner en rivière dans les espaces ci-dessus déterminés ; les points de stationnement de ces flettes ou bachots seront désignés par l'inspecteur de la navigation.

Défense de battre des piquets d'amarre sur les chemins de halage.

112. Il est défendu de battre des piquets d'amarre pour arrêter les bateaux ou trains sur les chemins de halage ; d'amarrer les bateaux ou trains aux arbres plantés le long des canaux ; et de tenir les cordes d'amarre élevées au-dessus de terre de manière à gêner le passage sur les levées et sur les francs bords.

Jet des eaux de vidange.

113. Il est défendu de jeter les eaux de vidange des bateaux sur les talus des levées ou sur les murs de revêtement.

Défense de servir de crocs, etc.

Il est aussi défendu de faire usage de crocs ou autres instruments pouvant détériorer les maçonneries.

Manœuvre des vannes et portes d'écluses.

114. Nul ne pourra manœuvrer les vannes, les portes des écluses et les ponts, si ce n'est du consentement des éclusiers et des pontonniers.

Défense d'embarrasser les chemins de halage et les francs bords des canaux.

115. Il est défendu d'embarrasser les chemins de halage et les francs bords des canaux par des dépôts de matériaux, de marchandises ou par quelque autre objet que ce soit.

En ce qui concerne le canal Saint-Martin et le bassin de la Villette, cette défense ne s'applique qu'aux parties des francs bords qui doivent rester libres aux termes de l'article 71 de la présente ordonnance.

Il est aussi défendu de faire des ouvertures sur les francs bords sous quelque prétexte que ce puisse être.

Radeaux servant au tirage des bois.

116. Les radeaux stationnant sur les canaux, devront porter une plaque indicative du nom de leur propriétaire.

Pendant la saison du tirage des bois, ces radeaux devront être solidement amarrés, lorsqu'on n'en fera point usage.

A l'époque où le tirage des bois est terminé, ils devront être mis en gare, et ne pourront, sous aucun prétexte, séjourner sur la voie publique.

Défense de faire paître les bestiaux sur les chemins de halage, etc.

117. Il est défendu de faire paître les bestiaux sur les chemins de halage des canaux, les levées et leurs dépendances; de parcourir ces chemins et levées avec des voitures, charrettes ou bêtes de somme; d'abreuver les bestiaux ailleurs que dans les abreuvoirs; de faire rouir du chanvre dans les canaux ou dans les contre-fossés en dépendant; et d'y laver du linge ailleurs que dans les bateaux affectés à cette destination.

Bachots dépendant d'embarcation naviguant sur les canaux.

118. Il est défendu aux mariniers de louer ou prêter leurs bachots pour s'en servir sur les canaux, et de les employer à tout autre service qu'à celui de l'embarcation dont lesdits bachots dépendent.

Défense de puiser de l'eau dans les canaux.

119. Il est défendu de puiser de l'eau dans les canaux appartenant à des particuliers, sans une autorisation spéciale des propriétaires, sauf le cas d'incendie.

Conduite des chevaux sur les ponts mobiles.

120. Il est défendu à tous conducteurs de chevaux, attelés ou non, de les mener autrement qu'au pas, en traversant les ponts mobiles établis sur les canaux.

Défense de rester sur les tabliers des ponts pendant la manœuvre.—Exceptions.

121. Il est défendu de monter sur les bateaux et trains naviguant ou stationnant sur les canaux.

Il est également défendu de rester sur le tablier des ponts pendant la manœuvre, et de passer sur les portes des écluses autres que celles qui seront disposées à cet effet.

Sont exceptés de ces défenses, les agents du service de la navigation et ceux des compagnies concessionnaires, ainsi que les personnes employées au service des bateaux et trains.

SECTION II.

Navigations spéciales.

CHAPITRE IX.

NAVIGATION ACCÉLÉRÉE.

Inscription à mettre sur les bateaux.

122. Tout bateau appartenant à un service de transports accélérés, portera, en gros caractères, près du nom du bateau, les mots : *Service accéléré*, les noms et domicile de l'entrepreneur et la date de l'autorisation spéciale qu'il a obtenue.

Le patron du bateau sera porteur d'une lettre de voiture signée de l'entrepreneur et portant les mêmes énonciations que la plaque. Il sera tenu de la présenter aux éclusiers, pontonniers et autres agents du service de la navigation, toutes les fois qu'il en sera requis.

Le bateau sera, de plus, surmonté par une flamme rouge, destinée à le faire reconnaître de loin.

Il est défendu aux bateaux qui n'appartiennent pas à un service accéléré, dûment autorisé, de porter tout ou partie des signes distinctifs mentionnés au présent article.

Défense de marcher accouplés.

123. Les bateaux accélérés ne pourront jamais marcher accouplés, ils devront toujours être halés séparément.

Trématage de bateaux.

124. Les bateaux accélérés jouiront du droit de trématage en cours de navigation, et de priorité de passage aux ponts et aux écluses.

Toutefois, la priorité de passage est réservée en faveur des bateaux qui seraient chargés pour le service de l'État, et qui seraient arrivés à la tête des écluses ou à celle des ponts avant le bateau accéléré.

Cas où un bateau doit céder le pas à un autre.

125. Lorsqu'un bateau accéléré atteindra, en chemin, un bateau marchant moins vite, le charretier de celui-ci devra laisser tomber sa corde et céder le bord de l'eau à l'autre charretier, lequel, de son côté, devra forcer le pas.

Défense d'empêcher le passage des bateaux.

126. Tout marinier qui, étant arrêté, s'opposera au passage des bateaux qui le suivent, ou qui, étant en marche, empêchera de passer devant lui les bateaux ayant droit de le faire, sera considéré comme ayant embarrassé la voie publique et poursuivi comme tel.

Bateaux ayant droit de priorité au passage des ponts et des écluses.

127. A égalité de vitesse :
Les coches et barques transportant des voyageurs ;
Les bateaux chargés pour le service de l'État ou pour des travaux relatifs à la navigation ;
Les bateaux dont le chargement consistera en blés, farines, sucres bruts ou raffinés, glace, poissons frais, sel ou chaux vive,
Jouiront du droit de priorité de passage aux ponts et aux écluses.

Fanaux à placer sur les bateaux.

128. Les bateaux voyageant la nuit porteront un fanal sur l'avant et un fanal sur l'arrière, et la lumière devra s'étendre jusqu'au delà des chevaux de tirage.

Fanaux portatifs à allumer dans certaines circonstances.

129. Indépendamment de l'éclairage dont il est parlé dans l'article précédent, les conducteurs des bateaux devront être munis de fanaux portatifs qu'ils allumeront avant d'entrer dans le sas des écluses, et qu'ils n'éteindront qu'après en être sortis.

CHAPITRE X.

BATEAUX A VAPEUR.

Permis de navigation.

130. Aucun bateau à vapeur ne pourra être admis à naviguer dans le ressort de la préfecture de police qu'après l'accomplissement des formalités suivantes :

1° Le bateau devra être visité par la commission de surveillance instituée à cet effet ;

2° Le propriétaire devra avoir reçu la notification exigée par l'article 2 de l'ordonnance royale du 2 avril 1828, et être pourvu d'un permis de navigation.

Dans la demande que devra nous adresser ce propriétaire pour réclamer la visite de son bateau, il est tenu d'indiquer les dimensions dudit bateau,

Son tirant d'eau à vide ;

Le service auquel il est destiné ;

La force de l'appareil moteur évaluée en chevaux ;

Et la pression, exprimée en atmosphères, sous laquelle l'appareil moteur fonctionnera.

Conditions spéciales.

131. En nous adressant le procès-verbal de sa visite, la commission nous proposera les conditions spéciales qu'elle jugera devoir être imposées, tant pour la sûreté des passagers, dans le cas où le bateau serait destiné au transport des voyageurs, que dans l'intérêt de la liberté de la navigation et de la conservation des établissements ou des travaux d'art en rivière.

Conditions générales.

132. Indépendamment de ces conditions spéciales, sur lesquelles nous nous réservons de statuer, les bateaux à vapeur sont, en outre, assujettis aux conditions générales de sûreté suivantes.

Soupapes de sûreté.

133. Les chaudières des machines à vapeur doivent être munies de deux soupapes de sûreté, de même dimension, facilement accessibles, et dont une sera disposée de manière à rester sans cesse visible pour le public. Ces soupapes seront chargées, soit directement, soit par l'intermédiaire d'un levier, mais toujours, dans l'un et l'autre cas, d'un poids unique.

Ce poids, après avoir été vérifié, sera frappé d'une marque indiquant sa valeur en chiffres. Il est expressément défendu d'employer tout autre poids, sous aucun prétexte.

Rondelles.

154. Chaque chaudière sera munie de rondelles métalliques fusibles au degré déterminé par les règlements et correspondant au numéro du timbre de la chaudière, et ces rondelles devront avoir un couvercle non assujetti pour les conserver en bon état, et les garantir de toute atteinte, de manière qu'il soit toujours facile de reconnaître, à la première inspection, les numéros et les timbres octogones dont elles sont frappées.

Il devra y avoir toujours à bord des rondelles métalliques de rechange, afin de pouvoir remplacer sur-le-champ celles qui viendraient à se fondre.

Manomètres.

155. Il sera, en outre, adapté à chaque chaudière un manomètre à mercure, construit avec soin, et dont la graduation fera connaître la tension de la vapeur, exprimée en atmosphères et fraction d'atmosphère.

Ce manomètre sera toujours à air libre, pour les chaudières à basse pression.

Il devra toujours y avoir dans le bateau un manomètre de rechange.

Appareils indicateurs.

156. Les chaudières seront munies d'indicateurs servant à faire connaître extérieurement le niveau de l'eau dans leur intérieur. A cet effet, il sera adapté à chaque chaudière deux, au moins, des trois appareils suivants : 1° les tubes indicateurs en verre; 2° les flotteurs; 3° les robinets indicateurs.

Ces appareils devront être constamment entretenus en bon état; et il devra toujours y avoir à bord des bateaux, des tubes indicateurs de rechange, pour remplacer immédiatement ceux qui viendraient à être cassés.

La ligne d'eau, ou le niveau que l'eau devra avoir habituellement dans la chaudière, sera indiquée à l'extérieur par un trait marqué d'une manière très-apparente sur le corps de la chaudière.

Local de l'appareil moteur.

157. Le local de l'appareil moteur sera séparé des salles des passagers par des cloisons en planches très-solidement construites et entièrement revêtues d'une doublure en feuilles de tôle, à recouvrements, d'un millimètre d'épaisseur, au moins.

Le sol et les parois intérieures du local, où l'on fait la cuisine, devront être également revêtus en tôle.

Soutes à charbon.

158. Les soutes à charbon devront être isolées et séparées du foyer et des chaudières, de manière que le feu ne puisse jamais s'y communiquer. Il devra être ménagé, autour des soutes, un espace libre, afin que l'air y puisse circuler facilement.

Cheminées.

159. Lorsque les cheminées seront à bascule sans contre-poids, il sera établi sur le pont de chaque bateau à vapeur, et d'une manière solide, un support destiné à soutenir la cheminée lorsqu'on est obligé de la baisser pour passer sous les ponts.

Bastingues sur le pont.

140. Le pont de chaque bateau devra être garni de garde-corps en bastingues, dont la lisse devra être à une hauteur suffisante pour la sûreté des passagers.

Gardes en fer pour les tambours.

141. Les tambours qui, de chaque côté du bateau, envelopperont les roues, seront munis de gardes en fer descendant assez près de la surface de l'eau, pour empêcher les embarcations de s'engager dans les palettes de ces roues.

Lignes de flottaison.

142. Une ligne de flottaison sera tracée en couleur tranchante sur les flancs du bateau, vers les hanches et les joues, par les soins et aux frais du propriétaire, et d'après les indications de la commission de surveillance des bateaux à vapeur.

Canot de sauvetage.

143. Chaque bateau à vapeur devra être muni d'un canot de sauvetage dont la longueur ne pourra être moindre de quatre mètres, et la largeur de un mètre soixante centimètres.

Ce canot sera suspendu au bateau ou conduit à la traîne.

Dans le premier cas, il devra être préalablement constaté, par la commission de surveillance, qu'il est disposé de manière à être instantanément mis à l'eau, au besoin.

Bouée de sauvetage.

Il y aura à bord une bouée de sauvetage en liége, du poids de dix à quinze kilogrammes, suspendue à l'arrière, et une hache en bon état, à portée du timonier.

Boîte fumigatoire.

Il y aura également, dans chaque bateau à vapeur, une boîte fumigatoire pour qu'on puisse, au besoin, administrer des secours aux personnes qui seraient retirées de l'eau en état d'asphyxie.

Cette boîte devra être conforme à celles qui sont employées sur la Seine, dans Paris, pour l'administration des secours publics, d'après les instructions du conseil de salubrité.

Ancres et cordes d'amarre.

144. Les bateaux à vapeur seront, en outre, pourvus de deux ancres et de cordes d'amarre suffisantes. Ces ancres devront constamment être disposées pour être mouillées immédiatement, au besoin.

Registre de bord.

145. Il devra y avoir en tout temps, à bord de chaque bateau, un registre dont toutes les pages seront cotées et parafées par l'autorité qui aura délivré le permis de navigation, et sur lequel les passagers auront la faculté de consigner leurs observations, en ce qui concerne la marche du bateau, les avaries ou accidents quelconques, et la conduite de l'équipage.

Tableau à placer dans la salle des passagers.

146. Dans chaque salle où se tiennent les passagers, il sera placé un tableau indiquant :

1° La durée moyenne des voyages, tant en montant qu'en descendant, et en ayant égard à la hauteur des eaux ;

2° Le temps durant lequel le bateau devra stationner aux différents lieux déterminés pour les embarquements ;

3° Le nombre maximum de passagers qui pourront être reçus dans le bateau ;

4° La faculté qu'ont les passagers de consigner leurs observations sur le registre prescrit par l'article précédent ;

5° Les lieux de départ et d'arrivée, et ceux où les bateaux touchent en route ;

6° Les prix des voyages.

Une copie du permis de navigation et des dispositions de la présente ordonnance, relatives aux bateaux à vapeur seront, en outre, affichées dans les salles où se tiennent les passagers.

Composition de l'équipage.

147. Il y aura toujours à bord de chaque bateau à vapeur destiné à recevoir des passagers :

1° Un capitaine ;

2° Des hommes d'équipage en nombre suffisant ;

3° Un mécanicien ;

4° Un ou plusieurs chauffeurs.

Capitaine et mécanicien doivent être nommés par l'administration.

148. Les capitaines et les mécaniciens des bateaux à vapeur devront être agréés par l'administration.

A cet effet, ils sont tenus de se présenter devant la commission de surveillance, afin que celle-ci puisse s'assurer s'ils réunissent les conditions requises, et nous proposer leur admission, s'il y a lieu.

Le capitaine est responsable du bon ordre.

149. Le capitaine est responsable du maintien du bon ordre et de la police à bord de son bateau. Il commande les hommes de l'équipage et est chargé de la direction du bateau.

Mécaniciens. — Leurs attributions.

150. Le mécanicien est chargé de la surveillance et de la conduite de l'appareil moteur ; il veillera notamment avec le plus grand soin à ce que l'alimentation des chaudières se fasse bien, et compense, à chaque instant, la dépense de la vapeur et toutes les pertes d'eau, afin qu'en aucun cas, les parois des chaudières ne puissent rougir. Il dirigera les chauffeurs.

Chauffeurs.

Le mécanicien et les chauffeurs devront, chacun en ce qui le concerne, observer, pour la conduite des machines et celle du feu, toutes les mesures de précaution prescrites par l'instruction ministérielle du 19 mars 1824, modifiée par celle du 27 mai 1830.

Instructions à afficher.

Ces instructions seront affichées dans le local de la machine.

Heures de départ.

151. Les bateaux à vapeur ne pourront opérer leur départ qu'aux heures fixées par nous.

Cloche d'avertissement.

On ne pourra faire sonner la cloche qu'un quart d'heure seulement avant le départ.

Charge des bateaux.

152. La charge totale du bateau sera réglée de manière que la ligne de flottaison ne puisse jamais être submergée.

Il est expressément défendu d'admettre dans chaque bateau, un nombre de passagers supérieur à celui qui aura été fixé par le permis de navigation, bien cependant que la ligne de flottaison n'ait pas encore été atteinte.

Embarquement et débarquement des voyageurs.

153. Tout embarquement ou débarquement de voyageurs dans les ports, se fera au moyen d'un petit pont double, jeté du bateau sur le quai, et garni de rampes des deux côtés.

Dans le cas où le quai, se trouvant d'avance occupé par des bateaux à vapeur, un nouveau bateau ne pourrait y avoir de place, et serait obligé de se ranger le long d'un autre bateau, celui-ci sera tenu de souffrir le passage des voyageurs, et ce passage s'effectuera au moyen d'un pont, semblable à celui dont il vient d'être parlé, jeté d'un bateau sur l'autre.

L'usage de simples planches est formellement interdit.

Marche des bateaux à ralentir dans certains cas.

154. Les capitaines devront ralentir la marche de leur bateau, lorsqu'ils passeront près des points sur lesquels des bateaux ou trains se trouveraient réunis et garés.

Mesures de précaution en cas d'embarquement en cours de voyage.

155. Toutes les fois que, durant le trajet, le capitaine d'un bateau à vapeur aura à prendre ou à débarquer des voyageurs, il devra faire cesser entièrement le jeu des roues.

Cas où il faut sonner la cloche.

156. Les capitaines des bateaux à vapeur feront sonner la cloche à l'approche des ponts, des pertuis et des ports de débarquement.

Ils feront également sonner la cloche dans les passes où la rencontre de deux bateaux pourrait occasionner des accidents.

Bateaux se rendant en sens opposé sur un même point.

157. Lorsque deux bateaux à vapeur, allant en sens inverse, viendront faire escale sur le même point, le bateau descendant devra prendre le large, et le bateau montant devra tenir le côté de la terre.

Bateaux marchant dans un même sens.

158. Quand deux bateaux à vapeur, allant dans le même sens, se rapprocheront, celui qui sera en avant devra serrer le chenal de navigation à droite, et celui qui sera en arrière devra serrer le chenal à gauche.

Manœuvre à faire en cas de rencontre d'un trait montant.

159. Lorsqu'un bateau à vapeur rencontrera en route un trait montant, ou des bateaux billés avalant par des chevaux, il devra prendre le bord opposé au chemin de halage.

Défense de surcharger les soupapes.

160. Il est expressément défendu de surcharger les soupapes de sûreté, de chercher à empêcher ou à retarder la fusion des rondelles par un moyen quelconque, et de faire fonctionner la machine sous une pression supérieure à celle qui est indiquée dans le permis de navigation, notamment pour chercher à gagner de vitesse à l'approche d'un autre bateau.

Déclarations à faire par les capitaines.

161. Les capitaines sont tenus de déclarer aux autorités locales des points de départ et d'arrivée, après chaque voyage, tous les faits parvenus à leur connaissance, qui pourraient intéresser la sûreté de la navigation, ainsi que les accidents ou les contraventions qui seraient de nature à être constatés par des procès-verbaux.

Visa du registre de bord.

162. Au moment du départ et de l'arrivée des bateaux à vapeur, l'inspecteur du port se fera représenter le registre prescrit par l'article 145 de la présente ordonnance et le visera. Il s'assurera, en outre, de la présence à bord du capitaine, du mécanicien et des chauffeurs ; enfin, il vérifiera si le bateau n'est pas surchargé de manière à faire plonger la ligne de flottaison.

Mesures de sûreté prescrites par les autorités locales.

163. Les propriétaires ou capitaines de bateaux à vapeur ne pourront se prévaloir du permis de navigation qui leur aura été délivré pour se refuser à se conformer aux mesures de sûreté que les autorités locales jugeraient utile de leur prescrire, afin de compléter le régime de précautions sur toute la ligne de navigation.

Visites trimestrielles.

164. Tout propriétaire de bateau à vapeur devra, lorsqu'il en sera requis par nous, suspendre son service pour que la commission de surveillance fasse les visites trimestrielles prescrites par l'ordonnance royale du 2 avril 1823, ou toute autre visite que nous croirions devoir ordonner dans l'intérêt de la sûreté publique.

Un bateau ne peut changer de service sans autorisation.

165. Aucun bateau à vapeur ne pourra être employé à un autre service que celui pour lequel il aura été autorisé, à moins d'une nouvelle permission spéciale.

Bateaux venant d'un autre département.

166. Tout bateau à vapeur venant d'un autre département, avec un permis de navigation, sera soumis aux visites de la commission de surveillance du département de la Seine, laquelle s'assurera si toutes les conditions imposées par le permis de navigation sont exécutées, et proposera, de plus, toutes celles qu'elle jugera nécessaires.

Cas de retrait de la permission donnée aux capitaines et aux mécaniciens.

167. L'autorisation délivrée par nous aux capitaines et mécaniciens leur sera retirée dans les cas de négligence ou d'imprudence de nature à compromettre la sûreté des voyageurs, sans préjudice des poursuites judiciaires qui pourraient être intentées contre eux et des dommages et intérêts dont ils pourraient être passibles, conformément à la loi et notamment aux termes des articles 319 et 320 du Code pénal.

Le permis de navigation peut être retiré.

168. Le permis de navigation pourra aussi être retiré suivant les circonstances à raison des accidents causés, ou des imprudences habituellement commises par l'équipage ou le propriétaire du bateau à vapeur.

CHAPITRE II.

PASSAGES D'EAU.

Permis pour passages d'eau.

169. Il est défendu d'établir des passages d'eau sans autorisation.

Bacs et bachots.

170. Les bacs et bachots employés au service des passages d'eau devront être solidement établis; et les chemins, porte-chemins, trailles, cordages et agrès, être constamment entretenus en bon état.

Tarif des droits de passage.

171. Les fermiers des passages d'eau sont tenus d'afficher, de l'un et de l'autre côté de la rivière, sur un poteau placé en lieu apparent, le tarif des droits de passage.

Il leur est défendu d'exiger de plus fortes sommes sous les peines de droit.

CHAPITRE XII.

BACHOTAGE.

Stationnement, sur les cours d'eau publics, des bachots, batelets, chaloupes, etc.

172. Les bachots, doubles bachots, batelets, galoupilles, chaloupes, et tous autres bateaux analogues, employés à naviguer sur les cours d'eau publics du ressort de la préfecture de police, ne pourront y stationner qu'en vertu d'une permission délivrée en notre nom par l'inspecteur général de la navigation.

Cette permission pourra être retirée en cas d'abus.

Les bachots, chaloupes, etc., doivent avoir un numéro.

173. Lesdites embarcations devront porter le numéro d'ordre indiqué dans la permission, et ce numéro devra être peint à droite et à gauche de l'avant et de l'arrière, en dehors du bateau et au-dessus de la ligne de flottaison, en chiffres arabes, d'une hauteur de vingt centimètres et de trois centimètres de plein, de couleur blanche sur écusson noir de vingt-cinq centimètres de hauteur sur cinquante centimètres de largeur.

Les chaloupes naviguant à la voile devront, en outre, porter sur leur toile, peint en noir, en chiffres de même espèce et de mêmes dimensions qu'il vient d'être expliqué, le numéro d'ordre qui leur aura été donné.

Embarcations sans numéro.

174. Toute embarcation qui sera trouvée sur les cours d'eau publics, du ressort de la préfecture de police, sans porter l'écusson indicatif du numéro de la permission sera immédiatement consignée à la diligence des préposés de la navigation, qui dresseront, en outre, procès-verbal de la contravention.

Les permissions pour bachots sont personnelles.

175. Les permissions indiqueront les lieux de garage; elles seront personnelles et ne pourront être transférées avec la propriété de l'embarcation; elles ne seront accordées que pour des bateaux dont le bon état aura été constaté et ne seront valables que pour un an.

Toutes celles qui ont été délivrées jusqu'à ce jour sont et demeurent annulées.

Maximum des dimensions des batelets, chaloupes, etc.

176. Il est défendu d'employer ou de faire stationner sur les cours d'eau publics, des chaloupes, batelets et autres embarcations, qui n'auraient pas au moins quatre mètres soixante centimètres de longueur et un mètre vingt-cinq centimètres de largeur.

Amarrage des bachots, batelets, etc.

177. Les bachots, batelets, etc., devront être solidement enchaînés tous les soirs au lieu de garage indiqué par la permission.

Les bachots d'équipage dépendant d'embarcations d'une plus grande dimension, devront être attachés aux bateaux qu'ils sont destinés à desservir, et porter les mêmes numéros et les mêmes devises que ces bateaux.

Il ne pourra être fait usage desdits bachots d'équipage, pendant la nuit, qu'en cas d'avarie ou d'accident, et pour porter secours sur la rivière.

Bachots destinés à conduire le public.

178. Les bachots destinés à conduire le public devront être à fond plat et de construction solide.

Ils devront, en tout temps, être muni de leur gouvernail sans barre, et de deux paires de rames, d'une écope, d'un croc, d'un cordage avec une petite ancre ou grapin, et de bancs pour asseoir les voyageurs.

Ces bachots ne pourront, dans aucun cas, porter de voiles de quelque espèce que ce soit.

Avant leur affectation au service public, ils devront être soumis à la visite et vérification de l'inspecteur général de la navigation.

Tout bachot reconnu en mauvais état sera consigné.

Conduite des bachots publics.

179. Les bachots publics ne devront être conduits que par des mariniers munis de notre permission spéciale, et âgés de vingt-un ans au moins.

Bachoteurs.

180. Les bachoteurs sont tenus, lorsqu'ils conduisent le public, d'être porteurs de notre permission, et de la représenter chaque fois qu'ils en sont requis.

Il leur est expressément défendu de monter sur leurs bachots en état d'ivresse, sous peine du retrait de leur permission.

Nombre de personnes à admettre dans les bachots.

181. Les bachots ordinaires, dont la dimension est communément de huit mètres de longueur sur deux mètres de largeur, et cinquante-cinq centimètres de profondeur, ne pourront recevoir plus de douze personnes, non compris le conducteur.

Quant aux embarcations dont la dimension serait supérieure, le nombre des passagers qu'on pourra y embarquer sera fixé par l'inspecteur général de la navigation ; dans tous les cas, ce nombre sera inscrit sur les deux côtés extérieurs du bachot, en lettres rouges de vingt centimètres de hauteur, et de trois centimètres de plein sur un fond blanc.

Il est défendu à tout bachoteur de recevoir dans son bachot un plus grand nombre de personnes que celui qui sera fixé en conformité des dispositions qui précèdent.

Les passagers devront rester assis dans les bachots jusqu'au moment du débarquement.

Débarquement des passagers.

182. Les bachoteurs ne devront opérer le débarquement des passagers qu'aux lieux qui présenteront sécurité et facilité pour cette opération.

Les localités où se trouveront des planches, chemins, porte-chemins, etc., devront être préférées à toutes autres.

TITRE II.

POLICE DES RIVIÈRES, DES CANAUX, DES PORTS ET DES BERGES.

CHAPITRE XIII.

ÉTABLISSEMENTS PUBLICS OU PARTICULIERS.

§ 1er. — *Dispositions communes aux divers établissements.*

Défense de faire un établissement sans permission.

183. Il est défendu de faire aucun établissement flottant ou adhérant au sol, soit dans le lit des rivières et canaux, soit sur les ports et berges, sans en avoir préalablement obtenu l'autorisation.

§ II. — *Bateaux à lessive.*

Chemins conduisant aux bateaux.

184. Les propriétaires de bateaux à lessive sont tenus d'établir des chemins solides et bordés de garde-fous à hauteur d'appui, pour faciliter l'accès de ces bateaux.

Porte-chemins.

Les embarcations destinées à supporter les chemins devront avoir au moins trois mètres de longueur sur deux mètres de largeur.

Obligations imposées aux propriétaires de bateaux à lessive.

185. Les bateaux à lessive devront, en tout temps, être solidement amarrés et munis de cordes, crocs, perches, etc., pour porter secours en cas de besoin.

Dans le même but, un bachot muni de ses agrès, devra toujours être attaché à chacun de ces établissements.

Les propriétaires desdits bateaux sont, en outre, tenus d'avoir constamment, à bord de leurs établissements, un gardien bon nageur, agréé par l'administration, et une boîte de secours en bon état.

186. Les bateaux à lessive ne pourront être modifiés dans leurs constructions sans une autorisation spéciale.

§ III. — *Établissements de bains.*

Obligations imposées aux entrepreneurs de bains.

187. Les entrepreneurs de bains devront placer, au pourtour, des cordes solidement attachées, afin de donner aux baigneurs la facilité de circuler avec sûreté et commodité, et un filet assez fort pour empêcher de passer sous les bateaux ; ce filet devra toujours être tendu.

Ils devront aussi entourer le bain de manière qu'on n'en puisse sortir pour se baigner au dehors ; et établir des chemins solides, bordés de garde-fous à hauteur d'appui, pour arriver dans l'établissement.

Lesdits entrepreneurs devront encore tenir leurs établissements en bon état, et garnis de tous les ustensiles nécessaires, tels que cordes, crocs, perches, filets, etc., se pourvoir d'une boîte de secours pour chaque établissement, et l'entretenir constamment en bon état; avoir continuellement un bachot, muni de ses agrès, pour porter des secours en cas de besoin; n'ouvrir les bains au public qu'après qu'ils auront été visités par l'inspecteur général de la navigation, et reconnus être en bon état; les fermer depuis dix heures du soir jusqu'au point du jour, et y établir chaque soir des moyens d'éclairage suffisant pour qu'une surveillance active puisse y être exercée et pour prévenir tout accident; ne pas exiger des prix d'entrée plus élevés que ceux qui seront fixés par la permission ; afficher à l'extérieur de la porte d'entrée et dans un lieu apparent de chaque établissement de bains, un extrait, certifié par l'inspecteur général de la navigation, de la permission qui leur aura été délivrée, lequel extrait devra énoncer le tarif des prix de l'établissement et les conditions principales imposées par la permission.

Défense d'introduire des chiens dans les bains.

188. Il est défendu d'introduire des chiens dans les établissements de bains.

Époque fixée pour la clôture des bains.

189. Les propriétaires d'établissements de bains devront retirer, au 30 septembre de chaque année, époque fixée pour la clôture de la saison des bains, les bateaux, fonds de bois, planches, pieux, perches et autres objets dépendant de leurs établissements ; conduire les bateaux dans les gares, et ne laisser les autres objets déposés sur les ports et berges sous quelque prétexte que ce soit.

§ IV. — *Puisoirs et abreuvoirs publics.*

Porteurs d'eau à bretelle.

190. Il est défendu aux porteurs d'eau à bretelle de puiser à la rivière ailleurs qu'aux puisoirs autorisés à cet effet.

Chevaux conduits aux abreuvoirs.

191. Les chevaux ne pourront être conduits aux abreuvoirs en rivière que par des hommes âgés de dix-huit ans au moins.

Ils devront être menés au pas, et un seul homme ne pourra en conduire plus de trois à la fois.

Il est défendu de se tenir debout sur les chevaux.

L'accès des abreuvoirs en rivière est interdit pendant la nuit.

CHAPITRE XIV.

DES DIVERSES OPÉRATIONS QUI SE FONT EN RIVIÈRE OU SUR LES CANAUX.

§ Ier. — *Tirage du sable.*

Défense de tirer du sable en rivière sans permission.

192. Il est défendu de tirer du sable en rivière sans une permission délivrée par nous.

Bachots employés au tirage.

Le tirage du sable à la main ne peut avoir lieu qu'au moyen de doubles bachots solidement établis, d'où le sable ne pourra être transbordé.

Le sable devra être directement conduit du lieu du tirage au port de déchargement, d'où il devra être enlevé immédiatement, et au plus tard dans un délai de vingt-quatre heures.

Lieux où le tirage est interdit.

193. Il est défendu de tirer du sable à une distance moindre de cinquante mètres en amont, et de trente mètres en aval des ponts; et à moins de douze mètres des murs de quai et des berges.

Il est aussi défendu d'en tirer à une distance moindre de vingt mètres des bains ou écoles de natation.

§ II. — *Repêchage des bois ou autres marchandises naufragées.*

Permissions pour pêcher du bois.

194. Nul ne pourra se livrer habituellement et hors le cas de naufrage et d'avarie au repêchage des bois, dans l'étendue du ressort de la préfecture de police, sans une autorisation qui sera délivrée par nous sur la présentation du commerce.

Déclaration à faire par ceux qui auraient repêché des bois ou autres marchandises.

195. Il est enjoint à tous ceux qui auront repêché des bois, des débris de bateaux, des marchandises ou autres objets naufragés, d'en faire la déclaration dans les vingt-quatre heures, savoir : à Paris, aux commissaires de police, à l'inspecteur général de la navigation, ou aux inspecteurs particuliers de ce service; et dans les communes riveraines de la Seine ou de la Marne, aux maires, aux préposés de la navigation ou à la gendarmerie.

Ces déclarations devront nous être immédiatement transmises.

Les objets repêchés seront consignés pour être rendus aux propriétaires, après justification de leurs droits, et acquittement des frais de repêchage et autres auxquels ces objets auront pu donner lieu.

Les repêcheurs qui s'attribueraient, cacheraient ou vendraient tout ou partie des objets repêchés, seront, ainsi que les acheteurs ou recéleurs, poursuivis conformément aux lois.

§ III. — *Déchirage de bateaux.*

Défense de déchirer des bateaux sans permission.

196. Il est défendu de déchirer des bateaux sur les berges, les ports et les chemins de halage, sans une permission spéciale délivrée en notre nom, par l'inspecteur général de la navigation.

Cette permission indiquera les points sur lesquels les déchirages devront avoir lieu.

Nous nous réservons de délivrer directement s'il y a lieu, toute permission qui aurait pour objet d'autoriser des déchirages, dans Paris, sur d'autres points que ceux ci-après désignés, savoir :

Le port de la Râpée, sur les parties dont la désignation suit :

1° A partir de l'angle d'aval de la pompe sur une longueur de vingt-huit mètres en descendant la Seine ;

2° A partir de l'embouchure en rivière de l'égout traversière jusqu'au point affecté comme garage d'attente aux bateaux chargés de charbon de terre.

Le port de l'Hôpital sur une longueur de cent seize mètres, à partir de la maison n° 5, ou de l'extrémité d'amont de la balustrade placée sur le bord de la route, en descendant la Seine.

L'île des Cygnes et le canal Saint-Martin.

Temps fixé pour le déchirage.

197. Le déchirage des bateaux s'effectuera immédiatement après leur mise à port; il sera continué sans interruption et avec un nombre d'ouvriers suffisant pour que, dans tous les cas, le déchirage de chaque bateau et l'enlèvement des débris soient terminés dans la journée.

Enlèvement des clous et autres débris.

198. Les clous et autres débris provenant du déchirage des bateaux devront être enlevés au fur et à mesure du déchirage, de manière à n'occasionner aucun accident ou embarras sur les ports, sur les berges ou sur tout autre point de la voie publique.

CHAPITRE XV.

OUVRIERS DES PORTS.

Les ouvriers des ports doivent avoir une médaille.

199. Les ouvriers travaillant sur la rivière et sur les ports, sont tenus de se pourvoir d'une médaille qui leur sera délivrée sur un certificat de l'inspecteur général de la navigation.

Ils devront porter leur médaille d'une manière apparente pendant le travail.

Ouvriers exceptés de l'obligation d'avoir une médaille.

200. L'obligation de se munir d'une médaille ne s'applique point aux ouvriers attachés au service particulier du destinataire de la marchandise.

Elle ne s'applique point non plus aux ouvriers employés accidentellement par les marchands de bois ou de charbon de terre, sur les ports affectés exclusivement au débarquement de ces marchandises. Lesdits ouvriers pourront être employés par les marchands, à la charge par ces derniers d'en faire la déclaration à l'inspecteur de la navigation de l'arrondissement, dans les vingt-quatre heures au plus tard.

Défense aux ouvriers de charger ou décharger des marchandises sans en être requis.

201. Il est défendu aux ouvriers de charger ou décharger des marchandises sur les rivières, les canaux ou les ports avant d'en être requis par les marchands, les propriétaires ou leurs commissionnaires.

Défense aux ouvriers de se coaliser pour faire cesser ou interdire le travail.

202. Il est aussi défendu aux ouvriers de se coaliser pour faire cesser ou interdire le travail sur les ports ou berges, sur les rivières ou sur les canaux, sous peine d'être poursuivis conformément aux articles 415 et 416 du Code pénal. Aux termes de ces articles, les ouvriers qui prendraient part à une coalition peuvent être condamnés à un emprisonnement de un à trois mois, et les chefs ou moteurs à un emprisonnement de deux ans à cinq ans; ils peuvent en outre être mis sous la surveillance de la haute police.

CHAPITRE XVI.

DES GLACES ET GROSSES EAUX.

Déblaiement des ports et berges.

203. Lorsque l'administration jugera qu'il y a danger de débordement sur les ports, ou que la rivière commencera à charrier des glaces, les marchandises de toute nature et les matériaux tels que pierres, moellons, pavés, bois, fers ou autres objets qui pourraient occasionner des accidents, seront immédiatement enlevés des ports, des berges et des abords de la rivière.

Tout dépôt interdit.

Le dépôt de semblables objets sur les points ci-dessus est formellement interdit pendant tout le temps des glaces et grosses eaux.

Déchargement des bateaux hors des gares ou des canaux.

A la même époque les bateaux qui ne se trouveraient pas dans les gares ou dans les canaux, devront être immédiatement déchargés, et les marchandises enlevées par les propriétaires ou gardiens desdits bateaux. Cette double opération devra être faite sans interruption, même pendant les jours de fête et les dimanches; et en cas de péril imminent, elle sera continuée pendant la nuit.

Amarrage.

204. Les marchands et voituriers par eau, les gardiens de bateaux et les propriétaires d'établissements sur la rivière sont particulièrement tenus, en temps de glaces et grosses eaux, de fermer et amarrer ces bateaux et établissements avec bonnes et fortes cordes aux organeaux et pieux placés le long des ports et quais.

Bateaux à déchirer.

205. Les bateaux qui seront jugés hors d'état de servir, seront déchirés sur place ou dans les endroits qui seront désignés par l'inspecteur général de la navigation.

Les autres bateaux qui pourraient faire craindre quelque accident, seront pareillement déchirés ; mais ils ne pourront l'être que d'après les ordres que nous en donnerons.

Les débris, en provenant, seront vendus conformément aux dispositions de l'ordonnance du roi, du 23 mai 1830, s'ils ne sont immédiatement enlevés par les propriétaires ; et le produit de la vente, déduction faite de tous les frais, sera versé à la caisse de la préfecture, où il restera provisoirement déposé à la disposition de qui de droit.

TITRE III.

DISPOSITIONS GÉNÉRALES.

CHAPITRE XVII.

Travaux en rivière.

206. Il ne pourra être commencé aucun travail public ou particulier dans le lit des rivières et canaux, ni sur les ports, quais ou berges sans notre autorisation spéciale.

Défense d'établir des moulins, écluses, batardeaux, etc., sans permission.

207. Il est défendu d'établir des moulins, batardeaux, écluses, gords, pertuis, murs, plants d'arbres, amas de pierres, de terre, de fascines ni aucun autre empêchement au cours de l'eau dans les rivières et canaux, sans y être spécialement autorisés.

Défense de détourner l'eau des rivières et canaux.

208. Il est défendu de détourner l'eau des rivières et canaux, ou d'en affaiblir et altérer le cours par tranchées ou fossés ou par quelque autre moyen que ce soit.

Défense de rien jeter dans les rivières et dans les canaux.

209. Il est défendu de jeter dans les rivières et canaux ou de déposer sur leurs bords, des gravois, pierres, bois, immondices, pailles ou fumiers, ainsi que tout autre objet qui pourrait embarrasser les berges ou altérer le lit desdites rivières et canaux, sans autorisation de notre part.

Pierres, bois, pieux, etc., à faire retirer de l'eau.

210. Il est enjoint à tous riverains, mariniers ou autres de faire enlever les pierres, bois, pieux, débris de bateau et autres empêchements étant de leur fait ou à leur charge, dans le lit des rivières et canaux ou sur leurs bords.

Bateaux coulés bas. — Balise à placer sur les bateaux en fond.

Les marchands, les voituriers par eau ou tous autres dont les bateaux couleraient bas, sont tenus, aussitôt après l'événement, de faire placer sur ces bateaux une balise surmontée d'un drapeau rouge.

Ils devront ensuite faire procéder sans le moindre retard au relevage des bateaux et au repêchage des marchandises, des agrès et de tous autres objets qui seraient restés au fond de l'eau.

Espaces à laisser libres aux bords des rivières.

211. Il est enjoint aux propriétaires d'héritages aboutissants aux rivières navigables de laisser, le long de leurs bords, sept mètres sept cent quatre-vingt-seize millimètres pour trait des chevaux de halage.

Il est défendu de planter des arbres ou des haies, de creuser des fossés ou d'établir des clôtures à une distance moindre de neuf mètres sept cent quarante-cinq millimètres des bords desdites rivières.

Stationnement de bateaux défendu.

212. Il est défendu de faire stationner des bateaux sur les rivières ou canaux, soit pour transbordement des marchandises, soit pour tout autre motif sans une autorisation spéciale.

Bateaux et trains doivent être fermés de l'avant et de l'arrière.

213. Les bateaux et toues, les trains de bois de chauffage et autres, devront être fermés de l'avant et de l'arrière, soit dans les gares, soit dans les ports avec bonnes et suffisantes cordes attachées à des organeaux ou à des pieux d'amarre; il est défendu d'amarrer plus d'un couplage de trains avec les mêmes cordes.

Défense de s'approcher des établissements de bains.

214. Il est défendu à toutes personnes étant en bachot ou batelet, de s'approcher des bains ou écoles de natation, sous peine, pour le propriétaire du bachot, de se voir retirer sa permission, et sans préjudice des poursuites à exercer contre les contrevenants.

Défenses relatives au garage des bateaux.

215. Il est défendu, même dans les lieux de garage, de placer des bateaux ou trains devant les point affectés aux passages d'eau et devant les abreuvoirs publics.

Défermage des bateaux.

216. Il est défendu de défermer les bateaux ou les trains sans le consentement des propriétaires ou conducteurs, si ce n'est à la réquisition de l'inspecteur de la navigation.

Défense de monter sur les bateaux, les trains, etc.

217. Il est défendu de monter sur les bateaux chargés ou vides, sur les bachots, sur les radeaux, ainsi que sur les trains de toute nature, soit pour pêcher, soit pour tout autre motif étranger au service desdits bateaux, bachots, radeaux ou trains.

Organeaux et pieux d'amarre.

218. Il est défendu d'arracher, de fatiguer ou d'embarrasser les organeaux et les pieux d'amarre.

Placement des cordes d'amarre sur les ports.

219. Les conducteurs de bateaux ou trains, ou tous autres mariniers, sont tenus de placer leurs cordes d'amarre, sur les ports et berges, de manière à ne pas gêner la circulation.

Il est défendu de faire passer des voitures sur ces cordes, sans prendre les précautions nécessaires pour éviter de les détériorer.

Défense de faire du feu sur les ports.

220. Il défendu de faire du feu sur les ports, quais et berges sans autorisation.

Défense de pêcher pendant la nuit.

221. Il est défendu de pêcher pendant la nuit.

Gardiens de bateau.

222. Tout bateau chargé ou vide devra avoir un gardien pour jeter l'eau.

Bateaux à mettre à terre.

223. Les bateaux ne pourront être mis à terre, même pour cause de réparation, sans une autorisation spéciale.

Lavage du linge.

224. Il est défendu de laver du linge à la rivière, dans Paris, ailleurs que dans les bateaux à lessive; et de le faire sécher sur les ports et berges.

Baigneurs.

225. Il est défendu de se baigner dans les canaux.

Dans Paris, il est défendu de se baigner en rivière ailleurs que dans les établissements des bains, à moins d'une autorisation spéciale délivrée par nous.

Hors de Paris, il est défendu de se baigner nu en rivière.

Les contrevenants seront conduits à la préfecture de police, ou devant les maires ou les commissaires de police des communes du ressort.

226. Les contraventions à la présente ordonnance seront constatées par des procès-verbaux ou rapports.

Dans tous les cas où les contraventions seront de nature à compromettre la liberté de la circulation ou la sûreté, il sera pris d'office et aux frais des contrevenants, les mesures propres à faire cesser le dommage, telles que l'enlèvement des marchandises et autres obstacles qui existeraient sur les ports, berges, chemins de halage, ou dans le lit des rivières et canaux ; le remontage, le lâchage ou le déchargement des bateaux naviguant sans autorisation ou en dehors des conditions prescrites.

Les contraventions aux dispositions des lois et règlements de grande voirie ci-dessus visés, et aux articles de la présente ordonnance qui s'y rattachent, seront déférées au conseil de préfecture.

Les contraventions aux autres dispositions de la présente ordonnance seront déférées au tribunal de simple police.

227. La présente ordonnance sera imprimée et affichée.

Les sous-préfets des arrondissements de Sceaux et Saint-Denis, les maires des communes du ressort de la préfecture de police, les ingénieurs des ponts et chaussées et leurs conducteurs, les commandants de la gendarmerie et de la garde municipale, les commissaires de police, le chef de la police municipale, l'inspecteur général de la navigation et les préposés sous leurs ordres, ainsi que les préposés de l'octroi, sont chargés, chacun en ce qui le concerne, d'en surveiller et d'en assurer l'exécution,

Le conseiller d'Etat, préfet de police, G. DELESSERT.

CAHIER DES CHARGES DU CHEF DES PONTS DE PARIS.

CHAPITRE Ier.

Objets, durée et conditions générales de l'entreprise.

1. L'entreprise du passage des bateaux sous les ponts de Paris, sera donnée à bail avec le titre de chef des ponts de Paris, par adjudication sur soumissions cachetées, et dans les formes prescrites pour les adjudications des travaux publics.

2. L'adjudication sera faite pour trois, quatre, cinq, six, sept, huit, neuf années consécutives au choix de l'administration seulement, qui pourra seule rompre le bail à l'un des termes susdits en prévenant l'adjudicataire six mois d'avance. Le bail commencera le 1er juin prochain (1838), il sera fait au soumissionnaire qui offrira la plus forte réduction sur le prix du tarif dont il sera ci-après parlé, ou à défaut de réduction, à celui qui demandera la moindre augmentation sur ce même prix.

L'administration fixera d'avance un maximum du prix au-dessus duquel l'administration ne pourra avoir lieu. Ce maximum cacheté ne sera ouvert qu'après les soumissions.

3. Les soumissions contiendront :

1° L'obligation de se conformer aux dispositions des lois et règlements sur la matière ;

2° Le rabais ou l'augmentation sur le tarif de mise à prix ;

3° L'obligation de fournir un cautionnement de trente mille francs en espèce ou en rentes sur l'État, au pair ; de tenir ce cautionnement sans cesse complet dans la caisse des dépôts et consignations ;

4° Un certificat de capacité délivré par les inspecteurs de la navigation.

4. Chaque soumission sera rédigée sur papier timbré, signée du soumissionnaire et renfermera le certificat de capacité.

5. Le chef des ponts est responsable envers les personnes dont les bateaux et marchandises lui auront été confiés , 1° de ses manœuvres et de celles de ses aides ou mariniers ; 2° des retards qu'il apporterait à la descente et au remontage des bateaux ; et à défaut par lui de les avoir remontés ou lâchés dans le délai fixé, il pourra être poursuivi en dommages et intérêts.

6. Le cautionnement fourni par le chef des ponts sera affecté à la sûreté des obligations contractées par l'adjudicataire à l'égard de l'administration et, au besoin, à la garantie des indemnités qui pourraient tomber à sa charge ou des condamnations qui pourraient être prononcées contre lui ou contre ses agents.

7. Le tarif des prix de lâchage et de remontage, tels qu'ils résulteront de l'adjudication, sera inscrit sur des plaques métalliques aux frais du chef des ponts et placé tant dans l'endroit le plus apparent de son bureau, que dans les lieux qui lui seront indiqués dans le voisinage du port de Bercy.

8. L'adjudicataire ne pourra, sous quelque prétexte que ce soit, être mis en jouissance du service qu'après la représentation au préfet de police : 1° de la quittance du cautionnement de trente mille francs en numéraire ou en rentes sur l'État au pair, qu'il aura à verser à la caisse des dépôts et consignations ; 2° de la quittance de la somme qu'il aura payée au chef actuel des ponts, en exécution de l'article 18 du présent cahier des charges.

9. La mise en jouissance s'opérera par procès-verbal qui sera dressé par un des commissaires de police de Paris, désigné à cet effet, ou en présence : 1° de l'inspecteur général de la navigation et des ports; 2° du chef des ponts actuellement en exercice; 3° et du nouvel adjudicataire.

10. Le chef des ponts et ses agents se conformeront à tous les règlements de l'octroi de Paris, et aux formalités qu'ils prescrivent.

11. Le chef des ponts aura la faculté de faire poursuivre, conformément aux articles 56, 57, 58 et 61 de la loi du 6 frimaire an VII, toute personne qui refuserait le payement de son salaire. Les délits plus graves que ceux qui sont prévus par ladite loi, ou qui se compliqueraient avec ceux qui y sont énoncés, devront être jugés conformément aux lois pénales existantes.

12. Toutes les clauses du présent cahier des charges sont de rigueur, et aucune d'elles ne pourra être réputée comminatoire.

13. L'adjudicataire payera les frais d'adjudication qui sont : 1° les droits de timbre; 2° ceux d'enregistrement au droit proportionnel de cinquante centimes pour cent francs; 3° le coût des impressions et affiches.

14. Il ne pourra céder en tout ou en partie, ses droits au présent bail, sans y avoir été autorisé par le préfet de police, sous peine de nullité desdites cessions et des actes qui les contiendront.

15. L'adjudicataire se soumettra à ce que, faute par lui de faire, dans le délai de dix jours, à partir de l'adjudication, les justifications exigées par l'article 8 du présent cahier des charges, ou de remplir l'une ou l'autre des conditions de son bail, l'annulation en soit prononcée sans indemnité en conseil de préfecture par le préfet de police, qui fera réadjuger à la folle-enchère de l'adjudicataire évincé.

CHAPITRE II.

Objet du service du chef des ponts.

16. Le service du chef des ponts de Paris consistera à lâcher les bateaux chargés, et à remonter les bateaux vides dans lesdits ponts.

17. Il sera à cet effet tenu de se fournir à ses frais de cordages, barquettes, flettes et de tous autres équipages et agrès nécessaires, tant pour le service d'été que pour le service d'hiver, et de les entretenir en bon état et en nombre suffisant.

18. Il reprendra du chef des ponts actuellement en exercice, et lui payera comptant, au moment de la prise de possession, les équipages, et ustensiles nécessaires aux services dont il vient d'être question; et ce, d'après estimation faite entre lui et le fermier sortant, de gré à gré, ou à dire d'experts; en fin de bail, ces objets seront repris de même par le nouveau fermier de gré à gré ou à dire d'experts.

En cas de non renouvellement du bail, le fermier sortant disposera de son matériel comme il l'entendra, sans que l'administration ait à lui en payer la valeur.

L'adjudicataire sera aussi tenu de s'adjoindre, à ses frais, le nombre d'aides ou de mariniers nécessaires à ses manœuvres pour le lâchage et le remontage des bateaux.

19. Sont exceptés de ce service :

1° Les bachots, doubles bachots, galoupilles et autres embarcations de même nature;

2° Les bateaux de bains;

3° Les bateaux à vapeur, à draguer et autres analogues;

4° Les margotas de moins de seize mètres cinquante centimètres mesurés selon une ligne droite, allant de l'avant à l'arrière, et ayant deux mètres soixante-quinze centimètres de largeur, s'ils ne sont garnis ni de matières, ni de jambes de force, de seuils ou de bouletants. L'avalage sous le pont d'Austerlitz et le parcours jusqu'au pont de la Tournelle, d'une part, la grande estacade et au pont de Grammont, d'autre part, sera libre pour tous les bateaux, sans le concours du chef des ponts.

En outre, les bateaux chargés de bois auront la faculté d'aller se mettre à port, sans le chef des ponts, sur tous les points du pourtour de l'île Louviers.

Les bateaux chargés de charbon de bois auront également la faculté d'aller directement et sans le chef des ponts jusque dans la gare de l'île Saint-Louis.

Mais lorsque, de l'un de ces derniers points, des bateaux devront être lâchés plus bas, le chef des ponts recevra alors son salaire intégralement, selon le tarif, comme s'il prenait les bateaux à la gare de l'octroi dont il va être parlé à l'article suivant.

20. Les bateaux seront pris pour en opérer le lâchage dans le bassin qui leur est affecté comme point de stationnement.

21. Le chef des ponts sera tenu de viser les lettres de voiture qui lui seraient présentées par des mariniers, et de recevoir, sur un registre à ce destiné, les déclarations à fin de lâchage ou de remontage, à l'effet de constater la quantité et la nature des marchandises confiées à sa conduite; le lieu du chargement et du départ, celui de la destination et le nom du conducteur.

Il sera tenu d'ailleurs de se conformer, quant à son salaire, au tarif résultant de l'adjudication, et ce, sous peine de cassation sans indemnité de son bail, indépendamment des peines portées par les lois, notamment par celle du 6 frimaire an VII, relative à l'administration des bacs et bateaux.

En cas de cassation, il sera statué par le conseil de préfecture; pour le surplus des peines encourues, les tribunaux ordinaires en connaîtront. Toute convention particulière, entre le chef des ponts et le commerce, qui aurait pour objet une diminution dans le prix de main-d'œuvre pourra recevoir son exécution.

22. Il établira dans le voisinage du port de la Râpée, un bureau où seront reçues, pendant les heures d'ouverture des ports, les déclarations à fin de lâchage et de remontage.

Les déclarations seront inscrites, jour par jour, sans blancs ni interlignes, surcharges ni ratures, sur un registre à ce destiné, par ordre de numéro, de date et d'heure. Ce registre sera à souche, il en sera détaché un bulletin contenant le numéro, la date, l'heure, et l'objet de la déclaration, qui sera remis au déclarant. Ce registre sera sans cesse à la disposition des préposés de l'administration; il sera coté et parafé par nous.

23. Le registre du chef des ponts, servant à l'inscription des déclarations à fin de lâchage des bateaux, sera divisé en neuf colonnes :
La première sera destinée à inscrire le numéro de l'enregistrement;
La deuxième, le jour;
La troisième, l'heure de la déclaration;
La quatrième, la désignation des marchandises chargeant le bateau;
La cinquième, les ports où les bateaux devront être lâchés;
La sixième, les numéros particuliers pour l'ordre des lâchages aux différents ports affectés au déchargement d'une même marchandise;
La septième contiendra la formule des déclarations;
La huitième servira à inscrire la date des lâchages;
La neuvième aux observations auxquelles les lâchages auraient donné lieu.

Le chef des ponts sera tenu de lâcher les bateaux tant que l'eau n'aura pas atteint la hauteur de trois mètres vingt-cinq centimètres; et les toues la hauteur de trois mètres quatre-vingt-dix centimètres mesurés à l'échelle du pont de la Tournelle; chaque jour l'étiage officiel sera affiché, chaque matin, dans son bureau, dans un cadre à ce destiné.

24. Il lâchera les bateaux de charbons de bois, chargés à comble, quelle que soit la hauteur des eaux, toutes les fois que le comble pourra passer sous les ponts.

25. Les bateaux devront avoir au moins trente-cinq centimètres de bord franc au-dessus de la ligne de flottaison, et les toues trente centimètres.

26. Le chef des ponts sera tenu de lâcher et de mettre à port les bateaux, aussitôt que possible, selon l'ordre et la date des inscriptions, et au plus tard dans les trois jours des déclarations, à moins qu'il n'y ait pas de place libre au port de destination, ce qui devra être constaté par un certificat de l'inspecteur de la navigation.

Lorsque rien ne s'opposera au lâchage, les bateaux seront, soixante-douze heures après la déclaration, à la charge et responsabilité du chef des ponts, jusqu'à ce qu'ils soient rendus au port de leur destination.

Les bateaux chargés pour le compte du gouvernement seront descendus à la première réquisition et sans être astreints au tour de lâchage.

27. Dans le cas où le chef des ponts aurait négligé d'opérer, dans les délais déterminés, le lâchage ou le remontage des bateaux, il supporterait une retenue d'un quart du prix de lâchage ou de remontage par chaque jour de retard, et, en outre, il pourra être pourvu d'office à ce lâchage ou remontage à ses frais, risques et périls, à la diligence de l'inspecteur général de la navigation.

28. Le chef des ponts devra recevoir dans son bureau toutes les déclarations qui lui seront faites à fin de remontage.

Ces déclarations seront inscrites par lui sur un registre à souche, coté et parafé par nous, dans la forme déterminée à l'article 23 ci-dessus, à l'exception des cinquième, sixième et septième colonnes, qui seront supprimées.

On suivra, à l'égard des déclarations de remontage, les dispositions indiquées ci-dessus article 23, pour les lâchages.

Le chef des ponts sera tenu de remonter les bateaux vides, dans les trois jours de la déclaration; les bateaux seront aux risques et périls du chef des ponts, s'ils ne sont pas remontés.

29. Lorsqu'il y aura plus de trois bateaux vides dans les ports du bas, le chef des ponts sera tenu de les remonter sans délai, quand même il n'aurait pas été fait de déclaration à fin de remontage. Dans ce cas, il en sera fait mention sur le registre des déclarations par un inspecteur de la navigation, et le chef des ponts devra faire, si la chose est nécessaire, deux barrages chaque jour de remontage.

Deux toues ou barquettes compteront pour un bateau.

Quand la saison pourra faire craindre les glaces ou les hautes eaux, et sur l'ordre de l'inspecteur général de la navigation, le chef des ponts sera tenu de lâcher ou de remonter les bateaux dans les vingt-quatre heures qui suivront la déclaration, quel qu'en soit le nombre. Passé ce délai, les bateaux et leur chargement seront aux risques et périls du chef des ponts.

30. Le chef des ponts adressera chaque jour, à l'inspecteur général de la navigation, un relevé exact et détaillé des déclarations de lâchage et de remontage, inscrites sur ses registres.

Cet inspecteur en transmettra extrait aux inspecteurs particuliers pour les ports compris dans leur surveillance respective.

Il adressera, au fur et à mesure, et même tous les jours, si besoin est, au chef des ponts, un état indicatif du nombre des bateaux qui pourront être lâchés dans les ports. Le chef des ponts devra diriger son service d'après ces indications.

31. Le chef des ponts sera tenu de lâcher les bateaux dans les ports, aussitôt que l'inspecteur général lui aura fait connaître qu'il y a place pour les recevoir, et toutes les fois que l'état de la rivière ne s'y opposera pas.

Dans le cas où le chef des ponts ne pourrait opérer un lâchage ou un remontage pour cause de force majeure ou imprévue, il devra en rendre compte, dans le jour, à l'inspecteur général de la navigation.

32. Le chef des ponts pourra lâcher sous les grands ponts tous les jours, depuis le point du jour jusqu'à la nuit, les bateaux, barquettes, toues et autres qui y descendent à l'aviron, lorsque toutefois il n'y aura pas de lâchage sur corde.

33. Le lâchage sur corde par les grands ponts aura lieu aux jours ci-après indiqués, savoir : les lundis, mercredis et samedis, lorsque la hauteur de la rivière permettra de faire passer sous les petits ponts les trains de bois flotté et de bois de charpente ; dans le cas contraire, les mercredis et samedis seulement.

Dans l'un et l'autre cas, le lâchage sur corde ne pourra être effectué que depuis sept heures du matin jusqu'à cinq heures du soir.

Quand le lâchage sur corde ne pourra s'effectuer que les mercredis et samedis, s'il arrivait que ces deux jours ne fussent pas suffisants à raison de l'affluence des bateaux, le chef des ponts s'adresserait à l'inspecteur général de la navigation qui est autorisé à y pourvoir et qui en rendra compte.

34. Lorsque le lâchage sur corde ne pourra avoir lieu que deux fois par semaine, il ne pourra être fait la veille aucun approchage.

35. Les bateaux disposés pour être descendus sur corde, seront lâchés consécutivement et sans interruption.

36. Lorsque le chef des ponts aura à effectuer un lâchage sur corde, il sera tenu d'arborer, le soir du jour précédent et le jour même à sept heures du matin, un drapeau au pont de Bercy, un autre au pont de la Tournelle et un troisième au pont du Carrousel, côté de la rive droite.

37. Lorsqu'il lâchera sur corde par les grands ponts en même temps qu'il remontera par les petits ponts, il sera tenu préalablement d'arborer deux drapeaux au pont de Bercy, deux au pont de la Tournelle et deux autres au Pont-Royal, l'un du côté de la rive droite, l'autre du côté de la rive gauche.

Le chef des ponts ne pourra s'opposer au lâchage des trains de bois de chauffage et de charpente, tous les jours, même les lundis, mercredis et samedis, lorsqu'il n'aura pas fait arborer le drapeau.

38. Le chef des ponts pourra faire tous les jours le remontage des bateaux par le bras de la rivière dite des Petits-Ponts, lorsqu'il n'y aura pas assez d'eau pour y faire passer les trains de bois flotté ; mais quand ces trains pourront passer par les petits ponts, le chef des ponts ne devra y faire le remontage que les mercredis et vendredis.

39. Lorsque le chef des ponts fera des remontages dans le temps où le lâchage des trains peut se faire par les petits ponts, il arborera un drapeau au pont de Bercy, un autre au pont de la Tournelle et un autre au Pont-Royal, côté des Petits-Ponts.

40. Le chef des ponts devra annoncer la veille au soir le remontage des bateaux par des drapeaux placés au pont du Carrousel, côté de la rive gauche et au pont de la Tournelle. Tous les drapeaux devront avoir deux mètres de largeur et deux mètres de hauteur et seront placés au haut d'un mât de quatre mètres de hauteur.

41. Le chef des ponts sera tenu, la veille de chaque jour de lâchage et de remontage, de remettre à l'inspecteur général de la navigation un état des bateaux qui devront être descendus ou remontés le lendemain.

Cet état indiquera le nom des marchands ou voituriers, les numéros dates et heures des déclarations et la devise des bateaux.

CHAPITRE III.

Dispositions générales.

42. Le chef des ponts ou ses aides et mariniers, qui seraient prévenus d'avoir à dessein mis en péril des bateaux ou marchandises, seront traduits devant les tribunaux. Le chef des ponts sera également responsable des condamnations pécuniaires prononcées contre ses agents, pour faits de son service.

43. Le chef des ponts, ses aides et mariniers se conformeront tant aux règlements généraux de police, relatifs à la navigation, qu'aux ordonnances particulières qui seraient rendues par le préfet de police en exécution des décrets et ordonnances du roi.

44. Les contestations qui pourront s'élever sur l'interprétation du présent cahier des charges entre le chef des ponts et l'administration seront portées devant le conseil de préfecture pour y être jugées administrativement en exécution de la loi du 28 pluviôse an VIII.

Il est toutefois expressément entendu que les modifications qui se raient apportées au régime de la rivière, pendant la durée du bail par suite de l'exécution de projets d'amélioration de la navigation, ne pourront créer en faveur de l'adjudicataire d'autre droit que celui d'obtenir la résiliation de son marché, et dans le cas seulement où il aurait été jugé administrativement que ces modifications ont rendu ce service plus onéreux à l'adjudicataire.

Vu pour être annexé à notre ordonnance du 25 octobre 1840.

G. DELESSERT.

SUIT LE TARIF.

TARIF *des prix fixés pour le passage des bateaux sous les ponts de Paris,*
ainsi qu'il résulte de l'adjudication passée en conseil de préfecture, le 10 mai 1838.

GARE où les bateaux seront pris.	LIEUX où les bateaux seront conduits.	OBJET du SERVICE.	TOUES chargées de charbon de terre. Prix à payer. fr. c.	MARGOTAS au-dessus de 16 m. 50 c.; BARQUETTES de 20 m. et au-dessous, et Toues de bois. Prix à payer. fr. c.	TOUE au-dessus de 20 m. de charbon de bois et d'autres marchandises. Prix à payer. fr. c.	BATEAUX au-dessus de 20 m. jusqu'à 28 m. inclusivement. Prix à payer. fr. c.	BATEAUX au-dessus de 28 m. jusqu'à 38 m. inclusivement. Prix à payer. fr. c.	BATEAUX au-dessus de 38 m. jusqu'à 43 m. inclusivement. Prix à payer. fr. c.	OBSERVATIONS.
BASSIN DE L'OCTROI à LA RÂPÉE.	PONTS entre la grande estacade et le pont Marie	Lâchage... / Remontage...	13 9 / 10 67	8 69 / 7 13	19 58 / 10 87	19 11 / 11 88	22 88 / 13 9	24 3 / 13 69	La mesure des bateaux sera prise selon une ligne droite menée d'une des extrémités à l'autre.
	entre les ponts de la Tournelle et de l'Archevêché, rive gauche	Lâchage... / Remontage...	10 67 / 10	8 7 / 7 15	18 33 / 10 67	22 88 / 11 88	26 17 / 18 82	27 50 / 18 70	
	entre les ponts Marie et d'Arcole	Lâchage... / Remontage...	14 30 / 14 30	9 48 / 9 48	19 14 / 14 80	32 12 / 17 82	32 67 / 24 76	84 32 / 24	
	entre le Pont-Neuf et le pont des Arts	Lâchage... / Remontage...	22 88 / 15 84	18 86 / 11 88	32 18 / 67 40	89 95 / 18 70	71 88 / 23 60	75 48 / 20 97	
	entre le pont des Arts et le Pont-Royal	Lâchage... / Remontage...	24 18 / 18 15	15 84 / 13 75	34 87 / 17 82	62 21 / 27 78	76 29 / 23 70	79 20 / 31 18	
	entre le Pont-Royal et le pont de la Concorde	Lâchage... / Remontage...	20 / 18 15	17 30 / 14 50	37 1 / 21 39	65 34 / 23 76	80 57 / 30 80	84 70 / 32 45	
	entre le pont de la Concorde et le pont des Invalides	Lâchage... / Remontage...	20 12 / 21	19 33 / 13 40	43 56 / 43 78	70 78 / 29 70	97 90 / 83 27	102 96 / 34 87	
	entre le pont des Invalides et le pont d'Iéna	Lâchage... / Remontage...	29 70 / 23 70	19 78 / 15 40	45 76 / 24 97	76 35 / 36 64	108 40 / 39 21	108 62 / 41 8	
	entre le pont d'Iéna	Lâchage... / Remontage...	32 67 / 23 76	21 78 / 15 40					

Arrêté par nous, conseiller d'État, préfet de police, **G. DELESSERT.**

N° **1744.** — *Arrêté qui prescrit la réimpression et la publication de l'ordonnance du 28 octobre 1839, concernant le balayage et la propreté de la voie publique* (1).

Paris, le 3o octobre 1840.

———————◈———————

N° **1745.** — *Ordonnance concernant la vente et la taxe du pain dans Paris.*

Paris, le 2 novembre 1840.

Nous, conseiller d'Etat, préfet de police,

Vu les lois des 16—24 août 1790, titre XI, article 3, et du 22 juillet 1791, article 30 ;

Vu la décision du ministre de l'intérieur, du 4 juin 1823, relative à la taxe périodique du pain, et l'ordonnance de police du 24 du même mois ;

Vu la décision du ministre de l'agriculture et du commerce, du 7 octobre 1840, portant qu'il va être immédiatement procédé à la révision générale des règlements qui régissent à Paris la profession de boulanger ;

Considérant qu'il importe, en attendant, de remédier aux abus qui se rattachent au régime actuellement en vigueur pour la vente et la taxe du pain ;

En vertu de l'arrêté du gouvernement du 12 messidor an VIII (1er juillet 1800),

Ordonnons ce qui suit :

1. A compter du 16 novembre courant, la vente du pain dans Paris se fera au poids, constaté entre le vendeur et l'acheteur, soit qu'elle s'applique à des pains entiers, soit qu'elle porte sur des fractions de pain.

2. En conséquence, la taxe fixera désormais le prix du kilogramme de pain, au lieu de déterminer comme par le passé, le prix des pains de 2, 3, 4 et 6 kilogrammes.

3. Ne sont point soumis à la taxe :

1° Tout pain du poids d'un kilogramme ou d'un poids inférieur ;

2° Tout pain de première qualité du poids de 2 kilogrammes, dont la longueur excéderait 70 centimètres.

Le prix du kilogramme de ces espèces de pains sera réglé de gré à gré entre les boulangers et le public.

4. Les boulangers seront tenus de peser, en le livrant, le pain qu'ils vendront dans leur boutique, sans qu'il soit besoin d'aucune réquisition de la part des acheteurs.

Quant au pain porté à domicile, l'exactitude du poids pour lequel il sera vendu devra être vérifiée à toute réquisition de l'acheteur.

A cet effet, les boulangers auront toujours sur leurs comptoirs les balances et les poids nécessaires, et ils devront en pourvoir leurs porteurs de pain.

5. Quelles que soient la forme et l'espèce du pain vendu, l'ache-

———

(1) V. l'ord. du 1er avril 1843.

teur ne sera tenu de payer (au prix de la taxe pour le pain taxé et au prix fixé de gré à gré pour le pain non taxé) que la quantité de pain réellement indiquée par le pesage, sans que les boulangers puissent prétendre à aucune espèce de tolérance.

6. A défaut de pain taxé, les boulangers devront livrer au prix de la taxe les espèces de pain non taxées.

7. Tout pain taxé ou non taxé doit être de bonne qualité et avoir le degré de cuisson convenable.

8. Tout pain taxé ou non taxé doit être marqué du numéro du boulanger.

9. Les boulangers sont tenus d'avoir, dans un cadre placé extérieurement et de la manière la plus apparente, l'affiche de la taxe du pain.

Ils doivent aussi, conformément à l'ordonnance du 8 avril 1824, approuvée par le ministre de l'intérieur, avoir une plaque métallique, portant leur numéro, clouée dans l'endroit le plus éclairé et le plus apparent de leur boutique.

10. Les dispositions qui précèdent, à l'exception de celles des articles 8 et 9, sont applicables aux boulangers de Paris et de la banlieue qui vendent du pain dans les marchés de la capitale.

11. Les contraventions aux articles précédents seront poursuivies devant les tribunaux, soit sur les procès-verbaux des agents de l'administration, soit sur la plainte de la partie lésée.

12. La présente ordonnance sera imprimée, publiée et affichée; elle sera notifiée immédiatement par les commissaires de police à chacun des boulangers de leurs quartiers respectifs.

13. Les commissaires de police, le chef de la police municipale et les officiers de paix, l'inspecteur général des halles et marchés, le contrôleur général de la halle aux grains et farines et de la boulangerie, et les préposés de la préfecture de police sont chargés, chacun en ce qui le concerne, d'en assurer l'exécution.

Le conseiller d'Etat, préfet de police, G. DELESSERT.

N° **1746.**— *Arrêté portant homologation d'un règlement concernant les heures de départ des convois et la distribution des billets pour le chemin de fer de Paris à Orléans (section de Corbeil)* (1).

RÉGLEMENT.

Paris, le 14 octobre 1840.

1. Les voyageurs et leurs bagages doivent être rendus au bureau de la station quinze minutes avant l'heure du départ.

2. Le bureau des billets est fermé cinq minutes avant l'heure du départ.

3. MM. les voyageurs doivent conserver leurs billets s'ils en sont requis.

Les billets seront retirés à la station d'arrivée.

Les voyageurs qui, en descendant à une station, ne pourraient pas représenter leurs billets devront payer le prix de leurs places comme s'ils étaient partis du point d'où le convoi a été expédié.

(1) V. pour la police, les arr. des 19 sept. 1840, 16 mai et 14 sept. 1842; et, pour les tarifs, l'arr. du 12 nov. 1842.

4. Les heures des départs des convois sont fixées ainsi qu'il suit :

DÉPARTS DE PARIS.		DÉPARTS DE CORBEIL.	
8 h. du matin.	Convoi omnibus.	8 h. du matin.	Convoi omnibus.
10 *dito.*	Convoi direct.	10 *dito.*	Convoi direct.
12 *dito.*	Convoi omnibus.	12 *dito.*	Convoi omnibus.
3 h. du soir.	Convoi direct.	3 h. du soir.	Convoi direct.
5 *dito.*	Convoi omnibus.	5 *dito.*	Convoi omnibus.
8 *dito.*	Convoi omnibus.	8 *dito.*	Convoi omnibus.

Les convois dits omnibus s'arrêtent à Choisy-le-Roi, Ablon, Viry-Châtillon et Ris.

Les convois directs ne s'arrêtent qu'à Choisy-le-Roi et à Viry-Châtillon.

Les changements qui pourraient être introduits dans les heures de départ et dans les lieux de stationnement des convois, seront portés à la connaissance du public au moins huit jours à l'avance, par des affiches dans les gares, et par des annonces dans les journaux.

5. Les dimanches et jours de fêtes, il sera expédié, de Paris et de Corbeil, des convois extraordinaires dont les heures de départs seront annoncées deux jours à l'avance, par des affiches placées tant à l'intérieur qu'à l'extérieur des gares.

Dressé par le directeur de la compagnie,

Signé, BANCE.

ARRÊTÉ.

Paris, le 6 novembre 1840.

Nous, conseiller d'Etat, préfet de police,

Vu, 1° le règlement qui précède, présenté par la compagnie du chemin de fer de Paris à Orléans (section de Corbeil) ;

2° L'article 33 du cahier des charges pour l'établissement dudit chemin, portant : « La compagnie est autorisée à faire, sous l'approbation de l'administration, les règlements qu'elle jugera utiles pour le service et l'exploitation du chemin de fer ; »

3° La lettre de M. le sous-secrétaire d'Etat, en date du 30 octobre dernier,

Arrêtons ce qui suit :

1. Le règlement présenté par la compagnie du chemin de fer de Paris à Orléans (section de Corbeil) est approuvé, pour recevoir son exécution dans le ressort de la préfecture de police.

2. Ledit règlement et le présent arrêté seront imprimés, publiés et affichés.

Le conseiller d'Etat, préfet de police, G. DELESSERT.

N° **1747**. — *Ordonnance concernant les neiges et glaces* (1).

Paris, le 8 décembre 1840.

N° **1748**. — *Ordonnance concernant les mesures d'ordre et de sûreté à observer le 15 décembre 1840, jour consacré à la translation des restes mortels de l'empereur Napoléon à l'église des Invalides.*

Paris, le 12 décembre 1840.

Nous, conseiller d'Etat, préfet de police,

Vu le programme à nous transmis par S. Exc. le ministre de l'intérieur, réglant le cérémonial et les dispositions qui seront observés dans Paris et dans les communes de Courbevoie et Neuilly, le 15 décembre courant, jour de la translation des restes mortels de l'empereur Napoléon à l'église des Invalides ;

Vu la loi des 16—24 août 1790 ;

Et en vertu des arrêtés du gouvernement des 12 messidor an VIII (1er juillet 1800) et 3 brumaire an IX (25 octobre 1800) ,

Ordonnons ce qui suit :

1. Le lundi, 14 décembre courant, toutes les voitures, sans exception, qui traverseront le pont de Neuilly pour se diriger sur Paris , devront, à la sortie du pont, suivre la route de Neuilly à Paris et la rue du Château, débouchant sur ladite route jusqu'à l'ancien chemin de Neuilly, pour entrer dans Paris par la barrière du Roule ;

Et les voitures qui, dans la même journée, se rendront de Paris au pont de Neuilly, suivront l'itinéraire ci-dessus réglé.

Dispositions relatives à la journée du 15 décembre.

2. Le mardi , 15 décembre, depuis sept heures du matin jusqu'à midi, le stationnement et la circulation des voitures seront interdits :

1° Sur le chemin de halage de Courbevoie, à partir du pont de Neuilly jusqu'à la rue de l'Abreuvoir ;

2° Sur le chemin de halage de Puteaux, à partir du pont de Neuilly jusqu'à la route de Suresnes;

3° Sur le pont de Neuilly ;

4° Sur la demi-lune au-devant de ce pont, côté de la route royale n° 13, à la hauteur des premiers arbres ;

5° Sur la chaussée, les accotements et les avenues de ladite route royale , à partir du pont de Neuilly jusqu'au rond-point, formant l'embranchement des routes royales de Paris à Cherbourg et de Neuilly à Pontoise;

6° Et sur la route de Neuilly depuis le pont jusqu'à la rue du Château, débouchant sur ladite route, par laquelle rue, et à partir de midi seulement, les voitures qui traverseront le pont devront se diriger pour aller rejoindre l'ancienne route de Neuilly et la barrière du Roule.

3. Sont exceptées de l'interdiction prononcée par l'article précédent, les voitures de la cour, des ministres, des maréchaux de France, de

---

(1) V. l'ord. du 7 déc. 1842.

l'intendant général de la liste civile, du chancelier de France, du grand référendaire de la chambre des pairs, du président de la chambre des députés, du préfet de la Seine et des lieutenants généraux de la 1re division militaire et de la place de Paris.

4. Après leur arrivée, lesdites voitures iront stationner sur la route royale n° 13, sur un des bas-côtés de la route et sur une seule file.

5. Le même jour, 15 décembre, de sept heures du matin à midi, la circulation et le stationnement du public seront interdits sur le quai de Courbevoie, à partir du pont de Neuilly jusqu'à la rue du Vieux-Pont.

Et pareille interdiction aura lieu sur la berge de descente qui conduit du chemin de Suresnes à l'arche du pont de Neuilly.

6. Défense expresse est faite à toute personne d'établir ou de poser sur la voie publique, et notamment sur les chemins de halage de Puteaux et de Courbevoie, sur la route royale n° 13, allant à Saint-Germain, et sur la demi-lune aux abords du pont de Neuilly, aucuns échafaudages, estrades, gradins, voitures, tréteaux, tables, bancs, échelles, chaises, planches, ou tout autre objet pouvant servir à s'élever au-dessus du sol de la voie publique.

Les maires et adjoints desdites communes, et tous agents de la force publique feront enlever sur-le-champ lesdits objets qui seront transportés à la fourrière de leurs mairies.

7. Il est pareillement fait défense de monter sur les parapets du pont de Neuilly, des quais et des berges qui l'avoisinent, ainsi que sur les arbres des routes royales n° 13, et de la route de Neuilly à Paris.

8. La circulation et le stationnement des voitures seront pareillement interdits, le 15 décembre, depuis huit heures du matin jusqu'à quatre heures après midi, sur les points ci-après, savoir :

1° Sur la route de Neuilly (route royale n° 13) depuis la rue du Château jusqu'à l'Arc de Triomphe ;

2° Dans toutes les rues et avenues qui aboutissent sur ladite route ;

3° Sur le rond-point de ladite route à la hauteur de la porte Maillot ;

4° Sur le chemin de la Révolte, entre la porte Maillot et l'ancienne route de Neuilly ;

5° Sur le rond-point de l'Arc de Triomphe et les boulevards circulaires de ce rond-point ;

6° Dans l'avenue de Charles X ;

7° Sur le boulevard extérieur de Passy ;

8° Sur toute l'étendue du boulevard Besons ;

9° Dans la rue de l'Arc-de-Triomphe.

9. Le même jour, 15 décembre, de sept heures du matin jusqu'à quatre heures après-midi, la circulation et le stationnement des voitures seront interdits dans Paris,

SAVOIR :

Dans l'avenue de Neuilly et l'avenue des Champs-Elysées ;

Dans les rues qui y aboutissent et dans les avenues des Veuves ;

Avenues du cours la Reine, Gabrielle et Marigny jusqu'à la place Beauveau ;

Dans la rue du faubourg Saint-Honoré, depuis la place Beauveau jusqu'à la rue Saint-Honoré exclusivement ;

Dans la rue des Champs-Elysées ;

Sur le pont de la Concorde ;

Sur le quai de Billy, depuis le pont d'Iéna jusqu'au quai de la Conférence ;

Sur le quai de la Conférence jusqu'à la place de la Concorde.

10. A partir de sept heures du matin jusqu'après la cérémonie à l'église des Invalides, la circulation et le stationnement des voitures seront interdits :

Sur le pont d'Antin, et dans l'allée d'Antin.

11. La circulation et le stationnement des voitures sont pareillement interdits, le 15 décembre, de sept heures du matin jusqu'après la cérémonie :

Sur la place de la Concorde;

Dans la rue Royale Saint-Honoré;

Dans la rue de Rivoli, depuis la place de la Concorde jusqu'à la rue Castiglione ;

Dans les rues Saint-Florentin, Mondovi, Neuve-Luxembourg jusqu'à la rue Saint-Honoré.

12. Le même jour, 15 décembre, à partir de sept heures du matin, la circulation et le stationnement des piétons sur le pont d'Antin seront complétement interdits jusqu'après la cérémonie aux Invalides.

13. La circulation et le stationnement des piétons et des voitures seront formellement interdits, le 15 décembre, depuis sept heures du matin jusqu'après la cérémonie aux Invalides, sur le quai des Tuileries, lequel sera barré à la hauteur de l'escalier du lion du bord de l'eau et à la hauteur des grilles du Jardin des Tuileries, en laissant libre la circulation par les grilles.

14. Le 15 décembre, à partir de huit heures du matin, jusqu'après la cérémonie des Invalides, la circulation de toutes les voitures, sans exception, sera interdite sur le Pont-Royal et dans la rue du Bac, depuis le pont jusqu'à la rue de l'Université.

15. Les voitures des personnes invitées qui se rendront de la rive droite aux Invalides, ne pourront y arriver que par le Pont-Neuf, le pont du Carrousel, les rues des Saints-Pères, de l'Université et la rue du Bac, d'où elles devront se diriger dans l'ordre suivant,

SAVOIR :

1° Les voitures de la cour, des ministres, des maréchaux de France, de l'intendant général de la liste civile, du chancelier de France, du grand référendaire de la chambre des pairs, du président de la chambre des députés, du préfet de la Seine, et des lieutenants généraux de la première division militaire et de la place de Paris,

Par la rue de Babylone, le boulevard des Invalides, l'avenue de Tourville pour entrer par la place Vauban.

2° Les voitures des personnes munies de billets donnant entrée par la porte latérale du boulevard des Invalides, dite de la boulangerie, par la rue de Varennes et par le boulevard des Invalides.

3° Les voitures des personnes dont les billets indiqueront l'entrée par la grille de l'esplanade des Invalides, ou qui se rendront aux estrades élevées sur l'esplanade, devront se diriger de la rue du Bac par la rue de Grenelle, mais jusqu'à dix heures du matin seulement, heure à laquelle la circulation et le stationnement des voitures seront interdits jusqu'après la cérémonie, dans la rue de Grenelle.

16. Toutes les voitures qui auront conduit des personnes à l'église des Invalides et sur l'esplanade, dans la matinée du 15 décembre, devront, après leur arrivée, aller stationner sur les points qui leur seront indiqués par les officiers de police, et jusqu'au départ desdites voitures, il es fait expresse défense aux cochers de quitter les rênes de leurs chevaux.

17. Les voitures qui, dans la journée du 15 décembre, entreront dans Paris par la barrière de Passy, devront, à partir de sept heures du matin jusqu'à quatre heures du soir, se diriger par le pont d'Iéna, l'avenue de Suffren, l'avenue Lowendal, la place Fontenoi, l'avenue de Saxe et la rue de Sèvres.

18. La circulation et le stationnement des voitures autres que celles qui se rendront à la cérémonie, seront pareillement interdits, le
15 décembre, de sept heures du matin jusqu'à quatre heures du soir
dans les avenues de la Bourdonnaye, de la Motte-Piquet, de la Tour-
Maubourg, de Tourville, de Lowendal,

Depuis le boulevard des Invalides jusqu'à la place Fontenoi,

Sur l'esplanade des Invalides,

Sur le boulevard des Invalides,

Depuis la rue de Grenelle jusqu'à la rue de Babylone,

Sur le quai d'Orsay,

Depuis le Pont-Royal jusqu'au pont d'Iéna,

Et dans toutes les rues comprises entre l'esplanade des Invalides,
le boulevard des Invalides jusqu'à la rue de Varennes, la rue des
Saints-Pères jusqu'à la rue de l'Université et la rue du Bac jusqu'à la
rue de Grenelle.

19. Dans la journée du 15 décembre la navigation sera interdite
sur le bassin de la Seine, entre le Pont-Royal et le pont d'Iéna et des
barrages seront établis à chacun de ces ponts.

20. Il est fait défense expresse de monter sur les arbres, les colonnes de gaz de l'avenue de Neuilly et de la grande avenue des Champs-
Elysées, sur les candélabres, les bassins et les statues de la place de
la Concorde, sur les balustrades de cette place et sur les parapets des
quais, ponts et berges.

21. Il est pareillement défendu d'établir aucuns échafaudages, gradins, estrades, et de placer des bancs, des tables, des charrettes, des
voitures, des chaises, des échelles ou autres objets servant à s'élever,
sur la voie publique, et notamment dans les Champs-Elysées, sur le
rond-point de l'Arc de Triomphe, sur la place de la Concorde, le quai
des Tuileries, le quai d'Orsay et l'esplanade des Invalides.

22. Il est fait défense expresse de traverser le cortège ou de s'y
placer.

23. La voie publique sera balayée, nettoyée et sablée avant huit
heures du matin, le 15 décembre, dans Paris, sur la partie réservée
au cortège.

24. Il sera pris envers les contrevenants telle mesure administrative qu'il appartiendra, sans préjudice des poursuites à exercer contre
eux, devant les tribunaux, conformément aux lois et règlements.

25. La présente ordonnance sera imprimée et affichée dans Paris
et dans les communes de Neuilly, Courbevoie, Puteaux et Passy.

Les maires, leurs adjoints et les commissaires de police desdites
communes sont chargés d'en assurer l'exécution, chacun en ce qui le
concerne.

Le chef de la police municipale, les commissaires de police, les officiers de paix, l'inspecteur général de la navigation et des ports, le
directeur de la salubrité de la ville de Paris, les préposés de la préfecture de police et tous agents de la force publique sont chargés de
tenir la main à son exécution.

Le colonel de la garde municipale de la ville de Paris, le chef d'escadron commandant la gendarmerie de la Seine et les commandants
des autres corps militaires sont requis de leur prêter main-forte et
de concourir, en ce qui les concerne, à l'exécution de la présente
ordonnance.

Le conseiller d'Etat, préfet de police, G. DELESSERT.

N° **1749**. — *Arrêté concernant les tarifs des transports sur le chemin de fer de Paris à St-Germain* (1).

Paris, le 14 décembre 1840.

Nous, conseiller d'Etat, préfet de police,

Vu 1° L'article 33 du cahier des charges annexé à la loi du 9 juillet 1835, par laquelle est autorisé l'établissement d'un chemin de fer de Paris à Saint-Germain ;

2° La loi du 1er août 1839, notamment l'article 9 de ladite loi ;

3° Les propositions qui nous ont été présentées par la compagnie du chemin dont il s'agit, concernant les tarifs qu'elle entend percevoir : 1° pour le service de correspondance entre ledit chemin et celui de Versailles (rive droite), au moyen d'un changement de voitures à Asnières ; 2° pour le transport des chevaux, voitures et bestiaux et les droits de gare, de chargement et de déchargement qui les concerne.

4° La lettre du 28 novembre dernier par laquelle M. le sous-secrétaire d'Etat des travaux publics nous donne connaissance d'une décision de M. le ministre des travaux publics, de laquelle il résulte que les propositions susdésignées sont approuvées à l'exception de ce qui concerne les droits de gare, de chargement et de déchargement, lesquels ne sont autorisés que par tolérance et sous la réserve du règlement spécial qui, aux termes du cahier des charges, doit déterminer les droits dont il s'agit.

Considérant qu'il y a lieu de rendre exécutoire, dans le ressort de la préfecture de police, la décision indiquée ci-dessus de M. le ministre des travaux publics,

Arrêtons ce qui suit :

1. Les prix à percevoir (y compris l'impôt dû au trésor) pour le transport des voyageurs sur la ligne de correspondance entre le chemin de fer de Saint-Germain et celui de Versailles (rive droite) sont fixés conformément au tableau suivant :

VOYAGEURS.	LA SEMAINE.		LE DIMANCHE.	
	Wagons.	Diligences.	Wagons.	Diligences.
	fr. c.	fr. c.	fr. c.	fr. c.
Correspondance entre Versailles et St-Germain , par Asnières...........	1 50	2 »	1 50	2 »
D'une station de Versailles à St-Germain , ou d'une station de St-Germain à Versailles....................	1 25	1 50	1 25	1 50
D'une station de Versailles à une station de St-Germain , et réciproquement....................	1 »	1 25	1 »	1 25

(1) V. pour la police, l'ord. du 9 av. 1837, les arr. des 26 août 1837, 16 mai et 14 sept. 1842 ; et pour les tarifs, l'arrêté du 20 mai 1842, et les ord. des 10 avril et 25 août 1842 et 14 juin 1844.

2. Les prix à percevoir pour le transport des chevaux, voitures et bestiaux et les droits de gare, de chargement et de déchargement sont réglés d'après le tableau qui suit :

CHEVAUX, VOITURES ET BESTIAUX.	TRANSPORTS.		DROITS de gare chargements et déchargements.		TOTAL.	
	fr.	c.	fr.	c.	fr.	c.
Chevaux et mulets, par tête............	1	50	1	»	2	50
Bœufs et vaches, par tête.............	2	»	1	»	3	»
Six bœufs et vaches..................	9	»	3	»	12	»
Veaux et porcs, par tête.............	»	90	»	25	1	15
15 veaux et porcs...................	9	»	3	»	12	»
Moutons, brebis, chèvres, par tête......	»	50	»	10	»	60
20 moutons, brebis ou chèvres..........	6	»	1	»	7	»
Voiture particulière suspendue, à 2 roues, sans les chevaux..................	5	»	1	»	6	»
Voiture particulière suspendue, à 4 roues, sans les chevaux..................	8	»	2	»	10	»
Voiture publique, à 4 roues, sans les chevaux...........................	17	»	3	»	20	»
Idem par abonnement...........	14	»	2	»	16	»
Charrette à 2 ou 4 roues dont le poids, tout compris, n'excédera pas 6,000 kilog....	17	»	3	»	20	»

3. Les tarifs qui précèdent ne sont accordés que sous les réserves et conditions contenues dans les décisions de M. le ministre des travaux publics des 8 juillet et 28 novembre derniers. 1° Ces tarifs ne sont accordés que provisoirement et sauf la ratification de la loi ; 2° Les taxes qui auront été une fois arrêtées par la compagnie dans les limites ci-dessus déterminées ne pourront être modifiées dans ces mêmes limites qu'après un délai de trois mois, et dans tous les cas, les modifications devront être annoncées au moins un mois à l'avance par des affiches ; 3° La perception d'aucune taxe ne sera régulière qu'en vertu d'une homologation administrative ; 4° Il est fait réserve formelle du droit d'opérer des diminutions sur les tarifs pour les cas éventuels des chemins d'embranchement ou de prolongement.

4. Le présent arrêté sera notifié et affiché.

Le conseiller d'État, préfet de police, G. DELESSERT.

N° **1750.** — *Arrêté qui fixe le tarif des places sur le chemin de fer de Versailles (rive gauche)* (1).

Paris, le 15 décembre 1840.

(1) V. pour les tarifs, l'arr. du 15 mars 1841 ; et pour la police, les arr. des 8 sept. 1840, 16 mai et 14 sept. 1842.

N° **1751**. — *Arrêté concernant les tarifs des transports sur le chemin de fer de Paris à Versailles (rive droite)* (1).

Paris, le 15 décembre 1840.

⎯⎯⎯⎯⎯⎯⎯◦⎯⎯⎯⎯⎯⎯⎯

N° **1752**. — *Ordonnance concernant la vérification périodique des poids et mesures* (2).

Paris, le 27 décembre 1840.

1841.

N° **1753**. — *Ordonnance concernant les voitures de place* (3).

Paris, le 15 janvier 1841.

Nous, conseiller d'État, préfet de police,

Vu 1° les lois des 14 décembre 1789 (article 50), 16—24 août 1790 (articles 1 et 3, titre II, § 1), 9 vendémiaire an VI (30 septembre 1797) et 11 frimaire an VII (1er décembre 1798);

2° Les articles 2, 22 et 32 de l'arrêté du gouvernement du 12 messidor an VIII (1er juillet 1800), et l'article 1er de l'arrêté du 3 brumaire an IX (25 octobre 1800);

3° Les articles 471, 475 et 484 du Code pénal;

4° Le décret du 9 juin 1808 et l'ordonnance royale du 23 octobre 1816, qui ont déterminé le droit à payer, au profit de la ville de Paris, pour chaque voiture autorisée à stationner sur les places à ce affectées;

5° L'ordonnance royale du 30 décembre 1818 (article 2), relative à la fixation des droits de place pour Paris;

6° La décision de M. le ministre de l'intérieur en date du 21 mars 1827, relative au même objet;

7° La délibération du conseil municipal de la ville de Paris, en date du 23 novembre 1838, et la décision de M. le ministre de l'intérieur, en date du 4 décembre 1839, relatives à l'augmentation du droit de location perçu sur les voitures de place,

Ensemble les diverses ordonnances concernant le service de ces voitures;

Considérant que, pour rendre plus facile l'exécution des obligations imposées aux entrepreneurs et aux cochers des voitures de place, il

---

(1) V. pour la police, l'arr. du 8 août 1839, l'ord. du 6 sept. 1839, les arr. des 16 mai et 14 sept. 1842; et, pour les tarifs, les ord. des 10 avril 1843 et 14 juin 1844

(2) V. les ord. des 23 nov. 1842 et 1er déc. 1843.

(3) V. les arr. des 15 janv. et 18 fév. 1841 et l'ord. du 25 mai 1842.

est convenable de réunir dans un seul règlement tout ce qui intéresse le service des voitures dont il s'agit, en apportant aux mesures prescrites jusqu'à ce jour les améliorations et modifications reconnues nécessaires;

Considérant que les ordonnances actuellement en vigueur n'ont fixé le prix des courses dans les voitures de place que pour l'intérieur de Paris, et n'ont point établi un tarif pour les communes du ressort de la préfecture de police;

Que l'absence d'un tarif, pour ces communes, donne lieu à des plaintes continuelles et occasionne, sur la voie publique, des querelles et des rixes auxquelles l'autorité doit mettre un terme,

Ordonnons ce qui suit:

TITRE Ier.

Des entrepreneurs des voitures de place.

§ Ier. — Des obligations personnelles imposées aux entrepreneurs.

1. L'autorisation de faire circuler des voitures de place sur la voie publique et de les faire stationner sur les emplacements à ce affectés, ne pourra être accordée qu'à des entrepreneurs qui offriront une garantie suffisante au public et à l'autorité.

2. Les voitures dont il s'agit ne pourront être exploitées que par les entrepreneurs, au nom desquels les numéros de ces voitures seront inscrits sur les registres tenus à la préfecture de police.

En conséquence, toute location de numéros de voitures de place est formellement interdite.

3. Le droit d'exploiter des voitures de place ne pourra être transmis, en totalité ou en partie, sans notre autorisation.

4. Tout titulaire de numéros de voitures de place qui demandera à transmettre, en totalité ou en partie, à un tiers, son droit d'exploitation, sera tenu de joindre à sa demande une quittance des droits de roulage, délivrée par M. le directeur des contributions indirectes du département de la Seine.

5. Tout entrepreneur de voitures de place sera tenu de faire inscrire extérieurement, au-dessus de la porte de son établissement, ses nom et profession en caractères ayant au moins huit centimètres de hauteur et quinze millimètres de plein.

Toutes les fois qu'il changera le siége de son établissement, il sera tenu d'en faire, au moins quarante-huit heures d'avance, la déclaration à la préfecture de police.

6. Il sera délivré aux entrepreneurs:

1° Un livret de maître pour chacune de leurs voitures, et qui contiendra un exemplaire de la présente ordonnance;

2° Un permis de circulation et de station, contenant le numéro et le signalement de la voiture.

Il sera remboursé, par les entrepreneurs, pour chaque livret de maître, une somme de soixante-dix centimes, montant des frais d'impression, et pour le timbre de chaque permis de circulation et de station, trente-cinq centimes.

7. Il est fait expresse défense, à tout entrepreneur, de mettre en circulation des voitures qui ne seraient pas en bon état de solidité et de propreté, ou qui ne réuniraient pas toutes les conditions prescrites, et d'employer des chevaux entiers, vicieux, atteints de maladies ou hors d'état de faire le service.

8. Tout entrepreneur devra faire laver ses voitures, chaque matin, avant leur sortie de l'établissement.

§ II. — Des obligations imposées aux entrepreneurs de voitures de place, relativement aux cochers qu'ils emploient.

9. Les entrepreneurs ne pourront se servir que de cochers porteurs d'une carte de sûreté ou d'un permis de séjour, ainsi que d'un permis de conduire et d'un bulletin d'entrée en service.

Ce bulletin, qui sera délivré à la préfecture de police, et ensuite signé de l'entrepreneur, contiendra le signalement du cocher.

10. Tout entrepreneur est tenu de retirer, à la préfecture de police, les permis de conduire de ses cochers, le jour même de l'entrée de ces individus à son service.

Ces permis seront déposés à la préfecture de police par les entrepreneurs, dans les vingt-quatre heures qui suivront la sortie des cochers.

Dans aucun cas, et lors même que les cochers seraient redevables envers les entrepreneurs, ceux-ci ne pourront retenir les permis des cochers qui quitteront leurs établissements.

11. Tout entrepreneur sera tenu, en prenant un cocher, d'inscrire, sur le permis de conduire et le bulletin de cet individu, la date de son entrée en service.

Lorsque le cocher quittera l'établissement, il sera fait mention, sur son permis, de la date de sa sortie.

12. Chaque entrepreneur tiendra un registre sur lequel il inscrira, de suite, les noms, prénoms et domiciles de ses cochers, ainsi que le numéro de leur inscription à la préfecture de police.

Il inscrira aussi, chaque jour, sur ce registre, le numéro de la voiture dont la conduite leur aura été confiée.

Les entrepreneurs seront tenus de représenter le registre dont il s'agit à toute réquisition des agents de l'autorité.

Ce registre sera parafé sur chacune de ses feuilles et visé, le premier de chaque mois, par le commissaire de police du quartier ou le maire de la commune.

Il devra être conservé, par l'entrepreneur, au moins pendant un an, à compter du jour de la dernière inscription.

13. A défaut par tout entrepreneur de représenter le cocher attaché à son service et qui serait prévenu de délit ou de contravention, il sera tenu de faire, dans les vingt-quatre heures, le dépôt à la préfecture de police du permis de conduire de ce cocher.

14. Il est formellement défendu à tout entrepreneur d'employer un cocher auquel le permis de conduire aura été retiré.

Lorsque le permis de conduire aura été retiré à un cocher, ce permis devra être rapporté immédiatement à la préfecture de police, par l'entrepreneur, dès que ce dernier en aura reçu l'ordre.

15. Tout entrepreneur sera tenu de délivrer à ses cochers, pour les courses de la journée, un nombre suffisant de cartes imprimées et conformes au modèle adopté par nous.

Ces cartes, qui indiqueront le numéro de la voiture confiée au cocher, ne pourront être surchargées ni altérées en aucune manière.

16. Il est expressément défendu aux entrepreneurs de confier la conduite de leurs voitures à des cochers qui seraient dans un état de malpropreté évidente.

17. Les entrepreneurs sont civilement responsables des faits des cochers qu'ils emploient, en tout ce qui concerne leur service.

TITRE II.

Des cochers des voitures de place.

§ Ier. — Des obligations imposées aux cochers dans leurs rapports avec l'administration.

18. La profession de cocher de voitures de place ne pourra être exercée que par des individus âgés de dix-huit ans au moins.

19. Tout individu qui voudra exercer la profession de cocher de voitures de place, devra justifier de sa moralité et de ses papiers de sûreté.

Il produira, en outre, un certificat de capacité pour conduire, délivré par l'expert examinateur des cochers.

20. Lorsqu'un cocher changera de domicile, il sera tenu d'en faire, au moins vingt-quatre heures d'avance, la déclaration à la préfecture de police.

21. Tout cocher devra être pourvu d'un permis de conduire indiquant :

Son numéro d'inscription à la préfecture de police ;

Ses nom et prénoms ;

Son signalement ;

Le lieu de sa naissance ;

Son domicile.

Il sera remboursé par le cocher, pour les frais du permis de conduire, la somme de soixante-dix centimes.

22. Le permis de conduire restera déposé à la préfecture de police pendant tout le temps que le cocher ne sera point employé chez un entrepreneur de voitures.

Le cocher recevra, en échange, un bulletin de dépôt indiquant qu'il est pourvu d'un permis de conduire.

Il sera tenu, lorsqu'il entrera chez un entrepreneur, de faire viser, dans les vingt-quatre heures, à la préfecture de police, le bulletin d'entrée en service dont il est parlé en l'article 9.

23. Tout cocher devra aussi être porteur d'une plaque en cuivre, qui sera délivrée à la préfecture de police.

Les entrepreneurs qui conduiront eux-mêmes seront astreints à la même obligation.

La plaque dont il s'agit portera les nom et prénoms de celui qui l'aura obtenue, avec la légende : *Cocher de voitures de place*, ou *Entrepreneur de voitures de place*.

Il y aura, en outre, sur la plaque du cocher, son numéro d'inscription à la préfecture de police.

Les frais de la confection de cette plaque, qui sont fixés à la somme de un franc cinquante centimes, seront à la charge de l'entrepreneur ou du cocher auquel elle aura été délivrée.

24. Lorsqu'il sera reconnu qu'un cocher, soit par le fait de plaintes graves ou réitérées, soit à cause d'infirmités ou de tout autre motif qui serait de nature à compromettre la sûreté publique, ne réunit plus les conditions nécessaires à l'exercice de sa profession, le permis de conduire lui sera retiré.

25. Lorsque le permis de conduire aura été retiré à un cocher, ou lorsque cet individu quittera un établissement, il sera tenu de rapporter, dans les vingt-quatre heures, à la préfecture de police, sa plaque et son bulletin d'entrée en service.

§ II. — Des obligations imposées aux cochers dans leurs rapports avec les entrepreneurs qui les emploient.

26. Tout cocher, en quittant un établissement, est tenu de remettre à l'entrepreneur le livret de maître et le permis de station de la voiture qui lui aura été confiée.

En cas de refus de la part du cocher, l'entrepreneur devra en faire la déclaration à la préfecture de police, dans les vingt-quatre heures.

§ III. — Des obligations imposées aux cochers dans leurs rapports avec le public.

27. Toute impolitesse, tout acte de grossièreté des cochers envers le public seront sévèrement réprimés.

28. Il est enjoint à tout cocher de remettre à la personne qui voudra faire usage de sa voiture, soit à la course, soit à l'heure, et avant qu'elle n'y monte, l'une des cartes qui lui auront été délivrées le matin, conformément aux dispositions de l'article 15 de la présente ordonnance, par l'entrepreneur au service duquel il sera employé.

Lorsque plusieurs personnes à la fois prendront la même voiture, le cocher ne sera tenu de livrer qu'une seule carte.

29. Il est enjoint aux cochers de visiter, immédiatement après chaque course, l'intérieur de leurs voitures, et de remettre sur-le-champ, aux personnes qu'ils auront conduites, les objets qu'elles y auraient laissés.

A défaut de possibilité de la remise prescrite ci-dessus, la déclaration et le dépôt des objets trouvés dans les voitures seront faits à la préfecture de police, dans les vingt-quatre heures, à la diligence des cochers ou des entrepreneurs.

Il sera délivré, à titre d'encouragement, des gratifications aux cochers qui, dans le courant de l'année, auront montré le plus de fidélité à rapporter les objets oubliés dans leurs voitures.

30. Les cochers des voitures dites fiacres à deux chevaux ne pourront être contraints à recevoir dans leurs voitures plus de quatre personnes et un enfant.

Les cochers des voitures dites fiacres à un cheval, plus de quatre personnes.

Les cochers des voitures dites coupés, plus de trois personnes.

Les cochers des voitures dites cabriolets à deux et à quatre roues, plus de deux personnes.

Les cochers des cabriolets dits de l'extérieur ne devront point laisser monter dans ces voitures un plus grand nombre de voyageurs que celui qui sera indiqué par l'inscription peinte dans l'intérieur de chacune de ces voitures, conformément aux dispositions de l'article 72 de la présente ordonnance.

Il ne pourra être placé, sur la banquette extérieure des cabriolets ci-dessus désignés, plus de trois personnes, y compris le cocher.

Aucun cocher ne pourra être contraint à laisser monter des animaux dans sa voiture.

31. Les cochers ne pourront être contraints à charger des meubles, des marchandises ou des paquets d'un fort volume, soit dans l'intérieur de leurs voitures, soit sur l'impériale.

Les cochers des cabriolets dits de l'extérieur sont exceptés des dispositions qui précèdent, en ce qui concerne le chargement sur l'impériale des voitures.

Toutefois, ce chargement devra être disposé de manière que des accidents ne soient point à craindre.

32. Les plaintes adressées au préfet de police contre les cochers des voitures de place devront indiquer les numéros des voitures, ainsi que le jour, le lieu et l'heure auxquels ces voitures auront été prises et quittées.

IV. — Des obligations imposées aux cochers lorsque leurs voitures sont en circulation ou en station sur la voie publique.

33. Tout cocher conduisant une voiture de place devra être muni :
Du livret de maître, contenant la présente ordonnance ;
Du permis de circulation et de station de la voiture ;
Du laissez-passer délivré par l'administration des contributions indirectes ;
Des cartes mentionnées en l'article 15 ;
Du bulletin d'entrée en service dont il est parlé aux articles 9 et 22 ;
De la plaque prescrite par l'article 23, et qu'il portera d'une manière apparente.
Il sera tenu de représenter les pièces ci-dessus désignées à toute réquisition des agents de l'autorité.

34. Tout entrepreneur qui conduira lui-même devra être porteur de sa plaque et de toutes les pièces exigées par l'article précédent, à l'exception du bulletin d'entrée en service.

35. Il est expressément défendu, à tout conducteur d'une voiture faisant le service de place, de confier, à qui que ce soit, la conduite de sa voiture et de se dessaisir de sa plaque et des divers papiers dont il doit être porteur.

36. Il est formellement interdit aux femmes, même à celles qui ont obtenu l'autorisation de s'habiller en homme, de conduire des voitures de place.

37. Il est défendu à tout cocher de traverser les halles du centre avant dix heures du matin.

38. Les cochers devront, tout en tenant leur droite, s'abstenir, autant que possible, de faire passer les roues de leurs voitures dans les ruisseaux et contre les murs, les bornes ou les trottoirs.

39. Il est défendu aux cochers de faire galoper leurs chevaux, dans quelque circonstance que ce soit.
Les voitures devront être conduites au pas dans les marchés et les rues étroites où deux voitures seulement peuvent passer de front, ainsi qu'au passage des barrières, à la descente des ponts, aux carrefours, aux détours des rues, et généralement sur tous les points de la voie publique où il existera, soit une pente rapide, soit des obstacles à la circulation.

40. En cas d'accidents causés sur la voie publique par une voiture de place, le cocher sera immédiatement conduit devant un commissaire de police qui l'interrogera et dressera procès-verbal.

41. Il est enjoint à tout cocher dont la voiture sera retenue et stationnera dans une rue sans trottoir, de laisser, entre sa voiture et les maisons riveraines, un passage libre pour la circulation.
En toute circonstance, il devra placer sa voiture de manière à gêner le moins possible la circulation.

42. Il est défendu aux cochers :
1° De laver leurs voitures, soit sur les stations, soit sur tout autre point de la voie publique ;
2° De quitter leurs voitures lorsqu'ils attendent à la porte des particuliers ou à l'entrée d'un établissement public ;
3° De faire stationner leurs voitures, lorsqu'elles ne sont pas gardées, sur des points où ce stationnement n'est pas autorisé ;
4° D'offrir, par paroles ou par gestes, leurs voitures au public, lorsque ces voitures ne sont pas en station sur les emplacements à ce affectés ; de raccoler les passants, de parcourir la voie publique au pas, ou de faire exécuter à leurs voitures, sur la même ligne, un va et vient continuel, dans le but de faire comprendre qu'ils sont à la disposition

du public ; tous actes constituant la maraude qui leur est formellement interdite ;

5° De fumer lorsqu'ils conduiront leurs voitures ;

6° D'ôter leurs habits, même pendant les chaleurs ;

7° De conduire en blouse ;

8° De laisser monter le public sur l'impériale, sur le siége ou sur le derrière de leurs voitures.

Les domestiques des personnes qui se trouveront dans les voitures pourront seuls monter derrière, et les apprentis cochers sur le siége.

43. Il est défendu aux cochers des voitures de place dites fiacres à deux chevaux, fiacres à un cheval, coupés et cabriolets à quatre roues, d'accrocher les sacs à avoine ou musettes, au siége et à aucune autre partie extérieure de la voiture.

Le fourrage destiné à la nourriture des chevaux devra être renfermé dans les coffres de la voiture.

44. Les cochers allumeront, dès la chute du jour, les lanternes des voitures dont la conduite leur sera confiée.

§ V. — Des obligations imposées aux cochers lorsqu'ils se rendent aux théâtres ou dans d'autres lieux de réunion et de divertissements publics.

45. Les cochers ne pourront faire arriver leurs voitures aux théâtres, spectacles, bals, concerts et autres lieux de réunion et de divertissements publics, que par les rues désignées dans les consignes.

Il leur est fait expresse défense d'interrompre ou de couper la file des voitures, à la sortie des établissements et lieux de réunion ci-dessus désignés.

46. Il est défendu aux cochers de quitter, sous quelque prétexte que ce soit, les rênes de leurs chevaux pendant que les personnes qu'ils auront conduites aux théâtres et autres lieux de réunion et de divertissements publics, désignés en l'article précédent, descendront de leurs voitures ou y monteront.

Ils ne pourront faire marcher leurs voitures qu'au pas et sur une seule file jusqu'à ce qu'elles soient sorties des rues environnant ces établissements.

§ VI. — Des obligations imposées aux cochers lorsque leurs voitures sont en station sur les places à ce affectées.

47. Tout cocher devra, à son arrivée sur une station, avertir le surveillant, afin que ce dernier en prenne note sur sa feuille de mouvement.

48. Sauf les cas exceptionnels qui seront déterminés par nous, les cochers des voitures dites fiacres à deux chevaux, fiacres à un cheval, coupés et cabriolets à deux et à quatre roues pourront, quelle que soit la forme des voitures qu'ils conduiront, les mettre en station sur toutes les places affectées à ces sortes de voitures.

Les cochers des voitures dites cabriolets de l'extérieur ne pourront faire stationner ces voitures que sur les places qui leur sont spécialement réservées.

49. Les cochers prendront rang sur les stations au fur et à mesure de leur arrivée.

Leur tour de marcher aux avançages ne sera point basé sur l'alternat des voitures, mais bien sur l'époque de leur arrivée sur la station.

Toutefois, sur les corps de place ainsi que sur les réserves affectées aux voitures autres que celles dites cabriolets de l'extérieur, les deux premières voitures devront toujours être, soit un fiacre à deux chevaux, soit un fiacre à un cheval, soit un coupé et un cabriolet à deux ou à quatre roues.

Les chevaux de ces deux premières voitures devront toujours être bridés et prêts à partir.

50. Chaque cocher devra conserver le rang de son arrivée sur la station.

Les cochers seront tenus de marcher à toute réquisition du public, quel que soit le rang que leurs voitures occuperont dans la file.

Ils ne pourront quitter leurs voitures sans nécessité et sans en prévenir le surveillant.

En toute circonstance, il devra y avoir sur la place la moitié au moins des cochers dont les voitures seront en station.

Le cocher de la première voiture se tiendra constamment sur son siège ou à la tête de ses chevaux.

51. Il est formellement interdit aux cochers de mettre leurs voitures en double file ou hors de place.

Il leur est enjoint de maintenir constamment dans les limites de la station leurs voitures qui ne devront jamais être en plus grand nombre que celui qui sera fixé par les inscriptions existant sur la station.

Il leur est défendu de gêner la circulation sur les trottoirs ou dans les rues, en se réunissant en groupe, et de troubler la tranquillité publique soit par des disputes ou des rixes, soit en faisant claquer leurs fouets.

52. Aucun cocher ne pourra laisser sa voiture en station sur les places depuis minuit jusqu'à six heures du matin.

Ne sont pas comprises dans cette disposition, les stations dont la désignation suit :

Place du Palais-Royal, rue du Colysée, boulevard de la Madeleine, boulevard des Italiens, place Bréda, rue Richer, rue Neuve de la Fidélité, place des Victoires, place du Louvre, place du Caire, boulevard Saint-Martin, boulevard du Temple, rue Royale Saint-Martin, rue des Quatre-Fils, rue Bar-du-Bec, rue Payenne, boulevard Saint-Antoine, quai des Ormes, parvis Notre-Dame, quai Malaquais, rue de Sèvres, rue de l'Université (palais Bourbon), place Saint-Michel, quai des Grands-Augustins, place Maubert, rue du Jardin du Roi.

53. Les cochers pourront faire manger et boire leurs chevaux sur les corps de place et les réserves.

Toutefois, cette faculté est interdite aux cochers des deux premières voitures.

Il est formellement défendu aux cochers de faire boire et manger leurs chevaux sur les avançages ainsi que sur tout autre point de la voie publique.

Cependant, lorsque les cochers seront gardés, ils pourront faire manger l'avoine à ces animaux sur quelque point de la voie publique que ce soit, mais à la condition expresse qu'ils se tiendront à la tête de leurs chevaux pendant tout le temps qu'ils mangeront, et que l'avoine sera renfermée dans une musette attachée au col du cheval.

54. Il est défendu aux cochers de débrider entièrement leurs chevaux lorsqu'ils leur donneront à boire ou à manger.

Ils leur enlèveront seulement le mors de la bouche.

Lorsque les cochers auront abreuvé leurs chevaux, ils ne devront, dans aucune circonstance, jeter l'eau qui pourrait rester au fond des seaux de manière à atteindre les passants ou à nuire aux habitants riverains.

Cette eau devra toujours être versée dans les ruisseaux.

55. Il est fait expresse défense aux cochers de dégrader les arbres par quelque moyen que ce soit, d'en laisser arracher l'écorce par les chevaux, enfin, de rien faire qui soit de nature à nuire à leur conservation.

TITRE III.

Des apprentis cochers.

56. Tout individu qui voudra être apprenti cocher devra justifier de ses papiers de sûreté et d'un certificat constatant qu'un entrepreneur de voitures de place s'engage à le prendre à son service.

57. Lorsque l'individu qui voudra être admis comme apprenti cocher aura fait les justifications exigées par l'article précédent, il lui sera délivré un extrait timbré de son inscription au registre.

Il sera remboursé par l'apprenti, pour le prix du timbre de cet extrait, la somme de trente-cinq centimes.

58. Les apprentis ne pourront jamais conduire seuls.

Il leur est interdit de monter sur le siége une heure après le coucher du soleil.

59. Lorsque les apprentis seront sur le siége, ils devront être porteurs de leurs papiers de sûreté ainsi que de l'extrait timbré dont il est question en l'article 57.

Ils devront, en outre, avoir attachée au bras gauche, une plaque de cuivre fixée à un brassard en cuir et portant pour légende : *Apprenti cocher.*

Cette plaque leur sera délivrée à la préfecture de police, sur le dépôt de la somme de un franc cinquante centimes représentant la valeur de cette plaque.

Cette somme sera restituée aux apprentis lorsque, à l'expiration de leur apprentissage, ils rapporteront, à la préfecture de police, la plaque dont il s'agit, en bon état.

60. Il est expressément défendu aux apprentis cochers de se dessaisir de la plaque et des diverses pièces dont il est question en l'article précédent.

Ils seront tenus de représenter ces pièces à toute réquisition de l'autorité.

61. Aucun apprenti ne pourra être admis comme cocher de voitures de place qu'au bout d'un mois d'apprentissage, si toutefois il est reconnu apte à conduire une voiture.

Il devra alors remplir les formalités nécessaires pour obtenir un permis de conduire.

TITRE IV.

Des voitures de place.

§ 1er. — Du numérotage des voitures de place.

62. Il sera procédé à un nouveau numérotage de toutes les voitures de place.

A cet effet, les entrepreneurs de ces sortes de voitures seront tenus de se présenter, dans le délai d'un mois, à la préfecture de police, pour y déclarer leurs noms, prénoms et domiciles, ainsi que le nombre de leurs voitures.

63. Il n'y aura qu'une seule série de numéros pour toutes les voitures de place.

Ces voitures seront numérotées dans l'ordre suivant :
1° Les cabriolets à deux et à quatre roues ;
2° Les coupés ;
3° Les fiacres à deux chevaux et à un cheval ;
4° Les fiacres supplémentaires ;
5° Les cabriolets dits de l'extérieur.

64. Le numéro qui sera apposé sur les voitures de place dites fiacres (à deux chevaux ou à un cheval), coupés et cabriolets de l'intérieur (à deux ou à quatre roues), sera peint, en chiffres arabes, sur le panneau de derrière et sur les deux panneaux de côté de chacune de ces voitures.

Ce numéro sera en or fin, sur un blason bleu foncé.

Le numéro qui sera apposé sur les voitures de place dites fiacres supplémentaires sera peint, sur le panneau de derrière et sur les deux panneaux de côté de chacune de ces voitures, en chiffres arabes noirs sur un blason jaune d'or.

Le numéro qui sera apposé sur les voitures dites cabriolets de l'extérieur, sera peint, sur le panneau de derrière et sur les deux panneaux de côté de chacune de ces voitures, en chiffres arabes noirs sur un écusson blanc.

Tous les numéros apposés sur les voitures de place devront être entièrement conformes aux modèles adoptés par nous.

Les chiffres de ces numéros auront, pour les voitures à quatre roues, huit centimètres de hauteur et quinze millimètres de plein, au moins; et pour les voitures à deux roues, onze centimètres de hauteur et vingt millimètres de plein, au moins.

Le blason des numéros peints sur les voitures à quatre roues, et composé de quatre chiffres, devra avoir vingt-cinq centimètres de longueur sur dix centimètres de hauteur, au moins.

Pour les numéros de trois chiffres, le blason aura dix-huit centimètres de longueur sur dix centimètres de hauteur, au moins.

Pour les numéros composés de un et de deux chiffres, le blason devra avoir douze centimètres de longueur sur dix centimètres de hauteur, au moins.

Le blason des numéros peints sur les voitures à deux roues et composés de quatre chiffres aura vingt-huit centimètres de longueur sur treize centimètres de hauteur, au moins.

Pour les numéros de trois chiffres, le blason devra avoir vingt-trois centimètres de longueur sur treize centimètres de hauteur, au moins.

Pour les numéros composés de un et de deux chiffres, le blason aura au moins seize centimètres de longueur sur treize centimètres de hauteur.

Le numéro affecté à chacune des voitures de place dites fiacres ordinaires ou supplémentaires à deux chevaux, fiacres à un cheval, coupés et cabriolets de l'intérieur à deux et à quatre roues sera, en outre, apposé sur les verres de côté des deux lanternes, au moyen de chiffres arabes découpés dans une feuille en métal, à coulisse, et ayant au moins quarante millimètres de hauteur et dix millimètres de plein.

Ces chiffres, qui seront peints en noir et bien détachés de leur encadrement, devront être entièrement conformes au modèle adopté par nous.

Le numéro de chaque voiture de place dite fiacre ordinaire ou supplémentaire à deux chevaux, fiacre à un cheval, coupé et cabriolet de l'intérieur à deux et à quatre roues, sera, de plus, répété sur la plaque indicative du tarif dont il est question en l'article 100 de la présente ordonnance.

Les chiffres de ce numéro devront avoir quinze millimètres de hauteur et cinq millimètres de plein, au moins.

En ce qui concerne les cabriolets dits de l'extérieur, le numéro sera répété, dans l'intérieur de chaque voiture, sur une plaque ayant vingt centimètres de largeur sur treize centimètres de hauteur.

Cette plaque, qui devra être entièrement conforme au modèle adopté par nous, sera fixée au milieu de l'impériale.

Les chiffres du numéro auront cinquante millimètres de hauteur et douze millimètres de plein, au moins (1).

65. Le numéro qui, aux termes de l'article précédent, doit être peint sur le panneau de derrière et sur les deux panneaux de côté de chaque voiture de place, sera apposé par le préposé de la préfecture de police.

Les frais résultant de l'apposition de ce numéro continueront d'être à la charge des entrepreneurs.

Les entrepreneurs pourront faire exécuter dans leurs établissements le numérotage prescrit pour les lanternes et l'intérieur de leurs voitures, mais en se conformant strictement aux obligations qui sont imposées à cet égard par l'article 64.

66. Dans aucun cas, les numéros apposés sur le panneau de derrière et sur les deux panneaux de côté des voitures ne pourront être cachés, soit par des lanières en cuirs croisés, soit par les ailes des garde-crottes adaptés aux voitures.

67. Les numéros apposés tant à l'extérieur que dans l'intérieur des voitures de place ne pourront être effacés ni changés sans notre autorisation.

Les numéros placés à l'extérieur seront estampillés d'un poinçon ayant en hauteur comme en largeur vingt millimètres.

Les dispositions qui précèdent ne sont point applicables aux numéros placés sur les verres des lanternes.

68. Lorsqu'une voiture hors de service sera retirée de la circulation et remplacée par une autre en bon état, ces deux voitures devront être conduites à la préfecture de police, où les dispositions nécessaires seront exécutées sur chacune d'elles

Cependant, les entrepreneurs qui en auront obtenu l'autorisation, pourront faire effacer, dans l'intérieur de leurs établissements, par le préposé de la préfecture de police, le numéro de la voiture hors de service, mais, dans ce cas, le préposé devra certifier, sur la feuille d'effaçage, qu'il a effacé lui-même le numéro qui était apposé sur cette voiture.

§ II. — De l'examen et de la visite des voitures de place.

69. Aucune voiture ne sera numérotée avant qu'elle ait été visitée par les experts attachés à la préfecture de police, et qu'il ait été reconnu qu'elle est entièrement conforme aux dimensions et conditions prescrites pour la construction des voitures de place.

Les experts apposeront une estampille, de couleur rouge, sur l'un des panneaux de côté, au-dessous du numéro, et sur le train de chaque voiture qui sera soumise à leur expertise et réunira toutes les conditions exigées.

70. Chaque année, et plus souvent s'il est jugé nécessaire, il sera procédé à une visite générale des voitures de place, ainsi que des chevaux et des harnais.

Cette visite sera faite par des agents délégués par l'administration.

Il sera dressé procès-verbal pour constater si chaque voiture est construite avec la solidité convenable dans toutes ses parties, et si elle est entièrement conforme aux dimensions et conditions prescrites.

Les voitures soumises à la visite seront marquées d'un timbre particulier, qui sera apposé sur le train et sur le derrière de la caisse des voitures au-dessous du numéro.

Lorsqu'une voiture sera reconnue être en mauvais état, ou lorsqu'elle

---

(1) Cet article est rapporté. V. l'arr. du 18 fév. 1841.

ne réunira pas toutes les conditions prescrites, le numéro en sera effacé et la circulation interdite jusqu'à ce qu'il ait été fait les réparations convenables.

Les chevaux qui seront atteints de maladies contagieuses non contestées seront marqués pour être abattus, conformément aux règlements.

En cas de contestation, il nous en sera référé; provisoirement, les chevaux seront placés dans une écurie séparée.

71. Il sera fait, en outre, par les experts des voitures, de fréquentes tournées sur les stations, dans le but de vérifier l'état du matériel et de faire conduire à la fourrière, pour y être démarquées, toutes les voitures qui pourraient compromettre la sûreté publique.

Les experts vétérinaires devront également se rendre fréquemment sur lesdites stations ainsi que dans les écuries des entrepreneurs, à l'effet de s'assurer si les chevaux sont propres au service.

Il sera procédé, à l'égard des chevaux reconnus malades, vicieux ou impropres au service, ainsi qu'il est prescrit par les articles 4, 5 et 6 de l'ordonnance de police du 17 février 1831.

Les experts ci-dessus désignés rendront compte, par des rapports hebdomadaires, du résultat de leurs opérations.

§ III. — Dispositions particulières.

72. Il y aura, dans l'intérieur de chaque voiture dite cabriolet de l'extérieur, une inscription indiquant le nombre des places que chacune de ces voitures pourra contenir. Cette inscription sera peinte sur la plaque en métal indicative du numéro, et qui, aux termes de l'article 64, doit être fixée au milieu de l'impériale de ces sortes de voitures.

Cette inscription, qui devra être entièrement conforme au modèle adopté par nous, sera répétée, en outre, à l'extérieur de la voiture, sur les deux panneaux de côté, au-dessus du numéro.

Les chiffres indiquant, dans l'intérieur de la voiture, le nombre des places, devront avoir cinquante millimètres de hauteur et douze millimètres de plein, au moins.

Le mot *places* devra être peint, dans l'intérieur de la voiture, en toutes lettres, ayant chacune trente millimètres de hauteur et sept millimètres de plein, au moins.

Les chiffres indiquant, à l'extérieur de la voiture, le nombre des places, auront soixante millimètres de hauteur et douze millimètres de plein, au moins.

Le mot *places* devra être peint à l'extérieur, en toutes lettres, ayant au moins quarante millimètres de hauteur et huit millimètres de plein.

73. Les chevaux attelés aux voitures dites cabriolets de l'intérieur à deux roues, porteront au col un grelot mobile bien sonnant, en cuivre fondu, et dont le diamètre ne pourra être moindre de trois centimètres.

74. Les voitures dites supplémentaires ne pourront circuler et être mises en station sur les places que les jours et aux époques de l'année ci-après déterminés,

Savoir :

Les dimanches ;

Les quatre grandes fêtes reconnues ;

Le jour de la fête du roi ;

Les 27, 28 et 29 juillet ;

Du 16 décembre au 31 janvier inclusivement ;

Du dimanche qui précède le jeudi gras au mardi gras ;

Le jeudi de la mi-carême.

Les dimanches, les quatre grandes fêtes reconnues, le jour de la fête du roi et le jeudi de la mi-carême. la circulation des voitures dont il s'agit pourra commencer. immédiatement à compter de minuit, et se prolonger le lendemain jusqu'au jour.

Ces voitures pourront également être mises en circulation à compter de minuit, le 27 juillet, le 16 décembre et le dimanche qui précède le jeudi gras, et continuer de circuler le 30 juillet, le 1er février et le mercredi des Cendres jusqu'au jour.

TITRE V.

Du droit de location.

§ Ier. — De la fixation de ce droit.

75. Toutes les voitures de place continueront d'être assujetties à un droit de location au profit de la ville de Paris.

A compter du 1er février 1841, et conformément à la délibération du conseil municipal de la ville de Paris, en date du 23 novembre 1838, approuvée par M. le ministre de l'intérieur, le 4 décembre 1839, ce droit sera fixé ainsi qu'il suit :

1º Pour les voitures dites cabriolets de l'intérieur, à deux ou à quatre roues. . . . . 215 fr. par an.
2º Pour les voitures à quatre roues, dites coupés. . . 130 id.
3º Pour les voitures à quatre roues dites fiacres, à deux chevaux et à un cheval. . . . . 150 id.
4º Pour les voitures à quatre roues, dites fiacres supplémentaires. . . . . 50 id.
5º Pour les voitures dites cabriolets de l'extérieur. . 115 id.

§ II. — Du mode de recouvrement du droit de location.

76. Tous les entrepreneurs des voitures désignées en l'article précédent verseront, du 1er au 5 de chaque mois, dans les mains du caissier de la préfecture de police, le douzième du droit fixé par l'article précédent pour chacune des voitures qu'ils sont ou qu'ils seront autorisés à mettre en circulation.

77. En ce qui concerne les voitures dites supplémentaires, la perception du droit fixé par l'article 75, pour ces sortes de voitures, aura lieu par quart, c'est-à-dire du 1er au 5 des mois de janvier, avril, juillet et octobre de chaque année.

78. En cas de retard ou de refus de payement des droits ci-dessus fixés, il sera fait sommation de payer, dans le délai de trois jours, le montant des droits qui seront dus.

A l'expiration de ce délai, la circulation des voitures pour lesquelles le droit n'aura pas été versé sera interdite jusqu'à justification de payement, sans préjudice de toutes poursuites judiciaires.

TITRE VI (1).

Tarif du prix des courses dans les voitures de place.

§ Ier. — Tarif pour l'intérieur de Paris.

79. A l'avenir, et à compter du jour de la publication de la pré-

___

(1) Ce titre est rapporté. Voir l'ord. du 25 mai 1842.

sente ordonnance, le tarif du prix des courses des voitures de place, dans l'intérieur de Paris, sera réglé ainsi qu'il suit :
Savoir :

Fiacres ordinaires et supplémentaires à deux chevaux.

De six heures du matin à minuit.

Pour chaque course	1 fr.	50 c.
Pour la première heure.....................	2	25
Pour chacune des autres heures.............	1	75

De minuit à six heures du matin.

Pour chaque course	2	»
Pour chaque heure.........................	3	»

Fiacres à un cheval et coupés.

De six heures du matin à minuit.

Pour chaque course.......................	1	25
Pour la première heure.....................	1	75
Pour chacune des autres heures.............	1	50

De minuit à six heures du matin.

Pour chaque course.......................	1	65
Pour chaque heure.........................	2	50

Cabriolets, dits de l'intérieur, à deux ou à quatre roues.

De six heures du matin à minuit.

Pour chaque course	1	»
Pour la première heure.	1	50
Pour chacune des autres heures.	1	25

De minuit à six heures du matin.

Pour chaque course.......................	1	65
Pour chaque heure.........................	2	50

80. Tout cocher pris avant minuit et qui arrivera à sa destination après minuit, n'aura droit qu'au prix du tarif du jour, mais seulement pour la première course ou la première heure.

Celui qui aura été pris avant six heures du matin et qui n'arrivera à sa destination qu'après six heures, aura droit au tarif de nuit, mais seulement pour la première course ou la première heure.

81. Lorsqu'un cocher ira charger sur un point éloigné de la station où il aura été pris, il ne pourra être contraint à marcher à la course, mais il sera tenu de marcher à l'heure.

82. Tout cocher qui, dans une course, aura été détourné de son chemin par la volonté de la personne qui l'emploiera, sera censé avoir été pris à l'heure, et sera payé en conséquence.

Le cocher qui, sans être détourné de son chemin, sera invité à déposer en route une ou plusieurs des personnes qui se trouveront dans sa voiture, n'aura droit qu'au prix de la course.

83. Les cochers sont autorisés à se faire payer d'avance lorsqu'ils conduiront des personnes aux théâtres, spectacles, bals, concerts et autres lieux de réunion et de divertissements publics.

Ils sont aussi autorisés à se faire payer d'avance lorsque les personnes qu'ils conduiront descendront à l'entrée d'un jardin public ou de tout autre lieu, où il est notoire qu'il existe plusieurs issues.

84. Pour prévenir, autant que possible, les discussions qui pourraient s'élever relativement au tarif, entre le public et les cochers, il est enjoint à ces derniers de demander aux personnes qui montent dans leurs voitures si elles entendent être conduites à l'heure ou à la course.

85. Lorsqu'un cocher aura été pris à l'heure, il lui sera dû le prix total de l'heure, lors même qu'il n'aura pas été employé pendant l'heure entière.

Lorsque le cocher pris à l'heure aura été employé pendant plus d'une heure, le prix qui lui sera dû, à compter de la seconde heure, sera calculé sur l'espace de temps pendant lequel il aura été employé.

Lorsqu'un cocher sera appelé à domicile, le prix de l'heure courra à compter du moment où le cocher aura été pris, soit sur une station, soit ailleurs.

§. II. — Tarif pour les communes contiguës aux murs d'enceinte de Paris.

86. Aucun cocher de voitures de place ne pourra être contraint à se rendre dans les communes contiguës aux murs d'enceinte, qu'autant qu'il sera pris à l'heure.

Toutefois, les cochers qui seront pris pour transporter des voyageurs à l'embarcadère du chemin de fer de Versailles (rive gauche), seront tenus de marcher au prix du tarif fixé par l'article 79, pour l'intérieur de Paris.

87. A l'avenir, et à compter du jour de la publication de la présente ordonnance, le tarif du prix de l'heure pour les courses des voitures de place, dans les communes contiguës aux murs d'enceinte de Paris, sera fixé ainsi qu'il suit :

Pour les fiacres ordinaires et supplémentaires à deux chevaux.	2 fr. 50 c.
Pour les fiacres à un cheval et les coupés.	2 »
Pour les cabriolets dits de l'intérieur, à deux ou à quatre roues.	1 75

88. Les cochers ne seront pas tenus de sortir de Paris pour se rendre dans les communes contiguës aux murs d'enceinte, à compter de minuit, en toute saison.

Si, après cette heure, les cochers consentent à sortir de Paris, le prix de la course devra être réglé de gré à gré, entre eux et le public.

Tout cocher qui sera pris avant minuit ne pourra, lors même qu'il arrivera à sa destination après minuit, exiger un salaire plus élevé que celui qui est fixé par l'article 87.

89. Lorsque le voyageur qui se sera fait transporter dans l'une des communes dont il s'agit reviendra à Paris avec la voiture, le salaire du cocher devra être calculé sur l'espace de temps pendant lequel ce cocher aura été employé; mais le prix de la première heure devra toujours lui être payé en entier.

90. Lorsque le voyageur, arrivé à destination dans l'une des communes ci-dessus désignées, renverra immédiatement la voiture, il ne sera point tenu de payer au cocher le temps du retour; mais il devra payer le prix total de l'heure, lors même que la course aurait été faite en moins d'une heure.

§ III. — Tarif pour les communes du ressort de la préfecture de police, qui ne sont pas contiguës aux murs d'enceinte de Paris.

91. Aucun cocher de place ne pourra être contraint à se rendre dans les communes du ressort de la préfecture de police, qui ne sont pas contiguës aux murs d'enceinte, qu'autant qu'il sera pris à l'heure.

92. A l'avenir, et à compter du jour de la publication de la présente ordonnance, le tarif du prix de l'heure pour les courses des voitures de place, dans les communes ci-dessus désignées, sera fixé ainsi qu'il suit :

Pour les fiacres ordinaires et supplémentaires, à deux chevaux.	3 fr.	» c.
Pour les fiacres à un cheval et les coupés.	2	50
Pour les cabriolets dits de l'intérieur, à deux ou à quatre roues.	2	25

93. Les cochers ne seront pas tenus de sortir de Paris pour se rendre dans les communes du ressort de la préfecture de police, qui ne sont pas contiguës aux murs d'enceinte à compter de sept heures du soir en hiver, et de neuf heures en été.

Si, après ces heures, les cochers consentent à marcher, le prix du voyage devra être réglé de gré à gré entre eux et le public.

Tout cocher qui sera pris en hiver avant sept heures du soir, et en été avant neuf heures, ne pourra, lors même qu'il arrivera à sa destination après l'une de ces heures, exiger un salaire plus élevé que celui qui est fixé par l'article 92.

94. Lorsque le voyageur qui se sera fait transporter dans l'une des communes dont il s'agit reviendra à Paris avec la voiture, le salaire du cocher devra être calculé sur l'espace de temps pendant lequel ce cocher aura été employé.

95. Lorsque le voyageur, arrivé à destination dans l'une des communes ci-dessus désignées, renverra immédiatement la voiture, il payera au cocher, pour son retour, une somme égale à celle qu'il devra pour être venu de Paris au lieu où il se sera fait conduire.

§ IV. — Dispositions s'appliquant aux deux tarifs établis pour les communes contiguës aux murs d'enceinte et pour les autres communes du ressort de la préfecture de police.

96. Les tarifs fixés par les articles 87 et 92, pour les communes contiguës aux murs d'enceinte de Paris, et pour les autres communes du ressort de la préfecture de police, ne seront point applicables aux locations à la journée.

Le prix de ces locations continuera d'être réglé de gré à gré entre le public et les cochers.

97. Les tarifs dont il est question en l'article précédent seront obligatoires tant à l'extérieur que dans l'intérieur de Paris.

Lorsque le cocher sera pris dans l'une des communes du ressort de la préfecture de police pour venir à Paris, il ne lui sera dû que le prix du temps pendant lequel il aura été employé.

Lorsque le cocher sera pris dans l'une de ces communes, pour se rendre dans une autre commune faisant aussi partie du ressort de la préfecture de police, le prix de la course sera réglé de gré à gré.

98. Les cochers qui conduiront des voyageurs dans les communes du ressort de la préfecture de police seront tenus de faire faire à leurs chevaux huit kilomètres à l'heure.

99. Lorsque les cochers seront arrivés à destination et qu'ils devront ramener le voyageur, ils auront droit à un temps de repos qui ne pourra dépasser le tiers du temps employé à faire la course.

Le prix du temps de repos devra être payé par le voyageur, conformément aux tarifs déterminés par les articles 87 et 92.

§ V.— Dispositions communes aux trois tarifs prescrits par la présente ordonnance.

100. Il y aura constamment, dans l'intérieur des voitures de place dites fiacres ordinaires ou supplémentaires à deux chevaux, fiacres à un cheval, coupés et cabriolets de l'intérieur à deux et à quatre roues, une plaque indicative des tarifs prescrits par les articles 79, 87 et 92.

Cette plaque, qui aura dix-huit centimètres de hauteur sur dix de largeur, sera fixée entre les deux glaces de devant, immédiatement au-dessous du galon de campagne, pour les voitures dites fiacres ordinaires ou supplémentaires à deux chevaux, fiacres à un cheval et coupés; et derrière et au milieu du siége du cocher, pour les voitures dites cabriolets à quatre roues.

Cette plaque devra être en métal.

Pour les voitures dites cabriolets à deux roues, le tarif devra être imprimé sur une peau blanche ayant les dimensions déterminées ci-dessus. Cette peau sera fixée à la capote sur le troisième cerceau du côté gauche, à la hauteur de soixante-quinze centimètres, à partir de la parclose.

Le tarif, soit en métal, soit en peau, devra être entièrement conforme aux modèles adoptés par nous.

Il indiquera aussi, conformément aux dispositions de l'article 64, le numéro de la voiture, et sera estampillé d'un poinçon ayant, en hauteur comme en largeur, quarante millimètres (1).

101. Les cochers des voitures dites cabriolets de l'extérieur ne seront point assujettis aux tarifs prescrits par la présente ordonnance.

102. Tout cocher qui aura été appelé pour aller chercher quelqu'un à domicile, et qui sera renvoyé sans être employé, recevra, à titre d'indemnité de déplacement, le prix d'une demi-course, calculé d'après le tarif établi pour l'intérieur de Paris, par l'article 79.

103. Tout cocher qui, en se rendant à une station ou lorsqu'il se trouvera hors de place, chargera, soit pour l'intérieur de Paris, soit pour les communes du ressort de la préfecture de police, sera censé avoir été pris sur une station.

Il ne pourra, dans aucun cas, exiger un salaire plus élevé que celui déterminé par les tarifs prescrits par la présente ordonnance.

104. Tout cocher pris sur une station, ou sur quelque autre point de la voie publique que ce soit, sera tenu de marcher à toute réquisition.

105. Les droits de péage pour passage de ponts ou bacs seront à la charge des voyageurs.

TITRE VII.

Dispositions générales.

106. Les titres II et VI de la présente ordonnance seront imprimés par extraits et affichés constamment dans tous les bureaux des surveillants des stations.

107. Les contraventions à la présente ordonnance seront constatées par des procès-verbaux ou rapports, qui nous seront transmis par les fonctionnaires préposés ou agents qui les auront dressés.

Il pourra être pris envers les contrevenants telles mesures administratives qu'il appartiendra, sans préjudice des poursuites à exercer contre eux devant les tribunaux.

108. Dans les cas de contravention aux dispositions prescrites par les articles 7, 14, 15, 16, 33, 34, 35, 36, le § 4 de l'article 42, les arti-

_____

(1) Cet article est rapporté. Voir l'ord. du 18 février 1841.

cles 52, 58, 74 et 100 de la présente ordonnance, la voiture devra être conduite à la fourrière de la préfecture de police, sans préjudice des poursuites judiciaires ou administratives à exercer contre l'entrepreneur ou le cocher.

Sera également conduite à la fourrière, sans préjudice, s'il y a lieu, de telles autres poursuites qu'il appartiendra :

1° Toute voiture qui serait mise en circulation sans avoir été préalablement visitée et estampillée par les experts de la préfecture de police, ou sans être pourvue du numéro de police et du poinçon prescrits par les articles 64 et 67, ou à l'aide de numéros et de poinçons faux;

2° Toute voiture de place qui, même après la visite des experts et l'apposition du numéro et du poinçon précités, ne serait pas en bon état de service et de propreté, ou pourrait, par quelque cause que ce soit, compromettre la sûreté publique.

109. Toutes les ordonnances antérieures concernant le service des voitures de place sont rapportées.

110. La présente ordonnance sera imprimée et affichée.

Les commissaires de police, le chef de la police municipale, les officiers de paix, l'inspecteur-contrôleur de la fourrière, les contrôleurs ambulants, les surveillants des stations et les autres préposés de la préfecture de police sont chargés, chacun en ce qui le concerne, d'en assurer l'exécution.

Elle sera adressée, en outre, à MM. les sous-préfets de Saint-Denis et de Sceaux, pour qu'ils veuillent bien la faire publier dans les communes de leurs arrondissements respectifs, ainsi qu'à M. le colonel de la garde municipale et à M. le colonel commandant la première légion de la gendarmerie départementale, qui sont chargés de tenir la main à son exécution par tous les moyens mis à leur disposition.

Le conseiller d'Etat, préfet de police, G. DELESSERT.

N° **1754.** — *Arrêté qui fixe les dimensions et conditions d'après lesquelles les voitures de place devront être construites à l'avenir.*

Paris, le 15 janvier 1841.

Nous, conseiller d'Etat, préfet de police,

Vu, 1° l'article 9 de notre ordonnance, en date de ce jour, concernant les voitures de place;

2° Les anciens arrêtés et règlements, relatifs à la construction de ces sortes de voitures;

3° L'avis de la commission, que nous avons chargée de soumettre à un nouvel examen les dimensions et conditions qui ont été prescrites, jusqu'à ce jour, pour la construction des voitures dont il s'agit, et de nous proposer toutes les modifications et dispositions dont l'expérience a fait reconnaître la nécessité ou l'utilité;

4° Les observations adressées par plusieurs entrepreneurs de voitures de place;

5° Le rapport du chef de la 2e division,

Arrêtons ce qui suit :

1. A l'avenir, toutes les voitures de place devront être construites d'après les dimensions et conditions indiquées dans le tableau ci-après :

Dimensions intérieures et extérieures des voitures de place.

Numéros d'ordre		MINIMUM						MAXIMUM					
		FIACRES		COUPÉS	CABRIOLETS			FIACRES		COUPÉS	CABRIOLETS		
		à 2 chevaux	à 1 cheval		à 2 roues	à 4 roues	dits de l'extérieur	à 2 chevaux	à 1 cheval		à 2 roues	à 4 roues	dits de l'extérieur
	CAISSE.												
1	Hauteur de la caisse, mesurée en dedans, du fond de la cave à l'impériale..........	1 48	1 48	1 48	»	»	1 48	»	»	»	»	»	»
2	Hauteur de la caisse, mesurée en dedans, du fond de la cave au cerceau du milieu............	»	»	»	»	1 53	1 53	»	»	»	»	»	»
3	Hauteur de la caisse, mesurée en dedans, du fond de la cave à la hauteur de la parclose, dégarnie de son coussin..............	»	»	»	»	»	»	» 36	» 36	» 36	» 36	» 36	» 36
4	Longueur de la caisse, mesurée en dedans, depuis le fond jusqu'au devant de la caisse.	1 50	1 24	1 10	»	»	1 30	»	»	»	»	»	»
5	Longueur de la caisse, mesurée en dedans, du fond du cabriolet à la portière fermée..............	»	»	»	»	» 90	» 85	»	»	»	»	»	»
6	Largeur d'une portière à l'autre....	1 14	1	»	1	»	»	»	»	»	»	»	»
7	Largeur de la caisse, mesurée à la hauteur et sur le bord de la parclose....................	»	»	»	»	1 05	» 95	»	»	»	»	»	»
8	Largeur de la caisse, à la hauteur de ceinture, et non compris la garniture, pour les voitures à six places..................	»	»	»	»	»	1 50	»	»	»	»	»	»
	Et pour les voitures à quatre places..................	»	»	»	»	»	1	»	»	»	»	»	»
	BANQUETTES.												
9	Profondeur de chaque banquette, dégarnie du coussin, et à partir du fond de la caisse..............	» 40	» 38	» 40	» 40	» 40	»	»	»	»	»	»	»
10	Profondeur du strapontin, à partir de la garniture..............	»	»	»	»	»	»	»	»	»	»	» 30	»
11	Largeur du strapontin.............	»	»	»	»	» 40	»	»	»	»	»	»	»
12	Profondeur de la banquette de derrière, dégarnie de son coussin, et à partir du fond de la caisse......	»	»	»	»	»	» 53	»	»	»	»	»	»
13	Profondeur de la banquette de devant, dégarnie de son coussin........	»	»	»	»	»	» 50	»	»	»	»	»	»
14	Profondeur de chacune des deux banquettes, lorsqu'elles seront placées à l'instar de celles des voitures, dites *Omnibus*..............	»	»	»	»	»	» 53	»	»	»	»	»	»
15	Espace réservé à chaque voyageur sur les banquettes, placées en longueur..............	»	»	»	»	»	» 45	»	»	»	»	»	»

Suite des *dimensions intérieures et extérieures.*

Numéros d'ordre.		MINIMUM.						MAXIMUM.					
		FIACRES		COUPÉS.	CABRIOLETS			FIACRES		COUPÉS.	CABRIOLETS		
		à 2 chevaux.	à 1 cheval.		à 2 roues.	à 4 roues.	dits de l'extérieur.	à 2 chevaux.	à 1 cheval.		à 2 roues.	à 4 roues.	dits de l'extérieur.
	HAUTEUR DE LA VOITURE.												
16	Hauteur de la voiture, mesurée du sol au point le plus élevé de l'impériale.................	»	»	»	»	»	»	2 50	2 20	2 20	»	»	2 70
17	Hauteur de la voiture, mesurée du sol au point le plus élevé de la capote..................	»	»	»	»	»	»	»	»	»	2 50	2 25	»
	VOIE DES ROUES.												
18	Largeur de la voie des roues de derrière..................	1 22	1 22	1 22	»	1 20	»	»	»	»	»	»	»
19	Largeur de la voie des roues de devant..................	1	1	»	1	»	1	»	»	»	»	»	»
20	Largeur de la voie des roues.......	»	»	»	»	1 50	»	»	»	»	»	1 60	»
21	Diamètre des ronds d'avant-train...	» 50	» 50	» 50	»	»	» 50	»	»	»	»	»	»
	SIÉGE DU COCHER.												
22	Largeur extérieure du siége du cocher..................	»	»	»	»	»	»	»	» 55	» 55	»	»	» 55
23	Hauteur des accotoirs du siége du cocher, dégarni de son coussin...	» 20	» 20	» 20	»	»	» 20	»	»	»	»	»	»
24	Longueur de la banquette extérieure, mesurée d'un accotoir à l'autre, et sur le coussin..............	»	»	»	»	»	»	»	»	»	»	»	1 30
25	Profondeur de cette banquette, à partir de la garniture du dossier..	»	»	»	»	»	» 35	»	»	»	»	»	»
26	Hauteur des accotoirs de cette banquette, mesurée à partir du coussin..................	»	»	»	»	»	» 30	»	»	»	»	»	»

27. Les mesures prescrites par les paragraphes 4 et 5 seront prises, pour toutes les voitures, immédiatement et horizontalement, à la hauteur du siége dégarni de son coussin.

28. Les mesures prescrites par les paragraphes 6, 7, 8, 9, 10, 11, 12, 13, 14, 15, 18, 19 et 20 seront prises, pour toutes les voitures, de dedans en dedans.

Conditi...

Numéros d'ordre.		FIACRES		COUPÉS.
		A 2 CHEVAUX.	A 1 CHEVAL.	
29	POIDS.	800 kilogr., *maximum*.	600 kilogr., *maximum*.	600 kilogr., *maximum*.
30	DISTANCE ENTRE LA CAISSE ET LES ROUES OU LES COLS DE CYGNE.	Dans aucune circonstance, et quel que soit le mode de suspension de la voiture, la caisse ne pourra approcher des roues ou des cols de cygne de plus de 5 centimètres.	Mêmes conditions que pour les fiacres à 2 chevaux.	Mêmes conditi... que pour les fiac... à 2 chevaux.
31	JEU DES ROUES DE DEVANT.	Les roues de devant devront pouvoir tourner librement sous la caisse.	Mêmes conditions que pour les fiacres à 2 chevaux.	Mêmes conditi... que pour les fiac... à 2 chevaux.
32	CHEVILLE OUVRIÈRE.	La cheville ouvrière sera fixée à l'avant-train par un écrou et une lanière, ou par une forte courroie de sûreté.	Mêmes conditions que pour les fiacres à 2 chevaux.	Mêmes conditi... que pour les fiac... à 2 chevaux.
33	ÉCROUS DES ESSIEUX.	Les écrous des essieux seront entaillés de toute leur épaisseur dans les moyeux. Les abouts des essieux ne pourront dépasser la frette du moyeu.	Mêmes conditions que pour les fiacres à 2 chevaux.	Mêmes conditi... que pour les fiac... à 2 chevaux.

particulières.

CABRIOLETS		
A 2 ROUES.	A 4 ROUES.	DITS DE L'EXTÉRIEUR.
500 kilogrammes, *maximum*.	550 kilogr., *maximum*.	900 kilogr., *maximum*, pour les cabriolets à 9 places 1,000 kilog., *maximum*, pour les cabriolets à 11 places.
	Mêmes conditions que pour les fiacres à 2 chevaux.	
	Mêmes conditions que pour les fiacres à 2 chevaux.	
	Mêmes conditions que pour les fiacres à 2 chevaux.	
Mêmes conditions que pour es fiacres à 2 chevaux.	Mêmes conditions que pour les fiacres à 2 chevaux.	Les essieux seront fermés à chaque extrémité par un écrou assujetti au moyen d'une lanière en cuir. Les écrous des essieux seront entaillés de toute leur épaisseur dans les moyeux, et les abouts des essieux ne pourront dépasser que de 15 millimètres, au plus, la frette du moyeu.

Numéros d'ordre.		FIACRES.		COUPÉS.
		A 2 CHEVAUX.	A 1 CHEVAL.	
34	RESSORTS.			
35	LARGEUR DES JANTES.			
36	PEINTURE.	La caisse, le train et les roues devront être peints et vernis.	Mêmes conditions que pour les fiacres à 2 chevaux.	Mêmes conditions que pour les fiacres à 2 chevaux.

Garniture

37	GARNITURE ET COUSSINS.	L'intérieur de chaque voiture devra être garni d'une étoffe propre et solide et de coussins bien rembourrés et recouverts.	Mêmes conditions que pour les fiacres à 2 chevaux.	Mêmes conditions que pour les fiacres à 2 chevaux.
58	PAILLASSONS OU TAPIS.	Le plancher de la caisse sera couvert de paillassons ou tapis, qui, dans aucun cas, ne pourront être remplacés ni recouverts par de la paille.	Mêmes conditions que pour les fiacres à 2 chevaux.	Mêmes conditions que pour les fiacres à 2 chevaux.

particulières.

CABRIOLETS		
A 2 ROUES.	A 4 ROUES.	DITS DE L'EXTÉRIEUR.
		Les voitures, dites cabriolets de l'extérieur, seront suspendues sur quatre ressorts en acier. Les soupentes avec crics sont interdites.
		La largeur des jantes des roues sera proportionnée au poids de la voiture chargée, conformément aux dispositions de l'ordonnance royale du 15 février 1837.
Mêmes conditions que pour les fiacres à 2 chevaux.	Mêmes conditions que pour les fiacres à 2 chevaux.	Mêmes conditions que pour les fiacres à 2 chevaux.

intérieure.

Mêmes conditions que pour les fiacres à 2 chevaux.	Mêmes conditions que pour les fiacres à 2 chevaux.	Mêmes conditions que pour les fiacres à 2 chevaux.
Mêmes conditions que pour les fiacres à 2 chevaux.	Mêmes conditions que pour les fiacres à 2 chevaux.	Mêmes conditions que pour les fiacres à 2 chevaux.

Numéros d'ordre.		FIACRES		COUPÉS.
		A 2 CHEVAUX.	A 1 CHEVAL.	
39	CHASSIS DES GLACES.	Les châssis des glaces devront jouer facilement, et les poignées seront en galon ou en cuir.	Mêmes conditions que pour les fiacres à 2 chevaux.	Mêmes conditions que pour les fiacres à 2 chevaux.
40	STORES.	Chacune des baies des châssis de la voiture sera garnie de stores bien établis et en bon état.	Mêmes conditions que pour les fiacres à 2 chevaux.	Mêmes conditions que pour les fiacres à 2 chevaux.
41	TIMBRE A RESSORT.	Il y aura, dans la caisse un cordon ou un bouton qui correspondra à un timbre à ressort. Ce timbre, qui devra être entièrement conforme au modèle adopté par l'administration, sera assez rapproché du cocher pour que ce dernier puisse en entendre le son.	Mêmes conditions que pour les fiacres à 2 chevaux.	Mêmes conditions que pour les fiacres à 2 chevaux.

Accessoires

| 42 | CAISSE ET PORTIÈRES. | La caisse et les portières seront garnies extérieurement de poignées confectionnées avec soin et fermant solidement. | Mêmes conditions que pour les fiacres à 2 chevaux. | Mêmes conditions que pour les fiacres à 2 chevaux. |

aré intérieure.

CABRIOLETS		
A 2 ROUES.	A 4 ROUES.	DITS DE L'EXTÉRIEUR.
		Mêmes conditions que pour les fiacres à 2 chevaux.

xtérieurs.

Un crochet, ou tout autre mode de fermeture, sera fixé le chaque côté de la caisse, et justé de telle manière que la portière puisse toujours être ermée solidement. La portière sera, en outre, ourvue, de chaque côté, d'une oignée qui aura, au moins, 0 centimètres de longueur.	La portière sera pourvue, de chaque côté d'une poignée qui aura, au moins, 20 centi-mètres de longueur.	La portière sera établie, soit sur le devant, soit à l'ar-rière de la voiture. Dans le premier cas, elle sera pratiquée dans la sépara-tion qui existe entre la caisse et la banquette extérieure. Les banquettes intérieures, à l'ex-ception de celle de derrière, se lèveront alors à charnière. Dans le deuxième cas, la portière sera pourvue d'un marchepied à deux marches, au moins ; elle sera fermée au

Numéros d'ordre.		FIACRES		COUPÉS.
		A 2 CHEVAUX.	A 1 CHEVAL.	
42	CAISSE ET PORTIÈRES.			
43	CAPOTE.			
44	LANTERNES.	Il y aura, sur le devant, deux lanternes garnies de réflecteurs polis et de glaces bien transparentes.	Mêmes conditions que pour les fiacres à 2 chevaux.	Mêmes condition que pour les fiacre à 2 chevaux.
45	MARCHEPIED.	Il y aura, de chaque côté, à l'extérieur, un marchepied mobile à deux marches. Le marchepied pourra n'avoir qu'une seule marche, lorsque la distance du sol au-dessus du brancard n'excédera pas 80 centimètres. Les marchepieds, repliant à l'intérieur, ne seront tolérés qu'autant qu'ils seront enchâssés dans l'épaisseur de la portière, et qu'ils seront recouverts d'une étoffe et de galons semblables à la garniture intérieure de la voiture.	Il y aura, de chaque côté, à l'extérieur, un marchepied à une marche. Mêmes conditions que pour les fiacres à 2 chevaux, en ce qui concerne les marchepieds intérieurs.	Mêmes condition que pour les fiacre à 1 cheval. Mêmes conditions que pour les fiacre à 2 chevaux, en ce qui concerne les marchepieds inté- rieurs.

oires extérieurs.

CABRIOLETS

A 2 ROUES.	A 4 ROUES.	DITS DE L'EXTÉRIEUR.
		moyen d'une poignée solide et d'un loqueteau de sûreté à ressort. Il y aura, en outre, une poignée de montoir, qui sera fixée au pied d'entrée de la porte. Les banquettes intérieures seront garnies d'un dossier mobile à la partie répondant à cette portière.
La capote sera vernie ou lassée au noir et lustrée.	Mêmes conditions que pour les cabriolets à 2 roues.	
Il y aura, aux côtés de la aisse, deux lanternes garnies le réflecteurs polis et de glaces bien transparentes.	Mêmes conditions que pour les cabriolets à 2 roues.	Il y aura, aux côtés de la caisse, deux lanternes garnies de réflecteurs polis et de glaces bien transparentes. En outre, l'intérieur de la voiture devra être éclairé convenablement.
Il sera adapté, à chacun des rancards, un marchepied à eux branches, au moins. Ce larchepied portera une voûte qui aura, en hauteur et n largeur, 10 centimètres au loins.	Mêmes conditions que pour les cabriolets à 2 roues.	Il sera adapté, à chacun des brancards, un marchepied à deux marches et à deux branches, au moins. Chaque marche portera une volute, ayant, en hauteur et en largeur, 10 centimètres au moins.

Numéros d'ordre.		FIACRES		COUPÉS.
		A 2 CHEVAUX.	A 1 CHEVAL.	
46	PALETTE DU MARCHEPIED.			
47	BRANCARDS.			
48	QUILLE.			
49	GARDE-CROTTE.	Lorsque la voiture ne sera pas pourvue d'ailes servant de garde-crotte, les portières devront ouvrir sur les roues de derrière. Les ailes, lorsqu'il en existera, ne devront, dans aucun cas, cacher le numéro de la voiture.	Mêmes conditions que pour les fiacres à 2 chevaux.	Mêmes conditions que pour les fiacres à 2 chevaux.

ires extérieurs.

CABRIOLETS

à 2 ROUES.	à 4 ROUES.	DITS DE L'EXTÉRIEUR.
l y aura, au-dessus de cha- brancard, une plaque ar- die, dite *palette*, piquée au in d'orge. La largeur de te palette sera de 10 centi- tres, et sa longueur de 20 timètres.		Mêmes conditions que pour les cabriolets à 2 roues.
Les brancards seront garnis, s toute leur longueur, d'une te-bande en fer, ayant au ins 5 millimètres d'épais- ir et 4 centimètres de lar- ir. Cette plate-bande pourra être une seule partie, ou en plu- urs petites croisées.		
l sera adapté, au train de rière, une jambe de force fer, dite *quille*.		Mêmes conditions que pour les cabriolets à 2 roues.
Le garde-crotte, fixé sur le vant de la caisse, aura au ins 50 centimètres de hau- ir.	Le garde-crotte, qui se trou- ve entre le siége du cocher et la caisse, aura toute la largeur de la caisse. Lorsqu'il y aura, sur les côtés de la voiture, des ailes servant de garde-crotte, ces ailes ne devront, dans aucun cas, cacher le numéro de la voiture.	

Suite des **Acc**

Numéros d'ordre.		FIACRES		COUPÉS.
		A 2 CHEVAUX.	A 1 CHEVAL.	
50	ACCOTOIRS ET BANQUETTE EXTÉRIEURE.	Les accotoirs du siége du cocher devront toujours être en contre-bas de l'impériale.	Mêmes conditions que pour les fiacres à 2 chevaux.	Mêmes condition que pour les fiacre à 2 chevaux.
51	COFFRE DU FOURRAGE.	Il devra être adapté, au siège du cocher, un coffre destiné à recevoir le fourrage.	Mêmes conditions que pour les fiacres à 2 chevaux.	Mêmes condition que pour les fiacre à 2 chevaux.
52	HARNAIS.	Les harnais seront solides, passés au noir dans toutes leurs parties, et tenus proprement.	Mêmes conditions que pour les fiacres à 2 chevaux.	Mêmes condition que pour les fiacre à 2 chevaux.

res extérieurs.

CABRIOLETS		
A 2 ROUES.	A 4 ROUES.	DITS DE L'EXTÉRIEUR.
		La banquette extérieure sera garnie de rideaux en cuir. Elle sera couverte sur le devant par un tablier en cuir, ouvrant des deux côtés. Ce tablier devra être assez élevé du devant, pour que, dans aucune circonstance, il ne puisse toucher les genoux des voyageurs.
	Mêmes conditions que pour les fiacres à 2 chevaux.	
Mêmes conditions que pour fiacres à 2 chevaux.	Mêmes conditions que pour les fiacres à 2 chevaux.	Mêmes conditions que pour les fiacres à 2 chevaux.

2. A compter de six mois, après le jour de la publication du présent arrêté, aucune voiture de place, neuve, ne sera numérotée, si elle ne réunit toutes les conditions prescrites par l'article 1er.

Au 15 janvier 1847, toute voiture de place, vieille ou neuve, qui n'aura pas toutes les dimensions, ou qui ne sera pas entièrement conforme aux dispositions de l'article 1er précité, sera immédiatement démarquée et la circulation en sera interdite.

3. Tous les arrêtés, règlements et décisions antérieurs, relatifs à la construction des voitures de place, seront rapportés, à compter des époques fixées par l'article précédent.

4. Le présent arrêté sera imprimé et notifié à tous les entrepreneurs de voitures de place.

Le chef de la police municipale, l'inspecteur-contrôleur de la fourrière, les experts des voitures publiques, les contrôleurs ambulants, les surveillants des stations sont chargés, chacun en ce qui le concerne, d'en assurer l'exécution.

Le conseiller d'Etat, préfet de police, G. DELESSERT.

N° **1755.** — *Arrêté relatif à l'organisation d'un service permanent de surveillance sur les stations de voitures de place.*

Paris, le 15 janvier 1841.

Nous, conseiller d'Etat, préfet de police,

Vu : 1° la délibération du conseil municipal de la ville de Paris, en date du 23 novembre 1838, et la décision de M. le ministre de l'intérieur du 4 décembre 1839, relatives à l'organisation d'un service permanent de surveillance sur les stations de voitures de place ;

2° Notre ordonnance, en date de ce jour, concernant les voitures de place ;

Considérant qu'il importe de procéder à l'organisation du service permanent de surveillance sur les stations de voitures de place, approuvé par la délibération du conseil municipal et la décision ministérielle ci-dessus visées ;

Qu'il est nécessaire, à cet effet, de régler l'organisation des stations actuellement existantes et de déterminer les attributions qui seront confiées à chacun des divers préposés et agents de l'administration, qui concourront au service de surveillance dont il s'agit,

Arrêtons ce qui suit :

TITRE 1er.

DE L'ORGANISATION DES STATIONS DE VOITURES DE PLACE.

Maintien des stations actuelles.

1. Les stations de voitures de place, ainsi que les réserves et avançages actuellement existants, et qui sont désignés dans le tableau annexé au présent arrêté, sont maintenus.

Il pourra être créé de nouvelles stations et réserves, ainsi que de nouveaux avançages, sur les points de la voie publique où ils seront jugés nécessaires, et où les localités le permettront.

Signal pour appeler les cochers des réserves aux stations et des stations aux avançages.

2. Il sera établi, sur chaque station, un signal dont la forme sera déterminée par nous, et au moyen duquel les cochers seront appelés des réserves aux stations et des stations aux avançages, lorsqu'il y aura des vacances sur ces divers points.

Bureau de surveillant.

3. Un bureau, conforme au modèle adopté par nous et destiné au surveillant, sera établi sur chaque station.

Horloge.

Il sera posé, à l'une des croisées de ce bureau, une horloge, à double cadran, dont l'un indiquera l'heure dans l'intérieur et l'autre à l'extérieur.

Emploi de l'eau.

4. L'eau, nécessaire à l'abreuvement des chevaux attelés aux voitures de place, sera fournie gratuitement aux cochers.

Sauf les cas d'incendie, elle sera exclusivement affectée à l'abreuvement de ces animaux.

Seaux pour le service d'abreuvement.

5. Chaque station devra être pourvue de trois seaux, au moins, destinés au service de l'abreuvement.

Il ne pourra y être établi aucun tonneau d'abreuvement.

TITRE II.

DU SERVICE PERMANENT DE SURVEILLANCE SUR LES STATIONS DE VOITURES DE PLACE.

§ Ier. — *Composition du personnel.*

Personnel du service.

6. Il sera organisé un service permanent de surveillance sur les stations de voitures de place.

Le personnel de ce service sera composé :

1° De quatre contrôleurs ambulants ;

2° De quatre-vingt-cinq surveillants qui seront attachés à chacune des stations actuellement existantes ;

3° De dix surnuméraires qui seront appelés à remplacer les surveillants malades, absents, démissionnaires ou révoqués ;

4° De cantonniers, dont le nombre, sur chaque station, sera calculé d'après les besoins du service.

Ordre hiérarchique.

7. Les contrôleurs ambulants nous adresseront leurs rapports journaliers et recevront nos ordres et nos instructions par l'intermédiaire de la 2e division de notre préfecture, à laquelle ressortissent les services des voitures.

Les surveillants seront placés sous la direction des contrôleurs ambulants.

Les cantonniers de station recevront les ordres des surveillants.

§ 2. — *Des contrôleurs ambulants.*

Uniforme des contrôleurs ambulants.

8. Les contrôleurs ambulants seront tenus de se pourvoir, à leurs frais, d'un uniforme, entièrement semblable au modèle, qui est déposé à la préfecture de police et dont la description suit :

Capote croisée ou frac en drap bleu national, portant, de chaque côté du collet, une broderie en argent, représentant un vaisseau renfermé dans un globe et surmonté d'un coq ; il y aura aussi, autour du collet, un double filet brodé en argent, et un seul filet également brodé en argent, autour des parements.

Les boutons seront argentés, et porteront pour légende : *Service des voitures de place.*

Un pantalon de drap bleu national, dans l'hiver, et de coutil dans l'été.

Une casquette, en drap bleu et à visière, avec un liséré en argent autour de la partie supérieure, et un galon militaire, aussi en argent, au-dessus de la visière ; cette casquette portera, en outre, la cocarde nationale.

Les contrôleurs ambulants devront porter cet uniforme pendant toute la durée de leur service.

Partage des stations en quatre sections.

9. Les stations actuellement existantes seront partagées en quatre sections, conformément aux indications du tableau annexé au présent arrêté.

Surveillance de chaque section par un contrôleur ambulant.

La surveillance de chacune de ces sections sera confiée à un contrôleur ambulant.

Roulement des contrôleurs ambulants.

10. Les contrôleurs ambulants ne seront point attachés exclusivement à une section.

Ils seront assujettis à un roulement qui aura lieu toutes les fois que les besoins du service l'exigeront.

Fonctions des contrôleurs ambulants. — Tournées journalières sur les stations.

11. Les principales fonctions des contrôleurs ambulants consisteront :

1° A faire, chaque jour, des tournées sur les stations comprises dans leurs sections, dans le but de s'assurer si l'ordre et la propreté y sont maintenus, et si les surveillants et les cantonniers sont à leur poste et se conforment exactement aux obligations qui leur sont imposées ;

Surveillance en ce qui concerne l'emploi des eaux.

2° A surveiller l'emploi des eaux et à rendre compte, immédiatement, des abus qu'ils remarqueront ;

Rapports journaliers transmis à l'administration.

3° A faire, chaque jour, un rapport sur les détails de l'ensemble du service, dans chacune des sections confiées à leur surveillance ;

Exécution des règlements.

4° Enfin, à assurer, dans l'étendue de leurs sections respectives, la stricte et complète exécution des règlements concernant le service des voitures de place.

Visa des registres par les contrôleurs.

12. Les contrôleurs ambulants devront viser, une fois par jour au moins, les registres tenus par les surveillants.

Obligation de se présenter chaque jour au bureau d'attribution.

13. Les contrôleurs ambulants devront se présenter chaque jour, au bureau d'attribution, de midi à deux heures, pour y déposer le rapport qui leur est prescrit par le § 3 de l'article 11, ainsi que les feuilles journalières qui leur auront été remises par les surveillants, et recevoir les instructions qui pourront être reconnues nécessaires.

§ 5. — *Des surveillants.*

Uniforme des surveillants.

14. Les surveillants seront tenus de se pourvoir, à leurs frais, d'un uniforme, entièrement semblable au modèle qui est déposé à la préfecture de police, et dont la description suit :

Capote croisée ou frac en drap bleu national, portant, de chaque côté du collet, une broderie en argent, représentant un vaisseau renfermé dans un globe et surmonté d'un coq. Il y aura aussi, autour du collet, un filet brodé, en argent. Les boutons seront argentés et porteront pour légende : *Service des voitures de place.*

Un pantalon de drap bleu national, dans l'hiver, et de coutil, dans l'été.

Casquette en drap bleu et à visière, avec un liséré en argent autour de la partie supérieure, et la cocarde nationale.

Les surveillants devront porter cet uniforme pendant toute la durée de leur service.

Fixation des heures du service des surveillants.

15. Le service des surveillants commencera à six heures du matin, du 1er avril au 30 septembre, et à sept heures, du 1er octobre au 31 mars.

Il se prolongera, en tous temps, jusqu'à minuit, à moins de modifications spéciales.

Devoirs des surveillants. — Feuilles indicatives des mouvements des voitures sur chaque station, réserve ou avançage.

16. Les principaux devoirs des surveillants consisteront :

1° A inscrire, immédiatement et au fur et à mesure des mouvements des voitures, sur des feuilles journalières, qui leur seront délivrées à cet effet, et qu'ils remettront, chaque jour, aux contrôleurs ambulants, les numéros des voitures qui arriveront sur les stations, réserves ou avançages, et de celles qui en partiront, les heures de départ et d'arrivée de ces voitures; l'indication du numéro de chaque voiture qu'ils auront fait conduire à la fourrière, en énonçant les motifs de cet envoi; la désignation nominative des cochers qu'ils auront trouvés en contravention et la nature des contraventions;

Tenue des registres.

2° A tenir un registre qui sera coté et parafé, et revêtu, sur la première page, d'un procès-verbal d'ouverture, signé par le secrétaire général de la préfecture de police.

Ils transcriront, jour par jour, sur ce registre, les ordres, instructions ou consignes qui leur seront transmis par l'administration;

Absences momentanées des surveillants. — Clefs des bureaux confiées pendant l'absence des surveillants aux cantonniers de station.

3° A se tenir constamment à leur poste et à ne point s'en absenter sans une permission spéciale ou sans des motifs graves.

Dans ce dernier cas, les surveillants devront consigner les causes de leur absence sur un registre qui sera coté et parafé, et restera constamment déposé dans leurs bureaux. Ils devront aussi confier momentanément la clef de leur bureau au cantonnier de station, et dans le cas où il n'y aurait pas de cantonnier, au surveillant de la station la plus voisine, afin que, si les contrôleurs ambulants se présentent pendant leur absence, ils puissent examiner les registres, et y apposer leur visa;

Devoirs des surveillants envers le public.

4° A recevoir les plaintes et les réclamations du public, et à lui donner tous les renseignements qui lui seront nécessaires.

Les surveillants devront, à cet effet, étudier avec soin les règlements et se bien pénétrer de l'esprit dans lequel ils sont rédigés, afin d'être toujours à même d'intervenir, avec connaissance de cause, dans les discussions qui pourront s'élever entre le public et les cochers ;

Maintien de l'ordre sur les stations.

5° A maintenir l'ordre sur les stations auxquelles ils seront attachés, ainsi que sur les réserves et avançages qui dépendent de ces stations ; à veiller à ce qu'il n'y stationne point un plus grand nombre de voitures que celui autorisé, et à rendre compte immédiatement au commissaire de police du quartier de tous les faits qui pourront intéresser l'ordre public :

Surveillance à exercer à l'égard des cochers.

6° A veiller à ce que les cochers conservent le rang de leur arrivée sur les stations ; à les contraindre à marcher à toute réquisition du public, quel que soit le rang que leurs voitures occuperont dans la file ; à veiller à ce qu'en toute circonstance il y ait, sur les stations, la moitié au moins des cochers dont les voitures s'y trouveront, et à ce que le cocher de la première voiture se tienne constamment sur son siége ou à la tête de ses chevaux ; à empêcher les cochers de mettre, en double file ou hors de place, leurs voitures, qui devront toujours être maintenues dans les limites de la station ; à empêcher les cochers de gêner la circulation sur les trottoirs ou dans les rues, en se réunissant en groupe, et de troubler la tranquillité publique, soit par des disputes ou des rixes, soit en faisant claquer leurs fouets ; à tenir la main à ce que les cochers marchent aux prix fixés par les tarifs ; à veiller à ce qu'ils soient proprement et décemment vêtus, et ne portent point de blouses ; enfin, à tenir la main à ce que les cochers, lorsqu'ils auront abreuvé leurs chevaux, ne jettent point l'eau qui pourrait rester au fond des seaux, de manière à atteindre les passants ou à nuire aux habitants riverains, et à veiller à ce que cette eau soit toujours versée dans le ruisseau ;

Surveillance à exercer à l'égard des voitures.

7° A s'assurer si les voitures en station sont en bon état de solidité et de propreté ; si elles sont revêtues de l'estampille de la préfecture de police ; si elles sont garnies de lanternes numérotées, et à veiller à ce que le numéro apposé sur le derrière de la caisse des voitures ne soit pas caché par des lanières en cuir ou des cordons ;

Mise en fourrière des voitures.

8° A faire conduire immédiatement à la fourrière de la préfecture de police les voitures qui ne seraient pas entièrement conformes aux règlements, ou qui seraient attelées de chevaux entiers, vicieux, atteints de maladies ou hors d'état de faire le service ; qui ne seraient pas pourvues, à l'intérieur, de la plaque indicative des tarifs ; qui seraient conduites par des femmes, lors mêmes qu'elles seraient habillées en hommes ; qui seraient abandonnées par les cochers ou qui seraient confiées à des cochers en état d'ivresse, de malpropreté évidente, ou qui auraient été exclus du service.

Les surveillants devront également faire conduire à la fourrière les voitures confiées à des cochers qui ne seraient pas porteurs de la carte prescrite par les articles 15 et 28 de notre ordonnance en date de ce jour ; du permis de conduire et des autres pièces prescrites par l'article 33 de ladite ordonnance, dont les papiers ne seraient pas en règle ou qui troubleraient l'ordre sur les stations.

Exécution des règlements.

Les surveillants devront enfin assurer, en ce qui les concerne, la stricte et complète exécution de toutes les dispositions contenues dans l'ordonnance de police, en date de ce jour, concernant les voitures de place.

Fermeture des bureaux des surveillants.

17. Les surveillants devront, tous les soirs, à la fin de leur service, fermer leurs bureaux à clef.

Défense d'apposer aucun objet sur les bureaux.

Il leur est expressément défendu d'apposer ou de laisser apposer sur ces bureaux aucun tableau, inscription, affiche et objet quelconque.

Ils devront enlever, de suite, les inscriptions, tableaux, affiches ou autres objets qui seraient apposés à leur insu.

Dégradation des bureaux.

Ils rendront compte immédiatement, par un rapport spécial, des dégradations que la malveillance ou un accident pourront occasionner aux bureaux.

Défense de confier les clefs des robinets des conduites.

18. Il leur est formellement interdit de confier à qui que ce soit les clefs des robinets des conduites existant dans leurs bureaux.

Défense d'employer l'eau à d'autres usages que ceux auxquels elle est affectée.

19. Il est expressément interdit aux surveillants d'employer ou de laisser employer l'eau des réservoirs à d'autres usages que ceux qui sont spécifiés en l'article 4, et de disposer, sous aucun prétexte, soit gratuitement, soit à prix d'argent, de tout ou partie du volume d'eau affecté au service de chaque station.

Remise en bon état du matériel des stations.

20. Tout surveillant démissionnaire ou révoqué ne pourra toucher le dernier mois de son traitement qu'après avoir justifié de la remise en bon état du matériel de la station à laquelle il aura été attaché.

Remplacement des surveillants, en cas de maladie ou d'absence justifiée.

21. Lorsque, par maladie, ou pour toute autre cause, un surveillant sera forcé de s'absenter, même un seul jour, il devra en avertir préalablement l'administration qui désignera un surnuméraire pour le remplacer.

§ 4. — *Des cantonniers de station.*

Fixation des heures du service des cantonniers de station.

22. Le service des cantonniers de station commencera à six heures du matin, du 1er avril au 30 septembre, et à sept heures, du 1er octobre au 31 mars.

Il se prolongera, en tout temps, jusqu'à minuit, à moins de modifications spéciales.

Médaille dont les cantonniers de station doivent être porteurs.

23. Pendant la durée de leur service, les cantonniers de station porteront d'une manière apparente une médaille en cuivre avec la légende : *Cantonnier de station.*

Cette médaille leur sera délivrée à la préfecture de police, sur le dépôt de la somme de un franc cinquante centimes, représentant la valeur de cette médaille.

Lorsqu'ils quitteront le service, ils seront tenus de rapporter, en bon état, à la préfecture de police, la médaille dont il s'agit, sur la représentation de laquelle la somme qu'ils auront versée, à titre de dépôt, leur sera restituée.

Devoirs des cantonniers de station.

24. Les principales obligations imposées aux cantonniers consisteront :

1° A se tenir, pendant la durée du service, sur la station à laquelle ils seront attachés;

2° A balayer et nettoyer la station, ainsi que ses avançages et réserves, de manière que ces divers points soient toujours dans un état convenable de propreté ;

3° A relever, lorsque l'ordre leur en sera donné, les numéros des voitures qui arriveront sur les réserves et en partiront, ainsi que les numéros de celles qui seront prises sur les avançages ;

4° Enfin, à exécuter tous les ordres relatifs au service qui leur seront donnés, tant par le surveillant de la station que par les contrôleurs ambulants.

TITRE III.

DISPOSITIONS GÉNÉRALES.

Registre sur lequel seront inscrites les plaintes du public.

25. Il sera déposé, dans chaque bureau de surveillant, un registre coté et parafé par nous, et sur lequel seront inscrites les plaintes du public, en tout ce qui concerne le service des voitures de place.

Impression de l'arrêté.

26. Le présent arrêté sera imprimé.

Le § 3 du titre 2 et l'article 25 seront imprimés par extrait et resteront constamment affichés dans tous les bureaux des surveillants.

Envoi de l'arrêté.

27. Des exemplaires du présent arrêté seront adressés aux commissaires de police, au chef de la police municipale, à l'inspecteur contrôleur de la fourrière, aux contrôleurs ambulants et aux surveillants.

Le conseiller d'Etat, préfet de police, G. DELESSERT.

ÉTAT indicatif des stations de voitures de place, de leurs réserves et de leurs avançages, classées par arrondissements, et réparties en quatre sections.

INDICATION des sections.	DÉSIGNATION des arrondissements dans lesquels les stations sont situées.	Numéros d'ordre des stations.	DÉSIGNATION DES STATIONS, DE LEURS RÉSERVES ET DE LEURS AVANÇAGES.	NOMBRE des voitures autorisées à stationner.
1re SECTION.	1er ARRONDISSE-MENT.	1	PLACE DU PALAIS-ROYAL.	36 fiac. cab.
		2	RUE DU MONTHABOR,	
			le long du mur de l'ancienne caserne des Gardes du Corps.	15 fiac. cab.
			Un avançage rue Mondovi, côté de la rue de Rivoli.	2 fiac. cab.
			Un avançage rue Neuve-du-Luxembourg, près la grille de l'Assomption.	2 fiac. cab.
			Un avançage place de la Concorde.	2 fiac. cab.
			Une réserve sur l'allée pavée, faisant suite à la rue des Champs-Élysées.	15 fiac. cab.
		3	RUE DU COLYSÉE.	20 fiac. cab.
			Un avançage rue du Faubourg-Saint-Honoré au n° 128.	5 fiac. cab.
		4	BARRIÈRE DE L'ÉTOILE (Intrà-muros).	40 fiac. cab.
		5	BARRIÈRE DE PASSY (Intrà-muros).	40 fiac. cab.
		6	QUAI DE LA CONFÉRENCE, au delà de la pompe et du café Durandin.	104 cabriol. de l'extér.
		7	BARRIÈRE DE CLICHY, dans le chemin de ronde, à gauche en montant cette barrière.	15 fiac. cab.
		8	RUE D'AMSTERDAM.	30 fiac. cab.
			Un avançage rue de Berlin.	8 fiac. cab.
			Un avançage rue de Londres.	5 fiac. cab.
			Un avançage rue Saint-Lazare, aux numéros 91 et 95.	6 fiac. cab.
			A reporter...	541

INDICATION des sections.	DÉSIGNATION des arrondissements dans lesquels les stations sont situées.	Numéros d'ordre des stations.	DÉSIGNATION DES STATIONS, DE LEURS RÉSERVES ET DE LEURS AVANÇAGES.	NOMBRE des voitures autorisées à stationner.
			Report...	341
		9	PLACE OCCIDENTALE DU MONUMENT DE LA MADELEINE	15 fiac. cab.
			(côté de la rue de Suresne).	
			Un avançage rue d'Anjou-Saint-Honoré, aux numéros 10 et 12.	3 fiac. cab.
			Un avançage rue Tronchet, n° 26.	3 fiac. cab.
			Un avançage rue Royale prolongée, n° 17.	2 fiac. cab.
	1er ARRONDISSE-MENT.	10	BARRIÈRE DU ROULE,	
			entre le chemin de ronde et la rue de la Croix-du-Roule.	20 fiac. cab.
		11	RUE TRUDON,	
			à partir de la maison n° 1er.	16 fiac. cab.
1re SECTION.		12	BOULEVARD DE LA MADELEINE,	
			entre les rues Caumartin et de la Ferme des Mathurins.	21 fiac. cab.
		13	RUE MONTPENSIER.	12 cabriolets
			Un avançage rue Beaujolais.	3 dito.
		14	MARCHÉ SAINT-HONORÉ,	
			impasse de la Corderie,	4 fiac. cab.
			Un avançage rue de la Corderie, n° 20.	1 fiac. cab.
	2e ARRONDISSE-MENT.	15	RUES RAMEAU ET COLBERT.	9 fiac. cab.
			Une réserve arcade Colbert.	5 fiac. cab.
		16	PLACE DE LA BOURSE	16 fiac. cab.
			(voitures rangées rue de la Bourse).	
			Un avançage rue Notre-Dame-des-Victoires, à l'angle de la rue des Filles-Saint-Thomas.	2 fiac. cab.
			A reporter...	473

INDICATION des sections.	DÉSIGNATION des arrondissements dans lesquels les stations sont situées.	Numéros d'ordre des stations.	DÉSIGNATION DES STATIONS, DE LEURS RÉSERVES ET DE LEURS AVANÇAGES.	NOMBRE des voitures autorisées à stationner.
			Report...	475
		17	BOULEVARD MONTMARTRE.	13 fiac. cab.
			Un avançage au coin de la rue Montmartre.	4 fiac. cab.
		18	BOULEVARD DES ITALIENS.	16 fiac. cab.
			Un avançage au coin de la rue d'Artois.	1 fiac. cab.
			Un avançage au coin de la rue de Grammont.	1 fiac. cab.
		19	BAINS CHINOIS.	10 fiac. cab.
			Un avançage au coin de la rue de la Chaussée-d'Antin.	2 fiac. cab.
		20	BOULEVARD DES CAPUCINES.	44 fiac. cab.
			Un avançage rue Louis-le-Grand.	3 fiac. cab.
1re SECTION.	2e ARRONDISSE-MENT.	21	RUE DE PROVENCE.	9 fiac. cab.
			Un avançage rue Saint-Georges, au coin de celle de la Victoire.	1 fiac. cab.
		22	RUE OLIVIER-SAINT-GEORGES.	13 fiac. cab.
			Un avançage rue du Faubourg-Montmartre, n° 37.	1 fiac. cab.
			Un avançage rue du Faubourg-Montmartre, n° 48.	1 fiac. cab.
		23	PLACE BRÉDA.	5 fiac. cab.
		24	RUE PIGALE.	7 fiac. cab.
			Un avançage devant l'arrière-boutique du marchand de vin, faisant l'angle des rues Blanche et Saint-Lazare.	1 fiac. cab.
		25	BARRIÈRE ROCHECHOUART (Intrà-muros).	16 fiac. cab.
			A reporter...	625

INDICATION des sections.	DÉSIGNATION des arrondissements dans lesquels les stations sont situées.	Numéros d'ordre des stations.	DÉSIGNATION DES STATIONS, DE LEURS RÉSERVES ET DE LEURS AVANÇAGES.	NOMBRE des voitures autorisées à stationner.
			Report...	623
		26	RUE RICHER, le long des bâtiments des Menus-Plaisirs.	14 fiac. cab.
	2e ARRONDISSE-MENT.	27	BOULEVARD POISSONNIÈRE (*côté du nord*).	11 fiac. cab.
			Une réserve en face le no 8 dudit boulevard.	4 fiac. cab.
1e SECTION.		28	RUE LAFAYETTE.	4 fiac. cab.
			Une réserve rue des Petits-Hôtels.	9 fiac. cab.
		29	RUE NEUVE-DE-LA-FIDÉLITÉ.	11 fiac. cab.
			Un avançage rue d'Enghien, no 4.	3 fiac. cab.
			Un avançage rue des Petites-Écuries.	4 cabriol.
	3e ARRONDISSE-MENT.	30	BOULEVARD POISSONNIÈRE (*côté du midi*).	20 fiac. cab.
			Un avançage sur le boulevard, au coin de la rue Montmartre.	3 fiac. cab.
			Un avançage rue Montmartre, entre les rues des Jeûneurs et Saint-Joseph.	5 fiac. cab.
		31	PLACE DES VICTOIRES.	24 fiac. cab.
		32	RUE NEUVE-DES-BONS-ENFANTS.	15 fiac. cab.
			Un avançage rue Croix-des-Petits-Champs, le long du mur de la Banque de France.	5 fiac. cab.
3e SECTION.		33	PLACE DU LOUVRE.	30 fiac. cab.
			Un avançage au coin de la rue de l'Oratoire.	2 fiac. cab.
	4e ARRONDISSE-MENT.	34	QUAI DE LA MÉGISSERIE.	15 fiac. cab.
			Un avançage quai de la Mégisserie, no 82.	2 fiac. cab.
			Un avançage rue Neuve-Sainte-Opportune.	1 fiac. cab.
			Un avançage rue de la Ferronnerie, no 59.	1 fiac. cab.
			Un avançage même rue au no 31.	2 fiac. cab.
			A reporter...	808

INDICATION des sections.	DÉSIGNATION des arrondissements dans lesquels les stations sont situées.	Numéros d'ordre des stations.	DÉSIGNATION DES STATIONS, DE LEURS RÉSERVES ET DE LEURS AVANÇAGES.	NOMBRE des voitures autorisées à stationner.
			Report...	808
		35	PLACE DU CAIRE.	4 fiac. cab.
			Un avançage rue du Caire, devant le n° 2.	2 fiac. cab.
		36	CLOÎTRE SAINT-JACQUES-L'HÔPITAL.	5 fiac. cab.
			Un avançage rue du Cygne, n° 13.	2 fiac. cab.
		37	BOULEVARD BONNE-NOUVELLE.	24 fiac. cab.
			Un avançage Porte-Saint-Denis.	1 fiac. cab.
			Un avançage à l'entrée de la rue Sainte-Barbe.	1 fiac. cab.
			Un avançage au coin de la rue Poissonnière.	1 fiac. cab.
	5° ARRONDISSE-MENT.	38	RUE CHABROL.	10 cabriol. de l'extr.
			Un avançage au pourtour de la Porte-Saint-Denis.	5 dito.
			Une réserve rue Neuve-Saint-Jean.	2 dito.
			Une réserve rue des Magasins.	12 dito.
		39	BARRIÈRE SAINT-DENIS (*Extrà-muros*).	12 fiac. cab.
2° SECTION.		40	BARRIÈRE DE LA VILLETTE (*Extrà-muros*).	16 fiac. cab.
		41	BOULEVARD SAINT-MARTIN.	34 fiac. cab.
		42	BOULEVARD DU TEMPLE.	4 fiac. cab.
			Une réserve sur ledit boulevard, entre les rues Ménilmontant et Saint-Sébastien.	16 fiac. cab.
		43	RUE DE LA CORDERIE, le long du mur du Couvent du Temple.	15 fiac. cab.
	6° ARRONDISSE-MENT.	44	BARRIÈRE DE BELLEVILLE (*Extrà-muros*), à gauche et à droite du bureau de l'octroi.	40 fiac. cab.
			A reporter...	1012

INDICATION des sections.	DÉSIGNATION des arrondissements dans lesquels les stations sont situées.	Numéros d'ordre des stations.	DÉSIGNATION DES STATIONS, DE LEURS RÉSERVES ET DE LEURS AVANÇAGES.	NOMBRE des voitures autorisées à stationner,
			Report...	1012
2e SECTION.	6e ARRONDISSE-MENT.	45	BOULEVARD SAINT-DENIS, entre les numéros 5 et 17.	26 fiac. cab.
			Un avançage contre la Porte-Saint-Martin, côté du boulevard Saint-Denis.	1 fiac. cab.
		46	RUE ROYALE-SAINT-MARTIN.	2 fiac. cab.
			Un avançage dans la rue Conté, en face du nº 12.	2 fiac. cab.
			Un avançage entre les deux rues de ceinture du marché Saint-Martin.	2 fiac. cab.
3e SECTION.	7e ARRONDISSE-MENT.	47	QUAI PELLETIER.	20 fiac. cab.
		48	QUAI DE GÈVRES.	17 fiac. cab.
		49	RUE DES QUATRE-FILS.	12 fiac. cab.
			Un avançage dans la rue des Quatre-Fils, devant les maisons nos 21 et 25.	2 fiac. cab.
			Une réserve rue du Chaume, à partir de la rue des Quatre-Fils.	16 fiac. cab.
			Un avançage rue du Chaume, au coin de la rue de Paradis.	2 fiac. cab.
		50	RUE BARRE-DU-BEC.	4 fiac. cab.
		51	RUE PAYENNE.	16 fiac. cab.
			Un avançage rue Culture-Sainte-Catherine, nº 1.	1 fiac. cab.
			Un avançage rue Culture-Sainte-Catherine, nº 11.	4 fiac. cab.
			Un avançage rue Neuve-Sainte-Catherine.	1 fiac. cab.
	8e ARRONDISSE-MENT.	52	BOULEVARD SAINT-ANTOINE.	12 fiac. cab.
			Un avançage rue Neuve-Saint-Gilles, devant la maison nº 8.	4 fiac. cab.
			Une réserve sur la partie Est du boulevard Saint-Antoine, entre les rues Daval et du Chemin-Vert.	12 fiac. cab.
			À reporter...	1168

INDICATION des sections.	DÉSIGNATION des arroudissements dans lesquels les stations sont situées.	Numéros d'ordre des stations.	DÉSIGNATION DES STATIONS, DE LEURS RÉSERVES ET DE LEURS AVANÇAGES.	NOMBRE des voitures autorisées à stationner.
			Report...	1168
		53	BARRIÈRE DU PÈRE-LACHAISE (*Extrà-muros*).	35 fiac. cab.
		54	ABBAYE SAINT-ANTOINE.	12 fiac. cab.
3ᵉ SECTION.	8ᵉ ARRONDISSE-MENT.	55	BARRIÈRE DU TRÔNE (*Intrà-muros*).	50 fiac. cab.
		56	BARRIÈRE DE LA RAPÉE (*Intrà-muros*).	20 fiac. cab.
		57	BARRIÈRE DE MÉNILMONTANT (*Intrà-muros*).	12 fiac. cab.
		58	QUAI DES ORMES, sur le quai, en aval du Pont-Marie.	28 fiac. cab.
	9ᵉ ARRONDISSE-MENT.	59	RUE DE LA CONTRESCARPE, du côté du canal, la tête à la hauteur du mur du parapet faisant retour en face de la colonne de Juillet. Une réserve dans la rue de l'Orme. Un avançage sur la place de la Bastille, au coin du boulevard Bourdon.	63 cabriol. de l'ext. 15 dito. 2 dito.
		60	PARVIS NOTRE-DAME, devant le bâtiment central d'admission aux hospices, entre les rues Saint-Christophe et Neuve-Notre-Dame.	10 fiac. cab.
4ᵉ SECTION.	10ᵉ ARRONDISSE-MENT.	61	QUAI CONTI, la tête à partir de la rue Guénégaud. Un avançage rue Mazarine, à partir du carrefour Bussy.	10 fiac. cab. 4 fiac. cab.
			A reporter...	1409

INDICATION des sections.	DÉSIGNATION des arrondissements dans lesquels les stations sont situées.	Numéros d'ordre des stations.	DÉSIGNATION DES STATIONS, DE LEURS RÉSERVES ET DE LEURS AVANÇAGES.	NOMBRE des voitures autorisées à stationner.
			Report...	1409
		62	Quai Malaquais.	25 fiac. cab.
			Une réserve sur le quai Voltaire, le long du parapet.	25 fiac. cab.
		63	Rue Saint-Benoit.	6 fiac. cab.
		64	Rue Taranne.	5 fiac. cab.
			Une réserve rue Saint-Guillaume, au coin de la rue Saint-Dominique.	5 fiac. cab.
		65	Rues de l'Université et de Poitiers.	15 fiac. cab.
			Une réserve le long des bâtiments de la caserne, entre le quai d'Orsay et la rue de Lille.	12 fiac. cab.
4ᵉ SECTION.	10ᵉ ARRONDISSEMENT.	66	Rue de Grenelle-Saint-Germain, à partir de la rue de Bourgogne. Un avançage au coin du boulevard des Invalides.	6 fiac. cab. 2 fiac. cab.
		67	Rue de la Planche. Un avançage rue de la Planche, au coin de celle de la Chaise.	7 fiac. cab. 2 fiac. cab.
		68	Rue de Sèvres. Un avançage à gauche de l'Abbaye-aux-Bois. Un avançage place de la Croix-Rouge, en face de la maison nº 1.	19 fiac. cab. 1 fiac. cab. 1 fiac. cab.
		69	Rue de l'Université (Palais-Bourbon), située sur l'espace compris entre la place du Palais-Bourbon et l'esplanade des Invalides. Un avançage rue de l'Université, nº 114, près de la rue de Courty.	16 fiac. cab. 6 fiac. cab.
			A reporter...	1560

INDICATION des sections.	DÉSIGNATION des arrondissements dans lesquels les stations sont situées.	Numéros d'ordre des stations.	DÉSIGNATION DES STATIONS, DE LEURS RÉSERVES ET DE LEURS AVANÇAGES.	NOMBRE des voitures autorisées à stationner.
			Report...	1560
	10ᵉ ARRONDISSE-MENT.	70	BARRIÈRE DE SÈVRES (Intrà-muros), à partir du chemin de ronde jusqu'à l'avenue de Breteuil.	12 fiac. cab.
		71	PLACE SAINT-SULPICE.	7 fiac. cab.
		72	RUE DE VAUGIRARD.	9 fiac. cab.
		73	BARRIÈRE DU MAINE (Intrà-muros). Voitures rangées sur une seule file, à droite de la chaussée.	24 fiac. cab.
4ᵉ SECTION.		74	BARRIÈRE DU MONTPARNASSE (Intrà-muros), située dans le chemin de ronde, à gauche de la barrière.	12 fiac. cab.
	11ᵉ ARRONDISSE-MENT.	75	RUE CONDÉ. Voitures rangées depuis la rue Regnard jusqu'à celle Crébillon, la tête au coin de la rue Regnard. Une réserve rue Voltaire, à partir de la maison n° 1.	8 fiac. cab. 12 fiac. cab.
		76	PLACE SAINT-MICHEL.	16 fiac. cab.
		77	QUAI DES GRANDS-AUGUSTINS, le long du parapet, à partir de la rue Pavée.	15 fiac. cab.
		78	QUAI DES ORFÉVRES, Voitures rangées le long du parapet, entre le Pont-Neuf et la rue de Harlay. Un avançage situé au bas du pont Saint-Michel, à côté du Palais de Justice.	20 fiac. cab. 6 fiac. cab.
			A reporter...	1701

INDICATION des sections.	DÉSIGNATION des arrondissements dans lesquels les stations sont situées.	Numéros d'ordre des stations.	DÉSIGNATION DES STATIONS, DE LEURS RÉSERVES ET DE LEURS AVANÇAGES.	NOMBRE des voitures autorisées à stationner.
			Report...	1701
		79	PLACE MAUBERT.	8 fiac. cab.
		80	RUE DE LA VIEILLE-ESTRAPADE.	
			Voitures rangées le long du mur du jardin de l'ancienne Abbaye-Sainte-Geneviève, la tête du côté de la rue d'Ulm.	18 fiac. cab.
			Un avançage sur le milieu de la place de l'Estrapade.	2 fiac. cab.
			Un avançage place du Panthéon.	4 fiac. cab.
4ᵉ SECTION.	12ᵉ ARRONDISSE-MENT.	81	BARRIÈRE D'ENFER (Intrà-muros).	
			Voitures rangées sur une seule file, à droite de la barrière.	15 fiac. cab.
		82	RUE DE L'EST.	
			Voitures rangées le long du mur du jardin du Luxembourg.	50 cabriol. de l'extr.
			Un avançage sur la place des Chartreux.	4 dito.
		83	GRILLE DU JARDIN-DU-ROI.	36 fiac. cab.
		84	RUE DU JARDIN-DU-ROI.	
			Voitures rangées le long des bâtiments de l'hospice de la Pitié.	12 fiac. cab.
			Un avançage rue Copeau, le long d'un bâtiment portant le n° 2.	6 fiac. cab.
		85	BARRIÈRE FONTAINEBLEAU (Intrà-muros).	
			Voitures placées sur la partie gauche de la chaussée (côté du boulevard de l'Hôpital).	25 fiac. cab.
			TOTAL général du nombre des voitures autorisées à stationner........	1881 voitures.

RÉCAPITULATION.

NOMBRE des SECTIONS.	DÉSIGNATION DES ARRONDISSEMENTS compris dans chaque section.	NOMBRE DES STATIONS comprises dans chaque section.	NOMBRE DE VOITURES autorisées sur les stations comprises dans chaque section.
1re Section...	1er Arrondissement......... 2e Arrondissement......... 3e Arrondissement.........	30 Stations.........	711
2e Section...	4e Arrondissement......... 5e Arrondissement......... 6e Arrondissement.........	16 Stations.........	354
3e Section...	7e Arrondissement......... 8e Arrondissement......... 9e Arrondissement.........	14 Stations.........,	350
4e Section...	10e Arrondissement......... 11e Arrondissement......... 12e Arrondissement.........	25 Stations.........	486
	TOTAUX.......	85 Stations.........	1881 voit.

N° **1756**. — *Arrêté qui modifie les dispositions prescrites par les articles 64 et 100 de l'ordonnance du 15 janvier dernier, concernant les voitures de place.*

Paris, le 18 février 1841.

Nous, conseiller d'État, préfet de police,

Vu, 1° notre ordonnance. en date du 15 janvier dernier, concernant les voitures de place, et spécialement les articles 64 et 100 de ladite ordonnance ;

2° Les observations à nous adressées par un grand nombre d'entrepreneurs de voitures de place ;

3° Les avis du contrôleur de la fourrière et des experts des voitures publiques ;

4° Le rapport du chef de la 2e division,

Arrêtons ce qui suit :

1. Le numéro qui sera apposé sur les voitures de place, dites fiacres à deux chevaux ou à un cheval et coupés, sera peint en chiffres arabes, sur le panneau de derrière, dit de lunette, et sur les deux panneaux de côté, dit de custode, de chacune de ces voitures.

Ce numéro sera en or fin, sans blason.

Le numéro qui sera apposé sur le derrière et les deux côtés de la caisse des cabriolets à deux et quatre roues, sera aussi en or fin et sur un blason noir.

Le numéro qui sera apposé sur les voitures de place, dites fiacres supplémentaires, sera peint sur le panneau de derrière, dit de lunette, et sur les deux panneaux de côté, dits de custode, de chacune de ces voitures, en chiffres arabes noirs, sur un blason jaune d'or.

Le numéro qui sera apposé sur les voitures de place, dites cabriolets de l'extérieur, sera peint, sur le derrière et les deux côtés de la caisse de chacune de ces voitures, en chiffres arabes noirs sur un écusson blanc.

Tous les numéros apposés sur les voitures de place devront être entièrement conformes aux modèles adoptés par nous.

Les chiffres de ces numéros auront, pour les voitures à quatre roues, huit centimètres de hauteur et quinze millimètres de plein, au moins ; et pour les voitures à deux roues, onze centimètres de hauteur et vingt millimètres de plein, au moins.

Le blason des numéros peints sur les cabriolets à quatres roues et composé de trois chiffres aura dix-huit centimètres de longueur sur dix centimètres de hauteur, au moins.

Pour les numéros composés de un et de deux chiffres, le blason devra avoir douze centimètres de longueur sur dix centimètres de hauteur, au moins.

Le blason des numéros peints sur les cabriolets à deux roues et composés de trois chiffres devra avoir vingt-trois centimètres de longueur sur treize centimètres de hauteur, au moins.

Pour les numéros composés de un et de deux chiffres, le blason aura, au moins, seize centimètres de longueur sur treize centimètres de hauteur.

Le blason des numéros peints sur les voitures, dites fiacres supplémentaires, devra avoir vingt-cinq centimètres de longueur sur dix centimètres de hauteur, au moins.

Le numéro affecté à chacune des voitures de place, dites fiacres ordinaires ou supplémentaires à deux chevaux, fiacres à un cheval, coupés et cabriolets de l'intérieur, à deux et à quatre roues, sera, en outre, apposé sur les verres de côté des deux lanternes, au moyen de chiffres arabes découpés dans une feuille de métal, à coulisse, ayant au moins trente-cinq millimètres de hauteur et huit millimètres de plein.

Ces chiffres, qui seront peints en noir et bien détachés de leur encadrement, devront être entièrement conformes au modèle adopté par nous.

Toutefois, un délai d'un mois est accordé aux entrepreneurs de voitures de place, pour l'exécution des dispositions prescrites par les deux paragraphes ci-dessus.

Jusqu'à l'expiration de ce délai, les numéros apposés sur les lanternes seront peints d'après le mode actuellement en usage.

Le numéro de chaque voiture de place, dite fiacre ordinaire ou supplémentaire à deux chevaux, fiacre à un cheval, coupé et cabriolet de l'intérieur à deux et à quatre roues, sera de plus répété sur la plaque indicative du tarif dont il est question en l'article 3 ci-après.

Les chiffres de ce numéro devront avoir quinze millimètres de hauteur et cinq millimètres de plein, au moins.

En ce qui concerne les cabriolets, dits de l'extérieur, le numéro sera répété dans l'intérieur de chaque voiture sur une plaque, ayant vingt centimètres de largeur sur treize centimètres de hauteur.

Cette plaque, qui devra être entièrement conforme au modèle adopté par nous, sera fixée au milieu de l'impériale.

Les chiffres du numéro auront cinquante millimètres de hauteur et douze millimètres de plein, au moins.

2. En ce qui concerne les cabriolets à deux roues, les nouveaux blasons devront être peints sur l'emplacement des anciens.

Jusqu'à l'époque où ces nouveaux blasons seront assez secs pour recevoir le numéro en or, l'ancien numéro sera peint provisoirement à côté du nouveau blason.

3. Il y aura constamment, dans l'intérieur des voitures de place, dites fiacres ordinaires ou supplémentaires à deux chevaux, fiacres à un cheval, coupés et cabriolets de l'intérieur à deux et à quatre roues, une plaque indicative des tarifs prescrits par les articles 79, 87 et 92 de notre ordonnance précitée du 15 janvier dernier.

Cette plaque, qui aura dix-huit centimètres de hauteur sur dix de largeur, sera fixée entre les deux glaces de devant immédiatement au-dessous du galon de campagne, pour les voitures dites fiacres ordinaires ou supplémentaires à deux chevaux, fiacres à un cheval et coupés.

Cette plaque devra être en métal et enchâssée dans un cadre en bois avec bordure arrondie, conforme au modèle adopté par nous.

Pour les cabriolets à deux et à quatre roues, le tarif devra être imprimé sur une peau blanche, ayant les dimensions déterminées ci-dessus. Cette peau sera fixée à la capote sur le troisième cerceau du côté gauche, à la hauteur de soixante-quinze centimètres, à partir de la parclose.

Le tarif, soit en métal, soit en peau, devra être entièrement conforme aux modèles adoptés par nous.

Il indiquera aussi, conformément aux dispositions de l'article 1er du présent arrêté, le numéro de la voiture, et sera estampillé d'un poinçon ayant, en hauteur comme en largeur, quarante millimètres.

4. Au moyen des dispositions qui précèdent, les articles 64 et 100 de notre ordonnance du 15 janvier dernier sont rapportés.

Les autres dispositions de cette ordonnance continueront de recevoir leur exécution.

5. Le présent arrêté sera notifié à tous les entrepreneurs de voitures de place.

Expédition en sera adressée au contrôleur de la fourrière, au chef de la police municipale, aux quatre contrôleurs ambulants et aux surveillants des stations des voitures de place.

Le conseiller d'Etat, préfet de police, G. DELESSERT.

———————————⊙———————————

N° **1757**. — *Arrêté concernant les mesures d'ordre à observer à l'occasion du carnaval dans la ville de Saint-Denis* (1).

Paris, le 18 février 1841.

———————————⊙———————————

N° **1758**. — *Ordonnance concernant la police des masques* (2).

Paris, le 18 février 1841.

———————————⊙———————————

N° **1759**. — *Arrêté concernant le costume des officiers de paix.*

Paris, le 20 février 1841.

1. Les douze officiers de paix d'arrondissement, les officiers de paix des brigades centrales et l'officier de paix de l'attribution des voitures porteront, à compter du 1er mai prochain, l'uniforme de sergent de ville, moins la patte blanche; ils auront au collet, aux parements et à la taille une broderie en argent conforme au modèle arrêté par nous ; le vaisseau des retroussis sera brodé en argent.

2. Les officiers de paix ci-dessus désignés auront le pantalon bleu, en hiver, et le pantalon blanc, en été. Ils porteront l'épée, et auront la ganse du chapeau en torsade d'argent.

3. Le secrétaire général et le chef de la police municipale sont chargés, chacun en ce qui le concerne, de l'exécution du présent arrêté.

Le conseiller d'Etat, préfet de police, G. DELESSERT.

———————————⊙———————————

N° **1760**. — *Ordonnance concernant la prohibition de la chasse* 3).

Paris, le 24 février 1841.

—————————————

(1) V. l'arr. du 23 fév. 1843.
(2) V. les ord. des 23 fév. 1843, et 13 fév. 1844.
(3) V. les ord. des 23 fév. 1843, 19 fév., 13 mai et 14 déc. 1844.

N° **1761.** — *Arrêté concernant l'emploi des machines locomotives sur les chemins de fer* (1).

Paris, le 10 mars 1841.

Nous, conseiller d'État, préfet de police,

Vu, 1° l'ordonnance royale du 22 juillet 1839, concernant l'emploi des machines locomotives sur les chemins de fer ;

2° La circulaire du 23 août suivant, de M. le sous-secrétaire d'État des travaux publics ;

3° L'ordonnance royale du 29 octobre 1823 ;

4° Les arrêtés du gouvernement des 12 messidor an VIII (1er juillet 1800) et 3 brumaire an IX (25 octobre 1800) ;

5° Les propositions de l'ingénieur en chef des mines, chargé du service central de la partie métallurgique et de l'exploitation des chemins de fer ;

6° La lettre du 25 janvier 1841, de M. le sous-secrétaire d'État des travaux publics ;

Arrêtons ce qui suit :

1. Les compagnies de chemins de fer qui ont ou qui auront leur point de départ dans le département de la Seine ou dans les communes de Sèvres, Meudon et Saint-Cloud, ne pourront mettre en service aucune machine locomotive, sans un permis de circulation qui leur sera délivré par nous.

2. La demande qu'elles nous adresseront à cet effet pour chaque machine locomotive fera connaître :

1° Le nom de la locomotive ; ce nom devra être gravé sur une plaque fixée à la locomotive ;

2° Le service auquel cette locomotive sera destinée ;

3° La pression maximum de la vapeur, exprimée en atmosphères, sous laquelle on se proposera de faire fonctionner la locomotive.

3. Cette demande sera renvoyée par nous à l'ingénieur en chef des mines, pour qu'il reconnaisse si la chaudière a subi l'épreuve de pression prescrite par l'ordonnance royale du 22 juillet 1839, ou que, dans le cas contraire, il la lui fasse subir.

4. Sur le rapport de cet ingénieur, nous délivrerons, s'il y a lieu, le permis de circulation.

5. Dans ce permis, indépendamment des indications comprises sous les numéros 1, 2 et 3 de l'article 2, seront énoncés :

1° Le numéro du timbre dont la chaudière aura été frappée après l'épreuve ;

2° Le numéro du timbre de la rondelle métallique fusible adaptée à la chaudière ;

3° Le diamètre des soupapes de sûreté ;

4° Le diamètre des cylindres ;

5° Enfin, le système suivant lequel la machine aura été construite.

6. Les machines locomotives seront fréquemment visitées par l'ingénieur en chef des mines.

Si, dans ces visites, il est reconnu que les machines locomotives ne satisfont plus aux conditions de sûreté prescrites, ou qu'elles ne sont pas entretenues en bon état de service, nous nous réservons, sur le rapport qui nous en sera fait par l'ingénieur en chef des mines, de suspendre ou même d'interdire l'usage de ces machines.

---

(1) V. l'ord. du 20 juill. 1844, concernant les voyages d'essai des locomotives.

7. Le présent arrêté sera adressé à M. l'ingénieur en chef des mines et à MM. les commissaires de police des chemins de fer chargés, chacun en ce qui le concerne, d'en assurer l'exécution, de nous en rendre compte et de s'opposer à la mise en circulation et à la réparation des machines en contravention aux dispositions qui précèdent.

Il sera également envoyé à MM. les directeurs des compagnies des chemins de fer.

Le conseiller d'Etat, préfet de police, G. DELESSERT.

N° 1762. — *Arrêté concernant le tarif du transport des voyageurs sur le chemin de fer de Versailles (rive droite)* (1).

Paris, le 13 mars 1841.

N° 1763. — *Arrêté qui fixe le tarif des places sur le chemin de fer de Versailles (rive gauche)* (2).

Paris, le 15 mars 1841.

Nous, conseiller d'Etat, préfet de police,

Vu, 1° la loi du 9 juillet 1836, qui autorise l'établissement de deux chemins de fer de Paris à Versailles ;

2° L'ordonnance royale du 24 mai 1837, approuvant l'adjudication des deux chemins susdésignés, ensemble le cahier des charges annexé à ladite ordonnance pour l'établissement du chemin de fer de Versailles (rive gauche);

3° La loi du 1er août 1839, notamment l'article 9 de cette loi ;

4° Notre arrêté du 15 décembre dernier, qui fixe le tarif des places sur le chemin de fer de Versailles (rive gauche);

5° La décision de M. le sous-secrétaire d'Etat des travaux publics, en date du 13 de ce mois, concernant de nouvelles propositions faites par la compagnie du chemin de fer de Versailles (rive gauche), pour modifier le tarif dont elle est actuellement en possession, et notamment pour supprimer les prix réduits aux départs de Versailles jusqu'à midi ;

Considérant qu'il y a lieu de rendre exécutoire, dans le ressort de la préfecture de police, la décision indiquée ci-dessus de M. le sous-secrétaire d'Etat des travaux publics ,

Arrêtons ce qui suit:

1. Les dispositions de notre arrêté susvisé du 15 décembre dernier sont remplacées par celles qui suivent. Toutefois , ces nouvelles dispositions ne seront exécutoires que dans le délai d'un mois, à partir de la promulgation du présent arrêté.

2. Les prix à percevoir (y compris l'impôt dû au trésor) pour le

---

(1) V. pour la police, l'arr. du 8 août 1839 ; l'ord. du 6 sept. 1839 ; les arr. des 16 mai et 14 sept. 1842 ; et , pour les tarifs, les ord. des 10 avril 1843 et 14 juin 1844.

(2) V. pour la police, les arr. des 8 sept. 1840, 16 mai et 14 sept. 1842.

transport des voyageurs, sur le chemin de fer de Paris à Versailles (rive gauche), sont fixés conformément au tableau suivant :

	LA SEMAINE.			LES DIMANCHES ET FÊTES.		
	Wa-gons.	Diligen-ces.	Places de luxe et coupés.	Wa-gons.	Diligen-ces.	Diligen-ces de luxe et coupés.
	fr. c.	fr. c.	fr. c.	fr. c.	fr. c.	fr. c.
De Paris à Versailles, ou retour...	1 25	1 50	2 »	1 50	2 »	2 50
Id. à Clamart, ou retour....	» 50	» 70	»	» 70	»	1 »
Id. à Meudon, Bellevue, Sèvres, Chaville et Viroflay......	» 75	1 »	»	1 »	»	1 25
De Versailles à Clamart, Meudon, Bellevue..................	» 75	1 »	»	1 »	»	1 25
De Versailles à Sèvres, Chaville, Viroflay..................	» 50	» 70	»	» 70	»	1 »
Trajet entre deux autres stations.	» 50	» 70	»	» 70	»	1 »

PLACES RETENUES A L'AVANCE.		SEMAINE.	DIMANCHES ET FÊTES.	JOURS DES EAUX.
		fr. c.	fr. c.	fr. c.
Pour Versailles, ou retour..	Diligences.......	2 »	2 50	3 »
	Stalles et Coupés.	2 50	3 »	3 50

3. Ces tarifs ne sont accordés que sous les réserves et conditions insérées dans nos arrêtés précédents. En conséquence : 1° le nombre des places de luxe, dans lesquelles sont comprises les places retenues à l'avance, ne devra, dans aucun cas, tant pour le parcours entier que pour les stations, excéder le cinquième du nombre total des places dans chaque convoi; 2° les taxes ci-dessus ne pourront être modifiées qu'après un délai de trois mois au moins, et, dans tous les cas, les modifications devront être annoncées au moins un mois à l'avance par des affiches; 3° la perception d'aucune taxe ne sera régulière qu'en vertu d'une homologation administrative.

4. Le présent arrêté sera notifié et affiché.

Le conseiller d'État, préfet de police, G. DELESSERT.

N° **1764.**—*Arrêté concernant le tarif du transport des voyageurs sur le chemin de fer de Saint-Germain* (1).

Paris, le 15 mars 1841.

N° **1765.** — *Arrêté qui fixe le tarif des prix à percevoir pour le transport des voyageurs, des bagages et des articles de messageries sur le chemin de fer de Paris à Orléans (section de Corbeil)* (2).

Paris, le 16 mars 1841.

N° **1766.** — *Ordonnance concernant la foire aux jambons qui se tiendra sur le boulevard Bourdon, près la place de la Bastille* (3).

Paris, le 29 mars 1841.

N° **1767.** — *Ordonnance concernant les mesures d'ordre à observer aux promenades de Longchamp* (4).

Paris, le 6 avril 1841.

N° **1768.** — *Ordonnance concernant l'ouverture et la police de l'abattoir public et commun de la commune de Belleville.*

Paris, le 12 avril 1841.

Nous, conseiller d'État, préfet de police,

Vu : 1° l'ordonnance royale du 19 mai 1839, qui autorise l'établissement d'un abattoir public et commun avec porcheries et fondoirs de suif à Belleville, sur un terrain situé à l'angle de la rue et de l'impasse Saint-Laurent, et qui fixe les droits d'abatage à percevoir dans cet établissement;

2° Le rapport du conseil de salubrité, en date du 20 janvier dernier, sur l'exécution des conditions imposées par l'ordonnance royale susmentionnée;

3° Les lois des 16—24 août 1790 et 19—22 juillet 1791;

---

(1) V. pour la police l'ord. du 9 avril 1837, les arrêtés des 26 août 1837, 13 déc. 1839, 16 mai et 14 sept. 1842; et, pour les tarifs, l'arr. du 20 mai 1842, et les ord. des 10 avril et 25 août 1843 et 14 juin 1844.

(2) V. pour la police, les arrêtés des 19 sept. et 6 nov. 1840, 16 mai et 14 sept. 1842; et pour les tarifs, les arrêtés des 12 nov. 1842 et 22 nov. 1844.

(3) V. les ord. des 7 avril 1843 et 22 mars 1844.

(4) V. les ord. des 10 avril 1843 et 1er avril 1844.

4° Les arrêtés du gouvernement du 1er juillet 1800 (12 messidor an VIII) et 25 octobre 1800 (3 brumaire an IX),

Ordonnons ce qui suit :

Ouverture de l'abattoir et classement des bouchers.

1. L'abattoir public et commun de la commune de Belleville sera ouvert le 28 avril courant.

A compter de cette époque, l'abatage des bœufs, vaches, veaux, moutons et porcs y aura lieu exclusivement, et toutes les tueries particulières situées dans le rayon de l'octroi de la commune de Belleville seront interdites et fermées.

Toutefois, les propriétaires et les habitants qui élèvent des porcs pour la consommation de leur maison conserveront la faculté de les faire abattre chez eux, pourvu que ce soit dans un lieu clos et séparé de la voie publique.

2. La répartition des bouchers dans les échaudoirs aura lieu par la voie du sort. Toutefois, le maire de la commune pourra y faire les changements et mutations reconnus nécessaires dans l'intérêt du service.

Abatage des bestiaux et des porcs.

3. Les bouchers peuvent abattre, à toute heure du jour et de la nuit, mais seulement dans les échaudoirs à ce destinés.

4. Il leur est défendu d'abattre des bestiaux dans la cour du travail.

5. Les porcs pourront être abattus, brûlés et habillés, à toute heure du jour ou de la nuit, dans les brûloirs et échaudoirs affectés à cet usage. Ce travail ne pourra se faire ailleurs, sous aucun prétexte.

Les portes des brûloirs et des échaudoirs seront fermées au moment de l'abatage. Dans tous les cas, les grilles de l'abattoir devront être tenues constamment fermées; deux seulement seront ouvertes pour le service de l'établissement.

6. Les bœufs, vaches ou taureaux, avant d'être abattus, doivent être fortement attachés à l'anneau scellé à cet effet dans chaque échaudoir.

Les bouchers seront responsables des effets de toute négligence à cet égard.

7. Les bœufs et taureaux dont l'espèce est connue pour être dangereuse ne pourront être conduits des bouveries aux échaudoirs qu'avec des entraves ou accouplés.

8. Les veaux et moutons seront saignés dans des baquets, de manière que le sang ne puisse couler dans les égouts.

9. Il est expressément défendu de laisser ouvertes les portes des échaudoirs au moment de l'abatage des bœufs.

10. Il est enjoint aux bouchers et charcutiers de laver ou faire laver exactement les échaudoirs après l'abatage et l'habillage.

11. Il est défendu de laisser séjourner dans les échaudoirs aucuns suifs, graisses, dégrais, ratis, panses et boyaux, cuirs et peaux en vert ou en manchon, salés ou non salés.

12. Conformément à l'ordonnance royale du 19 mai 1839, article 1er, § 10, les bouchers et les charcutiers feront enlever les fumiers tous les deux jours.

13. Tout amas de bourres, têtes ou pieds de bœufs ou de moutons est défendu. Les bouchers sont tenus de les faire enlever, au moins une fois par semaine.

14. Les bouchers et les charcutiers, quand ils en seront requis par le maire ou par les agents de l'autorité, devront faire gratter les murs intérieurs ou extérieurs des échaudoirs ainsi que les portes.

15. Il est défendu de déposer dans les rues et cours les cuirs et peaux des bestiaux.

16. Les bouchers auront la faculté de recueillir le sang des animaux par eux abattus. Ils devront le recevoir et le renfermer dans des futailles bien closes; ces futailles devront être enlevées de l'abattoir tous les jours, pendant l'été, et dans le délai de trois jours, pendant l'hiver.

17. Les personnes chargées de ce travail devront, pendant l'abatage, se tenir dans la cour du travail.

Il leur est défendu d'embarrasser les passages avec les futailles. Elles devront les placer dans les lieux qui leur seront indiqués par le maire ou l'un de ses agents.

Tous les jours, après le travail, les futailles pleines devront être roulées aux places qui leur seront affectées.

18. Les bouchers et charcutiers se pourvoiront de tinets, étous, baquets, brouettes et de tous les instruments et ustensiles nécessaires à leur travail, et les entretiendront en bon état de service et de propreté.

19. Les bouchers et les charcutiers sont tenus d'avoir, dans l'abattoir, des garçons pour recevoir et soigner les bestiaux, à leur arrivée.

20. Toutes les viandes et issues qui, après l'abatage et l'habillage, se trouveraient corrompues ou nuisibles, ne pourront être livrées à la consommation. Elles seront enfouies ou envoyées à la ménagerie par les soins du maire ou du commissaire de police, et aux frais du propriétaire.

En cas de contestation, la vérification des viandes reconnues insalubres sera faite en présence du maire ou du commissaire de police et du propriétaire, par deux bouchers appelés comme experts.

Dans tous les cas, les pieds, peaux, cuirs et suifs de l'animal qui aura fourni ces viandes et issues seront laissés au propriétaire.

21. Il est défendu aux bouchers et charcutiers de laisser séjourner, dans les rues et cours de l'abattoir, des panses de bœufs, vaches, veaux, moutons, des boyaux de moutons ou de porcs.

Les vidanges ou autres résidus seront déposés dans les coches dallés à ce destinés, et enlevés, tous les jours indistinctement, et sans triage.

22. Les bouchers, charcutiers, tripiers et les fondeurs sont tenus de déposer, tous les soirs, chez le concierge de l'abattoir, les clefs des greniers, échaudoirs, bergeries, écuries, fondoirs et porcheries. Ce concierge les leur remettra, ou à leurs garçons, suivant leurs besoins.

Dans aucun cas, les bouchers, charcutiers ou autres ne pourront emporter ces clefs.

Bouveries, bergeries et greniers à fourrages.

23. Aucune voiture de fourrages ne sera reçue dans l'abattoir, si son chargement ne peut être resserré avant la nuit tombante.

24. L'entrée et la circulation dans les greniers à fourrages sont interdites depuis le coucher jusqu'au lever du soleil.

25. Il est défendu de fumer dans les bouveries, bergeries et greniers à fourrages.

26. Les corridors des greniers à fourrages et leurs escaliers devront être nettoyés au moins deux fois par semaine.

Des garçons bouchers, charcutiers, tripiers et fondeurs.

27. Il ne sera admis dans l'abattoir que des garçons pourvus de livrets.

Les livrets seront déposés à la mairie.

L'entrée de l'abattoir sera interdite à tout garçon qui ne se conformera pas à cette disposition, sans préjudice des poursuites à exercer contre les maîtres qui les emploient.

28. Il est défendu aux garçons bouchers, charcutiers, tripiers et fondeurs, de détruire ou de dégrader aucun objet dépendant de l'abattoir ou des échaudoirs, et spécialement les pompes, tuyaux, robinets, tampons, grilles; égouts, comme aussi de laisser ouvert aucun robinet sans nécessité.

Les maîtres bouchers, charcutiers, fondeurs ou tripiers sont responsables des dégâts faits par les garçons qu'ils emploient.

Fonte des suifs.

29. Conformément au 8ᵉ paragraphe de l'article 1ᵉʳ de l'ordonnance royale du 18 mai 1839, la fonte des suifs en branche devra être opérée par le procédé de l'acide sulfurique ou par tout autre mode qui ne puisse nuire au voisinage; autrement, c'est-à-dire en cas de plaintes fondées, la suppression du fondoir pourra être ordonnée.

30. La fonte des suifs n'aura lieu que la nuit, à partir de la fermeture du jour jusqu'au lever du soleil.

31. Les fondeurs ne pourront faire usage de lumières qu'avec des lanternes closes et à réseaux métalliques. L'usage des chandeliers, bougeoirs, martinets, lampes à la main, leur est formellement interdit.

32. Tous les combustibles amenés pour le service des fondoirs seront rentrés aussitôt après leur arrivée.

33. Les fondeurs sont tenus de faire nettoyer et ratisser au moins deux fois par semaine le carreau des fondoirs, et les rampes et marches des escaliers qui y conduisent.

34. Les cheminées du fondoir seront ramonées une fois par mois et plus souvent s'il y a nécessité.

35. Aucune voiture chargée de suif ne pourra rester dans l'intérieur de l'abattoir. Aussitôt son chargement terminé, elle devra être conduite à sa destination.

36. Les fondeurs ou leurs garçons ne pourront, sous aucun prétexte, laisser du bois ou autre combustible devant l'ouverture du foyer des chaudières.

37. Quand une fonte sera commencée, les garçons ne pourront quitter le fondoir.

38. Après la fonte, ils devront s'assurer de l'extinction complète du feu et de la clôture de l'étouffoir. Il leur est expressément défendu de sortir du fondoir le bois en partie consumé, pour l'éteindre au dehors.

39. Il leur est également défendu de laisser des fumiers aux portes des écuries. Ils devront, tous les matins, avant neuf heures, les transporter au lieu à ce destiné.

Triperie.

40. L'atelier de cuisson des issues, etc., devra être tenu dans le plus grand état de propreté.

Il est défendu de sortir de l'abattoir des issues qui n'aient pas été cuites, ou au moins vidées et lavées.

41. Il est enjoint à l'entrepreneur de cuisson de prendre toutes les précautions nécessaires pour ne laisser écouler aucune matière animale avec les eaux de lavage. Il devra en faciliter l'écoulement jusqu'aux égouts.

42. Conformément au paragraphe 9 de l'article 1ᵉʳ de l'ordonnance royale du 19 mai 1839, les matières intestinales, les résidus de triperies et les curures du bassin de la conduite seront enlevés, tous les jours, ou désinfectés avec la poudre désinfectante.

43. Les bois et autres combustibles qui arriveront pour le service de l'entrepreneur de cuisson devront être rentrés dans la journée.

44. Les tripiers ou leurs garçons ne pourront, soit à leur entrée, soit à leur sortie de l'abattoir, refuser la visite de leurs voitures ou hottes, lorsqu'ils en seront requis.

Tarif des droits d'abatage.

45. Conformément à l'ordonnance royale du 19 mai 1839, il sera perçu pour droits d'abatage.

1° Par tête de bœuf ....3 fr.   c.
2° Par tête de vache 3
3° Par tête de veau .... »   75
4° Par tête de mouton .... »   25
5° Par tête de porc ou sanglier....................1   25

Dispositions générales.

46. Le concierge de l'abattoir ne laissera sortir aucune voiture ni paquet sans les visiter.

47. Il ne sera admis dans l'abattoir aucune personne étrangère au service, à moins d'une permission spéciale.

48. Il est défendu d'y amener des chiens autres que ceux des conducteurs de bestiaux. Ces chiens devront être muselés.

49. Il est défendu d'y traire les vaches sans la permission des bouchers auxquels elles appartiennent.

50. Il ne pourra être introduit de voiture dans les bouveries, si ce n'est pour enlever les animaux morts naturellement.

51. Il est défendu d'élever et d'entretenir dans l'abattoir aucun porc, pigeon, lapin, volaille, chèvre et mouton, sous tel prétexte que ce soit.

52. Il est défendu de faire paître des moutons sur les parties où il existe du gazon, et de faire stationner des voitures sur ces parties et entre les arbres.

53. Les bouchers, charcutiers, fondeurs et tripiers ne pourront, sous aucun prétexte, laisser en dépôt, dans l'intérieur de l'abattoir, des cabriolets, charrettes ou autres voitures, des étaux, brouettes et ustensiles hors d'usage.

Il est également défendu aux conducteurs de viande de loger des chevaux dans l'abattoir.

Ils seront d'ailleurs responsables des faits des personnes qu'ils emploient comme aides.

54. Les bouchers, charcutiers, fondeurs et tripiers ne pourront employer ou faire employer, pour le transport de leurs marchandises, que des voitures couvertes.

55. Les conducteurs se tiendront à pied à la tête de leurs chevaux, et ne pourront conduire qu'au pas.

56. Il est défendu à toutes les personnes logées dans l'abattoir de jeter ou de déposer au-devant de leurs habitations aucuns fumiers, immondices et eaux ménagères.

57. Il est défendu d'entrer la nuit dans les bouveries et bergeries ou toits à porcs avec des lumières, si elles ne sont pas renfermées dans des lanternes closes et à réseaux métalliques.

58. Il est défendu d'appliquer des chandelles allumées aux murs et aux portes, intérieurement et extérieurement, et en quelque lieu que ce soit.

59. Toute espèce de jeux de hasard et autres sont interdits dans l'abattoir.

60. Il est défendu de rien écrire, tracer ou crayonner sur les murs et sur les portes, soit en lettres, soit en portraits ou figures quelconques.

61. Il est expressément défendu de coucher dans les échaudoirs, bouveries, bergeries, séchoirs et greniers. Tous les soirs, les clefs des séchoirs seront retirées et déposées chez le concierge.

62. La présente ordonnance sera imprimée et affichée.

Ampliation en sera adressée à M. le pair de France, préfet de la Seine.

63. Le sous-préfet de l'arrondissement de Saint-Denis, le maire et le commissaire de police de Belleville et les préposés sous leurs ordres, l'inspecteur général des halles et marchés et l'inspecteur des établissements insalubres sont chargés, chacun en ce qui le concerne, de tenir la main à son exécution.

Le conseiller d'Etat, préfet de police, G. DELESSERT.

N° **1769.** — *Ordonnance concernant la visite générale des tonneaux de porteurs d'eau* (1).

Paris, le 15 avril 1841.

N° **1770.** — *Ordonnance concernant les mesures d'ordre à observer dans Paris, les 1er et 2 mai, à l'occasion de la fête du roi* (2).

Paris, le 29 avril 1841.

N° **1771.** — *Arrêté qui prescrit la réimpression de l'ordonnance du 1er juin 1837, concernant l'arrosement* (3).

Paris, le 5 mai 1841.

N° **1772.** — *Arrêté qui prescrit la réimpression et la publication de l'ordonnance du 23 juin 1832, concernant les chiens* (4).

Paris, le 26 mai 1841.

---

(1) V. les ord. des 30 mars 1837 et 15 avril 1843.
(2) V. l'ord. du 28 avril 1843.
(3) V. l'ord. du 27 juin 1843.
(4) V. l'ord. du 23 juin 1844.

N° 1773. — *Arrêté qui prescrit la réimpression des dispositions de l'ordonnance de police du 8 août 1829, relatives aux boulevards et promenades publiques non closes.*

Paris, le 12 juin 1841.

N° 1774. — *Arrêté relatif aux artificiers* (1).

Paris, le 24 juin 1841.

Nous, conseiller d'Etat, préfet de police,
Considérant que des accidents graves sont résultés de la négligence apportée dans le tir ou dans la confection des pièces d'artifice, et surtout de l'emploi de mortiers ou d'obusiers en fer ou en fonte, et qu'il importe d'en prévenir le retour ;
Vu, 1° la loi des 16—24 août 1790 ;
2° Les articles 319 et 320 du Code pénal,

Arrêtons ce qui suit :

1. Il est défendu à tout artificier chargé du tir d'un feu d'artifice, lors des fêtes publiques, de faire usage de mortiers ou d'obusiers en matière autre que le cuivre ou le bronze.

2. Aucun de ces feux d'artifice ne pourra être tiré à l'avenir, sans qu'au préalable nous ayons fait examiner les mortiers, les obusiers, récipients, appareils, ainsi que les boîtes, bombes, fusées, pétards ou toute autre pièce d'artifice, à l'effet d'interdire l'usage des machines ou pièces d'artifice qui seraient dangereuses ou mal confectionnées.

En conséquence, les artificiers devront nous prévenir, quelques jours à l'avance, des feux d'artifice qui leur seront commandés, et des emplacements où ils seront tirés.

3. Il sera pris envers les contrevenants telles mesures de police administrative qu'il appartiendra, sans préjudice des poursuites à exercer contre eux devant les tribunaux, conformément aux articles 319 et 320 du Code pénal.

4. Le présent arrêté sera notifié à tous les artificiers dont les ateliers sont situés dans le ressort de la préfecture de police, par les commissaires de police, à Paris, et par les maires dans les communes rurales.

Le conseiller d'Etat, préfet de police, G. DELESSERT.

N° 1775. — *Ordonnance concernant la circulation des voitures sur le pont suspendu de Bercy.*

Paris, le 17 juillet 1841.

Nous, conseiller d'Etat, préfet de police,
Vu : 1° la loi des 16—24 août 1790 ;
2° L'article 22 de l'arrêté du gouvernement du 12 messidor an VIII (1er juillet 1800) ;
3° Les articles 471, 475, 476 et 483 du Code pénal ;
Considérant qu'il importe de prendre des mesures pour prévenir

---

(1) V. l'ord. du 30 juin 1842.

les accidents que les voitures peuvent occasionner sur le pont suspendu de Bercy,

Ordonnons ce qui suit :

1. Il est expressément défendu aux cochers ou conducteurs de toute
espèce de voitures publiques ou particulières, carrosses, cabriolets,
diligences, charrettes, voitures de roulage et autres, d'arrêter ou de
faire stationner leurs voitures sur le tablier du pont suspendu de
Bercy, et de se servir des chasse-roues ou garde-grève bordant les
trottoirs dudit pont, comme moyen d'arrêt à leurs mouvements.

2. Les contraventions à la présente ordonnance seront constatées
par des procès-verbaux ou rapports qui nous seront transmis par les
fonctionnaires, préposés ou agents qui les auront dressés, pour être
par nous déférées aux tribunaux compétents.

5. La présente ordonnance sera imprimée et affichée notamment
aux abords du pont suspendu de Bercy.

Les commissaires de police, le chef de la police municipale, les officiers de paix, l'inspecteur contrôleur de la fourrière et les autres
préposés de la préfecture de police sont chargés de tenir la main à son
exécution.

Elle sera adressée, en outre, à M. le colonel de la garde municipale, et à M. le colonel commandant la première légion de la gendarmerie départementale, pour qu'ils en assurent l'exécution par tous
les moyens mis à leur disposition.

Le conseiller d'Etat, préfet de police, G. DELESSERT.

————————

N° **1776.** — *Ordonnance concernant les mesures d'ordre et de
sûreté à observer dans la capitale à l'occasion du onzième anniversaire des journées de juillet* 1830 (1).

Paris, le 26 juillet 1841.

Nous, conseiller d'Etat, préfet de police,

Vu le programme arrêté par M. le ministre de l'intérieur, à l'occasion des réjouissances publiques qui auront lieu dans Paris, le 29 de
ce mois, pour célébrer le onzième anniversaire de la révolution de
1830 ;

Vu la loi du 24 août 1790, qui nous charge de maintenir le bon ordre dans les fêtes publiques, et de prendre les précautions convenables
pour la sûreté des personnes,

Ordonnons ce qui suit :

JOURNÉE DU 29 JUILLET.

Joute au bassin du port d'Orsay ; jeux, danses, spectacles, illuminations aux Champs-
Élysées et feu d'artifice sur le pont de la Concorde.

1. A compter du 27 juillet au matin jusqu'au 30 à midi, la circulation, le passage d'eau, le stationnement en batelets ou bateaux sont
interdits ainsi que la navigation entre le pont du Carrousel et le pont
des Invalides.

Sont exceptés de cette disposition les bateaux et batelets employés
au service de la joute et du feu d'artifice.

2. Les marchandises déchargées sur le port d'Orsay, et sur la berge
dite du Recueillage, devront être enlevées, de manière qu'il n'existe
plus aucun dépôt le 27 juillet au matin.

————————

(1) V. l'ord. du 27 juillet 1844.

3. Les bateaux chargés et les bateaux vides seront remontés en amont du pont du Carrousel, ou descendus en aval du pont des Invalides et amarrés au large, et nul ne pourra monter sur les bateaux, à l'exception des mariniers de l'équipage.

4. Dans la journée du 29 juillet, la berge, rive droite de la Seine, qui s'étend depuis le Pont-Royal jusqu'au pont des Invalides, sera interdite au public ainsi que les rampes qui conduisent à cette berge.

5. Les berges de la rive gauche, situées entre le Pont-Royal et le pont des Invalides seront également interdites le 29 juillet, à l'exception du port d'Orsay, qui sera ouvert au public dans toute cette journée.

6. Il est fait défense, pendant la joute, qui aura lieu sur le bassin du port d'Orsay, de monter sur les parapets des quais et des ponts.

7. L'inspecteur général de la navigation et des ports prendra les mesures convenables pour prévenir tout accident sur la rivière pendant la joute, et pour faire évacuer et préserver du danger du feu les établissements, embarcations, bateaux chargés ou vides, batelets ou trains existant sur les deux bassins voisins du feu d'artifice.

8. La circulation des piétons et des voitures sera interdite sur le pont de la Concorde pendant la journée du 29 juillet, afin de faciliter les dispositions relatives au feu d'artifice.

9. Le 29 juillet, à partir de huit heures du soir et jusqu'après le feu d'artifice, aucune personne, sans exception, ne pourra passer ni stationner sur les ponts des Arts, du Carrousel et des Invalides.

10. A l'occasion du feu d'artifice qui sera tiré sur le pont de la Concorde et sur le quai d'Orsay, à la hauteur de la rue d'Austerlitz, l'accès de ce quai sera interdit au public dans toute la journée du 29 juillet, mais seulement dans la partie située entre la descente de l'école de natation et l'esplanade des Invalides.

A cet effet, des barrières en charpente seront établies :

1° Sur le quai d'Orsay, à la hauteur de l'école de natation, en laissant libre la descente sur le port d'Orsay ;

2 Rue de Bourgogne, à l'entrée de la rue de Lille ;

3° A l'entrée du pont de la Concorde, côté de la place de ce nom ;

4° Sur le quai d'Orsay, à cent cinquante mètres de distance à partir de la rue d'Austerlitz, en faisant joindre la barrière à celle qui existe au pourtour du gazon situé au-devant du quinconce qui longe la rue d'Austerlitz, jusqu'à la rue de l'Université.

11. Il est fait défense expresse à toute personne, sans exception, de circuler et stationner dans l'enceinte du feu qui sera tiré sur le pont de la Concorde et sur le quai d'Orsay, à la hauteur de la rue d'Austerlitz, à l'exception des artificiers et de leurs ouvriers.

12. Le 29 juillet, à partir de deux heures après-midi jusqu'à onze heures du soir, la circulation et le stationnement des voitures seront pareillement interdits :

1° Dans la grande avenue des Champs-Elysées, entre la place de la Concorde et le Rond-Point ;

2° Dans l'allée Gabrielle ;

3° Dans l'allée Marigny.

13. Le 29 juillet, à partir de trois heures après-midi jusqu'à onze heures du soir, la circulation et le stationnement des voitures seront interdits sur le Pont-Royal,

Le quai des Tuileries,

Et le quai d'Orsay, à partir du Pont-Royal jusqu'au pont de la Concorde.

14. Les voitures qui se rendront, le même jour, à la barrière de l'Etoile ou à Chaillot, et celles venant de ces points ne pourront passer que par la rue Montaigue, le rond-point des Champs-Elysées et l'allée des Veuves;

Et celles qui iront à Passy, ou en viendront, suivront le quai de la Conférence et la place de la Concorde, mais jusqu'à six heures du soir seulement.

15. Dans la journée du 29 juillet, à partir de six heures du soir jusqu'à onze heures, les voitures qui entreront dans Paris par la barrière de Passy ne pourront se diriger sur la rive gauche de la Seine que par le pont d'Iéna, l'avenue de la Bourdonnaie, de la Motte-Piquet et la rue de Grenelle; et elles qui se dirigeront sur la rive droite devront suivre les rues de Chaillot ou l'allée des Veuves, le rond-point des Champs-Elysées, la rue Montaigne, la rue du Faubourg-Saint-Honoré et la rue des Saussayes, jusqu'au boulevard.

16. La circulation et le stationnement des voitures seront pareillement interdits, de six heures du soir à onze heures, le 29 juillet:

Sur les quais de la rive droite de la Seine, depuis le Pont-Neuf jusqu'au quai de Billy;

Sur les quais de la rive gauche, depuis la rue des Saints-Pères jusqu'au pont des Invalides, le pont du Carrousel, le Pont-Royal, le pont des Invalides;

Dans la rue Matignon,

La rue du faubourg Saint-Honoré, depuis la place Beauveau jusqu'à la rue Royale;

Sur la place de la Concorde,

Dans les rues des Champs-Elysées, Royale Saint-Honoré, Saint-Florentin, de Rivoli,

Dans toutes les rues qui débouchent dans la rue de Rivoli,

Dans les rues Montpensier,
de Valois,
Quinze-Vingts-Batave,
de Chartres,
Saint-Thomas-du-Louvre,

Et dans la rue Saint-Honoré, depuis la place du Palais-Royal inclusivement, jusqu'à la rue des Champs-Elysées.

17. Les voitures des personnes qui se rendront dans la soirée du 29 juillet, à partir de six heures du soir, de la rive gauche de la Seine, dans les quartiers du centre de la rive droite, devront passer par le Pont-Neuf, la rue de la Monnaie et la rue du Roule.

Celles des personnes qui se rendraient au palais des Tuileries ne pourront y arriver que par la rue Saint-Honoré, la place du Palais-Royal et la rue de Chartres.

18. Sont exceptées des prohibitions établies par les articles qui précèdent, les voitures de la cour, des ministres, des maréchaux de France, de l'intendant général de la liste civile, du corps diplomatique, du chancelier de France, du président de la chambre des députés, du préfet de la Seine et des lieutenants généraux commandant la 1re division militaire et la place de Paris.

Toutefois, lesdites voitures ne pourront, dans la journée du 29 juillet, après six heures du soir, passer d'une rive à l'autre de la Seine, qu'en traversant le pont du Carrousel, ou les ponts en amont.

19. Les voitures des personnes qui, de la rive droite de la Seine, se rendraient, dans la soirée du 29 juillet, au palais des Tuileries, ne pourront y arriver que par la rue de Richelieu, la rue Saint-Honoré, la rue de Rohan, la place du Palais-Royal, la rue de Chartres, la place du Carrousel, à droite de l'Arc-de-Triomphe.

Elles ne pourront sortir de la cour des Tuileries que par la grille du côté des guichets de la galerie du Musée, et traverseront la place du Carrousel, dans la direction des rues de Chartres et de Rohan.

Divertissements et feu d'artifice à la barrière du Trône, le 29 juillet.

20. Le 29 juillet, la circulation et le stationnement des voitures seront interdits depuis deux heures après-midi jusqu'à onze heures du soir :

1° Sur la place de la barrière du Trône;

2° Sur les avenues qui conduisent à cette place ;

3° Et dans la rue du Faubourg-Saint-Antoine, en descendant jusqu'au débouché de la rue de Montreuil exclusivement.

21. Pendant cette journée, les voitures qui arriveront à Paris par la route de Vincennes seront dirigées par la barrière de Montreuil et celle de Saint-Mandé.

Dispositions générales.

22. Défense expresse est faite aux étalagistes, marchands forains, limonadiers, marchands de vin et de comestibles, teneurs de bals et saltimbanques, de stationner les 27, 28 et 29 juillet, dans les Champs-Élysées, sans en avoir obtenu de nous la permission par écrit, laquelle désignera l'emplacement qu'ils occuperont.

23. Il est expressément interdit aux marchands forains et étalagistes, qui stationneront aux Champs-Élysées et à la barrière du Trône, de tenir des loteries ou jeux de hasard, pour débiter ou vendre leurs marchandises, sous les peines portées par la loi du 21 mai 1836.

24. L'entrepreneur du feu d'artifice qui sera tiré le 29 juillet à la barrière du Trône, établira au pourtour du feu une forte barrière en charpente, à la distance de cent cinquante mètres de la barrière du Trône, à l'intérieur de Paris, pour maintenir le public à l'éloignement nécessaire à sa sûreté, et il se conformera en outre aux dispositions de notre ordonnance du 24 juin 1841, relative aux artificiers.

25. Des postes médicaux pourvus de brancards et de boîtes de secours seront établis, le 29 juillet, sur les points ci-après, savoir : 1° aux Champs-Élysées, au grand carré des jeux ; 2° au quai d'Orsay, près la rue d'Austerlitz ; 3° et à la barrière du Trône.

26. Un poste de sapeurs-pompiers avec les pompes et les agrès nécessaires sera établi auprès de chaque feu d'artifice, et des sapeurs-pompiers seront placés, pendant le feu qui sera tiré au quai d'Orsay, sur les combles du palais et des bâtiments de la présidence de la chambre des députés.

27. Il est expressément défendu de tirer, sur la voie publique et dans l'intérieur des habitations, des pièces d'artifice et armes à feu.

28. Aucun étalagiste ou saltimbanque ne pourra, dans la journée du 29 juillet, stationner aux entrées du jardin des Tuileries, sur le Pont-Royal, le quai des Tuileries, le quai d'Orsay, la place de la Concorde et dans la rue Royale Saint-Honoré.

29. Dans la journée du 29 juillet, aucuns échafaudages, estrades, chaises, échelles, tonneaux, tables, bancs, charrettes, tréteaux et planches ne pourront, sous aucun prétexte, être placés sur la voie publique et notamment aux abords des jeux et divertissements publics et des feux d'artifice, savoir :

Aux Champs-Élysées, carré des jeux, dans la grande avenue des Champs-Élysées,

Sur la place de la Concorde, le Pont-Royal, le quai des Tuileries, le quai du Louvre, le quai de la Conférence, le quai Voltaire, le quai d'Orsay,

Et sur la place de la barrière du Trône.

Les commissaires de police et les agents de la force publique feront enlever sur-le-champ, et conduire à la fourrière, les objets de cette nature placés en contravention à la présente défense.

30. Défense expresse est faite de monter, dans la journée du 29 juillet, sur les arbres, sur les parapets des quais, des ponts et berges; d'escalader la terrasse des Tuileries, dite du bord de l'eau; de monter sur les candélabres servant à l'éclairage de l'avenue des Champs-Elysées et de la place de la Concorde, sur les portiques destinés aux illuminations de la grande avenue des Champs-Elysées, sur les statues et les bassins de la place de la Concorde, sur les balustrades des fossés de ladite place, ainsi que sur les toits, entablements, auvents des maisons; enfin sur les échafaudages du devant des maisons en construction.

31. Dans la journée du 29 juillet, la Bourse et les ports seront fermés.

32. Les contraventions à la présente ordonnance seront constatées par des procès-verbaux ou rapports des officiers de police, et déférées aux tribunaux compétents.

33. La présente ordonnance sera imprimée, publiée et affichée dans Paris, et dans les communes de Passy, Neuilly, Saint-Mandé, Montreuil et Vincennes.

Les maires et les commissaires de police desdites communes, le chef de la police municipale, à Paris, les commissaires de police et les officiers de paix de la ville de Paris, l'architecte commissaire de la petite voirie, l'inspecteur général de la navigation et des ports, le directeur de la salubrité et les préposés de la préfecture de police sont chargés, chacun en ce qui le concerne, de tenir la main à son exécution.

MM. les colonels de la garde municipale de la ville de Paris et de la 1re légion de gendarmerie départementale, ainsi que M. le chef d'escadron de la gendarmerie de la Seine, sont appelés pareillement à concourir à son exécution, et à prêter main-forte, au besoin, aux agents de la police agissant pour l'exécution de la présente ordonnance.

Le conseiller d'Etat, préfet de police, G. DELESSERT.

———————————◦———————————

N° **1777.**— *Ordonnance concernant l'ouverture de la chasse* (1).

Paris, le 21 août 1841.

———————————◦———————————

N° **1778.**—*Ordonnance concernant les mesures d'ordre et de sûreté à observer à l'occasion des fêtes de Saint-Cloud* (2).

Paris, le 1er septembre 1841.

_____

(1) V. l'ord. du 22 août 1843 et celle du 14 mai 1844.
(2) V. l'ord. du 6 sept. 1843 et celle du 4 sept. 1844.

N° **1779.** — *Ordonnance concernant les liqueurs, sucreries, dragées et pastillages coloriés.*

Paris, le 22 septembre 1841.

Nous, conseiller d'Etat, préfet de police,

Considérant qu'il se fait dans Paris un débit considérable de liqueurs, bonbons, dragées et pastillages coloriés;

Que, pour colorier ces marchandises, on emploie fréquemment des substances minérales qui sont vénéneuses, et que cette imprudence a donné lieu à des accidents graves;

Que les mêmes accidents sont résultés de la succion des papiers blancs lissés ou des papiers coloriés avec des substances minérales, telles que le blanc de plomb, le blanc de zinc, l'oxyde de cuivre, le jaune de chrome, le vert de schéele ou de schweinfurt, dans lesquels les sucreries sont enveloppées ou coulées;

Vu, 1° les rapports du conseil de salubrité;

2° L'ordonnance de police du 10 octobre 1742;

3° La loi des 16—24 août 1790, et celle du 22 juillet 1791;

4° Le Code du 3 brumaire an IV (25 octobre 1795);

5° Les articles 319, 320, 471, § 15, 475, § 14, et 477 du Code pénal;

6° Les ordonnances de police des 10 décembre 1830, 11 août 1832 et 15 novembre 1838,

Ordonnons ce qui suit:

1. Il est expressément défendu de se servir d'aucunes substances minérales, le bleu de Prusse et l'outremer exceptés, pour colorier les liqueurs, bonbons, dragées, pastillages et toute espèce de sucreries ou pâtisseries.

On ne devra employer, pour colorier les liqueurs, bonbons, etc., que des substances végétales, à l'exception de la gomme gutte et de l'aconit napel.

2. Il est défendu d'envelopper directement ou de couler des sucreries dans des papiers blancs lissés ou dans des papiers coloriés avec des substances minérales, le bleu de Prusse et l'outremer exceptés.

Il est également défendu de placer des bonbons dans des boîtes garnies à l'intérieur de papier colorié par des substances minérales et de les recouvrir de découpures faites avec ces papiers.

3. Il est défendu de faire entrer aucune préparation fulminante dans la composition des enveloppes des bonbons.

Il est également défendu de se servir de fils métalliques comme supports de fruits artificiels.

Ces supports devront être en baleine, en paille ou en bois.

4. Les confiseurs, épiciers ou autres marchands qui vendent des liqueurs, bonbons ou pastillages coloriés, devront les livrer enveloppés dans du papier qui portera des étiquettes indiquant leurs noms, professions et demeures.

5. Les fabricants et marchands seront personnellement responsables des accidents occasionnés par les liqueurs, bonbons et autres sucreries qu'ils auront fabriqués ou vendus.

6. Il sera fait annuellement des visites chez les fabricants et détaillants, à l'effet de constater si les dispositions prescrites par la présente ordonnance sont observées.

7. Les ordonnances de police des 10 décembre 1830, 11 août 1832 et 15 novembre 1838 sont rapportées.

8. Les contraventions seront poursuivies conformément à la loi, devant les tribunaux compétents.

9. La présente ordonnance sera imprimée, publiée et affichée tant à Paris que dans les communes rurales du département de la Seine, et dans celles de Saint-Cloud, Sèvres et Meudon.

Le chef de la police municipale, les commissaires de police, les inspecteurs et le commissaire inspecteur général des halles et marchés sont chargés de son exécution.

Les sous-préfets de Sceaux et de Saint-Denis, les maires et les commissaires de police des communes rurales sont spécialement chargés de veiller à son exécution dans leurs communes respectives.

Le conseiller d'Etat, préfet de police, G. DELESSERT.

CONSEIL DE SALUBRITÉ. — AVIS SUR LES SUBSTANCES COLORANTES QUE PEUVENT EMPLOYER LES CONFISEURS OU DISTILLATEURS POUR LES BONBONS, PASTILLAGES, DRAGÉES OU LIQUEURS.

COULEURS BLEUES.

L'indigo, que l'on dissout par de l'acide sulfurique ou huile de vitriol,
Le bleu de Prusse ou de Berlin,
L'outremer pur.
Ces couleurs se mêlent facilement avec toutes les autres, et peuvent donner toutes les teintes composées dont le bleu est l'un des éléments.

COULEURS ROUGES.

La cochenille,
Le carmin,
La laque carminée,
La laque du Brésil,
L'orseille.

COULEURS JAUNES.

Le safran,
La graine d'Avignon,
La graine de Perse,
Le quercitron,
Le curcuma,
Le fustel,
Les laques alumineuses de ces substances.
Les jaunes que l'on obtient avec plusieurs des matières désignées, et surtout avec les graines d'Avignon et de Perse, sont plus brillants et moins mats que ceux que donne le jaune de chrôme dont l'usage est dangereux.

COULEURS COMPOSÉES.

Vert.

On peut produire cette couleur avec le mélange du bleu et des diverses couleurs jaunes; mais l'un des plus beaux est celui que l'on obtient avec le bleu de Prusse ou de Berlin et la graine de Perse; il ne le cède en rien, pour le brillant, au vert de schweinfurt qui est un violent poison.

Violet.

Le bois d'Inde,
Le bleu de Berlin.
Par des mélanges convenables, on obtient toutes les teintes désirables.

Pensée.

Le carmin,
Le bleu de Prusse ou de Berlin.
Ce mélange donne des teintes très-brillantes.

Toutes les autres couleurs composées peuvent être préparées par les mélanges des diverses matières colorantes qui viennent d'être indiquées et que le confiseur ou le distillateur sauront approprier à leurs besoins.

LIQUEURS.

Le liquoriste peut faire usage de toutes les couleurs précédentes, mais quelques autres lui sont nécessaires : il peut préparer, avec les substances suivantes, diverses couleurs particulières :

Pour le curaçao d'Hollande.

Le bois de campêche.

Pour les liqueurs bleues.

L'indigo dissous dans l'alcool (1).

Pour l'absinthe.

Le safran mêlé avec le bleu d'indigo soluble.

SUBSTANCES

dont il est défendu de faire usage pour colorier les bonbons, pastillages, dragées et liqueurs.

Toutes les substances minérales, l'outremer pur et le bleu de Prusse exceptés, et particulièrement :

Les oxydes de cuivre, les cendres bleues,

Les oxydes de plomb, le massicot, le minium, le sulfure de mercure, le vermillon;

Le jaune de chrôme, connu en chimie sous le nom de chromate de plomb, et qui est formé de deux substances vénéneuses (l'oxyde de plomb et l'acide chromique);

Le vert de schweinfurt ou le vert de schéele et le vert métis, poisons violents qui contiennent du cuivre et de l'arsenic;

Le blanc de plomb, connu sous les noms de céruse ou de blanc d'argent (2).

Les confiseurs ne doivent employer, pour mettre dans leurs liqueurs, que des feuilles d'or ou d'argent fin : on bat actuellement du chrysocalque presqu'au même degré de ténuité que l'or; cette substance, contenant du cuivre et du zinc, ne peut être employée par le liquoriste.

Quelques distillateurs se servent d'acétate de plomb ou sucre de Saturne, pour clarifier leurs liqueurs ; ce procédé est susceptible de donner lieu à des accidents graves, cette matière étant vénéneuse.

.(1) On obtient cette dissolution en traitant l'indigo par l'acide sulfurique, et versant dans la liqueur de l'alcool qui se charge de la substance colorante et donne une belle liqueur bleue.

(2) Les confiseurs-pastilleurs ne doivent employer aucun mélange dans lequel entrerait l'une ou l'autre de ces substances.

PAPIERS
servant à envelopper les bonbons.

Il est important d'apporter beaucoup de soins dans le choix du papier colorié et du papier blanc qui servent à envelopper les bonbons. Les papiers lissés, blancs ou coloriés, sont souvent préparés avec des substances minérales très-dangereuses.

Ils ne doivent pas servir à envelopper les bonbons, sucreries, les fruits confits ou candis, qui pourraient, en s'humectant, s'attacher au papier, et donner lieu à des accidents, si on les portait à la bouche.

Le papier colorié avec des laques végétales peut être employé sans inconvénients.

Comme il arrive fréquemment aux enfants de mettre dans leur bouche les papiers qui ont servi à envelopper les bonbons, il est nécessaire de les en empêcher, quelle que soit l'enveloppe, pour prévenir des accidents graves.

INSTRUCTIONS SUR LES PROCÉDÉS A SUIVRE POUR RECONNAITRE LA NATURE CHIMIQUE DES PRINCIPALES MATIÈRES COLORANTES DONT L'USAGE EST INTERDIT AUX CONFISEURS.

COULEURS BLANCHES.

Le carbonate de plomb, connu dans le commerce sous les noms de blanc de plomb, céruse, blanc d'argent, étant appliqué en couche mince, à l'aide d'un couteau, sur une carte non lissée à laquelle on met le feu, donne naissance à du plomb métallique, qui se montre sous la forme de petits globules très-multipliés, dont les plus volumineux égalent la grosseur de la tête d'une petite épingle. En opérant cette combustion au-dessus d'une feuille de papier blanc ou d'une assiette de porcelaine, les globules y tombent, et sont faciles à apercevoir.

Les papiers d'enveloppe lissés à la céruse et les cartes dites porcelaine donnent aussi lieu, quand on les brûle, à la production de globules de plomb : de plus, un cercle jaune entoure les parties de carte ou de papier en combustion.

Enfin, le carbonate de plomb et les papiers ou cartes qui sont lissés avec ce corps, brunissent quand on les touche avec de l'eau de Barèges non altérée (ce qui se reconnaît à ce qu'elle dégage l'odeur d'œufs pourris).

COULEURS JAUNES.

Le massicot ou oxyde de plomb se comporte de la même manière que la céruse.

Il en est de même du jaune de chrôme ou chromate de plomb; mais il faut avoir le soin de le mêler d'abord très-intimement avec un quart de son volume de sel de nitre en poudre : le mélange est étendu sur la carte ; on enflamme celle-ci, et les globules de plomb apparaissent à mesure que la combustion fait des progrès.

Cette couleur devient brune avec l'eau de Barèges; il en est de même du massicot.

La gomme gutte délayée dans l'eau, donne un lait jaune qui rougit par l'addition de l'ammoniaque ou alcali volatil : jetée sur les charbons rouges, elle se ramollit, puis brûle avec flamme et laisse un résidu de charbon et de cendres.

COULEURS ROUGES.

Le vermillon ou sulfure de mercure, jeté sur les charbons rouges bien ardents, brûle avec une flamme bleue pâle, et produit la même odeur que la partie soufrée d'une allumette, pendant sa combustion : une pièce de cuivre rouge nettoyée au grès, étant tenue au-dessus de la fumée ou vapeur blanche, se couvre d'une couche blanchâtre de mercure métallique.

Le carmin mêlé de vermillon se comporte de la même manière.

Le minium ou oxyde de plomb se comporte comme le massicot et la céruse.

COULEURS VERTES.

Les verts de schweinfurt, de schéele et métis sont des arsénites de cuivre ; mis en contact dans un verre avec de l'ammoniaque ou alcali volatil, ils s'y dissolvent, en donnant lieu à une liqueur bleue.

Quand on en jette une pincée sur des charbons rouges, ils produisent une fumée blanche qui a une odeur d'ail très-prononcée : on doit s'abstenir de respirer longtemps cette fumée.

Les papiers coloriés avec ces substances se décolorent au contact de l'ammoniaque : une goutte suffit pour blanchir le papier dans le point qu'elle touche, et elle prend instantanément la couleur bleue. Enfin, ces papiers, en brûlant, dégagent l'odeur d'ail, et les cendres qu'ils laissent ont une teinte rougeâtre, et sont constituées, en grande partie, par du cuivre métallique.

COULEURS BLEUES.

Les cendres bleues (oxyde ou carbonate hydraté de cuivre) donnent, avec l'ammoniaque, une couleur bleue.

L'outremer pur ne colore pas ce liquide; mais quand il a été falsifié par le carbonate hydraté de cuivre, il acquiert la propriété de donner la couleur bleue, qui est caractéristique de la présence d'un composé cuivreux.

FEUILLES DE CHRYSOCALQUE.

Elles se dissolvent peu à peu dans l'ammoniaque, qui se colore promptement en bleu.

Vu les avis et instructions qui précèdent pour être annexés à notre ordonnance du 22 septembre 1841.

Le conseiller d'Etat, préfet de police, G. DELESSERT.

N° 1780.—*Ordonnance concernant le balayage et la propreté de la voie publique* (1).

Paris, le 28 septembre 1841.

---

(1) V. les ord. des 1er avril 1843 et 10 octobre 1844.

Nᵒ **1781**. — *Ordonnance concernant l'ouverture et la police de l'abattoir et de l'atelier d'équarrissage établis par la ville de Paris, à Aubervilliers* (1).

Paris, le 15 octobre 1841.

Nous, conseiller d'État, préfet de police,

Vu, 1° l'ordonnance de police du 24 août 1811, concernant les équarrisseurs;

2° L'ordonnance royale en date du 2 juillet 1839, qui autorise la ville de Paris à établir, dans la plaine des Vertus, commune d'Aubervilliers, au lieu dit *le Pilier* (Seine), un abattoir et un atelier d'équarrissage destinés à remplacer les clos d'équarrissage de Montfaucon;

3° Le rapport du conseil de salubrité, en date du 29 novembre 1839;

4° Notre arrêté du 19 octobre 1839, portant suppression des clos d'équarrissage de Montfaucon, à compter du jour de l'ouverture de l'abattoir d'Aubervilliers;

Ensemble l'arrêté de M. le pair de France, préfet de la Seine, du 27 septembre dernier, portant injonction à ceux des équarrisseurs de Montfaucon, établis sur les terrains appartenant à la ville de Paris, de quitter les lieux dans les vingt-quatre heures de l'ouverture de l'abattoir d'Aubervilliers;

5° Les rapports en date des 6 octobre 1840 et 16 août 1841, par lesquels les commissions que nous avions nommées à cet effet constatent que les conditions prescrites par l'ordonnance royale précitée sont exécutées, et que rien ne s'oppose à l'ouverture de l'abattoir et de l'atelier d'équarrissage d'Aubervilliers;

6° La lettre en date du 11 septembre 1841, par laquelle M. le pair de France, préfet de la Seine, nous fait connaître qu'il a procédé à la réception de cet établissement;

7° La loi des 16—24 août 1790;

8° Les arrêtés du gouvernement des 12 messidor an VIII (1ᵉʳ juillet 1800) et 3 brumaire an IX (25 octobre 1800);

9° Le décret du 17 mai 1809, article 156,

Ordonnons ce qui suit:

§ 1ᵉʳ. — Ouverture de l'abattoir et dispositions relatives aux équarrisseurs.

1. L'abattoir et l'atelier d'équarrissage établis par la ville de Paris, à Aubervilliers, seront ouverts le 1ᵉʳ novembre prochain.

2. Tout équarrisseur autorisé conformément aux règlements, pourra exercer son état dans l'abattoir d'Aubervilliers.

A cet effet, il devra nous adresser une demande indicative des procédés d'après lesquels il désire exploiter son industrie.

3. Il ne sera admis, dans les bâtiments du nord, que les équarrisseurs qui voudront exploiter d'après les procédés du concessionnaire, soit dans les cases consacrées à l'exploitation commune, soit dans l'une des deux cases particulières.

Tous autres équarrisseurs seront admis dans les bâtiments du midi, où ils pourront employer, soit le procédé du concessionnaire, conformément à l'article 25 ci-après, soit tout autre procédé autorisé par nous.

Dans le cas où leurs opérations exigeraient des constructions de machines, de fourneaux, etc., ils devront, en outre, se pourvoir

_____

(1) V. l'ord. du 15 sept. 1842.

de la permission de M. le préfet de la Seine, pour ces constructions.

Les locataires occupant les deux cases particulières des bâtiments du nord, ainsi que les locataires des cases des bâtiments du midi, seront tenus des réparations locatives et même de toutes autres réparations; mais, pour ces dernières, dans le cas seulement où elles seraient occasionnées par des dégradations provenant de leur fait ou de leur négligence ; lesdits locataires des deux cases des bâtiments du nord seront, en outre, tenus des mêmes réparations relativement aux cuves et à la conduite de vapeur qui en dépend.

4. Les animaux destinés à l'équarrissage, une fois entrés dans l'abattoir, ne pourront plus en sortir sous aucun prétexte. Ils devront rester sous les hangars qui leur seront destinés.

5. Quand les animaux vivants passeront la nuit dans l'abattoir, il sera donné une botte de foin de cinq kilogrammes à chaque cheval ou mulet, et une demi-botte de foin à chaque âne.

6. Chaque hangar servant d'écurie sera nettoyé tous les matins par l'équarrisseur ; les fumiers seront portés au dehors.

Aucun débris animal ne pourra être mêlé à ces fumiers.

7. Tout animal mort, apporté dans le jour, sera équarri aussitôt et sans désemparer.

Tout animal mort, apporté le soir ou la nuit, sera équarri le lendemain et aussi sans désemparer.

8. Chaque équarrisseur ne devra faire abattre que le nombre d'animaux qu'il lui sera possible d'équarrir dans la journée.

Tous les produits provenant de l'équarrissage du jour et que l'équarrisseur voudra utiliser, seront enlevés des cases d'équarrissage avant la nuit, pour être conduits dans des établissements autorisés.

9. Il est défendu aux équarrisseurs de laisser séjourner dans les ateliers d'exploitation et dans les cours aucune substance animale non désinfectée.

De plus, il est défendu d'y faire des amas de suifs, graisses, dégras, ratis de cuirs, de peaux en vert et en manchons, et de bourres.

10. Il est défendu de faire écouler le sang des animaux abattus autre part que dans des cuvettes à ce destinées.

11. Les futailles apportées pour enlever le sang ne devront ni embarrasser les cases d'équarrissage, ni être placées dans les ateliers d'exploitation.

Les futailles pleines devront être enlevées tous les jours, de manière à ne pas séjourner plus de vingt-quatre heures dans l'abattoir. Elles devront être nettoyées à l'extérieur avec de la poudre désinfectante, ou par tout autre procédé aussi efficace, de manière à ne donner aucune odeur.

Tous autres instruments destinés à enlever les produits frais ou fabriqués devront être tenus dans le plus grand état de propreté.

12. Sous aucun prétexte, les charrettes d'enlèvement des animaux morts, non plus que celles destinées à l'enlèvement des produits des ateliers d'exploitation, ne pourront stationner dans les cours que dans les moments de leur emploi.

Les chevaux de service ne pourront être placés, même momentanément, sous les hangars qui recevront les chevaux destinés à l'équarrissage.

13. Les équarrisseurs et leurs garçons ne pourront laisser dans les cours les ustensiles servant à leurs travaux ; ils devront les serrer dans l'atelier qui leur sera destiné : il en sera de même de leurs vêtements de travail. Tout devra être maintenu dans l'état le plus convenable de propreté.

14. Toutes les matières provenant des animaux équarris seront, dans

les vingt-quatre heures qui suivront l'abatage des animaux, transformées en produits non putrescibles, ou désinfectées, ou enlevées de l'établissement dans des voitures couvertes et bien closes, et avec toutes autres précautions qui pourront être prescrites dans l'intérêt de la salubrité.

L'inspecteur devra visiter les voitures lors de leur sortie de l'établissement.

15. Les équarrisseurs qui emploieront le procédé du concessionnaire, achèveront l'équarrissage de leurs animaux à quatre heures en hiver, et à cinq heures en été. Ils ne pourront, sous aucun prétexte, faire ouvrir les cuves à vapeur une fois que la vapeur y sera introduite; ils devront attendre que l'opération soit complétement terminée.

16. Les équarrisseurs pourront abandonner au concessionnaire, sans être obligés de les désinfecter, tous les produits ou résidus qu'ils voudront.

17. Les garçons équarrisseurs, pour être admis dans l'établissement, devront être pourvus d'un livret. Ce livret sera déposé chez l'inspecteur de l'abattoir.

18. L'équarrisseur et ses garçons auront chacun un pantalon et une veste de travail dont ils se vêtiront avant de se mettre à l'ouvrage et avec lesquels ils ne pourront sortir de l'abattoir.

19. Il est défendu aux garçons équarrisseurs de détruire ou dégrader aucun objet dépendant de l'abattoir et spécialement les tuyaux, robinets, tampons, comme aussi de laisser ouvert aucun robinet sans nécessité.

Les maîtres sont responsables des dégâts faits par leurs agents ou ouvriers.

20. Il est défendu de rien écrire, tracer ou crayonner sur les murs et sur les portes, soit en lettres, soit en figures, portraits ou images quelconques.

21. Toute espèce de jeux de hasard et autres sont expressément interdits dans l'intérieur de l'abattoir.

22. Il est expressément défendu aux garçons équarrisseurs de coucher dans les ateliers d'exploitation, dans les cases d'équarrissage, et même dans les hangars ou écuries destinées soit aux chevaux à abattre, soit aux chevaux de service.

L'usage des chandeliers, bougeoirs, martinets, lampes à la main, est absolument interdit dans les ateliers d'exploitation, écuries et greniers à fourrages.

Dans le cas où des fourneaux seraient autorisés dans les ateliers, il est défendu d'en retirer le bois ou le charbon enflammé, pour l'éteindre au dehors.

A la fin des opérations partielles, les feux devront être éteints, et les étouffoirs devront être parfaitement clos.

Il est défendu d'entrer dans le local de la machine à vapeur et des chaudières.

23. Les garçons équarrisseurs qui, par leur conduite, donneraient lieu à des plaintes graves dans l'abattoir, pourront être renvoyés provisoirement par l'inspecteur.

§ 2. — Du concessionnaire de l'abattoir.

24. Le concessionnaire entretiendra en bon état toutes les conduites d'eau, de manière que l'eau ne manque jamais dans les divers ateliers.

25. Il sera tenu de fournir les cuves et la vapeur aux équarrisseurs qui travailleront dans les bâtiments du nord, soit dans les trois cases affectées à l'exploitation commune et à celle du concessionnaire, dites atelier commun, soit dans les cases particulières desdits bâtiments du nord.

Ces cuves seront constamment entretenues par lui en bon état, et le nombre en sera augmenté dans l'atelier commun, selon les besoins du service, à toute réquisition de notre part.

Le concessionnaire sera également tenu de fournir la vapeur à ceux des équarrisseurs des bâtiments du midi qui voudraient employer son procédé, mais à la charge, par ces derniers, de faire établir les cuves à leurs frais, et de régler à l'amiable avec le concessionnaire les frais de l'emploi de la vapeur.

26. Chaque soir, après la cessation des travaux, il sera tenu de faire enlever des cases d'équarrissage, des cours de service et des ateliers d'exploitation, tous les débris abandonnés; il sera tenu de faire désinfecter immédiatement tous ces débris; il fera ensuite nettoyer et laver à fond toutes les parties de l'abattoir.

Si la salubrité de l'établissement exigeait que ce nettoyage eût lieu deux fois par jour, il serait obligé de l'opérer.

27. Il en sera de même des rues, des latrines, des rigoles d'écoulement. Toutes les parties de l'établissement devront être tenues par le concessionnaire dans le plus grand état de propreté, balayées et nettoyées autant de fois qu'il sera nécessaire.

28. Il aura soin d'entretenir constamment pleins les réservoirs destinés à fournir de l'eau à l'établissement.

Les eaux de lavage du clos d'équarrissage seront, avant leur sortie de l'établissement, désinfectées par des procédés au moins aussi puissants que ceux qui sont employés à l'amphithéâtre de Clamart, et ce, à la charge du concessionnaire.

Dans le cas où les moyens de filtration de Clamart seraient reconnus insuffisants, le concessionnaire sera tenu de noyer les eaux de lavage avec la quantité d'eau douce que l'administration jugera nécessaire pour que les inconvénients actuels de la rigole d'assainissement ne soient pas augmentés.

Il devra laver et nettoyer toutes les fois que cela sera reconnu nécessaire, la rigole d'embranchement qui conduit les eaux de lavage de l'abattoir à la rigole d'assainissement de la plaine Saint-Denis.

29. Les détritus et matières stercorales qui n'auront pas été immédiatement désinfectés et transportés hors de l'établissement seront, ainsi que tous les débris abandonnés, déposés aux voiries de l'abattoir, où le concessionnaire les fera désinfecter journellement.

Les vidanges des voiries devront avoir lieu tous les jours, à la charge du concessionnaire.

30. Le concessionnaire devra désinfecter, immédiatement et sans rétribution, toutes les substances animales, malsaines, envoyées à l'abattoir et qui lui seraient abandonnées.

31. Tous les animaux morts ou vivants apportés ou amenés à l'abattoir, et qui seraient abandonnés au concessionnaire, devront être équarris, et les produits désinfectés par ses soins.

32. Le concessionnaire présentera à notre approbation un règlement particulier pour l'ordre des travaux de l'atelier commun, dans le délai qui permettra de reconnaître par expérience les dispositions les plus convenables pour ces travaux.

§ 3. — Tarif des droits à payer dans l'abattoir, conformément à la délibération du conseil municipal de Paris, approuvée par l'ordonnance royale du 21 novembre 1837, et au traité passé entre le concessionnaire de l'abattoir et la ville de Paris, le 28 avril 1840.

33. Il sera payé au concessionnaire, par les équarrisseurs et autres personnes autorisées par l'administration, et sauf les cas exceptionnels ci-après mentionnés, les droits dont le détail suit :

Droit d'abatage ou d'exploitation.

Pour chaque cheval mort ou vivant, bœuf, vache..	3 fr.	»
Pour chaque mule, mulet, cochon, âne.....	1	50
Pour tous les autres petits animaux, chiens, chats...	»	10 par tête.
Pour les viandes malsaines.	2	50 par 100 kil.

Ces droits seront dus pour toute exploitation, soit dans les cases de l'atelier commun, soit dans les cases particulières du nord et du midi.

Droit de cuisson pour la fourniture de la vapeur et l'usage de la cuve.

Pour chaque cheval, bœuf, vache, mule, mulet, cochon, âne...........................	1 fr.	50
Pour tous les autres petits animaux, chiens, chats, etc....................................	»	10 par tête.
Pour les viandes malsaines.	2	50 par 100 kil.

Ce droit n'étant applicable qu'à la fourniture de la vapeur, il est entendu que les exploitants qui occuperont à location des cases dans les bâtiments du midi en seront exempts, à moins qu'ils ne jugent convenable de faire usage de vapeur, auquel cas les frais à ce sujet seront réglés à l'amiable entre le concessionnaire et les exploitants.

Droit de location.

Pour location annuelle d'une case particulière ou atelier d'équarrissage.	500 fr.
Pour location annuelle d'une double case.	1,000

Ce droit s'appliquera tant aux cases des bâtiments du nord qu'à celles du bâtiment du midi.

54. Il ne sera dû aucun droit d'exploitation ni de cuisson pour tous les objets portés au tarif qui seraient amenés dans l'abattoir par des personnes qui n'y auraient pas une exploitation. Cette exception aura lieu seulement lorsque l'abandon de ces objets sera fait au concessionnaire, lequel sera tenu, dans tous les cas, de les recevoir.

Cette règle s'appliquera à tous les objets qui seront envoyés par la police au concessionnaire.

55. Le concessionnaire devra se conformer aux fixations ci-dessus établies, et il ne pourra, en aucun cas, augmenter le tarif, mais il aura le droit de le réduire, s'il le juge convenable.

§ 4. — Du pavillon d'autopsie judiciaire.

56. L'équarrisseur qui aura déposé dans le pavillon d'autopsie, le corps d'un animal faisant le sujet d'une contestation ou d'une enquête judiciaire devra, dès que les formalités judiciaires seront remplies, équarrir le corps et en enlever les diverses parties.

Le concessionnaire fera aussitôt après nettoyer le local.

57. Si l'expert ou les experts chargés de faire l'autopsie, demandaient que quelques parties du corps fussent conservées, le concessionnaire, d'accord avec l'inspecteur et lesdits experts, prendrait à ses frais, sauf son recours contre qui de droit, toutes les précautions pour que cette conservation n'eût pas d'inconvénient sous le rapport de la salubrité.

38. Aucune opération, autre que celles qui sont mentionnées en l'article 36, ne pourra avoir lieu dans ledit pavillon, sans notre autorisation.

39. Le pavillon d'autopsie ne pourra servir à d'autres opérations, que les jours où il ne serait point utile pour l'autopsie, ou pour la conservation d'animaux faisant le sujet d'instances commerciales ou judiciaires.

40. L'entretien de la propreté dans le pavillon d'autopsie sera toujours à la charge du concessionnaire.

§ 5. — De l'inspecteur de l'abattoir.

41. L'abattoir et l'atelier d'équarrissage seront sous la surveillance permanente d'un inspecteur spécialement chargé de la police de l'établissement.

42. L'inspecteur occupera un des pavillons construits à l'entrée de l'abattoir.

43. Il tiendra un registre où seront inscrits, jour par jour, et en les distinguant par espèce, les animaux morts ou vivants qui seront amenés à l'abattoir pour y être équarris.

44. Il fournira à la préfecture de police, chaque semaine, un état certifié par lui, des animaux abattus et équarris.

45. Dans le cas où plusieurs animaux de la même espèce seraient morts en peu de temps d'une maladie qui présenterait les mêmes caractères, et qui pourrait donner lieu de craindre une épizootie, l'inspecteur nous en préviendra sans retard.

46. Il ne pourra s'absenter de l'établissement sans notre permission.

47. Dans le cas où il renverrait provisoirement de l'établissement un garçon équarrisseur dont la conduite donnerait lieu à des plaintes graves dans l'abattoir, il devra nous rendre compte, dans les vingt-quatre heures, et par écrit, du motif du renvoi.

§ 6. — Dispositions générales.

48. Les convois de chevaux à abattre devront se rendre directement et sans s'arrêter, à l'abattoir; ils ne pourront traverser Paris que de minuit à six heures du matin dans l'été, et à huit heures du matin en hiver.

La charrette de l'équarrisseur devra accompagner le convoi.

Les animaux qui seront dirigés du marché aux Chevaux sur l'abattoir, devront suivre, pour y arriver, l'itinéraire suivant: les boulevards, le pont d'Austerlitz, la rue de la Contrescarpe, les quais du canal Saint-Martin jusqu'à la barrière de Pantin, et le chemin de ronde, extrà-muros, jusqu'à la barrière des Vertus.

49. Aucune personne étrangère aux opérations de l'abattoir ne pourra y entrer sans notre permission.

50. Aucun animal ne pourra être introduit dans l'abattoir à l'exception de ceux qui devront être équarris ou qui seront employés au service de l'établissement.

51. Il est défendu d'élever ou d'entretenir dans l'abattoir aucuns porcs, pigeons, lapins, volailles, chèvres, moutons, etc.

Il est expressément défendu d'y faire des asticots.

52. Les dispositions de la présente ordonnance seront exécutées sans préjudice de toutes celles que la mise en activité des opérations dans l'abattoir nous fera reconnaître nécessaires au bien du service et à la salubrité.

53. La présente ordonnance devra être constamment affichée, ainsi que l'ordonnance royale précitée du 2 juillet 1839, tant à l'extérieur qu'à l'intérieur de l'abattoir.

54. Les contraventions aux dispositions de la présente ordonnance seront déférées aux tribunaux compétents, sans préjudice des mesures administratives qu'il y aurait lieu de prendre suivant les cas.

55. Les sous-préfets des arrondissements de Sceaux et de Saint-Denis, les maires et les commissaires de police des communes rurales, les commissaires de police de la ville de Paris, le chef de la police municipale, les officiers de paix, le directeur de la salubrité, l'inspecteur général des halles et marchés, l'inspecteur de l'abattoir et les autres préposés de la préfecture de police sont chargés, chacun en ce qui le concerne, de l'exécution de la présente ordonnance, qui sera imprimée et affichée dans toute l'étendue du ressort de la préfecture de police.

Elle sera, en outre, adressée à M. le colonel de la garde municipale de Paris, et à M. le commandant de la gendarmerie du département de la Seine, pour qu'ils en assurent l'exécution par tous les moyens qui sont en leur pouvoir.

Les préposés de l'octroi sont requis de concourir à l'exécution de l'article 48 de la présente ordonnance qui, à cet effet, sera adressée à M. le directeur, président du conseil de l'administration de l'octroi.

Ampliation de la présente ordonnance sera adressée à M. le pair de France, préfet du département de la Seine.

Le conseiller d'Etat, préfet de police, G. DELESSERT.

———————————◇———————————

N° **1782.** — *Arrêté qui règle toutes les opérations relatives au numérotage et à l'effaçage des voitures sous remise offertes au public pour marcher à l'heure et à la course* (1).

Paris, le 28 octobre 1841.

Nous, conseiller d'Etat, préfet de police,

Vu, 1° notre ordonnance du 28 août 1837, concernant les voitures sous remise offertes au public pour marcher à l'heure et à la course;

2° Notre arrêté du 31 du même mois, qui a chargé le sieur Bailly, peintre de la préfecture de police, du numérotage des voitures sous remise, prescrit par ladite ordonnance, et a fixé le prix de ce numérotage à 75 centimes par voiture;

3° Les rapports du contrôleur de la fourrière;

4° Les avis collectifs de l'architecte et du vérificateur de la préfecture de police;

5° La soumission présentée par le sieur Bailly, peintre de la préfecture;

6° Le rapport du chef de la 2ᵉ division;

Considérant que notre ordonnance précitée, du 28 août 1837, qui a assujetti à un numérotage les voitures sous remise offertes au public pour marcher à l'heure et à la course, a déterminé la forme et la dimension des numéros, mais n'a réglé aucune des opérations qui se rattachent au numérotage et à l'effaçage de ces sortes de voitures;

Considérant, en outre, qu'il est nécessaire d'apporter, dans les dis-

_____

(1) Rapporté. V. l'ord. du 6 oct. 1843.

positions qui ont été ordonnées jusqu'à ce jour, pour le numérotage
et l'effaçage des voitures sous remise, toutes les modifications dont
l'expérience a fait reconnaître l'utilité,

Arrêtons ce qui suit :

1. Toutes les opérations relatives au numérotage et à l'effaçage des
voitures sous remise, offertes au public pour marcher à l'heure et à
la course, seront faites, sous la direction et la surveillance du contrôleur de la fourrière, par le sieur Bailly, peintre de la préfecture de
police.

2. Jusqu'à nouvel ordre, les opérations dont il s'agit auront lieu
sur le quai des Orfèvres, devant le bureau du peintre et en présence
de l'un des experts des voitures publiques, ou de tel autre préposé
attaché à la fourrière et désigné à cet effet par le contrôleur.

Mais, aussitôt que le local le permettra, ces opérations devront être
faites à la fourrière même, où le peintre de la préfecture se tiendra
constamment.

3. Le numéro qui sera affecté à chaque voiture sous remise devra
être peint en chiffres arabes rouges, de cinq centimètres et demi de
hauteur sur huit millimètres de plein, au moins.

Ce numéro sera apposé, en ce qui concerne les voitures sous remise,
dites carrosses à deux chevaux, ou à un cheval, et coupés, sur le panneau de derrière, dit de lunette, et sur les deux panneaux de côté,
dits de custode, de chacune de ces voitures.

En ce qui concerne les voitures dites calèches, landaus et cabriolets, à deux et à quatre roues, le numéro sera placé sur le derrière
et les deux côtés de la caisse de chacune de ces voitures.

Le numéro de chaque voiture sous remise sera répété, en couleur
rouge, sur la plaque indicative du tarif dont il est question en l'article 31 de notre ordonnance précitée du 28 août 1837.

Les chiffres de ce numéro (qui sera estampillé d'un poinçon ayant,
en hauteur comme en largeur, quarante millimètres) devront avoir
quinze millimètres de hauteur et cinq millimètres de plein au moins.

4. Les numéros apposés à l'extérieur des voitures sous remise ne
pourront être changés sans notre autorisation.

Ils seront estampillés d'un poinçon ayant, en hauteur comme en
largeur, vingt millimètres.

Les entrepreneurs devront faire exécuter, dans leurs établissements
et à leurs frais, le numérotage prescrit pour l'intérieur de leurs voitures, en se conformant strictement aux obligations qui sont imposées, à cet égard, par l'article 3.

5. Lorsqu'une voiture hors de service sera retirée de la circulation
et remplacée par une autre en bon état, ces deux voitures devront
être conduites, soit sur le quai des Orfèvres, devant le bureau du
peintre, soit à la fourrière de la préfecture de police, où les dispositions nécessaires seront exécutées sur chacune d'elles.

Cependant les entrepreneurs pourront faire effacer, dans l'intérieur de leurs établissements, le numéro de la voiture hors de service, mais ils seront tenus de justifier de cet effaçage.

6. Aucune voiture sous remise, offerte au public pour marcher à
l'heure ou à la course, ne pourra être numérotée, avant qu'elle ait été
visitée par les experts attachés à la préfecture de police, et qu'il ait
été reconnu qu'elle est entièrement conforme aux dimensions et conditions prescrites pour la construction de ces voitures.

Les experts apposeront une estampille de couleur rouge sur l'un
des panneaux de côté, au-dessous du numéro de chaque voiture qui
sera soumise à leur expertise, et qui réunira toutes les conditions
exigées.

7. Aucun effaçage ou numérotage ne pourra être effectué par le peintre que sur la justification, par l'entrepreneur, d'une feuille d'effaçage ou de numérotage, délivrée à la préfecture de police (2e division, 3e bureau).

L'expert des voitures ou le préposé de la fourrière en présence duquel l'effaçage ou le numérotage aura eu lieu certifiera, sur la feuille dont il est question au paragraphe précédent, que l'opération a été faite conformément aux dispositions déterminées par le présent arrêté.

Toutefois, la mesure prescrite ci-dessus n'est pas applicable aux effaçages qui auront lieu dans les cas exceptionnels prévus par le 2e § de l'article 5 du présent arrêté.

8. Les poinçons prescrits par les articles 3 et 4 du présent arrêté ne pourront être apposés sur les numéros que par l'expert des voitures ou le préposé de la fourrière en présence duquel le numérotage aura été effectué, et lorsque cet expert ou ce préposé aura reconnu que les numéros sont entièrement conformes aux dispositions déterminées par l'article 3.

9. Le peintre de la préfecture devra se conformer strictement, pour la pose et l'effaçage des numéros des voitures sous remise, aux dispositions prescrites par les articles 3, 4, 6, 7 et 8 du présent arrêté.

Il lui est formellement interdit de numéroter les voitures qui ne seraient pas revêtues de l'estampille dont il est question en l'article 6.

10. La dépense qu'occasionnera la pose des poinçons dont il est question en l'article 8 sera à la charge de la préfecture de police.

Elle sera acquittée sur mémoires présentés, certifiés et réglés en la forme ordinaire.

11. Le numérotage et l'effaçage des voitures sous remise, offertes au public pour marcher à l'heure et à la course, continueront d'être effectués aux frais de la préfecture de police.

Le prix du numérotage et de l'effaçage est fixé à 60 centimes par voiture.

A la fin de chaque trimestre, le peintre de la préfecture de police nous présentera, pour servir au payement de la somme qui lui sera due, un état certifié par lui des voitures qu'il aura numérotées ou effacées.

Cet état sera, en outre, vérifié et certifié par le contrôleur de la fourrière, qui joindra à l'appui les feuilles de numérotage délivrées pour chaque voiture.

12. Notre ordonnance précitée du 28 août 1837 continuera de recevoir son exécution, en tout ce qui n'est pas contraire aux dispositions qui précèdent.

Notre arrêté du 31 du même mois est rapporté.

13. Le présent arrêté, qui devra être constamment affiché à la fourrière, sera imprimé et notifié à tous les entrepreneurs de voitures sous remise.

Il sera adressé au chef de la police municipale et au contrôleur de la fourrière, qui seront chargés, chacun en ce qui le concerne, de tenir la main à son exécution.

Ampliation en sera remise au bureau de la comptabilité.

Le conseiller d'Etat, préfet de police, G. DELESSERT.

N° **1783**.   *Ordonnance concernant l'affichage dans Paris.*

Paris, le 8 novembre 1841.

Nous, conseiller d'Etat, préfet de police,

Vu les lois des 16—24 août 1790 et 22 juillet 1791 (article 46);

L'arrêté des consuls du 12 messidor an 8 (1er juillet 1800), article 22;

Et l'article 471, n° 15, du Code pénal;

Considérant que l'affichage aux angles des rues, places, carrefours, quais et boulevards de la capitale, est contraire à la sûreté publique, en occasionnant dans les rues étroites et fréquentées des rassemblements qui embarrassent la circulation et occasionnent des accidents;

Considérant que l'affichage des spectacles, bals et concerts s'est toujours fait sur des emplacements exclusivement réservés à ces sortes d'annonces;

Considérant que, contrairement à cet usage, les affiches de l'espèce ci-dessus désignée sont apposées journellement avec des annonces de toute nature, sur les emplacements destinés à recevoir les affiches de spectacles, bals et concerts;

Considérant que la réunion de toute espèce d'annonces, aux affiches de spectacles, bals et concerts, contribue à augmenter et à prolonger sur la voie publique des rassemblements qui nuisent à la circulation et peuvent causer des accidents;

Considérant, enfin, que s'il importe de faciliter la publicité des annonces par la voie des affiches, il n'importe pas moins de la dégager des inconvénients qu'elle peut présenter pour la liberté de la circulation,

Ordonnons ce qui suit:

1. A compter du jour de la publication de la présente ordonnance, et à l'avenir, défense expresse est faite, aux afficheurs et à toute personne, d'apposer ou de peindre des affiches aux angles des rues, places, carrefours, quais et boulevards de la capitale, ainsi que dans les cinq mètres de distance, à partir desdits angles.

2. Les affiches de spectacle, bals et concerts, ne pourront être apposées, dans Paris, que sur les emplacements où nous aurons reconnu que cet affichage ne peut nuire à la circulation.

3. Il est interdit aux afficheurs et à toute personne d'apposer sur les emplacements où se fera l'affichage des spectacles, bals et concerts, et à cinq mètres de distance desdits emplacements, des affiches et annonces étrangères aux entreprises de théâtres, bals et concerts.

4. L'affichage est formellement interdit la nuit.

5. Il est défendu aux afficheurs de se servir, pour la pose de leurs affiches, d'échelles dont la hauteur dépasserait deux mètres cinquante centimètres.

6. Les ordonnances de police des 12 décembre 1830 et 4 août 1836, concernant les afficheurs, continueront à recevoir leur exécution.

7. Les contraventions aux dispositions de la présente ordonnance seront constatées par des procès-verbaux et les contrevenants seront traduits devant le tribunal de simple police.

8. La présente ordonnance sera imprimée, publiée et affichée dans Paris.

Le chef de la police municipale, les commissaires de police à Paris, les officiers de paix et les préposés de la préfecture de police sont chargés d'en surveiller et assurer l'exécution.

Elle sera adressée au colonel de la garde municipale de Paris, pour le mettre à portée de concourir à son exécution, et de prêter main-forte, au besoin, aux officiers de police agissant pour son exécution.

Le conseiller d'Etat, préfet de police, **G. DELESSERT.**

N° 1784. — *Arrêté qui prescrit la réimpression de l'ordonnance de police du 1ᵉʳ avril 1832, concernant les mesures de salubrité à observer dans les halles et marchés.*

Paris, le 6 décembre 1841.

N° 1785. — *Arrêté concernant la fixation des rétributions résultant du dépôt des cannes et autres objets, dans les théâtres et les établissements publics* (1).

Paris, le 10 décembre 1841.

Nous, conseiller d'Etat, préfet de police,
Vu la loi des 16 et 24 août 1790;
L'arrêté des consuls du 12 messidor an VIII (1ᵉʳ juillet 1800) (art. 12);
L'ordonnance du 12 février 1828, sur la police des théâtres;
Celle du 31 mai 1833, sur la police des bals et des salles de concerts publics;
Considérant que le dépôt des cannes, armes et parapluies dans les théâtres et les salles de bals et concerts, donne lieu à des rétributions abusives envers les personnes qui y déposent ces objets;
Considérant que, s'il est de principe que tout service rendu au public donne droit à percevoir une rétribution quelconque, il est du devoir de l'autorité de n'en pas abandonner la fixation au caprice et à l'arbitraire des préposés aux dépôts des objets ci-dessus spécifiés,
Arrêtons ce qui suit:
1. A dater du présent arrêté et à l'avenir, les préposés des directeurs de théâtres, des salles de bals et de concerts, chargés de recevoir en dépôt les cannes, armes, parapluies, manteaux ou tout autre vêtement des personnes qui se rendent dans ces établissements publics, ne pourront percevoir, à titre de salaire pour la garde du dépôt desdits objets, que les rétributions ci-après, savoir:

Pour une canne .... 10 cent.
— un parapluie.................................... 10
— une épée....................................... 10
— un sabre....................................... 10
— un manteau ou autre vêtement................... 25

2. Les rétributions ci-dessus fixées devront être payées au moment où s'effectuera le dépôt des objets décrits ci-dessus.
3. Il sera délivré par les dépositaires, en échange des objets qui leur seront déposés, des numéros.

---

(1) V. l'ord. du 30 mars 1844.

Ces numéros énonceront le titre du théâtre ou de l'établissement public, ainsi que la nature de l'objet déposé.

4. La restitution des objets qui auront été déposés s'opérera sur la remise du numéro de dépôt par la personne qui en sera porteur.

5. Les dépositaires devront conserver et restituer les objets qui leur seront confiés, conformément aux dispositions du Code civil.

6. Lorsque ces objets auront été déposés dans les bals de nuit qui ont lieu dans les théâtres ou autres établissements publics, les rétributions déterminées par l'article 1er du présent arrêté seront payées double.

7. Les contraventions au présent arrêté seront constatées par les commissaires de police et déférées au tribunal de simple police.

8. Le présent arrêté sera imprimé et affiché dans les bureaux et vestiaires destinés à recevoir les objets en dépôt.

Il sera, en outre, notifié à tout directeur de théâtres, bals et concerts dont les salles sont situées dans Paris et dans la banlieue, ainsi qu'aux personnes préposées par eux au dépôt des objets désignés par les ordonnances de police des 12 février 1828 et 31 mai 1833.

9. Le chef de la police municipale, les commissaires de police, les officiers de paix de la ville de Paris, et les commissaires de police de la banlieue sont chargés, chacun en ce qui le concerne, de tenir la main à l'exécution du présent arrêté.

Le conseiller d'Etat, préfet de police, G. DELESSERT.

N° **1786.** — *Ordonnance concernant les neiges et glaces* (1).

Paris, le 23 décembre 1841.

N° **1787.** — *Ordonnance concernant la vérification périodique des poids et mesures* (2).

Paris, le 31 décembre 1841.

---

(1) V. l'ord. du 7 déc. 1842.
(2) V. les ord. des 23 déc. 1842, 1er déc. 1843 et 4 déc. 1844.

1842.

No **1788**. — *Ordonnance concernant la police des masques* (1).

Paris, le 3 février 1842.

No **1789**. — *Arrêté concernant les mesures d'ordre à observer à l'occasion du Carnaval dans la ville de Saint-Denis et dans toutes les communes de l'arrondissement de Saint-Denis* (2).

Paris, le 4 février 1842.

No **1790**.—*Ordonnance concernant la prohibition de la chasse* (3).

Paris, le 18 février 1842.

No **1791**. — *Arrêté qui fixe les dimensions et conditions d'après lesquelles les voitures sous remise, offertes au public pour marcher à l'heure et à la course, devront être construites à l'avenir.*

Paris, le 25 février 1842.

Nous, conseiller d'Etat, préfet de police,

Vu 1° les articles 27 et 28 de notre ordonnance du 28 août 1837, relatifs aux dimensions et conditions d'après lesquelles les voitures sous remise, offertes au public pour marcher à l'heure et à la course, doivent être construites;

2° Les rapports du contrôleur de la fourrière et des experts des voitures publiques;

3° Le rapport du chef de la 2e division;

Considérant qu'il y a lieu d'apporter, dans les dimensions et conditions qui ont été prescrites jusqu'à ce jour pour la construction des voitures dont il s'agit, toutes les modifications et dispositions dont l'expérience a fait reconnaître la nécessité ou l'utilité,

Arrêtons ce qui suit :

1. A l'avenir, toutes les voitures sous remise, offertes au public pour marcher à l'heure et à la course, devront être construites d'après les dimensions et conditions indiquées dans le tableau ci-après :

---

(1) V. les ord. des 23 fév. 1843 et 13 février 1844.
(2) V. l'arr. du 23 fév. 1843.
(3) V. les ord. des 23 fév. 1843, 19 février et 13 mai 1844.

Dimensions intérieures et extérieures des voitures sous remise offertes au public, pour marcher à l'heure et à la course.

Numéros d'ordre.		MINIMUM.							MAXIMUM.						
		CARROSSES		COUPÉS.	CALÈCHES à 1 cheval, et PHAÉTONS.	CABRIOLETS		TILBURYS et BOGGEYS.	CARROSSES		COUPÉS.	CALÈCHES à 1 cheval, et PHAÉTONS.	CABRIOLETS		TILBURYS et BOGGEYS.
		à 2 chevaux.	à 1 cheval.			à 4 roues.	à 2 roues.		à 2 chevaux.	à 1 cheval.			à 4 roues.	à 2 roues.	
	CAISSE.														
1	Hauteur de la caisse, mesurée en dedans, du fond de la cave à l'impériale.....	1 48	1 48	1 48	»	»	»	»	»	»	»	»	»	»	»
2	Hauteur de la caisse, mesurée en dedans, du fond de la cave au cerceau du milieu..............	»	»	»	1 53	1 53	1 53	1 53	»	»	»	»	»	»	»
3	Hauteur de la caisse, mesurée en dedans, du fond de la cave à la hauteur de la parclose, dégarnie de son coussin..............	»	»	»	»	»	»	»	36	36	36	36	36	36	36
4	Longueur de la caisse, mesurée en dedans, depuis le fond jusqu'au devant de la caisse..........	1 50	1 24	1 10	1 24	»	»	»	»	»	»	»	»	»	»
5	Longueur de la caisse, mesurée en dedans, du fond du cabriolet à la portière fermée..............	»	»	»	»	» 85	» 90	»	»	»	»	»	»	»	»
6	Longueur de la coquille....	»	»	»	»	»	»	» 50	»	»	»	»	»	»	»
7	Largeur d'une portière à l'autre..............	1 14	1	»	1	»	»	»	»	»	»	»	»	»	»
8	Largeur de la caisse, mesurée à la hauteur et sur le bord de la parclose..	»	»	»	1 m. du côté de la banquette de derrière	» 95	1 05	» 92	»	»	»	»	»	»	»
	BANQUETTES.														
9	Profondeur de chaque banquette, dégarnie du coussin, et à partir du fond de la caisse..........	» 40	» 38	» 40	» 40	» 40	» 40	» 50	»	»	»	»	»	»	»
10	Profondeur du strapontin, à partir de la garniture....	»	»	»	»	»	»	»	»	»	»	» 30	»	»	»
11	Largeur du strapontin.....	»	»	»	» 40	»	»	»	»	»	»	»	»	»	»

Numéros d'ordre.	HAUTEUR DE LA VOITURE.	MINIMUM.							MAXIMUM.						
		CARROSSES		COUPÉS.	CALÈCHES à 1 cheval, et PHAÉTONS.	CABRIOLETS		TILBURYS et BOGGEYS.	CARROSSES		COUPÉS.	CALÈCHES à 1 cheval, et PHAÉTONS.	CABRIOLETS		TILBURYS et BOGGEYS.
		à 2 chevaux.	à 1 cheval.			à 4 roues.	à 2 roues.		à 2 chevaux.	à 1 cheval.			à 4 roues.	à 2 roues.	
12	Hauteur de la voiture, mesurée du sol au point le plus élevé de l'impériale.	»	»	»	»	»	»	»	2 50	2 20	2 20	»	»	»	»
13	Hauteur de la voiture, mesurée du sol au point le plus élevé de la capote..	»	»	»	»	»	»	»	»	»	»	2 45	2 25	2 30	2 60
	VOIE DES ROUES.														
14	Largeur de la voie des roues de derrière............	1 22	1 22	1 22	1 20	1 20	»	»	»	»	»	»	»	»	»
15	Largeur de la voie des roues de devant............	1	1	1	97	1	»	»	»	»	»	»	»	»	»
16	Largeur de la voie des roues	»	»	»	»	»	1 50	1 20	»	»	»	»	»	»	»
17	Diamètre des ronds d'avant-train................	» 50	» 50	» 50	» 50	» 50	»	»	»	»	»	»	»	»	»
	SIÉGE DU COCHER.														
18	Largeur extérieure du siége du cocher............	»	»	»	»	»	»	»	»	» 55	» 55	» 60	» 60	»	»
19	Hauteur des accotoirs du siége du cocher, dégarni de son coussin........	» 20	» 20	» 20	» 20	» 20	»	»	»	»	»	»	»	»	»
20	Hauteur du dossier, à partir de la parclose, garni de son coussin............	»	»	»	»	»	»	»	» 35	»	»	»	»	»	»
21	Les mesures prescrites par les paragraphes 4 et 5 seront prises, pour toutes les voitures, immédiatement et horizontalement, à la hauteur du siége dégarni de son coussin.														
22	Les mesures prescrites par les paragraphes 7, 8, 9, 10, 11, 14, 15 et 16, seront prises, pour toutes les voitures, de dedans en dedans.														

Conditions

Numéros d'ordre.		CARROSSES		COUPES.
		À 2 CHEVAUX.	À 1 CHEVAL.	
23	POIDS.	800 kilogr., *maximum*.	600 kilogr., *maximum*.	600 kilogr., *maximum*.
24	DISTANCE ENTRE LA CAISSE ET LES ROUES OU LES COLS DE CYGNE.	Dans aucune circonstance, et quel que soit le mode de suspension de la voiture, la caisse ne pourra approcher des roues ou des cols de cygne de plus de 5 centimètres.	Mêmes conditions que pour les carrosses à 2 chevaux.	Mêmes conditions que pour les carrosses à 2 chevaux.
25	JEU DES ROUES DE DEVANT.	Les roues de devant devront pouvoir tourner librement sous la caisse.	Mêmes conditions que pour les carrosses à 2 chevaux.	Mêmes conditions que pour les carrosses à 2 chevaux.
26	CHEVILLE OUVRIÈRE.	La cheville ouvrière sera fixée à l'avant-train par un écrou et par une lanière, ou par une forte courroie de sûreté.	Mêmes conditions que pour les carrosses à 2 chevaux.	Mêmes conditions que pour les carrosses à 2 chevaux.
27	ÉCROUS DES ESSIEUX.	Les écrous des essieux seront entaillés de toute leur épaisseur dans les moyeux. Les abouts des essieux ne pourront dépasser la frette du moyeu.	Mêmes conditions que pour les carrosses à 2 chevaux.	Mêmes conditions que pour les carrosses à 2 chevaux.
28	PEINTURE.	La caisse, le train et les roues devront être peints et vernis.	Mêmes conditions que pour les carrosses à 2 chevaux.	Mêmes conditions que pour les carrosses à 2 chevaux.

articulières.

CALÈCHES A UN CHEVAL, et PHAÉTONS.	CABRIOLETS		TILBURYS et BOGHEIS.
	A 4 ROUES.	A 2 ROUES.	
600 kilog., *maximum.*	550 kilogr., *maximum.*	500 kilogr., *maximum.*	450 kilogr., *maximum.*
Mêmes conditions que pour les carrosses à 2 chevaux.	Mêmes conditions que pour les carrosses à 2 chevaux.		
Mêmes conditions que pour les carrosses à 2 chevaux.	Mêmes conditions que pour les carrosses à 2 chevaux.		
Mêmes conditions que pour les carrosses à 2 chevaux.	Mêmes conditions que pour les carrosses à 2 chevaux.		
Mêmes conditions que pour les carrosses à 2 chevaux.	Mêmes conditions que pour les carrosses à 2 chevaux.	Mêmes conditions que pour les carrosses à 2 chevaux.	Mêmes conditions que pour les carrosses à 2 chevaux.
Mêmes conditions que pour les carrosses à 2 chevaux.	Mêmes conditions que pour les carrosses à 2 chevaux.	Mêmes conditions que pour les carrosses à 2 chevaux.	Mêmes conditions que pour les carrosses à 2 chevaux.

Numéros d'ordre.		CARROSSES		COUPÉS.
		A 2 CHEVAUX.	A 1 CHEVAL.	
29	GARNITURE ET COUSSINS.	L'intérieur de chaque voiture devra être garni d'une étoffe propre et solide et de coussins bien rembourrés et recouverts.	Mêmes conditions que pour les carrosses à 2 chevaux.	Mêmes conditions que pour les carrosses à 2 chevaux.
30	PAILLASSONS OU TAPIS.	Le plancher de la caisse sera couvert de paillassons ou tapis, qui, dans aucun cas, ne pourront être remplacés ni recouverts par de la paille.	Mêmes conditions que pour les carrosses à 2 chevaux.	Mêmes conditions que pour les carrosses à 2 chevaux.
31	CHASSIS DES GLACES.	Les châssis des glaces devront jouer facilement, et les poignées seront en galon ou en cuir.	Mêmes conditions que pour les carrosses à 2 chevaux.	Mêmes conditions que pour les carrosses à 2 chevaux.
32	STORES.	Chacune des baies des châssis de la voiture sera garnie de stores bien établis et en bon état.	Mêmes conditions que pour les carrosses à 2 chevaux.	Mêmes conditions que pour les carrosses à 2 chevaux.
33	TIMBRE A RESSORT.	Il y aura, dans la caisse un cordon ou un bouton qui correspondra à un timbre à ressort. Ce timbre, qui devra être entièrement conforme au modèle adopté par l'administration, sera assez rapproché du cocher pour que ce dernier puisse en entendre le son.	Mêmes conditions que pour les carrosses à 2 chevaux.	Mêmes conditions que pour les carrosses à 2 chevaux.

térieure.

CALÈCHES A UN CHEVAL, et PHAÉTONS.	CABRIOLETS		TILBURYS et BOGHEIS.
	A 4 ROUES.	A 2 ROUES.	
Mêmes conditions que pour les carrosses à 2 chevaux.	Mêmes conditions que pour les carrosses à 2 chevaux.	Mêmes conditions que pour les carrosses à 2 chevaux.	Mêmes conditions que pour les carrosses à 2 chevaux.
Mêmes conditions que pour les carrosses à 2 chevaux.	Mêmes conditions que pour les carrosses à 2 chevaux.	Mêmes conditions que pour les carrosses à 2 chevaux.	Mêmes conditions que pour les carrosses à 2 chevaux.
Mêmes conditions que pour les carrosses à 2 chevaux.			
Mêmes conditions que pour les carrosses à 2 chevaux.			
Mêmes conditions que pour les carrosses à 2 chevaux.			

Numéros d'ordre.		CARROSSES		COUPÉS.
		A 2 CHEVAUX.	A 1 CHEVAL.	
34	CAISSES ET PORTIÈRES.	La caisse et les portières seront garnies extérieurement de poignées confectionnées avec soin et fermant solidement.	Mêmes conditions que pour les carrosses à 2 chevaux.	Mêmes conditio que pour les carro ses à 2 chevaux.
35	CAPOTE.			
36	LANTERNES.	Il y aura, sur le devant, deux lanternes, garnies de réflecteurs polis et de glaces bien transparentes.	Mêmes conditions que pour les carrosses à 2 chevaux.	Mêmes conditio que pour les carro ses à 2 chevaux.
37	MARCHEPIEDS.	Il y aura, de chaque côté, à l'extérieur, un marchepied mobile à deux marches. Le marchepied pourra n'avoir qu'une seule marche, lorsque la distance du sol au-dessus du brancard n'excédera pas 80 centimètres.	Il y aura, de chaque côté, à l'extérieur, un marchepied à une marche.	Mêmes conditio que pour les carro ses à 1 cheval.

térieurs.

CALÈCHES À UN CHEVAL, et PHAÉTONS.	CABRIOLETS		TILBURYS et BOGHEÏS.
	A 4 ROUES.	A 2 ROUES.	
Mêmes conditions que pour les carrosses à 2 chevaux.	La portière sera pourvue, de chaque côté, d'une poignée qui aura au moins 15 centimètres de longueur.	Un crochet, ou tout autre mode de fermeture, sera fixé de chaque côté de la caisse, et ajusté de telle manière que la portière puisse toujours être fermée solidement. La portière sera, en outre, pourvue, de chaque côté, d'une poignée qui aura, au moins, 20 centimètres de longueur.	La caisse devra être fermée par un tablier en cuir, garni de 2 forts anneaux. Deux forts crochets seront fixés de chaque côté des accotoirs de la caisse, pour recevoir les anneaux du tablier.
La capote sera vernie ou passée au noir et lustrée.	Mêmes conditions que pour les calèches à 1 cheval.	Mêmes conditions que pour les calèches à 1 cheval.	Mêmes conditions que pour les calèches à 1 cheval.
Il y aura, aux côtés de la caisse, deux lanternes, garnies de réflecteurs polis et de glaces bien transparentes.	Mêmes conditions que pour les calèches à 1 cheval.	Mêmes conditions que pour les calèches à 1 cheval.	Mêmes conditions que pour les calèches à 1 cheval.
Mêmes conditions que pour les carrosses à 2 chevaux.	Il sera adapté, à chacun des brancards, un marchepied à deux branches, au moins. Ce marchepied portera une volute qui aura, en hauteur et en largeur, 10 centimètres au moins.	Mêmes conditions que pour les cabriolets à 4 roues.	Mêmes conditions que pour les cabriolets à 4 roues.

Numéros d'ordre.		CARROSSES		COUPÉS.
		A 2 CHEVAUX.	A 1 CHEVAL.	
37	MARCHEPIEDS.	Les marchepieds, repliant à l'intérieur, ne seront tolérés qu'autant qu'ils seront enchâssés dans l'épaisseur de la portière, et qu'ils seront recouverts d'une étoffe et de galons semblables à la garniture intérieure de la voiture.	Mêmes conditions que pour les carrosses à 2 chevaux, en ce qui concerne les marchepieds intérieurs.	Mêmes condition que pour les carro ses à 2 chevaux, e ce qui concerne l marchepieds inté rieurs.
38	PALETTE DU MARCHEPIED.			
39	BRANCARDS.			

érieurs.

CALÈCHES UN CHEVAL, et PHAÉTONS.	CABRIOLETS		TILBURYS et BOGHEIS.
	A 4 ROUES.	A 2 ROUES.	
êmes conditions pour les carros- à 2 chevaux, en qui concerne les chepieds inté- rs.			
		Il y aura, au-dessus de chaque brancard, une plaque arrondie, dite *palette,* piquée au grain d'orge. La largeur de cette palette sera de 10 cen- timètres, et sa longueur de 20 centimètres.	Mêmes conditions que pour les cabriolets à 2 roues.
		Les brancards seront garnis, dans toute leur longueur, d'une plate- bande en fer, ayant au moins 5 millimètres d é- paisseur et 4 centimè- tres de largeur. Cette plate-bande pourra être en une seule partie, ou en plusieurs parties croisées.	Les brancards seront garnis, dans toute leur longueur, d'une plate- bande en fer, ayant au moins, 5 millimètres d'épaisseur, et 3 centi- mètres de largeur. Cette plate-bande pourra être en une seule partie, ou en plusieurs parties croisées.

Numéros d'ordre.		CARROSSES		COUPÉS.
		A 2 CHEVAUX.	A 1 CHEVAL.	
40	QUILLE.			
41	GARDE-CROTTE.	Lorsque la voiture ne sera pas pourvue d'ailes servant de garde-crotte, les portières devront ouvrir sur les roues de derrière. Les ailes, lorsqu'il en existera, ne devront, dans aucun cas, cacher le numéro de la voiture.	Mêmes conditions que pour les carrosses à 2 chevaux.	Mêmes conditio que pour les carr ses à 2 chevaux.
42	ACCOTOIRS.	Les accotoirs du siège du cocher devront toujours être en contre-bas de l'impériale.	Mêmes conditions que pour les carrosses à 2 chevaux.	Mêmes conditio que pour les carr ses à 2 chevaux.
43	COFFRE DU FOURRAGE.	Il devra être adapté, au siège du cocher, un coffre destiné à recevoir le fourrage.	Mêmes conditions que pour les carrosses à 2 chevaux.	Mêmes conditio que pour les carr ses à 2 chevaux.
44	HARNAIS.	Les harnais seront solides, passés au noir dans toutes leurs parties, et tenus proprement.	Mêmes conditions que pour les carrosses à 2 chevaux.	Mêmes conditio que pour les carr ses à 2 chevaux.

rieurs.

ALÈCHES UN CHEVAL, et HAÉTONS.	CABRIOLETS A 4 ROUES.	CABRIOLETS A 2 ROUES.	TILBURYS et BOGHEIS.
		Il sera adapté, au train de derrière, une jambe de force en fer, dite *quille*.	Mêmes conditions que pour les cabriolets à 2 roues.
mes conditions pour les carros- 2 chevaux.	Le garde-crotte, qui se trouve entre le siège du cocher et la caisse, aura toute la largeur de la caisse. Lorsqu'il y aura, sur les côtés de la voiture, des ailes servant de garde-crotte, ces ailes ne devront, dans aucun cas, cacher le numéro de la voiture.	Le garde crotte, fixé sur le devant de la caisse, aura au moins 45 centimètres de hauteur.	Il sera fixé, sur le devant de la caisse, un garde-crotte, qui aura au moins 45 centimètres de hauteur.
mes conditions our les carros- 2 chevaux.			
mes conditions our les carros- 2 chevaux.	Mêmes conditions que pour les carrosses à 2 chevaux.		
mes conditions our les carros- 2 chevaux.	Mêmes conditions que pour les carrosses à 2 chevaux.	Mêmes conditions que pour les carrosses à 2 chevaux.	Mêmes conditions que pour les carrosses à 2 chevaux.

2. A compter de six mois après le jour de la publication du présent arrêté, aucune voiture sous remise, neuve, ne sera numérotée, si elle ne réunit toutes les conditions prescrites par l'article 1er.

Au 1er janvier 1848, toute voiture sous remise, vieille ou neuve, qui n'aura pas toutes les dimensions, ou qui ne sera pas entièrement conforme aux dispositions de l'article 1er précité, sera immédiatement démarquée, et la circulation en sera interdite.

3. Les articles 27 et 28 de notre ordonnance précitée du 28 août 1837 seront rapportées à compter des époques fixées par l'article précédent.

4. Le présent arrêté sera imprimé et notifié à tous les entrepreneurs de voitures sous remise, offertes au public, pour marcher à l'heure et à la course.

Le chef de la police municipale, l'inspecteur contrôleur de la fourrière et les experts des voitures publiques sont chargés, chacun en ce qui le concerne, d'en assurer l'exécution.

Le conseiller d'Etat, préfet de police, G. DELESSERT.

N° **1792**. — *Ordonnance concernant la foire aux jambons qui se tiendra sur le boulevard Bourdon près de la place de la Bastille* (1).

Paris, le 16 mars 1842.

N° **1793**. — *Ordonnance concernant les mesures d'ordre à observer aux promenades de Longchamp* (2).

Paris, le 21 mars 1842.

N° **1794**. — *Arrêté concernant l'établissement au quintal métrique des mercuriales de la halle aux grains et farines, approuvé par M. le ministre de l'agriculture et du commerce le 12 juillet 1842.*

Paris, le 13 avril 1842.

Nous, conseiller d'Etat, préfet de police,

Vu la loi du 4 juillet 1837, relative aux poids et mesures;

Les lettres des 24 décembre 1839 et 31 décembre 1840, par lesquelles M. le ministre de l'agriculture et du commerce nous invite à faire établir la mercuriale des farines par quintal métrique, et à modifier proportionnellement les chiffres élémentaires de la taxe périodique du pain et de la commission de vente allouée aux facteurs de la halle aux grains et farines;

Vu également l'arrêté du gouvernement du 19 vendémiaire an x

---

(1) V. les ord. des 7 avril 1843 et 22 mars 1844.
(2) V. les ord. des 10 avril 1843 et 1er avril 1844.

(11 octobre 1801) et l'ordonnance royale du 21 octobre 1818, qui ont déterminé l'approvisionnement particulier et le dépôt de garantie en farines, que doivent avoir et fournir les boulangers de Paris ;

L'ordonnance de police du 28 mai 1806 et le décret impérial approbatif du 21 septembre 1807, concernant la commission de vente allouée aux facteurs et le dixième à en prélever pour la caisse municipale ;

Et les décisions ministérielles :

Du 22 octobre 1819 qui dispose que le prix du pain sera taxé d'après le prix moyen des farines blanches dites de première et deuxième qualités ;

Des 20 avril 1821 et 27 octobre 1830 qui fixent à cent deux pains de deux kilogrammes le rendement d'un sac de farine du poids brut de cent cinquante-neuf kilogrammes, et à onze francs par sac les frais de fabrication ;

Considérant, d'une part, qu'il convient d'établir les mercuriales de la vente en gros des farines, à la halle de Paris, sur une unité métrique, au lieu de continuer à les baser sur le prix d'un sac d'une contenance qui s'éloigne de toute unité régulière et dont l'enveloppe rend d'ailleurs le poids net très-incertain ;

Qu'il importe en même temps de mettre en harmonie avec ce changement, tant les chiffres élémentaires de la taxe du pain que les chiffres indicatifs de l'approvisionnement particulier et du dépôt de garantie des boulangers, ainsi que le droit de commission des facteurs à la vente en gros des farines, en les rapprochant autant que possible de ce qui est fixé par les règlements actuels ;

Considérant enfin qu'il est généralement admis dans le commerce et dans les arbitrages judiciaires, et qu'il a été reconnu dans les dernières expériences administratives de panification, que le contenu d'un sac de farine de cent cinquante-neuf kilogrammes brut est moyenne de cent cinquante-sept kilogrammes net de cette denrée,

Arrêtons ce qui suit :

1. A compter du 1er janvier prochain, les mercuriales des farines vendues à la halle de Paris, s'établiront sur le prix des cent kilogrammes ou du quintal métrique (poids net) de cette marchandise, au lieu d'être établies, comme par le passé, sur le prix du sac du poids brut et nominal de cent cinquante-neuf kilogrammes.

En conséquence, dans leurs écritures et dans leurs déclarations, les facteurs aux farines exprimeront, par cent kilogrammes ou quintal métrique, les quantités de farines qu'ils auront vendues et qui feront l'objet de ces écritures ou déclarations.

2. A compter de la même époque, la taxe du pain sera réglée sur le prix moyen des cent kilogrammes ou quintal métrique, poids net de farine. Ce prix moyen sera d'abord établi suivant le mode en usage.

Le rendement en pains cuits des cent kilogrammes de farines sera compté pour cent trente kilogrammes ; et l'allocation des frais de fabrication aux boulangers sera de sept francs par cent kilogrammes de farine transformée en pains : ces chiffres correspondant à ceux qui ont été fixés par les décisions ministérielles pour cent cinquante-neuf kilogrammes (poids brut), équivalant à cent cinquante-sept kilogrammes (poids net), de farine.

3. L'obligation imposée aux boulangers de Paris de verser au grenier d'abondance, à titre de dépôt de garantie, vingt sacs de farine de première qualité, du poids brut de cent cinquante-neuf kilogrammes, sera exprimée par la quantité totale que représentent lesdits vingt sacs. En conséquence, les boulangers devront verser au dépôt de garantie trente et un quintaux, quarante kilogrammes de farines de première qualité.

4. L'approvisionnement particulier des boulangers sera composé ainsi qu'il suit :

1re classe	poids net	219 quint.	80 kil.	}	Farine de première
2e —	id	172 »	70 »	}	qualité.
3e —	id	125 »	60 »	}	
4e —	id	47 »	10 »	}	

5. La commission de vente allouée aux facteurs à la vente en gros des farines sera de quatre-vingts centimes par cent kilogrammes, poids net de farine, sur lesquels ils auront à prélever le dixième ou huit centimes qu'ils devront verser à la caisse municipale, en conformité du décret impérial du 21 septembre 1807.

6. Le présent arrêté sera préalablement soumis à l'approbation de M. le ministre de l'agriculture et du commerce.

7. Le chef de la 2e division de notre préfecture et l'inspecteur général des halles et marchés sont chargés, chacun en ce qui le concerne, de l'exécution du présent arrêté.

L'inspecteur général le notifiera immédiatement aux facteurs et le fera afficher à la halle aux grains et farines ainsi qu'au grenier d'abondance.

Ampliation en sera transmise à M. le pair de France, préfet du département de la Seine, à M. le receveur municipal de la ville de Paris et aux syndics du commerce de la boulangerie.

Le conseiller d'Etat, préfet de police, G. DELESSERT.

———————————◊———————————

N° **1795**. — *Ordonnance concernant la visite générale des tonneaux de porteurs d'eau* (1).

Paris, le 20 avril 1842.

———————————◊———————————

N° **1796**. — *Ordonnance concernant les mesures d'ordre à observer dans Paris, le 1er mai, fête du roi* (2).

Paris, le 28 avril 1842.

———————————◊———————————

N° **1797**. — *Instruction sur les secours à donner aux noyés et asphyxiés, lue, discutée et approuvée par le conseil de salubrité, dans sa séance extraordinaire du 29 avril 1842* (3).

_____

(1) V. les ord. des 30 mars 1837, 15 avril 1843 et 20 avril 1844.

(2) V. les ord. des 28 avril 1843 et 27 avril 1844.

(3) Cette instruction qui a paru sans être, selon l'habitude, accompagnée d'un arrêté, se trouve insérée à la suite de l'arrêté du 1er janvier 1836 dont elle est le complément.

N° **1798**. — *Arrêté qui prescrit la réimpression de l'ordonnance de police du 1er juin 1837, concernant l'arrosement* (1).

Paris, le 12 mai 1842.

━━━━━━━━━━━❈━━━━━━━━━

N° **1799**. — *Arrêté prescrivant diverses mesures de précaution pour prévenir les accidents sur le chemin de fer de Versailles (rive droite)* (2).

Paris, le 16 mai 1842.

Nous, conseiller d'Etat, préfet de police,

Vu la décision de M. le ministre des travaux publics, du 15 de ce mois, qui prescrit des mesures de précaution provisoires pour prévenir les accidents sur les chemins de fer;

Considérant qu'il y a lieu de rendre exécutoires sur la partie du chemin de fer de Versailles (rive droite), comprise dans le ressort de notre préfecture, les dispositions de la décision susvisée de M. le ministre des travaux publics;

En vertu des arrêtés du gouvernement des 12 messidor an VIII (1er juillet 1800) et 3 brumaire an IX (25 octobre 1800),

Arrêtons ce qui suit:

1. L'emploi des locomotives à quatre roues est interdit pour les convois des voyageurs.

2. On ne pourra mettre en tête de ces convois avant les locomotives ni tender à quatre roues, ni voiture quelconque portée sur quatre roues seulement.

3. Les locomotives devront toujours être en tête de ces convois et jamais à l'arrière.

Il ne pourra être dérogé à cette disposition que pour la manœuvre dans le voisinage des stations, et dans le cas où un convoi étant arrêté par un accident, la locomotive de secours envoyée pour le remorquer devrait arriver par son arrière sans qu'un croisement lui permette de passer en tête. Dans ces deux cas spéciaux, la vitesse ne devra pas dépasser vingt kilomètres par heure.

Il est interdit d'ailleurs d'une manière absolue et pour tous les cas d'enfermer un convoi de voyageurs entre deux locomotives agissant l'une à l'avant et l'autre à l'arrière.

4. En attendant qu'un moyen meilleur ait été étudié et prescrit pour diminuer l'effet des chocs et des collisions, il devra toujours y avoir, en tête de chaque convoi composé de cinq voitures au plus, au moins une voiture ne portant pas de voyageurs et au moins deux lorsque le nombre des voitures du convoi sera de plus de cinq (3).

───────────────────

(1) V. l'ord. du 27 juin 1843.

(2) V. pour la police l'arrêté du 8 août 1839, l'ord. du 6 sept. 1839, l'arrêté du 14 sept. 1842; et, pour les tarifs, les ord. des 10 avril 1843 et 14 juin 1844.

(3) Cet article a été modifié par décision ministérielle. V. à l'appendice la lettre du ministre des travaux publics du 15 juillet 1843.

5. Les voitures de voyageurs ne pourront être fermées à clef.

6. La compagnie du chemin de fer de Versailles (rive droite) devra avoir des registres ou états de service pour toutes ses locomotives.

Sur ces registres, qui devront être constamment tenus à jour, elle ouvrira un compte spécial à chaque essieu droit ou coudé et sur ce compte à côté du nᵒ d'ordre de l'essieu et de la date de son entrée, on indiquera son service et le travail qu'il accomplira.

7. A la descente de Versailles sur Paris la vitesse en aucune partie du parcours ne pourra dépasser dix mètres par seconde, soit trente-six kilomètres à l'heure.

8. Le présent arrêté sera notifié à la compagnie du chemin de fer de Versailles (rive droite) avec sommation d'y satisfaire.

Ces notification et sommation seront faites à ladite compagnie en la personne du sieur Péreyre, son directeur, par le commissaire spécial du chemin de fer de Saint-Germain (station de Paris), lequel en dressera des procès-verbaux qu'il nous transmettra sans retard.

9. Faute par la compagnie de se conformer aux dispositions prescrites par le présent arrêté les contraventions seront constatées par des procès-verbaux ou rapports qui seront déférés aux tribunaux compétents sans préjudice des mesures administratives qui pourront être prises dans l'intérêt de la sûreté publique.

10. Expédition du présent arrêté sera transmise aux commissaires spéciaux du chemin de fer de Saint-Germain et au commissaire de police de Saint-Cloud pour en assurer l'exécution.

Semblable expédition sera transmise à M. le conseiller d'Etat, préfet du département de Seine-et-Oise.

Le conseiller d'Etat, préfet de police, G. DELESSERT.

Nᵒ 1800. — *Arrêté prescrivant diverses mesures de précaution pour prévenir les accidents sur le chemin de fer de Versailles (rive gauche)* (1).

Paris, le 16 mai 1842.

Nᵒ 1801. — *Arrêté prescrivant diverses mesures de précaution pour prévenir les accidents sur le chemin de fer de Paris à Saint-Germain* (2).

Paris, le 16 mai 1842.

(1) Identique à l'arrêté ci-dessus, concernant le même objet, pour le chemin de fer de Versailles (rive droite).
V. pour les tarifs, l'arr. du 15 mars 1841; et, pour la police, les arr. des 8 sept. 1840, 16 mai et 14 sept. 1842.

(2) Identique à l'arrêté ci-après concernant le même objet pour le chemin de fer de Paris à Orléans (section de Corbeil).
V. pour la police l'ord. du 9 avril 1837, les arr. des 26 août 1837, 13 déc. 1839 et 14 sept. 1842; et, pour les tarifs, les ord. des 10 avril et 25 août 1843 et 14 juin 1844.

N° **1802.** — *Arrêté prescrivant diverses mesures de précaution pour prévenir les accidents sur le chemin de fer de Paris à Orléans (section de Corbeil)* (1).

Paris, le 16 mai 1842.

Nous, conseiller d'Etat, préfet de police,

Vu la décision de M. le ministre des travaux publics, du 15 de ce mois, qui prescrit des mesures de précaution provisoires pour prévenir les accidents sur les chemins de fer ;

Considérant qu'il y a lieu de rendre exécutoires sur la partie du chemin de fer de Corbeil comprise dans le ressort de notre préfecture, les dispositions de la décision susvisée de M. le ministre des travaux publics ;

En vertu des arrêtés du gouvernement des 12 messidor an VIII (1er juillet 1800) et 3 brumaire an IX (25 octobre 1800),

Arrêtons ce qui suit :

1. L'emploi des locomotives à quatre roues est interdit pour les convois des voyageurs.

2. On ne pourra mettre, en tête de ces convois, avant les locomotives, ni tender à quatre roues, ni voiture quelconque portée sur quatre roues seulement.

3. Les locomotives devront toujours être en tête de ces convois et jamais à l'arrière.

Il ne pourra être dérogé à cette disposition que pour la manœuvre, dans le voisinage des stations et pour les cas où, un convoi étant arrêté par un accident, la locomotive de secours envoyée pour le remorquer devrait arriver par son arrière, sans qu'un croisement lui permette de passer en tête. Dans ces deux cas spéciaux, la vitesse ne devra pas dépasser vingt kilomètres par heure.

Il est interdit d'ailleurs, d'une manière absolue, et pour tous les cas, d'enfermer un convoi de voyageurs entre deux locomotives agissant l'une à l'avant et l'autre à l'arrière.

4. En attendant qu'un moyen meilleur ait été étudié et prescrit pour diminuer l'effet des chocs et des collisions, il devra toujours y avoir, en tête de chaque convoi composé de cinq voitures au plus, au moins une voiture ne portant pas de voyageurs, et au moins deux, lorsque le nombre des voitures du convoi sera de plus de cinq.

5. Les voitures de voyageurs ne pourront être fermées à clef.

6. La compagnie devra avoir des registres ou états de service pour toutes ses locomotives.

Sur ces registres qui devront être constamment tenus à jour. Elle ouvrira un compte spécial à chaque essieu, droit ou coudé, et sur ce compte, à côté du numéro d'ordre de l'essieu et de la date de son entrée, on indiquera son service et le travail qu'il accomplira.

7. Le présent arrêté sera notifié à la compagnie du chemin de fer de Corbeil avec sommation d'y satisfaire.

Ces notification et sommation seront faites à la compagnie par le commissaire de police spécial du chemin de fer de Corbeil, lequel en dressera des procès-verbaux qu'il nous transmettra sans retard.

8. Faute par la compagnie de se conformer aux dispositions prescrites par le présent arrêté, les contraventions seront constatées

(1) V. pour la police les arrêtés des 19 sept. et 6 nov. 1840, 14 sept. 1842 ; et, pour les tarifs, l'arr. du 12 novembre 1842.

par des procès-verbaux ou rapports qui seront déférés aux tribunaux compétents, sans préjudice des mesures administratives qui pourront être prises dans l'intérêt de la sûreté publique.

9. Expédition du présent arrêté sera adressée au commissaire de police spécial du chemin de fer de Corbeil pour en assurer l'exécution.

Semblable expédition sera transmise à M. le conseiller d'Etat, préfet du département de Seine et-Oise.

Le conseiller d'Etat, préfet de police, G. DELESSERT.

N° **1803**. — *Ordonnance concernant la police de la navigation, des rivières, des canaux et des ports, dans le ressort de la préfecture de police.*

Paris, le 19 mai 1842.

Nous, conseiller d'Etat, préfet de police,

Vu la décision de M. le ministre des travaux publics, en date du 12 août 1841, relative aux soupapes de sûreté placées sur les chaudières des bateaux à vapeur;

Vu l'article 133, chapitre 10, de l'ordonnance en date du 25 octobre 1840, concernant la police de la navigation dans le ressort de la préfecture de police,

Ordonnons ce qui suit :

1. L'article 133 de l'ordonnance, en date du 25 octobre 1840, concernant la police de la navigation sera rectifié ainsi qu'il suit, conformément à la décision ministérielle précitée, savoir :

Art. 133. « Les chaudières des machines à vapeur doivent être munies de deux soupapes de sûreté de même dimension, facilement accessibles. Ces soupapes seront chargées, soit directement, soit par l'intermédiaire d'un levier, mais toujours, dans l'un et l'autre cas, d'un poids unique.

« Ce poids, après avoir été vérifié, sera frappé d'une marque indiquant sa valeur en chiffres. Il est expressément défendu d'employer tout autre poids, sous aucun prétexte. »

2. Le chapitre 10 de ladite ordonnance, relatif aux bateaux à vapeur sera réimprimé avec la rectification mentionnée ci-dessus, pour être publié et affiché.

Le conseiller d'Etat, préfet de police, G. DELESSERT.

N° **1804**. — *Arrêté réglant le tarif du transport des voyageurs allant de Clichy à Paris, sur le chemin de fer de Saint-Germain (1).*

Paris, le 20 mai 1842.

Nous, conseiller d'Etat, préfet de police,

Vu, 1° L'article 33 du cahier des charges annexé à la loi du 9 juillet

(1) V. les ord. des 14 juin et 16 septembre 1844.

1835, par laquelle est autorisé l'établissement d'un chemin de fer de Paris à Saint-Germain ;

2° La loi du 1er août 1839, notamment l'article 9 de ladite loi ;

3° Nos arrêtés des 28 août et 14 décembre 1840, et 15 mars 1841, concernant les tarifs des transports sur le chemin de fer de Saint-Germain ;

4° La décision de M. le ministre des travaux publics, en date du 5 juillet 1841, portant que le service de la station de Clichy sera maintenu, mais seulement pour les convois allant dans la direction de Saint-Germain à Paris ;

5° Les propositions qui nous ont été présentées par la compagnie du chemin de fer de Saint-Germain, tendant à établir, pour les voyageurs allant de Clichy à Paris, le tarif approuvé pour la station d'Asnières, ensemble, la lettre de M. le sous secrétaire d'Etat des travaux publics, en date du 14 de ce mois, annonçant que les propositions dont il s'agit sont approuvées,

Arrêtons ce qui suit :

1. Les prix à percevoir (y compris l'impôt dû au trésor) pour le transport des voyageurs allant de Clichy à Paris, sont fixés ainsi qu'il suit :

LA SEMAINE.		LES DIMANCHES ET FÊTES.	
Wagons.	Diligences.	Wagons.	Places de luxe et Diligences.
fr. c.	fr. c.	fr. c.	fr. c.
0 35	0 45	0 45	0 70

2. Le nombre des places de luxe ne pourra, sous aucun prétexte, excéder le cinquième des places dans chaque convoi.

3. Le tarif ci-dessus n'est accordé que sous les réserves et conditions indiquées dans nos arrêtés susvisés des 28 août et 14 décembre 1840.

4. Le présent arrêté sera notifié et affiché.

Le conseiller d'Etat, préfet de police, G. DELESSERT.

N° **1805.** — *Ordonnance concernant le tarif des voitures d place.*

Paris, le 25 mai 1842.

Nous, conseiller d'Etat, préfet de police,

Vu, 1° la loi des 16-24 août 1790, et les arrêtés du gouvernement du 12 messidor an VIII (1er juillet 1800), et 3 brumaire an IX (25 octobre 1800);

2° Notre ordonnance du 15 janvier 1841, concernant les voitures de place;

Considérant qu'il importe de prévenir le retour des difficultés qui se sont élevées sur l'application du tarif des voitures de place prescrit par le titre VI de ladite ordonnance,

Ordonnons ce qui suit :

1. A l'avenir, et à compter du jour de la publication de la présente ordonnance, tout cocher de voitures de place sera tenu de marcher, soit dans l'intérieur de Paris, soit à l'extérieur de Paris dans le ressort de la préfecture de police, aux prix fixés par le tarif annexé à la présente ordonnance, et en se conformant à toutes les dispositions réglementaires qui s'y rattachent.

2. Il y aura constamment dans l'intérieur des voitures de place, dites fiacres ordinaires ou supplémentaires, à deux chevaux; fiacres à quatre places, soit à un cheval, soit à deux chevaux; coupés à un et à deux chevaux, et cabriolets à deux et à quatre roues, une plaque indicative du tarif prescrit par la présente ordonnance.

Cette plaque qui aura dix-huit centimètres de hauteur sur dix de largeur sera fixée entre les deux glaces de devant, immédiatement au-dessous du galon de campagne, pour les voitures dites fiacres ordinaires ou supplémentaires à deux chevaux, fiacres à quatre places, soit à un cheval, soit à deux chevaux, et coupés à un et à deux chevaux, et derrière et au milieu du siége du cocher, pour les voitures dites cabriolets à quatre roues.

Cette plaque devra être en métal.

Pour les voitures dites cabriolets à deux roues, le tarif devra être imprimé sur une peau blanche ayant les dimensions déterminées ci-dessus. Cette peau sera fixée à la capote sur le troisième cerceau du côté gauche, à la hauteur de soixante-quinze centimètres, à partir de la parclose.

Le tarif, soit en métal, soit en peau, devra être entièrement conforme aux modèles adoptés par nous.

Il indiquera aussi, conformément aux dispositions de l'article 64 de l'ordonnance du 15 janvier 1841, le numéro de la voiture et sera estampillé d'un poinçon ayant en hauteur comme en largeur, quarante millimètres.

3. La présente ordonnance ainsi que le tarif et les dispositions réglementaires qui s'y rattachent seront constamment affichés dans tous les bureaux des surveillants des stations des voitures de place.

4. Les contraventions seront constatées par des procès-verbaux ou rapports qui nous seront transmis par les fonctionnaires, préposés ou agents qui les auront dressés.

Il pourra être pris, envers les contrevenants, telles mesures administratives qu'il appartiendra, sans préjudice des poursuites à exercer contre eux devant les tribunaux.

5. Le titre VI de notre ordonnance précitée du 15 janvier 1841 est rapporté.

6. La présente ordonnance, ainsi que le tarif et les dispositions réglementaires qui s'y rattachent seront imprimés et affichés.

Les commissaires de police, le chef de la police municipale, les officiers de paix, l'inspecteur contrôleur de la fourrière, les contrôleurs ambulants, les surveillants des stations et les autres préposés de la préfecture de police sont chargés, chacun en ce qui le concerne, d'en assurer l'exécution.

Elle sera adressée en outre à MM. les sous-préfets de Saint-Denis et de Sceaux, à MM. les maires de Saint-Cloud, Sèvres et Meudon; à M. le colonel de la garde municipale, et à M. le colonel, commandant la 1re légion de la gendarmerie départementale qui sont chargés de tenir la main à son exécution, par tous les moyens mis a leur disposition.

Le conseiller d'Etat, préfet de police, G. DELESSERT.

Suit le Tarif.

Tarif des voitures de place et dispositions

Pour l'intérieur de Paris.

	DE SIX HEURES DU MATIN A MINUIT.				DE MINUIT A SIX HEURES DU MATIN.		
DÉSIGNATION des voitures.	PRIX			DÉSIGNATION des voitures.	PRIX		
	de la course.	de la 1re heure.	des heures suiv.		de la course.	de l'heure.	
	f. c.	f. c.	f. c.		f. c.	f. c.	
FIACRES A 2 CHEVAUX (*ordinaires et supplémentaires*).	1 50	2 25	1 75	FIACRES A 2 CHEVAUX (*ordinaires et supplémentaires*).	2 »	3 »	
COUPÉS ET PETITS FIACRES à 4 places (*à 1 cheval ou à 2 chevaux*).	1 25	1 75	1 50	COUPÉS ET PETITS FIACRES à 4 places (*à 1 cheval ou à 2 chevaux*).	1 65	2 50	
CABRIOLETS (*à 2 ou à 4 roues*).	1 »	1 50	1 25	CABRIOLETS (*à 2 ou à 4 roues*).	1 65	2 50	

Dispositions spéciales pour L'INTÉRIEUR DE PARIS.

1° Pour prévenir les discussions qui pourraient s'élever, relativement au tarif, entre le public et les cochers, il est enjoint, à ces derniers, de demander, aux personnes qui montent dans leurs voitures, si elles entendent être conduites à l'heure ou à la course.

2° Tout cocher qui sera pris, soit sur une station de voitures, soit sur tout autre point de la voie publique, pour aller charger à domicile, sera tenu de marcher à la course, toutes les fois qu'il en sera requis, quel que soit l'éloignement de ce domicile.

3° Les cochers qui seront pris, soit dans Paris, pour transporter des voyageurs à l'embarcadère du chemin de fer de Versailles (rive gauche), soit à cet embarcadère, pour se rendre dans Paris, seront tenus de marcher aux prix fixés pour l'intérieur de Paris.

4° Les cochers devront se faire payer d'avance, lorsqu'ils conduiront des personnes aux théâtres, spectacles, bals, concerts et autres lieux de réunion et de divertissements publics. — Ils sont autorisés à se faire payer d'avance, lorsque les personnes qu'ils conduiront descendront à l'entrée d'un jardin public et de tout autre lieu, où il est notoire qu'il existe plusieurs issues.

5° Tout cocher, pris entre onze heures et minuit, et qui arrivera à sa destination après minuit, n'aura droit qu'au prix fixé pour le jour, mais seulement pour la première course ou la première heure. Celui qui aura été pris entre cinq et six heures du matin, et qui n'arrivera à sa destination qu'après six heures, aura droit au prix fixé pour la nuit, mais seulement pour la première course ou la première heure.

6° Le cocher qui, dans une course, aura été détourné de son chemin par la volonté de la personne qui l'emploiera, sera censé avoir été pris à l'heure, et sera payé en conséquence. — Le cocher qui, sans être détourné de son chemin, sera requis de déposer, en route, une ou plusieurs des personnes qui se trouveront dans sa voiture, n'aura droit qu'au prix de la course.

7° Lorsqu'un cocher marchera à l'heure, il lui sera dû le prix total de l'heure, lors même qu'il n'aura pas été employé pendant l'heure entière. — Lorsque le cocher, pris à l'heure, aura été employé pendant plus d'une heure, le prix qui lui sera dû, à compter de la deuxième heure, sera calculé sur l'espace de temps pendant lequel il aura été employé.

Dispositions communes aux

21° Tout cocher, pris sur une station de voitures ou sur quelque autre point de la voie publique que ce soit, sera tenu de marcher à toute réquisition.

22° Tout cocher qui aura été appelé pour aller chercher quelqu'un à domicile, et qui sera renvoyé sans être employé, recevra, à titre d'indemnité de déplacement, le prix d'une demi-course, calculé d'après les prix établis pour l'intérieur de Paris.

23° Tout cocher, qui, en se rendant à une station de voitures, ou lorsqu'il se trouvera hors de place,

églementaires qui s'y rattachent.

— **Pour l'extérieur de Paris, dans le ressort de la préfecture de police.**

EN DEDANS DU MUR D'ENCEINTE DES FORTIFICATIONS.			EN DEHORS DU MUR D'ENCEINTE DES FORTIFICATIONS.		
DÉSIGNATION des voitures.	PRIX de l'heure.	DISPOSITIONS SPÉCIALES à cette partie du Tarif.	DÉSIGNATION des voitures.	PRIX de l'heure.	DISPOSITIONS SPÉCIALES à cette partie du Tarif.
FIACRES A 2 CHEVAUX (ordinaires et supplémentaires).	f. c. 2 50	8° Les cochers ne seront tenus, en aucune saison, de sortir de Paris après minuit, pour se rendre sur le territoire situé en dedans du mur d'enceinte des fortifications. Si, après cette heure, les cochers consentent à sortir de Paris, le prix du voyage sera réglé, de gré à gré, entre eux et le public. 9° Tout cocher qui sera pris entre onze heures et minuit, ne pourra, lors même qu'il arrivera à sa destination après minuit, exiger un salaire plus élevé que celui qui est fixé pour le terri- toire compris dans le mur d'en- ceinte des fortifications. 10° Lorsque le voyageur, arri- vé à destination, renverra la voiture, il ne sera point tenu de payer au cocher le temps du retour ; mais il devra payer le prix total de l'heure, lors même que la course aurait été faite en moins d'une heure.	FIACRES A 2 CHEVAUX (ordinaires et supplémentaires).	f. c. 3 "	11° Les cochers ne seront pas tenus de sortir de Paris, pour se rendre sur le territoire situé en dehors du mur d'enceinte des fortifications, après sept heures du soir en hiver, et neuf heures en été. Si, après ces heures, les cochers consentent à marcher, le prix du voyage sera réglé de gré à gré, entre eux et le public. 12° Tout cocher, qui sera pris, en hiver, entre six et sept heu- res du soir, et en été, entre huit et neuf heures, ne pourra, lors même qu'il arrivera à sa desti- nation après sept et neuf heures, exiger un salaire plus élevé que celui qui est fixé pour le terri- toire situé en dedans du mur d'enceinte des fortifications. 13° Lorsque le voyageur, ar- rivé à sa destination, renverra la voiture, le retour sera payé au cocher, en raison du temps qu'il aura mis pour se rendre de Paris au lieu où la voiture aura été abandonnée.
COUPÉS et PETITS FIA- CRES à 4 places (1 cheval ou à 2 chev.).	2 "		COUPÉS et PETITS FIA- CRES à 4 places (à 1 cheval ou à 2 chev.).	2 50	
CABRIOLETS à 2 ou à 4 roues).	1 75		CABRIOLETS (à 2 ou à 4 roues).	2 25	

Dispositions communes aux deux parties du tarif pour L'EXTÉRIEUR DE PARIS.

14° Aucun cocher ne pourra être contraint à se rendre sur le territoire situé, soit en dedans, soit en de- hors du mur d'enceinte des fortifications, qu'autant qu'il sera pris à l'heure.

15° Les prix établis pour l'extérieur de Paris ne sont point applicables aux locations à la journée ; le prix e ces locations continuera d'être réglé, de gré à gré, entre le public et les cochers.

16° Les prix dont il est question au § précédent seront obligatoires, tant à l'extérieur que dans l'intérieur e Paris. — Lorsque le cocher sera pris sur l'un des points du territoire compris dans le ressort de la pré- ecture de police, pour venir à Paris, il ne lui sera dû que le prix du temps pendant lequel il aura été em- loyé. — Lorsque le cocher sera pris sur un point de ce territoire, pour se rendre sur un autre point de e même territoire, le prix du voyage sera réglé de gré à gré.

17° Les cochers qui conduiront des voyageurs sur l'un des points du territoire compris dans le ressort e la préfecture de police, seront tenus de faire faire à leurs chevaux huit kilomètres à l'heure.

18° Lorsque le voyageur, qui se sera fait transporter sur l'un des points du territoire compris dans le essort de la préfecture de police, reviendra à Paris avec la voiture, le salaire du cocher devra être calculé ur l'espace de temps pendant lequel ce cocher aura été employé, mais le prix de la première heure devra oujours lui être payé en entier.

19° Lorsque les cochers seront arrivés à destination et qu'ils devront ramener le voyageur, ils auront droit un temps de repos qui ne pourra dépasser le tiers du temps qu'ils auront mis à se rendre au lieu de la estination. Le prix du temps de repos devra être payé par le voyageur, conformément aux prix détermi- nés our l'extérieur de Paris.

20° Les cochers qui seront pris, dans Paris, pour transporter des voyageurs sur quelque point que ce oit du bois de Boulogne, ou dans ce bois, pour venir à Paris, seront tenus de marcher au prix fixé pour le erritoire situé en dedans du mur d'enceinte des fortifications.

erses parties du présent Tarif.

hargera, soit pour l'intérieur, soit pour l'extérieur de Paris, sera censé avoir été pris sur une station. Il ne ourra, dans aucun cas, exiger un salaire plus élevé que celui qui est déterminé par le présent tarif.

24° Les droits de péage pour passage des ponts ou bacs ne seront à la charge des voyageurs que lors- ue ces derniers auront demandé à passer sur ces ponts ou bacs.

25° Le présent tarif n'est point applicable aux voitures de l'extérieur, dites *Coucous.*

été par nous, conseiller d'Etat, préfet de police, pour être annexé à notre ordonnance de ce jour.
Paris, ce 25 mai 1842.   G. DELESSERT.

N° **1806**. — *Arrêté qui prescrit la réimpression et la publica-tion de l'ordonnance du 23 juin 1832, concernant les chiens* (1).

Paris, le 26 mai 1842.

N° **1807**. — *Ordonnance concernant les conduites et appareils d'éclairage par le gaz dans l'intérieur des habitations.*

Paris, le 31 mai 1842.

Nous, conseiller d'Etat, préfet de police,

Considérant que la mauvaise disposition des conduites et des appa-reils divers placés dans les localités éclairées par le gaz, et la négligence apportée dans les précautions que nécessite ce mode d'éclairage, oc-casionnent fréquemment des accidents graves et compromettent, en outre, d'une manière fâcheuse la salubrité;

Vu, 1° les nombreuses réclamations qui nous ont été adressées à cet égard;

2° Le rapport de la commission spéciale que nous avions chargée d'examiner les mesures à prendre dans l'intérêt de la sûreté publique et de la salubrité;

3° La loi des 16-24 août 1790;

4° Les arrêtés du gouvernement du 12 messidor an VIII (1er juillet 1800) et du 3 brumaire an IX (25 octobre 1800);

5° L'ordonnance de police du 20 décembre 1824,

Ordonnons ce qui suit:

1. Dans le délai d'un mois, à dater de la promulgation de la pré-sente ordonnance, les compagnies d'éclairage par le gaz feront, à la préfecture de police, la déclaration de tous les appareils d'éclairage alimentés par elles.

2. Les appareils comprenant les conduites, les robinets, les becs, etc., seront visités dans tous leurs détails par les agents de l'ad-ministration.

3. Ceux qui présenteraient des dangers pour la sûreté, ou pour la salubrité, seront modifiés ou réparés dans un délai fixé.

4. Passé ce délai, si les réparations ou changements n'ont pas été faits ou ne sont pas suffisants, le branchement partant de la conduite longitudinale sera coupé et tamponné près de cette conduite, la tran-chée comblée, et le pavé replacé aux frais de qui de droit.

5. A l'avenir, aucune localité ne pourra être éclairée par le gaz sans notre autorisation.

A cet effet, toute personne qui voudra faire placer chez elle des tuyaux de conduite et autres appareils pour l'éclairage au gaz devra préalablement nous en faire la déclaration.

6. L'autorisation d'éclairer ne sera donnée qu'après une visite qui fera connaître si les tuyaux de conduite et autres appareils sont éta-blis conformément aux prescriptions de la présente ordonnance.

7. En conséquence, les tuyaux de conduite et autres appareils de-vront rester apparents dans tout leur développement jusqu'à ce que les agents chargés des visites aient déclaré, par un bulletin délivré à cet effet, qu'on peut les recouvrir.

8. De leur côté, les compagnies feront, à la préfecture de police, la déclaration de toutes les demandes d'éclairage, au fur et à mesure

(1) V. l'ord. du 22 juin 1844.

qu'elles leur seront adressées, et elles ne devront fournir le gaz que sur la présentation qui leur sera faite de l'autorisation prescrite par l'article 5.

9. Les dispositions des articles 5, 6, 7 et 8 ci-dessus sont applicables aux déplacements, réparations, changements ou additions dont les conduites ou appareils seraient l'objet.

10. Aucun robinet de branchement particulier ne pourra être établi sous le sol de la voie publique, à moins d'une autorisation spéciale pour les cas exceptionnels ; les robinets devront toujours être placés dans les soubassements des maisons ou boutiques, ou dans l'épaisseur des murs.

11. Les robinets actuellement existant sous la voie publique seront supprimés aux frais de qui de droit, au fur et à mesure de la réfection des trottoirs ou du pavé.

12. Le robinet extérieur devra être caché par une porte en métal, dont la compagnie seule aura la clef.

13. Des doubles clefs du robinet extérieur et de la porte en tôle devront être déposées chez les commissaires de police.

14. Le robinet extérieur sera renfermé dans un coffre disposé de manière que le gaz qui s'y introduirait ne pût se répandre dans les lieux éclairés et dans les vides des devantures et dût, au contraire, s'échapper forcément au dehors.

15. Indépendamment du robinet extérieur, lequel ne doit être manœuvré que par les agents de chaque compagnie, il y en aura un autre placé à l'intérieur, à la disposition du consommateur ; ce robinet lui permettra de fermer la conduite et d'intercepter, en cas de besoin, toute communication entre ses appareils et la conduite longitudinale.

Ces deux robinets seront liés l'un à l'autre de telle sorte : 1° que le robinet intérieur soit fermé forcément en même temps que le robinet extérieur ; 2° que le robinet intérieur ne puisse être ouvert tant que le robinet extérieur sera fermé ; 3° enfin, que le robinet intérieur ne soit indépendant du robinet extérieur que si on veut le fermer.

16. Les clefs de tous les robinets devront être disposées de manière à ne pouvoir être enlevées de leurs boisseaux, même par un violent effort.

17. Toute tranchée ouverte sur la face d'un mur pour y placer une conduite de gaz sera enduite en ciment hydraulique avant la pose de la conduite.

18. Avant de poser une conduite dans un enduit de plafond, la rainure destinée à la recevoir sera revêtue d'un demi-cylindre en métal, scellé avec soin, de manière à empêcher le gaz de pénétrer dans les cavités du plancher.

19. Si la conduite traverse, en quelque sens que ce soit, un mur, un pan de bois, une cloison, un placard, un plancher ou un vide quelconque, elle sera placée sur toute la longueur de ce parcours, dans un fourreau ouvert à ses deux extrémités, ou au moins à l'extrémité la plus élevée.

20. S'il n'est pas possible de prendre cette précaution, la conduite ne pourra être posée qu'en dehors desdits murs, pans de bois, placards, planchers, etc.

21. Les tuyaux de conduite et les fourreaux dont il est question dans les articles qui précèdent devront être en fer étiré ou forgé, en fonte, en plomb ou en cuivre et parfaitement ajustés.

22. Les parois du fourreau ne pourront être adhérentes au tuyau de branchement.

23. Les *montres* (c'est-à-dire les espaces fermés destinés à l'étalage des marchandises), dans lesquelles seront placés des becs d'éclairage, devront toujours être ventilées avec soin.

24. Les becs brûlant à air libre sont interdits, sauf les exceptions autorisées par l'administration.

25. Les becs, lorsqu'ils ne seront pas munis d'une cheminée, devront être renfermés dans une lanterne, dans un manchon ou dans un globe.

26. Toutes les polices d'abonnement et les quittances d'éclairage délivrées par les compagnies aux consommateurs porteront un avis indicatif de ce qu'ils devront faire en cas d'accident.

27. La compagnie qui aura reçu avis d'un accident sera tenue d'envoyer immédiatement un agent sur les lieux.

28. Les consommateurs sont personnellement responsables sauf leur recours contre qui il appartiendra, de l'exécution des dispositions de la présente ordonnance concernant les appareils intérieurs.

29. L'ordonnance de police du 20 décembre 1824 est rapportée dans celles de ses dispositions qui seraient contraires à la présente ordonnance.

30. Les contraventions aux dispositions de la présente ordonnance seront déférées aux tribunaux compétents, sans préjudice des mesures administratives auxquelles elles pourront donner lieu, notamment la suppression des branchements particuliers, lesquels, dans ce cas, ne pourront être rétablis que sur notre autorisation.

31. Les sous-préfets des arrondissements de Sceaux et de Saint-Denis, les maires et les commissaires de police des communes rurales, les commissaires de police de la ville de Paris, le chef de la police municipale, les officiers de paix, l'architecte-commissaire de la petite voirie et les autres préposés de la préfecture de police, sont chargés, chacun en ce qui le concerne, de l'exécution de la présente ordonnance, qui sera imprimée et affichée dans l'étendue du ressort de notre préfecture.

Le conseiller d'Etat, préfet de police, G. DELESSERT.

AVIS RELATIF A L'ÉCLAIRAGE PAR LE GAZ ET AUX PRÉCAUTIONS A PRENDRE DANS SON EMPLOI.

Pour que l'emploi du gaz n'offre dans l'éclairage aucun inconvénient, il importe que les becs n'en laissent échapper aucune partie sans être brûlée.

On obtiendra ce résultat, en maintenant la flamme à une hauteur modérée (huit centimètres au plus) et en la contenant dans une cheminée en verre de seize à vingt centimètres de hauteur.

Les lieux éclairés doivent être ventilés avec soin, même pendant l'interruption de l'éclairage, c'est-à-dire qu'il doit être pratiqué, dans la partie supérieure, quelques ouvertures par lesquelle le gaz puisse s'échapper au dehors, en cas de fuite ou de non-combustion.

Sans cette précaution, le gaz non brûlé s'accumule dans la pièce, et peut occasionner des asphyxies, des explosions et des incendies.

Les robinets doivent être graissés de temps à autre intérieurement, afin d'en faciliter le service et d'en éviter l'oxydation.

Pour l'*allumage*, il est essentiel d'ouvrir d'abord le robinet principal et de présenter la lumière successivement à l'orifice de chaque bec, au moment même de l'ouverture de son robinet, afin d'éviter tout écoulement de gaz non brûlé.

Pour l'*extinction*, il convient de fermer d'abord le robinet principal intérieur, et ensuite chacun des becs d'éclairage. Dans tous les lieux où les robinets extérieur et intérieur ne seraient pas encore liés entre eux, conformément aux prescriptions de l'article 15 de l'ordonnance qui précède, le robinet intérieur doit être fermé au moment de l'extinction, même après la fermeture du robinet extérieur, pour que, le lendemain, au moment de l'ouverture du robinet extérieur, le gaz ne s'échappe pas dans l'intérieur.

Dès qu'une odeur de gaz donne lieu de penser qu'il existe une fuite, il convient d'ouvrir les portes ou croisées pour établir un courant d'air, et de fermer le robinet intérieur.

Il est nécessaire d'en donner avis simultanément au constructeur de l'appareil et à la compagnie qui fournit le gaz, afin que la fuite soit réparée immédiatement.

Le consommateur doit s'abstenir de rechercher lui-même la fuite avec du feu ou de la lumière.

Dans le cas où, soit par imprudence, soit accidentellement, une fuite de gaz aurait été enflammée, il conviendra, pour l'éteindre, de poser dessus un linge imbibé d'eau.

Le consommateur doit toujours s'abstenir de toucher au robinet extérieur, et à la porte qui le ferme, ce robinet devant être manœuvré exclusivement par les agents de la compagnie qui fournit le gaz.

Lorsqu'on exécute, dans les rues, des travaux d'égouts, de pavage, de trottoirs ou de pose de conduites d'eau, les consommateurs au devant desquels ces travaux s'exécutent feront bien de s'assurer que les branchements qui leur fournissent le gaz ne sont point endommagés ni déplacés par ces travaux, et, dans le cas contraire, d'en donner connaissance à la compagnie d'éclairage et à l'administration.

Vu pour être annexé à notre ordonnance en date du 31 mai 1842.

Le conseiller d'Etat, préfet de police, G. DELESSERT.

N° **1808.** — *Ordonnance concernant le travail des enfants dans les manufactures.*

Paris, le 3 juin 1842.

Nous, conseiller d'Etat, préfet de police,

Ordonnons ce qui suit :

La loi du 22 mars 1841, relative au travail des enfants dans les manufactures, usines ou ateliers, sera imprimée et affichée tant à Paris que dans les communes du ressort de la préfecture de police (1).

Le conseiller d'Etat, préfet de police, G. DELESSERT.

N° **1809.** — *Consigne générale des gardes de police aux théâtres* (2).

Paris, le 14 juin 1842.

1. Les hommes de service aux théâtres s'y rendront une heure avant

---

(1) V. à l'appendice.
(2) V. l'arrêté du 23 novembre 1843 et l'ord. du 30 mars 1844.

l'ouverture des bureaux : ils seront entièrement à la disposition de MM. les commissaires de police et officiers de paix de service près de chaque théâtre, qui sont spécialement chargés du maintien de l'ordre.

2. Aussitôt l'arrivée du détachement au théâtre, le chef du poste recevra les réquisitions du commissaire de police ou de l'officier de paix, pour le placement des hommes chargés du maintien de l'ordre dans les queues qui se forment à l'extérieur des théâtres. En leur absence, il placera de suite les hommes nécessaires à ce service et à celui pour l'observation de la consigne spéciale à chaque théâtre, concernant les voitures.

3. Tout garde de service dans un théâtre, requis par MM. les commissaires de police ou les officiers de paix, en préviendra sur-le-champ son chef de poste, excepté en cas d'urgence, où il obtempérera de suite à la réquisition.

En l'absence des officiers de police, et lorsque des individus troubleront l'ordre d'une manière grave à l'intérieur d'un théâtre, le chef de poste, sans attendre la réquisition expresse de ces fonctionnaires, agira comme en cas de flagrant délit et pénétrera à l'intérieur du théâtre pour y rétablir l'ordre et expulser les auteurs du trouble.

4. MM. les directeurs ou employés supérieurs des théâtres ne devront pas permettre que les gardes ni les sous-officiers de service s'introduisent, pendant les représentations, dans les loges des quatrièmes ou à toute autre place, recommandation expresse étant faite à tout garde de ne pénétrer dans l'intérieur des salles, que sur la réquisition de MM. les commissaires de police ou officiers de paix, ou dans le cas prévu par le second paragraphe de l'article précédent.

5. Tout individu arrêté par un sous-officier ou garde sera conduit devant le chef du poste, et remis ensuite à la disposition du commissaire de police, ou, à son défaut, à celle de l'officier de paix de service au théâtre.

6. Il est instamment recommandé aux hommes de garde d'apporter, dans l'exécution des ordres qui leur seront donnés, du sang-froid, de la fermeté et de la prudence, et de toujours chercher à concilier la rigueur de leur consigne avec la modération qu'elle réclame.

7. En cas d'incendie, de tumulte ou de rassemblement pouvant compromettre la tranquillité publique, soit au théâtre, soit dans les environs, la garde prendra sur-le-champ les armes, et se tiendra prête à obtempérer aux réquisitions qui pourront lui être faites par MM. les commissaires de police de service, ou à agir sous le commandement du chef de la troupe, en cas de circonstance extraordinaire.

8. Les gardes de police aux théâtres étant exclusivement destinées au service du théâtre où elles se trouvent, elles ne peuvent en être distraites, à moins d'urgence, et par réquisition d'un commissaire de police ou d'un officier de paix ; dans ce cas même, elles ne seront jamais distraites en totalité, sans un ordre spécial émané du préfet de police.

9. Les gardes de service n'ont aucun contrôle, ni aucune surveillance à exercer sur les billets d'entrée aux spectacles ; ils ne doivent pas non plus examiner les droits des personnes qui réclament leur entrée, à quel titre que ce soit.

10. Il leur est également défendu de mettre le bonnet de police et de fumer, même sous le vestibule et le péristyle au devant du théâtre, pendant tout le temps du service.

11. Les chefs de poste ni les gardes ne peuvent intervenir dans les querelles qui s'élèvent autour d'eux, que sur la réquisition de MM. les commissaires de police ou officiers de paix.

12. Toute insulte envers les militaires de service près les théâtres, tout acte de rébellion aux ordres et consignes qu'ils sont chargés de

faire exécuter, donnera lieu immédiatement à l'arrestation de l'individu qui s'en sera rendu coupable.

L'individu arrêté sera conduit au bureau de police du théâtre.

13. Les chefs de poste enverront le lendemain matin, de bonne heure, au colonel-commandant le rapport des événements qui auront eu lieu pendant leur service; ils signaleront les abus qu'ils auront reconnus, feront connaître les fautes commises par les hommes de garde, et détailleront les objets à fournir ou à réparer dans le corps de garde. Ils auront le soin de signaler les gardes qui auront manqué à l'effectif commandé. Ils présenteront chaque jour leur rapport à l'administration du théâtre, qui y inscrira ses observations, si elle en a à faire, et qui, dans le cas contraire, se bornera à signer, sans toutefois régler la force du détachement à fournir aux représentations suivantes.

14. Le chef de poste à chaque théâtre réunira la troupe au commencement du dernier acte, fera appeler l'officier de paix, ou, en son absence, le commissaire de police de service, pour recevoir de lui les consignes relatives au bon ordre pendant la sortie du public et au défilé des voitures, et placera les factionnaires conjointement avec l'officier de paix.

15. Aucun factionnaire en védette ne pourra être relevé qu'après l'entière évacuation de la salle, ni abandonner son poste sous aucun prétexte.

16. Quand la salle sera évacuée et le défilé des voitures entièrement terminé, le chef du poste reconduira en bon ordre sa troupe au quartier, et fera patrouille, en suivant l'itinéraire qui lui aura été tracé.

17. Les officiers de ronde, près les postes établis aux théâtres, surveilleront l'exécution de la présente consigne dont les chefs de poste sont responsables.

18. La consigne générale, en date du 12 octobre 1839, concernant les gardes de police aux théâtres, est et demeure rapportée.

Le colonel commandant la garde municipale, CARRELET.

Vu et approuvé:

Le conseiller d'Etat, préfet de police, G. DELESSERT.

———————————◎———————————

N° **1810**. — *Ordonnance concernant les nourrices, les directeurs de bureaux de nourrices, les logeurs, meneurs et meneuses de nourrices.*

Paris, le 20 juin 1842.

Nous, conseiller d'Etat, préfet de police,

Considérant que, nonobstant les mesures prescrites par l'ordonnance de police du 9 août 1828, concernant les nourrices, et la surveillance exercée par l'administration sur les établissements particuliers où l'on s'occupe de leur placement, des abus d'autant plus graves qu'ils tendent à compromettre l'existence des enfants nous ont été révélés;

Considérant que ces abus résultent notamment de moyens frauduleux employés, soit par les nourrices, soit par les personnes qui s'entremettent pour leur placement, dans le but de dissimuler leur défaut d'aptitude à prendre soin d'un nourrisson;

Vu les déclarations du roi des 29 janvier 1715 et 1er mars 1727;

Vu les arrêtés du gouvernement des 12 messidor an VIII (1er juillet 1800) et 3 brumaire an IX (25 octobre 1800);

Vu le décret du 30 juin 1806 ;

Vu les articles 319, 320 et 484 du Code pénal ,

Ordonnons ce qui suit :

TITRE 1er.

Nourrices.

1. Toute nourrice qui voudra se procurer un nourrisson, tant à Paris que dans les communes du ressort de la préfecture de police, devra être munie d'un certificat délivré par le maire de sa commune, et, si elle est domiciliée à Paris, par le commissaire de police de son quartier. Ce certificat, qui devra toujours être revêtu du sceau de la mairie ou du commissariat où il aura été délivré, indiquera les nom, prénoms, âge, signalement, domicile et profession de la nourrice; les nom et profession de son mari, s'il y a lieu; et attestera qu'elle a des moyens d'existence suffisants, qu'elle est de bonne vie et mœurs, qu'elle n'a point de nourrisson et que l'âge de son dernier enfant lui permet d'en prendre un; il indiquera la date précise de la naissance de cet enfant, et s'il est vivant ou décédé. Il devra aussi constater qu'elle est pourvue d'un garde-feu et d'un berceau pour le nourrisson qui lui sera confié.

2. La nourrice devra se pourvoir, en outre, d'un certificat dûment légalisé, délivré par un docteur en médecine ou en chirurgie, et attestant qu'elle réunit, *sous le rapport sanitaire*, toutes les conditions désirables pour élever un nourrisson.

3. Aucune nourrice ne pourra se charger d'un enfant sans avoir présenté à la préfecture de police les deux certificats mentionnés dans les articles précédents, et sur l'exhibition desquels il sera procédé à son inscription sur un registre spécial ouvert à cet effet.

Un bulletin relatant cette inscription sera, s'il y a lieu, remis à la nourrice.

4. Une nourrice ne pourra se charger de plus d'un enfant à la fois pour l'allaiter.

5. Avant son départ pour le lieu de sa résidence, toute nourrice à laquelle un enfant aura été confié devra se munir de l'acte de naissance de cet enfant, ou, à défaut, d'un bulletin provisoire de la mairie où la déclaration de naissance aura été faite.

Quant aux nourrices qui habitent Paris ou la banlieue, elles devront être munies de cette pièce, dans les trois jours qui suivront celui où elles se seront chargées de l'enfant.

6. Les actes ou bulletins de naissance des enfants seront présentés par les nourrices, dans le délai de huit jours, aux maires ou commissaires de police du lieu de leur domicile, pour être visés par ces fonctionnaires.

7. Il est défendu à toutes nourrices de prendre des enfants pour les remettre à d'autres nourrices.

TITRE II.

Directeurs de bureaux de nourrices, logeurs, meneurs et meneuses de nourrices.

8. Les personnes qui s'entremettront pour le louage des nourrices, sous quelque dénomination que ce soit, de directeurs de bureaux de nourrices, de logeurs, meneurs ou meneuses de nourrices, devront en faire la déclaration à la préfecture de police. L'administration fera examiner et surveiller les localités destinées aux nourrices, ainsi que

les voitures qui devront transporter celles-ci et leurs nourrissons, et prescrira aux directeurs, logeurs, meneurs ou meneuses, les conditions qu'elle croira nécessaires qu'ils remplissent dans l'intérêt de la salubrité, de la sûreté, des mœurs ou de l'ordre public, et qui seront mentionnées dans les permissions.

9. Il est défendu à toute autre personne de s'entremettre directement ou indirectement dans le placement des nourrices.

10. Il est fait défense expresse à tous meneurs ou meneuses, aubergistes, logeurs et directeurs de bureaux de nourrices, de s'entremettre pour procurer des nourrissons à des nourrices qui n'auraient pas été enregistrées dans les bureaux de la préfecture de police, comme aussi de les reconduire dans leurs communes avec des nourrissons, sans qu'elles soit munies de l'une des pièces indiquées dans l'article 5 de la présente ordonnance.

11. Il est également défendu aux meneurs ou meneuses, et à toutes autres personnes s'occupant de placement d'enfants en nourrice, d'emporter ou de faire emporter des enfants nouveau-nés, sans que ces enfants soient accompagnés des nourrices qui doivent les allaiter; et si les enfants venaient à mourir en route, il est enjoint aux nourrices, meneurs, meneuses ou autres personnes chargées de conduire ces enfants, d'en faire sur-le-champ la déclaration devant l'officier de l'état civil de la commune où ils décéderaient. Ce fonctionnaire devra leur en donner un certificat que la nourrice remettra au maire de sa commune pour être par lui transmis au préfet de police.

12. Défense expresse est faite aux directeurs, logeurs, meneurs et meneuses de nourrices ou autres, de procurer plus d'un enfant à la fois à la même nourrice.

13. Les directeurs de bureaux de nourrices et logeurs de nourrices, ou toutes autres personnes qui s'entremettent pour le placement des nourrices, seront tenus d'avoir un registre coté et parafé par le commissaire de police de leur quartier ou par le maire de leur commune, et sur lequel devront être inscrits les noms, âge, domicile de la nourrice; les noms et profession de son mari, si elle est mariée; l'âge du dernier enfant dont elle est accouchée, en indiquant s'il est vivant ou mort; le jour de l'arrivée et du départ de la nourrice, ainsi que le nom du meneur. Ce registre devra aussi contenir les noms et âge de l'enfant qui sera confié à la nourrice, ainsi que les noms et la demeure des parents de cet enfant ou des personnes dont elle l'aura reçu.

14. Tout directeur de bureau de nourrices ou logeur de nourrices sera tenu de fournir, dans les vingt-quatre heures, au commissaire de police (ou au maire, pour la banlieue), un bulletin constatant le départ de chaque nourrice. Ce bulletin, qui sera immédiatement transmis à la préfecture de police, devra contenir les noms, âge et domicile de la nourrice; les nom et prénoms de l'enfant, ainsi que les noms et demeure de ses parents ou des personnes qui les représenteraient. Dans le cas où la nourrice partirait sans enfant ou serait placée nourrice sur lieu, le bulletin dont il s'agit devra l'indiquer.

15. Les maires, les commissaires de police, l'inspecteur des maisons de santé, de sevrage et des nourrices sont chargés, chacun en ce qui le concerne, de veiller à l'exécution de la présente ordonnance.

16. Les contraventions à cette ordonnance seront déférées aux tribunaux pour être poursuivies conformément aux lois et règlements.

17. L'ordonnance de police du 9 août 1828 est abrogée.

Le conseiller d'Etat, préfet de police, G. DELESSERT.

N° **1811.** — *Ordonnance concernant les feux d'artifice et la vente des pièces d'artifice.*

Paris, le 30 juin 1842.

Nous, conseiller d'Etat, préfet de police,

Considérant que des accidents graves sont résultés de la négligence apportée dans le tir ou dans la confection des pièces d'artifice, et surtout de l'emploi de mortiers ou d'obusiers en fer ou en fonte, et qu'il importe d'en prévenir le retour ;

Vu, 1° la loi des 16-24 août 1790 ;

2° Les arrêtés du gouvernement du 12 messidor an VIII (1er juillet 1800) et du 3 brumaire an IX (25 octobre 1800) ;

3° Les articles 319 et 320 du Code pénal ;

4° Les ordonnances de police du 10 juin 1811 et du 3 février 1821 ;

5° L'arrêté du 24 juin 1841,

Ordonnons ce qui suit :

1. Les artificiers ne pourront employer pour la direction des fusées que des baguettes faites avec des brins de bois très-léger, tel que sureau, saule, osier, etc.

Les baguettes destinées aux fusées de petites dimensions, ne pourront avoir plus de 15 millimètres de diamètre au gros bout.

2. Les grosses fusées tirées isolément dans les fêtes publiques ne pourront porter de baguettes ; elles devront être dirigées par des ailettes en carton ou par tout autre moyen analogue.

3. Les mortiers destinés à tirer plusieurs coups, quel que soit leur mode de confection, seront enterrés jusqu'au niveau de la partie supérieure de la bombe. La portion du mortier hors du sol sera entièrement entourée d'une caisse en bois de chêne de 8 centimètres d'épaisseur, assemblée à queue d'aronde. L'intervalle entre les parois de la caisse et du mortier, qui devra être d'au moins 5 centimètres, sera rempli de terre passée à la claie et pilonnée.

Si l'on fait emploi de mortiers en bronze, la caisse dont il vient d'être parlé pourra être supprimée.

Les mortiers en matière autre que le bronze et ne devant tirer qu'un seul coup devront être enterrés jusqu'à la bouche et entourés de terre remblayée, comme il est dit ci-dessus.

4. Les culots en bois ou en plomb fermant la partie inférieure des mortiers devront être bien ajustés sur le fond, et recouverts d'une tôle de fer ou de cuivre d'au moins 2 millimètres d'épaisseur, afin d'empêcher l'introduction des débris enflammés dans les fissures du culot.

5. Les artificiers chargés de tirer les feux d'artifice, à l'occasion des fêtes publiques, devront faire connaître trois jours à l'avance, à Paris, au préfet de police, et dans les communes rurales, aux maires, l'emplacement des feux d'artifice qu'ils devront tirer, afin que l'on puisse s'assurer de l'exécution des dispositions indiquées ci-dessus, désigner les distances auxquelles les barrières devront être placées pour garantir le public et prescrire toutes autres mesures qui seraient jugées nécessaires.

6. Toute personne qui voudra faire tirer un feu d'artifice sera tenue d'en faire la déclaration vingt-quatre heures à l'avance, à Paris, aux commissaires de police, et, dans les communes rurales, aux maires. Ces fonctionnaires pourront s'y opposer si, après examen des lieux, ils reconnaissent qu'il peut en résulter du danger.

7. Il est défendu de tirer des armes à feu, pétards, fusées et pièces d'artifice quelconques sur la voie publique, ou dans l'intérieur des maisons.

8. Les artificiers pourront seuls vendre et débiter des pièces quelconques d'artifice, même de la plus petite dimension.

9. Les artificiers seront tenus d'inscrire sur un registre à ce destiné, et qui sera coté et paraphé par le commissaire de police de leur quartier, à Paris, et par les maires, dans les communes rurales, les nom, prénoms, qualité et demeure, dûment justifiés, de toute personne à laquelle ils vendront des pièces d'artifice.

10. L'ordonnance précitée du 12 juin 1811, les articles 4, 5, 6, et 7 de l'ordonnance précitée du 3 février 1821, et l'arrêté également précité du 24 juin 1841, sont rapportés.

11. Les contraventions à la présente ordonnance seront constatées par des procès-verbaux, pour être poursuivies devant les tribunaux, conformément aux lois.

12. La présente ordonnance sera imprimée et affichée dans l'étendue du ressort de la préfecture de police.

Les sous-préfets des arrondissements de Sceaux et de Saint-Denis, les maires et les commissaires de police des communes rurales, les commissaires de police de la ville de Paris, le chef de la police municipale, les officiers de paix et les autres préposés de la préfecture sont chargés, chacun en ce qui le concerne, de l'exécution de la présente ordonnance.

Elle sera, en outre, adressée à M. le colonel de la garde municipale de Paris et à M. le commandant de la gendarmerie du département de la Seine, pour qu'ils en assurent l'exécution par tous les moyens qui sont en leur pouvoir.

Le conseiller d'Etat, préfet de police, G. DELESSERT.

N° **1812.** — *Ordonnance concernant les mesures d'ordre à observer le 30 juillet, jour consacré à la translation du corps de son altesse royale monseigneur le duc d'Orléans, prince royal, du palais de Neuilly à l'église métropolitaine.*

Paris, le 28 juillet 1842.

Nous, conseiller d'Etat, préfet de police,

Vu le programme réglant le cérémonial et les dispositions qui seront observés dans Paris et dans la commune de Neuilly, le 30 juillet 1842, jour de la translation du corps de son altesse royale monseigneur le duc d'Orléans, prince royal, à l'église métropolitaine;

Vu la loi des 16 et 24 août 1790, qui nous charge de maintenir le bon ordre dans les cérémonies publiques;

Et en vertu des arrêtés du gouvernement du 12 messidor an VIII (1er juillet 1800) 3 brumaire an IX (25 octobre 1800),

Ordonnons ce qui suit:

1. Samedi prochain, 30 juillet courant, jour auquel aura lieu la translation du corps de son altesse royale monseigneur le duc d'Orléans, prince royal, du palais de Neuilly à l'église métropolitaine, toute voiture étrangère à la cérémonie funèbre ne pourra, de huit heures du matin jusqu'après le passage du cortège, circuler ni stationner sur les points ci-après désignés, savoir:

1° Dans la rue du Château, située commune de Neuilly;

Sur la chaussée, les accotements et les avenues de la route de Neuilly, à partir du pont de Neuilly jusqu'à l'arc de triomphe ;

2° Dans toutes les rues et avenues qui aboutissent sur la route de Neuilly, dans un espace de deux cents mètres à partir de cette route.

2. Le même jour 30 juillet, de huit heures du matin jusqu'après le passage du cortége funèbre, la circulation et le stationnement des voitures seront interdits dans Paris ;

Savoir :

Dans les avenues de Neuilly et des Champs-Elysées, dans les rues qui y aboutissent et dans les avenues des Veuves, d'Antin, Marigny, Gabrielle et du Cours-la-Reine ;

Dans les rues des Champs-Elysées, Royale Saint-Honoré, Saint-Florentin, Rivoli ;

Sur la place de la Concorde ;

Sur le quai de la Conférence, depuis le pont d'Antin jusqu'au pont de la Concorde ;

Sur le pont de la Concorde, le quai des Tuileries, le Pont Royal, le quai du Louvre, le pont du Carrousel, le quai de l'Ecole, le Pont Neuf, le quai de la Mégisserie, le pont au Change, le quai de Gèvres, le pont Notre-Dame, le quai Napoléon ;

Dans la rue d'Arcole ;

Sur la place du parvis Notre-Dame ;

Les rues Neuve Notre-Dame, Saint-Christophe et du Cloître Notre-Dame ;

Le quai de l'Archevêché ;

Les ponts Louis-Philippe, de l'Archevêché, le pont de la Cité et sur le Pont-au-Double.

3. Les voitures pourront, toutefois, jusqu'au moment où le cortége paraîtra, traverser l'itinéraire réservé au cortége, sans pouvoir cependant le suivre dans sa longueur.

4. Sont exceptées de l'interdiction établie par les articles précédents, les voitures :

De la cour, des ministres, des maréchaux de France, de l'intendant général de la liste civile, de M. le lieutenant général commandant supérieur des palais royaux, du corps diplomatique, de M. le chancelier de France, du grand référendaire de la chambre des pairs, de M. le président de la chambre des députés, de M. le préfet de la Seine, de MM. les lieutenants généraux commandant la première division militaire et la place de Paris.

5. Le 30 juillet courant, à partir de sept heures du matin et jusqu'après l'entrée du cortége funèbre dans Paris, toutes les voitures sans exception, qui arriveront à Paris par la route de Neuilly, ne pourront passer le pont de Neuilly.

Elles devront se diriger par le rond-point de la route royale n° 13, formant l'embranchement des routes royales de Paris à Cherbourg et de Neuilly à Pontoise, et aller passer au pont d'Asnières ;

Et les voitures qui, dans la même journée, se rendront de Paris à ladite route royale n° 13, suivront l'itinéraire ci-dessus réglé.

6. Dans la même journée et jusqu'après l'arrivée du cortége à l'église métropolitaine, les voitures qui entreront dans Paris par la barrière de Passy ne pourront se diriger que par l'allée des Veuves et la rue Montaigne, ou par les ponts d'Iéna et des Invalides.

7. Il est fait défense expresse de monter sur les arbres, les colonnes destinées à l'éclairage au gaz de l'avenue de Neuilly, de la grande avenue des Champs-Elysées, sur les candélabres, les bassins et les statues de la place de la Concorde, sur les balustrades de cette place, et sur les parapets des quais, ponts et berges.

8. Il est pareillement défendu de construire aucuns échafaudages, gradins, estrades ou autres établissements de ce genre, et de placer des bancs, tables, charrettes, voitures, chaises, échelles, tonneaux ou autres objets servant à s'élever dans toute l'étendue de l'itinéraire que doit parcourir le cortége.

Les objets trouvés en contravention à la défense ci-dessus seront enlevés et transportés à la fourrière de la préfecture de police.

9. Il est fait défense aux personnes à cheval ou à pied de traverser le cortége ou de s'y placer.

10. Le 30 juillet, à partir de onze heures du matin jusqu'après le passage du cortége, le public ne pourra traverser ni stationner sur les ponts du Carrousel, des Arts, d'Arcole, Louis-Philippe, et sur le pont de la Cité.

11. Défense est également faite de monter sur les monuments publics, sur les toits, les entablements ou les auvents des maisons ainsi que sur les échafaudages qui se trouveraient au-devant des bâtiments.

12. L'observation des règlements qui défendent d'exposer aux fenêtres et au-devant des maisons sur la voie publique, des caisses, pots à fleurs, vases ou autres objets pouvant nuire par leur chute ou causer des accidents, est spécialement recommandée aux habitants.

13. Le chef de la police municipale est autorisé à prendre toutes les mesures de police non prévues par la présente ordonnance, et qui pourraient être nécessaires au maintien de l'ordre et de la sûreté publique.

Il se concertera, à cet effet, avec les commandants de la force armée qui seront sur les lieux.

14. Les contraventions à la présente ordonnance seront constatées par des procès-verbaux, et les contrevenants poursuivis conformément aux lois devant les tribunaux compétents.

15. La présente ordonnance sera imprimée et affichée dans Paris et dans la commune de Neuilly.

Le chef de la police municipale et les commissaires de police de la ville de Paris, les officiers de paix, le directeur de la salubrité, l'architecte-commissaire de la petite voirie, les préposés de la préfecture de police et tous agents de la force publique sont chargés de tenir la main à son exécution, chacun en ce qui le concerne.

Le maire et le commissaire de police de la commune de Neuilly restent pareillement chargés d'en assurer l'exécution.

Le colonel de la garde municipale de la ville de Paris, le chef d'escadron commandant la gendarmerie de la Seine et les commandants des autres corps militaires sont requis de leur prêter main-forte et de concourir, en ce qui les concerne, à l'exécution de la présente ordonnance.

Le conseiller d'Etat, préfet de police, G. DELESSERT.

N° **1813.**—*Ordonnance concernant l'ouverture de la chasse* (1).

Paris, le 8 août 1842.

---

(1) V. les ord. des 22 août 1843, 13 mai, 17 août et 14 décembre 1844.

N° 1814. — *Arrêté concernant le costume des commissaires de police.*

Paris, le 26 août 1842.

Nous, conseiller d'Etat, préfet de police,

Désirant ramener l'uniformité dans le costume des commissaires de police attachés à notre administration ;

Attendu que, tout en conservant l'aspect sévère et la simplicité que le législateur a voulu lui donner, ce costume doit être tel qu'on ne puisse le confondre avec celui qu'ont adopté, pour leurs agents, certains services publics ;

Vu les articles 4 et 5 de l'arrêté du gouvernement en date du 17 floréal an VIII, et la circulaire ministérielle du 24 septembre 1830 ,

Arrêtons ce qui suit :

1. Le costume des commissaires de police de la ville de Paris est réglé comme il suit :

Habit noir, collet, parements, poches, écusson au bas de la taille brodés en soie noire ; la broderie composée de feuilles de chêne et d'olivier ; neuf boutons noirs en soie.

Gilet en soie noire, uni.

Pantalon noir uni.

Ceinture tricolore en soie avec frange noire entremêlée de torsades également en soie.

Chapeau français avec ganse et bouton d'acier et cocarde.

Épée d'acier à fourreau noir.

2. Les commissaires de police de la ville de Paris devront être pourvus de ce costume à dater du 1er janvier 1843.

3. Le présent arrêté sera soumis à l'approbation de son excellence le ministre de l'intérieur.

Le conseiller d'Etat, préfet de police, G. DELESSERT.

Approuvé le 3 septembre 1842.

Le ministre secrétaire d'Etat de l'intérieur, T. DUCHATEL.

N° 1815. — *Arrêté portant que les boulangers de Paris verseront au grenier d'abondance les trois cinquièmes de leur approvisionnement particulier en farine, approuvé, le 3 octobre 1842, par M. le ministre de l'agriculture et du commerce.*

Paris , le 29 août 1842.

Nous, conseiller d'Etat, préfet de police,

Vu, 1° l'ordonnance du roi du 19 juillet 1836, qui prescrit le versement au grenier d'abondance des trois cinquièmes de l'approvisionnement en farine que doivent avoir à domicile les boulangers de Paris ;

2° L'arrêté que nous avions pris le 20 mai 1837, pour publier cette ordonnance royale et enjoindre aux boulangers d'y satisfaire dans un délai donné ;

3° La délibération du 8 avril dernier, par laquelle le conseil municipal insiste pour que les boulangers soient tenus de se conformer à l'ordonnance dont il s'agit ;

4° La lettre que nous a écrite, le 12 juillet dernier, M. le ministre de l'agriculture et du commerce, pour donner son adhésion à cette délibération, et nous recommander de faire exécuter définitivement ladite ordonnance royale;

Vu également l'arrêté du gouvernement du 19 vendémiaire an x et l'ordonnance royale du 21 octobre 1818, concernant l'exercice de la profession de boulanger à Paris;

Notre arrêté du 29 avril 1837, qui a déterminé le classement des boulangers de Paris suivant l'importance de leur cuisson;

Arrêtons ce qui suit :

1. Il est enjoint de nouveau aux boulangers de Paris d'effectuer dans les magasins du grenier d'abondance, chacun suivant la classe dans laquelle est rangé son établissement, par l'arrêté précité du 29 avril 1837, le dépôt de farine prescrit par l'ordonnance royale du 19 juillet 1836.

Ce versement devra être opéré par tiers dans les mois de janvier, février et mars prochains.

2. Les boulangers continueront à avoir dans leurs magasins particuliers la portion de l'approvisionnement de farine réglé par l'ordonnance royale du 21 octobre 1818, dont l'ordonnance royale du 19 juillet 1836 n'a pas prescrit le dépôt dans un magasin public.

3. Le mode actuel d'administration, de conservation et de renouvellement des dépôts de garantie sera provisoirement applicable aux nouveaux versements de farine, qui seront faits par le commerce de la boulangerie de Paris.

4. Les contraventions au présent arrêté seront constatées par des procès-verbaux ou rapports, et poursuivies devant le tribunal compétent.

5. Cet arrêté sera notifié à chacun des boulangers de Paris par les commissaires de police de leurs quartiers respectifs.

Les commissaires de police, l'inspecteur général des halles et marchés et les syndics des boulangers sont chargés, chacun en ce qui le concerne, de son exécution.

Le conseiller d'Etat, préfet de police, G. DELESSERT.

N° **1816.** — *Ordonnance concernant les chevaux et autres animaux vicieux ou atteints de maladies contagieuses.*

Paris, le 31 août 1842.

Nous, conseiller d'Etat, préfet de police,

Vu, 1° l'arrêté du conseil d'Etat du 16 juillet 1784, dont les dispositions sont maintenues par l'article 484 du Code pénal;

2° La loi des 16—24 août 1790;

3° Le § 3 de l'article 20, titre 1er, section 4 de la loi du 6 octobre 1791;

4° Les arrêtés du gouvernement des 12 messidor an VIII (1er juillet 1800) et 3 brumaire an IX (25 octobre 1800);

5° L'article 423 du Code pénal;

6° Les articles 459, 460 et 461 du Code pénal ainsi conçus, savoir :

(Article 459.) Tout détenteur ou gardien d'animaux ou de bestiaux soupçonnés d'être infectés de maladies contagieuses, qui n'aura pas sur-le-champ averti le maire de la commune où il se trouve, et qui même, avant que le maire ait répondu à l'avertissement, ne les aura pas tenus renfermés, sera puni d'un emprisonnement de six jours à deux mois, et d'une amende de seize francs à deux cents francs.

(Article 460.) Seront également punis d'un emprisonnement de deux mois à six mois, et d'une amende de cent francs à cinq cents francs, ceux qui, au mépris des défenses de l'administration, auront laissé leurs animaux ou bestiaux infectés communiquer avec d'autres.

(Article 461.) Si, de la communication mentionnée au précédent article, il est résulté une contagion parmi les autres animaux, ceux qui auront contrevenu aux défenses de l'autorité administrative seront punis d'un emprisonnement de deux ans à cinq ans, et d'une amende de cent francs à mille francs ; le tout sans préjudice de l'exécution des lois et règlements relatifs aux maladies épizootiques, et de l'application des peines y portées.

7° Les ordonnances de police des 17 février 1831 et 15 janvier 1841;

8° Le décret du 15 janvier 1813;

9° L'arrêté du ministre de l'intérieur en date du 11 septembre 1813;

10° Les rapports du conseil de salubrité :

Considérant qu'il importe de publier de nouveau les règlements relatifs aux animaux vicieux ou atteints de maladies contagieuses, et d'ajouter à ces règlements les dispositions que réclame la gravité de quelques cas de contagion observés par la science ,

Ordonnons ce qui suit :

1. Il est défendu de vendre et d'exposer en vente, dans les marchés et partout ailleurs, des chevaux ou d'autres animaux atteints ou présentant des symptômes de maladies contagieuses.

Il est également défendu d'employer à un service public quelconque, et même de conduire sur la voie publique, des animaux atteints ou présentant des symptômes de maladies contagieuses, vicieux ou hors d'état de service.

2. Toute personne qui aurait en sa possession des chevaux ou d'autres animaux atteints ou présentant des symptômes de maladies contagieuses, est tenue d'en faire sur-le-champ sa déclaration, savoir : dans les communes rurales de la préfecture de police, devant le maire, et à Paris, devant un commissaire de police.

3. Il sera fait de fréquentes visites par un artiste vétérinaire de notre préfecture ou par tout autre préposé que nous désignerons à cet effet, soit dans les marchés, soit sur les places affectées au stationnement des voitures de place ou sur tout autre point de la voie publique, à l'effet de rechercher les animaux atteints de maladies contagieuses, vicieux ou hors d'état de faire le service public auquel ils sont employés.

4. Les animaux dont il est question dans l'article précédent seront, à Paris, conduits dans une fourrière destinée à les recevoir, et dans les communes rurales, ils seront conduits dans une fourrière semblable, s'il y en a une, ou consignés dans tel endroit que le maire jugera convenable.

Le propriétaire sera requis de se présenter, pour être présent à la visite qui sera faite de l'animal, dans le plus court délai, par un artiste vétérinaire que l'autorité désignera.

Si l'animal est reconnu sain par le vétérinaire, il sera rendu au propriétaire.

Si la maladie est reconnue incurable, et si le propriétaire consent à ce que l'animal soit abattu, il sera marqué d'une M faite au ciseau et d'une manière très-apparente, dans le poil de la croupe, et conduit sans délai à l'abattoir. Il sera dressé de la visite un procès-verbal qui contiendra le consentement à l'abatage.

L'abatage devra avoir lieu en présence du vétérinaire ou de tout autre préposé de l'administration qui nous en rendra compte.

Toutefois, le propriétaire pourra, à ses frais, faire conduire l'animal à l'école d'Alfort, pour y être traité, si l'école juge devoir essayer un traitement.

Si le propriétaire ne consent pas à l'abatage, il nommera un expert breveté des écoles, pour visiter l'animal d'une manière contradictoire. En cas de dissidence, il sera nommé par nous un tiers expert, pour, sur son rapport, être statué ce qu'il appartiendra.

5. Après l'accomplissement des formalités prescrites par l'article précédent, s'il est décidé que la maladie n'est pas incurable, ou si l'animal est seulement reconnu vicieux ou impropre au service public auquel il est employé, il sera loisible au propriétaire de le faire traiter soit à l'école d'Alfort, soit dans sa propre écurie, mais, dans ce dernier cas, aux conditions suivantes :

L'animal sera marqué d'un signe représentant une équerre tracée au ciseau d'une manière très-apparente, dans le poil au défaut de l'épaule gauche.

L'écurie où devra être placé l'animal en traitement, non-seulement sera isolée de manière qu'elle ne puisse présenter de danger de contagion pour les animaux bien portants, mais encore elle devra être très-saine et suffisamment large pour que le traitement et le pansement soient faciles ; elle ne devra même contenir aucun autre cheval ou animal quelconque.

Cette écurie sera désignée au vétérinaire de l'administration, et l'animal ne pourra y être placé que sur l'avis de ce vétérinaire, et d'après la permission de l'autorité ; jusqu'à ce moment, l'animal restera dans la fourrière destinée aux animaux atteints de maladies contagieuses.

L'animal en traitement ne pourra plus ni travailler, ni même être promené sur la voie publique, ou dans tout autre lieu où il pourrait se trouver en contact avec des animaux sains. Il devra toujours être soumis aux visites des préposés de l'administration.

Lorsqu'il paraîtra guéri, le propriétaire en fera la déclaration à l'autorité qui, sur une nouvelle visite du vétérinaire commis par elle, donnera ou refusera l'autorisation de l'employer aux travaux ordinaires.

6. Les visites ordonnées par l'article 3 de la présente ordonnance seront faites également dans les écuries des entrepreneurs de diligences et de messageries, des aubergistes, des voituriers, rouliers, maîtres de poste, loueurs de voitures, marchands de chevaux et autres établissements renfermant des animaux.

L'expert vétérinaire sera accompagné dans ces visites par le maire de la commune ou par le commissaire de police, toutes les fois qu'il sera nécessaire.

Il sera procédé, dans ces établissements, à l'égard des animaux malades ou vicieux, comme il est dit dans les articles 4 et 5.

Toutefois, faute par les propriétaires de se rendre gardiens des animaux ou de présenter un gardien, les animaux seront conduits à la fourrière, ainsi qu'il est dit en l'article 4 de la présente ordonnance.

7. Les propriétaires d'animaux conduits à la fourrière, dans les cas prévus par les articles qui précèdent, seront tenus de consigner le montant des frais de nourriture pour huit jours, sauf la restitution d'une partie de ces frais, si l'animal était abattu ou rendu avant l'expiration de la huitaine.

Si le propriétaire se refuse à faire cette consignation ou à faire procéder à la visite contradictoire, après en avoir été requis, conformément aux dispositions qui précèdent, l'animal sera abattu.

8. Les écuries et autres localités dans lesquelles auront séjourné

les animaux atteints de maladies contagieuses ou les chevaux seulement suspectés de morve, seront aérées et purifiées à la diligence des maires ou des commissaires de police par les soins des hommes de l'art.

Ces écuries ne pourront être occupées par d'autres animaux qu'après qu'il aura été constaté, en présence d'un expert vétérinaire, que les causes de l'infection n'existent plus.

Ces dispositions sont applicables aux équipages, harnais, colliers et autres objets à l'usage habituel des animaux malades.

9. Toute personne qui sera appelée à traiter les animaux atteints de maladies contagieuses devra en faire la déclaration, savoir : dans les communes rurales, au maire, et à Paris, à un commissaire de police : ces fonctionnaires nous en rendront immédiatement compte.

10. Il est expressément défendu aux personnes qui exercent l'art vétérinaire, de prendre d'autre titre que celui qui leur est conféré par les brevet, diplôme ou certificat de capacité délivré suivant les formes prescrites par les règlements.

11. Dans un mois, à compter de la publication de la présente ordonnance, les personnes qui exercent l'art vétérinaire dans le département de la Seine et dans les communes de Sèvres, Saint-Cloud et Meudon, seront tenues de faire enregistrer à notre préfecture le titre en vertu duquel elles se livrent à cette profession.

12. Il est défendu de coucher ou de faire coucher qui que ce soit dans les écuries où il se trouverait des animaux atteints de maladies contagieuses, ou des chevaux seulement suspectés de morve. La même défense est faite en ce qui concerne les écuries servant d'infirmerie ou tout local servant à loger des animaux malades, de quelque espèce qu'ils soient.

13. Les personnes qui seraient exceptionnellement autorisées à traiter les animaux atteints de maladies contagieuses, ou qui auraient des infirmeries vétérinaires et qui voudraient faire surveiller les animaux pendant la nuit, devront faire établir la chambre du gardien de manière qu'elle ne soit pas en communication avec l'écurie, et que la surveillance s'exerce au moyen d'un châssis vitré.

14. Les contraventions aux dispositions de la présente ordonnance seront constatées par des procès-verbaux ou rapports qui nous seront adressés pour être transmis aux tribunaux compétents.

15. L'ordonnance précitée du 17 février 1831 est rapportée.

16. La présente ordonnance sera imprimée et affichée.

Les sous-préfets des arrondissements de Sceaux et de Saint-Denis, les maires et les commissaires de police des communes rurales du ressort de la préfecture de police, les commissaires de police de Paris, le chef de la police municipale, les artistes vétérinaires de notre préfecture, l'inspecteur contrôleur de la fourrière, les contrôleurs ambulants du service des voitures de place et les autres préposés de la préfecture de police sont chargés, chacun en ce qui le concerne, de tenir la main à son exécution.

Elle sera adressée, en outre, à M. le colonel de la garde municipale et à M. le commandant de la gendarmerie du département de la Seine, pour qu'ils en assurent l'exécution par tous les moyens qui sont en leur pouvoir.

Le conseiller d'Etat, préfet de police, G. DELESSERT.

N° **1817.** — *Ordonnance concernant les mesures d'ordre et de sûreté à observer à l'occasion des fêtes de Saint-Cloud* (1).

Paris, le 7 septembre 1842.

N° **1818.** — *Arrêté qui fixe le minimum d'intervalle entre le départ de deux convois successifs, pour le chemin de fer de Paris à Versailles (rive gauche)* (2).

Paris, le 14 septembre 1842.

Nous, conseiller d'État, préfet de police,

Vu l'article 7 de la décision de M. le ministre des travaux publics, en date du 15 mai dernier, lequel est ainsi conçu :

« Un arrêté préfectoral déterminera, pour chaque chemin de fer,
« le minimum d'intervalle qui devra séparer le départ de deux con-
« vois consécutifs.

« Les arrêtés qui interviendront à cet effet seront soumis à l'appro-
« bation du ministre des travaux publics. »

Vu le rapport que nous avons demandé à ce sujet à M. l'ingénieur en chef des mines, chargé du service central de la partie métallurgique et de l'exploitation des chemins de fer, ledit rapport en date du 8 septembre courant ;

Vu les arrêtés du gouvernement des 12 messidor an VIII (1er juillet 1800) et 3 brumaire an IX (25 octobre 1800) ;

Considérant qu'il convient, pour prévenir des accidents, que l'intervalle entre les départs de deux convois successifs varie suivant la nature de ces convois,

Arrêtons ce qui suit :

1. A Paris et à Versailles, l'intervalle entre le départ de deux convois successifs sur le chemin de fer de la rive gauche sera au moins de :

    Cinq minutes, si un convoi de stations suit un convoi direct ;
    Quinze minutes, entre convois de même espèce ;
    Vingt-cinq minutes, si un convoi direct succède à un convoi de stations.

2. Le paragraphe 1er de l'article 4 de notre arrêté du 8 septembre 1840, concernant la police du chemin de fer susdésigné, est et demeure rapporté.

3. Le présent arrêté, après qu'il aura été approuvé par M. le ministre des travaux publics, sera notifié à la compagnie dudit chemin, en la personne de son directeur, par le commissaire spécial de police du même chemin (station de Paris), lequel en dressera procès-verbal qu'il nous transmettra sans retard.

4. Faute par la compagnie de se conformer aux dispositions prescrites par l'article 1er ci-dessus, les contraventions seront constatées par des procès-verbaux ou rapports qui seront déférés aux tribunaux compétents, sans préjudice des mesures administratives qui pourront être prises, suivant les circonstances.

5. Expédition du présent arrêté sera transmise au commissaire

(1) V. les ord. des 6 sept. 1843 et 4 septembre 1844.
(2) V. les arr. du 8 sept. 1840 et 16 mai 1842.

556 [14 sept.]

spécial de police du chemin de fer de Versailles (rive gauche), et au commissaire de police de Meudon, qui sont chargés d'en assurer l'exécution, chacun en ce qui le concerne.

Semblable expédition sera adressée à M. le pair de France, conseiller d'Etat, préfet du département de Seine-et-Oise.

Le conseiller d'Etat, préfet de police, G. DELESSERT.

Approuvé le 28 septembre 1842.

Le ministre des travaux publics, TESTE.

N° **1819**. — *Arrêté qui fixe le minimum d'intervalle entre le départ de deux convois successifs, pour le chemin de fer de Paris à Versailles (rive droite)* (1).

Paris, le 14 septembre 1842.

Nous, conseiller d'Etat, préfet de police,

Vu l'article 7 de la décision de M. le ministre des travaux publics, en date du 15 mai dernier, lequel est ainsi conçu :

« Un arrêté préfectoral déterminera, pour chaque chemin de fer, « le minimum de l'intervalle qui devra séparer le départ de deux con-« vois consécutifs.

« Les arrêtés qui interviendront à cet effet seront soumis à l'ap-« probation du ministre des travaux publics. »

Vu le rapport que nous avons demandé à ce sujet à M. l'ingénieur en chef des mines chargé du service central de la partie métallurgique et de l'exploitation des chemins de fer, ledit rapport en date du 6 septembre courant;

Considérant qu'il convient, pour prévenir des accidents, que l'intervalle entre les départs de deux convois successifs varie suivant la nature de ces convois;

En vertu des arrêtés du gouvernement des 12 messidor an VIII (1er juillet 1800) et 3 brumaire an IX (25 octobre 1800),

Arrêtons ce qui suit :

1. Aux gares de Saint-Germain et de Versailles (chemin de la rive droite), l'intervalle entre le départ de deux convois successifs sera au moins de :

Cinq minutes, si un convoi de stations suit un convoi direct;

Quinze minutes entre convois de même espèce ;

Vingt-cinq minutes, si un convoi direct succède à un convoi de stations ;

2. A Paris les mêmes intervalles seront observés pour les départs des deux lignes.

Les départs pour Versailles et Saint-Germain s'y faisant sur la même voie, il pourra n'exister qu'un intervalle de cinq minutes entre le départ pour Versailles et celui pour Saint-Germain.

3. Toutes dispositions contraires à celles des deux articles qui précèdent sont et demeurent rapportées.

---

(1) V. l'ord. du 9 avril 1837, les arr. des 26 août 1837, 8 août 1839, l'ord. du 6 sept. 1839, les arr. des 13 déc. 1839 et 16 mai 1842.

4. Le présent arrêté, après qu'il aura été approuvé par M. le ministre des travaux publics, sera notifié aux compagnies des chemins de fer de Saint-Germain et de Versailles (rive droite), en la personne du sieur Péreyre, leur directeur, par le commissaire spécial de police du chemin de Saint-Germain (station de Paris), lequel en dressera des procès-verbaux qu'il nous transmettra sans retard.

5. Faute par les compagnies de se conformer aux dispositions prescrites par les articles 1 et 2 ci-dessus, les contraventions seront constatées par des procès-verbaux ou rapports qui seront déférés aux tribunaux compétents, sans préjudice des mesures administratives qui pourront être prises suivant les circonstances.

6. Expédition du présent arrêté sera transmise aux commissaires spéciaux de police du chemin de fer de Saint-Germain et au commissaire de police de Saint-Cloud, qui sont chargés d'en assurer l'exécution, chacun en ce qui le concerne.

Le conseiller d'Etat, préfet de police, G. DELESSERT.

Approuvé par M. le ministre des travaux publics, le 27 septembre 1842.

———————— ◎ ————————

N° **1820.** — *Arrêté qui fixe le minimum d'intervalle entre le départ de deux convois successifs pour le chemin de fer de Paris à Orléans (section de Corbeil)* (1).

Paris, le 14 septembre 1842.

Nous, conseiller d'Etat, préfet de police,

Vu l'article 7 de la décision de M. le ministre des travaux publics, en date du 15 mai dernier, lequel est ainsi conçu :

« Un arrêté préfectoral déterminera, pour chaque chemin de fer, « le minimum d'intervalle qui devra séparer le départ de deux con- « vois consécutifs.

« Les arrêtés qui interviendront à cet effet seront soumis à l'appro- « bation du ministre des travaux publics. »

Vu le rapport que nous avons demandé à ce sujet à M. l'ingénieur en chef des mines chargé du service central de la partie métallurgique et de l'exploitation des chemins de fer, ledit rapport en date du 7 septembre courant;

Considérant qu'il résulte du rapport susvisé que l'organisation actuelle du service sur le chemin de fer de Paris à Orléans (section de Corbeil) permet de prescrire un minimum unique d'intervalle entre les départs de deux convois successifs sur ce chemin, et que ce minimum peut être fixé à quinze minutes;

En vertu de l'arrêté du gouvernement du 12 messidor an VIII (1er juillet 1800), et 3 brumaire an IX (25 octobre 1800),

Arrêtons ce qui suit :

1. Les convois sur le chemin de fer de Paris à Orléans, (section de Corbeil) ne pourront partir, soit de Paris, soit de Corbeil, qu'à quinze minutes au moins d'intervalle les uns des autres.

2. Le paragraphe 1er de l'article 4 de notre arrêté du 19 septembre 1840, concernant la police du chemin de fer susindiqué, est et demeure rapporté.

3. Le présent arrêté, après qu'il aura été approuvé par M. le ministre des travaux publics, sera notifié à la compagnie dudit chemin,

————————————————————————

(1) V. les arr. des 19 sept. et 6 nov. 1840 et 16 mai 1842.

en la personne de l'un de ses directeurs, par le commissaire spécial de police du même chemin (station de Paris), lequel en dressera procès-verbal qu'il nous transmettra sans retard.

4. Faute par la compagnie de se conformer aux dispositions prescrites par l'article 1er ci-dessus, les contraventions seront constatées par des procès-verbaux ou rapports qui seront déférés aux tribunaux compétents, sans préjudice des mesures administratives qui pourront être prises selon les circonstances.

5. Expédition du présent arrêté sera transmise au commissaire spécial de police susdésigné, qui est chargé d'en assurer l'exécution.

Semblable expédition sera adressée à M. le pair de France, conseiller d'Etat, préfet du département de Seine-et-Oise.

Le conseiller d'Etat, préfet de police, G. DELESSERT.

N° **1821.** — *Ordonnance concernant les équarrisseurs.*

Paris, le 15 septembre 1842.

Nous, conseiller d'Etat, préfet de police,
Vu : 1° L'ordonnance de police du 24 août 1811, concernant les équarrisseurs;

2° L'ordonnance de police du 15 octobre 1841, concernant l'ouverture et la police de l'abattoir et de l'atelier d'équarrissage d'Aubervilliers;

3° La loi des 16—24 août 1790;

4° Les arrêtés du gouvernement du 12 messidor an VIII (1er juillet 1800) et du 3 brumaire an IX (25 octobre 1800);

5° Le décret du 17 mai 1809, art. 156,

Ordonnons ce qui suit :

1. Toute personne exerçant ou voulant exercer la profession d'équarrisseur sera tenue d'en faire la déclaration à la préfecture de police, en indiquant le matériel dont elle est pourvue; ce matériel devra être approuvé par nous.

2. Les charrettes ou voitures destinées au transport des animaux devront être construites de manière à ne laisser échapper aucun liquide, et à ne pas laisser voir ce qu'elles contiennent.

Elles seront d'ailleurs, préalablement à leur usage, soumises à la vérification des agents que nous désignerons à cet effet. Elles seront ensuite revêtues d'une estampille particulière.

Indépendamment de la plaque dont les voitures doivent être pourvues, conformément à l'article 9 de la loi du 3 nivôse an VI et à l'article 34 du décret du 23 juin 1806, les équarrisseurs seront tenus de faire peindre sur un endroit apparent de leurs voitures, en lettres de six centimètres au moins, leurs nom, profession et domicile, ainsi que l'indication du siége de leur établissement.

3. La voiture de l'équarrisseur devra toujours accompagner les convois d'animaux vivants.

4. Il est défendu de faire entrer dans Paris des animaux morts ou vivants destinés à l'équarrissage.

5. Il est défendu d'abattre et d'équarrir des animaux dans Paris. Ces opérations ne pourront être faites hors de Paris que dans des établissements légalement autorisés.

6. Les animaux morts enlevés dans Paris, de même que les animaux vivants destinés à l'équarrissage ne pourront être conduits de Paris au clos d'équarrissage, que de minuit à six heures du matin en été, et à huit heures du matin en hiver.

Les animaux qui seront dirigés du marché aux chevaux sur l'abattoir devront suivre, pour y arriver, l'itinéraire suivant : les boulevards, le pont d'Austerlitz, la rue de la Contrescarpe, les quais du canal Saint-Martin jusqu'à la barrière de Pantin, et le chemin de ronde extrà-muros, jusqu'à la barrière des Vertus. (*Ord. de police du 15 oct. 1841, art. 48.*)

7. Les chevaux morveux ou farcineux et tous les autres animaux attaqués de maladies contagieuses, morts ou vivants, devront être conduits directement et immédiatement au clos d'équarrissage, sans qu'on puisse les faire stationner, sous aucun prétexte, dans quelque lieu habité que ce soit.

8. Les équarrisseurs devront, sur la réquisition qui leur en sera faite, enlever immédiatement les animaux morts sur la voie publique ou chez les particuliers.

9. Les contraventions aux dispositions de la présente ordonnance seront déférées aux tribunaux compétents, sans préjudice des mesures administratives qu'il y aurait lieu de prendre suivant les cas.

10. L'ordonnance de police précitée du 24 août 1811 est rapportée.

11. Les sous-préfets des arrondissements de Saint-Denis et de Sceaux, les maires et les commissaires de police des communes rurales, les commissaires de police de la ville de Paris, le chef de la police municipale, les officiers de paix, le directeur de la salubrité, l'inspecteur contrôleur de la fourrière, l'inspecteur général des halles et marchés, l'inspecteur de l'abattoir d'Aubervilliers, et les autres préposés de la préfecture de police sont chargés, chacun en ce qui le concerne, de l'exécution de la présente ordonnance, qui sera imprimée et affichée dans toute l'étendue du ressort de la préfecture de police.

Elle sera, en outre, adressée à M. le colonel de la garde municipale de Paris et à M. le commandant de la gendarmerie du département de la Seine, pour qu'ils en assurent l'exécution par tous les moyens qui sont en leur pouvoir.

Les préposés de l'octroi sont requis de concourir à l'exécution de l'article 6 de la présente ordonnance qui, à cet effet, sera adressée à M. le directeur, président le conseil de l'administration de l'octroi.

Ampliation de la présente ordonnance sera adressée à M. le pair de France, préfet de la Seine.

Le conseiller d'Etat, préfet de police, G. DELESSERT.

N° **1822**. — *Ordonnance concernant le stationnement sur la voie publique, des voitures, bêtes de trait et de somme servant au transport des marchandises destinées à l'approvisionnement des halles du centre.*

Paris, le 27 septembre 1842.

Nous, conseiller d'Etat, préfet de police,

Vu, 1° la loi des 16—24 août 1790, titre XI;

2° L'arrêté du gouvernement du 12 messidor an VIII (1er juillet 1800);

3º Le décret du 21 septembre 1807 ;

4º L'article 484 du Code pénal ;

5º La délibération du conseil municipal de la ville de Paris, du 20 février 1835, approuvée le 11 mai suivant par le ministre de l'intérieur, concernant la location des places affectées sur la voie publique au stationnement des voitures, bêtes de trait et de somme qui servent au transport des marchandises pour l'approvisionnement des halles ;

6º Et la lettre, en date du 26 septembre courant, par laquelle M. le pair de France, préfet du département de la Seine, nous transmet le cahier des charges de la mise en adjudication de la perception du droit de location desdites places de stationnement,

Ordonnons ce qui suit :

1. Les voitures et les bêtes de trait et de somme servant au transport des marchandises destinées à l'approvisionnement des halles devront en être retirées aussitôt après leur déchargement, pour être conduites, soit dans les auberges, soit sur les places de stationnement ci-après désignées, savoir :

Première place de stationnement.

Place du Châtelet (partie nord).

Cette place sera bornée, au sud, par une ligne parallèle au quai, et partant des deux angles nord de la fontaine ; à l'est et au nord, par des lignes distantes de huit mètres des maisons qui longent la place des deux côtés ; et à l'ouest, par une ligne éloignée de dix mètres des maisons formant le prolongement de la rue Saint-Denis.

Les voitures seront rangées sur cette place, en ligne, c'est-à-dire roues contre roues, et il sera formé autant de lignes que l'espace en pourra contenir.

Deuxième place de stationnement.

Place du Châtelet (côté sud).

Cette place sera bornée, au sud, par une ligne tirée de l'angle du quai de Gèvres à l'angle du quai de la Mégisserie ; à l'est, par une ligne distante de huit mètres des maisons qui longent la place de ce côté ; au nord, par une ligne parallèle au quai, et partant des deux angles sud de la fontaine ; à l'ouest, par une ligne distante de dix mètres des maisons qui font le prolongement de la rue Saint-Denis. Les voitures y seront rangées en ligne, c'est-à-dire roues contre roues, et il sera formé autant de lignes que l'espace en pourra contenir.

L'espace compris entre ces deux places, et ayant à l'ouest et à l'est la même largeur que la fontaine, restera libre pour servir aux abords de cette fontaine.

Troisième place de stationnement.

Quai Pelletier.

Cette place s'étendra le long du trottoir du quai, depuis le pont Notre-Dame jusqu'à la place de l'Hôtel-de-Ville. Les voitures y seront rangées sur trois lignes parallèles au trottoir.

Quatrième place de stationnement.

Quai de la Mégisserie (côté du Pont-au-Change).

Cette place s'étendra le long du trottoir du quai, depuis le Pont-au-Change jusqu'à la ligne qui sépare les maisons nᵒˢ 34 et 36. Les voitures y seront placées sur trois lignes parallèles au trottoir.

Cinquième place de stationnement.

Quai de la Mégisserie (côté du Pont-Neuf).

La place s'étendra le long du trottoir du quai, depuis le Pont-Neuf jusqu'à la ligne ci-dessus indiquée. Les voitures seront placées sur trois lignes parallèles au trottoir, depuis la ligne qui sépare les maisons nᵒ 34 et 36 jusqu'à la hauteur de l'Arche-Marion, et depuis ce point jusqu'au Pont-Neuf, sur deux lignes parallèles au trottoir.

Sixième place de stationnement.

Pont-au-Change (côté du Châtelet).

Cette place s'étendra le long du trottoir, en amont, depuis l'angle qu'il forme à sa jonction avec le trottoir du quai de Gèvres, jusqu'aux deux tiers de la longueur du pont. Les voitures y seront rangées sur deux files parallèles au trottoir.

Septième place de stationnement.

Pont-au-Change (côté du Quai aux Fleurs).

Cette place s'étendra le long du trottoir, en amont et en aval, depuis le quai aux Fleurs et le quai de l'Horloge jusqu'au tiers de la longueur du pont. Les voitures y seront rangées sur deux files parallèles au trottoir.

Huitième place de stationnement.

Pont-au-Change (côté du quai de la Mégisserie, en aval).

Cette place s'étendra depuis l'angle que forme le trottoir du pont à sa jonction avec le quai de Mégisserie, jusqu'aux deux tiers de la longueur du pont. Les voitures y seront rangées sur deux files parallèles au trottoir.

Neuvième place de stationnement.

Quai de Gèvres.

Elle s'étendra depuis le pont Notre-Dame jusqu'à la moitié de la longueur du quai, l'autre moitié étant réservée pour un stationnement de cabriolets. Les voitures y seront rangées sur trois files parallèles au trottoir.

Dixième place de stationnement.

Pont Notre-Dame.

Cette place s'étendra sur toute la longueur du pont, le long du trottoir en aval. Les voitures y seront rangées sur une seule file, les unes à la suite des autres.

Onzième place de stationnement.

Quai aux Fleurs.

Le stationnement s'étendra sur toute la longueur du quai, entre les ponts au Change et Notre-Dame. Les voitures y seront rangées en file sur une ligne, le long du trottoir.

Douzième place de stationnement.

Quai Napoléon.

Cette place s'étendra le long du trottoir du quai, depuis le pont Notre-Dame jusqu'au pont d'Arcole. Les voitures y seront rangées en file sur une seule ligne.

Le stationnement sur cette place ne pourra avoir lieu les mercredis et samedis.

Treizième place de stationnement.

Quai de la Cité (entre le pont d'Arcole et le pont Louis-Philippe).

Le stationnement s'étendra le long du trottoir entre les deux ponts; les voitures y seront rangées en file sur une seule ligne; il ne pourra avoir lieu sur cette place les mercredis et samedis que dans la saison où le marché aux arbres ne tient pas.

Quatorzième place de stationnement.

Quai de la Cité (entre le pont de l'île Saint-Louis et le pont de l'Archevêché).

Cette place s'étendra le long du trottoir entre les deux ponts. Les voitures y seront rangées en file sur une seule ligne.

Quinzième place de stationnement.

Quai de l'Archevêché.

Cette place s'étendra le long du trottoir, depuis le pont de l'Archevêché jusqu'au pont aux Doubles. Les voitures y seront rangées sur deux files parallèles au trottoir.

Seizième place de stationnement.

Place de l'Oratoire (côté de l'hôtel d'Angivilliers).

Le stationnement s'étendra depuis l'extrémité du jardin de l'hôtel d'Angivilliers jusqu'à la rue de l'Oratoire. Les voitures y seront rangées sur deux files entre la ligne des cabriolets et le talus qui existe le long des murs de l'hôtel.

Dix-septième place de stationnement.

Quai de l'École.

Cette place s'étendra depuis le Pont-Neuf jusqu'à la hauteur du prolongement de la rue des Poulies, dénommé place du Louvre. Les voitures y seront rangées sur trois files parallèles au trottoir.

Dix-huitième place de stationnement.

Quai du Louvre (côté de la rivière).

Le stationnement s'étendra à partir de la rampe descendant au port, en face la place du Louvre, jusqu'au pont des Arts. Les voitures y seront rangées sur trois files parallèles au trottoir.

Dix-neuvième place de stationnement.

Quai du Louvre (côté du palais).

Cette place s'étendra depuis l'angle de la place du Louvre jusqu'à l'entrée du palais, vis-à-vis le pont des Arts. Les voitures y seront rangées en file sur deux rangs parallèles au trottoir.

Vingtième place de stationnement.

Quai du Louvre (côté du palais).

Cette place s'étendra depuis l'entrée du palais, le long du jardin de l'infante, jusqu'à la galerie d'Apollon ; et depuis cette galerie jusqu'au guichet de la grande galerie qui conduit à la place du Musée, entre l'entrée du Louvre et la galerie d'Apollon. Les voitures y seront rangées sur trois files parallèles au trottoir.

Vingt-unième place de stationnement.

Quai du Louvre (côté de la grande galerie).

Cette place s'étendra depuis le guichet qui conduit à la place du Musée jusqu'à la hauteur du pont du Carrousel. Les voitures y seront placées sur trois files parallèles au trottoir.

Vingt-deuxième place de stationnement.

Place Saint-André-des-Arts.

Cette place sera limitée par des lignes distantes de dix mètres des maisons formant trois des côtés de la place, et de douze mètres des maisons formant le côté compris entre la rue Saint-André-des-Arts et celle du Cimetière-Saint-André. Les voitures y seront rangées en lignes.

Vingt-troisième place de stationnement.

Place Saint-Sulpice et rue Férou.

Cette place se composera :
1° De la rue Férou depuis la place Saint-Sulpice jusqu'au n° 13 ;
Les voitures y seront rangées sur deux files.
2° De l'espace au sud du portail de l'église, au débouché de la rue Palatine ;
Les voitures y seront rangées sur trois files.
3° De la partie de la place Saint-Sulpice longeant le séminaire, de la rue Férou à la rue Pot-de-Fer.
Les voitures y seront rangées sur trois files dans les trois quarts de cet espace et sur deux seulement vers la rue du Pot-de-Fer.
Les mardis et vendredis les voitures pourront stationner sur cette place jusqu'au coucher du soleil.

Vingt-quatrième place de stationnement.

Rue percée du Temple et rue de la Rotonde.

Le stationnement ne pourra avoir lieu que dans les rues Percée et de la Rotonde du Temple, le long des murs du jardin du couvent.
Les voitures devront y être rangées sur une seule file, parallèlement aux murs.
Cette place sera exclusivement consacrée au stationnement des voitures des laitières, et l'adjudicataire ne pourra en laisser mettre d'autres.

Vingt-cinquième place de stationnement.

Auprès du marché St-Martin.

Cette place comprendra :
1° La rue Ferdinand-Berthoud ;
2° La rue Vaucanson, le long de la grille du Conservatoire des Arts-et-Métiers ;
3° La place Saint-Vannes.

Les mardis et vendredis, les voitures pourront rester sur cette place de stationnement jusqu'au coucher du soleil.

2. Le stationnement des voitures et bêtes de trait et de somme, employées au service de l'approvisionnement des halles est interdit sur tous autres points de la voie publique que ceux ci-dessus désignés.

3. Il est défendu aux aubergistes et à tous autres de déposer sur la voie publique les paniers des approvisionneurs.

4. Le droit de stationnement établi au profit de la ville de Paris, et que les propriétaires des voitures, bêtes de trait et de somme servant à l'approvisionnement des halles devront payer aux adjudicataires des places, est fixé comme suit, conformément à la délibération du conseil municipal du 20 février 1835, approuvée par le ministre de l'intérieur, le 11 mai suivant, savoir :

Par voiture à quatre roues pouvant occuper un espace de seize mètres....................................... » 20 c.

Par voiture à deux roues pouvant occuper un espace de douze mètres.. » 15 c.

Par bête de trait attelée ou non attelée et par bête de somme.. » 05 c.

Les adjudicataires des places de stationnement ne pourront exiger de plus forts droits, sous peine d'être poursuivis comme concussionnaires.

5. La conduite et la garde des voitures sur les places de stationnement ne pourront être faites que par les approvisionneurs, les personnes de leur famille ou attachées à leur service, ou par les agents des adjudicataires de chaque stationnement.

Dans ce dernier cas, les frais de conduite et de garde seront débattus de gré à gré. Mais, sous aucun prétexte, les adjudicataires ou leurs agents ne pourront rien exiger au delà des prix ci-dessous indiqués, savoir :

	FRAIS DE	
	Conduite.	Garde.
	fr. c.	fr. c.
Par voiture à quatre roues.....................	» 30	» 15
Par voiture à deux roues.....................	» 20	» 10
Par bête de trait attelée ou non attelée et par bête de somme.................................	» 05	» 05

6. Les agents préposés par les fermiers à la conduite et à la garde des voitures, bêtes de trait et de somme, devront être munis d'une permission délivrée par nous.

Pendant toute la durée de leur service, ils devront porter au bras gauche une plaque aux armes de la ville, indicatives des places de stationnement qu'ils desserviront, et d'un numéro d'ordre spécial qui leur sera délivré à la préfecture de police.

Les dispositions du présent article sont applicables aux agents employés par les aubergistes pour conduire les voitures, chevaux et bêtes de somme dans les locaux qui leur appartiennent. La plaque de ces agents indiquera l'établissement auquel ils seront attachés.

7. Les adjudicataires des places de stationnement seront responsables, tant pour eux que pour leurs agents, des voitures, bêtes de trait et de somme, et de tous autres objets confiés à leur conduite et à leur garde, comme aussi de tous les accidents qui pourront résulter de leur fait ou de celui de leurs agents.

8. Les propriétaires de voitures, bêtes de trait et de somme qui les conduiront et feront conduire et garder sur les places de stationnement seront tenus de se conformer, pour le placement de leurs voitures, bêtes de trait et de somme, aux indications qui leur seront données par les adjudicataires de chaque stationnement.

9. Les adjudicataires des places de stationnement sont tenus de veiller à ce qu'il ne soit causé aucun dommage, soit par leurs agents, soit par les approvisionneurs, aux trottoirs, plates-bandes, arbres, bancs, fontaines et monuments, auprès desquels les voitures et bêtes de somme passeront ou stationneront. Ils seront personnellement responsables de tous les dégâts ou dégradations qui seraient commis, sauf leur recours contre qui de droit.

10. Il est enjoint aux fermiers de se renfermer strictement dans les limites déterminées pour chaque place de stationnement, par l'article 1er de la présente ordonnance.

11. Les voitures devront être rangées avec ordre sur les places de stationnement, de manière qu'on puisse toujours les retirer avec facilité.

Les bêtes de trait seront attelées aux voitures ou attachées entre les limons, la croupe en dehors des rangs,

Les bêtes de somme seront attachées derrière les voitures, mais il n'en sera reçu que sur les places où les voitures pourront être placées sur plusieurs rangs.

Les voitures seront rangées en lignes les unes à côté des autres ou en files à la suite les unes des autres.

12. Il est défendu aux adjudicataires des places de stationnement et aux aubergistes, de faire conduire par chacun de leurs agents, plus de trois voitures ou plus de quatre bêtes de somme à la fois.

13. Les places de stationnement devront être évacuées entièrement à neuf heures du matin, du 1er avril au 30 septembre, et à dix heures du matin, du 1er octobre au 31 mars.

Néanmoins, l'adjudicataire de la onzième place de stationnement (quai aux Fleurs) pourra conserver jusqu'au coucher du soleil, les mardis, mercredis, vendredis et samedis les voitures des marchands forains approvisionnant le Marché-Neuf, ainsi que celles des jardiniers, pépiniéristes, marchands d'arrachis, etc., approvisionnant le marché aux Fleurs.

Les adjudicataires de la vingt-troisième place de stationnement (place Saint-Sulpice et rue Férou), et de la vingt-cinquième (rues Ferdinand-Berthoud, Vaucanson et place Saint-Vannes), pourront également conserver leurs voitures jusqu'au coucher du soleil, les mardis et vendredis.

14. Les dispositions de la présente ordonnance ne sont point applicables aux voitures chargées de marée, lesquelles continueront à stationner, après leur déchargement, sur les places de la Fromagerie et de la pointe Saint-Eustache.

15. Les contraventions seront constatées par des procès-verbaux ou rapports qui nous seront transmis et poursuivies conformément aux lois et règlements.

16. La présente ordonnance sera imprimée et affichée.

Ampliation en sera envoyée à M. le pair de France, préfet du département de la Seine.

Les commissaires de police, le chef de la police municipale et les officiers de paix, l'inspecteur général et les inspecteurs généraux adjoints des halles et marchés, et les autres préposés de la préfecture de police sont chargés, chacun en ce qui le concerne, d'en surveiller l'exécution.

Le conseiller d'Etat, préfet de police, G. DELESSERT.

N° 1823. — *Arrêté qui fixe le tarif des prix à percevoir pour le transport des voyageurs, des bagages et des articles de messageries sur le chemin de fer de Paris à Orléans (section de Corbeil)* (1).

Paris, le 12 novembre 1842.

Nous, conseiller d'Etat, préfet de police,

Vu : 1° la loi du 7 juillet 1838 qui autorise l'établissement d'un chemin de fer de Paris à Orléans, et la loi du 15 juillet 1840, relative audit chemin, ensemble le cahier des charges annexé à cette dernière loi ;

2° La loi du 1er août 1839, et notamment l'article 5 de cette loi ;

3° Notre arrêté du 16 mars 1841 qui fixe le tarif des prix à percevoir pour le transport des voyageurs, des bagages et des articles de messagerie sur la section dudit chemin, comprise entre Paris et Corbeil ;

4° Les propositions qui nous ont été présentées par la compagnie du chemin dont il s'agit, pour modifier le tarif sus-indiqué, ensemble le tableau du service des convois établi depuis le 3 du courant, dont ladite compagnie demande l'impression à la suite du présent arrêté ;

5° La décision de M. le ministre des travaux publics, en date du 5 octobre dernier, portant que le délai d'annonce fixé à un mois par le cahier des charges pour tous changements apportés dans les tarifs, courra à partir du jour où la compagnie aura fait afficher les nouveaux prix qu'elle entend percevoir, pourvu que ces prix soient ultérieurement homologués par l'administration supérieure.

6° Le procès-verbal dressé le 24 du mois d'octobre dernier par le commissaire spécial de police du chemin de fer de Paris à Orléans (section de Corbeil), constatant que ce jour, les nouvelles taxes soumises à l'approbation de l'autorité étaient affichées ;

7° La lettre, en date du 3 de ce mois, par laquelle M. le sous-secrétaire d'Etat des travaux publics nous informe que les propositions de tarif ci-dessus visées sont approuvées, sauf une modification dans le prix du transport des chevaux, modification à laquelle la compagnie a depuis consenti ;

Considérant qu'il y a lieu d'homologuer et de rendre obligatoire dans le ressort de la préfecture de police le nouveau tarif proposé par la compagnie, et approuvé par M. le ministre des travaux publics,

Arrêtons ce qui suit :

1. Les dispositions de notre arrêté du 16 mars 1841 sont remplacées, à partir du **25** novembre courant par celles qui suivent.

---

(1) Rapporté. V. l'ord. du 22 nov. 1844.

2. Les prix à percevoir pour le transport des voyageurs sur le chemin de fer de Paris à Orléans (section de Corbeil), compris l'impôt dû au trésor sont fixés conformément au tableau suivant :

BUREAUX de DÉPARTS.	DESTINATIONS.	Distances légales.	1re CLASSE. Voitures couvertes, garnies et à glaces. TARIF.		2e CLASSE. Voitures couvertes et non garnies. TARIF.		3e CLASSE. Voitures découvertes et non garnies. TARIF.	
			Voyageurs.	Militaires en service.	Voyageurs.	Militaires en service.	Voyageurs.	Militaires en service.
			fr. c.	fr. c.	fr. c.	fr. c.	fr. c.	fr. c.
PARIS	Choisy-le-Roi	10	1 »	» 50	» 80	» 40	» 50	» 25
	Villeneuve-le-Roi	14	1 45	» 70	1 10	» 55	» 75	» 35
	Ablon	15	1 55	» 80	1 15	» 60	» 80	» 40
	Athis-Mons	17	1 75	» 90	1 30	» 65	» 90	» 45
	Juvisy	19	1 95	1 »	1 50	» 75	1 »	» 50
	Viry-Chatillon	21	2 15	1 10	1 65	» 80	1 10	» 55
	Ris-Orangis	24	2 50	1 25	1 85	» 95	1 25	» 65
	Evry	28	2 90	1 45	2 20	1 10	1 45	» 75
	Corbeil	31	3 »	1 60	2 40	1 20	1 60	» 80
CHOISY-LE-ROI	Paris	10	1 »	» 50	» 80	» 40	» 50	» 25
	Villeneuve-le-Roi	6	» 60	» 30	» 45	» 25	» 30	» 15
	Ablon	6	» 60	» 30	» 45	» 25	» 30	» 15
	Athis-Mons	7	» 70	» 35	» 55	« 25	» 35	» 20
	Juvisy	10	1 05	» 50	» 80	» 40	» 50	» 25
	Viry-Chatillon	11	1 15	» 55	» 85	» 45	» 55	» 30
	Ris-Orangis	14	1 45	» 70	1 10	» 55	» 75	» 35
	Evry	18	1 85	» 95	1 40	» 70	» 95	» 45
	Corbeil	21	2 15	1 10	1 65	» 80	1 10	» 55
VILLEN.-LE-ROI.	Paris	14	1 45	» 70	1 10	» 55	» 75	» 35
	Choisy-le-Roi	6	» 60	» 30	» 45	» 25	» 30	» 15
	Ablon	6	» 60	» 30	» 45	» 25	» 30	» 15
	Athis-Mons	6	» 60	» 30	» 45	» 25	» 30	» 15
	Juvisy	6	» 60	» 30	» 45	» 25	» 30	» 15
	Chatillon	7	» 70	» 35	» 55	» 25	» 35	» 20
	Ris-Orangis	10	1 05	» 50	» 80	» 40	» 50	» 25
	Evry	14	1 45	» 70	1 10	» 55	» 75	» 35
	Corbeil	17	1 75	» 90	1 30	» 65	» 90	» 45
ABLON	Paris	15	1 55	» 80	1 15	» 60	» 80	» 40
	Choisy-le-Roi	6	» 60	» 30	» 45	» 25	» 30	» 15
	Villeneuve-le-Roi	6	» 60	» 30	» 45	» 25	» 30	» 15
	Athis-Mons	6	» 60	» 30	» 45	» 25	» 30	» 15
	Juvisy	6	» 60	» 30	» 45	» 25	» 30	» 15
	Viry-Chatillon	6	» 60	» 30	» 45	» 25	» 30	» 15
	Ris-Orangis	10	1 05	» 50	» 80	» 40	» 50	» 25
	Evry	13	1 35	» 65	1 »	» 50	» 70	» 35
	Corbeil	16	1 65	» 85	1 25	» 60	» 85	» 40
ATHIS-MONS	Paris	17	1 75	» 90	1 30	« 65	» 90	» 45
	Choisy-le-Roi	7	» 70	» 35	» 55	» 25	» 35	» 20
	Villeneuve-le-Roi	6	» 60	» 30	» 45	» 25	» 30	» 15
	Ablon	6	» 60	» 30	» 45	» 25	» 30	» 15
	Juvisy	6	» 60	» 30	» 45	» 25	» 30	» 15
	Viry-Chatillon	6	» 60	» 30	» 45	» 25	» 30	» 15
	Ris-Orangis	8	» 85	» 40	» 60	» 30	» 40	» 20
	Evry	12	1 25	» 60	» 95	» 45	» 65	» 30
	Corbeil	15	1 55	» 80	1 15	» 60	» 80	» 40

BUREAUX de DÉPARTS.	DESTINATIONS.	Distances légales.	1re CLASSE. Voitures couvertes, garnies et à glaces. TARIF.		2e CLASSE. Voitures couvertes et non garnies. TARIF.		3e CLASSE. Voitures découvertes et non garnies. TARIF.	
			Voyageurs.	Militaires en service.	Voyageurs.	Militaires en service.	Voyageurs.	Militaires en service.
			fr. c.	fr. c.	fr. c.	fr. c.	fr. c.	fr. c.
JUVISY	Paris	19	1 95	1 »	1 50	» 75	1 »	» 50
	Choisy-le-Roi	10	1 05	» 50	» 80	» 40	» 50	» 25
	Villeneuve-le-Roi	6	» 60	» 30	» 45	» 25	» 30	» 15
	Ablon	6	» 60	» 30	» 45	» 25	» 30	» 15
	Athis-Mons	6	» 60	» 30	» 45	» 25	» 30	» 15
	Viry-Chatillon	6	» 60	» 30	» 45	» 25	» 30	» 15
	Ris-Orangis	6	» 60	» 30	» 45	» 25	» 30	» 15
	Evry	9	» 95	» 45	» 70	» 35	» 45	» 25
	Corbeil	12	1 25	» 60	» 95	» 45	» 65	» 30
VIRY-CHATILLON	Paris	21	2 15	1 10	1 65	» 80	1 10	» 55
	Choisy-le-Roi	11	1 15	» 55	» 85	» 45	» 55	» 50
	Villeneuve-le-Roi	7	» 70	» 35	» 55	» 25	» 35	» 20
	Ablon	6	» 60	» 30	» 45	» 25	» 30	» 15
	Athis-Mons	6	» 60	» 30	» 45	» 25	» 30	» 15
	Juvisy	6	» 60	» 30	» 45	» 25	» 30	» 15
	Ris-Orangis	6	» 60	» 30	» 45	» 25	» 30	» 15
	Evry	8	» 85	» 40	» 60	» 30	» 40	» 20
	Corbeil	11	1 15	» 55	» 85	» 45	» 55	» 30
RIS-ORANGIS	Paris	24	2 50	1 25	1 85	» 95	1 25	» 65
	Choisy-le-Roi	14	1 45	» 70	1 10	» 55	» 75	» 35
	Villeneuve-le-Roi	10	1 05	» 50	» 80	» 40	» 50	» 25
	Ablon	10	1 05	» 50	» 80	» 40	» 50	» 25
	Athis-Mons	8	» 85	» 40	» 60	» 30	» 40	» 20
	Juvisy	6	» 60	» 30	» 45	» 25	» 30	» 15
	Viry-Chatillon	6	» 60	» 30	» 45	» 25	» 30	» 15
	Evry	6	» 60	» 30	» 45	» 25	» 30	» 15
	Corbeil	7	» 70	» 35	» 55	» 25	» 55	» 20
ÉVRY	Paris	28	2 90	1 45	2 20	1 10	1 45	» 75
	Choisy-le-Roi	18	1 85	» 95	1 40	» 70	» 95	» 45
	Villeneuve-le-Roi	14	1 45	» 70	1 10	» 55	» 75	» 35
	Ablon	13	1 35	» 65	1 »	» 50	» 70	» 35
	Athis-Mons	12	1 25	» 60	» 95	» 45	» 65	» 30
	Juvisy	9	» 95	» 45	» 70	» 35	» 45	» 25
	Viry-Chatillon	8	» 85	» 40	» 60	» 30	» 40	» 20
	Ris-Orangis	6	» 60	» 30	» 45	» 25	» 30	» 15
	Corbeil	6	» 60	» 30	» 45	» 25	» 30	» 15
CORBEIL	Paris	31	3 »	1 60	2 40	1 20	1 60	» 80
	Choisy-le-Roi	21	2 15	1 10	1 65	» 80	1 10	» 55
	Villeneuve-le-Roi	17	1 75	» 90	1 30	» 65	» 90	» 45
	Ablon	16	1 65	» 85	1 25	» 60	» 85	» 40
	Athis-Mons	15	1 55	» 80	1 15	» 60	» 80	» 40
	Juvisy	12	1 25	» 60	» 95	» 45	» 65	» 30
	Viry-Chatillon	11	1 15	» 55	» 85	» 45	» 55	» 30
	Ris-Orangis	7	» 70	» 35	» 55	» 25	» 35	» 20
	Evry	6	» 60	» 30	» 45	» 25	» 30	» 15

5. Les prix à percevoir pour le transport des bagages sont réglés d'après le tableau qui suit :

BUREAUX de DÉPARTS.	DESTINATIONS.	POIDS des BAGAGES.		TARIF.	
				fr.	c.
PARIS.......	Corbeil *et réciproquement.*	101 à 200 kil.		2	45
		51 à 100		1	50
		21 à 50		»	75
		1 à 20		»	50
	Juvisy, Viry-Chatillon, Ris-Orangis, Evry-sur-Seine *et réciproquement.*	101 à 200		1	65
		51 à 100		1	25
		21 à 50		»	75
		1 à 20		»	50
	Athis-Mons, Ablon, Villeneuve-le-Roi, Choisy-le-Roi *et réciproquement.*	101 à 200		»	80
		51 à 100		»	50
		1 à 50		»	30
	Choisy-le-Roi *et réciproquement.*	101 à 200		1	65
		51 à 100		1	25
		21 à 50		»	75
		1 à 20		»	50
CORBEIL....	Villeneuve-le-Roi, Ablon, Athis-Mons, Juvisy, Viry-Chatillon, Ris-Orangis, Evry-sur-Seine *et réciproquement,* *ainsi que d'une station intermédiaire à une autre station intermédiaire.*	51 à 200		»	50
		1 à 50		»	30

4. Il ne sera rien dû pour les bagages de voyageurs dont le poids n'excédera pas 15 kilogrammes ; l'excédant seul de ce poids sera soumis à la taxe.

5. Les prix à percevoir pour les articles de messagerie sont réglés ainsi qu'il suit :

De 1 à   25 kilogrammes............ » f. 25 c.
De 26 à   50 Id.................... »   50
De 51 à 100 Id.....à raison de...... »   01 par kilogramme.

6. Pour toutes les expéditions d'articles de messageries et de marchandises excédant **100** kilogrammes, la compagnie est autorisée à appliquer les tarifs compris au cahier des charges annexé à la loi du 15 juillet 1840.

7. La compagnie est autorisée à percevoir un droit de **10** centimes pour l'enregistrement de tous articles de bagages, messagerie, marchandises et autres ; toutefois, cet enregistrement est facultatif pour les bagages pesant **15** kilogrammes au plus. La compagnie est égale-

ment autorisée à percevoir un droit fixe de **20** centimes pour le magasinage des articles de messagerie adressés bureau restant.

8. Les perceptions ci-dessus autorisées à titre de droit d'enregistrement et de magasinage ne sont que provisoires et sont subordonnées au règlement spécial qui doit, conformément au cahier des charges, déterminer toutes les taxes de cette nature.

9. Les prix à percevoir pour le transport des voitures sont réglés de la manière suivante :

De Paris à Corbeil et réciproquement.

Voiture à 2 roues............................ 12 fr.   »
Voiture à 4 roues et à un fond................ 15   »
Voiture à 4 roues et à deux fonds 20   »

10. La compagnie est autorisée à percevoir les prix suivants pour le transport des chevaux, savoir :

De Paris à Corbeil et réciproquement.

Transport ordinaire à la vitesse des marchandises. { pour chaque cheval .... 4 fr. 65

Transport avec la vitesse des voyageurs, à la demande des expéditeurs.............. {
pour un cheval.......... 8   »
pour deux chevaux appartenant au même propriétaire.................... 15   »
pour trois chevaux appartenant au même propriétaire.................... 20   »
pour chaque cheval en sus de trois appartenant au même propriétaire...... 6   »

11. Pour le transport d'un chien il sera payé, quelle que soit la distance, un prix fixe de 50 centimes.

12. Les taxes indiquées dans le présent arrêté ne pourront être modifiées qu'après un délai de trois mois au moins et, dans tous les cas, les modifications devront être annoncées au moins un mois d'avance par des affiches.

13. La perception d'aucune taxe ne sera régulière qu'en vertu d'une homologation administrative.

14. Conformément à la demande de la compagnie, le tableau du service des convois établi depuis le 3 du courant sera imprimé à la suite du présent arrêté.

15. Le présent arrêté sera notifié à la compagnie, publié et affiché.

Le conseiller d'Etat, préfet de police, G. DELESSERT.

TABLEAU

TABLEAU DU SERVICE DES CONVOIS

Établi depuis le 3 novembre 1842.

DÉPARTS DE PARIS.		DÉPARTS DE CORBEIL.	
HEURES de départ.	STATIONS.	HEURES de départ.	STATIONS.
9 h. » mat.	Choisy, Ablon, Chatillon, Ris, Évry, Corbeil.	8 h. 1/2 m.	Évry, Ris, Chatillon, Ablon, Choisy, Paris.
Midi.	Choisy, Athis, Chatillon, Ris, Corbeil.	11 1/2	Ris, Chatillon, Athis, Choisy, Paris.
3 h. » soir.	Choisy, Ablon, Chatillon, Ris, Corbeil.	2 1/2 s.	Ris, Chatillon, Ablon, Choisy, Paris.
5 »	Choisy, Ablon, Chatillon, Ris, Corbeil.	4 1/2 s.	Ris, Chatillon, Ablon, Choisy, Paris.
8 »	Choisy, Athis, Chatillon, Ris, Évry, Corbeil.	8 »	Évry, Ris, Chatillon, Athis, Choisy, Paris.

Le présent tableau dressé par le soussigné, directeur de la compagnie du chemin de fer de Paris à Orléans.

Paris, le 18 octobre 1842.

Signé A. BANÈS.

————⊙————

N° **1824**. — *Arrêté qui prescrit la réimpression et la publication de l'ordonnance du 28 septembre 1841, concernant le balayage et la propreté de la voie publique* (1).

Paris, le 19 novembre 1842.

————⊙————

N° **1825**. — *Ordonnance concernant le service des ouvriers du port aux fruits.*

Paris, le 22 novembre 1842.

Nous, conseiller d'Etat, préfet de police,

Vu l'arrêté du gouvernement du 12 messidor an VIII (1er juillet 1800),

Ordonnons ce qui suit :

1. Les travaux du port des Miramiones, dans la partie réservée par notre ordonnance du 10 octobre 1835 à la tenue du marché aux Fruits, seront faits exclusivement par des ouvriers commissionnés par nous,

2. Le travail de ces ouvriers consistera :

1° A ranger et à amarrer les bateaux ;

2° A placer les planches servant de chemin pour conduire à ces bateaux ;

---

(1) V. l'ord. du 1er avril 1843 et celle du 1er oct. 1844.

3° A décharger les fruits destinés à être vendus à terre et à les ranger sur le lieu de la vente;

4° A décharger les fruits vendus sur les bateaux et à les charger sur les voitures.

3. Les ouvriers devront fournir des plats-bords et des tréteaux à ceux des marchands qui n'en seraient pas munis.

Ils seront chargés de la garde des bateaux non habités.

4. Les ouvriers sont tenus d'avoir une plaque sur laquelle seront gravées les armes de la ville de Paris avec ces mots autour : ouvriers du port aux fruits; et de la porter d'une manière ostensible.

5. Les travaux, la location du matériel à fournir, et la garde des bateaux dont il est fait mention aux articles 2 et 3 ci-dessus seront payés d'après le tarif annexé à la présente.

6. Les ouvriers du port aux fruits sont collectivement et solidairement responsables des avaries qui proviendraient du fait ou de la négligence de l'un ou de plusieurs d'entre eux ou qui seraient causées par les ouvriers supplémentaires qu'ils auraient employés.

7. Lorsque la perte aura été régulièrement constatée, le chef des ouvriers sera tenu d'en payer le montant à qui de droit.

8. L'inspecteur général de la navigation et des ports est spécialement chargé d'assurer l'exécution des dispositions de la présente ordonnance.

Le conseiller d'État, préfet de police, G. DELESSERT.

TARIF.

Fourniture de plats-bords.

	fr.	c.
Il sera payé par chaque plat-bord fourni par les ouvriers du port aux fruits, une somme de................	1	»
Si l'emploi de ces plats-bords se prolonge au delà d'une semaine, il sera ajouté à ce prix 10 centimes par jour et par plat-bord.		
Pour les bateaux de fruits en paniers dont le déchargement se fait immédiatement, il sera payé par plat-bord	»	60
En cas de contestation sur le nombre de plats-bords à fournir, l'inspecteur de la navigation décidera.		

Déchargement des fruits.

Il sera payé pour :

	fr.	c.
1° Cent paniers de raisin de Fontainebleau (de 1 kil. 500 gr. environ).....................................	»	50
2° Cent paniers de la contenance d'un cent de pommes ou poires, dits grands Thomery (de 7 kil. 500 gr. environ)..	1	»
3° Chaque panier à pommes contenant de 12 à 1500 pommes (de 120 à 130 kil.)...........................	»	40
4° Chaque manne de 2,000 pommes (de 175 à 200 kil.)..	»	75
5° Chaque décalitre de poires ou pommes en compte...	»	75
6° Id. de marrons....................	»	05
7° Chaque sac de marrons, 50 kil..................	»	20

Chargement sur voitures.

Il sera payé pour :

	fr.	c.
1° Chaque sac de pommes, poires ou marrons (de 40 à 60 kil.)...	»	10
2° Chaque petit panier à pommes, dit panier de gardeuse.	»	05

Garde des bateaux pendant la nuit.

Il sera payé par nuit pour chaque bateau , barquette,
margotas ou bachot non habité......   1   »

Mise à port et amarrage des bateaux.

Il ne sera rien dû pour ces deux objets.

———— ◆ ————

N° 1826. — *Ordonnance concernant la vérification périodique
des poids et mesures* (1).

Paris, le 23 novembre 1842.

———— ◆ ————

N° 1827. — *Ordonnance concernant les neiges et glaces.*

Paris, le 7 décembre 1842.

Nous, conseiller d'Etat, préfet de police,
Considérant qu'il importe de prendre des mesures pour faire opérer
avec célérité l'enlèvement des glaces et neiges et pour assurer la propreté et la libre circulation de la voie publique;
Considérant que ces mesures ne peuvent produire des résultats satisfaisants qu'autant que les habitants concourent, en ce qui les concerne, à leur exécution, et remplissent les obligations qui leur sont
imposées dans l'intérêt de tous;
Vu l'article 471 du Code pénal;
Vu les articles 2 et 22 de l'arrêté du gouvernement du 12 messidor
an VIII (1er juillet 1800),
Ordonnons ce qui suit :
1. Dans les temps de glaces, les propriétaires ou locataires sont
tenus de faire casser les glaces au-devant de leurs maisons, boutiques,
cours, jardins et autres emplacements jusqu'au milieu de la rue ; ils
mettront les glaces en tas ; ces tas doivent être placés de la manière
suivante, selon les localités, savoir :
Dans les rues sans trottoirs, auprès des bornes ; dans les rues à
trottoirs, le long des ruisseaux, du côté de la chaussée, si la rue est
à chaussée bombée ; le long des trottoirs , si la rue est à chaussée
fendue.
Les habitants devront faire balayer et relever les neiges , lorsqu'ils
y seront invités par les commissaires de police et les autres agents de
l'administration.
Ils devront dans tous les cas faire gratter et nettoyer , chacun au
droit soi, les parties dallées des boulevards et dans les rues, sur les
places et sur les quais, les trottoirs ou les portions de la voie publique au-devant des maisons , dans l'alignement des trottoirs, de manière à prévenir les accidents et assurer la circulation.
Les gargouilles établies sous les parties dallées des boulevards et
sous les trottoirs des rues seront chaque jour dégagées des glaces ou
de tous autres objets qui pourraient gêner l'écoulement des eaux.

———————————————

(1) V. l'ord. du 1er déc. 1843 et celle du 4 décembre 1844.

En cas de verglas ils doivent jeter au-devant de leurs habitations des cendres, du sable ou du mâchefer.

Les concessionnaires des ponts soumis à un droit de péage doivent aussi, en cas de verglas, y faire répandre du sable, des cendres ou du mâchefer.

2. Dans les rues à chaussée bombée, chaque propriétaire ou locataire doit tenir libre le cours du ruisseau au-devant de sa maison, et faciliter l'écoulement des eaux; dans les rues à chaussée fendue, il y pourvoira conjointement avec le propriétaire ou locataire qui lui fait face.

Pour prévenir les inondations par suite de pluie ou de dégel, les habitants devant la maison desquels se trouvent des bouches ou des grilles d'égouts doivent les faire dégager des ordures qui pourraient les obstruer; ces ordures seront déposées aux endroits indiqués dans l'article 1er.

3. Il est défendu de déposer des neiges et glaces auprès des grilles et des bouches d'égouts.

Il est également défendu de pousser dans les égouts les glaces et neiges congelées qui, au lieu de fondre, interceptent l'écoulement des eaux.

4. Il est défendu de déposer dans les rues aucunes neiges et glaces provenant des cours ou de l'intérieur des habitations.

5. Les propriétaires et chefs d'établissements, soit publics, soit particuliers, qui emploient beaucoup d'eau, ne doivent pas laisser couler sur la voie publique les eaux de ces établissements pendant les gelées.

La même interdiction est faite aux concessionnaires des eaux de la ville.

Les contrevenants seront tenus de faire briser et enlever les glaces provenant de leurs eaux; faute par eux d'opérer ce bris et cet enlèvement, il y sera procédé d'office et à leurs frais, par le commissaire de police du quartier ou par le directeur de la salubrité, sans préjudice des peines encourues.

6. Il est expressément défendu de former des glissades sur les boulevards, les places et autres parties de la voie publique.

Les glissades seront détruites d'office aux frais des contrevenants, et des cendres, terres, sables, etc., y seront répandus pour prévenir les accidents.

7. Les concierges, portiers ou gardiens des établissements publics et maisons domaniales sont personnellement responsables de l'exécution des dispositions ci-dessus, en ce qui concerne les établissements et maisons auxquels ils sont attachés.

8. Il n'est point dérogé aux dispositions de l'ordonnance du 28 septembre 1841 concernant le balayage et la propreté de la voie publique qui continueront de recevoir leur exécution, notamment celles qui sont relatives aux dépôts de gravois et de décombres qui sont interdits sous quelque prétexte que ce soit.

9. Les contraventions aux injonctions ou défenses faites par la présente ordonnance seront constatées par des procès-verbaux ou rapports qui nous seront adressés, et les contrevenants seront traduits, s'il y a lieu, devant les tribunaux, pour être punis conformément aux lois et règlements en vigueur.

10. La présente ordonnance sera publiée et affichée.

Les commissaires de police, le chef de la police municipale, le directeur de la salubrité, les officiers de paix et autres préposés de l'administration sont chargés de faire observer les dispositions de l'ordonnance ci-dessus, et de tenir la main à leur exécution.

Le conseiller d'Etat, préfet de police, G. DELESSERT.

N° 1828. — *Arrêté qui fixe le tarif des prix à percevoir pour le transport des voyageurs, des chevaux, bestiaux et voitures sur le chemin de fer de Paris à Saint-Germain et de Paris à Versailles (rive droite)* (1).

Paris, le 7 décembre 1842.

1843.

N° 1829. — *Ordonnance portant règlement sur la police intérieure du marché de Poissy.*

Paris, le 18 janvier 1843.

Nous, conseiller d'Etat, préfet de police,

Vu la loi du 24 août 1790, titre XI, article 3, §§ 3 et 6;

Vu les articles 2, 32 et 33 de l'arrêté du gouvernement du 1er juillet 1800 (12 messidor an VIII);

Vu l'article 484 du Code pénal;

Vu le rapport de l'inspecteur général des halles et marchés;

Considérant qu'il importe, dans l'intérêt de l'ordre et de la bonne tenue du marché de Poissy, de régulariser le placement des bestiaux, de manière à prévenir les difficultés qui pourraient s'élever à ce sujet entre les marchands, et de renouveler d'ailleurs les dispositions de police prescrites par les précédents règlements,

Ordonnons ce qui suit :

1. Le marché de Poissy sera ouvert pour la réception des bestiaux, savoir :

Pour les veaux, dès la veille du jour de marché;

Pour les bœufs et vaches, à sept heures du matin le jour de marché;

Pour les moutons à dix heures le jour de marché;

2. Les veaux seront déposés dans la halle, dans l'ordre de leur arrivée à la place choisie par les marchands.

Les moutons prendront place dans les parquets, suivant l'ordre de leur inscription.

3. De cinq à six heures du matin, les marchands ou commissionnaires feront, au bureau de l'inspection générale, la déclaration du nombre de bœufs ou de vaches qu'ils auront à placer.

Ils devront justifier de l'acquit des droits de places toutes les fois qu'ils en seront requis.

4. Le sort déterminera l'ordre dans lequel chaque marchand choisira la place destinée aux bestiaux par lui déclarés.

(1) V. pour la police, l'arr. du 8 août 1839, l'ord. du 6 sept. 1839, les arr. des 16 mai et 14 sept. 1842, et, pour les tarifs, les ord. des 10 avril 1843 et 14 juin 1844.

5. Le tirage au sort se fera à six heures du matin, en présence de l'un des inspecteurs du marché qui prendra note des résultats et les tiendra à la connaissance des intéressés.

6. Toute fausse déclaration d'arrivages pourra, sur le compte qui en aura été rendu à l'inspecteur général, être punie par l'exclusion du tirage à l'un ou à plusieurs des marchés suivants.

7. Le placement des bœufs aura lieu de manière que chaque travée en contienne au moins trente-six. Lorsque le nombre des bœufs à placer par un marchand excédera celui qui peut être contenu dans une ou plusieurs travées, l'excédant sera placé dans l'une des travées contiguës, ainsi qu'il suit :

Dans la partie gauche, si l'excédant est de dix-huit bœufs ou plus, et dans la partie droite s'il est moins de dix-huit.

Au fur et à mesure du placement, les marchands ou leurs agents relèveront les chaînes qui ferment latéralement les travées.

8. Il est expressément défendu de placer des bœufs en dehors des travées et dans les passages qui y seront réservés exclusivement à la circulation des marchands.

Lorsque les travées seront insuffisantes, il en sera référé aux inspecteurs du marché qui indiqueront les autres emplacements à occuper.

9. Toute place restée vacante après l'ouverture de la vente sera donnée au marchand qui la réclamera.

Si plusieurs marchands la réclament, le sort prononcera entre eux.

10. Les deux premières travées seront, autant que possible, réservées pour le placement des vaches dites Cordières. Quand le nombre des bœufs à placer ne permettra pas cette réserve, ces vaches seront attachées comme par le passé aux murs des propriétés qui bordent le marché, et, à défaut, en tout autre endroit désigné par les inspecteurs.

Les vaches dites de Bande pourront être placées à côté des bœufs.

11. Les bœufs et les vaches seront attachés un à un aux lices supérieures en fer.

Les taureaux continueront à être attachés par de doubles longes, aux anneaux scellés dans les murs des propriétés limitrophes du marché et, à défaut, en tout autre endroit qu'indiqueront les inspecteurs.

12. Les voitures servant au transport des veaux et autres bestiaux seront retirées après leur déchargement.

Il est défendu de les laisser stationner sur aucun autre point du marché.

13. Les heures d'ouverture et de clôture de la vente des bestiaux sont réglées ainsi qu'il suit :

Pour les veaux, la vente s'ouvrira à six heures du matin, du 1er avril au 30 septembre ; à sept heures, du 1er octobre au 31 mars. Elle sera close en toute saison à midi ;

Pour les bœufs et vaches, la vente s'ouvrira à neuf heures du matin en toute saison. Elle sera close à trois heures de relevée ;

Pour les moutons la vente s'ouvrira à une heure de relevée en toute saison. Elle sera close à quatre heures.

Ces heures d'ouverture et de fermeture seront annoncées au son de la cloche.

14. Il sera délivré à chaque marchand une feuille de vente indiquant la date du marché, le nom du vendeur, le nombre et l'espèce de bestiaux à vendre. Les ventes faites seront inscrites successivement sur cette feuille, avec indication du nom de l'acquéreur, du nombre, de l'espèce et du prix des bestiaux vendus.

15. Immédiatement après cette inscription, les bestiaux vendus devront être revêtus de la marque d'achat et retirés du marché.

L'enlèvement des veaux pourra être différé jusqu'à l'arrivée des voitures destinées à leur transport, mais il devra toujours être complétement effectué à quatre heures.

16. Les bulletins de vente mentionnés en l'article 172 de l'ordonnance de police du 25 mars 1830 ne pourront être délivrés à l'acquéreur qu'après l'inscription et la marque des bestiaux, prescrites par les articles qui précèdent.

17. Il est défendu à tout conducteur de bestiaux de décorder les bœufs ou de déparquer les moutons vendus, s'il n'est porteur du bulletin de vente ou s'il n'est autorisé par l'inspecteur aux ventes qui aurait délivré ce bulletin.

18. Aussitôt après la clôture de la vente pour chaque espèce de bestiaux, on devra leur faire évacuer le marché.

Les marchands représenteront alors leur feuille sur laquelle les inscriptions seront closes, et le nombre de bestiaux non vendus sera constaté.

19. Il est défendu à toute personne autre que les propriétaires de bestiaux et leurs agents de s'introduire sur les divers carreaux avant les heures fixées pour l'ouverture des ventes.

20. L'entrée du marché est interdite aux saltimbanques, aux chanteurs publics, aux crieurs d'écrits et aux colporteurs de marchandises.

21. Les annonces à son de caisse ne pourront y être faites qu'avec l'autorisation du maire de Poissy.

22. Les dispositions de l'ordonnance de police du 25 mars 1830, relatives à la police des marchés à bestiaux qui ne seront pas contraires à la présente continueront d'être exécutées.

23. Les contraventions seront constatées par des procès-verbaux ou rapports qui nous seront transmis.

24. La présente ordonnance sera publiée et affichée.

Ampliation en sera adressée à M. le préfet du département de Seine-et-Oise.

Le maire de Poissy, l'inspecteur général des halles et marchés et les préposés sous ses ordres sont spécialement chargés, chacun en ce qui le concerne, de veiller à son exécution.

Le conseiller d'État, préfet de police, G. DELESSERT.

N° **1830.** — *Ordonnance qui prescrit diverses mesures d'ordre et de sûreté publique applicables sur les chemins de fer aboutissant à Paris.*

Paris, le 23 janvier 1843.

Nous, conseiller d'Etat, préfet de police,

Vu les réclamations à nous adressées contre l'admission des chiens dans les voitures servant au transport des voyageurs sur les chemins de fer ;

Vu également les plaintes auxquelles donne lieu la présence dans ces voitures, d'individus en état d'ivresse ou qui fument ou qui sont porteurs de fusils chargés ou de paquets de nature à incommoder les voyageurs, soit par leur volume, soit par leur odeur ou leur malpropreté ;

Vu aussi les lettres en date des 10 novembre dernier et 18 janvier présent mois, par lesquelles M. le sous-secrétaire d'Etat des travaux publics approuve les dispositions ci-après;

Considérant que les chiens dans les voitures, non-seulement sont une cause de gêne pour les voyageurs, mais qu'ils peuvent encore occasionner des accidents,

Que la présence dans ces mêmes voitures d'individus en état d'ivresse ou qui fument ou qui sont porteurs de fusils chargés ou de paquets incommodes peut compromettre l'ordre et la sûreté publique;

En vertu de la loi des 16-24 août 1790 et des arrêtés du gouvernement des 12 messidor an VIII et 3 brumaire an IX (1er juillet et 25 octobre 1800),

Ordonnons ce qui suit:

1. Aucun chien muselé ou non ne sera admis dans les voitures servant au transport des voyageurs sur les chemins de fer de Paris à Saint-Germain, de Paris à Versailles (rive droite et rive gauche), et de Paris à Orléans (section de Corbeil).

Toutefois, les compagnies pourront placer dans des caisses de voitures spéciales les voyageurs qui ne voudraient pas se séparer de leurs chiens, pourvu que ces animaux soient muselés en quelque saison que ce soit.

La prohibition contenue au présent article n'est point applicable aux petits chiens de luxe que les dames portent sous le bras, tels que épagneuls, levrettes, etc., lesquels pourront être admis dans les voitures des voyageurs, à condition néanmoins qu'ils seront muselés en tout temps.

2. L'entrée dans ces voitures est interdite:

1° A toutes personnes qui seraient en état d'ivresse ou vêtues de manière à salir leurs voisins;

2° A tous individus porteurs de fusils chargés ou de paquets qui, par leur nature, leur volume ou leur odeur, pourraient gêner ou incommoder les voyageurs.

En conséquence, tout individu porteur d'un fusil devra, avant son admission sur les quais d'embarquement, justifier que son fusil n'est point chargé.

3. Il est expressément défendu de fumer dans les voitures.

4. La présente ordonnance sera imprimée, publiée et affichée.

Les compagnies en tiendront constamment des exemplaires affichés dans les lieux les plus apparents de leurs bureaux.

5. Les contraventions aux dispositions qui précèdent seront constatées par des procès-verbaux ou rapports qui nous seront transmis immédiatement, pour être déférés aux tribunaux compétents, sans préjudice des mesures administratives qui pourront être prises à l'égard des contrevenants, selon les circonstances.

6. Les commissaires spéciaux de police et les agents de surveillance attachés aux chemins de fer susdésignés, les maires et commissaires de police des communes dont le territoire est traversé par ces chemins, les commissaires de police de Paris, le chef de la police municipale, les officiers de paix et les autres préposés de la préfecture de police sont chargés, chacun en ce qui le concerne, de tenir la main à l'exécution de la présente ordonnance.

Il en sera adressé des exemplaires à MM. les sous-préfets de Saint-Denis et de Sceaux pour qu'ils veuillent bien la faire publier dans les communes de leurs arrondissements respectifs, ainsi qu'à M. le colonel de la garde municipale de Paris et à M. le commandant de la gendarmerie du département de la Seine qui sont chargés d'en assurer l'exécution par tous les moyens à leur disposition.

Le conseiller d'Etat, préfet de police, G. DELESSERT.

N° 1831. —*Ordonnance concernant la police des masques* (1).

Paris, le 23 février 1843.

Nous, conseiller d'Etat, préfet de police,

Vu la loi des 16-24 août 1790, titre XI;

L'arrêté des consuls du 12 messidor an VIII (1er juillet 1800);

L'arrêté du gouvernement du 3 brumaire an IX (25 octobre 1800);

Les articles 86, 259, 287, 330, 471, §§ 11 et 15 et l'article 479, § 8 du Code pénal;

Vu pareillement les articles 1, 8 et 9 de la loi du 17 mai 1819, la loi du 25 mars 1822, article 6;

Vu les lois des 29 novembre 1830 et 9 septembre 1835;

Voulant prévenir tout accident et tout désordre pendant les divertissements du carnaval,

Ordonnons ce qui suit:

1. Toute personne qui, pendant le temps du carnaval, se montrera sur les ponts, quais, dans les rues, passages, galeries, boulevards, places, promenades et lieux publics, masquée, déguisée ou travestie ne pourra porter ni armes ni bâtons.

2. Personne ne pourra paraître sous le masque sur la voie publique avant dix heures du matin et après six heures du soir.

Le Mercredi des Cendres, à partir de midi, personne ne pourra circuler sous le masque ni travesti sur la voie publique.

3. Aucun individu ne pourra prendre de déguisements qui seraient de nature à troubler l'ordre public ou à blesser la décence et les mœurs, ni porter aucun insigne ni costume ecclésiastique ou religieux appartenant aux ministres des cultes légalement reconnus par l'Etat ou appartenant à un fonctionnaire public.

4. Il est défendu à toutes personnes masquées, déguisées ou travesties, d'insulter qui que ce soit par des invectives, des mots grossiers ou des provocations injurieuses.

5. Elles ne pourront pareillement s'arrêter sur la voie publique pour y tenir des discours indécents ou y provoquer les passants par des gestes ou paroles contraires à la morale publique.

6. Il est pareillement défendu à tout individu masqué ou non masqué de jeter dans les maisons, dans les voitures et sur les personnes, aucun objet ni substances qui puissent blesser, endommager ou salir les vêtements.

7. Toute personne masquée, déguisée ou travestie, invitée par un officier de police ou par un agent de la force publique à le suivre, doit se rendre sur-le-champ au bureau de police le plus voisin pour y donner les explications qui peuvent lui être demandées.

8. Les voitures qui parcourront les boulevards dans les journées des 26 et 28 février, circuleront sur une seule file.

Sont exceptés de cette disposition les équipages à quatre chevaux chargés de personnes masquées ou travesties, lesquels équipages pourront circuler seulement au pas sur la chaussée des boulevards entre les files de voitures.

9. Les contrevenants aux dispositions ci-dessus seront arrêtés et conduits à la préfecture de police pour qu'il soit pris à leur égard telles mesures qu'il appartiendra, sans préjudice des poursuites à exercer devant les tribunaux, tant contre eux que contre les personnes civilement responsables d'après la loi.

10. La présente ordonnance sera imprimée et affichée dans Paris,

_____

(1) V. l'ord. du 13 février 1844.

dans les communes rurales du département de la Seine et dans celles de Saint-Cloud, Sèvres et Meudon du département de Seine-et-Oise.

Les commissaires de police de la ville de Paris, les maires, adjoints et commissaires de police dans les autres lieux, le chef de la police municipale à Paris, les officiers de paix et les préposés de la préfecture de police sont chargés, chacun en ce qui le concerne, d'en assurer l'exécution,

Le colonel de la garde municipale de la ville de Paris, le colonel de la première légion de gendarmerie et le commandant de la gendarmerie de la Seine sont requis de leur faire prêter main-forte au besoin, et de concourir à l'exécution de la présente ordonnance.

Le conseiller d'Etat, préfet de police, G. DELESSERT

———————————⟨◇⟩———————————

N° **1832.** — *Arrêté concernant les mesures d'ordre à observer à l'occasion du carnaval dans la ville de Saint-Denis et dans les communes de l'arrondissement de Saint-Denis.*

Paris, le 23 février 1843.

Nous, conseiller d'Etat, préfet de police,
Vu la loi des 16-24 août 1790 ;
L'arrêté du gouvernement du 12 messidor an VIII (1er juillet 1800) ;
L'arrêté du 3 brumaire an IX (25 octobre 1800) ;
L'article 479 du Code pénal, § 8 ;
La loi du 10 avril 1831 contre les attroupements ;
Voulant prévenir tous désordres dans la ville de Saint-Denis et dans les autres communes de cet arrondissement, pendant les divertissements du carnaval ,

Arrêtons ce qui suit :

1. Il est expressément défendu aux habitants de la ville de Saint-Denis, et à ceux des autres communes composant l'arrondissement de Saint-Denis de se réunir, soit le Mercredi des Cendres, 1er mars prochain , soit un autre jour, dans le but de promener dans les rues et places publiques des mannequins, et de les brûler ensuite devant le domicile d'aucun citoyen, comme aussi de faire aucune manifestation de nature à troubler l'ordre public.

2. Aucune personne masquée ni travestie ne pourra circuler sur la voie publique, le Mercredi des Cendres après l'heure de midi.

3. Les contrevenants seront arrêtés immédiatement et punis conformément aux lois.

4. Le présent arrêté sera imprimé, publié et affiché dans toutes les communes composant l'arrondissement de Saint-Denis.

Le sous-préfet de l'arrondissement de Saint-Denis, les maires et les commissaires de police des communes dudit arrondissement, les commandants de la garde nationale et de la gendarmerie ainsi que tous agents de la force publique sont chargés, chacun en ce qui le concerne, d'assurer l'exécution du présent arrêté.

Le conseiller d'Etat, préfet de police, G. DELESSERT.

———————————⟨◇⟩———————————

N° **1833**. — *Ordonnance concernant la prohibition de la chasse.*

Paris, le 23 février 1843.

Nous, conseiller d'Etat, préfet de police,

Vu la loi du 30 avril 1790 concernant la chasse et l'article 2 de l'arrêté du gouvernement du 12 messidor an viii (1er juillet 1800),

Ordonnons ce qui suit :

1. A compter du 1er mars prochain, et jusqu'à nouvel ordre, l'exercice de la chasse *sur les terres non closes, même en jachères,* est défendu dans le département de la Seine, sous les peines de droit.

2. Les propriétaires ou possesseurs pourront chasser ou faire chasser dans celles de leurs possessions *qui sont séparées des héritages d'autrui par des murs ou des haies vives.* (*Art.* 13 *de la loi du 30 avril* 1790) , en se conformant aux lois et règlements concernant le port d'armes.

3. Les propriétaires ou possesseurs autres que simples usagers pourront également, sous la même condition, chasser ou faire chasser, sans chiens courants dans leurs bois et forêts (*Art.* 14 *de la même loi*).

4. La présente ordonnance sera imprimée, publiée et affichée.

Les sous-préfets des arrondissements de Saint-Denis et de Sceaux, les maires et adjoints des communes rurales, la gendarmerie, les gardes-champêtres et les préposés de la préfecture de police sont chargés, chacun en ce qui le concerne, d'en assurer l'exécution.

Le conseiller d'Etat, préfet de police, G. DELESSERT.

N° **1834**. — *Ordonnance concernant les chiens boule-dogues.*

Paris, le 28 février 1843.

Nous, conseiller d'Etat, préfet de police,

Vu 1° les lois des 16-24 août 1790 et 19-22 juillet 1791;

2° Les articles 319, 320, 475, § 7; 479, § 2 et 471, § 15 du Code pénal et l'article 1385 du Code civil;

3° Les arrêtés du gouvernement des 12 messidor an viii et 3 brumaire an ix (1er juillet et 25 octobre 1800);

4° Les avis du conseil de salubrité , en date des 25 novembre et 9 décembre 1842;

Considérant que les chiens dits boule-dogues occasionnent journellement les plus graves accidents; que de justes et nombreuses réclamations nous sont adressées à cet égard;

Considérant que la férocité de ces animaux, les dangers de diverses natures que présente leur divagation et la nécessité d'obvier aux événements fâcheux qui en pourraient résulter imposent à l'autorité chargée de ce soin l'obligation d'y pourvoir par les mesures les plus sévères,

Ordonnons ce qui suit :

1. Il est défendu de laisser circuler ou de conduire sur la voie publique, même en *laisse* et muselé, aucun chien de la race des boule-dogues ni de celle des boule-dogues métis ou croisés.

Il est également défendu de tenir ces animaux, quand bien même ils seraient à l'attache et muselés, dans des boutiques, magasins, ateliers, établissements ou lieux quelconques ouverts au public.

2. Dans l'intérieur des habitations ou dans les cours, jardins et autres lieux non ouverts au public, les boule-dogues et boule-dogues métis ou croisés devront toujours être tenus à l'attache et muselés.

3. Les contraventions aux dispositions de la présente ordonnance seront déférées aux tribunaux compétents, sans préjudice des mesures administratives auxquelles elles pourront donner lieu.

4. La présente ordonnance sera imprimée, publiée et affichée, tant à Paris que dans les communes du ressort de la préfecture de police.

5. Le commissaire chef de la police municipale, les commissaires de police, le colonel de la garde municipale, le commandant de la gendarmerie de la Seine, le directeur de la salubrité, l'inspecteur général des halles et marchés et les autres préposés de la préfecture de police sont chargés d'en assurer l'exécution.

Les sous-préfets de Sceaux et de Saint-Denis, les maires et les commissaires de police des communes du ressort de la préfecture de police sont chargés spécialement de veiller, chacun en ce qui le concerne, à l'exécution de la présente ordonnance.

Le conseiller d'Etat, préfet de police, G. DELESSERT.

N° **1835.** — *Ordonnance concernant le balayage et la propreté de la voie publique et le transport des matières insalubres* (1).

Paris, le 1er avril 1843.

Nous, conseiller d'Etat, préfet de police,

Vu l'article 3 du titre xi de la loi des 16-24 août 1790;

Vu les articles 2 et 22 de l'arrêté du gouvernement du 1er juillet 1800 (12 messidor an viii);

Vu l'article 471 du Code pénal;

Considérant qu'il est utile de rappeler fréquemment aux habitants les obligations qui leur sont imposées pour assurer le maintien de la propreté de la voie publique et qu'il importe d'ajouter aux règlements existants de nouvelles dispositions dont l'expérience a fait reconnaître la nécessité; que notamment l'administration municipale ayant autorisé ou fait établir des urinoirs sur plusieurs points de la voie publique, il est convenable de prescrire à cette occasion les mesures réclamées par la décence, la propreté et la salubrité.

Considérant aussi qu'il est nécessaire de prendre des précautions pour prévenir les inconvénients résultant du transport dans Paris des matières insalubres,

Ordonnons ce qui suit :

TITRE Ier.

Balayage de la voie publique et nettoiement des trottoirs, des ruisseaux, des devantures de boutique, des grilles d'égouts et des abords des bâtiments en construction, ateliers ou chantiers de travaux.

1. Les propriétaires ou locataires sont tenus de faire balayer complétement chaque jour, sauf les cas prévus par l'article 3 ci-après, la voie publique au-devant de leurs maisons, boutiques, cours, jardins et autres emplacements.

Le balayage sera fait jusqu'aux ruisseaux, dans les rues à chaussée fendue.

---

(1) V. l'ord. du 1er octobre 1844.

Dans les rues à chaussée bombée et sur les quais le balayage sera fait jusqu'au milieu de la chaussée.

Le balayage sera également fait sur les contre-allées des boulevards jusqu'aux ruisseaux des chaussées.

Les boues et immondices seront mises en tas ; ces tas devront être placés de la manière suivante, selon les localités ;

SAVOIR :

Dans les rues sans trottoirs, entre les bornes ; dans les rues à trottoirs, le long des ruisseaux du côté de la chaussée si la rue est à chaussée bombée ; et le long des trottoirs, si la rue est à chaussée fendue, sur les boulevards, le long des ruisseaux de la chaussée, côté des contre-allées.

Dans tous les cas, les tas devront être placés à une distance d'au moins deux mètres des grilles ou des bouches d'égouts.

Nul ne pourra pousser les boues et immondices devant les propriétés de ses voisins.

2. Le balayage sera fait entre six heures et sept heures du matin, depuis le 1er avril jusqu'au 1er octobre, et entre sept heures et huit heures du matin, depuis le 1er octobre jusqu'au 1er avril.

En cas d'inexécution, le balayage sera fait *d'office* aux frais des propriétaires ou locataires.

3. Lorsque des travaux de pavage auront été exécutés, le balayage quotidien prescrit par l'article 1er sera suspendu sur les parties de la voie publique où ces travaux auront été opérés.

En ce qui concerne le pavage neuf et les relevés à bout, c'est-à-dire les pavages entièrement refaits, le balayage ne sera repris que dix jours après l'achèvement des travaux, lorsque les entrepreneurs de la ville auront relevé et enlevé les résidus du sable répandu pour la consolidation du pavé et que les agents de l'administration auront averti les propriétaires et locataires que le balayage devra être repris.

En ce qui concerne les pavages en recherche ou réparations partielles, le balayage sera repris dès l'avis donné par les agents de l'administration.

Les sables balayés et relevés avant les dix jours de l'achèvement des travaux, ou avant les avis donnés par les agents de l'administration seront répandus de nouveau aux frais des contrevenants.

4. En outre du balayage prescrit par l'article 1er, les propriétaires ou locataires seront tenus de faire gratter, laver et balayer chaque jour les trottoirs existant au-devant de leurs propriétés, ainsi que les bordures desdits trottoirs aux heures fixées par l'article 2.

Cette disposition est applicable aux dalles établies dans les contre-allées des boulevards, les propriétaires ou locataires sont tenus de les faire gratter, laver et balayer chaque jour ; les boues et ordures provenant de ce balayage seront mises en tas sur la chaussée pavée, le long des ruisseaux, côté des contre-allées, conformément à l'article 1er.

L'eau du lavage du trottoir et des dalles devra être balayée et coulée au ruisseau.

Les propriétaires ou locataires devront également faire nettoyer intérieurement et dégager les gargouilles placées sous les trottoirs des rues et sous les dallages des boulevards, de toutes ordures et objets quelconques qui pourraient les obstruer. Ce nettoiement doit être fait chaque jour aux heures prescrites pour le balayage.

5. Les devantures de boutiques ne pourront être lavées après les heures fixées pour le balayage, et l'eau du lavage devra être balayée et coulée au ruisseau.

6. Dans les rues à chaussée bombée, chaque propriétaire ou loca-

taire doit tenir libre le cours du ruisseau au-devant de sa maison , dans les rues à chaussée fendue, il y pourvoira conjointement avec le propriétaire ou locataire qui lui fait face.

Les ruisseaux sous trottoirs dits en encorbellement devront être dégagés des boues et ordures et tenus toujours libres et en état de propreté.

Pour prévenir les inondations par suite de pluie ou de dégel, les habitants devant la propriété desquels se trouvent des grilles d'égout, les feront dégager des ordures qui pourraient les obstruer. Ces ordures seront déposées aux endroits indiqués en l'article 1er.

7. Il est prescrit aux entrepreneurs de travaux exécutés sur la voie publique ou dans des propriétés qui l'avoisinent, de tenir la voie publique en état constant de propreté, aux abords de leurs ateliers ou chantiers et sur tous les points qui auraient été salis par suite de leurs travaux ; il leur est également prescrit d'assurer aux ruisseaux un libre écoulement.

En cas d'inexécution, le nettoiement de ces points de la voie publique sera opéré *d'office* et aux frais des entrepreneurs.

TITRE II.

Entretien des rues ou parties de rues non pavées.

8. Il est enjoint à tout propriétaire ou locataire de maisons ou terrains situés le long des rues ou parties de rues non pavées de faire combler chacun en droit soi, les excavations, enfoncements et ornières, et d'entretenir le sol en bon état, de conserver et de rétablir les pentes nécessaires pour procurer aux eaux un écoulement facile et de faire en un mot toutes les dispositions convenables pour que la liberté, la sûreté de la circulation et la salubrité ne soient pas compromises.

9. Les concierges, portiers ou gardiens des établissements publics et maisons domaniales sont personnellement responsables de l'exécution des dispositions ci-dessus, en ce qui concerne le balayage de la voie publique, le nettoiement des trottoirs, des ruisseaux, des devantures de boutiques, des grilles d'égouts ainsi que l'entretien des rues ou parties de rues non pavées, au-devant des établissements et maisons auxquels ils sont attachés.

TITRE III.

Dépôts et projections sur la voie publique, dans la rivière et dans les égouts.

10. Il est expressément défendu de déposer dans les rues, sur les places, quais, ports, berges de la rivière et généralement sur aucunes parties de la voie publique, des ordures, immondices, pailles et résidus quelconques de ménage.

Ces objets devront être portés directement des maisons aux voitures du nettoiement et remis aux desservants de ces voitures au moment de leur passage.

Toutefois, les habitants des maisons qui n'ont ni cour, ni porte-cochère pourront déposer les ordures, pailles et résidus ménagers le matin avant sept heures, depuis le 1er avril jusqu'au 1er octobre ; et avant huit heures, depuis le 1er octobre jusqu'au 1er avril. En dehors de ces heures il est formellement interdit de faire aucun dépôt de ce genre sur la voie publique.

Ces dépôts devront être faits sur les points de la voie publique désignés en l'article 1er pour la mise en tas des immondices provenant du balayage.

11. Il est interdit de déposer dans les rues, sur les places, quais, ports, berges de la rivière et généralement sur aucune partie de la voie publique des pierres, terres, sables, gravois et autres matériaux.

Dans le cas où des réparations à faire dans l'intérieur des maisons nécessiteraient le dépôt momentané de terres, sables, gravois et autres matériaux sur la voie publique, ce dépôt ne pourra avoir lieu que sous l'autorisation préalable du commissaire de police du quartier.

La quantité des objets déposés ne devra jamais excéder le chargement d'un tombereau, et leur enlèvement complet devra toujours être effectué avant la nuit. Si, par suite de force majeure, cet enlèvement n'avait pu être opéré complétement, les terres, sables, gravois ou autres matériaux devront être suffisamment éclairés pendant la nuit.

Sont formellement exceptés de la tolérance, les terres, moellons ou autres objets provenant des fosses d'aisance ; ces débris devront être immédiatement emportés sans pouvoir jamais être déposés sur la voie publique.

En cas d'inexécution il sera procédé *d'office* et aux frais des contrevenants, soit à l'éclairage, soit à l'enlèvement des dépôts.

12. Il est défendu de déposer sur la voie publique les bouteilles cassées, les morceaux de verre, de poterie, faïence et tous autres objets de même nature pouvant occasionner des accidents.

Ces objets devront être directement portés aux voitures du nettoiement et remis aux desservants de ces voitures.

13. Il est interdit aux marchands ambulants de jeter sur la voie publique, des débris de légumes et de fruits ou tous autres résidus.

Les étalagistes ou tous autres individus autorisés à s'établir sur la voie publique pour y exercer une industrie doivent tenir constamment propre l'emplacement qu'ils occupent ainsi que les abords de cet emplacement.

14. Il est défendu de secouer sur la voie publique des tapis et autres objets pouvant salir ou incommoder les passants, et généralement d'y rien jeter des habitations.

15. Il est défendu de jeter des pailles ou des ordures ménagères à la rivière, sur les berges, sur les parapets, cordons ou corniches des ponts.

16. Il est défendu de jeter des eaux sur la voie publique ; ces eaux devront être portées au ruisseau pour y être versées de manière à ne pas incommoder les passants.

Il est également défendu d'y jeter et faire couler des urines et des eaux infectes.

17. Il est expressément défendu de jeter dans les égouts des urines, des boues et immondices solides, des matières fécales, et généralement tout corps ou matière pouvant obstruer ou infecter lesdits égouts.

TITRE IV.

Urinoirs publics.

18. Dans les voies publiques où des urinoirs sont établis, il est interdit d'uriner ailleurs que dans ces urinoirs.

Les personnes qui auront été autorisées à établir des urinoirs sur la voie publique devront les entretenir en bon état, et en faire opérer le nettoiement et le lavage assez fréquemment pour qu'ils soient constamment propres et qu'il ne s'en exhale aucune mauvaise odeur.

En cas d'inexécution, il sera pourvu d'office et aux frais des con-

trevenants, à la réparation, au nettoiement et au lavage de ces urinoirs.

TITRE V.

Transport, chargement et déchargement des objets qui seraient de nature à salir la
voie publique ou à incommoder les passants.

19. Ceux qui transporteront des plâtres, des terres, sables, décombres, gravois, mâchefers, fumier-litière et autres objets quelconques qui seraient de nature à salir la voie publique ou à incommoder les passants, devront charger leurs voitures de manière que rien ne s'en échappe et ne puisse se répandre sur la voie publique.

En ce qui concerne le transport des terres, sables, décombres, gravois et mâchefers, les parois des voitures devront dépasser de quinze centimètres au moins toute la partie supérieure du chargement.

Les voitures servant au transport des plâtres, même lorsqu'elles ne seront pas chargées, ne pourront circuler sur la voie publique sans être pourvues d'un about devant et derrière, et sans être recouvertes d'une bâche.

Le déchargement des plâtres devra toujours être opéré avec précaution et de manière à ne pas salir la voie publique ni incommoder les passants.

Le nettoiement des rues ou parties de rues salies par suite de contraventions au présent article sera opéré *d'office* et aux frais des contrevenants.

20. Lorsqu'un chargement ou déchargement de marchandises ou de tous autres objets quelconques aura été opéré sur la voie publique, dans le cours de la journée, et dans les cas où ces opérations sont permises par les règlements, l'emplacement devra être balayé et les produits du balayage enlevés.

En cas d'inexécution, il y sera pourvu *d'office* et aux frais des contrevenants.

TITRE VI.

Transport des matières insalubres.

21. Les résidus des fabriques de gaz, ceux d'amidonnerie, ceux de féculerie passés à l'état putride, ceux des boyauderies et des triperies; les eaux provenant de la cuisson des os pour en retirer la graisse; celles qui proviennent des fabriques de peignes et d'objets de corne macérée; les eaux grasses destinées aux fondeurs de suifs et aux nourrisseurs de porcs; les résidus provenant des fabriques de colle forte et d'huile de pieds de bœuf, le sang provenant des abattoirs; les urines provenant des urinoirs publics et particuliers; les vases et eaux extraites des puisards et des puits infectés; les eaux de cuisson de têtes et de pieds de mouton; les eaux de charcuterie et de triperie; les raclures de peaux infectes, les résidus provenant de la fonte des suifs, soit liquides, soit solides, soit mi-solides, et en général toutes les matières qui pourraient compromettre la salubrité, ne pourront à l'avenir être transportées dans Paris que dans des tonneaux hermétiquement fermés et lutés.

Toutefois, les résidus des féculeries qui ne seront pas passés à l'état putride pourront être transportés dans des voitures parfaitement étanches et les débris frais des abattoirs, des boyauderies et des triperies dans des voitures garnies en tôle ou en zinc, étanches également, mais de plus couvertes. Pourront également être transportées de cette dernière manière, les matières énoncées dans le paragraphe 1er du présent article, lorsqu'il sera reconnu qu'il y a impossibilité de les transporter dans des tonneaux, mais seulement alors pendant la nuit jusqu'à huit heures du matin.

22. Le noir animal ayant servi à la décoloration de sirops et au raffinage des sucres, les os gras et les chiffons non lavés et humides ne pourront être transportés que dans des voitures bien closes.

23. Les tonneaux servant au transport des peaux en vert et des engrais secs de diverses natures devront être clos et couverts.

Dispositions générales.

24. Les contraventions aux injonctions ou défenses faites par la présente ordonnance seront constatées par des procès-verbaux ou rapports qui nous seront adressés. Les contrevenants seront traduits, s'il y a lieu devant les tribunaux pour être punis conformément aux lois et règlements en vigueur.

Dans tous les cas où il y aura lieu à procéder *d'office* en vertu des dispositions de la présente ordonnance, ces opérations se feront à la diligence des commissaires de police ou du directeur de la salubrité, aux frais des contrevenants et sans préjudice des peines encourues.

25. La présente ordonnance sera publiée et affichée.

Les commissaires de police, le chef de la police municipale, le directeur de la salubrité, les officiers de paix et autres préposés de l'administration sont chargés de faire observer les dispositions de l'ordonnance ci-dessus et de tenir la main à leur exécution.

Les préposés de l'octroi sont requis de concourir à l'exécution des articles 11 et 19 concernant les dépôts et le transport des plâtres, terres, sables et autres objets qui seraient de nature à salir ou à embarrasser la voie publique.

A cet effet, ampliation de ladite ordonnance sera adressée à M. le directeur, président du conseil d'administration de l'octroi.

Le conseiller d'Etat, préfet de police, G. DELESSERT.

N° 1836. — *Ordonnance concernant la foire aux jambons qui se tiendra sur le boulevard Bourdon, près la place de la Bastille* (1).

Paris, le 7 avril 1843.

Nous, conseiller d'Etat, préfet de police,
Vu 1° la loi des 16-24 août 1790, titre XI, article 3, §§ 3, 4 et 5 ;
2° Les articles 423, 471, 475, 477 et 479 du Code pénal ;
3° L'arrêté du gouvernement du 12 messidor an VIII (1er juillet 1800),

Ordonnons ce qui suit :

1. La foire aux jambons aura lieu suivant l'usage, pendant trois jours consécutifs, les mardi, mercredi et jeudi de la Semaine Sainte (11, 12 et 13 avril courant) depuis le lever jusqu'au coucher du soleil.

2. La foire se tiendra sur le boulevard Bourdon, à partir de l'extrémité nord du grenier d'abondance (côté de la place de la Bastille), en se prolongeant vers la rivière.

Les voitures des marchands seront placées en dehors des contre-allées, sur deux rangs se faisant face, la chaussée se trouvant au milieu.

Les étalages des marchands qui ne conservent pas leurs voitures

---

(1) V. l'ord. du 22 mars 1844.

seront adossés aux barrières existant au-devant du Grenier d'abondance.

Les marchands seront classés par département.

3. Pendant la durée de la foire la circulation des voitures est interdite sur le boulevard Bourdon.

4. Les marchands qui voudront approvisionner la foire devront justifier à l'inspecteur général des halles et marchés :

1° De leur patente ;

2° De la quittance de l'octroi constatant l'acquittement du droit à Paris pour les marchandises qu'ils représenteront.

Ils seront inscrits et recevront un numéro indicatif de la place qu'ils devront occuper.

5. Les marchandises seront reçues à la foire dès le lundi 10 avril, toute la journée, et les jours de la foire jusqu'à midi seulement, même le dernier jour.

6. Les marchands seront tenus de placer au point le plus apparent de leur étalage :

1° Un écriteau indiquant le département dans lequel ils sont domiciliés ;

2° Le numéro qui leur aura été délivré lors de leur inscription ;

Ceux d'entre eux qui auront vendu la totalité de leurs marchandises avant la clôture de la foire devront remettre ce numéro aux préposés de la préfecture de police et ne pourront, sous aucun prétexte, le prêter ni le céder à qui que ce soit.

7. Les marchands pourront exposer en vente à la foire toute espèce de marchandises de charcuterie à l'exception du porc frais.

8. Il est expressément défendu d'exposer aucune marchandise gâtée ou altérée par le mélange de viandes qui n'entrent pas ordinairement dans la fabrication des articles de charcuterie.

Les marchandises ne pourront être exposées en vente qu'après avoir été inspectées. Cette inspection sera répétée pendant la durée de la foire.

9. Il est défendu de faire usage de balances et de poids qui n'auraient pas été vérifiés.

Il est enjoint aux marchands de placer leurs balances et leurs poids en évidence.

10. Les marchands sont tenus de ranger leur étalage le plus près possible des arbres, de manière toutefois à ne point les endommager et à ce que l'on ne puisse circuler entre chaque arbre et chaque étalage

Ils sont tenus également de balayer leurs places chaque jour, de ne planter aucun clou ni chevêtre, soit sur les arbres, soit sur la barrière en bois qui sépare la contre-allée du Grenier d'abondance, de ne faire aucune dégradation aux murs de cet établissement ; de ne placer aucune marchandise ou autres objets sur les bancs du boulevard, de n'y faire aucune espèce de construction et de ne déposer ni ordures ni immondices sur les points affectés à la tenue de la foire.

Pour faciliter la circulation il sera réservé au-devant de chaque pavillon un passage de quatre mètres de largeur.

11. Il ne pourra s'établir dans l'intérieur de la foire aucun étalagiste de viandes préparées, menus comestibles ou boissons. Les marchands de comestibles, même ambulants, resteront au dehors de la foire, et s'ils désirent former un étalage ils s'adresseront au commissaire de police du quartier de l'Arsenal qui leur indiquera individuellement l'emplacement qu'ils pourront occuper.

12. La clôture de la foire aura lieu le 13 avril à la nuit tombante. Il est défendu aux marchands de continuer leur vente après ce terme, soit sur l'emplacement de la foire, soit sur tout autre point de la voie publique.

13. Il est également défendu aux marchands de se réunir, pour

continuer leurs ventes et constituer des marchés illicites dans des auberges, cours de maisons particulières et autres lieux clos ou non, soit pendant la tenue de la foire, soit avant ou après.

Il est défendu aux aubergistes et à tous autres de se prêter à de telles réunions et ventes ou de les tolérer.

14. Il sera pris envers les contrevenants telles mesures de police administrative qu'il appartiendra, sans préjudice des poursuites à exercer devant les tribunaux compétents.

Les contraventions seront constatées par des procès-verbaux ou rapports qui nous seront sur-le-champ adressés.

15. La présente ordonnance sera imprimée, publiée et affichée.

Le chef de la police municipale, le commissaire de police du quartier de l'Arsenal, les officiers de paix, l'inspecteur général des halles et marchés et les préposés de la préfecture de police sont chargés, chacun en ce qui le concerne, de tenir la main à son exécution.

Elle sera adressée au colonel de la garde municipale pour qu'il concoure à son exécution par les moyens qui sont à sa disposition.

Le conseiller d'Etat, préfet de police, G. DELESSERT.

Nº **1837.** — *Ordonnance concernant les mesures d'ordre à observer aux promenades de Long-Champ* (1).

Paris, le 10 avril 1843.

Nous conseiller d'Etat, préfet de police,
Vu la loi des 16-24 août 1790;
Voulant prévenir tous accidents et désordres pendant les promenades de Long-Champ, dans les journées des 12, 13 et 14 courant,

. Ordonnons ce qui suit :

1. La grande avenue des Champs-Elysées, à partir de la place de la Concorde jusqu'à la barrière de l'Etoile ; la route de Neuilly, depuis cette barrière jusqu'à la grille du bois de Boulogne, et l'avenue du bois de Boulogne qui conduit à Long-Champ seront exclusivement réservées les 12, 13 et 14 courant, depuis deux heures après-midi jusqu'à la cessation de la promenade pour les voitures qui iront à Long-Champ.

Toutes autres voitures ou charrettes qui entreront dans Paris, ou en sortiront aux jours et heures ci-dessus indiqués seront tenues de prendre par les barrières du Roule et de Passy.

2. En allant au bois de Boulogne les voitures se rangeront à droite de la chaussée de la grande avenue des Champs-Elysées, sur une seule file qui se formera au besoin dès la place de la Concorde et même de la rue Royale et des boulevards du Nord.

Elles continueront leur marche dans cet ordre.

3. A leur retour, les voitures prendront la droite de la route de Neuilly, de l'avenue de Neuilly et de celle des Champs-Elysées, jusqu'à la place de la Concorde.

Elles marcheront sur une seule file et au pas.

4. Il est défendu de faire traverser les voitures d'une file à l'autre.

5. Sont exceptées des dispositions des articles 2, 3 et 4, les voitures de la cour, des ministres, des maréchaux de France, de l'intendant-général de la liste civile, de M. le lieutenant général commandant supérieur des palais royaux, du corps diplomatique, de M. le chancelier de France, de M. le président de la chambre des députés, de M. le

---

(1) V. l'ord. du 1er avril 1844.

préfet de la Seine`, de M. le lieutenant général commandant la 1re division militaire, de M. le maréchal de camp commandant la place de Paris, et les équipages à quatre chevaux, lesquels pourront circuler dans l'espace compris entre les files de voitures.

6. Les chevaux de selle ne pourront être mis au galop dans l'espace compris entre les files de voitures.

Il est également défendu aux personnes à cheval de rompre les files de voitures, sous quelque prétexte que ce soit.

Les personnes à pied ne pourront point stationner ni circuler sur la chaussée et les bas-côtés de l'avenue des Champs-Elysées et de l'avenue de Neuilly, réservés exclusivement aux voitures et aux cavalcades.

7. Il est expressément défendu de faire circuler les voitures et les chevaux dans les contre-allées des Champs-Elysées, de l'avenue de Neuilly et de la route de Neuilly qui sont exclusivement réservées aux personnes à pied.

8. Défense est faite de monter sur les arbres des Champs-Elysées et de l'avenue de Neuilly ainsi que sur les candélabres destinés à l'éclairage public.

9. Les conducteurs et cochers de voitures et les cavaliers qui refuseront de se conformer aux dispositions de la présente ordonnance, encourront les peines prononcées par les lois et seront traduits devant les tribunaux compétents pour s'en faire voir l'application.

10. Le chef de la police municipale est autorisé à prendre toutes les autres mesures d'ordre et de sûreté que les circonstances exigeront.

11. La présente ordonnance sera imprimée et affichée dans Paris et dans les communes de Passy, Boulogne, Auteuil et Neuilly.

Les maires et les commissaires de police desdites communes, le chef de la police municipale et les commissaires de police de la ville de Paris, les officiers de paix et les préposés de la préfecture de police, et tous agents de la force publique sont chargés, chacun en ce qui le concerne de tenir la main à son exécution.

M. le colonel de la garde municipale de la ville de Paris et M. le chef d'escadron commandant la gendarmerie de la Seine en feront observer les dispositions.

Le conseiller d'Etat, préfet de police, G. DELESSERT.

N° **1838.** — *Ordonnance qui fixe le tarif pour le transport des marchandises et autres objets, sur les chemins de fer de Paris à Saint-Germain et de Paris à Versailles (rive droite)* (1).

Paris, le 10 avril 1843.

Nous, conseiller d'Etat, préfet de police,

Vu, 1° la loi du 9 juillet 1835, qui autorise l'établissement d'un chemin de fer de Paris à Saint-Germain, ensemble le cahier des charges y annexé ;

2° La loi du 9 août 1839 ;

3° La loi du 9 juillet 1836, qui autorise l'établissement de deux chemins de fer de Paris à Versailles, ensemble le cahier des charges annexé à cette loi ;

4° L'ordonnance royale du 24 mai 1837, relative aux deux chemins

---

(1) V., pour la police, l'ord. du 9 avril 1837, les arr. des 28 août 1837 et 8 août 1839, l'ord. du 6 sept. 1839, les arr. des 13 déc. 1839, 16 mai, 14 sept. 1842, et les ord. des 14 juin et 31 octobre 1844.

de fer dont il s'agit, et le cahier des charges pour l'établissement du chemin de la rive droite, lequel est annexé à ladite ordonnance ;

5° La loi du 1er août 1839, et notamment l'article 9 de cette loi ;

6° Les lettres de M. le sous-secrétaire d'Etat des travaux publics, en date des 3 et 7 juillet 1840, relatives à des modifications apportées par M. le ministre des travaux publics aux tarifs fixés par les cahiers des charges des compagnies des chemins de fer de Saint-Germain et de Versailles (rive droite) ;

7° Les propositions qui nous ont été présentées récemment par ces compagnies et qui contiennent un projet de tarif applicable aux articles de petite et de grosse messagerie et aux marchandises de toute nature, ensemble les observations par nous adressées à M. le ministre des travaux publics, au sujet de ces propositions ;

8° La lettre du 8 du mois dernier, par laquelle M. le sous-secrétaire d'Etat des travaux publics nous informe que lesdites propositions sont approuvées sous diverses modifications acceptées depuis par les compagnies ;

Considérant qu'il y a lieu d'homologuer et de rendre obligatoire, dans le ressort de la préfecture de police, le tarif proposé par les compagnies concessionnaires des deux chemins de fer susdésignés, avec les modifications acceptées depuis par lesdites compagnies,

Ordonnons ce qui suit :

1. Les compagnies des chemins de fer de Paris à Saint-Germain et de Paris à Versailles (rive droite), sont autorisées à percevoir les prix de transport et les frais accessoires d'enregistrement, de chargement et de déchargement, déterminés au tableau suivant, sur les marchandises et objets de toute nature transportés *de Paris à Saint-Germain et à Versailles (rive droite)*.

2. Les denrées et objets qui, sous le volume d'un mètre cube, ne pèseront pas 200 kilogrammes, payeront, d'après leur poids, le double des prix de transport fixés dans le tableau qui précède.

3. Chaque voyageur ayant, aux termes des cahiers de charges, la faculté de porter avec lui un bagage dont le poids n'excède pas 15 kilogrammes, sans être tenu, pour le port de ce bagage, à un supplément de prix, le présent tarif n'est applicable aux bagages des voyageurs que pour l'excédant du poids de 15 kilogrammes.

L'enregistrement est facultatif pour les bagages dont le poids n'excède pas 15 kilogrammes.

Il est soumis à un droit de 10 centimes, lorsqu'il a lieu à la demande des voyageurs.

4. Le tarif qui précède n'est accordé que provisoirement, à titre d'essai, et sauf la ratification de la loi.

5. Ce tarif ne pourra toutefois être modifié qu'après un délai de trois mois au moins, et les modifications qui y seront apportées devront être annoncées au moins un mois d'avance par des affiches.

6. La perception d'aucune taxe ne sera régulière qu'en vertu d'une homologation administrative.

7. Il est fait réserve formelle d'opérer des diminutions sur les tarifs ci-dessus pour les cas éventuels des chemins d'embranchement et de prolongement.

8. La présente ordonnance sera notifiée, publiée et affichée.

Les commissaires spéciaux de police et les agents de surveillance attachés aux chemins de fer de Paris à Saint-Germain, et de Paris à Versailles (rive droite), ainsi que les maires et commissaires de police des communes dont le territoire est traversé par ces chemins, sont chargés d'en assurer l'exécution.

Le conseiller d'Etat, préfet de police, G. DELESSERT.

SUIT LE TARIF.

1843.

TARIF

Pour le transport des marchandises et autres objets d'une extrémité
à l'autre des deux chemins de fer.

NATURE des MARCHANDISES ET DES OBJETS à transporter.	Indication des fractions de poids sur lesquelles s'établissent les prix de transport et frais accessoires.	POIDS DES COLIS.		PRIX du transport.	FRAIS ACCESSOIRES	
					d'enregistrement.	de chargement et de déchargement.
				fr. c.	fr. c.	fr. c.
PETITE MESSAGERIE, Comprenant les marchandises et objets de toute nature, d'un poids n'excédant pas 50 kilog.	fractions de 5 kilog.	jusqu'à	5 k. inclusiv.	» 10	» 10	» 05
		au-dessus de 5 jusq.	10	» 20	» 10	» 05
		10	15	» 30	» 10	» 05
		15	20	» 40	» 10	» 05
		20	25	» 50	» 10	» 05
		25	30	» 60	» 10	» 05
		30	35	» 70	» 10	» 05
		35	40	» 80	» 10	» 05
		40	45	» 90	» 10	» 05
		45	50	1 »	» 10	» 05
GROSSE MESSAGERIE, Comprenant les marchandises et objets de toute nature d'un poids supérieur à 50 kilog., et n'excédant pas 100 kil.	fractions de 10 kilog.	au-dess. de 50 jusq.	60 k. inclus.	1 05	» 10	» 10
		60	70	1 05	» 10	» 15
		70	80	1 05	» 10	» 20
		80	90	1 05	» 10	» 25
		90	100	1 05	» 10	» 30
MARCHANDISES DE 3e CLASSE, Savoir : Fonte moulée, fer et plomb ouvrés, cuivre et autres matériaux ouvrés ou non, vinaigre, vins, boissons, spiritueux, huiles, cotons et autres lainages, bois de menuiserie, de teinture et autres bois exotiques, sucre, café, drogues, épiceries, denrées coloniales, objets manufacturés, au-dessus de 100 kilog., jusqu'à 1,000 kilog.	fractions de 25 kilog.	au-dess. de 100 jusq.	125 k. inclus.	» 72	» 10	» 38
		125	150	» 72	» 10	» 48
		150	175	» 72	» 10	» 58
		175	200	» 72	» 10	» 68
	fractions de 50 kilog.	au-dess. de 200 jusq.	250 k. inclus.	» 90	» 10	» 70
		250	300	1 08	» 10	» 77
		300	350	1 26	» 10	» 84
		350	400	1 44	» 10	» 91
		400	450	1 62	» 10	» 98
		450	500	1 80	» 10	1 05
	fractions de 100 kilog.	au-dess. de 500 jusq.	600 k. inclus.	2 16	» »	1 09
		600	700	2 52	» »	1 13
		700	800	2 88	» »	1 17
		800	900	3 24	» »	1 21
		900	1000	3 60	» »	1 25

NATURE des MARCHANDISES ET DES OBJETS à transporter.	Indication des fractions de poids sur lesquelles s'établissent les prix du transport et frais accessoires.	POIDS DES COLIS.		PRIX du transport.	FRAIS ACCESSOIRES	
					d'enregistrement.	de chargement et de déchargement.
				fr. c.	fr. c.	fr. c.
MARCHANDISES DE 3ᵉ CLASSE, (*Voir la nomenclature qui précède.*) au-dessus de 1000 kilog., jusqu'à 3,000 kilog.	fractions de 100 kilog.	au-dess. de 1000 jusq.	1100 k. inclus.	3 91	» »	1 29
		1100	1200	4 22	» »	1 33
		1200	1300	4 53	» »	1 37
		1300	1400	4 84	» »	1 41
		1400	1500	5 15	» »	1 45
		1500	1600	5 46	» »	1 49
		1600	1700	5 77	» »	1 53
		1700	1800	6 08	» »	1 57
		1800	1900	6 39	» »	1 61
		1900	2000	6 70	» »	1 65
		2000	2100	7 01	» »	1 69
		2100	2200	7 32	» »	1 73
		2200	2300	7 63	» »	1 77
		2300	2400	7 94	» »	1 81
		2400	2500	8 25	» »	1 85
		2500	2600	8 56	» »	1 89
		2600	2700	8 87	» »	1 93
		2700	2800	9 18	» »	1 97
		2800	2900	9 49	» »	2 01
		2900	3000	9 80	» »	2 05
MARCHANDISES DE 3ᵉ CLASSE, (*Voir la nomenclature qui précède.*) au-dessus de 3000 kilog., jusqu'à 4,000 kilog.	fractions de 100 kilog.	au-dess. de 3000 jusq.	3100 k. inclus.	10 11	» »	2 09
		3100	3200	10 42	» »	2 13
		3200	3300	10 73	» »	2 17
		3300	3400	11 04	» »	2 21
		3400	3500	11 35	» »	2 25
		3500	3600	11 66	» »	2 29
		3600	3700	11 97	» »	2 33
		3700	3800	12 28	» »	2 37
		3800	3900	12 59	» »	2 41
		3900	4000	12 90	» »	2 45
MARCHANDISES DE 3ᵉ CLASSE, (*Voir la nomenclature qui précède.*) au-dessus de 4000 kilog.	pour chaque fraction de 100 kilog.	»	»	» 31	» »	» 04

TOME III.

38

NATURE des MARCHANDISES ET DES OBJETS à transporter.	Indication des fractions de poids sur lesquelles s'établissent les prix du transport et frais accessoires.	POIDS DES COLIS.		PRIX du transport.	FRAIS ACCESSOIRES	
					d'enregistrement.	de chargement et de déchargement.
				fr. c.	fr. c.	fr. c.
MARCHANDISES DE 2ᵉ CLASSE, Savoir : Blés, grains, farine, chaux et plâtre, minerais, coke, charbon de bois, bois à brûler (dit de corde), perches, chevrons, planches, madriers, bois de charpente, marbre en bloc, pierre de taille, bitume, fonte brute, fer en barre ou en feuille, plomb en saumon, au-dessus de 100 kilog., jusqu'à 1000 kilog.	fractions de 100 kilog.	au-dess. de 100 jusq.	200 k. inclus.	» 68	» 10	» 68
		200	300	1 02	» 10	» 77
		300	400	1 36	» 10	» 91
		400	500	1 72	» 10	1 05
		500	600	2 06	» »	1 09
		600	700	2 40	» »	1 13
		700	800	2 74	» »	1 17
		800	900	3 08	» »	1 21
		900	1000	3 42	» »	1 25
MARCHANDISES DE 2ᵉ CLASSE, (Voir la nomenclature ci-dessus.) au-dessus de 1000 kil.	pour chaque fract. de 100 kilog.	»	»	» 54	» »	» 04
MARCHANDISES DE 1ʳᵉ CLASSE, Savoir : Pierre à chaux et à plâtre, moellons, meulière, cailloux, sable, argile, tuiles, briques, ardoises, fumiers et engrais, pavés et matériaux de toute espèce pour la construction et la réparation des routes, au-dessus de 100 kilog., jusqu'à 1000 kilog.	fractions de 100 kilog.	au-dess. de 100 jusq.	200 k. inclus.	» 60	» 10	» 68
		200	300	» 90	» 10	» 77
		300	400	1 20	» 10	» 91
		400	500	1 50	» 10	1 05
		500	600	1 80	» »	1 09
		600	700	2 10	» »	1 13
		700	800	2 40	» »	1 17
		800	900	2 70	» »	1 21
		900	1000	3 »	» »	1 25
MARCHANDISES DE 1ʳᵉ CLASSE, (Voir la nomenclature ci-dessus. au-dessus de 1000 kil.	pour chaque fract. de 100 kilog.	»	»	» 50	» »	» 04

N° **1839.** — *Ordonnance concernant la visite générale des tonneaux de porteurs d'eau* (1).

Paris, le 15 avril 1843.

Nous, conseiller d'Etat, préfet de police,

Vu, 1° l'article 32 de l'arrêté du gouvernement du 12 messidor an VIII (1er juillet 1800) ; et l'article 1er de l'arrêté du 3 brumaire an IX (25 octobre 1800) ;

2° L'article 14 de l'ordonnance du 30 mars 1837, concernant la police des fontaines et bornes-fontaines, et des porteurs d'eau ,

Ordonnons ce qui suit :

1. Il sera procédé à une visite générale des tonneaux des porteurs d'eau qui exercent leur état dans la ville de Paris.

Cette visite commencera le jeudi 4 mai prochain.

Elle aura lieu trois fois la semaine, et par arrondissement, les mardis, jeudis et samedis, sur le quai Napoléon, quartier de la Cité, à compter de onze heures du matin.

La visite des tonneaux des porteurs d'eau domiciliés dans le 1er arrondissement s'effectuera le jeudi 4 mai prochain et le samedi 6 du même mois ;

La visite des tonneaux du 2e arrondissement, les mardi 9 et jeudi 11 mai ;

La visite des tonneaux du 3e arrondissement, les samedi 13 et mardi 16 mai ;

La visite des tonneaux du 4e arrondissement, les jeudi 18 et samedi 20 mai ;

La visite des tonneaux du 5e arrondissement, les mardi 23 et samedi 27 mai ;

La visite des tonneaux du 6e arrondissement, les mardi 30 mai et jeudi 1er juin ;

La visite des tonneaux du 7e arrondissement, les samedi 3 et mardi 6 juin ;

La visite des tonneaux du 8e arrondissement, les jeudi 8 et samedi 10 juin ;

La visite des tonneaux du 9e arrondissement, le mardi 13 juin ;

La visite des tonneaux du 10e arrondissement, les jeudi 15 et samedi 17 juin ;

La visite des tonneaux du 11e arrondissement, les mardi 20 et jeudi 22 juin ;

La visite des tonneaux du 12e arrondissement, les samedi 24 et mardi 27 juin ;

Enfin, la visite des tonneaux des porteurs d'eau domiciliés dans la banlieue, et qui exercent leur état dans Paris, aura lieu le jeudi 29 juin.

2. Les porteurs d'eau ne seront admis à la visite qu'à tour de rôle et qu'autant qu'ils seront munis d'un bulletin de convocation délivré, à l'avance, par les receveurs des fontaines marchandes.

3. Les visites seront faites par l'inspecteur-contrôleur de la fourrière, l'officier de paix de l'attribution des voitures et l'officier de paix de l'arrondissement dont les tonneaux seront visités, l'un des deux experts des voitures publiques et le peintre de la préfecture.

4. Dans cette visite, les chefs de service devront principalement vérifier l'exactitude des déclarations de domicile, ainsi que des lieux de remisage, l'indication du numéro et le jaugeage des tonneaux.

En conséquence, chaque porteur d'eau sera tenu d'exhiber sa carte

_____

(1) V. l'ord. du 20 avril 1844.

de roulage, visée par le commissaire de police de son quartier, s'il est domicilié dans Paris, ou par le maire de sa commune, s'il est domicilié dans l'une des communes de la banlieue.

Il sera vérifié si le domicile et le lieu de remisage indiqués sur la carte de roulage sont les mêmes que ceux inscrits sur le tonneau.

5. Il sera dressé, à chaque visite, un procès-verbal spécial qui contiendra les noms et domiciles des porteurs d'eau qui ne se seront pas conformés à toutes les dispositions de l'ordonnance précitée du 30 mars 1837 ; les noms et domiciles de ceux qui auront été reconnus en règle, et toutes autres observations qui seront jugées nécessaires.

Les numéros des tonneaux des porteurs d'eau qui ne seront point en règle seront immédiatement effacés, et ne pourront être rétablis que lorsque les propriétaires de ces tonneaux auront justifié de l'accomplissement de toutes les formalités omises.

6. L'expert des voitures publiques mesurera la longueur des brancards des tonneaux présentés à la visite.

Les numéros des tonneaux dont les brancards dépasseront la saillie fixée par les règlements seront immédiatement effacés, et ne pourront être rétablis que lorsque les brancards auront été réduits à la saillie déterminée par l'ordonnance de police du 30 mars 1837.

7. Chaque tonneau présenté à la visite dont il s'agit sera revêtu, conformément aux dispositions de l'article 6 de notre arrêté du 2 septembre 1840, d'une estampille (P. 8.) de couleur noire qui devra avoir 4 centimètres de hauteur et 8 millimètres de plein.

Elle sera peinte sur le côté droit du fond de chaque tonneau, en regard et au point de jonction des deux inscriptions indicatives de la remise et du domicile du porteur d'eau.

8. Lorsque la visite sera complètement terminée, tout porteur d'eau dont le tonneau ne portera pas le numéro de la visite et de l'estampille sera poursuivi conformément aux règlements.

Tout tonneau neuf qui, après la visite, sera présenté à l'expertise et au numérotage sera marqué du numéro de la visite.

9. La présente ordonnance sera imprimée et affichée.

Les commissaires de police, le chef de la police municipale, l'inspecteur-contrôleur de la fourrière, et les autres préposés de la préfecture de police, sont chargés, chacun en ce qui le concerne, de tenir la main à son exécution.

Le conseiller d'Etat, préfet de police, G. DELESSERT.

N° **1840.** — *Ordonnance qui défend l'entrée et la sortie par la barrière de l'Etoile, des diligences et des voitures de roulage, ainsi que leur circulation dans les avenues des Champs-Elysées.*

Paris, le 18 avril 1843.

Nous conseiller d'Etat, préfet de police,

Vu, 1° la loi des 16-24 août 1790 ;

2° L'arrêté du gouvernement du 12 messidor an VIII (1er juillet 1800) ;

3° L'ordonnance de police, en date du 26 février 1830, qui défend l'entrée et la sortie par la barrière de l'Etoile aux voitures dites diligences et messageries ;

4° La décision du 29 janvier 1835, qui a étendu cette défense aux voitures de roulage et autres non suspendues ;

Considérant qu'en renouvelant les défenses portées dans l'ordonnance de police du 26 février 1830 et dans la décision du 29 janvier

1835, il importe aussi, pour prévenir les accidents, d'interdire la circulation des voitures précitées, dans les avenues des Champs-Elysées, qui sont fréquentées par un grand nombre de piétons, de cavaliers et de voitures bourgeoises,

Ordonnons ce qui suit :

1. L'entrée et la sortie par la barrière de l'Etoile, ainsi que la circulation dans l'allée des Veuves, dans la grande avenue des Champs-Elysées et dans les avenues de Marigny, de Matignon et d'Antin, sont expressément interdites à toutes voitures publiques, dites diligences et messageries, et aux voitures de roulage et de transport non suspendues ;

2. Sont exceptées des dispositions qui précèdent, les voitures publiques connues sous la dénomination de *voitures des environs de Paris.*

Les conducteurs des voitures de roulage ou de transport, non suspendues, pourront aussi faire circuler ces voitures dans l'allée des Veuves, dans la grande avenue des Champs-Elysées, dans les avenues de Marigny, de Matignon et d'Antin, lorsqu'ils iront prendre ou déposer leurs chargements dans les maisons situées sur les points dont il s'agit.

3. L'ordonnance précitée du 26 février 1830 est rapportée.

4. Les contraventions à la présente ordonnance seront constatées par des procès-verbaux ou rapports qui nous seront transmis pour être déférés aux tribunaux compétents.

5. La présente ordonnance sera imprimée et affichée.

Les commissaires de police et spécialement ceux des Champs-Elysées et de Chaillot, le chef de la police municipale, les officiers de paix, le contrôleur de la fourrière et les autres préposés de la préfecture de police, sont chargés, chacun en ce qui le concerne, d'en surveiller et assurer l'exécution.

Elle sera adressée : 1° à M. le directeur de l'octroi pour concourir à son exécution ; 2° à M. le colonel de la garde municipale et à M. le colonel commandant la 1re légion de gendarmerie, qui sont chargés de tenir la main à son exécution, par tous les moyens mis à leur disposition.

Le conseiller d'Etat, préfet de police, G. DELESSERT.

N° **1841.** — *Ordonnance concernant les voitures bourgeoises.*

Paris, le 20 avril 1843.

Nous, conseiller d'Etat, préfet de police,

Vu les lois des 14 décembre 1789 (article 50) et 16-24 août 1790 ;

Les articles 2, 22 et 32 de l'arrêté du gouvernement du 12 messidor an VIII (1er juillet 1800), et l'article 1er de l'arrêté du 3 brumaire an IX (25 octobre 1800) ;

Les articles 471, 474, 475, 476, 478 et 482 du Code pénal ;

Les divers règlements relatifs aux voitures bourgeoises, et notamment l'ordonnance de police du 21 mars 1831, concernant les cabriolets bourgeois ;

Considérant que, depuis la publication de la dernière ordonnance de police du 21 mars 1831, concernant les cabriolets bourgeois, beaucoup de ces voitures ont été vendues et ont cessé de circuler, ou que leurs propriétaires ont changé de domicile, sans que la déclaration prescrite par ladite ordonnance ait été faite ;

Qu'il résulte de cette inexécution des règlements que des délits ou contraventions, commis sur la voie publique, demeurent impunis, par l'impossibilité d'en découvrir les auteurs, lorsque la voiture n'a pas été arrêtée en flagrant délit ;

Que, dans l'intérêt de la sûreté publique et des personnes qui sont victimes d'accidents, il importe de mettre un terme à cet état de choses;

Considérant, en outre, qu'il est convenable de réunir dans un seul règlement tous les dispositions d'ordre et de sûreté publique, auxquelles les propriétaires et conducteurs de voitures bourgeoises doivent être soumis, en apportant aux mesures qui ont été prescrites jusqu'à ce jour, les modifications et améliorations dont l'expérience a fait reconnaître la nécessité ,

Ordonnons ce qui suit :

TITRE Ier.
Des propriétaires de voitures bourgeoises.

1. Toute personne domiciliée dans le ressort de la préfecture de police (1), et qui voudra faire circuler, dans Paris, des cabriolets bourgeois à deux roues, tilburys, bogheis, etc., sera tenu d'en faire préalablement la déclaration à la préfecture de police.

Pour les cabriolets, tilburys, bogheis, etc., actuellement en circulation, la déclaration ci-dessus prescrite devra être renouvelée dans le délai de deux mois, à compter du jour de la publication de la présente ordonnance.

2. Il sera délivré, à chaque propriétaire de cabriolet à deux roues, tilbury, boghei, etc., un extrait de la déclaration prescrite par l'article précédent.

Il sera remboursé, par les propriétaires de ces voitures, pour le timbre de chaque extrait, la somme de 35 centimes.

3. En cas de changement de domicile, de vente ou de cessation de roulage, les propriétaires de cabriolets bourgeois à deux roues, tilburys, bogheis, etc., seront tenus d'en faire préalablement la déclaration à la préfecture de police.

En cas de vente, cette déclaration devra indiquer le nom et le domicile de l'acquéreur, qui n'en sera pas moins tenu à la déclaration prescrite par l'article 1er de la présente ordonnance.

4. Toute personne non domiciliée dans le ressort de la préfecture de police et qui fera circuler dans Paris un cabriolet bourgeois à deux roues, tilbury, boghei, etc., devra justifier de son domicile à toute réquisition des agents de l'autorité.

5. Il est défendu aux propriétaires des voitures bourgeoises, de quelque espèce qu'elles soient, de les employer à aucun service public, sans avoir rempli préalablement les formalités prescrites par les règlements.

6. Il est défendu aux propriétaires de voitures bourgeoises d'employer des chevaux atteints de maladies contagieuses, ou présentant des symptômes de ces maladies.

7. Les propriétaires de voitures bourgeoises sont civilement responsables des faits des cochers qu'ils emploient.

TITRE II.
Des conducteurs et cochers de voitures bourgeoises.

8. Aucune voiture bourgeoise, de quelque espèce qu'elle soit, ne

---

(1) Le ressort de la préfecture de police comprend le département de la Seine et les communes de Saint-Cloud, Sèvres et Meudon du département de Seine-et-Oise.

pourra être conduite par des enfants âgés de moins de seize ans, ni par des femmes.

9. Il est défendu aux conducteurs et cochers de voitures bourgeoises de lutter de vitesse entre eux, et de faire galoper leurs chevaux dans quelque circonstance que ce soit.

Les voitures devront être conduites au petit trot dans les rues de Paris, et au pas dans les marchés et les rues étroites, où deux voitures seulement peuvent passer de front : ces voitures devront aussi être conduites au pas, au passage des barrières, à la descente des ponts, aux carrefours, aux détours des rues, sous les guichets et généralement sur tous les points de la voie publique où il existera soit une pente rapide, soit des obstacles à la circulation, soit une consigne prescrivant le ralentissement de la marche.

10. Les conducteurs de voitures bourgeoises sont tenus, à l'approche de toutes voitures, de se détourner ou de se ranger à droite, et de laisser libre, au moins, la moitié des rues et autres parties de la voie publique.

11. Il est défendu aux conducteurs et cochers de voitures bourgeoises de faire passer les roues de ces voitures sur les trottoirs.

Ils doivent, tout en tenant leur droite, s'abstenir, autant que possible, de faire passer les roues de leurs voitures dans les ruisseaux et contre les murs, les bornes ou les trottoirs.

12. Il est enjoint à tout cocher, dont la voiture stationnera sur une partie de la voie publique dépourvue de trottoir, de laisser, entre sa voiture et les maisons riveraines, un passage libre pour la circulation.

En toute circonstance, il devra placer sa voiture de manière à gêner le moins possible la circulation.

13. Les cochers ou conducteurs de voitures bourgeoises à deux chevaux, ne devront pas quitter leur siége, tant que ces voitures seront sur la voie publique, soit en circulation, soit arrêtées.

Ils devront tenir constamment les rênes de leurs chevaux, de manière à être toujours en état de les guider et conduire.

Les voitures à un cheval, quelle que soit leur forme, devront toujours être gardées, lorsqu'elles seront arrêtées sur la voie publique.

La garde de ces voitures ne pourra être confiée à des enfants âgés de moins de seize ans, ni à des femmes.

14. Il est défendu à tout conducteur de voitures bourgeoises de traverser les halles du centre, avant dix heures du matin.

15. Il est défendu aux conducteurs de voitures bourgeoises de faire parcourir à leurs voitures les contre-allées des boulevards intérieurs et extérieurs, et généralement les parties des promenades publiques non closes qui sont réservées aux piétons.

16. Les conducteurs de voitures bourgeoises ne pourront faire traverser à leurs voitures les contre-allées, pour entrer dans les propriétés riveraines que lorsque le sol de la traverse aura été disposé à cet effet, conformément aux permissions dont les propriétaires auront dû se pourvoir auprès de l'autorité compétente.

Il est défendu de faire stationner, sous aucun prétexte, les voitures dont il s'agit dans les contre-allées.

17. Les cochers de voitures bourgeoises ne pourront faire arriver leurs voitures aux théâtres, spectacles, bals, concerts et autres lieux de réunion et de divertissements publics, que par les rues désignées dans les consignes.

Il leur est fait expresse défense d'interrompre ou de couper la file des voitures, à la sortie des établissements et lieux de réunion ci-dessus désignés.

18. Il est défendu aux cochers de voitures bourgeoises de quitter, sous quelque prétexte que ce soit, les rênes de leurs chevaux, pendant que les personnes qu'ils auront conduites aux théâtres et autres lieux de réunion et de divertissements publics, désignés en l'article précédent, descendront de leurs voitures ou y monteront.

Ils ne pourront faire marcher leurs voitures qu'au pas et sur une seule file, jusqu'à ce qu'elles soient sorties des rues environnant ces établissements.

19. Il est expressément défendu aux cochers de voitures bourgeoises d'offrir, par paroles ou par gestes, leurs voitures au public, pour marcher à l'heure ou à la course ; de raccoler les passants ; de parcourir la voie publique au pas, ou de faire exécuter à leurs voitures, sur la même ligne, un va-et-vient continuel, dans le but de faire comprendre qu'ils sont à la disposition du public ; tous actes constituant la maraude qui leur est formellement interdite.

20. Il est interdit aux conducteurs de voitures bourgeoises d'agiter leur fouet *sans nécessité* et de manière à atteindre les passants ; il leur est aussi interdit de le faire claquer.

Il leur est également fait expresse défense de frapper leurs chevaux avec le manche de leur fouet, ou de les maltraiter de quelque manière que ce soit.

21. En cas d'accidents causés sur la voie publique par une voiture bourgeoise, le cocher sera immédiatement conduit devant un commissaire de police, qui l'interrogera et dressera procès-verbal.

TITRE III.

Des voitures bourgeoises.

22. Les cabriolets bourgeois à deux roues, les tilburys, bogheis, etc., sont assujettis à un numérotage.

Le numéro affecté à chaque voiture sera délivré à la préfecture de police, par suite de la déclaration prescrite par l'article 1er.

23. Les cabriolets bourgeois à deux roues, les tilburys, bogheis, etc., appartenant à la même personne, porteront un numéro différent.

Le numéro qui sera affecté à chacune de ces voitures devra être peint sur le panneau de derrière et sur les deux panneaux de côté, et non ailleurs, en chiffres arabes rouges, de quatre centimètres de hauteur, sur quatre millimètres de plein, au moins.

24. Toutes les voitures bourgeoises, de quelque espèce qu'elles soient, devront être pourvues de deux lanternes, qui seront garnies de réflecteurs et de glaces bien transparentes.

Ces lanternes, qui seront adaptées à chaque côté de la caisse, devront être allumées dès la chute du jour.

TITRE IV.

Dispositions générales.

25. Il est fait expresse défense à tous individus, autres que les domestiques des propriétaires de voitures bourgeoises, de monter derrière ces voitures.

Il est défendu de se suspendre aux voitures bourgeoises ou de s'y tenir extérieurement de quelque manière que ce soit.

26. Il est expressément défendu de faire stationner sur la voie publique aucune voiture bourgeoise non attelée.

27. Les contraventions à la présente ordonnance seront constatées par des procès-verbaux ou rapports qui nous seront transmis par les fonctionnaires préposés ou agents qui les auront dressés.

28. L'ordonnance de police du 21 mars 1831, et toutes les dispositions des règlements antérieurs, concernant les voitures bourgeoises, sont rapportées.

29. La présente ordonnance sera imprimée et affichée.

Les commissaires de police, le chef de la police municipale, les officiers de paix, l'inspecteur-contrôleur de la fourrière et les autres préposés de la préfecture de police, sont chargés, chacun en ce qui le concerne, d'en assurer l'exécution.

Elle sera adressée à MM. les sous-préfets de Saint-Denis et de Sceaux, pour qu'ils la fassent publier dans les communes de leurs arrondissements respectifs et à MM. les maires de Saint-Cloud, Sèvres et Meudon, afin qu'ils la fassent aussi publier dans ces communes.

Elle sera adressée, en outre, à M. le colonel commandant la garde municipale et à M. le colonel commandant la 1re légion de gendarmerie, qui sont chargés de tenir la main à son exécution, par tous les moyens mis à leur diposition.

Le conseiller d'Etat, préfet de police, G. DELESSERT.

N° **1842.** — *Ordonnance concernant les mesures d'ordre à observer dans Paris, le 1er mai, fête du roi* (1).

Paris, le 28 avril 1843.

Nous, conseiller d'Etat, préfet de police,

Vu le programme approuvé par le ministre de l'intérieur, à l'occasion des divertissements publics qui auront lieu dans Paris, le 1er mai 1843, pour célébrer la fête du roi ;

Vu la loi des 16-24 août 1790 et l'arrêté du gouvernement du 12 messidor an VIII (1er juillet 1800), qui nous chargent de maintenir le bon ordre dans les fêtes publiques, et de prendre les précautions convenables pour la sûreté des personnes et pour prévenir les accidents,

Ordonnons ce qui suit :

Divertissements dans les Champs-Élysées, et feu d'artifice sur le pont de la Concorde et sur le quai d'Orsai.

1. Dans toute la journée du 1er mai, l'accès du pont de la Concorde, et la partie du quai d'Orsai située entre le pont-Royal et la rue d'Austerlitz, seront entièrement interdits au public, à cause des préparatifs du feu d'artifice qui sera tiré sur ces emplacements ; et personne autre que les artificiers et leurs ouvriers n'y pourra circuler, ni stationner.

2. Sont exceptées de l'interdiction établie par l'article précédent, les personnes se rendant aux hôtels et au quartier de cavalerie situés sur le quai d'Orsai.

3. Afin d'assurer l'exécution de l'interdiction prononcée par l'article 1er, des barrages seront établis dans la journée du 1er mai :

1° Au quai d'Orsai, au droit de la descente de l'escalier des bains Vigier;

2° Aux rues de Poitiers et de Belle-Chasse, à leurs issues dans la rue de Lille;

3° A la rue de Bourgogne, à l'angle de la rue de Lille;

4° Au quai d'Orsai, au droit de la rue de Bourgogne;

5° A l'entrée du pont de la Concorde, côté du quai d'Orsai;

6° Au quai d'Orsai, au droit de la rue d'Austerlitz;

(1) V. l'ord. du 27 avril 1844.

7° Et à l'entrée du pont de la Concorde, côté du quai des Tuileries.

4. Dans la même journée du 1er mai, à partir de six heures du matin, toutes les descentes conduisant à la rivière, entre le Pont-Royal et le pont des Invalides, seront barrées, et le public ne pourra circuler ni stationner sur les berges comprises entre les ponts du Carrousel et des Invalides.

5. La navigation sera interdite, le 1er mai, entre le pont du Carrousel et le pont des Invalides, et des barrages seront établis à chacun de ces ponts.

6. Le passage et le stationnement en batelets sur la rivière seront interdits, dans la journée du 1er mai, entre le pont du Carrousel et celui des Invalides.

Sont exceptés de cette prohibition, les batelets des inspecteurs de la navigation.

7. Les marchandises déchargées sur le port d'Orsai et sur la berge du Recueillage devront être enlevées de manière qu'il n'existe plus aucun dépôt le 30 avril au soir.

8. Les bateaux chargés et les bateaux vides seront remontés en amont du pont du Carrousel, ou descendus en aval du pont des Invalides.

9. Nul ne pourra monter sur les bateaux, à l'exception des mariniers desservant les embarcations.

10. L'inspecteur général de la navigation et des ports prendra les mesures convenables pour faire évacuer et préserver du danger du feu, les établissements, embarcations, bateaux chargés et vides, batelets et trains existant sur les bassins voisins du feu d'artifice.

11. Le 1er mai, à partir de huit heures du soir et jusqu'après le feu d'artifice qui sera tiré sur le quai d'Orsai et sur le pont de la Concorde, aucune personne, sans exception, ne pourra passer ni stationner sur les ponts des Arts, du Carrousel et sur le pont des Invalides.

Dispositions relatives à la circulation des voitures dans la journée du 1er mai.

12. Le 1er mai, à partir de deux heures après midi jusqu'à onze heures du soir, la circulation et le stationnement des voitures seront interdits :

Dans la grande avenue des Champs-Elysées, depuis la place de la Concorde jusqu'au Rond-Point et dans les allées Gabrielle, Marigny et du Cours-la-Reine.

13. Toutes les voitures qui, dans la même journée du 1er mai, se dirigeront sur Neuilly, Chaillot ou Passy, ou qui reviendront de ces points, devront, à partir de deux heures après midi jusqu'à onze heures du soir, passer par la rue Montaigne, le Rond-Point des Champs-Elysées, l'allée des Veuves et l'avenue de Neuilly, montant à la barrière de l'Etoile et à la grande rue de Chaillot.

14. Le 1er mai, à partir de cinq heures du soir jusqu'à onze heures, les voitures qui entreront dans Paris par la barrière de Passy ne pourront se diriger sur la rive gauche que par le pont d'Iéna et l'avenue de la Bourdonnaie, et sur la rive droite, que par le quai de Billy, l'allée des Veuves, le Rond-Point des Champs-Elysées, la rue Montaigne, la rue du Faubourg-du-Roule, la place Beauveau et la rue des Saussayes.

15. La circulation et le stationnement des voitures seront pareillement interdits le 1er mai, à partir de cinq heures du soir jusqu'à onze heures de la nuit, sur les points ci-après :

1° Sur les quais de la rive droite de la Seine, depuis le Pont-Neuf jusqu'au quai de Billy ;

2º Sur les quais de la rive gauche, depuis la rue des Saints-Pères jusqu'au Pont-Royal ;

3º Sur les ponts du Carrousel, de la Concorde, Royal, la place de la Concorde ; dans les rues Matignon, du Faubourg-Saint-Honoré, depuis la place Beauveau jusqu'à la rue Royale-Saint-Honoré, des Champs-Elysées, Royale-Saint-Honoré, Saint-Florentin, de Rivoli, Mondovi, Neuve-de-Luxembourg, Castiglione, d'Alger, du Vingt-Neuf-Juillet, du Dauphin, des Pyramides, de l'Echelle, Saint-Louis, Saint-Nicaise, de Rohan, dans les rues Montpensier, de Valois, Quinze-Vingts-Batave, de Chartres, Saint-Thomas-du-Louvre, et dans la rue Saint-Honoré, depuis la place du Palais-Royal inclusivement jusqu'à la rue des Champs-Elysées.

16. Les voitures des personnes qui se rendraient, dans la soirée du 1er mai, après cinq heures du soir, de la rive gauche dans les quartiers du centre de la rive droite, devront passer, soit par le Pont-Neuf ou les ponts en amont, soit par le pont des Invalides et l'allée d'Antin, mais seulement jusqu'à huit heures du soir sur ce dernier pont.

Les voitures des personnes qui se rendraient au palais des Tuileries, dans la même soirée, ne pourront y arriver que par la rue Saint-Honoré, la place du Palais-Royal, la rue de Chartres et la place du Carrousel.

17. Les voitures des personnes qui, de la rive droite de la Seine, se rendront, dans la soirée du 1er mai, au palais des Tuileries, ne pourront y arriver que par les rues de Richelieu, Saint-Honoré, de Rohan, la place du Palais-Royal, la rue de Chartres, la place du Carrousel, et la grille du Carrousel, à droite de l'Arc-de-Triomphe.

18. Toutes les voitures qui seront entrées dans la cour des Tuileries, le 1er mai, après six heures du soir, ne pourront en sortir que par la grille, côté de la galerie du Musée, pour traverser la place du Carrousel dans la direction de la rue de Chartres.

19. Sont exceptées des prohibitions établies par les articles précédents, les voitures de la cour, des ministres, des maréchaux de France, de l'intendant général de la liste civile, de M. le lieutenant général commandant supérieur des palais royaux, du corps diplomatique, du chancelier de France, du grand référendaire de la chambre des pairs, du président de la chambre des députés, du préfet de la Seine, du lieutenant général commandant la 1re division militaire et de M. le maréchal de camp commandant la place de Paris.

Toutefois, *lesdites voitures* ne pourront, dans la journée du 1er mai, après cinq heures du soir, passer d'une rive à l'autre de la Seine, qu'en traversant le pont du Carrousel ou les ponts en amont.

Divertissements et feu d'artifice à la barrière du Trône.

20. Le 1er mai, la circulation et le stationnement des voitures seront interdits depuis deux heures après midi jusqu'à onze heures du soir :

1º Sur la place de la barrière du Trône ;

2º Sur les avenues qui conduisent à cette place ;

3º Et dans la rue du Faubourg-Saint-Antoine, en descendant jusqu'au débouché de la rue de Montreuil exclusivement.

21. Pendant cette journée, les voitures qui arriveront à Paris par la route de Vincennes seront dirigées par les barrières de Montreuil et de Saint-Mandé.

Dispositions générales.

22. Défense expresse est faite aux étalagistes, marchands forains, limonadiers, marchands de vins et de comestibles, teneurs de bals et saltimbanques, de stationner, le 1er mai, dans les Champs-Elysées, sans en avoir obtenu de nous la permission par écrit, laquelle désignera l'emplacement qu'ils occuperont.

23. Il est expressément interdit, sous les peines portées par la loi du 21 mai 1836, aux marchands forains et étalagistes qui stationneront aux Champs-Elysées et à la barrière du Trône, de tenir des loteries ou jeux de hasard, pour débiter ou vendre leurs marchandises.

24. L'entrepreneur du feu d'artifice qui sera tiré le 1er mai à la barrière du Trône, établira, au pourtour du feu, tant à l'intérieur qu'à l'extérieur de Paris, deux fortes barrières en charpente; à la distance de 150 mètres du feu, pour maintenir le public à l'éloignement nécessaire à sa sûreté, et il se conformera, en outre, aux prescriptions de notre ordonnance du 30 juin 1842, relative aux artificiers, ou à toutes autres prescriptions qui pourront lui être faites dans l'intérêt de la sûreté publique.

25. Des postes médicaux, pourvus de brancards et de boîtes de secours, seront établis, le 1er mai, sur les points ci-après, savoir :

Aux Champs-Elysées, grand carré des Jeux, au quai d'Orsai, devant l'hôtel de la Légion-d'Honneur, et à la barrière du Trône.

26. Un poste de sapeurs-pompiers, avec les pompes et les agrès nécessaires, sera établi auprès de chaque feu d'artifice, et des sapeurs-pompiers seront placés, pendant le feu qui sera tiré au quai d'Orsai, sur les combles du palais de la chambre des députés et du palais du quai d'Orsai.

27. Il est expressément défendu de tirer sur la voie publique, et dans l'intérieur des habitations, des pièces d'artifice et armes à feu.

28. Aucun étalagiste ou saltimbanque ne pourra, dans la journée du 1er mai, stationner aux entrées du jardin des Tuileries, sur le Pont-Royal, le quai des Tuileries, le quai Voltaire, le quai d'Orsai, la place de la Concorde, et dans la rue Royale-Saint-Honoré.

29. Dans la journée du 1er mai, aucuns échafaudages, estrades, chaises, échelles, tonneaux, tables, bancs, charrettes, tréteaux et planches ne pourront, sous aucun prétexte, être placés sur la voie publique, et notamment aux abords des jeux et divertissements publics et des feux d'artifice, savoir :

Aux Champs-Elysées, carré des Jeux, dans la grande avenue des Champs-Elysées, sur la place de la Concorde, le Pont-Royal, le quai des Tuileries, le quai du Louvre, le quai Voltaire, le quai d'Orsai, le quai de la Conférence, et sur la place de la barrière du Trône.

Les commissaires de police et les agents de la force publique feront enlever sur-le-champ, et conduire à la fourrière, les objets de cette nature, placés en contravention à la présente défense.

30. Défense expresse est faite de monter, dans la journée du 1er mai, sur les arbres, sur les parapets des quais, des pont et des berges, d'escalader la terrasse du jardin des Tuileries, dite *du bord de l'eau*, de monter sur les candélabres servant à l'éclairage du quai des Tuileries, de la place de la Concorde, de la grande avenue des Champs-Elysées et sur les statues et les bassins de la place de la Concorde, sur les balustrades des fossés de ladite place, ainsi que sur les toits, entablements, auvents des maisons ; enfin, sur les échafaudages au-devant des maisons en construction.

31. Dans la journée du 1er mai, la Bourse et les ports seront fermés.

32. Les contraventions à la présente ordonnance seront constatées par des procès-verbaux ou rapports des officiers de police, et déférées aux tribunaux compétents.

33. La présente ordonnance sera imprimée, publiée et affichée dans Paris et dans les communes de Passy, Neuilly, Saint-Mandé, Montreuil et Vincennes.

Les maires et les commissaires de police desdites communes, le chef de la police municipale à Paris, les commissaires de police et les officiers de paix de la ville de Paris, l'architecte-commissaire de la petite voirie, l'inspecteur général de la navigation et des ports, le directeur de la salubrité et les préposés de la préfecture de police, sont chargés, chacun en ce qui le concerne, de tenir la main à son exécution.

MM. les colonels de la garde municipale de la ville de Paris et de la 1ʳᵉ légion de gendarmerie départementale, ainsi que M. le chef d'escadron de la gendarmerie de la Seine, sont appelés pareillement à concourir à son exécution et à prêter main-forte, au besoin, aux agents de police agissant pour l'exécution de la présente ordonnance.

Le conseiller d'Etat, préfet de police, G. DELESSERT.

— ◈ —

Nº **1843.** — *Ordonnance concernant la police de l'exploitation du chemin de fer de Paris à Orléans* (1).

Paris, le 29 avril 1843.

Nous, conseiller d'Etat, préfet de police,

Vu : 1° La loi du 7 juillet 1838 qui autorise l'établissement d'un chemin de fer de Paris à Orléans, et la loi du 15 juillet 1840, relative audit chemin, ensemble le cahier des charges annexé à cette dernière loi ;

2° La lettre de M. le sous-secrétaire d'État des travaux publics, en date du 27 courant, ensemble le règlement approuvé le 25 de ce mois par M. le ministre des travaux publics, pour la police de l'exploitation du chemin de fer de Paris à Orléans ;

3° La loi des 16—24 août 1790 ;

4° Les arrêtés du gouvernement des 12 messidor an VIII et 3 brumaire an IX (1er juillet et 25 octobre 1800);

5° L'article 471, § 15 du Code pénal ;

Considérant qu'il y a lieu de rendre exécutoires, dans le ressort de la préfecture de police, les dispositions du règlement approuvé par M. le ministre des travaux publics pour la police de l'exploitation du chemin de fer de Paris à Orléans, qui doit être prochainement livré à la circulation,

Ordonnons ce qui suit :

§ 1er. — Mesures relatives à la composition, au départ et à l'arrivée des trains.

1. Il est défendu à toute personne étrangère au service du chemin de fer de Paris à Orléans et de son embranchement sur Corbeil,

1° De s'introduire sur la voie, d'y circuler ou stationner ;

2° D'y jeter et déposer, même momentanément, aucuns matériaux ni objets quelconques ;

3° D'y introduire, faire circuler ou stationner aucunes voitures, wagons ou machines étrangers au service.

2. Sont exceptés de la défense portée au premier paragraphe de l'article 1er, les maires et adjoints, les commissaires de police, les officiers de gendarmerie, les gardes champêtres et forestiers, les gendarmes et

(1) V. le tarif ci-après, ainsi que les ord. des 20 juillet, 4 septembre et 22 nov. 1844.

autres agents de la force publique dans l'exercice de leurs fonctions et revêtus de leurs uniformes et de leurs insignes.

Toutefois, sauf le cas de flagrant délit, les gardes champêtres et forestiers et les gendarmes ne pourront être admis dans l'enceinte du chemin de fer que sur la représentation d'un ordre émanant de l'autorité compétente et énonçant le motif de la visite à faire.

Dans tous les cas, les fonctionnaires et agents désignés au premier paragraphe ci-dessus du présent article, seront tenus de se soumettre aux mesures spéciales de précaution qui auront été déterminées par l'administration, la compagnie préalablement entendue.

3. La voie de gauche, en partant de Paris, sera affectée spécialement aux trains partant de Paris; la voie de droite sera affectée aux trains en retour sur Paris.

Dans aucune circonstance et sous aucun prétexte, on ne pourra changer la destination de chacune des deux voies, sauf cependant, dans le cas de réparation d'une partie de l'une des voies.

A cinq cents mètres au moins avant d'arriver au point de croisement des deux lignes d'Orléans et de Corbeil, les machinistes devront toujours ralentir leur vitesse, de telle manière que le convoi puisse être complétement arrêté avant d'atteindre ce croisement, si les circonstances l'exigeaient.

4. Dans chaque sens, les trains ne pourront partir des stations de Paris, de Corbeil, d'Etampes et d'Orléans, qu'à quinze minutes au moins d'intervalle les uns des autres, et des autres stations, qu'à dix minutes au moins d'intervalle.

Toutefois, lorsqu'un train de voyageurs devra être suivi d'un train de marchandises, ce dernier pourra partir cinq minutes après le premier.

Les départs auront lieu exactement aux heures indiquées, conformément à l'article 6.

5. Sauf le cas de force majeure, aucun stationnement de voitures ou wagons, soit vides, soit chargés, ne pourra avoir lieu sur les voies du chemin de fer affectées à la circulation des trains.

Les trains ne pourront s'arrêter qu'aux gares ou lieux de stationnement spécialement indiqués pour le service des voyageurs ou des marchandises.

6. La compagnie devra faire connaître au public, par des affiches ou des avis imprimés dont elle donnera communication immédiate au préfet de police pour le département de la Seine, et aux préfets des autres départements traversés par le chemin de fer, les lieux de stationnement et les heures de départ et d'arrivée.

7. Aux points extrêmes de Paris, de Corbeil et d'Orléans, les lieux d'embarquement et ceux de débarquement seront séparés de telle sorte que l'entrée et la sortie des voyageurs se fassent habituellement par des issues différentes.

Les mêmes dispositions seront appliquées, autant que possible, aux stations intermédiaires.

8. Les trains ne se mettront en marche qu'après que le signal du départ aura été donné au moyen d'un coup de cloche à la main.

Les cantonniers et gardiens de barrière seront porteurs de deux drapeaux, l'un blanc et l'autre rouge, afin d'indiquer au conducteur du train l'état de la voie. Dès que le signal de départ sera donné, le cantonnier ou gardien de barrière le plus rapproché de la station arborera l'un de ses drapeaux; le drapeau blanc lorsqu'il aura reconnu que la voie est en parfait état de service, et le drapeau rouge lorsque la voie sera en réparation ou présentera quelques obstacles à une circulation à grande vitesse.

Si la voie est tout à fait hors d'état de donner passage au train, il inclinera son drapeau rouge vers le sol en l'agitant de haut en bas.

La nuit, le drapeau blanc sera remplacé par une lanterne verte, et le drapeau rouge par une lanterne rouge.

Chaque cantonnier ou gardien de barrière fera, à son tour, des signaux analogues, dès qu'il aura connaissance de l'approche du train, ou au moins dès qu'il aura aperçu le signal du cantonnier ou garde qui le précède.

Chaque cantonnier sera, en outre, pourvu d'un cornet dont il se servira pour annoncer l'approche des trains.

9. Pendant la nuit, les trains devront porter à l'avant deux fanaux, et à l'arrière, trois fanaux au moins, de sorte que l'on puisse toujours reconnaître dans quel sens marche le train.

Les voitures fermées destinées aux voyageurs devront être éclairées intérieurement.

10. Le matériel d'exploitation, machines, locomotives, voitures, wagons, sera toujours maintenu dans le meilleur état d'entretien possible.

Les machines locomotives ne pourront être employées sur le chemin de fer qu'autant qu'elles seront conformes aux règlements en vigueur, et après avoir été soumises à toutes les épreuves prescrites par l'ordonnance royale du 22 juillet 1839 ; elles seront d'ailleurs visitées le plus souvent possible par l'ingénieur des mines chargé de la surveillance.

11. Chaque train de voyageurs devra être accompagné :

1° D'un mécanicien ;

2° D'un chauffeur capable, au besoin, d'arrêter la machine ;

3° De deux conducteurs garde-freins, au moins, pour un train de six voitures jusqu'à douze ; de trois pour douze voitures jusqu'à dix-huit ; de quatre pour dix-neuf voitures jusqu'à vingt-quatre ; de cinq pour vingt-cinq voitures et au delà.

Un train de voyageurs ne pourra jamais, dans aucun cas, se composer de plus de trente voitures.

12. Avant le départ du train, le mécanicien s'assurera si toutes les parties de la locomotive et du tender sont en bon état, si le frein de ce tender fonctionne.

Les conducteurs garde-freins s'assureront, de leur côté, si toutes les voitures sont en bon état, si les freins fonctionnent librement.

Le signal du départ ne sera donné que lorsque toutes les portières seront fermées.

13. Les locomotives devront toujours être en tête des trains et jamais à l'arrière.

Il ne pourra être dérogé à cette disposition que pour les manœuvres dans le voisinage des stations, pour monter la rampe d'Etampes, ou pour le cas de secours prévu par l'article 25 ci-après. Dans ces cas spéciaux, la vitesse ne devra pas dépasser vingt kilomètres par heure.

14. Les convois de voyageurs ne devront jamais, sauf dans des cas tout à fait exceptionnels, comme une affluence imprévue de voyageurs, être remorqués par plus d'une locomotive.

Lorsqu'il sera indispensable de recourir à l'emploi simultané de deux ou d'un plus grand nombre de locomotives, il devra toujours y avoir en tête de chaque train autant de voitures ne portant pas de voyageurs qu'il y aura de locomotives attelées, et, dans ce cas, la vitesse du convoi ne devra pas dépasser, en aucun point du trajet, vingt-quatre kilomètres par heure.

§ 2. — Mesures relatives à la circulation et à la marche des trains.

15. Les trains des voyageurs ou de marchandises ne pourront s'arrêter dans les points où le chemin de fer traverse à niveau les chemins publics.

16. A la descente du plan incliné d'Etampes, la vitesse des convois ne devra jamais dépasser vingt kilomètres par heure.

17. Aux points où des chemins à voitures traversent de niveau le chemin de fer, il sera établi deux barrières, une de chaque côté, avec un gardien chargé de les ouvrir et de les fermer.

Ces chemins à niveau sont :

DANS LE DÉPARTEMENT DE LA SEINE :

1o Rue Neuve de la Gare d'Ivry,
2o Chemin de la Croix-Jarry,
3o   — de la petite Voyette,
4o Route départementale d'Ivry,
5o Chemin du Chevaleret,
6o Route départementale de Vitry,
7o Voie de Seine de Vitry,
8o   — d'Amour de Choisy,
9o Route royale de Versailles à Choisy.

DANS LE DÉPARTEMENT DE SEINE-ET-OISE,

Arrondissement de Corbeil :

LIGNE DE PARIS A CORBEIL.

1o Chemin de la ruelle Robert à Ablon,
2o   — d'Athis-Mons à la Seine,
3o Voie de Seine d'Athis,
4o Avenue de Chaige,
5o Chemin de Juvisy,
6o   — de Viry à Châtillon,
7o   — du Petit Châtillon,
8o   — de Grigny à la Seine,
9o   — vert de Ris,
10o Route départementale de Ris,
11o Chemin de Trousseau à la Seine,
12o   — de la Briqueterie,
13o   — du Petit Bourg,
14o   — d'Ivry à la Seine,
15o   — de Beauvoir à la Seine,
16o   — d'Evry à Corbeil.

LIGNE DE JUVISY A ORLÉANS.

1o Chemin de Juvisy à Châtillon,
2o Avenue du Château de Savigny,
3o Chemin de la Nouvelle France aux Franchises,
4o   — de la Garonne d'Abrin,
5o Chaussée du Perray à la forêt de Sainte-Geneviève,
6o Sentier de Morsang à Long-Pont (pour piétons),
7o   — dans le parc de Launay (pour piétons),
8o   — longeant l'extrémité sud du parc de Launay (pour piétons),
9o Route départementale n° 3 à Saint-Michel,
10o Chemin d'Essonville à Montlhéry,
11o   — de Corbeil à Arpajon,
12o   — de la ferme des Cochets,

13º — d'Arpajon à Lendeville,
14º — de la Norville à Marolles,
15º — de grande communication de Marolles à Arpajon,
16º — de Marolles à Cheptainville.

Arrondissement d'Étampes :

1º Route départementale nº 34, d'Arpajon à la Ferté,
2º Allée du parc de Menil-Voisin,
3º Chemin de la grande Ruelle,
4º — de la Louchette (pour piétons),
5º Rue Creuse, à Chamaraude,
6º Chemin de Villemartin aux Vieux-Juifs,
7º — de Guillerval à Chalot-Moulineux,
8º — de Chauval à Clicheny,
9º — de Mounerville à Châtillon,
10º — de Pussay à Méreville,
11º — de Retreville à Dommerville,
12º — de Merville à Angerville,
13º — d'Autruy à Angerville,
14º — d'Angerville à Villeneuve.

DÉPARTEMENT D'EURE-ET-LOIR,

Arrondissement de Chartres :

1º Chemin de Gondreville à Arbouville,
2º — d'Arbouville à Boisseaux,
3º — de Boisseaux à Barmainville,
4º — de Champilory à Saint-Peravy,
5º — du Bras de Fer,
6º — de Toury à Epreux,
7º — de Toury à Greninville,
8º — d'Arnonville à Toury,
9º — de Telley à Sanville,
10º — d'Andreville à Sanville.

DÉPARTEMENT DU LOIRET,

Arrondissement de Pithiviers :

1º Chemin des Charbonniers,
2º — de Boisseaux à Bel-Air,
3º — de Boisseaux à Arnouville-Sablons,
4º — d'Arnouville-Sablons à Arnouville-Guenard,
5º — de Boisseaux à Dimancheville,
6º — de la Maison-Neuve à Tivernon,
7º — de la Limite à Tivernon.

Arrondissement d'Orléans :

1º Chemin d'Achers à Villers, dit Chemin d'Argent,
2º — d'Exploitation, dit des Bois,
3º — de Dambron à Dommarville,
4º — de Dambron à Villechat,
5º — de Trinay à Assas,
6º — de Villechat à Artenay,
7º — d'Artenay à Bucy-le-Roi,
8º Avenue de la Grange,

9° Chemin d'Arblay au Pavé,
10°   —   de Beauvais à la Croix-Briquet,
11°   —   de la Chapelle Saint-Barthélemy à la Croix-Briquet,
12°   —   d'Andeglon au Pavé,
13°   —   de Bucy-le-Roi à Chevilly,
14°   —   de Chevilly à Mont-Chêne,
15° Route de Nibelle,
16° Chemin des Crusiaux,
17° Avenue du Chêne-Brûlé,
18° Rue de l'Eglise de Cercottes,
19°   —   Charron,
20° Chemin de la Maison-Neuve,
21° Route d'Ambert,
22° Sentier du Champ-Garou (pour piétons),
23° Rue Vallet,
24°   —   Saint-Antoine (pour piétons),
25°   —   Garchon des Ecures à Bel-Air,
26° Chemin des Ecures ou du Vieux-Gibet (pour piétons),
27° Sentier des Aides, à Fleury, ou de la Grande-Salle (pour piétons),
28° Rue des Aubrais,
29° Sentier des Trois-Galettes, ou du Champ-Grison (pour piétons).

Dans le cas où deux passages de niveau à voitures seraient assez rapprochés pour qu'un même gardien pût en faire le service, le préfet, après avoir consulté l'ingénieur en chef des ponts et chaussées chargé de la surveillance du chemin, pourra accorder cette facilité à la compagnie.

18. Les barrières des passages de niveau pour voitures seront habituellement fermées de manière à intercepter la voie publique. Les gardes chargés du service de ces barrières les ouvriront quand cela sera nécessaire, et ils les refermeront sur-le-champ.

Lorsqu'un train est en vue ou attendu, il leur est défendu d'ouvrir.

Sur les passages de niveau destinés au service des piétons seulement, il sera également établi deux barrières, une de chaque côté du chemin de fer; mais ces passages n'auront pas chacun un gardien spécial, et seront seulement placés sous la surveillance du cantonnier dans la section duquel ils se trouveront situés.

Un écriteau placé des deux côtés du passage fera savoir au public qu'il ne doit pas traverser le chemin de fer sans s'assurer qu'on n'entend ou qu'on n'aperçoit aucun train sur le point d'arriver, et qu'il doit refermer la barrière.

19. Les cantonniers et gardes placés le long du chemin devront être assez rapprochés pour pouvoir se voir. Ils devront, d'ailleurs, parcourir chacun sa section avant le passage des trains, et veiller à ce que rien sur les voies ni en dehors des voies ne puisse entraver leur marche.

Ils devront, d'ailleurs, se porter vers l'extrémité de leur section, par laquelle le train arrive, pour donner tous les avertissements nécessaires. Dans le cas où un train s'arrêterait sur la voie, soit pour le service d'une station intermédiaire, soit pour cause d'accident, le cantonnier le plus voisin devra se porter en arrière pour transmettre, aux trains qui pourraient circuler à la suite sur la même voie, le signal indiqué à l'article 8, pour le cas où la voie est hors d'état de donner passage.

20. Lorsqu'il sera nécessaire d'établir des ateliers de réparation sur les voies, les chefs d'atelier planteront un pavillon rouge au milieu desdites voies chaque fois que les ouvriers remplaceront un rail ou feront une réparation quelconque de nature à empêcher le passage de la machine, et sur l'accotement lorsqu'il n'y aura lieu que de ralentir la marche de la machine.

21. Les conducteurs garde-freins seront mis en communication avec le mécanicien, au moyen d'un cordon qui correspondra à un timbre placé sur le tender; lorsque le mécanicien entendra ce signal, il sera tenu d'arrêter le train.

22. A l'approche des stations, le mécanicien devra ralentir la marche de la machine locomotive; il devra en même temps faire jouer le sifflet à vapeur pour avertir de l'approche du train, et toutes les fois que la voie ne lui paraîtra pas complétement libre.

23. Le mécanicien surveillera constamment tout le mécanisme de sa machine, la tension de la vapeur et le niveau d'eau de la chaudière. Il veillera à ce que rien n'embarrasse la manœuvre du frein; il ne pourra, dans aucun cas, quitter la machine confiée à ses soins.

24. Aucune personne, autre que le mécanicien et le chauffeur, ne pourra monter sur la locomotive ou sur le tender, à moins d'une permission spéciale et écrite du directeur du chemin ou de l'ingénieur du matériel.

25. Lorsque, par suite de réparation, d'accident, ou de toute autre cause, la circulation devra être momentanément interrompue sur une certaine longueur de l'une des voies, l'on devra placer un gardien auprès de chacune des deux aiguilles destinées à des changements de voie.

Ces gardiens communiqueront entre eux au moyen d'un signal convenu à l'avance, et dont il sera donné connaissance au commissaire spécial de police. Dans aucun cas ils ne laisseront les trains s'engager dans la voie unique laissée à la circulation, qu'après s'être assurés qu'ils ne seront pas rencontrés par un train venant d'une direction opposée.

26. En cas d'accident durant le trajet, nécessitant l'arrêt d'un train, les conducteurs veilleront à ce que le cantonnier le plus voisin soit à son poste à l'arrière, pour transmettre les signaux d'arrêt, ainsi qu'il est expliqué à l'article 17 du présent règlement; ils veilleront aussi à ce qu'aucun voyageur ne descende sur la voie.

27. Des machines dites de secours ou de réserve devront être constamment en feu et prêtes à partir aux points de Paris, Corbeil, Etampes et Orléans.

Lorsque les trains attendus à ces stations ne seront point en vue vingt minutes après l'heure fixée pour leur arrivée, la machine de secours partira pour aller à leur rencontre sur la voie qui n'est pas celle par laquelle le train doit venir. Elle fera route jusqu'à ce qu'elle aît rencontré le train en détresse, elle communiquera alors avec lui et continuera jusqu'au point où elle trouvera une aiguille qui lui permettra de changer de voie. Elle opérera alors ce changement et reviendra sur la voie où est le train. Elle le prendra, soit en avant, soit en arrière, suivant la circonstance, le conduira ainsi jusqu'à la station d'où elle sera partie et où des mesures seront prises pour faire arriver le train à sa destination.

Aussitôt qu'une machine aura quitté sa station pour porter secours à un train, il en sera allumé une autre immédiatement, qui ne devra être éteinte que lorsque la première sera rentrée.

28. En cas d'accident grave, si par exemple il y a dérangement du train ou bris d'un essieu, il devra être demandé du secours à la fois au dépôt de machines le plus voisin et à la station la plus voisine, soit en avant, soit en arrière du train en détresse. Le chef du train devra, autant que possible, faire la demande de secours par écrit, et l'expédier par les cantonniers de proche en proche.

29. Il y aura constamment aux dépôts des machines, à Paris, Corbeil, Etampes et Orléans, un wagon chargé de tous les agrès et outils convenables, en cas d'accident.

Chaque train devra, d'ailleurs, être toujours muni d'une prolonge et de deux crics.

30. Les voitures destinées au transport des voyageurs seront d'une construction solide ; elles devront être commodes et pourvues de tout ce qui est nécessaire à la sûreté des voyageurs, et remplir les conditions indiquées dans l'article 35 du cahier des charges. La largeur de la place affectée à chaque voyageur devra être d'au moins quarante-cinq centimètres.

Les différentes caisses de chaque voiture seront ouvertes par deux portières latérales, et chaque portière sera garnie d'un marchepied.

La compagnie devra se conformer, pour les voitures de voyageurs, aux dispositions de police prescrites par l'ordonnance du 16 juillet 1828.

Les voitures des trains seront liées entre elles par une double chaîne ; chaque voiture portera, à l'avant et à l'arrière, des tampons garnis à ressorts, et placés au même niveau, pour amortir, autant que possible, l'effet des chocs imprévus.

§ III. — Mesures générales.

31. Il est défendu aux voyageurs d'entrer dans les voitures sans avoir pris un billet, et de se placer dans une voiture d'une autre classe que celle qui est indiquée par le billet.

Il n'est pas permis d'entrer dans les voitures ou d'en sortir autrement que par la portière qui fait face au côté extérieur de la ligne du chemin de fer.

Il est défendu de passer d'une voiture dans une autre, de se tenir debout dans les voitures, de se pencher en dehors.

Les voyageurs ne doivent sortir des voitures qu'aux stations, et lorsque le train sera complétement arrêté.

Il est défendu de fumer dans les voitures et dans les gares.

32. L'entrée des voitures est interdite :

1° A toute personne qui serait en état d'ivresse ou vêtue de manière à salir ses voisins ;

2° A tous individus porteurs de fusils chargés, ou de paquets qui, par leur nature, leur volume ou leur odeur, pourraient gêner ou incommoder les voyageurs.

Tout individu porteur d'un fusil devra, avant son admission sur les quais d'embarquement, justifier que son fusil n'est point chargé.

33. Aucun chien ne sera admis dans les voitures servant au transport des voyageurs. Toutefois, la compagnie pourra placer dans des caisses de voitures spéciales les voyageurs qui ne voudraient pas se séparer de leurs chiens, pourvu que ces animaux soient muselés, en quelque saison que ce soit.

34. Les cantonniers, garde-barrières et autres agents de la compagnie devront faire sortir immédiatement toute personne qui se serait introduite en dedans des voies, soit entre les rails, soit en dehors des rails, soit dans les locaux non affectés au public, ou enfin dans telle partie que ce soit des établissements dans lesquels elle n'aurait pas le droit d'entrer.

En cas de résistance de la part des contrevenants, les cantonniers, garde-barrières et autres agents de la compagnie, assermentés en vertu de l'article 51 du cahier des charges, devront dresser procès-verbal, et pourront requérir l'assistance des agents de l'administration publique.

35. Il sera tenu dans chacune des stations du chemin de fer un registre coté et parafé, à Paris, par le préfet de police, et ailleurs, par le maire du lieu, lequel sera destiné à recevoir les réclamations des voyageurs qui auraient des plaintes à former contre les cantonniers, les garde-barrières, les mécaniciens ou autres agents et ouvriers employés sur la ligne. Ce registre sera présenté à toute réquisition des voyageurs.

36. Les poursuites en raison d'accidents arrivés par le fait des agents de la compagnie, dont elle est civilement responsable, seront dirigées contre la personne du directeur de la compagnie.

37. Toutes les fois qu'il arrivera un accident sur le chemin de fer, il en sera fait immédiatement déclaration à l'autorité locale, à la diligence de tous les employés témoins de l'accident. Le directeur de la compagnie en informera immédiatement le préfet.

38. Des exemplaires imprimés du présent règlement et du tarif certifié par le préfet seront constamment affichés dans les lieux les plus apparents des bureaux de la compagnie.

Les conducteurs et garde freins devront être également munis de ces pièces, pour les exhiber à toute réquisition.

Des extraits devront être délivrés, chacun pour ce qui le concerne, aux mécaniciens, chauffeurs, garde-freins, cantonniers, garde-barrières et autres agents employés sur le chemin.

Des extraits, en ce qui concerne les dispositions à observer pour les voyageurs pendant le trajet, devront être également placés dans chaque voiture.

39. Tout agent employé sur le chemin sera revêtu d'un uniforme; les cantonniers, garde-barrières et surveillants pourront, en outre, être munis d'un sabre pour pourvoir, au besoin, à leur sûreté.

§ IV. — Moyens d'exécution.

40. Il sera pourvu à la surveillance que l'administration doit exercer sur l'exécution du présent règlement et au maintien de l'ordre :

1° Par les soins des ingénieurs des ponts et chaussées et des mines des départements ;

2° Par trois commissaires spéciaux de police, résidant, l'un à Paris, l'autre à Étampes, le troisième à Orléans, et par les agents de surveillance sous leurs ordres. Ces agents seront assermentés ; leur nombre et leur résidence seront ultérieurement déterminés.

Il n'est rien dérogé par le présent article aux dispositions précédemment arrêtées pour la surveillance du débarcadère de Corbeil, laquelle restera confiée au commissaire de police de cette ville et à l'agent sous ses ordres.

41. Les commissaires de police et les agents de surveillance dresseront des procès-verbaux de toutes les contraventions qui pourraient être commises, soit par les employés de la compagnie, soit par toute autre personne, ainsi que de tous les accidents qui pourraient survenir.

Ils adresseront ces procès-verbaux aux préfets, qui en transmettront copie au ministre des travaux publics, après avoir fait constater, s'il y a lieu, les circonstances de l'affaire, par les ingénieurs des ponts-et-chaussées ou par les ingénieurs des mines.

42. Dans chaque localité, les chefs de service devront obtempérer aux réquisitions des commissaires de police et des agents de surveillance sous leurs ordres, dans tout ce qui est relatif à l'exécution du présent règlement.

43. Les commissaires de police et les agents de surveillance seront tenus de dresser procès-verbal des détériorations qui pourraient survenir sur le chemin de fer; en outre, ils donneront immédiatement avis de ces détériorations aux ingénieurs des ponts et chaussées chargés de la surveillance, qui provoqueront telle mesure que de droit, et au directeur de la compagnie.

44. Tous les frais qu'exigera l'exécution du présent règlement seront à la charge de la compagnie.

La compagnie est tenue de fournir des locaux de surveillance pour les commissaires de police et les agents de surveillance.

Si, dans certaines circonstances, il devenait nécessaire d'établir auprès des stations des postes militaires, tous les frais qui en résulteraient seront également à la charge de la compagnie.

45. Les contraventions à la présente ordonnance seront constatées par des procès-verbaux ou rapports, qui nous seront transmis sans délai, pour être poursuivies conformément aux lois et règlements.

46. Le sous-préfet de l'arrondissement de Sceaux, l'ingénieur en chef, directeur des ponts et chaussées du département de la Seine, l'ingénieur en chef des mines, chargé du service central de la partie métallurgique et de l'exploitation des chemins de fer, l'ingénieur en chef des ponts-et-chaussées chargé du service de contrôle et de surveillance des travaux des compagnies des chemins de fer, dans les départements de la Seine et de Seine-et-Oise, les maires des communes d'Ivry, d'Orly, de Vitry et de Choisy-le-Roi, les commissaires spéciaux de police et les agents de surveillance attachés au chemin de fer de Paris à Orléans, le commissaire de police de la commune d'Ivry, le chef de la police municipale, les officiers de paix et les autres préposés de la préfecture de police, ainsi que les gardes champêtres sont chargés, chacun en ce qui le concerne, de tenir la main à l'exécution de la présente ordonnance qui sera imprimée et affichée.

Il en sera adressé des exemplaires à M. le colonel de la garde municipale de la ville de Paris et à M. le commandant de la gendarmerie du département de la Seine, pour qu'ils en assurent l'exécution par tous les moyens à leur disposition.

Le conseiller d'Etat, préfet de police, G. DELESSERT.

———————⊙———————

N° 1844. — *Ordonnance qui fixe le tarif pour le transport des voyageurs, des bagages, articles de messagerie, marchandises, voitures, chevaux et chiens, sur le chemin de fer de Paris à Orléans* (1).

Paris, le 29 avril 1843.

Nous, conseiller d'État, préfet de police,

Vu : 1° La loi du 7 juillet 1838 qui autorise l'établissement d'un chemin de fer de Paris à Orléans, et la loi du 15 juillet 1840, relative audit chemin, ensemble le cahier des charges annexé à cette dernière loi;

2° La loi du 1er août 1839, et notamment l'article 5 de cette loi;

3° Les propositions qui nous ont été présentées récemment par la compagnie concessionnaire du chemin de fer de Paris à Orléans, et qui contiennent un projet de tarif pour le transport des voyageurs, des bagages, des articles de messageries, des marchandises, voitures, chevaux et chiens; ensemble les observations par nous adressées à M. le ministre des travaux publics, au sujet de ces propositions;

4° La lettre du 19 de ce mois, par laquelle M. le sous-secrétaire d'État des travaux publics nous informe que lesdites propositions sont approuvées sous diverses modifications acceptées par la compagnie;

_____

(1) Abrogée. V. les ord. des 20 juillet et 4 septembre 1844.

Considérant qu'il y a lieu d'homologuer et de rendre obligatoire, dans le ressort de la préfecture de police, le tarif proposé par la compagnie concessionnaire du chemin de fer de Paris à Orléans, avec les modifications acceptées depuis par ladite compagnie ,

Ordonnons ce qui suit :

TITRE Ier.

§ Ier. — Transport des voyageurs.

1. Les prix à percevoir pour le transport des voyageurs sur le chemin de fer de Paris à Orléans (compris l'impôt dû au trésor) sont fixés conformément au tableau suivant.

(Voir, à la fin de cette ordonnance, la 1re annexe, tarif A.)

2. Le nombre des places dites places de luxe ne pourra jamais excéder le cinquième du nombre total des places de chaque convoi (article 35, § 5 du cahier des charges).

§ II. — Prix du transport des bagages et frais d'enregistrement.

3. La compagnie est autorisée à percevoir les prix désignés ci-après pour les bagages d'un poids excédant quinze kilogrammes, transportés à la vitesse des voyageurs.

(Voir, à la fin de cette ordonnance, la 2e annexe, tarif B.)

4. Conformément aux dispositions du § premier de l'article 40 du cahier des charges, les militaires en service, voyageant en corps ou isolément, ne seront assujettis, eux et leurs bagages, qu'à la moitié des taxes ci-dessus fixées.

5. La compagnie est également autorisée à percevoir dix centimes pour l'enregistrement des bagages dont le poids excédera quinze kilogrammes.

L'enregistrement est facultatif pour les bagages dont le poids n'excède pas quinze kilogrammes.

Lorsqu'il a lieu à la demande des voyageurs, il est soumis au droit de dix centimes.

TITRE II.

§ Ier. — Transport des articles de messagerie et des marchandises à la vitesse des voyageurs.

6. Les prix à percevoir pour le transport des articles de messagerie et des marchandises voyageant à grande vitesse, sur la demande des expéditeurs (trente-deux kilomètres à l'heure au moins, article 35 du cahier des charges), sont réglés d'après le tableau qui suit.

(Voir, à la fin de cette ordonnance, la 2e annexe, tarif C.)

7. Les denrées ou objets ne pesant pas deux cents kilogrammes sous le volume d'un mètre cube payeront le double du tarif ci-dessus.

8. Le transport de l'or, de l'argent, soit monnoyé ou travaillé, soit en lingot, du plaqué d'or et d'argent, du mercure, du platine, des bijoux, pierres précieuses ou autres valeurs de même nature, s'effectuera au prix suivant, quelle que soit la distance parcourue,

Jusqu'à 500 fr. inclusivemnt. . . . . » 50
Au-dessus de 500 fr. jusqu'à 1000 fr. . . . . . . 1 »
Au-dessus de 1000 fr. . . . . » 75
   par 1000 fr. excédant.

9. Tout envoi composé de plusieurs colis expédiés par une même personne ou adressés à un même destinataire ne donnera lieu qu'à un enregistrement, pourvu que les colis soient de même nature de marchandises telles que sucre, café, etc. (article 39 du cahier des charges).

§ II. — Transport des marchandises à petite vitesse et location des wagons.

10. Les prix à percevoir pour le transport des marchandises voyageant à petite vitesse, et pour la location de wagons sont réglés d'après le tableau suivant.

(Voir, à la fin de cette ordonnance, la 2ᵉ annexe, tarif D.)

11. Conformément à l'article 35 du cahier des charges, les fractions de poids ne seront comptées que par cinquième de tonne (deux cents kilogrammes).

§ III. — Transport des voitures, chevaux et chiens, et location de plates-formes.

12. La compagnie est autorisée à percevoir les prix fixés au tableau suivant pour le transport des voitures, la location des plates-formes et le transport des chevaux et chiens.

(Voir, à la fin de cette ordonnance, la 2ᵉ annexe, tarif E.)

13. Les voitures, chevaux et chiens transportés à la vitesse des voyageurs ne payeront le prix de la grande vitesse qu'autant que leur transport aura lieu ainsi sur la demande des expéditeurs.

TITRE III.
FRAIS ACCESSOIRES.
§ Iᵉʳ. — Chargement et déchargement.

14. Les frais accessoires de chargement et de déchargement sont réglés ainsi qu'il suit.

(Voir, à la fin de cette ordonnance, la 2ᵉ annexe, tarif F.)

§ II. — Enregistrement et magasinage.

15. La compagnie est autorisée à percevoir un droit fixe de 10 centimes pour l'enregistrement de toutes expéditions, soit de marchandises, soit d'articles de messagerie.

Elle est également autorisée à percevoir, à titre de frais de magasinage, un droit de 20 centimes par cent kilogrammes, pour les articles adressés bureau restant.

Tout article dont le poids serait inférieur à cent kilogrammes sera soumis au même droit.

16. Les perceptions ci-dessus autorisées à titre de frais accessoires de chargement, de déchargement, d'enregistrement et de magasinage, ne sont que provisoires, et sont subordonnées au règlement spécial qui doit, conformément au cahier des charges, déterminer toutes les taxes de cette nature.

TITRE IV.
Dispositions générales.

17. Les taxes comprises dans la présente ordonnance ne pourront être modifiées qu'après un délai de trois mois au moins, et, dans tous les cas, les modifications qui y seront apportées devront être annoncées, au moins un mois d'avance, par des affiches.

18. La perception d'aucune taxe ne sera régulière qu'en vertu d'une homologation administrative.

19. La présente ordonnance sera notifiée, publiée et affichée.

Les commissaires spéciaux de police et les agents de surveillance du chemin de fer de Paris à Orléans, ainsi que les maires et commissaires de police des communes dont le territoire est traversé par ledit chemin, sont chargés d'en assurer l'exécution.

Le conseiller d'Etat, préfet de police, G. DELESSERT.

Iʳᵉ ANNEXE

1re ANNEXE à l'ordonnance de police du 29 avril 1843, concernant le tarif du chemin de fer de Paris à Orléans.

TARIF (A) *pour le transport des voyageurs.*

NOTA. — Les militaires en service, voyageant en corps ou isolément, ne sont assujettis, eux et leurs bagages, qu'à la moitié des taxes fixées par le tarif (art. 40, § 1er, du cahier des charges).

LIEUX de DÉPART.	DESTINATIONS.	Distances servant de base à la fixation des prix de transport.	1re CLASSE. Voitures couvertes et fermées à glaces, suspendues sur ressorts. PRIX de transport.	2e CLASSE. Voitures couvertes et suspendues sur ressorts. PRIX de transport.	3e CLASSE. Voitures découvertes, mais suspendues sur ressorts. PRIX de transport.
		kilomèt.	fr. c.	fr. c.	fr. c.
PARIS.........	Juvisy..............	19	1 95	1 50	1 »
	Epinay............	24	2 50	1 85	1 25
	Saint-Michel........	29	3 »	2 25	1 50
	Brétigny...........	31	3 20	2 40	1 60
	Marolles...........	37	3 80	2 90	1 95
	Lardy.............	40	4 10	3 10	2 10
	Etrechy............	49	5 »	3 80	2 55
	Etampes...........	56	5 80	4 35	2 90
	Angerville...........	75	7 75	5 85	3 90
	Toury.............	89	9 20	6 90	4 65
	Artenay...........	102	10 55	7 95	5 30
	Chevilly...........	108	11 15	8 40	5 65
	Orléans............	122	12 60	9 50	6 35
JUVISY.........	Paris..............	19	1 95	1 50	1 »
	Epinay............	6	» 60	» 45	» 30
	Saint-Michel........	10	1 05	» 80	» 50
	Brétigny...........	12	1 25	» 95	» 65
	Marolles...........	18	1 85	1 40	» 95
	Lardy.............	21	2 15	1 65	1 10
	Etrechy............	30	3 10	2 35	1 55
	Etampes...........	37	3 80	2 90	1 95
	Angerville...........	56	5 80	4 35	2 90
	Toury.............	70	7 25	5 45	3 65
	Artenay...........	83	8 55	6 45	4 35
	Chevilly...........	89	9 20	6 90	4 65
	Orléans............	103	10 65	8 »	5 40
ÉPINAY.........	Paris..............	24	2 50	1 85	1 25
	Juvisy.............	6	» 60	» 45	» 30
	Saint-Michel.......	6	» 60	» 45	» 30
	Brétigny...........	8	» 85	» 60	» 40
	Marolles...........	13	1 35	1 »	» 70
	Lardy.............	17	1 75	1 30	» 90
	Etrechy............	26	2 70	2 »	1 35
	Etampes...........	33	3 40	2 55	1 70
	Angerville...........	51	5 25	3 95	2 65
	Toury.............	65	6 70	5 05	3 40
	Artenay...........	79	8 15	6 15	4 10
	Chevilly...........	85	8 80	6 60	4 45
	Orléans............	98	10 10	7 60	5 10

LIEUX de DÉPART.	DESTINATIONS.	Distances servant de base à la fixation des prix de transport.	1re CLASSE. — Voitures couvertes et fermées à glaces, suspendues sur ressorts. PRIX de transport.	2e CLASSE. — Voitures couvertes et suspendues sur ressorts. PRIX de transport.	3e CLASSE. — Voitures découvertes, mais suspendues sur ressorts. PRIX de transport.
		kilomèt.	fr. c.	fr. c.	fr. c.
SAINT-MICHEL..	Paris................	29	3 »	2 25	1 50
	Juvisy..............	10	1 05	» 80	» 50
	Epinay.............	6	» 60	» 45	» 30
	Brétigny............	6	» 60	» 45	» 30
	Marolles............	9	» 95	» 70	» 45
	Lardy..............	12	1 25	» 95	» 65
	Etrechy............	21	2 15	1 65	1 10
	Etampes............	28	2 90	2 20	1 45
	Angerville..........	47	4 85	3 65	2 45
	Toury..............	61	6 30	4 75	3 20
	Artenay............	74	7 65	5 75	3 85
	Chevilly...........	80	8 25	6 20	4 20
	Orléans............	94	9 70	7 30	4 90
BRETIGNY......	Paris................	31	3 20	2 40	1 60
	Juvisy..............	12	1 25	» 95	» 65
	Epinay.............	8	» 85	» 60	» 40
	Saint-Michel........	6	» 60	» 45	» 30
	Marolles............	6	» 60	» 45	» 30
	Lardy..............	10	1 05	» 80	» 50
	Etrechy............	19	1 95	1 50	1 »
	Etampes............	26	2 70	2 »	1 35
	Angerville..........	44	4 55	3 40	2 3)
	Toury..............	58	6 »	4 50	3 05
	Artenay............	71	7 35	5 50	3 70
	Chevilly...........	77	7 95	6 »	4 »
	Orléans............	91	9 40	7 05	4 75
MAROLLES......	Paris................	37	3 80	2 90	1 95
	Juvisy..............	18	1 85	1 40	» 95
	Epinay.............	13	1 35	1 »	» 70
	Saint-Michel........	9	» 95	» 70	» 45
	Brétigny............	6	» 60	» 45	» 30
	Lardy..............	6	» 60	» 45	» 30
	Etrechy............	15	1 55	1 »	» 70
	Etampes............	20	2 05	1 55	1 05
	Angerville..........	39	4 05	3 05	2 05
	Toury..............	55	5 45	4 10	2 75
	Artenay............	66	6 80	5 15	3 45
	Chevilly...........	72	7 45	5 60	3 75
	Orléans............	86	8 90	6 70	4 50

LIEUX de DÉPART.	DESTINATIONS.	Distances servant de base à la fixation des prix de transport.	1re CLASSE. — Voitures couvertes et fermées à glaces, suspendues sur ressorts. PRIX de transport.	2e CLASSE. — Voitures couvertes et suspendues sur ressorts. PRIX de transport.	3e CLASSE. — Voitures découvertes, mais suspendues sur ressorts. PRIX de transport.
		kilomèt.	fr. c.	fr. c.	fr. c.
LARDY	Paris	40	4 10	3 10	2 10
	Juvisy	21	2 15	1 65	1 10
	Epinay	17	1 75	1 30	» 90
	Saint-Michel	12	1 25	» 95	» 65
	Brétigny	10	1 05	» 80	» 50
	Marolles	6	» 60	» 45	» 03
	Etrechy	9	» 95	» 70	» 45
	Etampes	17	1 75	1 30	» 90
	Angerville	35	3 60	2 70	1 85
	Toury	49	5 »	3 80	2 55
	Artenay	62	6 40	4 80	3 25
	Chevilly	68	7 »	5 30	3 55
	Orléans	82	8 45	6 40	4 30
ETRECHY	Paris	49	5 »	3 80	2 55
	Juvisy	30	3 10	2 35	1 55
	Epinay	26	2 70	2 »	1 35
	Saint-Michel	21	2 15	1 65	1 10
	Brétigny	19	1 95	1 50	1 »
	Marolles	15	1 55	1 »	» 70
	Lardy	9	» 95	» 70	» 45
	Etampes	8	» 85	» 60	» 40
	Angerville	26	2 70	2 »	1 35
	Toury	40	4 10	3 10	2 10
	Artenay	53	5 45	4 10	2 75
	Chevilly	59	6 10	4 60	3 10
	Orléans	75	7 55	5 70	3 80
ÉTAMPES	Paris	56	5 80	4 35	2 90
	Juvisy	37	3 80	2 90	1 95
	Epinay	33	3 40	2 55	1 70
	Saint-Michel	28	2 90	2 20	1 45
	Brétigny	26	2 70	2 »	1 35
	Marolles	20	2 05	1 55	1 05
	Lardy	17	1 75	1 30	» 90
	Etrechy	8	» 85	» 60	» 40
	Angerville	19	1 95	1 50	1 »
	Toury	33	3 40	2 55	1 70
	Artenay	46	4 75	3 60	2 40
	Chevilly	52	5 35	4 05	2 70
	Orléans	66	6 80	5 15	3 45

LIEUX de DÉPART.	DESTINATIONS.	Distances servant de base à la fixation des prix de transport.	1re CLASSE. Voitures couvertes et fermées à glaces, suspendues sur ressorts. PRIX de transport.	2e CLASSE. Voitures couvertes et suspendues sur ressorts. PRIX de transport.	3e CLASSE. Voitures découvertes, mais suspendues sur ressorts. PRIX de transport.
		kilomèt.	fr. c.	fr. c.	fr. c.
ANGERVILLE....	Paris...............	75	7 75	5 85	3 90
	Juvisy.............	56	5 80	4 35	2 90
	Epinay.............	51	5 25	3 95	2 65
	Saint-Michel........	47	4 85	3 65	2 45
	Brétigny...........	44	4 55	3 40	2 30
	Marolles...........	39	4 05	3 05	2 05
	Lardy.............	35	3 60	2 70	1 85
	Etrechy	26	2 70	2 »	1 35
	Etampes...........	19	1 95	1 50	1 »
	Toury.............	14	1 45	1 10	» 75
	Artenay...........	28	2 90	2 20	1 45
	Chevilly...........	34	3 50	2 65	1 75
	Orléans............	47	4 85	3 65	2 45
TOURY...	Paris...............	89	9 20	6 90	4 65
	Juvisy.............	70	7 25	5 45	3 65
	Epinay.............	65	6 70	5 05	3 40
	Saint-Michel........	61	6 30	4 75	3 20
	Brétigny...........	58	6 »	4 50	3 05
	Marolles...........	53	5 45	4 10	2 75
	Lardy.............	49	5 »	3 80	2 55
	Etrechy...........	40	4 10	3 10	2 10
	Etampes...........	33	3 40	2 55	1 70
	Angerville.........	14	1 45	1 10	» 75
	Artenay...........	14	1 45	1 10	» 75
	Chevilly...........	20	2 05	1 55	1 05
	Orléans............	33	3 40	2 55	1 70
ARTENAY.......	Paris.....	102	10 55	7 95	5 30
	Juvisy.............	83	8 55	6 45	4 35
	Epinay.............	79	8 15	6 15	4 10
	Saint-Michel........	74	7 65	5 75	3 85
	Brétigny...........	71	7 35	5 50	3 70
	Marolles...........	66	6 80	5 15	3 45
	Lardy.............	62	6 40	4 80	3 25
	Etrechy...........	55	5 45	4 10	2 75
	Etampes...........	46	4 75	3 60	2 40
	Angerville.........	28	2 90	2 20	1 45
	Toury.............	14	1 45	1 10	» 75
	Chevilly...........	7	» 70	» 55	» 35
	Orléans............	20	2 05	1 55	1 05

LIEUX de DÉPART.	DESTINATIONS.	Distances servant de base à la fixation des prix de transport.	1re CLASSE. — Voitures couvertes et fermées à glaces, suspendues sur ressorts. PRIX de transport.	2e CLASSE. — Voitures couvertes et suspendues sur ressorts. PRIX de transport.	3e CLASSE. — Voitures découvertes, mais suspendues sur ressorts. PRIX de transport.
		kilomèt.	fr. c.	fr. c.	fr. c.
CHEVILLY.......	Paris................	108	11 15	8 40	5 65
	Juvisy.............	89	9 20	6 90	4 65
	Epinay............	85	8 80	6 60	4 45
	Saint-Michel.......	80	8 25	6 20	4 20
	Brétigny...........	77	7 95	6 »	4 »
	Marolles...........	72	7 45	5 60	3 75
	Lardy..............	68	7 »	5 30	3 55
	Etrechy............	59	6 10	4 60	3 10
	Etampes...........	52	5 55	4 05	2 70
	Angerville.........	34	3 50	2 65	1 75
	Toury.............	20	2 05	1 55	1 05
	Artenay...........	7	» 70	» 55	» 35
	Orléans............	14	1 45	1 10	» 75
ORLÉANS........	Paris................	122	12 60	9 50	6 35
	Juvisy.............	103	10 65	8 »	5 40
	Epinay............	98	10 10	7 60	5 10
	Saint-Michel.......	94	9 70	7 30	4 90
	Brétigny...........	91	9 40	7 05	4 75
	Marolles...........	86	8 90	6 70	4 50
	Lardy..............	82	8 45	6 40	4 30
	Etrechy............	73	7 55	5 70	3 80
	Etampes...........	66	6 80	5 15	3 45
	Angerville.........	47	4 85	3 65	2 45
	Toury.............	33	3 40	2 55	1 70
	Artenay...........	20	2 05	1 55	1 05
	Chevilly...........	14	1 45	1 10	« 75

PLACES DE LUXE.

De PARIS à ÉTAMPES, *et vice versâ*.............. 10 fr. »

D'ÉTAMPES à ORLÉANS, *et vice versâ*............. 10 »

De PARIS à ORLÉANS, *et vice versâ*.............. 18 »

2ᵉ ANNEXE.

TARIF (B) *pour le transport des bagages.*

* Aux termes de l'article 36 du cahier des charges, chaque voyageur pourra porter avec lui un bagage dont le poids n'excédera pas 15 kilogr., sans être tenu, pour le port de ce bagage, à aucun supplément de prix.	Au-dessus de 15 kil. jusqu'à 25 kil. inclusiv.	Au-dessus de 25 kil. jusqu'à 50 kil. inclusiv.	Au-dessus de 50 kilogrammes jusqu'à 100 kilogr. inclusivement.
	fr. c.	fr. c.	fr. c.
De Paris à... Juvisy	» 50	1 »	» 01 par kil. excédant 50 kil.
Epinay	» 50	1 »	» 01
Saint-Michel...	» 50	1 »	» 01
Brétigny......	» 50	1 »	» 01
Marolles......	» 75	1 25	» 02
Lardy........	» 75	1 25	» 02
Etrechy....... *et vice versâ.*	» 75	1 25	» 02
Etampes......	1 »	1 50	» 03
Angerville.....	1 50	1 75	» 03
Toury........	1 50	1 75	» 03
Artenay......	1 50	1 75	» 03
Chevilly......	2 »	2 50	» 05
Orléans.......	2 »	2 50	» 05
D'Orléans *à une station intermédiaire, ou d'une station intermédiaire à une autre,*			
Pour un parcours n'excédant pas 40 kilomètres......	» 50	1 »	» 01
Au-dessus de 40 kilomètres, jusqu'à 80 kilomètres.....	» 75	1 75	» 02
Au-dessus de 80 kilomètres................	2 »	2 50	» 05

(Voir, pour les distances, le Tarif A. 1ʳᵉ annexe.)

TARIF (C) *pour le transport des articles de messagerie et des marchandises, à la vitesse des voyageurs, sur la demande des expéditeurs.*

DE PARIS aux Destinations suivantes, et vice versâ :	Jusqu'à 5 kilogram. inclusivement.	Au-dessus de 5 kil. jusqu'à 25 kil. inclusiv.	Au-dessus de 25 kil. jusqu'à 50 kil. inclusiv.	Au-dessus de 50 kil. jusqu'à 75 kil. inclusiv.	Au-dessus de 75 kil. jusqu'à 100 kil. inclusiv.	Au-dessus de 100 kil. jusqu'à 200 kil. inclusiv.	Au-dessus de 200 kilog.	Par litre de lait.
	fr. c.	fr. c.	fr. c.	fr. c.	fr. c.	fr. c.	fr. c.	fr. c.
Juvisy...........	» 25	» 50	» 75	1 25	1 50	1 62	1 62*	» 02
Epinay..........	» 25	» 50	» 75	1 25	1 50	1 92	1 92	» 02
Saint-Michel......	» 25	» 50	» 75	1 25	1 50	2 32	2 32	» 02
Brétigny........	» 40	» 75	1 25	2 »	2 50	2 48	2 48	» 021/2
Marolles.........	» 40	» 75	1 25	2 »	2 50	2 96	2 96	» 021/2
Lardy...........	» 40	» 75	1 25	2 »	2 50	3 20	3 20	» 021/2
Etrechy.........	» 40	» 75	1 25	2 »	2 50	3 92	3 92	» 021/2
Etampes.........	» 40	» 75	1 25	2 »	2 50	4 48	4 48	» 021/2
Angerville.......	» 40	» 75	1 25	2 »	2 50	6 »	6 »	» 021/2
Toury...........	» 50	1 »	2 »	3 »	4 »	7 12	7 12	» 05
Artenay.........	» 50	1 »	2 »	3 »	4 »	8 16	8 16	» 05
Chevilly.........	» 50	1 »	2 »	3 »	4 »	8 64	8 64	» 05
Orléans.........	» 50	1 25	2 50	3 75	5 »	9 76	9 76	» 05
D'Orléans *à une station intermédiaire, ou d'une station intermédiaire à une autre :*								
Pour un parcours n'excédant pas 40 kil.,	» 25	» 50	» 75	1 25	1 50	3 20	3 20	» 02
Au-dessus de 40 kilomèt. jusqu'à 80 kilomètres,	» 40	» 75	1 25	2 »	2 50	6 40	6 40	» 021/2
Au-dessus de 80 kil.	» 50	1 »	2 25	3 25	4 25	9 60	9 60	» 05
(Voir, pour les distances, le tarif A, 1ʳᵉ annexe.)							* Par fract. non divisib. de 200 kil.	

TARIF (D) *pour le transport des marchandises à petite vitesse, et pour la location des wagons.*

	De Paris à Orléans les 1000 kil.	d'Orléans à Paris, les 1000 kil.	De Paris à Étampes, les 1000 kil.	D'Etampes à Paris, les 1000 kil.	d'Orléans à Étampes, ou d'Étampes à Orléans, les 1000 kil.
Denrées et marchandises hors classe. Légumes, fruits, beurre, œufs, charcuterie et pâtisserie, volailles, poisson, gibier, etc.; Marchandises précieuses, dangereuses, ou exigeant des soins particuliers pendant la route, telles que: horlogerie, bronzes, objets d'art et instruments de précision, armes de luxe, glaces, etc.; Marchandises volumineuses, ne pesant pas 200 kilogrammes, sous le volume de 1 mètre cube;	40 fr.	40 fr.	20 fr.	20 fr.	20 fr.
Marchandises de 1re classe. Fontes et fer pour ornement, ameublement et travaux de luxe, plomb ouvré, cuivre et autres métaux ouvrés ou non; vinaigres, vins, boissons, spiritueux, huiles, cotons et autres lainages, tissus et objets manufacturés, meubles en caisse, mercerie, parfumerie, quincaillerie, taillanderie, cuirs tannés, châtaignes, sucre, café, drogues, épiceries, denrées coloniales;	18 fr.	22 fr.	8 fr.	11 fr.	11 fr.
Les fontes moulées, les fers ouvrés et tréfilés, les bois de menuiserie, de teinture et autres bois exotiques, bien qu'appartenant à la 1re classe du tarif légal, ne payeront que	15 fr.	18 fr.	6 fr.	8 fr.	8 fr.
Marchandises de 2e classe. Salaisons, blés, grains et farines, chaux et plâtre en sac, minerais, coke, charbon de bois, bois à brûler (dit de corde), perches, chevrons, planches, madriers, bois de charpente, marbre en bloc, pierres de taille, bitumes, plomb en saumons;	15 fr.	18 fr.	6 fr.	8 fr.	8 fr.
La fonte brute, en barre ou en feuille, et les fers non travaillés, bien qu'appartenant à la 2e classe du tarif légal, ne payeront que	10 fr.	12 fr.	6 fr.	7 fr.	7 fr.

		De Paris à Orléans, les 1000 kil.	d'Orléans à Paris, les 1000 kil.	De Paris à Étampes, les 1000 kil.	D'Étampes à Paris, les 1000 kil.	d'Orléans à Étampes, ou d'Étampes à Orléans, les 1000 kil.
Marchandises de 3e classe.	Huiles, sels, pierres à chaux et plâtre, moellons, meulières, cailloux, sables, argile, tuiles, briques, ardoises, fumier et engrais, pavés et matériaux de toute espèce pour la construction et la réparation des routes ;	10 fr.	12 fr.	6 fr.	7 fr.	7 fr.
Location de wagons.	Location d'un wagon pour le transport journalier des marchandises autres que celles qui sont comprises sous la désignation *hors classe*, à la condition de traiter pour six mois, au moins, et de ne pas excéder 3,500 kilogrammes pour la charge d'un wagon, de Paris à Orléans, ou d'Orléans à Paris, et retour,	100 fr. par jour.				

TARIF (E) *pour le transport des voitures, chevaux et chiens, et la location de plates-formes.*

		De PARIS à ORLÉANS et vice versâ.		De PARIS à ÉTAMPES, ou d'ÉTAMPES à ORLÉANS et vice versâ.	
		Transport à la vitesse des voyageurs.	Transport à la vitesse des marchandises.	Transport à la vitesse des voyageurs.	Transport à la vitesse des marchandises.
		fr. c.	fr. c.	fr. c.	fr. c.
Transport de voitures chargées sur plates-formes.	Voiture à 2 ou 4 roues, à un fond et à une seule banquette dans l'intérieur.	60 »	40 »	25 »	20 »
	Voiture à quatre roues et à 2 fonds et à 2 banquettes dans l'intérieur...	80 »	60 »	35 »	30 »
	Diligence à vide......	» »	100 »	» »	50 »
	Voiture chargée de marchandises, ne pesant pas plus de 4,000 kilogr.....	» »	80 »	» »	50 »

	De PARIS à ORLÉANS *et vice versâ.*		De PARIS à ÉTAMPES, ou d'ÉTAMPES à ORLÉANS *et vice versâ.*	
	Transport à la vitesse des voyageurs.	Transport à la vitesse des marchandises.	Transport à la vitesse des voyageurs.	Transport à la vitesse des marchandises.
	fr. c.	fr. c.	fr. c.	fr. c.
Location de plates-formes. Location d'une plate-forme pour le transport journalier d'une ou deux voitures de roulage, chargées de marchandises de 1re, 2e ou 3e classe, à la condition de traiter pour une année, au moins, et de ne pas excéder 4,000 kilogr. pour le poids total du chargement de Paris à Orléans, ou d'Orléans à Paris, et retour........	» »	90 » par jour.	» »	40 » par jour.
Transport des chevaux. Pour un cheval......	36 »	18 30	16 »	8 40
Pour 2 chevaux au même propriétaire........	65 »	55 »	25 »	16 »
Pour 3 chevaux au même propriétaire..........	90 »	50 »	35 »	22 »
Au-dessus de 3 chevaux au même propriétaire et par chaque cheval excédant...............	25 »	15 »	10 »	7 »
Pour chaque chien....	2 »	» »	1 »	» »

Transport des chiens.

Pour le trajet de PARIS à JUVISY, ÉPINAY et SAINT-MICHEL, *et vice versâ*, le Tarif sera de 50 centimes par chien.

Pour toutes les stations comprises entre SAINT-MICHEL et ÉTAMPES, le Tarif des chiens sera le même que celui du transport de PARIS à ÉTAMPES, *et vice versâ*.

Pour toutes les stations comprises entre ÉTAMPES et ORLÉANS, le Tarif sera le même que celui du transport d'ÉTAMPES à ORLÉANS, *et vice versâ*.

Enfin, d'une Station à une autre Station, il sera perçu :

Pour un parcours de 30 kilomètres et au-dessous.... » fr. 50 cent

Au delà de 30 kilomètres jusqu'à 60 kilomètres.... 1 »

Au delà de 60 kilomètres jusqu'à 90 kilomètres.... 1 50

Au delà de 90 kilomètres...................... 2 »

TARIF (F) *pour les frais accessoires de chargement et de déchargement.*

		fr.	c.
MARCHANDISES transportées à petite vitesse, soit à Paris, soit à Etampes, soit à Orléans :	Pour 1,000 kilogrammes..................	»	50
MARCHANDISES transportées à la vitesse des voyageurs :	Pour 100 kilogram. jusqu'à 200 kilog.	»	50
	Au-dessus de 200 — — 400	»	75
	— 400 — — 600	1	»
	— 600 — — 800	1	25
	— 800 — — 1.000	1	50
	Au delà de 1,000 kilogr. à raison de 1 fr. 50 cent. par fractions non divisibles de 1,000 kilog.		
VOITURES sur plateforme :	....	1	»
Un cheval :	....	1	»

N° **1845**.— *Ordonnance concernant la police du chemin de fer de Paris à Rouen* (1).

Paris, le 3 mai 1843.

Nous, conseiller d'Etat, préfet de police,

Vu : 1° la loi du 15 juillet 1840 qui autorise l'établissement d'un chemin de fer de Paris à Rouen, ensemble le cahier des charges annexé à cette loi ;

2° La lettre de M. le sous-secrétaire d'Etat des travaux publics, en date du 27 avril dernier, ensemble le règlement approuvé le 25 du même mois par M. le ministre des travaux publics, pour la police dudit chemin de fer ;

3° La loi des 16-24 août 1790 ;

4° Les arrêtés du gouvernement des 12 messidor an VIII et 3 brumaire an IX (1er juillet et 25 octobre 1800);

5° L'article 471, § 15 du Code pénal ;

Considérant qu'il y a lieu de rendre exécutoires, dans le ressort de la préfecture de police, les dispositions du règlement approuvé par M. le ministre des travaux publics pour la police du chemin de fer de Paris à Rouen, qui doit être prochainement livré à la circulation,

Ordonnons ce qui suit :

§ 1er. — Mesures relatives à la composition, au départ et à l'arrivée des trains.

1. Il est défendu à toute personne étrangère au service du chemin de fer de Paris à Rouen ;

1° De s'introduire sur la voie, d'y circuler ou stationner ;

2° D'y jeter et déposer, même momentanément, aucuns matériaux ni objets quelconques ;

---

(1) V. pour la police l'ord. du 9 août 1843; et, pour les tarifs, les ord. des 3 mai 1843, 10 mai, 16 août et 17 octobre 1844.

3° D'y introduire, faire circuler ou stationner aucunes voitures, wagons ou machines étrangers au service.

2. Sont exceptés de la défense portée au premier paragraphe de l'article 1er, les maires et adjoints, les commissaires de police, les officiers de gendarmerie, les gardes champêtres et forestiers, les gendarmes et tous autres agents de la force publique dans l'exercice de leurs fonctions et revêtus de leurs uniformes et de leurs insignes.

Toutefois, sauf le cas de flagrant délit, les gardes champêtres et forestiers et les gendarmes ne pourront être admis dans l'enceinte du chemin de fer que sur la représentation d'un ordre émanant de l'autorité compétente et énonçant le motif de la visite à faire.

Dans tous les cas, les fonctionnaires et agents désignés au premier paragraphe ci-dessus du présent article, seront tenus de se soumettre aux mesures spéciales de précaution qui auront été déterminées par l'administration, la compagnie préalablement entendue.

3. Dans la partie commune aux deux chemins de fer de Paris à Saint-Germain et de Paris à Rouen, la compagnie de Rouen se conformera, pour les voies à suivre, au règlement de police arrêté pour le chemin de fer de Saint-Germain.

A partir du croisement des deux chemins, la voie de gauche, en partant de Paris, sera spécialement affectée aux trains partant de Paris; la voie de droite sera affectée aux trains en retour sur Paris.

Dans aucune circonstance et sous aucun prétexte on ne pourra changer la destination de chacune des deux voies, sauf, cependant, dans le cas de réparation de l'une des deux voies.

A cinq cents mètres au moins avant d'arriver au point de croisement des deux lignes de Paris à Rouen et de Paris à Saint-Germain, les machinistes devront toujours ralentir leur vitesse, de telle manière que le convoi puisse être complétement arrêté avant d'atteindre ce croisement si les circonstances l'exigeaient.

4. Dans chaque sens, les trains ne pourront partir des stations de Paris, de Mantes et de Rouen, qu'à quinze minutes au moins d'intervalle les uns des autres, et des autres stations qu'à dix minutes au moins d'intervalle.

Toutefois, lorsqu'un train de voyageurs devra être suivi d'un train de marchandises, ce dernier pourra partir cinq minutes après le premier.

Les départs auront lieu exactement aux heures indiquées conformément à l'article 6.

5. Sauf le cas de force majeure, aucun stationnement de voitures ou wagons, soit vides, soit chargés, ne pourra avoir lieu sur les voies du chemin de fer affectées à la circulation des trains.

Les trains ne pourront s'arrêter qu'aux gares ou lieux de stationnement spécialement indiqués pour le service des voyageurs ou des marchandises.

6. La compagnie devra faire connaître au public, par des affiches ou des avis imprimés dont elle donnera communication immédiate au préfet de police pour le département de la Seine, et aux préfets des autres départements traversés par le chemin de fer, les lieux de stationnement et les heures de départ et d'arrivée.

7. Aux points extrêmes de Paris et de Rouen, les lieux d'embarquement et ceux de débarquement seront séparés de telle sorte que l'entrée et la sortie des voyageurs se fassent habituellement par des issues différentes.

Les mêmes dispositions seront appliquées, autant que possible, aux stations intermédiaires.

8. Les trains ne se mettront en marche qu'après que le signal du départ aura été donné au moyen d'un coup de cloche à la main.

Les cantonniers et gardiens de barrière seront porteurs de deux drapeaux, l'un blanc et l'autre rouge, afin d'indiquer au conducteur du train l'état de la voie. Dès que le signal de départ sera donné, le cantonnier ou gardien de barrière le plus rapproché de la station arborera un de ses drapeaux : le drapeau blanc lorsqu'il aura reconnu que la voie est en parfait état de service, et le drapeau rouge lorsque la voie sera en réparation ou présentera quelques obstacles à une circulation à grande vitesse.

Si la voie est tout à fait hors d'état de donner passage au train, il inclinera son drapeau rouge vers le sol en l'agitant de haut en bas.

La nuit, le drapeau blanc sera remplacé par une lanterne verte, et le drapeau rouge par une lanterne rouge.

Chaque cantonnier ou gardien de barrière fera, à son tour, des signaux analogues dès qu'il aura connaissance de l'approche du train, ou au moins dès qu'il aura aperçu le signal du cantonnier ou garde qui le précède.

Chaque cantonnier sera, en outre, pourvu d'un cornet dont il se servira pour annoncer l'approche des trains.

9. Pendant la nuit, les trains devront porter à l'avant deux fanaux, et à l'arrière trois fanaux au moins, de sorte que toujours l'on puisse reconnaître dans quel sens marche le train.

Les voitures fermées destinées aux voyageurs devront être éclairées intérieurement.

10. Le matériel d'exploitation, machines, locomotives, voitures, wagons, sera toujours maintenu dans le meilleur état d'entretien possible.

Les machines locomotives ne pourront être employées sur le chemin de fer qu'autant qu'elles seront conformes aux règlements en vigueur et après avoir été soumises à toutes les épreuves prescrites par l'ordonnance royale du 22 juillet 1839; elles seront d'ailleurs visitées le plus souvent possible par l'ingénieur des mines en résidence dans le département.

11. Chaque train de voyageurs devra être accompagné :

1° D'un mécanicien ;

2° D'un chauffeur capable, au besoin, d'arrêter la machine ;

3° De deux conducteurs garde-freins, au moins, pour un train de six voitures jusqu'à douze; de trois pour douze voitures jusqu'à dix-huit; de quatre pour dix-neuf voitures jusqu'à vingt-quatre; de cinq pour vingt-cinq voitures et au delà.

Un train de voyageurs ne pourra jamais, dans aucun cas, se composer de plus de trente voitures.

12. Avant le départ du train, le mécanicien s'assurera si toutes les parties de la locomotive et du tender sont en bon état, si le frein fonctionne.

Les conducteurs garde-freins s'assureront, de leur côté, si toutes les voitures sont en bon état, si les freins fonctionnent librement.

Le signal du départ ne sera donné que lorsque toutes les portières seront fermées.

13. Les locomotives devront toujours être en tête des trains et jamais à l'arrière.

Il ne pourra être dérogé à cette disposition que pour les manœuvres dans le voisinage des stations, ou pour le cas de secours prévu par l'article 25 ci-après. Dans ces cas spéciaux, la vitesse ne devra pas dépasser vingt kilomètres par heure.

14. Les convois de voyageurs ne devront jamais, sauf dans des cas tout à fait exceptionnels, comme une affluence imprévue de voyageurs, être remorqués par plus d'une locomotive.

Lorsqu'il sera indispensable de recourir à l'emploi simultané de deux ou d'un plus grand nombre de locomotives, il devra toujours y avoir en tête de chaque train autant de voitures ne portant pas de voyageurs qu'il y aura de locomotives attelées, et, dans ce cas, la vitesse du convoi ne devra pas dépasser, en aucun point du trajet, vingt-quatre kilomètres par heure.

§ II. — Mesures relatives à la circulation et à la marche des trains.

15. Les trains de voyageurs ou de marchandises ne pourront s'arrêter dans les points où le chemin de fer traverse à niveau les chemins publics.

16. Aux points où des chemins à voitures traversent de niveau le chemin de fer, il sera établi deux barrières, une de chaque côté, avec un gardien chargé de les ouvrir et de les fermer.

17. Les barrières des passages de niveau pour voitures seront habituellement fermées de manière à intercepter la voie publique. Les gardes chargés du service de ces barrières les ouvriront quand cela sera nécessaire, et ils les refermeront sur-le-champ.

Lorsqu'un train est en vue ou attendu, il leur est défendu d'ouvrir.

Sur les passages de niveau destinés au service des piétons seulement, il sera également établi deux barrières, une de chaque côté du chemin de fer; mais ces passages n'auront pas chacun un gardien spécial, et seront seulement placés sous la surveillance du cantonnier dans la section duquel ils se trouveront situés.

Un écriteau placé des deux côtés du passage fera savoir au public qu'il ne doit pas traverser le chemin de fer sans s'assurer qu'on n'entend ou qu'on n'aperçoit aucun train sur le point d'arriver, et qu'il doit refermer la barrière.

18. Les cantonniers et gardes placés le long du chemin devront être assez rapprochés pour pouvoir se voir. Ils devront, d'ailleurs, parcourir chacun sa section avant le passage des trains et veiller à ce que rien sur les voies ni en dehors des voies ne puisse entraver leur marche.

Ils doivent, d'ailleurs, se porter vers l'extrémité de leur section par laquelle le train arrive pour donner tous les avertissements nécessaires. Dans le cas où un train s'arrêterait sur la voie, soit pour le service d'une station intermédiaire, soit pour cause d'accident, le cantonnier le plus voisin devra se porter en arrière pour transmettre aux trains qui pourraient circuler à la suite, sur la même voie, le signal indiqué à l'article 8 pour le cas où la voie est hors d'état de donner passage.

19. Lorsqu'il sera nécessaire d'établir des ateliers de réparation sur les voies, les chefs d'atelier planteront un pavillon rouge au milieu desdites voies chaque fois que les ouvriers remplaceront un rail ou feront une réparation quelconque de nature à empêcher le passage de la machine et sur l'accotement lorsqu'il n'y aura lieu que de ralentir la marche de la machine.

20. Les conducteurs garde-freins seront mis en communication avec le mécanicien au moyen d'un cordon qui correspondra à un timbre placé sur le tender; lorsque le mécanicien entendra ce signal, il sera tenu d'arrêter le train.

21. A l'approche des stations, le mécanicien devra ralentir la marche de la machine locomotive; il devra en même temps faire jouer le sifflet à vapeur pour avertir de l'approche du train, et toutes les fois que la voie ne lui paraîtra pas complétement libre.

22. Le mécanicien surveillera constamment tout le mécanisme de sa machine, la tension de la vapeur et le niveau d'eau de la chaudière. Il veillera à ce que rien n'embarrasse la manœuvre du frein; il ne pourra, dans aucun cas, quitter la machine confiée à ses soins.

23. Aucune personne, autre que le mécanicien et le chauffeur, ne pourra monter sur la locomotive ou sur le tender, à moins d'une permission spéciale et écrite du directeur du chemin ou de l'ingénieur du matériel.

24. Lorsque, par suite de réparation, d'accident ou de toute autre cause, la circulation devra être momentanément interrompue sur une certaine longueur de l'une des voies, l'on devra placer un gardien auprès de chacune des deux aiguilles destinées à des changements de voie.

Ces gardiens communiqueront entre eux au moyen d'un signal convenu à l'avance, et dont il sera donné connaissance au commissaire spécial de police. Dans aucun cas, ils ne laisseront les trains s'engager dans la voie unique laissée à la circulation qu'après s'être assurés qu'ils ne seront pas rencontrés par un train venant d'une direction opposée.

25. En cas d'accident durant le trajet, nécessitant l'arrêt d'un train, les conducteurs veilleront à ce que le cantonnier le plus voisin soit à son poste à l'arrière, pour transmettre les signaux d'arrêt, ainsi qu'il est expliqué à l'article 18 du présent règlement; ils veilleront aussi à ce qu'aucun voyageur ne descende sur la voie.

26. Des machines dites de secours ou de réserve devront être constamment en feu et prêtes à partir aux points de Paris, Mantes et Rouen.

Lorsque les trains attendus à ces stations ne seront point en vue vingt minutes après l'heure fixée pour leur arrivée, la machine de secours partira pour aller à leur rencontre sur la voie qui n'est pas celle par laquelle le train doit venir. Elle fera route jusqu'à ce qu'elle ait rencontré le train en détresse, elle communiquera alors avec lui et continuera jusqu'au point où elle trouvera une aiguille qui lui permettra de changer de voie. Elle opérera alors ce changement et reviendra sur la voie où sera le train. Elle le prendra, soit en avant, soit en arrière, suivant la circonstance, le conduira ainsi jusqu'à la station d'où elle sera partie et où des mesures seront prises pour faire arriver le train à sa destination.

Aussitôt qu'une machine aura quitté sa station pour porter secours à un train, il en sera allumé une autre immédiatement, qui ne devra être éteinte que lorsque la première sera rentrée.

27. En cas d'accident grave, si par exemple il y a déraillement du train ou bris d'un essieu, il devra être demandé du secours à la fois au dépôt de machines le plus voisin et à la station la plus voisine, soit en avant, soit en arrière du train en détresse. Le chef du train devra, autant que possible, faire la demande de secours par écrit, et l'expédier par les cantonniers de proche en proche.

28. Il y aura constamment à Paris, Mantes et Rouen, un wagon chargé de tous les agrès et outils convenables, en cas d'accident.

Chaque train devra, d'ailleurs, être muni d'une prolonge et de deux crics.

29. Les voitures destinées au transport des voyageurs seront d'une construction solide, commodes, et elles devront être pourvues de tout ce qui est nécessaire à la sûreté des voyageurs et remplir les conditions indiquées dans l'article 35 du cahier des charges. La largeur de la place affectée à chaque voyageur devra être d'au moins quarante-cinq centimètres.

Les différentes caisses de chaque voiture seront ouvertes par deux portières latérales, et chaque portière sera garnie d'un marche-pied.

La compagnie devra se conformer, pour les voitures de voyageurs, aux dispositions de police prescrites par l'ordonnance du 16 juillet 1828.

Les voitures des trains seront liées entre elles par une double chaîne; chaque voiture portera, à l'avant et à l'arrière, des tampons garnis à ressorts et placés au même niveau pour amortir, autant que possible, l'effet des chocs imprévus.

§ III. — Mesures générales.

50. Il est défendu aux voyageurs d'entrer dans les voitures sans avoir pris un billet, et de se placer dans une voiture d'une autre classe que celle qui est indiquée par le billet.

Les billets doivent être rendus à la station d'arrivée.

Il n'est pas permis d'entrer dans les voitures ou d'en sortir autrement que par la portière qui fait face au côté extérieur de la ligne du chemin de fer.

Il est défendu de passer d'une voiture dans une autre, de se tenir debout dans les voitures, de se pencher en dehors.

Les voyageurs ne doivent sortir des voitures qu'aux stations et lorsque le train sera complétement arrêté.

Il est défendu de fumer dans les voitures et dans les gares.

51. L'entrée des voitures est interdite :

1° A toute personne qui serait en état d'ivresse ou vêtue de manière à salir ses voisins ;

2° A tous individus porteurs de fusils chargés ou de paquets qui, par leur nature, leur volume ou leur odeur, pourraient gêner ou incommoder les voyageurs.

Tout individu porteur d'un fusil devra, avant son admission sur les quais d'embarquement, justifier que son fusil n'est point chargé.

52. Aucun chien ne sera admis dans les voitures servant au transport des voyageurs. Toutefois, la compagnie pourra placer dans des caisses de voitures spéciales les voyageurs qui ne voudraient pas se séparer de leurs chiens, pourvu que ces animaux soient muselés, en quelque saison que ce soit.

53. Les cantonniers, garde-barrières et autres agents de la compagnie devront faire sortir immédiatement toute personne qui se serait introduite en dedans des voies, soit entre les rails, soit en dehors des rails, soit dans les locaux non affectés au public, ou enfin dans telle partie que ce soit des établissements dans lesquels elle n'aurait pas le droit d'entrer.

En cas de résistance de la part des contrevenants, les cantonniers, garde-barrières et autres agents de la compagnie assermentés en vertu de l'article 51 du cahier des charges, devront dresser procès-verbal et pourront requérir l'assistance des agents de l'administration publique.

54. Il sera tenu, dans chacune des stations du chemin de fer, un registre coté et parafé, à Paris, par le préfet de police, et, ailleurs, par le maire du lieu, lequel sera destiné à recevoir les réclamations des voyageurs qui auraient des plaintes à former contre les cantonniers, les garde-barrières, les mécaniciens ou autres agents et ouvriers employés sur la ligne. Ce registre sera présenté à toute réquisition des voyageurs.

55. Les poursuites en raison d'accidents arrivés par le fait des agents de la compagnie, dont elle est civilement responsable, seront dirigées contre la personne du directeur de la compagnie.

56. Toutes les fois qu'il arrivera un accident sur le chemin de fer, il en sera fait immédiatement déclaration à l'autorité locale, à la diligence de tous les employés témoins de l'accident. Le directeur de la compagnie en informera immédiatement le préfet.

57. Des exemplaires imprimés du présent règlement et du tarif certifié par nous seront constamment affichés dans les lieux les plus apparents des bureaux de la compagnie.

Les conducteurs et garde-freins devront également être munis de ces pièces pour les exhiber à toute réquisition.

Des extraits devront être délivrés, chacun pour ce qui le concerne, aux mécaniciens, chauffeurs, garde-freins, cantonniers, garde-barrières et autres agents employés sur le chemin.

Des extraits en ce qui concerne les dispositions à observer par les voyageurs pendant le trajet devront être également placés dans chaque voiture.

38. Tout agent employé sur le chemin sera revêtu d'un uniforme; les cantonniers, garde-barrières et surveillants pourront, en outre, être munis d'un sabre pour pourvoir, au besoin, à leur sûreté.

§ IV. — Moyens d'exécution.

39. Il sera pourvu à la surveillance que l'administration doit exercer sur l'exécution du présent règlement et au maintien de l'ordre :

1° Par les soins des ingénieurs des ponts et chaussées et des mines délégués ;

2° Par le commissaire spécial de police du chemin de fer de Paris à Saint-Germain, par trois autres commissaires spéciaux résidant l'un à Mantes, le second à Vernon, et le troisième à Rouen, et par cinq agents de surveillance placés sous les ordres de ces commissaires. Ces agents seront assermentés.

40. Les commissaires de police et les agents de surveillance dresseront des procès-verbaux de toutes les contraventions qui pourraient être commises, soit par les employés de la compagnie, soit par toute autre personne, ainsi que de tous les accidents qui pourraient survenir.

Ils adresseront ces procès-verbaux aux préfets qui en transmettront copie au ministre des travaux publics, après avoir fait constater, s'il y a lieu, les circonstances de l'affaire, par les ingénieurs des ponts et chaussées ou par les ingénieurs des mines.

41. Dans chaque localité, les chefs de service devront obtempérer aux réquisitions des commissaires de police et des agents de surveillance sous leurs ordres, dans tout ce qui est relatif à l'exécution du présent règlement.

42. Les commissaires de police et les agents de surveillance seront tenus de dresser procès-verbal des détériorations qui pourraient survenir sur le chemin de fer; en outre, ils donneront immédiatement avis de ces détériorations aux ingénieurs des ponts et chaussées chargés de la surveillance qui provoqueront telle mesure que de droit, et au directeur de la compagnie.

43. Tous les frais qu'exigera l'exécution du présent règlement seront à la charge de la compagnie.

La compagnie est tenue de fournir des locaux de surveillance pour les commissaires de police et les agents de surveillance.

Si, dans certaines circonstances, il devenait nécessaire d'établir auprès des stations des postes militaires, tous les frais qui en résulteraient seraient également à la charge de la compagnie.

44. Les contraventions à la présente ordonnance seront poursuivies et réprimées conformément aux lois et règlements.

45. Le sous-préfet de l'arrondissement de Saint-Denis, l'ingénieur en chef directeur des ponts et chaussées du département de la Seine, l'ingénieur en chef des mines chargé du service central de la partie métallurgique et de l'exploitation des chemins de fer, l'ingénieur en chef des ponts et chaussées chargé du service de contrôle et de surveillance des travaux des compagnies des chemins de fer, dans les départements de la Seine et de Seine-et-Oise, les maires des communes des Batignolles-Monceaux, de Clichy, d'Asnière, de Colombes et de Nanterre, les commissaires spéciaux de police et les agents de surveillance du chemin de fer de Paris à Rouen, le commissaire de police de la commune des Batignolles-Monceaux, le chef de la police municipale, les officiers de paix, les autres préposés de la préfecture de police et les gardes champêtres sont chargés, chacun en ce qui le concerne, de tenir la main à l'exécution de la présente ordonnance qui sera imprimée et affichée.

Il en sera adressé des exemplaires à M. le colonel de la garde municipale de la ville de Paris et à M. le commandant de la gendarmerie du département de la Seine, pour qu'ils en assurent l'exécution par tous les moyens qui sont en leur pouvoir.

Le conseiller d'Etat, préfet de police, G. DELESSERT.

* * *

N° **1846.** — *Ordonnance qui fixe le tarif pour le transport des voyageurs sur le chemin de fer de Paris à Rouen* (1).

Paris, le 3 mai 1843.

Nous, conseiller d'Etat, préfet de police,

Vu : 1° la loi du 15 juillet 1840 qui autorise l'établissement d'un chemin de fer de Paris à Rouen, ensemble le cahier des charges annexé à cette loi ;

2° Les propositions à nous adressées par la compagnie concessionnaire dudit chemin et tendant à l'homologation d'un projet de tarif pour le transport des voyageurs ;

3° La lettre du 19 avril dernier, par laquelle M. le sous-secrétaire d'Etat des travaux publics nous informe que le tarif proposé par la compagnie a été approuvé, le 26 du même mois, par M. le ministre des travaux publics ;

Considérant qu'il y a lieu d'homologuer et de rendre obligatoire, dans le ressort de la préfecture de police, le projet de tarif présenté par la compagnie concessionnaire du chemin susdésigné,

Ordonnons ce qui suit :

1. Les prix à percevoir pour le transport des voyageurs sur le chemin de fer de Paris à Rouen (compris l'impôt dû au trésor) sont réglés d'après le tableau suivant :

2. Les prix portés au tarif qui précède pour les distances parcourues dans le sens de Paris à Rouen, sont applicables aux mêmes distances parcourues dans le sens inverse.

3. Aux termes du § 1er de l'article 40 du cahier des charges, les militaires en service voyageant en corps ou isolément, ne sont assujettis, eux et leurs bagages, qu'à la moitié de la taxe fixée par le tarif.

4. Tout bagage dont le poids n'excédera pas quinze kilogrammes sera transporté gratuitement.

Au-dessus de quinze kilogrammes, les prix seront ultérieurement réglés sur les propositions de la compagnie.

Il sera aussi ultérieurement statué sur les droits accessoires au tarif que la compagnie peut être autorisée à percevoir, tels que droits d'enregistrement de bagages, de chargement et de déchargement, etc.

5. A moins de cas de force majeure, la vitesse doit être de trente-deux kilomètres à l'heure, au moins, pour les trains de voyageurs. (Article 35, § 4 du cahier des charges.)

* * *

(1) Rapportée. V. pour la police, les ord. des 3 mai et 9 août 1843 ; et, pour les tarifs, les ord. des 10 mai, 16 août et 17 octobre 1844.

6. Le tarif ci-dessus ne pourra être modifié qu'après un délai de trois mois au moins, et les modifications qui y seront apportées devront être homologuées par l'administration et annoncées, au moins un mois d'avance, par des affiches. (Article 35 du cahier des charges.)

7. La présente ordonnance sera imprimée et affichée.

Les commissaires spéciaux de police et agents de surveillance du chemin de fer de Paris à Rouen, les maires des communes des Batignolles-Monceaux, de Clichy, d'Asnières, de Colombes et de Nanterre, et le commissaire de police de la commune des Batignolles-Monceaux, sont chargés d'en assurer l'exécution.

Le conseiller d'Etat, préfet de police, G. DELESSERT.

ANNEXE à l'ordonnance de police du 3 mai 1843, concernant le tarif du chemin de fer de Paris à Rouen.

Tarif *du transport des voyageurs.*

Nota. Les prix portés au présent tarif pour les distances parcourues dans le sens de Paris à Rouen, sont applicables aux mêmes distances parcourues dans le sens inverse. Les militaires en service, voyageant en corps ou isolément, ne sont assujettis qu'à la moitié de la taxe fixée par le tarif.

LIEUX de DÉPART.	DESTINATIONS.	Distances servant de base à la fixation des prix de transport.	1re CLASSE. Voitures couvertes et fermées à glaces, suspendues sur ressorts. PRIX de transport.	2e CLASSE. Voitures couvertes et suspendues sur ressorts. PRIX de transport.	3e CLASSE. Voitures découvertes, mais suspendues sur ressorts. PRIX de transport.
		kilomèt.	fr. c.	fr. c.	fr. c.
	Colombes............	9	» »	» »	» »
	Maisons.............	17	2 »	1 75	1 50
	Etoile-de-Conflans....	22	2 50	2 »	1 55
	Poissy..............	27	3 »	2 25	1 80
	Triel...............	35	4 »	3 »	2 50
	Meulan.............	41	5 »	4 »	3 »
	Epône..............	49	6 »	4 50	3 75
PARIS.........	Mantes.............	57	7 »	5 50	4 25
	Rosny	65	7 50	6 »	4 75
	Bonnières..........	69	8 »	6 50	5 25
	Vernon.............	80	9 50	8 »	6 »
	Gaillon.............	94	11 »	9 50	7 25
	Saint-Pierre........	107	12 50	11 »	8 25
	Pont-de-l'Arche.....	120	14 »	11 50	9 20
	Tourville...........	124	15 »	12 50	9 50
	Rouen.............	137	16 »	13 »	10 »

LIEUX de DÉPART.	DESTINATIONS.	Distances servant de base à la fixation des prix de transport.	1re CLASSE. Voitures couvertes et fermées à glaces, suspendues sur ressorts. PRIX de transport.	2e CLASSE. Voitures couvertes et suspendues sur ressorts. PRIX de transport.	3e CLASSE. Voitures découvertes, mais suspendues sur ressorts. PRIX de transport.
		Kilomèt.	fr. c.	fr. c.	fr. c.
COLOMBES........	Maisons.............	9	1 »	» 80	» 60
	Etoile-de-Conflans....	13	1 60	1 30	1 »
	Poissy.............	18	2 25	1 75	1 50
	Triel.............	26	3 25	2 50	2 »
	Meulan............	32	4 »	3 25	2 40
	Epône.............	40	5 »	4 »	3 »
	Mantes............	48	6 »	4 75	3 70
	Rosny.............	56	7 »	5 75	4 25
	Bonnières..........	61	7 50	6 »	4 70
	Vernon............	72	9 25	7 50	5 50
	Gaillon............	85	10 50	8 75	6 50
	Saint-Pierre........	98	12 50	10 »	7 50
	Pont-de-l'Arche.....	111	13 50	11 »	8 60
	Tourville..........	116	15 »	11 75	9 »
	Rouen.............	128	15 50	12 50	9 50
MAISONS.........	Etoile-de-Conflans....	6	» 75	» 60	» 45
	Poissy.............	10	1 25	1 »	» 75
	Triel.............	18	2 25	1 75	1 50
	Meulan............	24	3 »	2 40	1 80
	Epône.............	32	4 »	3 25	2 40
	Mantes............	40	5 »	4 »	3 »
	Rosny.............	48	6 »	4 75	3 60
	Bonnières..........	52	6 50	5 25	4 »
	Vernon............	65	8 »	6 25	4 80
	Gaillon............	77	9 80	7 80	5 80
	Saint-Pierre........	90	11 50	10 »	6 »
	Pont-de-l'Arche.....	103	13 »	10 »	7 75
	Tourville..........	108	13 75	11 »	8 »
	Rouen.............	120	15 »	12 »	9 »
ETOILE DE CONFLANS.	Poissy.............	6	» 75	» 60	» 45
	Triel.............	14	1 60	1 50	1 »
	Meulan............	20	2 50	2 »	1 50
	Epône.............	28	3 50	2 80	2 »
	Mantes............	35	4 50	3 50	2 50
	Rosny.............	45	5 50	4 40	3 25
	Bonnières..........	48	6 »	4 90	3 70
	Vernon............	59	7 50	6 »	4 50
	Gaillon............	72	9 25	7 25	5 50
	Saint-Pierre........	86	11 »	8 75	6 50
	Pont-de-l'Arche.....	98	12 50	10 »	7 50
	Tourville..........	103	13 25	10 50	8 »
	Rouen.............	115	14 50	11 50	8 50

LIEUX de DÉPART.	DESTINATIONS.	Distances servant de bases à la fixation des prix de transport.	1re CLASSE. Voitures couvertes et fermées à glaces, suspendues sur ressorts. PRIX de transport.	2e CLASSE. Voitures couvertes et suspendues sur ressorts. PRIX de transport.	3e CLASSE. Voitures dé-couvertes, mais suspendues sur ressorts. PRIX de transport.
		kilomét.	fr. c.	fr. c.	fr. c.
POISSY	Triel	9	1 »	» 80	» 60
	Meulan	15	1 75	1 50	1 »
	Epône	25	2 75	2 25	1 75
	Mantes	30	3 75	3 »	2 25
	Rosny	38	4 75	3 75	2 90
	Bonnières	43	5 50	4 40	3 30
	Vernon	54	7 »	5 50	4 »
	Gaillon	68	8 60	7 »	5 »
	Saint-Pierre	81	10 40	8 30	6 25
	Pont-de-l'Arche	93	12 »	9 50	7 »
	Tourville	98	12 60	10 »	7 50
	Rouen	110	14 »	11 »	8 »
TRIEL	Meulan	7	» 90	» 70	» 50
	Epône	15	1 90	1 50	1 »
	Mantes	22	2 80	2 20	1 70
	Rosny	30	3 80	3 »	2 25
	Bonnières	35	4 50	3 60	2 70
	Vernon	46	5 90	4 60	3 50
	Gaillon	59	7 50	6 »	4 50
	Saint-Pierre	75	9 40	7 50	5 50
	Pont-de-l'Arche	85	11 »	8 50	6 50
	Tourville	90	11 50	9 25	6 90
	Rouen	102	13 »	10 50	7 90
MEULAN	Epône	9	1 10	» 90	» 65
	Mantes	16	2 »	1 60	1 20
	Rosny	24	3 »	2 45	1 80
	Bonnières	29	3 75	2 90	2 20
	Vernon	40	5 »	4 »	3 »
	Gaillon	53	6 75	5 40	4 »
	Saint-Pierre	66	8 50	6 75	5 »
	Pont-de-l'Arche	79	10 »	8 »	6 »
	Tourville	84	10 80	8 50	6 50
	Rouen	96	12 »	9 80	7 45
EPÔNE	Mantes	8	1 »	» 80	» 60
	Rosny	16	2 »	1 60	1 20
	Bonnières	21	2 50	2 »	1 50
	Vernon	32	4 »	3 »	2 40
	Gaillon	45	5 80	4 50	3 40
	Saint-Pierre	58	7 50	5 80	4 40
	Pont-de-l'Arche	71	9 »	7 »	5 50
	Tourville	76	9 80	7 80	5 85
	Rouen	88	11 »	9 »	6 80

LIEUX de DÉPART.	DESTINATIONS	Distances servant de base à la fixation des prix de transport.	1re CLASSE. Voitures couvertes et fermées à glaces, suspendues sur ressorts. PRIX de transport.	2e CLASSE. Voitures couvertes et suspendues sur ressorts. PRIX de transport.	3e CLASSE. Voitures découvertes, mais suspendues sur ressorts. PRIX de transport
		kilomèt.	fr. c.	fr. c.	fr. c.
MANTES.........	Rosny..............	8	1 »	» 80	» 60
	Bonnières...........	13	1 60	1 30	1 »
	Vernon.............	24	3 »	2 40	1 80
	Gaillon.............	38	4 75	3 80	2 80
	Saint-Pierre........	51	6 50	5 25	3 90
	Pont-de-l'Arche......	65	8 »	6 40	4 80
	Tourville...........	68	8 75	7 »	5 25
	Rouen.............	80	10 »	8 »	6 »
ROSNY..........	Bonnières...........	6	» 75	» 60	» 45
	Vernon.............	16	2 »	1 60	1 20
	Gaillon.............	30	3 80	3 »	2 30
	Saint-Pierre........	43	5 50	4 40	3 30
	Pont-de-l'Arche.....	55	7 »	5 50	4 25
	Tourville.....	60	7 75	6 »	4 50
	Rouen.............	72	9 »	7 25	5 50
BONNIÈRES.......	Vernon.............	11	1 25	1 10	» 85
	Gaillon.............	25	3 20	2 50	1 90
	Saint-Pierre	38	4 80	3 80	2 80
	Pont-de-l'Arche.....	51	6 50	5 25	3 90
	Tourville...........	56	7 25	5 75	4 25
	Rouen.............	68	8 50	7 »	5 25
VERNON.........	Gaillon.............	14	1 75	1 40	1 »
	Saint-Pierre........	27	3 40	2 75	2 »
	Pont-de-l'Arche......	40	5 »	4 »	3 »
	Tourville...........	45	5 75	4 50	3 40
	Rouen.............	57	7 25	5 75	4 25
GAILLON.........	Saint-Pierre.........	14	1 75	1 40	1 »
	Pont-de-l'Arche......	26	3 25	2 30	2 »
	Tourville.....	31	4 »	3 »	2 40
	Rouen.............	43	5 50	4 40	3 25
SAINT-PIERRE, près Louviers.	Pont-de-l'Arche.....	13	1 50	1 25	1 »
	Tourville...........	18	2 25	1 75	1 25
	Rouen.............	30	3 75	3 »	2 25
PONT-DE-L'ARCHE.	Tourville...........	6	» 75	» 60	» 45
	Rouen.............	17	2 20	1 75	1 30
TOURVILLE.......	Rouen.............	13	1 50	1 20	» 90

N° **1847**. — *Ordonnance concernant la police du Marché-Neuf ou Palu.*

Paris, le 1er juin 1843.

Nous, conseiller d'Etat, préfet de police,

Vu, 1° les délibérations du conseil municipal de la ville de Paris, des 27 décembre 1839 et 24 août 1842 ;

2° Les décisions de M. le ministre de l'intérieur des 26 février 1840 et 16 septembre 1842, qui approuvent ces délibérations ;

3° Les lettres de M. le pair de France, préfet de la Seine, des 30 avril 1840 et 24 avril dernier ;

4° La loi des 16—24 août 1790 ;

5° L'arrêté du gouvernement du 12 messidor an VIII (1er juillet 1800),

Ordonnons ce qui suit :

1. A compter de ce jour, le Marché-Neuf sera circonscrit dans l'espace qui s'étend entre la Morgue, à l'ouest, et le pignon de la maison située à l'extrémité sud-est du quai. Les étalages des marchands ne devront pas dépasser la ligne tracée sur le sol, en prolongement de la façade de la Morgue. En conséquence, toutes les places actuellement existantes au long des maisons sur les côtés nord et est du quai demeurent supprimées.

2. Les marchands admis au Marché-Neuf seront disposés sur deux rangs faisant face au nord. Le premier rang, s'adossant au mur du quai et s'étendant à deux mètres en avant, sera exclusivement occupé par les marchands urbains vendant tous les jours. Le deuxième rang, exclusivement composé de marchands forains, vendant les mardi et vendredi de chaque semaine seulement, occupera les places délimitées sur le sol dans l'alignement de la Morgue, sur une profondeur de 2 mètres en arrière de cet alignement.

3. Conformément aux délibérations du conseil municipal des 27 décembre 1839 et 24 août 1842, approuvées les 26 février 1840 et 16 septembre 1842 par M. le ministre de l'intérieur, le prix de location de ces places, d'environ 4 mètres superficiels, sera de dix centimes par jour et par place. Ce prix devra être acquitté d'avance entre les mains du préposé désigné à cet effet, faute de quoi la permission d'occuper la place sera considérée comme non avenue, et le titulaire sera immédiatement remplacé.

4. Le Marché-Neuf est destiné exclusivement à la vente en détail des comestibles. Il ne sera consenti d'exception à cette règle pour les autres commerces qu'en faveur des marchands déjà régulièrement établis sur ce marché.

5. Le débit des marchandises aura lieu, savoir : par les marchands urbains, depuis le lever jusqu'au coucher du soleil ; par les forains, depuis le lever du soleil jusqu'à midi seulement, en toute saison. Passé cette heure, toute marchandise invendue sera enlevée immédiatement par le propriétaire, ou, à ses frais, par les agents de l'administration.

6. Toutes les permissions accordées jusqu'à ce moment pour l'occupation des places du Marché-Neuf ou à ses abords sont annulées.

Il sera pourvu par un tirage au sort au placement des marchands. Les places qui resteront disponibles ou qui deviendront vacantes, dans les limites nouvelles données au marché, seront concédées d'après les règles établies sur les autres marchés.

7. Désormais les seuls abris tolérés sur le Marché-Neuf seront des abris mobiles et réguliers, bien entretenus et conformes au modèle qui sera adopté par l'administration. En conséquence, les barraques et échoppes actuellement existantes devront être immédiatement retirées par les propriétaires. A défaut, elles le seront à leurs frais et par les soins des agents de l'administration.

8. Tous les règlements sur la police des marchés, notamment ceux des 11 juin 1829 et 1er avril 1832, sont applicables au Marché-Neuf.

9. Les contraventions seront constatées par des procès-verbaux ou rapports, et poursuivies conformément aux lois et règlements.

10. La présente ordonnance sera imprimée et affichée.

Ampliation en sera adressée à M. le pair de France, préfet de la Seine.

Le chef de la police municipale, le commissaire de police du quartier de la Cité, les officiers de paix, l'inspecteur général des halles et marchés et les préposés de la préfecture de police, sont chargés, chacun en ce qui le concerne, de tenir la main à son exécution.

Le conseiller d'Etat, préfet de police, G. DELESSERT.

N° **1848.** — *Ordonnance concernant la police du marché de Nanterre.*

Paris, le 12 juin 1843.

Nous, conseiller d'Etat, préfet de police,

Vu, 1° les lois des 24 août 1790 et 22 juillet 1791 ;

2° Les arrêtés du gouvernement des 12 messidor an VIII (1er juillet 1800) et du 3 brumaire an IX (25 octobre 1800) ;

3° L'arrêté de M. le ministre du commerce et des travaux publics du 18 mars 1836, autorisant dans la commune de Nanterre l'établissement d'un marché le jeudi de chaque semaine ;

4° La délibération du conseil municipal de Nanterre du 6 août dernier, portant qu'il y a lieu d'affecter à la vente des porcs un terrain longeant l'abattoir commun des charcutiers en gros, et aboutissant au chemin de Nanterre à Colombes et à celui des Groues ;

5° Le procès-verbal de l'enquête *de commodo et incommodo* à laquelle a procédé à ce sujet le maire de Nanterre les 7 et 16 août dernier, ainsi que l'avis de ce fonctionnaire ;

6° L'avis du sous-préfet de l'arrondisement de Saint-Denis ;

7° La délibération du conseil municipal de Nanterre du 6 août dernier, proposant de fixer à *dix centimes* le droit à percevoir par tête de porc amené au marché ;

8° La décision de M. le ministre de l'intérieur du 21 octobre dernier, qui approuve cette perception,

Ordonnons ce qui suit :

1. Le jeudi de chaque semaine, jour désigné pour la tenue du marché de la commune de Nanterre, l'exposition en vente des porcs dans cette commune ne pourra avoir lieu sur aucune partie de la voie publique autre que le terrain qui longe le mur ouest de l'abattoir communal, et qui aboutit vers le nord au chemin de Nanterre à Colombes, et au sud, au chemin des Groues.

2. Les porcs seront reçus sur le marché, dès le lever du soleil.

La vente commencera à sept heures du matin, du 1er avril au 30 septembre, et à neuf heures, le restant de l'année.

Elle finira à trois heures de relevée, en toute saison.

L'ouverture et la fermeture de la vente seront annoncées au son de la cloche.

3. Un préposé sera chargé de maintenir le bon ordre sur le marché, et d'y visiter les porcs.

4. Les marchands seront tenus, en arrivant au marché, de faire au préposé la déclaration du nombre de porcs qu'ils amèneront, et d'indiquer les lieux de provenance.

5. Une demi-heure avant l'ouverture de la vente, le préposé fera la visite des porcs exposés sur le carreau.

Ceux qui seraient atteints de maladies contagieuses qui les rendraient impropres à la consommation seront exclus du marché.

La visite sera annoncée au son de la cloche; à cet effet, les marchands devront faire sortir leurs porcs des étables et les exposer immédiatement sur le marché.

6. L'admission dans le marché des porcs arrivés après l'ouverture de la vente sera annoncée, pour chaque bande, par trois tintements de cloche.

Le nombre de ces porcs sera porté d'ailleurs à la connaissance du commerce par une affiche que le préposé apposera.

7. Les charcutiers et autres acheteurs ne pourront entrer sur le marché avant l'ouverture de la vente et y rester après sa clôture.

8. Conformément à la délibération du conseil municipal de la commune de Nanterre du 6 août dernier, approuvée le 21 octobre suivant par M. le ministre de l'intérieur, il sera perçu un droit de place de *dix centimes* par chaque tête de porc exposé sur le marché.

9. Aucun marchand, propriétaire ou conducteur de porcs ne pourra laisser stationner ces animaux sur la voie publique, à moins qu'ils n'aient été achetés sur le marché.

Dans ce cas, le préposé désignera les lieux de stationnement, afin d'éviter l'encombrement des abords du marché.

10. Dès que le déchargement ou le chargement des porcs aura été opéré, les charrettes et bêtes de somme ou d'attelage seront retirées du carreau, et elles iront stationner hors du marché où on les placera de manière à ne point gêner la circulation.

11. Le marché devra être tenu dans le plus grand état de propreté; en conséquence, les pailles, fumiers et autres matières seront enlevés, au plus tard, le lendemain des jours de vente.

Le sol sera lavé à fond au moins une fois par mois.

12. Les contraventions à la présente ordonnance seront constatées par des procès-verbaux ou rapports qui nous seront transmis, et elles seront déférées aux tribunaux compétents.

13. La présente ordonnance sera imprimée, publiée et affichée.

Ampliation en sera adressée à M. le pair de France, préfet de la Seine, et à M. le directeur de l'octroi.

Le sous-préfet de l'arrondissement de Saint-Denis, le maire de la commune de Nanterre, l'inspecteur général des halles et marchés et les préposés de la préfecture de police, sont chargés, chacun en ce qui le concerne, de tenir la main à son exécution.

M. le commandant de la gendarmerie départementale de la Seine est requis d'y prêter, au besoin, son concours.

Le conseiller d'État, préfet de police, G. DELESSERT.

N° **1849.** — *Ordonnance concernant l'arrosement.*

Paris, le 27 juin 1843.

Nous, conseiller d'Etat, préfet de police,

Considérant qu'il importe de prendre des mesures pour assurer, pendant les chaleurs, l'arrosement de la voie publique ;

Considérant que le mode d'arrosement employé par un grand nombre d'habitants et qui consiste à lancer l'eau sur la voie publique, présente des inconvénients auxquels il convient de remédier ;

Vu la loi des 16—24 août 1790 ;

Vu l'arrêté du gouvernement du 12 messidor an VIII (1er juillet 1800),

Ordonnons ce qui suit :

1. A compter du jour de la publication de la présente ordonnance, et pendant tout le temps que dureront les chaleurs, les propriétaires ou locataires sont tenus de faire arroser, à onze heures du matin et à trois heures de l'après-midi, la partie de la voie publique, au-devant de leurs maisons, boutiques, jardins et autres emplacements ; ils feront écouler les eaux des ruisseaux pour en éviter la stagnation.

Cette disposition est applicable aux propriétaires ou locataires des passages publics et à ciel ouvert, existant sur des propriétés particulières, ainsi qu'aux concessionnaires des ponts, pavés ou cailloutés, dont le passage est soumis à un droit de péage.

2. Il est défendu de se servir de l'eau stagnante des ruisseaux pour l'arrosement.

Il est également défendu de lancer l'eau sur la voie publique, de manière à gêner la circulation ou à éclabousser les passants.

3. Les concierges, portiers ou gardiens des établissements publics et maisons domaniales sont personnellement responsables de l'exécution des dispositions ci-dessus, en ce qui concerne les établissements et maisons auxquels ils sont attachés.

4. Les contraventions aux injonctions ou défenses faites par la présente ordonnance seront constatées par des procès-verbaux ou rapports qui nous seront adressés.

Les commissaires de police et le directeur de la salubrité feront arroser d'office et aux frais des contrevenants, qui en outre seront traduits, s'il y a lieu, devant les tribunaux, pour être punis conformément aux lois et règlements en vigueur.

5. La présente ordonnance sera publiée et affichée.

Les commissaires de police, le chef de la police municipale, le directeur de la salubrité, les officiers de paix et autres préposés de l'administration, sont chargés de faire observer les dispositions de l'ordonnance ci-dessus, et de tenir la main à leur exécution.

Le conseiller d'Etat, préfet de police, G. DELESSERT.

— ◦ —

N° **1850.** — *Arrêté qui prescrit la réimpression et la publication de l'ordonnance du 23 juin 1832, concernant les chiens* (1).

Paris, le 29 juin 1843.

———

(1) V. l'ord. du 22 juin 1844.

N° **1851.** — *Ordonnance concernant le chemin de fer de Paris à Rouen* (1).

Paris, le 9 août 1843.

Nous, conseiller d'Etat, préfet de police,

Vu, 1° la loi de concession du chemin de fer de Paris à Rouen, en date du 15 juillet 1840, ensemble le cahier des charges y annexé;

2° Notre ordonnance homologative du tarif du transport des voyageurs sur ledit chemin de fer, en date du 3 mai dernier;

3° Les lettres de M. le sous-secrétaire d'Etat des travaux publics, en date des 17 et 24 juin dernier et 4 août courant, desquelles il résulte que les stations de Colombes, de l'Etoile de Conflans et de Rosny, qui figurent dans notre ordonnance précitée, ne sont pas encore autorisées par l'administration supérieure, en sorte que les convois ne doivent pas s'y arrêter pour y prendre ou déposer des voyageurs;

Considérant que l'indication de ces stations, soit dans ladite ordonnance, soit dans les affiches de la compagnie, peut induire le public en erreur, en le portant à considérer ces stations comme des points où les voyageurs peuvent prendre ou quitter la voie de fer, ce qui peut donner lieu à des réclamations et à des discussions de nature à compromettre l'ordre public;

En vertu, tant de la loi de concession précitée que de la loi des 16-24 août 1790, et des arrêtés du gouvernement des 12 messidor an VIII et 3 brumaire an IX (1er juillet et 25 octobre 1800),

Ordonnons ce qui suit:

1. Notre ordonnance du 3 mai dernier, portant homologation du tarif pour le transport des voyageurs sur le chemin de fer de Paris à Rouen, est rapportée en ce qui concerne les stations de Colombes, de l'Etoile de Conflans et de Rosny.

2. Dans le délai de trois jours, à compter de la notification de la présente ordonnance, la compagnie dudit chemin de fer sera tenue de faire disparaître de celles de ses affiches qui sont apposées dans les gares et autres dépendances du chemin, toute indication des trois stations susdésignées.

Il lui est enjoint de s'abstenir de comprendre aucune de ces stations, tant qu'elles n'auront point été autorisées, dans les affiches qu'elle pourra faire apposer pour annoncer l'organisation de ses services de transport.

3. Les contraventions à l'article précédent seront constatées par des procès-verbaux ou rapports qui nous seront transmis pour être déférés au tribunal compétent.

4. Les commissaires spéciaux de police et les agents de surveillance du chemin de fer de Paris à Rouen sont chargés de l'exécution de la présente ordonnance qui sera imprimée et affichée.

Le conseiller d'Etat, préfet de police, G. DELESSERT.

---

(1) V. pour la police l'ord. du 3 mai 1843; et, pour les tarifs, les ord. des 3 mai 1843 et 10 mai, 16 août et 17 octobre 1844.

N° 1852. — *Ordonnance concernant l'ouverture de la chasse* (1).

Paris, le 22 août 1843.

Nous, conseiller d'État, préfet de police,
Vu la loi du 30 avril 1790, concernant la chasse (2);
Le décret du 4 mai 1812, concernant le port d'armes de chasse (3);
L'arrêté du gouvernement du 12 messidor an VIII (1er juillet 1800);
L'arrêté du 3 brumaire an IX (25 octobre 1800);
L'avis des sous-préfets de Sceaux et de Saint-Denis, sur la situation des récoltes,

Ordonnons ce qui suit :

1. L'ouverture de la chasse aura lieu le 10 septembre prochain, dans le département de la Seine, sous les réserves exprimées en l'article 2 ci-après.
Défense est faite de chasser avant cette époque, sous quelque prétexte que ce soit.
2. Il est expressément défendu de chasser dans les vignes, avant que les vendanges soient entièrement terminées, et dans les champs ensemencés, avant la fin de la récolte.
3. Tout chasseur devra être muni d'un permis de port d'armes, et sera tenu de le représenter, sur leur réquisition, aux gendarmes, gardes champêtres ou forestiers, et autres agents de l'autorité publique.
4. Les contraventions seront constatées par des procès-verbaux, et les contrevenants poursuivis devant les tribunaux.
5. La présente ordonnance sera imprimée, publiée et affichée.
Les sous-préfets de Sceaux et Saint-Denis, les maires, adjoints et commissaires de police des communes rurales, le gardes champêtres, la garde nationale et la gendarmerie, sont chargés d'assurer l'exécution de la présente ordonnance.

Le conseiller d'État, préfet de police, G. DELESSERT.

N° 1853. — *Ordonnance qui fixe le tarif du transport des voyageurs de Paris et de Saint-Germain à Colombes, et vice versâ* (4).

Paris, le 25 août 1843.

Nous, conseiller d'État, préfet de police,
Vu, 1° l'article 33 du cahier des charges annexé à la loi du 9 juillet 1835, qui autorise l'établissement d'un chemin de fer de Paris à Saint-Germain;
2° La loi du 9 août 1839, qui autorise l'administration à modifier provisoirement les tarifs réglés par les cahiers de charges annexés aux lois de concession de chemins de fer;
3° Les propositions à nous présentées par la compagnie du chemin

(1) V. les ord des 13 mai, 8 août et 14 décembre 1844.
(2) V. cette loi à l'appendice.
(3) V. ce décret à l'appendice.
(4) V. l'ord. du 14 juin 1844.

de fer de Paris à Saint-Germain, tendant à l'homologation d'un tarif pour le transport des voyageurs de Paris et de Saint-Germain à Colombes *et vice versâ* ;

4° La lettre, en date du 21 du courant, par laquelle M. le sous-secrétaire d'Etat des travaux public nous informe que la compagnie concessionnaire dudit chemin de fer est autorisée à établir, à titre d'essai, une station pour le service de la commune de Colombes, et que ses propositions de tarif sont approuvées provisoirement et sous diverses conditions ;

Considérant qu'il y a lieu d'homologuer et de rendre obligatoire dans le ressort de la préfecture de police, le projet de tarif proposé par la compagnie du chemin de fer de Paris à Saint-Germain, et approuvé par M. le ministre des travaux publics ,

Ordonnons ce qui suit :

1. La compagnie du chemin de fer de Paris à Saint-Germain est autorisée à percevoir, jusqu'au 30 novembre prochain, pour le transport des voyageurs de Paris à Colombes, *et vice versâ*, et de Saint-Germain à Colombes, *et vice versâ*, les prix fixés au tableau suivant :

TARIF.

	WAGONS.		DILIGENCES.	
	fr.	c.	fr.	c.
De Paris à Colombes, *et vice versâ*...........	»	60	»	75
De Saint-Germain à Colombes, *et vice versâ*..	»	80	1	»

2. L'autorisation provisoire résultant de l'article précédent n'est accordée que sous la réserve faite par l'administration de la retirer à toute époque si elle en reconnaît la nécessité ou la convenance ; et la compagnie, dans le cas où elle se déciderait à poursuivre l'exploitation de la station de Colombes, après le 30 novembre prochain, devrait se renfermer dans les limites du tarif légal.

3. La présente ordonnance sera imprimée et affichée.

4. Les commissaires spéciaux de police et les agents de surveillance du chemin de fer de Paris à Saint-Germain sont chargés d'en assurer l'exécution.

Le conseiller d'Etat, préfet de police, G. DELESSERT.

———————

N° **1854.** — *Ordonnance concernant les mesures d'ordre et de sûreté à observer à l'occasion des fêtes de Saint-Cloud* (1).

Paris, le 6 septembre 1843.

Nous, conseiller d'Etat, préfet de police,

—————

(1) V. l'ord. du 4 septembre 1844.

Vu la loi des 16-24 août 1790, qui nous charge de maintenir le bon ordre dans les fêtes publiques et de prendre les précautions convenables pour prévenir les accidents ;

Vu l'arrêté des consuls du 3 brumaire an ix (25 octobre 1800),

Ordonnons ce qui suit :

1. Les charrettes qui apporteront des approvisionnements ou autres marchandises à Saint-Cloud, les 10, 17 et 24 septembre présent mois, ne pourront y arriver que par le pont de Saint-Cloud, et jusqu'à trois heures après midi seulement.

2. Dans les mêmes journées, depuis quatre heures après midi jusqu'à onze heures du soir, aucune voiture ne pourra passer sur le pont de Saint-Cloud.

Sont exceptées de cette interdiction, les voitures de l'entreprise SCIARD et TOULOUSE faisant journellement le service de Saint-Cloud à Paris, lesquelles pourront traverser le pont de Saint-Cloud dans les journées des 10, 17 et 24 septembre, mais au pas seulement.

3. Les autres voitures qui auront traversé le pont de Saint-Cloud avant quatre heures après midi, ne pourront stationner sur la place de cette commune et dans l'avenue qui conduit au palais de Saint-Cloud.

Elles iront se ranger sur une seule file au-dessous du parc, le long de la rivière, jusqu'à Sèvres.

4. Les voitures qui se rendront à Saint-Cloud par la grille de Ville-d'Avray, devront se diriger par la nouvelle route royale n° 185.

A l'extrémité de cette route, elles s'arrêteront à la rue Audé, et se formeront sur une seule file de chaque côté de ladite route, contre les trottoirs.

5. Sont exceptées des interdictions prononcées par les articles 2, 3 et 4 qui précèdent, les voitures de la cour, des ministres, des maréchaux de France, de l'intendant de la liste civile, de M. le lieutenant général commandant supérieur des palais royaux, du corps diplomatique, de M. le chancelier de France, de M. le président de la chambre des députés, de M. le préfet de la Seine, de M. le lieutenant général commandant la première division militaire et de M. le maréchal de camp commandant la place de Paris, et celles des personnes qui justifieront qu'elles se rendent directement au palais de Saint-Cloud.

6. Les voitures particulières et de place qui se rendront à Saint-Cloud, par le pont de Sèvres, stationneront dans la commune de Sèvres, sur une seule file, dont la tête sera établie à gauche de la place sur laquelle débouche le pont, et qui s'étendra sur la route de Vaugirard ; et elles ne pourront opérer leur retour sur Paris que par le pont de Sèvres.

7. Les charrettes et voitures dites tapissières, qui transporteront des personnes à Saint-Cloud, ne pourront s'y diriger par Auteuil et le bois de Boulogne ; elles devront passer par le Point-du-Jour, prendre l'avenue de Saint-Cloud et s'arrêter à l'extrémité de cette avenue près le pont, et elles y stationneront sur une seule file.

8. *Aucune charrette ou tapissière* ne pourra stationner dans la grande rue de la commune de Boulogne.

Celles qui se dirigeront par le pont de Sèvres, et qui ne le traverseront pas, stationneront sur la gauche de la route qui y conduit.

Quant à celles qui auraient traversé le pont de Sèvres, elles ne pourront retourner à Paris que par le Bas-Meudon et la route de Vaugirard.

Toutefois, le passage des voitures sur le pont de Sèvres ne sera pas interdit aux malles-postes, aux diligences, aux voitures de roulage, et à toute autre espèce de voitures dont les conducteurs justifieront suffisamment qu'ils se rendent directement dans les communes de Billancourt, Boulogne, du Point-du-Jour, d'Auteuil ou de Passy.

9. Les voitures dites des *environs de Paris* et les voitures de place qui auront stationné sur la commune de Boulogne, ne pourront opérer leur retour sur Paris que par le bois de Boulogne, en se dirigeant sur l'avenue des Princes, dite *de Charles X.*

10. Sont exceptées de la prescription ci-dessus, les voitures des entreprises SCIARD et TOULOUSE, faisant journellement le service de Saint-Cloud à Paris, lesquelles suivront leur itinéraire habituel.

11. Les bateaux à vapeur qui transporteront des voyageurs de Paris à Saint-Cloud, seront l'objet d'une surveillance plus particulière pendant le temps que dureront les fêtes de Saint-Cloud, et notamment dans les journées des 10, 17 et 24 septembre. Les inspecteurs et préposés de la navigation, chargés spécialement de cette surveillance, veilleront avec le plus grand soin à ce que toutes les conditions imposées aux propriétaires de bateaux à vapeur par les permis de navigation soient rigoureusement observées.

12. Les marchands qui voudront étaler et vendre dans les rues et places de Saint-Cloud, devront en obtenir la permission du maire.

13. Défense expresse est faite à tout individu, saltimbanque, étalagiste, marchand forain, de donner à jouer des jeux de hasard ou de loterie pendant les fêtes.

14. MM. les maires des communes de Saint-Cloud, Boulogne, Sèvres, prendront toutes les mesures nécessaires au maintien de l'ordre et de la sûreté publique, pendant les fêtes, auxquelles mesures concourront les gardes nationales requises à cet effet et la gendarmerie départementale.

15. Les contraventions seront constatées par des procès-verbaux ou rapports des officiers de police, et les contrevenants traduits devant les tribunaux compétents.

16. La présente ordonnance sera imprimée et affichée dans Paris, Saint-Cloud, Boulogne, Sèvres, Auteuil, Passy et Vaugirard.

Les maires et les commissaires de police desdites communes, le chef de la police municipale, les officiers de paix de la ville de Paris, l'inspecteur général de la navigation, MM. les colonels de la garde municipale de la ville de Paris et de la première légion de gendarmerie, les commandants des gardes nationales des communes de Saint-Cloud, Sèvres et Boulogne, M. le commandant de la gendarmerie de la Seine et les agents de la force publique, sont chargés, chacun en ce qui le concerne, de tenir la main à son exécution.

Le conseiller d'Etat, préfet de police, G. DELESSERT.

N° **1855.** — *Ordonnance qui autorise le sieur Huguin à exploiter dans Paris son système de fosses d'aisances et de vidange.*

Paris, le 23 septembre 1843.

Nous, conseiller d'Etat, préfet de police,

Vu, 1° notre arrêté du 17 juin 1840 qui autorise la dame Huguin à employer dans Paris, à titre de tolérance et comme essai, de nouveaux appareils de fosses mobiles de l'invention du sieur Dalmont;

2° Notre arrêté du 17 février dernier qui autorise également, comme essai et à titre de tolérance, le sieur Huguin demeurant à Paris, bou-

levard Saint-Martin n° 14, à enlever au moyen de la pompe et à transporter dans des appareils appelés Voitures réservoirs, aux lieux à ce
destinés, les eaux vannes des appareils de fosses d'aisances par lui placés dans les maisons de Paris ;

3° Diverses demandes à nous adressées par ledit sieur Huguin et
tendant à obtenir l'autorisation d'exploiter dans la ville de Paris son
système de fosses d'aisances et de vidange avec les modifications qui
y ont été apportées jusqu'à ce jour ;

4° L'article 31 de l'ordonnance royale du 24 septembre 1819 relative
au mode de construction des fosses d'aisances dans Paris, et qui dispense des constructions déterminées aux articles précédents , les propriétaires qui voudront employer les appareils connus sous le nom de
fosses mobiles inodores, ou tous autres appareils que l'administration
publique aurait reconnu par la suite, pouvoir être employés concur-
remment avec ceux-ci ;

5° L'ordonnance de police du 23 octobre 1819 rendue pour l'exécution de l'ordonnance royale précitée ;

6° Le rapport de la commission nommée par nous pour étudier le
système de fosses d'aisances et de vidange du sieur Huguin, ensemble
l'avis du conseil de salubrité du 4 août dernier, et les deux plans figu-
ratifs de ce système produits par le sieur Huguin et annexés audit rapport avec deux notes explicatives;

7° La décision du ministre de l'agriculture et du commerce, en date
du 21 de ce mois portant que, conformément à notre proposition,
l'autorisation demandée par le sieur Huguin peut lui être accordée
sous diverses conditions et restrictions ;

8° Le procès-verbal de recensement du matériel du sieur Huguin
dressé par le directeur de la salubrité le 30 août dernier, ensemble
l'avis de ce chef de service sur les conditions à imposer audit entrepreneur ;

. 9° L'ordonnance de police du 5 juin 1834 , concernant la vidange
des fosses d'aisance et le service des fosses mobiles dans Paris ;

10° Et l'arrêté de police du 6 du même mois, relatif aux voitures de
vidange ;

En vertu de la loi des 16-24 août 1790 et des arrêtés du gouvernement des 12 messidor an VIII et 3 brumaire an IX (1er juillet et 25
octobre 1800),

Ordonnons ce qui suit :

§ 1er. — *Fosses d'aisances.*

1. Le sieur Huguin est autorisé à exploiter, dans la ville de Paris,
son système de fosses d'aisances, tout à la fois mobiles et fixes, lequel
consiste en un récipient de fer galvanisé, dit appareil diviseur, et en
un réservoir en bois de chêne garni de plomb à l'intérieur ou en maçonnerie, destiné à recevoir les liquides provenant de l'appareil diviseur, ainsi qu'il est figuré au plan n° 2 annexé à la présente ordonnance,
et indiqué en la note explicative qui s'y réfère.

2. Les récipients dits appareils diviseurs ne devront pas être d'une
capacité de plus de soixante-dix litres.

Les réservoirs en bois ou en maçonnerie devront contenir au moins
deux mille litres de matières liquides.

Ces récipients et réservoirs seront établis et disposés de la manière
indiquée au plan et dans la note n° 2 mentionnés en l'article qui précède.

3. Aucun appareil ou réservoir ne pourra être établi sans une permission spéciale émanée de nous.

Cette permission sera délivrée s'il y a lieu sur la demande soit du propriétaire soit de l'entrepreneur.

4. Toute demande de permission sera accompagnée d'un plan de la localité où l'appareil ou réservoir devra être établi.

5. Aucun appareil ni réservoir ne pourra être établi dans les fosses supprimées où des eaux reviendraient.

6. Les appareils et réservoirs seront constamment entretenus en bon état, et ne devront jamais laisser filtrer les matières. Ils seront enlevés ou vidés avant que les matières débordent.

7. Dans le cas où le sieur Huguin voudrait faire écouler les eaux vannes provenant de ses appareils dans d'anciennes fosses en maçonnerie reconnues en bon état, il devrait se pourvoir auprès de nous d'une autorisation spéciale, laquelle déterminera les conditions imposées audit entrepreneur.

8. Il lui est interdit d'employer, pour tenir lieu des réservoirs désignés en l'article 1er, des appareils en fer de la forme et de la capacité de ses appareils diviseurs ni aucun autre récipient quelconque.

Toutefois, il pourra être autorisé à n'établir pour le service de certaines localités, qu'un seul appareil qui, dans ce cas, recevrait et conserverait les matières liquides et solides.

9. Le sol sous les appareils diviseurs ou autres et au pourtour des réservoirs, lorsqu'ils ne seront pas établis dans d'anciennes fosses, sera rendu imperméable et disposé de façon qu'en cas de déversement les matières se réunissent sur un même point d'où elles puissent être enlevées facilement.

10. Il sera pourvu sans retard par l'entrepreneur à l'enlèvement des matières qui se trouveraient sur le sol du local où sont placés les appareils ou réservoirs par suite de déversement, filtrations, ou de toute autre cause.

11. Il est interdit au sieur Huguin de laisser dans les maisons des appareils qui n'y seraient pas en service.

Les appareils contenant des matières laissées dans les maisons après leur remplacement seront, aux frais de l'entrepreneur, immédiatement enlevés d'office et transportés à la voirie.

Il en sera de même de tout appareil en service dont les matières déborderont.

12. Il est expressément interdit au sieur Huguin de faire écouler des matières provenant de ses appareils, soit sur la voie publique, soit sur aucun point des localités où lesdits appareils se trouvent placés, soit partout ailleurs que dans les voiries où ils doivent être transportés.

13. Les caveaux où seront établis des appareils et réservoirs devront être constamment pourvus d'une échelle solide pour en faciliter la visite par les préposés de notre administration.

Les fermetures dont pourront être garnies les portes ou trappes de ces caveaux seront les mêmes que celles que l'entrepreneur emploiera pour les couvercles des réservoirs en bois ou en maçonnerie qu'il doit tenir constamment fermés.

Le sieur Huguin remettra au directeur de la salubrité des clefs de ces fermetures en nombre suffisant pour répondre aux besoins du service.

§ 2. — *Vidange.*

14. Le sieur Huguin est également autorisé à procéder à l'enlèvement des appareils et à la vidange des réservoirs qu'il établira dans Paris en vertu des autorisations spéciales qui pourront lui être délivrées conformément aux dispositions de l'article 3 ci-dessus.

Pour ces enlèvement et vidange il ne pourra employer que des voitures et appareils conformes aux voitures et appareils figurés et décrits aux plan et note n° 1 qui sont annexés à la présente ordonnance.

Cette autorisation n'est d'ailleurs accordée que sous les conditions et restrictions ci-après indiquées.

15. Lorsque les maisons où seront établis les appareils et réservoirs à enlever ou vider, seront pourvues de cours où il aura été reconnu que les voitures du sieur Huguin peuvent entrer, cet entrepreneur ne pourra, pendant l'opération de l'enlèvement ou de la vidange, laisser stationner aucune de ses voitures sur la voie publique.

Les vidanges et enlèvements d'appareils à opérer dans ces maisons pourront avoir lieu, savoir :

Du 1er octobre au 31 mars, depuis sept heures du matin jusqu'à quatre heures de relevée ;

Et du 1er avril au 30 septembre, depuis cinq heures du matin jusqu'à six heures de relevée.

16. L'enlèvement des appareils et la vidange des réservoirs dans les maisons où les voitures de l'entreprise ne pourront entrer, ne pourront avoir lieu en aucune saison avant le jour ni après neuf heures du matin.

Dans ce cas, les voitures seront rangées au-devant de la maison où se fera l'enlèvement ou la vidange, de manière à nuire le moins possible à la liberté de la circulation. Les conducteurs de ces voitures se tiendront constamment à portée de leurs chevaux pour les surveiller.

17. Tout enlèvement d'appareil et toute vidange de réservoirs devront être précédés d'une déclaration qui sera faite la veille avant quatre heures du soir à la direction de la salubrité.

18. Les voitures servant au transport des appareils et les voitures réservoirs seront construites avec solidité et entretenues en bon état de propreté.

19. Les voitures réservoirs ne pourront porter aucun tube de nature à former siphon.

Leur ouverture supérieure, dite trou d'homme, sera, ainsi que l'ouverture de décharge, fermée au moyen d'un cadenas fourni par l'administration.

L'entrée dans Paris sera interdite aux voitures réservoirs dont l'ouverture supérieure et l'ouverture de décharge ne seront point fermées de la manière prescrite par le présent article.

Les cadenas apposés auxdites voitures ne pourront être ouverts et refermés qu'à la voirie et que par l'employé de l'administration préposé à cet effet.

Les frais que pourront occasionner la confection et la réparation desdits cadenas seront supportés par l'entrepreneur qui en fera le remboursement à l'administration.

20. Les appareils mobiles avant leur enlèvement seront désinfectés ainsi que les matières à leur surface, de façon à prévenir toute exhalaison incommode pendant le transport.

Ces appareils seront placés sur les voitures de manière à ce qu'ils reposent toujours sur la partie opposée à leur ouverture.

21. Les liquides contenus dans les réservoirs seront, avant leur transvasement à la pompe dans les voitures-réservoirs, désinfectés par les chlorures ou par tout autre agent qui serait reconnu avoir autant d'efficacité, de telle sorte qu'aucune émanation infecte ne soit à craindre pendant l'opération du transvasement.

22. L'enlèvement des appareils mobiles et la vidange des réservoirs ne pourront avoir lieu dans le périmètre des halles, tel qu'il sera indiqué à l'entrepreneur par le directeur de la salubrité, savoir :

Du 1ᵉʳ octobre au 31 mars, avant huit heures du soir ni après minuit ;

Et du 1ᵉʳ avril au 30 septembre, avant neuf heures du soir ni après minuit.

La déclaration prescrite par l'article 17 aura lieu dans le cas prévu par le présent article, au plus tard le jour de l'opération avant midi.

23. Les réservoirs devront être entièrement vidés et nettoyés, à moins d'une dispense spéciale.

24. Les voitures servant au transport des appareils mobiles et les voitures réservoirs entreront dans Paris et en sortiront, savoir :

Les premières par la barrière de Pantin, et les autres par la barrière du Combat.

Elles ne pourront entrer qu'une demi-heure avant le moment fixé pour le commencement du travail. Elles devront sortir au plus tard une demi-heure après l'heure fixée pour la cessation du travail.

Tout stationnement intermédiaire de ces voitures entre le lieu de chargement et la voirie est expressément interdit.

25. Les appareils et voitures réservoirs contenant des matières seront conduits directement aux voiries par nous désignées.

26. Le sieur Huguin est autorisé à remiser son matériel rue de Meaux, nº 20 à Belleville.

Il lui est interdit de remiser ledit matériel dans aucun autre endroit sans une permission spéciale émanée de notre préfecture.

27. Chacune des voitures de l'entreprise portera sur le devant et sur le derrière un numéro d'ordre qui sera indiqué par le directeur de la salubrité et aura 0 mètre 25 centimètres de hauteur sur 0 mètre 04 centimètres de largeur.

Elle portera en outre en caractères très-apparents les nom et demeure de l'entrepreneur.

28. Toute voiture circulant après la chute du jour dans le cas prévu par l'article 22 devra être munie de deux lanternes allumées.

29. L'autorisation de procéder à la vidange des réservoirs pendant le temps déterminé par les articles précédents n'est accordée que provisoirement et à titre d'essai.

30. Le sieur Huguin fournira au directeur de la salubrité deux fois par an, aux mois de janvier et juillet un état indicatif des appareils et réservoirs en service dans Paris, et il sera tenu de se pourvoir du matériel qui sera jugé nécessaire pour opérer convenablement l'enlèvement et la vidange desdits appareils et réservoirs.

31. Le sieur Huguin devra faire connaître aux propriétaires par ses avis, factures et contrats les conditions d'ordre et de salubrité publique qui lui sont imposées par l'administration.

32. Toutes les fois que les propriétaires ou locataires renonceront, par un motif quelconque, à l'emploi des appareils et réservoirs par lui établis, le sieur Huguin sera tenu d'en faire immédiatement la déclaration à la préfecture de police.

33. Il sera tenu en outre de se conformer à toutes les autres mesures d'ordre, de sûreté et de salubrité publique que l'administration jugerait convenable de lui prescrire par la suite.

34. En cas d'inexécution des conditions imposées au sieur Huguin par la présente ordonnance, l'autorisation qu'elle contient pourra être révoquée sans préjudice des poursuites auxquelles les contraventions pourront donner lieu devant les tribunaux.

35. La présente ordonnance sera notifiée au sieur Huguin par le commissaire de police du quartier de la Porte-Saint-Martin qui dressera de cette notification un procès-verbal qu'il nous fera parvenir sans délai.

A cet effet il lui en sera adressé une expédition.

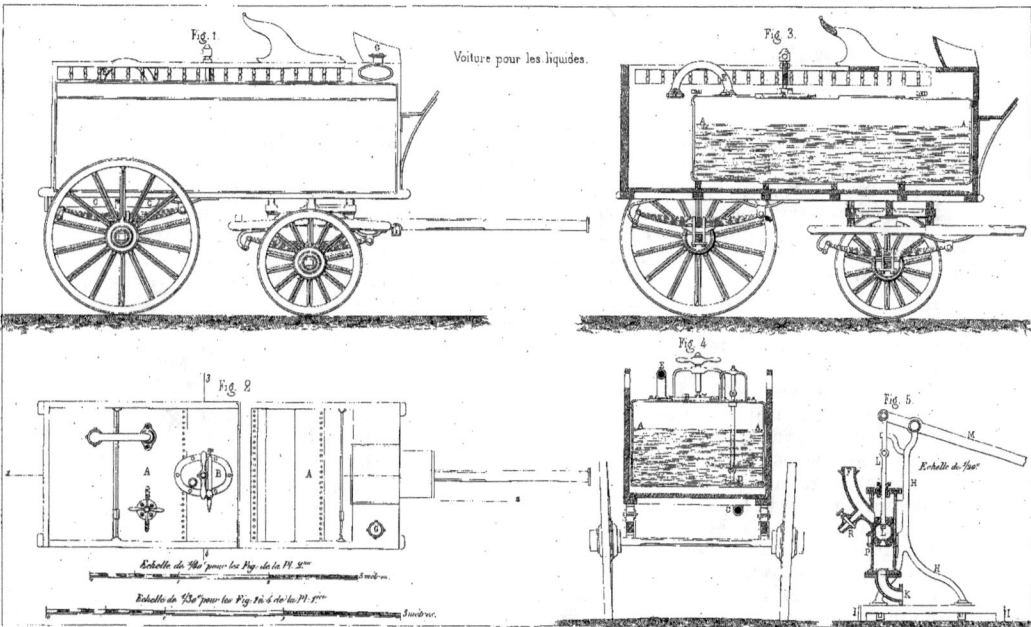

PLAN N.º 1.

Fig. 1.

Fig. 3.

Voiture pour les liquides.

Fig. 2.

Fig. 4.

Fig. 5.

Echelle de 1/50.º

Echelle de 1/50.º pour les Fig. de la Pl. 4.ºº

Echelle de 1/50.º pour les Fig. 1 à 4 de la Pl. 1.ºº

Lith. P. Dupont, rue Grenelle S.t H.t n.º 55.

Il en sera également adressé une expédition : 1° au directeur de la salubrité et aux commissaires de police des communes de la Villette et de Belleville, qui sont spécialement chargés d'en assurer l'exécution ; 2° à M. le directeur de l'octroi de Paris qui est invité à charger les préposés et les employés sous ses ordres, notamment aux barrières de Pantin et du Combat, de concourir à l'exécution des dispositions prescrites par les articles 15, 18, 19, 20, 22, 24, 27, et 28 ; 3° et au commissaire de police remplissant les fonctions du ministère public près le tribunal de simple police.

Le conseiller d'Etat, préfet de police, G. DELESSERT.

ANNEXE A L'ORDONNANCE DU 23 SEPTEMBRE 1843.

Description de la voiture destinée au transport des eaux vannes.

PLAN N° 1.

Cette voiture contient un réservoir en fer galvanisé A qui est d'une capacité correspondant à deux mètres cubes ou 2.000 litres.

Au milieu et au-dessus de ce réservoir est un trou d'homme B fermé hermétiquement par un couvercle garni d'une vis de pression et d'un cadenas, conformément aux ordonnances de police.

A la partie inférieure est adapté un tuyau C par lequel on peut vider complètement le réservoir, en ouvrant la soupape D, à l'aide de la tige articulée dont elle est surmontée et qui s'élève jusqu'au-dessus de la caisse. L'orifice extérieur de ce tuyau est fermé par un tampon en cuivre, disposé de manière à recevoir le cadenas de la préfecture de police.

Un second tuyau E, appliqué sur la partie supérieure de ce même réservoir sert à établir une communication entre celui-ci et la pompe aspirante et foulante dont on voit le détail en coupe sur la figure 5e. Cette pompe est transportée par la même voiture, derrière laquelle on a ménagé un espace destiné à la recevoir avec ses agrès tels que support, tuyaux, balancier, etc.

Une tubulure G, est aussi ménagée sur le devant de la caisse pour donner de l'air au besoin, lorsqu'on remplit ou lorsqu'on vide le réservoir. Cette tubulure est exactement fermée par un bouchon à vis et à oreilles semblables à celui qui est employé dans les pompes à incendie. Il en est de même de l'assemblage et de la fermeture de tous les tuyaux appliqués à la manœuvre de l'appareil.

On voit sur la figure 1re du plan 1er ci-joint, la vue latérale ou élévation extérieure de la voiture toute montée.

La figure 2e la représente en plan vu en dessus.

La figure 3e est une section longitudinale faite par le milieu, suivant la ligne 1-2 du plan.

La figure 4e est une seconde section verticale suivant la ligne 3-4, et la figure 5e est une coupe par l'axe du corps de la pompe qui sert à enlever les eaux vannes de la fosse dans le réservoir A.

Cette pompe est adaptée à un support en fer à trois pieds H, fixé au moyen de clavettes, sur un châssis triangulaire en fer I, lequel est posé directement sur le sol lorsqu'on doit manœuvrer. Sa puissance dépasse huit mille litres à l'heure.

A la base supérieure du corps de pompe est adapté le tuyau F qui communique à celui E du réservoir; et, à sa base inférieure, est le tuyau K qui communique avec celui qui est posé à demeure dans sa fosse.

Le piston L de la pompe est garni d'un cuir embouti; sa tige est reliée par son sommet à un balancier M que l'on manœuvre avec deux hommes.

Lorsque le réservoir est plein, ce que l'on reconnaît à l'aide d'un petit robinet de jauge appliqué à la partie supérieure du réservoir, on doit arrêter immédiatement, puis on dévisse les tuyaux de communication qui se trouvent entre celui E du réservoir et celui F de la pompe; on dévisse également celui qui s'adapte au tuyau qui descend dans la fosse, et on ferme les tubulures par les tampons ou bouchons à vis en cuivre précédemment décrits.

Un petit robinet R est aussi appliqué sur la pompe, pour laisser écouler le liquide qui se trouve quand on arrête, soit dans les tuyaux, soit dans le corps de pompe. On reçoit alors cette petite quantité de liquide dans un seau.

Description de l'appareil diviseur et du réservoir pour les liquides.

PLAN N° 2.

La figure 1re, plan 2e, représente en coupe une fosse d'aisances qui réunit deux chutes.

A est l'appareil diviseur, B le tuyau de chute, C un manchon mobile en tôle galvanisée qui joint le tuyau de chute à l'appareil diviseur; D est un réservoir d'une contenance de 2,400 litres, construit en pierre meulière ourdée en mortier de chaux hydraulique et sable de rivière et revêtu à l'intérieur et à l'extérieur, d'une couche de ciment romain. On a pratiqué dans les dalles qui couvrent ce réservoir une ouverture ou trou d'homme fermé par un couvercle en tôle galvanisée E, lequel est garni d'une barre de fermeture et d'un cadenas.

Le tuyau en fer galvanisé F, fixé à l'appareil diviseur par un raccord à incendie G conduit le liquide dans le réservoir; enfin H est un tuyau d'aspiration en plomb, fixé à demeure et qui, montant jusque dans la cour, est destiné à vider le réservoir au moyen de la pompe et de la voiture représentées au plan 1er. Il est couvert par une trappe en fer T.

A est une coupe verticale de l'appareil diviseur; cet appareil, de la plus grande simplicité, se compose de deux cylindres dont le diamètre diffère d'environ trois centimètres; ils sont fixés l'un dans l'autre. Le cylindre intérieur percé de trous dans toute sa surface fait l'office de filtre; les liquides en s'échappant par l'espace réservé entre les deux cylindres tombent dans le fond du cylindre extérieur d'où ils sont conduits dans le réservoir D par le tuyau F.

On a compris par ce qui précède, que le cylindre intérieur ne laissait écouler que les liquides et retenait les matières solides; lors donc qu'il se trouve rempli, l'appareil entier est enlevé et remplacé de la manière suivante :

On commence par détacher le tuyau F en dévissant le raccord à incendie G, on visse ensuite un tampon sur la douille K, afin qu'aucune fuite ne puisse avoir lieu pendant le transport, puis on soulève le manchon mobile C qui est maintenu en l'air au moyen de l'échancrure qui y est pratiquée et de l'étoquiau L; enfin, après avoir été hermétiquement bouché avec le couvercle J fig. 4e et la barre à crochet M fig. 3e, l'appareil plein, garni de glaise, est enlevé par deux hommes et immédiatement remplacé par un autre.

PLAN N.º 2.

Appareils et réservoir.

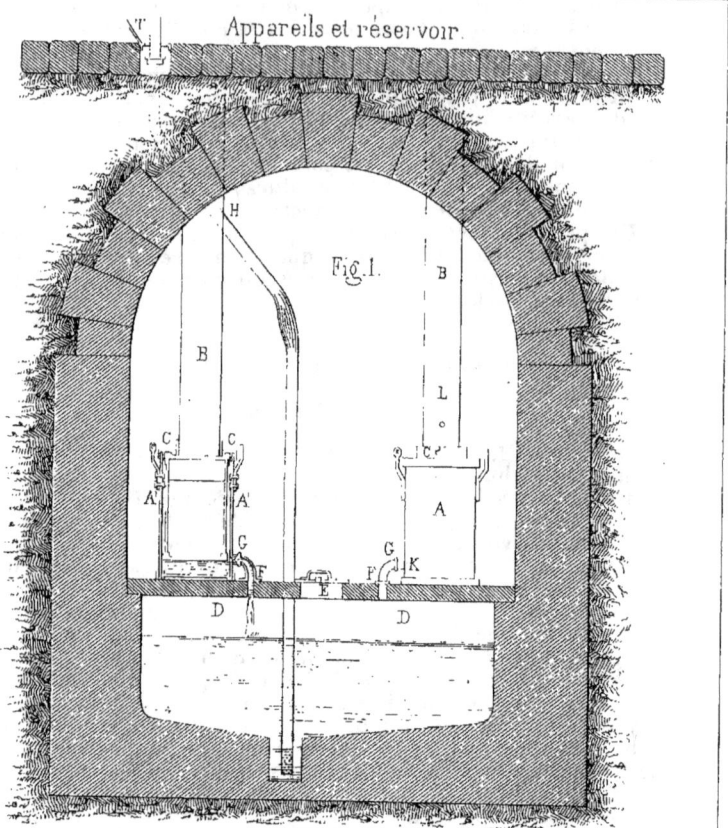

Fig. 3.

Fig. 1.

Fig. 4.

Fig 2.

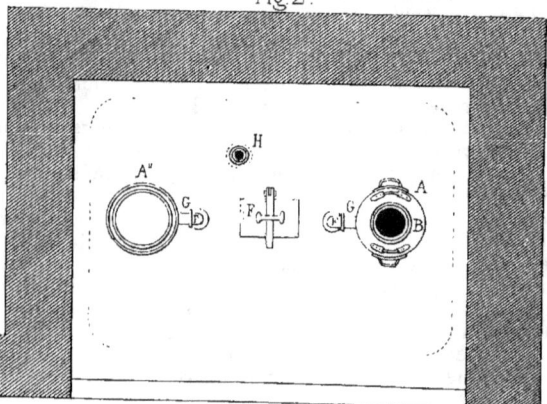

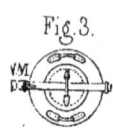

Lith P. Dupont rue Grenelle St. H.re 55.

La figure 2ᵉ représente le même réservoir en plan vu en dessus. A représente une coupe horizontale de l'appareil diviseur.

Paris, le 30 juin 1843.

HUGUIN et Cᵉ.

Vu pour être annexé à notre ordonnance en date de ce jour.

Le conseiller d'Etat, préfet de police, G. DELESSERT.

N° **1856.** — *Ordonnance concernant les voitures de remise louées à la journée, à la semaine, au mois ou à l'année, et les voitures sous remise, offertes au public pour marcher à l'heure et à la course* (1).

Paris, le 5 octobre 1843.

Nous, conseiller d'Etat, préfet de police,
Vu 1° les lois des 14 décembre 1789 (art 50) et 16-24 août 1790 (titre XI, art. 1ᵉʳ et 3);
2° Les articles 2, 22 et 32 de l'arrêté du gouvernement du 12 messidor an VIII (1ᵉʳ juillet 1800) et l'article 1ᵉʳ de l'arrêté du 3 brumaire an IX (25 octobre 1800);
3° Les articles 471, 474, 475, 476, 478 et 481 du Code pénal ;
4° Les ordonnances de police en date des 16 juillet et 12 décembre 1823, et 8 janvier 1829 ;
5° Notre ordonnance du 28 août 1837, concernant les carrosses, coupés et cabriolets sous remise offerts au public pour marcher à l'heure et à la course ;
Considérant que notre ordonnance du 28 août 1837 ne concerne que les voitures sous remise offertes au public pour marcher à l'heure et à la course ;
Qu'il en résulte que les voitures de remise louées à la journée, à la semaine, au mois ou à l'année ne sont assujetties qu'à des dispositions d'ordre et de police fort incomplètes ;
Qu'il importe dans l'intérêt général de faire cesser cet état de choses qui donne lieu à de graves inconvénients ;
Considérant en outre que, pour rendre plus facile l'exécution des obligations imposées aux entrepreneurs et aux cochers des voitures de remise louées à la journée, à la semaine, au mois ou à l'année, et des voitures sous remise offertes au public pour marcher à l'heure et à la course, il est convenable de réunir dans un seul règlement tout ce qui intéresse le service des voitures dont il s'agit, en apportant aux mesures prescrites jusqu'à ce jour les améliorations et modifications reconnues nécessaires,

Ordonnons ce qui suit :

---

(1) V. les ord. des 6 et 10 oct. 1843.

TITRE Ier.

Des voitures de remise, louées à la journée, à la semaine, au mois ou à l'année.

CHAPITRE Ier.

Des entrepreneurs.

1. A compter du jour de la publication de la présente ordonnance tout entrepreneur de voitures de remise louées à la journée, à la semaine, au mois ou à l'année, sera tenu de faire à la préfecture de police la déclaration de ses nom, prénoms et domicile, ainsi que du nombre et de l'espèce de voitures qu'il entend mettre en location.

2. Lorsqu'un entrepreneur voudra vendre ou cesser de mettre en location une ou plusieurs de ses voitures, il sera tenu d'en faire préalablement la déclaration à la préfecture de police.

3. Les entrepreneurs ne pourront confier la conduite de leurs voitures qu'à des cochers pourvus de leurs papiers de sûreté et d'un permis de conduire délivré à la préfecture de police.

4. Les dispositions ordonnées par les articles 1er et 3 ne seront pas applicables aux voitures louées à la journée, à la semaine, au mois ou à l'année, et qui seront conduites par des cochers au service des locataires.

Ces voitures seront considérées comme des voitures bourgeoises et assujetties seulement aux dispositions d'ordre et de sûreté publique prescrites par notre ordonnance du 20 avril 1843.

CHAPITRE II.

Des cochers.

5. Tout cocher de voitures de remise louées à la journée, à la semaine, au mois ou à l'année, qui sera au service d'un entrepreneur, devra se pourvoir d'un permis de conduire qui lui sera délivré à la préfecture de police et qui indiquera :

Son numéro d'inscription à la préfecture de police ;

Ses nom et prénoms ;

Son signalement ;

Le lieu de sa naissance ;

Son domicile.

Ce permis de conduire contiendra en outre un extrait de la présente ordonnance, en ce qui concerne les cochers.

Les entrepreneurs qui conduiront eux-mêmes seront astreints à la même obligation.

Il sera remboursé par le cocher ou par l'entrepreneur, pour les frais du permis de conduire, la somme de soixante-dix centimes.

6. Tout cocher, au service d'un entrepreneur, conduisant une voiture de remise louée à la journée, à la semaine, au mois ou à l'année, devra être muni :

De son permis de conduire ;

Du laissez-passer de la voiture délivré par l'administration des contributions indirectes.

Il sera tenu de représenter ces pièces à toute réquisition des agents de l'autorité.

Les entrepreneurs qui conduiront eux-mêmes seront astreints aux obligations prescrites par le présent article.

7. Il est expressément défendu aux cochers dont il s'agit, d'offrir sur la voie publique, par paroles ou par gestes, leurs voitures pour marcher à l'heure et à la course.

8. Les cochers au service des personnes qui feront usage des voitures louées à la journée, à la semaine, au mois ou à l'année, ne seront pas assujettis aux dispositions portées aux articles 5 et 6.

Ces cochers seront considérés comme des cochers de voitures bourgeoises et soumis seulement aux mesures d'ordre et de sûreté publique prescrites par notre ordonnance du 20 avril 1843.

CHAPITRE III.

Des voitures.

9. Il est expressément défendu aux entrepreneurs des voitures de remise de faire circuler des voitures en mauvais état et pouvant compromettre la sûreté publique.

Il leur est également défendu d'employer, soit des chevaux atteints de maladies contagieuses ou présentant des symptômes de ces maladies, soit des chevaux vicieux ou hors d'état de service.

10. Les cabriolets de remise à deux roues, les tilburys et les bogheis, loués à la journée, à la semaine, au mois ou à l'année, seront assujettis à un numérotage qui sera effectué aux frais de la préfecture de police.

Le mode de ce numérotage et toutes les opérations qui y sont relatives seront réglés par une ordonnance spéciale.

Les cabriolets de remise à deux roues, les tilburys et les bogheis loués à la journée, à la semaine, au mois ou à l'année, et qui seront conduits par des cochers au service des locataires, seront soumis, pour le numérotage, aux dispositions prescrites par notre ordonnance du 20 avril 1843 concernant les voitures bourgeoises.

TITRE II.

Des voitures sous remise, offertes au public, pour marcher à l'heure et à la course.

CHAPITRE 1er.

Des entrepreneurs.

11. Tout individu qui voudra exercer la profession d'entrepreneur de voitures sous remise offertes au public pour marcher à l'heure et à la course sera tenu de faire préalablement, à la préfecture de police, la déclaration de ses nom, prénoms et domicile, du nombre ainsi que de l'espèce de voitures qu'il entend mettre en circulation et du lieu où il se propose de remiser ses voitures.

12. Lorsqu'un entrepreneur de voitures sous remise voudra vendre ou cesser de faire rouler une ou plusieurs de ses voitures, ou qu'il voudra abandonner ou modifier leur lieu de remisage, il sera tenu d'en faire préalablement la déclaration à la préfecture de police.

13. Il sera délivré aux entrepreneurs :

Un livret de maître pour chacune de leurs voitures et qui contiendra un exemplaire de la présente ordonnance, ainsi que de celle qui fixe le tarif du prix des courses ;

Un extrait de la déclaration prescrite par l'article 11.

Il sera remboursé par les entrepreneurs pour chaque livret de maître, une somme de soixante-dix centimes montant des frais d'impression et de confection, et pour le timbre de chaque extrait, trente-cinq centimes.

14. Les entrepreneurs ne pourront se servir que de cochers porteurs d'une carte de sûreté ou d'un permis de séjour ainsi que d'un permis de conduire et d'un bulletin d'entrée en service.

Ce bulletin qui sera délivré à la préfecture de police et ensuite signé par l'entrepreneur contiendra le signalement du cocher.

15. Tout entrepreneur est tenu de retirer à la préfecture de police les permis de conduire de ses cochers, le jour même de l'entrée ce ces individus à son service.

Ces permis seront déposés à la préfecture de police par les entrepreneurs, dans les vingt-quatre heures qui suivront la sortie des cochers.

Dans aucun cas et lors même que les cochers seraient redevables envers les entrepreneurs, ceux-ci ne pourront retenir les permis des cochers qui quitteront leurs établissements.

16. Tout entrepreneur sera tenu, en prenant un cocher, d'inscrire sur le permis de conduire et le bulletin de cet individu, la date de son entrée en service.

Lorsque le cocher quittera l'établissement, il sera fait mention sur son permis de conduire de la date de sa sortie.

17. Tout entrepreneur qui ne pourra faire comparaître devant l'autorité compétente le cocher attaché à son service, et prévenu de délit ou de contravention sera tenu de déposer, dans les vingt-quatre heures, à la préfecture de police, le permis de conduire de ce cocher.

18. Il est formellement défendu à tout entrepreneur d'employer un cocher auquel le permis de conduire aura été retiré.

Lorsque le permis de conduire aura été retiré à un cocher, ce permis devra être rapporté immédiatement à la préfecture de police par l'entrepreneur dès que ce dernier en aura reçu l'ordre.

19. Tout entrepreneur sera tenu de délivrer à ses cochers, pour les courses de la journée, un nombre suffisant de cartes imprimées et conformes au modèle adopté par nous.

Ces cartes qui indiqueront le numéro de la voiture confiée au cocher ne pourront être surchargées ni altérées en aucune manière.

20. Il est expressément défendu aux entrepreneurs de confier la conduite de leurs voitures à des cochers qui seraient dans un état de malpropreté évidente.

CHAPITRE II.

Des cochers.

21. Tout cocher de voitures sous remise offertes au public pour marcher à l'heure et à la course devra être pourvu d'un permis de conduire qui lui sera délivré à la préfecture de police et qui indiquera :

Son numéro d'inscription à la préfecture de police ;

Ses nom et prénoms ;

Son signalement ;

Le lieu de sa naissance ;

Son domicile.

Il sera remboursé par le cocher, pour les frais du permis de conduire, la somme de soixante-dix centimes.

22. Le permis de conduire restera déposé à la préfecture de police pendant tout le temps que le cocher ne sera pas employé chez un entrepreneur de voitures.

Le cocher recevra en échange un bulletin de dépôt indiquant qu'il est pourvu d'un permis de conduire.

Il sera tenu, lorsqu'il entrera chez un entrepreneur, de faire viser dans les vingt-quatre heures à la préfecture de police, le bulletin d'entrée en service dont il est parlé en l'article 14.

23. Lorsqu'il sera reconnu qu'un cocher, soit par suite de plaintes graves ou réitérées, soit à cause d'infirmités ou de tout autre motif qui serait de nature à compromettre la sûreté publique ne réunit plus les conditions nécessaires à l'exercice de sa profession, le permis de conduire lui sera retiré.

24. Lorsque le permis de conduire aura été retiré à un cocher ou lorsqu'il quittera un établissement, il sera tenu de rapporter, dans les vingt-quatre heures, à la préfecture de police, son bulletin d'entrée en service.

25. Tout cocher en quittant un établissement est tenu de remettre à l'entrepreneur le livret de maître ainsi que l'extrait de la déclaration prescrite par l'article 11 qui concerneront la voiture dont la conduite lui aura été confiée.

En cas de refus de la part du cocher, l'entrepreneur devra en faire la déclaration à la préfecture de police dans les vingt-quatre heures.

26. Toute impolitesse, tout acte de grossièreté des cochers envers le public, seront sévèrement réprimés.

27. Il est enjoint à tout cocher de remettre à la personne qui voudra faire usage de sa voiture, soit à la course, soit à l'heure, et avant qu'elle y monte, l'une des cartes qui lui auront été délivrées, conformément aux dispositions de l'article 19 de la présente ordonnance, par l'entrepreneur au service duquel il sera employé.

Lorsque plusieurs personnes à la fois prendront la même voiture, le cocher ne sera tenu de livrer qu'une seule carte.

28. Il est enjoint aux cochers de visiter, immédiatement après chaque course, l'intérieur de leurs voitures, et de remettre sur-le-champ aux personnes qu'ils auront conduites, les objets qu'elles y auraient laissés.

A défaut de possibilité de la remise prescrite ci-dessus, la déclaration et le dépôt des objets trouvés dans les voitures seront faits, à la préfecture de police, dans les vingt-quatre heures, à la diligence des cochers ou des entrepreneurs.

Il sera délivré, à titre d'encouragement, des gratifications aux cochers qui, dans le courant de l'année, auront montré le plus de fidélité à rapporter les objets oubliés dans leurs voitures.

29. Les cochers des carrosses attelés de deux chevaux, pourront être contraints à recevoir, dans leurs voitures, quatre personnes et un enfant de dix ans, au plus.

Les cochers des petits carrosses, des calèches et phaëtons à quatre places, quelle que soit leur forme, et attelés, soit d'un cheval, soit de deux petits chevaux, pourront être contraints à recevoir quatre personnes ;

Les cochers des coupés à trois places, attelés de un ou de deux chevaux, trois personnes ;

Les cochers de cabriolets à deux et à quatre roues, tilburys et bogheis, deux personnes.

En toute circonstance, deux enfants de dix ans, au plus, pourront remplacer une personne.

En sus du nombre de personnes ci-dessus indiqué, les cochers des voitures dont il s'agit (à l'exception des cabriolets à deux roues, tilburys et bogheis) seront obligés de recevoir les enfants au-dessous de quatre ans, qui seront tenus sur les genoux des personnes qui les accompagneront.

30. Les cochers ne pourront être contraints à charger des meubles, des marchandises ou des paquets d'un fort volume, soit dans l'intérieur de leurs voitures, soit sur l'impériale.

Ils ne pourront non plus être contraints à laisser monter des animaux dans leurs voitures.

31. Les plaintes adressées au préfet de police contre les cochers devront indiquer les numéros des voitures, ainsi que le jour, le lieu et l'heure auxquels ces voitures auront été prises et quittées.

32. Tout cocher conduisant une voiture sous remise, offerte au public pour marcher à l'heure et à la course, devra être muni :

Du livret de maître, contenant la présente ordonnance, ainsi que celle qui fixe le tarif du prix des courses;

De l'extrait de la déclaration prescrite par l'article 11 ;

Du laissez-passer délivré par l'administration des contributions indirectes ;

Des cartes mentionnées aux articles 19 et 27 ;

Du bulletin d'entrée en service dont il est parlé aux articles 14 et 22.

Il sera tenu de représenter les pièces ci-dessus désignées à toute réquisition des agents de l'autorité.

33. Tout entrepreneur, qui conduira lui-même, devra être porteur d'un bulletin spécial, qui lui sera délivré à la préfecture de police, et de toutes les pièces exigées par l'article précédent, à l'exception du bulletin d'entrée en service.

34. Il est défendu aux cochers des voitures sous remise offertes au public, pour marcher à l'heure et à la course :

D'offrir, par paroles ou par geste, leurs voitures au public, lorsque ces voitures ne sont pas en station dans les locaux à ce affectés;

De fumer, lorsqu'ils conduisent leurs voitures;

D'ôter leurs habits, même pendant les chaleurs ;

De conduire en blouse.

35. Il est formellement défendu auxdits cochers de faire boire et manger leurs chevaux sur aucun point de la voie publique.

Cependant, lorsque les cochers seront gardés, ils pourront faire manger l'avoine à ces animaux sur quelque point de la voie publique que ce soit, mais à la condition expresse qu'ils se tiendront à la tête de leurs chevaux pendant tout le temps qu'ils mangeront et que l'avoine sera renfermée dans une musette attachée au col du cheval.

36. Il est défendu aux cochers de débrider entièrement leurs chevaux lorsqu'ils leur donneront à boire ou à manger.

Ils leur enlèveront seulement le mors de la bouche.

CHAPITRE III.

Des voitures.

37. Toutes les voitures sous remise, offertes au public pour marcher à l'heure et à la course, quelle que soit leur forme, continueront d'être assujetties à un numérotage, qui sera effectué aux frais de la préfecture de police.

Le mode de ce numérotage et toutes les opérations qui y sont relatives seront réglés par une ordonnance spéciale.

38. Les dimensions et conditions dans lesquelles les voitures sous remise devront être construites, continueront d'être déterminées par des règlements spéciaux.

39. Il est fait expresse défense à tout entrepreneur de mettre en circulation des voitures qui ne seraient pas en bon état de solidité et de propreté, ou qui ne réuniraient pas toutes les conditions prescrites par l'administration, et d'employer des chevaux entiers, atteints de maladies contagieuses, ou présentant des symptômes de ces maladies, vicieux ou hors d'état de faire le service.

40. Les chevaux attelés aux voitures sous remise, dites cabriolets à deux roues, tilburys et bogheis, porteront au col un grelot mobile bien sonnant, en cuivre fondu, et dont le diamètre ne pourra être moindre de trois centimètres.

41. Chaque année, et plus souvent s'il est jugé nécessaire, il sera procédé à une visite générale des voitures sous remise, ainsi que des chevaux et des harnais.

Cette visite, dont l'époque sera fixée par une ordonnance spéciale, sera faite par des agents délégués à cet effet.

Il sera dressé procès-verbal pour constater si chaque voiture est construite avec la solidité convenable dans toutes ses parties, et si elle est entièrement conforme aux dimensions et conditions prescrites.

Les voitures soumises à la visite seront marquées d'un timbre particulier, qui sera apposé sur le train et sur le derrière de la caisse, au-dessous du numéro.

Lorsqu'une voiture sera reconnue être en mauvais état, ou lorsqu'elle ne réunira pas toutes les conditions prescrites, le numéro en sera effacé et la circulation interdite jusqu'à ce qu'il y ait été fait les réparations convenables.

Les chevaux qui seront atteints de maladies contagieuses non contestées, seront marqués pour être abattus conformément aux règlements.

En cas de contestation, il nous en sera référé; provisoirement, les chevaux seront placés dans une écurie séparée.

42. Il sera fait en outre par les experts des voitures et autres préposés de l'administration, de fréquentes tournées dans les lieux de remisage ainsi que sur la voie publique, dans le but de vérifier l'état du matériel et de faire conduire à la fourrière, pour y être démarquées, toutes les voitures qui pourraient compromettre la sûreté publique.

Les experts vétérinaires devront également faire des tournées sur la voie publique et se rendre fréquemment dans les lieux de remisage et les écuries des entrepreneurs, à l'effet de s'assurer si les chevaux sont propres au service.

Il sera procédé à l'égard des chevaux reconnus malades, vicieux ou impropres au service, ainsi qu'il est prescrit par les articles 4, 5 et 6 de l'ordonnance de police du 31 août 1842.

Les experts ci-dessus désignés rendront compte, par des rapports fréquents, du résultat de leurs opérations.

43. Le tarif du prix des courses dans les voitures sous remise, ainsi que toutes les dispositions d'ordre et de police qui se rattachent à ce tarif, seront réglés par une ordonnance spéciale.

CHAPITRE IV.

Des lieux de remisage.

44. Tout entrepreneur de voitures sous remise qui, conformément aux dispositions des articles 11 et 12 de la présente ordonnance, fera la déclaration du lieu où il se propose de remiser ses voitures, devra justifier du consentement écrit du propriétaire dont la signature sera en outre certifiée par le commissaire de police du quartier.

45. Lorsque la formalité prescrite par l'article précédent aura été remplie, il sera vérifié si le lieu de remisage indiqué ne présente aucun danger pour la sûreté et la liberté de la circulation, et s'il réunit toutes les conditions convenables à sa destination.

Après la vérification dont il s'agit, l'autorisation nécessaire sera délivrée, s'il y a lieu.

46. Les lieux de remisage au-devant desquels se trouveront des trottoirs ne pourront être autorisés, qu'autant que ces trottoirs seront disposés comme pour les entrées de portes cochères, c'est-à-dire en pavés et en pente, de manière que la partie la plus basse de cette pente se trouve au niveau du sol de la rue.

47. Il est expressément défendu de laisser saillir la tête des chevaux sur la voie publique au delà du mur de face de la maison dans laquelle sera situé le lieu de remisage.

Les chevaux devront être retenus en arrière de l'alignement, soit qu'on établisse à cet effet une barrière, une chaîne ou une corde, soit qu'on attache les chevaux par la tête le long du mur.

48. L'intérieur de chaque lieu de remisage devra être tenu dans un état constant de propreté, et disposé de manière à faciliter l'écoulement des urines des chevaux et autres immondices.

49. Il est expressément défendu aux cochers et conducteurs de voitures sous remise, offertes au public pour marcher à l'heure et à la course, de faire stationner sur aucune partie de la voie publique, même momentanément, lorsqu'elles ne seront pas louées, leurs voitures, qui, dans ce cas, devront rester en station dans les lieux de remisage à ce affectés.

50. Il est formellement interdit auxdits cochers et conducteurs :

De quitter leurs voitures lorsqu'elles sont en station dans les lieux de remisage ;

De faire stationner dans les lieux de remisage un plus grand nombre de voitures que celui qui est autorisé ;

De gêner la circulation sur les trottoirs ou dans les rues en se réunissant en groupe, et de troubler la tranquillité publique, soit par des disputes ou des rixes, soit en faisant claquer leurs fouets.

TITRE III.

Dispositions communes aux deux services.

CHAPITRE Ier.

Des entrepreneurs.

51. Les entrepreneurs des deux services seront tenus de faire inscrire extérieurement, au-dessus de la porte de leur établissement, leurs nom et profession en caractères ayant au moins huit centimètres de hauteur et quinze millimètres de plein.

Toutes les fois qu'un entrepreneur changera le siége de son établissement, il sera tenu d'en faire, au moins quarante-huit heures d'avance, la déclaration à la préfecture de police.

52. Les entrepreneurs des deux services tiendront un registre destiné à l'inscription des cochers qu'ils emploieront.

Ce registre sera coté et parafé sur chacune de ses feuilles, et visé, le premier de chaque mois, par le commissaire de police du quartier ou le maire de la commune.

Les entrepreneurs seront tenus de représenter, à toute réquisition des agents de l'autorité, le registre dont il s'agit, qu'ils devront conserver, au moins pendant un an, à compter du jour de la dernière inscription.

Il sera inscrit, chaque jour, sur ce registre :

Pour les voitures sous remise, offertes au public pour marcher à l'heure et à la course, les nom, prénoms et domicile des cochers, ainsi que le numéro de leur inscription à la préfecture de police, et le numéro de la voiture dont la conduite leur aura été confiée ;

Pour les voitures de remise louées à la journée, à la semaine, au mois ou à l'année, dites cabriolets à deux roues, tilburys et bogheis, les mêmes indications, en ce qui concerne les cochers qui seront au service des entrepreneurs ;

Pour les voitures de remise, autres que celles ci-dessus désignées, et qui ne sont point assujetties à un numérotage par la présente ordonnance, les nom, prénoms et domicile des cochers au service des entrepreneurs, ainsi que le numéro de l'inscription de ces cochers à la préfecture de police et les numéros des estampilles des voitures dont la conduite leur aura été confiée.

53. Les entrepreneurs sont civilement responsables des faits des cochers qu'ils emploient, en tout ce qui concerne leur service.

CHAPITRE II.

Des cochers.

54. La profession de cocher des voitures qui font l'objet de la présente ordonnance, à l'exception de celles qui seront conduites par des cochers au service des locataires, ne pourra être exercée que par des individus âgés de dix-huit ans au moins.

55. Tout individu qui voudra exercer la profession de cocher des voitures dont il s'agit, devra justifier de sa moralité et de ses papiers de sûreté.

Il produira en outre un certificat de capacité pour conduire, délivré par l'expert examinateur des cochers.

56. Lorsqu'un cocher, au service d'un entrepreneur, changera de domicile, il sera tenu d'en faire, au moins vingt-quatre heures d'avance, la déclaration à la préfecture de police.

57. Il est expressément défendu à tout à cocher, au service d'un entrepreneur, de confier à qui que ce soit la conduite de sa voiture, et de se dessaisir des divers papiers dont il doit être porteur.

58. Il est défendu aux cochers de lutter de vitesse entre eux et de faire galoper leurs chevaux dans quelque circonstance que ce soit.

Les voitures devront être conduites au petit trot, dans les rues de Paris, et au pas, dans les marchés et les rues étroites, où deux voitures seulement peuvent passer de front.

Ces voitures devront aussi être conduites au pas, au passage des barrières, à la descente des ponts, aux carrefours, aux détours des rues, sous les guichets, et généralement sur tous les points de la voie publique où il existera, soit une pente rapide, soit des obstacles à la circulation, soit une consigne prescrivant le ralentissement de la marche.

59. Les cochers sont tenus, à l'approche de toutes voitures, de se détourner ou de se ranger à droite et de laisser libre au moins la moitié des rues et autres parties de la voie publique.

60. Il est défendu aux cochers de faire passer les roues de leurs voitures sur les trottoirs.

Ils doivent, tout en tenant leur droite, s'abstenir autant que possible, de faire passer les roues de leurs voitures dans les ruisseaux et contre les murs, les bornes ou les trottoirs.

61. Il est enjoint à tout cocher, dont la voiture sera retenue et stationnera sur une partie de la voie publique dépourvue de trottoir, de laisser, entre sa voiture et les maisons riveraines, un passage libre pour la circulation.

En toute circonstance, il devra placer sa voiture de manière à gêner le moins possible la circulation.

62. Il est défendu aux cochers dont il s'agit :

De conduire en état d'ivresse;

De quitter leurs voitures, lorsqu'ils attendent à la porte des particuliers ou à l'entrée d'un établissement public;

De raccoler les passants, de parcourir la voie publique au pas, ou de faire exécuter à leurs voitures, sur la même ligne, un va-et-vient continuel, dans le but de faire comprendre qu'ils sont à la disposition du public; tous actes constituant la maraude qui leur est formellement interdite;

De laisser monter le public sur l'impériale, sur le siége ou sur le derrière de leurs voitures.

Les domestiques des personnes qui se trouveront dans leurs voitures pourront seuls monter derrière.

63. Les cochers allumeront, dès la chute du jour, les lanternes dont leurs voitures devront être pourvues.

64. Il est défendu à tout cocher de traverser les halles du centre avant dix heures du matin.

65. Il est défendu aux cochers de faire parcourir à leurs voitures les contre-allées des boulevards intérieurs et extérieurs et généralement les parties des promenades publiques, non closes, qui sont réservées aux piétons.

66. Les cochers ne pourront faire traverser à leurs voitures les contre-allées pour entrer dans les propriétés riveraines, que lorsque le sol de la traverse aura été disposé à cet effet, conformément aux permissions dont les propriétaires auront dû se pourvoir auprès de l'autorité compétente.

Il est défendu de faire stationner, sous aucun prétexte, les voitures dans les contre-allées.

67. Il est interdit aux cochers d'agiter leurs fouets sans nécessité et de manière à atteindre les passants.

Il leur est aussi défendu de les faire claquer.

Il leur est également fait expresse défense de frapper leurs chevaux avec le manche de leurs fouets ou de les maltraiter de quelque manière que ce soit.

68. En cas d'accident causé sur la voie publique, le cocher sera immédiatement conduit devant un commissaire de police, qui l'interrogera et dressera procès-verbal.

69. Les cochers ne pourront faire arriver leurs voitures aux théâtres, spectacles, bals, concerts et autres lieux de réunion ou de divertissements publics que par les rues désignées dans les consignes.

Il leur est fait expresse défense d'interrompre ou de couper la file des voitures à la sortie des établissements et lieux de réunion ci-dessus désignés.

70. Il est défendu aux cochers de quitter, sous quelque prétexte que ce soit, les rênes de leurs chevaux, pendant que les personnes, qu'ils auront conduites aux théâtres et autres lieux de réunion ou de divertissements publics désignés en l'article précédent, descendront de leurs voitures ou y monteront.

Ils devront conduire leurs voitures au pas et sur une seule file jusqu'à ce qu'elles soient sorties des rues environnant ces établissements.

CHAPITRE III.

Des voitures.

71. Dans aucun cas, les numéros apposés sur le panneau de derrière et sur les deux panneaux de côté des voitures ne pourront être cachés, soit par des lanières ou cuirs croisés, soit par les ailes des garde-crottes adaptés aux voitures, soit de toute autre manière.

72. Il est fait expresse défense à tous individus, autres que les domestiques des personnes qui se trouveront dans les voitures de remise et sous remise, de monter derrière ces voitures.

Il est défendu de se suspendre aux voitures dont il s'agit, ou de s'y tenir extérieurement de quelque manière que ce soit.

73. Il est expressément défendu de faire stationner sur la voie publique aucune voiture non attelée.

TITRE IV.

Dispositions générales.

74. Les contraventions à la présente ordonnance seront constatées par des procès-verbaux ou rapports qui nous seront transmis par les fonctionnaires préposés ou agents qui les auront dressés.

75. Dans les cas de contravention aux dispositions prescrites par les articles 18, 19, 32, 33, 39, 57 et le § 3 de l'article 62, la voiture devra être conduite à la fourrière de la préfecture de police, sans préjudice des poursuites judiciaires ou administratives à exercer contre l'entrepreneur ou le cocher.

Sera également conduite à la fourrière, sans préjudice, s'il y a lieu, de toutes autres poursuites qu'il appartiendra :

Toute voiture sous remise, offerte au public pour marcher à l'heure et à la course, et qui serait mise en circulation sans être pourvue du numéro de police ou du poinçon constatant la visite des experts, ou à l'aide de numéros et de poinçons faux ;

Toute voiture, offerte au public, pour marcher à l'heure et à la course, et qui, même après la visite des experts et l'apposition du numéro de police et du poinçon précités, pourrait, par quelque cause que ce soit, compromettre la sûreté publique.

76. Les ordonnances de police, en date des 16 juillet 1823, 12 décembre suivant, 8 janvier 1829 et 28 août 1837, sont rapportées.

77. La présente ordonnance sera imprimée et affichée.

Les commissaires de police, le chef de la police municipale, les officiers de paix, l'inspecteur-contrôleur de la fourrière et les autres préposés de la préfecture de police, sont chargés, chacun en ce qui le concerne, d'en assurer l'exécution.

Elle sera adressée, en outre, à M. le colonel commandant la garde municipale et à M. le commandant de la gendarmerie du département de la Seine, qui sont chargés de tenir la main à son exécution par tous les moyens mis à leur disposition.

Le conseiller d'Etat, préfet de police, G. DELESSERT.

———————⊙———————

N° **1857.** — *Ordonnance concernant le numérotage des voitures sous remise et des cabriolets de remise à deux roues.*

Paris, le 6 octobre 1843.

Nous, conseiller d'Etat, préfet de police,

Vu, 1° les lois des 14 décembre 1789 (art. 50), et 16-24 août 1790 (titre XI, art. 1er et 3);

2° Les articles 2, 22 et 32 de l'arrêté du gouvernement du 12 messidor an VIII (1er juillet 1800) et l'article 1er de l'arrêté du 3 brumaire an IX (25 octobre 1800);

3° Les articles 471, 474, 475, 476, 478 et 482 du Code pénal;

4° Notre arrêté du 28 octobre 1841, qui a réglé toutes les opérations relatives au numérotage et à l'effaçage des voitures sous remise, offertes au public, pour marcher à l'heure et à la course;

5° Notre ordonnance, en date du 5 de ce mois, qui assujettit à un numérotage toutes les voitures sous remise, offertes au public pour marcher à l'heure et à la course, quelle que soit leur forme, ainsi que les cabriolets de remise à deux roues, les tilburys et les bogheis, loués à la journée, à la semaine, au mois ou à l'année et conduits par des cochers au service des entrepreneurs ;

Considérant qu'il importe de régler le mode de ce numérotage, ainsi que toutes les opérations qui y sont relatives ,

Ordonnons ce qui suit :

1. Dans le délai d'un mois, à compter du jour de la publication de la présente ordonnance, les entrepreneurs des cabriolets de remise à deux roues, tilburys, bogheis, etc., loués à la journée, à la semaine, au mois ou à l'année, et conduits par des cochers au service de ces entrepreneurs, et tous les entrepreneurs des voitures sous remise, offertes au public, pour marcher à l'heure et à la course, quelle que soit leur forme, seront tenus de faire conduire ces voitures à la préfecture de police pour y être numérotées.

2. Toutes les opérations relatives au numérotage et à l'effaçage des voitures désignées en l'article 1er, seront faites par le peintre de la préfecture de police, sous la direction et la surveillance du contrôleur de la fourrière.

3. Conformément aux dispositions de l'article 10 de notre ordonnance en date du 5 de ce mois, le numérotage prescrit par l'article 1er sera effectué aux frais de la préfecture de police.

4. Le numéro qui sera affecté à chaque voiture, devra être peint en chiffres arabes rouges de cinq centimètres et demi de hauteur sur huit millimètres de plein.

Ce numéro sera apposé, en ce qui concerne les voitures sous remise offertes au public, pour marcher à l'heure et à la course, dites carrosses à deux chevaux ou à un cheval et coupés, sur le panneau de derrière, dit de lunette, et sur les deux panneaux de côté, dits de custode, de chacune de ces voitures.

En ce qui concerne les voitures sous remise, dites calèches, landaulets et cabriolets à deux et à quatre roues, et les cabriolets de remise à deux roues, tilburys et bogheis, loués à la journée, à la semaine, au mois ou à l'année, et conduits par des cochers, au service des entrepreneurs, le numéro sera placé sur le panneau de derrière et les deux panneaux de côté de chacune de ces voitures.

Le numéro de chaque voiture sous remise, offerte au public pour marcher à l'heure et à la course, sera répété en couleur rouge au-dessus du tarif du prix des courses qui doit être placé dans l'intérieur de ces voitures.

Les chiffres de ce numéro (qui sera estampillé d'un poinçon, ayant en hauteur comme en largeur vingt millimètres) devront avoir vingt millimètres de hauteur et cinq millimètres de plein, au moins.

5. Les numéros apposés à l'extérieur des voitures sous remise et des cabriolets de remise à deux roues, tilburys et bogheis, ne pourront être changés sans notre autorisation.

Ils seront estampillés d'un poinçon ayant, en hauteur comme en largeur, vingt millimètres.

Les entrepreneurs des voitures sous remise, offertes au public pour marcher à l'heure et à la course, devront faire exécuter, dans leurs établissements et à leurs frais, le numérotage prescrit pour l'intérieur de ces voitures, en se conformant strictement aux obligations qui sont imposées à cet égard par l'article 4.

6. Lorsqu'une voiture hors de service sera retirée de la circulation et remplacée par une autre en bon état, ces deux voitures devront être conduites à la préfecture de police, où les dispositions nécessaires seront exécutées sur chacune d'elles.

Cependant, les entrepreneurs pourront faire effacer, dans l'intérieur de leurs établissements, le numéro de la voiture hors de service, mais ils seront tenus de justifier de cet effaçage.

Dans le cas où cet effaçage serait effectué par le peintre de la préfecture, les frais qui en résulteront, seront à la charge des entrepreneurs.

7. Aucune voiture sous remise, offerte au public pour marcher à l'heure et à la course, ne pourra être numérotée avant qu'elle ait été visitée par les experts attachés à la préfecture de police, et qu'il ait été reconnu qu'elle est entièrement conforme aux dimensions et conditions prescrites pour la construction de ces voitures.

Les experts apposeront une estampille de couleur rouge au-dessous du numéro existant sur le panneau de derrière de chaque voiture qui sera soumise à leur expertise, et qui réunira toutes les conditions exigées.

Les cabriolets de remise à deux roues, tilburys et bogheis, loués à la journée, à la semaine, au mois ou à l'année, et conduits par des cochers au service des entrepreneurs, ne pourront non plus être numérotés qu'autant que les experts auront reconnu que ces voitures sont en bon état, et ne peuvent compromettre la sûreté publique.

8. Aucun effaçage ou numérotage ne pourra être effectué par le peintre que sur la justification, par l'entrepreneur, d'une feuille d'effaçage ou de numérotage délivrée à la préfecture de police (2e division, 3e bureau).

L'expert des voitures ou le préposé de la fourrière, en présence duquel l'effaçage ou le numérotage devra avoir lieu, certifiera, sur la feuille dont il est question au paragraphe précédent, que l'opération a été faite conformément aux dispositions déterminées par la présente ordonnance.

Toutefois, la mesure prescrite ci-dessus n'est pas applicable aux effaçages qui auront lieu dans le cas exceptionnel prévu par le second paragraphe de l'article 6.

9. Les poinçons, prescrits par les articles 4 et 5 de la présente ordonnance, ne pourront être apposés sur les numéros que par l'expert des voitures ou le préposé de la fourrière, en présence duquel le numérotage aura été effectué, et lorsque cet expert ou ce préposé aura reconnu que les numéros sont entièrement conformes aux dispositions déterminées par l'article 4.

10. La dépense qu'occasionnera la pose des poinçons, dont il est question en l'article 9, sera à la charge de la préfecture de police.

11. Notre arrêté précité du 28 octobre 1841 est rapporté.

12. La présente ordonnance sera imprimée et affichée.

Les commissaires de police, le chef de la police municipale, les officiers de paix, l'inspecteur-contrôleur de la fourrière, et les autres préposés de la préfecture de police sont chargés, chacun en ce qui le concerne, d'en assurer l'exécution.

Elle sera adressée en outre à M. le colonel commandant la garde municipale et à M. le commandant de la gendarmerie du département de la Seine, qui sont chargés de tenir la main à son exécution par tous les moyens mis à leur disposition.

Le conseiller d'Etat, préfet de police, G. DELESSERT.

N° **1858**. — *Ordonnance concernant le tarif des voitures sous remise, offertes au public pour marcher à l'heure et à la course.*

Paris, le 10 octobre 1843.

Nous, conseiller d'Etat, préfet de police,

Vu, 1° les lois des 14 décembre 1789 (article 50) et 16-24 août 1790 (titre XI, articles 1er et 3);

2° Les articles 2 et 32 de l'arrêté du gouvernement du 12 messidor an VIII (1er juillet 1800) et l'article 1er de l'arrêté du 3 brumaire an IX (25 octobre 1800);

3° Notre ordonnance du 15 mars 1838, concernant le tarif des voitures sous remise, offertes au public pour marcher à l'heure et à la course;

4° Notre ordonnance du 5 octobre courant, concernant les voitures de remise louées à la journée, à la semaine, au mois et à l'année, et les voitures sous remise, offertes au public pour marcher à l'heure et à la course, et notamment l'article 43 de ladite ordonnance;

Considérant que notre ordonnance précitée, du 15 mars 1838, n'a fixé le prix des courses dans les voitures sous remise que pour l'intérieur de Paris, et n'a point établi un tarif pour les communes du ressort de la préfecture de police;

Que l'absence d'un tarif pour ces communes donne lieu à des plaintes continuelles et occasionne, sur la voie publique, des querelles et des rixes, auxquelles l'autorité doit mettre un terme,

Ordonnons ce qui suit:

1. A l'avenir, et à compter du jour de la publication de la présente ordonnance, tout cocher de voiture sous remise, offerte au public à l'heure ou à la course, sera tenu de marcher, soit dans l'intérieur, soit à l'extérieur de Paris, dans le ressort de la préfecture de police (1), aux prix fixés par le tarif annexé à la présente ordonnance, et en se conformant à toutes les dispositions réglementaires qui s'y rattachent.

2. Il y aura constamment dans l'intérieur des voitures sous remise, dites carrosses ou berlines, petits carrosses, calèches et phaétons à quatre places, soit à un cheval, soit à deux chevaux, coupés à un cheval ou à deux chevaux, et cabriolets à deux ou à quatre roues, une plaque indicative du tarif prescrit par la présente ordonnance.

Cette plaque, qui aura seize centimètres de hauteur sur dix de largeur, sera fixée entre les deux glaces de devant, immédiatement au-dessous du galon de campagne pour les voitures dites carrosses ou berlines, petits carrosses à quatre places, soit à un cheval, soit à deux chevaux, et coupés à un cheval ou à deux chevaux.

Cette plaque devra être en métal et enchâssée dans un cadre en bois, avec bordure arrondie, conforme au modèle adopté par nous.

Pour les voitures, dites calèches et phaétons, soit à un cheval, soit à deux chevaux et les cabriolets à deux ou à quatre roues, le tarif devra être imprimé sur une peau blanche, ayant les dimensions déterminées ci-dessus; cette peau sera fixée à la capote sur le troisième cerceau du côté gauche, à la hauteur de soixante-quinze centimètres, à partir de la parclose.

Le tarif, soit en métal, soit en peau, devra être entièrement conforme aux modèles adoptés par nous.

_____

(1) Le ressort de la préfecture de police comprend le département de la Seine et les communes de Saint-Cloud, Sèvres et Meudon, du département de Seine-et-Oise.

Il indiquera aussi, conformément aux dispositions de l'article 4 de notre ordonnance du 6 octobre courant, le numéro de la voiture, et sera estampillé d'un poinçon ayant en hauteur comme en largeur, vingt millimètres.

3. Les contraventions seront constatées par des procès-verbaux ou rapports, qui nous seront transmis par les fonctionnaires, préposés ou agents qui les auront dressés.

Il pourra être pris envers les contrevenants telles mesures administratives qu'il appartiendra, sans préjudice des poursuites à exercer contre eux devant les tribunaux.

4. Notre ordonnance précitée, du 15 mars 1838, est rapportée.

5. La présente ordonnance, ainsi que le tarif et les dispositions réglementaires qui s'y rattachent, seront imprimés et affichés.

Les commissaires de police, le chef de la police municipale, les officiers de paix, l'inspecteur-contrôleur de la fourrière et les autres préposés de la préfecture de police, sont chargés, chacun en ce qui le concerne, d'en assurer l'exécution.

Elle sera adressée en outre à MM. les sous-préfets de Saint-Denis et de Sceaux, à MM. les maires de Saint-Cloud, Sèvres et Meudon, à M. le colonel de la garde municipale, et à M. le colonel commandant la première légion de la gendarmerie départementale, qui sont chargés de tenir la main à son exécution, par tous les moyens mis à leur disposition.

Le conseiller d'Etat, préfet de police, G. DELESSERT.

TARIF

ANNEXE à l'ordonnance du 10 octobre 1843.—**Tarif des voitures sous rem**

Pour l'intérieur de Paris.

DE SIX HEURES DU MATIN A MINUIT.			DE MINUIT A SIX HEURES DU MATIN.	
DÉSIGNATION des voitures.	PRIX de la course.	de l'heure.	DÉSIGNATION des voitures.	PRIX de l'heure
	f. c.	f. c.		f. c
CARROSSES ou BERLINES à 2 chevaux.	2 »	2 50	CARROSSES ou BERLINES à 2 chevaux.	3 »
PETITS CARROSSES, CALÈCHES ET PHAÉTONS à 4 places, soit à 1 cheval, soit à 2 chevaux, et COUPÉS à 1 cheval ou à 2 chev.	1 50	2 »	PETITS CARROSSES, CALÈCHES ET PHAÉTONS à 4 places, soit à 1 cheval, soit à 2 chevaux, et COUPÉS à 1 cheval ou à 2 chevaux.	2 »
CABRIOLETS (à 2 ou à 4 roues), TILBURYS ET BOGHEIS.	1 50	2 »	CABRIOLETS (à 2 ou à 4 roues), TILBURYS ET BOGHEIS.	2 »

Dispositions spéciales pour L'INTÉRIEUR DE PARIS.

1° Pour prévenir les discussions qui pourraient s'élever, relativement au tarif, entre le public et les cochers, il est enjoint, à ces derniers, de demander, aux personnes qui montent dans leurs voitures, de six heures du matin à minuit, si elles entendent être conduites à l'heure ou à la course. Aucun cocher ne pourra être contraint à marcher de minuit à six heures du matin, qu'autant qu'il sera pris à l'heure.

2° Tout cocher qui sera pris de six heures du matin à minuit, soit dans un lieu de remisage, soit sur un point quelconque de la voie publique, pour aller charger à domicile, sera tenu de marcher à la course toutes les fois qu'il en sera requis, quel que soit l'éloignement de ce domicile.

3° Les cochers qui seront pris, soit dans Paris, pour transporter des voyageurs aux cimetières de l'est, du nord et du sud ou à l'embarcadère du chemin de fer de Versailles (rive gauche), soit à ces cimetières ou à cet embarcadère, pour se rendre dans Paris, seront tenus de marcher aux prix fixés pour l'intérieur de Paris.

4° Les cochers devront se faire payer d'avance, lorsqu'ils conduiront des personnes aux embarcadères des chemins de fer, aux théâtres, spectacles, bals, concerts et autres lieux de réunion et de divertissements publics. — Ils sont autorisés à se faire payer d'avance, lorsque les personnes qu'ils conduiront descendront à l'entrée d'un jardin public et de tout autre lieu, où il est notoire qu'il existe plusieurs issues.

5° Tout cocher, pris entre onze heures et minuit, et qui arrivera à sa destination après minuit, n'aura droit qu'au prix fixé pour le jour, mais seulement pour la première course ou la première heure. Celui qui aura été pris entre cinq et six heures du matin, et qui n'arrivera à sa destination qu'après six heures, aura droit au prix fixé pour la nuit, mais seulement pour la première heure.

6° Le cocher qui, dans une course, aura été détourné de son chemin par la volonté de la personne qui l'emploiera, sera censé avoir été pris à l'heure, et sera payé en conséquence. — Le cocher qui, ainsi détourné de son chemin, sera requis de déposer, en route, une ou plusieurs des personnes qui se trouveront dans sa voiture, n'aura droit qu'au prix de la course.

7° Lorsqu'un cocher marchera à l'heure, il lui sera dû le prix total de l'heure, lors même qu'il n'aura pas été employé pendant l'heure entière. — Lorsque le cocher, pris à l'heure, aura été employé pendant plus d'une heure, le prix qui lui sera dû, à compter de la deuxième heure, sera calculé sur l'espace de temps pendant lequel il aura été employé.

Dispositions communes à

22° Tout cocher, pris dans un lieu de remisage ou sur quelque point de la voie publique que ce soit, sera tenu de marcher à toute réquisition.

23° Tout cocher qui aura été appelé pour aller chercher quelqu'un à domicile, et qui sera renvoyé sans être employé, recevra, à titre d'indemnité de déplacement, le prix d'une demi-course, calculé d'après les prix établis pour l'intérieur de Paris.

24° Tout cocher, qui, en se rendant à un lieu de remisage, ou lorsqu'il se trouvera sur un point quelle

Arrêté par nous, conseiller d'État, préfet de police, pour être annexé à notre ordonnance de ce jour.

spositions réglementaires qui s'y rattachent.

Pour l'extérieur de Paris, dans le ressort de la préfecture de police.

EN DEDANS DU MUR D'ENCEINTE DES FORTIFICATIONS.			EN DEHORS DU MUR D'ENCEINTE DES FORTIFICATIONS.		
NATION tes ures.	PRIX de l'heure.	DISPOSITIONS SPÉCIALES à cette partie du Tarif.	DÉSIGNATION des voitures.	PRIX de l'heure.	DISPOSITIONS SPÉCIALES à cette partie du Tarif.
OSSES u INES A VAUX.	f. c. 3 50	8° Les cochers ne seront tenus, en aucune saison, de sortir de Paris après minuit, pour se rendre sur le territoire situé en dedans du mur d'enceinte des fortifications. Si, après cette heure, les cochers consentent à sortir de Paris, le prix du voyage sera réglé, de gré à gré, entre eux et le public.	CARROSSES ou BERLINES A 2 CHEVAUX.	f. c. 4 »	11° Les cochers ne seront pas tenus de sortir de Paris, pour se rendre sur le territoire situé en dehors du mur d'enceinte des fortifications, après sept heures en hiver, et neuf heures en été. Si, après ces heures, les cochers consentent à marcher, le prix du voyage sera réglé de gré à gré, entre eux et le public.
ITS OSSES, CHES et TONS laces chev., it nevaux, OUPÉS heval u evaux,	3 »	9° Tout cocher, qui sera pris entre onze heures et minuit, ne pourra, lors même qu'il arrivera à sa destination après minuit, exiger un salaire plus élevé que celui qui est fixé pour le territoire compris dans le mur d'enceinte des fortifications. 10° Lorsque le voyageur, arrivé à destination, renverra la voiture, il ne sera point tenu de payer au cocher le temps du retour ; mais il devra payer le prix total de l'heure, lors même que la course aurait été faite en moins d'une heure.	PETITS CARROSSES, CALÈCHES et PHAÉTONS à 4 places soit à 1 chev., à 2 chevaux, ET COUPÉS à 1 cheval ou à 2 chevaux.	3 50	12° Tout cocher, qui sera pris, en hiver, entre six et sept heures du soir, et en été, entre huit et neuf heures, ne pourra, lors même qu'il arrivera à sa destination après sept et neuf heures, exiger un salaire plus élevé que celui qui est fixé pour le territoire situé en dehors du mur d'enceinte des fortifications. 13° Lorsque le voyageur, arrivé à sa destination, renverra la voiture, le retour sera payé au cocher, en raison du temps qu'il aura mis pour se rendre du point de Paris où il aura été pris au lieu où la voiture aura été abandonnée. — Mais, lorsque le temps employé par le cocher pour se rendre au lieu de la destination, ajouté au temps qui devra être employé pour le retour, ne dépassera pas une heure, il ne lui sera dû que le prix de l'heure.
OLETS u à 4 es). URYS GHEIS.	2 50		CABRIOLETS (à 2 ou à 4 roues). TILBURYS ET BOGHEIS.	3 »	

Dispositions communes aux deux parties du tarif pour L'EXTÉRIEUR DE PARIS.

Aucun cocher ne pourra être contraint à se rendre sur le territoire situé, soit en dedans, soit en dehors du mur d'enceinte des fortifications, qu'autant qu'il sera pris à l'heure.

Les prix établis pour l'extérieur de Paris ne sont point applicables aux locations à la journée ; le prix s locations continuera d'être réglé, de gré à gré, entre le public et les cochers.

Les prix fixés par le tarif ci-dessus seront obligatoires, tant à l'extérieur que dans l'intérieur ris. — Lorsque le cocher sera pris sur l'un des points du territoire compris dans le ressort de la pré-ce de police, pour venir à Paris, il ne lui sera dû que le prix du temps pendant lequel il aura été em- . — Lorsque le cocher sera pris sur un point de ce territoire, pour se rendre sur un autre point de me territoire, le prix du voyage sera réglé de gré à gré.

Les cochers qui conduiront des voyageurs sur l'un des points du territoire compris dans le ressort préfecture de police, seront tenus de faire faire à leurs chevaux huit kilomètres à l'heure.

Lorsque le voyageur, qui se sera fait transporter sur l'un des points du territoire compris dans le t de la préfecture de police, reviendra à Paris avec la voiture, le salaire du cocher devra être calculé space de temps pendant lequel ce cocher aura été employé, mais le prix de la première heure devra rs lui être payé en entier.

Lorsque les cochers seront arrivés à destination et qu'ils devront ramener le voyageur, ils auront droit emps de repos qui ne pourra dépasser le tiers du temps qu'ils auront mis à se rendre au lieu de la ation Le prix du temps de repos devra être payé par le voyageur, conformément aux prix déterminés "extérieur de Paris.

Lorsque le voyageur, qui aura d'abord employé un cocher dans l'intérieur de Paris, voudra se faire orter sur l'un des points du territoire compris dans le ressort de la Préfecture de Police, les prix s pour l'extérieur de Paris ne seront dus au cocher qu'à compter du moment où le voyageur aura nnaître son intention de sortir de Paris.

Les cochers qui seront pris, dans Paris, pour transporter des voyageurs sur quelque point que ce bois de Boulogne, ou dans ce bois, pour venir à Paris, seront tenus de marcher au prix fixé pour le ire situé en dedans du mur d'enceinte des fortifications.

s parties du présent Tarif.

e de la voie publique, chargera, soit pour l'intérieur, soit pour l'extérieur de Paris, sera censé avoir s dans un lieu de remisage. Il ne pourra, dans aucun cas, exiger un salaire plus élevé que celui qui erminé par le présent tarif.

Les droits de péage pour passage des ponts ou bacs ne seront à la charge des voyageurs que lors-es derniers auront demandé à passer sur ces ponts ou bacs.

Paris, ce 10 octobre 1843.   G. DELESSERT.

N° **1859**. — *Avis.* — *Courses de chevaux au Champ-de-Mars,
les 15, 19 et 22 octobre 1843.*

Paris, le 11 octobre 1843.

Les voitures qui se rendront aux courses ne pourront y arriver que par le quai d'Orsay ou le pont d'Iéna, et les cavaliers devront s'y diriger, soit par le même itinéraire, soit par la grille de l'avenue de la Motte-Piquet.

Seront admis à stationner dans l'intérieur de la lice, les voitures particulières seulement et les cavaliers.

Toutes autres voitures, sans exception, qui se rendront aux pavillons destinés aux courses, s'y dirigeront par le quai d'Orsay et l'avenue qui longe les tertres à l'ouest du Champ-de-Mars, où elles s'arrêteront pour déposer les personnes. Aussitôt après, lesdites voitures continueront ladite avenue pour aller sortir à la grille de l'Artillerie et stationner sur l'avenue de Suffren, sur une seule file.

Le départ desdites voitures s'effectuera en opérant leur retour par la grille de l'Artillerie et l'avenue qui borde les tertres, où elles s'arrêteront aux pavillons pour prendre chargement et se diriger par la grille de Grenelle et l'avenue de Suffren, dans la direction du pont d'Iéna.

Les voitures et les cavaliers, admis dans l'enceinte des courses, devront effectuer leur départ, soit par le pont d'Iéna, soit par le quai d'Orsay.

Enfin, on renouvelle la défense d'amener aux courses ou d'y tenir en laisse des *chiens*, afin de prévenir les accidents que ces animaux pourraient causer en courant après les chevaux.

Le conseiller d'Etat, préfet de police, G. DELESSERT.

―――――――――

N° **1860**. — *Ordonnance relative aux machines et chaudières à vapeur, autres que celles qui sont placées sur des bateaux.*

Paris, le 6 novembre 1843.

Nous, conseiller d'Etat, préfet de police,

Ordonnons ce qui suit :

1. L'ordonnance royale du 22 mai 1843, relative aux machines et chaudières à vapeur, autres que celles qui sont placées sur des bateaux, et l'instruction de M. le ministre des travaux publics sur les mesures de précaution habituelles à observer dans l'emploi des chaudières à vapeur, seront imprimées et affichées tant à Paris que dans les communes du ressort de la préfecture de police.

2. Le plan des localités et le dessin géométrique de la chaudière, prescrits par l'article 5 de l'ordonnance royale précitée, devront être dressés sur une échelle de cinq millimètres par mètre et être faits en double expédition. Le plan des localités devra indiquer les détails de l'exploitation, c'est-à-dire la désignation des fours, fourneaux, machines, foyers de toute espèce, réservoirs, ateliers, cours, puisards, etc., qui devront servir à l'établissement ; enfin les tenants et aboutissants aux ateliers dans lesquels doit fonctionner l'appareil à vapeur.

3. Les contraventions seront constatées par des procès-verbaux qui nous seront adressés pour être transmis aux tribunaux compétents, sans préjudice des mesures administratives auxquelles elles pourraient donner lieu.

4. L'ingénieur en chef des mines, chargé du service spécial des appareils à vapeur; l'ingénieur en chef des mines, chargé du service central de la partie métallurgique et de l'exploitation des chemins de fer, et les commissaires de police des chemins de fer; les sous-préfets des arrondissements de Sceaux et de Saint-Denis; les maires et les commissaires de police des communes du ressort de la préfecture de police, le chef de la police municipale, les commissaires de police de Paris, sont particulièrement chargés, chacun en ce qui le concerne, de tenir la main à l'exécution des dispositions de l'ordonnance royale précitée, et de nous en rendre compte.

Le conseiller d'État, préfet de police, G. DELESSERT.

N° 1861. — *Arrêté concernant les représentations extraordinaires et à bénéfice dans les théâtres* (1).

Paris, le 23 novembre 1843.

Nous, conseiller d'Etat, préfet de police,

Vu l'article 12 de l'arrêté des consuls du 12 messidor an VIII (1er juillet 1800), qui nous attribue la police des théâtres, pour y assurer le maintien de la tranquillité et du bon ordre, tant au dedans qu'au dehors;

Vu l'article 5 du règlement du ministre de l'intérieur, du 25 avril 1807, approuvé par le décret du 29 juillet 1807, portant qu'aucun des théâtres de Paris ne pourra jouer des pièces qui sortiraient du genre qui lui a été assigné;

Vu l'article 3 du décret susdaté qui dispose, qu'aucun déplacement de troupe d'une salle dans une autre, ne pourra avoir lieu dans la ville de Paris, sans une autorisation du ministre de l'intérieur;

Vu l'article 21 de la loi du 9 septembre 1835;

Considérant que quelques directeurs de théâtres de la capitale, où des représentations extraordinaires ou à bénéfice ont lieu, sont dans l'usage de remplacer par d'autres ouvrages dramatiques, appartenant aux répertoires des divers théâtres de Paris, ceux dont la représentation a été autorisée par le ministre de l'intérieur;

Considérant que ces sortes de substitutions, qui se font sans l'agrément de l'autorité, sont de nature à provoquer des désordres dans les théâtres, en même temps qu'elles sont une infraction aux décisions ministérielles qui autorisent des représentations extraordinaires ou à bénéfice;

Considérant que l'autorisation donnée par l'autorité, pour la représentation des ouvrages dramatiques est spéciale aux entreprises qui l'ont obtenue, et que nul ouvrage, même autorisé pour un théâtre, ne peut être représenté sur un autre, sans une nouvelle autorisation;

Voulant empêcher le retour d'un pareil abus et prévenir des désordres dans les théâtres;

(1) V. l'ord. du 30 mars 1844.

Et vu l'article 471, n. 15, du Code pénal,

Arrêtons ce qui suit :

1. Il est expressément défendu aux directeurs de théâtres de la capitale, sur lesquels des représentations extraordinaires ou à bénéfice sont autorisées, de substituer dans leurs affiches, et de faire jouer des ouvrages dramatiques, autres que ceux indiqués dans les autorisations ministérielles qui auront été accordées pour ces sortes de représentations extraordinaires.

2. Néanmoins, lorsqu'un acteur qui devra paraître dans l'un des ouvrages autorisés se trouvera subitement dans l'impossibilité de jouer, ou si une indisposition se manifeste lorsque le spectacle sera commencé, les directeurs conserveront la faculté, sans être tenus de recourir à une nouvelle autorisation ministérielle, de substituer aux ouvrages qui ne pourront être représentés, d'autres pièces dramatiques, mais sous la condition qu'elles feront partie du répertoire du théâtre où la représentation extraordinaire ou à bénéfice aura lieu, et non du répertoire d'un autre théâtre.

3. Les contraventions aux articles qui précèdent seront constatées régulièrement par les commissaires de police de service près les théâtres et déférées au tribunal compétent, et ce indépendamment des mesures administratives auxquelles lesdites contraventions pourront donner lieu, et sans préjudice, contre les contrevenants, des poursuites qui pourraient être exercées contre eux, en vertu de la loi du 9 septembre 1835.

4. Le présent arrêté sera transmis à MM. les commissaires de police de la ville de Paris, pour être par eux notifié à chaque directeur de théâtre de la capitale, avec injonction de s'y conformer, et les commissaires de police en surveilleront l'exécution, chacun en ce qui le concerne.

Ampliation en sera pareillement adressée à M. le chef de la police municipale chargé de concourir à son exécution.

Le conseiller d'Etat, préfet de police, G. DELESSERT.

N° **1862.** — *Ordonnance concernant les incendies.*

Paris, le 24 novembre 1843.

Nous, conseiller d'Etat, préfet de police,

Vu, 1° les règlements et ordonnances des 26 janvier 1672, 11 avril 1698, 28 avril 1719, 20 janvier 1727, 10 février 1735, 15 novembre 1781, 26 janvier 1808, 28 octobre 1815, et 21 décembre 1819, concernant les diverses mesures et précautions à prendre, pour prévenir ou arrêter les incendies ;

La loi des 16-24 août 1790 ;

La loi des 19-22 juillet 1791 ;

Les arrêtés du gouvernement du 12 messidor an VIII (1er juillet 1800), et 3 brumaire an IX (25 octobre 1800) ;

Considérant qu'il importe de rappeler aux habitants de Paris, les obligations qui leur sont imposées par les règlements, soit pour prévenir les incendies, soit pour concourir à les éteindre, et d'apporter à ces règlements les modifications dont l'expérience a fait reconnaître l'utilité ;

Ordonnons ce qui suit :

TITRE Ier.

Constructions des cheminées, poêles, fourneaux et calorifères.

1. Toutes les cheminées doivent être construites de manière à éviter les dangers du feu, et à pouvoir être facilement ramonées.

2. Il est interdit d'adosser des foyers de cheminée, poêles et fourneaux, à des cloisons dans lesquelles il entrerait du bois, à moins de laisser, entre le parement extérieur du mur entourant ces foyers et les cloisons, un espace de seize centimètres.

3. Les foyers des cheminées ne doivent être posés que sur des voûtes en maçonnerie ou sur des trémies en matériaux incombustibles.

La longueur des trémies sera au moins égale à la largeur des cheminées, y compris la moitié de l'épaisseur des jambages.

Leur largeur sera d'un mètre au moins, à partir du fond du foyer jusqu'au chevêtre.

4. Il est interdit de poser les bois des combles et des planchers à moins de seize centimètres de toute face intérieure des tuyaux de cheminée et autres foyers.

5. Les languettes des tuyaux en plâtre doivent être pigeonnées à la main, et avoir au moins huit centimètres d'épaisseur.

6. Chaque foyer de cheminée doit avoir son tuyau particulier, dans toute la hauteur du bâtiment.

7. Les tuyaux de cheminée, qui n'auraient pas au moins soixante centimètres de largeur sur vingt-cinq de profondeur, ne pourront être que de forme cylindrique, ou à angles arrondis, sur un rayon de six centimètres au moins.

Ces tuyaux ne pourront dévier de la verticale de manière à former *avec elle* un angle de plus de trente degrés (un tiers de l'angle droit).

L'accès de ces tuyaux, à leur partie supérieure, devra être facile.

8. Les mitres en plâtre sont interdites au-dessus des tuyaux des cheminées.

9. Les fourneaux potagers doivent être disposés de telle sorte que les cendres qui en proviennent soient retenues par des cendriers fixes construits en matériaux incombustibles, et ne puissent tomber sur les planchers.

10. Les poêles de construction reposeront sur une aire en matériaux incombustibles d'au moins huit centimètres d'épaisseur, s'étendant de trente centimètres en avant de l'ouverture du foyer.

Cette aire sera séparée du cendrier intérieur par un vide d'au moins huit centimètres, permettant la circulation de l'air.

Les poêles mobiles devront reposer sur une plate-forme en matériaux incombustibles d'au moins vingt centimètres de saillie en avant de l'ouverture du foyer.

11. Les tuyaux de poêle et tous autres tuyaux conducteurs de fumée, en métal, devront toujours être isolés, dans toute leur hauteur, d'au moins seize centimètres des cloisons dans lesquelles il entrerait du bois.

Lorsqu'un tuyau traversera une de ces cloisons, le diamètre de l'ouverture faite dans la cloison devra excéder de seize centimètres celui du tuyau.

Ce tuyau sera maintenu au passage, par une tôle dans laquelle il sera percé une ouverture égale au diamètre extérieur dudit tuyau.

12. Aucun tuyau conducteur de fumée, en métal, ne pourra traverser un plancher ou un pan de bois, à moins d'être entouré au passage par un manchon en métal ou en terre cuite.

Le diamètre de ce manchon excédera de dix centimètres celui du tuyau ; de manière qu'il y ait partout entre le manchon et le tuyau un intervalle de cinq centimètres.

13. Les prescriptions des articles 2, 3, 4, 10, 11 et 12, relatives aux tuyaux de cheminée et aux tuyaux conducteurs de fumée, en métal, seront applicables aux tuyaux de chaleur des calorifères à air chaud. Toutefois, sont exceptés les tuyaux de chaleur qui prennent l'air à la partie supérieure de la chambre dans laquelle est placé l'appareil de chauffage.

14. Il nous sera donné avis des vices de construction des cheminées, poêles, fourneaux et calorifères, qui pourraient occasionner un incendie.

TITRE II.

Entretien et ramonage des cheminées.

15. Les propriétaires sont tenus d'entretenir constamment les cheminées en bon état.

16. Il est enjoint aux propriétaires et locataires de faire ramoner les cheminées et tous tuyaux conducteurs de fumée, assez fréquemment pour prévenir les dangers de feu.

Il est défendu de faire usage du feu pour nettoyer les cheminées et les tuyaux de poêles.

Les cheminées qui ne présenteraient pas, à l'intérieur et dans toute la longueur du tuyau, un passage d'au moins soixante centimètres sur vingt-cinq, ne devront être ramonées qu'à la corde.

TITRE III.

Des couvertures en chaume et en jonc.

17. Aucune couverture en chaume ou en jonc ne pourra être conservée ou établie sans notre autorisation.

TITRE IV.

Des fours, forges, usines et ateliers.

18. Les fours, forges et usines à feu, non compris dans la nomenclature des établissements classés, lesquels sont soumis à des règlements spéciaux, ne pourront être établis dans l'intérieur de Paris, sans notre permission.

19. Il est défendu de déposer du bois, ni aucune matière combustible au-dessous des fours et dans aucune partie du fournil.

Les soupentes, resserres, planches et supports à panetons, et toutes constructions établies dans les fournils, seront en matériaux incombustibles.

Les étouffoirs et coffres à braise doivent être également en matériaux incombustibles.

20. Les charrons, menuisiers, carrossiers et autres ouvriers, qui s'occuperaient en même temps de travailler le bois et le fer, sont tenus, s'ils exercent les deux professions dans la même maison, **d'y** avoir deux ateliers entièrement séparés par un mur, à moins qu'entre la forge et l'endroit où l'on travaille ou dépose le bois, il n'y ait une distance de dix mètres au moins.

Il leur est défendu de déposer dans l'atelier de la forge, aucuns bois, recoupes, ni pièces de charronnage, menuiserie ou autres ; sont exceptés cependant les ouvrages finis et qu'on serait occupé à ferrer ; mais ces ouvrages seront mis à la fin de chaque journée dans un endroit séparé de la forge, en sorte qu'il ne reste dans l'atelier aucunes matières combustibles, pendant la nuit.

21. Dans les ateliers de menuiserie ou d'ébénisterie, les fourneaux ou forges, destinés à chauffer les colles, ne seront établis que sous des hottes en matériaux incombustibles.

L'âtre sera entouré d'un mur en briques de vingt-cinq centimètres de hauteur au-dessus du foyer, et ce foyer sera disposé de manière à être clos pendant l'absence des ouvriers par une fermeture en tôle.

Dans les mêmes ateliers, on ne pourra faire usage des chandeliers en bois.

TITRE V.

Entrepôts, magasins, et dépôts de matières combustibles, inflammables, détonnantes et fulminantes ; théâtres et salles de spectacle.

22. Aucuns magasins et entrepôts de charbon de terre, houille, tourbes et autres combustibles, ne pourront être formés dans Paris sans notre autorisation.

23. Il est défendu d'entrer dans les écuries avec de la lumière non renfermée dans une lanterne.

24. Il est interdit d'entrer avec de la lumière dans les magasins, caves, et autres lieux renfermant des dépôts d'essences ou de spiritueux, et en général de toutes matières inflammables ou fulminantes, à moins que cette lumière ne soit renfermée dans une lanterne.

Les caves et magasins, renfermant des essences et des spiritueux, devront être ventilés au moyen d'une ouverture de trois ou quatre centimètres ménagée au-dessous et dans toute la largeur de la porte d'entrée, et d'une autre ouverture opposée à la première. Cette seconde ouverture sera pratiquée dans la partie supérieure de la cave ou du magasin.

25. Il est défendu de rechercher les fuites de gaz avec du feu ou de la lumière.

26. La vente des pièces d'artifice, le tir des armes à feu et des feux d'artifice, la conservation, le transport et la vente des capsules et des allumettes fulminantes auront lieu conformément aux règlements spéciaux relatifs à ces matières.

Les directeurs des théâtres et des salles de spectacle, les propriétaires des chantiers et entrepôts de bois de chauffage, des magasins de charbons de terre et de fourrages, se conformeront aux dispositions prescrites, pour prévenir les incendies, par les règlements spéciaux qui régissent ces établissements.

TITRE VI.

Halles, marchés, abattoirs, voies publiques.

27. Il est défendu d'allumer des feux dans les halles et marchés, et d'y apporter aucuns chaudrons à feu, réchauds ou fourneaux.

Il n'y sera admis que des pots à feu d'une petite dimension et couverts d'un grillage métallique.

Il est défendu de laisser ces pots dans les halles et marchés, après leur clôture, quand même le feu serait éteint.

Il est défendu aussi de se servir, dans les halles et marchés, de lumières non renfermées dans des lanternes.

28. Il est défendu de faire du feu sur les ports, quais et berges, sans autorisation.

Les personnes autorisées à s'introduire la nuit dans les ports, ne peuvent y entrer avec de la lumière qu'autant qu'elle serait renfermée dans une lanterne.

29. Il est expressément défendu de brûler de la paille sur aucune partie de la voie publique, dans les cours, jardins et terrains particuliers, et d'y mettre en feu aucun amas de matières combustibles.

30. Il est interdit de fumer dans les salles de spectacle, dans les halles, marchés, abattoirs, et en général dans l'intérieur de tous les monuments et édifices publics, placés sous notre surveillance.

Il est également défendu de fumer dans les écuries, dans les magasins et autres endroits renfermant des essences, des spiritueux, ainsi que des matières combustibles, inflammables ou fulminantes.

TITRE VII.

Extinction des incendies.

31. Aussitôt qu'un feu de cheminée ou un incendie se manifestera, il en sera donné avis au plus prochain poste de sapeurs-pompiers (1) et au commissaire de police du quartier.

32. Si les seaux à incendie, les pompes et autres moyens de secours, transportés par les soins des commissaires de police et du commandant des sapeurs-pompiers sont insuffisants, les commissaires de police ou le commandant des sapeurs-pompiers, mettront en réquisition les seaux, pompes, échelles, etc., qui se trouveront, soit dans les édifices publics, soit chez les particuliers. Les propriétaires, gardiens et détenteurs de ces objets seront tenus de déférer immédiatement à ces réquisitions.

Les commissaires de police requerront aussi, au besoin, la force armée, pour le maintien de l'ordre et la conservation des propriétés.

33. Il est enjoint à toute personne chez qui le feu se manifesterait d'ouvrir les portes de son domicile à la première réquisition des sapeurs-pompiers et autres agents de l'autorité.

34. Les propriétaires et locataires des lieux voisins du point incendié seront obligés de livrer, au besoin, passage aux sapeurs-pompiers, et autres agents de l'autorité appelés à porter des secours.

35. Les habitants de la rue où l'incendie se manifestera, et ceux des rues adjacentes, tiendront les portes de leurs maisons ouvertes et laisseront puiser de l'eau à leurs puits et pompes pour le service de l'incendie.

36. En cas de refus de la part des propriétaires et des locataires de déférer aux prescriptions des trois articles précédents, les portes seront ouvertes à la diligence du commissaire de police, et, à son défaut, de tout commandant de détachement de sapeurs-pompiers.

---

(1) L'état des postes des sapeurs-pompiers établis dans Paris, se trouve à la suite de l'instruction annexée à la présente ordonnance.

37. Il est enjoint aux propriétaires et principaux locataires des maisons où il y a des puits, de les garnir de cordes, poulies et seaux, et d'entretenir ces puits en bon état, ainsi que les pompes et autres machines hydrauliques qui y seraient établies.

38. Les porteurs d'eau à tonneaux rempliront leurs tonneaux chaque soir avant de les remiser, et les tiendront pleins toute la nuit.

Au premier avis d'un incendie, ils y conduiront leurs tonneaux pleins.

Il sera accordé une gratification à chacun des deux porteurs d'eau arrivés les premiers au lieu de l'incendie, avec leurs tonneaux pleins.

Cette gratification sera :

de 12 francs pour le premier arrivé,
6 francs pour le second.

En cas d'incendie, les porteurs d'eau sont autorisés à puiser à toutes les fontaines indistinctement.

Ils seront payés de leur travail à raison de 35 centimes l'hectolitre d'eau fournie.

39. Les gardiens des pompes et réservoirs publics seront tenus de fournir l'eau nécessaire pour l'extinction des incendies.

40. Toute personne, requise pour porter secours en cas d'incendie et qui s'y serait refusée sera poursuivie, ainsi qu'il est dit en l'article 475 du Code pénal.

41. Les maçons, charpentiers, couvreurs, plombiers, et autres ouvriers, seront tenus, à la première réquisition, de se rendre au lieu de l'incendie, avec leurs outils ou agrès ; faute par eux de déférer à cette réquisition, ils seront poursuivis devant les tribunaux, conformément audit article 475. .

42. Tous propriétaires de chevaux seront tenus au besoin de les fournir pour le service des incendies, et le prix du travail de ces chevaux sera payé sur mémoires certifiés par le commissaire de police ou par le commandant des sapeurs-pompiers.

43. Il est enjoint aux marchands épiciers, ciriers, chandeliers, voisins de l'incendie, de fournir, sur les réquisitions des commissaires de police ou du commandant des sapeurs-pompiers, les flambeaux et terrines nécessaires pour éclairer les travailleurs.

Le prix des fournitures faites sera payé sur des mémoires certifiés, ainsi qu'il est dit en l'article précédent.

44. Les commissaires de police, les commandants des sapeurs-pompiers, et tous agents de l'autorité, nous signaleront les personnes qui se seront fait remarquer dans les incendies.

45. Les commissaires de police dresseront procès-verbal des incendies et des circonstances qui les auront accompagnés.

Ils rechercheront les causes des incendies et les indiqueront.

46. L'ordonnance de police du 21 décembre 1819, concernant les incendies, est rapportée ; sont également rapportées, les dispositions des anciens règlements ci-dessus visés, qui seraient contraires aux prescriptions de la présente ordonnance.

47. Les contraventions à la présente ordonnance seront constatées par des procès-verbaux qui nous seront transmis pour être déférés, s'il y a lieu, aux tribunaux compétents.

Il sera pris en outre, suivant les circonstances, telles mesures d'urgence qu'exigera la sûreté publique.

48. La présente ordonnance sera imprimée et affichée.

Les commissaires de police, le chef de la police municipale, le commandant du corps des sapeurs-pompiers, les officiers de paix, l'architecte-commissaire de la petite voirie, l'inspecteur-général des halles et marchés, l'inspecteur général de la navigation et des ports, le contrôleur des bois et charbons, le directeur de la salubrité et les autres préposés de la préfecture de police, en surveilleront et en assureront l'exécution, chacun en ce qui le concerne.

Elle sera adressée à notre collègue M. le préfet de la Seine, à M. le commandant supérieur de la garde nationale de la Seine, à M. le commandant de la place de Paris, à M. le colonel de la garde municipale et à M. le commandant de la gendarmerie de la Seine.

Le conseiller d'Etat, préfet de police, G. DELESSERT.

INSTRUCTION CONCERNANT LES INCENDIES.

Le poste des sapeurs-pompiers, qui aura eu connaissance d'un incendie, se rendra immédiatement sur le lieu, avec la pompe.

Le chef du poste en fera donner immédiatement avis à la caserne la plus rapprochée, et en informera le commissaire de police du quartier, qui se transportera aussi sur le lieu de l'incendie.

Si l'incendie présente un caractère alarmant, le commissaire de police fera prévenir le préfet de police, le commandant de place et le colonel de la garde municipale.

Le commandant des sapeurs-pompiers dirigera, sur le théâtre de l'incendie, tous les moyens de secours nécessaires.

Le commissaire de police fera transporter en nombre suffisant les seaux à incendie qui se trouveront dans les dépôts publics (1), et au besoin ceux des établissements particuliers.

Il prendra, de concert avec le commandant des sapeurs-pompiers, les dispositions convenables pour éclairer les travailleurs.

Il désignera, d'accord avec cet officier, un point central de réunion, où les divers agents de l'autorité et toutes autres personnes appelées à concourir à l'extinction du feu pourront recevoir les ordres et les instructions nécessaires.

Ce lieu de réunion sera indiqué par un drapeau et, pendant la nuit, par un fanal.

Le commandant des sapeurs-pompiers prendra la direction des moyens de secours.

Le commissaire de police s'occupera plus spécialement des diverses mesures à prendre dans l'intérêt de l'ordre, de la conservation des propriétés et de la sûreté publique.

Il veillera aussi à ce que les diverses fournitures, et particulièrement celles de l'eau, soient exactement constatées.

Si plusieurs commissaires de police sont présents à l'incendie, ils se partageront le service; mais la direction principale appartiendra toujours au commissaire du quartier.

Les troupes appelées sur le théâtre de l'incendie ne doivent être généralement employées qu'au maintien du bon ordre, à former les

(1) Les principaux dépôts publics de seaux à incendie sont :
1° Dans les casernes de sapeurs-pompiers, de la garde municipale et de la ligne;
2° Dans les mairies ;
3° Dans les commissariats de police.

chaînes, ou à manœuvrer les balanciers des pompes, la direction des secours et de toutes mesures prises pour combattre les incendies devant être laissée au corps des sapeurs-pompiers.

Afin d'éviter les accidents, et pour ne pas porter le feu dans les parties de bâtiment qu'il n'a pas encore atteintes, le public qui se rend sur le théâtre de l'incendie, ne doit, en aucune façon, ouvrir les portes, les croisées, et autres issues des lieux incendiés, avant l'arrivée des sapeurs-pompiers, à moins que ce ne soit pour sauver des personnes en danger. Ce sauvetage doit se faire, autant que possible, par les escaliers.

Le déménagement des gros meubles et des gros effets ne doit avoir lieu qu'à l'arrivée des sapeurs-pompiers, qui jugent si ce déménagement est nécessaire.

C'est ainsi qu'on pourra reconnaître à l'état des lieux comment le feu a pris, empêcher les vols et les dégradations, et maîtriser le feu plus facilement, en évitant les encombrements dans les escaliers et autour du point incendié.

Vue pour être annexée à notre ordonnance en date de ce jour.

Paris, le 24 novembre 1843.

Le conseiller d'Etat, préfet de police, G. DELESSERT.

Etat des postes des Sapeurs-Pompiers établis dans Paris, où l'on trouve, jour et nuit, les secours nécessaires.

ARRONDISS.	QUARTIERS.	DÉSIGNATION DES POSTES.
1er	TUILERIES	Rue de Rivoli, n° 16.
	Id	Rue Royale, au Ministère de la Marine.
	CHAILLOT	Grande rue de Chaillot, n° 105.
	ROULE	A l'Abattoir du Roule, rue de la Pépinière.
	PLACE VENDÔME	Rue de la Paix, n° 4, à la caserne des sapeurs-pompiers.
2e	FEYDEAU	Rue de Richelieu, n° 58, près l'arcade Colbert.
	CHAUSSÉE-D'ANTIN	Rue de la Victoire, n° 31.
	FAUBOURG MONTMARTRE	Rue du Faubourg-Poissonnière, n° 25, aux Menus-Plaisirs.
	Id	A l'Abattoir Montmartre, rue Rochechouart.
4e	BANQUE DE FRANCE	Rue Baillif, à la Banque de France.
	LOUVRE	Au Palais-du-Louvre, sous l'horloge.
	MARCHÉS	Rue de la Poterie, à la Halle aux Draps.
5e	PORTE SAINT-MARTIN	Rue du Faubourg-Saint-Martin, n° 126, à la caserne des sapeurs-pompiers.
	Id	A l'Entrepôt des Douanes, rue de l'Entrepôt.

ARRONDISS.	QUARTIERS.	DÉSIGNATION DES POSTES.
5e.	TEMPLE	Place de la Rotonde-du-Temple, n° 46.
	Id	Rue du Faubourg-du-Temple, près de la caserne d'infanterie de ligne.
	SAINT-MARTIN-DES-CHAMPS	Rue Saint-Martin, n° 208, au Conservatoire des Arts et Métiers.
6e.	MONT-DE-PIÉTÉ	Rue des Blancs-Manteaux, au Mont-de-Piété.
	Id	Vieille rue du Temple, à l'imprimerie royale.
	MARCHÉ SAINT-JEAN	Rue Culture-Ste-Catherine, n° 11, à la caserne des sapeurs-pompiers.
7e.	POPINCOURT	A l'Abattoir Popincourt, rue Ménilmontant.
	FAUBOURG SAINT-ANTOINE	Carrefour Montreuil, rue du Faubourg-Saint-Antoine.
	QUINZE-VINGTS	Rue de Bercy, au Magasin à Fourrages.
9e.	HÔTEL-DE-VILLE	A l'Hôtel-de-Ville, près la rue de la Tixeranderie.
	ILE SAINT-LOUIS	Rue et Ile St-Louis, n° 67.
10e	FAUBOURG SAINT-GERMAIN	Rue de l'Université, au Ministère de la Guerre.
	INVALIDES	Hôtel des Invalides, près la principale entrée.
	Id	A l'Abattoir de Grenelle, place Breteuil.
11e	LUXEMBOURG	Rue du Vieux-Colombier, n° 15, à la caserne des sapeurs-pompiers.
	PALAIS-DE-JUSTICE	Quai des Orfèvres, à l'Etat-Major des sapeurs-pompiers.
12e	SAINT-JACQUES	Rue de Clovis, n° 1.
	OBSERVATOIRE	A l'Hôpital du Val-de-Grâce, rue du Faubourg-Saint-Jacques.
	JARDIN-DU-ROI	Rue Saint-Victor, à la Halle aux Vins.
	SAINT-MARCEL	A l'Abattoir d'Ivry, boulevard de l'Hôpital.

N° **1863**. — *Ordonnance concernant la vérification périodique des poids et mesures.*

Approuvée par M. le Ministre de l'Agriculture et du commerce, le 18 décembre 1843.

Paris, le 1er décembre 1843.

Nous, conseiller d'Etat, préfet de police,
Vu, 1° l'article 3 de la loi des 16-24 août 1790;
2° L'article 46 de celle des 19-22 juillet 1791;
3° La loi du 1er vendémiaire an IV (23 septembre 1795);
4° L'ordonnance royale du 18 décembre 1825;
5° L'ordonnance royale du 21 décembre 1832;
6° Notre ordonnance en date du 23 novembre 1842;
7° L'instruction ministérielle du 14 octobre 1833, pour l'exécution de l'ordonnance royale précitée, en ce qui concerne la vérification et le poinçonnage des balances et autres instruments de pesage;

8° La loi du 4 juillet 1837, qui abroge le décret du 12 février 1812, et interdit tous poids et mesures autres que ceux qu'établissent les lois des 18 germinal an III et 19 frimaire an VIII, constitutives du système métrique décimal ;

9° L'ordonnance royale du 18 mai 1838, d'après laquelle la vérification première des poids, mesures et instruments de pesage autorisés sera faite gratuitement ;

10° L'ordonnance royale du 17 avril 1839, concernant la vérification, l'inspection des poids et mesures et les droits de vérification ;

11° L'instruction ministérielle du 30 août 1839, pour l'exécution de l'ordonnance royale précitée ;

12° L'ordonnance royale du 16 juin 1839, concernant la forme des poids et mesures décimaux,

Ordonnons ce qui suit :

1. Les poids, mesures et instruments de pesage et mesurage dont les commerçants, industriels ou entrepreneurs font usage, ou qu'ils ont en leur possession, dans le ressort de la préfecture de police, seront, en 1844, soumis, comme précédemment, à la vérification périodique.

2. Les négociants, fabricants et marchands, tant en gros qu'en détail, les entrepreneurs ou directeurs de messageries, de diligences et de transport de marchandises, tant par terre que par eau, les commissionnaires ou entrepreneurs, les officiers publics qui comptent avec les contribuables à la mesure ou au poids, les bureaux d'octroi, de pesage public, les monts-de-piété, les préposés des ponts à bascule, les hospices et hôpitaux, et tous autres dénommés dans l'état annexé à notre ordonnance du 23 novembre 1842, lequel indique les nombres et espèces de poids et de mesures dont il leur est enjoint d'être pourvus, sont tenus de représenter ces poids et mesures pour être vérifiés et poinçonnés, SAVOIR :

À Paris, aux époques désignées ci-après pour les divers quartiers :

QUARTIERS.	ÉPOQUES DE LA VÉRIFICATION.	SITUATION DES BUREAUX.
Palais-Royal........	Du 1er janvier au 15 février.	
Feydeau............	Du 16 février au 11 mars.	
Faubourg Montmartre	Du 12 mars au 6 avril.	
Chaussée-d'Antin....	Du 7 avril au 2 mai.	
Place Vendôme......	Du 3 au 26 mai.	Rue du Helder, n° 11.
Tuileries..........	Du 27 mai au 15 juin.	
Roule..............	Du 16 juin au 10 juillet.	
Champs-Elysées.....	Du 11 au 31 juillet.	
Saint-Eustache.....	Du 1er janvier au 15 février.	
Mail..............	Du 16 février au 11 mars.	
Banque de France...	Du 12 mars au 6 avril.	
Marchés...........	Du 7 avril au 2 mai.	
Faubourg Poissonnière	Du 3 au 26 mai.	Rue Montorgueil, n° 65.
Montmartre........	Du 27 mai au 15 juin.	
Saint-Honoré.......	Du 16 juin au 10 juillet.	
Louvre........	Du 11 au 31 juillet.	

QUARTIERS.	ÉPOQUES DE LA VÉRIFICATION.	SITUATION DES BUREAUX.
St-Martin-des-Champs	Du 1er janvier au 15 février.	
Temple............	Du 16 février au 11 mars.	
Porte Saint-Denis....	Du 12 mars au 6 avril.	
Lombards..........	Du 7 avril au 2 mai.	Rue Meslay, no 18.
Montorgueil........	Du 3 au 26 mai.	
Bonne-Nouvelle.....	Du 27 mai au 15 juin.	
Porte Saint-Martin...	Du 16 juin au 10 juillet.	
Faubourg St-Denis...	Du 11 au 31 juillet.	
Sainte-Avoye.......	Du 1er janvier au 15 février.	
Mont-de-Piété......	Du 16 février au 11 mars.	
Quinze-Vingts......	Du 12 mars au 6 avril.	
Faubourg St-Antoine.	Du 7 avril au 2 mai.	Rue Saint-Louis (Marais), no 9.
Marais............	Du 3 au 26 mai.	
Popincourt........	Du 27 mai au 15 juin.	
Marché St-Jean.....	Du 16 juin au 10 juillet.	
Arcis.............	Du 11 au 31 juillet.	
Hôtel-de-Ville......	Du 1er janvier au 15 février.	
Arsenal...........	Du 16 février au 11 mars.	
Saint-Jacques......	Du 12 mars au 6 avril.	
Jardin-du-Roi......	Du 7 avril au 2 mai.	Quai de Béthune, no 22-24 (Ile Saint-Louis).
Saint-Marcel.......	Du 3 au 26 mai.	
Observatoire.......	Du 27 mai au 15 juin.	
Cité..............	Du 16 juin au 10 juillet.	
Ile Saint-Louis.....	Du 11 au 31 juillet.	
La Monnaie........	Du 1er janvier au 15 février.	
St-Thomas-d'Aquin...	Du 16 février au 11 mars.	
Faub. St-Germain...	Du 12 mars au 6 avril.	
Invalides..........	Du 7 avril au 2 mai.	Rue Furstemberg, no 6, près la rue Jacob.
Luxembourg........	Du 3 au 26 mai.	
Sorbonne	Du 27 mai au 15 juin.	
Ecole-de-Médecine...	Du 16 juin au 10 juillet.	
Palais-de-Justice.....	Du 11 au 31 juillet.	

Et dans les communes rurales du ressort de la préfecture de police, les jours indiqués ci-après, SAVOIR :

Itinéraire de l'arrondissement de Saint-Denis.

JANVIER.

Les 15, 16, 17, *vérification à domicile.*à Montmartre.
Les 22, 23, 24, 25................à   id.

FÉVRIER.

Les 7, 8, 9 (*domicile*).............à La Chapelle.
Les 13, 14, 15, 16.................à   id.
Les 26, 27, 28, 29...............à La Villette.

MARS.

Les 4, 5, 6, 7, 8 (*domicile*).........à La Villette.
Les 12, 13, 14, 15, 16, 18, 19........à Belleville.
Les 20, 21, 22 (*domicile*)...........à   id.

Les 26, 27......................à Pantin.
Le 29.............................aux Prés-St-Gervais.

AVRIL.

Les 9, 10, 11, 12, 13...............à Batignolles.
Les 16, 17 (*domicile*)..............à   id.
Les 18, 19........................à Clichy.
Le 22.............................à Saint-Ouen.
Le 23 (*domicile*)..................à   id.
Les 24, 25, 26, 27...............à Neuilly.
Les 29, 30 (*domicile*)..............à   id.

MAI.

Les 6, 7, 8......................à Passy.
Les 9, 10, 11 (*domicile*)............à   id.
Les 13, 14, 15....................à Charonne.
Le 17.............................à Bondy.
Le 18.............................à Noisy-le-Sec.
Les 20, 21........................à Romainville.
Le 23.............................à Bagnolet.
Le 25.............................à La Courneuve, Drancy.
Le 27.............................à Beaubigny.
Le 29.............................à Dugny, le Bourget.
Le 31.............................à Aubervilliers.

JUIN.

Les 10, 11, 12.....................à Nanterre.
Le 13 (*domicile*)..................à   id.
Le 15.............................à Suresnes.
Le 17.............................à Puteaux.
Le 20.............................à Colombes.
Le 22.............................à Gennevilliers, Asnières.
Les 24, 25, 26.....................à Courbevoie.
Le 27 (*domicile*)..................à   id.
Le 29.............................à Villetaneuse.

JUILLET.

Le 4.............................à Epinay.
Le 6.............................à Stains, Pierrefitte.
Les 8, 9, 10, 11...................à Saint-Denis.
Le 12.............................à l'Ile Saint-Denis.
Les 18, 19, 20 (*domicile*)..........à Saint-Denis.
Les 24, 25, 26.....................à Boulogne.
Les 30, 31........................à Auteuil.

Itinéraire de l'arrondissement de Sceaux.

JANVIER.

Les 16, 17........................à Saint-Cloud.
Le 18 (*domicile*)..................à   id.
Les 23, 24........................à Sèvres.
Le 25 (*domicile*)..................à   id.
Les 30, 31........................à Meudon.

FÉVRIER.

Le 1er (*domicile*)..................à Meudon.
Les 5, 6.........................à Grenelle.
Les 7, 8 (*domicile*)...............à   id.
Les 12, 13, 14, 15.................à Vaugirard.
Les 16, 17 (*domicile*)..............à   id.
Le 22.............................à Issy.

Le 23 (*domicile*)...................à Issy.
Le 24...................à Vanves.
Le 26 (*domicile*)...................à id.

MARS.

Le 1er...................à Clamart.
Le 4 (*domicile*)...................à id.
Les 8, 9...................au Grand-Montrouge.
Les 11, 12 (*domicile*)...............au id.
Les 13, 14...................au Petit-Montrouge.
Les 15, 16 (*domicile*)...............au id.
Le 18...................à Chatillon.
Le 19 (*domicile*)...................à id.
Le 28...................à Bagneux.
Le 29 (*domicile*)...................à id.

AVRIL.

Le 4...................à Gentilly.
Le 5...................à La Glacière.
Le 6...................à La Maison-Blanche.
Les 9, 10 (*domicile*)...................à id.
Le 16...................à Villejuif.
Le 17 (*domicile*)...................à id.
Le 20...................à Arcueil.
Le 22 (*domicile*)...................à id.
Le 23...................au Bourg-la-Reine.
Le 24 (*domicile*)...................à id.
Le 29...................à Fontenay-aux-Roses.
Le 30 (*domicile*)...................à id.

MAI.

Le 4...................à Chastenay, Plessis-Piquet.
Le 6 (*domicile*)...................à id.
Le 9...................à Sceaux.
Le 10...................à Antony.
Le 11 (*domicile*)...................à id.
Le 14...................à Lhay, Chevilly.
Le 15 (*domicile*)...................à id.
Le 22...................à Fresnes, Rungis.
Le 23 (*domicile*)...................à id.
Le 24...................à Ivry.
Le 25 (*domicile*)...................à id,
Le 28...................aux Deux-Moulins.
Le 29 (*domicile*)...................aux id.
Le 30...................à La Gare.
Le 31 (*domicile*)...................à id.

JUIN.

Les 3, 4...................à Vitry.
Le 5 (*domicile*)...................à id.
Les 7, 8...................à Choisy-le-Roi.
Le 10...................à Thiais, Orly.
Le 11 (*domicile*)...................à id.
Les 13, 14. 15...................à Bercy.
Les 17, 18 (*domicile*)...............à id.
Le 19...................à Saint-Mandé.
Le 20 (*domicile*)...................à id.
Le 21...................à Créteil, Bonneuil.
Le 22 (*domicile*)...................à id.
Le 28...................à Maisons-Alfort.
Le 29 (*domicile*)...................à id.

JUILLET.

Le 1er...........................à Charenton-le-Pont.
Le 3..............................à Charenton-Saint-Maurice.
Le 4 (*domicile*).................à   id.
Le 5..............................à Saint-Maur.
Le 6..............................à Joinville.
Le 8 (*domicile*).................à   id.
Le 12 (*domicile*)................à Champigny.
Le 13.............................à   id.
Le 15.............................à Nogent, Bry.
Le 16.............................à Fontenay-sous-Bois.
Le 17 (*domicile*)................à   id.
Le 18.............................à Rosny.
Le 19.............................à Villemomble.
Le 20.............................à Montreuil.
Le 22 (*domicile*)................à   id.
Les 23, 24, 25....................à Vincennes.
Les 26, 27 (*domicile*)...........à   id.
Le 31.............................à l'Ecole d'Alfort.
Le 31.............................au Château de Vincennes.

3. Indépendamment du poinçon primitif portant pour empreinte une couronne fermée, les poids et mesures seront marqués, pour l'année 1844, d'un poinçon portant la lettre E.

4. Les dispositions de notre ordonnance précitée, du 23 novembre 1842, qui ne sont pas contraires à la présente ordonnance, continueront d'être exécutées dans le ressort de la préfecture de police.

5. La présente ordonnance sera soumise à l'approbation de M. le ministre de l'agriculture et du commerce.

6. Elle sera imprimée et affichée.

Les sous-préfets des arrondissements de Saint-Denis et de Sceaux, les maires des communes rurales du ressort de la préfecture de police, l'inspecteur général de la navigation et des ports, l'inspecteur principal des bois et charbons et du pesage public, l'inspecteur général des halles et marchés, les adjoints de ces inspecteurs généraux, le vérificateur en chef, l'adjoint au vérificateur en chef, les vérificateurs et vérificateurs adjoints, les commissaires de police, les commissaires de police inspecteurs des poids et mesures et le commissaire de police inspecteur des poids et mesures des arrondissements de Saint-Denis et de Sceaux, sont chargés, chacun en ce qui le concerne, de tenir la main à son exécution.

Le conseiller d'Etat, préfet de police, G. DELESSERT.

N° **1864.** — *Ordonnance concernant les bals de nuit, donnés à l'époque du Carnaval, dans le ressort de la préfecture de police.*

Paris, le 13 décembre 1843.

Nous, conseiller d'Etat, préfet de police,

Vu, 1° l'article 3, § 3 de la loi des 16-24 août 1790;

2° L'article 1er de la loi du 8 thermidor an v (26 juillet 1797), relative à la perception du droit des indigents dans les bals publics :

3° Les articles 2 et 27 de l'arrêté du gouvernement du 12 messidor an viii (1er juillet 1800);

4° L'arrêté du gouvernement du 3 brumaire an ix (25 octobre 1800);

5° L'article 2 du décret du 3 novembre 1807 ;
6° L'article 1er du décret du 9 décembre 1809 ;
7° La loi des finances du 24 juillet 1843 ;
8° Les articles 291 et 471 du Code pénal, n° 15 ;

Considérant qu'aux termes de la loi des 16-24 août 1790, le préfet de police est chargé de maintenir habituellement le bon ordre et la tranquillité dans les endroits où il se fait de grands rassemblements de personnes ;

Considérant que ces dispositions sont applicables à tous les lieux où se forment des réunions *pour danser*, et dans lesquels le public est admis indistinctement, soit à prix d'argent, soit par souscription ou par cachets, billets, abonnement, ou enfin par tout autre mode, qui donne à ces réunions un caractère public ;

Considérant, en outre, que la faculté de donner *des bals de nuit publics*, à l'époque du Carnaval, ne peut résulter, aux termes de l'article 2 du décret du 3 novembre 1807, que d'une autorisation spéciale, délivrée par le préfet de police, et à la charge d'acquitter le droit des indigents, droit laissé à son arbitrage pour les bals-guinguettes seulement ;

Considérant que des réunions dansantes et nocturnes ont lieu dans Paris et la banlieue, en contravention à l'ordonnance du 31 mai 1833 sur la police des bals,

Ordonnons ce qui suit :

1. A l'avenir, les marchands de vin, traiteurs, restaurateurs, limonadiers et chefs d'établissements de bals dits *régie* (où le public n'est admis qu'en payant à l'entrée une rétribution quelconque) ; et de bals dits *guinguettes* (dont l'entrée est libre), tant à Paris que dans les communes rurales du département de la Seine, ainsi que toutes personnes tenant des bals publics, ne pourront donner bal de nuit à l'époque du Carnaval, même les dimanche, lundi, mardi-gras et la mi-carême, sans en avoir obtenu l'autorisation du préfet de police, et justifié de la quittance du droit des indigents.

Cette justification sera faite, pour Paris, aux commissaires de police ; et, dans les communes rurales, aux maires ou aux commissaires de police desdites communes.

2. Le droit des pauvres pour les bals de nuit donnés à Paris, dans les établissements dits *bals régie*, sera perçu par le régisseur du droit des indigents.

Le même droit pour les bals de nuit dans les établissements dits *guinguettes*, tant à Paris que dans les communes rurales, sera fixé par nous, et perçu d'avance par le caissier de la préfecture de police qui continuera à en effectuer le versement dans la caisse des hospices civils de Paris, et dans celles des bureaux de bienfaisance des communes rurales où la perception aura lieu.

3. Toute infraction aux dispositions de la présente ordonnance sera constatée, et les contrevenants seront traduits devant les tribunaux compétents.

Indépendamment des poursuites exercées contre les contrevenants, la permission de bal public qu'ils pourraient avoir obtenue sera révoquée.

4. L'ordonnance sur la police des bals, du 31 mai 1833, continuera de recevoir son exécution, dans les dispositions qui ne sont pas contraires à la présente ordonnance.

5. La présente ordonnance sera imprimée, publiée et affichée dans la ville de Paris, et dans les communes du ressort de la préfecture de police.

MM. Les sous-préfets des arrondissements de Sceaux et de Saint-Denis, les maires et commissaires de police des communes rurales du département de la Seine, où la perception du droit des pauvres a lieu par le caissier de la préfecture de police, le chef de la police municipale et MM. les commissaires de police de la ville de Paris, les officiers de paix, et les préposés de la préfecture de police, sont chargés, chacun en ce qui le concerne, d'en assurer l'exécution par les voies de droit.

M. le colonel de la garde municipale et M. le commandant de la gendarmerie de la Seine, sont invités à concourir à son exécution par les moyens qui sont à leur disposition.

Le conseiller d'Etat, préfet de police, G. DELESSERT.

1844.

N° **1865**. — *Ordonnance concernant les mesures d'ordre à observer à l'occasion de l'inauguration du monument de Molière.*

Paris, le 13 janvier 1844.

Nous, conseiller d'Etat, préfet de police,

Vu le programme arrêté par M. le pair de France, préfet de la Seine, à l'occasion de la cérémonie qui aura lieu dans Paris, le 15 janvier présent mois, pour l'inauguration du monument élevé à la mémoire de Molière;

Vu la loi des 16-24 août 1790, qui charge l'autorité municipale de maintenir le bon ordre dans les cérémonies publiques et de prendre les précautions convenables pour prévenir les accidents;

Vu l'arrêté du gouvernement du 12 messidor an VIII (1er juillet 1800);

Vu l'article 471, n° 15, du Code pénal,

Ordonnons ce qui suit :

1. Les voitures des autorités et des personnes qui devront composer le cortége arriveront dans la matinée du 15 janvier courant au Théâtre-Français par les cours du Palais-Royal, où elles stationneront.

2. Le 15 janvier courant, à partir de neuf heures du matin jusqu'après la cérémonie et l'enlèvement du matériel de l'enceinte dans laquelle seront admis les corps et les députations, la circulation et le stationnement des voitures seront interdits sur les points ci-après, savoir :

Dans la partie de la rue Richelieu comprise entre la rue Saint-Honoré et la rue Neuve-des-Petits-Champs;

Dans la partie de la rue Saint-Honoré comprise entre la place du Palais-Royal et la rue de l'Echelle;

Dans les rues de Rohan, Saint-Nicaise , Saint-Louis-Saint-Honoré, du Rempart, Jeannisson, Fontaine-Molière (Traversière), de l'Anglade, Clos-Georgeot, du Hasard, Villedot et Montpensier.

3. Pendant le même temps, la circulation et le stationnement des piétons seront interdits sur les points ci-après :

La rue Richelieu , depuis la rue Saint-Honoré jusqu'à la rue Neuve-des-Petits-Champs ;

Les galeries du Théâtre-Français, la rue du Rempart, la rue Jeannisson, la rue Fontaine-Molière, le passage Saint-Guillaume, les rues de l'Anglade, Clos-Georgeot, du Hasard, Villedot ;

Les passages Beaujolais, Hulot, Potier, Montpensier et la galerie de Nemours.

Toutefois, le passage ne sera pas interdit aux personnes qui se rendraient dans les maisons riveraines des rues ci-dessus désignées, non plus qu'aux personnes qui sortiraient de ces maisons.

4. Le balayage de la voie publique, le lavage et le grattage des trottoirs prescrits aux habitants par les articles 1er et 4 de notre ordonnance du 1er avril 1843, devront être terminés à sept heures du matin, dans la partie de la rue Richelieu comprise entre la rue Saint-Honoré et la rue Neuve-des-Petits-Champs.

Tout dépôt d'ordures, immondices, pailles et résidus quelconques de ménage, est interdit, dans la partie de la rue Richelieu ci-dessus indiquée, après sept heures du matin, heure à laquelle aura lieu l'enlèvement des boues et immondices.

La voie publique sera ensuite sablée par les soins du directeur de la salubrité , sur toute la ligne qui doit être parcourue par le cortége.

L'enlèvement des boues et immondices devra être complétement terminé à neuf heures dans la partie de la rue Saint-Honoré comprise entre la place du Palais-Royal et la rue de l'Echelle ;

Dans les rues de Rohan, Saint-Nicaise, Saint-Louis-Saint-Honoré, du Rempart , Jeannisson, Fontaine-Molière, de l'Anglade, Clos-Georgeot, du Hasard, Villedot et Montpensier.

5. Il est expressément interdit d'établir sur la voie publique et notamment sur les trottoirs de la rue Richelieu, dans la partie qui sera parcourue par le cortége, aucuns échafaudages, estrades, ou d'y placer des chaises, des échelles, tables, bancs, tréteaux et planches, ou autres objets destinés à y placer des personnes.

6. Les contraventions à la présente ordonnance seront constatées par des procès-verbaux et déférées au tribunal compétent.

7. La présente ordonnance sera imprimée et affichée dans Paris.

Le chef de la police municipale, les commissaires de police et les officiers de paix de la ville de Paris, le directeur de la salubrité et les préposés de la préfecture de police sont chargés, chacun en ce qui le concerne, de tenir la main à son exécution.

Le colonel de la garde municipale devra concourir à son exécution et prêter main-forte, au besoin, aux agents de police agissant pour l'exécution de la présente ordonnance.

Le conseiller d'Etat, préfet de police, G. DELESSERT.

N° **1866**. — *Ordonnance concernant les neiges et glaces.*

Paris, le 16 janvier 1844.

Nous, conseiller d'Etat, préfet de police,

Ordonnons ce qui suit :

Notre ordonnance du 7 décembre 1842 , concernant les neiges et glaces, sera de nouveau imprimée et affichée.

Le conseiller d'Etat, préfet de police, **G. DELESSERT.**

N° **1867**. — *Ordonnance concernant la police des masques.*

Paris, le 13 février 1844.

Nous, conseiller d'Etat, préfet de police,
Vu la loi des 16 24 août 1790, titre XI ;
L'arrêté des consuls du 12 messidor an VIII (1er juillet 1800) ;
L'arrêté du gouvernement du 3 brumaire an IX (25 octobre 1800);
Les articles 86, 259, 287, 330 , 471, § § 11 et 15, et l'article 479, § 8, du Code pénal;
Vu pareillement les articles 1, 8 et 9 de la loi du 17 mai 1819, la loi du 25 mars 1822, article 6 ;
Vu les lois des 29 novembre 1830 et 9 septembre 1835 ;
Voulant prévenir tout accident et tout désordre, pendant les divertissements du carnaval,

Ordonnons ce qui suit :

1. Toute personne qui, pendant le temps du carnaval, se montrera sur les ponts , quais , dans les rues, passages, galeries, boulevards, places, promenades et lieux publics, masquée, déguisée ou travestie , ne pourra porter ni armes ni bâtons.

2. Personne ne pourra paraître sous le masque, sur la voie publique, avant dix heures du matin et après six heures du soir.

Le Mercredi des Cendres, à partir de midi, personne ne pourra circuler, sous le masque ni travesti, sur la voie publique.

3. Aucun individu ne pourra prendre de déguisements qui seraient de nature à troubler l'ordre public , ou à blesser la décence et les mœurs, ni porter aucun insigne ni costume ecclésiastique ou religieux appartenant aux ministres des cultes légalement reconnus par l'Etat ou appartenant à un fonctionnaire public.

4. Il est défendu à toutes personnes masquées, déguisées ou travesties, d'insulter qui que ce soit, par des invectives, des mots grossiers ou des provocations injurieuses.

5. Elles ne pourront pareillement s'arrêter sur la voie publique pour y tenir des discours indécents ou y provoquer les passants par des gestes ou paroles contraires à la morale publique.

6. Il est pareillement défendu à tout individu, masqué ou non masqué, de jeter dans les maisons, dans les voitures et sur les personnes, aucun objet qui puisse blesser, endommager ou salir les vêtements.

7. Toute personne masquée, déguisée ou travestie, invitée par un officier de police ou par un agent de la force publique à le suivre, doit se rendre sur-le-champ au bureau de police le plus voisin, pour y donner les explications qui peuvent lui être demandées.

8. Les voitures qui parcourront les boulevards, dans les journées des 18 et 20 février, circuleront sur une seule file.

Sont exceptés de cette disposition les équipages à quatre chevaux, chargés de personnes masquées ou travesties, lesquels équipages pourront circuler, seulement au pas, sur la chaussée des boulevards, entre les files de voitures.

9. Les contrevenants aux dispositions ci-dessus seront arrêtés et conduits à la préfecture de police, pour qu'il soit pris à leur égard telles mesures qu'il appartiendra, sans préjudice des poursuites à exercer devant les tribunaux, tant contre eux que contre les personnes civilement responsables, d'après la loi.

La présente ordonnance sera imprimée et affichée dans Paris, dans les communes rurales du département de la Seine, et dans celles de Saint-Cloud, Sèvres, Meudon, du département de Seine-et-Oise.

10. Les commissaires de police de la ville de Paris, les commissaires de police dans les autres lieux, le chef de la police municipale à Paris, les officiers de paix et les préposés de la préfecture de police sont chargés, chacun en ce qui le concerne, d'en assurer l'exécution.

Le colonel de la garde municipale de la ville de Paris, le colonel de la première légion de gendarmerie et le commandant de la gendarmerie de la Seine, sont requis de leur faire prêter main-forte, au besoin, et de concourir à l'exécution de la présente ordonnance.

Le conseiller d'Etat, préfet de police, G. DELESSERT.

N° **1868.** — *Ordonnance concernant la prohibition de la chasse* (1).

Paris, le 19 février 1844.

Nous, conseiller d'Etat, préfet de police,

Vu la loi du 30 avril 1790, concernant la chasse, et l'article 2 de l'arrêté du gouvernement du 12 messidor an VIII (1er juillet 1800),

Ordonnons ce qui suit :

1. A compter du 1er mars prochain et jusqu'à nouvel ordre, l'exercice de la chasse sur les terres non closes, même en jachères, est défendu, dans le département de la Seine, sous les peines de droit.

2. Les propriétaires ou possesseurs pourront chasser ou faire chasser dans celles de leurs possessions qui seront séparées des héritages d'autrui par des murs ou des haies vives (*art. 13 de la loi du 30 avril 1790*), en se conformant aux lois et règlements concernant le port d'armes.

3. Les propriétaires ou possesseurs, autres que simples usagers, pourront également, sous la même condition, chasser ou faire chasser, sans chiens courants, dans leurs bois et forêts. (*Art. 14 de la même loi.*)

4. La présente ordonnance sera imprimée, publiée et affichée.

Les sous-préfets des arrondissements de Saint-Denis et de Sceaux, les maires et adjoints des communes rurales, la gendarmerie, les

(1) V. les ord. des 13 mai et 14 décembre 1844.

gardes champêtres et les préposés de la préfecture de police sont chargés, chacun en ce qui le concerne, d'en assurer l'exécution.

Le conseiller d'Etat, préfet de police, G. DELESSERT.

N° **1869.** — *Ordonnance concernant l'échenillage.*

Paris, le 26 février 1844.

Nous, conseiller d'Etat, préfet de police,
Vu la loi du 26 ventôse an IV ;
Les arrêtés du gouvernement des 12 messidor an VIII et 3 brumaire an IX (1er juillet et 25 octobre 1800);
La décision du ministre de la police générale, en date du 25 fructidor an IX (12 septembre 1800) ;
L'article 471, paragraphe 8, du Code pénal,

Ordonnons ce qui suit :

1. Aussitôt après la publication de la présente ordonnance, tous propriétaires, fermiers ou locataires de terrains situés dans le ressort de la préfecture de police, seront tenus d'écheniller ou de faire écheniller les arbres, haies et buissons qui sont sur lesdits terrains, ainsi que ceux qui bordent les grandes routes et les chemins vicinaux.

2. Il leur est enjoint de brûler sur-le-champ les bourses et toiles provenant desdits arbres, haies ou buissons, en prenant les précautions nécessaires pour prévenir le danger du feu.

3. L'échenillage sera terminé avant le 31 mars prochain.

4. En cas de négligence de la part des propriétaires, fermiers ou locataires, les maires et adjoints des communes ou les commissaires de police à Paris, feront faire l'échenillage aux dépens de ceux qui l'auront négligé, conformément à l'article 7 de la loi précitée.

5. Les contraventions seront constatées par des procès-verbaux qui nous seront adressés.

6. Il sera pris envers les contrevenants telles mesures de police administrative qu'il appartiendra, sans préjudice des poursuites à exercer contre eux devant les tribunaux, conformément aux lois et règlements.

7. La présente ordonnance sera imprimée et affichée.

8. Les sous-préfets des arrondissements de Saint-Denis et de Sceaux, les maires et adjoints des communes rurales du ressort de la préfecture de police, le chef de la police municipale, les commissaires de police, les officiers de paix et les préposés de la préfecture sont chargés d'en surveiller l'exécution.

Ampliation en sera adressée à M. le pair de France, préfet de la Seine.

Le conseiller d'Etat, préfet de police, G. DELESSERT.

N° **1870.** — *Ordonnance concernant l'itinéraire des bestiaux conduits aux abattoirs.*

Paris, le 26 février 1844.

Nous conseiller d'Etat, préfet de police,
Vu l'ordonnance de police du 11 septembre 1818, sur les abattoirs

généraux de la boucherie, et celle du 25 mars 1830, concernant le commerce de la boucherie, notamment l'article 11 de la première de ces ordonnances, et les articles 54, 191 et 200 de la seconde ;

Considérant qu'il y a lieu, par suite des changements survenus dans les voies de communication, de déterminer l'itinéraire qu'il convient de faire suivre actuellement aux bestiaux conduits des marchés aux abattoirs ,

Ordonnons ce qui suit :

1. Les bestiaux achetés pour la consommation de Paris seront conduits directement des marchés d'approvisionnement aux abattoirs de cette ville, en suivant l'itinéraire annexé à la présente ordonnance.

2. Ampliation de cette ordonnance sera adressée à MM. les pairs de France, préfets des départements de la Seine et de Seine-et-Oise, à M. le directeur de l'octroi de Paris et à M. le directeur de la caisse de Poissy.

MM. les sous-préfets des arrondissements de Saint-Denis et de Sceaux, les maires des communes rurales du ressort de la préfecture de police, les commissaires de police de Paris et de la banlieue, le chef de la police municipale et les officiers de paix, l'inspecteur général des halles et marchés et les préposés de la préfecture de police sont chargés d'en assurer l'exécution, chacun en ce qui le concerne.

MM. les maires des villes de Poissy, Saint-Germain-en-Laye, le Pecq et Chatou, sont invités à concourir à l'exécution de ladite ordonnance.

M. le colonel de la garde municipale et MM. les commandants de la gendarmerie des départements de la Seine et de Seine-et-Oise sont requis d'y prêter main-forte au besoin.

Le conseiller d'Etat, préfet de police, G. DELESSERT.

———◇◇———

ITINÉRAIRE DES BESTIAUX AMENÉS DES MARCHÉS.

BŒUFS, VACHES ET MOUTONS.

§ Ier.—**Marché de Poissy.**

1. — Bœufs, vaches et moutons conduits de ce marché à l'abattoir du Roule.

Saint-Germain-en-Laye ;
Le Pecq ;
Bois du Vésinet ;
Chatou ;
Nanterre ;
Courbevoie ;
Le pont de Neuilly ;
Avenue de Neuilly ;
Rue de l'Eglise, à Neuilly ;
Vieille route de Neuilly ;

Barrière du Roule,
Rue du Faubourg-du-Roule,
— de la Croix-du-Roule,
— de Chartres,
— de Valois,
— de Messine,
L'Abattoir,

> *Quartier du Roule.*

2.—Bœufs, vaches et moutons conduits de ce marché à l'abattoir de Montmartre.

L'itinéraire précédent (n° 1) *jusqu'à la barrière du Roule;*
Les boulevards extérieurs jusqu'à la barrière des Martyrs ;
Entrée par cette barrière,
Le Chemin de ronde, à gauche,
Rue Neuve-Beauregard,
L'avenue Trudaine,
L'Abattoir,

> *Quartier du Faubourg-Montmartre.*

3.—Bœufs, vaches et moutons conduits de ce marché à l'abattoir de Ménilmontant.

L'itinéraire (n° 1) *jusqu'à la barrière du Roule ;*
Les boulevards extérieurs jusqu'à la barrière Ménilmontant ;
Entrée par cette barrière,
Rue Ménilmontant,

> *Quartier du Temple et Popincourt ;*

— Saint-Maur,
— Saint-Ambroise,
Avenue Parmentier,
L'Abattoir,

> *Quartier Popincourt.*

4.—Bœufs, vaches et moutons conduits de ce marché à l'abattoir de Grenelle.

L'itinéraire pour l'abattoir du Roule (n° 1) *jusqu'au pont de Neuilly;*
Avenue de Neuilly;
Avenue de Saint-Denis jusqu'à la barrière Sainte-Marie ;
Le boulevard extérieur jusqu'à Passy ;
Rue Francklin,
Carrefour et rue de la Montagne,

> *à Passy ;*

Barrière de Passy,
Quai de Billy,
Pont d'Iéna,

> *Quartier de Chaillot ;*

Quai d'Orsay,
Avenue de Suffren,
— de Lowendall,
— de Saxe,
Place Breteuil,
L'Abattoir,

> *Quartier des Invalides.*

5.—Bœufs, vaches et moutons conduits de ce marché à l'abattoir de Villejuif.

L'itinéraire précédent (n° 4) *jusqu'à la place Breteuil ;*
Petite rue des Acacias, (*Quartier des Invalides*);
Boulevard des Invalides, (*Quartiers des Invalides et Saint-Thomas-d'Aquin*);

Boulevard du Mont-Parnasse,	(*Quartiers de Saint-Thomas-d'Aquin et Luxembourg*),
Boulevard d'Enfer,	(*Quartier du Luxembourg*);
Boulevard Saint-Jacques,	(*Quartier de l'Observatoire*);
Boulevard des Gobelins — de l'Hôpital, L'Abattoir,	*Quartier Saint-Marcel.*

6.—Moutons conduits de ce marché au parquet de Clichy.

L'itinéraire des bœufs, vaches et moutons (nº 1) jusqu'à la rue de l'Eglise, à Neuilly;
La rue de l'Eglise;
La vieille route de Neuilly;
L'avenue de la Révolte;
L'avenue de Clichy;
Le Parquet.

7.—Moutons conduits de ce marché au parquet du Maine.

L'itinéraire des bœufs, vaches et moutons (nº 1) jusqu'à la rue de l'Eglise, à Neuilly;
Continuation de l'avenue de Neuilly;
Avenue Saint-Denis jusqu'à la barrière Sainte-Marie;
Le boulevard extérieur jusqu'à Passy;
Rue Francklin,
Carrefour de la Montagne, } *à Passy;*
Rue Basse,
La nouvelle route départementale conduisant au pont de Grenelle;
Le pont de Grenelle;
Rue du Pont,
— des Entrepreneurs, } *à Grenelle.*
— Croix-Nivert,
Les boulevards extérieurs de Paris;
La chaussée du Maine;
Le Parquet.

8.—Moutons conduits du parquet de Clichy à l'abattoir du Roule.

Avenue de Saint-Ouen;
Grande rue des Batignolles;
Entrée par la barrière de Clichy, } *Quartiers de la Chaussée-d'Antin et du Roule;*
Rue de Clichy,
Rue de Berlin,
— d'Amsterdam,
Place de l'Europe, } *Quartier du Roule.*
Rue de Vienne,
— de la Bienfaisance,
— de Miroménil,
Esplanade de l'Abattoir,

9.—Moutons conduits du parquet de Clichy
à l'abattoir de Grenelle.

L'itinéraire précédent (n° 8) jusqu'à l'abattoir du Roule ;

Avenue de l'Abattoir,	} *Quartier du Roule ;*
Rue de la Pépinière,	
— d'Angoulême ,	*(Quartier des Champs-Elysées) ;*
Avenue et rue Marbœuf,	}
Rue Bizet,	*Quartier de Chaillot ;*
Quai de Billy,	
Pont des Invalides,	
Quai d'Orsay,	
Rue d'Iéna,	
Avenue de Latour-Maubourg ,	
— de Lowendall ,	*Quartier des Invalides.*
Place Vauban,	
Avenue de Breteuil,	
Place Breteuil,	
L'Abattoir,	

10.—Moutons conduits du parquet de Clichy
à l'abattoir de Villejuif.

Les itinéraires précédents n° 8 et n° 9) jusqu'à la place Breteuil ;

Petite rue des Acacias,	*(Quartier des Invalides)* ;
Boulevard des Invalides ,	*(Quartiers des Invalides et Saint-Thomas-d'Aquin)* ;
Boulevard du Mont-Parnasse,	*(Quartiers de Saint-Thomas-d'Aquin et Luxembourg)* ;
Boulevard d'Enfer,	*(Quartier du Luxembourg) ;*
Boulevard Saint-Jacques,	*(Quartier de l'Observatoire) ;*
Boulevard des Gobelins,	
— de l'Hôpital,	} *Quartier Saint-Marcel.*
L'Abattoir,	

11.—Moutons conduits du parquet de Clichy
à l'abattoir de Montmartre.

Avenue de Saint-Ouen ;	
Grande rue des Batignolles jusqu'à la barrière de Clichy ;	
Boulevards extérieurs de Paris ;	
Entrée par la barrière des Martyrs,	
Le chemin de ronde, à gauche,	
Rue Neuve-Beauregard,	} *Quartier du Faubourg-Montmartre.*
Avenue Trudaine,	
L'Abattoir,	

---

12. —Moutons conduits du parquet de Clichy
à l'abattoir de Ménilmontant.

L'itinéraire précédent (n° 11) jusqu'à la barrière de Clichy ;
Les boulevards extérieurs jusqu'à la barrière Ménilmontant ;

Entrée par cette barrière,	
Rue de Ménilmontant,	} *Quartiers du Temple et Popincourt ;*
Rue Saint-Maur,	
— Saint-Ambroise,	
Avenue Parmentier,	*Quartier Popincourt.*
L'Abattoir,	

13.—Moutons conduits du parquet du Maine
à l'abattoir de Grenelle.

Chaussée du Maine ;	
Barrière du Maine,	
Avenue du Maine,	*Quartier du Luxembourg* ;
Boulevard du Mont-Parnasse ,	*(Quartiers du Luxembourg et de Saint-Thomas-d'Aquin)* ;
Boulevard des Invalides,	*(Quartiers de Saint-Thomas-d'Aquin et des Invalides)* ;
Petite rue des Acacias,	
Place Breteuil,	*Quartier des Invalides.*
L'Abattoir,	

14.—Moutons conduits du parquet du Maine
à l'abattoir du Roule.

L'itinéraire précédent (n° 13) jusqu'à la place Breteuil ;

Avenue de Breteuil,	
Place Vauban,	
Avenue de Lowendall,	
— de Latour-Maubourg,	*Quartier des Invalides ;*
Rue d'Iéna,	
Quai d'Orsay,	
Pont des Invalides,	
Quai de Billy,	
Rue Bizet,	*Quartier de Chaillot ;*
— Marbœuf,	
Avenue Marbœuf,	
Rue d'Angoulême,	*(Quartier des Champs-Elysées) ;*
Rue de la Pépinière ,	*Quartier du Roule.*
Avenue conduisant à l'Abattoir ,	

15.—Moutons conduits du parquet du Maine
à l'abattoir de Montmartre.

Les itinéraires précédents (n° 13 et n° 14) jusqu'à l'esplanade de l'Abattoir du Roule ;

Rue de Miroménil,	
— de la Bienfaisance,	
— de Vienne,	
Place de l'Europe ,	*Quartier du Roule;*
Rue d'Amsterdam,	
— de Berlin ,	
Rue de Clichy,	*(Quartiers du Roule et de la Chaussée-d'Antin) ;*
Le chemin de ronde jusqu'à l'Abattoir ,	*Quartiers de la Chaussée-d'Antin et du Faubourg Montmartre.*

16.—Moutons conduits du parquet du Maine
à l'abattoir de Villejuif.

Rue de la Gaîté,	
— du Théâtre-Mont-Parnasse ,	*à Montrouge ;*
Boulevards extérieurs ;	

Entrée par la barrière d'Enfer,	*Quartier de l'Observatoire;*
Boulevard Saint-Jacques,	
Boulevard des Gobelins,	
— de l'Hôpital.	*Quartier Saint-Marcel.*
L'Abattoir,	

17.—Moutons conduits du parquet du Maine à l'abattoir de Ménilmontant.

L'itinéraire précédent (n° 16) *jusqu'au boulevard de l'Hôpital ;*

Boulevard de l'Hôpital,	*(Quartier Saint-Marcel) ;*
Place Walhubert,	
Pont du Jardin-du-Roi,	*Quartier du Jardin-du-Roi ;*
Place Mazas,	*(Quartier des Quinze-Vingts);*
Rue Contrescarpe,	*(Quartiers des Quinze-Vingts et de l'Arsenal) ;*
Place de la Bastille,	*(Quartiers de l'Arsenal et du Faubourg-Saint-Antoine);*
Quai Jemmapes,	
Rue du Chemin-Vert,	
— des Amandiers,	*Quartier Popincourt.*
Avenue Parmentier,	
L'Abattoir,	

BŒUFS, VACHES ET MOUTONS.

§ II.—Marché de Sceaux.

18.—Bœufs, vaches et moutons conduits de ce marché à l'abattoir de Villejuif.

Route d'Orléans ;	
Barrière d'Enfer,	*Quartier de l'Observatoire ;*
Boulevard Saint-Jacques,	
Boulevard des Gobelins,	
— de l'Hôpital,	*Quartier Saint-Marcel.*
L'Abattoir,	

19.—Bœufs, vaches et moutons conduits de ce marché à l'abattoir de Ménilmontant.

L'itinéraire précédent (n° 18) *jusqu'au boulevard de l'Hôpital ;*

Boulevard de l'Hôpital,	*(Quartier Saint-Marcel) ;*
Place Walhubert,	
Pont du Jardin-du-Roi,	*Quartier du Jardin-du-Roi ;*
Place Mazas,	*(Quartier des Quinze-Vingts) ;*
Rue Contrescarpe,	*(Quartiers des Quinze-Vingts et de l'Arsenal) ;*
Place de la Bastille,	*(Quartiers de l'Arsenal et du Faubourg-Saint-Antoine) ;*
Quai Jemmapes,	
Rue du Chemin-Vert,	
— des Amandiers,	*Quartier Popincourt.*
Avenue Parmentier,	
L'Abattoir,	

20.—Bœufs, vaches et moutons conduits de ce marché à l'abattoir de Grenelle.

Route d'Orléans ;
Chaussée du Maine ;
Barrière du Maine,
Avenue du Maine,   } *Quartier du Luxembourg ;*
Boulevard du Mont-Parnasse,   *Quartiers du Luxembourg et de Saint-Thomas-d'Aquin ;*
Boulevard des Invalides,   *(Quartiers de Saint-Thomas-d'Aquin et des Invalides) ;*
Petite rue des Acacias,
Place Breteuil,   } *Quartier des Invalides.*
L'Abattoir,

21.—Bœufs, vaches et moutons conduits de ce marché à l'abattoir du Roule.

L'itinéraire précédent (n° 20) jusqu'à la place Breteuil ;
Avenue de Saxe,
Place Fontenoy,
Avenue de Lowendall,
— de Suffren,   } *Quartier des Invalides ;*
Quai d'Orsay,
Pont d'Iéna,
Quai de Billy,
Rue Bizet,
— de Marbœuf,   *Quartier de Chaillot ;*
Avenue de Marbœuf,
Rue d'Angoulême,   *(Quartier des Champs-Elysées) ;*
Rue de la Pépinière,
Avenue de l'Abattoir,   } *Quartier du Roule.*
L'Abattoir,

22.—Bœufs, vaches et moutons conduits de ce marché à l'abattoir de Montmartre.

Les itinéraires précédents (n° 20 et n° 21) jusqu'à la rue de la Pépinière ;
Avenue de l'Abattoir du Roule,
Esplanade de l'Abattoir du Roule,
Rue de Miroménil,
— de la Bienfaisance,   } *Quartier du Roule ;*
— de Vienne,
Place de l'Europe,
Rue d'Amsterdam,
— de Berlin,
Rue de Clichy,   *(Quartiers du Roule et de la Chaussée-d'Antin) ;*
Chemin de ronde jusqu'à l'Abat- } *Quartier de la Chaussée-d'Antin et du Faubourg-Montmartre.*
toir,

23.—Moutons conduits de ce marché au parquet de Clichy.

Route d'Orléans ;
Route du Transit ;

Rues Haute et du Petit Transit, }
  — Groult d'Arcy, } *à Vaugirard;*
Rue des Entrepreneurs, }
  — du Pont, } *à Grenelle;*
Pont de Grenelle,
Route départementale conduisant à Passy;
Rue Basse, }
Carrefour de la Montagne, } *à Passy;*
Rue Francklin, }
Boulevards extérieurs,
Grande rue des Batignolles;
Avenue de Saint-Ouen;
Le Parquet.

24.—Moutons conduits du marché de Sceaux au parquet du Maine.

Route d'Orléans;
Chaussée du Maine
Le Parquet.

25.— Moutons conduits du parquet de Clichy

A L'ABATTOIR DU ROULE.	Même itinéraire qu'aux moutons provenant de Poissy (n° 8).
— DE GRENELLE.	idem (n° 9).
— DE VILLEJUIF.	idem (n° 10).
— DE MONTMARTRE.	idem (n° 11).
— DE MÉNILMONTANT.	idem (n° 12).

26.—Moutons conduits du parquet du Maine

A L'ABATTOIR DE GRENELLE.	Même itinéraire qu'aux moutons provenant de Poissy (n° 13).
— DU ROULE.	idem (n° 14).
— DE MONTMARTRE.	idem (n° 15).
— DE VILLEJUIF.	idem (n° 16).
— DE MÉNILMONTANT.	idem (n° 17).

VACHES GRASSES.

§ III.— Marché de La Chapelle.

27.—Vaches conduites de ce marché à l'abattoir de Montmartre.

Rue Marcadet, }
  — des Poissonniers, } *à La Chapelle;*
Les boulevards extérieurs; }
Entrée par la barrière des Martyrs, }
Le chemin de ronde, à gauche, }
La rue Neuve-Beauregard, } *Quartier du Faubourg-Montmartre.*
L'avenue Trudaine, }
L'Abattoir, }

28.—Vaches conduites de ce marché
à l'abattoir du Roule.

L'itinéraire précédent (n° 27) *jusqu'à la barrière des Martyrs ;*
Entrée par cette barrière,
Le chemin de ronde, à droite,   } *Quartier de la Chaussée-d'Antin ;*
Rue de Clichy,   *(Quartiers de la Chaussée-d'Antin et du Roule) ;*

Rue de Berlin,
— d'Amsterdam,
Place de l'Europe,
Rue de Vienne,   *Quartier du Roule.*
— de la Bienfaisance,
— de Miroménil,
Esplanade de l'Abattoir,
L'Abattoir,

29.—Vaches conduites de ce marché
à l'abattoir de Grenelle.

Les itinéraires précédents (n° 27 et n° 28) *jusqu'à l'esplanade de l'abattoir du Roule ;*
L'Avenue de l'Abattoir,
Rue de la Pépinière,   *Quartier du Roule ;*
Rue d'Angoulême,   *(Quartier des Champs-Elysées) ;*
Avenue et rue Marbœuf,
Rue Bizet,   *Quartier de Chaillot ;*
Quai de Billy,
Pont d'Iéna,
Quai d'Orsay,
Avenue de Suffren,
— de Lowendall,   *Quartier des Invalides.*
Place Fontenoy,
Avenue de Saxe,
Place Breteuil,
L'Abattoir,

30.—Vaches conduites de ce marché
à l'abattoir de Ménilmontant.

Rue de Chabrol,   *(à La Chapelle) ;*
Les boulevards extérieurs jusqu'à
la barrière Ménilmontant,   *Quartiers du Temple et Popincourt ;*
Entrée par cette barrière,
Rue de Ménilmontant,
Rue Saint-Maur,
— Saint-Ambroise,   *Quartier Popincourt.*
Avenue Parmentier,
L'Abattoir,

31.—Vaches conduites de ce marché
à l'abattoir de Villejuif.

L'itinéraire précédent (n° 30) *jusqu'à l'avenue Parmentier* ;

Rue des Amandiers,
— du Chemin-Vert,   }   *Quartier Popincourt* ;
Quai Jemmapes,
Place de la Bastille,   (*Quartiers du Faubourg-Saint-Antoine et
de l'Arsenal*) ;
Rue Contrescarpe,   (*Quartiers de l'Arsenal et des Quinze-
Vingts*) ;
Place Mazas,   (*Quartier des Quinze-Vingts*) ;
Le pont du Jardin du Roi,
Place Walhubert,   }   *Quartier du Jardin-du-Roi*
Le boulevard de l'Hôpital,
L'Abattoir,   }   *Quartier Saint-Marcel.*

VACHES GRASSES.

§ IV.—Marché des Bernardins, à Paris.

32. — Vaches amenées de la banlieue à ce marché
par la barrière Saint-Denis.

Rue du Faubourg-Saint-Denis, } *Quartiers du Faubourg-Poissonnière et du
— Lafayette,*   Faubourg-Saint-Denis ;
Rue de La Chapelle,   (*Quartier du Faubourg-Saint-Denis*) ;
— des Ecluses-Saint-Martin,
Le pont du Canal,   } *Quartier de la Porte-Saint-Martin* ;
Quai Jemmapes,   (*Porte-Saint-Martin et Popincourt*) ;
Place de la Bastille,   (*Faubourg-Saint-Antoine et Arsenal*) ;
Rue Contrescarpe,   (*Arsenal et Quinze-Vingts*) ;
Place Mazas.   (*Quartier des Quinze-Vingts*) ;
Pont du Jardin-du-Roi,
Place Walhubert,
Quai Saint-Bernard,   }   *Quartier du Jardin-du-Roi.*
— de la Tournelle,
Rue de Poissy,
Le Marché,

33.—Vaches amenées de la banlieue à ce marché
par la barrière d'Enfer.

Rue d'Enfer,
— du Val-de-Grâce,
— Saint-Jacques,   *Quartier de l'Observatoire* ;
— des Ursulines,
— d'Ulm,
Rue de la Vieille-Estrapade,   *Quartiers de l'Observatoire et Saint-
— de Fourcy,*   Jacques ;
Rue des Fossés-St-Victor,
— de Poissy,   *Quartier du Jardin-du-Roi.*
Le Marché,

34.—Vaches conduites de ce marché
à l'abattoir de Villejuif

Rue de Poissy,
— Saint-Victor,   } Quartier du Jardin-du-Roi ;
Rue du Jardin du-Roi,   (Quartiers du Jardin-du-Roi et Saint-
                          Marcel) ;

Rue du Marché-aux-Chevaux,
Boulevard de l'Hôpital, } Quartier Saint-Marcel.
L'Abattoir,

35.—Vaches conduites de ce marché
à l'abattoir de Grenelle.

Rue de Poissy,
— Saint-Victor,
— des Fossés-Saint-Victor, } Quartier du Jardin-du-Roi ;
Rue de Fourcy,
— de la Vieille-Estrapade, } Quartiers Saint-Jacques et de l'Observatoire;
Rue d'Ulm,
— des Ursulines,
— Saint-Jacques,
— du Val-de-Grâce,   } Quartier de l'Observatoire;
— d'Enfer,
Boulevard du Mont-Parnasse,   (Quartier du Luxembourg) ;
Boulevard des Invalides,   (Quartiers du Luxembourg et des Invalides);
Petite rue des Acacias,
Place Breteuil,   } Quartier des Invalides.
L'Abattoir,

36.—Vaches conduites de ce marché
à l'abattoir de Ménilmontant.

Rue de Poissy,
Quai de la Tournelle,
— Saint-Bernard,   } Quartier du Jardin-du-Roi ;
Place Walhubert,
Pont du Jardin-du-Roi,
Place Mazas,   (Quartier des Quinze-Vingts) ;
Rue Contrescarpe,   (Quartiers des Quinze-Vingts et de
                      l'Arsenal) ;
Place de la Bastille,   (Quartiers de l'Arsenal et du Faubourg-
                          Saint-Antoine) ;
Quai Jemmapes,
Rue du Chemin-Vert,
— des Amandiers,   } Quartier Popincourt.
Avenue Parmentier,
L'Abattoir,

37.—Vaches conduites de ce marché
à l'abattoir de Montmartre.

L'itinéraire précédent (n° 36) jusqu'à la rue des Amandiers ;
Rue Saint-Maur,   (Quartiers Popincourt et de la Porte-Saint-
                    Martin) ;
Rue des Écluses-Saint-Martin,
Le pont du Canal,   } Quartier de la Porte-Saint-Martin ;

Rue de La Chapelle,   *(Quartier du Faubourg-Saint-Denis) ;*
Rue Lafayette,   *(Quartiers du Faubourg-Saint-Denis et du Faubourg-Poissonnière) ;*
Rue du Faubourg-Poissonnière,   *(Quartiers du Faubourg-Poissonnière et du Faubourg-Montmartre) ;*
Rue du Delta,
L'Abattoir,   } *Quartier du Faubourg-Montmartre.*

38.—Vaches conduites de ce marché à l'abattoir du Roule.

L'itinéraire pour l'abattoir de Grenelle (n° 35) jusqu'à la place Breteuil ;
Avenue de Saxe,
  — de Lowendall,
  — de Suffren,   } *Quartier des Invalides ;*
Quai d'Orsay,
Pont d'Iéna,
Quai de Billy,
Rue Bizet,
  — Marbœuf,   } , *Quartier de Chaillot ;*
Avenue Marbœuf,
Rue d'Angoulême,   *(Quartier des Champs-Elysées) ;*
Rue de la Pépinière,
Avenue de l'Abattoir,   } *Quartier du Roule.*
L'Abattoir,

Vu et approuvé pour être annexé à notre ordonnance de ce jour sur la conduite des bestiaux.

Paris, le 26 février 1844.

Le conseiller d'État, préfet de police,

G. DELESSERT.

N° **1871**. — *Ordonnance concernant la foire aux jambons, qui se tiendra sur le boulevard Bourdon, près la place de la Bastille.*

Paris, le 22 mars 1844.

Nous, conseiller d'État, préfet de police,
Vu 1° la loi des 16-24 août 1790, titre XI, article 3, §§ 3, 4 et 5 ;
2° Les articles 423, 471, 475, 477 et 479 du Code pénal ;
3° L'arrêté du gouvernement du 12 messidor an VIII (1er juillet 1800),

Ordonnons ce qui suit :

1. La foire aux jambons aura lieu, suivant l'usage, pendant trois jours consécutifs, les mardi, mercredi et jeudi de la semaine sainte (2, 3 et 4 avril prochain), depuis le lever jusqu'au coucher du soleil.

2. La foire se tiendra sur le boulevard Bourdon, à partir du côté Est du prolongement de la rue de la Cerisaie, et du côté Ouest de l'extrémité nord du Grenier d'Abondance (côté de la place de la Bastille) en se prolongeant vers la rivière.

Les voitures des marchands forains seront placées sur un seul rang, côté Est du boulevard, à partir de l'égout situé en face de la rue de la Cerisaie jusqu'au pont du Canal.

Les étalages des marchands qui ne conservent pas leurs voitures, continueront à être adossés aux barrières existant au-devant du Grenier d'Abondance.

Si les besoins du service l'exigeaient, il sera formé au milieu un troisième rang (voitures ou étalages) qui commencera par l'extrémité du boulevard du côté de la rivière.

Les marchands seront classés par département.

3. Pendant la durée de la foire, la circulation des voitures est interdite sur le boulevard Bourdon.

4. Les marchands qui voudront approvisionner la foire devront justifier à l'inspecteur général des halles et marchés :

1° De leur patente ;

2° De la quittance de l'octroi, constatant l'acquittement du droit à Paris pour les marchandises qu'ils représenteront.

Ils seront inscrits et recevront un numéro indicatif de la place qu'ils devront occuper.

5. Les marchandises seront reçues à la foire dès le lundi 1er avril, toute la journée, et les jours de la foire jusqu'à midi seulement, même le dernier jour.

6. Les marchands seront tenus de placer au point le plus apparent de leur étalage :

1° Un écriteau indiquant le département dans lequel ils sont domiciliés ;

2° Le numéro qui leur aura été délivré lors de leur inscription.

Ceux d'entre eux qui auront vendu la totalité de leurs marchandises avant la clôture de la foire, devront remettre ce numéro aux préposés de la préfecture de police, et ne pourront, sous aucun prétexte, le prêter ni le céder à qui que ce soit.

7. Les marchands pourront exposer en vente, à la foire, toute espèce de marchandises de charcuterie, à l'exception du porc frais.

8. Il est expressément défendu d'exposer aucune marchandise gâtée ou altérée par le mélange de viandes qui n'entrent pas ordinairement dans la fabrication des articles de charcuterie.

Les marchandises ne pourront être exposées en vente qu'après avoir été inspectées. Cette inspection sera répétée pendant la durée de la foire.

9. Il est défendu de faire usage de balances et de poids qui n'auraient pas été vérifiés.

Il est enjoint aux marchands de placer leurs balances et leurs poids en évidence.

10. Les marchands sont tenus de ranger leur étalage le plus près possible des arbres, de manière toutefois à ne point les endommager et à ce que l'on ne puisse circuler entre chaque arbre et chaque étalage.

Ils sont tenus également de balayer leurs places chaque jour, de ne planter aucun clou ni chevêtre, soit sur les arbres, soit sur la barrière en bois qui sépare la contre-allée du Grenier d'Abondance, de ne faire aucune dégradation aux murs de cet établissement ; de ne placer aucune marchandise ou autres objets sur les bancs du boulevard, de n'y faire aucune espèce de construction, et de ne déposer ni ordures ni immondices sur les points affectés à la tenue de la foire.

Pour faciliter la circulation il sera réservé, au-devant de chaque pavillon, un passage de quatre mètres de largeur.

11. Il ne pourra s'établir dans l'intérieur de la foire aucun étalagiste de viandes préparées, menus comestibles ou boissons. Les mar-

chands de comestibles, même ambulants, resteront au dehors de la foire, et, s'ils désirent former un étalage, ils s'adresseront au commissaire de police du quartier de l'Arsenal, qui leur indiquera individuellement l'emplacement qu'ils pourront occuper.

12. La clôture de la foire aura lieu le 4 avril, à la nuit tombante. Il est défendu aux marchands de continuer leur vente après ce terme, soit sur l'emplacement de la foire, soit sur tout autre point de la voie publique.

13. Il est également défendu aux marchands de se réunir, pour continuer leurs ventes et constituer des marchés illicites, dans des auberges, cours de maisons particulières et autres lieux clos ou non, soit pendant la tenue de la foire, soit avant ou après.

Il est défendu aux aubergistes et à tous autres, de se prêter à de telles réunions et ventes, ou de les tolérer.

14. Il sera pris envers les contrevenants telles mesures de police administrative qu'il appartiendra, sans préjudice des poursuites à exercer devant les tribunaux compétents.

Les contraventions seront constatées par des procès-verbaux ou rapports qui nous seront sur-le-champ adressés.

15. La présente ordonnance sera imprimée, publiée et affichée.

Le chef de la police municipale, le commissaire de police du quartier de l'Arsenal, les officiers de paix, l'inspecteur général des halles et marchés et les préposés de la préfecture de police, sont chargés, chacun en ce qui le concerne, de tenir la main à son exécution.

Elle sera adressée au colonel de la garde municipale pour qu'il concoure à son exécution par les moyens qui sont à sa disposition.

Le conseiller d'Etat, préfet de police, G. DELESSERT.

N° **1872.** — *Ordonnance concernant la police intérieure des théâtres de la capitale.*

Paris, le 3o mars 1844.

Nous, pair de France, préfet de police,

Vu la loi des 16-24 août 1790;

Vu le décret des 13-19 janvier 1791;

Vu l'article 46 de la loi des 19-22 juillet 1791;

Vu l'article 12 de l'arrêté des consuls du 12 messidor an VIII (1er juillet 1800);

Vu l'article 471, n° 15, du Code pénal;

Considérant que des abus se sont introduits dans quelques directions théâtrales, soit en changeant arbitrairement la destination des places composant habituellement le parterre, soit en élevant le prix des places au delà de ceux fixés par le tarif spécial à chaque théâtre, soit en continuant la location des places et des loges après l'entrée du public dans les salles de spectacle, soit en délivrant des billets désignant diverses places au choix du porteur du billet, soit enfin en annonçant les changements apportés dans la composition du spectacle du jour par des affiches qui ne provoquent pas suffisamment l'attention du public avant son entrée dans les théâtres;

Considérant que ces divers abus donnent lieu continuellement à des désordres à l'intérieur des théâtres et à des plaintes et réclamations fondées de la part du public;

Considérant que, dans un intérêt d'ordre public et afin de prévenir tout prétexte de troubles dans les théâtres, il importe de remédier promptement à un tel état de choses;

Et vu la lettre de son excellence le ministre de l'intérieur, en date du

27 mars dernier, portant approbation des dispositions de la présente ordonnance,

Ordonnons ce qui suit :

1. Aussitôt après la réception par l'autorité d'une salle de spectacle dans un intérêt d'ordre et de sûreté publique, il est expressément défendu à tout directeur de théâtres d'y faire aucun changement dans sa construction, ainsi que dans les divisions et distributions des loges, et notamment dans celles des places composant l'orchestre, le parterre, les baignoires, les balcons et les galeries, sans en avoir obtenu l'autorisation du préfet de police.

2. Il leur est pareillement défendu de changer, même pour une représentation extraordinaire ou à bénéfice, ou pour une première représentation, la destination des places de leurs salles, notamment celles du parterre, des balcons et des premières galeries, pour les convertir en stalles d'orchestre ou en places louées et numérotées, à moins d'en avoir obtenu l'autorisation du préfet de police.

3. Toutes les fois que des changements auront été autorisés dans la distribution, la division et le nombre des places, les directeurs seront tenus d'en prévenir le public par les affiches qui annonceront le spectacle à l'occasion duquel le changement a eu lieu.

4. A l'avenir, les directeurs de théâtres ne pourront annoncer les changements survenus dans les spectacles du jour que par des bandes de papier blanc, qu'ils feront appliquer, avant l'ouverture du théâtre au public, sur les affiches apposées dans la matinée aux abords des bureaux pour la distribution des billets, et dans les environs du théâtre.

En conséquence, il leur est expressément interdit d'effectuer ces changements par de nouvelles affiches imprimées, quelle que soit la couleur du papier.

5. Il est enjoint à tous directeurs de théâtres de faire livrer leur salle au public, et de faire commencer la représentation aux heures indiquées par les affiches de spectacle.

6. Les directeurs de théâtres seront tenus de supprimer les billets qu'ils font délivrer et qui désignent plusieurs places au choix du spectateur.

Il leur est enjoint de les faire remplacer dans les trois mois qui suivront la date de la présente ordonnance, par des billets énonçant nominativement la seule place que le spectateur aura droit d'occuper.

7. Il est formellement interdit aux directeurs de théâtres d'augmenter, sous aucun prétexte et à aucune époque de l'année, même pour une représentation extraordinaire ou à bénéfice, les prix des places dans les salles de spectacle, au delà des prix fixés par le tarif concernant la location des places, soit par celui spécial à la vente des billets pris aux bureaux établis à l'extérieur des théâtres, sans y avoir été autorisés par le préfet de police.

8. Les directeurs de théâtres seront tenus de faire établir, dans un délai de six mois à partir de la date de la présente ordonnance, les places et stalles qu'ils destineront à la location, de manière à ne pouvoir être occupées que par les porteurs du coupon de location.

En conséquence, le siège desdites places et stalles sera rendu mobile, il sera sur charnières, de manière à pouvoir être relevé sur le dossier de la stalle où il sera fixé par un mécanisme qui ne pourra s'ouvrir pour abaisser le siége que par un préposé du directeur, lequel sera spécialement chargé du placement des porteurs des coupons de location, lesquels coupons devront porter un numéro correspondant à la stalle ou à la place louée.

9. Il est enjoint à tout directeur de théâtres de faire cesser la location des loges, des stalles ou de toute autre place aussitôt l'introduction du public dans les salles de spectacle, et défense leur est faite de faire revendre des loges, des stalles ou toutes autres places qui auront été inscrites sur la feuille de location du jour.

10. Toutes les loges, stalles ou places louées, devront être inscrites par les directeurs sur la feuille de location, et aucune autre n'y devra être inscrite.

11. L'inscription en usage dans les théâtres pour désigner les loges et les stalles louées ne devra être placée que sur celles qui le seront véritablement.

12. Il est expressément enjoint aux directeurs de théâtres de faire remettre au commissaire de police ou à l'officier de paix de service lors de la représentation, au moment de l'introduction du public dans la salle, un double certifié par eux de la feuille de location, afin de leur donner le moyen d'apprécier et de constater les réclamations et contestations auxquelles leur occupation pourrait donner lieu de la part des spectateurs.

13. Les contraventions aux dispositions de la présente ordonnance seront constatées par des procès-verbaux des commissaires de police, qui seront transmis au tribunal compétent, indépendamment des mesures de police administrative auxquelles elles pourront donner lieu.

14. Toutes les ordonnances sur la police des théâtres publiées jusqu'à ce jour continueront de recevoir leur exécution dans celles de leurs dispositions non contraires à la présente ordonnance.

15. La présente ordonnance sera imprimée, publiée et affichée tant à l'intérieur qu'à l'extérieur des théâtres de la capitale.

Elle sera, en outre, notifiée officiellement à chaque directeur de théâtre.

16. Le chef de la police municipale, les commissaires de police de la ville de Paris, les officiers de paix et les préposés de la préfecture de police, sont chargés, chacun en ce qui les concerne, de tenir la main à l'exécution de la présente ordonnance.

M. le colonel de la garde municipale est appelé à concourir également à son exécution par les moyens qui sont à sa disposition.

Le pair de France, préfet de police, G. DELESSERT.

N° **1873.** — *Ordonnance concernant les mesures d'ordre à observer aux promenades de Longchamp.*

Paris, le 1er avril 1844.

Nous, pair de France, préfet de police,

Vu la loi des 16-24 août 1790; l'arrêté du gouvernement du 12 messidor an VIII (1er juillet 1800), et l'article 471, n° 15, du Code pénal;

Voulant prévenir tous accidents et désordres pendant les promenades de Longchamp, dans les journées des 3, 4 et 5 courant,

Ordonnons ce qui suit :

1. La grande avenue des Champs-Élysées, à partir de la place de la Concorde jusqu'à la barrière de l'Étoile, la route de Neuilly, depuis cette barrière jusqu'à la grille du bois de Boulogne, et l'avenue du bois de Boulogne qui conduit à Longchamp, seront exclusivement réservées, les 3, 4 et 5 courant, depuis deux heures après midi jusqu'à la cessation de la promenade, aux voitures qui iront à Longchamp.

Les conducteurs et cochers de toutes autres voitures ou charrettes qui entreront dans Paris, ou en sortiront, aux jours et heures ci-dessus indiqués, seront tenus de prendre par les barrières du Roule et de Passy.

2. En allant au bois de Boulogne, les voitures se rangeront à droite de la chaussée de la grande avenue des Champs-Élysées, sur une seule file qui se formera, au besoin, dès la place de la Concorde, et même de la rue Royale et des boulevards du nord.

Elles continueront leur marche dans cet ordre.

3. A leur retour, les voitures prendront la droite de la route de Neuilly, de l'avenue de Neuilly et de celle des Champs-Élysées, jusqu'à la place de la Concorde.

Elles marcheront sur une seule file et au pas.

4. Il est défendu de faire traverser les voitures d'une file à l'autre.

5. Sont exceptées des dispositions des articles qui précèdent, les voitures de la cour, des ministres, des maréchaux de France, de l'intendant général de la liste civile, de M. le lieutenant général commandant supérieur des palais royaux, du corps diplomatique, de M. le chancelier de France, de M. le président de la chambre des députés, de M. le préfet de la Seine, de M. le lieutenant général commandant supérieur des gardes nationales de la Seine, de M. le lieutenant général commandant la 1re division militaire, de M. le maréchal de camp commandant la place de Paris, et les équipages à quatre chevaux, lesquels pourront circuler dans l'espace compris entre les files de voitures.

6. Les chevaux de selle ne pourront être mis au galop dans l'espace compris entre les files de voitures.

Il est également défendu aux personnes à cheval de rompre les files de voitures, sous quelque prétexte que ce soit.

Les personnes à pied ne pourront point stationner ni circuler sur la chaussée et les bas côtés de l'avenue des Champs-Élysées et de l'avenue de Neuilly, réservés exclusivement aux voitures et aux cavalcades.

7. Il est expressément défendu de faire circuler les voitures et les chevaux dans les contre-allées des Champs-Élysées, de l'avenue de Neuilly et de la route de Neuilly, qui sont exclusivement réservées aux personnes à pied.

8. Défense est faite de monter sur les arbres des Champs-Élysées et de l'avenue de Neuilly, ainsi que sur les candélabres destinés à l'éclairage public.

9. Les conducteurs et cochers de voitures et les cavaliers qui refuseront de se conformer aux dispositions de la présente ordonnance, encourront les peines prononcées par les lois et seront traduits devant les tribunaux compétents, pour s'en voir faire l'application.

10. Le chef de la police municipale est autorisé à prendre toutes les autres mesures d'ordre et de sûreté que les circonstances exigeront.

11. La présente ordonnance sera imprimée et affichée dans Paris, et dans les communes de Passy, Boulogne, Auteuil et Neuilly.

Les maires et les commissaires de police desdites communes, le chef de la police municipale et les commissaires de police de la ville de Paris, les officiers de paix, les préposés de la préfecture de police, et tous agents de la force publique sont chargés, chacun en ce qui le concerne, de tenir la main à son exécution.

M. le colonel de la garde municipale de la ville de Paris et M. le chef d'escadron commandant la gendarmerie de la Seine, en feront observer les dispositions.

Le pair de France, préfet de police, G. DELESSERT.

N° **1874.**— *Ordonnance concernant l'arrosement.*

Paris, le 10 avril 1844.

Nous, pair de France, préfet de police,

Ordonnons ce qui suit :

Notre ordonnance du 27 juin 1843, concernant l'arrosement de la voie publique, sera de nouveau imprimée et affichée.

Le pair de France, préfet de police, G. DELESSERT.

- - - - - - ◎ - - - - - -

N° **1875.** — *Ordonnance concernant la visite générale des tonneaux des porteurs d'eau.*

Paris, le 20 avril 1844.

Nous, pair de France, préfet de police,
Vu, 1° l'article 32 de l'arrêté du gouvernement du 12 messidor an VIII (1er juillet 1800), et l'article 1er de l'arrêté du 3 brumaire an IX (25 octobre 1800) ;
2° L'article 14 de l'ordonnance du 30 mars 1837, concernant la police des fontaines et bornes-fontaines et des porteurs d'eau,

Ordonnons ce qui suit :

1. Il sera procédé à une visite générale des tonneaux des porteurs d'eau qui exercent leur état dans la ville de Paris.
Cette visite commencera le vendredi 3 mai prochain.
Elle aura lieu deux fois la semaine, les mardis et vendredis, sur le quai Napoléon, quartier de la Cité, de onze heures du matin à quatre heures.
La visite des tonneaux des porteurs d'eau domiciliés dans le premier arrondissement, s'effectuera le vendredi 3 mai prochain ;
La visite des tonneaux du deuxième arrondissement, le 7 du même mois ;
La visite des tonneaux du troisième arrondissement, les 10 et 14 mai ;
La visite des tonneaux du quatrième arrondissement, le 17 mai ;
La visite des tonneaux du cinquième arrondissement, les 21 et 24 mai ;
La visite des tonneaux du sixième arrondissement, les 28 et 31 mai ;
La visite des tonneaux du septième arrondissement, les 4 et 7 juin suivant ;
La visite des tonneaux du huitième arrondissement, le 11 juin ;
La visite des tonneaux du neuvième arrondissement, le 14 juin ;
La visite des tonneaux du dixième arrondissement, les 18 et 21 juin ;
La visite des tonneaux du onzième arrondissement, le 25 juin ;
Enfin, la visite des tonneaux du douzième arrondissement, et celle des tonneaux des porteurs d'eau domiciliés dans la banlieue, et qui exercent leur état dans Paris, auront lieu le 28 juin.
2. Les porteurs d'eau ne seront admis à la visite qu'à tour de rôle et qu'autant qu'ils seront munis d'un bulletin de convocation délivré à l'avance par les receveurs des fontaines marchandes.

3. Les visites seront faites par l'inspecteur contrôleur de la fourrière, l'officier de paix de l'attribution des voitures et l'officier de paix de l'arrondissement dont les tonneaux seront visités, l'un des deux experts des voitures publiques et le peintre de la préfecture.

4. Dans cette visite, les chefs de service devront principalement vérifier l'exactitude des déclarations de domicile, ainsi que des lieux de remisage, l'indication du numéro et le jaugeage des tonneaux.

En conséquence, chaque porteur d'eau sera tenu d'exhiber sa carte de roulage, visée par le commissaire de police de son quartier, s'il est domicilié dans Paris, ou par le maire de sa commune, s'il est domicilié dans l'une des communes de la banlieue.

Il sera vérifié si le domicile et le lieu de remisage indiqués sur la carte de roulage sont les mêmes que ceux inscrits sur le tonneau.

Il sera vérifié, en outre, avec le plus grand soin, si chaque tonneau est tenu à l'intérieur dans un état convenable de propreté, et n'exhale aucune odeur insalubre.

5. Il sera dressé, à chaque visite, un procès-verbal spécial qui contiendra les noms et domiciles des porteurs d'eau qui ne se seront pas conformés à toutes les dispositions de l'ordonnance précitée, du 30 mars 1837; les noms et domiciles de ceux qui auront été reconnus en règle, et toutes autres observations qui seront jugées nécessaires.

Les numéros des tonneaux des porteurs d'eau, qui ne seront point en règle, seront immédiatement effacés, et ne pourront être rétablis que lorsque les propriétaires de ces tonneaux auront justifié de l'accomplissement de toutes les formalités omises.

6. L'expert des voitures publiques mesurera la longueur des brancards des tonneaux présentés à la visite.

Les numéros des tonneaux dont les brancards dépasseront la saillie fixée par les règlements, seront immédiatement effacés et ne pourront être rétablis que lorsque les brancards auront été réduits à la saillie déterminée par l'ordonnance de police du 30 mars 1837.

Les numéros des tonneaux qui ne seraient pas dans un état satisfaisant de propreté intérieure, et qui exhaleraient une odeur insalubre, seront également effacés et ne pourront être rétablis qu'autant qu'il aura été reconnu, par un examen ultérieur, que ces tonneaux auront été nettoyés et assainis.

7. Chaque tonneau présenté à la visite dont il s'agit sera revêtu, conformément aux dispositions de l'article 6 de notre arrêté du 2 septembre 1840, d'une estampille (P. 9.) de couleur noire, qui devra avoir quatre centimètres de hauteur et huit millimètres de plein.

Elle sera peinte sur le côté droit du fond de chaque tonneau, en regard et au point de jonction des deux inscriptions indicatives de la remise et du domicile du porteur d'eau.

8. Lorsque la visite sera complétement terminée, tout porteur d'eau dont le tonneau ne portera pas le numéro de la visite et de l'estampille, sera poursuivi conformément aux règlements.

Tout tonneau neuf qui, après la visite, sera présenté à l'expertise et au numérotage, sera marqué du numéro de la visite.

9. La présente ordonnance sera imprimée et affichée.

Les commissaires de police, le chef de la police municipale, l'inspecteur contrôleur de la fourrière et les autres préposés de la préfecture de police sont chargés, chacun en ce qui le concerne, de tenir la main à son exécution.

Le pair de France, préfet de police, G. DELESSERT.

N° **1876**. — *Ordonnance concernant les mesures d'ordre à observer dans Paris, le 1er mai, fête du roi.*

Paris, le 27 avril 1844.

Nous, pair de France, préfet de police,

Vu le programme approuvé par M. le ministre de l'intérieur, à l'occasion des divertissements publics qui auront lieu dans Paris, le 1er mai 1844, pour célébrer la fête du roi ;

Vu la loi des 16-24 août 1790 et l'arrêté du gouvernement du 12 messidor an VIII (1er juillet 1800), qui chargent l'autorité municipale de maintenir le bon ordre dans les fêtes publiques, et de prendre les précautions convenables pour prévenir les accidents ;

Vu l'article 471, n° 15, du Code pénal,

Ordonnons ce qui suit :

Divertissements sur l'esplanade des Invalides, feu d'artifice au pont de la Concorde, sur le port et le quai d'Orsay.

1. Le 1er mai, l'accès du pont de la Concorde et la partie du quai d'Orsay, située entre le pont Royal et la rue d'Iéna, ainsi que le port d'Orsay, seront entièrement interdits au public, et personne autre que les artificiers et leurs ouvriers ne pourra circuler ni stationner.

2. Toutefois, le passage ne sera pas interdit dans cette journée aux personnes qui se rendraient aux hôtels et au quartier de cavalerie situés sur le quai d'Orsay, non plus qu'aux personnes qui sortiront de ces habitations.

3. Afin d'assurer l'exécution de l'interdiction prononcée par l'article 1er, des barrages seront établis dans la journée du 1er mai :

1° Sur le quai d'Orsay, au droit de la descente de l'escalier dit des bains Vigier ;

2° Dans les rues de Poitiers et de Bellechasse, à la hauteur de la rue de Lille ;

3° Dans la rue de Bourgogne, à l'angle de la rue de Lille ;

4° Sur le quai d'Orsay, au droit de la rue d'Iéna ;

5° Et à l'entrée du pont de la Concorde, côté du quai des Tuileries.

4. Dans la même journée du 1er mai, à partir de six heures du matin, toutes les descentes conduisant à la rivière, entre le pont Royal et le pont des Invalides, seront barrées, et le public ne pourra circuler ni stationner sur les berges comprises entre les ponts du Carrousel et des Invalides.

5. La navigation sera interdite, le 1er mai, entre les ponts du Carrousel et d'Iéna, et des barrages seront établis à chacun de ces ponts.

6. Le passage et le stationnement en batelets sur la rivière seront interdits, dans la même journée, entre le pont du Carrousel et celui d'Iéna.

Sont exceptés de cette prohibition, les batelets des inspecteurs de la navigation.

7. Les marchandises déchargées sur le port d'Orsay et sur la berge du Recueillage, devront être enlevées de manière qu'il n'existe plus aucun dépôt le 30 avril au soir.

8. Les bateaux chargés et les bateaux vides seront remontés en amont du pont du Carrousel, ou descendus en aval du pont des Invalides.

9. Nul ne pourra monter sur les bateaux, à l'exception des mariniers desservant les embarcations.

10. L'inspecteur général de la navigation et des ports prendra les mesures convenables pour faire évacuer et préserver du danger du feu les établissements, embarcations, bateaux chargés et vides, batelets et trains existant sur les bassins voisins du feu d'artifice.

11. Le 1er mai, à partir de huit heures du soir et jusqu'après le feu d'artifice qui sera tiré au quai d'Orsay et sur le pont de la Concorde, aucune personne, sans exception, ne pourra passer ni stationner sur les ponts des Arts et du Carrousel.

12. Dans la même journée, à partir de huit heures du soir, le pont des Invalides sera entièrement évacué, et le passage en sera immédiatement interdit au public, qui ne pourra se rendre d'une rive à l'autre que par les ponts d'Iéna, le pont Royal et les ponts en amont.

13. Les jeux et les divertissements publics ayant lieu sur l'esplanade des Invalides, il est formellement interdit aux étalagistes, marchands forains, saltimbanques, teneurs de jeux, entrepreneurs de bals publics, ainsi qu'à tous marchands de vins, de comestibles et limonadiers, de s'établir le 1er mai dans aucune partie des Champs-Elysées.

Sont exceptés de cette prohibition :

1° Les marchands forains avec barraques, lesquels pourront, avec notre autorisation spéciale, occuper seulement la contre-allée de l'avenue des Champs-Elysées, située à droite, à partir de la place de la Concorde jusqu'au rond-point;

2° Les saltimbanques avec tentes et barraques, lesquels pourront s'établir sur la seconde contre-allée de l'avenue du Cours-la-Reine, en faisant face à la rivière.

Dispositions relatives à la circulation des voitures.

14. Le 1er mai, à partir de deux heures après midi jusqu'à onze heures du soir, la circulation et le stationnement des voitures seront interdits :

Sur le quai d'Orsay, depuis la rue d'Iéna jusqu'à la rue Saint-Jean ;

Sur le pont des Invalides ;

Sur l'esplanade des Invalides jusqu'à la rue de Grenelle exclusivement, dans la direction de laquelle les voitures pourront seulement traverser l'esplanade;

Sur le quai de la Conférence, depuis la place de la Concorde jusqu'au quai de Billy;

Sur l'avenue du Cours-la-Reine et dans l'avenue d'Antin.

15. Toutes les voitures qui, dans la même journée du 1er mai, se dirigeront sur Neuilly, Chaillot ou Passy, ou qui reviendront de ces points, devront, à partir de deux heures après midi jusqu'à onze heures du soir, passer par la rue Montaigne, le rond-point des Champs-Elysées, l'allée des Veuves et l'avenue de Neuilly.

16. Le 1er mai, depuis deux heures après midi jusqu'à onze heures du soir, les voitures qui entreront dans Paris par la barrière de Passy ne pourront se diriger sur la rive gauche que par le pont d'Iéna, l'avenue de la Bourdonnaie et la rue de Grenelle; et celles qui se dirigeront sur la rive droite, suivront le quai de Billy, l'allée des Veuves, traverseront le rond-point des Champs-Elysées et suivront les rues

Montaigne, du Faubourg-du-Roule, la place Beauveau et la rue des Saussayes.

17. La circulation et le stationnement des voitures seront interdits, le 1er mai, à partir de cinq heures du soir jusqu'à onze heures, sur les quais de la rive gauche de la Seine, depuis la rue des Saints-Pères jusqu'au pont des Invalides ;

Dans la rue du Bac, depuis le pont Royal jusqu'à la rue de Grenelle exclusivement, et dans toutes les rues comprises entre l'esplanade des Invalides et la rue du Bac ;

Et notamment dans les rues de Lille, de Verneuil, de l'Université et Saint-Dominique.

18. Dans la journée du 1er mai, depuis cinq heures du soir jusqu'à onze heures de la nuit, la circulation et le stationnement des voitures seront pareillement interdits, sur les quais de la rive droite de la Seine, depuis le Pont-Neuf jusqu'au quai de la Conférence, inclusivement ;

Sur les ponts du Carrousel, Royal, de la Concorde et des Invalides ;

Sur la place de la Concorde, dans toutes les avenues des Champs-Elysées comprises entre la place de la Concorde et le rond-point ;

Dans les rues Matignon, du Faubourg-Saint-Honoré, depuis la place Beauveau jusqu'à la rue Royale-Saint-Honoré inclusivement ;

Dans les rues des Champs-Elysées, Royale-Saint-Honoré, Saint-Florentin, de Rivoli, Mondovi, Neuve-de-Luxembourg, Castiglione, d'Alger, du 29 Juillet, du Dauphin, des Pyramides, de l'Echelle, Saint-Louis, Saint-Nicaise, de Rohan, Montpensier, de Valois, Quinze-Vingts-Batave, de Chartres, Saint-Thomas-du-Louvre,

Et dans la rue Saint-Honoré, depuis la place du Palais-Royal inclusivement jusqu'à la rue des Champs-Elysées.

19. Les voitures des personnes qui se rendraient dans la soirée du 1er mai, après cinq heures du soir, de la rive gauche dans les quartiers du centre de la rive droite, devront passer, soit par le Pont-Neuf ou les ponts en amont, soit par le pont d'Iéna ;

Et les voitures qui, dans cette soirée, se rendraient au palais des Tuileries, ne pourront y arriver que par la rue Saint-Honoré, la place du Palais-Royal, la rue de Chartres et la place du Carrousel.

20. Les voitures des personnes qui, de la rive droite de la Seine, se rendront dans la soirée du 1er mai au palais des Tuileries, ne pourront, à partir de cinq heures, y arriver que

Par les rues de Richelieu,
Saint-Honoré,
de Rohan,
la place du Palais-Royal,
la rue de Chartres,
la place du Carrousel,

Et la grille du Carrousel, à droite de l'Arc-de-Triomphe.

21. Toutes les voitures qui seront entrées dans la cour des Tuileries, le 1er mai, après six heures du soir, ne pourront en sortir que par la grille, côté de la galerie du Musée, et elles traverseront la place du Carrousel dans la direction de la rue de Chartres.

22. Sont exceptées des prohibitions établies par les articles précédents, les voitures de la cour, des ministres, des maréchaux de France, de l'intendant général de la liste civile, de M. le lieutenant général commandant supérieur des palais royaux, du corps diplomatique, du chancelier de France, du grand référendaire de la chambre des pairs, du président de la chambre des députés, du préfet de la Seine, du lieutenant général commandant supérieur des gardes nationales de la Seine, du lieutenant général commandant la première division militaire et du maréchal de camp commandant la place de Paris.

Toutefois, lesdites voitures ne pourront, dans la journée du 1er mai, après cinq heures du soir, passer d'une rive à l'autre de la Seine, qu'en traversant le pont du Carrousel ou les ponts en amont.

Divertissements et feu d'artifice à la barrière du Trône.

23. Le 1er mai, la circulation et le stationnement des voitures seront interdits depuis deux heures après midi jusqu'à onze heures du soir :

1° Sur la place de la barrière du Trône ;
2° Sur les avenues qui conduisent à cette place ;
3° Et dans la rue du Faubourg-Saint-Antoine, en descendant jusqu'au débouché de la rue de Montreuil exclusivement.

24. Pendant cette journée, les voitures qui arriveront à Paris par la route de Vincennes seront dirigées par les barrières de Montreuil et de Saint-Mandé.

Dispositions générales.

25. Défense expresse est faite aux étalagistes, marchands forains, limonadiers, marchands de vins et de comestibles, teneurs de bals et saltimbanques de stationner, le 1er mai, sur les emplacements où auront lieu les jeux et divertissements publics, sans en avoir obtenu de nous la permission par écrit.

26. Il est expressément interdit, sous les peines portées par la loi du 21 mai 1836, aux marchands forains et étalagistes, de tenir des loteries ou jeux de hasard, pour débiter ou vendre leurs marchandises.

27. L'entrepreneur du feu d'artifice qui sera tiré le 1er mai à la barrière du Trône, établira, au pourtour du feu, tant à l'intérieur qu'à l'extérieur de Paris, deux fortes barrières en charpente, à la distance de cent cinquante mètres du feu, pour maintenir le public à l'éloignement nécessaire à sa sûreté, et il se conformera, en outre, aux prescriptions de notre ordonnance du 30 juin 1842, relative aux artificiers, et à toutes autres prescriptions qui pourront lui être faites dans l'intérêt de la sûreté publique.

28. Des postes médicaux, pourvus de brancards et de boîtes de secours, seront établis, le 1er mai, sur les points ci-après, savoir :

Sur l'esplanade des Invalides, au quai d'Orsay, devant l'hôtel de la Légion d'honneur et à la barrière du Trône.

29. Un poste de sapeurs-pompiers, avec les pompes et agrès nécessaires, sera établi auprès de chaque feu d'artifice, et des sapeurs-pompiers seront placés, pendant le feu qui sera tiré au quai d'Orsay, sur les combles du palais de la chambre des députés et du palais du quai d'Orsay.

30. Il est expressément défendu de tirer sur la voie publique et dans l'intérieur des habitations, des pièces d'artifice et armes à feu.

31. Aucun étalagiste ou saltimbanque ne pourra dans la journée du 1er mai, stationner aux entrées du jardin des Tuileries, sur le pont Royal, le quai des Tuileries, le quai Voltaire, la place de la Concorde et dans la rue Royale-Saint-Honoré.

32. Dans la journée du 1er mai, aucuns échafaudages, estrades, chaises, échelles, tonneaux, tables, bancs, charrettes, tréteaux et planches ne pourront, sous aucun prétexte, être placés sur la voie publique et notamment aux abords des jeux et divertissements publics et des feux d'artifice, sur les points ci-après désignés :

Sur l'esplanade des Invalides, sur le quai d'Orsay, entre la rue d'Iéna et la rue Saint-Jean, sur le quai de la Conférence, dans l'avenue du Cours-la-Reine;

Sur la place de la Concorde,
le pont Royal,
le quai des Tuileries,
le quai du Louvre,
le quai Voltaire,
Et sur la place de la barrière du Trône.

Les commissaires de police et les agents de la force publique feront enlever sur-le-champ, et conduire à la fourrière, les objets placés en contravention à la présente défense.

33. Défense expresse est faite de monter sur les arbres, sur les parapets des quais, des ponts et des berges; d'escalader la terrasse du jardin des Tuileries, dite du bord de l'eau ; de monter sur les candélabres servant à l'éclairage du quai des Tuileries, de la place de la Concorde, de la grande avenue des Champs-Elysées, et sur les statues et les bassins de la place de la Concorde, sur les balustrades des fossés de ladite place, ainsi que sur les toits, entablements, auvents des maisons ; enfin, sur les échafaudages au-devant des maisons en construction.

34. Dans la journée du 1er mai, la Bourse et les ports seront fermés.

35. Les contraventions à la présente ordonnance seront constatées par les procès-verbaux ou rapports des officiers de police, et déférées aux tribunaux compétents.

36. La présente ordonnance sera imprimée, publiée et affichée dans Paris, et dans les communes de Passy, Neuilly, Saint-Mandé, Montreuil et Vincennes.

Les maires et les commissaires de police desdites communes, le chef de la police municipale, à Paris, les commissaires de police et les officiers de paix de la ville de Paris, l'architecte commissaire de la petite voirie, l'inspecteur général de la navigation et des ports, le directeur de la salubrité et les préposés de la préfecture de police sont chargés, chacun en ce qui le concerne, de tenir la main à son exécution.

Le colonel de la garde municipale de la ville de Paris et le commandant de la gendarmerie de la Seine sont appelés pareillement à concourir à son exécution, et à prêter main-forte, au besoin, aux agents de police agissant pour l'exécution de la présente ordonnance.

Le pair de France, préfet de police, G. DELESSERT.

———————⊗———————

N° 1877. — *Ordonnance qui fixe le tarif pour le transport des bagages, marchandises, voitures, chevaux, etc., sur le chemin de fer de Paris à Rouen* (1).

Paris, le 10 mai 1844.

Nous, pair de France, préfet de police,
Vu, 1° la loi du 15 juillet 1840, qui autorise l'établissement d'un che-

(1) V. l'ord. du 16 août 1844.

min de fer de Paris à Rouen , ensemble le cahier des charges annexé à cette loi ;

2° Les propositions à nous adressées par la compagnie concessionnaire dudit chemin de fer, et contenant un projet de tarif pour le transport, soit à grande, soit à petite vitesse, des bagages , marchandises, voitures, chevaux, etc., ensemble les observations par nous soumises , au sujet de ces propositions , à M. le ministre des travaux publics ;

3° La lettre du 15 février dernier, par laquelle M. le sous-secrétaire d'État des travaux publics nous informe que lesdites propositions sont approuvées, sous quelques réserves et sauf diverses modifications que la compagnie vient d'accepter.

Considérant qu'il y a lieu d'homologuer et de rendre obligatoire, dans le ressort de la préfecture de police, le tarif proposé par la compagnie du chemin de fer susdésigné, avec les modifications acceptées depuis par ladite compagnie et les réserves indiquées par l'administration supérieure ,

Ordonnons ce qui suit :

TITRE Ier.

TRANSPORT A LA VITESSE DES VOYAGEURS.

CHAPITRE Ier.

Bagages, articles de messagerie et marchandises.

SECTION Ire.

Prix de transport.

1. Les prix à percevoir pour le transport des bagages, articles de messagerie et marchandises voyageant à grande vitesse sur la demande des voyageurs et des expéditeurs (32 kilomètres à l'heure au moins , art. 35 du cahier des charges), sont réglés d'après le tableau qui suit :

(Voir, à la fin de cette ordonnance, la 1re annexe, tarif A.)

2. Aux termes de l'article 36 du cahier des charges, chaque voyageur peut porter avec lui un bagage dont le poids n'excède pas quinze kilogrammes, sans être tenu, pour le poids de ce bagage , à aucun supplément de prix.

En conséquence, le tarif ci-dessus n'est applicable aux bagages transportés par les mêmes trains que les voyageurs à qui ils appartiennent, que pour ce qui excède le poids de quinze kilogrammes.

3. Les denrées ou objets non désignés au cahier des charges ni au présent tarif, qui ne pèseront pas deux cents kilogrammes sous le volume d'un mètre cube, paieront le double des taxes ci-dessus déterminées.

4. Le transport de l'or, de l'argent, soit en lingot, soit monnoyé ou travaillé, du plaqué d'or et d'argent. du mercure, du platine, des bijoux, pierres précieuses ou autres valeurs, s'effectuera, quelle que soit la distance parcourue, aux prix suivants :

Jusqu'à 500 fr. inclusivement, 0 fr. 50 c.
Au-dessus de 500 fr. jusqu'à 1,000   —   1   »
   —   de 1,000   —   2,000   —   0   80 ⎰ par fraction indivi-
   —   de 2,000............................ 0   70 ⎱ sible de 1,000 fr.

SECTION II.

Frais accessoires.

§ 1er. — *Chargement et déchargement.*

5. Les frais accessoires de chargement et de déchargement sont réglés ainsi qu'il suit, savoir :

Pour les bagages., articles de messagerie et marchandises de toute nature, sauf le poisson frais,

Au-dessus de	200 kil.	jusqu'à	400	inclusivement	.....	0 fr. 75 c.
—	de 400	—	600	—	.....	1 »
—	de 600	—	800	—	.....	1 25
—	de 800	—	1,000	—	.....	1 50
—	de 1,000	1 fr. 50 c. par fraction indivisible de 1,000 kil.				

Pour le poisson frais :

Jusqu'à 200 kil.....	0 fr. 50 cent. par fraction de 100 kilogrammes.	
Au-dessus de 200 k. jusqu'à 500 kil.....	0 25	— —
Au-dessus de 500 kil......	0 15	— —

§ 2. — *Enregistrement et magasinage.*

6. La compagnie est autorisée à percevoir un droit fixe de dix centimes pour l'enregistrement de toute expédition.

7. Tout envoi composé de plusieurs colis expédiés par une même personne et adressés à un même destinataire, ne donnera lieu qu'à un enregistrement, pourvu que les colis soient de même nature de marchandises, telles que sucre, café, etc.

Au contraire, les colis composant un envoi fait par une même personne à un même destinataire seront enregistrés séparément, s'ils ne sont pas de même nature.

8. La compagnie est également autorisée à percevoir, à titre de frais de magasinage, un droit de vingt centimes, pour tous colis, malles ou bagages non enlevés au bout de vingt-quatre heures.

Les frais de magasinage pour les jours suivants sont réglés ainsi qu'il suit :

Jusqu'à 50 kil.	0 fr. 05 cent. par jour.	
Au-dessus de 50 kil. — 100 kil.	0 10	—
— 100 kil...............	0 10	par jour et par 100 kilog.

CHAPITRE II.

Voitures, chevaux et autres animaux, transportés à la vitesse des voyageurs, sur la demande expresse des expéditeurs.

9. La compagnie est autorisée à percevoir les prix fixés au tableau suivant, pour le transport des voitures, chevaux et autres animaux y désignés, voyageant à grande vitesse, sur la demande expresse des expéditeurs.

(Voir, à la fin de cette ordonnance, la 1re annexe, tarif B.)

TITRE II.

TRANSPORT A LA VITESSE DES MARCHANDISES.

SECTION 1re.

Marchandises.

10. Les prix du transport des marchandises voyageant à petite vitesse (seize kilomètres à l'heure), sont réglés d'après le tableau suivant :

(Voir, à la fin de cette ordonnance, la 2ᵉ annexe, tarif C.)

11. Les frais accessoires de chargement et de déchargement, pour les marchandises transportées à petite vitesse, sur un parcours n'excédant pas cinquante-sept kilomètres, sont réglés ainsi qu'il suit :

De 0 à 200 kil. 0 fr. 50 cent.
Au-dessus de 200 — 0 25 par fraction indivisible de 200 kil.

Cette disposition n'est point applicable aux marchandises transportées de la gare des Batignolles à Mantes, *et vice versâ*, et de Rouen à Vernon, *et vice versâ*, bien que les distances existant entre ces diverses stations n'excèdent point cinquante-sept kilomètres.

12. La compagnie est autorisée à percevoir, à titre de frais de magasinage, pour les articles adressés en gare qui ne seraient point retirés dans les vingt-quatre heures, un droit de vingt centimes pour chaque mois de séjour, par fraction indivisible de cent kilogrammes. Le mois commencé sera censé révolu.

SECTION II.

Voitures, chevaux et autres animaux.

13. La compagnie est autorisée à percevoir les prix fixés au tableau suivant, pour le transport à petite vitesse des voitures, chevaux et des autres animaux qui y sont désignés.

(Voir, à la fin de cette ordonnance, la 3ᵉ annexe, tarif D.)

14. L'autorisation résultant de l'article précédent n'est accordée qu'à titre provisoire et sous la condition expresse que la compagnie se mettra en mesure de soumettre à l'homologation des propositions de tarif pour les stations autres que celles qui sont portées au présent tarif.

TITRE III.

DISPOSITIONS GÉNÉRALES.

15. Les perceptions ci-dessus autorisées à titre de frais accessoires d'enregistrement, chargement, déchargement et de magasinage, ne sont que provisoires et restent subordonnées au règlement spécial qui doit, conformément au cahier des charges, déterminer toutes les taxes de cette nature.

16. Les taxes comprises dans la présente ordonnance, qui sont inférieures à celles du tarif du cahier des charges, ne pourront être relevées qu'après un délai de trois mois au moins.

Tous changements apportés aux tarifs ci-dessus réglés devront être homologués et annoncés au moins un mois d'avance par des affiches.

17. La perception d'aucune taxe ne sera régulière qu'en vertu d'une homologation administrative.

18. La présente ordonnance sera notifiée, publiée et affichée.

Les commissaires spéciaux de police et les agents de surveillance du chemin de fer de Paris à Rouen, ainsi que les maires et commissaires de police des communes dont le territoire est traversé par ledit chemin, sont chargés d'en assurer l'exécution.

Le pair de France, préfet de police, G. DELESSERT.

** ANNEXE à l'ordonnance de police du 10 mai 1844, concernant le tarif pour le transport des bagages et marchandises, sur le chemin de fer de Paris à Rouen.

TITRE Ier. — Transport à la vitesse des voyageurs.

TARIF (A) *pour le transport des Bagages, articles de Messagerie et Marchandises, à la vitesse des Voyageurs, sur la demande des Expéditeurs.*

1° Dans le sens de PARIS à ROUEN.

DE PARIS aux DESTINATIONS SUIVANTES, *et vice versâ.*	Distances servant de base à la fixation des prix de transport.	Jusqu'à 5 kilog. inclusivement.	Au-dessus de 5 kilog. jusqu'à 10 kilog. inclusivement.	Au-dessus de 10 kilog. jusqu'à 25 kilog. inclusivement.	Au-dessus de 25 kilog. jusqu'à 50 kilog. inclusivement.	Au-dessus de 50 kilog. jusqu'à 75 kilog. inclusivement.	Au-dessus de 75 kilog. jusqu'à 100 kilog. inclusivement.	Au-dessus de 100 kilog. jusqu'à 200 inclusivement. Transport.	Frais accessoires de chargement et de déchargement.	TOTAL.	POISSON FRAIS, par quintal métrique.
	kil.	fr.c.	fr.c.	fr.c.	fr.c.	fr.c.	fr.c.	fr.c.	fr.c.	fr.c.	fr.c.
Maisons..............	17	» 30	» 60	» 75	1 50	1 75	1 85	1 35	» 50	1 85	» 85
Poissy..............	27	» 30	» 60	» 75	1 50	2 »	2 »	2 15	» 50	2 65	1 35
Triel...............	35	» 30	» 60	» 75	1 50	2 »	2 »	2 80	» 50	3 30	1 85
Meulan.............	41	» 30	» 60	» 75	1 50	2 »	2 »	3 25	» 50	3 75	2 05
Epône..............	49	» 40	» 70	1 »	1 80	2 50	3 »	3 90	» 50	4 40	2 45
							Par fraction de 50 kilogrammes.				
Mantes.............	57	» 40	» 70	1 »	1 80	2 50	3 »	1 12 ½	» 12 ½	1 25	2 85
Bonnières..........	69	» 50	» 80	1 »	2 »	2 50	3 50	1 37 ½	» 12 ½	1 50	3 45
Vernon.............	80	» 50	» 80	1 25	2 25	3 25	3 50	1 50	» 12 ½	1 62 ½	4 »
Gaillon.............	95	» 50	» 80	1 25	2 50	3 50	4 50	1 86	» 12 ½	1 98 ½	4 65
Saint-Pierre-Louviers.	107	» 50	» 80	1 25	2 75	3 50	4 50	2 12 ½	» 12 ½	2 25	5 35
Pont-de-l'Arche......	120	» 50	» 80	1 50	2 75	3 50	5 »	2 37 ½	» 12 ½	2 50	6 »
Tourville...........	124	» 50	» 80	1 50	3 »	3 75	5 50	2 37 ½	» 12 ½	2 50	6 20
Rouen..............	137	» 50	» 80	1 50	3 »	4 50	6 »	2 62 ½	» 12 ½	2 75	6 85
D'UNE STATION INTERMÉDIAIRE à une autre Station intermédiaire, pour les distances ci-après indiquées :								*Au-dessus de 100 jusqu'à 200 kilogrammes.*			
Jusqu'à 20 kilomètres....		» 40	» 50	» 75	1 »	1 »	1 »	» 50	» 50	1 »	» »
Au-dessus de 20 jusqu'à 40 k.		» 75	» 80	1 »	1 25	1 50	1 60	1 60	» 50	2 10	» »
Au-dessus de 40 jusqu'à 80 k.		» 80	1 »	1 25	2 »	2 25	2 50	3 20	» 50	3 70	» »
Au-dessus de 80 jusqu'à 100 k.		» 80	1 25	1 50	2 50	3 25	3 50	6 40	» 50	6 90	» »
Au-dessus de 100 kilomètres....		1 »	1 50	2 »	3 »	3 80	4 »	8 »	» 50	8 50	» »

Au-dessus de 200 kilogrammes, par fraction indivisible de 50 kilogrammes et par kilomètre.. 2 centimes.

Suite du TITRE Iᵉʳ. — Transport à la vitesse des Voyageurs.

2° Dans le sens de ROUEN à PARIS.

DE ROUEN aux DESTINATIONS SUIVANTES, et vice versâ.	Distances servant de base à la fixation des prix de transport.	Jusqu'à 5 kilog. inclusivement.	Au-dessus de 5 kilog. jusqu'à 10 kilog. inclusivement.	Au-dessus de 10 kilog. jusqu'à 25 kilog. inclusivement.	Au-dessus de 25 kilog. jusqu'à 50 kilog. inclusivement.	Au-dessus de 50 kilog. jusqu'à 75 kilog. inclusivement.	Au-dessus de 75 kilog. jusqu'à 100 kilog. inclusivement.	Au-dessus de 100 kilog. jusqu'à 200 inclusivement. Transport.	Frais accessoires de chargement et de déchargement.	TOTAL.	POISSON FRAIS, par quintal métrique.
	kil.	fr.c.	fr.c.	fr.c.	fr.c.	fr.c.	fr.c.	fr.c.	fr.c.	fr.c.	fr.c.
Tourville............	13	» 30	» 60	» 75	1 »	1 50	1 50	1 05	» 50	1 55	» 65
Pont-de-l'Arche.....	17	» 30	» 60	» 75	1 50	1 75	2 »	1 35	» 50	1 85	» 85
Saint-Pierre-Louviers.	30	» 30	» 60	» 75	1 50	2 »	2 »	2 40	» 50	2 90	1 50
Gaillon............	44	» 30	» 60	» 75	1 50	2 »	2 »	3 25	» 50	3 75	2 15
								Par fraction de 50 kilogrammes.			
Vernon............	57	» 30	» 70	1 »	1 80	2 50	3 »	1 12 ½	» 12 ½	1 25	2 85
Bonnières..........	68	» 50	» 80	1 »	2 »	2 50	3 »	1 37 ½	» 12 ½	1 50	3 40
Mantes............	80	» 50	» 80	1 25	2 25	3 25	3 50	1 50	» 12 ½	1 62 ½	4 »
Epône.............	88	» 50	» 80	1 25	2 50	3 25	4 »	1 87 ½	» 12 ½	2 »	4 40
Meulan............	96	» 50	» 80	1 25	2 50	3 50	4 50	1 87 ½	» 12 ½	2 »	4 80
Triel..............	102	» 50	» 80	1 25	2 75	3 50	4 50	2 »	» 12 ½	2 12 ½	5 10
Poissy.............	110	» 50	» 80	1 25	2 75	3 50	4 50	2 12 ½	» 12 ½	2 25	5 50
Maisons............	120	» 50	» 80	1 50	2 75	3 50	5 »	2 37 ½	» 12 ½	2 50	6 »
Paris..............	137	» 50	» 80	1 50	3 »	4 50	6 »	2 62 ½	» 12 ½	2 75	6 85

D'UNE STATION INTERMÉDIAIRE à une autre station intermédiaire, pour les distances ci-après indiquées :

Au-dessus de 100 jusqu'à 200 kilogrammes.

								Transport.	Frais accessoires.	TOTAL.	
Jusqu'à 20 kilomètres....		» 40	» 50	» 75	1 »	1 »	1 »	» 50	» 50	1 »	» »
Au-dessus de 20 jusqu'à 40 k.		» 75	» 80	1 »	1 25	1 50	1 60	1 60	» 50	2 10	» »
Au-dessus de 40 jusqu'à 80 k.		» 80	1 »	1 25	2 »	2 25	2 50	3 20	» 50	3 70	» »
Au-dessus de 80 jusqu'à 100 k.		» 80	1 25	1 50	2 50	3 25	3 50	6 40	» 50	6 90	» »
Au-dessus de 100 kilomètres....		1 »	1 50	2 »	3 »	3 80	4 »	8 »	» 50	8 50	» »

Au-dessus de 200 kilogrammes, par fraction indivisible de 50 kilogrammes, et par kilogrammes.. 2 centimes.

Suite du TITRE Ier. — Transport à la vitesse des Voyageurs.

TARIF (B) *pour le transport des Voitures, Chevaux et autres Animaux.*

NATURE des TRANSPORTS.	LIEUX DE DÉPART ET DE DESTINATION.	DISTANCES servant de base à la fixation des prix de transport.	PRIX de transport.	FRAIS ACCESSOIRES de chargement et de déchargement.	PRIX TOTAL à percevoir.
		kilom.	fr. c.	fr. c.	fr. c.
Transport des voitures.	De Paris à Mantes, *et vice versâ.*	57	30 »	1 »	31 »
	do Bonnières, *Id.*	69	40 »	1 »	41 »
	do Vernon, *Id.*	80	50 »	1 »	51 »
	do Rouen, *Id.*	137	60 »	1 »	61 »
	De Mantes à Bonnières, *Id.*	12	12 »	1 »	13 »
	do Vernon, *Id.*	23	23 »	1 »	24 »
	do Rouen, *Id.*	80	50 »	1 »	51 »
	De Bonnières à Vernon, *Id.*	11	11 »	1 »	12 »
	do Rouen, *Id.*	68	50 »	1 »	51 »
	De Vernon à Rouen, *Id.*	57	30 »	1 »	31 »
Transport des chevaux, bœufs, vaches, taureaux, mulets, bêtes de trait.	De Paris à Mantes, *et vice versâ.*	57	17 10	1 »	18 10
	do Bonnières, *Id.*	69	20 70	1 »	21 70
	do Vernon, *Id.*	80	24 »	1 »	25 »
	do Rouen, *Id.*	137	34 »	1 »	35 »
	De Mantes à Bonnières, *Id.*	12	3 60	1 »	4 60
	do Vernon, *Id.*	23	6 90	1 »	7 90
	do Rouen, *Id.*	80	24 »	1 »	25 »
	De Bonnières à Vernon, *Id.*	11	3 50	1 »	4 50
	do Rouen, *Id.*	68	20 40	1 »	21 40
	De Vernon à Rouen, *Id.*	57	17 10	1 »	18 10

Transport des veaux et porcs.	10 centimes par tête et par kilomètre.	}Frais accessoires de chargement et de déchargement, 50 c. par tête.
Transport des moutons, brebis et chèvres.	6 centimes par tête et par kilomètre.	

Transport des chiens.	Pour toute distance au-dessous de 30 kilomètres.............. » fr. 50 c.
	do au-dessus de 30 kilomètres jusqu'à 70.... 1 »
	do au-dessus de 70 kilomètres.............. 2 »

NOTA. Voir, pour les distances, le Tableau (E) placé à la 3e annexe de la présente ordonnance.

2ᵉ ANNEXE à l'ordonnance de police du 10 mai 1844, concernant le tarif pour

TITRE II.—TRANSPORT A l

TARIF (C) *pour le tra*

DE LA GARE DE

AUX STATIONS CI-APRÈS DÉSIGNÉES,
PAR FRACTION INDIVISIBLE DE 0 A 200 KILOGRAMMES,
sauf les chargements complets d'huîtres et de poisson, de 4,000 kilogrammes.

DÉSIGNATION		MAI-SONS.	POISSY.	TRIEL.
DES CLASSES.	DES MARCHANDISES.	15 kil.	25 kil.	33 kil.
		fr. c.	fr. c.	fr. c.
	Poisson frais et huîtres (*par chargements partiels*).	1 55	2 25	3 »
MARCHANDI-SES HORS CLASSE....	Marchandises précieuses, dangereuses ou exigeant des soins particuliers, telles que : acides, minéraux, pyrites, instruments de musique, mécaniques, glaces, légumes frais, beurre, œufs, gibier, charcuterie, pâtisserie, volaille ; Marchandises pesant moins de 200 kilog. au mètre cube, non désignées au tarif légal ni au présent tarif,	» 90	1 50	2 »
1ʳᵉ CLASSE...	Fer et plomb ouvrés, cuivre et autres métaux ouvrés, coton en balles rondes, laine en balles, sucre raffiné, drogues, épicerie, denrées coloniales, objets manufacturés, vin en bouteilles, en panier ou en caisse, café en sac, ASSIMILATIONS : Soies brutes et manufacturées, étoffes de laine et de coton, papier, indigo, cochenille, thé, tabac, riz en sac, térébenthine, lait, produits chimiques, fils de lin, de laine, de coton, prunes sèches, peaux et cuirs travaillés, liqueurs en bouteilles, en panier ou en caisse, orge perlé,	» 55	» 60	» 80
	Fontes moulées et d'ornement, cuivre et métaux non ouvrés, vinaigres, vin, boissons, spiritueux, huile, coton en balles carrées, laines en suint, bois de menuiserie, de teinture et autres bois exotiques, sucre brut, café en sac, cuirs verts, poisson salé,	» 30	» 45	» 60
2ᵉ CLASSE...	Blé, grains, farines, chaux et plâtre, minerais et coke, charbon de bois, bois à brûler dit de corde, perches, chevrons, planches, madriers, bois de charpente, marbre en bloc, pierre de taille, bitume, fonte brute, fers en barres ou en feuilles, plomb en saumon, ASSIMILATIONS : Riz en baril, salpêtre, fer-blanc, vins de liqueur, liqueurs en fût, écorces, chanvre pressé, laiton en feuilles ou en saumon, savon, étain, zinc, soufre, ciment, granit,	» 30	» 45	» 60
3ᵉ CLASSE...	Pierre à chaux et à plâtre, moellons, meulières, cailloux, sable, argile, tuiles, briques, ardoises, fumier et engrais, pavés et matériaux de toute espèce pour la construction et la réparation des routes,	» 30	» 45	» 600
	Houille,	» 30	» 45	» 600
	Poisson frais (*chargement complet de 4,000 kilog.*),	18 »	30 »	39 600
	Huîtres (*chargement complet de 4,000 kilogrammes*),	7 20	12 »	15 85
	Térébenthine (*chargement complet de 4,000 kilog.*),	7 20	12 »	15 85

nnsport des bagages et des marchandises, sur le chemin de fer de Paris à Rouen,

TESSE DES MARCHANDISES.

ort des marchandises.

ATIGNOLLES

AUX STATIONS CI-APRÈS DÉSIGNÉES,
JUSQU'A 100 KILOGRAMMES INCLUSIVEMENT.

Au-dessus de 100 kilog., la perception se fera sur le poids réel, d'après le prix fixé pour les 100 premiers kilogrammes.

HEULAN	ÉPÔNE.	MANTES.	BON-NIÈRES.	VERNON.	GAILLON.	St-PIERRE	PONT-DE-L'ARCHE.	TOUR-VILLE.	ROUEN.
39 kil.	47 kil.	55 kil.	67 kil.	78 kil.	91 kil.	105 kil.	118 kil.	122 kil.	135 kil.
fr. c.	fr. c.	fr. c.	fr. c.	fr. c.	fr. c.	fr. c.	fr. c.	fr. c.	fr. c.
3 50	4 25	2 50	3 15	3 50	4 15	4 75	5 30	5 50	6 10
2 35	2 85	1 65	2 »	2 35	2 75	3 15	3 55	3 65	4 05
» 95	1 20	» 65	» 85	» 95	1 10	1 25	1 40	1 45	1 50
» 70	» 85	» 50	» 65	» 70	» 85	» 95	1 05	1 10	1 20
» 70	» 85	» 50	» 65	» 70	» 85	» 95	1 05	1 10	1 20
» 70	» 85	» 50	» 65	» 70	» 85	» 95	1 05	1 10	1 20
» 70	» 85	» 50	» 65	» 70	» 85	» 95	1 05	1 10	1 20
46 80	56 40	66 »	80 40	93 60	110 40	126 »	141 60	147 60	162 »
18 70	22 55	26 40	32 15	37 45	44 15	50 40	56 65	59 05	64 80
18 70	22 55	26 40	32 15	37 45	44 15	50 40	56 65	59 05	64 80

SUITE DU TITRE II.—TRANSPORT

DE LA GARE

AUX STATIONS CI-APRÈS DÉSIGNÉES,
PAR FRACTION INDIVISIBLE DE 0 A 200 KILOGRAMMES,
sauf les chargements complets d'huîtres et de poisson, de 4,000 kilogrammes.

DÉSIGNATION		TOUR-VILLE.	PONT-DE-L'ARCHE	SAINT-PIERRE
DES CLASSES.	DES MARCHANDISES.	13 kil.	17 kil.	30 kil.
		fr. c.	fr. c.	fr. c.
	Poisson frais et huître (*par chargements partiels*),	1 20	1 55	2 70
MARCHANDISES HORS CLASSE....	Marchandises précieuses, dangereuses ou exigeant des soins particuliers, telles que : acides, minéraux, pyrites, instruments de musique, mécaniques, glaces, légumes frais, beurre, œufs, gibier, charcuterie, pâtisserie, volaille; Marchandises pesant moins de 200 kilogrammes, au mètre cube, non désignées au tarif légal ni au présent tarif,	» 80	1 05	1 80
1re CLASSE...	Fer et plomb ouvrés, cuivre et autres métaux ouvrés, coton en balles rondes, laine en balles, sucre raffiné, drogues, épicerie, denrées coloniales, objets manufacturés, vin en bouteilles, en panier ou en caisse, café en sacs, ASSIMILATIONS : Soies brutes et manufacturées, étoffes de laine ou de coton, papier, indigo, cochenille, thé, tabac, riz en sac, térébenthine, lait, produits chimiques, fils de lin, de laine, de coton, prunes sèches, peaux et cuirs travaillés, liqueurs en bouteilles, en panier ou en caisse, orge perlé,	» 40	» 50	» 90
	Fontes moulées et d'ornement, cuivre et métaux non ouvrés, vinaigre, vin, boissons, spiritueux, huile, coton en balles carrées, laines en suint, bois de menuiserie, de teinture et autres bois exotiques, sucre brut, café en sac, cuirs verts, poisson salé,	» 30	» 40	» 75
2e CLASSE...	Blé, grains, farine, chaux et plâtre, minerais, coke, charbon de bois, bois à brûler dit de corde, perches, chevrons, planches, madriers, bois de charpente, marbre en bloc, pierres de taille, bitumes, fontes brutes, fers en barres ou en feuilles, plomb en saumon, ASSIMILATIONS : Riz en baril, salpêtres, fer-blanc, vins de liqueur, liqueurs en fûts, écorce, chanvre pressé, laiton en feuilles ou en saumons, savon, étain, zinc, soufre, ciment, granit,	» 50	» 40	» 75
3e CLASSE...	Pierre à chaux et à plâtre, moellons, meulières, caillou, sable, argile, tuiles, briques, ardoises, fumier et engrais, pavés et matériaux de toute espèce pour la construction et la réparation des routes,	» 50	» 40	» 75
	Houille,	» 50	» 40	» 75
	Poisson frais (*chargement complet de 4,000 kilog.*),	15 60	20 40	36 »
	Huîtres (*chargement complet de 4,000 kilogrammes*),	7 80	10 20	18 »
	Térébenthine (*chargement complet de 4,000 kilog.*),	7 80	10 20	18 »

E ROUEN

AUX STATIONS CI-APRÈS DÉSIGNÉES,
JUSQU'A 100 KILOGRAMMES INCLUSIVEMENT.

Au-dessus de 100 kilog., la perception se fera sur le poids réel, d'après le prix fixé pour les 100 premiers kilogrammes.

...GAIL-LON. 4 kil.	VERNON 57 kil.	BON-NIÈRES. 68 kil.	MANTES. 80 kil.	ÉPÔNE. 88 kil.	MEULAN. 96 kil.	TRIEL. 102 kil.	POISSY. 110 kil.	MAISONS. 120 kil.	GARE DES BATI-GNOLLES. 135 kil.
fr. c.	fr. c.	fr. c.	fr. c.	fr. c.	fr. c.	fr. c.	fr. c.	fr. c.	fr. c.
5 80	2 55	5 05	5 60	5 95	4 55	4 60	4 95	5 40	6 75
2 55	1 70	2 05	2 40	2 65	2 90	3 05	5 30	5 60	4 05
30	» 85	1 05	1 20	1 55	1 45	1 55	1 65	1 80	2 »
1 »	» 70	» 80	» 95	1 05	1 15	1 25	1 35	1 45	1 50
1 »	» 70	» 80	» 95	1 05	1 15	1 23	1 55	1 45	1 50
1 »	» 70	» 80	» 95	1 05	1 15	1 25	1 35	1 45	1 50
1 »	» 70	» 80	» 95	1 05	1 15	1 25	1 35	1 45	1 50
1 60	68 40	81 60	96 »	105 60	115 20	122 40	132 »	144 »	162 »
5 80	34 20	40 80	48 »	52 80	57 60	61 20	66 »	72 »	81 »
8 0	34 20	40 80	48 »	52 80	57 60	61 20	66 »	72 »	81 »

SUITE DU TITRE II.—TRANSPORT A LA VITESSE DES MARCHANDISES.

		STATIONS INTERMÉDIAIRES.			
			D'UNE STATION INTERMÉDIAIRE A UNE AUTRE		
DES CLASSES.	DÉSIGNATION DES MARCHANDISES.	LORSQUE LA DISTANCE PARCOURUE n'excédera pas 57 kilomètres, par fraction indivisible de 200 kilogrammes, et par kilomètre (1);		LORSQUE LA DISTANCE PARCOURUE excédera 57 kilomètres, jusqu'à 100 kilog. inclusivement par kilomètre (1). (Au-dessus de 100 kilog., la perception se fera sur le poids réel d'après le prix fixé pour les 100 premiers kilog.	
		dans le sens DE PARIS A ROUEN.	dans le sens DE ROUEN A PARIS.	dans le sens DE PARIS A ROUEN.	dans le sens DE ROUEN A PARIS.
		fr. c.	fr. c.	fr. c.	fr. c.
	Poisson frais et huîtres,	» 09	» 09	» 045	» 045
MARCHANDISES HORS CLASSE.	Marchandises précieuses, dangereuses ou exigeant des soins particuliers, telles que : acides, minéraux, pyrites, instruments de musique, mécaniques, glaces, légumes frais, beurre, œufs, gibier, charcuterie, pâtisserie, volaille ; Marchandises pesant moins de 200 kilog. au mètre cube, non désignées au tarif légal ni au présent tarif,	» 06	» 06	» 03	» 03
1re CLASSE.	Fer et plomb ouvrés, cuivre et autres métaux ouvrés, coton en balles rondes, laine en balles, sucre raffiné, drogues, épicerie, denrées coloniales, objets manufacturés, vin en bouteilles, en panier ou en caisse, café en sac, ASSIMILATIONS ; Soies brutes et manufacturées, étoffes de laine ou de coton, papier, indigo, cochenille, thé, tabac, riz en sac, lait, produits chimiques, fils de lin, de laine, de coton, prunes sèches, peaux et cuirs travaillés, liqueurs en bouteilles, en panier ou en caisse, orge perlé,	» 024	» 03	» 012	» 015
	Fontes moulées et d'ornement, cuivre et métaux non ouvrés, vinaigre, vins, boissons, spiritueux, huile, coton en balles carrées, laines en suint, bois de menuiserie, de teinture et autres bois exotiques, sucre brut, café en sac, cuirs verts, poisson salé,	» 018	» 024	» 009	» 012
2e CLASSE.	Blé, grains, farine, chaux et plâtre, minerais, coke, charbon de bois, bois à brûler dit de corde, perches, chevrons, planches, madriers, bois de charpente, marbre en bloc, pierre de taille, bitume, fontes brutes, fers en barres ou en feuilles, plomb en saumon, ASSIMILATIONS ; Riz en barils, salpêtre, fer-blanc, vins de liqueur, liqueurs en fûts, écorces, chanvre pressé, laiton en feuilles ou en saumon, savon, étain, zinc, soufre, ciment, granit,	» 018	» 024	» 009	» 012
3e CLASSE.	Pierre à chaux et à plâtre, moellons, meulières, cailloux, sable, argile, tuiles, briques, ardoises, fumier et engrais, pavé et matériaux de toute espèce pour la construction et la réparation des routes,	» 018	» 024	» 009	» 012
	Houille,	» 018	» 024	» 009	» 012
	Huîtres (en cas de chargement complet de 4,000 kilog.),	» 024	» 03	» 012	» 015
	Poisson frais (en cas de chargement complet de 4,000 kilog.)	» 06	» 06	» 03	» 03
	Térébenthine en cas de chargement complet de 4,000 kilog.)	» 024	» 03	» 012	» 015

(1) Voir, pour les distances, le tableau (E) placé à la 3e annexe de la présente ordonnance.

3ᵉ ANNEXE à l'ordonnance de police du 10 mai 1844.

Suite du TITRE II. — Transport à la vitesse des Marchandises.

TARIF (D) *pour le Transport des Voitures , Chevaux et autres Animaux.*

NATURE des TRANSPORTS.	LIEUX DE DÉPART ET DE DESTINATION.			DISTANCES servant de base à la fixation des Prix de Transport.	PRIX de Transport.		FRAIS ACCESSOIRES de chargement et de déchargement.		PRIX TOTAL A PERCEVOIR.	
				kilom.	fr.	c.	fr.	c.	fr.	c.
	De la Gare des Batignolles à Mantes,	*et vice versâ.*		55	25	»	1	»	26	»
	do	Bonnières,	*Id.*	67	35	»	1	»	36	»
	do	Vernon,	*Id.*	78	50	»	1	»	51	»
	do	Rouen,	*Id.*	135	60	»	1	»	61	»
Transport s Voitures	De Mantes à	Bonnières,	*Id.*	12	11	»	1	»	12	»
	do	Vernon,	*Id.*	25	23	»	1	»	24	»
	do	Rouen,	*Id.*	80	50	»	1	»	51	»
	De Bonnières à	Vernon,	*Id.*	11	11	»	1	»	12	»
	do	Rouen,	*Id.*	68	50	»	1	»	51	»
	De Vernon à	Rouen,	*Id.*	57	25	»	1	»	26	»
	De la Gare des Batignolles à Mantes,	*et vice versâ.*		55	8	25	1	»	9	25
	do	Bonnières,	*Id.*	67	9	75	1	»	10	75
Transport s Chevaux Bœufs, Vaches, Taureaux, Mulets, Bêtes de trait.	do	Vernon,	*Id.*	78	11	70	1	»	12	70
	do	Rouen,	*Id.*	135	20	25	1	»	21	25
	De Mantes à	Bonnières,	*Id.*	12	1	95	1	»	2	95
	do	Vernon,	*Id.*	25	3	60	1	»	4	60
	do	Rouen,	*Id.*	80	12	»	1	»	13	»
	De Bonnières à	Vernon,	*Id.*	11	1	65	1	»	2	65
	do	Rouen,	*Id.*	68	10	20	1	»	11	20
	De Vernon à	Rouen,	*Id.*	57	8	55	1	»	9	55
Transport des Veaux et Porcs.	5 centimes par tête et par kilomètre.									
Transport s Moutons Brebis Chèvres.	3 centimes par tête et par kilomètre.									

Frais accessoires de chargement et de dé-chargement , 50 cent. par tête.

TABLEAU (E).

TABLEAU des Distances entre les diverses Stations du Chemin de fer (Paris à Rouen.

NOTA. L'indication de la distance parcourue se trouve au point de jonction des deux colonnes horizontale et verticale ayant en tête, l'une, le nom du lieu du départ ; l'autre, le nom du lieu d'arrivée.

(Les distances sont exprimées en kilomètre.)

	PARIS.	MAISONS.	POISSY.	TRIEL.	MEULAN.	ÉPÔNE.	MANTES.	BONNIÈRES.	VERNON.	GAILLON.	SAINT-PIERRE.	PONT DE L'ARCHE.	TOURVILLE.	ROUEN.
Maisons......	17	»	10	18	24	32	40	52	63	77	90	103	108	120
Poissy	27	10	»	9	15	23	30	43	54	68	81	93	98	110
Triel.........	35	18	9	»	7	15	22	35	46	59	73	85	90	102
Meulan.......	41	24	15	7	»	9	16	29	40	53	66	79	84	96
Épône	49	32	25	15	9	»	8	21	32	45	58	71	76	88
Mantes.......	57	40	30	22	16	8	»	13	24	38	51	63	68	80
Bonnières....	69	52	43	35	29	21	13	»	11	25	38	51	56	68
Vernon	80	65	54	46	40	32	24	11	»	14	27	40	45	57
Gaillon.......	95	77	68	59	53	45	38	25	14	»	14	26	31	43
Saint-Pierre..	107	90	81	73	66	58	51	38	27	14	»	13	18	30
Pont de l'Arche	120	105	95	85	79	71	63	51	40	26	13	»	5	17
Tourville.....	124	108	98	90	84	76	68	56	45	31	18	5	»	13
Rouen........	137	120	110	102	96	88	80	68	57	43	30	17	13	»

No **1878.**—*Ordonnance concernant la chasse.*

Paris, le 13 mai 1844.

Nous, pair de France, préfet de police,

Vu l'article 2 de l'arrêté du gouvernement du 12 messidor an VIII (1er juillet 1800), et l'article 1er de celui du 3 brumaire an IX (25 octobre 1800);

Vu l'article 10 du Code d'instruction criminelle;

Considérant qu'il importe de donner la plus grande publicité possible aux dispositions de la loi sur la police de la chasse, en date du 3 mai courant,

Ordonnons ce qui suit:

La loi du 3 mai 1844, sur la police de la chasse, sera imprimée et affichée tant à Paris que dans le ressort de la préfecture de police (1).

Le pair de France, préfet de police, G. DELESSERT.

AVIS.

La chasse se trouvant prohibée dans le ressort de la préfecture de police, en vertu de notre ordonnance en date du 19 février dernier, le public est prévenu que, conformément aux dispositions de l'article 4 de la loi ci-dessus et sous les peines portées par les articles 12 et 14, la mise en vente, la vente, l'achat, le transport et le colportage du gibier, sont formellement interdits tant à Paris que dans les communes rurales du département de la Seine, jusqu'à l'époque où la réouverture de la chasse aura lieu, en vertu d'une nouvelle ordonnance qui sera publiée dans la forme ordinaire.

Le pair de France, préfet de police, G. DELESSERT.

No **1879.** — *Ordonnance qui fixe le tarif des prix à percevoir pour le transport des voyageurs, des chevaux, bestiaux et voitures, sur les chemins de fer de Paris à Saint-Germain et de Paris à Versailles (rive droite).*

Paris, le 14 juin 1844.

Nous, pair de France, préfet de police,

Vu: 1o la loi du 9 juillet 1835, qui autorise l'établissement d'un chemin de fer de Paris à Saint-Germain, ensemble le cahier des charges y annexé;

2o La loi du 9 juillet 1836, qui autorise l'établissement de deux chemins de fer de Paris à Versailles, ensemble le cahier des charges annexé à cette loi;

3o L'ordonnance royale du 24 mai 1837, relative aux deux chemins de fer dont il s'agit, le cahier des charges pour l'établissement du chemin de fer de la rive droite, et le procès-verbal d'adjudication annexés à ladite loi;

4o La loi du 9 août 1839 et celle du 1er du même mois, notamment l'article 9 de cette dernière loi;

---

(1) V. cette loi à l'appendice.

5° La décision ministérielle, en date du 5 octobre 1842, relative au délai d'annonce pour les modifications apportées dans les tarifs ;

6° Notre arrêté du 7 décembre 1842, portant homologation du tarif des transports sur les chemins de fer de Paris à Saint-Germain et de Paris à Versailles, rive droite ;

7° Notre ordonnance du 25 août 1843, qui fixe le tarif du transport des voyageurs de Paris et de Saint-Germain à Colombes, *et vice versâ* ;

8° Les décisions de M. le ministre des travaux publics des 3 juillet 1840, 5 octobre 1841 et 28 mars 1844 ;

9° La décision ministérielle du 26 du même mois, autorisant le rétablissement de la station de Rueil, et mentionnée dans la lettre de M. le sous-secrétaire d'Etat des travaux publics, en date du 28 mars dernier ;

10° Les propositions à nous présentées par les compagnies des chemins de fer de Paris à St-Germain et à Versailles, rive droite, et tendant à introduire des modifications dans les tarifs homologués par notre arrêté précité du 7 décembre 1842, et à y faire les additions que rend nécessaire le rétablissement de la station de Rueil,

Ensemble les observations par nous soumises, au sujet de ces propositions, à M. le ministre des travaux publics ;

11° Le certificat du commissaire spécial de police des chemins de fer de Saint-Germain et de Versailles, rive droite, en date du 28 mars dernier, constatant que les prix soumis à l'homologation ont été affichés le même jour ;

12° Les décisions ministérielles qui font l'objet des lettres à nous adressées par M. le sous-secrétaire d'Etat des travaux publics, en date des 4 avril, 22 et 31 mai dernier,

Ensemble les notifications faites aux deux compagnies, par suite de ces décisions, et les réponses auxquelles ces notifications ont donné lieu ;

Considérant qu'il y a lieu de rendre obligatoires, dans le ressort de la préfecture de police, les propositions des compagnies concessionnaires des chemins de fer de Paris à Saint-Germain et à Versailles, rive droite, avec les modifications consenties par la compagnie du chemin de Versailles, et sous les réserves indiquées par l'autorité supérieure ;

Considérant que les différentes modifications que les compagnies ont l'intention d'apporter dans les tarifs en vigueur ont été annoncées par affiches, conformément à la décision ministérielle susvisée, du 5 octobre 1842, à l'exception des nouveaux prix fixés pour le transport de Paris à Courbevoie et Puteaux, *et vice versâ*, lesquels, en conséquence, ne pourront être modifiés qu'après le délai d'un mois, à partir de la présente ordonnance ;

Ordonnons ce qui suit :

1. Les prix à percevoir pour le transport des voyageurs sur les chemins de fer de Paris à Saint-Germain et de Paris à Versailles, rive droite, y compris l'impôt dû au trésor, sont réglés conformément au tableau suivant.

Voir le tarif A à la fin de l'ordonnance.

2. Les prix à percevoir pour le transport des chevaux, bestiaux et voitures, et les droits de gare, de chargement et de déchargement sont réglés conformément au tableau suivant.

Voir le tarif B à la fin de l'ordonnance.

3. L'autorisation provisoire résultant de l'article 1er. en ce qui concerne les prix à percevoir pour le trajet de Paris à Colombes, *et vice versâ*, n'est accordée que jusqu'au 1er novembre 1844, et que sous la réserve faite par l'administration de la retirer à toute époque si elle en reconnaît la nécessité ou la convenance. La compagnie, dans le cas où elle se déciderait à poursuivre l'exploitation de la station de Colombes, après le 1er novembre prochain, devrait se renfermer dans les limites du tarif légal.

4. Les places de luxe autorisées par l'article 1er, sous le titre de diligences et coupés, et sous celui de places retenues à l'avance, ne pourront, sous aucun prétexte, excéder le cinquième du nombre total des places de chaque convoi.

La faculté de percevoir les prix ci-dessus indiqués pour les places de diligences et coupés, les jours de grandes eaux, n'est accordée à la compagnie que provisoirement et sous réserve de retrait, dans le cas où l'usage qu'elle en ferait viendrait à donner lieu à des réclamations fondées.

5. Les tarifs qui précèdent ne sont accordés que provisoirement, et sauf la ratification de la loi, et, en outre, sous la condition que, dans le délai de six mois, à partir du 1er juin courant, les compagnies feront, pour les parcours intermédiaires, de nouvelles propositions de tarif renfermées dans les limites du tarif légal.

6. Les taxes comprises dans la présente ordonnance, qui seraient inférieures à celles du cahier des charges, ne pourront être relevées qu'après un délai de trois mois au moins.

Tous changements apportés aux tarifs ci-dessus réglés devront être homologués et annoncés au moins un mois d'avance par des affiches.

7. La perception d'aucune taxe ne sera régulière qu'en vertu d'une homologation administrative.

8. Il est fait réserve formelle du droit d'opérer des diminutions sur les tarifs ci-dessus pour les cas éventuels des chemins d'embranchement ou de prolongement.

9. La présente ordonnance sera imprimée et affichée.

Les commissaires spéciaux de police et les agents de surveillance des chemins de fer de Paris à Saint-Germain et à Versailles, rive droite, les maires et les commissaires de police des communes dont le territoire est traversé par lesdits chemins de fer, sont chargés d'en assurer l'exécution.

Le pair de France, préfet de police, G. DELESSERT.

SUIT LE TARIF.

ANNEXE à l'ordonnance de police du 14 juin 1841.

TARIF (A) *pour le Transport des Voyageurs.*

	LA SEMAINE.			LES DIMANCHES ET FÊTES.		
CHEMIN DE PARIS A St-GERMAIN.	Wagons.	Diligences.	Coupés.	Wagons.	Diligences.	Coupés.
	f. c.	f. c.	f. c.	f. c.	f. c.	f. c.
De Paris à St-Germain, *et vice versâ*....	1 25	1 50	2 »	1 50	1 75	2 »
d° id. { Places retenues d'avance.	» »	2 »	2 50	» »	2 25	2 50
d° à Chatou, *et vice versâ*......	» 85	1 »	» »	1 15	1 40	» »
d° à Nanterre, id.	» 65	» 85	» »	» 90	1 10	» »
d° à Rueil, id.	» 75	1 »	» »	1 »	1 25	» »
d° à Colombes, id.	» 60	» 75	» »	» 60	» 75	» »
(Sous la réserve exprimée en l'art. 3 ci-après).						
d° à Asnières, *et vice versâ*......	» 40	» 60	» »	» 50	» 75	» »
De St-Germain à Clichy..............	1 25	» »	» »	1 25	» »	» »
d° à Asnières, *et vice versâ*.	1 »	1 10	» »	1 05	1 50	» »
d° à Colombes, id.	» 80	1 »	» »	» 80	1 »	» »
d° à Rueil, id.	» 45	» »	» »	» 45	» 70	» »
d° à Chatou, id.	» 45	» »	» »	» 45	» 70	» »
De Clichy à Paris..................	» 55	» 45	» »	» 45	» 70	» »
Pour tout parcours autre que les parcours indiqués ci-dessus..............	» 60	» 80	» »	» 60	1 »	» »
CHEMIN DE PARIS A VERSAILLES (rive droite).						
De Paris à Versailles, *et vice versâ*......	1 25	1 50	2 »	1 50	2 »	2 50
d° id. { Places retenues d'avance.	» »	2 »	2 50	» »	2 50	3 »
d° à Viroflay, *et vice versâ*......	1 »	1 25	» »	1 25	1 50	» »
d° à Chaville, id.	» 85	1 10	» »	1 10	1 50	» »
d° à Sèvres, id.	» 85	1 10	» »	1 10	1 50	» »
d° à St-Cloud, id.	» 60	» 80	» »	1 »	1 25	» »
d° à Suresnes, id.	» 60	» 80	» »	» 80	1 10	» »
d° à Courbevoie et Puteaux } id.	» 40	» 60	» »	» 60	» 75	» »
(Jusqu'au 15 juillet prochain inclusivement).						
d° à Courbevoie, *et vice versâ*.... (A partir du 16 juillet prochain).	» 45	» 75	» »	» 55	» 75	» »
d° à Puteaux, id. (A partir du 16 juillet prochain).	» 55	» 75	» »	» 65	» 90	» »
De Versailles à Asnières, id.	1 »	1 25	» »	1 25	1 50	» »
d° à Courbevoie, id.	» 90	1 25	» »	1 »	1 30	» »
d° à Puteaux, id.	» 90	1 25	» »	1 »	1 30	» »
d° à Suresnes, id.	» 90	1 25	» »	1 »	1 30	» »
Pour tout parcours autre que les parcours indiqués ci-dessus..............	» 50	» 70	» »	» 70	1 »	» »

Places retenues d'avance les jours de grandes Eaux.	DILIGENCES.	COUPÉS.
De Paris à Versailles, *et vice versâ*....	3 f » c	3 f 50 c

TARIF (B) *pour le Transport des Chevaux, Bestiaux et Voitures.*

CHEVAUX, BESTIAUX ET VOITURES.	TRANSPORT.		DROIT DE GARE de chargement et de déchargement.		TOTAL.	
	f.	c.	f.	c.	f.	c.
Chevaux, mulets, bœufs et vaches (sur le chemin de Versailles)......................	3	45	1	»	4	45
Chevaux, mulets, bœufs et vaches (sur le chemin de Saint-Germain).....	2	85	1	»	3	85
Veaux et porcs, par tête, sur les deux lignes.	»	90	»	25	1	15
Quinze veaux ou porcs....................	9	»	3	»	12	»
Moutons, brebis ou chèvres, par tête.......	»	50	»	10	»	60
Voiture particulière suspendue à 2 roues, sans chevaux....................	9	»	1	»	10	»
Voiture particulière suspendue à 4 roues, sans chevaux...........	18	»	2	»	20	»
Voiture publique à 4 roues, sans chevaux...	22	»	3	»	25	»
Charrette à 2 ou à 4 roues, dont le poids tout compris n'excédera pas 6,000 kilog.......	17	»	3	»	20	»

N° **1880.**—*Ordonnance concernant les chiens et les chiens boule-dogues.*

Paris, le 22 juin 1844.

Nous, pair de France, préfet de police,

Ordonnons ce qui suit :

L'ordonnance de police du 23 juin 1832, concernant les chiens, et celle du 28 février 1843, concernant les chiens boule-dogues, seront de nouveau imprimées et affichées dans Paris et dans les communes du ressort de notre préfecture.

Le pair de France, préfet de police, G. DELESSERT.

N° **1881.** — *Arrêté concernant l'arrestation des militaires par les agents de la police administrative.*

Paris, le 9 juillet 1844.

Nous, pair de France, préfet de police,

Arrêtons ce qui suit :

L'arrêté du préfet de police du 19 mai 1820 (1), concernant l'arresta-

(1) Le ministre d'État, préfet de police, informé que des commissaires de police devant lesquels sont amenés des militaires arrêtés, soit sur la plainte des particuliers, soit par les agents de la force publique, à l'effet de recevoir les plaintes ou de constater les faits qui ont donné lieu à leur arrestation, prennent sur eux de les relaxer lorsque les parties plaignantes se désistent, ou lorsque les chefs du corps auquel ces militaires appartiennent les réclament, ou enfin lorsque les faits présentent peu de gravité, au lieu de les faire conduire à l'état-major de la place, conformément aux instructions qu'ils ont reçues à ce sujet, notamment par les circulaires des 20 novembre 1817 et 5 mars 1818,

Croit devoir leur faire observer que les militaires appartenant au corps dont le service se fait à Paris, sont justiciables de l'autorité militaire, et que les officiers civils devant lesquels ils sont conduits, ne sont appelés qu'à recevoir les plaintes et à constater les faits qui y sont énoncés, sans pouvoir statuer sur les suites ultérieures à donner à ces plaintes.

En conséquence, il recommande de nouveau, de la manière la plus expresse, à MM. les commissaires de police de la ville de Paris, toutes les fois que des militaires, appartenant à un corps qui fait son service à Paris, quels que soient leur grade et le corps auquel ils sont attachés, auront été arrêtés et amenés devant eux, de les faire conduire à l'état-major de la Place avec un rapport énonçant le motif de leur arrestation, et de ne s'en dispenser sous aucun prétexte ;

tion des militaires composant la garnison de Paris, ou appartenant à la division hors Paris, sera de nouveau imprimé et affiché dans les commissariats de la capitale, et dans ceux des communes du ressort de votre préfecture, pour être exécuté selon sa teneur.

Le pair de France, préfet de police, G. DELESSERT.

N° **1882.** — *Ordonnance autorisant la tenue du marché aux vaches et taureaux des Bernardins, à Paris, le mardi, indépendamment du vendredi.*

Paris, le 15 juillet 1844.

Nous, pair de France, préfet de police,
Vu : 1° la loi des 16-24 août 1790 ;
2° L'arrêté du gouvernement du 12 messidor an VIII (1er juillet 1800) ;
3° L'article 484 du Code pénal ;
4° L'ordonnance de police du 25 mars 1830 notamment le titre 8 ;
5° L'ordonnance de police du 29 octobre 1836, relative au même marché ;
6° L'arrêté de M. le ministre de l'agriculture et du commerce, en date du 12 décembre 1843,

Ordonnons ce qui suit :

1. A compter du 23 juillet, le marché des Bernardins se tiendra deux fois par semaine, le mardi et le vendredi,
La vente sera ouverte à dix heures du matin, du 1er avril au 30 septembre, et à onze heures, du 1er octobre au 31 mars.
Elle sera fermée, en tout temps, à deux heures après midi.
2. Les vaches et les taureaux venant de l'extérieur à la destination du marché de Paris, continueront à entrer, les jours de marché, par les seules barrières Saint-Denis et d'Enfer. Ces bestiaux seront inscrits et introduits, par les soins d'un inspecteur des marchés, conduits et représentés au marché par les conducteurs autorisés qui devront suivre exactement les itinéraires légalement tracés.
3. Il est défendu de détourner ou changer en route, les vaches et les taureaux introduits dans Paris, à la destination du marché de cette ville, ou dirigés de ce marché sur les abattoirs.
Les conducteurs de vaches et de taureaux, sont tenus expressément de prendre toutes les précautions nécessaires dans l'intérêt de la sûreté publique. Ils ne devront surtout faire circuler les taureaux dans Paris, qu'attachés solidement derrière une charrette à laquelle ils ne pourront jamais en placer plus de deux.
4. Les dispositions de l'ordonnance du 25 mars 1830 et celles de l'ordonnance du 29 octobre 1836 qui ne sont pas contraires à la présente, continueront d'être exécutées.
5. Les contraventions seront constatées par des procès-verbaux ou rapports et poursuivies conformément aux lois et règlements.
6. La présente ordonnance sera imprimée et affichée.
Ampliation en sera adressée à M. le pair de France, préfet du département de la Seine.
7. Les commissaires de police et notamment celui du quartier du Jardin du Roi, le chef de la police municipale, les officiers de paix,

comme aussi de transmettre immédiatement et sans délai, à la Préfecture de police, les procès-verbaux qu'ils auront dressés.
Le présent sera imprimé, et un exemplaire en sera constamment affiché dans chaque bureau de police.
Fait, à Paris, à l'hôtel de la Préfecture de police, le 19 mai 1820.
Le ministre d'État, préfet de police, Signé ANGLÈS.

l'inspecteur général des halles et marchés et les autres préposés de la préfecture de police, sont chargés de tenir la main à son exécution.

Le pair de France, préfet de police, G. DELESSERT.

———◇———

N° **1883.** — *Ordonnance concernant les voyages d'essai des locomotives neuves et les locomotives en réparations.*

Paris, le 20 juillet 1844.

Nous, pair de France, préfet de police,

Vu : 1° l'ordonnance royale du 22 mai 1843, concernant les chaudières et machines à vapeur ;

2° Notre arrêté du 10 mars 1841, touchant l'emploi des locomotives sur les chemins de fer ;

3° Les propositions en date du 18 avril 1844, de M. l'ingénieur en chef des mines, chargé du service central de la partie métallurgique et de l'exploitation des chemins de fer,

Ordonnons ce qui suit :

1. La mise en service des locomotives neuves sur les chemins de fer ayant leur point de départ dans le ressort de notre préfecture, ne sera autorisée par nous, qu'après que les machines auront accompli un voyage d'essai.

2. Ce voyage d'essai se fera avec ou sans charge, mais toujours sans voyageurs.

La longueur du trajet d'essai sera d'au moins 10 kilomètres.

La vitesse pendant ce trajet sera à peu près la même que celle à laquelle la machine devra travailler habituellement dans le service auquel elle est destinée.

3. Ce voyage d'essai se fera en présence de l'un des ingénieurs des mines chargés de la surveillance administrative, ou de l'un de leurs agents délégué par eux à cet effet.

Il sera constaté par l'un de ces ingénieurs.

4. Mention sera faite de ce voyage d'essai comme des autres conditions de sûreté auxquelles doivent satisfaire les machines locomotives, dans le permis de circulation qui sera ultérieurement, et s'il y a lieu, délivré par nous.

5. Quand une locomotive, appartenant à l'un des chemins de fer ayant leur point de départ dans le ressort de notre préfecture, sera mise ou laissée en service par la compagnie exploitant ce chemin quoique n'étant plus en parfait état, quoique ayant besoin de réparations, ou quoique ayant cessé d'avoir tous les appareils de sûreté dont elle doit être munie, l'interdiction temporaire de cette machine sera prononcée, c'est-à-dire que le permis de circulation qui lui aura été accordé lui sera temporairement retiré.

6. Pareille interdiction sera prononcée, par mesure d'ordre, à l'égard de toute locomotive qui sera l'objet d'une grande réparation, c'est-à-dire d'une réparation importante portant sur son ensemble ou sur l'une de ses parties principales.

7. Dans ces deux cas, l'interdiction sera prononcée par une décision spéciale rendue par nous sur le rapport et les propositions de M. l'ingénieur en chef des mines.

Cette décision sera notifiée à la compagnie exploitant le chemin.
Elle indiquera à quelles conditions la machine pourra ultérieurement
être remise en activité.

8. Ces conditions sont :

1° Dans tous les cas, d'être entièrement réparée, d'être remise en
parfait état de service, et d'être munie de tous les appareils de sûreté
prescrits par les ordonnances ;

2° Si la machine a été l'objet d'une grande réparation, d'avoir accompli un voyage d'essai de la façon indiquée et prescrite par les articles 1er, 2 et 3 précités, relatifs au voyage d'essai des locomotives neuves ;

3° Si la grande réparation a porté sur la chaudière, d'avoir subi de
nouveau l'épreuve de pression.

9. L'exécution de ces conditions sera constatée par un certificat de
de M. l'ingénieur en chef des mines.

Lorsque ce certificat lui aura été délivré, la compagnie pourra, après
en avoir justifié au commissaire de police spécial, remettre en activité
et en circulation, la machine à laquelle il se rapportera.

10. La présente ordonnance sera adressée à M. l'ingénieur en chef
des mines, chargé du service central de la partie métallurgique et de
l'exploitation des chemins de fer, et à MM. les commissaires de police
spéciaux des chemins de fer, chargés, chacun en ce qui le concerne,
de tenir la main à son exécution et de nous en rendre compte.

Elle sera notifiée à MM. les directeurs des compagnies de chemins
de fer ayant leur point de départ dans le ressort de notre préfecture.

Le pair de France, préfet de police, G. DELESSERT.

N° **1884.** — *Ordonnance qui fixe le tarif pour le transport des
voyageurs, des bagages, articles de messagerie, marchandises,
voitures, chevaux et chiens, sur le chemin de fer de Paris à
Orléans* (1).

Paris, le 20 juillet 1844.

Nous, pair de France, préfet de police,

Vu, 1° la loi du 7 juillet 1838, qui autorise l'établissement d'un chemin de fer de Paris à Orléans, et la loi du 15 juillet 1840, relative
audit chemin, ensemble le cahier des charges annexé à cette dernière
loi ;

2° La loi du 1er août 1839, et notamment l'article 5 de cette loi ;

3° Notre ordonnance du 29 avril 1843, qui fixe le tarif pour le transport des voyageurs, des bagages, marchandises, etc., sur le chemin
de fer de Paris à Orléans ;

4° Les propositions qui nous ont été présentées par la compagnie
concessionnaire dudit chemin de fer, lesquelles ont pour objet diverses modifications à apporter dans le tarif précité, et l'homologation d'un tarif pour une station nouvelle que ladite compagnie annonce avoir l'intention d'établir, à titre d'essai, près du passage à
niveau de l'avenue du château de Savigny ; ensemble les observations
par nous adressées à M. le ministre des travaux publics, au sujet de
ces propositions ;

5° La décision ministérielle à nous notifiée par lettre de M. le sous-
secrétaire d'Etat des travaux publics, en date du 8 avril dernier, et
portant que lesdites propositions sont approuvées, et que la compa-

---

(1) V. l'ord. du 4 sept. 1844.

gnie est autorisée à établir provisoirement une station à Savigny, sous la condition que, dans le délai d'une année, elle sera tenue de faire connaître si elle entend rendre définitif ce qui n'est aujourd'hui que provisoire, auquel cas, il y aurait lieu de soumettre la question à une enquête, pour être statué ce que de droit;

Considérant qu'il y a lieu d'homologuer et de rendre obligatoire dans le ressort de la préfecture de police, le nouveau tarif proposé par la compagnie du chemin de fer de Paris à Orléans,

Ordonnons ce qui suit :

TITRE Ier.

TRANSPORT A LA VITESSE DES VOYAGEURS.

CHAPITRE Ier.

Transport des voyageurs.

1. Les prix à percevoir pour le transport des voyageurs, à la vitesse de trente-deux kilomètres au moins à l'heure, sur le chemin de fer de Paris à Orléans, sont fixés (y compris l'impôt dû au trésor) conformément au tableau suivant :

(Voir, à la fin de cette ordonnance, la 1re annexe, tarif A.)

2. Le nombre des places dites *places de luxe*, ne pourra jamais excéder le cinquième du nombre total des places de chaque convoi (art. 35 du cahier des charges).

CHAPITRE II.

Bagages, articles de messagerie et marchandises.

SECTION 1re. — Prix de transport.

3. Les prix à percevoir pour le transport des bagages, des articles de messagerie et des marchandises, à la vitesse des voyageurs, sur la demande expresse des expéditeurs (trente-deux kilomètres à l'heure au moins, art. 35 du cahier des charges), sont réglés d'après les tableaux suivants :

(Voir, à la fin de cette ordonnance, la 1re annexe, tarifs B et C.)

4. Conformément aux dispositions du § 1er de l'article 40 du cahier des charges, les militaires en service, voyageant en corps ou isolément, ne seront assujettis, eux et leurs bagages, qu'à la moitié des taxes ci-dessus fixées.

(Voir, à la fin de cette ordonnance, la 1re annexe, tarifs A et B.)

SECTION II. — Frais accessoires.

§ 1er. — *Enregistrement.*

5. La compagnie est autorisée à percevoir dix centimes pour l'enregistrement, tant des bagages dont le poids excédera quinze kilogrammes, que de toute expédition, soit d'articles de messagerie, soit de marchandises, transportés à la vitesse des voyageurs.

L'enregistrement est facultatif pour les bagages dont le poids n'excédera pas quinze kilogrammes.

TOME III. 47

Lorsqu'il a lieu à la demande des voyageurs, il est soumis au droit de dix centimes.

§ 2. — *Chargement et déchargement.*

6. Les frais accessoires de chargement et de déchargement des bagages, des articles de messagerie et des marchandises, transportés à la vitesse des voyageurs, sont réglés conformément au tableau suivant :

(Voir, à la fin de cette ordonnance, la 1re annexe, tarif D.)

§ 5. — *Magasinage.*

7. La compagnie est autorisée à percevoir, à titre de frais de magasinage, un droit de vingt centimes, par cent kilogrammes, pour les articles adressés bureau restant.

Tout article dont le poids serait inférieur à cent kilogrammes sera soumis au même droit.

CHAPITRE III.

Voitures, chevaux et chiens.

§ 1er.—*Prix de transport.*

8. La compagnie est autorisée à percevoir les prix fixés au tableau suivant pour le transport des voitures, des chevaux et des chiens, marchant à la vitesse des voyageurs (trente-deux kilomètres au moins à l'heure), sur la demande expresse des expéditeurs.

(Voir, à la fin de cette ordonnance, la 1re annexe, tarif E.)

§ 2.—*Chargement et déchargement.*

9. La compagnie est autorisée à percevoir, à titre de frais accessoires de chargement et de déchargement des voitures et des chevaux, les prix suivants :

Voiture sur plate-forme......................	2 f.	» c.
Un cheval.................................	2	»

CHAPITRE IV.

Or, argent, bijoux et autres objets de valeur.

10. Le transport de l'or, de l'argent, soit monnoyé ou travaillé, soit en lingot, du plaqué d'or et d'argent, du mercure, du platine, des bijoux, pierres précieuses ou autres valeurs de même nature, s'effectuera aux prix suivants, quelle que soit la distance parcourue,

Jusqu'à 500 fr. inclusivement................	» fr.	50 cent.
Au-dessus de 500 jusqu'à 1,000 fr. inclusivement.......	1	»
— de 1,000 par fraction indivisible de 1,000........	»	75

TITRE II.

CHAPITRE Ier.

Marchandises.

SECTION 1re.—Prix de transport.

11. Les prix à percevoir, pour le transport des marchandises, à la vitesse de seize kilomètres au moins à l'heure, sont réglés d'après le tableau suivant :

(Voir, à la fin de cette ordonnance, la 2e annexe, tarif F.)

12. Conformément à l'article 35 du cahier des charges, les fractions de poids ne seront comptées que par cinquième de tonne (200 kilogrammes).

SECTION II.—Frais accessoires.

§ 1er.—*Enregistrement.*

13. La compagnie est autorisée à percevoir un droit de dix centimes pour toute expédition de denrées ou marchandises.

§ 2.— *Chargement et déchargement.*

14. Les frais accessoires de chargement et de déchargement sont fixés à un franc par mille kilogrammes.

§ 3.— *Magasinage.*

15. La compagnie est autorisée à percevoir, à titre de frais de magasinage, un droit de vingt centimes par cent kilogrammes, pour les marchandises ou denrées adressées bureau restant.

Tout article dont le poids serait inférieur à cent kilogrammes sera soumis au même droit.

CHAPITRE II.

Voitures et chevaux.

§ 1er.—*Prix de transport.*

16. La compagnie est autorisée à percevoir les prix fixés au tableau suivant, pour le transport des voitures et des chevaux à la vitesse des marchandises.

(Voir, à la fin de cette ordonnance, la 2e annexe, tarif G.)

§ 2.—*Chargement et déchargement.*

17. La compagnie est autorisé à percevoir, à titre de frais accessoires de chargement et de déchargement des voitures et des chevaux, les prix suivants :

Voiture sur plate-forme...................... 2 f. » c.
Un cheval................................. 2   »

CHAPITRE III.

Location de wagons et de plates-formes pour un transport journalier des marchandises.

18. La compagnie est autorisée à percevoir, pour la location de wagons et de plates-formes, les prix suivants :

(Voir, à la fin de cette ordonnance, la 2ᵉ annexe, tarif H.)

TITRE III.

DISPOSITIONS GÉNÉRALES.

19. Tout envoi composé de plusieurs colis expédiés par une même personne ou adressés à un même destinataire, ne donnera lieu qu'à un enregistrement, pourvu que les colis soient de même nature de marchandises, telles que sucre, café, etc. (art. 39 du cahier des charges).

20. Les perceptions ci-dessus autorisées à titre de frais accessoires de chargement et de déchargement, d'enregistrement et de magasinage, ne sont que provisoires et sont subordonnées au règlement spécial qui doit, conformément au cahier des charges, déterminer toutes les taxes de cette nature.

21. Les taxes comprises dans la présente ordonnance, qui sont inférieures à celles du tarif du cahier des charges, ne pourront être relevées qu'après un délai de trois mois au moins. Tous changements apportés aux tarifs ci-dessus réglés, devront être homologués et annoncés, au moins un mois d'avance, par des affiches.

22. La perception d'aucune taxe ne sera régulière qu'en vertu d'une homologation administrative.

23. Notre ordonnance du 29 avril 1843, qui fixe le tarif pour le transport des voyageurs, marchandises, etc., sur le chemin de fer de Paris à Orléans, est rapportée.

24. La présente ordonnance sera notifiée, publiée et affichée.

Les commissaires spéciaux de police et les agents de surveillance du chemin de fer de Paris à Orléans, ainsi que les maires et les commissaires de police des communes dont le territoire est traversé par ledit chemin, sont chargés d'en assurer l'exécution.

Le pair de France, préfet de police, G. DELESSERT.

1re ANNEXE à l'ordonnance de police du 20 juillet 1844.

TITRE PREMIER. — Transport à la vitesse des Voyageurs.

TARIF (A) *pour le transport des Voyageurs.*

NOTA. — Les militaires en service, voyageant en corps ou isolément, ne sont assujettis eux et leurs bagages, qu'à la moitié des taxes fixées par le tarif (art. 40, § 1er, du cahier des charges).

LIEUX de DÉPART.	DESTINATIONS.	Distances servant de base à la fixation des prix de transport.	1re CLASSE. Voitures couvertes et fermées à glaces, suspendues sur ressorts. PRIX de transport.	2e CLASSE. Voitures couvertes et suspendues sur ressorts. PRIX de transport.	3e CLASSE. Voitures découvertes mais suspendues sur ressort. PRIX de transport.
		kilomèt.	fr. c.	fr. c.	fr. c.
PARIS	Juvisy	19	1 95	1 50	1 »
	Savigny	22	2 25	1 70	1 15
	Epinay	24	2 50	1 85	1 25
	St-Michel	29	3 »	2 25	1 50
	Brétigny	31	3 20	2 40	1 60
	Marolles	37	3 80	2 90	1 95
	Lardy	40	4 10	3 10	2 10
	Etrechy	49	5 »	3 80	2 55
	Etampes	56	5 80	4 35	2 90
	Angerville	75	7 75	5 85	3 90
	Toury	89	9 20	6 90	4 65
	Artenay	102	10 55	7 95	5 30
	Chevilly	108	11 15	8 40	5 65
	Orléans	122	12 60	9 50	6 35
JUVISY	Paris	19	1 95	1 50	1 »
	Savigny	6	» 60	» 45	» 30
	Epinay	6	» 60	» 45	» 30
	St-Michel	10	1 05	» 80	» 50
	Brétigny	12	1 25	» 95	» 65
	Marolles	18	1 85	1 40	» 95
	Lardy	21	2 15	1 65	1 10
	Etrechy	30	3 10	2 35	1 55
	Etampes	37	3 80	2 90	1 95
	Angerville	56	5 80	4 35	2 90
	Toury	70	7 25	5 45	3 65
	Artenay	83	8 55	6 45	4 35
	Chevilly	89	9 20	6 90	4 65
	Orléans	103	10 65	» 8	5 40
SAVIGNY	Paris	22	2 25	1 70	1 15
	Juvisy	6	» 60	» 45	» 30
	Épinay	6	» 60	» 45	» 30
	St-Michel	7	» 70	» 55	» 55
	Brétigny	9	» 95	» 70	» 45
	Marolles	15	1 55	1 15	» 80
	Lardy	18	1 85	1 40	» 95
	Etrechy	27	2 80	2 10	1 40
	Etampes	34	3 50	2 65	1 75
	Angerville	53	5 45	4 10	2 75
	Toury	67	6 90	5 20	3 50
	Artenay	80	8 25	6 20	4 20
	Chevilly	86	8 90	6 70	4 50
	Orléans	100	10 35	7 80	5 25

LIEUX de DÉPART.	DESTINATIONS.	Distances servant de base à la fixation des prix de transport.	1re CLASSE. Voitures couvertes et fermées à glaces, suspendues sur ressorts. PRIX de transport.	2e CLASSE. Voitures couvertes et suspendues sur ressorts. PRIX de transport.	3e CLASSE. Voitures découvertes mais suspendues sur ressorts. PRIX de transport.
		kilomèt.	fr. c.	fr. c.	fr. c.
ÉPINAY.	Paris	24	2 50	1 85	1 25
	Juvisy	6	» 60	» 45	» 30
	Savigny	6	» 60	» 45	» 30
	St-Michel	8	» 85	» 60	» 40
	Brétigny	13	1 35	1 »	» 70
	Marolles	17	1 75	1 30	» 90
	Lardy	26	2 70	2 »	1 35
	Etrechy	35	3 40	2 55	1 70
	Etampes	51	5 25	3 95	2 65
	Angerville	65	6 70	5 05	3 40
	Toury	79	8 15	6 15	4 10
	Artenay	85	8 80	6 60	4 45
	Chevilly	98	10 10	7 60	5 10
	Orléans				
ST-MICHEL	Paris	29	3 »	2 25	1 50
	Juvisy	10	1 05	» 80	» 50
	Savigny	7	» 70	» 55	» 35
	Epinay	6	» 60	» 45	» 30
	Brétigny	9	» 95	» 70	» 45
	Marolles	12	1 25	» 95	» 65
	Lardy	21	2 15	1 65	1 10
	Etrechy	28	2 90	2 20	1 45
	Etampes	47	4 85	3 65	2 45
	Angerville	61	6 50	4 75	3 20
	Toury	74	7 65	5 75	3 85
	Artenay	80	8 25	6 20	4 20
	Chevilly	94	9 70	7 30	4 90
	Orléans				
BRÉTIGNY	Paris	31	3 20	2 40	1 60
	Juvisy	12	1 25	» 95	» 65
	Savigny	9	» 95	» 70	» 45
	Epinay	8	» 85	» 60	» 40
	St-Michel	6	» 60	» 45	» 30
	Marolles	6	» 60	» 45	» 30
	Lardy	10	1 05	» 80	» 50
	Etrechy	19	1 95	1 50	1 »
	Etampes	26	2 70	2 »	1 35
	Angerville	44	4 55	3 40	2 30
	Toury	58	6 »	4 50	3 05
	Artenay	71	7 35	5 50	3 70
	Chevilly	77	7 95	6 »	4 »
	Orléans	91	9 40	7 05	4 75

LIEUX de DÉPART.	DESTINATIONS.	Distances servant de base à la fixation des prix de transport.	1re CLASSE. Voitures couvertes et formées à glaces, suspendues sur ressorts. PRIX de transport.	2e CLASSE. Voitures couvertes et suspendues sur ressorts. PRIX de transport.	3e CLASSE. Voitures découvertes mais suspendues sur ressorts. PRIX de transport.
		kilomèt.	fr. c.	fr. c.	fr. c.
MAROLLES	Paris.............	37	5 80	2 90	1 95
	Juvisy...........	18	1 85	1 40	» 95
	Savigny..........	15	1 55	1 15	» 80
	Epinay...........	13	1 35	1 »	» 70
	St-Michel........	9	» 95	» 70	» 45
	Brétigny.........	6	» 60	» 45	« 30
	Lardy............	6	» 60	» 45	» 30
	Etrechy..........	13	1 55	1 »	» 70
	Etampes..........	20	2 05	1 55	1 05
	Angerville.......	39	4 05	3 05	2 05
	Toury............	55	5 45	4 10	2 75
	Artenay..........	66	6 80	5 15	3 45
	Chevilly.........	72	7 45	5 60	3 75
	Orléans..........	86	8 90	6 70	4 50
LARDY	Paris.............	40	4 10	3 10	2 10
	Juvisy...........	21	2 15	1 65	1 10
	Savigny..........	18	1 85	1 40	» 95
	Epinay...........	17	1 75	1 30	» 90
	St-Michel........	12	1 25	» 95	» 65
	Brétigny.........	10	1 05	» 80	» 50
	Marolles.........	6	» 60	» 45	» 30
	Etrechy..........	9	» 95	» 70	» 45
	Etampes..........	17	1 75	1 30	» 90
	Angerville.......	35	3 60	2 70	1 85
	Toury............	49	5 »	3 80	2 55
	Arthenay.........	62	6 40	4 80	3 25
	Chevilly.........	68	7 »	5 30	3 55
	Orléans..........	82	8 45	6 40	4 30
ETRECHY	Paris.............	49	5 »	3 80	2 55
	Juvisy...........	30	3 10	2 35	1 55
	Savigny..........	27	2 80	2 10	1 40
	Epinay...........	26	2 70	2 »	1 35
	St-Michel........	21	2 15	1 65	1 10
	Brétigny.........	19	1 95	1 50	1 »
	Marolles.........	13	1 55	1 »	» 70
	Lardy............	9	» 95	» 70	» 45
	Etampes..........	8	» 85	» 60	» 40
	Angerville.......	26	2 70	2 »	1 35
	Toury............	40	4 10	3 10	2 10
	Artenay..........	55	5 45	4 10	2 75
	Chevilly.........	59	6 10	4 60	3 10
	Orléans..........	75	7 55	5 70	3 80

LIEUX de DÉPART.	DESTINATIONS.	Distances servant de base à la fixation des prix de transport.	1re CLASSE. — Voitures couvertes et fermées à glaces, suspendues sur ressort. PRIX de transport.	2e CLASSE. — Voitures couvertes et suspendues sur ressorts. PRIX de transport.	3e CLASSE. — Voitures découvertes mais suspendues sur ressorts. PRIX de transport.
		kilomèt.	fr. c.	fr. c.	fr. c.
ÉTAMPES.........	Paris...............	56	5 80	4 35	2 90
	Juvisy.............	57	5 80	2 90	1 95
	Savigny	54	5 50	2 65	1 75
	Epinay............	53	5 40	2 55	1 70
	St-Michel..........	28	2 90	2 20	1 45
	Brétigny...........	26	2 70	2 »	1 35
	Marolles...........	20	2 05	1 55	1 05
	Lardy.............	17	1 75	1 50	» 90
	Etrechy...........	8	» 85	» 60	» 40
	Angerville	19	1 95	1 50	1 »
	Toury.............	55	2 40	2 55	1 70
	Artenay	46	3 75	3 60	2 40
	Chevilly..........	52	4 35	4 05	2 70
	Orléans...........	66	5 80	5 15	3 45
ANGERVILLE	Paris...............	75	7 75	5 85	3 90
	Juvisy.............	56	5 80	4 35	2 90
	Savigny	55	5 45	4 10	2 75
	Epinay............	51	5 25	3 95	2 65
	St-Michel..........	47	4 85	3 65	2 45
	Brétigny...........	44	4 55	3 40	2 30
	Marolles...........	39	4 05	3 05	2 05
	Lardy.............	35	3 60	2 70	1 85
	Etrechy...........	26	2 70	2 »	1 35
	Etampes...........	19	1 95	1 50	1 »
	Toury.............	14	1 45	1 10	» 75
	Artenay	28	2 90	2 20	1 45
	Chevilly..........	34	3 50	2 65	1 75
	Orléans...........	47	4 85	3 65	2 45
TOURY	Paris...............	89	9 20	6 90	4 65
	Juvisy.............	70	7 25	5 45	3 65
	Savigny	67	6 90	5 20	3 50
	Epinay............	65	6 70	5 05	3 40
	St-Michel..........	61	6 30	4 75	3 20
	Brétigny...........	58	6 »	4 50	3 05
	Marolles...........	53	5 45	4 10	2 75
	Lardy.............	49	5 »	3 80	2 55
	Etrechy	40	4 10	3 10	2 10
	Etampes...........	55	5 40	2 55	1 70
	Angerville.........	14	1 45	1 10	» 75
	Arthenay..........	14	1 45	1 10	» 75
	Chevilly	20	2 05	1 55	1 05
	Orléans...........	55	5 40	2 55	1 70

LIEUX de DÉPART.	DESTINATION.	Distances servant de base à la fixation des prix de transport.	1re CLASSE. Voitures couvertes et fermées à glaces, sus-pendues sur ressorts. PRIX de transport.	2e CLASSE. Voitures couvertes et suspen-dues sur ressorts. PRIX de transport.	3e CLASSE. Voitures décou-vertes, mais suspen-dues sur ressorts. PRIX de transport.
		kilomèt.	fr. c.	fr. c.	fr. c.
ARTHENAY	Paris	102	10 55	7 95	5 50
	Juvisy	85	8 55	6 45	4 35
	Savigny	80	8 25	6 20	4 20
	Epinay	79	8 15	6 15	4 10
	Saint-Michel	74	7 65	5 75	3 85
	Brétigny	71	7 35	5 50	3 70
	Marolles	66	6 80	5 15	3 45
	Lardy	62	6 40	4 80	3 25
	Etrechy	55	5 45	4 10	2 75
	Etampes	46	4 75	3 60	2 40
	Angerville	28	2 90	2 20	1 45
	Toury	14	1 45	1 10	» 75
	Chevilly	7	» 70	» 55	» 35
	Orléans	20	2 05	1 55	1 05
CHEVILLY	Paris	108	11 15	8 40	5 65
	Juvisy	89	9 20	6 90	4 65
	Savigny	86	8 90	6 70	4 50
	Epinay	85	8 80	6 60	4 45
	Saint-Michel	80	8 25	6 20	4 20
	Brétigny	77	7 95	6 »	4 »
	Marolles	72	7 45	5 60	3 75
	Lardy	68	7 »	5 30	3 55
	Etrechy	59	6 10	4 60	3 10
	Etampes	52	5 35	4 05	2 70
	Angerville	34	3 50	2 65	1 75
	Toury	20	2 05	1 55	1 05
	Arthenay	7	» 70	» 55	» 35
	Orléans	14	1 45	1 10	» 75
ORLÉANS	Paris	122	12 60	9 50	6 35
	Juvisy	105	10 65	8 »	5 40
	Savigny	100	10 35	7 80	5 25
	Epinay	98	10 10	7 60	5 10
	Saint Michel	94	9 70	7 30	4 90
	Brétigny	91	9 40	7 05	4 75
	Marolles	86	8 90	6 70	4 50
	Lardy	82	8 45	6 40	4 30
	Etrechy	75	7 55	5 70	3 80
	Etampes	66	6 80	5 15	3 45
	Angerville	47	4 85	3 65	2 45
	Toury	35	3 40	2 55	1 70
	Arthenay	20	2 05	1 55	1 05
	Chevilly	14	1 45	1 10	» 75

PLACES DE LUXE.

De Paris à Étampes, *et vice versâ* .... 7 fr. 50 c.
D'Étampes à Orléans, *et vice versâ* 7 50
De Paris à Orléans, *et vice versâ* .... 13 »

Tarif (B) *pour le transport de Bagages.*

* Aux termes de l'article 36 du cahier des charges, chaque voyageur pourra porter avec lui un bagage dont le poids n'excédera pas 15 kilogrammes, sans être tenu, pour le port de ce bagage, à aucun supplément de prix. (Nota. *Voir, pour les bagages des militaires en service, l'article 4 ci-après.*)		* Au-dessus de 15 kil. jusqu'à 25 kil. inclusivement.	Au-dessus de 25 kil. jusqu'à 50 kil. inclusivement.	Au-dessus de 50 kilogrammes jusqu'à 100 kilogrammes inclusivement.	
		fr. c.	fr. c.	fr. c.	
DE PARIS aux STATIONS CI-CONTRE, *et vice versâ.*	Juvisy............	» 50	1 »	» 01	par kilogramme excédant 50 kilogrammes, en sus des prix portés dans la colonne qui précède.
	Savigny............	» 50	1 »	» 01	
	Epinay............	» 50	1 »	» 01	
	Saint-Michel......	» 50	1 »	» 01	
	Brétigny..........	» 50	1 25	» 01	
	Marolles..........	» 75	1 25	» 02	
	Lardy............	» 75	1 25	» 02	
	Etrechy..........	» 75	1 25	» 02	
	Etampes..........	1 »	1 50	» 03	
	Angerville........	1 50	1 75	» 05	
	Toury............	1 50	1 75	» 05	
	Artenay..........	1 50	1 75	» 05	
	Chevilly..........	2 »	2 50	» 05	
	Orléans...........	2 »	2 50	» 05	

D'ORLÉANS à une Station intermédiaire, ou d'une Station intermédiaire à une autre, } 8 c. par fraction indivisible de 200 kil. et par kilomètre.

(Nota. *Voir, pour les distances, le tableau du tarif pour le transport des Voyageurs.*) Conformément aux dispositions de l'article 55, § 5 du cahier des charges, pour toute distance parcourue moindre de 6 kilomètres, le droit sera perçu comme pour 6 kilomètres entiers.

Tarif (C) *pour le transport des Articles de Messagerie et des Marchandises.*

DE PARIS aux destinations suivantes, *et vice versâ :*	Jusqu'à 5 kilogramm. inclusivement.	Au-dessus de 5 kil. jusqu'à 25 kil. inclusiv.	Au-dessus de 25 kil. jusqu'à 50 kil. inclusiv.	Au-dessus de 50 kil. jusqu'à 75 kil. inclusiv.	Au-dessus de 75 kil. jusqu'à 100 kil. inclusiv.	Au-dessus de 100 kil. jusqu'à 200 kil. inclusiv.	Au-dessus de 100 kil. par fract. individ. de 200 kil.	Par litre de Lait.
	fr. c.	fr. c.	fr. c.	fr. c.	fr. c.	fr. c.	fr. c.	fr. c.
Juvisy..........	» 25	» 50	» 75	1 25	1 50	1 52	1 52	» 02
Savigny........	» 25	» 50	» 75	1 25	1 50	1 76	1 76	» 02
Epinay........	» 25	» 50	» 75	1 25	1 50	1 92	1 92	» 02
Saint-Michel.....	» 25	» 50	» 75	1 25	1 50	2 52	2 52	» 02
Brétigny	» 40	» 75	1 25	2 »	2 50	2 48	2 48	» 02½
Marolles........	» 40	» 75	1 25	2 »	2 50	2 96	2 96	» 02½
Lardy..........	» 40	» 75	1 25	2 »	2 50	3 20	3 20	» 02½
Etrechy........	» 40	» 75	1 25	2 »	2 50	3 92	3 92	» 02½
Etampes........	» 40	» 75	1 25	2 »	2 50	4 48	4 48	» 02½
Angerville......	» 40	» 75	1 25	2 »	2 50	6 »	6 ·	» 02½
Toury..........	» 50	1 »	2 »	5 »	4 »	7 12	7 12	» 05
Artenay........	» 50	1 »	2 »	5 »	4 »	8 16	8 16	» 05
Chevilly........	» 50	1 »	2 »	5 »	4 »	8 64	8 64	» 05
Orléans........	» 50	1 25	2 50	5 75	5 »	9 76	9 76	» 05

D'ORLÉANS à une Station intermédiaire, ou d'une Station intermédiaire à une autre, } 8 c. par fraction indivisible de 200 kil. et par kilomètre.

(Nota. *Voir, pour les distances, le tableau du tarif pour le transport des Voyageurs.*) Conformément aux dispositions de l'article 55, § 5, du cahier des charges, pour toute distance parcourue moindre de 6 kilomètres, le droit sera perçu comme pour 6 kilomètres entiers.

TARIF (D) *pour les frais accessoires de Chargement et de Déchargement.*

NOTA. Il n'est perçu aucun droit de chargement et de déchargement pour les colis d'un poids n'excédant pas 100 kilogrammes.

	Au-dessus de 100 kilog. jusqu'à 200 kilog. inclusiv......	»f. 50 c.
Bagages,	Id. 200 id. 400 id.............	» 75
Articles	id. 400 id. 600 id.............	1 »
de Messagerie	id. 600 id. 800 id.............	1 25
et	Id. 800 id. 1,000 id.............	1 50
Marchandises.	Au-dessus de 1,000 kilog., 1 fr. 50 c. par fraction indivisible de 1,000 kilog.............................	1 50

TARIF (E) *pour le transport des Voitures, des Chevaux et des Chiens.*

	DE PARIS AUX STATIONS CI-APRÈS, et vice versâ.					D'ORLÉANS AUX STATIONS CI-APRÈS, et vice versâ.				
	Saint-Michel	Etampes.	Angerville.	Toury.	Orléans.	Toury.	Angerville.	Etampes.	Saint-Michel	Paris.
	fr. c.	fr. c.	fr. c.	fr. c.	fr. c.	fr. c.	fr. c.	fr. c.	fr. c.	fr. c.
Transport des Voitures. Voiture à 2 ou à 4 roues, et à une seule banquet. dans l'intérieur...	16 »	25 »	39 »	46 »	60 »	18 »	25 »	25 »	48 »	60 »
Voiture à 4 roues et à 2 fonds et à 2 banquet. dans l'intérieur...	21 »	35 »	51 »	60 »	80 »	24 »	35 »	35 »	64 »	80 »
Diligence à vide.......	» »	» »	» »	» »	100 »	» »	» »	» »	» »	100 »
Voit. chargée de marchandises, ne pesant pas plus de 4,000 kilog	» »	» »	» »	» »	80 »	» »	» »	» »	» »	80 »
Transport des Chevaux. Un cheval.	10 55	16 »	24 15	28 25	36 »	11 75	15 85	16 »	29 75	36 »
Deux chevaux au même propriétaire......	17 45	25 »	41 95	49 40	65 »	19 60	27 05	25 »	52 10	65 »
Trois Chevaux au même propriétaire.......	25 40	33 »	57 55	67 65	90 »	26 55	36 65	33 »	71 55	90 »
Au-dessus de trois chevaux au même propriétaire, et par chaque cheval excédant.	7 95	10 »	17 55	20 25	25 »	8 75	11 65	10 »	21 25	25 »

Transport des Chiens.	
Pour un parcours de 30 kilom. et au-dessous... par Chien.	»f. 50 c.
Au-dessus de 30 kilom. jusqu'à 60 kilom. inclusiv. id....	1 »
Au-dessus de 60 kilom. jusqu'à 90 kilom. inclusiv. id....	1 50
Au-dessus de 90 kilom .... id....	2 »

TITRE II. — Transport[...]

TARIF (F) pour le transport des denrées et des marc[...]

DÉSIGNAT[...]

Denrées et marchandises hors classe.	Marchandises de 1ʳᵉ classe.
Légumes, fruits, beurre, œufs ; charcuterie et pâtisserie ; volaille, gibier, poissons et marchandises précieuses, dangereuses, ou exigeant des soins particuliers pendant la route, telles que : horlogerie, bronzes, objets d'art et instruments de précision, armes de luxe, glaces, etc. ; denrées et objets non désignés au présent tarif, qui, sous le volume d'un mètre cube, ne pèsent pas 200 kilogrammes.	Fontes et fer pour ornement, ameublement et t[...] vaux de luxe ; plomb ouvré, cuivre et autres méta[...] ouvrés ou non ; vinaigres, vins, boissons, spiritue[...] huiles ; cotons et autres lainages, tissus et obj[...] manufacturés ; meubles en caisse ; mercerie ; parf[...] merie ; quincaillerie ; taillanderie ; cuirs tann[...] châtaignes ; sucre, café ; drogues, épiceries, denr[...] coloniales ; fontes moulées, fers ouvrés et tréfilés ; b[...] de menuiserie, de teinture et autres bois exotiq[...]

NOTA. Voir, pour les distances, le tableau du *Tarif des voyageurs.*   LIEUX[...]

NOTA. Le prix de transport entre deux stations se trouve dans ce tableau au point de jonction de la ligne horizontale correspondante au lieu de départ ; et de la ligne verticale correspondante au lieu d'arrivée. Les prix indiqués sont ceux du transport d'une tonne (soit 1,000 kil.). Voir l'article XII ci-après pour les poids inférieurs à une tonne.

LIEUX de DÉPART.	PARIS. Hors classe. fr. c.	1ʳᵉ classe. fr. c.	2ᵉ classe. fr. c.	3ᵉ classe. fr. c.	JUVISY. Hors classe. fr. c.	1ʳᵉ classe. fr. c.	2ᵉ classe. fr. c.	3ᵉ clas. fr.
Paris	» »	» »	» »	» »	6 78	2 71	2 03	2
Juvisy	6 78	5 73	2 71	2 37	» »	» »	» »	»
Savigny	7 85	4 52	3 14	2 75	2 14	1 20	1 08	0
Épinay	8 57	4 71	3 45	3 »	2 14	1 .0	1 08	0
Saint-Michel	10 35	5 70	4 14	3 62	3 37	2 »	1 80	1
Brétigny	11 07	6 08	4 45	3 87	4 28	2 40	2 16	1
Marolles	13 22	7 26	5 28	4 62	6 43	3 60	3 24	2
Lardy	14 29	7 85	5 71	5 »	7 50	4 20	3 78	3 5
Étrechy	17 49	9 62	7 »	6 12	10 71	6 »	5 40	4 8
Etampes	20 »	11 »	8 »	7 »	15 21	7 40	6 66	5 9
Angerville	24 58	13 52	11 06	7 57	20 »	11 20	10 08	8 9
Toury	29 17	16 05	13 15	8 75	25 »	14 »	12 60	11 4
Artenay	33 45	18 59	15 04	10 03	29 64	16 60	14 94	15 9
Chevilly	35 40	19 47	15 93	10 62	31 78	17 80	16 02	14 9
Orléans	40 »	22 »	18 »	12 »	35 76	18 57	15 19	20 1

lice du 20 juillet 1844.

sse des Marchandises.

rs, à la vitesse de 16 kilomètres au moins à l'heure.

CLASSES.

Marchandises de 2ᵉ classe.	*Marchandises de 3ᵉ classe.*
Salaisons; blés, grains et farines; chaux et plâtre sac; minerais, coke, charbon de bois, bois à filer (dit de corde); perches, chevrons, planches, bardriers, bois de charpente; marbre en bloc; rres de taille; bitumes; plomb en saumons; te brute, en barre ou en feuille, fers non trallés.	Huiles; sels; pierres à chaux et à plâtre, moellons, meulières, cailloux, sables, argile, tuiles, briques, ardoises; fumier et engrais; pavés et matériaux de toute espèce, pour la construction et la réparation des routes.

TINATION.

	SAVIGNY.			ÉPINAY.				SAINT-MICHEL.			
ors bsse.	1ʳᵉ classe.	2ᵉ classe.	3ᵉ classe.	Hors classe.	1ʳᵉ classe.	2ᵉ classe.	3ᵉ classe.	Hors classe.	1ʳᵉ classe.	2ᵉ classe.	3ᵉ classe.
c	fr. c.	fr. c.	fr. c.	fr. c.	fr. c.	fr. c.	fr. c.	fr. c.	fr. c.	fr. c.	fr. c.
85	3 14	2 55	2 55	8 57	5 42	2 57	2 57	10 55	4 14	5 10	5 10
14	1 20	1 08	0 96	2 14	1 20	1 08	0 96	5 57	2 »	1 80	1 60
»	» »	» »	» »	2 14	1 20	1 08	0 96	2 80	1 40	1 26	1 12
14	1 20	1 08	0 96	» »	» »	» »	» »	2 14	1 20	1 08	0 96
80	1 40	1 26	1 12	2 14	1 20	1 08	0 96	» »	» »	» »	» »
60	1 80	1 62	1 44	2 86	1 60	1 44	1 28	2 14	1 20	1 08	0 96
»	5 »	2 70	2 40	4 64	2 60	2 54	2 08	5 21	1 80	1 62	1 44
20	5 60	5 24	2 88	6 07	5 40	5 06	2 72	4 28	2 40	2 16	1 92
80	5 40	4 86	4 52	9 28	5 20	4 68	4 16	7 50	4 20	5 78	5 56
60	6 80	6 12	5 44	11 78	6 60	5 94	5 28	10 »	5 60	5 04	4 48
20	10 60	9 54	8 48	18 21	10 20	9 18	8 16	16 78	9 40	8 46	7 52
80	15 40	12 06	10 72	25 21	15 »	11 70	10 40	21 78	12 20	10 98	9 76
»	16 »	14 40	12 80	28 21	15 80	14 22	12 64	26 45	14 80	15 52	11 84
40	17 20	15 48	15 76	30 55	17 »	15 50	15 60	28 56	16 »	14 40	12 80
20	18 05	14 75	9 85	52 12	17 66	14 45	9 65	50 81	16 94	15 86	9 24

Suite du TITRE II. — Transpor

TARIF (F) *pour le transport des denrées et des marchan*

DÉSIGNATION

Denrées et marchandises hors classe.	*Marchandises de 1ʳᵉ classe.*
Légumes, fruits, beurre, œufs ; charcuterie et pâtisserie ; volaille, gibier, poissons et marchandises précieuses, dangereuses, ou exigeant des soins particuliers pendant la route, telles que : horlogerie, bronzes, objets d'art et instruments de précision, armes de luxe, glaces, etc ; denrées et objets non désignés au présent tarif, qui, sous le volume d'un mètre cube, ne pèsent pas 200 kilogrammes.	Fontes de fer pour ornement, ameublement et travaux de luxe ; plomb ouvré, cuivre et autres métaux ouvrés ou non ; vinaigres, vins, boissons, spiritueux ; huiles ; cotons et autres lainages ; tissus et objets manufacturés ; meubles en caisse ; mercerie ; parfumerie ; quincaillerie ; taillanderie ; cuirs tannés ; châtaignes ; sucre, café ; drogues, épiceries, denrées coloniales ; fontes moulées, fers ouvrés et tréflés ; bois de menuiserie, de teinture et autres bois exotiques.

NOTA. Voir, pour les distances, le tableau du *Tarif des voyageurs.*   LIEUX DE

		BRÉTIGNY.				MAROLLES.		
NOTA. Le prix de transport entre deux stations se trouve dans ce tableau au point de jonction de la ligne horizontale correspondante au lieu de départ, et de la ligne verticale correspondante au lieu d'arrivée. Les prix indiqués sont ceux du transport d'une tonne (soit 1,000 kil.). Voir l'article XII ci-après pour les poids inférieurs à une tonne.	Hors classe.	1ʳᵉ classe.	2ᵉ classe.	3ᵉ classe.	Hors classe.	1ʳᵉ classe.	2ᵉ classe.	3ᵉ classe.
	fr. c.	fr. c.	fr. c.	fr. c.	fr. c.	fr. c.	fr. c.	fr. c.
Paris	11 07	4 42	3 52	3 52	13 22	5 28	3 96	3 96
Juvisy	4 28	2 40	2 16	1 92	6 43	3 60	3 24	2 88
Savigny	3 60	1 80	1 62	1 44	6 »	3 »	2 70	2 40
Épinay.........	2 86	1 60	1 44	1 28	4 64	2 60	2 34	2 08
Saint-Michel....	2 14	1 20	1 08	0 96	3 21	1 80	1 62	1 44
Brétigny........	»	»	»	»	2 14	1 20	1 08	0 96
Marolles........	2 14	1 20	1 08	0 96	»	»	»	»
Lardy..........	3 57	2 »	1 80	1 60	2 14	1 20	1 08	0 96
Étréchy........	6 78	3 80	3 42	3 04	4 64	2 60	2 34	2 08
Étampes........	9 28	5 20	4 68	4 16	7 14	4 »	3 60	3 20
Angerville......	15 71	8 80	7 92	7 04	13 95	7 80	7 02	6 24
Toury..........	20 71	11 60	10 44	9 28	18 95	10 60	9 54	8 48
Artenay........	25 55	14 20	12 78	11 36	23 57	13 20	11 88	10 56
Chevilly........	27 50	15 40	13 86	12 32	25 71	14 14	12 96	11 52
Orléans	29 85	16 40	15 42	8 91	28 19	15 80	12 63	8 43

LIEUX de DÉPART.

ice du 20 juillet 1844.

vitesse des Marchandises.

s, *à la vitesse de 16 kilomètres au moins à l'heure.*

CLASSES.

Marchandises de 2ᵉ classe.

alaisons ; blés, grains et farines ; chaux et plâtre
sac ; minerais, coke, charbon de bois, bois à
er (dit de corde), perches, chevrons, planches,
riers, bois de charpente ; marbre en bloc ;
res de taille ; bitumes ; plomb en saumons ;
brute, en barre ou en feuille, fers non tra-
és.

Marchandises de 3ᵉ classe.

Huiles, sels ; pierres à chaux et à plâtre, moellons,
meulières, cailloux, sables, argile, tuiles, briques,
ardoises ; fumier et engrais ; pavés et matériaux de
toute espèce, pour la construction et la réparation
des routes.

INATION.

	LARDY			ÉTRECHY				ÉTAMPES			
s ie.	1ʳᵉ classe.	2ᵉ classe.	3ᵉ classe.	Hors classe.	1ʳᵉ classe.	2ᵉ classe.	3ᵉ classe.	Hors classe.	1ʳᵉ classe.	2ᵉ classe.	3ᵉ classe.
	fr. c.	fr. c.	fr. c.	fr. c.	fr. c.	fr. c	fr. c.	fr. c.	fr. c.	fr. c.	fr. c.
29	5 71	4 28	4 28	17 49	6 99	5 24	5 24	20 »	8 »	6 »	6 »
50	4 20	3 78	3 36	10 71	6 »	5 40	4 80	13 21	7 40	6 66	5 92
20	3 60	3 24	2 88	10 80	5 40	4 86	4 32	13 60	6 80	6 12	5 44
07	3 40	3 06	2 72	9 28	5 20	4 68	4 16	11 78	6 60	5 94	5 28
28	2 40	2 16	1 92	7 50	4 20	3 78	3 36	10 »	5 60	5 04	4 48
57	2 »	1 80	1 60	6 78	3 80	3 42	3 04	9 28	5 20	4 68	4 16
14	1 20	1 08	0 96	4 64	2 60	2 34	2 08	7 14	4 »	3 60	3 20
»	» »	» »	» »	3 21	1 80	1 62	1 44	6 07	3 40	3 06	2 72
21	1 80	1 62	1 44	» »	» »	» »	» »	2 85	1 60	1 44	1 28
07	3 40	3 06	2 72	2 85	1 60	1 44	1 28	» »	» »	» »	» »
50	7 »	6 30	5 60	9 28	5 20	4 68	4 16	6 78	3 80	3 42	3 04
50	9 80	8 82	7 8	14 28	8 »	7 20	6 40	11 78	6 60	5 94	5 28
14	12 40	11 16	9 92	18 95	10 60	9 54	8 48	16 45	9 20	8 28	7 3
28	13 60	12 24	10 88	21 07	11 80	10 62	9 44	18 57	10 40	9 36	8 52
48	14 78	12 09	8 06	25 95	13 16	10 76	7 17	20 »	11 »	8 »	7 »

2ᵉ ANNEXE à l'ordonnanc

Suite du TITRE II. — Transpor

TARIF (F) *pour le transport des denrées et des marchan*

DÉSIGNATION

Denrées et marchandises hors classe.	Marchandises de 1ʳᵉ classe.
Légumes, fruits, beurre, œufs ; charcuterie et pâtisserie ; volaille, gibier, poissons et marchandises précieuses, dangereuses, ou exigeant des soins particuliers pendant la route, telles que : horlogerie, bronzes, objets d'art et instruments de précision, armes de luxe, glaces, etc.; denrées et objets non désignés au présent tarif, qui, sous le volume d'un mètre cube, ne pèsent pas 200 kilogrammes.	Fontes de fer pour ornement, ameublement et travaux de luxe ; plomb ouvré, cuivre et autres métaux ouvrés ou non ; vinaigres, vins, boissons, spiritueux ; huiles ; cotons et autres lainages ; tissus et objets manufacturés ; meubles en caisse ; mercerie ; parfumerie ; quincaillerie ; taillanderie ; cuirs tannés ; châtaignes ; sucre, café ; drogues, épiceries, denrées coloniales ; fontes moulées, fers ouvrés et tréfilés ; bois de menuiserie, de teinture et autres bois exotiques.

NOTA. Voir, pour les distances, le tableau du *Tarif des voyageurs.* LIEUX DI

		ANGERVILLE.				TOURY.			
NOTA. Le prix de transport entre deux stations se trouve dans ce tableau au point de jonction de la ligne horizontale correspondante au lieu de départ, et de la ligne verticale correspondante au lieu d'arrivée. Les prix indiqués sont ceux du transport d'une tonne (soit 1,000 kil.). Voir l'article XII ci-après pour les poids inférieurs à une tonne.		Hors classe.	1ʳᵉ classe.	2ᵉ classe.	3ᵉ classe.	Hors classe.	1ʳᵉ classe.	2ᵉ classe.	3ᵉ classe.
		fr. c.	fr. c.	fr. c.	fr. c.	fr. c.	fr. c.	fr. c.	fr. c.
	Paris............	24 58	11 06	9 21	6 14	29 17	13 12	10 93	7 28
	Juvisy	20 »	11 20	10 08	8 96	25 »	14 »	12 60	11 20
	Savigny........	21 20	10 60	9 54	8 48	26 80	15 40	12 06	10 72
	Épinay..........	18 21	10 20	9 18	8 16	23 21	13 »	11 70	10 40
	Saint-Michel.....	16 78	9 40	8 46	7 52	21 78	12 20	10 98	9 76
	Brétigny........	15 71	8 80	7 92	7 04	20 71	11 60	10 44	9 28
LIEUX de DÉPART.	Marolles........	13 95	7 80	7 02	6 24	18 95	10 60	9 54	8 48
	Lardy..........	12 50	7 »	6 50	5 60	17 50	9 80	8 82	7 84
	Étrechy........	9 28	5 20	4 68	4 16	14 28	8 »	7 20	6 40
	Étampes........	6 78	3 80	3 42	3 04	11 78	6 60	5 94	5 28
	Angerville......	» »	» »	» »	» »	5 »	2 80	2 52	2 24
	Toury..........	5 »	2 80	2 52	2 24	» »	» »	» »	» »
	Artenay........	10 »	5 60	5 04	4 48	5 »	2 80	2 52	2 24
	Chevilly........	12 14	6 80	6 12	5 44	7 14	4 »	3 60	3 20
	Orléans.........	14 24	7 85	5 70	4 98	10 »	5 50	4 »	3 50

police du 20 juillet 1844.

la vitesse des Marchandises.

ses, à la vitesse de 16 kilomètres au moins à l'heure.

ES CLASSES.

Marchandises de 2ᵉ classe.	*Marchandises de 3ᵉ classe.*
Salaisons ; blés, grains et farines ; chaux et plâtre en sac ; minerais , coke , charbon de bois, bois à brûler (dit de corde) ; perches, chevrons, planches, madriers , bois de charpente ; marbre en bloc ; pierres de taille ; bitumes ; plomb en saumons , fonte brute, en barre ou en feuille, fers non travaillés.	Huiles, sels ; pierres à chaux et à plâtre, moellons, meulières, cailloux, sables, argile, tuiles, briques, ardoises ; fumier et engrais ; pavés et matériaux de toute espèce, pour la construction et la réparation des routes.

DESTINATION.

	ARTENAY.				CHEVILLY.				ORLÉANS.		
Hors classe.	1ʳᵉ classe.	2ᵉ classe.	3ᵉ classe.	Hors classe.	1ʳᵉ classe.	2ᵉ classe.	3ᵉ classe.	Hors classe.	1ʳᵉ classe.	2ᵉ classe.	3ᵉ classe.
fr. c.	fr. c.	fr. c.	fr. c.	fr. c.	fr. c.	fr. c.	fr. c.	fr. c	fr. c.	fr. c.	fr. c.
53 43	15 04	12 53	8 35	35 40	15 93	13 28	8 84	40 »	18 »	15 »	10 »
29 64	16 60	14 94	13 28	31 78	17 80	16 02	14 24	33 76	15 19	12 63	8 43
32 »	16 »	14 40	12 80	34 40	17 20	15 48	13 76	32 80	14 73	12 30	8 19
28 24	15 80	14 22	12 64	30 35	17 »	15 30	13 60	32 12	14 45	12 04	8 05
26 43	14 80	13 32	11 84	28 56	16 »	14 40	12 80	30 81	13 86	11 55	7 70
25 35	14 20	12 78	11 36	27 50	15 40	13 86	12 52	29 83	13 42	11 18	7 45
23 57	13 20	11 88	10 56	25 71	14 40	12 96	11 52	28 19	12 68	10 57	7 04
22 14	12 40	11 16	9 92	24 28	13 60	12 24	10 88	26 88	12 09	10 08	6 71
18 93	10 60	9 54	8 48	21 07	11 80	10 62	9 44	23 93	10 77	8 97	5 08
16 43	9 20	8 28	7 36	18 57	10 40	9 36	8 32	20 »	11 »	8 »	7 »
10 »	5 60	5 04	4 48	12 14	6 80	6 12	5 44	14 24	7 83	5 70	4 98
5 »	2 80	2 52	2 24	7 14	4 »	3 60	3 20	10 »	5 50	4 »	3 50
» »	» »	» »	» »	2 50	1 40	1 26	1 12	6 06	3 33	2 42	2 12
2 50	1 40	1 26	1 12	» »	» »	» »	» »	4 24	2 33	1 70	1 48
6 06	3 33	2 42	2 12	4 24	2 33	1 70	1 48	» »	» »	» »	» »

TARIF (G) *pour le transport des Voitures et des Chevaux.*

		DE PARIS aux Stations ci-après, et vice versâ.					D'ORLÉANS aux Stations ci-après, et vice versâ.				
		SAINT-MICHEL.	ÉTAMPES.	ANGER-VILLE.	TOURY.	ORLÉANS.	TOURY.	ANGER-VILLE.	ÉTAMPES.	SAINT-MICHEL.	PARIS.
		fr. c.	fr. c.	fr. c.	fr. c.	fr. c.	fr. c.	fr. c.	fr. c.	fr. c.	fr. c.
TRANSPORT DES VOITURES.	Voiture à 2 ou à 4 roues, et à une seule banquette dans l'intérieur..........	12 »	20 »	27 »	31 »	40 »	15 »	17 »	20 »	35 »	40 »
	Voiture à 4 roues et à 2 fonds et à 2 banquettes dans l'intérieur...........	16 »	30 »	39 »	46 »	60 »	18 »	25 »	30 »	48 »	60 »
	Diligence à vide....	» »	» »	» »	» »	50 »	» »	» »	» »	» »	50 »
	Voiture chargée de marchandises ne pesant pas plus de 4,000 kilogrammes.......	» »	» »	» »	» »	50 »	» »	» »	» »	» »	50 »
TRANSP. DES CHEVAUX.	Un cheval.........	6 35	8 40	15 25	15 35	18 50	6 95	9 05	8 40	16 10	18 50
	Deux chevaux au même propriétaire.....	10 30	16 »	25 50	27 55	35 »	11 45	15 50	16 »	28 95	35 »
	Trois chevaux au même propriétaire.....	13 90	22 »	32 15	38 45	50 »	15 50	21 25	22 »	40 50	50 »
	Au-dessus de trois chevaux au même propriétaire et par chaque cheval excédant.	5 35	7 »	11 20	12 95	15 »	6 05	7 80	7 »	15 55	15 »

TARIF (H) *pour la location de wagons et de plates-formes.*

		PRIX DE LOCATION, y compris le transport du chargement.
Location de wagons, par traité de six mois au moins,	Par wagon dont le chargement ne pourra excéder 5,500 kilogrammes ni comprendre des marchandises hors classe, pour un trajet journalier de Paris à Orléans, ou d'Orléans à Paris, et retour...	100 fr. par jour.

			PRIX DE LOCATION, y compris le transport de la voiture ou des voitures chargées.
Location de plates-formes par traité d'un an au moins,	Par plate-forme portant une ou deux voitures de roulage qui ne pourront être chargées que de marchandises de 1re, 2e et 3e classes, et dont le poids total, chargement compris, n'excédera pas 4,000 kil.		
	Pour un transport journalier,	De Paris à Orléans, ou d'Orléans à Paris, et retour.............	90 fr. par jour.
		De Paris à Etampes, ou d'Etampes à Paris, et retour..............	40 fr. par jour.
		D'Etampes à Orléans, ou d'Orléans à Etampes, et retour.............	

N° **1885**. — *Ordonnance concernant les mesures d'ordre et de sûreté à observer, le 29 juillet, dans la Capitale, à l'occasion du 14e anniversaire des Journées de Juillet 1830.*

Paris, le 27 juillet 1844.

Nous, pair de France, préfet de police,

Vu le programme arrêté par M. le ministre de l'intérieur, à l'occasion des réjouissances publiques qui auront lieu dans Paris, le 29 juillet courant, pour célébrer le 14e anniversaire de la révolution de 1830;

Vu la loi des 16-24 août 1790;

L'arrêté du gouvernement du 12 messidor an VIII (1er juillet 1800);

Considérant que les lois susdatées, chargent l'autorité municipale de maintenir le bon ordre dans les fêtes publiques, et de prendre les précautions convenables pour prévenir les accidents;

Vu l'article 471, n° 15, du Code pénal,

Ordonnons ce qui suit :

JOURNÉE DU 29 JUILLET.

Joute au bassin du quai d'Orsay ; jeux, danses, spectacles à l'esplanade des Invalides ; illuminations aux Champs-Élysées; feu d'artifice sur le pont de la Concorde et vis-à-vis le jardin de la chambre des députés.

1. A compter du 27 juillet au matin jusqu'au 30 à midi, la circulation, le passage d'eau, le stationnement en batelets ou bateaux sont interdits, ainsi que la navigation entre le pont du Carrousel et le pont d'Iéna, et des barrages seront établis à chacun de ces ponts.

Sont exceptés de cette disposition les bateaux et batelets employés au service de la joute et du feu d'artifice.

2. Les marchandises déchargées sur le port d'Orsay et sur la berge dite du Recueillage, devront être enlevées, de manière qu'il n'existe plus aucun dépôt le 27 juillet au matin.

3. Les bateaux chargés et les bateaux vides seront remontés en amont du pont du Carrousel, ou descendus en aval du pont des Invalides et amarrés au large, et nul ne pourra monter sur les bateaux, à l'exception des mariniers desservant les embarcations.

4. Dans la journée du 29 juillet, à partir de 6 heures du matin, la berge, rive droite de la Seine, qui s'étend depuis le Pont-Royal jusqu'au pont des Invalides, sera interdite au public ainsi que les rampes qui conduisent à cette berge.

5. Les berges de la rive gauche, situées entre le Pont-Royal et le pont d'Iéna, seront également interdites le 29 juillet, à l'exception du port d'Orsay, qui sera ouvert au public dans cette journée.

6. Il est fait défense, pendant la joute, qui aura lieu sur le bassin du port d'Orsay, de monter sur les parapets des quais et des ponts.

7. L'inspecteur général de la navigation et des ports prendra les mesures convenables pour prévenir tout accident sur la rivière pendant la joute, et pour faire évacuer et préserver du danger du feu les établissements, embarcations, bateaux chargés ou vides, batelets ou trains existant sur les deux bassins voisins du feu d'artifice.

8. Le 29 juillet, à partir de huit heures du soir et jusqu'après le feu d'artifice, qui sera tiré sur le pont de la Concorde et vis-à-vis le jardin de la chambre des députés, aucune personne, sans exception, ne pourra passer ni stationner sur les ponts des Arts et du Carrousel.

9 L'interdiction prononcée par le précédent article, sera pareillement observée dans la soirée du 29 juillet au pont des Invalides, à

partir de quatre heures du soir, et le public ne pourra, après le feu d'artifice, se rendre d'une rive à l'autre, que par le pont d'Iéna, celui de la Concorde, sur lequel la circulation sera rétablie, et les ponts en amont de celui-ci.

10. La circulation des piétons et des voitures sera interdite, pendant la journée du 29 juillet, sur le pont de la Concorde.

Toutefois, la circulation des piétons seulement sera rétablie sur ce pont après le feu d'artifice.

11. Il est fait défense expresse à toute personne de circuler et stationner sur les emplacements où sera tiré le feu d'artifice, à l'exception des artificiers et de leurs ouvriers.

12. A l'occasion du feu d'artifice qui sera tiré sur le pont de la Concorde et vis-à-vis le jardin de la chambre des députés, l'accès du quai d'Orsay, sera interdit au public dans toute la journée du 29 juillet, mais seulement dans la partie située entre la descente de l'école de natation et l'esplanade des Invalides.

A cet effet, des barrières en charpente seront établies :

1° Sur le quai d'Orsay, à la hauteur de l'école de natation, en laissant libre la descente sur le port d'Orsay ;

2 Rue de Bourgogne, à l'angle de la rue de Lille;

3° Sur le quai d'Orsay devant le péristyle de la chambre des députés au droit du parapet en aval du pont de la Concorde;

4° A l'entrée du pont de la Concorde, côté de la place de ce nom ;

5° Sur le quai d'Orsay, à cent cinquante mètres de distance à partir de la rue d'Iéna, en faisant joindre la barrière à celle qui existe au pourtour du gazon situé au-devant du quinconce qui longe la rue d'Iéna.

13. Les jeux et les divertissements publics ayant lieu sur l'Esplanade des Invalides, il est formellement interdit aux étalagistes, marchands forains, saltimbanques, teneurs de jeux, entrepreneurs de bals publics, ainsi qu'à tous les limonadiers, marchands de vins et de comestibles, de s'établir le 29 juillet dans les Champs-Elysées.

Sont exceptés de cette prohibition :

1° Les marchands forains avec baraques, lesquels pourront, avec notre autorisation spéciale, occuper seulement la contre-allée de l'avenue des Champs-Elysées, située à droite à partir de la place de la Concorde jusqu'au Rond-Point;

2° Les saltimbanques avec tentes et baraques, lesquels pourront s'établir sur la seconde contre-allée de la venue du Cours-la-Reine, en faisant face à la rivière.

Dispositions relatives à la circulation des voitures dans la journée du 29 juillet.

14. Le 29 juillet, à partir de 9 heures du matin jusqu'à minuit, la circulation et le stationnement des voitures seront interdits dans la grande avenue des Champs-Elysées, depuis la place de la Concorde jusqu'au Rond-Point seulement, afin de faciliter les préparatifs de l'illumination.

15. Le même jour, à partir de 3 heures après midi jusqu'à 11 heures du soir, la circulation et le stationnement des voitures seront interdits :

1° Sur le Pont-Royal;

2° Sur le quai des Tuileries ;

3° Sur le quai d'Orsay, depuis le Pont-Royal jusqu'à la rue Saint-Jean:

4° Sur le pont des Invalides;

5° Sur l'avenue du Cours-la-Reine;

6° Sur l'Esplanade des Invalides jusqu'à la rue de Grenelle exclusivement, dans la direction de laquelle les voitures pourront traverser l'Esplanade des Invalides.

16. La circulation et le stationnement des voitures seront pareillement interdits, le 29 juillet, à partir de six heures du soir jusqu'à onze heures de la nuit :

Sur les quais de la rive gauche de la Seine, depuis la rue des Saints-Pères jusqu'au pont des Invalides ;

Dans la rue du Bac, depuis le Pont-Royal jusqu'à la rue de l'Université inclusivement, et dans toutes les rues comprises entre l'esplanade des Invalides, la rue de l'Université inclusivement, le quai d'Orsay et la rue du Bac.

17. Dans la même journée du 29 juillet, depuis 6 heures du soir jusqu'à 11 heures, la circulation et le stationnement des voitures seront aussi interdits :

Sur les quais de la rive droite de la Seine, depuis le Pont-Neuf jusqu'au quai de Billy ;

Sur les ponts du Carrousel, Royal;

Sur les ponts de la Concorde et des Invalides ;

Sur la place de la Concorde ;

Dans l'avenue des Veuves ;

Dans l'allée d'Antin :

Dans l'avenue des Champs-Elysées, depuis le Rond-Point jusqu'à la barrière de l'Etoile ;

Dans toutes les avenues et les rues qui débouchent dans les Champs-Elysées,

A l'exception cependant des rues de Chaillot et Neuve-de-Berry, dans l'alignement desquelles les voitures pourront traverser la grande avenue des Champs-Elysées.

18. Dans la soirée du 29 juillet, depuis 6 heures après midi jusqu'à 11 heures du soir, toutes les voitures qui se dirigeront sur Paris par la barrière de l'Etoile devront aller passer à la barrière du Roule;

Et toutes les voitures qui sortiront de Paris pour se rendre à Neuilly devront pareillement se diriger par la barrière du Roule.

19. Les voitures qui, dans la même journée du 29 juillet, se dirigeront sur Chaillot ou Passy, ou qui reviendront de ces points, devront, à partir de 6 heures après midi jusqu'à 11 heures de la nuit, passer par la rue du Faubourg-du-Roule, la rue Neuve-de-Berry, la rue de Chaillot et la rue Basse-Saint-Pierre.

20. Le 29 juillet, depuis 6 heures du soir jusqu'à 11 heures de la nuit, les voitures qui entreront dans Paris par la barrière de Passy, ne pourront se diriger sur la rive gauche que par le pont d'Iéna, l'avenue de la Bourdonnaie et la rue de Grenelle ; et celles qui se dirigeront sur la rive droite suivront le quai de Billy, la rue Basse-Saint-Pierre de Chaillot, la rue de Chaillot, traverseront la grande avenue des Champs-Elysées, dans l'alignement de la rue Neuve-de-Berry, et suivront les rues du Faubourg-du-Roule, la place Beauveau et la rue des Saussayes.

21. Dans la journée du 29 juillet, depuis 6 heures après midi jusqu'à onze heures du soir, la circulation et le stationnement des voitures seront pareillement interdits :

Dans les rues du Faubourg-Saint-Honoré, depuis la place Beauveau jusqu'à la rue Royale-Saint-Honoré inclusivement ;

Dans la rue des Champs-Elysées, Royale-Saint-Honoré, Saint-Florentin, de Rivoli, Mondovi, Neuve-du-Luxembourg, Castiglione, d'Alger, du 29 Juillet, du Dauphin, des Pyramides, de l'Echelle, Saint-Louis, Saint-Nicaise, de Rohan, Montpensier, de Valois, Quinze-Vingts-Batave, de Chartres, Saint-Thomas-du-Louvre,

Et dans la rue Saint-Honoré, depuis la place du Palais-Royal inclusivement, jusqu'à la rue des Champs-Elysées.

22. Les voitures des personnes qui se rendraient dans la soirée du 29 juillet, après 6 heures du soir, de la rive gauche dans les quartiers du centre de la rive droite, devront passer, soit par le Pont-Neuf, ou les ponts en amont, soit par le pont d'Iéna ; et les voitures qui, dans cette soirée, se rendraient au palais des Tuileries, ne pourront y arriver que par la rue Saint-Honoré, la place du Palais-Royal, la rue de Chartres et la place du Carrousel.

23. Les voitures des personnes qui, de la rive droite de la Seine, se rendraient, dans la soirée du 29 juillet, au palais des Tuileries, ne pourront, à partir de 6 heures du soir, y arriver que par les rues de Richelieu, Saint-Honoré, de Rohan, la place du Palais-Royal, la rue de Chartres, la place du Carrousel et la grille du Carrousel à droite de l'Arc-de-Triomphe.

24. Toutes les voitures qui seront entrées dans la cour des Tuileries le 29 juillet, après 6 heures du soir, ne pourront en sortir que par la grille, côté de la galerie du Musée, et elles traverseront la place du Carrousel, dans la direction de la rue de Chartres.

25. Sont exceptées des prohibitions établies par les articles qui précèdent, les voitures de la cour, des ministres, des maréchaux de France, de l'intendant général de la liste civile, du lieutenant général commandant supérieur des palais royaux, du corps diplomatique, du chancelier de France, du grand référendaire de la chambre des pairs, du président de la chambre des députés, du préfet de la Seine, du lieutenant général commandant supérieur des gardes nationales de la Seine, du lieutenant général commandant la 1re division militaire et du maréchal de camp commandant la place de Paris.

Toutefois, lesdites voitures ne pourront, dans la journée du 29 juillet, après 6 heures du soir, passer d'une rive à l'autre de la Seine, qu'en traversant le pont du Carrousel, ou les ponts en amont.

Divertissements et feu d'artifice à la barrière du Trône.

26. Le 29 juillet, la circulation et le stationnement des voitures seront interdits depuis deux heures après midi jusqu'à onze heures du soir :

1° Sur la place de la barrière du Trône ;

2° Sur les avenues qui conduisent à cette place ;

3° Et dans la rue du Faubourg Saint-Antoine, en descendant jusqu'au débouché de la rue de Montreuil exclusivement.

27. Pendant cette journée, les voitures qui arriveront à Paris par la route de Vincennes seront dirigées par les barrières de Montreuil et de Saint-Mandé.

Dispositions générales.

28. Défense expresse est faite aux étalagistes, marchands forains, limonadiers, marchands de vins et de comestibles, teneurs de bals et saltimbanques, de stationner, le 29 juillet, sur les emplacements où auront lieu les jeux et divertissements publics, sans en avoir obtenu de nous la permission par écrit.

29. Il est expressément interdit, sous les peines portées par la loi du 21 mai 1836, aux marchands forains et étalagistes, de tenir des loteries ou jeux de hasard, pour débiter ou vendre leurs marchandises.

30. L'entrepreneur du feu d'artifice qui sera tiré le 29 juillet à la barrière du Trône, établira au pourtour du feu, tant à l'intérieur qu'à l'extérieur de Paris, deux fortes barrières en charpente, à la distance de cent cinquante mètres du feu, pour maintenir le public à l'éloignement nécessaire à sa sûreté, et il se conformera en outre aux prescriptions de notre ordonnance du 30 juin 1842, relative aux artificiers, et à toutes les autres prescriptions qui pourront lui être faites dans l'intérêt de la sûreté publique.

51. Des postes médicaux pourvus de brancards et de boîtes de secours seront établis le 29 juillet sur les points ci-après, savoir : sur l'esplanade des Invalides, au quai d'Orsay au poste de la Légion d'honneur, au poste du grand carré des Champs-Elysées et à la barrière du Trône.

52. Un poste de sapeurs-pompiers avec les pompes et les agrès nécessaires sera établi auprès de chaque feu d'artifice et aux Champs-Elysées, et des sapeurs-pompiers seront placés pendant le feu qui sera tiré au quai d'Orsay, sur les combles du palais de la chambre des députés.

53. Il est expressément défendu de tirer sur la voie publique et dans l'intérieur des habitations, des pièces d'artifice et armes à feu.

54. Aucun étalagiste ou saltimbanque, ne pourra, dans la journée du 29 juillet, stationner aux entrées du jardin des Tuileries, sur le Pont-Royal, le quai des Tuileries, le quai d'Orsay, le quai Voltaire, la place de la Concorde et dans la rue Royale-Saint-Honoré.

55. Dans la journée du 29 juillet, aucuns échafaudages, estrades, chaises, échelles, tonneaux, tables, bancs, charrettes, tréteaux et planches ne pourront, sous aucun prétexte, être placés sur la voie publique, et notamment aux abords des jeux et divertissements publics et des feux d'artifice, sur les points ci-après désignés :

Sur l'esplanade des Invalides, sur le quai d'Orsay, entre la rue du Bac et celle Saint-Jean, sur le quai de la Conférence, dans l'avenue du Cours-la-Reine,

Sur la place de la Concorde,

Le Pont-Royal,

Le quai des Tuileries,

Le quai du Louvre,

Le quai Voltaire,

Le quai d'Orsay,

Et sur la place de la barrière du Trône.

Les commissaires de police et les agents de la force publique feront enlever sur-le-champ, et conduire à la fourrière, les objets placés en contravention à la présente défense.

56. Défense expresse est faite de monter sur les arbres, sur les parapets des quais, des ponts et berges; d'escalader la terrasse du jardin des Tuileries, dite du bord de l'eau; de monter sur les candélabres servant à l'éclairage du quai des Tuileries, la place de la Concorde, de la grande avenue des Champs-Elysées, et sur les statues et bassins de la place de la Concorde, sur les balustrades des fossés de ladite place, ainsi que sur les toits, entablements, auvents des maisons ; enfin sur les échafaudages au-devant des maisons en construction.

57. Dans la journée du 29 juillet, la Bourse et les ports seront fermés.

58. Les contraventions à la présente ordonnance seront constatées par des procès-verbaux ou rapports des officiers de police, et déférées aux tribunaux compétents.

59. La présente ordonnance sera imprimée, publiée et affichée dans Paris, et dans les communes de Passy, Neuilly, Saint-Mandé, Montreuil et Vincennes.

Les maires et les commissaires de police desdites communes, le chef de la police municipale, à Paris, les commissaires de police et les officiers de paix de la ville de Paris, l'architecte commissaire de la petite voirie, l'inspecteur général de la navigation et des ports, le directeur

de la salubrité et les préposés de la préfecture de police sont chargés, chacun en ce qui le concerne, de tenir la main à son exécution.

Le colonel de la garde municipale de la ville de Paris et le commandant de la gendarmerie de la Seine, sont appelés pareillement
à concourir à son exécution, et à prêter main-forte, au besoin, aux
agents de la police agissant pour l'exécution de la présente ordonnance.

Le pair de France, préfet de police, G. DELESSERT.

N° **1886**. — *Ordonnance relative aux bateaux à vapeur qui*
naviguent sur les fleuves et rivières.

Paris, le 8 août 1844.

Nous, pair de France, préfet de police,

Ordonnons ce qui suit :

1. L'ordonnance royale du 23 mai 1843 (1), portant règlement pour
les bateaux à vapeur qui naviguent sur les fleuves et rivières, et
l'instruction de M. le ministre des travaux publics, sur les mesures
de précaution habituelles à observer dans l'emploi des appareils à
vapeur placés à bord des bateaux, seront imprimées et affichées tant
à Paris que dans les communes du ressort de la préfecture de police.

2. Les demandes de permis de navigation qui nous seront adressées
devront mentionner avec soin les détails et explications prescrites
par l'article 4 de l'ordonnance royale précitée ; et le dessin géométrique de la chaudière, qui sera joint à cette demande, devra être
dressé sur une échelle de cinq millimètres par mètre et en double
expédition.

3. Les dispositions du chapitre dix de notre ordonnance du 25 octobre 1840, relatif aux bateaux à vapeur, continueront d'être exécutées en tout ce qui n'est pas contraire à l'ordonnance du roi du 23
mai 1843.

4. Les contraventions seront constatées par des procès-verbaux
qui nous seront adressés pour être transmis aux tribunaux compétents, sans préjudice des mesures administratives auxquelles elles
pourraient donner lieu.

5. La commission de surveillance des bateaux à vapeur, instituée
dans le département de la Seine, l'inspecteur général de la navigation
et des ports, l'inspecteur particulier chargé de la surveillance des bateaux à vapeur, les sous-préfets des arrondissements de Sceaux et de
Saint-Denis, les maires et les commissaires de police des communes
du ressort de la préfecture de police de Paris, le chef de la police municipale, les commissaires de police de Paris, sont particulièrement
chargés, chacun en ce qui le concerne, de tenir la main à l'exécution
des dispositions de l'ordonnance royale précitée et de nous en rendre
compte.

Le pair de France, préfet de police, G. DELESSERT.

(1) Voir cette ordonnance à l'appendice.

N° **1887.** — *Ordonnance homologative d'une réduction dans le prix fixé par le tarif du 10 mai 1844, pour le transport de la fonte en gueuses, du plomb en saumons et du zinc en plaques, sur le chemin de fer de Paris à Rouen.*

Paris, le 16 août 1844.

Nous, pair de France, préfet de police,

Vu, 1° la loi du 15 juillet 1840 qui autorise l'établissement d'un chemin de fer de Paris à Rouen, ensemble le cahier des charges annexé à cette loi ;

2° Les propositions à nous adressées par la compagnie concessionnaire dudit chemin de fer, et relatives à une diminution à apporter dans le prix fixé par notre ordonnance du 10 mai dernier, pour le transport de Rouen à Paris, de la fonte en gueuses, du plomb en saumons et du zinc en plaques ;

3° La décision ministérielle du 8 du courant, au sujet de ces propositions ;

4° Notre ordonnance précitée du 10 mai dernier ;

5° La décision ministérielle, en date du 5 octobre 1842, relative au délai d'annonce pour les modifications apportées dans les tarifs ;

6° Le certificat du commissaire spécial de police du chemin de fer de Paris à Rouen, en date du 14 août courant, duquel il résulte que les modifications qui font l'objet des propositions ci-dessus visées ont été affichées le même jour ;

Considérant qu'il y a lieu d'homologuer les changements de prix proposés par la compagnie concessionnaire du chemin de fer de Paris à Rouen,

Ordonnons ce qui suit :

1. A partir du 15 septembre prochain, le prix fixé par notre ordonnance du 10 mai dernier, pour le transport à petite vitesse de la fonte brute ou en gueuses, du plomb en saumons et du zinc en plaques, sur le chemin de fer de Paris à Rouen, de la gare de Rouen à la gare des Batignolles, sera réduit ainsi qu'il est indiqué ci-après :

DÉSIGNATION DES MARCHANDISES.	DÉSIGNATION DE LA CLASSE à laquelle les marchandises appartiennent.	LIEUX DE DÉPART et de destination.	PRIX de TRANSPORT jusqu'à 100 kil. inclus.	
Fonte brute ou en gueuses, Plomb en saumons, Zinc en plaques.	2e Classe.	de la gare de Rouen à la gare des Batignolles.	1 f. 20 c.	Au-dessus de 100 kilog., la perception se fera sur le poids réel d'après le prix fixé dans la colonne ci-contre pour les 100 premiers kil.

2. Le prix de transport réglé par l'article précédent ne pourra être relevé qu'après un délai de trois mois au moins, à partir du jour de la perception, et qu'en vertu d'une homologation administrative, conformément aux dispositions de l'article 35 du cahier des charges.

3. La présente ordonnance sera imprimée, notifiée à la compagnie et affichée.

Le commissaire spécial de police et les agents de surveillance du chemin de fer de Paris à Rouen, les maires et les commissaires de police des communes dont le territoire est traversé par ledit chemin, sont chargés d'en assurer l'exécution.

Le pair de France, préfet de police, G. DELESSERT.

———————————

N° 1888. — *Ordonnance concernant le remorquage de bateaux chargés ou vides, sur la rive droite de la Seine, le long du port de la Rapée.*

Paris, le 17 août 1844.

Nous, pair de France, préfet de police,

Vu la lettre par laquelle M. le préfet du département de la Seine nous informe que le halage des bateaux, le long du quai d'Austerlitz, présente, pour les travaux d'amélioration qui s'exécutent en ce moment au port de ce nom, des obstacles continuels, et compromet même la sûreté des ouvriers ;

Vu le rapport de M. l'inspecteur général de la navigation et des ports, duquel il résulte que, pour faire cesser les inconvénients dont il s'agit, il n'est pas nécessaire d'interdire entièrement le halage le long du quai susdésigné, mais qu'il suffit d'ordonner que les bateaux chargés, sortant du canal Saint-Martin, pour remonter la Seine, ainsi que les bateaux vides, provenant dudit canal ou des ports de l'intérieur de Paris, soient halés sur la rive droite du fleuve, à partir du pont d'Austerlitz (en aval), jusqu'au pont de Bercy ;

Vu les lois et règlements sur la matière ;

Vu l'arrêté du gouvernement du 12 messidor an VIII (1er juillet 1800),

Ordonnons ce qui suit :

1. A compter du 20 de ce mois, les bateaux chargés qui sortiront du canal Saint-Martin, pour remonter la Seine, devront être halés sur la rive droite du fleuve, depuis leur sortie du canal jusqu'à la patache d'octroi, où ils feront traverse pour reprendre leur route sur la rive gauche par l'arche de halage du pont de Bercy.

Il devra être fait de même par tous les bateaux vides, à destination des ports du haut, soit qu'ils proviennent dudit canal, soit qu'ils sortent des ports de l'intérieur de Paris.

2. Cette mesure continuera à recevoir son exécution pendant toute la durée des travaux d'amélioration du port d'Austerlitz.

3. La présente ordonnance sera imprimée et affichée.

Les ingénieurs des ponts et chaussées et leurs conducteurs, les commandants de la gendarmerie et de la garde municipale, les commissaires de police, le chef de police municipale, l'inspecteur général de la navigation et les préposés sous leurs ordres, sont chargés, chacun en ce qui le concerne, d'en surveiller et d'en assurer l'exécution.

Le pair de France, préfet de police, G. DELESSERT.

———————————

N° 1889. — *Ordonnance concernant l'ouverture de la chasse* (1).

Paris, le 17 août 1844.

Nous, pair de France, préfet de police,
Vu la loi du 3 mai 1844, sur la police de la chasse;
Les arrêtés du gouvernement des 12 messidor an VIII (1er juillet 1800) et 3 brumaire an IX (25 octobre 1800);
Vu les renseignements qui nous sont parvenus sur la situation des récoltes dans le département de la Seine et dans les départements voisins,

Ordonnons ce qui suit :

1. L'ouverture de la chasse aura lieu le 1er septembre prochain, dans le département de la Seine, sous les réserves exprimées en l'article 2 ci-après.
Défense est faite de chasser avant cette époque, sous quelque prétexte que ce soit.
2. Il est expressément défendu de chasser dans les vignes, avant que les vendanges soient entièrement terminées, et dans les champs ensemencés, avant la fin de la récolte.
3. Tout chasseur devra être muni d'un permis de chasse, et sera tenu de le représenter, sur leur réquisition, aux gendarmes, gardes champêtres ou forestiers, et autres agents de l'autorité publique.
4. Les contraventions seront constatées par des procès-verbaux, et les contrevenants poursuivis devant les tribunaux.
5. La présente ordonnance sera imprimée, publiée et affichée.
Les sous-préfets de Sceaux et de Saint-Denis, les maires, adjoints et commissaires de police des communes rurales, les gardes champêtres, la garde nationale et la gendarmerie, sont chargés d'assurer l'exécution de la présente ordonnance.

Le pair de France, préfet de police, G. DELESSERT.

N° 1890. — *Ordonnance concernant le marché Saint-Germain.*

Paris, le 31 août 1844.

Nous, pair de France, préfet de police,
Vu, 1° le bail à loyer de l'exploitation du marché Saint-Germain, consenti par la ville de Paris au sieur Testart (Ambroise), le 25 juillet 1842 ;
2° La décision de M. le ministre du commerce et des travaux publics, en date du 12 décembre 1831, portant approbation du tarif des places;
3° Les lettres de M. le pair de France, préfet de la Seine, en date des 12 septembre 1842, 6 avril et 25 septembre 1843 ;
4° Le règlement de police du 11 juin 1829 ;
5° L'ordonnance de police du 1er avril 1832 ;
6° L'ordonnance de police du 24 novembre 1843 ;
7° La loi des 16—24 août 1790, titre XI ;
8° L'arrêté du gouvernement du 12 messidor an VIII (1er juillet 1800);
9° L'article 484 du Code pénal ;

Ordonnons ce qui suit :

1. Les trois galeries du midi, de l'est et de l'ouest, au marché Saint-

(1) V. l'ord. du 14 déc. 1844.

Germain, demeurent exclusivement affectées à la vente des comestibles.

A défaut de marchands de comestibles seulement, il pourra être admis dans ces galeries des détaillants d'objets usuels de ménage et de cuisine, tels que ferblanterie, poterie, mercerie et boissellerie, sans que le nombre total de ces détaillants puisse excéder celui de vingt.

La galerie du nord est aussi affectée à la vente des comestibles ; mais, à défaut de marchands de comestibles, on pourra y recevoir, sans limitation de nombre, des marchands d'objets indiqués dans le paragraphe précédent.

Les marchands forains continueront à être admis dans la seule galerie du nord, où des places en nombre suffisant devront leur être réservées.

2. Les places des quatre galeries du marché sont expressément interdites aux débitants de vin, de liqueurs, d'aliments préparés ; aux marchands de livres, d'estampes, de tableaux, de meubles, de linge de corps et de table et de vêtements.

3. Sous les quatre galeries, les massifs d'étalages seront maintenus sur quatre rangs, dont deux adossés l'un à l'autre dans le milieu et parallèlement aux galeries, et les deux autres appuyés contre les façades. Il sera laissé, entre ces derniers rangs et les premiers, un espace de deux mètres au moins pour la circulation du public.

Des passages en nombre suffisant et de la largeur d'un mètre seront également ménagés au travers des massifs d'étalages, dans le milieu des galeries.

4. Les massifs d'étalages seront régulièrement divisés au moyen d'un nouveau numérotage des places qui les ramènera, aussi approximativement que possible, à la dimension de quatre mètres superficiels chacune. En conséquence, les détaillants occupant des places irrégulières seront tenus de rentrer sans délai dans les limites données à ces places, et de nouvelles permissions leur seront délivrées.

5. Les galeries existant dans la cour du marché sont affectées à la vente du vieux linge, de la mercerie, du linge de corps et de tous les objets neufs, d'habillement et de ménage, de qualité inférieure.

6. Conformément à la décision ministérielle du 12 décembre 1831, le fermier ne pourra exiger des marchands placés au marché Saint-Germain, d'autre prix de location de places que ceux ci-après fixés, savoir :

1° Dans le bâtiment de la boucherie, de chaque marchand boucher, quatre francs par jour de marché et par place ;

De chaque marchand charcutier, un franc cinquante centimes aussi par jour et par place ;

2° Dans chacune des galeries du midi, de l'est et de l'ouest :

De chaque détaillant, dix centimes par jour et par mètre superficiel occupé, et quinze centimes aussi par jour pour chaque resserre.

Quant à la galerie du nord et aux galeries de la cour, le prix de location des places et des boutiques sera débattu et réglé de gré à gré entre les marchands et le fermier du marché.

7. Le payement du prix de location des places et des boutiques sera exigible par semaine et d'avance pour les marchands sédentaires, et le fermier sera tenu de leur délivrer des quittances de payement extraites d'un registre à souche. Ce registre devra être communiqué à toute réquisition aux agents de la préfecture de la Seine et à ceux de la préfecture de police.

Le droit à payer par les marchands forains pourra être acquitté par semaine et d'avance ou par jour.

8. Les marchands, tant sédentaires que forains, ne pourront occuper des places au marché Saint-Germain et dans ses dépendances sans être munis de notre permission.

Les permissions sont personnelles; en conséquence, les places ne peuvent être, en tout ou en partie, cédées, prêtées, louées ou vendues; il ne doit y être admis d'autres marchandises que celles qui sont indiquées dans la permission.

Aucun détaillant ne sera privé de sa place sans notre autorisation. Cette autorisation donnée, le détaillant qui en sera l'objet devra se retirer et rendre la place nette immédiatement.

9. Les concessions de place au marché Saint-Germain seront faites par nous, conformément au règlement du 11 juin 1829 et aux autres dispositions accessoires usitées sur les marchés. Il n'est fait exception à ces règles que pour les boutiques de la cour dont la concession appartient au fermier, à la charge par le concessionnaire de se munir de notre permission avant l'entrée en jouissance.

10. Les titulaires des places feront inscrire leurs noms sur un écriteau, du modèle uniforme adopté pour le marché. Ils devront d'ailleurs se conformer ponctuellement à tous les règlements établis sur la saillie, l'élévation et la dimension de leurs étalages.

Toutes dispositions matérielles qui seraient de nature à affecter l'ordonnance générale des galeries et des boutiques du marché, sont interdites aux marchands, à moins de permission spéciale.

11. Il est également défendu de faire aucun étalage de marchandises en dehors des boutiques placées dans les galeries de la cour ou sur les trottoirs intérieurs et extérieurs du marché; d'obstruer les portes pratiquées tant sur les rues environnantes que sur la cour, et d'embarrasser en aucune façon les passages réservés à la circulation dans toutes les parties du marché et de ses dépendances.

12. Le racolage est expressément interdit dans toutes les parties du marché.

13. Le nettoiement et le balayage, tant à l'intérieur qu'à l'extérieur du marché et de ses dépendances, seront faits par les soins du fermier autant de fois chaque jour que nous l'aurons jugé nécessaire, selon les saisons. Faute par lui de se conformer à cette disposition, ces travaux seront exécutés d'office et à ses frais.

14. Le fermier devra tenir constamment affichés sur deux tableaux placés dans les endroits du marché que nous désignerons, le numéro des places vacantes, le tarif des droits de location des places, et l'ordonnance de police qui réglemente le marché.

15. Le marché Saint-Germain et ses dépendances seront ouverts au public, au lever du soleil, et fermés en tout temps à la nuit tombante.

Les étaux de boucherie et de charcuterie ne seront ouverts que les mercredi et samedi de chaque semaine.

16. Tous les règlements sur la police des marchés, notamment l'ordonnance du 1er avril 1832 et l'article 27 de l'ordonnance du 24 novembre 1843, concernant les incendies, sont applicables au marché Saint-Germain et à ses dépendances.

17. Les contraventions seront constatées par des procès-verbaux ou rapports qui nous seront adressés pour être transmis au tribunal compétent.

18. La présente ordonnance sera imprimée, publiée et affichée.

Ampliation en sera adressée à M. le pair de France, préfet de la Seine.

L'inspecteur général des halles et marchés et les préposés sous ses ordres, le chef de la police municipale, les commissaires de police, notamment celui du quartier du Luxembourg, les officiers de paix et les préposés sous leurs ordres sont chargés de tenir la main à son exécution.

Le pair de France, préfet de police, G. DELESSERT.

N° **1891.** — *Ordonnance concernant les mesures d'ordre et de sûreté à observer à l'occasion des fêtes de Saint-Cloud.*

Paris, le 4 septembre 1844.

Nous, pair de France, préfet de police,

Vu la loi des 16-24 août 1790, qui nous charge de maintenir le bon ordre dans les fêtes publiques, et de prendre les précautions convenables pour prévenir les accidents ;

Vu l'arrêté des consuls du 3 brumaire an ix (25 octobre 1800),

Ordonnons ce qui suit :

1. Les charrettes qui apporteront des approvisionnements ou autres marchandises à Saint-Cloud, les 8, 15 et 22 septembre présent mois, ne pourront y arriver que par le pont de Saint-Cloud, et jusqu'à trois heures après midi seulement.

2. Dans les mêmes journées, depuis quatre heures après midi jusqu'à onze heures du soir, aucune voiture ne pourra passer sur le pont de Saint-Cloud.

Sont exceptées de cette interdiction, les voitures de l'entreprise *Sciard* et *Toulouse* faisant journellement le service de Saint-Cloud à Paris, et celles de M. Émile Pereyre, directeur du chemin de fer de Versailles (rive droite), qui font un service régulier de Boulogne à Saint-Cloud, lesquelles pourront traverser le pont de Saint-Cloud dans les journées des 8, 15 et 22 septembre, mais au pas seulement.

3. Les autres voitures, qui auront traversé le pont de Saint-Cloud avant quatre heures après midi, ne pourront stationner sur la place de cette commune et dans l'avenue qui conduit au palais de Saint-Cloud.

Elles iront se ranger sur une seule file au-dessous du parc, le long de la rivière, jusqu'à Sèvres.

4. Les voitures qui se rendront à Saint-Cloud par la grille de Ville-d'Avray, devront se diriger par la nouvelle route royale n° 185.

À l'extrémité de cette route, elles s'arrêteront à la rue Audé, et se formeront sur une seule file de chaque côté de ladite route, contre les trottoirs.

5. Sont exceptées des interdictions prononcées par les articles 2, 3 et 4 qui précèdent, les voitures de la cour, des ministres, des maréchaux de France, de l'intendant de la liste civile, du lieutenant général commandant supérieur des palais royaux, du corps diplomatique, de M. le chancelier de France, de M. le président de la chambre des députés, de M. le préfet de la Seine, de M. le lieutenant général commandant la première division militaire et de M. le maréchal de camp commandant la place de Paris, et celles des personnes qui justifieront qu'elles se rendent directement au palais de Saint-Cloud.

6. Les voitures particulières et de place qui se rendront à Saint-Cloud par le pont de Sèvres, stationneront dans la commune de Sèvres, sur une seule file, dont la tête sera établie à gauche de la place sur laquelle débouche le pont, et qui s'étendra sur la route de Vaugirard ; et elles ne pourront opérer leur retour sur Paris que par le pont de Sèvres.

7. Les charrettes et voitures dites tapissières, qui transporteront des personnes à Saint-Cloud, ne pourront s'y diriger par Auteuil et le bois de Boulogne ; elles devront passer par le Point-du-Jour, prendre l'avenue de Saint-Cloud et s'arrêter à l'extrémité de cette avenue près le pont, et elles y stationneront sur une seule file.

8. Aucune charrette ou tapissière ne pourra stationner dans la grande rue de la commune de Boulogne.

Celles qui se dirigeront par le pont de Sèvres, et qui ne le traverseront pas, stationneront sur la gauche de la route qui y conduit.

Quant à celles qui auraient traversé le pont de Sèvres, elles ne pourront retourner à Paris que par le Bas-Meudon et la route de Vaugirard.

Toutefois, le passage des voitures sur le pont de Sèvres ne sera pas interdit aux malles-postes, aux diligences, aux voitures de roulage, et à toute autre espèce de voitures dont les conducteurs justifieront suffisamment qu'ils se rendent directement dans les communes de Billancourt, Boulogne, du Point-du-Jour, d'Auteuil ou de Passy.

9. Les voitures dites des environs de Paris, et les voitures de place qui auront stationné sur la commune de Boulogne ne pourront opérer leur retour sur Paris que par le bois de Boulogne, en se dirigeant sur l'avenue des Princes, dite de Charles X.

10. Sont exceptées de la prescription ci-dessus les voitures des entreprises Sciard et Toulouse faisant journellement le service de Saint-Cloud à Paris, lesquelles suivront leur itinéraire habituel.

11. Les bateaux à vapeur qui transporteront des voyageurs de Paris à Saint-Cloud, seront l'objet d'une surveillance plus particulière pendant le temps que dureront les fêtes de Saint-Cloud et notamment dans les journées des 8, 15 et 22 septembre. Les inspecteurs et préposés de la navigation, chargés spécialement de cette surveillance, veilleront avec le plus grand soin à ce que toutes les conditions imposées aux propriétaires de bateaux à vapeur, par les permis de navigation, soient rigoureusement observées.

12. Les marchands qui voudront étaler et vendre dans les rues et places de Saint-Cloud, devront en obtenir la permission du maire.

13. Défense expresse est faite à tout individu, saltimbanque, étalagiste, marchand forain, de donner à jouer des jeux de hasard ou de loterie pendant les fêtes.

14. MM. les maires des communes de Saint-Cloud, Boulogne, Sèvres, prendront toutes les mesures nécessaires au maintien de l'ordre et de la sûreté publique, pendant les fêtes, auxquelles mesures concourront les gardes nationales requises à cet effet, et la gendarmerie départementale.

15. Les contraventions seront constatées par des procès-verbaux ou rapports des officiers de police, et les contrevenants traduits devant les tribunaux compétents.

16. La présente ordonnance sera imprimée et affichée dans Paris, Saint-Cloud, Boulogne, Sèvres, Auteuil, Passy et Vaugirard.

Les maires et les commissaires de police desdites communes, le chef de la police municipale, les officiers de paix de la ville de Paris, l'inspecteur général de la navigation, MM. les colonels de la garde municipale de la ville de Paris et de la première légion de gendarmerie, les commandants des gardes nationales des communes de Saint-Cloud, Sèvres et Boulogne, M. le commandant de la gendarmerie de la Seine et les agents de la force publique, sont chargés, chacun en ce qui le concerne, de tenir la main à son exécution.

Le pair de France, préfet de police, G. DELESSERT.

N° **1892.** — *Ordonnance homologative d'une réduction dans les prix fixés par le tarif du 20 juillet 1844, pour le transport des articles de messagerie et des marchandises sur le chemin de fer de Paris à Orléans.*

Paris, le 4 septembre 1844.

Nous, pair de France, préfet de police,

Vu, 1° la loi du 7 juillet 1838, qui autorise l'établissement d'un chemin de fer de Paris à Orléans, et la loi du 15 juillet 1840, relative audit chemin, ensemble le cahier des charges, annexé à cette dernière loi;

2° Les propositions à nous adressées par la compagnie concessionnaire dudit chemin de fer, et relatives à une diminution à apporter dans les prix fixés par notre ordonnance du 20 juillet dernier, pour les articles de messagerie et les marchandises transportées à la vitesse des voyageurs, de Paris à Étampes, *et vice versâ ;*

3° Notre ordonnance précitée du 20 juillet dernier;

4° La décision ministérielle, en date du 5 octobre 1842, concernant le délai d'annonce pour les modifications apportées dans les tarifs;

5° Le certificat du commissaire spécial de police du chemin de fer de Paris à Orléans, en date du 30 août dernier, duquel il résulte que les modifications qui font l'objet des propositions ci-dessus visées ont été affichées le même jour;

Considérant qu'il y a lieu d'homologuer les changements de prix proposés par la compagnie concessionnaire du chemin de fer de Paris à Orléans,

Ordonnons ce qui suit :

1. A partir du 1er octobre prochain, les prix fixés par notre ordonnance du 20 juillet dernier, pour le transport, à la vitesse des voyageurs, sur le chemin de fer de Paris à Orléans, des articles de messagerie et des marchandises, de Paris à Étampes, *et vice versâ*, seront fixés ainsi qu'il est indiqué ci-après :

TARIF *pour les articles de messagerie et les marchandises.*

LIEUX DE DÉPART et de destination.	Jusqu'à 10 kilog. inclusivement	Au-dessus de 10 kilog. jusqu'à 25 kilog. inclusivement	Au-dessus de 25 kilog. jusqu'à 40 kilog. inclusivement	Au-dessus de 40 kilog. jusqu'à 50 kilog. inclusivement	Au-dessus de 50 kilog.
	fr. c.	fr. c.	fr. c.	fr. c.	fr. c.
De Paris à Etampes, *et vice versâ.*	0 20	0 50	0 75	1 »	0 50 Par fraction non divisible de 25 kilog.

2. Les prix de transport réglés par l'article précédent ne pourront être relevés qu'après un délai de trois mois au moins, à partir du jour de la perception, et qu'en vertu d'une homologation administrative, conformément aux dispositions de l'article 35 du cahier des charges.

3. La présente ordonnance sera imprimée, notifiée à la compagnie et affichée.

Le commissaire spécial de police et les agents de surveillance du chemin de fer de Paris à Orléans, les maires et les commissaires de police des communes dont le territoire est traversé par ledit chemin sont chargés d'en assurer l'exécution.

Le pair de France, préfet de police, G. DELESSERT.

N° **1893**. — *Ordonnance concernant la suspension du service de la station de Clichy, sur le chemin de fer de Paris à Saint-Germain.*

Paris, le 16 septembre 1844.

Nous, pair de France, préfet de police,

Vu, 1° la loi du 9 juillet 1835, qui autorise l'établissement d'un chemin de fer de Paris à Saint-Germain, ensemble le cahier des charges y annexé;

2° La décision, en date du 12 août dernier, par laquelle M. le ministre des travaux publics, sans prononcer la suppression de la station de Clichy, a, par des motifs de sûreté publique, autorisé la compagnie du chemin de fer dont elle dépend à en suspendre le service;

3° La lettre du 12 du courant, par laquelle ladite compagnie nous annonce qu'elle ne continuera le service de la station de Clichy que jusqu'au 21 de ce mois inclusivement;

Considérant qu'il y a lieu de rapporter les dispositions de notre ordonnance homologative du 14 juin dernier, en ce qui concerne le tarif applicable à la station de Clichy,

Ordonnons ce qui suit:

1. Les dispositions de notre ordonnance du 14 juin dernier, portant homologation des tarifs applicables aux chemins de fer de Paris à Saint-Germain et de Paris à Versailles (rive droite), seront rapportées, en ce qui concerne la station de Clichy, à partir du 22 du courant.

2. La présente ordonnance sera imprimée, notifiée à la compagnie et affichée.

3. Le commissaire spécial de police et les agents de surveillance du chemin de fer de Paris à Saint-Germain sont chargés d'en assurer l'exécution.

Le pair de France, préfet de police, G. DELESSERT.

1894. — *Ordonnance concernant le balayage et la propreté de la voie publique et le transport des matières insalubres.*

Paris, le 1er octobre 1844.

Nous, pair de France, préfet de police,

Vu l'article 3 du titre XI de la loi des 16-24 août 1790 ;

Vu les articles 2 et 22 de l'arrêté du gouvernement du 1er juillet 1800 (12 messidor an VIII),

Vu l'article 471 du Code pénal ;

Considérant qu'il est utile de rappeler fréquemment aux habitants les obligations qui leur sont imposées pour assurer le maintien de la propreté de la voie publique, et qu'il importe d'ajouter aux règlements existants de nouvelles dispositions, dont l'expérience a fait reconnaître la nécessité ; que notamment l'administration municipale ayant autorisé ou fait établir des urinoirs sur plusieurs points de la voie publique, il est convenable de prescrire, à cette occasion, les mesures réclamées par la décence, la propreté et la salubrité ;

Considérant aussi qu'il est nécessaire de prendre des précautions pour prévenir les inconvénients résultant du transport, dans Paris, des matières insalubres,

Ordonnons ce qui suit :

TITRE Ier.

Balayage de la voie publique et nettoiement des trottoirs, des ruisseaux, des devantures de boutique, des grilles d'égouts et des abords des bâtiments en construction, ateliers ou chantiers des travaux.

1. Les propriétaires ou locataires sont tenus de faire balayer complétement, chaque jour, sauf les cas prévus par l'article 3 ci-après, la voie publique au-devant de leurs maisons, boutiques, cours, jardins et autres emplacements.

Le balayage sera fait jusqu'aux ruisseaux, dans les rues à chaussée fendue.

Dans les rues à chaussée bombée et sur les quais, le balayage sera fait jusqu'au milieu de la chaussée.

Le balayage sera également fait sur les contre-allées des boulevards jusqu'aux ruisseaux des chaussées.

Les boues et immondices seront mises en tas ; ces tas devront être placés de la manière suivante, selon les localités ;

Savoir :

Dans les rues sans trottoirs, entre les bornes ; dans les rues à trottoirs, le long des ruisseaux du côté de la chaussée, si la rue est à chaussée bombée ; et le long des trottoirs, si la rue est à chaussée fendue ; sur les boulevards, le long des ruisseaux de la chaussée, côté des contre-allées.

Dans tous les cas, les tas devront être placés à une distance d'au moins deux mètres de grilles ou des bouches d'égout.

Nul ne pourra pousser les boues et immondices devant les propriétés de ses voisins.

2. Le balayage sera fait entre six heures et sept heures du matin, depuis le 1er avril jusqu'au 1er octobre, et entre sept heures et huit heures du matin, depuis le 1er octobre jusqu'au 1er avril.

En cas d'inexécution, le balayage sera fait d'office, aux frais des propriétaires ou locataires.

3. Lorsque des travaux de pavage auront été exécutés, le balayage quotidien, prescrit par l'article 1er, sera suspendu sur les parties de la voie publique où ces travaux auront été opérés.

En ce qui concerne le pavage neuf et les relevés à bout, c'est-à-dire les pavages entièrement refaits, le balayage ne sera repris que dix jours après l'achèvement des travaux, lorsque les entrepreneurs de la ville auront relevé et enlevé les résidus du sable répandu pour la consolidation du pavé, et que les agents de l'administration auront averti les propriétaires et locataires que le balayage devra être repris.

En ce qui concerne les pavages en recherche, ou réparations partielles, le balayage sera repris dès l'avis donné par les agents de l'administration.

Les sables balayés et relevés avant les dix jours de l'achèvement des travaux, ou avant les avis donnés par les agents de l'administration, seront répandus de nouveau aux frais des contrevenants.

4. En outre du balayage prescrit par l'article 1er, les propriétaires ou locataires seront tenus de faire gratter, laver et balayer chaque jour les trottoirs existant au-devant de leurs propriétés, ainsi que les bordures desdits trottoirs, aux heures fixées par l'article 2.

Cette disposition est applicable aux dalles établies dans les contre-allées des boulevards; les propriétaires ou locataires sont tenus de les faire gratter, laver et balayer, chaque jour; les boues et ordures provenant de ce balayage seront mises en tas sur la chaussée pavée, le long des ruisseaux, côté des contre-allées, conformément à l'article 1er.

L'eau du lavage des trottoirs et des dalles devra être balayée et coulée au ruisseau.

Les propriétaires ou locataires devront également faire nettoyer intérieurement et dégager les gargouilles placées sous les trottoirs des rues et sous les dallages des boulevards, de toutes ordures et objets quelconques qui pourraient les obstruer. Ce nettoiement doit être fait chaque jour aux heures prescrites pour le balayage.

5. Les devantures de boutiques ne pourront être lavées après les heures fixées pour le balayage, et l'eau du lavage devra être balayée et coulée au ruisseau.

6. Dans les rues à chaussée bombée, chaque propriétaire ou locataire doit tenir libre le cours du ruisseau au-devant de sa maison; dans les rues à chaussée fendue, il y pourvoira conjointement avec le propriétaire ou locataire qui lui fait face.

Les ruisseaux sous trottoirs dits en encorbellement devront être dégagés des boues et ordures et tenus toujours libres et en état de propreté.

Pour prévenir les inondations par suite de pluie ou de dégel, les habitants, devant la propriété desquels se trouvent des grilles d'égout, les feront dégager des ordures qui pourraient les obstruer. Ces ordures seront déposées aux endroits indiqués en l'article 1er.

7. Il est prescrit aux entrepreneurs de travaux exécutés sur la voie publique ou dans des propriétés qui l'avoisinent, de tenir la voie publique en état constant de propreté, aux abords de leurs ateliers ou chantiers, et sur tous les points qui auraient été salis par suite de leurs travaux; il leur est également prescrit d'assurer aux ruisseaux un libre écoulement.

En cas d'inexécution, le nettoiement de ces points de la voie publique sera opéré d'office, et aux frais des entrepreneurs.

TITRE II.

Entretien des rues ou parties de rues non pavées.

8. Il est enjoint à tout propriétaire ou locataire de maisons ou terrains situés le long des rues ou parties de rues non pavées, de faire combler, chacun en droit soi, les excavations, enfoncements et ornières, et d'entretenir le sol en bon état, de conserver et de rétablir les pentes nécessaires pour procurer aux eaux un écoulement facile, et de faire en un mot toutes les dispositions convenables pour que la liberté, la sûreté de la circulation et la salubrité ne soient pas compromises.

9. Les concierges, portiers ou gardiens des établissements publics et maisons domaniales sont personnellement responsables de l'exécution des dispositions ci-dessus, en ce qui concerne le balayage de la voie publique, le nettoiement des trottoirs, des ruisseaux, des devantures de boutiques, des grilles d'égouts, ainsi que l'entretien des rues ou parties de rues non pavées, au-devant des établissements et maisons auxquelles ils sont attachés.

TITRE III.

Dépôts et projections sur la voie publique, dans la rivière et dans les égouts.

10. Il est expressément défendu de déposer dans les rues, sur les places, quais, ports, berges de la rivière et généralement sur aucunes parties de la voie publique, des ordures, immondices, pailles et résidus quelconques de ménage.

Ces objets devront être portés directement des maisons aux voitures du nettoiement, et remis aux desservants de ces voitures, au moment de leur passage.

Toutefois, les habitants des maisons qui n'ont ni cour, ni porte-cochère, pourront déposer les ordures, pailles et résidus ménagers, le matin, avant sept heures, depuis le 1er avril jusqu'au 1er octobre ; et avant huit heures, depuis le 1er octobre jusqu'au 1er avril. En dehors de ces heures, il est formellement interdit de faire aucun dépôt de ce genre sur la voie publique.

Ces dépôts devront être faits sur les points de la voie publique désignés en l'article 1er, pour la mise en tas des immondices provenant du balayage.

11. Il est interdit de déposer dans les rues, sur les places, quais, ports, berges de la rivière, et généralement sur aucune partie de la voie publique, des pierres, terres, sables, gravois et autres matériaux.

Dans le cas où des réparations à faire dans l'intérieur des maisons nécessiteraient le dépôt momentané de terres, sables, gravois et autres matériaux sur la voie publique, ce dépôt ne pourra avoir lieu que sous l'autorisation préalable du commissaire de police du quartier.

La quantité des objets déposés ne devra jamais excéder le chargement d'un tombereau, et leur enlèvement complet devra toujours être effectué avant la nuit. Si, par suite de force majeure, cet enlèvement n'avait pu être opéré complètement, les terres, sables, gravois, ou autres matériaux devront être suffisamment éclairés pendant la nuit.

Sont formellement exceptés de la tolérance, les terres, moëllons ou autres objets provenant des fosses d'aisances ; ces débris devront être immédiatement emportés, sans pouvoir jamais être déposés sur la voie publique.

En cas d'inexécution, il sera procédé d'office et aux frais des contrevenants, soit à l'éclairage, soit à l'enlèvement des dépôts.

12. Il est défendu de déposer sur la voie publique, les bouteilles cassées, les morceaux de verre, de poterie, faïence et tous autres objets de même nature pouvant occasionner des accidents.

Ces objets devront être directement portés aux voitures du nettoiement, et remis aux desservants de ces voitures.

13. Il est interdit aux marchands ambulants de jeter sur la voie publique des débris de légumes et de fruits, ou tous autres résidus.

Les étalagistes, ou tous autres individus autorisés à s'établir sur la voie publique pour y exercer une industrie, doivent tenir constamment propre l'emplacement qu'ils occupent ainsi que les abords de cet emplacement.

14. Il est défendu de secouer sur la voie publique, des tapis et autres objets pouvant salir ou incommoder les passants, et généralement d'y rien jeter des habitations.

15. Il est défendu de jeter des pailles ou des ordures ménagères à la rivière, sur les berges, sur les parapets, cordons ou corniches des ponts.

16. Il est défendu de jeter des eaux sur la voie publique; ces eaux devront être portées au ruisseau pour y être versées de manière à ne pas incommoder les passants.

Il est également défendu d'y jeter et faire couler des urines et des eaux infectes.

17. Il est expressément défendu de jeter dans les égouts des urines, des boues et immondices solides, des matières fécales, et généralement tout corps ou matières pouvant obstruer ou infecter lesdits égouts.

TITRE IV.

Urinoirs publics.

18. Dans les voies publiques où des urinoirs sont établis, il est interdit d'uriner ailleurs que dans ces urinoirs.

Les personnes qui auront été autorisées à établir des urinoirs sur la voie publique devront les entretenir en bon état, et en faire opérer le nettoiement et le lavage assez fréquemment pour qu'ils soient constamment propres et qu'il ne s'en exhale aucune mauvaise odeur.

En cas d'inexécution, il sera pourvu d'office et aux frais des contrevenants, à la réparation, au nettoiement et au lavage de ces urinoirs.

TITRE V.

Transport, chargement et déchargement des objets qui seraient de nature à salir la voie publique ou à incommoder les passants.

19. Ceux qui transporteront des plâtres, des terres, sables, décombres, gravois, mâchefers, fumier-litière et autres objets quelconques, qui seraient de nature à salir la voie publique ou à incommoder les passants, devront charger leurs voitures de manière que rien ne s'en échappe, et ne puisse se répandre sur la voie publique.

En ce qui concerne le transport des terres, sables, décombres, gravois et mâchefers, les parois des voitures devront dépasser de quinze centimètres au moins toute la partie supérieure du chargement.

Les voitures servant au transport des plâtres, même lorsqu'elles ne seront pas chargées, ne pourront circuler sur la voie publique sans être pourvues d'un about devant et derrière, et sans être recouvertes d'une bâche.

Le déchargement des plâtres devra toujours être opéré avec précaution et de manière à ne pas salir la voie publique ni incommoder les passants.

Cette dernière disposition est applicable au déchargement des farines.

Les remises et autres locaux sous lesquels on battra du plâtre devront être séparés de la voie publique par une clôture, qui empêche la poussière de s'y répandre et d'incommoder les passants.

Le nettoiement des rues ou parties de rues salies par suite de contraventions au présent article, sera opéré d'office, et aux frais des contrevenants.

20. Lorsqu'un chargement ou déchargement de marchandises, ou de tous autres objets quelconques, aura été opéré sur la voie publique, dans le cours de la journée, et dans les cas où ces opérations sont permises par les règlements, l'emplacement devra être balayé et les produits du balayage enlevés.

En cas d'inexécution, il y sera pourvu d'office, et aux frais des contrevenants.

TITRE VI.

Transport des matières insalubres.

21. Les résidus des fabriques de gaz, ceux d'amidonnerie, ceux de féculerie, passés à l'état putride, ceux des boyauderies et des triperies; les eaux provenant de la cuisson des os pour en retirer la graisse; celles qui proviennent des fabriques de peignes et d'objets de corne macérée; les eaux grasses destinées aux fondeurs de suif et aux nourrisseurs de porcs; les résidus provenant des fabriques de colle forte et d'huile de pieds de bœuf, le sang provenant des abattoirs; les urines provenant des urinoirs publics et particuliers; les vases et eaux extraites des puisards et des puits infectés; les eaux de cuisson de têtes et de pieds de mouton; les eaux de charcuterie et de triperie; les raclures de peaux infectes, les résidus provenant de la fonte des suifs, soit liquides, soit solides, soit mi-solides, et en général toutes les matières qui pourraient compromettre la salubrité, ne pourront à l'avenir être transportées dans Paris, que dans des tonneaux hermétiquement fermés et lutés.

Toutefois, les résidus des féculeries qui ne seront pas passés à l'état putride, pourront être transportés dans des voitures parfaitement étanches et les débris frais des abattoirs, des boyauderies et des triperies, dans des voitures garnies en tôle ou en zinc, étanches également, mais de plus couvertes. Pourront également être transportées de cette dernière manière, les matières énoncées dans le paragraphe 1er du présent article, lorsqu'il sera reconnu qu'il y a impossibilité de les transporter dans des tonneaux, mais seulement alors pendant la nuit jusqu'à huit heures du matin.

22. Le noir animal ayant servi à la décoloration de sirops et au raffinage des sucres, les os gras et les chiffons non lavés et humides, ne pourront être transportés que dans des voitures bien closes.

23. Les tonneaux servant au transport des peaux en vert, et des engrais secs de diverses natures, devront être clos et couverts.

Dispositions générales.

24. Les contraventions aux injonctions ou défenses faites par la présente ordonnance seront constatées par des procès-verbaux ou rapports qui nous seront adressés. Les contrevenants seront traduits, s'il y a lieu, devant les tribunaux, pour être punis conformément aux lois et règlements en vigueur.

Dans tous les cas où il y aura lieu à procéder d'office, en vertu des dispositions de la présente ordonnance, ces opérations se feront, à la diligence des commissaires de police ou du directeur de la salubrité, aux frais des contrevenants, et sans préjudice des peines encourues.

25. La présente ordonnance sera publiée et affichée.

Les commissaires de police, le chef de la police municipale, le directeur de la salubrité, les officiers de paix et autres préposés de l'administration, sont chargés de faire observer les dispositions de l'ordonnance ci-dessus, et de tenir la main à leur exécution.

Les préposés de l'octroi sont requis de concourir à l'exécution des articles 11 et 19, concernant les dépôts et le transport des plâtres, terres, sables, et autres objets qui seraient de nature à salir ou à embarrasser la voie publique.

A cet effet, ampliation de ladite ordonnance sera adressée à M. le directeur, président du conseil d'administration de l'octroi.

Le pair de France, préfet de police, G. DELESSERT.

N° 1895.—*Ordonnance qui fixe le tarif pour le transport des voyageurs et de leurs bagages sur le chemin de fer de Paris à Rouen.*

Paris, le 17 octobre 1844.

Nous, pair de France, préfet de police,

Vu : 1° la loi du 15 juillet 1840, qui autorise l'établissement d'un chemin de fer de Paris à Rouen, ensemble le cahier des charges annexé à cette loi ;

2° La décision ministérielle, en date du 5 octobre 1842, relative au délai d'annonce pour les modifications apportées dans les tarifs ;

3° Notre ordonnance du 3 mai 1843, portant homologation du tarif du transport des voyageurs sur le chemin de fer dont il s'agit ;

4° Notre ordonnance du 9 août suivant, qui rapporte la précédente, en ce qui concerne les stations de Colombes, de l'Étoile-de-Conflans et de Rosny, dont l'ouverture n'avait point encore été autorisée par l'administration supérieure ;

5° Les propositions à nous adressées par la compagnie concessionnaire dudit chemin de fer, lesquelles ont pour objet l'abaissement de quelques-uns des prix de transport fixés par le tarif du 3 mai 1843, et l'homologation d'un tarif pour deux stations nouvelles situées à Houilles et à Vilaines, et d'un tarif spécial pour le transport des voyageurs par les trains de marchandises ;

Ensemble les observations par nous soumises à M. le ministre des travaux publics, au sujet de ces propositions ;

6° La décision de M. le ministre des travaux publics, en date du 26 juin dernier, relative auxdites propositions ;

7° La lettre à nous adressée par la compagnie, le 6 juillet suivant, en réponse à la notification de la décision précitée ;

8° La décision ministérielle du 26 juin, qui autorise la compagnie à ouvrir, à titre d'essai, deux nouvelles stations à Houilles et à Vilaines, mais sous la condition que, dans le délai d'une année, à partir de l'ouverture de ces stations, elle sera tenue de faire connaître à l'administration si son intention est de rendre définitif ce qui n'aura été d'abord que provisoire, et que, dans le cas de l'affirmative, elle remplira alors les formalités d'enquête prescrites par le cahier des charges;

9° Le procès-verbal dressé par le commissaire spécial de police du chemin de fer de Paris à Rouen, le 1er juin dernier, et constatant que, ce jour, les modifications projetées au tarif du 3 mai 1843 étaient annoncées par des affiches;

10° Les propositions additionnelles à nous adressées par ladite compagnie les 24 et 30 septembre dernier et le 6 du courant, ensemble les observations par nous soumises à M. le ministre des travaux publics au sujet de ces nouvelles propositions;

11° La décision ministérielle du 15 de ce mois, relative auxdites propositions additionnelles;

Considérant qu'il y a lieu d'homologuer et de rendre obligatoires, dans le ressort de la préfecture de police, les propositions de la compagnie concessionnaire du chemin de fer de Paris à Rouen, avec les modifications indiquées par l'autorité supérieure et consenties par ladite compagnie;

Considérant que les modifications que la compagnie a l'intention d'apporter dans le tarif en vigueur ont été annoncées par des affiches, conformément à la décision ministérielle susvisée, du 5 octobre 1842;

Considérant que les stations de Colombes, de l'Étoile-de-Conflans et de Rosny ne sont point encore autorisées, et qu'en conséquence, elles ne doivent point figurer dans le nouveau tarif,

Ordonnons ce qui suit :

TITRE 1er.

TRANSPORT A LA VITESSE DES VOYAGEURS.

CHAPITRE 1er.

Voyageurs.

1. Les prix à percevoir pour le transport des voyageurs à la vitesse de 32 kilomètres au moins à l'heure, sur le chemin de fer de Paris à Rouen, sont réglés, y compris l'impôt dû au trésor, conformément au tableau suivant :

(Voir à la suite de l'ordonnance, la 1re annexe, tarif A.)

CHAPITRE II.

Bagages.

SECTION 1re.—Prix de transport.

2. La compagnie est autorisée à percevoir, pour le transport des bagages marchant à la vitesse des voyageurs, sur la demande des expéditeurs les taxes réglées au tableau qui suit :

(Voir, à la suite de l'ordonnance, la 1re annexe, tarif B.)

3. Conformément à l'article 36 du cahier des charges, chaque voyageur peut porter avec lui un bagage dont le poids n'excède pas 15 kilogrammes, sans être tenu pour le poids de ce bagage à aucun supplément de prix.

En conséquence, le tarif ci-dessus n'est applicable aux bagages transportés par les mêmes trains que les voyageurs à qui ils appartiennent, que pour ce qui excède 15 kilogrammes.

SECTION II. —Frais accessoires.

§ 1er. — *Enregistrement.*

La compagnie est autorisée à percevoir 10 centimes pour l'enregistrement des bagages d'un poids excédant 15 kilogrammes.

L'enregistrement est facultatif pour les bagages dont le poids n'excédera pas 15 kilogrammes; lorsqu'il a lieu à la demande des voyageurs, il est soumis au droit de 10 centimes.

§ 2. — *Chargement et déchargement.*

5. Les frais accessoires de chargement et de déchargement des bagages transportés à la vitesse des voyageurs sont réglés ainsi qu'il suit :

Au-dessus de	200 jusqu'à	400 kilog. inclusivement.	» fr.	75 cent.
— de	400 —	600 —	—	1	»
— de	600 —	800 —	—	1	25
— de	800 —	1,000 —	—	1	50
— de 1,000 par fraction indivisible de 1,000 kil.			1	50

§ 3. — *Magasinage.*

6. La compagnie est autorisée à percevoir, à titre de frais de magasinage, un droit de 20 cent. pour tous bagages non enlevés au bout de 24 heures.

Les frais de magasinage pour les jours suivants sont réglés ainsi qu'il suit :

Jusqu'à	50 kilog. inclusivement.....	» fr.	05 cent. par jour.
Au-dessus de 50 —	100 —	—	»	10 —
— de 100 kilogrammes.................		»	10 —
				et par 100 kil.

TITRE II.

TRANSPORT A LA VITESSE DES MARCHANDISES.

CHAPITRE Ier.

Voyageurs.

7. Les prix à percevoir pour le transport des voyageurs, à la vitesse des marchandises (16 kilomètres au moins à l'heure) sur le chemin de fer de Paris à Rouen, sont fixés, y compris l'impôt dû au trésor, conformément au tableau suivant :

(Voir, à la suite de l'ordonnance, la 2e annexe, tarif C.)

CHAPITRE II.

Bagages.

SECTION Ire.— Prix de transport.

8. La compagnie est autorisée à percevoir, pour le transport des bagages marchant à la vitesse des marchandises, les taxes fixées par le tableau suivant :

(Voir, à la suite de l'ordonnance, la 2e annexe, tarif D.)

9. Conformément à l'article 36 du cahier des charges, chaque voyageur peut porter avec lui un bagage dont le poids n'excède pas 15 kilogrammes, sans être tenu, pour le poids de ce bagage, à un supplément de prix.

En conséquence, le tarif ci-dessus n'est applicable aux bagages transportés par les mêmes trains que les voyageurs à qui ils appartiennent, que pour ce qui excède 15 kilogrammes.

SECTION II.— Frais accessoires.

§ 1er. — Enregistrement.

10. La compagnie est autorisée à percevoir 10 centimes pour l'enregistrement des bagages d'un poids excédant 15 kilogrammes.

L'enregistrement est facultatif pour les bagages dont le poids n'excédera pas 15 kilogrammes ; lorsqu'il a lieu à la demande des voyageurs, il est soumis au droit de 10 centimes.

§ 2. — Chargement et déchargement.

11. Les frais accessoires de chargement et de déchargement des bagages transportés à la vitesse des marchandises sont réglés ainsi qu'il suit :

Au-dessus de	100 jusqu'à	200 kilog. inclusivement	» fr.	50 cent.
—	de 200	—	400 —	—	»	75
—	de 400	—	600 —	—	1	»
—	de 600	—	800 —	—	1	25
—	de 800	—	1,000 —	—	1	50
—	de 1,000 par fraction indivisible de 1,000 kil.				1	50

§ 3.— Magasinage.

12. La compagnie est également autorisée à percevoir, à titre de frais de magasinage, un droit de 20 centimes pour tous bagages non enlevés au bout de 24 heures.

Les frais de magasinage pour les jours suivants sont réglés ainsi qu'il suit :

	Jusqu'à 50 kilog. inclusivement.....	» fr.	05 cent. par jour.
Au-dessus de 50	— 100 —	—	»	10 —
—	de 100 kilogrammes........................	»	10
				et par 100 kilog.

TITRE III.

DISPOSITIONS GÉNÉRALES.

13. Aux termes du paragraphe 1er de l'article 40 du cahier des charges, les militaires en service, voyageant en corps ou isolément, ne seront assujettis, eux et leurs bagages, qu'à la moitié des taxes fixées par le tarif.

14. Les perceptions ci—dessus autorisées à titre de frais accessoires d'enregistrement, chargement, déchargement et magasinage, ne sont que provisoires et restent subordonnées au règlement spécial qui doit, conformément au cahier des charges, déterminer toutes les taxes de cette nature.

15. Les taxes comprises dans la présente ordonnance, qui sont inférieures à celles du tarif du cahier des charges, ne pourront être relevées qu'après un délai de trois mois au moins.

Tous changements apportés aux tarifs ci-dessus réglés devront être homologués et annoncés, au moins un mois d'avance, par des affiches.

16. La perception d'aucune taxe ne sera régulière qu'en vertu d'une homologation administrative.

17. Notre ordonnance du 3 mai 1843, qui fixe le prix du transport des voyageurs sur le chemin de fer de Paris à Rouen, est rapportée.

18. La présente ordonnance sera notifiée, imprimée et affichée.

Les commissaires spéciaux de police et les agents de surveillance du chemin de fer de Paris à Rouen, ainsi que les maires et commissaires de police des communes dont le territoire est traversé par ledit chemin, sont chargés d'en assurer l'exécution.

Le conseiller d'Etat, préfet de police, G. DELESSERT.

SUIT LE TARIF.

1844.

TITRE Iᵉʳ. — Transport à la vitesse des voyageurs.

TARIF (A) *pour le transport des voyageurs.*

NOTA. Les militaires en service, voyageant en corps ou isolément, ne sont assujettis, eux et leurs bagages, qu'à la moitié des taxes fixées par le tarif [art. 40, § 1ᵉʳ du cahier des charges]. (*Voir* art. 13 de l'ordonnance, p. 776.)

Le service de la station de VILAINES *est suspendu pendant l'hiver.*

LIEUX de DÉPART.	DESTINATIONS.	Distances servant de base à la fixation des prix de transport.	1ʳᵉ CLASSE. Voitures couvertes et fermées à glaces, suspendues sur ressorts. PRIX de transport.	2ᵉ CLASSE. Voitures couvertes et suspendues sur ressorts. PRIX de transport.	3ᵉ CLASSE. Voitures découvertes, mais suspendues sur ressorts. PRIX de transport.
		kilomèt.	fr. c.	fr. c.	fr. c.
	Houilles...........	13	1 40	1 10	» 90
	Maisons...........	17	1 50	1 25	1 »
	Poissy...........	27	2 »	1 60	1 30
	Vilaines...........	31	2 50	2 »	1 50
	Triel...........	35	3 »	2 25	1 75
	Meulan...........	41	4 »	2 80	2 10
PARIS...........	Epône...........	49	5 »	3 50	2 75
	Mantes...........	57	6 »	4 50	3 25
	Bonnières...........	69	8 »	6 50	5 25
	Vernon...........	80	9 50	8 »	6 »
	Gaillon...........	94	11 »	9 50	7 25
	Saint-Pierre-Louviers.	107	12 50	11 »	8 25
	Pont-de-l'Arche.....	120	14 »	11 50	9 20
	Tourville...........	124	15 »	12 50	9 50
	Rouen...........	137	16 »	13 »	10 00
	Paris...........	13	1 40	1 10	» 90
	Maisons...........	6	» 50	» 30	» 20
	Poissy...........	14	1 70	1 10	» 80
	Vilaines...........	18	2 20	1 40	1 »
	Triel...........	22	2 70	1 70	1 25
	Meulan...........	28	3 40	2 20	1 60
HOUILLES........	Epône...........	36	4 40	2 80	2 05
	Mantes...........	44	5 35	3 45	2 50
	Bonnières...........	56	6 85	5 35	4 15
	Vernon...........	67	8 15	6 45	4 95
	Gaillon...........	81	9 90	7 90	5 90
	Saint-Pierre-Louviers.	94	11 60	9 10	6 95
	Pont-de-l'Arche.....	107	13 10	10 25	7 90
	Tourville...........	111	13 90	11 10	8 20
	Rouen...........	124	15 10	12 10	9 15

LIEUX de DÉPART.	DESTINATIONS.	Distances servant de base à la fixation des prix de transport.	1re CLASSE. Voitures couvertes et fermées à glaces, suspendues sur ressorts. PRIX de transport.	2e CLASSE. Voitures couvertes et suspendues sur ressorts. PRIX de transport.	3e CLASSE. Voitures découvertes, mais suspendues sur ressorts. PRIX de transport.
		kilomèt.	fr. c.	fr. c.	fr. c.
MAISONS	Paris	17	1 50	1 25	1 »
	Houilles	6	» 50	» 50	» 20
	Poissy	10	1 25	» 80	» 55
	Vilaines	14	1 70	1 10	» 80
	Triel	18	2 25	1 40	1 »
	Meulan	24	3 »	1 85	1 35
	Épône	32	4 »	2 50	1 80
	Mantes	40	5 »	3 10	2 30
	Bonnières	52	6 50	5 25	4 »
	Vernon	65	8 »	6 25	4 80
	Gaillon	77	9 80	7 80	5 80
	Saint-Pierre-Louviers	90	11 50	9 »	6 »
	Pont-de-l'Arche	103	13 »	10 »	7 75
	Tourville	108	13 75	11 »	8 »
	Rouen	120	15 »	12 »	9 »
POISSY	Paris	27	2 »	1 60	1 30
	Houilles	14	1 70	1 10	» 80
	Maisons	10	1 25	» 80	» 55
	Vilaines	6	» 50	» 30	» 20
	Triel	9	1 »	» 60	» 45
	Meulan	15	1 75	1 10	» 80
	Épône	25	2 75	1 70	1 25
	Mantes	30	3 75	2 35	1 70
	Bonnières	43	5 50	4 40	3 30
	Vernon	54	7 »	5 50	4 »
	Gaillon	68	8 60	7 »	5 »
	Saint-Pierre-Louviers	81	10 40	8 30	6 25
	Pont-de-l'Arche	93	12 »	9 50	7 »
	Tourville	98	12 60	10 »	7 50
	Rouen	110	14 »	11 »	8 »
VILAINES	Paris	31	2 50	2 »	1 50
	Houilles	18	2 20	1 40	1 »
	Maisons	14	1 70	1 10	» 80
	Poissy	6	» 50	» 50	» 20
	Triel	6	» 50	» 50	» 20
	Meulan	10	1 20	» 80	» 55
	Épône	18	2 20	1 40	1 »
	Mantes	26	3 15	2 »	1 50
	Bonnières	58	» »	» »	» »
	Vernon	49	» »	» »	» »
	Gaillon	63	» »	» »	» »
	Saint-Pierre-Louviers	76	» »	» »	» »
	Pont de-l'Arche	89	» »	» »	» »
	Tourville	95	» »	» »	» »
	Rouen	106	» »	» »	» »

LIEUX de DÉPART.	DESTINATIONS.	Distances servant de base à la fixation des prix de transport.	1re CLASSE. Voitures couvertes et fermées à glaces, suspendues sur ressorts. PRIX de transport.	2e CLASSE. Voitures couvertes et suspendues sur ressorts. PRIX de transport.	3e CLASSE. Voitures découvertes, mais suspendues sur ressorts. PRIX de transport.
		kilomèt.	fr. c.	fr. c.	fr. c.
TRIEL	Paris	35	3 »	2 25	1 75
	Houilles	22	2 70	1 70	1 25
	Maisons	18	2 25	1 40	1 »
	Poissy	9	1 »	» 60	» 45
	Vilaines	4	» 50	» 30	» 20
	Meulan	7	» 90	» 45	» 35
	Epône	15	1 90	1 10	» 80
	Mantes	22	2 80	1 70	1 25
	Bonnières	35	4 50	3 60	2 70
	Vernon	46	5 90	4 60	3 50
	Gaillon	59	7 50	6 »	4 50
	Saint-Pierre-Louviers	73	9 40	7 50	5 50
	Pont-de-l'Arche	85	11 »	8 50	6 50
	Tourville	90	11 50	9 25	6 90
	Rouen	102	13 »	10 50	7 90
MEULAN	Paris	41	4 »	2 80	2 10
	Houilles	28	3 40	2 20	1 60
	Maisons	24	3 »	1 85	1 35
	Poissy	15	1 75	1 10	» 80
	Vilaines	10	1 20	» 80	» 55
	Triel	7	» 90	» 45	» 35
	Epône	9	1 10	» 60	» 45
	Mantes	16	2 »	1 25	» 90
	Bonnières	29	3 75	2 90	2 20
	Vernon	40	5 »	4 »	3 »
	Gaillon	55	6 75	5 40	4 »
	Saint-Pierre-Louviers	66	8 50	6 75	5 »
	Pont-de-l'Arche	79	10 »	8 »	6 »
	Tourville	84	10 80	8 50	6 50
	Rouen	96	12 »	9 80	7 45
ÉPÔNE	Paris	49	5 »	3 50	2 75
	Houilles	36	4 40	2 80	2 05
	Maisons	32	4 »	2 50	1 80
	Poissy	25	2 75	1 70	1 25
	Vilaines	18	2 20	1 40	1 »
	Triel	15	1 90	1 10	» 80
	Meulan	9	1 10	» 60	» 45
	Mantes	8	1 »	» 60	» 45
	Bonnières	21	2 50	2 »	1 50
	Vernon	32	4 »	3 »	2 40
	Gaillon	45	5 80	4 50	3 40
	Saint-Pierre-Louviers	58	7 50	5 80	4 40
	Pont-de-l'Arche	74	9 »	7 »	5 50
	Tourville	76	9 80	7 80	5 85
	Rouen	88	11 »	9 »	6 80

LIEUX de DÉPART.	DESTINATIONS.	Distances servant de base à la fixation des prix de transport.	1re CLASSE. Voitures couvertes et fermées à glaces, suspendues sur ressorts. PRIX de transport.	2e CLASSE. Voitures couvertes et suspendues sur ressorts. PRIX de transport.	3e CLASSE. Voitures découvertes, mais suspendues sur ressorts. PRIX de transport.
		kilo mèt.	fr. c.	fr. c.	fr. c.
MANTES	Paris	57	6 »	4 50	3 25
	Houilles	44	5 35	3 45	2 50
	Maisons	40	5 »	3 10	2 50
	Poissy	30	3 75	2 35	1 70
	Vilaines	26	3 15	2 »	1 50
	Triel	22	2 80	1 70	1 25
	Meulan	16	2 »	1 25	» 90
	Epône	8	1 »	» 60	» 45
	Bonnières	15	1 60	1 30	1 »
	Vernon	24	3 »	2 40	1 80
	Gaillon	38	4 75	3 80	2 80
	Saint-Pierre-Louviers	51	6 50	5 25	3 90
	Pont-de-l'Arche	65	8 »	6 40	4 80
	Tourville	68	8 75	7 »	5 25
	Rouen	80	10 »	8 »	6 »
BONNIÈRES	Paris	69	8 »	6 50	5 25
	Houilles	56	6 85	5 55	4 15
	Maisons	52	6 50	5 25	4 »
	Poissy	43	5 50	4 40	3 30
	Vilaines	38	» »	» »	» »
	Triel	35	4 50	3 60	2 70
	Meulan	29	3 75	2 90	2 20
	Epône	21	2 50	2 »	1 50
	Mantes	13	1 60	1 30	1 »
	Vernon	11	1 25	1 10	» 85
	Gaillon	25	3 20	2 50	1 90
	Saint-Pierre-Louviers	38	4 80	3 80	2 80
	Pont-de-l'Arche	51	6 50	5 25	3 90
	Tourville	56	7 25	5 75	4 25
	Rouen	68	8 50	7 »	5 25
VERNON	Paris	80	9 50	8 »	6 »
	Houilles	67	8 15	6 45	4 95
	Maisons	65	8 »	6 25	4 80
	Poissy	54	7 »	5 50	4 »
	Vilaines	49	» »	» »	» »
	Triel	46	5 90	4 60	3 50
	Meulan	40	5 »	4 »	3 »
	Epône	52	4 »	3 »	2 40
	Mantes	24	3 »	2 40	1 80
	Bonnières	11	1 25	1 10	» 85
	Gaillon	14	1 75	1 40	1 »
	Saint-Pierre-Louviers	27	3 40	2 75	2 »
	Pont-de-l'Arche	40	5 »	4 »	3 »
	Tourville	45	5 75	4 50	3 40
	Rouen	57	7 25	5 75	4 25

LIEUX de DÉPART.	DESTINATIONS.	Distances servant de base à la fixation des prix de transport.	1re CLASSE. Voitures couvertes et fermées à glaces, suspendues sur ressorts. PRIX de transport.	2e CLASSE. Voitures couvertes et suspendues sur ressorts. PRIX de transport.	3e CLASSE. Voitures découvertes, mais suspendues sur ressorts. PRIX de transport.
		kilomèt.	fr. c.	fr. c.	fr. c.
GAILLON	Paris	94	11 »	9 50	7 25
	Houilles	81	9 90	7 90	5 90
	Maisons	77	9 80	7 80	5 80
	Poissy	68	8 60	7 »	5 »
	Vilaines	63	» »	» »	» »
	Triel	59	7 50	6 »	4 50
	Meulan	53	6 75	5 40	4 »
	Epône	45	5 80	4 50	3 40
	Mantes	38	4 75	3 80	2 80
	Bonnières	25	3 20	2 50	1 90
	Vernon	14	1 75	1 40	1 »
	Saint-Pierre-Louviers	14	1 75	1 40	1 »
	Pont-de-l'Arche	26	3 25	2 50	2 »
	Tourville	51	4 »	3 »	2 40
	Rouen	45	5 50	4 40	3 25
St-PIERRE-LOUVIERS	Paris	105	12 50	11 »	8 25
	Houilles	94	11 60	9 10	6 95
	Maisons	90	11 50	9 »	6 »
	Poissy	81	10 40	8 30	6 25
	Vilaines	76	» »	» »	» »
	Triel	73	9 40	7 50	5 50
	Meulan	66	8 50	6 75	5 »
	Epône	58	7 50	5 80	4 40
	Mantes	51	6 50	5 25	3 90
	Bonnières	38	4 80	3 80	2 80
	Vernon	27	3 40	2 75	2 »
	Gaillon	14	1 75	1 40	1 »
	Pont-de-l'Arche	13	1 50	1 »	» 75
	Tourville	18	2 25	1 50	» 95
	Rouen	50	5 »	2 »	1 50
PONT-DE-L'ARCHE	Paris	120	14 »	11 50	9 20
	Houilles	107	13 10	10 25	7 90
	Maisons	103	13 »	10 »	7 75
	Poissy	95	12 »	9 50	7 »
	Vilaines	89	» »	» »	» »
	Triel	85	11 »	8 50	6 50
	Meulan	79	10 »	8 »	6 »
	Epône	71	9 »	7 »	5 50
	Mantes	63	8 »	6 40	4 80
	Bonnières	51	6 50	5 25	3 90
	Vernon	40	5 »	4 »	3 »
	Gaillon	26	3 25	2 50	2 »
	Saint-Pierre-Louviers	13	1 50	1 »	» 75
	Tourville	8	» 75	» 50	» 20
	Rouen	17	1 50	1 20	» 90

LIEUX de DÉPART.	DESTINATIONS.	Distances servant de base à la fixation des prix de transport.	1ᵗᵉ CLASSE. — Voitures couvertes et fermées à glaces, suspendues sur ressorts. PRIX de transport.	2ᵉ CLASSE. — Voitures couvertes et suspendues sur ressorts. PRIX de transport.	3ᵉ CLASSE. — Voitures découvertes, mais suspendues sur ressorts. PRIX de transport.
		kilomèt.	fr. c.	fr. c.	fr. c.
TOURVILLE........	Paris................	124	15 »	12 50	9 50
	Houilles............	111	13 90	11 10	8 20
	Maisons............	108	13 75	11 »	8 »
	Poissy..............	98	12 60	10 »	7 50
	Vilaines............	93	» »	» »	» »
	Triel...............	90	11 50	9 25	6 90
	Meulan.............	84	10 80	8 50	6 50
	Épône..............	76	9 80	7 80	5 85
	Mantes.............	68	8 75	7 »	5 25
	Bonnières..........	56	7 25	5 75	4 25
	Vernon.............	45	5 75	4 50	3 40
	Gaillon.............	31	4 »	3 »	2 40
	Saint-Pierre-Louviers.	18	2 25	1 30	» 95
	Pont-de-l'Arche......	5	» 75	» 30	» 20
	Rouen..............	13	1 »	» 80	» 65
ROUEN..........	Paris................	137	16 »	13 »	10 »
	Houilles............	124	15 10	12 10	9 15
	Maisons............	120	15 »	12 »	9 »
	Poissy..............	110	14 »	11 »	8 »
	Vilaines............	106	» »	» »	» »
	Triel...............	102	13 »	10 50	7 90
	Meulan.............	96	12 »	9 80	7 45
	Épône..............	88	11 »	9 »	6 80
	Mantes.............	80	10 »	8 »	6 »
	Bonnières..........	68	8 50	7 »	5 25
	Vernon.............	57	7 25	5 75	4 25
	Gaillon.............	45	5 50	4 40	3 25
	Saint Pierre-Louviers.	30	3 »	2 »	1 50
	Pont-de-l'Arche......	17	1 50	1 20	» 90
	Tourville...........	13	1 »	» 80	» 65

1844.

TARIF (B) *pour le transport des bagages.*

NOTA. Aux termes de l'article 36 du cahier des charges, chaque voyageur pourra porter avec lui un bagage dont le poids n'excédera pas 15 kilogrammes, sans être tenu, pour le port de ce bagage, à aucun supplément de prix. (*Voir* l'article 3 de l'ordonnance, page 776.)

1° Dans le sens de PARIS A ROUEN.

DE PARIS aux DESTINATIONS SUIVANTES, et vice versâ.	Distances servant de base à la fixation des prix de transport.	Jusqu'à 5 kilog. inclusivement.	Au-dessus de 5 kilog. jusqu'à 10 kilog. inclusivement.	Au-dessus de 10 kilog. jusqu'à 25 kilog. inclusivement.	Au-dessus de 25 kilog. jusqu'à 50 kilog. inclusivement.	Au-dessus de 50 kilog. jusqu'à 75 kilog. inclusivement.	Au-dessus de 75 kilog. jusqu'à 100 kilog. inclusivement.	Au-dessus de 100 kilog. jusqu'à 200 kilog. inclusivement.		
								Transport.	Frais accessoires de chargement et de déchargement.	TOTAL.
	kil.	fr. c.	fr. c.	fr. c.	fr. c.	fr. c.	fr. c.	fr. c.	fr. c.	fr. c.
Houilles................	13	» 30	» 60	» 75	1 »	1 25	1 50	1 05	» 50	1 55
Maisons................	17	» 30	» 60	» 75	1 50	1 75	1 85	1 35	» 50	1 85
Poissy................	27	» 30	» 60	» 75	1 50	2 »	2 »	2 15	» 50	2 65
Vilaines...............	31	» 30	» 60	» 75	1 50	2 »	2 »	2 50	» 50	3 »
Triel.................	35	» 30	» 60	» 75	1 50	2 »	2 »	2 80	» 50	3 30
Meulan................	41	» 30	» 60	» 75	1 50	2 »	2 »	3 25	» 50	3 75
Épône................	49	» 40	» 70	1 »	1 80	2 50	3 »	3 90	» 50	4 40
								Par fraction de 50 kil.		
Mantes.................	57	» 40	» 70	1 »	1 80	2 50	3 »	1 12 ½	» 12 ½	1 25
Bonnières..............	69	» 50	» 80	1 »	2 »	2 50	3 50	1 37 ½	» 12 ½	1 50
Vernon................	80	» 50	» 80	1 25	2 25	3 25	3 50	1 50	» 12 ½	1 62 ½
Gaillon	93	» 50	» 80	1 25	2 50	3 50	4 50	1 86	» 12 ½	1 98 ½
Saint-Pierre-Louviers.......	107	» 50	» 80	1 25	2 75	3 50	4 50	2 12 ½	» 12 ½	2 25
Pont-de-l'Arche...........	120	» 50	» 80	1 50	2 75	3 50	5 »	2 37 ½	» 12 ½	2 50
Tourville..............	124	» 50	» 80	1 50	3 »	3 75	5 50	2 57 ½	» 12 ½	2 50
Rouen.................	137	» 50	» 80	1 50	3 »	4 50	6 »	2 62 ½	» 12 ½	2 75

D'UNE STATION INTERMÉDIAIRE à une autre station intermédiaire, pour les distances ci-après indiquées.		Jusqu'à 5 kilog.	Au-dessus de 5 à 10	Au-dessus de 10 à 25	Au-dessus de 25 à 50	Au-dessus de 50 à 75	Au-dessus de 75 à 100	Au-dessus de 100 jusqu'à 200 kilogrammes.		
								Transport.	Frais	TOTAL.
Jusqu'à 20 kilomètres.		» 40	» 50	» 75	1 »	1 »	1 »	» 50	» 50	1 »
Au-dessus de 20 jusqu'à 40 *id*.....		» 75	» 80	1 »	1 25	1 50	1 60	1 60	» 50	2 10
Au-dessus de 40 jusqu'à 80 *id*.....		» 80	1 »	1 25	2 »	2 25	2 50	3 20	» 50	3 70
Au-dessus de 80 jusqu'à 100 *id*.....		» 80	1 25	1 50	2 50	3 25	5 50	6 40	» 50	6 90
Au-dessus de 100 kilomètres........		1 »	1 50	2 »	3 »	3 80	4 »	8 »	» 50	8 50

Au-dessus de 200 kilogrammes, 2 centimes par fraction indivisible de 50 kilogrammes et par kilomètre.

Suite du TARIF (B) *pour le transport des marchandises.*

2° Dans le sens de ROUEN à PARIS.

DE ROUEN aux DESTINATIONS SUIVANTES, *et vice versâ.*	Distances servant de base à la fixation des prix de transport.	Jusqu'à 5 kilog. inclusivement.	Au-dessus de 5 kilog. jusqu'à 10 kilog. inclusivement.	Au-dessus de 10 kilog. jusqu'à 25 kilog. inclusivement.	Au-dessus de 25 kilog. jusqu'à 50 kilog. inclusivement.	Au-dessus de 50 kilog. jusqu'à 75 kilog. inclusivement.	Au-dessus de 75 kilog. jusqu'à 100 kilog. inclusivement.	Au-dessus de 100 kilog. jusqu'à 200 kilog. inclusivement.		
								Transport.	Frais accessoires de chargement et de déchargement.	TOTAL.
	kil	fr. c	fr. c.	fr. c.	fr. c	fr. c.	fr. c	fr. c.	fr. c.	fr. c.
Tourville.................	13	» 30	» 60	» 75	1 »	1 50	1 50	1 05	» 50	1 55
Pont-de-l'Arche.............	17	» 30	» 60	» 75	1 50	1 75	2 »	1 55	» 50	1 85
Saint-Pierre-Louviers.......	30	» 30	» 60	» 75	1 50	2 »	2 »	2 40	» 50	2 90
Gaillon..................	44	» 30	» 60	» 75	1 50	2 »	2 »	3 25	» 50	3 75
								Par fraction de 50 kilogrammes		
Vernon...................	57	» 30	» 70	1 »	1 80	2 50	3 »	1 12 ½	» 12 ½	1 25
Bonnières.................	68	» 50	» 80	1 »	2 »	2 50	3 »	1 57 ½	» 12 ½	1 50
Mantes...................	80	» 50	» 80	1 25	2 25	3 25	3 50	1 50	» 12 ½	1 62 ½
Epône....................	88	» 50	» 80	1 25	2 50	3 25	4 »	1 87 ½	» 12 ½	2 »
Meulan...................	96	» 50	» 80	1 25	2 50	3 50	4 50	1 87 ½	» 12 ½	2 »
Triel....................	102	» 50	» 80	1 25	2 75	3 50	4 50	2 »	» 12 ½	2 12 ½
Vilaines.................	106	»	»	»	»	»	»	2 »	»	2 »
Poissy...................	110	» 50	» 80	1 25	2 75	3 50	4 50	2 12 ½	» 12 ½	2 25
Maisons..................	120	» 50	» 80	1 50	2 75	3 50	5 »	2 57 ½	» 12 ½	2 50
Houilles	124	» 50	» 80	1 50	3 »	4 50	6 »	2 47 ½	» 12 ½	2 60
Paris....................	137	» 50	» 80	1 50	3 »	4 50	6 »	2 62 ½	» 12 ½	2 75

D'UNE STATION INTERMÉDIAIRE à une autre station intermédiaire, pour les distances ci-après indiquées.							Au-dessus de 100 jusqu'à 200 kilogrammes.		
Jusqu'à 20 kilomètres.	» 40	» 50	» 75	1 »	» 1	» 1	» 50	» 50	1 »
Au-dessus de 20 jusqu'à 40 *id*....	» 75	» 80	1 »	1 25	1 50	1 60	1 60	» 50	2 10
Au-dessus de 40 jusqu'à 80 *id*....	» 80	1 »	1 25	2 »	2 25	2 50	5 20	» 50	5 70
Au-dessus de 80 jusqu'à 100 *id*....	» 80	1 25	1 50	2 50	3 25	3 50	6 40	» 50	6 90
Au-dessus de 100 kilomètres........	1 »	1 50	2 »	3 »	3 80	4 »	8 »	» 50	8 50

Au-dessus de 200 kilogrammes, 2 centimes par fraction indivisible de 500 kilogrammes et par kilomètre.

2° ANNEXE à l'ordonnance de police du 17 octobre 1844.

TITRE II. — Transport à la vitesse des Marchandises.

TARIF (C) *pour le transport des Voyageurs.*

NOTA. Les militaires en service, voyageant en corps ou isolément, ne sont assujettis, eux et leurs bagages, qu'à la moitié des taxes fixées par le Tarif (art. 40, § 1er du cahier des charges). *Voir* art. 13 de l'ordonnance, page 778.)

Le service des Stations de HOUILLES, EPÔNE *et* TOURVILLE *est suspendu pendant l'hiver.*

TRAIN DE JOUR.

LIEUX de DÉPART.	DESTINATIONS.	Distances servant de base à la fixation des prix de transport.	2e CLASSE. Voitures couvertes et suspendues sur ressorts. PRIX de transport.	3e CLASSE. Voitures découvertes, mais suspendues sur ressorts. PRIX de transport.
		kilomètres.	fr. c.	fr. c.
GARE DES BATIGNOLLES.....	Houilles..............	11	» 90	» 80
	Maisons..............	15	1 »	» 85
	Poissy...............	25	1 30	1 15
	Vilaines.............	29	1 50	1 45
	Triel................	33	1 75	1 60
	Meulan..............	39	2 10	1 90
	Epône...............	47	2 75	2 20
	Mantes..............	55	3 25	2 85
	Bonnières...........	67	5 25	3 45
	Vernon..............	78	6 »	4 »
	Gaillon.............	92	7 25	4 70
	Saint-Pierre-Louviers....	105	8 25	5 35
	Pont-de-l'Arche........	118	9 20	6 »
	Tourville............	122	9 50	6 »
	Rouen...............	135	10 »	6 »
HOUILLES........	Batignolles...........	11	» 90	» 80
	Maisons.............	4	» 20	» 20
	Poissy...............	14	» 80	» 70
	Vilaines.............	18	1 »	» 90
	Triel................	22	1 25	1 10
	Meulan..............	28	1 60	1 40
	Epône...............	36	2 05	1 80
	Mantes..............	44	2 50	2 20
	Bonnières...........	56	4 15	2 80
	Vernon..............	67	4 95	3 35
	Gaillon	81	5 90	4 »
	Saint-Pierre-Louviers...	94	6 95	4 70
	Pont-de-l'Arche........	107	7 90	5 35
	Tourville............	111	8 20	5 50
	Rouen...............	124	9 15	6 »

Suite du TRAIN DE JOUR.

LIEUX de DÉPART.	DESTINATIONS.	Distances servant de base à la fixation des prix de transport.	2e CLASSE. Voitures couvertes et suspendues sur ressorts. PRIX de transport.	3e CLASSE. Voitures découvertes, mais suspendues sur ressorts. PRIX de transport.
		kilomètres.	fr. c.	fr. c.
MAISONS.......	Batignolles............	15	1 »	» 85
	Houilles..............	4	» 20	» 20
	Poissy...............	10	» 55	» 50
	Vilaines..............	14	» 80	» 70
	Triel................	18	1 »	» 90
	Meulan..............	24	1 35	1 20
	Epône...............	32	1 80	1 60
	Mantes..............	40	2 30	2 »
	Bonnières............	52	4 »	2 60
	Vernon..............	63	4 80	3 15
	Gaillon..............	77	5 80	3 85
	Saint-Pierre-Louviers ...	90	6 »	4 50
	Pont-de-l'Arche........	105	7 75	5 15
	Tourville.............	108	8 »	5 40
	Rouen...............	120	9 »	6 »
POISSY.........	Batignolles............	25	1 30	1 15
	Houilles..............	14	» 80	» 70
	Maisons..............	10	» 55	» 50
	Vilaines..............	4	» 20	» 20
	Triel................	9	» 45	» 40
	Meulan..............	15	» 80	» 70
	Epône...............	23	1 25	1 10
	Mantes..............	30	1 70	1 50
	Bonnières............	43	3 30	2 15
	Vernon..............	54	4 »	2 70
	Gaillon..............	68	5 »	3 40
	Saint-Pierre-Louviers...	81	6 25	4 05
	Pont-de-l'Arche........	93	7 »	4 65
	Tourville.............	98	7 50	4 90
	Rouen...............	110	8 »	5 50
VILAINES.......	Batignolles............	29	1 50	1 45
	Houilles..............	18	1 »	» 90
	Maisons..............	14	» 80	» 70
	Poissy...............	4	» 25	» 20
	Triel................	4	» 25	» 20
	Meulan..............	10	» 55	» 50
	Epône...............	18	1 »	» 90
	Mantes..............	26	1 50	1 50
	Bonnières............	38	2 90	1 90
	Vernon..............	49	3 70	2 45
	Gaillon..............	63	4 70	3 10
	Saint-Pierre-Louviers....	76	5 80	3 80
	Pont-de-l'Arche........	89	6 70	4 45
	Tourville.............	95	7 »	4 65
	Rouen...............	106	7 95	5 30

Suite du TRAIN DE JOUR.

LIEUX de DÉPART.	DESTINATIONS.	Distances servant de base à la fixation des prix de transport kilomètres.	2e CLASSE. Voitures couvertes et suspendues sur ressorts. PRIX de transport. fr. c.	3e CLASSE. Voitures découvertes, mais suspendues sur ressorts. PRIX de transport. fr. c.
TRIEL.	Batignolles.	35	1 75	1 60
	Houilles.	22	1 25	1 10
	Maisons.	18	1 »	» 90
	Poissy	9	» 45	» 40
	Vilaines.	4	» 20	» 20
	Meulan.	7	» 35	» 30
	Epône.	15	» 80	» 70
	Mantes.	22	1 25	1 10
	Bonnières.	35	2 70	1 75
	Vernon.	46	3 50	2 30
	Gaillon.	59	4 50	2 95
	Saint-Pierre-Louviers.	73	5 50	3 65
	Pont-de-l'Arche.	85	6 50	4 25
	Tourville.	90	6 90	4 50
	Rouen.	102	7 90	5 10
MEULAN.	Batignolles.	39	2 10	1 90
	Houilles.	28	1 60	1 40
	Maisons.	24	1 35	1 20
	Poissy.	15	» 80	» 70
	Vilaines.	10	» 55	» 50
	Triel.	7	» 35	» 30
	Epône.	9	» 45	» 40
	Mantes.	16	» 90	» 80
	Bonnières.	29	2 20	1 43
	Vernon.	40	3 »	2 »
	Gaillon.	53	4 »	2 65
	Saint-Pierre-Louviers.	66	5 »	3 50
	Pont-de-l'Arche.	79	6 »	3 95
	Tourville.	84	6 50	4 20
	Rouen.	96	7 45	4 80
EPÔNE.	Batignolles.	47	2 75	2 20
	Houilles.	36	2 05	1 80
	Maisons.	32	1 80	1 60
	Poissy.	23	1 25	1 10
	Vilaines.	18	1 »	» 90
	Triel.	15	» 80	» 70
	Meulan.	9	» 45	» 40
	Mantes.	8	» 45	» 40
	Bonnières.	21	1 50	1 05
	Vernon.	32	2 40	1 60
	Gaillon.	45	3 40	2 25
	Saint-Pierre Louviers.	58	4 40	2 90
	Pont-de l'Arche.	71	5 50	3 55
	Tourville.	76	5 85	3 80
	Rouen.	88	6 80	4 40

Suite du TRAIN DE JOUR.

LIEUX de DÉPART.	DESTINATIONS.	Distances servant de base à la fixation des prix de transport.	2ᵉ CLASSE. Voitures couvertes et suspendues sur ressorts. PRIX de transport.	3ᵉ CLASSE. Voitures découvertes, mais suspendues sur ressorts. PRIX de transport.
		kilomètres.	fr. c.	fr. c.
	Batignolles.	55	3 25	2 85
	Houilles.	44	2 50	2 20
	Maisons.	40	2 30	2 »
	Poissy.	30	1 70	1 50
	Vilaines.	26	1 50	1 30
	Triel.	22	1 25	1 10
MANTES.	Meulan.	16	» 90	» 80
	Epône.	8	» 45	» 40
	Bonnières.	13	1 »	» 65
	Vernon.	24	1 80	1 20
	Gaillon.	38	2 80	1 90
	Saint-Pierre-Louviers. . .	51	3 90	2 55
	Pont-de-l'Arche.	63	4 80	3 15
	Tourville.	68	5 25	3 40
	Rouen.	80	6 »	4 »
	Batignolles.	67	5 25	3 45
	Houilles.	56	4 15	2 80
	Maisons.	52	4 »	2 60
	Poissy.	43	3 50	2 15
	Vilaines.	38	2 90	1 90
	Triel.	35	2 70	1 75
	Meulan.	29	2 20	1 45
BONNIÈRES.	Epône.	21	1 50	1 05
	Mantes.	13	1 »	» 65
	Vernon.	11	» 85	» 55
	Gaillon.	25	1 90	1 25
	Saint-Pierre-Louviers. . .	38	2 80	1 90
	Pont-de-l'Arche.	51	3 90	2 55
	Tourville.	56	4 25	2 80
	Rouen.	68	5 25	3 40
	Batignolles.	78	6 »	4 »
	Houilles.	67	4 95	3 35
	Maisons.	63	4 80	3 15
	Poissy.	54	4 »	2 70
	Vilaines.	49	3 70	2 45
	Triel.	46	3 50	2 30
	Meulan.	40	3 »	2 »
VERNON.	Epône.	32	2 40	1 60
	Mantes.	24	1 80	1 20
	Bonnières.	11	» 85	» 55
	Gaillon.	14	1 »	» 70
	Saint-Pierre-Louviers. . .	27	2 »	1 35
	Pont-de-l'Arche.	40	3 »	2 »
	Tourville.	45	3 40	2 25
	Rouen.	57	4 25	2 85

Suite du TRAIN DE JOUR.

LIEUX de DÉPART.	DESTINATIONS.	Distances servant de base à la fixation des prix de transport.	2ᵉ CLASSE. Voitures couvertes et suspendues sur ressorts. PRIX de transport.	3ᵉ CLASSE. Voitures découvertes, mais suspendues sur ressorts. PRIX de transport.
		kilomètres.	fr. c.	fr. c.
GAILLON.......	Batignolles............	92	7 25	4 70
	Houilles..............	81	5 90	4 »
	Maisons	77	5 80	3 85
	Poissy...............	68	5 »	3 40
	Vilaines.............	63	4 70	3 10
	Triel................	59	4 50	2 95
	Meulan..............	53	4 »	2 65
	Epône...............	45	3 40	2 25
	Mantes	58	2 80	1 90
	Bonnières............	25	1 90	1 25
	Vernon..............	14	1 »	» 70
	Saint-Pierre-Louviers....	14	1 »	» 70
	Pont-de-l'Arche........	26	2 »	1 50
	Tourville.............	31	2 40	1 55
	Rouen................	45	3 25	2 15
SAINT – PIERRE – LOUVIERS.....	Batignolles............	105	8 25	5 35
	Houilles..............	94	6 95	4 70
	Maisons.............	90	6 »	4 50
	Poissy...............	81	6 25	4 05
	Vilaines.............	76	5 80	3 80
	Triel................	73	5 50	3 65
	Meulan..............	66	5 »	3 30
	Epône...............	58	4 40	2 90
	Mantes..............	51	3 90	2 55
	Bonnières............	38	2 80	1 90
	Vernon..............	27	2 »	1 35
	Gaillon..............	14	1 »	» 70
	Pont-de-l'Arche........	13	» 75	» 65
	Tourville.............	18	» 95	» 85
	Rouen................	30	1 50	1 25
PONT – DE – L'ARCHE,..........	Batignolles............	118	9 20	6 »
	Houilles..............	107	7 90	5 35
	Maisons.............	103	7 75	5 15
	Poissy...............	95	7 »	4 65
	Vilaines.............	89	6 70	4 45
	Triel................	85	6 50	4 25
	Meulan..............	79	6 »	3 95
	Epône...............	71	5 50	3 55
	Mantes..............	63	4 80	3 15
	Bonnières............	51	3 90	2 55
	Vernon..............	40	3 »	2 »
	Gaillon..............	26	2 »	1 30
	Saint-Pierre-Louviers...	13	» 75	» 65
	Tourville.............	5	» 20	» 20
	Rouen................	17	» 90	» 70

Suite du **TRAIN DE JOUR**.

LIEUX de DÉPART.	DESTINATIONS.	Distances servant de base à la fixation des prix de transport.	2ᵉ CLASSE. Voitures couvertes et suspendues sur ressorts. PRIX de transport.	3ᵉ CLASSE. Voitures découvertes, mais suspendues sur ressorts. PRIX de transport.
		kilomètres.	fr. c.	fr. c.
	Batignolles............	122	9 50	6 »
	Houilles...............	111	8 20	5 50
	Maisons...............	108	8 »	5 40
	Poissy................	98	7 50	4 90
	Vilaines..............	93	7 »	4 65
	Triel.................	90	6 90	4 50
	Meulan...............	84	6 50	4 20
TOURVILLE.....	Epône................	76	5 85	3 80
	Mantes...............	68	5 25	3 40
	Bonnières............	56	4 25	2 80
	Vernon...............	45	3 40	2 25
	Gaillon..............	31	2 40	1 55
	Saint-Pierre-Louviers...	18	» 95	» 85
	Pont-de-l'Arche........	5	» 20	» 20
	Rouen................	13	» 65	» 60
	Batignolles............	135	10 »	6 »
	Houilles...............	124	9 15	6 »
	Maisons...............	120	9 »	6 »
	Poissy................	110	8 »	5 50
	Vilaines..............	106	7 95	5 30
	Triel.................	102	7 90	5 10
	Meulan...............	96	7 45	4 80
ROUEN........	Epône................	88	6 80	4 40
	Mantes...............	80	6 »	4 »
	Bonnières............	68	5 25	3 40
	Vernon...............	57	4 25	2 85
	Gaillon..............	43	3 25	2 15
	Saint-Pierre-Louviers....	30	1 50	1 25
	Pont-de-l'Arche........	17	» 90	» 70
	Tourville.............	13	» 65	» 60

TRAIN DE NUIT. (Ce service n'a pas lieu pendant l'hiver.)

LIEUX de DÉPART.	DESTINATIONS.	Distances servant de base à la fixation des prix de transport.	1ʳᵉ CLASSE. Voitures couvertes et fermées à glaces, suspendues sur ressorts. PRIX de transport.	2ᵉ CLASSE. Voitures couvertes et suspendues sur ressorts. PRIX de transport.
		kilomètres.	fr. c.	fr. c.
GARE DES BATIGNOLLES......	Maisons...............	15	1 50	1 »
	Rouen................	135	13 »	10 »
ROUEN........	Tourville.............	13	» 80	» 65

TARIF (D) *pour le transport des bagages.*

NOTA. Aux termes de l'article 36 du cahier des charges, chaque voyageur pourra porter avec lui un bagage dont le poids n'excédera pas 15 kilogrammes, sans être tenu, pour le port de ce bagage, à aucun supplément de prix. (*Voir* l'article 9 de l'ordonnance, page 778.)

1° Dans le sens de PARIS à ROUEN.

DE LA GARE DES BATIGNOLLES aux DESTINATIONS SUIVANTES, *et vice versâ.*	DIS-TANCES servant de base à la fixation des prix de transport	Jusqu'a 5 kilog. inclusive-ment.	Au-dessus de 5 kilog. jusqu'à 10 kil. inclusive-ment.	Au-dessus de 10 kilog. jusqu'à 25 kil. inclusive-ment.	Au-dessus de 25 kilog. jusqu'à 50 kil. inclusive-ment.	Au-dessus de 50 kilog. jusqu'à 75 kil. inclusive-ment.	Au-dessus de 75 kilog. jusqu'à 100 kil. inclusive-ment.
	kilom.	fr. c.	fr. c.	fr. c.	fr. c.	fr. c.	fr. c.
Houilles..................	11	» 30	» 60	» 75	1 »	1 25	1 50
Maisons..................	15	» 30	» 60	» 75	1 50	1 75	1 85
Poissy....................	23	» 30	» 60	» 75	1 50	2 »	2 »
Vilaines..................	29	» 30	» 60	» 75	1 50	2 »	2 »
Triel......................	33	» 30	» 60	» 75	1 50	2 »	2 »
Meulan...................	39	» 30	» 60	» 75	1 50	2 »	2 »
Epône....................	47	» 40	» 70	1 »	1 80	2 50	3 »
Mantes...................	55	» 50	» 70	1 »	1 80	2 50	3 »
Bonnières................	67	» 50	» 80	1 »	2 »	2 50	3 50
Vernon...................	78	» 50	» 80	1 25	2 25	3 25	3 50
Gaillon...................	92	» 50	» 80	1 25	2 50	3 50	4 50
Saint-Pierre-Louviers......	105	» 50	» 80	1 25	2 75	3 50	4 50
Pont-de-l'Arche..........	118	» 50	» 80	1 50	2 75	3 50	5 »
Tourville.................	122	» 50	» 80	1 50	3 »	3 »	5 50
Rouen....................	135	» 50	» 80	1 50	3 »	3 »	6 »

D'UNE STATION
INTERMÉDIAIRE
à une autre distance intermédiaire,
pour les distances ci-après indiquées.

Jusqu'à 20 kilomètres..	» 40	» 50	» 75	1 »	1 »	1 »
Au-dessus de 20 jusqu'à 40 *id*.....	» 75	» 80	1 »	1 25	1 50	1 60
Au-dessus de 40 jusqu'à 80 *id*.....	» 80	1 »	1 25	2 »	2 25	2 50
Au-dessus de 80 jusqu'à 100 *id*.....	» 80	1 25	1 50	2 50	3 25	3 50
Au-dessus de 100 kilomètres..........	1 »	1 50	2 »	3 »	3 80	4 »

Au-dessus de 100 kilogrammes, 4 centimes par fraction non divisible de 200 kilogrammes et par kilomètre.

Suite du TARIF (D) *pour le transport des bagages.*

2° Dans le sens de ROUEN à PARIS.

DE ROUEN aux DESTINATIONS SUIVANTES, *et vice versâ.*	DISTANCES servant de base à la fixation des prix de transport.	Jusqu'à 5 kilog. inclusivement.	Au-dessus de 5 kilog jusqu'à 10 kil. inclusivement.	Au-dessus de 10 kilog. jusqu'à 25 kil. inclusivement.	Au-dessus de 25 kilog. jusqu'à 50 kil. inclusivement.	Au-dessus de 50 kilog. jusqu'à 75 kil. inclusivement.	Au-dessus de 75 kilog. jusqu'à 100 kil. inclusivement.
	kilom.	fr. c.	fr. c.	fr. c.	fr. c.	fr. c.	fr. c.
Tourville	13	» 30	» 60	» 75	1 »	1 50	1 50
Pont-de-l'Arche	17	» 50	» 60	» 75	1 50	1 75	2 »
Saint-Pierre-Louviers	50	» 50	» 60	» 75	1 50	2 »	2 »
Gaillon	43	» 30	» 60	» 75	1 50	2 »	2 »
Vernon	57	» 50	» 70	1 »	1 80	2 50	3 »
Bonnières	68	» 50	» 80	1 »	2 »	2 50	3 »
Mantes	80	» 50	» 80	1 25	2 25	3 25	3 50
Epône	88	» 50	» 80	1 25	2 50	3 25	4 »
Meulan	96	» 50	» 80	1 25	2 50	3 50	4 50
Triel	102	» 50	» 80	1 25	2 75	3 50	4 50
Vilaines	106	» 50	» 80	1 25	2 75	3 50	4 50
Poissy	110	» 50	» 80	1 25	2 75	3 50	4 50
Maisons	120	» 50	» 80	1 50	2 75	3 50	5 »
Houilles	124	» 50	» 80	1 50	2 75	3 50	5 »
Paris	137	» 50	» 80	1 50	3 »	4 50	6 »

D'UNE STATION
INTERMÉDIAIRE
à une autre station intermédiaire,
pour les distances ci-après indiquées.

Jusqu'à 20 kilomètres..	» 40	» 50	» 75	1 »	1 »	1 »
Au-dessus de 20 jusqu'à 40 *id.*....	» 75	» 80	1 »	1 25	1 50	1 60
Au-dessus de 40 jusqu'à 80 *id.*....	» 80	1 »	1 25	2 »	2 25	2 50
Au-dessus de 80 jusqu'à 100 *id.*....	» 80	1 25	1 50	2 50	3 25	3 50
Au-dessus de 100 kilomètres..........	1 »	1 50	2 »	3 »	3 80	4 »

Au-dessus de 100 kilogrammes, 4 centimes par fraction non divisible de 200 kilogrammes et par kilomètre.

N° 1896. — *Ordonnance concernant les caisses, pots à fleurs et autres objets dont la chute peut causer des accidents.*

Paris, le 23 octobre 1844.

Nous, pair de France, préfet de police ,

Considérant que la sûreté publique est journellement compromise par suite de l'inexécution des dispositions de l'ordonnance de police du 1er avril 1818 , concernant les caisses, pots à fleurs et autres objets dont la chute peut occasionner des accidents ;

Considérant qu'il importe de rappeler ce règlement aux habitants de Paris et d'y ajouter les dispositions nouvelles dont l'expérience a fait reconnaître la nécessité ;

Vu l'ordonnance de police précitée, ensemble les articles 319-320 et 471 du Code pénal ;

Eu vertu de la loi des 16-24 août 1790 et de l'arrêté du gouvernement du 12 messidor an VIII (1er juillet 1800),

Ordonnons ce qui suit :

1. Il est défendu à tous propriétaires et locataires des maisons situées dans la ville de Paris, de déposer , sous aucun prétexte, et de laisser déposer sur les toits, entablements, chéneaux, gouttières, terrasses, murs et autres parties élevées des maisons, des caisses, pots à fleurs, vases et autres objets quelconques.

Il ne pourra être formé des dépôts de cette espèce que sur les grands et les petits balcons et sur les appuis des croisées garnies de balustrades en fer ou de barres transversales en fer, avec grillage en fil de fer maillé, s'étendant à tout l'espace compris entre l'appui et la barre la plus élevée.

Il est, toutefois, interdit de déposer , sur les balcons et appuis de croisées garnies de balustrades, des caisses et pots à fleurs et autres objets qui seraient d'assez petite dimension pour pouvoir passer par les vides des balustrades.

2. Il est également défendu de déposer des cages et garde-manger sur aucune des parties élevées de bâtiments désignés au paragraphe premier de l'article précédent , et d'en placer en saillie des murs bordant la voie publique, de quelque manière qu'ils soient attachés.

3. Toutes les précautions devront être prises pour qu'il ne résulte de l'arrosement des fleurs placées sur les balcons et appuis de croisées aucun écoulement d'eau sur la voie publique.

4. Dans le délai de huit jours, à partir de la publication de la présente ordonnance, tous pots et caisses à fleurs, vases et autres objets déposés sur des parties élevées de bâtiments autres que les balcons et appuis de croisées disposés conformément aux prescriptions de l'article 1er seront supprimés, ainsi que les bois et fers destinés à les soutenir.

5. Toute contravention aux dispositions qui précèdent sera constatée par procès-verbal ou rapport et déférée au tribunal compétent, sans préjudice des mesures administratives qui pourront être prises pour prévenir les accidents.

6. L'ordonnance ci-dessus visée , du 1er avril 1818, est rapportée.

7. La présente ordonnance sera imprimée et affichée.

Les commissaires de police, le chef de la police municipale, l'architecte commissaire de la petite voirie, le directeur de la salubrité, les officiers de paix et tous les autres préposés de la préfecture de police sont chargés d'en surveiller et assurer l'exécution.

Le pair de France, préfet de police, G. DELESSERT.

EXTRAIT *de la loi du 5 juillet* 1844, *sur les brevets d'invention.*

« Art. **33.** Quiconque, dans des enseignes, annonces, prospectus,
« affiches, marques ou estampilles, prendra la qualité de breveté sans
« posséder un brevet délivré conformément aux lois, ou après l'expi-
« ration d'un brevet antérieur ; ou qui, étant breveté, mentionnera sa
« qualité de breveté ou son brevet, sans y ajouter ces mots : *sans ga-*
« *rantie du gouvernement*, sera puni d'une amende de cinquante francs
« à mille francs.
« En cas de récidive, l'amende pourra être portée au double. »

Pour copie conforme :

Le secrétaire général de la préfecture de police, PINEL.

N° **1897.** — *Ordonnance concernant les brevets d'invention.*

Paris, le 26 octobre 1844.

Nous, pair de France, préfet de police,
Vu l'article 33 de la loi du 5 juillet 1844, sur les brevets d'invention ;
Vu la lettre du 22 octobre courant, de M. le ministre de l'agriculture et du commerce, qui nous charge d'assurer l'exécution des prohibitions résultant de l'article 33 de ladite loi ;
Vu l'article 2 de l'arrêté du gouvernement du **12** messidor an VIII
(1er juillet 1800), et l'article 1er de celui du 3 brumaire an IX (25 octobre
1800) ;
Vu l'article 10 du Code d'instruction criminelle ;
Considérant que la loi du 5 juillet 1844, sur les brevets d'invention,
est devenue exécutoire à partir du 5 octobre courant ;
Considérant qu'il importe de donner la plus grande publicité aux
prohibitions et aux prescriptions entièrement nouvelles, résultant
de l'article 33 de la loi susdatée,

Ordonnons ce qui suit :

1. Le texte de l'article 33 de la loi du 5 juillet 1844, sur les brevets
d'invention. sera imprimé en tête de la présente ordonnance et
publié et affiché tant à Paris que dans le ressort de la préfecture de
police.
2. Il est enjoint à tout individu qui, dans des enseignes, annonces,
prospectus, affiches, marques ou estampilles, mentionnera sa qualité
de breveté ou son brevet d'invention, de se conformer immédiatement
à la prescription imposée par l'article 33 de la loi du 5 juillet 1844, et
qui consiste à y ajouter ces mots : *sans garantie du gouvernement*, et ce,
sans distinction des brevets pris antérieurement à ladite loi.
3. Les infractions résultant du défaut d'accomplissement de la prescription imposée par l'article 33 de la loi susdatée, seront constatées
par des procès-verbaux des commissaires de police de la ville de Paris,
de la banlieue et des maires des communes rurales du département
de la Seine, lesquels procès-verbaux seront transmis au tribunal cor-
rectionnel, pour être fait application aux contrevenants des peines
prononcées par l'article 33 de la loi du 5 juillet 1844 (amende de cinquante francs à mille francs), portée au double en cas de récidive.

4. La présente ordonnance sera imprimée, publiée et affichée dans Paris et dans l'étendue du ressort de la préfecture de police.

Le chef de la police municipale et les commissaires de police de la ville de Paris sont chargés d'assurer son exécution.

Les sous-préfets de Sceaux et de Saint-Denis, les maires et les commissaires de police des communes rurales du département de la Seine sont spécialement chargés de veiller à ce que ses dispositions soient exécutées, en ce qui les concerne, dans leurs communes respectives.

Le pair de France, préfet de police, G. DELESSERT.

N° **1898.**—*Ordonnance qui autorise provisoirement la continuation de la perception des prix de transport fixés par le tarif du 14 juin 1844, applicable aux chemins de fer de Paris à Saint-Germain et de Paris à Versailles (rive droite).*

Paris, le 31 octobre 1844.

Nous, pair de France, préfet de police,

Vu, 1° notre ordonnance du 14 juin dernier, qui fixe le tarif des prix à percevoir pour le transport des voyageurs, des chevaux, bestiaux et voitures sur les chemins de fer de Paris à Saint-Germain et de Paris à Versailles (rive droite), et notamment les articles 3 et 5 de cette ordonnance, lesquels sont ainsi conçus:

« Art. 3.—L'autorisation provisoire résultant de l'article 1er, en ce « qui concerne les prix à percevoir pour le trajet de Paris à Colombes, « et *vice versâ*, n'est accordée que jusqu'au 1er novembre 1844, et que « sous la réserve faite par l'administration de la retirer à cette époque « si elle en reconnaît la nécessité ou la convenance; la compagnie, « dans le cas où elle se déciderait à poursuivre l'exploitation de la « station de Colombes, après le 1er novembre prochain, devrait se « renfermer dans les limites du tarif légal.

« Art. 5.—Les tarifs qui précèdent ne sont accordés que provisoire-« ment et sauf la ratification de la loi, et, en outre, sous la condition « que, dans le délai de six mois, à partir du 1er juin courant, les com-« pagnies feront, pour les parcours intermédiaires, de nouvelles pro-« positions de tarif renfermées dans les limites du tarif légal. »

2° La lettre, en date de ce jour, par laquelle M. le ministre des travaux publics nous informe que les compagnies viennent de lui adresser une réclamation tendant à ce que l'administration approuve d'une manière définitive, tant le tarif provisoire autorisé à l'occasion de l'établissement de la station de Colombes, que le tarif des prix perçus pour le parcours entre les diverses stations intermédiaires des deux chemins de fer, et qu'il autorise lesdites compagnies à percevoir ce tarif provisoirement et jusqu'à décision définitive;

Considérant qu'il y a lieu de prendre les mesures nécessaires pour assurer l'exécution de la décision de M. le ministre des travaux publics,

Ordonnons ce qui suit:

1. Notre ordonnance du 14 juin 1844, portant homologation des prix à percevoir pour le transport des voyageurs, des chevaux, bestiaux et voitures, sur les chemins de fer de Paris à Saint-Germain et de Paris à Versailles (rive droite), est maintenue dans toutes ses dispositions et continuera de recevoir son exécution provisoirement et

jusqu'à ce qu'il ait été statué définitivement sur les propositions que les compagnies viennent de soumettre à l'administration supérieure.

2. La présente ordonnance sera imprimée et affichée.

5. Les commissaires spéciaux de police et les agents de surveillance des chemins de fer de Paris à Saint-Germain et de Paris à Versailles (rive droite), les maires et commissaires de police des communes dont le territoire est traversé par lesdits chemins de fer sont chargés d'en assurer l'exécution.

Le pair de France, préfet de police, G. DELESSERT.

N° **1899**. — *Avis concernant les plaques de voitures.*

Paris, le 6 novembre 1844.

Aux termes des lois et règlements, tout propriétaire de voitures de roulage et, en général, de toute espèce de voitures, même traînées à bras, servant aux transports des marchandises, matériaux et autres objets, est tenu d'y faire placer, entretenir et renouveler au besoin, une plaque de métal sur laquelle son nom et son domicile sont peints en caractères lisibles.

Cette plaque doit être clouée en avant de la roue et au côté gauche de la voiture.

D'après ces dispositions, les propriétaires de voitures qui font usage d'un moyen quel qu'il soit, autre que l'apposition au côté gauche des voitures d'une plaque en métal sur laquelle leur nom et leur domicile sont peints en caractères lisibles, sont en contravention; ainsi, les personnes qui, au lieu de se servir d'une plaque en métal, emploient des plaques en bois ou en papier, ou qui font peindre leur nom et leur domicile sur le corps même de la voiture, encourent les peines portées par la loi. Il en est de même des propriétaires qui indiquent seulement sur les plaques leur nom, la rue et le numéro où ils demeurent, sans désigner la ville qu'ils habitent, ou qui indiquent la ville sans faire inscrire le nom de la rue et le numéro.

Le préfet de police croit devoir rappeler aux propriétaires de voitures l'obligation rigoureuse qui leur est imposée de faire placer, en avant de la roue et au côté gauche de leurs voitures, une plaque en métal, sur laquelle doivent être peints, en caractères lisibles, leur nom et leur domicile.

Le pair de France, préfet de police, G. DELESSERT.

N° **1900**. — *Ordonnance qui fixe le tarif des prix à percevoir pour le transport des voyageurs, des bagages, articles de messagerie, marchandises, voitures, chevaux, etc., sur le chemin de fer de Paris à Orléans (section de Corbeil).*

Paris, le 22 novembre 1844.

Nous, pair de France, préfet de police,

Vu, 1° la loi du 15 juillet 1838, qui autorise l'établissement d'un chemin de fer de Paris à Orléans, et la loi du 15 juillet 1840, relative audit chemin, ensemble le cahier des charges annexé à cette dernière loi;

2° La loi du 1er août 1839, et notamment l'article 5 de cette loi;

3° Notre arrêté du 12 novembre 1842, qui fixe le tarif des prix à percevoir pour le transport des voyageurs, des bagages et des articles de messagerie sur la section dudit chemin, comprise entre Paris et Corbeil;

4° Les propositions qui nous ont été présentées par la compagnie concessionnaire dudit chemin de fer, et qui ont pour objet d'apporter dans le tarif susindiqué les modifications nécessitées par la suppression des stations d'Ablon et de Châtillon, que ladite compagnie annonce avoir l'intention d'opérer, par suite de la construction des gares de Juvisy et de Villeneuve-le-Roi, ensemble les observations par nous présentées à M. le ministre des travaux publics au sujet de ces propositions;

5° La lettre, en date du 8 avril dernier, par laquelle M. le sous-secrétaire d'Etat des travaux publics nous informe que ladite compagnie est autorisée à supprimer les stations d'Ablon et de Châtillon, et à les remplacer par celles de Juvisy et de Villeneuve-le-Roi, mais sous la réserve formelle pour l'avenir, à l'égard desdites stations, de l'exercice du droit qui appartient à l'administration, en vertu de l'article 7 du cahier des charges;

6° Les nouvelles propositions présentées, sur notre invitation, par ladite compagnie et ayant surtout pour objet de réparer des omissions existant dans le tarif précité du 12 novembre 1842, et d'en rendre l'intelligence plus facile;

Ensemble les observations par nous adressées à ce sujet à M. le ministre des travaux publics;

7° Les décisions ministérielles des 28 août et 14 septembre derniers touchant lesdites propositions;

Considérant qu'il y a lieu d'opérer dans le tarif du 12 novembre 1842, applicable au chemin de fer de Paris à Corbeil, les retranchements nécessités par la suppression des stations d'Ablon et de Châtillon, et d'y apporter diverses modifications proposées ou consenties par la compagnie,

Ordonnons ce qui suit :

TITRE Ier.

TRANSPORT A LA VITESSE DES VOYAGEURS.

CHAPITRE Ier.

Voyageurs.

1. Les prix à percevoir pour le transport des voyageurs à la vitesse de trente-deux kilomètres au moins à l'heure, sur le chemin de fer de Paris à Orléans (section de Corbeil), sont fixés, y compris l'impôt dû au trésor, conformément au tableau suivant :

(Voir, à la suite de l'ordonnance, l'annexe, tarif A.)

CHAPITRE II.

Bagages.

§ 1er.—Prix de transport.

2. Les prix à percevoir pour le transport des bagages à la vitesse des voyageurs, sur la demande des expéditeurs, sont réglés d'après le tableau suivant :

(Voir, à la suite de l'ordonnance, l'annexe, tarif B.)

3. Conformément aux dispositions de l'article 40 paragraphe 1er, du cahier des charges, les militaires en service, voyageant en corps ou isolément, ne seront assujettis, eux et leurs bagages, qu'à la moitié des taxes ci-dessus fixées.

4. Il ne sera rien dû pour les bagages de voyageurs dont le poids n'excédera pas quinze kilogrammes ; l'excédant seul de ce poids sera soumis à la taxe.

§ 2.—*Frais accessoires.*

5. La compagnie est autorisée à percevoir dix centimes pour l'enregistrement des bagages dont le poids n'excédera pas quinze kilogrammes.

L'enregistrement est facultatif pour les bagages dont le poids n'excédera pas quinze kilogrammes ; lorsqu'il a lieu à la demande des voyageurs, il est soumis au droit de dix centimes.

CHAPITRE III.

Articles de messagerie et marchandises.

SECTION 1re.—Prix de transport.

6. Les prix à percevoir pour les articles de messagerie et les marchandises transportés à la vitesse des voyageurs, sur la demande expresse des expéditeurs, sont réglés conformément au tableau suivant :

(Voir, à la suite de l'ordonnance, l'annexe, tarif C.)

SECTION II.—Frais accessoires.

§ 1er.— *Enregistrement et magasinage.*

7. La compagnie est autorisée à percevoir un droit de dix centimes pour l'enregistrement de tous articles de messagerie et marchandises transportés à la vitesse des voyageurs.

La compagnie est également autorisée à percevoir, à titre de frais de magasinage, un droit de vingt centimes par cent kilogrammes, pour les articles de messagerie adressés bureau restant.

Tout article dont le poids serait inférieur à cent kilogrammes sera soumis au même droit.

§ 2.—*Chargement et déchargement.*

8. Les frais accessoires de chargement et de déchargement des articles de messagerie et des marchandises transportés à la vitesse des voyageurs sont réglés conformément au tableau suivant :

Au-dessus de	100 jusqu'à	200 kilog. inclusivement.	» fr. 50 cent.			
—	de 200 —	400 —	—	»	75	
—	de 400 —	600 —	—	1	»	
—	de 600 —	800 —	—	1	25	
—	de 800 —	1,000 —	—	1	50	
—	de 1,000 par fraction indivisible de 1,000 kil.			1	50	

NOTA. Il n'est perçu aucun droit de chargement et de déchargement pour les colis d'un poids n'excédant pas 100 kilogrammes.

CHAPITRE IV.

Voitures, chevaux et chiens.

§ 1er.—*Prix de transport.*

9. La compagnie est autorisée à percevoir les prix fixés au tableau

suivant pour le transport des voitures, chevaux et chiens marchant à la vitesse des voyageurs (trente-deux kilomètres au moins à l'heure), sur la demande expresse des expéditeurs.

(Voir, à la suite de l'ordonnance, l'annexe, tarif D.)

§ 2.— *Chargement et déchargement.*

10. La compagnie est autorisée à percevoir, à titre de frais accessoires de chargement et de déchargement des voitures et des chevaux, les prix suivants :

Voiture sur plate-forme............. 2 fr.
Un cheval........................ 2

CHAPITRE V.

Or, argent, bijoux et autres objets de valeur.

11. Le transport de l'or, de l'argent, soit monnayé ou travaillé, soit en lingot, du plaqué d'or et d'argent, du mercure, du platine, des bijoux, pierres précieuses ou autres valeurs de même nature s'effectuera au prix suivant, quelle que soit la distance parcourue : vingt-cinq centimes par fraction indivisible de mille francs.

TITRE II.

TRANSPORT A LA VITESSE DES MARCHANDISES.

CHAPITRE 1er.

Marchandises.

SECTION Iʳᵉ.—Transport.

12. Les prix à percevoir pour le transport des marchandises à la vitesse de seize kilomètres au moins à l'heure, sont réglés d'après le tableau suivant :

(Voir, à la suite de l'ordonnance, l'annexe, tarif E.)

13. Conformément à l'article 35 du cahier des charges, les fractions de poids ne seront comptées que par cinquième de tonne (deux cents kilogrammes).

SECTION II.—*Frais accessoires.*

§ 1er,—*Enregistrement et magasinage.*

14. La compagnie est autorisée à percevoir un droit de dix centimes pour l'enregistrement de toute expédition de denrées ou marchandises.

La compagnie est également autorisée à percevoir, à titre de frais de magasinage, un droit de vingt centimes par cent kilogrammes pour les denrées ou marchandises adressées bureau restant.

Tout article dont le poids serait inférieur à cent kilogrammes sera soumis au même droit.

§ 2.—*Chargement et déchargement.*

15. Les frais accessoires de chargement et de déchargement sont fixés à un franc par mille kilogrammes.

CHAPITRE II.

Voitures et chevaux.

§ 1er.—*Prix de transport.*

16. La compagnie est autorisée à percevoir les prix fixés au tableau suivant pour le transport des voitures et des chevaux à la vitesse des marchandises.

DE PARIS A CORBEIL, *et vice versâ :*

TRANSPORT des VOITURES.	Voiture à 2 roues...............................	10 fr.	» c.
	Voiture à 4 roues et à un fond..............	15	»
	Voiture à 4 roues et à 2 fonds..............	18	»
TRANSPORT des CHEVAUX.	Un cheval....................................	4	65

§ 2.—*Chargement et déchargement.*

17. La compagnie est autorisée à percevoir, à titre de frais accessoires de chargement et de déchargement des voitures et des chevaux, les prix suivants :

Voiture sur plate-forme........ 2 fr.
Un cheval..................... 2

TITRE III.

DISPOSITIONS GÉNÉRALES.

18. Tant que la compagnie n'aura point organisé un service de transport à petite vitesse, elle ne percevra pour le transport des marchandises, voitures et chevaux, bien qu'il soit effectué à grande vitesse, que les prix de la petite vitesse réglés sous le titre II de la présente ordonnance.

19. Tout envoi composé de plusieurs colis expédiés par une même personne ou adressés à un même destinataire, ne donnera lieu qu'à un enregistrement, pourvu que les colis soient composés d'objets de même nature, tels que sucre, café, etc. (article 39 du cahier des charges).

20. Les perceptions ci-dessus autorisées, à titre de frais accessoires de chargement, de déchargement, d'enregistrement et de magasinage, ne sont que provisoires et sont subordonnées au règlement spécial qui doit, conformément au cahier des charges, déterminer les taxes de cette nature.

21. Les taxes comprises dans la présente ordonnance, qui sont inférieures à celles du tarif du cahier des charges, ne pourront être relevées qu'après un délai de trois mois au moins.

Tous changements apportés aux tarifs ci-dessus réglés devront être homologués et annoncés, au moins un mois d'avance, par des affiches.

22. La perception d'aucune taxe ne sera régulière qu'en vertu d'une homologation administrative.

23. Celles des dispositions ci-dessus, qui modifient notre arrêté du

12 novembre 1842, ne seront obligatoires qu'un mois après la publication de la présente ordonnance.

A l'expiration de ce délai, notre arrêté du 12 novembre 1842 cessera complétement d'être en vigueur.

24. La présente ordonnance sera imprimée, notifiée à la compagnie, publiée et affichée.

Le commissaire spécial de police et les agents de surveillance du chemin de fer d'Orléans (section de Corbeil), ainsi que les maires et les commissaires de police des communes dont le territoire est traversé par ledit chemin de fer, sont chargés d'en assurer l'exécution.

Le pair de France, préfet de police, G. DELESSERT.

ANNEXE à l'ordonnance de police du 22 novembre 1844, concernant le chemin de fer de Paris à Orléans (Section de Corbeil).

TITRE Ier. — Transport à la vitesse des voyageurs.

TARIF (A) *pour le transport des voyageurs.*

NOTA.—Les militaires en service, voyageant en corps ou isolément, ne sont assujettis qu'à la moitié des taxes fixées par le présent tarif (art. 40, § 1er, du cahier des charges). (Voir l'article 3, p. 801.)

LIEUX de DÉPART.	DESTINATIONS.	Distances servant de base à la fixation des prix de transport.	1re CLASSE. Voitures couvertes et fermées à glaces, suspendues sur ressorts. PRIX de transport.		2e CLASSE. Voitures couvertes et suspendues sur ressorts. PRIX de transport.		3e CLASSE. Voitures découvertes, mais suspendues sur ressorts. PRIX de transport.	
		kilomèt.	fr.	c.	fr.	c.	fr.	c.
PARIS........	Choisy-le-Roi........	10	1	»	»	80	»	50
	Villeneuve-le-Roi.....	14	1	45	1	10	»	75
	Athis-Mons..........	17	1	75	1	30	»	90
	Juvisy..............	19	1	95	1	50	1	»
	Ris-Orangis..........	24	2	50	1	85	1	25
	Evry...............	28	2	90	2	20	1	45
	Corbeil.............	31	3	»	2	10	1	60
CHOISY-LE-ROI...	Paris..............	10	1	»	»	80	»	50
	Villeneuve-le-Roi.....	6	»	60	»	45	»	30
	Athis-Mons..........	7	»	70	»	55	»	35
	Juvisy..............	10	1	05	»	80	»	50
	Ris-Orangis..........	14	1	45	1	10	»	75
	Evry...............	18	1	85	1	40	»	95
	Corbeil.............	21	2	15	1	65	1	10

Suite du TITRE Ier. — Transport à la vitesse des voyageurs.

LIEUX de DÉPART.	DESTINATIONS.	Distances servant de base à la fixation des prix de transport.	1re CLASSE. — Voitures couvertes et fermées à glaces, suspendues sur ressorts. PRIX de transport.	2e CLASSE. — Voitures couvertes et suspendues sur ressorts. PRIX de transport.	3e CLASSE. — Voitures découvertes, mais suspendues sur ressorts. PRIX de transport.
		kilomèt.	fr. c.	fr. c.	fr. c.
VILLENEUVE-LE-ROI	Paris............	14	1 45	1 10	» 75
	Choisy le-Roi.......	6	» 60	» 45	» 30
	Athis-Mons..........	6	» 60	» 45	» 30
	Juvisy.............	6	» 60	» 45	» 30
	Ris-Orangis.........	10	1 05	» 80	» 50
	Évry	14	1 45	1 10	» 75
	Corbeil............	17	1 75	1 30	» 90
ATHIS-MONS	Paris............	17	1 75	1 30	» 90
	Choisy-le-Roi.......	7	» 70	» 55	» 35
	Villeneuve-le-Roi....	6	» 60	» 45	» 30
	Juvisy.............	6	» 60	» 45	» 50
	Ris-Orangis	8	» 85	» 60	» 40
	Evry..............	12	1 25	» 95	» 65
	Corbeil............	15	1 55	1 15	» 80
JUVISY	Paris............	19	1 95	1 50	1 »
	Choisy-le-Roi.......	10	1 05	» 80	» 50
	Villeneuve-le-Roi....	6	» 60	» 45	» 30
	Athis-Mons..........	6	» 60	» 45	» 30
	Ris-Orangis.........	6	» 60	» 45	» 30
	Evry.............	9	» 95	» 70	» 45
	Corbeil............	12	1 25	» 95	» 65
RIS-ORANGIS	Paris............	24	2 50	1 85	1 25
	Choisy-le-Roi.......	14	1 45	1 10	» 75
	Villeneuve-le-Roi....	10	1 05	» 80	» 50
	Athis-Mons..........	8	» 85	» 60	» 40
	Juvisy.............	6	» 60	» 45	» 30
	Evry.............	6	» 60	» 45	» 30
	Corbeil............	7	» 70	» 55	» 35
EVRY	Paris............	28	2 90	2 20	1 45
	Choisy-le-Roi.......	18	1 85	1 40	» 95
	Villeneuve-le-Roi....	14	1 45	1 10	» 75
	Athis-Mons..........	12	1 25	» 95	» 65
	Juvisy.............	9	» 95	» 70	» 45
	Ris-Orangis.........	6	» 60	» 45	» 30
	Corbeil............	6	» 60	» 45	» 30

Suite du TITRE 1er. — Transport à la vitesse des voyageurs.

LIEUX de DÉPART.	DESTINATIONS.	Distances servant de base à la fixation des prix de transport.	1re CLASSE. Voitures couvertes et fermées à glaces, suspendues sur ressorts. PRIX de transport.	2e CLASSE. Voitures couvertes et suspendues sur ressorts. PRIX de transport.	3e CLASSE. Voitures découvertes, mais suspendues sur ressorts. PRIX de transport.
		kilomèt.	fr. c.	fr. c.	fr. c.
CORBEIL.........	Paris...............	31	3 »	2 40	1 60
	Choisy-le-Roi........	21	2 15	1 65	1 10
	Villeneuve-le-Roi....	17	1 75	1 50	» 90
	Athis-Mons.........	15	1 55	1 15	» 80
	Juvisy.............	12	1 25	» 95	» 65
	Ris-Orangis.........	7	» 70	» 55	» 35
	Evry..............	6	» 60	» 45	» 30

TARIF (B) *pour le transport des bagages.*

		Jusqu'à 20 kilogram. inclusivement.	* Au-dessus de 20 kilog jusqu'à 50 kil. inclusiv.	Jusqu'à 50 kilogram. inclusivement.	Au-dessus de 50 kilog. jusqu'a 100 kil. inclusiv.	Au-dessus de 50 kil. jusqu'à 200 kil. inclusive.	Au-dessus de 100 kil. jusqu'à 200 kil. inclusiv.
Aux termes de l'article 36 du cahier des charges, chaque voyageur pourra porter avec lui un bagage dont le poids n'excédera pas 15 kilogr , sans être tenu, pour le port de ce bagage, à aucun supplément de prix. (NOTA. Voir pour les bagages des militaires en service, l'art. 3, p. 801.)		fr. c.	fr. c.	fr. c.	fr. c.	fr. c.	fr. c.
De PARIS aux Stations ci-contre, *et vice versâ.*	Choisy-le-Roi....	» »	» »	» 30	» 50	» »	» 80
	Villeneuve-le-Roi.	» »	» »	» 30	» 50	» »	» 80
	Athis-Mons......	» »	» »	» 30	» 50	» »	» 80
	Juvisy..........	» 50	» 75	» »	1 25	» »	1 65
	Ris-Orangis......	» 50	» 75	» »	1 25	» »	1 65
	Evry...........	» 50	» 75	» »	1 25	» »	1 65
	Corbeil.........	» 50	» 75	» »	1 50	» »	2 45
De CORBEIL aux Stations ci-contre, *et vice versâ.*	Evry...........	» »	» »	» 30	» »	» 50	» »
	Ris-Orangis......	» »	» »	» 30	» »	» 50	» »
	Juvisy..........	» »	» »	» 30	» »	» 50	» »
	Athis-Mons......	» »	» »	» 30	» »	» 50	» »
	Villeneuve-le-Roi.	» »	» »	» 30	» »	» 50	» »
	Choisy-le-Roi....	» 50	» 75	» »	1 25	» »	1 65
	Paris	» 50	» 75	» »	1 50	» »	2 45
STATIONS intermédiaires .	D'une station intermédiaire à une autre station intermédiaire	Au-dessus de 200 kilogr , 08 c. par kilomètres et par fraction indivisible de 200 kilogr.					
(NOTA. (*Voir, pour les distances, le Tableau du Tarif pour le transport des voyageurs.*)		Conformément aux dispositions de l'art. 35, § 1er, du cahier des charges, pour toute distance parcourue moindre de 6 kilomètres, le droit sera perçu comme pour 6 kilomètres entiers.					

Suite du TITRE Ier. — Transport à la vitesse des voyageurs.

TARIF (C) *pour le transport des articles de messagerie et des marchandises.*

NOTA. La compagnie ne pourra percevoir les prix fixés au présent Tarif qu'après qu'elle aura organisé un service de transport à petite vitesse. (*Voir* l'article 18, page 803.)

		Jusqu'à 25 kilogr inclusivement.	Au-dessus de 25 kilogr. jusqu'à 50 kilogr. inclusiv.	Au-dessus de 50 kilogr. jusqu'à 100 kil. inclusiv.	Au dessus de 100 kilogr. par fraction non divisible de 200 kil.
		fr. c.	fr. c.	fr. c.	fr. c.
De PARIS aux Stations ci-contre, *et vice versâ.*	Choisy-le-Roi.........	» 25	» 50	1 »	» 80
	Villeneuve-le-Roi......	» 25	» 50	1 »	1 12
	Athis-Mons...........	» 25	» 50	1 »	1 36
	Juvisy...............	» 25	» 50	1 »	1 52
	Ris-Orangis..........	» 25	» 50	1 »	1 92
	Evry................	» 25	» 50	1 »	2 24
	Corbeil..............	» 25	» 50	1 »	2 48

De CORBEIL à une Station intermédiaire et d'une Station intermédiaire à une autre. — Au-dessus de 200 kilog., 8 c. par kilom. et par fraction indiv. de 200 kilog.

(NOTA. *Voir pour les distances, le Tableau du Tarif pour le transport des voyageurs.*) — Conformément aux dispositions de l'art. 35, § 3, du cahier des charges, pour toute distance parcourue moindre de 6 kilomètres, le droit sera perçu comme pour 6 kilomètres entiers.

TARIF (D) *pour le transport des voitures, chevaux et chiens.*

NOTA. La compagnie ne pourra percevoir les prix fixés au présent Tarif, en ce qui concerne les voitures et les chevaux, qu'après qu'elle aura organisé un service de transport à petite vitesse. (*Voir* l'article 18, page 803.)

De PARIS à CORBEIL *et vice versâ.*	Transport des voitures..........	Voiture à 2 roues..............	10 f. » c.
		Voiture à 4 roues et à un fond...	13 »
		Voiture à 4 roues et à 2 fonds...	18 »
	Transport des chevaux..........	Un cheval...................	6 »
		Deux chevaux appartenant au même propriétaire..................	13 »
		Trois chevaux appartenant au même propriétaire..................	18 »
		Au-dessus de trois chevaux au même propriétaire et par chaque cheval excédant..................	1 »
	Transport des chiens	Un chien, quelle que soit la distance.	» 50

1844.

TITRE II. — Transport

TARIF (E) *pour le trans*

DÉSIGNATION

Marchandises de 1re classe.

Fontes moulées, fer et plomb ouvré, cuivre et autres métaux ouvrés ou non, vinaigre, vins, boissons, spiritueux, huiles, cotons et autres lainages, bois de menuiserie, de teintures et autres bois exotiques, sucre, café, drogues, épiceries, denrées coloniales, objets manufacturés.

Marchandi...

Blés, grains, farines, chaux et plât... brûler (dit de corde), perches, chevro... bre en bloc, pierres de taille, bitum... en saumon.

NOTA. *Voir, pour les distance*

LIEU

NOTA. Le prix de transport entre deux stations se trouve dans ce tableau au point de jonction de la ligne horizontale correspondant au lieu de départ, et de la ligne verticale correspondant au lieu d'arrivée.

Les prix indiqués sont ceux du transport d'une tonne (soit 1,000 kilogrammes . *Voir* l'art. 13, p. 802 pour les poids inférieurs à une tonne.

LIEUX DE DÉPART	PARIS. 1re classe	PARIS. 2e classe	PARIS. 3e classe	CHOISY-LE-ROI. 1re classe	CHOISY-LE-ROI. 2e classe	CHOISY-LE-ROI. 3e classe	VILLENEUVE. 1re classe	VILLENEUVE. 2e classe	VILLENEUVE. cla...
	fr. c.	fr. c.	fr. c.	fr. c.	fr. c.	fr. c.	fr. c.	fr. c.	fr.
Paris..............	» »	» »	» »	2 »	1 80	1 40	2 80	2 52	1
Choisy-le-Roi........	2 »	1 80	1 40	» »	» »	» »	1 20	1 08	0
Villeneuve..........	2 80	2 52	1 96	1 20	1 08	0 84	» »	» »	»
Athis..............	3 40	3 06	2 38	1 40	1 26	0 98	1 20	1 08	0
Juvisy.............	3 80	3 42	2 66	1 80	1 62	1 26	1 20	1 08	0
Ris...............	4 80	4 52	3 36	2 80	2 52	1 96	2 »	1 80	1
Évry..............	5 60	5 04	3 92	3 60	3 24	2 52	2 80	2 52	1
Corbeil............	6 20	5 58	4 34	4 20	3 78	2 94	3 40	3 06	2

d la vitesse des marchandises.

oort *des marchandises.*

ES CLASSES.

₁ª *classe.*	*Marchandises de* 3ᵉ *classe.*
rrais, coke, charbon de bois, bois à frches, madriers, bois de charpente, mar-.. brute, en barres ou en feuilles, plomb	Pierre à chaux et à plâtre, moellons, meulières, cailloux, sable, argile, tuiles, briques, ardoises, fumier et engrais, pavés et matériaux de toute espèce, pour la construction et la réparation des routes.

Tableau du Tarif des voyageurs.

LRRIVÉE.

	ATHIS.		JUVISY.			RIS.			ÉVRY.			CORBEIL.		
	2ᵉ classe.	3ᵉ classe.	1ʳᵉ classe.	2ᵉ classe.	3ᵉ classe.	1ʳᵉ classe.	2ᵉ classe.	3ᵉ classe.	1ʳᵉ classe.	2ᵉ classe.	3ᵉ classe.	1ʳᵉ classe.	2ᵉ classe.	3ᵉ classe.
fr. c.	fr. c.	fr. c.	fr. c.	fr. c.	fr. c.	fr. c.	fr. c.	fr. c.	fr. c.	fr. c.	fr. c.	fr. c.	fr. c.	fr. c.
40	3 06	2 38	3 80	3 42	2 66	4 80	4 32	3 36	5 60	5 04	3 92	6 20	5 58	4 34
40	1 26	0 98	1 80	1 62	1 26	2 80	2 52	1 96	5 60	3 24	2 52	4 20	3 78	2 94
20	1 08	0 84	1 20	1 08	0 84	2 »	1 80	1 40	2 80	2 52	1 96	3 40	3 06	2 58
»	»	»	1 20	1 08	0 84	1 40	1 26	0 98	2 20	1 98	1 54	2 80	2 52	1 96
20	1 08	0 84	»	»	»	1 20	1 08	0 84	1 80	1 62	1 26	2 40	2 16	1 68
40	1 26	0 98	1 20	1 08	0 84	»	»	»	1 20	1 08	0 84	1 40	1 26	0 98
20	1 98	1 54	1 00	1 62	1 26	1 20	1 08	0 84	»	»	»	1 20	1 08	0 84
80	2 52	1 96	2 40	2 16	1 68	1 40	1 26	0 98	1 20	1 08	0 84	»	»	»

Nº **1901.**— *Ordonnance concernant les neiges et glaces.*

Paris, le 4 décembre 1844.

Nous, pair de France, préfet de police,

Ordonnons ce qui suit :

Notre ordonnance du 7 décembre 1842, concernant les neiges et glaces, sera de nouveau imprimée et affichée.

Le pair de France, préfet de police, G. DELESSERT.

Nº **1902.** — *Ordonnance concernant la vérification périodique des poids et mesures.*

Approuvée par M. le ministre de l'agriculture et du commerce, le 19 décembre 1844.

Paris, le 4 décembre 1844.

Nous, pair de France , préfet de police,
Vu, 1º l'article 3 de la loi des 16-24 août 1790 ;
2º L'article 46 de celle des 19-22 juillet 1791 ;
3º La loi du 1er vendémiaire an IV (23 septembre 1795) ;
4º L'ordonnance royale du 18 décembre 1825 ;
5º L'ordonnance royale du 21 décembre 1832 ;
6º Notre ordonnance en date du 1er décembre 1843 ;
7º L'instruction ministérielle du 14 octobre 1833 , pour l'exécution de l'ordonnance royale précitée, en ce qui concerne la vérification et le poinçonnage des balances et autres instruments de pesage ;
8º La loi du 4 juillet 1837, qui abroge le décret du 12 février 1812, et interdit tous poids et mesures autres que ceux qu'établissent les lois des 18 germinal an III et 19 frimaire an VIII, constitutives du système métrique et décimal ;
9º L'ordonnance royale du 18 mai 1838, d'après laquelle la vérification première des poids, mesures et instruments de pesage autorisés sera faite gratuitement ;
10º L'ordonnance royale du 17 avril 1839, concernant la vérification, l'inspection des poids et mesures et les droits de vérification ;
11º L'instruction ministérielle du 30 août 1839, pour l'exécution de l'ordonnance royale, précitée ;
12º L'ordonnance royale du 16 juin 1839, concernant la forme des poids et mesures décimaux ;
13º L'instruction ministérielle du 4 juin 1844, relative à la vérification première des mesures d'étain ,

Ordonnons ce qui suit :

1. Les poids, mesures et instruments de pesage et mesurage dont les commerçants, industriels ou entrepreneurs font usage , ou qu'ils ont en leur possession, dans le ressort de la préfecture de police, seront, en 1845, soumis, comme précédemment, à la vérification périodique.

2. Les négociants, fabricants et marchands, tant en gros qu'en détail, les entrepreneurs ou directeurs de messageries, de diligences et de transport de marchandises, tant par terre que par eau, les commissionnaires ou entrepreneurs, les offices publics qui comptent avec les contribuables à la mesure ou au poids, les bureaux d'octroi, de pesage public, les monts-de-piété, les préposés des ponts à bascule, les hospices et hôpitaux, et tous autres dénommés dans l'état annexé à notre ordonnance du 23 novembre 1842, lequel indique les nombres et espèces de poids et mesures dont il leur est enjoint d'être pourvus, sont tenus de représenter ces poids et mesures pour être vérifiés et poinçonnés, savoir :

A Paris, aux époques désignées ci-après pour les divers quartiers,

QUARTIERS.	ÉPOQUES DE LA VÉRIFICATION.	SITUATION DES BUREAUX.
Palais-Royal.........	Du 1er janvier au 15 février.	
Feydeau.............	Du 16 février au 11 mars.	
Faubourg Montmartre.	Du 12 mars au 6 avril.	
Chaussée-d'Antin.....	Du 7 avril au 2 mai.	Rue du Helder, n° 11.
Place Vendôme......	Du 3 au 26 mai.	
Tuileries...........	Du 27 mai au 15 juin.	
Roule.............	Du 16 juin au 10 juillet.	
Champs-Élysées......	Du 11 au 31 juillet.	
Saint-Eustache......	Du 1er janvier au 15 février.	
Mail...............	Du 16 février au 11 mars.	
Banque de France...	Du 12 mars au 6 avril.	
Marchés..........	Du 7 avril au 2 mai.	
Faubourg Poissonnière	Du 3 au 26 mai.	Rue Montorgueil, n° 65.
Montmartre.........	Du 27 mai au 15 juin.	
Saint-Honoré.......	Du 16 juin au 10 juillet.	
Louvre.............	Du 11 au 31 juillet.	
St-Martin-des-Champs	Du 1er janvier au 15 février.	
Temple............	Du 16 février au 11 mars.	
Porte Saint-Denis....	Du 12 mars au 6 avril.	
Lombards..........	Du 7 avril au 2 mai.	
Montorgueil.........	Du 3 au 26 mai.	Rue Meslay, n° 18.
Bonne-Nouvelle......	Du 27 mai au 15 juin.	
Porte Saint-Martin...	Du 16 juin au 10 juillet.	
Faubourg Saint-Denis.	Du 11 au 31 juillet.	
Sainte-Avoye.......	Du 1er janvier au 15 février.	
Mont-de-Piété......	Du 16 février au 11 mars.	
Quinze-Vingts......	Du 12 mars au 6 avril.	
Faubourg St-Antoine	Du 7 avril au 2 mai.	Rue Saint-Louis (Marais), n° 9.
Marais.............	Du 3 au 26 mai.	
Popincourt.........	Du 27 mai au 15 juin.	
Marché Saint-Jean...	Du 16 juin au 10 juillet.	
Arcis.............	Du 11 au 31 juillet.	
Hôtel-de-Ville......	Du 1er janvier au 15 février.	
Arsenal............	Du 16 février au 11 mars.	
Saint-Jacques.......	Du 12 mars au 6 avril.	
Jardin-du-Roi.......	Du 7 avril au 2 mai.	Quai de Béthune, n° 22-24 (Ile Saint-Louis).
Saint-Marcel.......	Du 3 au 26 mai.	
Observatoire.......	Du 27 mai au 15 juin.	
Cité..............	Du 16 juin au 10 juillet.	
Ile-Saint-Louis......	Du 11 au 31 juillet.	

QUARTIERS.	ÉPOQUES DE LA VÉRIFICATION.	SITUATION DES BUREAUX.
La Monnaie.........	Du 1er janvier au 15 février.	
St-Thomas-d'Aquin...	Du 16 février au 11 mars.	
Faubourg St-Germain.	Du 12 mars au 6 avril.	
Invalides...........	Du 7 avril au 2 mai.	Rue de l'Abbaye, n° 15, au coin de la rue Saint-Germain-des-Prés.
Luxembourg........	Du 3 au 26 mai.	
Sorbonne...........	Du 27 mai au 15 juin.	
Ecole-de-Médecine...	Du 16 juin au 10 juillet.	
Palais-de-Justice. ...	Du 11 au 31 juillet.	

Et dans les communes rurales du ressort de la préfecture de police, les jours indiqués ci-après, savoir :

Itinéraire de l'arrondissement de Saint-Denis.

JANVIER.

Les 15, 16, 17, *vérification à domicile*. à Saint-Denis.
Les 22, 23, 24, 25................ à   id.
Les 28, 29, 30 (*domicile*).......... à   id.

FÉVRIER.

Les 6, 7, 8 (*domicile*).............. à Batignolles.
Les 11, 12, 13, 14, 15.............. à   id.
Les 19, 20, 21, 22................. à Neuilly.

MARS.

Le 4............................ à Villetaneuse.
Le 6............................ à Stains, Pierrefitte.
Le 8............................ à Épinay.
Le 11........................... à l'Ile Saint-Denis.
Les 14, 15...................... à Clichy.
Le 18........................... à Saint-Ouen.
Les 25, 26, 27.................. à Passy.
Les 28, 29 (*domicile*)............. à   id.

AVRIL.

Les 8, 9, 10, 11, 12, 14, 15, 16....... à Belleville.
Les 17, 18 (*domicile*).............. à   id.
Le 19.......................... aux Prés-Saint-Gervais.
Les 22, 23...................... à Pantin
Les 25, 26...................... à Romainville.

MAI.

Les 6, 7, 8..................... à Charonne.
Le 9 (*domicile*)................... à   id.
Le 10.......................... à Bagnolet.
Le 13.......................... à Noisy-le-Sec.
Le 14.......................... à Bondy, Beaubigny.
Le 16.......................... à La Courneuve, Drancy.
Le 19.......................... à Dugny, le Bourget.
Le 21.......................... à Aubervilliers.
Le 23.......................... à Suresnes.

Les 26, 27, 28...................... à Nanterre.
Le 29 (*domicile*)................... à   id.
Les 30, 31......................... à Puteaux.

JUIN.

Les 5, 6........................... à Courbevoie.
Le 7 (*domicile*)................... à   id.
Le 10.............................. à Colombes.
Le 12.............................. à Gennevilliers, Asnières.
Les 13, 14......................... à Auteuil.
Les 17, 18, 19..................... à Boulogne.
Les 20, 21 (*domicile*)............. à   id.
Les 24, 25, 26 27................. à Montmartre.
Les 28, 30 (*domicile*)............ à   id.

JUILLET.

Les 8, 9, 10, 11................... à La Chapelle.
Les 12, 14, 15 (*domicile*)........ à   id.
Les 16, 17, 18, 19..:.............. à La Villette.
Les 21, 22, 23, 24, 25, 26, 30, 31
   (*domicile*)..................... à   id.

Itinéraire de l'arrondissement de Sceaux.

JANVIER.

Les 16, 17......................... à Saint-Cloud.
Le 18 (*domicile*)................. à   id.
Les 20, 21......................... à Sèvres.
Le 22 (*domicile*)................. à   id.
Les 23, 24......................... à Meudon.
Le 25 (*domicile*)................. à   id.
Les 29, 30......................... à Grenelle.
Le 31 (*domicile*)................. à   id.

FÉVRIER.

Le 6............................... à Vanves.
Le 7 (*domicile*).................. à   id.
Le 10.............................. à Issy.
Le 11 (*domicile*)................. à   id.
Le 14.............................. à Clamart.
Le 15 (*domicile*)................. à   id.
Le 18.............................. à Chatillon.
Le 19 (*domicile*)................. à   id.
Le 22.............................. à Bagneux.
Le 24 (*domicile*)................. à   id.
Le 27.............................. à Arcueil.
Le 28 (*domicile*)................. à   id.

MARS.

Le 4............................... à Villejuif.
Le 5 (*domicile*).................. à   id.
Le 8............................... au Bourg-la-Reine.
Le 10 (*domicile*)................. à   id.
Le 12.............................. à Fontenay-aux-Roses.
Le 13 (*domicile*)................. à   id.
Le 15.............................. à Sceaux.
Le 17 (*domicile*)................. à   id.

1844.

Le 20........................... à Antony.
Le 21 (*domicile*)................. à   id.
Le 25........................... à Plessis-Piquet, Chatenay.
Le 26 (*domicile*)................. à   id.
Les 28, 29...................... à Vitry.
Le 31 (*domicile*)................. à   id.

AVRIL.

Le 3........................... au Grand-Montrouge.
Les 4, 5, 7.................... au Petit-Montrouge.
Les 8, 9, 10 (*domicile*).......... au   id.
Le 12........................... à Lhay, Chevilly.
Les 15, 16, 17................. à Vaugirard.
Les 18, 19 (*domicile*)........... à   id.
Le 21........................... à Vaugirard, Chaussée du Maine.
Les 22, 23, 25 (*domicile*)........ à   id.
Le 26........................... à Fresnes, Rungis.

MAI.

Le 6........................... à Gentilly.
Le 7 (*domicile*)................. à   id.
Le 8........................... à La Glacière.
Le 9 (*domicile*)................. à   id.
Le 10........................... à La Maison-Blanche.
Le 12 (*domicile*)................ à   id.
Le 14........................... à Ivry.
Le 15 (*domicile*)................ à   id.
Le 16........................... aux Deux-Moulins.
Le 17........................... à La Gare.
Les 19, 20 (*domicile*)........... à   id.
Les 22, 23...................... à Choisy-le-Roi.
Le 24........................... à Thiais, Orly.
Les 27, 28 (*domicile*)........... à   id.
Le 30........................... à Saint-Mandé.
Le 31 (*domicile*)................ à   id.

JUIN.

Le 4........................... à Bonneuil, Créteil.
Le 5 (*domicile*)................. à   id.
Le 7........................... à Maisons-Alfort.
Le 9 (*domicile*)................. à   id.
Les 12, 13, 14................. à Bercy.
Les 16, 17, 18 (*domicile*)........ à   id.
Le 19........................... à Charenton-le-Pont.
Le 20 (*domicile*)................ à   id.
Le 21........................... à Charenton-Saint-Maurice.
Le 24 (*domicile*)................ à   id.
Le 27........................... à Saint-Maur.
Le 28........................... à Joinville.
Le 30 (*domicile*)................ à   id.

JUILLET.

Le 4........................... à Champigny.
Le 5........................... à Nogent, Bry.
Le 7 (*domicile*)................. à   id.
Le 8........................... à Fontenay-sous-Bois.
Le 9 (*domicile*)................. à   id.
Le 10........................... à Villemonble, Rosny.
Le 12 (*domicile*)................ à   id.

Le 15,........................... à Montreuil.
Le 16 (domicile),.................. à id.
Le 18........................... au château de Vincennes.
Le 19........................... à l'Ecole d'Alfort.
Les 21, 22, 23..................... à Vincennes.
Les 24, 25 (domicile).............. à id.

3. Indépendamment du poinçon primitif portant pour empreinte une couronne fermée, les poids et mesures seront marqués, pour l'année 1845, d'un poinçon portant la lettre F.

4. Les dispositions de notre ordonnance précitée, du 23 novembre 1842, qui ne sont pas contraires à la présente ordonnance, continueront d'être exécutées dans le ressort de la préfecture de police.

5. La présente ordonnance sera soumise à l'approbation de M. le ministre de l'agriculture et du commerce.

6. Elle sera imprimée et affichée.

Les sous-préfets des arrondissements de Saint-Denis et de Sceaux, les maires des communes rurales du ressort de la préfecture de police, l'inspecteur général de la navigation et des ports, l'inspecteur principal du pesage et du mesurage publics et des combustibles, l'inspecteur général des halles et marchés, le vérificateur en chef, les vérificateurs et vérificateurs adjoints des poids et mesures, les commissaires de police, les commissaires de police inspecteurs des poids et mesures et le commissaire de police inspecteur des poids et mesures des arrondissements de Saint-Denis et de Sceaux sont chargés, chacun en ce qui le concerne, de tenir la main à son exécution.

Le pair de France, préfet de police, G. DELESSERT.

N° 1903. — *Ordonnance concernant l'interdiction de la chasse en temps de neige.*

Paris, le 14 décembre 1844.

Nous, pair de France, préfet de police,

Vu, 1° l'article 9 de la loi du 3 mai 1844, sur la police de la chasse;

Les arrêtés du gouvernement du 12 messidor an VIII (1er juillet 1800) et 3 brumaire an IX (25 octobre 1800),

Ordonnons ce qui suit :

1. La chasse est interdite dans le département de la Seine pendant le temps où la terre est couverte de neige.

2. Les contraventions à la présente ordonnance seront constatées par des procès-verbaux, et les délinquants poursuivis devant les tribunaux.

3. La présente ordonnance sera imprimée, publiée et affichée.

Les sous-préfets de Sceaux et de Saint-Denis, les maires, adjoints et commissaires de police des communes rurales, les gardes champêtres, la garde nationale et la gendarmerie sont chargés d'en assurer l'exécution.

Le pair de France, préfet de police, G. DELESSERT.

N° **1904.**—*Pain vendu au poids* (*taxe périodique*) (1).

Paris, le 31 décembre 1844.

Nous, pair de France, préfet de police,

Vu l'ordonnance de police, en date du 2 novembre 1840, concernant le mode de vente et de taxe du pain dans Paris ;

Vu notre arrêté du 13 avril 1842 , approuvé par le ministre de l'agriculture et du commerce, le 12 juillet suivant, concernant l'établissement au quintal métrique des mercuriales de la halle aux grains et farines ;

Vu les mercuriales de la halle de Paris, desquelles il résulte que le prix moyen du quintal métrique des farines de première et deuxième qualités réunies a été, pendant les seize derniers jours, de trente-quatre francs vingt-six centimes ;

Attendu l'augmentation survenue dans le prix des farines ,

Ordonnons ce qui suit :

1. A compter de mercredi prochain , 1er janvier 1845, le prix du pain, dans Paris, est fixé comme suit, savoir :

Le pain de première qualité, à 32 centimes le kilogramme.

Le pain de deuxième qualité, à 24 centimes le kilogramme.

2. La présente ordonnance sera notifiée immédiatement par les commissaires de police, à chacun des boulangers de leurs quartiers respectifs.

Elle sera imprimée, publiée et affichée avec notre ordonnance du 2 novembre 1840.

3. Les commissaires de police, le chef de la police municipale et les officiers de paix, l'inspecteur général des halles et marchés et les préposés de la préfecture de police sont chargés, chacun en ce qui le concerne, d'en assurer l'exécution.

Le pair de France, préfet de police, G. DELESSERT.

---

(1) Dans les limites de la présente collection, cette ordonnance clôt la série de celles qui ont été rendues périodiquement, de quinzaine en quinzaine, depuis le 1er juillet 1823 jusqu'à ce jour.—Voir les ordonnances des 24 juin 1823 et 2 novembre 1840.

Tableau de la taxe du pain, à Paris, de 1801 à 1844 inclusivement (1).

DATE DES TAXES et INDICATION DE LEUR DURÉE.	PRIX DU PAIN de 2 kilogrammes.	
	1re qualité (2).	2e qualité.
	fr. c.	fr. c.
1801. Du 1er janvier au 5 mai.....................	» 60	» »
— — 6 mai au 7 septembre...................	» 65	» »
— — 8 au 22 id...................	» 70	» »
— — 23 septembre au 15 novembre............	» 80	» »
— — 16 au 21 id.................	» 85	» »
1802. — 22 novembre 1801 au 19 juillet 1802.....	» 90	» »
— — 20 juillet au 7 août....................	» 85	» »
— — 8 au 14 id.....................	» 80	» »
— — 15 au 22 id.....................	» 75	» »
1803. — 23 août 1802 au 10 mai 1803............	» 70	» »
— — 11 mai au 2 juin......................	» 65	» »
1804. — 3 juin 1803 au 31 janvier 1804.........	» 60	» »
— — 1er février au 10 avril..................	» 55	» »
— — 11 avril au 30 mai...................	» 50	» »
— — 31 mai au 23 juillet.................	» 45	» »
— — 24 juillet au 17 août.................	» 50	» »
— — 18 août au 24 décembre...............	» 55	» »
1806. — 25 déc. 1804 au 23 février 1806..........	» 60	» »
1807. — 24 février 1806 au 14 janvier 1807.......	» 65	» »
1808. — 15 janvier 1807 au 7 avril 1808..........	» 70	» »
— — 8 avril au 15 mai...................	» 65	» »
1810. — 16 mai 1808 au 30 septembre 1810.....	» 60	» »
— — 1er octobre au 21 novembre..............	» 65	» »
1811. — 22 novembre 1810 au 6 novembre 1811...	» 70	» »
— — 7 novembre au 18 décembre............	» 75	» »
1812. — 19 décembre 1811 au 27 janvier 1812.....	» 80	» »
— — 28 janvier au 5 mars..................	» 85	» »
1813. — 6 mars 1812 au 4 avril 1813............	» 90	» »
— — 5 au 13 avril......................	» 85	» »
— — 14 avril au 31 août...................	» 80	» »
— — 1er septembre au 14 novembre............	» 75	» »
— — 15 novembre au 12 décembre...........	» 70	» »
1814. — 13 décembre 1813 au 30 juin 1814.......	» 65	» »
1815. — 1er juillet 1814 au 28 février 1815........	» 60	» »
— — 1er mars au 10 août.....................	» 55	» »
— — 11 août au 8 octobre.................	» 60	» »
— — 9 octobre au 30 novembre..............	» 65	» »
— — 1er au 17 décembre..................	» 70	» »

(1) A partir du 1er janvier 1801 jusqu'au 30 juin 1823, la taxe du pain a été faite à des époques indéterminées.
(2) Jusqu'au 1er janvier 1817, la taxe n'a porté que sur le pain de 1re qualité.

Suite de la taxe du pain, à Paris, de 1801 à 1844.

DATE DES TAXES et INDICATION DE LEUR DURÉE.	PRIX DU PAIN de 2 kilogrammes.	
	1re qualité.	2e qualité.
	fr. c.	fr. c.
1816. Du 18 décembre 1815 au 15 avril 1816.......	» 75	« »
— — 16 avril au 23 juillet..........	» 80	» »
— — 24 juillet au 2 octobre....	» 85	» »
— — 5 octobre au 31 décembre..............	» 90	» »
1817. — 1er janvier au 11 mai...............	» 90	» 65
1818. — 12 mai 1817 au 25 janvier 1818...........	1 »	» 75
— — 26 au 31 janvier..........	» 95	» 70
— — 1er au 16 février	» 90	» 65
— — 17 février au 7 avril........	» 85	» 60
— — 8 avril au 2 mai............	» 80	» 55
— — 3 au 31 mai........	» 75	» 55
— — 1er juin au 9 août............	» 70	» 50
— — 10 août au 4 décembre.........	» 75	» 55
— — 5 au 29 décembre	» 70	» 50
1819. — 30 décembre 1818 au 14 janvier 1819.....	» 65	» 45
— — 15 janvier au 11 août...........	» 60	» 45
— — 12 août au 24 octobre...........	» 65	» 50
1820. — 25 octobre 1819 au 5 avril 1820........	» 60	» 45
— — 6 au 30 avril.......	» 65	» 50
— — 1er au 3 mai............	» 70	» 55
— — 4 au 10 id...........	» 75	» 60
— — 11 mai au 20 août.........	» 80	» 65
— — 21 août au 31 octobre.........	» 75	» 60
1821. — 1er novembre 1820 au 14 mars 1821......	» 80	» 60
— — 15 mars au 14 avril............	» 75	» 55
— — 15 au 29 avril............	» 70	» 50
— — 30 avril au 31 octobre........	» 65	» 45
1822. — 1er novembre 1821 au 9 mars 1822........	» 60	» 45
— — 10 au 31 mars......	» 55	» 40
— — 1er avril au 4 juillet............	» 50	» 35
— — 5 au 19 juillet............	» 55	» 40
1823. — 20 juillet 1822 au 6 avril 1823...........	» 60	» 45
— — 7 avril au 30 juin............	» 65	» 50
— — 1er au 15 juillet (1)............	» 61.50	» 46.50
— — 16 au 31 id..........	» 62.50	» 47.50
— — 1er au 15 août............	» 62.50	» 47.50
— — 16 au 31 id...........	» 62.50	» 47.50
— — 1er au 15 septembre...........	» 60	» 45
— — 16 au 30 id............	» 55	» 40
— — 1er au 15 octobre...........	» 55	» 40
— — 16 au 31 id...........	» 55	» 40
— — 1er au 15 novembre..........	» 55	» 40
— — 16 au 30 id............	» 56.25	» 41.25
— — 1er au 15 décembre	» 57.50	» 42.50
— — 16 au 31 id...........	» 57.50	» 42.50

(1) C'est seulement à compter du 1er juillet 1823, que la taxe a eu lieu d'une manière périodique, par quinzaine.

Suite de la Taxe du pain, à Paris, de 1801 à 1844.

DATE DES TAXES et INDICATION DE LEUR DURÉE.	PRIX DU PAIN de 2 kilogrammes.	
	1re qualité.	2e qualité.
	fr. c.	fr. c.
1824. Du 1er au 15 janvier.........................	» 55	» 40
— — 16 au 31 id.....................	» 55	» 40
— — 1er au 15 février....................	» 55	» 40
— — 16 au 29 id.....................	» 55	» 40
— — 1er au 15 mars......................	» 55	» 40
— — 16 au 31 id.....................	» 55	» 40
— — 1er au 15 avril.....................	» 55	» 40
— — 16 au 30 id.....................	» 55	» 40
— — 1er au 15 mai......................	» 56.25	» 41.25
— — 16 au 31 id.....................	» 55	» 40
— — 1er au 15 juin.....................	» 55	» 40
— — 16 au 30 id.....................	» 55	» 40
— — 1er au 15 juillet...................	» 55	» 40
— — 16 au 31 id.....................	» 57.50	» 42.50
— — 1er au 15 août.....................	» 60	» 45
— — 16 au 31 id.....................	» 61.50	» 46.50
— — 1er au 15 septembre................	» 64	» 49
— — 16 au 30 id.....................	» 64	» 49
— — 1er au 15 octobre..................	» 61.25	» 46.25
— — 16 au 31 id.....................	» 58.75	» 43.75
— — 1er au 15 novembre.................	» 56.25	» 41.25
— — 16 au 30 id.....................	» 55	» 40
— — 1er au 15 décembre.................	» 55	» 40
— — 16 au 31 id.....................	» 57.50	» 42.50
1825. Du 1er au 15 janvier.........................	» 57.50	» 42.50
— — 16 au 31 id.....................	» 57.50	» 42.50
— — 1er au 15 février....................	» 55	» 40
— — 16 au 28 id.....................	» 55	» 40
— — 1er au 15 mars......................	» 55	» 40
— — 16 au 31 id.....................	» 57.50	» 42.50
— — 1er au 15 avril.....................	» 57.50	» 42.50
— — 16 au 30 id.....................	» 57.50	» 42.50
— — 1er au 15 mai......................	» 57.50	» 42.50
— — 16 au 31 id.....................	» 57.50	» 42.50
— — 1er au 15 juin.....................	» 57.50	» 42.50
— — 16 au 30 id.....................	» 57.50	» 42.50
— — 1er au 15 juillet...................	» 57.50	» 42.50
— — 16 au 31 id.....................	» 57.50	» 42.50
— — 1er au 15 août.....................	» 67.50	» 52.50
— — 16 au 31 id.....................	» 70	» 55
— — 1er au 15 septembre................	» 65	» 50
— — 16 au 30 id.....................	» 62.50	» 47.50
— — 1er au 15 octobre..................	» 60	» 45
— — 16 au 31 id.....................	» 57.50	» 42.50
— — 1er au 15 novembre.................	» 57.50	» 42.50
— — 16 au 30 id.....................	» 57.50	» 42.50
— — 1er au 15 décembre.................	» 60	» 45
— — 16 au 31 id.....................	» 60	» 45

Suite de la Taxe du pain, à Paris, de 1801 à 1844.

DATE DES TAXES et INDICATION DE LEUR DURÉE.	PRIX DU PAIN de 2 kilogrammes.	
	1re qualité.	2e qualité.
	fr. c.	fr. c.
1826. Du 1er au 15 janvier	» 60	» 45
— — 16 au 31 id	» 60	» 45
— — 1er au 15 février	» 57.50	» 42.50
— — 16 au 28 id	» 57.50	» 42.50
— — 1er au 15 mars	» 57.50	» 42.50
— — 16 au 31 id	» 57.50	» 42.50
— — 1er au 15 avril	» 57.50	» 42.50
— — 16 au 30 id	» 57.50	» 42.50
— — 1er au 15 mai	» 57.50	» 42.50
— — 16 au 31 id	» 57.50	» 42.50
— — 1er au 15 juin	» 57.50	» 42.50
— — 16 au 30 id	» 57.50	» 42.50
— — 1er au 15 juillet	» 57.50	» 42.50
— — 16 au 31 id	» 57.50	» 42.50
— — 1er au 15 août	» 57.50	» 42.50
— — 16 au 31 id	» 60	» 45
— — 1er au 15 septembre	» 60	» 45
— — 16 au 30 id	» 60	» 45
— — 1er au 15 octobre	» 60	» 45
— — 16 au 31 id	» 60	» 45
— — 1er au 15 novembre	» 60	» 45
— — 16 au 30 id	» 60	» 45
— — 1er au 15 décembre	» 62.50	» 47.50
— — 16 au 31 id	» 62.50	» 47.50
1827. Du 1er au 15 janvier	» 60	» 45
— — 16 au 31 id	» 60	» 45
— — 1er au 15 février	» 60	» 45
— — 16 au 28 id	» 60	» 45
— — 1er au 15 mars	» 60	» 45
— — 16 au 31 id	» 60	» 45
— — 1er au 15 avril	» 60	» 45
— — 16 au 30 id	» 62.50	» 47.50
— — 1er au 15 mai	» 62.50	» 47.50
— — 16 au 31 id	» 60	» 45
— — 1er au 15 juin	» 60	» 45
— — 16 au 30 id	» 60	» 45
— — 1er au 15 juillet	» 60	» 45
— — 16 au 31 id	» 62.50	» 47.50
— — 1er au 15 août	» 62.50	» 47.50
— — 16 au 31 id	» 60	» 45
— — 1er au 15 septembre	» 60	» 45
— — 16 au 30 id	» 65	» 50
— — 1er au 15 octobre	» 65	» 50
— — 16 au 31 id	» 72.50	» 57.50
— — 1er au 15 novembre	» 77.50	» 62.50
— — 16 au 30 id	» 80	» 65
— — 1er au 15 décembre	» 82.50	» 67.50
— — 16 au 31 id	» 82.50	» 67.50

Suite de la Taxe du pain, à Paris, de 1801 à 1844.

DATE DES TAXES et INDICATION DE LEUR DURÉE.	PRIX DU PAIN de 2 kilogrammes.	
	1re qualité.	2e qualité.
	fr. c.	fr. c.
1828. Du 1er au 15 janvier....................	» 80	» 65
— — 16 au 31 id	» 80	» 65
— — 1er au 15 février....................	» 77.50	» 62.50
— — 16 au 29 id....................	• 72.50	» 57.50
— — 1er au 15 mars....................	» 70	» 55
— — 16 au 31 id....................	» 72.50	» 57.50
— — 1er au 15 avril....................	» 75	» 60
— — 16 au 30 id....................	» 72.50	» 57.50
— — 1er au 15 mai....................	• 72.50	» 57.50
— — 16 au 31 id....................	• 70	» 55
— — 1er au 15 juin....................	» 67.50	» 52.50
— — 16 au 30 id....................	» 70	» 55
— — 1er au 15 juillet....................	» 72.50	» 57.50
— — 16 au 31 id....................	» 75	» 60
— — 1er au 15 août....................	» 82.50	» 67.50
— — 16 au 31 id....................	» 82.50	» 67.50
— — 1er au 15 septembre....................	» 82.50	» 67.50
— — 16 au 30 id....................	» 82.50	» 67.50
— — 1er au 15 octobre....................	» 87.50	» 72.50
— — 16 au 31 id....................	» 92.50	» 77.50
— — 1er au 15 novembre....................	◄ 92.50	» 77.50
— — 16 au 30 id....................	» 92.50	» 77.50
— — 1er au 15 décembre....................	» 97.50	» 82.50
— — 16 au 31 id....................	» 97.50	• 82.50
1829. Du 1er au 15 janvier....................	» 97.50	» 82.50
— — 16 au 31 id....................	» 92.50	» 82.50
— — 1er au 15 février....................	» 90	» 75
— — 16 au 28 id....................	» 90	» 75
— — 1er au 15 mars....................	» 90	» 75
— — 16 au 31 id....................	» 87.50	» 72.50
— — 1er au 15 avril....................	» 90	» 75
— — 16 au 30 id....................	» 95	» 80
— — 1er au 15 mai....................	1 02.50	» 87.50
— — 16 au 31 id....................	1 05	» 90
— — 1er au 15 juin....................	1 05	» 90
— — 16 au 30 id....................	1 02.50	» 87.50
— — 1er au 15 juillet....................	» 97.50	» 82.50
— — 16 au 31 id....................	» 95	» 80
— — 1er au 15 août....................	» 92.50	» 77.50
— — 16 au 31 id....................	» 87.50	» 72.50
— — 1er au 15 septembre....................	» 85	» 70
— — 16 au 30 id....................	» 82.50	» 67.50
— — 1er au 15 octobre....................	» 82.50	» 67.50
— — 16 au 31 id....................	» 85	» 70
— — 1er au 15 novembre....................	» 85	» 70
— — 16 au 30 id....................	» 87.50	» 72.50
— — 1er au 15 décembre....................	» 87.50	» 72.50
— — 16 au 31 id....................	» 80	» 65

Suite de la Taxe du pain, à Paris, de 1801 à 1844.

DATE DES TAXES et INDICATION DE LEUR DURÉE.	PRIX DU PAIN de 2 kilogrammes.	
	1re qualité.	2e qualité.
	fr. c.	fr. c.
1850. Du 1er au 15 janvier....................	» 80	» 65
— — 16 au 31 id......................	» 80	» 65
— — 1er au 15 février................	» 77.50	» 62.50
— — 16 au 28 id.....................	» 77.50	» 62.50
— — 1er au 15 mars...................	» 75	» 60
— — 16 au 31 id.....................	» 75	» 60
— — 1er au 15 avril.................	» 75	» 60
— — 16 au 30 id....................	» 75	» 60
— — 1er au 15 mai..................	» 75	» 60
— — 16 au 31 id...................	» 75	» 60
— — 1er au 15 juin.................	» 75	» 60
— — 16 au 30 id....................	» 75	» 60
— — 1er au 15 juillet.............	» 77.50	» 62.50
— — 16 au 31 id....................	» 82.50	» 67.50
— — 1er au 15 août.................	» 82.50	» 67.50
— — 16 au 31 id....................	» 82.50	» 67.50
— — 1er au 15 septembre............	» 80	» 65
— — 16 au 30 id....................	» 80	» 65
— — 1er au 15 octobre..............	» 80	» 65
— — 16 au 31 id....................	» 82.50	» 67.50
— — 1er au 15 novembre.............	» 82.50	» 67.50
— — 16 au 30 id....................	» 82.50	» 67.50
— — 1er au 15 décembre.............	» 80	» 65
— — 16 au 31 id....................	» 80	» 65
1851. Du 1er au 15 janvier................	» 77.50	» 62.50
— — 16 au 31 id....................	» 77.50	» 62.50
— — 1er au 15 février..............	» 77.50	» 62.50
— — 16 au 28 id....................	» 77.50	» 62.50
— — 1er au 15 mars.................	» 77.50	» 62.50
— — 16 au 31 id....................	» 77.50	» 62.50
— — 1er au 15 avril................	» 75	» 60
— — 16 au 30 id....................	« 75	» 60
— — 1er au 15 mai.................	» 75	» 60
— — 16 au 31 id....................	» 75	» 60
— — 1er au 20 juin.................	» 75	» 60
— — 21 au 30 id....................	» 82.50	» 67.50
— — 1er au 15 juillet.............	» 82.50	» 67.50
— — 16 au 31 id....................	» 80	» 65
— — 1er au 15 août.................	» 77.50	» 62.50
— — 16 au 31 id....................	» 82.50	» 67.50
— — 1er au 15 septembre............	» 85	» 70
— — 16 au 30 id....................	» 85	» 70
— — 1er au 15 octobre..............	» 85	» 70
— — 16 au 31 id....................	» 85	» 70
— — 1er au 15 novembre.............	» 80	» 65
— — 16 au 30 id....................	» 77.50	» 62.50
— — 1er au 15 décembre.............	» 77.50	» 62.50
— — 16 au 31 id....................	» 77.50	» 62.50

Suite de la Taxe du pain, à Paris, de 1801 à 1844.

DATE DES TAXES et INDICATION DE LEUR DURÉE.	PRIX DU PAIN de 2 kilogrammes.	
	1re qualité.	2e qualité.
	fr. c.	fr. c.
1832. Du 1er au 15 janvier................................	» 75	» 60
— — 16 au 31 id.............................	» 72.50	» 57.50
— — 1er au 15 février........................	» 75	» 60
— — 16 au 29 id.............................	» 77.50	» 62.50
— — 1er au 15 mars..........................	» 77.50	» 62.50
— — 16 au 31 id.............................	» 77.50	» 62.50
— — 1er au 15 avril.........................	» 77.50	» 62.50
— — 16 au 30 id (1)........................	» 77.50	» 62.50
— — 1er au 15 mai (2).......................	» 77.50	» 62.50
— — 16 au 31 id.............................	» 80	» 65
— — 1er au 15 juin..........................	» 82.50	» 67.50
— — 16 au 30 id.............................	» 87.50	» 72.50
— — 1er au 15 juillet.......................	» 87.50	» 72.50
— — 16 au 31 id.............................	» 85	» 70
— — 1er au 15 août..........................	» 82.50	» 67.50
— — 16 au 31 id.............................	» 82.50	» 67.50
— — 1er au 15 septembre.....................	» 82.50	» 67.50
— — 16 au 30 id.............................	» 75	» 60
— — 1er au 15 octobre.......................	» 70	» 55
— — 16 au 31 id.............................	» 67.50	» 52.50
— — 1er au 15 novembre......................	» 57.50	» 42.50
— — 16 au 30 id.............................	» 57.50	» 42.50
— — 1er au 15 décembre......................	» 60	» 45
— — 16 au 31 id.............................	» 60	» 45
1833. Du 1er au 15 janvier....................	» 60	» 45
— — 16 au 31 id.............................	» 60	» 45
— — 1er au 15 février.......................	» 60	» 45
— — 16 au 28 id.............................	» 57.50	» 42.50
— — 1er au 15 mars..........................	» 57.50	» 42.50
— — 16 au 31 id.............................	» 57.50	» 42.50
— — 1er au 15 avril.........................	» 57.50	» 42.50
— — 16 au 30 id.............................	» 55	» 40
— — 1er au 15 mai...........................	» 55	» 40
— — 16 au 31 id.............................	» 52.50	» 37.50
— — 1er au 15 juin..........................	» 52.50	» 37.50
— — 16 au 30 id.............................	» 55	» 40
— — 1er au 15 juillet.......................	» 62.50	» 47.50
— — 16 au 31 id.............................	» 62.50	» 47.50
— — 1er au 15 août..........................	» 62.50	» 47.50
— — 16 au 31 id.............................	» 60	» 45
— — 1er au 15 septembre.....................	» 60	» 45
— — 16 au 30 id.............................	» 57.50	» 42.50
— — 1er au 15 octobre.......................	» 57.50	» 42.50
— — 16 au 31 id.............................	» 57.50	» 42.50
— — 1er au 15 novembre......................	» 55	» 40
— — 16 au 30 id.............................	» 55	» 40
— — 1er au 15 décembre......................	» 55	» 40
— — 16 au 31 id.............................	» 55	» 40

(1) Avance de deux liards par les boulangers, remboursés sur la 2e quinzaine d'août suivant.
(2) Avance de deux liards par les boulangers, remboursés sur la 1re quinzaine d'octobre.

Suite de la Taxe du pain, à Paris, de 1801 à 1844.

DATE DES TAXES et INDICATION DE LEUR DURÉE.	PRIX DU PAIN de 2 kilogrammes.	
	1re qualité.	2e qualité.
	fr. c.	fr. c.
1834. Du 1er au 15 janvier......................	» 55	» 40
— — 16 au 31 id.............	» 55	» 40
— — 1er au 15 février...............	» 55	» 40
— — 16 au 28 id.............	» 55	» 40
— — 1er au 15 mars................	» 55	» 40
— — 16 au 31 id.............	» 52.50	» 37.50
— — 1er au 15 avril...............	» 50	» 35
— — 16 au 30 id.............	» 50	» 35
— — 1er au 15 mai................	» 52.50	» 37.50
— — 16 au 31 id.............	» 52.50	» 37.50
— — 1er au 15 juin...............	» 52.50	» 37.50
— — 16 au 30 id.............	» 52.50	» 37.50
— — 1er au 15 juillet.............	» 52.50	» 37.50
— — 16 au 31 id.............	» 55	» 40
— — 1er au 15 août............	» 57.50	» 42.50
— — 16 au 31 id.............	» 57.50	» 42.50
— — 1er au 15 septembre.............	» 57.50	» 42.50
— — 16 au 30 id.............	» 57.50	» 42.50
— — 1er au 15 octobre............	» 55	» 40
— — 16 au 31 id.............	» 55	» 40
— — 1er au 15 novembre.............	» 57.50	» 42.50
— — 16 au 30 id.............	» 57.50	» 42.50
— — 1er au 15 décembre............	» 57.50	» 42.50
— — 16 au 31 id.............	» 60	» 45
1835. Du 1er au 15 janvier......................	» 60	» 45
— — 16 au 31 id.............	» 60	» 45
— — 1er au 15 février...............	» 60	» 45
— — 16 au 28 id.............	» 60	» 45
— — 1er au 15 mars................	» 60	» 45
— — 16 au 31 id.............	» 60	» 45
— — 1er au 15 avril...............	» 60	» 45
— — 16 au 30 id.............	» 60	» 45
— — 1er au 15 mai................	» 60	» 45
— — 16 au 31 id.............	» 60	» 45
— — 1er au 15 juin...............	» 57.50	» 42.50
— — 16 au 30 id.............	» 57.50	» 42.50
— — 1er au 15 juillet.............	» 55	» 40
— — 16 au 31 id.............	» 55	» 40
— — 1er au 15 août............	» 55	» 40
— — 16 au 31 id.............	» 55	» 40
— — 1er au 15 septembre............	» 57.50	» 42.50
— — 16 au 30 id.............	» 57.50	» 42.50
— — 1er au 15 octobre	» 55	» 40
— — 16 au 31 id.............	» 52.50	» 37.50
— — 1er au 15 novembre.............	» 52.50	» 37.50
— — 16 au 30 id.............	» 52.50	» 37.50
— — 1er au 15 décembre............	» 55	» 40
— — 16 au 31 id.............	» 55	» 40

Suite de la Taxe du pain, à Paris, de 1801 à 1844.

DATE DES TAXES et INDICATION DE LEUR DURÉE.	PRIX DU PAIN de 2 kilogrammes.	
	1re qualité.	2e qualité.
	fr. c.	fr. c.
1836. Du 1er au 15 janvier.............	» 55	» 40
— — 16 au 31 id.................	» 55	» 40
— — 1er au 15 février...............	» 52.50	» 37.50
— — 16 au 29 id.................	» 52.50	» 37.50
— — 1er au 15 mars................	» 52.50	» 37.50
— — 16 au 31 id.................	» 55	» 40
— — 1er au 15 avril................	» 55	» 40
— — 16 au 30 id.................	» 55	» 40
— — 1er au 15 mai.................	» 55	» 40
— — 16 au 31 id.................	» 55	» 40
— — 1er au 15 juin.................	» 57.50	» 42.50
— — 16 au 30 id.................	» 57.50	» 42.50
— — 1er au 15 juillet..............	» 57.50	» 42.50
— — 16 au 31 id.................	» 55	» 40
— — 1er au 15 août................	» 55	» 40
— — 16 au 31 id.................	» 55	» 40
— — 1er au 15 septembre............	» 57.50	» 42.50
— — 16 au 30 id.................	» 57.50	» 42.50
— — 1er au 15 octobre..............	» 57.50	» 42.50
— — 16 au 31 id.................	» 60	» 45
— — 1er au 15 novembre.............	» 60	» 45
— — 16 au 30 id.................	» 57.50	» 42.50
— — 1er au 15 décembre.............	» 57.50	» 42.50
— — 16 au 31 id.................		
1837. Du 1er au 15 janvier.............	» 60	» 45
— — 16 au 31 id.................	» 60	» 45
— — 1er au 15 février...............	» 60	» 45
— — 16 au 28 id.................	» 57.50	» 42.50
— — 1er au 15 mars................	» 57.50	» 42.50
— — 16 au 31 id.................	» 57.50	» 42.50
— — 1er au 15 avril................	» 57.50	» 42.50
— — 16 au 30 id.................	» 55	» 40
— — 1er au 15 mai.................	» 55	» 40
— — 16 au 31 id.................	» 55	» 40
— — 1er au 15 juin.................	» 55	» 40
— — 16 au 30 id.................	» 57.50	» 42.50
— — 1er au 15 juillet..............	» 57.50	» 42.50
— — 16 au 31 id.................	» 57.50	» 42.50
— — 1er au 15 août................	» 57.50	» 42.50
— — 16 au 31 id.................	» 57.50	» 42.50
— — 1er au 15 septembre............	» 57.50	» 42.50
— — 16 au 30 id.................	» 57.50	» 42.50
— — 1er au 15 octobre..............	» 60	» 45
— — 16 au 31 id.................	» 60	» 45
— — 1er au 15 novembre.............	» 62.50	» 47.50
— — 16 au 30 id.................	» 62.50	» 47.50
— — 1er au 15 décembre.............	» 65	» 50
— — 16 au 31 id.................	» 65	» 50

Suite de la Taxe du pain, à Paris, de 1801 à 1844.

DATE DES TAXES et INDICATION DE LEUR DURÉE.	PRIX DU PAIN de 2 kilogrammes.	
	1re qualité.	2e qualité.
	fr. c.	fr. c.
1838. Du 1er au 15 janvier.....................	» 65	» 50
— — 16 au 31 id.....	ℓ 65	» 50
— — 1er au 15 février.....................	» 65	» 50
— — 16 au 28 id.....................	» 65	» 50
— — 1er au 15 mars.....................	» 65	» 50
— — 16 au 31 id.....................	» 65	» 50
— — 1er au 15 avril.....................	» 67.50	» 52.50
— — 16 au 30 id.....................	» 67.50	» 52.50
— — 1er au 15 mai.....................	» 67.50	» 52.50
— — 16 au 31 id.....................	» 67.50	» 52.50
— — 1er au 15 juin.....................	» 67.50	» 52.50
— — 16 au 30 id.....................	» 67.50	» 52.50
— — 1er au 15 juillet.....................	» 67.50	» 52.50
— — 16 au 31 id.....................	» 67.50	» 52.50
— — 1er au 15 août.....................	» 67.50	» 52.50
— — 16 au 31 id.....................	» 67.50	» 52.50
— — 1er au 15 septembre.....................	» 67.50	» 52.50
— — 16 au 30 id.....................	» 67.50	» 52.50
— — 1er au 15 octobre.....................	» 72.50	» 57.50
— — 16 au 31 id.....................	» 75	» 60
— — 1er au 15 novembre.....................	» 75	» 60
— — 16 au 30 id.....................	» 77.50	» 62.50
— — 1er au 15 décembre.....................	» 80	» 65
— — 16 au 31 id.....................	» 77.50	» 62.50
1839. Du 1er au 15 janvier.....................	» 77.50	» 62.50
— — 16 au 31 id.....................	» 77.50	« 62.50
— — 1er au 15 février.....................	» 77.50	» 62.50
— — 15 au 28 id.....................	» 75	» 60
— — 1er au 15 mars.....................	» 75	» 60
— — 16 au 31 id.....................	» 77.50	» 62.50
— — 1er au 15 avril.....................	» 77.50	» 62.50
— — 16 au 30 id.....................	» 75	» 60
— — 1er au 15 mai.....................	» 75	» 60
— — 16 au 31 id.....................	» 75	» 60
— — 1er au 15 juin.....................	» 75	» 60
— — 16 au 30 id.....................	» 72.50	» 57.50
— — 1er au 15 juillet.....................	» 72.50	» 57.50
— — 16 au 31 id.....................	» 77.50	» 62.50
— — 1er au 15 août.....................	» 80	» 65
— — 16 au 31 id.....................	» 85	» 70
— — 1er au 15 septembre.....................	» 85	» 70
— — 16 au 30 id.....................	» 87.50	» 72.50
— — 1er au 15 octobre.....................	» 90	» 75
— — 16 au 31 id.....................	» 87.50	» 72.50
— — 1er au 15 novembre.....................	» 87.50	» 72.50
— — 16 au 30 id.....................	» 87.50	» 72.50
— — 1er au 15 décembre.....................	» 85	» 70
— — 16 au 31 id.....................	» 82.50	» 67.50

Suite de la Taxe du pain, à Paris, de 1801 à 1844.

DATE DES TAXES et, INDICATION DE LEUR DURÉE.	PRIX DU PAIN de 2 kilogrammes.	
	1re qualité.	2e qualité.
	fr. c.	fr. c.
1840. Du 1er au 15 janvier	» 85	» 70
— 16 au 31 id.	» 85	» 70
— 1er au 15 février	» 85	» 70
— 16 au 29 id.	» 85	» 70
— 1er au 15 mars	» 82.50	» 67.50
— 16 au 31 id.	» 82.50	» 67.50
— 1er au 15 avril	» 85	» 70
— 16 au 30 id.	» 87.50	» 72.50
— 1er au 15 mai	» 87.50	» 72.50
— 16 au 31 id.	» 87.50	» 72.50
— 1er au 15 juin	» 85	» 70
— 16 au 30 id.	» 85	» 70
— 1er au 15 juillet	» 82.50	» 67.50
— 16 au 31 id.	» 77.50	» 62.50
— 1er au 15 août	» 77.50	» 62.50
— 16 au 31 id.	» 75	» 60
— 1er au 15 septembre	» 70	» 55
— 16 au 30 id.	» 70	» 55
— 1er au 15 octobre	» 70	» 55
— 16 au 31 id.	» 70	» 55
— 1er au 15 novembre	» 65	» 50
— 16 au 30 id.	» 60	» 44
— 1er au 15 décembre	» 62	» 48
— 16 au 31 id.	» 62	» 48
1841. Du 1er au 15 janvier	» 62	» 48
— 16 au 31 id.	» 62	» 48
— 1er au 15 février	» 62	» 48
— 16 au 28 id.	» 60	» 44
— 1er au 15 mars	» 60	» 44
— 16 au 31 id.	» 58	» 44
— 1er au 15 avril	» 56	» 40
— 16 au 30 id.	» 54	» 40
— 1er au 15 mai	» 54	» 40
— 16 au 31 id.	» 54	» 40
— 1er au 15 juin	» 54	» 40
— 16 au 30 id.	» 54	» 40
— 1er au 15 juillet	» 56	» 40
— 16 au 31 id.	» 58	» 44
— 1er au 15 août	» 64	» 48
— 16 au 31 id.	» 66	» 52
— 1er au 15 septembre	» 68	» 52
— 16 au 30 id.	» 68	» 52
— 1er au 15 octobre	» 70	» 56
— 16 au 31 id.	» 72	» 56
— 1er au 15 novembre	» 70	» 56
— 16 au 30 id.	» 70	» 56
— 1er au 15 décembre	» 70	» 56
— 16 au 31 id.	» 68	» 52

Suite de la Taxe du pain, à Paris, de 1801 à 1844.

DATE DES TAXES et INDICATION DE LEUR DURÉE.	PRIX DU PAIN de 2 kilogrammes.	
	1re qualité.	2e qualité.
	fr. c.	fr. c.
1842. Du 1er au 15 janvier......	» 68	» 52
— — 16 au 31 id.....	» 68	» 52
— — 1er au 15 février.....	» 68	» 52
— — 16 au 28 id.....	» 68	» 52
— — 1er au 15 mars.....	» 68	» 52
— — 16 au 31 id.....	» 68	» 52
— — 1er au 15 avril.....	» 66	» 52
— — 16 au 30 id.....	» 66	» 52
— — 1er au 15 mai.....	» 66	» 52
— — 16 au 31 id.....	» 64	» 48
— — 1er au 15 juin.....	» 64	» 48
— — 16 au 30 id.....	» 66	» 52
— — 1er au 15 juillet.....	» 72	» 56
— — 16 au 31 id.....	» 72	» 56
— — 1er au 15 août.....	» 74	» 60
— — 16 au 31 id.....	» 76	» 60
— — 1er au 15 septembre.....	» 76	» 60
— — 16 au 30 id.....	» 76	» 60
— — 1er au 15 octobre.....	» 72	» 56
— — 16 au 31 id.....	» 68	» 52
— — 1er au 15 novembre.....	» 68	» 52
— — 16 au 30 id.....	» 66	» 52
— — 1er au 15 décembre.....	» 62	» 48
— — 16 au 31 id.....	» 58	» 44
1843. Du 1er au 15 janvier.....	» 60	» 44
— — 16 au 31 id.....	» 60	» 44
— — 1er au 15 février.....	» 60	» 44
— — 16 au 28 id.....	» 60	» 44
— — 1er au 15 mars.....	» 60	» 44
— — 16 au 31 id.....	» 60	» 44
— — 1er au 15 avril.....	» 60	» 44
— — 16 au 30 id.....	» 58	» 44
— — 1er au 15 mai.....	» 58	» 44
— — 16 au 31 id.....	» 58	» 44
— — 1er au 15 juin.....	» 62	» 48
— — 16 au 30 id.....	» 68	» 52
— — 1er au 15 juillet.....	» 70	» 56
— — 16 au 31 id.....	» 68	» 52
— — 1er au 15 août.....	» 68	» 52
— — 16 au 31 id.....	» 70	» 56
— — 1er au 15 septembre.....	» 70	» 56
— — 16 au 30 id.....	» 70	» 56
— — 1er au 15 octobre.....	» 72	» 56
— — 16 au 31 id...	» 74	» 60
— — 1er au 15 novembre.....	» 72	» 56
— — 16 au 30 id.....	» 70	» 56
— — 1er au 15 décembre.....	» 68	» 52
— — 16 au 31 id.....	» 68	» 52

Suite de la Taxe du pain, à Paris, de 1801 à 1844.

DATE DES TAXES et INDICATION DE LEUR DURÉE.	PRIX DU PAIN de 2 kilogrammes.	
	1re qualité.	2e qualité.
	fr. c.	fr. c.
1844. Du 1er au 15 janvier......................	» 70	» 56
— — 16 au 31 id......................	» 70	» 56
— — 1er au 15 février....................	» 70	» 56
— — 16 au 29 id......................	» 68	» 52
— — 1er au 15 mars......................	» 68	» 52
— — 16 au 31 id......................	» 68	» 52
— — 1er au 15 avril.....................	» 70	» 56
— — 16 au 30 id......................	» 72	» 56
— — 1er au 15 mai......................	» 70	» 56
— — 16 au 31 id......................	» 70	» 56
— — 1er au 15 juin.....................	» 70	» 56
— — 16 au 30 id......................	» 70	» 56
— — 1er au 15 juillet...................	» 72	» 56
— — 16 au 31 id......................	» 72	» 56
— — 1er au 15 août.....................	» 72	» 56
— — 16 au 31 id......................	» 70	» 56
— — 1er au 15 septembre.................	» 68	» 52
— — 16 au 30 id......................	» 66	» 52
— — 1er au 15 octobre...................	» 66	» 52
— — 16 au 31 id......................	» 66	» 52
— — 1er au 15 novembre.................	» 64	» 48
— — 16 au 30 id......................	» 62	» 48
— — 1er au 15 décembre.................	» 62	» 48
— — 16 au 31 id......................	» 62	» 48

FIN DU TROISIÈME VOLUME.

TABLE ALPHABÉTIQUE

DES

MATIÈRES CONTENUES DANS LE TROISIÈME VOLUME.

FIN DE LA TABLE.